# 미국과의 상품 무역 흐름(2018년 미국 달러 기준)

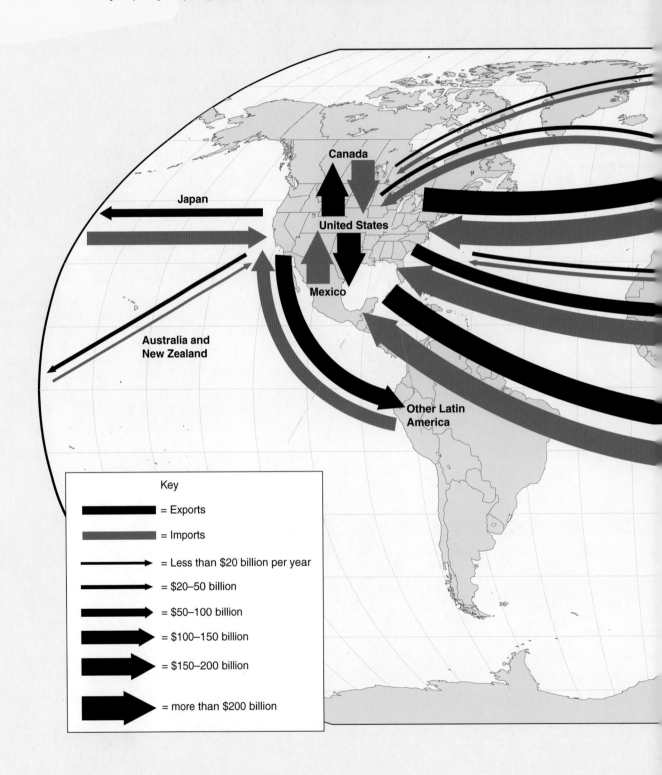

Canada

United States

Japan

Mexico

Australia and
New Zealand

Other Latin
America

Key

= Exports

= Imports

→ = Less than $20 billion per year

→ = $20–50 billion

→ = $50–100 billion

→ = $100–150 billion

→ = $150–200 billion

→ = more than $200 billion

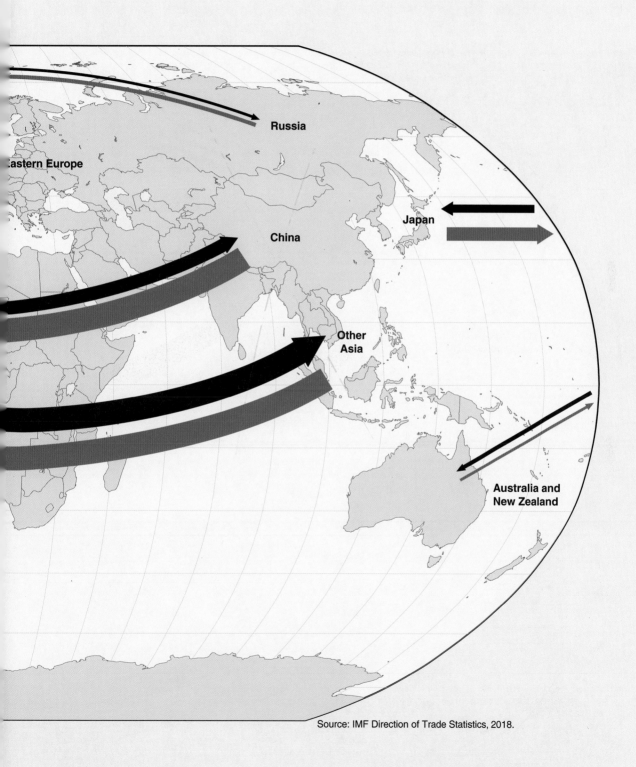

Russia

Eastern Europe

Japan

China

Other
Asia

Australia and
New Zealand

Source: IMF Direction of Trade Statistics, 2018.

# 국제경제학

## 제12판 이론과 정책

Paul R. Krugman • Maurice Obstfeld • Marc J. Melitz 지음

김승년 • 이연호 • 최혜린 • 허정 옮김

Pearson Education South Asia Pte Ltd
63 Chulia St
#15-01
Singapore 049514


Pearson Education offices in Asia: *Bangkok, Beijing, Ho Chi Minh City, Hong Kong, Jakarta, Kuala Lumpur, Manila, Seoul, Singapore, Taipei, Tokyo*


Original edition International Economics: Theory and Policy 12th Edition, Global Edition by Paul R. Krugman, Maurice Obstfeld, Marc Melitz, ISBN 9781292409719, published by Pearson Education Limited Copyright © 2022. All rights reserved. No part of this book may be reproduced or transmitted in any form or by any means, electronic or mechanical, including photocopying, recording or by any information storage retrieval system, without permission from Pearson Education South Asia Pte Ltd. This edition published by PEARSON EDUCATION SOUTH ASIA PTE LTD, Copyright © 2022. Authorized for sale only in South Korea.


3    2    1
24    23    22


Cover Art: Aleksandr Ozerov/Shutterstock


발행일: 2022년 8월 25일
공급처: ㈜시그마프레스(02-323-4845/sigma@spress.co.kr)
ISBN: 978-981-3350-27-4(93320)
가격: 43,000원

http://pearson.com/asia

# 역자 서문

세계화가 급속히 진전된 21세기에 들어선 지 20여 년이 지난 현재의 상황은 무역, 금융 및 통신의 연결이 제한됐던 20세기와는 달리 국제경제의 사건들이 각국 경제의 운명과 정책에 끼치는 영향이 훨씬 더 커졌고 국제적 충격의 확산 속도도 매우 빨라졌다. 금융자산의 국제 거래는 과거 70여 년간 꾸준히 확대된 국제무역보다 훨씬 더 빠른 속도로 증가해 효율적인 투자기회를 확대하고 소유자들의 재산을 증식시키는 데 기여했지만, 다른 한편으로 전염성이 강한 글로벌 금융위기의 위험도 확대시켰다. 인터넷은 모든 국가의 사람들이 정보를 획득하고 교환하는 방법에 혁명적인 변화를 가져왔으며, 다국적 기업의 활동은 글로벌 가치사슬 체계를 통해 경제적 상호연결 관계를 더욱 공고하게 했다. 특히 중국의 출현으로 다가오는 세기에는 세계의 경제력과 정치력의 국제적 균형이 재정립될 것이며, 이 과정에서 국가 간에 첨예한 무역분쟁이 전개될 것으로 예견되고 있다. 트럼프 행정부의 무역제한 정책과 미·중 무역분쟁, 글로벌 공급망 재편을 둘러싼 국가 간 패권 경쟁, COVID-19 팬데믹 확산에 따른 전 세계적인 경기 침체와 이에 대응하기 위한 팽창금융과 재정확대에서 야기된 인플레이션 상승 등 국제경제 환경은 이론적으로나 정책적으로 끊임없는 도전과제를 제시하고 있다.

국제경제의 환경변화와 생각의 상호작용은 새로운 분석 모형을 낳게 한다. 21세기의 남은 기간에도 국제경제학은 여전히 중요하며 많은 논쟁을 일으킬 만한 분야이다. 이 책의 원서는 국제경제학 강의에서 가장 많이 사용되고 있는 교재 중 하나인데, 이는 그 내용과 교훈이 최근 정보를 포함하고 있으며, 빠르게 변하는 국제경제 환경을 잘 반영하고 있기 때문이다. 특히 한국은 빠르게 변하는 세계 경제에 민감하고 지대한 영향을 받으므로, 새로운 분석 방법이나 혁신적인 이론을 빨리 받아들이고 현실 분석에 응용하여 미래를 좀 더 정확히 예측해 불확실성을 제거하는 것이 무엇보다 중요하다. 학생들이 이 책의 혁신적이며 유익한 내용을 충분히 이해하고 소화할 수 있도록 하기 위해 국제무역 부문에서 최혜린 교수와 허정 교수, 국제금융 부문에서 김승년 교수를 새로운 필진으로 영입해 전면 개정하는 수준에서 12판의 번역을 추진하였다.

이 책의 특징은 저자의 서문에서도 밝혔듯이 다른 국제경제학 교재와 달리 시사성 있는 최근의 사건을 집중 조명하고 국제경제학에 대한 흥미를 유발할 수 있도록 이해하기 쉬운 최신의 분석틀을 제공하는 데 있다. 국제무역과 국제금융 측면을 모두 포함하여 학생들이 국제경제학의 기본원리를 논리적으로 이해하고 기억할 수 있도록 이론 발전의 각 단계마다 적절한 자료와 생생한 사건을 제시하여 흥미를 유발하고 있다. 또한 개념, 이론 및 정책적 시사점을 풍부하게 담은 사례를 제공하여 국제경제 이론을 현실에 바로 응용할 수 있도록 도와준다. 역자들은 이 책이 어려운 국제경제학을 쉽고 체계적으로 이해하고, 이를 바탕으로 국제경제 현실을 분석하는 데 조금이나마 도움이 되기를 간절히 바라며, 또 그럴 수 있을 것으로 믿는다.

마지막으로 이 책의 출판을 위해 훌륭한 편집과 교정을 해준 피어슨에듀케이션에 깊이 감사드린다.

2022년 8월

역자 대표 이연호

# 저자 서문

COVID-19 팬데믹을 통해 우리는 사람들의 이동, 데이터의 흐름 및 상거래가 상호의존적인 세상을 어떻게 연결할 수 있는지 너무나 잘 이해하게 되었다. 병원체는 국경과 관계없이 이동할 수 있기 때문에 사스와 같은 바이러스는 세계적인 경제 충격과 경기 침체를 야기했고, 전 세계의 정부는 자국의 경제를 지키기 위해 질병의 확산을 막는 정책을 서둘러 시행했다. 이 책이 출판되는 지금까지 이 위기는 여전히 진행 중이지만 몇 가지 효과적인 백신이 등장하면서 사회가 정상적으로 돌아갈 수 있다는 희망이 생겼다. 최근의 팬데믹으로 많은 교훈을 얻을 수 있었는데, 그중 하나는 세계 경제적으로 발생한 중요한 사건과 이에 대한 각 국가의 대응 방식을 분석하려면 국제적인 시각을 가지는 것이 중요하다는 사실이다. 이 책의 목적은 학생들이 글로벌 상호의존성의 경제적 의미를 이해하기 위해 지적인 분석의 틀을 갖추도록 돕는 것이다.

## 새로 추가한 내용

각 장의 내용을 철저하게 업데이트했고, 여러 장에 걸쳐 광범위하게 수정했다. 이러한 개정을 위해 이 책 사용자들의 제안과 국제경제학의 이론 및 실증 측면에서 몇 가지 중요한 발전을 포함했다. 가장 큰 수정사항은 다음과 같다.

- **2장 세계무역: 개관** 세계는 100여 년 전인 제1차 세계대전 직전까지 고도의 경제적 상호의존성을 보여주었지만, 각 정부는 전후 대공황으로 인해 무역장벽을 세웠으며, 그 이후로는 상호의존성이 퇴색되었다. 경제 개방을 향한 새로운 추세인 '제2의 세계화'는 제2차 세계대전 이후에 시작되었다. 여기 수정된 장에서는 새로운 데이터를 사용하여 세계화의 장기적 추세를 보여주는 더 나은 그림을 제공하며, 세계가 1990년 이후에야 역사적으로 전례 없는 수준의 경제적 상호 연결관계에 도달한 방식을 강조한다.

- **4장 특정 생산요소와 소득분배** 종종 언론과 정치인은 모두 개발도상국, 특히 중국으로부터의 수입경쟁을 미국 제조업 고용 감소의 주요 원인으로 지목한다. 이 장에서는 이러한 두 현상의 잠재적 인과관계에 대한 사례 연구를 업데이트했다. 또한 설탕 거래에 대한 수입규제 정책에 대한 논의를 업데이트했다. 새로운 글상자에서는 2017년부터 시작된, 소위 트럼프 대통령의 무역 전쟁이라고 하는 미국 트럼프 행정부의 무역 제한 정책에 대한 내용을 소개한다.

- **6장 표준무역 모형** 이 장은 중국 수입품으로 미국 소비자가 얻는 이득을 다룬 새로운 사례 연구를 수록했다. 새로운 글상자에서는 교역조건의 변화가 개발도상국에 미치는 영향, 특히 COVID-19 팬데믹 기간의 경험을 다룬다.

- **7장 외부 규모의 경제와 생산의 국제적 입지** 이 수정된 장에서는 브렉시트 및 COVID-19의 영향에 대한 논의와 함께 금융센터(특히 뉴욕과 런던)를 강조하는 새로운 내용을 소개한다.

- **8장 세계 경제에서의 기업: 수출 및 외부조달 결정과 다국적 기업**  우리가 소비하는 상품은 점점 더 전 세계에 걸쳐 형성된 '글로벌 가치사슬'에서 생산되고 있다. 이 장에서는 기업의 해외조달 의사 결정 방법을 설명할 수 있는 기업수준에서의 무역 모형을 소개한다. 이와 관련된 실증적 내용이 담긴 새로운 글상자에서는 미국 제조회사의 외부조달 결정에 대해 자세히 설명한다.

- **9장 무역 정책의 수단**  지난 몇 년 동안 무역 정책은 트럼프 행정부 기간에 발생했던 미국의 무역 제한 정책과 이에 상응하는 무역 상대국의 무역보복 정책이 서로 맞물려 진행되면서 다소 과도한 관심을 받았다. 새로운 사례 연구는 이 무역 전쟁의 진행 과정을 자세히 설명하고 미국 소비자와 생산자에 미치는 영향을 추정한다. 새로운 글상자에서는 보잉(Boeing)과 에어버스(Airbus)에 대한 수출보조금을 둘러싼 미국과 유럽의 오랜 분쟁이 어떻게 마침내 해결될 수 있었는지 설명한다. 또한 북미 자동차 공급망에 미치는 영향에 초점을 맞춰 NAFTA를 대체한 새로운 미국-멕시코-캐나다 협정(USMCA)의 업데이트된 논의를 제공한다.

- **10장 무역 정책의 정치경제**  최근 몇 년 동안 자유무역을 향한 행보에 상당한 차질이 생겼다. 향후 몇 년 동안 계속될 것으로 보이는 무역 분쟁의 핵심은 자유시장 경제와 중국 경제의 관계이다. 이러한 전개에 맞추어 이 장은 이제 미중 무역의 긴장 상태에 대한 추가적인 내용을 다룬다.

- **12장 무역 정책에 대한 논쟁**  기술변화와 무역이 무역 유형, 국가 내 지역 발전, 다양한 노동기술 그룹의 고용전망에 영향을 미침에 따라 정치적 긴장이 발생하면서 미국과 유럽에서 산업 정책에 대한 새로운 관점이 나타났다. 이 장에서는 대부분 현재 논의의 중심이 되고 있는 R&D 집약적 제품에 대한 산업 정책의 이전 논의를 업데이트했다.

- **13장 국민소득계정과 국제수지**  최근 주목할 만한 추세는 법인세 부담을 최소화하기 위해 지적재산권 및 기타 무형 자본이 국경을 넘어 이동하는 현상이다. 이 장에서는 아일랜드의 완화된 조세 제도가 GDP 자료에 이상한 현상을 초래한 사실을 설명하는 새로운 글상자를 소개한다. 국가 간 이윤의 이전에 대한 설명은 학생들에게 실질적인 관심을 불러일으킬 것이며, 아일랜드의 예는 또한 국가 경제활동이나 후생의 척도인 GDP 자료의 한계점을 보여줄 것이다.

- **14장 환율과 외환시장: 자산접근법**  2008~2009년 글로벌 금융위기 이후 실증적 정규성으로 알려진 무위험 이자율 평형조건은 지속적으로 실패해왔다. 이 수정된 장에서는 무위험 이자율 평형조건에 대한 자료를 부록에서 본문으로 옮기고 무위험 이자율 평형조건과 유위험 이자율 평형조건의 구별을 강조하기 위해 추가 내용을 소개하였으며 최근의 무위험 이자율 평형조건 이탈 이유에 대한 20장의 새로운 논의를 사전 설명한다.

- **15장 통화와 이자율 및 환율**  이 장에서는 이제 베네수엘라의 최근 초인플레이션을 예로 들어 통화공급과 물가의 장기적 관계를 강조한다.

- **17장 생산량과 환율의 단기적 관계**  이 장에서는 글로벌 가치사슬이 환율전가에 어떻게 영향을 미치는지 관련 자료를 추가했다.

- **19장 국제통화제도: 역사적 개관**  트럼프 무역 전쟁이 세계무역과 COVID-19 팬데믹에 미치는 영향을 다루기 위해 역사적 내용을 확장하여 소개한다. 중요한 추가 사항은 환율조작 문제에 대한 새로운 글상자이다. 이 주제는 학생들이 지금까지 책에서 배워왔고, 앞으로도 몇 년 동안 그 관련성이 유지될 가능성이 높은 주제이다.

- **20장 금융세계화: 기회와 위기**   무위험 이자율 평형에서 계속 발견되는 괴리를 금융규제 변경과 연결 짓고 환율괴리 현상도 소개한다.
- **21장 최적통화지역과 유로**   이 장은 유럽연합과 영국이 2020년 12월에 도달한 11개월 전환기간의 부분무역협정과 이전 철회 합의 및 아일랜드 국경에 미치는 영향 등을 다루기 위해 브렉시트에 대한 논의를 업데이트했다. 또한 COVID-19 팬데믹에 대한 유로지역의 정책 혁신에 대한 내용도 수록되어 있다.
- **22장 개발도상국: 성장, 위기 및 개혁**   새로운 글상자는 신흥경제국의 성장을 주도하는 글로벌 금융 조건의 핵심 역할인 글로벌 금융 사이클을 강조하여 소개한다. 주요 탐구 주제에는 신흥시장 경제가 환율을 관리하려는 동기와 글로벌 금융 세력에 대한 환율 유연성이 가지는 이점을 다룬다.

## 해결학습과 교수법 도전

이 책은 1970대 후반부터 학부생과 경영학 전공 학생들에게 국제경제학을 강의한 경험을 바탕으로 저술됐다. 학생들을 가르치면서 우리는 두 가지 중요한 도전을 받았다. 첫째는 이 역동적인 분야의 흥미로운 지적 발전을 학생들에게 알려줘야 한다는 것이다. 둘째는 변화하는 세계 경제를 이해하고 국제경제 정책의 현실적인 문제를 분석해야 할 필요성에 따라 국제경제학 이론이 역사적으로 어떻게 발전했는가를 보여줘야 한다는 것이다.

기존의 책은 이 같은 도전을 적절하게 충족하지 못했다. 대다수의 국제경제학 교재는 기본적인 교훈을 끌어내기 어려운 일련의 특수 모형과 가정을 소개하여 학생들을 혼란스럽게 했다. 이러한 특수 모형은 대부분 시대에 뒤떨어진 것으로, 학생들은 이 분석 방법이 실제 세계와 어떻게 연관되어 있는지 이해하기 어려워했다. 결과적으로 많은 교재가 시대에 다소 뒤떨어진 수업에서 배운 학습 내용과 현재 진행 중인 연구 및 정책 논쟁의 주요 대상이 되는 재미있는 이슈의 격차를 메우지 못하고 있다. 국제경제 문제의 중요성이 커지고 이와 함께 국제경제학 과목 수강생이 많아지면서 이 격차는 더 크게 확대되었다.

이 책은 시사성 있는 사건을 조명하고 국제경제학의 흥미를 수업으로 가져올 수 있도록 이해하기 쉬운 최신의 분석틀을 제공하고자 한다. 이 책은 주제의 실물 측면과 금융 측면을 모두 분석하면서 최신 연구 성과와 접근 방법은 물론 전통적 통찰력을 알릴 수 있는 단순하면서도 통합적인 분석틀을 단계적으로 구축한다. 학생들이 국제경제학의 기본 논리를 확실히 이해하고 기억할 수 있도록 이론 발전의 각 단계마다 적절한 자료와 정책 문제를 제시하여 동기를 부여한다.

추상적인 모형의 추상적인 이론보다 세계의 경제사건과 생생하게 연결된 분석으로 제시될 때 학생들은 국제경제학을 가장 쉽게 이해할 수 있다. 따라서 이 책은 이론적 형식주의보다는 개념과 그 응용을 강조한다. 그러므로 이 책은 학생들이 폭넓은 경제학적 배경지식을 가졌을 것이라고 가정하지 않는다. 경제학원론을 수강한 학생도 내용을 쉽게 이해할 수 있고, 미시경제학이나 거시경제학의 심화 수업을 수강한 학생은 풍부하게 제공되는 새로운 자료를 볼 수 있을 것이다. 고급수준의 학생들이 도전할 수 있도록 구체적인 부록과 수학 후기를 수록했다.

이 책은 두 학기 동안 사용하도록 구성하였으며 표준적인 관행을 따라 무역과 금융 질문에 초점을 맞춰 두 부분으로 나누었다. 종종 한 교재에서조차도 국제경제학의 무역과 금융 부분은 관련이 없는 주제로 다루어지지만, 유사한 주제와 방법론이 두 분야에서 반복된다. 이 책에서는 무역과 금융이 발생할 때 그 둘의 관계를 밝히는 것을 중요하게 생각한다. 동시에 이 책의 두 부분은 완벽하게 독립적이라고 확신한다. 따라서 무역 이론에 대한 한 학기 과정은 2~12장으로 진행할 수 있고, 국제금융에 대한 한 학기 과정은 13장~22장을 바탕으로 진행할 수 있다.

## 이 책의 목표

2008~2009년 세계 금융위기가 발생하고 수년이 지났지만 세계 경제는 여전히 느린 경제성장과 부진한 소득으로 많은 사람이 고통을 받고 있다. 이러한 암울한 상황은 COVID-19 팬데믹에 의한 경제적 충격으로 악화되었다. 전 세계 국가의 정부는 경제를 지탱하기 위해 광범위한 시도를 하며 최악의 시나리오를 피하는 데는 성공했지만 급격하게 증가하는 공공부채, 서비스 부문의 약화, 심각한 피해를 입은 노동시장 등의 유산을 남겼다. 신흥시장은 여전히 국제 자본의 밀물과 썰물, 세계 상품가격의 변동에 취약한 상태이다. 특히 제2차 세계대전 이후 힘들게 형성한 자유국제무역 체제의 미래에 대한 우려로 야기된 불확실성은 국제적인 투자를 짓누른다.

따라서 이번 개정판은 국제경제 사건이 어떻게 각 국가의 경제적 운명, 정책, 정치적 논쟁에 영향을 미치는지 과거 그 어느 때보다도 더 많은 것을 알게 된 시점에 출간된다. 제2차 세계대전 직후의 세계는 국가 간 무역, 금융, 심지어 통신 회선이 제한된 세계였다. 하지만 21세기에 들어서 20년 동안 그림은 완전히 바뀌었다. 세계화가 대성공을 이루었다. 선적 및 통신비용의 감소, 전 세계적으로 협상된 정부의 무역장벽 감소, 생산활동 아웃소싱의 확산, 외국 문화와 상품에 대한 깊은 이해에 힘입어 재화와 서비스의 국제무역은 지난 60년 동안 꾸준히 확대되었다. 인터넷과 같이 새롭고 더 나은 통신기술은 모든 국가의 사람들이 정보를 얻고 교환하는 방법에 대변혁을 일으켰다. 통화, 주식, 채권과 같은 금융자산의 국제거래는 국제적인 제품 무역보다 훨씬 더 빠른 속도로 확대되었다. 이는 자산 소유자에게 이득을 가져왔지만 또한 전염성이 큰 금융 불안정성을 야기했다. 이러한 위험은 최근 세계 금융위기 동안 현실화되었고, 국경을 넘어 빠르게 퍼져 나갔으며 세계 경제에 막대한 비용을 발생시켰다. 하지만 최근 몇십 년 동안 국제적인 상황의 변화 중에서도 아마도 가장 큰 사건은 중국의 출현으로, 다가오는 세기에 세계의 경제력 및 정치세력 균형이 재정립될 것이다.

1930년대의 대공황기를 성인으로 살았던 세대가 오늘날의 세계 경제를 보면 얼마나 놀랄지 상상해보라. 그들이 오늘날 세계 경제의 모습을 상상이나 할 수 있었겠는가! 그럼에도 불구하고 국제적인 논쟁을 불러일으키는 경제적인 문제는 1930년대와 크게 다르지 않고, 사실 200여 년 전 경제학자들이 처음으로 그러한 문제를 분석하기 시작했을 때와도 크게 변하지 않았다. 보호주의와 비교해 국가들 간 자유무역의 이점은 무엇인가? 무엇이 교역국과의 무역에서 흑자 또는 적자를 야기하고, 그 불균형은 어떻게 해결되는가? 무엇이 개방경제에서 은행위기와 외환위기를 초래하고, 경제 사이에 금융의 전염 현상을 일으키며, 정부는 어떻게 국제금융 불안을 다루어야 하는가? 정부는 실업과 인플레이션을 어떻게 피할 수 있고, 환율은 이러한 노력에 어떤 역할을 하며, 국가들은 자국의 경제적 목표를 달성하기 위해 어떻게 협력할 수 있는가? 국제경제학에서 항상 그렇듯이 사건과 아이디어의 상호작용은 새로운 분석 방법을 발생시킨다. 이러한 분석 방법의 발전은 처음에는 난해하게 보일지라도 결국 정부 정책과 국제협상, 그리고 사람들의 일상생활에서까지 중요한 역할을 한다. 세계화는 모든 국가의 시민들이 그들의 운명에 영향을 미치는 세계적인 경제요인에 대해 과거 어느 때보다도 더 많은 것을 알게 했다. 최근의 팬데믹이 세계화에 제동을 걸 것이라는 예측이 있지만, 일단 COVID-19가 정복되면 세계화 대부분의 측면은 그대로 유지될 것이다. 본문에서 설명하듯이 세계화는 경제적 번영의 엔진이 될 수 있지만, 대부분의 영향력 있는 기계가 그렇듯이 현명하게 운영되지 않으면 해를 입힐 것이다. 세계 공동체가 직면한 도전은 세계화가 경제 정책에 야기하는 도전을 극복하면서 세계화로부터 많은 것을 얻는 것이다.

학생들이 이런 복잡한 상황을 탐구할 수 있도록 이 책은 전통적으로 무역 이론의 핵심을 형성하며 오랫동안 이어진 이론 및 역사적 통찰을 바탕으로 최근 국제경제 분야의 가장 중요한 발전을 다룬다. 최근 이론이 어떻게 변화하는 세계 경제에 대응해 기존 발견에서 진전을 이루었는지 강조하면서 포괄적으로 접근한다. 이 책의 무역 부문(2~12장)과 금융 부문(13~22장)은 이론에 초점을 맞춘 핵심 장과 그 이론을 주요 정책 및 과거와 현재에 적용하는 장으로 나누어진다.

1장에서는 이 책이 국제경제학의 주요 주제를 어떻게 다루는지에 대해 다소 상세히 설명한다. 기존의 책에서 체계적으로 다루는 데 실패한 몇 가지 주제를 다음과 같이 강조하고자 한다.

**규모의 수확체증과 시장구조**  국제적 교환과 관련된 후생 이득을 촉진하는 비교우위의 역할을 논의하기에 앞서 중력 모형을 설정함으로써 최신의 이론적 연구 및 실증적 연구를 다룬다(2장). 규모의 수확체증과 제품차별화가 무역과 후생에 어떤 영향을 미치는지 설명함으로써 최신 연구를 다룬다(7~8장). 이 논의에서 분석하는 모형은 동태적 규모의 경제에 의한 산업 내 무역과 무역 유형의 변화 같은 중요한 현실의 측면을 포착한다. 또한 이 모형은 상호 간에 이익이 되는 무역이 반드시 비교우위에 입각할 필요는 없다는 것을 보여준다.

**국제무역에서의 기업**  8장 또한 국제무역에서 기업의 역할에 초점을 맞춘 흥미로운 새로운 연구를 요약한다. 이 장은 세계화에 직면하여 서로 다른 기업의 성과는 다를 수 있다는 점을 강조한다. 일부 기업의 확장과 다른 기업의 위축은 산업 내 전체 생산을 더 효율적인 생산자에게 이동시켜 전반적인 생산성을 증가시키고 따라서 무역의 이득을 발생시킨다. 더 자유로운 무역 환경에서 확장하는 기업은 생산활동의 일부를 해외에 위탁하거나 다국적 생산의 동기를 가질 수 있다는 점을 이 장에서 설명한다.

**정치와 무역 정책 이론**  4장부터는 자유무역을 제한하는 주요 정치적 요소로서 무역이 소득분배에 미치는 영향을 강조한다. 이는 무역 정책의 표준적인 후생 분석의 처방이 실생활에서 좀처럼 성공하지 못하는 이유를 학생들에게 명쾌하게 알려준다. 12장에서는 핵심적인 경제 부문을 발전시키기 위해 정부가 적극적인 무역 정책을 채택해야 한다는 유명한 개념을 검토한다. 이 장은 게임 이론의 단순한 아이디어를 바탕으로 그러한 무역 정책을 이론적으로 논의한다.

**환율결정에 대한 자산시장 접근 방법**  현대 외환시장과 국가의 이자율 및 기대에 의해 결정되는 환율은 개방경제 거시경제학을 설명하는 핵심이다. 이 책에서 발전시키는 거시경제 모형의 중심 요소는 이후에 위험 프리미엄에 의해 확장된 이자율 평형조건이다(14장). 이 모형을 사용하여 환율의 오버슈팅, 인플레이션 타깃팅, 실질환율의 행태, 고정환율제도하의 국제수지위기 및 중앙은행의 외환시장 개입의 원인과 결과 등의 주제를 설명한다(15~18장).

**국제적 거시경제 정책 공조**　국제금융제도의 경험을 논의하면서(19~22장) 환율제도의 차이가 회원국들에게 각기 다른 정책 공조 문제를 발생시킨다는 주제를 강조한다. 제1차와 제2차 세계대전 사이에 있었던 경쟁적인 금 쟁탈전에서 인접국 빈곤화 정책이 각국을 어떻게 자멸하게 했는지 보여준 것처럼, 현재의 변동환율제도는 국가의 정책입안자들이 국가 간 상호의존을 인식하고 협조적으로 정책을 수립할 것을 요구한다.

**세계자본시장과 개발도상국**　20장은 국제적으로 활동하는 은행과 기타 금융기관에 대한 건전성 감독 문제뿐만 아니라 국제포트폴리오 분산이 후생에 주는 의미 등 세계자본시장을 폭넓게 논의한다. 22장은 공업국 및 신흥공업국의 장기적 성장 전망과 구체적인 거시경제 안정화 및 자유화 문제를 다룬다. 이 장은 신흥시장의 위기와 차입국인 개발도상국, 대부국인 선진국, IMF와 같은 공적 금융기관 사이의 상호작용을 역사적 관점에서 검토한다.

## 이 책의 특징

이 책은 학생들이 계속 흥미롭게 과목 내용을 완전히 정복할 수 있도록 여러 가지 특별한 학습 자료를 수록했다.

**사례 연구**　사례 연구는 이미 논의된 자료를 강화하고, 현실 세계에서의 적용을 설명하며, 중요한 역사적 정보를 제공하는 등 세 가지 측면의 역할을 하며 이론적 논의와 함께 제공한다.

**글상자**　중요한 주제는 아니라 하더라도 본문에서 강조한 요점에 대한 생생한 설명을 글상자에서 다룬다.

**그림 설명**　200개가 넘는 그림은 본문의 설명을 강화하고 학생들의 자료 검토를 도와주는 기술적인 설명과 함께 제시한다.

**학습목표**　수적인 개념의 목록인 학습목표는 이 책의 각 장에 대한 기초를 제공한다. 학습목표는 학생들이 내용을 완전히 이해했는지 평가하는 데 도움이 된다.

**요약과 주요 용어**　각 장은 중요한 요점을 다시 설명하는 요약으로 끝맺는다. 주요 용어는 그 용어가 소개되는 각 장의 본문에 진한 글씨체로 표시되며 각 장의 끝에 수록되어 있다. 학생들의 복습을 돕기 위해 주요 용어는 각 장의 요약 부분에 고딕체로 표시했다.

**연습문제**　각 장마다 학생들의 이해를 평가할 수 있는 연습문제가 있다. 일반적인 계산문제뿐만 아니라 수업 토론에 적합한 전체적인 상황에 대한 질문도 있다. 학생들이 학습한 내용을 실생활 자료나 정책 문제에 응용하는 문제가 다수 포함되어 있다.

**더 읽을거리**　교재를 보완할 다른 문헌을 찾는 교수들과 스스로 더 깊이 탐구하려는 학생들을 위해 최근 이슈에 대한 최신 연구뿐만 아니라 기존의 고전적 이론을 포함해 주석과 함께 참고문헌을 제공한다.

# 요약 차례

# 차례

**제2부 국제무역 정책**                                          **210**

## 제4부 국제거시경제 정책                                             543

# CHAPTER 1

# 서론

오늘날 우리가 알고 있는 현대 경제학은 국제무역과 국제금융에 대한 연구에서 시작되었다고 할 수 있다. 경제사상을 연구하는 대부분의 역사학자들은 스코틀랜드의 철학자 데이비드 흄(David Hume)이 쓴 에세이 《무역수지에 대하여(Of the Balance of Trade)》를 사실상 최초의 경제 모형이라고 설명한다. 이 에세이가 출판되었던 1758년은 흄의 친구인 애덤 스미스(Adam Smith)가 《국부론(The Wealth of Nations)》을 출판하기 거의 20년 전이었다. 그리고 19세기 초에 있었던 영국의 무역 정책에 대한 논쟁도 경제학을 담론수준의 비공식적인 분야에서 모형 지향적(model-oriented)인 학문 분야로 전환하는 데 큰 영향을 미쳤다.

그러나 오늘날만큼 국제경제학에 대한 연구가 중요했던 적은 없었다. 21세기 초 세계 많은 국가는 재화와 용역(서비스)의 무역, 돈의 흐름, 상호 간 투자를 통해 그 어느 때보다 더욱 긴밀하게 연결되어 있다. 그리고 이러한 연결로 인해 세계 경제는 격동의 장소가 되었다. 이제 모든 국가의 정책입안자와 비즈니스 리더는 저 멀리 지구 반대편 국가에서 시시각각 발생하는 경제 현상에도 주목해야만 하는 상황이다.

몇 가지 기본적인 무역 통계를 살펴보면 국제 경제관계가 전례 없이 중요하다는 사실을 알 수 있다. 그림 1-1은 1960년부터 2019년까지 미국의 국내 총생산(GDP) 대비 수출과 수입 비중을 보여준다. 이 그림에서 가장 명확하게 알 수 있는 점은 수출입의 비중이 모두 장기적 상승 추세를 보여주고 있다는 것이다. 즉 미국의 국제무역 규모가 경제 전체 규모에 거의 3배가 될 정도로 미국에 국제무역이 중요해졌다는 점이다.

또 명확해 보이는 사실은 미국의 수입과 수출이 동시에 증가했지만 수입이 더 많이 증가하여 수출을 크게 초과했다는 점이다. 미국은 어떻게 그 많은 수입품을 구매할 수 있을까? 그 답은 대규모 자본 유입, 즉 미국 경제의 일정 지분을 기꺼이 보유하고자 하는 외국인들의 투자 자금 공급에 있다. 지금은 당연하게 여겨지지만 한때는 그런 대규모의 자본 유입은 상상도 할 수 없었던 것이다. 결국 수입과 수출 간의 격차는 국가 간 연계성이 증가하고 있는 또 다른 측면, 즉 국제 자본시장의 연계성이 증가하고 있음을 보여주는 지표라 할 수 있다.

마지막으로 주목할 점은 2008년에 시작된 글로벌 경제위기 동안 미국의 수출입이 모두 2009년에 일시적으로 감소했고, 2020년에 발생한 COVID-19 대유행 기간에도 미국의 수출입이 또다시 감소했다는 사실이다. 이처럼 미국의 수출과 수입이 하락한 것은 세계무역이 세계 경제 전체와 밀접하게 관련되어 있음을 상기시켜준다.

국제 경제관계가 미국에게 중요하다면 다른 국가들에는 그 중요성이 더 클 것이다. 그림 1-2는 일부 국가를 표본으로 하여 GDP 대비 수출입 비중을 보여준다. 미국은 국가의 규모와 자원의 다양성으로 인해 다른 어떤 나라보다도 국제무역에 덜 의존한다.

이 책은 국제경제학의 주요 개념과 방법론을 소개하고 실제 사례를 통해 국제경제학의 이론을 설명한다. 이 책의 많은 부분은 여전히 유효한 국제경제학의 고전적인 이론을 논의한다. 19세기 데이비드 리카도(David

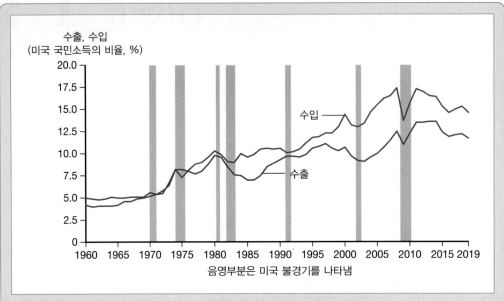

**그림 1-1 미국의 국민소득에 대한 수출입 비중(음영부분은 미국 불경기를 나타냄)**

미국 경제에 대한 수입과 수출의 비중은 증가했지만, 수입비중이 더 많이 증가했다.

출처: U.S. Bureau of Economic Analysis, research.stlouisfed.org.

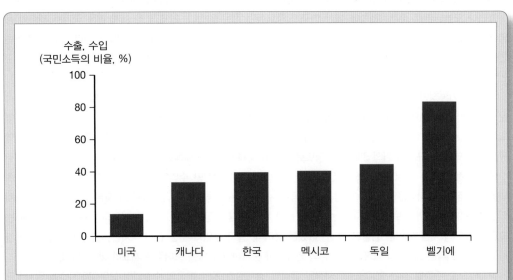

**그림 1-2 2018년 국민소득에 대한 수출입 비중**

거의 모든 국가에서 국제무역은 미국보다 훨씬 중요하다.

출처: World Bank.

Ricardo)의 무역 이론뿐만 아니라 18세기 데이비드 흄의 통화 분석조차도 21세기 세계 경제와 매우 관련되어 있다. 동시에 우리는 이 분석을 최신 상태로 끌어오기 위해 특별한 노력을 기울였다. 특히 2007년부터 시작된 경제위기는 세계 경제에 중대한 새로운 도전이 되었다. 이러한 도전에 대해 경제학자들이 기존의 분석 방법을 적용할 수는 있겠지만, 일부 중요한 개념에 대해서는 다시 생각하지 않을 수 없었다. 더 나아가 통화 정책이나 재정 정책 변경의 영향 등, 고전적인 문제에 대해서도 새로운 접근 방식이 등장하고 있다. 이에 우리는 오래된 이론들이 여전히 유용하다는 점을 강조하면서도 최근 연구에 등장한 중요한 이론들을 전달하려고 시도했다.

### 학습목표

- 국제경제 문제와 국내경제 문제를 구별한다.
- 국제경제학의 7대 주제가 반복해서 제기되는 이유를 설명하고, 그 중요성을 논의한다.
- 국제경제학의 무역 측면과 금융 측면을 구별한다.

## 국제경제학이란 무엇인가

국제경제학은 다른 분야의 경제학과 동일한 기본적인 분석 방법을 사용한다. 그 이유는 국내 거래에서 개별 경제주체의 거래동기와 행위가 국제무역에서도 똑같이 적용되기 때문이다. 플로리다의 고급 식품점은 멕시코와 하와이에서 가져온 커피 원두를 파는데, 원두가 가게로 들어오는 경로에는 큰 차이가 없고, 미국 내에서 선적되는 것보다 훨씬 가까운 데서 원두를 수입할 수도 있다. 하지만 국제경제학에서는 다른 새로운 개념을 포함하는데, 이는 국제무역과 투자가 독립된 국가들 사이에서 발생하기 때문이다. 예를 들면, 미국과 멕시코는 주권국가이지만 플로리다와 하와이는 그렇지 않다. 만약 미국 정부가 수입을 제한하기 위해 커피 원두에 수입할당제(quota)를 부과한다면 플로리다로 가는 멕시코의 커피 선적은 중단된다. 그리고 미국 달러에 대한 멕시코 페소의 가치가 하락한다면 미국 수입업자들이 지불할 멕시코산 커피의 가격은 하락한다. 이와 대조적으로 미국 헌법은 미국 내 각 주 간의 무역제한을 금지할 뿐만 아니라 모든 주는 동일한 통화를 사용하므로 그런 사건은 미국 내에서 발생할 수 없다.

이에 따라 국제경제학의 주요 문제는 주권국가들 간의 경제적 상호작용이라는 특수한 문제가 제기하는 쟁점으로 구성되어 있다. 국제경제학의 7대 주요 연구주제는 (1) 무역의 이득, (2) 무역의 유형, (3) 보호무역주의, (4) 국제수지, (5) 환율결정, (6) 국제적 정책 조정, (7) 국제자본시장이다.

### 무역의 이득

사람들은 국제무역이 유익하다는 사실을 안다. 예를 들면, 아무도 노르웨이가 오렌지를 재배해야 한다고 생각하지 않는다. 하지만 한 국가가 국내에서 스스로 생산할 수 있는 재화를 외국에서 수입한다면 과연 무엇을 얻을 수 있는지 그러한 무역의 이득에 대해서는 많이들 회의적이다. 즉 '미국 사람들은 미국 내 일자리 창출에 도움이 될 수 있게 가급적 미국산 제품을 구입해야 하지 않을까?'라고 생각하게 된다.

아마도 국제경제학의 모든 분야에서 발견되는 가장 중요한 단 하나의 통찰은, 바로 **무역에서 이득이 발생한다**는 사실이다. 즉 국가들이 서로 재화와 용역을 거래한다면 이러한 거래는 항상 서로에게 유익하다는 것이다. 국제무역이 유익하게 되는 상황은 대부분의 사람들이 생각하는 것보다 훨씬 광범위하게 적용된다. 예를 들면 국가 간에 생산성과 임금격차가 크면 국제무역이 해롭다는 것은 잘못된 인식이다. 한편에서는 인도같이 기술이 덜 발달한 국가에 있는 기업인은 자신들의 산업수준이 아직 국제적으로 경쟁적이지 않기 때문에 자국의 경제가 국제무역에 개방되면 재앙이 발생할 것이라고 흔히들 걱정한다. 다른 한편에서는 고임금 기술 선진국의 사람들은 저임금 국가들과의 무역으로 자신들의 생활수준이 낮아질까 봐 대개 두려워한다. 예를 들어 미국의 어떤 대통령 후보는 미국이 멕시코와 자유무역협정을 맺는다면 '거대한 일자리 유출(giant sucking sound)'이 발생할 것이라고 기억에 남을 만한 경고를 하기도 했다.

하지만 무역발생 원인에 대해 이 책이 제시하는 첫 번째 모형(3장)은 한 국가가 다른 국가보다 모든 재화를 생산하는 데 훨씬 더 효율적인 경우, 그리고 반대로 모든 재화의 생산에 절대적으로 효율성이 낮아서 오직 저임금으로만 경쟁을 해야 하는 경우조차도 두 국가가 서로에게 이득이 되는 무역이 가능하다는 것을 보여준다. 또한 무역에서 이득이 발생하는 또 다른 경로로서 국가들이 자국의 풍부한 자원을 사용하여 만든 재화는 수출하고, 반대로 희소한 자원을 사용하여 만든 재화는 수입함으로써 국가 상호 간에 이득을 얻을 수 있음을 살펴볼 것이다(5장). 아울러 국제무역은 개별 국가들이 좀 더 적은 수의 재화 생산을 전문화하게 함으로써 대규모 생산의 경제적 효율성을 더욱 크게 만들기도 한다는 점도 살펴볼 것이다.

이러한 무역의 이득은 유형의 재화 무역에 국한되지 않는다. 국제적 이민과 국제간 차입 및 대여 역시 상호 유익한 무역의 형태이다. 전자는 재화와 용역 생산을 위한 노동의 국가 간 이동(4장)이고, 후자는 미래의 재화 생산을 위한 현재 재화와의 교환이다(6장). 마지막으로 주식과 채권 같은 위험자산의 국제 거래는 각국이 부를 분산하고 소득의 변동을 줄일 수 있게 함으로써 모든 국가에게 이득이 될 수 있다(20장). 이러한 무형의 무역은 마치 2월에 중남미의 신선한 과일을 캐나다 토론토 시장에 출하하는 유형의 무역과 같이 현실적인 이득을 발생시킨다.

국제무역은 국가에 전체적인 이득을 발생시키지만 국내 특정 집단에게는 손해가 될 수도 있다. 다시 말하면 국제무역은 국내 소득분배에 크게 영향을 미칠 수 있다. 소득분배에 대한 무역의 효과는 오랫동안 국제무역 이론가들의 주요 관심 사항이었고, 그들은 다음과 같이 주장한다.

국제무역은 수입품과 경쟁하는 자국 내 산업에 사용되는 '특정적인(specific)' 자원의 소유자, 즉 다른 산업에서 대체 사용될 수 없는 자원의 소유자에게는 부정적인 영향을 미칠 수 있다. 예를 들면 동력 직조기 같은 특수기계는 직물 수입으로 인해 그 가치가 하락할 것이고, 고기 잡는 어부처럼 특수기술을 가진 근로자는 어류 수입으로 인해 그들이 잡는 고기의 가치가 떨어질 것이다.

또 국제무역은 근로자와 자본가 같은 범위가 큰 집단들의 소득분배 상황을 변경시킬 수도 있다.

실제 미국은 전반적으로 계속 부유해지고 있지만 미국 내에 기술수준이 낮은 근로자의 실질임금은 명확하게 감소하고 있기 때문에, 국제무역이 국내 소득분배에 미치는 영향에 대한 논의가 단지 이론적 차원이 아닌 현실 세계 정책 논쟁의 핵심으로 이동했다. 많은 경제 평론가들은 이러한 사태의 원인을 국제무역의 증가, 특히 저임금 국가에서 생산된 공산품 수출의 급격한 증가 탓으로 돌리고 있다. 이제, 이러한 주장을 평가하는 일이 국제경제학자들에게 중요한 연구과제가 되었으며, 4~6장의 주요 주제이기도 하다.

## 무역의 유형

국제무역 이론이 실제로 관찰되는 현실을 충분히 설명할 수 없다면 경제학자들은 확신을 가지고 국제무역의 효과를 논의하거나 정부에 무역 정책을 바꾸라고 권고할 수 없을 것이다. 따라서 국제무역의 유형(누가 무엇을 누구에게 팔 것인가)을 설명하려는 시도가 국제경제학자들의 가장 중요한 임무가 되었다.

물론 이해하기 쉬운 무역 유형도 존재한다. 기후와 자원 조건은 브라질이 커피를 수출하고 사우디아라비아가 석유를 수출하는 이유를 명확하게 설명한다. 하지만 대부분 많은 무역 유형은 더 미묘하고 복잡하다. 일본은 왜 자동차를 수출하고, 미국은 왜 비행기를 수출하는가? 19세기 초에 영국의 경제학자 데이비드 리카도는 국가 간 노동생산성의 차이를 이용하여 무역을 설명했는데, 지금도 설득력이 강하다(3장). 그러나 20세기에 다른 설명들이 제시됐다. 가장 영향력이 큰 견해 중의 하나는, 자본, 노동, 토지 같은 국가 자원의 상대적 공급과 서로 다른 재화의 생산에 사용된 이러한 생산요소의 상대적 집약도 사이의 상호작용을 무역 유형과 연결한 이론이다. 이 이론은 5장에서 소개한다. 그리고 무역량과 무역 유형을 정확히 실증적으로 예측하려면 이 기본 모형을 어떻게 확장해야 하는지도 논의할 것이다. 또한 일부 국제경제학자들은 국제무역 유형을 결정하는 데 규모의 경제와 함께 상당한 수준의 임의적 요소가 있다는 이론들을 제안했으며, 이러한 이론은 7장과 8장에서 논의한다.

## 무역을 얼마나 하는가

국제경제학에서 무역의 이득이 가장 중요한 이론적 개념이라면, 얼마나 많은 무역을 허용해야 하는가에 대한 끝없는 논쟁은 국제경제학의 가장 중요한 정책적 주제이다. 16세기에 근대국가의 출현 이후 각국 정부는 국제경쟁이 자국 산업의 번영에 미치는 영향을 우려해 수입을 제한하여 외국과의 경쟁으로부터 보호하거나 수출을 지원하여 자국 산업을 도왔다. 국제경제학의 가장 일관된 하나의 임무는 소위 이러한 보호주의 정책의 효과를 분석하는 것이었고, 항상 그랬던 것은 아니지만 보통 보호주의를 비판하고 자유무역의 이점을 보여주는 것이었다.

얼마나 많은 무역을 허용할 것인가에 대한 논쟁은 1990년대에 새로운 방향으로 나아갔다. 제2차 세계대전 이후 미국을 중심으로 한 선진 민주주의 국가들은 국제무역장벽을 제거하려는 광범위한 정책을 추구했다. 이러한 정책은 자유무역이 세계의 번영뿐만 아니라 세계 평화를 촉진하는 힘이라는 견해를 반영한 것이다. 1990년대 전반에는 몇 가지 중요한 자유무역협정의 협상이 있었다. 가장 주목할 만한 것은 1993년 미국, 캐나다, 멕시코 사이에 체결된 북미자유무역협정(North American Free Trade Agreement, NAFTA)과 1994년 세계무역기구(World Trade Organization, WTO)로 발전된 이른바 우루과이라운드(Uruguay Round)였다.

그러나 그 이후 '세계화(globalization)'에 대한 반발이 거세졌다. 2016년 영국은 회원국들 간 상품과 사람의 자유로운 이동을 보장하는 유럽연합을 탈퇴하기로 투표함으로써 기존 정치 세력에 충격을 주었다. 같은 해 미국에서 열린 대통령 선거에서도 수입 경쟁과 불공정 무역 거래가 일자리를 앗아갔다는 주장이 중요한 역할을 했다. 이와 같은 반세계화를 위한 대규모 반발 현상은 그 어느 때보다도 자유무역 옹호론자들에게 큰 압력으로 작용하며 그들은 자신의 견해를 설명할 방법을 모색해야 할 상황에 처하게 되었다.

현재 보호주의적인 주장들의 역사적 중요성과 시사성으로 인해 이 책의 4분의 1은 보호무역주의에 대한 주제에 할애되었다. 오랫동안 국제경제학자들은 국제무역에 영향을 미치는 정부 정책의 효과에 대해 단순하지만 강력한 분석의 틀을 개발해왔다. 이 분석의 틀은 무역 정책의 효과를 예측할 뿐만 아니라 비용-편익 분석을 가능하게 하고, 정부가 경제에 언제 개입하는 것이 좋은가를 결정하는 기준을 제시한다. 이 분석의 틀은 9장과 10장에서 설명할 것이며, 이를 사용하여 11장과 12장에서 많은 정책적 쟁점을 논의할 것이다.

그러나 현실 세계에서 정부의 정책입안자들이 반드시 경제학자들이 제시하는 비용-편익 분석의 결과대로 행동하는 것은 아니다. 그렇다고 이러한 분석 자체가 쓸모없다는 것은 아니다. 경제 분석을 통해 수입할당제나 수출보조금 같은 정부 조치로 누가 이득을 보고, 누가 피해를 보는가를 제시함으로써 국제무역 정책의 정치경제학적 의미를 이해하는 데 도움이 될 것이다. 이 분석의 핵심 개념은 국가 간(between) 이익 충돌보다는 한 국가 내(within) 이익집단 간 이익 충돌이 더욱 중요하다는 점이다. 4장과 5장은 무역이 한 국가 내 소득분배에 매우 강력한 영향을 미친다는 사실을 보여주는 반면, 10~12장은 국가 전체의 이익보다는 한 국가 내 서로 다른 이익집단의 상대적 힘이 정부의 무역 정책을 결정하는 데 중요한 요소가 된다는 것을 보여준다.

## 국제수지

1998년에 중국과 한국은 각각 약 400억 달러의 무역흑자를 기록했다. 중국의 경우 무역흑자는 이상한 일이 아니다. 미국을 포함한 다른 국가들로부터 규정을 어긴다는 불만이 커지고 있지만, 중국은 수년 동안 계속해서 대규모 무역흑자를 기록하고 있다. 그렇다면 무역흑자를 기록하는 것은 좋은 일이고 무역적자를 기록하는 것은 나쁜 일일까? 한국인들에게는 그렇지 않았다. 그 당시 한국의 무역흑자는 경제위기와 금융위기로 인해 강요된 것이었고, 한국인들은 그런 무역흑자가 필요한 것에 대해 매우 분개했었다.

이 비교는 **국제수지**(balance of payment)가 개별 국가에게 의미하는 바를 이해하려면 경제학적인 분석을 해야 한다는 사실을 보여준다. 국제수지는 다국적 기업에 의한 해외직접투자(8장), 국민소득계정과 관련된 국제적 거래(13장), 국제통화 정책의 전반적인 논의 과정(17~22장)에서 다양한 내용으로 등장한다. 보호무역주의 문제와 마찬가지로 국제수지는 1982년 이후 미국이 매년 막대한 무역적자를 기록하고 있으므로 미국에서 핵심적 쟁점이 되었다.

## 환율결정

2010년 9월, 브라질 재무장관 기두 만테가(Guido Mantega)의 세계는 '국제통화전쟁의 한복판'에 있다는 발언이 대서특필로 보도되었다. 그 발언의 계기는 2009년 초 45센트 미만이었던 브라질의 헤알화의 가치가 그 발언을 했던 시기에 거의 60센트까지 급상승했던 데 있었다(이후에도 몇 달 동안 65센트까지 상승했다). 만테가는 부유한 국가, 특히 미국이 이 상승의 조작을 주도하여 브라질의 수출업자들에게 엄청난 충격을 주었다고 비난했다. 그렇지만 헤알화의 가치 하락은 단기적 현상에 그쳤다. 즉 2011년 중반부터 헤알화의 가치가 떨어지기 시작했고, 2013년 여름에는 45센트로 다시 내려갔다.

국제경제학과 다른 경제학 분야의 중요한 차이점은, 국제경제학은 국가들이 보통 그들만의 고유한 통화를 가지고 있다는 것을 고려한다는 것이다. 단, 유럽의 많은 국가가 공유하는 유로화의 경우는 예외이다. 그리고 헤알화의 예에서 알 수 있듯이 국제경제학에서는 이런 통화들 간의 상대적 가치가 시간이 흐름에 따라 변화하고, 때로는 급격하게 변화할 수도 있다는 점을 고려한다.

역사적으로 볼 때 환율결정에 관한 연구는 국제경제학 분야에서 비교적 새로운 분야이다. 그 이유는 현대 경제 역사의 상당 기간 환율은 시장에 의해 결정되기보다는 정부에 의해 고정되었기 때문이다. 제1차 세계대전 이전에는 세계 주요 통화의 가치가 금에 고정되었고, 제2차 세계대전 이후 한 세대 동안 대부분의 통화 가치는 미국 달러에 고정되었다. 환율을 고정하는 국제통화 시스템에 관한 분석은 여전히 중요한 주제이다. 18장에서는 고정환율제도를 설명하고, 19장에서는 대안적 환율제도의 역사적 성과, 21장에서는 유럽연합의 통화동맹 같은 통화지역의 경제에 대해 다루고 있다. 하지만 세계에서 가장 중요한 여러 환율은 지금도 시시각각 변동하고 있으며, 이러한 환율 변동의 역할은 한참 동안 국제경제학 이야기의 중심에 있을 것이다. 현대의 변동환율 이론은 14~17장에서 주로 다룰 것이다.

## 국제적 정책 조정

국제경제는 자유롭게 경제 정책을 선택할 수 있는 주권국가들로 구성되어 있다. 그런데 불행히도 통합된 세계 경제에서는 통상적으로 한 국가의 경제 정책이 다른 국가의 경제에 영향을 주기 마련이다. 예를 들면 1990년 동서독의 재통일로 인해 발생하려는 인플레이션을 억제하기 위해 독일 중앙은행(Bundesbank)이 이자율을 올린 것은 여타 서유럽 국가들의 경기 침체를 야기했다. 국가들 간 정책 목표의 차이가 보통 이해 상충을 발생시킨다. 국가들의 목표가 비슷하다 할지라도 서로 정책을 조정하지 못하면 결국 손실을 볼 수 있다. 국제경제학의 근본적인 문제는 각국에게 각자 해야 할 일을 지시할 권한을 가진 세계정부가 없기 때문에 서로 다른 국가들의 국제무역과 통화 정책을 서로 받아들일 수 있게 조화시키는 방법에 관한 것이다.

거의 70년 동안 국제무역 정책은 관세와 무역에 관한 일반협정(General Agreement on Tariffs and Trade, GATT)이라는 국제 협정에 지배받았다. 1994년 이후 국제 무역규범은 새로운 국제기구인 세계무역기구(WTO)가 집행했는데, 이 새로운 기구를 통해 미국을 포함한 회원 국가들의 개별 무역 정책이 이전 국제 협정을 위반하는지 계속해서 식별할 수 있게 되었다. 이 WTO 체제에 대한 이론적 합리성은 9장에서 논의할 것이며, 세계 경제에서 국제무역에 대한 현재의 경기규칙이 지속될 수 있는지 혹은 지속되어야 하는지를 살펴볼 것이다.

국제무역 정책에 대한 국가 간 협력(cooperation)은 비교적 잘 정립된 전통이지만, 국제거시경제 정책의 조정(coordination)은 더욱 새롭고 불확실한 주제이다. 국제거시경제 정책 조정 원리를 정형화하려는 시도는 1980~1990년대로 거슬러 올라가며, 오늘날까지 논란이 되고 있다. 그럼에도 불구하고 국제거시경제 정책 조정은 현실 세계에서 점점 더 자주 일어나고 있다. 국제거시경제 정책 조정에 관한 이론과 경험에 대해서는 19장에서 검토할 것이다.

### 국제자본시장

2007년 미국 주택담보대출 증권(대규모의 주택담보대출 수익에 대한 청구 권리)을 매입한 투자자들은 큰 충격을 받았다. 주택 가격이 떨어지기 시작하면서 주택담보대출 채무불이행은 치솟았고, 그들이 안전하다고 보장했던 투자가 매우 위험한 것으로 드러났다. 대부분 이 청구권은 주로 금융기관의 소유였기 때문에 주택파산은 곧 은행위기로 변했다. 그리고 중요한 점은 다른 나라들, 특히 유럽의 은행 역시 이 증권을 많이 사들였기 때문에 이것이 단지 미국 은행만의 위기가 아니었다는 것이다.

이 사건은 미국에서만 끝나지 않았고, 곧이어 유럽에서도 주택파산이 발생했다. 그런 파산은 주로 남유럽에서 일어났지만, 스페인 은행에 돈을 빌려준 독일 은행과 같은 많은 북유럽 은행도 재정적인 위기에 크게 노출되었다는 것이 곧 자명해졌다.

잘 발달된 경제에서는 개인 투자자와 기업이 미래의 지불 약속과 현재의 현금을 교환할 수 있게 하는 매우 다양한 자본시장이 광범위하게 존재한다. 1960년대 이후 국제무역이 계속 중요해진 것은 바로 이러한 개별 국가들의 자본시장을 연결하는 **국제자본시장**이 성장했기 때문이다. 그 결과 1970년대에 중동의 석유부국들은 원유 대금을 런던이나 뉴욕의 은행에 예금할 수 있었고, 이 은행들은 다시 그 돈을 아시아와 중남미의 정부나 기업에게 빌려줄 수 있었다. 1980년대에 일본은 수출 호조로 벌어들인 많은 돈을 미국 내 투자로 전환했는데, 그중에는 일본 기업의 미국 자회사 설립도 포함되어 있었다. 오늘날 중국 정부는 수출로 번 외화를 사용하여 국제 준비금으로 미국 달러를 보유함은 물론, 다양한 해외 자산에 쏟아붓고 있다.

국제자본시장은 국내자본시장과 여러 중요한 측면에서 다르다. 국제자본시장은 많은 나라가 자국 내로 투자한 외국인들에 대한 특별규제를 적절히 대처하게 해주고, 때때로 국내 시장에 부과되는 규제를 피하는 기회를 제공하기도 한다. 1960년대 이후 거대한 국제자본시장이 발생했는데, 특히 주목할 만한 런던의 유로 달러 시장에서는 매일 수십억의 미국 달러가 미국 시장과 전혀 접촉 없이 교환되고 있다.

국제자본시장과 관련된 몇 가지 특별한 리스크가 있다. 그중 하나는 환율의 변동이다. 만약 유로화가 달러화에 비해 하락하면 유로 채권을 사들인 미국 투자자들은 자본 손실을 입게 된다. 또 다른 위험은 국가 채무불이행이다. 즉 국가가 단순히 능력이 없다는 이유만으로 원금상환을 거부할 수도 있고, 채권자들이 이를 법정에 세워 해결할 수 있는 방법이 딱히 없을 수도 있다. 실제로 최근 몇 년 동안 유럽 채무국들의 채무불이행 우려는 세계의 두려운 관심사였다.

국제자본시장은 점점 더 중요해지고 있으며 새로운 문제점은 그 어느 때보다 더 큰 관심을 필요로 한다. 이 책에서 2개의 장을 할애하여 국제자본시장에서 야기되는 쟁점을 다룰 것이다. 20장에서는 글로벌 자산시장의 기능에 대해 살펴볼 것이며, 22장에서는 개발도상국의 해외차입에 대해 논의할 것이다.

## 국제경제학: 무역과 금융

국제경제학은 크게 **국제무역**과 **국제금융** 분야로 구분할 수 있다. 국제무역 이론은 주로 국제경제에서 발생하는 **실물거래**, 즉 재화의 물리적 이동이나 경제 자원의 명확한 약속을 포함하는 거래에 초점을 맞춘다. 국제금융 이론은 국제경제의 금융 측면, 예를 들면 외국의 미국 달러 매입과 같은 **금융거래**에 초점을 맞춘다. 국제무역 쟁점의 예로는 유럽의 농산물 수출보조금을 둘러싼 미국과 유럽의 갈등을 들 수 있고, 국제금융 쟁점의 예로는 달러의 외환가치가 자유롭게 변동하도록 허용되어야 하는지 아니면 정부의 조치에 의해 안정되어야 하는지에 대한 논쟁을 들 수 있다.

현실 세계에서는 무역과 금융 문제를 단순하게 구분하기 어렵다. 대부분의 국제무역은 금융거래를 포함하지만, 이 장의 예에서 알 수 있듯이 많은 금융 사건은 무역에 중요한 결과를 가져오기도 한다. 그럼에도 불구하고 국제무역과 국제금융으로 구분하는 것은 세계 경제를 이해하는 데 유용할 것이다. 이 책의 전반부는 국제무역의 쟁점을 다룬다. 1부(2~8장)는 국제무역의 분석 이론을 전개하고, 2부(9~12장)는 이 무역 이론을 정부의 무역 정책 분석에 적용할 것이다. 3부(13~18장)는 국제금융 이론을 전개하고, 4부(19~22장)는 이 이론을 국제금융 정책에 적용할 것이다.

CHAPTER **2**

# 세계무역 : 개관

20 19년, 전 세계에서 생산된 재화와 서비스는 경상가격으로 약 88조 달러이다. 이 중 약 30%가 국경을 넘어 판매되었고, 세계무역액은 거의 25조 달러에 달했다. 수출과 수입이 매우 많다고 할 수 있다.

이 장에서는 각 국가는 왜 자국이 생산한 많은 제품을 다른 나라에 판매하며, 왜 자국이 소비하는 많은 제품을 다른 나라로부터 구매하는지 분석할 것이다. 또한 국제무역의 혜택과 비용을 검토하고 무역을 제한하거나 촉진하는 정부 정책의 동기와 효과를 살펴볼 것이다.

하지만 그 전에 누가 누구와 무역을 하는지 설명하는 것부터 시작해보자. 중력 모형으로 알려진 실증적 무역관계는 모든 당사국들 간 무역의 양을 이해하는 데 도움을 주며, 오늘날의 세계 경제에서도 계속해서 무역을 제한하는 방해요인이 무엇인가를 조명해준다.

그다음은, 변화하는 세계무역 구조를 살펴볼 것이다. 최근 수십 년간 국제적으로 판매되는 세계 생산물의 비중이 크게 증가했는데, 그 이유는 세계 경제 중심부가 아시아로 이동한 것과 그 무역을 구성하는 재화의 유형이 크게 변했기 때문이라는 것을 알게 될 것이다.

### 학습목표

- 어떤 두 나라의 무역액이 해당 국가들의 경제규모에 따라 어떻게 달라지는지 기술하고 그 관계에 대한 이유를 설명한다.
- 국가 간 거리와 국경이 어떻게 무역을 감소시키는지 논한다.
- 국제적으로 교역되는 생산물의 비중이 시간이 지나면서 어떻게 변했고, 두 번의 세계화 시대가 있었던 이유를 설명한다.
- 국제적으로 교역되는 재화와 서비스의 구성이 시간이 지나면서 어떻게 변했는지 설명한다.

## 누가 누구와 교역을 하는가

그림 2-1은 2019년 미국과 미국의 상위 15대 무역상대국 간 재화의 총무역액(수출액과 수입액의 합)을 나타낸다(서비스 무역에 대한 자료는 무역상대국별로 그다지 잘 분류되어 있지 않다. 서비스 무역의 중요성이 점점 증가하는 점 그리고 서비스 무역에서 제기되는 쟁점에 대해서는 이 장 후반부에

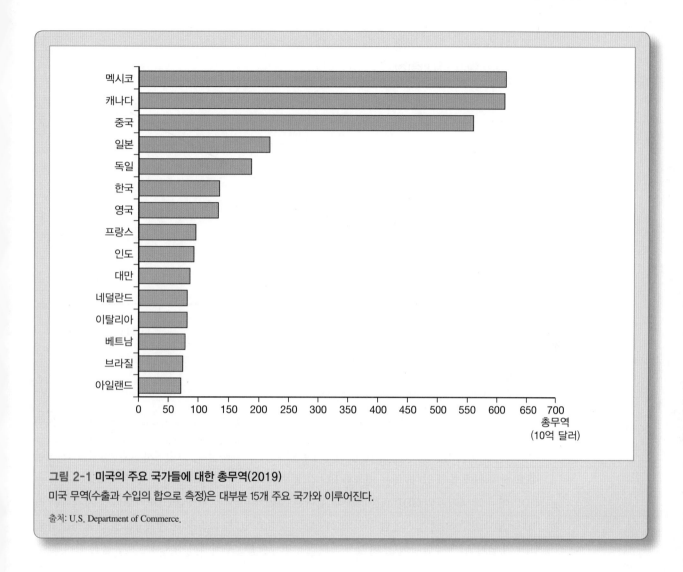

**그림 2-1 미국의 주요 국가들에 대한 총무역(2019)**
미국 무역(수출과 수입의 합으로 측정)은 대부분 15개 주요 국가와 이루어진다.

출처: U.S. Department of Commerce.

서 알아보자). 이들 15개국을 합치면 2019년 미국 무역액의 75%를 차지한다.

미국은 왜 이 국가들과 그렇게 많이 무역을 했을까? 실제로 누가 누구와 무역하는가를 결정하는 요인을 살펴보자.

### 경제규모가 중요하다: 중력 모형

미국의 15대 무역상대국 중 3개국은 유럽 국가(독일, 영국, 프랑스)이다. 미국은 왜 다른 나라보다 이 세 유럽 국가와 더 많은 무역을 할까? 그 답은 이 국가들이 유럽의 3대 경제대국이라는 것이다. 즉 그들은 한 경제에서 생산된 모든 재화와 서비스의 총액으로 측정된 **국내총생산**(gross domestic product, GDP)이 가장 높은 국가이다. 한 나라의 경제규모와 무역량(수입량과 수출량) 간에는 강한 실증적 관계가 있다.

그림 2-2는 2019년 여러 유럽 경제(2019년 미국의 가장 중요한 서유럽 교역대상국 10개국 대상)의 규모와 미국과의 무역 사이의 대응관계를 나타낸다. 수평축은 EU 총GDP 대비 각국의 GDP 비율을,

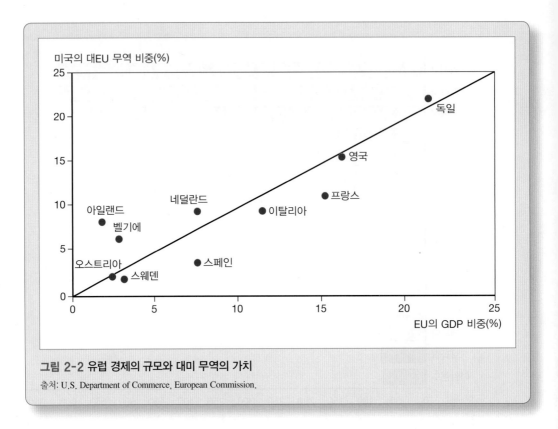

**그림 2-2 유럽 경제의 규모와 대미 무역의 가치**
출처: U.S. Department of Commerce, European Commission.

수직축은 미국과 EU 간 총무역 대비 각국의 무역 비중을 나타낸다. 그림에서 보는 것처럼 각 점이 45도 선 주위에 몰려 있다. 이는 미국과 EU 간 총무역 대비 각 국가의 무역 비중이 대체로 서유럽 총 GDP 대비 그 국가들의 GDP 비중과 거의 같다는 것을 의미한다. 서유럽 GDP의 20%를 차지하는 경제대국인 독일은 미국과 서유럽 무역의 24%를 차지하고 있다. 훨씬 작은 경제규모인 스웨덴은 유럽 GDP의 단지 3.2%에 불과하다. 따라서 스웨덴이 미국과 EU 무역에서 차지하는 점유율은 단지 2.3%에 불과하다.

세계무역을 전체적으로 볼 때 경제학자들은 다음과 같은 식이 두 국가 간의 무역을 꽤 정확하게 예측한다는 사실을 발견했다.

$$T_{ij} = A \times Y_i \times Y_j / D_{ij} \tag{2-1}$$

여기서 $A$는 상수항, $T_{ij}$는 $i$국과 $j$국 간의 무역액, $Y_i$는 $i$국의 GDP, $Y_j$는 $j$국의 GDP, $D_{ij}$는 두 국가 간의 거리이다. 즉 여타의 조건이 같을 때 두 국가 간의 무역액은 두 국가의 GDP의 곱에 비례하고 두 국가 간의 거리에 따라 체감한다.

식 2-1과 같은 식은 세계무역의 **중력 모형**(gravity model)이라고 한다. 그런 이름을 붙인 이유는 뉴턴(Newton)의 중력법칙과 유사하기 때문이다. 즉 두 물체 간의 중력이 그들의 질량의 곱에 비례하고 그들 간의 거리에 따라 체감하는 것과 마찬가지로, 여타의 조건이 같을 때 두 국가 간의 무역은 그들의 GDP의 곱에 비례하고 거리에 따라 체감한다는 것이다.

경제학자들은 대개 다음과 같은 형태의 좀 더 일반적인 중력 모형을 추정하기도 한다.

$$T_{ij} = A \times Y_i^a \times Y_j^b / D_{ij}^c \tag{2-2}$$

　이 식은 무역이 두 국가의 GDP 곱에 비례하고 거리에 반비례한다고 구체적으로 가정하지 않고, 두 나라 간의 무역량을 결정하는 세 가지 요인으로 두 국가의 GDP 크기와 두 국가 간의 거리를 말해주고 있다. 대신 a, b, c는 가능한 한 실제 통계 자료에 맞도록 선택한다. 만약 a, b, c가 모두 1이면 이 식은 식 2-1과 같게 된다. 실제로 이 값들은 식 2-1과 상당히 유사하게 추정되곤 한다.

　중력 모형이 잘 작동하는 이유는 무엇인가? 대체로 경제규모가 큰 나라는 소득이 높으므로 수입에 대한 소비지출이 높은 경향이 있다. 또한 그들은 다양한 제품을 생산하기 때문에 다른 나라들의 소비에서 많은 부분을 차지할 수 있게 될 수도 있다. 그래서 다른 조건이 동일하다면 양국의 경제규모가 클수록 두 국가 간의 무역 규모도 커진다.

　동일하지 않은 다른 조건이란 무엇인가? 이미 지적한 바와 같이 실제로 국가는 소득의 대부분을 국내에서 지출한다. 미국과 EU는 각각 세계 GDP의 약 25%를 차지하지만 다른 국가들의 소비에는 2% 정도 차지할 뿐이다. 실제 무역의 흐름을 이해하려면 국제무역을 제한하는 요인을 고려해야 한다. 하지만 그러기 전에 왜 중력 모형이 유용한지 그 중요한 이유를 살펴보자.

## 중력 모형의 용도: 예외 사항 찾아보기

그림 2-2를 보면 중력 모형은 미국과 유럽 국가들과의 무역자료로 분명히 적합하긴 하지만, 그렇다고 완전하다고 할 수는 없다. 사실 중력 모형은 무역에서 예외적인 것을 가려내는 데 유용하다. 중력 모형이 예측하는 것보다 실제 두 국가 간의 무역이 더 많거나 더 적을 때 경제학자들은 설명할 근거를 찾는다.

　그림 2-2를 다시 보면 네덜란드, 벨기에, 아일랜드는 중력 모형이 예측한 것보다 미국과 무역을 상당히 더 많이 하는 것을 알 수 있다. 그 이유는 무엇일까?

　아일랜드에 대해서는 문화적 유사성이라는 측면에서 그 답을 부분적으로 찾을 수 있다. 아일랜드는 미국과 동일한 언어를 쓸 뿐만 아니라 수천만의 미국인은 아일랜드 이민자의 후예이다. 더구나 아일랜드는 미국에 기반을 둔 많은 회사를 자국에 유치한 나라로서의 특별한 역할을 하고 있다. 그와 같은 **다국적 기업**의 역할에 대해서는 8장에서 논의할 것이다.

　네덜란드와 벨기에의 경우 아마도 지리적 여건과 운송비용 요인이 미국과의 많은 무역량을 설명할 수 있을 것이다. 두 국가는 독일의 공업중심지인 루르를 지나는 서유럽의 가장 긴 라인강 입구에 가깝게 입지해 있다. 그런 이유로 네덜란드와 벨기에는 전통적으로 북서유럽의 관문이었다. 항구에서 처리된 무역량 톤수에 따르면 네덜란드의 로테르담은 유럽에서 가장 중요한 항구이고, 벨기에의 앤트워프는 둘째로 중요한 항구이다. 다시 말하면 벨기에와 네덜란드가 무역을 많이 한다는 사실은, 운송비용과 지리적 위치가 무역량을 결정하는 데 중요한 역할을 하고 있음을 제시한다. 이러한 요인이 중요하다는 사실은 무역자료 사례를 찾아보면 더 명백해진다.

## 무역의 장애물: 거리, 무역장벽, 국경

그림 2-3은 그림 2-2와 같은 자료를 사용하여 미국의 총무역 중 서유럽 국가들의 비중과 서유럽의 총GDP 대비 각국의 비중을 보여주는데, 캐나다와 멕시코를 추가한 것이다. 그림에서 볼 수 있듯이

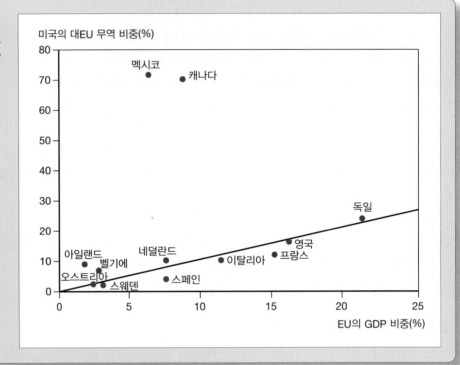

**그림 2-3 경제규모와 대미 무역**

미국은 동일 규모의 유럽 국가들보다 이웃 국가(캐나나와 멕시코)와 훨씬 더 많은 무역을 한다.

출처: U.S. Department of Commerce, European Commission.

미국의 이 두 이웃 국가는 같은 경제규모의 유럽 국가들보다 미국과 훨씬 더 많은 무역을 하고 있다. 사실 캐나다와 멕시코의 경제를 합하면 프랑스 경제규모와 비슷하지만, 미국과의 무역은 12배 정도 가 된다.

미국이 유럽 국가보다 북미 인접국들과 무역을 훨씬 더 많이 하는 이유는 무엇인가? 한 가지 중요 한 이유는 캐나다와 멕시코가 훨씬 더 가깝다는 단순한 사실이다.

추정된 모든 중력 모형은 국제무역에 대한 거리 요인의 강한 음의 효과를 보여준다. 전형적으로 추 정되는 값에 따르면 두 국가 간의 거리가 1% 멀어지면 양국 간의 무역은 0.7% 감소한다는 것이다. 이러한 무역 감소는 재화와 서비스의 운송비용 증가를 부분적으로 반영한다. 또한 경제학자들은 무 형적인 요인이 중요한 역할을 한다고 믿는다. 즉 국가들의 밀접한 인적 접촉이 무역을 강화하고 인 적 접촉은 거리가 멀수록 감소하는 경향이 있다는 것이다. 예를 들면 미국의 판매원이 토론토를 자 주 방문하기는 쉽지만 파리에 가는 것은 훨씬 더 큰일이다. 회사가 미국 서해안에 있지 않으면 도쿄 를 방문하는 것은 더욱더 큰일이다.

캐나다와 멕시코는 미국의 인접국일 뿐만 아니라 오랫동안 미국과 **무역협정**(trade agreement) 을 맺은 회원국이다. 그 무역협정이란 북미자유무역협정(North American Free Trade Agreement, NAFTA)을 말하는데, 2020년에 약간 수정되어 미국-멕시코-캐나다 협정(USMCA)으로 대체되었 다. 이 협정은 이 세 국가 간 교역되는 대부분의 상품에 관세나 다른 무역장벽 조치를 적용하지 않을 것임을 보증한다. 8~9장에서는 국제무역장벽의 효과를 분석하고, 10장에서는 무역협정의 역할을 분 석할 것이다. 그럼 여기서 경제학자들이 중력 모형을 실제 국제무역에 대한 무역협정의 효과를 평가하는 방법으로 이용한다는 것을 생각해보자. 즉 무역협정이 효과가 있다면 무역협정 회원국들 간의 무역은 GDP와 거리가 주어졌을 때 예측할 수 있는 것보다 훨씬 클 것이다.

그러나 무역협정이 보통 국가들 간의 모든 공식적인 무역장벽을 종식하기는 하지만 국가 간 국경을 무의미하게 만들지는 않는다는 점에 주목해야 한다. 국경을 넘어 교역되는 대부분의 재화와 서비스에 관세도 없고 법적 규제도 거의 받지 않는 경우라도 어떤 국가 내부에 있는 지역들 간 거래량을 보면 그 지역과 매우 유사한, 하지만 다른 국가에 위치한 지역과의 무역보다 거래량이 훨씬 많은 것으로 나타난다. 캐나다와 미국 국경이 이를 잘 보여준다. 대부분의 캐나다인은 영어를 쓰고, 양국 간 자유무역협정(실제로 NAFTA 전에도 캐나다와 미국 간 자유무역협정이 있었다)으로 국민들은 최소한의 공식절차로 국경을 자유롭게 왕래한다. 그러나 캐나다 각 주 간의 무역자료와 캐나다 주와 미국 주 간의 무역자료는, 다른 조건이 같을 때 캐나다 주 간의 무역이 캐나다 주와 미국 주 간의 무역보다 훨씬 많은 것으로 나타난다.

표 2-1는 그 차이의 정도를 나타낸다. 미국 워싱턴주 바로 북쪽에 있는 캐나다 브리티시컬럼비아주와 캐나다의 다른 주 및 미국 주와의 총무역(수출과 수입의 합)을 각 주 GDP의 비율로 측정하여 보여준다. 그림 2-4는 이 주들의 위치를 나타낸다. 캐나다의 각 주는 브리티시컬럼비아주에서 대략 같은 거리인 미국 주와 짝을 이룬다. 즉 워싱턴주와 앨버타주는 브리티시컬럼비아주와 인접하고, 온타리오주와 오하이오주는 둘 다 중서부에 있다. 캐나다의 가장 동쪽에 있는 뉴브런즈윅주은 예외로 하고, 캐나다 주 간의 무역은 거리에 따라 지속적으로 감소한다. 그러나 브리티시컬럼비아주와 캐나다 주 간의 무역은 같은 거리의 미국 주와의 무역보다 훨씬 크다.

여러 경제학자들이 중력 모형으로 거리 효과를 추정하면서 표 2-1과 같은 무역자료를 사용하여 계산한 결과, 캐나다와 미국 국경이 세계에서 가장 개방적인 국경임에도 불구하고 마치 두 국가가 1,500~2,500마일 떨어져 있는 것처럼 국경이 양국의 무역을 저해하는 영향이 큰 것으로 나타났다.

국경은 왜 무역에 그렇게 큰 부정적 영향을 미치는가? 이에 대한 연구는 현재 진행 중이다. 21장에서 그 분야의 최근 연구를 하나 소개할 것인데, 국가 간의 서로 다른 통화의 존재가 재화와 서비스의 국제무역에 얼마나 큰 효과를 미치는가에 대해 살펴볼 것이다.

| 표 2-1 | GDP의 비율로 나타낸 브리티시컬럼비아주와의 무역(2009) | | |
|---|---|---|---|
| 캐나다의 주 | GDP의 무역비율(%) | GDP의 무역비율(%) | 비슷한 거리의 미국 주 |
| 앨버타 | 6.9 | 2.6 | 워싱턴 |
| 서스캐처원 | 2.4 | 1.0 | 몬태나 |
| 매니토바 | 2.0 | 0.3 | 캘리포니아 |
| 온타리오 | 1.9 | 0.2 | 오하이오 |
| 퀘벡 | 1.4 | 0.1 | 뉴욕 |
| 뉴브런즈윅 | 2.3 | 0.2 | 메인 |

출처: Statistics Canada, U.S. Department of Commerce.

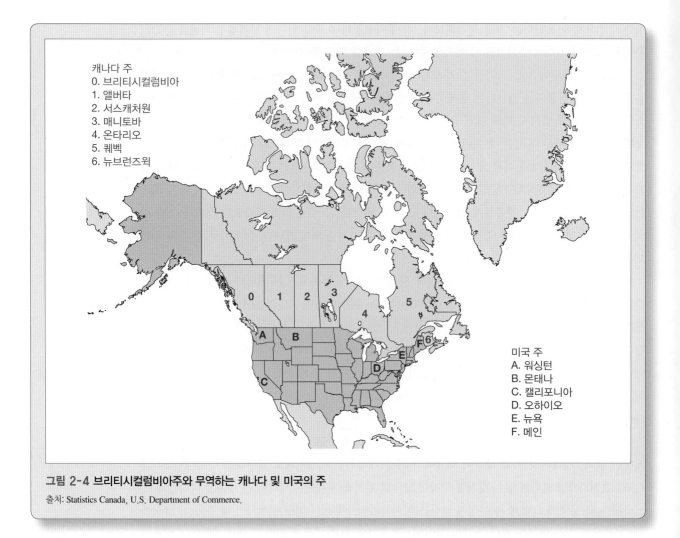

**그림 2-4 브리티시컬럼비아주와 무역하는 캐나다 및 미국의 주**

출처: Statistics Canada, U.S. Department of Commerce.

## 세계무역 유형의 변화

세계무역은 마치 움직이는 표적과 같다. 오늘날 세계무역의 변화 방향과 구성은 1세대 전과 매우 다르고, 1세기 전과는 훨씬 더 다르다. 세계무역의 주요 추세를 살펴보자.

### 세계는 전보다 작아졌는가

세계 경제에 대해 잘 알려진 이야기로, 현대의 교통과 통신의 발전 덕분에 거리 개념이 사라졌고 그래서 세계는 작은 지구촌이 되었다는 말을 자주 듣는다. 이 말은 분명 어느 정도 사실이다. 인터넷은 수천 마일 떨어져 있는 사람들 간의 의사소통을 즉각적이며 거의 자유롭게 만들었고, 제트기로 지구상의 모든 곳에 빨리 갈 수 있게 되었다. 하지만 다른 한편으로 보면 중력 모형은 거리와 국제무역과의 강한 음의 관계를 계속 보여준다. 그런 효과는 과연 시간이 지남에 따라 더 약화되었을까? 교통과 통신의 발달은 세계를 더 작게 만들었을까?

대답은 '그렇다'이다. 그러나 역사는 또한 정치적 힘이 기술의 효과보다 우위를 나타낼 수 있다는 사실을 보여준다. 세계는 1840~1914년 사이에 작아졌지만 20세기 대부분 기간에는 다시 커졌다.

경제사학자들은 세계 경제가 먼 거리의 국가 간에도 강한 경제적 연계를 가지는 것은 새삼스러운 일이 아니라고 말한다. 실제로 두 번의 큰 세계화 물결이 있었는데, 첫째는 제트기와 인터넷이 아닌 철도, 증기선, 전신기계의 의한 세계화였다. 1919년에 위대한 경제학자인 존 메이너드 케인스(John Maynard Keynes)는 그 세계화 출현의 결과를 다음과 같이 기술했다.

과거의 시대는 1914년 8월 마침내 종지부를 찍게 되었고 인류의 경제적 진보에 매우 놀라운 일이 벌어지고 있다! … 런던의 거주자는 침대에서 아침 차를 마시면서 온갖 다양한 제품을 자신이 원하는 적당한 양만큼 전화로 주문하고, 또 집으로 좀 더 빨리 배달되기를 기대한다.

하지만 그 시대가 1914년에 '종지부를 찍었다'는 케인스의 말에 주의할 필요가 있다. 사실 그 이후 두 번의 연속적인 세계대전, 1930년대의 대공황 그리고 광범위하게 퍼져 있는 보호무역주의로 인해 세계무역은 크게 침체되었다. 그림 2-5는 국제무역의 흐름을 볼 수 있는 측정치로서 세계 GDP 대비 세계무역 비율을 보여준다. 세계무역은 제1차 세계대전까지 수십 년 동안 빠르게 증가하고 나서 이후에 크게 감소한 것으로 나타난다. 이 측정치로 보는 바와 같이 세계화는 1970년대 말까지 제1차

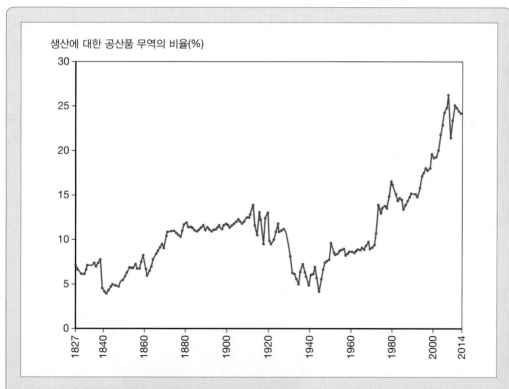

생산에 대한 공산품 무역의 비율(%)

**그림 2-5 세계무역의 감소와 증가**

세계 GDP 대비 수출의 비율은 제1차 세계대전 이전 수십 년간 증가했지만 전쟁과 보호무역주의에 직면하여 급격히 떨어졌다. 이는 1970년대까지 1913년 수준으로 돌아가지 않았지만, 이후로 새로운 최고치에 도달했다.

출처: Michel Fouquin and Jules Hugot, "Trade Globalisation in the Last Two Centuries," *Voxeu* (September 2016).

세계대전 이전의 수준을 회복하지 못했다.

　그렇지만 그 후 전 세계 생산에 대한 전 세계 수출의 비중은 전례 없는 수준으로 증가했다. 세계무역액의 이러한 증가는 소위 생산의 수직적 분절화에 주로 기인한다. '생산의 수직적 분절화(vertical disintegration)'라는 개념은 생산물이 소비자의 수중에 도달하기 전에 보통 여러 나라에서 수많은 생산 단계를 거친다는 것을 의미한다. 예를 들어 휴대전화, 아이폰 등과 같은 소비자 전자제품을 보면 보통 일본과 같은 고임금 국가에서 부품을 생산하고 나서 이 부품을 중국과 같은 저임금 국가에서 조립한다. 이렇게 많은 부품이 국경을 넘어 광범위하게 교역되기 때문에 100달러의 제품은 200달러 내지 300달러의 세계무역 흐름을 발생시킨다.

## 무엇을 교역하는가

국가가 무역한다고 할 때 과연 무엇을 교역한다는 것일까? 세계 전체로 보면 자동차, 컴퓨터, 의류 등의 공산품을 서로 교역한다. 그러나 광물제품(구리 광석에서 석탄에 이르는 모든 품목을 포함하나 현대 세계의 주요 품목은 석유)의 무역은 여전히 세계무역의 중요한 부분을 차지한다. 밀, 콩, 면화 같은 농산물 역시 세계무역의 또 다른 중요한 부분이고, 각종 다양한 서비스 무역 역시 중요한 역할을 하며 앞으로 더욱 중요해질 것으로 기대된다.

　그림 2-6은 2017년 세계 수출의 품목별 구성 비율을 보여준다. 온갖 종류의 공산품이 세계무역에서 가장 높은 비중을 차지한다. 광산물의 세계 수출 비중은 주로 석유와 기타 연료로 구성되어 있다. 농산물은 많은 나라를 먹여 살리는 데 중요하지만 현대 세계무역에서는 낮은 비중을 차지하고 있을 뿐이다.

　한편 서비스 수출은 항공사와 해운사가 청구하는 전통적인 운송료, 외국인에게 받는 보험료와 외국인 관광객의 지출 등을 포함한다. 최근에는 현대적인 통신기술로 가능해진 새로운 유형의 서비스

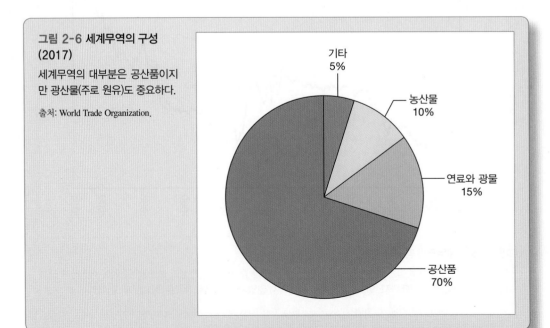

**그림 2-6 세계무역의 구성 (2017)**

세계무역의 대부분은 공산품이지만 광산물(주로 원유)도 중요하다.

출처: World Trade Organization.

기타 5%

농산물 10%

연료와 광물 15%

공산품 70%

무역이 언론의 많은 관심을 끌고 있다. 가장 유명한 예는 국제 콜센터의 부상이다. 예를 들어 정보나 기술 지원을 위해 800번(미국에서 많이 사용되는 고객센터 번호의 앞자리_역자 주)으로 전화를 걸면 전화받는 사람이 아주 먼 나라에 있을 수 있다(특히 인도의 벵갈루루는 국제 콜센터로 인기 있는 지역이다). 아직까지는 이렇게 이국적이기도 한 새로운 형태의 무역은 전체 세계무역에서 비교적 작은 부분이긴 하지만, 이후에 설명하는 것처럼 앞으로 몇 년 동안 크게 증가할지도 모른다.

공산품이 세계무역을 지배하는 현재의 상황은 사실 비교적 새로운 현상이다. 과거에는 농산품과 광물 같은 1차 상품이 세계무역에서 훨씬 더 중요한 역할을 했다. 표 2-2는 1910년과 2015년 영국과 미국의 수출과 수입에서 공산품이 차지하는 비중을 보여준다. 20세기 초 영국은 공산품의 수출 비중이 압도적이었고 주로 1차 상품을 수입했지만, 오늘날에는 공산품이 수출뿐만 아니라 수입 측면에서도 압도적 비중을 차지한다. 반면 미국은 과거에 수출과 수입 모두 1차 상품이 공산품보다 더 중요했지만 이제는 공산품 수출과 수입이 미국의 지배적인 무역 유형이 되었다.

더 최근의 변화는 제3세계 공산품 수출의 부상이다. **제3세계**(third world)와 **개발도상국**(developing

| 표 2-2 | 상품무역의 공산품 비율 | | | | |
|--------|----------------|--|--|--|--|
| | **영국** | | | **미국** | |
| | 수출(%) | 수입(%) | | 수출(%) | 수입(%) |
| 1910 | 75.4 | 24.5 | | 47.5 | 40.7 |
| 2015 | 72.3 | 73.6 | | 74.8 | 78.4 |

출처: 1910년 자료는 Simon Kuznets, *Modern Economic Growth: Rate, Structure and Speed*. New Haven: Yale Univ. Press, 1966. 2015년 자료는 World Trade Organization.

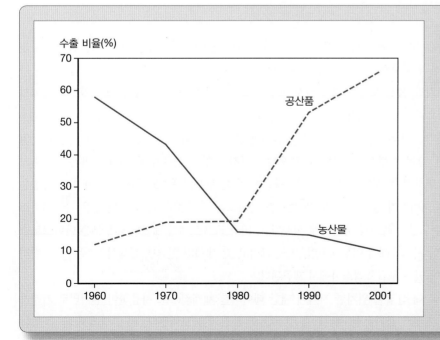

**그림 2-7 개발도상국 수출 구성의 변화**
과거 50년 이상 개발도상국의 수출은 공산품으로 이동했다.

출처: United Nations Council on Trade and Development.

country)이라는 용어는 제2차 세계대전 이전 유럽의 식민지 국가를 포함한 세계의 여러 가난한 나라를 일컫는다. 1970년대까지만 해도 이 국가들은 주로 1차 상품을 수출했다. 하지만 그 후 빠르게 공산품 수출로 옮겨갔다. 그림 2-7은 1960~2001년 개발도상국들의 수출에서 농산물과 공산품의 비중을 보여주는데, 그 상대적 중요성이 거의 완전히 뒤바뀌었다. 예를 들면 가장 큰 개발도상국이자 세계무역에서 빠르게 성장하고 있는 중국의 수출은 90% 이상이 공산품으로 구성되어 있다.

## 서비스의 해외조달

현재 국제경제학의 가장 뜨거운 논쟁 중 하나는 장기적으로 어떤 중요한 경제적 기능을 수행할 현대의 정보기술이 과연 새로운 형태의 국제무역을 극적으로 증가시킬 것인가에 대한 것이다. 앞서 국제 콜센터의 예를 언급했는데, 고객의 정보 요구에 응답하는 사람이 8,000마일이나 멀리 떨어진 곳에 있을 수 있다. 마찬가지로 그 밖의 많은 서비스도 멀리 떨어진 나라에서 제공될 수 있는 것이다. 이와 같이 전에는 국내에서 제공되던 서비스가 해외로 이동되는 경우를 **서비스의 해외조달**[service offshoring, 또는 **서비스의 외부조달**(service outsourcing)]이라고 한다. 또한 제품 생산자도 이러한 서비스를 제공하려면 해외 자회사를 설립해야 하는지(따라서 다국적 기업 형태로 운영해야 하는지) 아니면 다른 기업에 그 서비스를 외부조달할지 결정해야 한다. 8장에서는 기업이 이런 중요한 결정을 어떻게 하는가에 대해 더 자세히 설명할 것이다.

2006년에 발간된 저명한 잡지인 《포린어페어스(Foreign Affairs)》의 기사에서 프린스턴대학교의 경제학자인 앨런 블라인더(Alan Blinder)는 다음과 같이 주장했다.

미래에 그리고 이미 상당 부분 현재에도 국제무역의 중요한 특징은 더 이상 상자에 넣을 수 있는 것과 넣을 수 없는 것이라는 차이에 있지 않을 것이다. 대신 서비스의 질이 거의 혹은 전혀 손상되지 않으면서 전자적으로 장거리 전송될 수 있는 서비스와 그럴 수 없는 서비스라는 차이에 있을 것이다.

예를 들면 식품점에서 선반을 다시 채우는 근로자는 해당 현장에 있어야 하지만, 식품점의 장부를 기록하는 회계원은 인터넷으로 접속할 수 있는 다른 나라에 있을 수 있다. 맥박을 재는 간호사는 가까이에 있어야 하지만, X선 사진을 읽는 방사선사는 고속 인터넷 연결이 가능한 곳이라면 어디에서나 영상을 전자적으로 받을 수 있다.

현 시점에서 서비스 해외조달은 아직 아주 드물기 때문에 큰 주목을 받고 있다. 문제는 그것이 얼마나 커질 것이며, 그리고 현재 국제적으로 경쟁에 직면하지 않은 근로자 중 얼마나 많은 근로자가 그러한 변화에 직면하게 될 것인가이다. 경제학자들이 이 문제에 답해보고자 시도한 한 가지 방법은 미국 내에서 어떤 서비스가 장거리로 거래되는지를 살펴보는 것이었다. 예를 들면 많은 금융서비스는 미국의 금융 수도인 뉴욕에서 국민에게 제공되고, 미국 소프트웨어 개발의 대부분은 마이크로소프트사의 근거지인 시애틀에서 이루어지며, 미국 그리고 전 세계의 인터넷 검색서비스는 주로 캘리포니아 마운틴뷰에 있는 구글플렉스사에서 제공된다.

그림 2-8은 미국 내 산업이 위치한 지역에 대한 데이터를 체계적으로 사용하여 원거리로 거래가 가능한 서비스와 거래가 불가능한 서비스를 결정한 연구 결과를 보여준다. 이 그림에서 볼 수 있는

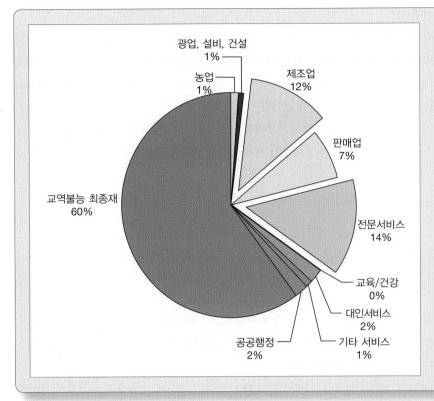

그림 2-8 무역이 가능한 산업의 고용점유율

미국 내 무역에 기초한 추정치는 서비스 무역이 결국 제조업 무역보다 더 커질 수 있음을 시사한다.

출처: J. Bradford Jensen and Lori G. Kletzer, "Tradable Services: Understanding the Scope and Impact of Services Outsourcing," Peterson Institute of Economics Working Paper 5-09, May 2005.

것처럼 연구의 결론은 미국 전체 고용의 약 60%가 고객과 가까운 곳에서 제공해야 하는 거래 불가능한 서비스 일자리로 구성되어 있다는 것이다. 그러나 전체 고용의 40%는 거래 가능한 활동으로, 제조업 일자리보다 서비스 일자리가 더 많다. 이는 그림 2-6에서 보여준 공산품이 지배하는 현재의 세계무역 패턴은 일시적인 현상일 가능성이 있음을 제시한다. 장기적으로 볼 때 전자적으로 전달되는 서비스 무역이 세계무역의 가장 중요한 부분이 될 것이다. 8장에서 이러한 추세의 변화가 미국 고용에 미치는 영향에 대해 논의할 것이다.

## 오래된 법칙이 아직도 적용되는가

3장에서는 1819년 영국 경제학자 데이비드 리카도가 창안한 모형을 사용하여 세계무역의 원인에 대해 논의할 것이다. 리카도 시대 이후 세계무역의 모든 변화를 고려할 때 과연 오래된 생각들이 오늘날에도 여전히 적절할까? 답은 '그렇다'이다. 비록 국제무역에 관한 많은 것이 변했지만, 세계 경제 여명의 시기에 경제학자들이 발견한 기본적인 원리들은 여전히 그대로 적용되고 있다.

세계무역을 단순한 말로 묘사하기가 점점 더 어려워지는 것은 사실이다. 한 세기 전만 해도 각국의 수출은 분명 기후와 천연자원에 의해 대부분 결정됐다. 열대 국가는 커피와 면화 같은 열대 생산물을 수출했고, 미국과 호주처럼 토지가 풍부한 국가는 인구밀도가 높은 유럽 국가에 식량을 수출했다. 무역 분쟁도 쉽게 설명할 수 있었다. 자유무역과 보호무역주의를 둘러싼 고전적 정치적 논쟁은, 값싼 식량 수입으로부터 보호를 원하는 영국 지주와 생산물의 대부분을 수출하는 영국 공산품 제조업자 사이에서 벌어졌다.

현대 무역의 원천은 포착하기가 더 어렵다. 천연자원보다 인적 자원과 인간이 창조한 자원(기계 및 기타 자본의 형태)이 더 중요하다. 무역에 대한 정치적 논쟁은, 주로 수입으로 인해 생산 기술의 가치가 떨어지게 되는 근로자, 예를 들어 수입 의류와 경쟁에 직면한 의류 생산직 근로자라든지, 벵갈루루와의 경쟁에 직면한 기술직 근로자에 대한 것이다.

하지만 앞으로 이 책에서 보게 될 것처럼 국제무역의 근본적인 논리는 여전히 동일하다. 제트기나 인터넷이 발명되기 훨씬 전에 개발된 경제 모형이 21세기 국제무역의 본질을 이해하는 데 여전히 그대로 중요하다.

## 요약

- **중력 모형**은 두 국가 간의 무역을 그들의 경제규모와 연관시킨다. 또한 중력 모형을 사용하면 거리와 국경(심지어 미국과 캐나다 간의 우호적인 국경의 경우에도)이 국가 간 무역을 저해하는 강력한 요인으로 나타난다.
- 국제무역은 운송비와 통신비의 하락으로 인해 세계 경제의 규모에 비해 유례없이 높은 수준이다. 하지만 직선적으로 증가하지는 않았다. 1914년, 세계는 고도로 통합되었지만 대공황, 보호무역주의, 전쟁으로 무역은 크게 감소했고 회복하는 데 수십 년이 걸렸다.
- 오늘날 현대 무역은 공산품이 지배한다. 그러나 과거에는 농산물이 현재보다 훨씬 더 중요했고, 최근에는 서비스 무역이 점점 더 중요해지고 있다.
- 개발도상국은 과거 1차 상품의 주요 수출국이었으나 이제는 공산품의 주요 수출국이 되었다.

## 주요 용어

개발도상국developing country
국내총생산gross domestic product, GDP
무역협정trade agreement
서비스의 해외조달service offshoring

서비스의 외부조달service outsourcing
제3세계third world
중력 모형gravity model

## 연습문제

1. 중력 모형은 보통 두 나라 간의 무역을 설명하기 위해 사용될 뿐만 아니라 서로 무역을 하지 않는 이유를 연구하는 데에도 사용된다. 적절한 예와 이유를 들어 이를 설명하라.

2. 아일랜드와 벨기에는 무역 유형이 매우 유사하다. 두 나라는 모두 유럽연합(EU) 회원국이면서 미국 시장보다 EU 공동시장과 더 가깝지만, EU보다도 미국과 훨씬 더 많은 무역을 하고 있다. 중력 모형을 이용하여 이 차이를 설명하라.

3. 식 2-1은 어떤 두 국가 간의 무역은 그들 GDP의 곱에 비례함을 말한다. 그렇다면 이는 세계 모든 국가의 GDP가 2배가 되면 세계무역은 4배가 된다는 것을 의미하는가?

4. 과거 수십 년간 동아시아 국가들이 세계 GDP에서 차지하는 비중이 증가했다. 마찬가지로 동아시아

역내 무역(동아시아 국가들 간의 무역)이 세계무역에서 차지하는 비중도 함께 증가했다. 더구나 동아시아 국가들은 그들 간의 무역비중도 증가했다. 중력 모형을 이용하여 그 이유를 설명하라.

5. 한 세기 전, 대부분의 영국 수입품은 북미, 남미, 아시아 같은 비교적 먼 곳에서 들어왔다. 하지만 오늘날 영국의 수입품 대부분은 다른 유럽 국가에서 들어온다. 이러한 변화는 세계무역을 구성하는 재화의 유형 변화와 얼마나 잘 부합되는 현상인가?

## 더 읽을거리

Paul Bairoch. *Economics and World History*. London: Harvester, 1993. 시간에 따른 세계 경제규모 변화에 대한 대규모 조사 연구

Alan S. Blinder. "Offshoring: The Next Industrial Revolution?" *Foreign Affairs*, March/April 2006. 저명한 경제학자의 영향력 있는 기사로, 서비스 무역의 성장으로 그동안 '안전'했던 수천만 개의 일자리가 국제 경쟁에 노출될 수 있다고 경고한다. 이 기사가 출판되었을 때 큰 반향을 일으켰다.

Frances Cairncross. *The Death of Distance*. London: Orion, 1997. 기술이 어떻게 세상을 더 작게 만들었는지 살펴본 연구

Keith Head. "Gravity for Beginners." 중력 모형에 대한 유용한 가이드로서 웹사이트(http://pacific.commerce.ubc.ca/keith/gravity.pdf)에서 볼 수 있다.

Harold James. *The End of Globalization: Lessons from the Great Depression*. Cambridge: Harvard University Press, 2001. 세계화의 첫 번째 거대한 물결이 어떻게 끝났는지에 대한 조사 연구

J. Bradford Jensen and Lori G. Kletzer. "Tradable Services: Understanding the Scope and Impact of Services Outsourcing." Peterson Institute Working Paper 5-09, May 2005. 서비스 국제무역의 미래에 대한 시사점과 미국 내에서 어떤 서비스가 거래되고 있는지 체계적으로 살펴본 연구

World Bank. *World Development Report 1995*. 매년 세계은행은 중요한 글로벌 이슈를 조명한다. 1995년 보고서는 성장하고 있는 세계무역의 영향에 초점을 맞추었다.

World Trade Organization. *World Trade Report*. 세계무역 현황에 대한 연례 보고서. 매년 보고서에는 한 가지 주제가 들어가 있다. 예를 들어 2004년 보고서는 인프라시설에 대한 정부지출과 같은 국내 정책이 세계무역에 미치는 영향에 초점을 맞추었다.

# CHAPTER 3

# 노동생산성과 비교우위론: 리카도 모형

국가는 기본적으로 두 가지 이유로 국제무역에 참여하며, 그 이유로 인해 무역의 이득이 발생한다. 첫째, 국가들은 서로 다르기 때문에 무역을 한다. 개인과 마찬가지로 국가도 각자 상대적으로 잘하는 것을 하기로 일종의 합의를 함으로써 서로 혜택을 누릴 수 있다. 둘째, 국가는 생산에 규모의 경제를 달성하기 위한 목적으로 무역을 한다. 다시 말해 각국이 한정된 범위의 제품만 생산하면 모든 제품을 생산하려고 했을 때보다 더 큰 규모로, 따라서 더 효율적으로 생산할 수 있다. 현실 세계에서 이러한 두 가지의 동기가 서로 상호작용하여 국제무역의 유형이 나타난다. 이 장에서는 이러한 무역의 원인과 결과를 이해하기 위한 첫 번째 단계로 이 두 가지 동기 중 하나만 있는 단순화된 모형을 살펴보고자 한다.

다음 4개 장에서는 국가 간의 차이가 어떻게 국가 간에 무역을 발생시키고, 무역이 왜 각 국가에 상호 유익한지를 이해하는 데 도움을 주는 여러 분석도구를 설명할 것이다. 이때 필수적인 개념이 바로 비교우위 개념이다.

비교우위란 사실 단순한 개념이지만, 경험적으로 볼 때 의외로 많은 사람이 쉽게 받아들이거나 이해하는 데 어려움을 느낀다. 4장과 5장에서 논의되는 국제무역 이론을 개발하는 데 많은 공헌을 한 노벨경제학상 수상자인 고(故) 폴 새뮤얼슨(Paul Samuelson)은 '비교우위'라는 개념을 부인하기 힘든 진리인 경제원리이지만 사실 지식인들조차 그 의미를 명확히 이해하고 있지 않은, 그가 알고 있는 경제 이론들 중 가장 대표적인 예라고 언급했었다.

이 장에서는 우선 비교우위 개념에 대한 일반적인 소개부터 시작하여, 비교우위가 국제무역의 유형을 어떻게 결정하는지에 대한 구체적인 모형 하나를 전개해나갈 것이다.

## 학습목표

- 국제무역의 가장 기본적인 모형인 *리카도 모형*이 어떻게 작동하고 그것이 *비교우위*의 원리를 어떻게 나타내는지 설명한다.
- *무역의 이득*을 보여주고 국제무역에 관한 일반적인 오류를 반박한다.
- 임금이 생산성을 반영하고 무역 유형이 상대적 생산성을 반영한다는 경험적 증거를 설명한다.

# 비교우위의 개념

미국 뉴햄프셔주에서 중요한 예비선거가 일주일도 남지 않은 1996년 2월 20일 밸런타인데이에 공화당 대통령후보인 패트릭 뷰캐넌(Patrick Buchanan)은 아내에게 줄 장미 한 다발을 사려고 묘판장에 들렀다. 그는 그곳에서 미국은 장미 수입을 증가시켜 미국 화훼업자들을 망하게 하고 있다는 비난 연설을 했다. 실제로 미국 겨울장미 시장의 상당 부분이 남미 국가, 특히 콜롬비아산 수입 장미를 공급하는 것은 사실이다. 그러나 이는 과연 나쁜 것일까?

겨울장미의 사례는 국제무역이 이로운 이유를 살펴볼 수 있는 훌륭한 예이다. 2월에 미국 연인들에게 싱싱한 장미를 공급하기란 얼마나 어려운지를 생각해보자. 꽃은 난방된 온실에서 재배되어야 하므로 에너지, 자본투자 및 기타 희소한 자원으로 인해 큰 비용이 든다. 그 자원들은 다른 재화를 생산하는 데 사용될 수 있었던 것이므로 반드시 포기해야 하는 것(trade-off)이 있다. 겨울장미를 생산하기 위해 미국 경제는 컴퓨터 등 다른 재화를 더 적게 생산해야 한다. 경제학자들은 이렇게 포기해야 하는 활동의 크기를 표현하기 위해 **기회비용**(opportunity cost)이란 용어를 쓴다. 컴퓨터로 나타낸 장미 생산의 기회비용은 일정량의 장미를 생산하기 위해 사용한 자원으로 생산될 수 있었던 컴퓨터의 수이다.

예를 들어 현재 미국은 밸런타인데이에 판매할 1,000만 송이의 장미를 재배하고 있는데, 그만큼의 장미를 재배하는 데 사용된 자원을 만약 컴퓨터 생산에 사용한다면 10만 대의 컴퓨터를 생산할 수 있다고 해보자. 그러면 장미 1,000만 송이의 기회비용은 컴퓨터 10만 대이다(역으로 만약 현재 컴퓨터가 생산되고 있다면, 그 컴퓨터 10만 대의 기회비용은 장미 1,000만 송이일 것이다).

밸런타인데이 장미 1,000만 송이는 콜롬비아에서 대신 재배될 수도 있었다. 만약 콜롬비아에서 재배되었다면 미국에서 생산했을 때 컴퓨터로 나타낸 장미의 기회비용보다 훨씬 더 작을 것이다. 우선 남반구에서 2월은 겨울이 아니고 여름이니 장미를 재배하기가 훨씬 수월하다. 더구나 콜롬비아의 근로자는 컴퓨터 같은 기술적으로 정교한 제품을 만드는 데 미국의 근로자보다 덜 효율적이고, 이는 미국에서 컴퓨터 생산에 사용하는 자원의 양이 콜롬비아에서 사용될 경우 더 적은 양의 컴퓨터가 생산될 것이라는 것을 의미한다. 따라서 콜롬비아에서 두 재화 간의 교환비율(trade-off)은 겨울장미 1,000만 송이가 단지 컴퓨터 3만 대뿐일 수도 있는 것이다.

이러한 기회비용의 차이로 인해 세계 생산이 국가 간에 서로 이익이 되는 방향으로 재조정될 가능성이 생긴다. 미국이 겨울장미의 재배를 중지하고 그 자원을 컴퓨터 생산에 돌리는 한편, 콜롬비아는 컴퓨터 산업에 사용된 자원을 전환하여 장미를 재배한다고 하자. 이 경우 세계 생산의 변화 결과는 아마도 표 3-1과 같을 것이다.

어떤 일이 발생했는지 표를 한번 살펴보면, 예전과 같은 양의 장미를 생산하고 있지만 이제는 더 많은 컴퓨터를 생산하고 있다. 미국은 컴퓨터 생산에 전념하고 콜롬비아는 장미 생산에 전념하는 이러한 생산조정으로 인해 세계 경제의 규모가 확대된 것이다. 세계 전체로는 더 많이 생산하기 때문에 원론적으로 모든 사람의 생활수준을 향상시켰다고 할 수 있다.

국제무역이 세계 생산을 증가시킨 이유는 각국이 비교우위를 가지는 재화 생산에 전문화했기 때문이다. 한 국가에서 다른 재화로 나타낸 한 재화 생산의 기회비용이 다른 나라들보다 낮다면, 그 국가

| 표 3-1 | 생산의 가상적 예 | |
| --- | --- | --- |
| | 장미(100만 송이) | 컴퓨터(1,000대) |
| 미국 | −10 | +100 |
| 콜롬비아 | +10 | −30 |
| 총계 | 0 | +70 |

는 해당 재화의 생산에 **비교우위**(comparative advantage)를 가진다.

이 예에서 콜롬비아는 겨울장미에 비교우위를 가지고, 미국은 컴퓨터에 비교우위를 가진다. 콜롬비아가 미국 시장을 위해 장미를 생산하는 한편, 미국이 콜롬비아 시장을 위해 컴퓨터를 생산한다면 양국의 생활수준은 향상될 수 있다. 그러므로 이로부터 비교우위와 국제무역에 대해 다음과 같은 핵심적 통찰력이 생긴다. 즉 각국이 비교우위를 가진 재화를 수출한다면 두 나라 사이의 무역은 두 나라 모두를 이롭게 한다.

이는 이런 일이 실제로 일어날 것이라는 뜻은 아니고 그러한 가능성이 있다는 것이다. 실제 세계에는 어떤 나라가 장미를 생산하고 어떤 나라가 컴퓨터를 생산해야 한다고 결정할 중앙 당국이 없다. 양국 모두 장미와 컴퓨터를 소비자에게 나누어주는 사람도 없다. 대신에 국제적 생산과 무역은 공급과 수요가 지배하는 시장에서 결정된다. 상호이익을 가져다주는 무역이 실현 가능할 것이라고 생각할 만한 이유가 있을까? 미국과 콜롬비아가 실제로 각각 비교우위를 가진 재화를 생산하게 될까? 그들 사이의 무역이 실제로 양국의 생활수준을 향상시킬까?

이 질문에 답하려면 더 명시적으로 분석해야 한다. 이 장에서는 19세기 초에 비교우위의 개념을 도입한 영국의 경제학자 데이비드 리카도가 처음 제안한 국제무역 모형을 발전시킬 것이다.[1] 국제무역이 오로지 노동생산성의 국제적 차이에 기인한다는 이 접근 방식은 **리카도 모형**(Ricardian model)이라고 한다.

## 단일 생산요소 경제

국제무역 유형을 결정하는 요인으로서 비교우위의 역할을 알아보기 위해 우선 단일 생산요소만을 보유하는 경제인 자국경제(Home)를 생각해보자(4장에서 복수의 생산요소가 있는 모형으로 확대해서 살펴볼 것이다). 현재 포도주와 치즈 두 재화만 생산한다고 가정하자. 자국경제의 생산기술은 **단위당 노동소요량**(unit labor requirement)이라고 표현되는 각 산업의 노동생산성으로 요약할 수 있는데, 치즈 1파운드(약 0.45킬로그램) 혹은 포도주 1갤런(약 3.78리터)을 생산하는 데 필요한 노동시간을 말한다. 예를 들면 치즈 1파운드를 생산하는 데 1시간의 노동이, 포도주 1갤런을 생산하는 데 2시간의 노동이 필요할 수 있다. 단위당 노동소요량을 생산성의 역수로 정의할 수 있는데, 단위당 노동소요량이 **적을수록** 근로자는 더 많은 포도주나 치즈를 생산할 수 있다는 뜻이다. 앞으로 $a_{LW}$와 $a_{LC}$는 각각 포도주와 치즈의 단위당 노동소요량으로 정의할 것이다. 그리고 자국경제의 총자원량은 총노

---

1 고전적 참고문헌으로는 1817년에 처음 출판된 데이비드 리카도(David Ricardo)의 *The Principles of Political Economy and Taxation*이 있다.

동공급인 $L$로 정의한다.

## 생산가능집합

어떤 경제나 한정된 자원을 보유하기 때문에 생산할 수 있는 것은 제한되어 있고 항상 선택과 포기를 할 수밖에 없다. 즉 국가가 어떤 제품을 더 많이 생산하기 위해서는 반드시 다른 제품의 생산을 희생해야 한다. 이러한 일종의 상충관계는 **생산가능곡선**(production possibility frontier, 그림 3-1의 직선 $PF$)으로 표시할 수 있는데, 이는 치즈의 생산량이 결정되면 생산할 수 있는 포도주의 최대생산량을 나타내고, 그 반대로 포도주의 생산량이 결정되면 생산할 수 있는 치즈의 최대생산량을 나타낸다.

어떤 경제에 단일 생산요소만 있다면, 그 경제의 생산가능곡선은 직선으로 표시할 수 있다. 이 직선은 다음과 같이 도출할 수 있다. $Q_W$를 자국경제의 포도주 생산량이라 하고 $Q_C$를 치즈 생산량이라 하면, 포도주 생산에 사용된 노동량은 $a_{LW}Q_W$이고 치즈 생산에 사용된 노동량은 $a_{LC}Q_C$이다. 생산가능곡선은 이 경제의 유일한 자원인 총노동시간에 의해 결정된다. 이 경제의 총노동공급량이 $L$일 때 포도주와 치즈를 생산할 수 있는 제약조건은 다음과 같은 부등식으로 표현된다.

$$a_{LC}Q_C + a_{LW}Q_W \le L \tag{3-1}$$

예를 들어 총노동공급이 1,000시간이며, 치즈 1파운드를 생산하는 데 1시간의 노동이 필요하고, 포도주 1갤런을 생산하는 데 2시간의 노동이 필요하다고 하자. 그러면 생산에 사용된 총노동은 (1 × 치즈 생산량) + (2 × 포도주 생산량)이고; 총가용노동량은 1,000시간을 초과할 수 없다. 만약 모든 노동을 치즈 생산에 사용한다면 그림 3-1에 나타난 것과 같이 $L/a_{LC}$ 파운드의 치즈(1,000파운드)를 생산할 것이다. 만약 모든 노동을 포도주 생산에 쓴다면 $L/a_{LW}$ 갤런의 포도주(1,000/2 = 500갤런)를

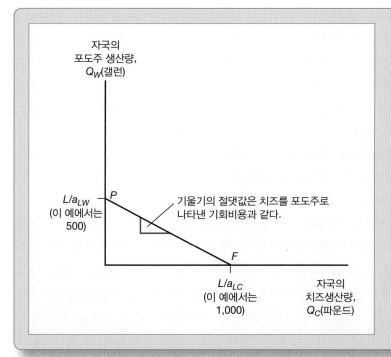

**그림 3-1 자국의 생산가능곡선**

*PF* 곡선은 포도주 생산이 결정될 때 자국이 생산할 수 있는 치즈의 최대생산량을 나타낸다.

자국의
포도주 생산량,
$Q_W$(갤런)

$L/a_{LW}$
(이 예에서는
500)

$P$

기울기의 절댓값은 치즈를 포도주로
나타낸 기회비용과 같다.

$F$

$L/a_{LC}$
(이 예에서는
1,000)

자국의
치즈생산량,
$Q_C$(파운드)

생산할 것이다. 그리고 그 극단적인 두 점을 연결하는 직선상에서 가능한 포도주와 치즈의 모든 조합을 생산할 수 있게 된다.

생산가능곡선이 직선이면 포도주로 표시된 치즈 1파운드의 **기회비용**이 일정하다는 뜻이다. 앞 절에서 본 바와 같이 이 기회비용은 치즈 1파운드를 더 생산하기 위해 자국경제가 포기해야 하는 포도주의 갤런 수로 정의된다. 이 경우 치즈 1파운드를 더 생산하려면 $a_{LC}$의 노동시간이 필요하다. 그런데 이 노동시간을 포도주 생산에 투입하면 그 각각의 1시간 동안 $1/a_{LW}$ 갤런의 포도주를 생산할 수 있을 것이다. 따라서 포도주로 표시한 치즈 생산의 기회비용은 $a_{LC}/a_{LW}$가 되는 것이다. 예를 들어 치즈 1파운드를 생산하는 데 1시간의 노동이 필요하고 포도주 1갤런을 생산하는 데 2시간의 노동이 필요하다면, 포도주로 표시한 치즈 1파운드 생산의 기회비용은 0.5갤런의 포도주가 된다. 그림 3-1이 나타내는 것과 같이 이 기회비용은 그림에 있는 생산가능곡선 기울기의 절댓값과 같다.

## 상대가격과 공급

생산가능곡선은 주어진 자원하에서 그 경제가 생산할 수 있는 여러 재화의 구성을 나타낸다. 하지만 그 경제가 실제로 어떤 조합을 생산할 것인지를 결정하려면 재화가격을 볼 필요가 있다. 특히 그 경제 내에서 한 제품의 가격을 다른 제품의 가격으로 표시한 두 재화 간의 상대가격을 알아야 한다.

완전경쟁 상태에서는 일반적으로 재화 공급에 대한 의사결정은 각 개별 생산자들이 자신의 이윤을 극대화하고자 하는 행위로 인해 결정된다. 단순화한 이 경제 모형에서도 마찬가지로, 노동이 생산의 유일한 요소이기 때문에 치즈와 포도주의 공급은 높은 임금을 지불하는 산업 부문으로의 노동력 이동으로 결정될 것이다.

다시, 치즈 1파운드를 생산하는 데 1시간, 포도주 1갤런을 생산하는 데 2시간이 걸린다고 하자. 이제 한발 더 나아가서 치즈는 1파운드당 4달러에 팔리는 반면 포도주는 1갤런당 7달러에 팔린다고 하자. 그러면 근로자들은 무엇을 생산할까? 우선 치즈를 생산한다면 시간당 4달러를 벌 수 있다(여기에서는 생산에 오직 노동만 투입되기 때문에 근로자들은 생산의 모든 가치를 얻고 따라서 기업의 이윤은 없다는 것을 유념하자). 반면 7달러짜리 포도주 1갤런을 생산하는 데 2시간이 걸리기 때문에 근로자들은 시간당 3.5달러만 벌 것이다. 치즈는 1파운드당 4달러에 팔리는 한편, 포도주는 1갤런당 7달러에 팔린다면 치즈를 생산하는 것이 근로자 모두에게 더 이로울 것이고, 결국 경제 전체적으로는 치즈 생산을 전문화하게 될 것이다.

그러나 치즈가 1파운드당 3달러로 내린다면 무엇을 생산할까? 이 경우 근로자들은 포도주를 생산하면 더 많이 벌 수 있기 때문에, 이 경제는 포도주 생산에 전문화될 것이다.

좀 더 일반적으로 보기 위해 $P_C$와 $P_W$를 각각 치즈와 포도주의 가격이라고 하자. 치즈 1파운드를 생산하기 위해 $a_{LC}$의 노동시간이 소요된다고 할 때, 완전경쟁시장의 단일 요소 모형에서 생산자의 이윤은 0이기 때문에 치즈 산업의 시간당 임금은 치즈 산업의 근로자가 1시간에 생산할 수 있는 치즈 생산물의 시장 가치인 $P_C/a_{LC}$와 같을 것이다. 포도주 1갤런을 생산하는 데 $a_{LW}$의 노동시간이 소요되므로 포도주 산업의 시간당 임금은 $P_W/a_{LW}$와 같을 것이다. 만약 $P_C/P_W > a_{LC}/a_{LW}$이면 치즈 산업의 시간당 임금이 포도주 산업의 시간당 임금보다 높을 것이고, $P_C/P_W < a_{LC}/a_{LW}$이면 치즈 산업의 시간당 임금이 포도주 산업의 시간당 임금보다 낮을 것이다. 한편 모든 근로자는 높은 임금을

지불하는 산업에 종사하고 싶어 하므로, $P_C/P_W > a_{LC}/a_{LW}$이면 그 국가는 치즈 생산에 전문화할 것이다. 그리고 $P_C/P_W < a_{LC}/a_{LW}$이면 포도주 생산에 완전히 전문화할 것이다. 단, $P_C/P_W$가 $a_{LC}/a_{LW}$와 일치하는 경우에는 포도주와 치즈 둘 다 생산될 것이다.

$a_{LC}/a_{LW}$라는 숫자의 중요성은 무엇일까? 앞 절에서는 포도주로 표시한 치즈 생산의 기회비용이었다. 그러므로 재화의 가격과 생산의 관계에 대한 중요한 명제가 다음과 같이 도출된다. 포도주로 표시한 치즈의 상대가격이 치즈 생산의 기회비용보다 크면 국가는 치즈 생산에 전문화할 것이고, 반면 포도주로 표시한 치즈의 상대가격이 치즈 생산의 기회비용보다 작으면 포도주 생산에 전문화할 것이다.

국제무역이 없는 폐쇄경제에서 자국경제는 2개의 제품을 모두 스스로 생산해야 했을 것이다. 그러나 무역이 있는 개방경제에서 두 재화를 모두 스스로 생산하는 경우는 오직 치즈의 상대가격이 그 기회비용과 같을 때에만 발생한다. 기회비용은 치즈와 포도주의 단위당 노동소요량의 비율과 같기 때문에, 무역이 없는 폐쇄경제에서 재화 간 상대가격은 간단한 노동가치설에 따라 다음과 같이 요약할 수 있다. 폐쇄경제하에서 재화의 상대가격은 상대적 단위당 노동소요량과 같다.

## 단일 생산요소 세계에서의 무역

각국이 하나의 생산요소만을 가질 때 두 나라 사이의 무역 유형과 효과를 기술하는 것은 간단하다. 하지만 이 분석의 의미는 놀라울 수 있다. 실제로 국제무역을 깊이 있게 공부하지 않은 사람들에게는 그 의미 중 많은 부분이 상식과 부합되지 않는 것처럼 보일 수 있다. 그러나 이 가장 단순한 모형조차도 무엇이 공정한 국제경쟁이고 국제상거래인가 등 현실 세계의 현안문제에 대해 어느 정도 중요한 지침을 제공할 수 있다.

국제무역에 관한 이러한 쟁점을 거론하기 전에 먼저 이 분석 모형을 살펴보자. 세계는 자국과 외국, 2개의 국가로 구성되어 있다고 하자. 각국은 단일 생산요소(노동)만을 보유하고 포도주와 치즈 2개 재화를 생산할 수 있다. 앞에서와 같이 자국의 노동력을 $L$로, 포도주와 치즈 생산에 필요한 자국의 단위당 노동소요량을 $a_{LW}$와 $a_{LC}$로 각각 표시한다. 이 책 전반에 걸쳐 외국의 경우는 자국과 동일한 기호를 사용하지만 별표(*)를 함께 사용할 것이다. 따라서 외국의 노동력은 $L^*$로 표시하며, 포도주와 치즈 생산에 필요한 외국의 단위당 노동소요량은 각각 $a_{LW}^*$와 $a_{LC}^*$ 등으로 표시한다.

일반적으로 단위당 노동소요량은 여러 유형을 따를 수 있다. 예를 들어 자국이 외국보다 포도주 생산에는 생산성이 낮지만 치즈 생산에는 생산성이 높을 수 있고, 혹은 자국과 외국의 생산성이 이와는 반대일 수도 있다. 일단 다음과 같이 임의로 가정하기로 한다.

$$a_{LC}/a_{LW} < a_{LC}^*/a_{LW}^* \qquad (3\text{-}2)$$

또는 다음과 같다.

$$a_{LC}/a_{LC}^* < a_{LW}/a_{LW}^* \qquad (3\text{-}3)$$

즉 포도주 1갤런을 생산하는 데 필요한 노동량에 대한 치즈 1파운드 생산에 필요한 노동량의 비율이, 외국보다 자국이 더 작다는 가정이다. 좀 더 간단히 말하면 치즈 산업에서 외국 대비 자국의 상대적 생산성이 포도주 산업에서 자국의 상대적 생산성보다 더 높다는 가정이다.

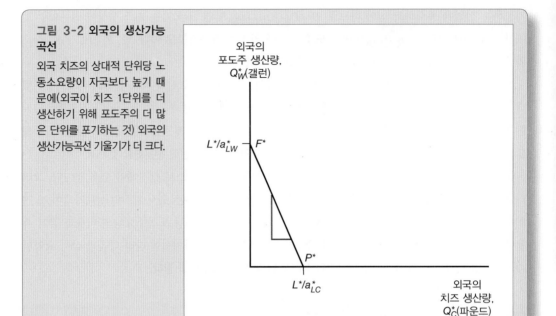

**그림 3-2 외국의 생산가능곡선**

외국 치즈의 상대적 단위당 노동소요량이 자국보다 높기 때문에(외국이 치즈 1단위를 더 생산하기 위해 포도주의 더 많은 단위를 포기하는 것) 외국의 생산가능곡선 기울기가 더 크다.

여기서 단위당 노동소요량의 비율은 포도주로 표시한 치즈 생산의 기회비용과 같다는 것을 기억하라. 즉 앞서 비교우위를 이와 같은 기회비용으로 정확하게 정의했다는 사실을 기억하라. 그래서 식 (3-2)와 (3-3)에서 표현된 상대적 생산성에 대한 가정은 **자국이 치즈 생산에 비교우위를 가진다**고 말하는 것과 같다.

한 가지 유의할 점이 있다. 즉 자국이 비교우위를 가진다는 조건을 이해하기 위해서는 특정한 한 산업 부문만이 아니라 두 산업 부문의 총 4개의 단위당 노동소요량을 모두 함께 고려해야 한다. 여러분 중에 일부는 누가 치즈를 생산할 것인가를 결정하려면 무엇보다 먼저 치즈 생산에서 두 국가의 단위당 노동소요량 $a_{LC}$와 $a_{LC}^*$를 비교해야 한다고 생각할지도 모른다. 만약 $a_{LC} < a_{LC}^*$이면 자국 근로자는 외국 근로자보다 치즈를 더 효율적으로 생산할 수 있다. 즉 한 국가가 어떤 재화 1단위를 외국보다 적은 노동으로 생산할 수 있을 때, 그 국가는 그 재화 생산에 **절대우위**(absolute advantage)를 가진다고 한다. 이 예에서는 바로 자국이 치즈 생산에 절대우위를 가진다.

하지만 곧 절대우위만으로는 무역 유형을 결정할 수는 없다는 사실을 알게 될 것이다. 국제무역을 논할 때 범하기 쉬운 가장 중요한 오류 중의 하나는 비교우위를 절대우위와 혼동하는 것이다.

두 국가의 총노동력과 단위당 노동소요량이 주어진다면 각국의 생산가능곡선을 그릴 수 있다. 이미 그림 3-1에서 자국의 생산가능곡선을 $PF$로 표시했다. 외국의 생산가능곡선은 그림 3-2에서 직선 $P^*F^*$로 나타난다. 생산가능곡선의 기울기는 포도주로 표시한 치즈의 기회비용과 같기 때문에 외국의 생산가능곡선 기울기는 자국의 생산가능곡선 기울기보다 더 가파르게 나타난다.

무역이 없는 폐쇄경제하에서 각국의 치즈와 포도주의 상대가격은 상대적 단위당 노동소요량으로 결정된다. 따라서 자국에서 치즈의 상대가격은 $a_{LC}/a_{LW}$이고, 외국에서 치즈의 상대가격은 $a_{LC}^*/a_{LW}^*$

가 될 것이다.

그러나 국제무역의 가능성이 있으면 가격은 이미 국내적 고려사항으로만 결정되지 않을 것이다. 만약 외국에서 치즈의 상대가격이 자국보다 높다면 자국은 치즈를 외국으로 수출하고, 포도주를 외국에서 수입하는 것이 이로울 것이다. 하지만 이러한 교역 상태가 무한정으로 지속될 수는 없다. 궁극적으로 어느 정도 충분한 양의 치즈와 포도주가 양국 간 교역되면 양국 간 상대가격도 동일해질 것이다. 그렇다면 무엇이 이 상대가격의 수준을 결정하는 것일까?

## 무역 후 상대가격의 결정

국제적으로 거래되는 제품가격은 다른 가격변수와 마찬가지로 공급과 수요에 의해 결정된다. 그러나 비교우위를 논의할 때는 공급과 수요 분석을 주의해서 사용해야 한다. 9~12장의 무역 정책을 분석하는 것과 같은 일부 상황에서는 단일 제품시장의 수요와 공급에만 초점을 두어 분석하는 것이 가능하다. 예를 들어 설탕에 대한 미국의 수입할당제의 경제적 효과를 분석하는 일에는 설탕 시장만을 다루는 **부분균형 분석**(partial equilibrium analysis)을 사용하는 것이 합리적이다. 하지만 비교우위론을 논할 때는 두 시장(앞선 예와 같이 포도주와 치즈 시장) 사이의 관계를 추적하여 분석하는 것이 중요하다. 만약 자국이 포도주를 수입하는 대신에 치즈를 수출하고 외국은 치즈를 수입하고 포도주를 수출한다면, 치즈와 포도주 시장을 서로 분리해 분석하는 것은 잘못일 수 있다. 이 경우에는 두 시장 간의 연관관계를 고려하는 **일반균형 분석**(general equilibrium analysis)을 사용해야 한다.

두 시장을 동시에 추적할 수 있는 유용한 방법은 단지 치즈와 포도주의 공급량과 수요량이 아니라, 치즈의 공급량이나 수요량을 포도주의 공급량이나 수요량으로 나눈 **상대적 공급과 수요**에 초점을 맞추는 것이다.

그림 3-3은 세계시장에서 포도주에 대한 치즈의 상대적 공급량과 수요량을 포도주 가격에 대한 치즈의 상대가격의 함수로 나타낸 것이다. **상대적 수요곡선**(relative demand curve)은 RD로, **상대적 공급곡선**(relative supply curve)은 RS로 표시한다. 세계시장의 일반균형은 상대적 공급이 상대적 수요와 일치하고, 따라서 세계시장의 상대가격은 RD 곡선과 RS 곡선의 교차점에서 결정된다.

그림 3-3의 두드러진 특징은 세계시장의 상대적 공급곡선 RS가 재미있는 형태라는 점인데, 2개의 수평선 부분이 하나의 수직선 부분으로 연결된 계단 모양이라는 것이다. 이 RS 곡선을 도출하는 과정만 이해하면 전체 모형을 쉽게 이해할 것이다.

먼저, 그림에서 나타난 대로 RS 곡선에 따르면 세계시장에서 치즈의 상대가격이 $a_{LC}/a_{LW}$ 아래로 떨어지면 두 국가 모두 치즈를 공급하지 않게 된다. 그 이유는 다음과 같다. 세계시장에서 치즈의 상대가격이 자국의 치즈의 기회비용보다 낮으면, 즉 $P_C/P_W < a_{LC}/a_{LW}$이면 자국은 포도주 생산에 완전히 전문화할 것이다. 마찬가지로 $P_C/P_W < a_{LC}^*/a_{LW}^*$이면 외국도 포도주 생산에 완전히 전문화할 것이다. 앞에서 식 (3-2)를 설명할 때, $a_{LC}/a_{LW} < a_{LC}^*/a_{LW}^*$라고 가정했다. 그래서 세계시장에서 치즈의 상대가격이 $a_{LC}/a_{LW}$보다 낮은 경우에는 세계는 치즈를 전혀 생산하지 않을 것이다.

다음으로 세계시장에서 치즈의 상대가격 $P_C/P_W$가 정확하게 $a_{LC}/a_{LW}$와 같을 경우 자국의 근로자들은 치즈를 생산하든 포도주를 생산하든 정확하게 동일한 임금을 받을 수 있다. 그래서 자국은 치즈와 포도주를 모두 생산하고 공급하고자 할 것이고 상대적 공급곡선에는 수평 부분이 나타나게 된다.

**그림 3-3 세계시장의 상대적 공급과 상대적 수요**

$RD$와 $RD'$ 곡선에서 포도주에 대한 치즈의 상대적 수요는 포도주의 가격에 대한 치즈의 상대가격이 감소함수임을 알 수 있다. 반면에 $RS$ 곡선은 포도주에 대한 치즈의 상대적 공급이 같은 상대가격의 증가함수이다.

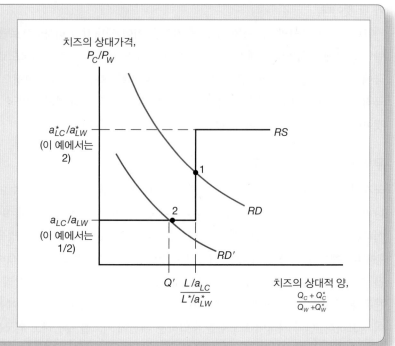

만약 $P_C/P_W$가 $a_{LC}/a_{LW}$ 위에 있으면 자국은 치즈 생산에 전문화할 것이라는 사실을 이미 알고 있다. 그러나 $P_C/P_W < a_{LC}^*/a_{LW}^*$인 한, 외국은 계속해서 포도주 생산을 전문화할 것이다. 자국이 치즈 생산에 전문화할 때 자국은 $L/a_{LC}$ 파운드의 치즈를 생산하고, 외국이 포도주 생산에 전문화할 때 외국은 $L^*/a_{LW}^*$ 갤런의 포도주를 생산한다. 그래서 세계시장에서 치즈의 상대가격이 $a_{LC}/a_{LW}$와 $a_{LC}^*/a_{LW}^*$ 사이에 있을 경우 치즈의 상대적 공급량은 다음과 같다.

$$(L/a_{LC})/(L^*/a_{LW}^*) \tag{3-4}$$

한편 $P_C/P_W = a_{LC}^*/a_{LW}^*$이면 외국 근로자들은 치즈와 포도주 중 어느 것을 생산하든지 차이가 없다. 따라서 다시 상대적 공급곡선은 수평이 된다.

마지막으로 $P_C/P_W > a_{LC}^*/a_{LW}^*$일 경우 자국과 외국 모두 치즈 생산에 전문화하여 포도주를 생산하지 않으므로 치즈의 상대적 공급은 무한대가 된다.

이 시점에서 수치를 사용한 예가 도움이 될 것이다. 앞에서와 같이 자국은 치즈 1파운드를 생산하는 데 1시간의 노동이 필요하고, 포도주 1갤런을 생산하는 데 2시간이 걸린다고 가정하자. 한편 외국은 치즈 1파운드를 생산하는 데 6시간이 걸리지만 포도주 1갤런을 생산하는 데는 단 3시간만 걸린다고 하자. 즉 외국 근로자가 치즈를 생산하는 데 자국 근로자보다 훨씬 덜 생산적이라는 가정이다.

이 경우 포도주로 표시한 치즈 생산의 기회비용은 자국에서는 1/2갤런이다. 즉 치즈 1파운드를 생산하기 위해 사용된 노동량으로 포도주 1/2갤런을 생산할 수 있다. 그래서 $RS$의 하단 수평 부분은 상대가격이 1/2에 해당한다.

한편 외국에서 포도주로 표시한 치즈 생산의 기회비용은 2갤런으로, 치즈 1파운드를 생산하는 데 필요한 6시간의 노동량으로 포도주 2갤런을 생산할 수 있다는 뜻이다. 그래서 $RS$의 상단 수평 부분

## 현실에서의 비교우위: 우사인 볼트의 경우

대부분의 육상 전문가들은 자메이카 단거리 선수인 우사인 볼트(Usain Bolt) 선수가 역대 최고라는 데 동의할 것이다. 볼트는 100m, 200m, 4×100m 계주를 포함해 총 8개의 올림픽 금메달을 땄다. 볼트는 2008년 베이징 하계 올림픽부터 3회 연속 100m와 200m에서 금메달을 딴 데 이어 런던(2012)과 리우(2016) 하계 올림픽에서도 놀라운 위업을 이어가는 '트리플 더블(tripple double)'의 쾌거를 이루었다. 그는 또한 100m와 200m 경주에서 세계 기록을 보유한 최초의 선수이기도 하다.

볼트는 어린 시절 크리켓 선수로서도 단거리 선수로서도 뛰어난 재능을 보였는데, 그가 가장 좋아한 운동은 크리켓과 축구였다고 고백한 바 있다. 아마도 볼트는 크리켓이나 축구를 매우 잘할 수 있었을지도 모르지만, 단거리 선수로서의 뛰어난 재능과 보기 드문 달리기 주법에 초점을 맞추기로 선택했다. 왜 그랬을까? 이 모든 것은 절대우위와 비교우위의 원리에 관한 것이라고 할 수 있다. 볼트는 훌륭한 축구 선수나 크리켓 선수가 될 수 있었지만 상대적으로 단거리 선수로서의 재능이 더 컸다. 단거리 달리기를 너무 잘했기 때문에 육상에 전문화하여 '바람처럼 달리는 것'이 그의 비교우위였다. 축구와 크리켓의 세계는 위대한 스타를 잃었을지 모르지

만, 육상계는 아마도 꽤 오랫동안 깨어지기 힘든 세계 기록을 달성한, 역사상 가장 위대한 단거리 선수를 얻은 것이다. 볼트가 은퇴한 후에 우리는 그가 맨체스터 유나이티드나 멜버른 스타즈의 유니폼을 입는 것을 볼 수 있을지도 모른다. 볼트는 "육상을 마치면 다른 종목으로 넘어갈 것입니다. 2016년까지 상위권에서 레이스를 할 수 없다면 축구와 같은 다른 스포츠로 전향하고 싶습니다. 왜냐하면 나는 거기서 경쟁할 수 있고 충분히 노력을 기울이면 좀 더 잘할 수 있기 때문입니다"라고 했다.[2]

절대우위와 비교우위 원리가 베이징 올림픽 경기에서도 시험대에 올랐다. 100m와 200m는 순전히 개인 경기이지만, 400m 계주 경기는 팀워크와 전략이 중요하다. 느린 선수에서 빠른 선수로의 순서를 정하는 전통적인 방식에서, 볼트는 앵커(Anchor, 마지막 주자)가 아니라 자메이카 팀의 세 번째 주자로 배정되었다. 볼트는 다른 팀원보다 빨랐지만(절대우위), 한 명의 주자로만 달릴 수 없는 계주 경기에서 세 번째 주자로 배정받은 이유는 마지막 주자로 달리는 아사파 포웰(Asafa Powell)과 비교하여 '더 낮은 기회비용'(다시 말해 비교우위)을 가지고 있었기 때문이다. 자메이카 팀은 약 1초 차이로 결승선을 통과했다![3]

---

은 상대가격이 2에 해당한다.

상대적 수요곡선 $RD$는 상대적 공급곡선과 같은 철저한 분석이 필요하지 않다. 우하향하는 $RD$ 곡선의 기울기는 대체 효과를 반영한다. 치즈의 상대가격이 상승할 때 소비자는 치즈를 덜 사고 포도주를 더 많이 구입할 것이므로 치즈의 상대적 수요는 감소한다.

치즈의 균형 상대가격은 상대적 공급곡선과 상대적 수요곡선의 교차점에서 결정된다. 그림 3-3에서 $RS$ 곡선과 $RD$ 곡선은 점 1에서 교차하는데, 이때 치즈의 상대가격은 두 국가의 무역 전 상대가격 사이에 위치한다. 즉 점 1에서의 상대가격은 무역 전 상대가격인 1/2과 2 사이에 있다. 이 경우 각국은 비교우위를 가진 재화의 생산에 완전히 전문화하여 자국은 치즈만 생산하고 외국은 포도주만 생산한다.

그러나 이것이 유일한 결과는 아니다. 예를 들어 상대적 수요함수가 $RD$ 대신 $RD'$이면 $RS$의 수평 부분 하단과 교차하게 된다. 점 2에서 무역 후에 세계시장에서 치즈의 균형 상대가격은 $a_{LC}/a_{LW}$로, 자국의 포도주로 표시한 무역 전 치즈의 기회비용과 똑같다.

이 결과의 중요성은 무엇인가? 만약 세계시장에서 치즈의 상대가격이 무역 전 자국경제의 기회비용과 같으면 자국은 치즈나 포도주 생산에 완전히 전문화할 필요가 없다. 실제로 점 2에서 자국은 포

---

2 Mail Today Reporter, "Olympic Sprinter Bolt Dreamed of Being a Cricketing Hero... But Now has His Eye on a Football Career," *Mail Online India*, 15 October, 2013, www.dailymail.co.uk.

3 4×100m 계주에서 주자의 기회비용에 대한 구체적인 계산은 다음 문헌을 참조하라. Liam Lenten, "The Economics of Comparative Advantage and Usain Bolt," *The Conversation*, July 11, 21012.

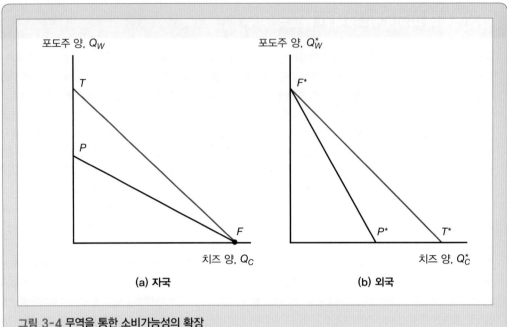

**그림 3-4 무역을 통한 소비가능성의 확장**
국제무역은 각국의 생산가능곡선 밖에 있는 파란 선 내 어디에서나 소비할 수 있다.

도주와 치즈를 동시에 얼마씩 생산해야 할 것이다. 즉 치즈의 상대적 공급량(수평축의 $Q'$ 점)은 자국이 실제로 완전히 치즈에 전문화한 경우보다 적다고 추론할 수 있다. 하지만 세계시장의 상대가격 $P_C/P_W$ 가 외국 입장에서는 포도주로 표시된 치즈의 기회비용보다 낮기 때문에, 그 세계 상대가격 수준에서 외국은 포도주 생산에 완전히 전문화할 것이다. 그러므로 한 국가가 전문화하게 된다면 비교우위가 있는 방향으로 전문화를 하게 된다는 것은 여전히 사실이라고 할 수 있다.

일단 두 국가 중 하나가 완전히 전문화되지 않았을 가능성은 배제해보자. 이 경우를 제외하고 통상적인 국제무역의 결과는, 다른 재화(예: 포도주)의 가격에 대한 교역재(예: 치즈)의 가격이 두 국가의 교역 전 가격 사이 어딘가에서 결정되는 것이다.

세계시장에서의 상대가격이 이와 같이 수렴하면 각국은 상대적으로 낮은 단위당 노동소요량을 가진 제품 생산에 전문화하는 효과를 가지게 된다. 자국에서 치즈의 상대가격이 이 세계시장의 상대가격으로 상승하게 되므로 자국은 치즈 생산에 전문화하게 되어 그림 3-4(a)의 점 $F$ 에서 생산하게 된다. 외국에서는 치즈의 상대가격이 이 세계시장의 상대가격으로 하락하여 포도주 생산에 전문화하므로 그림 3-4(b)의 점 $F^*$ 에서 생산하게 된다.

## 무역의 이득

이제는 상대적 노동생산성이 산업마다 다른 국가는 서로 다른 재화의 생산에 전문화한다는 사실을 알게 되었다. 그러면 다음은 두 국가가 이 전문화에서 얻는 **무역의 이득**(gains from trade)을 도출할 것이다. 이러한 상호이득은 두 가지 방식으로 보여줄 수 있다.

전문화와 무역이 유익하다는 것을 보여주는 첫 번째는, 무역을 통해 간접생산을 할 수 있다는 것이다. 자국은 포도주를 직접 생산할 수도 있지만, 외국과 무역하면 자국이 치즈를 전문 생산한 후 이를 와인과 교역함으로써 마치 포도주를 '생산'하는 것과 같은 효과를 누릴 수 있다. 이와 같이 포도주 1갤런을 간접적으로 '생산'하는 방법이 직접 생산하는 것보다 더 효율적인 방식이 된다.

다시 한번 수치를 사용한 예를 생각해보자. 자국이 치즈 1파운드를 생산하는 데 1시간이 걸리고 포도주 1갤런을 생산하는 데 2시간이 걸린다고 가정했다. 이는 포도주로 표시한 치즈의 기회비용이 1/2갤런이라는 것을 의미한다. 그러나 무역 후에 세계시장에서 치즈의 상대가격이 이를테면 1갤런처럼 1/2갤런보다 더 높을 것이라는 사실을 안다. 그래서 이 세계시장의 상대가격을 사용해보면 자국이 무역에서 어떤 이익을 얻는지 알 수 있다. 즉 포도주 1갤런을 생산하는 데 2시간의 노동을 사용하는 대신 그 노동을 치즈 2파운드를 생산하는 데 사용하면 그 2파운드의 치즈로 포도주 2갤런을 수입할 수 있다는 것이다.

좀 더 일반화하여 설명하면 1시간의 노동을 이용하는 두 가지 방법을 생각해볼 수 있다. 하나는 자국이 1시간을 투입하여 $1/a_{LW}$ 갤런의 포도주를 직접 생산하는 방법이고, 또 다른 하나는 그 1시간의 노동으로 $1/a_{LC}$ 파운드의 치즈를 생산하는 방법이다. 이때 이 두 번째 방법에서 생산한 양의 치즈를 각 파운드당 $P_C/P_W$ 갤런의 비율로 포도주와 교환할 수 있고, 따라서 자국은 이 1시간의 노동을 사용하여 마치 $(1/a_{LC})(P_C/P_W)$ 갤런의 포도주 산출물을 가진 것이 된다. 이 포도주의 양은 자국에서 1시간의 노동으로 직접 생산할 수 있었던 포도주 양보다 많을 것이며, 그렇게 되는 조건은 다음과 같다.

$$(1/a_{LC})(P_C/P_W) > 1/a_{LW} \tag{3-5}$$

또는 다음과 같다.

$$P_C/P_W > a_{LC}/a_{LW}$$

그러나 조금 전 세계시장 균형 상태에서 어떤 국가도 두 재화를 모두 생산하지 않는다면, 이 $P_C/P_W > a_{LC}/a_{LW}$ 조건을 갖춰야 한다는 사실을 알았다. 이 조건은, 자국이 직접 포도주를 생산하는 것보다 치즈를 생산한 후 포도주와 교역함으로써 포도주를 더 효율적으로 '생산'할 수 있음을 보여준다. 마찬가지로 외국은 포도주를 생산한 후 치즈와 교역함으로써 치즈를 더 효율적으로 '생산'할 수 있다. 바로 이것이 두 국가가 무역으로 이득을 본다는 사실을 이해하는 그 첫 번째 방법이다.

무역이 상호 유익하다는 것을 보는 두 번째 방법은, 무역이 어떻게 각국의 소비가능성에 영향을 미치는지를 검토하는 것이다. 무역이 없는 폐쇄경제하에서 각국의 소비가능곡선은 생산가능곡선(그림 3-4의 검은 선 $PF$와 $P^*F^*$)과 일치한다. 하지만 무역이 허용되면 각국에서 생산하는 재화의 조합과 소비하는 재화의 조합이 다를 수 있다. 자국경제의 소비가능곡선은 그림 3-4(a)의 파란 선 $TF$로 표시되는 반면, 외국의 소비가능곡선은 그림 3-4(b)의 $T^*F^*$로 표시된다. 각각의 경우 무역을 통해 소비자의 선택 범위가 확대되었으므로 각국 국민의 후생수준은 더 나아진다.

## 상대임금에 대한 유의점

국제무역에 대한 정치적 논쟁은 주로 국가 간 임금을 비교하는 데 초점을 맞춘다. 예를 들면 미국과 멕시코 간 무역 반대론자들은 미국 근로자의 시간당 임금은 35달러 이상인 데 반해 멕시코 근로자는 시간당 약 6.5달러만 받는다는 점을 주로 강조한다. 지금까지 국제무역에 대해 이야기할 때 자국과 외국의 임금을 명시적으로 비교하지는 않았지만 앞서 사용했던 수치를 예로 들면 두 국가 간 임금을 비교할 수 있다.

앞서 사용한 예를 보면 각 국가가 전문화 생산을 하면 자국의 모든 근로자는 치즈 생산에 고용된다. 자국에서는 치즈 1파운드를 생산하는 데 1시간의 노동이 필요하기 때문에, 근로자들이 노동 1시간당 치즈 1파운드의 가치를 얻는다. 마찬가지로 외국 근로자들은 포도주 전문화 생산을 하고, 이때 포도주 1갤런을 생산하는 데 3시간이 걸리기 때문에 시간당 포도주 1/3갤런의 가치를 얻는다.

이 숫자들을 달러로 전환하려면 치즈와 포도주의 세계시장에서의 가격을 알아야 한다. 치즈 1파운드와 포도주 1갤런이 각각 12달러에 팔린다고 하자. 그러면 자국 근로자는 시간당 12달러를 버는 반면 외국 근로자는 시간당 4달러를 벌 것이다. 한 국가 근로자의 **상대임금**(relative wage)이란, 다른 국가의 근로자가 시간당으로 받는 임금 대비 그 국가의 근로자가 시간당 받는 임금을 의미한다. 따라서 자국 근로자의 상대적 임금은 3일 것이다.

분명한 것은 포도주 1갤런이 양국에서 같은 가격에 팔리는 한, 이 상대적 임금은 치즈 1파운드의 가격이 12달러냐 20달러냐에 따라 달라지지 않을 것이다. 치즈의 상대가격(치즈 1파운드의 가격을 포도주 1갤런의 가격으로 나눈 것)이 1인 한, 자국 근로자의 임금은 외국 근로자 임금의 3배가 된다.

이 상대임금은 두 국가의 산업 간 상대적 생산성 사이에 놓인다는 점에 주목하자. 자국은 치즈 생산에서 외국보다 6배 더 생산적이지만 포도주의 생산성은 1.5배가 되어서, 결국 자국의 임금은 외국보다 3배 높은 수준으로 귀결되었다. 이는 정확히 상대임금이 상대적 생산성 사이에 있으므로 결국 각국이 하나의 상품에 비용우위를 점하기 때문이다. 외국은 낮은 임금으로 인해 생산성이 떨어지더라도 포도주 생산에 비용우위가 있다. 자국은 외국보다 임금이 높음에도 더 높은 생산성으로 상쇄하고도 남기 때문에 치즈 생산에 비용우위가 있다.

지금까지는 무역 모형 중 가장 단순한 모형을 전개했다. 리카도의 단일 생산요소 모형이 국제무역의 원인과 영향에 대한 완전한 분석 모형이 되기에는 너무 단순하지만, 상대적인 노동생산성에 초점을 맞추고 있기 때문에 국제무역에서 발생하는 논쟁을 생각하는 데 매우 유용한 도구가 된다. 특히 이 단순한 단일 생산요소 모형은 비교우위의 의미와 자유무역에서 얻은 이익의 성격에 대한 일부 일반적인 오해를 해소하는 데 좋은 수단을 제공한다. 이러한 오해들은 국제경제 정책에 관한 공개토론에서도 자주 나타나고, 스스로를 전문가라고 생각하는 사람들의 발언에서도 자주 나타나므로, 다음 절에서는 앞에서 공부한 모형에 비추어 비교우위에 관한 가장 일반적인 오해 중 몇 가지를 논의하는 시간을 가질 것이다.

## 비교우위에 대한 오해

경제학 분야에서는 비논리적이고 혼란스러운 주장이 매우 흔하게 발견된다. 정치인, 기업인, 심지어 경제학자들조차도 신중하게 연구된 경제분석 결과에 전혀 부합하지 않는 발언을 자주 한다. 어떤 이유인지 모르겠으나 이런 일은 특히 국제경제학에서 자주 나타난다. 예를 들어 신문의 경제면을 보면 국제무역에 관해 엉터리 주장을 하는 기사를 적어도 하나는 발견할 수 있다. 그중 특히 다음과 같은 세 가지 잘못된 주장은 매우 지속적으로 되풀이되고 있음이 입증되고 있다. 이 절에서는 앞에서 학습

## 시간과 공간에 따른 경제적 고립 상태와 자급자족 경제체제

무역으로 얻는 이득에 대한 논의는 두 가지 상황을 비교하는 일종의 '사고실험(thought experiment)'의 형태를 취한다. 즉 모든 나라가 무역을 하지 않거나 모든 나라가 자유무역이 가능한 상황이다. 이는 가상적 비교로, 이를 통해 국제경제학의 원리를 이해하는 데 도움을 얻긴 하지만, 현실과 큰 관련이 없는 것도 사실이다. 모든 국가가 갑자기 자급자족 경제체제에서 자유무역 경제체제로, 또는 그 반대로 바뀌는 것은 아니다. 물론 그럴 수도 있긴 하겠지만 말이다.

역사적 사례를 보면 장기간 혹은 단기간에 걸쳐, 또는 완전하게 혹은 부분적으로 교역이 단절되거나 자급자족 경제체제를 경험했던 나라가 많다. 탈레반 통치하의 아프카니스탄 이슬람 국가 (1996~2001), 알바니아 인민 공화국(1976~1991), 미얀마 (1962~1988), 크메르 루주 통치하의 캄보디아(1975~1979), 나치 독일(1936년 4개년 계획 시작), 인도(1950~1991), 일본 (1850년대까지의 '에도 시대'), 포브스 번햄(Forbes Burnham) 통치하의 가이아나(1970~1985), 아파르트헤이트 기간 부분적 자급자족 경제체제였던 남아프리카, 프랑코 통치하의 스페인 (1939~1958), 토머스 제퍼슨(Thomas Jefferson) 대통령 통치하의 미국(1807~1809) 등이 그 예이다. 이 모든 경우 해당 국가들은 결국에는 경제를 개방하고 대부분 무역 제한을 해제했다.

프란시스코 프랑코(Francisco Franco)가 이끄는 스페인은 무역의 잠재적 혜택을 실현하고 '스페인 기적'의 시대를 열기 전 15년 동안 경제 국경이 폐쇄됐던 좋은 예이다. 스페인은 1936~1939년 사이 좌파 정부에 맞서 쿠데타를 일으켜 독재정권을 수립한 프랑코 장군 통치하에 민족주의자들과 공화주의자들 사이의 치열한 내전에 휘말렸다. 내전 중 나치 독일과 이탈리아의 무솔리니의 지원에도 불구하고 스페인은 제2차 세계대전 동안 중립을 지켰지만, 프랑코 정부 탄생으로 인해 세계대전 이후 국제 정치와 경제 질서로부터 외면당했다. 스페인은 유럽 부흥 계획(European Recovery Plan, ERP, 마셜 플랜)에서 제외되었고 수많은 유럽과 국제기구 및 기관에 배척당했다. 그와 더불어 프랑코의 민족주의 이데올로기로 인해 새 정권은 국제적 배척으로 발생한 복잡한 경제적 문제를 더 악화시키는 경제적 자립과 고립화 정책을 자체적으로 취했다.

스페인은 1950년대 초중반 미국과 마드리드 조약을 체결함으로써 국제사회에 복귀하고자 소극적이나마 첫 노력을 기울였고, 이는 양국 간 협력의 가능성을 열었다. 국내의 발전은 개방경제의 이점을 예견한 기술관료들(tecnocrats) 위주로 구성된 새 정부가 출범한 몇 년 후에야 이루어질 수 있었다. 고립에서 경제협력으로의 전환은 1959년 드와이트 아이젠하워(Dwight Eisenhower) 미국 대통령이 스페인을 공식 방문하면서 비로소 완성되었다.

1940~1958년의 고립 시기에 스페인 경제는 총실질 GDP의 8%에 해당하는 경제적 후생 손실을 입은 것으로 추정된다.[4]

한 단순한 비교우위 모형을 사용하여 그런 주장들이 잘못된 이유를 알아보자.

## 생산성과 경쟁력

속설 1: 자유무역은 국가가 외국과의 경쟁에 맞설 만큼 충분히 강할 때만 유익하다. 이 주장은 많은 사람에게 아주 그럴듯하게 보이는 것 같다. 예를 들면 어떤 유명한 역사학자가 자유무역의 혜택이 다음과 같은 경우에는 현실적으로 발생하지 않는다고 주장하면서 자유무역 체제를 비판한 적이 있다. "만약 노동비용을 계속 줄이는 것 말고는 다른 나라보다 더 싸거나 더 효율적으로 생산할 수 있는 방법이 전혀 없다면, 어떻게 되겠는가?" 하고 걱정했다.[5]

이 관점의 문제는 이 논평자가 무역의 이득이 절대우위보다는 오히려 비교우위에 의존한다는 리카도 모형의 본질적인 요점을 전혀 이해하지 못했다는 것이다. 그는 국가가 다른 나라보다 더 효율적으로 생산할 수 있는 것이 아무것도 없을지도 모른다는 점을 우려한다. 즉 절대우위를 가진 것이 아

4 José Antonio Carrasco-Gallego, "The Spanish Autarky and the Marshall Plan: A Welfare Loss Analysis," Department of Economics, University College Cork Working Paper Series, Working Paper 08-01, 2011.

5 Paul Kennedy, "The Threat of Modernization," *New Perspectives Quarterly* (Winter 1995), pp. 31-33. John Wiley & Sons, Ltd. 의 허가를 받아 사용함

무엇도 없을지도 모른다는 것이다. 아직도 그것이 왜 그렇게 두려운 일이라고 생각하는 것일까? 앞의 간단한 수치를 이용한 무역의 예에서 자국은 치즈와 포도주 생산 분야에서 모두 낮은 단위당 노동소요량을 가지고 있으며, 그래서 생산성도 모두 높았다. 하지만 이미 본 바와 같이 무역을 통해 두 나라가 모두 이득을 얻는다.

아주 쉽게 빠질 수 있는 잘못된 생각은, 국가가 어떤 재화를 수출할 능력이 있다는 것이 바로 그 재화의 생산성에서 어떤 나라보다도 절대적으로 우위에 놓여 있기 때문이라는 논리이다. 그러나 한 재화를 생산하는 데 다른 나라에 비해 절대적으로 생산성 우위에 있어야 한다는 것은, 그 재화 생산에 비교우위를 가지기 위한 필요조건도 아니고 충분조건도 아니다. 앞서 학습한 단일 생산요소 모형을 보면 한 산업에서의 절대적 생산성 우위가 경쟁적 우위성을 가지는 데 필요하지도 충분하지도 않은 조건이라는 점이 분명해진다. 즉 한 산업의 경쟁적 우위는 외국에 대한 자국의 상대적 생산성뿐만 아니라 외국의 임금에 대한 자국의 상대적 임금에 달려 있다. 우선, 한 국가의 임금은 여러 산업의 상대적 생산성에 의존한다. 앞에서 사용한 수치의 예를 보면 외국은 자국보다 포도주 제조 효율성이 낮긴 하지만, 치즈 산업에서는 생산성이 훨씬 더 낮다. 외국은 노동생산성이 전반적으로 낮기 때문에 자국보다 낮은 임금을 근로자들에게 지불함으로써, 결국 외국의 포도주 생산비용이 자국보다 낮아지는 것이다. 실제 세계의 비슷한 예로 포르투갈은 미국에 비해 의류 생산성이 낮지만, 포르투갈에서 다른 산업의 생산성 열위가 훨씬 크기 때문에, 포르투갈은 미국에 비해 의류 생산에서 비교우위를 점할 수 있을 만큼 낮은 임금을 지불한다.

그러나 낮은 임금에 기초한 경쟁우위는 불공정하지 않은가? 사실 많은 사람이 이를 불공정하다고 생각한다. 그들이 그렇게 믿는 것이 다음에 설명하려는 두 번째 잘못된 믿음에 대한 내용이다.

### 극빈자 노동론

속설 2: 해외 경쟁이 저임금에 기반을 둘 때 그 경쟁은 불공정하며 다른 국가에도 피해를 준다. 이 주장은 **극빈자 노동론**(pauper labor argument)이라고도 하는데, 해외 경쟁에서 보호를 받으려는 노동조합이 특히 좋아하는 주장이다. 이 신념을 고수하는 사람들은 낮은 효율성으로 저임금 노동력에 기반한 외국 산업과 경쟁해서는 안 된다고 주장한다. 이 견해는 대중적으로 널리 퍼져 있으며 상당한 정치적 영향력을 가진다. 1993년 자수성가한 억만장자이자 전 대통령 후보였던 로스 페로(Ross Perot)는 미국과 멕시코 간의 자유무역은 멕시코의 아주 낮은 임금으로 인해 미국 산업이 남쪽으로 갈수록 '거대한 일자리 유출(giant sucking sound)' 현상이 나타날 것이라고 경고했다. 같은 해 유럽의회의 영향력 있는 의원이자 자수성가한 억만장자 제임스 골드스미스(James Goldsmith) 경도 프랑스에서 베스트셀러가 된 그의 저서 《함정(The Trap)》에서 조금 덜 생생하긴 했지만 비슷한 표현의 견해를 피력했다.

다시 간단한 예를 통해 이 주장의 오류를 알아보자. 앞의 예에서 자국은 두 산업 모두에서 외국보다 생산성이 높으나, 외국의 포도주 생산비용이 자국보다 낮은 것은 전적으로 임금이 훨씬 낮기 때문이다. 하지만 외국의 임금이 낮은 것은 자국이 무역으로 이익을 얻느냐의 문제와 무관하다. 외국에서 생산되는 포도주의 낮은 생산비가 높은 생산성 때문인지 아니면 낮은 임금 때문인지는 중요하지 않다. 자국에게 중요한 것은 자국이 직접 포도주를 생산하는 것보다 치즈를 생산하고 이를 포도주와 교환하는 것이 자신의 노동비용 관점에서 더 저렴하다는 것이다.

## 임금은 생산성을 반영하는가?

비교우위에 대한 통상적으로 잘못된 해석을 지적하기 위해 앞서 사용한 수치의 예에서는 두 나라의 상대적 임금이 상대적 생산성을 반영한다고 가정했다. 특히 자국과 외국 간의 임금비율은 각국이 서로 다른 재화 생산에 대해 비용상의 우위를 가지게 만드는 범위 안에 놓여 있다고 가정했다. 이는 우리의 이론적인 모형을 이해하는 데 매우 필수적인 요점이다. 그러나 대다수는 이 모형을 납득하지 못하고 있다. 일부 서방 관측자들은 특히 중국과 같은 '신흥국 경제(emerging economy)'의 빠른 생산성 증가를 우려한다. 이들은 이 나라들의 생산성이 증가하더라도 계속 낮은 임금을 지불할 것이고 그로 인해 고임금 국가들을 비용열위에 처하게 만들 것이라고 주장하면서, 결과적으로 이런 일이 벌어지지 않을 것이라고 주장하는 정통 경제학자들의 예측을 아주 비현실적인 이론적 추측이라고 일축한다. 이러한 입장의 논리는 제쳐놓더라도 과연 실제 증거는 그것과 얼마나 부합하는가?

답을 해보자면 사실 현실 세계에서는 국가의 임금은 생산성의 차이를 반영한다는 것이다. 아래의 그림은 2015년 특정 국가들의 생산성 추정치와 임금 추정치를 비교한 것이다. 둘 다 미국의 추정치에 대한 백분율로 나타나 있다. 생산성의 추정치는 미국 달러로 측정된 근로자 1인당 GDP이다. 후반부에서 살펴보겠지만 그 생산성 추정치는 교역재 생산에 근거한 생산성이어야 한다. 임금은 제조업의 임금이다.

임금이 생산성에 정확히 비례한다면 이 그림에 나타난 모든 점은

45도 선을 따라 놓일 것이다. 그림을 보면 실제로 상관관계가 나쁘지는 않다. 특히 중국과 인도의 낮은 임금은 낮은 생산성을 반영하고 있음을 확인할 수 있다.

전반적으로 낮게 추정된 중국의 생산성은 미국이 중국의 수출과 경쟁한다는 이야기에 비춰보면 놀랍게 보일 수 있다. 그런 국제경쟁력이 있는 수출품을 생산하는 중국의 근로자들이 아주 낮은 생산성을 가지고 있다고 믿기 힘들어 보인다. 그러나 비교우위론에 따르면 한 국가는 상대적으로 생산성이 높은 재화를 수출하게 된다는 사실을 기억하라. 즉 중국에서 수출하는 산업의 생산성수준은 중국 산업 전반적인 평균 생산성수준보다 상대적으로 훨씬 높을 것이라는 것 외에는 달리 생각할 수 없을 것이다.

사실 이 그림은 국가의 임금이 국민들의 생산성을 반영한다는 정통 경제학자들의 견해가 어떤 특정 시점의 자료로 증명되고 있음을 보여준다. 그러나 과거 자료를 보면 상대적 생산성의 상승이 임금 상승으로 이어졌던 것도 사실이다. 예들 들어 한국의 경우를 생각해보자. 2015년 한국의 노동생산성은 미국의 절반수준이었고, 임금도 역시 미국의 절반수준이었다. 그러나 항상 그랬던 것은 아니다. 그리 멀지 않은 과거에 한국은 저생산성, 저임금 경제였다. 1975년까지만 해도 한국의 임금은 미국의 5%에 불과했다. 그러나 한국의 생산성이 올라가자 임금도 올라갔다.

간단히 말해서 경제 모형에 근거하여 생산성 향상이 임금상승에 반영된다는 견해가 강력하게 지지된다.

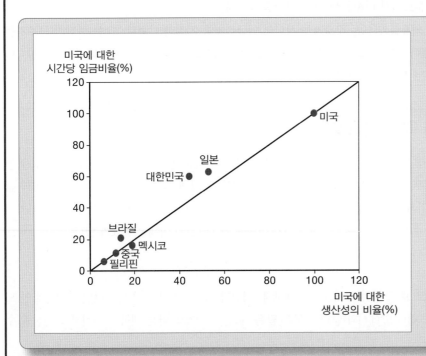

**생산성과 임금**

한 국가의 임금은 대체로 그 국가의 생산성에 비례한다.

출처: International Monetary Fund and The Conference Board.

이러한 무역은 자국에는 괜찮지만 외국에는 어떠할까? 과연 저임금에 기반을 둔 수출이 잘못된 것일까? 물론 저임금에 의존해 수출할 수 있다는 것이 매력적으로 들리지는 않지만, 고임금을 받을 때만 무역이 좋다는 생각은 오류이며, 마지막으로 다음에 설명하고자 한다.

### 착취

속설 3: 무역의 결과로 한 국가의 근로자가 다른 국가의 근로자보다 훨씬 낮은 임금을 받게 된다면 무역이 그 국가를 착취하는 것이고 국민의 후생도 감소시키게 된다. 이 주장은 흔히 감정적으로 표현되기도 한다. 예를 들어 한 칼럼니스트는 의류 체인점인 갭(Gap)의 최고경영자의 연봉 수백만 달러를 그 의류를 만드는 중남미 근로자들에게 지불되는 시간당 1달러 미만의 저임금과 비교했다.[6] 세계의 많은 근로자에게 지급되는 끔찍할 정도로 아주 낮은 임금을 정당화하려는 시도는 냉혹해 보일 수 있다.

하지만 자유무역이 바람직하느냐고 질문한다면, 핵심은 무역을 통해 저임금 국가의 근로자가 고임금 국가의 근로자보다 더 높은 임금을 받게 될 수 있는지를 질문할 게 아니라, 저임금에 기반한 재화 수출을 하는 것보다 그런 치욕적일 수 있는 무역을 거부하는 것이 과연 그 근로자들의 형편과 그 나라의 후생을 더 좋게 할 수 있을지를 질문해야 할 것이다. 즉 이 질문을 할 때는 '대안이 무엇인가?'라고 물어야 한다.

앞의 수치 예가 추상적이긴 하지만, 무역의 대안이 무엇인지 모르는 상태라면 저임금이 착취를 나타낸다고 단정할 수 없음을 강조한다. 그 예에서 외국 근로자는 자국 근로자보다 훨씬 적게 받고 있으며, 따라서 어떤 칼럼니스트가 그 착취에 대해 분노하는 글을 쓰는 것을 쉽게 상상할 수 있다. 하지만 외국이 자국과 무역하는 것을 거절함으로써(혹은 수출 산업의 임금 인상을 주장함으로써) '착취당하는 것'을 거부한다면 실질임금은 더 낮아질 것이다. 즉 그 나라 근로자들의 시간당 임금 구매력은 치즈의 1/3파운드에서 1/6파운드까지 하락할 것이다.

갭의 경영진과 의류를 만드는 근로자들 사이의 임금격차를 지적한 칼럼니스트는 중남미 근로자들의 빈곤에 분노했다. 그러나 그들에게 수출하고 교역할 기회를 주지 않는 것은 그들을 더욱 심각한 빈곤으로 몰아넣는 것일 수도 있다.

## 재화가 많을 때의 비교우위

지금까지는 두 재화만 생산되고 소비되는 모형을 가정했다. 단순화된 모형이긴 했지만 이 모형을 통해 비교우위와 무역과 관련된 많은 핵심적 내용을 이해할 수 있게 되었고, 앞 절에서 살펴본 바와 같이 정책 문제 논의에 상당히 유용한 분석 도구임이 드러났다. 그러나 현실에 좀 더 가까이 다가가기 위해서는 재화의 수가 더 많은 경우 비교우위가 어떻게 기능하는지 이해할 필요가 있다.

### 모형의 설정

다시 자국과 외국으로 구성된 세계를 생각해보자. 이전과 마찬가지로 각국마다 단일 생산요소인 노동만을 가진다. 그러나 앞에서와 달리 각국은 많은 재화, 즉 $N$개의 다른 재화를 소비하고 생산할 수

---

6 Bob Herbert, "Sweatshop Beneficiaries: How to Get Rich on 56 Cents an Hour," *New York Times* (July 24, 1995), p. A13.

있다고 가정할 것이다. 여러 재화를 서로 구분하기 위해 1부터 $N$까지의 번호를 부여한다.

각국의 생산기술은 각 재화 1단위를 생산하는 데 필요한 노동시간인 단위당 노동소요량으로 표시할 수 있다. 자국에서 $i$라는 특정 재화에 대한 단위당 노동소요량을 $a_{Li}$로 표시한다. 여기서 $i$는 재화에 부여된 번호이다. 만약 치즈에 7번이 부여되면, $a_{L7}$의 의미는 치즈 1단위 생산에 소요되는 노동량을 의미한다. 이 모형에서도 앞에서 적용한 것처럼 외국의 단위당 노동소요량은 $a_{Li}^*$로 표시한다.

무역 현상을 분석하기 위해 다음과 같은 요령을 이 모형에 고려해보자. 우선 어떤 재화든지 외국에 대한 자국의 단위당 노동소요량의 비율인 $a_{Li}/a_{Li}^*$를 계산할 수 있다. 이때 재화의 번호가 낮을수록 이 비율도 같이 낮아지게 각 재화에 번호를 부여하는 것이다. 즉 다음과 같은 순서가 되게 재화에 번호를 부여한다는 것이다.

$$a_{L1}/a_{L1}^* < a_{L2}/a_{L2}^* < a_{L3}/a_{L3}^* < \cdots < a_{LN}/a_{LN}^* \tag{3-6}$$

## 상대임금과 전문화

이제 무역 유형을 살펴볼 준비가 되었다. 무역 유형은 오직 한 가지만으로 결정되는데, 바로 외국의 임금에 대한 자국의 임금비율이다. 이 비율을 알기만 하면 어느 국가가 무엇을 생산할 것인가를 알 수 있다.

$w$를 자국의 시간당 임금이라 하고, $w^*$를 외국의 시간당 임금이라 하자. 그러면 임금의 비율은 $w/w^*$가 된다. 그렇다면 세계 생산이 국가별로 배정되는 규칙은 간단하다. 즉 재화는 항상 가장 싸게 생산할 수 있는 국가에서 생산된다는 것이다. 예를 들어 어떤 재화 $i$를 1개 생산할 때의 생산비용은 단위당 노동소요량에 시간당 임금을 곱한 것이다. 자국에서 재화 $i$의 생산비용은 $wa_{Li}$이고, 외국에서 같은 재화의 생산비는 $w^*a_{Li}^*$이다. 만약 다음과 같다면 자국에서 재화 $i$를 생산하는 것이 더 싸다.

$$wa_{Li} < w^* a_{Li}^*$$

이것을 다시 정리하면 다음과 같다.

$$a_{Li}^*/a_{Li} > w/w^*$$

한편 외국에서 재화 $i$를 생산하는 것이 더 싸다면 다음과 같다.

$$wa_{Li} > w^* a_{Li}^*$$

이것을 정리하면 다음과 같다.

$$a_{Li}^*/a_{Li} < w/w^*$$

따라서 재화 생산의 국가별 배정기준은 $a_{Li}^*/a_{Li} > w/w^*$인 재화는 자국에서 생산될 것이고, $a_{Li}^*/a_{Li} < w/w^*$인 재화는 외국에서 생산될 것이다.

앞서 $a_{Li}/a_{Li}^*$의 오름차순[식 (3-6)]으로 재화의 번호를 정렬했다. 국가별 생산의 전문화를 결정하는 규칙은 이와 같이 정렬된 순서 내에서 두 국가의 임금비율인 $w/w^*$로 결정되는 '절단점(cut)'이 있다는 것을 알 수 있다. 그 임금비율의 왼쪽에 위치한 모든 재화는 자국에서 생산되지만 오른쪽에 위치한 모든 재화는 외국에서 생산된다(잠시 후에 살펴보겠지만 어떤 특정 재화에 대해서 임금의 비율이

| 표 3-2 | 자국과 외국의 단위당 노동소요량(단위 : 시간) | | |
|---|---|---|---|
| 제품의 종류 | 자국의 단위당<br>노동소요량($a_{Li}$) | 외국의 단위당<br>노동소요량($a_{Li}^*$) | 자국의 상대적<br>생산성 우위<br>($a_{Li}^*/a_{Li}$) |
| 사과 | 1 | 10 | 10 |
| 바나나 | 5 | 40 | 8 |
| 캐비어 | 3 | 12 | 4 |
| 대추 | 6 | 12 | 2 |
| 엔칠라다 | 12 | 9 | 0.75 |

단위당 노동소요량의 비율과 똑같은 경우가 발생할 수도 있다. 이 경우 그 재화는 양국 모두에서 생산될 수 있다).

표 3-2는 자국과 외국이 사과, 바나나, 캐비어, 대추, 엔칠라다(enchiladas, 멕시코 음식의 일종_역자 주)라는 다섯 종류의 재화를 소비하고 생산할 수 있는 수치의 예를 나타낸다.

이 표의 처음 두 열은 각 재화별 자국과 외국의 단위당 노동소요량을 나타내고, 셋째 열은 각 재화에 대한 자국의 단위당 노동소요량 대비 외국의 단위당 노동소요량의 비율, 즉 자국의 상대적 생산성 우위를 나타낸다고 할 수 있다. 자국의 상대적 생산성 우위가 높은 순서로 재화를 표시했는데, 사과가 가장 높고 엔칠라다가 가장 낮다.

어느 국가가 어떤 재화를 생산하는가는 자국 임금과 외국 임금의 비율에 달려 있다. 자국은 상대적 생산성이 상대적 임금보다 높은 모든 재화에 비용상 우위를 가질 것이고, 외국은 다른 재화에 비용상 우위를 가질 것이다. 예를 들어 자국 임금이 외국 임금의 5배라면(즉 외국 임금 대비 자국 임금 비율이 1:5라면) 사과와 바나나는 자국에서 생산되고 캐비어, 대추, 엔칠라다는 외국에서 생산될 것이다. 만약 자국의 임금이 외국임금의 3배라면 자국은 사과, 바나나, 캐비어를 생산할 것이고, 반면에 외국은 대추와 엔칠라다만을 생산할 것이다.

이러한 전문화의 유형은 두 국가 모두에게 유익한가? 이는 앞에서 이용한 것과 동일한 방법으로 알아볼 수 있다. 즉 한 국가에서 한 재화를 직접적으로 생산하는 노동비용과 다른 재화를 생산하여 원하는 재화를 외국과 교역함으로써 그 재화를 '간접적'으로 생산하는 노동비용을 서로 비교해보면 알 수 있다. 만약 자국 임금이 외국 임금의 3배라면(다시 말해 외국 임금이 자국의 1/3 수준이라면) 자국은 대추와 엔칠라다를 수입할 것이다. 대추 1단위를 생산하는 데 외국 노동은 12시간이 필요하지만, 자국 노동시간으로 비용을 생각해보면 임금이 3배 높은 상황에서 단 4시간의 노동(12/4 = 3)을 사용할 뿐이다. 그러나 이 4시간의 노동은 자국에서 대추를 생산하는 데 소요되는 6시간보다 적은 시간이다. 엔칠라다의 경우 실제로 외국이 낮은 임금과 함께 높은 생산성을 가진다. 즉 자국이 엔칠라다 1단위를 직접 생산하는 데는 12시간의 노동이 소요되는 데 비해, 무역을 통해서 엔칠라다 1단위를 얻는 데는 단 3시간의 노동만 소요된다. 외국 역시 무역으로 이익을 얻게 된다는 사실을 유사한 계산 방식으로 확인할 수 있다. 즉 외국이 수입하는 각각의 재화를 스스로 국내에서 직접 생산하는 것보다 무역을 통해 얻는 것이 국내 노동력으로 환산하면 더 저렴하다는 것이다. 예를 들면 외국은 사과 1단위를 생산하는 데 자국에 비해 시간당 임금이 1/3 수준임에도 10시간의 노동이 소요되지만, 3시간의 노동만으로도 자국에서 사과 1단위를 얻을 수 있으므로 이득이 된다(외국이 사과를 직접 생산하지 않고 자국에서 수입한다면, 자국에서는 1시간의 노동으로 사과 1단위를 만들어 수출할 수 있다. 이 1시간의 노동비용은 외국 근로자의 3시간의 노동비용과 같다. 마치 3시간의 노동만으로 사과 1단위를 간접 생산하는 것과 같게 된다_역자 주).

그런데 이 계산에서는 상대임금을 단순히 3이라고 가정했다. 이 상대임금은 실제로 어떻게 결정되는가?

## 다수재 모형에서 상대임금의 결정

두 재화 모형에서 자국의 임금은 치즈로 계산하고 외국의 임금은 포도주로 계산하여 상대임금을 도출했다. 그리고 나서 포도주 가격에 대한 치즈의 상대가격을 사용해 두 국가의 임금비율을 추론했다. 이렇게 할 수 있었던 이유는 자국이 치즈를 생산하고 외국은 포도주를 생산할 것임을 미리 알았기 때문이다. 다수재의 경우 어느 국가가 어떤 재화를 생산할 것인가는 상대임금을 안 후에만 결정할 수 있으므로 새로운 분석 과정이 필요하다. 다수재 경제에서 상대임금을 결정하려면 재화의 상대수요와 노동에 대한 암묵적인 상대수요의 이면을 살펴봐야 한다. 이는 소비자에 의한 직접적 재화 수요가 아니라, 각국의 노동으로 생산된 재화에 대한 수요에서 발생한 **파생수요**(derived demand)이다.

외국의 임금에 대한 자국의 임금비율이 올라갈 때 자국 노동에 대한 상대적 파생수요는 두 가지 이유로 감소한다. 첫째, 자국 노동이 외국 노동에 비해 더 비싸면 자국에서 생산되는 재화는 상대적으로 더 비싸지고, 이 재화들의 세계수요도 감소한다. 둘째, 자국의 임금이 상승할 때 자국은 더 적은 수의 재화를 생산하고 외국은 더 많은 수의 재화를 생산하여 자국 노동에 대한 수요를 더 감소시킨다.

표 3-2에 예시한 바와 같이 이 두 효과를 간단한 수치 계산으로 설명할 수 있다. 자국의 임금이 처음에 외국 임금의 3.5배라고 하자. 그 임금수준에서 외국은 대추와 엔칠라다를 생산하는 반면, 자국은 사과, 바나나, 캐비어를 생산할 것이다. 만약 자국의 상대적 임금이 3.5에서 3.99로 상승한다면, 전문화의 유형은 바뀌지 않겠지만 자국에서 생산한 재화가 상대적으로 더 비싸져서 이 재화에 대한 상대적 수요는 감소하고 자국 노동에 대한 상대적 수요도 함께 감소할 것이다.

이제 상대임금이 3.99에서 4.01로 약간 더 증가했다고 가정하자. 자국의 상대임금이 이렇게 소폭 상승했더라도 전문화 유형에 변화가 발생할 것이다. 이제는 외국에서 캐비어를 생산하는 것이 자국보다 더 저렴해졌기 때문에 캐비어 생산은 자국에서 외국으로 이동한다. 이는 자국 노동의 상대적 수요에 어떠한 의미를 가지는가? 확실히 상대임금이 4 미만에서 4를 약간 초과하게 되면, 자국의 캐비어 생산량은 0으로 떨어지는 대신 외국은 새로운 캐비어 산업을 획득하게 되어 자국 노동에 대한 상대수요가 급격하게 하락하게 됨을 의미한다. 만약 상대임금이 계속 오르면 자국 노동에 대한 상대적 수요는 점차 감소하다가 바나나 생산이 외국으로 이동하게 되는 상대임금 8에 도달하면 자국 노동의 상대수요가 다시 한번 급격하게 떨어진다.

그림 3-5를 이용해 상대임금의 결정을 설명할 수 있다. 그림 3-3과 달리 그림 3-5에서는 X축과 Y축이 재화의 상대적 공급량이나 재화의 상대가격을 나타내지 않는다. 대신 상대적 노동량과 상대임금을 나타낸다. 세계시장에서 외국 노동에 대한 세계수요 대비 자국 노동의 상대적 세계수요는 $RD$ 선으로 표시되고, 외국 노동에 대한 자국 노동의 상대적 세계공급은 $RS$ 선으로 나타난다.

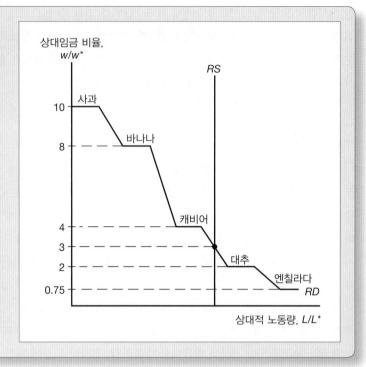

**그림 3-5 상대적 임금의 결정**

다수재 리카도 모형에서 상대적 임금은 노동에 대한 상대적 파생 수요곡선 *RD*와 상대적 공급곡선 *RS*의 교점에서 결정된다.

노동의 상대적 공급은 자국의 노동력과 외국의 노동력의 상대적 규모가 결정한다. 사용 가능한 노동시간 수는 임금에 따라 변하지 않는다고 가정하면, 상대임금은 상대적 노동공급에 아무 영향을 미치지 못하므로 *RS*는 수직선이다.

노동에 대한 상대적 수요곡선인 *RD*는 '계단' 형태이다. 외국 근로자의 임금 대한 자국 근로자의 상대임금이 인상될 때마다 자국에서 생산되는 재화에 대한 상대수요는 감소할 것이고 자국 노동에 대한 수요도 그와 함께 감소할 것이다. 또한 자국의 상대적 임금 인상으로 외국에서 생산되는 재화의 생산비용이 더 저렴해질 때마다 자국 노동의 상대적 수요는 급격히 감소할 것이다. 따라서 상대적 수요곡선은 전문화 유형이 변하지 않는, 완만하게 하향하는 경사 구간과 전문화 유형의 변화로 인한 노동의 상대적 수요가 급격히 변하는 '수평 구간'이 번갈아 나타나는 계단 모양이 된다. 그림에서 보여주는 바와 같이 이러한 '수평 구간'은 5개 재화 각각에 대해 외국 생산성에 대한 자국 생산성의 비율과 같은 상대적 임금수준에 해당한다.

균형 상대임금은 *RD* 곡선과 *RS* 곡선의 교차점에서 결정된다. 그림과 같이 균형 상대임금은 3이다. 이 임금에서 자국은 사과, 바나나, 캐비어를 생산하는 한편, 외국은 대추와 엔칠라다를 생산한다. 그 결과는 *RS*의 위치를 결정하는 국가들의 상대적 크기와 *RD*의 형태와 위치를 결정하는 재화에 대한 상대적 수요에 달려 있다.

만약 *RD*와 *RS* 곡선이 수평 구간 중 하나에서 교차한다면 두 국가 모두 그 수평 구간에 해당되는 재화를 생산한다.

# 운송비용와 비교역재

이제 무역 모형을 좀 더 현실에 가깝게 확장하기 위해 운송비용의 효과를 고려해보자. 사실 운송비용을 고려하더라도 비교우위 원리나 무역의 이득 발생에 대한 근본적인 원리는 변화하지 않는다. 그러나 운송비용은 재화와 용역의 이동에 장애 요인으로 작용하기 때문에 대외원조 문제, 국제투자 문제, 국제수지 문제와 같이 세계의 무역 경제활동에 영향을 줄 수 있는 여러 방식에 중요한 의미를 지닌다. 아직 이러한 다양한 국제 문제의 영향에 대해서는 다루지는 않겠지만, 다수재 단일 생산요소 모형은 운송비용의 효과를 살펴보기에 좋은 모형이다.

먼저 앞 절의 모형으로 설명한 세계경제는 매우 극단적인 국제 전문화의 경우라는 점을 주목하자. 많아봐야 두 국가가 동시에 생산하는 재화는 하나일 뿐이며, 다른 모든 재화는 자국이나 외국에서만 생산되지 양국에서 동시에 생산되지는 않는다.

실제로 국제경제에서 국가가 이러한 극단적인 전문화를 하지 못하는 이유가 세 가지 있다.

1. 복수의 생산요소가 존재하면 전문화 경향이 줄어든다(4장과 5장에서 살펴볼 것이다).
2. 국가는 때때로 외국과의 경쟁으로부터 국내산업을 보호한다(9~12장에 걸쳐 상세히 논의할 것이다).
3. 재화나 용역을 운송하는 데 많은 비용이 든다. 경우에 따라서는 운송비용이 너무 커서 국가가 특정 부문에서 자급자족을 하게 한다.

앞 절 다수재의 예에서 자국의 상대적 임금이 3일 때 외국은 대추와 엔칠라다를 자국보다 더 싸게 생산할 수 있는 반면, 자국은 외국보다 사과, 바나나, 캐비어를 더 싸게 생산할 수 있었다. 그러므로 운송비용이 없다면 자국은 처음 3개의 재화를 수출할 것이고 나머지 2개의 재화는 수입할 것이다.

이제 운송비용이 존재하고, 이 운송비용은 생산비용에 대해 일률적으로 100%라고 가정하자. 이 운송비용은 무역을 저해할 것이다. 예로서 대추를 생각해보자. 대추 1단위를 생산하는 데 자국 근로자는 6시간, 외국 근로자는 12시간이 필요하다. 상대임금이 3이면 외국 노동 12시간의 가치는 자국 노동 4시간과 같다. 따라서 운송비용이 없다면 자국은 대추를 수입하게 된다. 하지만 100%의 운송비용이 있으면 자국이 대추를 수입하는 것은 자국 노동 8시간에 해당하여(노동 4시간과 운송비용에 해당하는 4시간의 노동을 더한 것) 자국은 대추를 수입하는 대신 국내에서 생산할 것이다.

마찬가지로 비용을 비교해보면 외국은 캐비어를 수입하는 것보다 자체 생산하는 것이 더 저렴하다는 사실을 알 수 있다. 캐비어 1단위를 생산하는 데 자국 노동은 3시간이 필요하다. 자국의 상대적 임금이 3이어서 이 3시간의 자국 노동이 외국의 9시간의 노동과 같다고 하더라도, 이는 외국이 캐비어를 자체 생산하는 데 필요한 12시간의 비용보다 더 저렴하다. 따라서 운송비용이 없는 경우 외국은 캐비어를 자체 생산하는 것보다 수입하는 것이 더 저렴하다는 사실을 알 수 있다. 하지만 100%의 운송비용이 있으면 수입된 캐비어는 외국 노동 18시간에 해당하는 비용이 들기 때문에 외국은 캐비어를 수입하는 대신에 자체적으로 현지 생산할 것이다.

이 예에서 운송비용을 도입한 결과 자국은 여전히 사과와 바나나를 수출하고 엔칠라다를 수입하는 반면 캐비어와 대추는 양국이 모두 자체적으로 생산하는 **비교역재**(nontraded goods)가 될 것이다.

이 예에서 운송비용은 모든 산업의 생산비용과 동일한 비율이라고 가정했다. 현실에서 운송비용은 천차만별이다. 어떤 경우에는 실제로 운송 자체가 불가능할 수도 있다. 이발과 자동차 수리 같은 서비스는 (미국 미시간주의 디트로이트와 캐나다 온타리오주의 윈저와 같이 국경선에 걸쳐 있는 대도시권을 제외하고는) 국제적으로 교역될 수 없다. 시멘트처럼 가치에 비해 중량이 너무 높은 재화는 국제적으로 교역이 거의 없다. (시멘트가 해외에서 훨씬 싸게 생산되더라도 시멘트의 운송비용이 워낙 비싸기 때문에 시멘트는 수입할 만한 가치가 없다.) 결과적으로 많은 재화가 국가들 간에 교역되지 않는 이유는, 생산비용의 우위성이 강하지 않거나 높은 운송비용이 존재하기 때문이다.

중요한 점은 많은 국가에서 국민소득의 대부분이 비교역재에 지출되고 있다는 사실이다. 이러한 사실은 나중에 국제금융 경제학을 논의할 때 놀랄 만큼 아주 중요한 부분이 될 것이다.

## 리카도 모형에 대한 실증적 연구

국제무역에 대한 리카도 모형은 무역이 발생하는 이유와 국민후생에 미치는 영향을 분석하는 데 아주 유용한 도구이다. 그러나 과연 이 모형이 현실 세계를 잘 설명하고 있을까? 리카도 모형은 실제 국제무역의 흐름을 정확히 예측하고 있는가?

답은 '그렇다'이며, 상당한 근거가 있다. 물론 여러 방면에서 리카도 모형은 예측을 잘하지 못할 수도 있다. 첫째, 비교역재에 관한 논의에서 언급했듯이 단순한 리카도 모형은 실제 세계에서 잘 관찰되지 않는 극단적인 생산 전문화를 예측한다. 둘째, 리카도 모형은 국가 내부의 소득분배에 대한 국제무역의 영향을 배제한 채 국가 전체적으로 항상 무역으로 이익을 얻는다고 예측한다. 하지만 현실 세계에서 국제무역은 소득분배에도 강력한 영향을 준다. 셋째, 리카도 모형은 국가 간 다양한 자원 보유의 차이를 무역의 원인으로 간주하지 않기 때문에 무역 시스템의 중요한 측면을 놓치고 있다(4장과 5장의 주요 논점). 넷째, 리카도 모형은 무역의 원인으로서 규모의 경제의 역할을 고려하지 않는데, 바로 이 점으로 인해 이 모형은 유사한 국가들 간에 발생하는 대규모 교역 현상을 제대로 설명하지 못한다. 이에 대해서는 7장과 8장에서 주요하게 논의할 것이다.

그러나 이러한 결점에도 불구하고 리카도 모형의 기본 예측(국가는 상대적으로 생산성이 높은 재화를 수출해야 한다)은 오랫동안 많은 연구로 강력하게 확인됐다.

리카도 모형에 대한 고전적인 검증으로는 제2차 세계대전 초기의 데이터를 사용하여 영국과 미국의 생산성과 무역을 비교 분석한 것이 있다.[7] 이 두 국가를 비교한 것은 상당히 잘 수행한 분석이라고 할 수 있다. 왜냐하면 영국의 노동 생산성이 거의 모든 산업 분야에서 미국보다 낮았기 때문이다. 즉 미국은 모든 면에서 절대우위를 가지고 있었다. 그럼에도 당시 영국의 총수출량은 미국과 비슷했다. 영국의 절대적 생산성이 낮았음에도 영국이 비교우위를 가진 산업 부문이 반드시 있었을 것이다. 리카도 모형의 예측에 따르면 영국의 이러한 산업 부문이 바로 미국 입장에서는 미국 생산의 이점이 상대적으로 낮은 산업이었을 것이다.

---

7 G. D. A. MacDougall의 선구적인 논문은 이 장의 끝에 있는 더 읽을거리에 있다. 우리가 여기에 인용하는 연구 논문인 잘 알려진 후속 연구인 벨라 발라사(Bela Balassa)의 "An Empirical Demonstration of Classical Comparative Cost Theory", *Review of Economics and Statistics* 45 (August, 1963), pp. 231-238이다. 이 절에서는 발라사의 추정치를 사용한다.

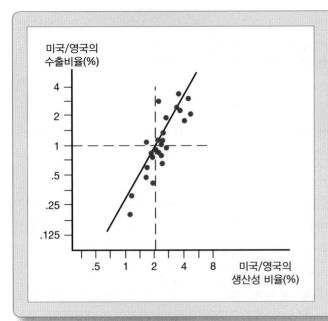

미국/영국의
수출비율(%)

**그림 3-6 생산성과 수출**
비교 연구에 따르면 미국의 수출은 미국이 상대적 노동생산성이 높은 산업에서 영국의 수출보다 상대적으로 많았다. 각 점은 다른 산업을 나타낸다.

미국/영국의
생산성 비율(%)

그림 3-6은 1963년 헝가리 경제학자 벨라 발라사(Bela Balassa)의 논문에 나타난 자료를 이용하여 리카도 모형을 뒷받침하는 증거를 보여준다. 이 그림은 1951년 26개 제조업 부문의 영국에 대한 미국의 수출 비율과 노동생산성 비율을 비교한 것이다. 생산성 비율은 수평축에, 수출 비율은 수직축에 나타냈는데, 좀 더 명확한 그림을 얻기 위해 양축은 로그값으로 표시했다.

리카도 이론에 따르면 미국 산업의 상대적 생산성이 높을수록 영국보다 미국이 해당 산업에서 수출할 가능성이 더 높다고 대체적으로 예상할 수 있다. 바로 이 예측을 그림 3-6이 잘 보여준다. 실제로 분산된 점이 우상향하는 직선에 매우 가깝게 몰려 있다. 이러한 비교 연구에 사용한 데이터는 다른 모든 경제 데이터와 마찬가지로 상당한 측정오차가 발생할 가능성을 염두에 두어야 하지만, 놀라울 정도로 이론과의 적합도가 매우 높다.

예상하는 바와 같이 그림 3-6에서 나타난 증거는 무역이 절대우위가 아니라 비교우위에 따른다는 본질적인 통찰력이 올바르다는 사실을 확인해준다. 이 연구에 사용한 자료를 보면 그 시기에 미국 산업은 영국 산업보다 노동생산성이 훨씬 높았으며 평균적으로 약 2배 높았다. 이 장 초반부에서 논의한 것처럼 한 국가가 다른 국가의 생산성과 대등한 수준일 경우에만 국가의 국제 경쟁력이 있을 수 있다는 잘못된 인식으로 인해, 많은 사람은 미국이 영국에 비해 전반적으로 모든 부문에서 수출우위를 차지할 것이라고 예측할 것이다. 하지만 리카도 모형에 따르면 타국에 비해 한 국가가 어떤 산업에서 높은 생산성을 가진다고 해서 그 국가가 해당 산업의 재화를 수출할 것이라고 보장할 수 없다. 오히려 그 산업의 상대적 생산성이 다른 산업들의 상대적 생산성에 비해 높아야 하는 것이다. 실제로 미국의 생산성은 그림 3-6에 점으로 표시된 모든 26개 산업 부문에서 영국의 생산성보다 11~366% 만큼 높았다. 그러나 26개 산업 중 12개 산업에서 영국은 미국보다 더 많은 수출을 했다. 그림을 보면 대략 미국의 생산성 우위가 2배 이상인 산업에서만 미국이 영국보다 더 많이 수출했음을 알 수 있다.

| 표 3-3 | 방글라데시 대 중국(2011) | |
| :--- | :---: | :---: |
| | 방글라데시 1인당 생산물의<br>중국에 대한 비율(%) | 방글라데시 수출의<br>중국에 대한 비율(%) |
| 전체 산업 | 28.5 | 1.0 |
| 의류 | 77 | 15.5 |

출처: McKinsey and Company, "Bangladesh's Ready-Made Garments Industry: The Challenge of Growth," 2012; UN Monthly Bulletin of Statistics.

이 고전적 검증결과에 비해 최근의 검증결과는 리카도 모형의 예측을 상대적으로 명확하게 보여주지는 못하고 있다. 부분적인 이유는, 이제 세계무역의 성장과 그에 따른 국가들의 전문화로 인해 산업별로 국가들을 서로 비교하기가 힘든 상황이기 되었기 때문이다. 21세기의 세계 경제에서 국가들은 비교열위에 있는 재화를 아예 생산하지 않는 경우가 많기 때문에 해당 산업 부문의 생산성을 측정할 방법이 없다. 예를 들면 대부분의 국가에서는 비행기를 생산하지 않기 때문에 비행기를 생산할 경우 필요한 단위당 노동소요량에 대한 데이터가 없다. 그럼에도 불구하고 노동생산성의 차이가 세계의 무역 유형을 결정하는 데 계속해서 중요한 역할을 한다는 여러 증거가 존재한다.

리카도의 비교우위 이론이 여전히 유용하다는 사실을 보여주는 가장 놀라운 사례는 아마도 전반적인 생산성이 아주 낮은 국가가 일부 산업에서 수출 강국으로 부상하는 경우일 것이다. 예를 들어 방글라데시의 의류 수출의 경우를 생각해보자. 2013년 4월 방글라데시에서 의류공장 5개가 들어선 건물이 무너져 내려 1,000명 이상 사망한 사건이 발생했고 방글라데시의 의류 산업이 공개적으로 최악의 평가를 받았었다. 그런데 이 비극의 배경에는 그전까지 수출 공급시장을 지배했던 중국의 성장을 능가할 정도로 빠른 방글라데시의 의류 수출 성장이 있었다. 미국에 비해 여전히 생산성이 낮은 중국과 비교하더라도 그보다 생산성이 더욱 더 낮았던 매우 가난한 방글라데시였지만 의류 산업은 매우 빠르게 성장했다.

방글라데시의 성공의 비결은 무엇이었을까? 방글라데시는 의류 생산에서도 생산성이 상당히 낮지만 그러한 생산성 열세가 다른 산업들에 비해서는 훨씬 작기 때문에 방글라데시는 의류 생산에 비교우위를 가지게 된 것이다. 표 3-3은 2011년 자료를 기반으로 일부 추정값을 보여주는데, 바로 이러한 비교우위를 보여준다.

방글라데시는 중국과 비교하면 의류 생산의 생산성이 크게 낮아 여전히 절대적 비교열위에 있는 것이 사실이다. 그러나 방글라데시 의류 산업의 상대적 생산성이 다른 산업보다 훨씬 높기 때문에 의류 생산에 강력한 비교우위를 가지고 중국과 경쟁하고 있는 것이다.

요컨대 리카도 모형이 세계무역의 원인과 결과를 완벽하게 설명한다고 믿는 경제학자는 거의 없지만, 생산성 차이가 국제무역에서 중요한 역할을 한다는 점과 절대우위가 아니라 비교우위가 중요하다는 점, 이 두 가지 주요 시사점은 실증 분석 결과가 뒷받침해준다.

## 요약

- 국가 간의 차이가 무역을 어떻게 발생시키고, 무역에서 이득은 어떻게 발생하는지 가장 간단한 모형인 리카도 모형을 살펴봤다. 이 모형에서 노동은 유일한 생산요소이고, 국가 간의 차이는 오직 산업별 노동생산성 수준에 있다.

- 리카도 모형에서 각 국가는 자신의 노동력이 상대적으로 효율적으로 생산하는 재화를 수출하고, 상대적으로 비효율적으로 생산하는 재화를 수입한다. 다시 말해 한 국가의 생산 유형은 비교우위가 결정한다.

- 무역은 두 가지 방식으로 국가에 혜택을 준다. 첫째, 무역을 간접적인 생산 방식으로 생각할 수 있다. 한 국가는 어떤 재화를 자체적으로 생산하는 대신 그와 다른 재화를 생산하고서 자신이 원하는 재화와 교환할 수 있다. 간단한 리카도 모형은 어떤 재화가 수입될 때마다 그렇게 간접 '생산'하는 것이 직접 생산하는 것보다 노동력을 덜 투입한다는 사실을 말해준다. 둘째, 무역은 한 국가의 소비가능성을 확대시키며, 이는 무역에서 얻는 이득을 의미한다.

- 무역에서 얻는 이득의 국가 간 분배는 각 국가가 생산하는 제품의 상대가격에 따라 달라진다. 이 상대가격을 결정하려면 재화에 대한 상대적 세계 수요와 공급을 살펴볼 필요가 있다. 이때 상대가격은 상대임금을 의미하기도 한다.

- 무역이 이롭다는 명제는 어떤 조건도 필요로 하지 않는다. 즉 국가가 '경쟁력'을 가져야 한다거나 무역이 '공정'해야 한다는 조건이 필요하지 않다. 특히 무역에 대한 세 가지 통념은 잘못된 생각임을 보여줄 수 있다. 첫째, 한 국가는 모든 산업에서 무역 상대국보다 생산성이 낮더라도 무역을 통해 이득을 얻는다. 둘째, 외국 산업이 단지 낮은 임금 때문에 경쟁력이 있더라도 무역은 이익이 된다. 셋째, 한 국가의 수출이 수입보다 노동력을 더 많이 투입하더라도 무역은 이익이 된다.

- 단일 생산요소를 가진 두 재화 모형을 재화가 많은 모형으로 확장하더라도 이러한 결론은 변하지 않는다. 유일한 차이점은 상대임금을 결정할 때 재화에 대한 상대수요가 아니라 직접적으로 노동의 상대수요에 초점을 맞출 필요가 있다는 점이다. 또한 다수재 모형을 이용하여 운송비용이 존재하는 경우 일부 재화가 교역되지 않는 상황이 발생할 수 있다는 중요한 사실을 설명할 수 있다.

- 리카도 모형의 일부 예측은 분명히 비현실적이긴 하지만, 국가가 상대적으로 생산성이 높은 재화를 수출하는 경향이 있다는 기본적인 예측은 많은 연구에서 확인했다.

## 주요 용어

극빈자 노동론pauper labor argument

기회비용opportunity cost

단위당 노동소요량unit labor requirement

리카도 모형Ricardian model

무역의 이득gains from trade

부분균형 분석partial equilibrium analysis

비교역재nontraded goods

비교우위comparative advantage

상대적 공급곡선relative supply curve

상대적 수요곡선relative demand curve

상대임금relative wage

생산가능곡선production possibility frontier

일반균형 분석general equilibrium analysis

절대우위absolute advantage

파생수요derived demand

## 연습문제

1. 자국은 1,200 노동단위를 활용할 수 있으며, 사과와 바나나, 두 재화를 생산할 수 있다. 사과 생산의 단위당 노동소요량은 3이고, 바나나 생산의 단위당 노동소요량은 2이다.
   **a.** 자국의 생산가능곡선을 그려라.
   **b.** 바나나를 기준으로 사과의 기회비용은 얼마인가?
   **c.** 무역이 없을 때 바나나를 기준으로 사과의 가격은 얼마인가? 그 이유는 무엇인가?

2. 자국은 문제 1과 같은 상태이다. 이제 외국이라고 하는 다른 나라가 있다고 하자. 외국은 800명의 가용 노동력이 있다. 외국에서 사과 생산의 단위당 노동소요량은 5이고, 바나나 생산의 단위당 노동소요량은 1이다.
   **a.** 외국의 생산가능곡선을 그려라.
   **b.** 상대적 세계 공급곡선을 그려라.

3. 이제 상대적 세계 수요가 다음과 같은 형태라고 하자. 즉 (사과의 수요량)/(바나나의 수요량) = (바나나의 가격)/(사과의 가격)이다.
   **a.** 상대적 세계 공급곡선과 상대적 세계 수요곡선을 함께 그려라.
   **b.** 사과의 상대적 균형가격은 얼마인가?
   **c.** 무역의 유형을 설명하라.
   **d.** 자국과 외국이 모두 무역에서 이득을 얻고 있음을 증명하라.

4. 한 시간 안에 인도와 태국이 쌀과 옷감이라는 두 가지 재화를 생산한다고 가정하자. 인도는 쌀 10kg과 옷감 5m를 생산하고, 태국은 쌀 5kg과 옷감 2m를 생산한다. 기회비용 개념을 사용하여 어느 나라가 옷감을 수출하고 어느 나라가 쌀을 수출해야 하는지 설명하라.

5. 마이크와 존슨은 햄버거와 티셔츠라는 두 가지 재화를 생산한다고 가정하자. 마이크는 하루에 10개의 햄버거 또는 3개의 티셔츠를 생산하고, 존슨은 7개의 햄버거 혹은 4개의 티셔츠를 생산한다. 햄버거와 티셔츠를 만드는 데 시간을 할당할 수 있다고 가정하자.
   **a.** 생산가능곡선을 그려라.
   **b.** 둘 다 생산하는 데 절대우위를 차지하는 사람은 누구인가?
   **c.** 티셔츠를 생산하는 데 더 높은 기회비용을 가진 사람은 누구인가?
   **d.** 햄버거 생산에 비교우위를 가진 사람은 누구인가?

6. "중국이 세계시장에 진출한 이래로 서구는 모든 것이 내리막 길이었다. 다시 말해 그렇게 낮은 임금을 받고도 기꺼이 일하고자 하는 수억 명의 사람과 우리는 경쟁할 수가 없다." 이에 대해서 논하라.

7. 중국에서는 지방정부가 자신들의 최저임금을 정한다. 미국에서는 연방법, 주법, 지방법의 네트워크가 최저임금을 결정한다. 이것이 생산성과 어떻게 연결될 수 있으며, 비교우위로 전환될 수 있을까?

8. 정부가 최저임금을 정해 국민의 생활수준을 정하는 이유는 무엇인가? (문제 7에 대한 답을 생각하라.)

9. 자원의 국제적 비이동성(international immobility)은 재화의 국제적인 흐름으로 보상받는다. 이 주장을 정당화하라.

10. 그동안 오직 두 국가만 관련된 무역의 경우에 초점을 맞추었다. 이제 둘 이상의 많은 국가가 두 가지 재화를 생산할 수 있고 각국은 생산요소로 오직 노동력만을 가지고 있다고 가정하자. 이 경우 생산과 무역 유형을 어떻게 설명할 수 있는가? (힌트: 상대적 세계 공급곡선을 도출해보라.)

## 더 읽을거리

Donald Davis. "Intraindustry Trade: A Heckscher-Ohlin-Ricardo Approach." *Journal of International Economics* 39 (November 1995), pp. 201-226. 유사한 자원을 보유한 국가 간의 무역을 설명할 수 있는 리카디안 접근법을 부활시킨 논문

Rudiger Dornbusch, Stanley Fischer, and Paul Samuelson. "Comparative Advantage, Trade and Payments in a Ricardian Model with a Continuum of Goods." *American Economic Review* 67 (December 1977), pp. 823-839. 리카도 모형을 좀 더 현대적으로 발전시킨 이론 연구로서, 연속선상에서 정의할 수 있을 만큼 무한히 많은 수의 재화를 가정함으로써 다수재 리카도 모형 분석이 단순화될 수 있는 아이디어를 개발한 논문

Giovanni Dosi, Keith Pavitt, and Luc Soete. *The Economics of Technical Change and International Trade.* Brighton: Wheatsheaf, 1988. 공산품의 국제무역이 주로 국가 간 기술력 차이로 결정된다는 점을 시사한 실증 연구

Stephen Golub and Chang-Tai Hsieh. "Classical Ricardian Theory of Comparative Advantage Revisited." *Review of International Economics* 8(2), 2000, pp. 221-234. 상대적 생산성과 무역 유형 간에 상당히 강력한 상관관계를 통계적으로 분석한 현대적인 실증 연구

G. D. A. MacDougall. "British and American Exports: A Study Suggested by the Theory of Comparative Costs." *Economic Journal* 61 (December 1951), pp. 697-724; 62 (September 1952), pp. 487-521. 이 유명한 연구에서 맥두걸(MacDougall)은 미국과 영국 생산성에 대한 비교 데이터를 사용하여 리카도 모형의 예측을 검증했다.

John Stuart Mill. *Principles of Political Economy.* London: Longmans, Green, 1917. 밀(Mill)의 1848년 논문은 리카도 연구를 완전한 형태의 국제무역 모형으로 확장했다.

David Ricardo. *The Principles of Political Economy and Taxation.* Homewood, IL: Irwin, 1963. 리카도 모형의 기본 출처는 1817년에 처음 출판된 이 책의 저자 리카도 자신이다.

# 특정 생산요소와 소득분배

3장에서 살펴본 바와 같이 국제무역은 무역에 참여하는 국가들에게 상호 이익이 될 수 있다. 그럼에도 불구하고 역사적으로 보면 각국 정부는 수입경쟁으로부터 자국 산업을 보호해왔다. 트럼프(Trump) 행정부하에서 보호무역주의가 급증했던 최근 시기 이전에도(자세한 내용은 이 장의 글상자 참조) 미국은 이미 여러 산업 중 특히 의류, 섬유, 설탕, 에탄올, 유제품의 수입을 제한했었다. 대통령 재선 기간에 정치적으로 중요한 경합주 지역(swing state)에서는 생산되는 제품의 수입에 징벌적 관세(punitive tariff)가 부과되는 경우가 종종 있다.[1] 무역이 국가경제에 그렇게 좋은 것이라면 그런 무역을 왜 반대할까? 이 무역의 정치적 상황을 이해하려면 국가 전체에 대한 무역의 영향이 아닌 국가 내 소득분배에 미치는 영향을 살펴볼 필요가 있다.

3장에서 리카도의 국제무역 이론 모형을 통해 무역으로 발생할 수 있는 이점을 살펴보았다. 이 모형에 따르면 국제무역은 국가 간 생산 전문화를 유도하는데, 이 전문화는 국가 내 노동력이 상대적으로 비효율적인 산업에서 효율적인 산업으로 이동하면서 이루어진다. 노동은 이 모형에서 유일한 생산요소이며 한 산업에서 다른 산업으로 자유롭게 이동할 수 있다고 가정되기 때문에 개인이 무역으로 피해를 볼 가능성은 없다. 이처럼 리카도 모형에서는 무역이 소득분배에 영향을 주지 않기 때문에 모든 국가가 무역으로 이득을 얻을 뿐만 아니라 모든 개인도 국제무역으로 복지가 향상된다. 그러나 현실 세계에서 무역은 각 무역국가 내 소득분배에 상당한 영향을 미치기 때문에 실제로 무역의 이익은 보통 매우 불균등하게 분배된다.

국제무역이 소득분배에 강력한 영향을 미치는 두 가지 주요한 이유가 있다. 첫째, 생산에 필요한 자원이 한 산업에서 다른 산업으로 이동할 때 즉각적으로 이동하거나 혹은 비용을 들이지 않고 이동할 수는 없다. 이로 인해 무역이 소득분배에 단기적으로 영향을 미칠 수 있다. 둘째, 산업마다 필요한 생산요소가 다르다. 한 국가가 생산하는 재화 구성에 변화가 생기면 일반적으로 어떤 생산요소에 대한 수요는 감소되지만 다른 어떤 생산요소에 대한 수요는 증가될 수 있다. 이로 인해 무역은 소득분배에 장기적으로 영향을 줄 수 있다. 이 두 가지 이유 때문에 국제무역은 3장에 보여준 것처럼 항상 모든 사람에게 이롭다고 할 수는 없다. 무역은 국가 전체로는 이득이 되긴 하지만, 단기적으로는 국내의 중요한 집단들에게 손해가 될 수 있고, 장기적으로도 정도는 덜하더라도 잠재적인 피해를 줄 수 있다.

이 장 후반부에 과거 미국의 설탕 수입 제한 조치에 대한 정치적 상황에 대해 자세하게 설명할 것이다. 사실

---

1 트럼프 행정부가 도입한 보호무역 정책의 규모는 전후 시대 유례가 없었다. 물론 이전 행정부들도 정치적으로 중요한 지역을 보호하려는 목적으로 높은 수입 관세를 부과했었다. 버락 오바마(Barack Obama) 전 미국 대통령은 첫 임기 동안 중국산 타이어에 35%의 관세를 부과했고, 조지 부시(George W. Bush) 전 미국 대통령은 철강에 30%의 관세를 부과했다. 철강과 타이어 생산은 역대 대통령 선거에서 핵심 경합주인 오하이오주에 집중된 산업이다.

미국에서 사탕수수를 재배하는 것은 열대국가에서 생산하는 것보다 훨씬 비용이 많이 든다. 미국의 수입 제한 조치가 없었다면 미국 내 설탕 가격은 크게 낮아졌을 것이고 전체적으로 생활수준은 개선되었을 것이다. 그러나 사탕수수 생산 농부와 옥수수와 비트(사탕수수 대신 감미료 생산에 사용되는 작물) 생산 농부 모두 자유무역으로 피해를 봤을 것이다. 왜냐하면 이러한 작물의 가격이 모두 미국 내에서 낮아졌을 것이기 때문이다. 그 농부들은 다른 작물재배로 전환하거나 다른 곳에서 일자리를 찾아야 하는 처지가 될 수 있으며, 그러한 이행 과정은 매우 어렵고 비용이 많이 들 것이다. 따라서 이 농부들이 미국의 설탕 수입 제한 조치를 철폐하는 데 격렬하게 반대하는 것은 놀라운 사실이 아니다. 그리고 이 농장 지역을 대표하는 정치인들은 그러한 수입 제한 조치를 유지하기 위해 지속적으로 찬성투표를 하고 있다.

　　무역의 현실적인 분석은 리카도 모형을 넘어서 무역이 소득분배에 영향을 줄 수 있는 모형에 이르기까지 계속되어야 한다. 이 장에서는 생산요소가 산업 간 이동하는 데 비용이 들 경우 발생하는 소득분배에 대한 무역의 단기적 효과에 초점을 둘 것이다. 모형을 단순하게 유지하기 위해 어떤 생산요소의 산업 이동 비용이 너무 높으면 그런 이동이 단기에는 불가능하다고 가정한다. 이러한 생산요소를 그 산업 부문에 특정적이라고 할 것이다.

### 학습목표

- 이동가능 생산요소가 산업 간 이동을 통해 가격 변화에 어떻게 반응하는지 이해한다.
- 무역으로 단기에 이득을 보는 사람과 손해를 보는 사람이 생기는 이유를 설명한다.
- 무역으로 손해를 보는 사람이 있는 경우 무역으로 얻는 이득의 의미를 이해한다.
- 무역이 왜 정치적 논쟁의 여지가 있는 문제인지 그 이유를 논한다.
- 무역으로 손해를 보는 사람이 있음에도 불구하고 자유무역에 찬성하는 주장을 설명한다.

## 특정 생산요소 모형

**특정 생산요소 모형**(specific factor model)은 폴 새뮤얼슨(Paul Samuelson)과 로널드 존스(Ronald Jones)가 개발했다.[2] 단순한 리카도 모형과 같이 이 모형은 두 재화를 생산하고 두 부문 간에 노동공급을 할당할 수 있는 경제를 가정한다. 하지만 리카도 모형과 달리 특정 생산요소 모형은 노동 이외 생산요소의 존재를 허용한다. 노동은 산업 간에 이동할 수 있는 **이동가능 생산요소**(mobile factor)인 반면, 다른 생산요소는 특정적이라고 가정한다. 즉 이러한 요소는 어떤 특정 재화의 생산에만 사용할 수 있다.

### 모형의 가정

의복($C$)과 식량($F$)이라는 두 가지 재화를 생산할 수 있는 경제를 생각해보자. 그런데 이 국가는 하나의 생산요소가 아니라 노동($L$), 자본($K$), 토지($T$)라는 세 가지 생산요소를 가지고 있다. 의복은 (토지를 제외한) 자본과 노동을 사용하여 생산되는 반면, 식량은 (자본을 제외한) 토지와 노동을 사용하여 생산된다. 따라서 노동은 양쪽에서 사용될 수 있는 **이동가능 생산요소**인 반면, 토지와 자본은 둘 다 한 재화의 생산에만 사용될 수 있는 **특정 생산요소**이다. 또한 토지는 식량 산업에 특정적인 자

---

2 Paul Samuelson, "Ohlin Was Right," *Swedish Journal of Economics* 73 (1971), pp. 365-384; and Ronald W. Jones, "A Three-Factor Model in Theory, Trade, and History," in Jagdish Bhagwati et al., eds., *Trade, Balance of Payments, and Growth* (Amsterdam: North-Holland, 1971), pp. 3-21.

## 특정 생산요소란 무엇인가?

이 장에 전개되는 모형에서는 두 가지의 생산요소인 토지와 자본이 경제의 특정 산업 부문에 영구적으로 고정되어 있다고 가정한다. 하지만 선진경제에서 농경지 소유자의 소득은 국민소득의 극히 일부에 불과하다. 경제학자들이 특정 생산요소 모형을 미국이나 프랑스와 같은 경제에 적용할 때는 전형적으로 생산요소의 특정성(specificity)을 영구적인 조건이 아니라 시간문제로 생각한다. 예를 들면 맥주를 양조하는 데 사용되는 통과 자동차 차체를 만드는 데 사용되는 스탬핑 프레스(stamping press)는 서로 대체될 수 없으므로, 이런 다양한 종류의 장비는 산업 특정적(industry-specific)이다. 하지만 시간이 주어진다면 자동차 공장에서 양조장으로 혹은 그 반대로 투자를 재조정하는 것이 가능할 것이다. 결과적으로 장기적인 관점에서 보면 서로 다른 형태인 맥주통과 스탬핑 프레스는 모두 자본이라고 하는 단일한 이동가능 생산요소라고 간주될 수 있다.

그래서 실제로 특정 생산요소와 이동가능 생산요소의 구분이 분명한 것은 아니다. 오히려 생산요소가 더 특정적일수록 산업 간에 재배분하는 데 더 긴 시간이 걸리기 때문에, 이는 조정 속도의 문제라고 할 수 있다. 그러면 실제 경제에서 생산요소는 얼마나 특정적일까?

근로자의 이동성은 근로자의 특성(예: 연령)과 직업(일반기술이 필요한지 아니면 직무별 특정 기술을 요구하는지)에 따라 크게 변한다. 그럼에도 불구하고 근로자의 실직 후 실업기간을 통해 평균 노동이동률을 측정해볼 수 있다. 미국에서 실직한 근로자가 4년 후에 고용될 확률은 실직하지 않은 유사한 특성의 근로자가 고용될 확률과 같다.[3] 이 4년의 기간은 전형적인 어떤 특수기계의 15년이나 20년의 수명 그리고 구조물(쇼핑몰, 사무실 건물, 생산 공장)의 30~50년의 수명과 비교된다. 따라서 노동은 확실히 대부분의 자본보다는 덜 특정적인 생산요소이다. 하지만 대부분의 근로자가 4년 내에 다른 산업 부문에서 새로 고용된다 할지라도 직업전환은 추가적인 비용을 수반한다. 실직된 근로자가 다른 직업으로 재고용될 때 평균적으로 18%의 영구적인 임금삭감을 경험하게 된다. 이는 이 근로자가 직업을 전환하지 않았다면 임금이 6% 삭감되는 것과 비교된다.[4] 따라서 노동력이 완전히 이동 가능한 경우는 오직 근로자가 어떤 직업에만 특정한 기술에 투자하지 않았을 때뿐이다.

본의 다른 유형으로 생각될 수 있다(글상자 '특정 생산요소란 무엇인가?' 참조).

이 경제에서 각 재화는 얼마나 생산되는가? 이 경제의 의복 생산량은 이 산업에 얼마나 많은 자본과 노동이 사용되는지에 달려 있다. 이 관계는 자본과 노동의 투입량이 주어져 있을 때 생산될 수 있는 의복의 생산량을 나타내는 **생산함수**(production function)로 요약된다. 의복 생산함수는 다음과 같이 대수적으로 요약될 수 있다.

$$Q_C = Q_C(K, L_C) \tag{4-1}$$

여기서 $Q_C$는 이 경제의 의복 생산량, $K$는 자본량, $L_C$는 의복 산업에 고용된 노동력이다. 마찬가지로 식량 생산함수는 다음과 같이 정리할 수 있다.

$$Q_F = Q_F(T, L_F) \tag{4-2}$$

이때 $Q_F$는 이 경제의 식량 생산량, $T$는 토지 공급량, $L_F$는 식량 생산에 사용된 노동력이다. 경제 전체로는 고용된 노동량과 총노동공급량 $L$이 같아야 한다.

$$L_C + L_F = L \tag{4-3}$$

---

3 Bruce Fallick, "The Industrial Mobility of Displaced Workers," *Journal of Labor Economics* 11 (April 1993), pp. 302-323 참조

4 Gueorgui Kambourov and Iourii Manovskii, "Occupational Specificity of Human Capital," *International Economic Review* 50 (February 2009), pp. 63-115 참조

## 생산가능성

특정 생산요소 모형은 자본과 토지라는 특정 생산요소가 각각 단지 한 산업에만 사용될 수 있다고 가정한다. 오직 노동만이 두 산업 모두에서 사용될 수 있다. 따라서 경제의 생산가능성을 분석하기 위해서는 노동이 한 산업에서 다른 산업으로 이동함에 따라 경제의 생산물 구성이 어떻게 변하는지만 알면 된다. 이는 우선 생산함수 식 (4-1)과 식 (4-2)를 그림으로 나타내고 나서 이 두 함수를 결합한 **생산가능곡선**(production possibility frontier)을 도출함으로써 가능하다.

그림 4-1은 노동투입량과 의복 생산량의 관계를 나타낸다. 자본공급량에 대해 노동투입량이 많을수록 생산량도 많아진다. 그림 4-1에서 $Q_C(K, L_C)$의 기울기는 노동시간이 추가될 때마다 발생하는 추가적인 생산량인 **노동의 한계생산물**(marginal product of labor)을 나타낸다. 하지만 자본증가 없이 노동이 증가하면 보통 **수확체감**(diminishing returns)이 나타날 것이다. 즉 한 사람씩 근로자를 증가시키면 각각의 추가적인 근로자가 작업할 수 있는 자본량이 점점 줄어들기 때문에 각 노동의 연속적인 증가분은 그 이전보다 더 적은 생산량을 추가하게 될 것이다. 수확체감은 생산함수의 형태에 반영된다. 즉 오른쪽으로 이동할 때 $Q_C(K, L_C)$가 점점 평평해지는데, 이는 노동이 더 많이 사용됨에 따라 노동의 한계생산물이 감소한다는 것을 나타낸다.[5] 그림 4-2는 같은 정보를 다른 방식으로 보여준다. 이 그림은 노동의 한계생산물을 고용된 노동의 함수로 직접 그렸다(이 장의 부록에서 노동의 한계생산물곡선 아래의 면적은 의복의 총생산량을 나타낸다는 것을 보여준다).

이런 두 그림으로 식량 생산함수도 나타낼 수 있다. 그렇게 한 다음, 이 그림들을 결합해보면 그림 4-3에 나와 있는 것처럼 경제의 생산가능곡선을 도출할 수 있다. 3장에서 보았듯이 이 생산가능곡선도 경제가 생산할 수 있는 두 재화의 조합을 나타낸다. 즉 의복 생산량이 주어졌을 때 이 경제가 식량

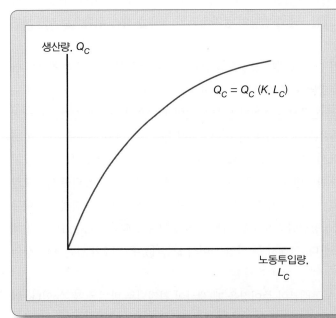

### 그림 4-1 의복 생산함수

의복 생산에 더 많은 노동력이 투입될수록 의복 생산량은 더 많아진다. 그러나 수확체감의 결과, 각각 연속적인 노동 1시간당 생산량은 그 이전 1시간당 생산량보다 적게 증가한다. 이는 노동 투입과 산출을 연결하는 곡선이 고용 수준이 높아질수록 더 평평해진다는 사실로 나타난다.

---

5 어떤 단일 생산요소에 대한 수확체감은, 모든 생산요소가 조정될 때의 규모에 대한 수확체감과는 다르다. 따라서 노동에 대한 수확체감은 노동과 자본 모두에서 규모에 대한 수확불변 상태에서도 발생할 수 있다.

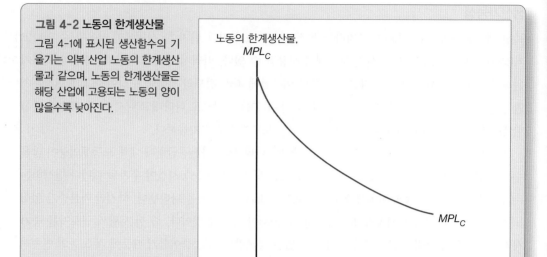

**그림 4-2 노동의 한계생산물**

그림 4-1에 표시된 생산함수의 기울기는 의복 산업 노동의 한계생산물과 같으며, 노동의 한계생산물은 해당 산업에 고용되는 노동의 양이 많을수록 낮아진다.

노동의 한계생산물, $MPL_C$

$MPL_C$

노동투입량, $L_C$

을 얼마나 많이 생산할 수 있는지를 보여주며, 그 반대의 경우도 보여준다.

그림 4-3은 4사분면 그림이다. 오른쪽 아래의 사분면은 그림 4-1에 나타난 의복의 생산함수를 나타낸다. 그런데 이번에는 그 그림을 옆으로 회전시킨 것이다. 즉 수직축을 따라 아래로 이동하면 의복 산업에 대한 노동투입량이 증가하고, 수평축을 따라 오른쪽으로 이동하면 의복 생산량이 증가한다. 왼쪽 위의 사분면은 식량에 해당하는 생산함수를 나타낸다. 이 부분 역시 회전되어, 수평축을 따라 왼쪽으로 이동하면 식량 산업에 대한 노동투입량의 증가하고 수직축을 따라 위쪽으로 이동하면 식품 생산량이 증가한다.

왼쪽 아래의 사분면은 경제의 산업 간 노동배분 상황을 나타낸다. 두 산업에서의 노동투입량은 일반적으로 나타나는 방향과 반대로 측정된다. 수직축을 따라 아래로 이동하면 의복 산업에 고용된 노동의 증가를 나타내고, 수평축을 따라 왼쪽으로 이동하면 식량 산업에 고용된 노동의 증가를 나타낸다. 한 산업에서의 노동 증가는 다른 산업에서 가용한 노동력의 감소를 의미하기 때문에 노동의 가능한 배분은 우하향하는 직선으로 표시된다. 즉 음의 45도 기울기를 가지는 $AA$선으로 나타나고, 기울기는 $-1$이다. 이 선이 노동배분을 나타낸다는 것은, 모든 노동이 식량 생산에 고용되면 $L_F$는 $L$과 같은 반면에 $L_C$는 0이 된다는 사실로 알 수 있다. 그런 다음 노동을 의복 산업으로 점진적으로 이동시키면 기울기가 $-1$인 선을 따라 총노동공급 $L$이 모두 의복 산업에 고용될 때까지 $L_C$는 1단위씩 계속 증가하고 $L_F$는 1단위씩 계속 감소한다. 그래서 두 산업 사이의 노동배분은 점 2와 같은 $AA$선상의 한 점으로 나타날 수 있다.

이제는 두 산업 간에 어떤 특정한 노동배분이 주어졌을 때 생산이 결정되는 방법을 볼 수 있다. 왼쪽 아래 사분면에서 노동력이 점 2, 즉 의복 산업에는 $L_C^2$ 시간, 식량 산업에는 $L_F^2$ 시간으로 배분된다고 하자. 그러면 각 산업의 생산함수를 이용하여 의복은 $Q_C^2$ 단위, 식량은 $Q_F^2$ 단위의 생산량을 결정

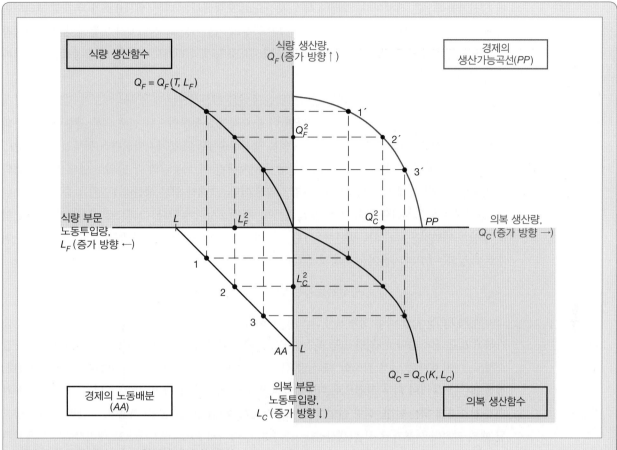

**그림 4-3 특정 생산요소 모형에서 생산가능곡선**

의복과 식량의 생산은 노동배분에 따라서 결정된다. 왼쪽 아래 사분면에서 산업 부문 간 노동배분이 총노동공급 $L$로 합산될 수 있는 의복 및 식량에 대한 노동투입량의 모든 조합을 $AA$선으로 보여준다. 점 2와 같은 $AA$선상의 한 점은, 의복에 대한 노동투입량($L_C^2$)과 식량에 대한 노동투입량($L_F^2$)을 말한다. 오른쪽 아래와 왼쪽 위의 사분면에 나타난 곡선은 각각 의복과 식량에 대한 생산함수를 보여준다. 즉 각 산업에서 노동투입량이 주어질 때 생산량($Q_C^2$, $Q_F^2$)이 모두 결정된다. 그리고 오른쪽 위의 사분면에서 곡선 $PP$는 노동배분이 식량에서 의복 부문으로 이동함에 따라 두 재화의 생산이 어떻게 변하는지를 보여주는데, 노동배분점 1, 2, 3에 대응되는 생산점 1′, 2′, 3′을 확인할 수 있다. 노동에 대한 수확체감으로 인해 $PP$는 직선이 아닌 구부러진 곡선으로 나타난다.

할 수 있다. $Q_C^2$와 $Q_F^2$ 좌표를 이용하면 그림 4-3의 오른쪽 위 사분면 점 2′이 최종적으로 의복과 식량의 생산 조합을 나타낸다.

　전체 생산가능곡선을 추적하기 위해 노동의 여러 가지 다양한 배분에 대하여 이런 연습을 반복한다고 간단히 상상해보자. 왼쪽 아래 사분면에 있는 점 1에서와 같이 노동의 대부분이 식량 생산에 할당된 경우에서 시작하여, 점 3에서와 같이 식량 산업에 고용된 노동이 아주 적어질 때까지 의복 산업에 대한 노동투입량을 점차 증가시킬 수 있다. 오른쪽 위 사분면에 해당하는 점들은 1′에서 3′까지 이어지는 곡선으로 나타날 것이다. 따라서 오른쪽 위 사분면의 $PP$는 주어진 토지, 노동, 자본의 공급에 대한 경제의 생산가능성을 나타낸다.

　노동이 유일한 생산요소인 리카도 모형에서는 식량으로 표시한 의복의 기회비용은 일정하기 때문에 생산가능곡선은 직선이다. 그러나 특정 생산요소 모형에서는 다른 생산요소가 추가로 고려되면서 생산가능곡선 PP가 곡선으로 변했다. 이 PP 곡선의 기울기는 각 산업에서 노동에 대한 수확체감 현상을 반영한다. 즉 이 수확체감 현상이 특정 생산요소 모형과 리카도 모형 간의 결정적인 차이점이라 할 수 있다.

PP를 그릴 때 식량 산업에서 의복 산업으로 노동력을 이동시키는 것을 생각해보자. 만약 노동 1시간을 식량에서 의복 부문으로 이동시킨다면 이 추가적인 노동투입으로 인해 의복 생산량은 노동의 한계생산물 $MPL_C$만큼 증가될 것이다. 즉 의복 생산량을 1단위 증가시키려면 노동투입을 $1/MPL_C$ 시간만큼 증가시켜야 한다. 한편 식량 생산에서 빠져나간 이 노동량의 각 단위로 인해 식량 산업의 생산량은 노동의 한계생산물 $MPL_F$만큼 감소될 것이다. 그래서 의복 생산량 1단위를 증가시키기 위해 그 경제는 식량 생산량을 $MPL_F/MPL_C$ 단위만큼 감소시켜야 한다. 그러므로 식량으로 표시한 의복 생산의 기회비용, 즉 의복 생산량을 1단위 증가시키기 위해 희생되어야 하는 식량 생산량의 단위 수로 측정되는 PP의 기울기는 다음과 같다.

$$\text{생산가능곡선의 기울기} = -MPL_F/MPL_C$$

이제 왜 PP가 굴절 곡선 형태인지 그 이유를 알 수 있다. 점 1′에서 3′으로 이동함에 따라 $L_C$는 증가하고 $L_F$는 감소한다. 하지만 그림 4-2에서 $L_C$가 증가할 때 의복 산업에서 노동의 한계생산물은 감소하고, 마찬가지로 $L_F$가 감소할 때 식량 산업에서 노동의 한계생산물은 증가한다는 것을 알았다. 점점 많은 노동력이 의복 산업으로 이동함에 따라 추가되는 노동 각 한 단위는 의복 산업에서 그 가치가 감소하게 되는 반면, 식량 산업에서는 그 가치가 증가하게 된다. 즉 의복이 한 단위씩 추가 생산될 때의 기회비용(포기된 식품 생산량)은 증가하고, 따라서 PP는 오른쪽으로 내려갈수록 기울기가 더 가파르게 된다.

지금까지 노동배분이 주어졌을 때 생산량이 어떻게 결정되는지 살펴보았다. 다음 단계에서는 시장경제에서 노동배분이 어떻게 결정되는지 알아보자.

## 가격, 임금 및 노동배분

노동은 각 산업에 얼마만큼 고용될 것인가? 이에 답하기 위해 노동시장의 공급과 수요를 살펴볼 필요가 있다. 각 산업에서 노동 수요는 생산물의 가격과 임금에 달려 있다. 그리고 그 임금은 식량 산업과 의복 산업 생산자들의 노동수요를 합한 것에 따라 다르다. 이 임금과 함께 의복가격과 식량가격이 주어지면 각 산업의 고용량과 생산량을 결정할 수 있다.

먼저 노동 수요에 대해서 알아보자. 각 산업에서 이윤을 극대화하는 고용주는 추가적인 노동 1시간으로 생산된 가치가 그 1시간을 고용하는 비용과 동일한 지점까지 노동을 고용할 것이다. 예를 들면 의복 산업에서 추가적인 1시간의 가치는 노동의 한계생산물에 의복가격을 곱한 값, 즉 $MPL_C \times P_C$가 된다. 그러므로 만약 w가 노동 1시간당 임금이라면 고용주는 다음의 식이 성립하는 점까지 근로자들을 고용할 것이다.

$$MPL_C \times P_C = w \tag{4-4}$$

그러나 그림 4-2에서 이미 설명했듯이 의복 산업에서 노동의 한계생산물곡선은 수확체감 때문에 우하향한다. 따라서 주어진 의복가격 $P_C$에 대해 노동의 한계생산물의 가치인 $MPL_C \times P_C$ 역시 우하향할 것이다. 그러므로 식 (4-4)를 의복 산업에서 노동에 대한 수요곡선으로 생각할 수 있다. 즉 다른 조건이 동일한 상태에서 임금이 하락하면 의복 산업에서 고용주는 더 많은 근로자를 고용하고자 할 것이다.

마찬가지로 식량 산업에서 추가적인 노동 1시간의 가치는 $MPL_F \times P_F$이다. 그러므로 식량 산업에서 노동에 대한 수요곡선은 다음과 같이 정리할 수 있다.

$$MPL_F \times P_F = w \qquad (4\text{-}5)$$

임금 $w$는 두 산업에서 같아야 하는데, 이는 노동이 산업 간에 자유롭게 이동할 수 있다는 가정 때문이다. 즉 노동은 이동가능 생산요소라서 임금이 두 산업에서 균등해질 때까지 노동은 저임금 산업에서 고임금 산업으로 이동할 것이다. 결국 이 임금수준은 총노동수요(총고용)와 총노동공급이 동일해야 한다는 조건에 의해 결정될 것이다. 이러한 노동시장의 균형조건은 식 (4-3)에 나타나 있다.

이 두 노동 수요곡선을 다이어그램(그림 4-4)으로 나타내면 식량가격과 의복가격이 주어졌을 때 임금과 각 산업에서의 고용이 어떻게 결정되는지 알 수 있다. 그림 4-4의 수평축의 길이는 총노동공급량 $L$을 나타낸다. 그림의 왼쪽 수직축을 기준으로 보면 의복 산업에서 노동의 한계생산물의 가치를 알 수 있는데, 이는 간단히 그림 4-2에서 본 $MPL_C$ 곡선에 $P_C$를 곱한 것과 같다. 이것이 바로 의복 산업의 노동에 대한 수요곡선이다. 그림의 오른쪽 수직축을 기준으로 보면 식량 산업에서 노동의

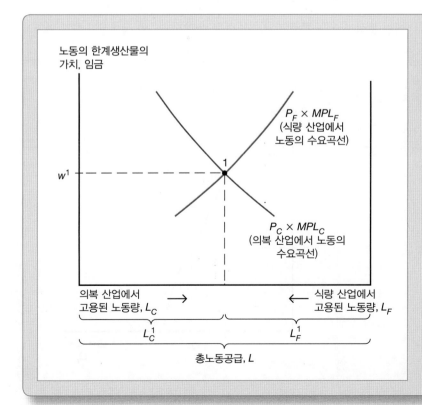

**그림 4-4 노동배분**

노동은 의복과 식량 산업에서 한계생산물의 가치($P \times MPL$)가 동일하도록 배분된다. 균형에서 임금은 노동의 한계생산물의 가치와 같다.

한계생산물의 가치를 알 수 있고, 이것이 식량 산업의 노동에 대한 수요곡선이다. 균형임금과 두 산업 간의 균형 노동배분은 점 1로 표시된다. 임금 $w^1$에서 의복 산업에서의 노동수요량($L_C^1$)과 식량 산업에서의 노동수요량($L_F^1$)의 합은 총노동공급량($L$)과 같다.

이와 같은 산업 간 노동배분에 대한 분석 방식은 재화의 상대가격과 생산량 간의 관계가 매우 명확하게 드러나기 때문에 그 활용도가 매우 높다. 즉 이 관계는 특정 생산요소 모형으로 기술된 상황보다 더 일반적인 상황에도 적용될 수 있다. 식 (4-4)와 (4-5)는 다음을 의미한다.

$$MPL_C \times P_C = MPL_F \times P_F = w$$

혹은 다음과 같다.

$$-MPL_F/MPL_C = -P_C/P_F \tag{4-6}$$

식 (4-6)의 좌변은 생산가능곡선상의 실제 생산점에서의 기울기이다. 우변은 의복의 상대가격을 음수로 표시한 것이다. 이 식이 의미하는 바는, 생산가능곡선상의 실제 생산점에서 의복가격을 식량가격으로 나눈 값의 음수인 직선과 접한다는 것이다. 다음 장에서 살펴보겠지만, 이는 생산가능곡선을 따라 상대가격이 변할 때 생산물의 조합이 반응하는 방식을 보여주는 매우 일반적인 결과이다. 그림 4-5는 의복의 상대가격이 $(P_C/P_F)^1$이면 이 경제는 점 1에서 생산한다는 것을 설명한다.

식량과 의복의 가격이 변할 때 노동배분과 소득분배는 어떻게 되는가? 모든 가격의 변화는 두 부분으로 나눌 수 있다. $P_C$와 $P_F$가 같은 비율로 변하는 부분과 가격 하나만 변하는 부분이다. 예를 들면 의복가격은 17% 오르고 식량가격은 10% 오른다고 하자. 우선 의복과 식량이 모두 10% 오르면 어떻게 되는지, 그다음에는 의복가격만 7% 오르면 어떻게 되는지를 알아봄으로써 이런 가격 변화의 효과를 분석할 수 있다. 이런 분석 방식을 통해 전체 가격수준 변화의 효과와 상대적인 가격 변화의

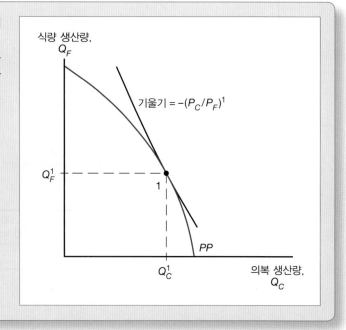

**그림 4-5 특정 생산요소 모형에서의 생산**

이 경제는 생산가능곡선($PP$)의 기울기가 의복의 상대가격의 음수와 같아지는 지점에서 생산한다.

효과를 분리해서 생각해볼 수 있다.

**동일한 비율의 가격 변화** 그림 4-6은 동일한 비율로 $P_C$와 $P_F$가 상승할 때의 효과를 보여준다. $P_C$는 $P_C^1$에서 $P_C^2$로 증가하고, $P_F$는 $P_F^1$에서 $P_F^2$로 증가한다. 만약 두 재화의 가격이 10%씩 오른다면 노동수요곡선도 둘 다 10%씩 위로 이동할 것이다. 그림에서 보는 것처럼 이러한 이동으로 인해 임금도 $w^1$(점 1)에서 $w^2$(점 2)로 10% 상승할 것이다. 그러나 이때 산업 간 노동배분과 두 재화의 생산량은 변하지 않을 것이다.

사실 $P_C$와 $P_F$가 같은 비율로 상승할 때 실질적인 변화는 일어나지 않는다. 임금은 재화의 가격과 동일한 비율로 증가하므로 실질임금, 즉 재화가격에 대한 임금의 비율은 영향받지 않는다. 각 산업에 고용된 노동량이 같고 실질임금도 같으므로 자본 소유자와 토지 소유자의 실질소득도 동일하게 유지된다. 그래서 모두가 가격 변화 이전과 똑같은 위치에 있게 된다. 이는 다음과 같은 일반 원리를 보여준다. 전체 가격이 동일하게 변화할 경우 실질적인 영향력, 다시 말해 경제의 실제 생산량에는 변화가 없다. 오직 상대가격, 즉 식량가격에 대한 의복가격의 상대가격 $P_C/P_F$의 변화만이 후생수준이나 자원배분에 영향을 주게 된다.

**상대가격의 변화** 상대가격에 영향을 주는 가격 변화의 효과를 생각해보자. 그림 4-7은 $P_C$가 $P_C^1$에서 $P_C^2$로 7% 증가한 경우인데, 두 재화 중 오직 하나만 가격이 변화할 때의 영향을 보여준다. $P_C$의 상승은 의복의 노동수요곡선을 그 재화의 가격상승과 같은 비율로 이동시키고 균형점을 점 1에서 점 2로

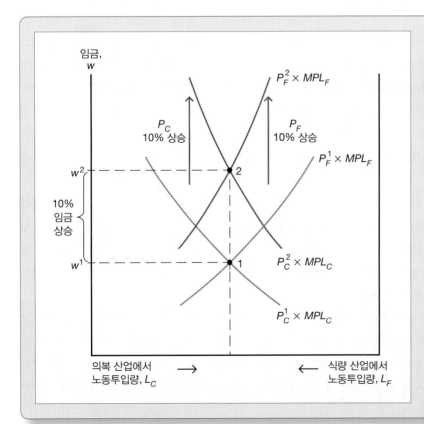

**그림 4-6 의복과 식량 가격의 동일한 비율 증가**

의복 및 식량의 노동수요곡선은 $P_C$가 $P_C^1$에서 $P_C^2$로, 그리고 $P_F$가 $P_F^1$에서 $P_F^2$로 증가한 비율과 동일한 비율로 위로 이동한다. 임금도 그와 동일한 비율에 따라 $w^1$에서 $w^2$로 증가하지만 두 산업 간 노동배분은 변하지 않는다.

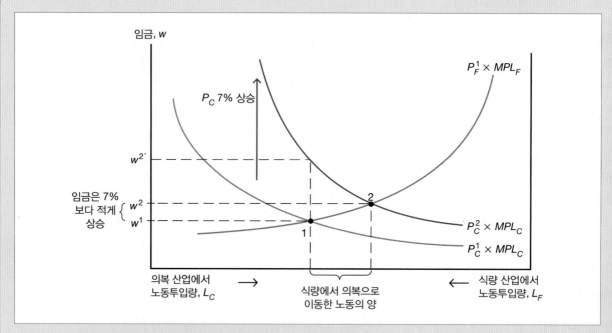

**그림 4-7 의복가격의 상승**

의복의 노동수요곡선은 $P_C$의 7% 상승에 비례하여 위로 올라가지만 임금상승률은 그보다 적게 상승한다. 노동은 식량 산업에서 의복 산업으로 이동한다. 의복 생산량은 증가하고, 식량 생산은 감소한다.

이동시킨다. 이 이동의 결과에 대한 두 가지 중요한 사실을 주목해보자. 첫째, 임금은 올랐지만 의복가격의 상승률보다 적다. 만약 임금이 의복가격의 상승과 같은 비율(7%)로 올랐다면 임금은 $w^1$에서 $w^{2'}$으로 올랐을 것이다. 하지만 임금은 $w^1$에서 $w^2$로 증가했는데 그보다 더 적은 비율로 오른 것이다.

둘째, $P_C$와 $P_F$가 동시에 상승한 것과 달리 $P_C$만 상승하면 노동은 식량 산업에서 의복 산업으로 이동하고 의복 생산량은 증가하는 반면에 식량 생산량은 감소한다. (이것이 $w$가 $P_C$만큼 많이 오르지 않는 이유이다. 다시 말해 의복 산업에서 고용이 증가하기 때문에 그 산업에서 노동의 한계생산물은 감소하게 된다.)

또한 의복의 상대가격 상승의 효과는 생산가능곡선을 통해 직접 확인할 수 있다. 그림 4-8은 의복가격이 증가하는 경우를 보여주는데, 그림에서처럼 의복의 상대가격이 $(P_C/P_F)^1$에서 $(P_C/P_F)^2$로 상승할 때의 효과와 같다. 이때 생산점은 1에서 2로 이동하는데, 생산점에서는 항상 $PP$의 기울기와 상대가격의 음의 값이 일치한다. 의복의 상대가격이 상승한 결과, 식량 생산량은 감소하고 의복 생산량은 증가한 것을 확인할 수 있다.

의복의 상대가격이 높아질수록 식량 생산량에 비해 의복 생산량이 증가하기 때문에 $Q_C/Q_F$를 $P_C/P_F$의 함수로 나타내는 상대공급곡선을 그릴 수 있다. 이 상대공급곡선은 그림 4-9에서 $RS$로 표시된다. 3장에서 설명한 것처럼 우하향하는 $RD$ 선으로 표시된 상대수요곡선도 그릴 수 있다. 국제무역이 없는 경우 균형상대가격 $(P_C/P_F)^1$과 균형상대생산량 $(Q_C/Q_F)^1$은 상대공급곡선과 상대수요곡선의 교차점에서 결정된다.

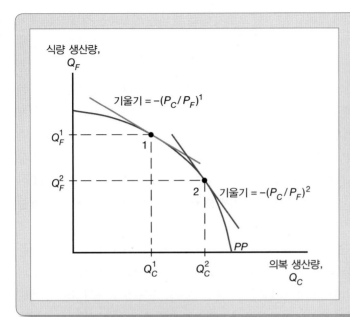

**그림 4-8 의복의 상대가격 변화에 따른 생산량의 반응**

경제는 항상 생산가능곡선($PP$)의 기울기가 의복 상대가격의 음의 값과 일치하는 점에서 생산한다. 따라서 $P_C/P_F$가 증가하면 생산점이 생산가능곡선을 따라 오른쪽 아래로 이동하게 되어 더 많은 의복과 더 적은 식량을 생산하게 된다.

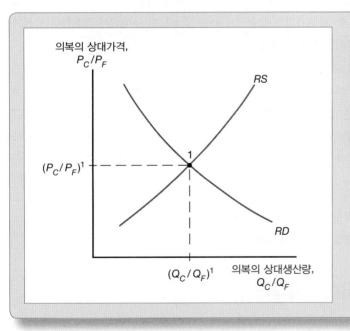

**그림 4-9 상대가격의 결정**

특정 생산요소 모형에서 의복의 상대가격이 높아질수록 식량에 비해 의복 생산량이 증가하게 된다. 따라서 상대공급곡선 $RS$는 우상향한다. 균형상대생산량과 균형상대가격은 $RS$와 상대수요곡선 $RD$의 교차점에서 결정된다.

## 상대가격과 소득분배

지금까지는 특정 생산요소 모형의 다음과 같은 측면, (1) 어떤 경제의 자원과 기술이 주어졌을 때 생산가능성에 대한 결정과, (2) 시장경제에서 자원배분, 생산 및 상대가격의 결정을 살펴보았다. 이제 국제무역의 영향을 살펴보기 전에 우선 상대가격의 변화가 소득분배에 미치는 영향을 고려해보자.

　다시 그림 4-7을 보면 의복가격의 상승 효과를 알 수 있다. 앞서 의복 산업에서 노동수요곡선이 $P_C$ 상승에 비례하여 위로 이동하므로, $P_C$가 7% 오르면 $P_C \times MPL_C$로 정의된 곡선 역시 7% 오를 것이라는 점을 언급했다. 또한 식량가격이 적어도 7%만큼 오르지 않는 한 $w$는 $P_C$보다는 적게 오를 것이라는 것도 알았다. 따라서 의복가격만 7% 오르면 임금은 이를테면 3%만큼만 오를 것이라고 예상해볼 수 있다.

　그러면 이런 결과가 근로자, 자본 소유자, 토지 소유자, 이 세 그룹의 소득에 대해 무엇을 의미하는가를 살펴보자. 근로자는 자신의 임금이 상승했으나 $P_C$의 상승비율보다는 적게 올랐다는 것을 알게 된다. 따라서 의복으로 환산한 실질임금(임금소득으로 살 수 있는 의복의 양) $w/P_C$는 감소하는 반면, 식량으로 환산한 실질임금 $w/P_F$는 상승하게 된다. 그런데 이 정보로는 근로자의 후생수준이 향상되었는지 악화되었는지 판단할 수 없다. 왜냐하면 후생수준은 근로자의 소비에서 의복과 식량이 차지하는 상대적 중요성(근로자의 소비선호에 의해 결정)에 달려 있기 때문이다. 여기서 이 문제를 더 다루지는 않을 것이다.

　그러나 자본 소유자의 후생수준은 확실히 개선된다. 의복으로 환산한 실질임금이 감소하기 때문에 자본 소유자의 (의복)생산물에 대한 이윤은 증가한다. 즉 자본 소유자의 소득은 $P_C$ 상승률보다 더 증가할 것이다. 또한 $P_C$가 $P_F$에 비해 증가하기 때문에, 자본 소유자의 소득은 두 재화 소비량 측면에서 모두 분명하게 상승한다. 반대로 토지 소유자의 후생수준은 확실하게 악화된다. 토지 소유자는 두 가지 이유로 손해를 본다. 첫째, 식량(토지 소유자의 생산물)으로 환산한 실질임금이 상승하여 토지 소유자의 소득이 줄어들고, 둘째, 의복가격의 상승으로 주어진 소득의 구매력이 감소한다(자본가와 지주의 후생 변화에 대한 더 자세한 설명은 이 장의 부록 참조).

　만약 상대가격이 반대 방향으로 움직여 의복의 상대가격이 **감소**했다면 이런 이론적 예측은 반대가 될 것이다. 즉 자본 소유자의 후생수준은 악화되고 지주의 후생수준은 개선될 것이다. 그러나 의복으로 환산한 근로자의 실질임금은 상승하고 식량으로 환산한 실질임금은 하락할 것이기 때문에 근로자의 후생 변화는 여전히 모호할 것이다. 상대가격이 소득분배에 미치는 영향은 다음과 같이 요약할 수 있다.

- 상대가격이 상승하는 산업에 특정 생산요소는 확실하게 후생수준이 개선된다.
- 상대가격이 하락하는 산업에 특정 생산요소는 확실하게 후생수준이 악화된다.
- 이동가능 생산요소에 대한 후생의 변화는 확실하지 않다.

## 특정 생산요소 모형에서의 국제무역

상대가격의 변화가 소득분배에 강한 영향을 미치고 이득을 보는 승자와 손해를 보는 패자가 발생한다는 것을 알았다. 이제 상대가격 변화를 국제무역과 연결시킴으로써 승자 그룹과 패자 그룹에 대한 이론적 예측을 한 산업의 무역 방향성과 일치시켜보자.

　무역이 발생하려면 국가는 무역이 없을 때의 상대가격과 다른 수준의 세계 상대가격에 직면해야 한다. 그림 4-9는 무역이 없을 때 특정 생산요소 경제에서 상대가격이 어떻게 결정되는지 보여준다. 그림 4-10은 여기에 세계의 상대 공급곡선을 추가한 것이다.

　세계의 상대 공급곡선과 특정 생산요소 경제의 상대 공급곡선은 왜 다른가? 우선 세계의 여러 다

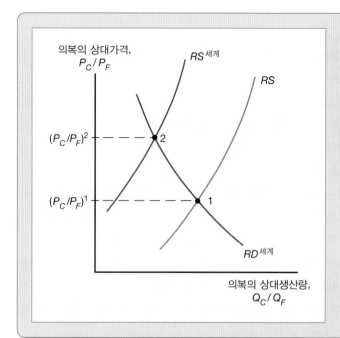

**그림 4-10 무역과 상대가격**

그림은 특정 생산요소 경제에 대한 상대공급곡선을 세계의 상대공급곡선과 함께 나타낸다. 두 상대공급곡선 간의 차이는 국가 간의 기술이나 자원의 차이에 기인할 수 있다. 국가 간에 상대수요의 차이는 없다. 무역에 대한 개방으로 상대가격은 $(P_C/P_F)^1$에서 $(P_C/P_F)^2$로 오른다.

른 국가들은 리카도 모형에서와 같이 서로 다른 기술을 보유하고 있을 것이다. 그런데 이 특정 생산요소 모형에는 하나보다 더 많은 생산요소가 있기 때문에 다른 국가에서도 자원, 즉 토지, 자본, 노동의 총량이 다를 수 있다. 여기서 중요한 것은 경제가 국제무역에 개방되었을 때 다른 상대가격에 직면하게 된다는 사실이다.

그림 4-10에 상대가격의 변화가 나타나 있다. 경제가 무역에 개방될 때 의복의 상대가격은 세계의 상대수요와 상대공급에 의하여 결정된다. 이 상대가격은 그림에서 $(P_C/P_F)^2$에 해당된다. 만약 경제가 무역할 수 없다면 상대가격은 $(P_C/P_F)^1$으로 더 낮을 수 있다.[6] $(P_C/P_F)^1$에서 $(P_C/P_F)^2$로 상대가격이 상승함에 따라 이 경제는 상대적으로 더 많은 의복을 생산할 것이다. (또한 그림 4-8에서 생산가능곡선을 따라 점 1에서 점 2로 이동하는 것으로도 나타낼 수 있다.) 동시에 소비자는 더 높은 의복의 상대가격에 대해 상대적으로 식량을 더 많이 소비하고자 할 것이다. 따라서 높은 상대가격 $(P_C/P_F)^2$에서 경제는 의복을 수출하고 식량을 수입하게 된다.

만약 무역 개방으로 의복의 상대가격이 하락했다면 상대수요와 상대공급의 변화가 역전되어 식량을 수출하고 의복을 수입하게 되었을 것이다. 직관적으로 무역이 개방될 때 상대가격이 상승한 재화를 수출하고, 상대가격이 하락한 재화를 수입한다고 요약할 수 있다.[7]

---

6 그림에서 국가 간 소비자의 선호에 차이가 없다고 가정했고, 따라서 각 국가와 세계 전체에 대해 하나의 상대수요곡선을 가지게 된다.

7 상대가격 변화로 인한 국가의 무역 유형에 대한 영향은 6장에서 자세히 설명할 것이다.

## 소득분배와 무역이득

지금까지 생산가능곡선이 자원과 기술에 의해 어떻게 결정되는지, 그 곡선상에서 무엇을 생산할 것인가의 선택이 의복의 상대가격에 의해 어떻게 결정되는지, 의복의 상대가격이 변할 때 여러 생산요소의 실질소득이 어떻게 변하는지, 그리고 무역 개방으로 상대가격이 어떻게 변하고 그 가격 변화로인해 경제가 어떻게 반응하는지 살펴보았다. 이제 다음과 같은 중요한 질문을 할 수 있다. 국제무역으로 누가 혜택을 보고 누가 손해를 보는가? 우선 특정 집단의 후생이 어떻게 영향을 받는지, 그리고국가의 전체 후생수준에는 어떤 영향을 주는지에 대한 질문부터 시작해본다.

무역이 특정 집단에 어떤 영향을 주는지를 평가하기 위해 중요한 점은 국제무역으로 교역 재화의상대가격이 움직인다는 것이다. 바로 앞 절에서 무역 개방으로 새롭게 수출되는 산업에서 생산되는재화의 상대가격이 증가할 것이라고 예상할 수 있었다. 바로 이 예상을 이제 그 상대가격 변화가 소득분배의 변화로 어떻게 전환될 수 있는지와 연결할 수 있다. 더 구체적으로 말하면 상대가격이 상승하는 산업에서의 특정 생산요소의 실질소득은 증가할 것이고, (상대가격이 하락하는) 다른 산업에서의 특정 생산요소의 실질소득은 감소할 것이라는 것을 확인했다. 또한 이동가능 생산요소에 대한 후생의 변화는 모호하다는 것도 보았다.

따라서 종합적으로 알 수 있는 무역의 효과는 다음과 같이 간단하다. 무역은 각국의 수출 산업에 특정 생산요소에는 이익이 되지만 수입경쟁 산업의 특정 생산요소에는 손해가 되며, 이동가능 생산요소의 효과는 불확실하다.

무역으로 인한 이익이 손실보다 더 클 것인가? 이 질문에 답하는 하나의 방법은 무역 수혜자의 이득과 피해자의 손실을 모두 고려한 후, 그 순후생의 크기를 무역 전과 비교하는 것이다. 그런데 이 방법의 문제점은 바로 본질적으로 주관적인 후생을 비교하게 된다는 점이다. 무역으로 얻은 총이득을평가하는 더 좋은 방법은 다음과 같이 현실적인 질문을 해보는 것이다. 과연 무역으로 이득을 얻는사람이 무역으로 손해를 보는 사람에게 보상해주고 나서도 그들의 후생수준이 향상될 수 있는가? 만약 그렇다면 무역은 잠재적으로 모든 사람에게 이득을 가져다주는 원천이 될 것이다.

무역으로 얻은 총이득을 보여주기 위해서는 가격, 생산, 소비 사이의 몇 가지 기본적인 관계를 기술할 필요가 있다. 무역을 할 수 없는 폐쇄경제에서 재화의 생산량은 소비량과 같다. 이 폐쇄경제에서 $D_C$가 의복의 소비량이고 $D_F$가 식량의 소비량이라면, $D_C = Q_C$이고, $D_F = Q_F$이다. 이제 무역이 가능해지면 이 경제는 의복과 식량의 소비량을 의복과 식량의 생산량과 다르게 구성할 수 있다. 물론한 국가가 소비하고 생산하는 각 재화의 양은 다를 수 있겠지만 총소비액과 총생산액은 같아야 한다. 즉 이를 정리하면 다음 식과 같다.

$$P_C \times D_C + P_F \times D_F = P_C \times Q_C + P_F \times Q_F \tag{4-7}$$

식 (4-7)은 다음과 같이 다시 정리할 수 있다.

$$D_F - Q_F = (P_C / P_F) \times (Q_C - D_C) \tag{4-8}$$

$D_F - Q_F$는 이 국가의 식량 수입량으로서, 소비량이 생산량을 초과하는 수준이다. 이 식의 오른쪽은 의복의 상대가격을 의복 수출량, 즉 의복 생산량이 소비량을 초과하는 양과 곱한 값이다. 즉 식

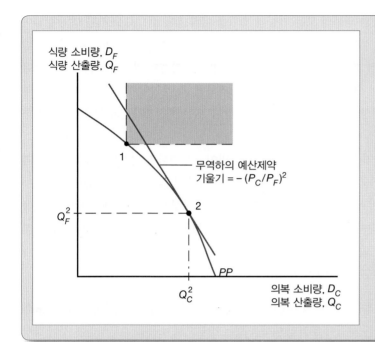

**그림 4-11 무역경제에서의 예산제약과 무역으로 얻은 이익**

점 2는 이 경제의 생산점을 나타낸다. 이 경제는 예산제약선(점 2를 지나고 의복의 상대가격의 음수 값을 기울기로 가지는 직선)상에서 소비할 수 있다. 무역 이전에는 생산가능곡선(*PP*)상의 점 1과 같은 곳에서 생산한 것을 소비해야 했다. 색으로 표시한 영역 안에 있는 예산제약선 부분은 무역 이후 가능한 소비조합인데, 무역 이전의 점 1에 비해 두 재화 모두 더 높은 소비가 가능함을 보여준다.

(4-8)은 식량의 수입량이 의복의 수출량에 의복 상대가격으로 곱한 값과 같다는 것을 말해준다. 이 식이 얼마나 수입하고 수출하는가를 알려주지는 않지만, 수입에 지불할 수 있는 금액이 수출을 통해 벌 수 있는 금액에 의해 제약 혹은 제한된다는 것을 나타낸다. 그러므로 식 (4-8)을 **예산제약**(budget constraint)이라고 한다.[8]

그림 4-11은 무역경제하의 예산제약이 가지는 두 가지 중요한 특징을 보여준다. 첫째, 예산제약선의 기울기는 의복의 상대가격 $P_C/P_F$의 음수 값이 된다. 이 의미는 다음과 같다. 의복을 1단위 적게 소비하면 $P_C$만큼 절약할 수 있고, 이것으로 식량을 $P_C/P_F$ 단위만큼 구입할 수 있다. 다시 말하면 세계시장에서 의복 1단위는 식량 $P_C/P_F$ 단위로 교환될 수 있다는 뜻이다. 둘째, 예산제약선은 주어진 의복 상대가격으로 그 경제가 선택한 생산점(그림의 점 2)에서 생산가능곡선과 접한다. 따라서 이 경제는 항상 생산물의 총가치만큼만 소비할 여력이 있게 된다.

무역이 모든 사람에게 이득이 되는 원천이 된다는 사실을 3단계로 설명해보자.

1. 우선 무역이 없다고 가정하면 한 나라의 경제는 소비하는 것만큼만 생산하거나 생산하는 것만큼만 소비해야 한다. 무역이 없는 경우 이 경제의 **소비점**은 **생산가능곡선**상의 한 점이어야 한다. 그림 4-11에서 하나의 예로 무역 이전의 소비점을 점 1과 같이 표시한다.

2. 다음으로 무역경제는 무역이 없었을 때보다 두 재화를 모두 더 많이 소비하는 것이 가능하다는 사실에 주목한다. 그림 4-11의 예산제약선은 세계시장에서 주어진 의복의 상대가격 $(P_C/P_F)^2$로 이

---

8 소비액이 생산액과 같아야 한다는 제약조건(또는 마찬가지로 수입액과 수출액이 같다는 제약조건)은 국가의 해외차입 혹은 해외대출이 가능할 때는 성립하지 않을 수 있다. 지금은 이러한 가능성이 없고 예산제약식[식 (4-8)]이 성립한다고 가정한다. 해외차입과 해외대출은 6장에서 논의할 것인데, 한 경제의 시간에 걸친 소비는 여전히 해외 채권국에 부채를 상환해야 하는 의무에 의해 제한된다는 것을 보여준다.

경제가 소비할 수 있는 식량과 의복의 모든 가능한 조합을 나타낸다. 색으로 표시된 영역에 놓여 있는 예산제약선 부분은 이 경제가 무역 전보다 의복과 식량을 모두 더 많이 소비할 수 있는 상황을 나타낸다. 이 결과가 무역 전 생산과 소비가 점 1에 있었다는 가정에 의존하지 않는다는 점을 유의할 필요가 있다. 무역 전 생산점이 점 2인 경우를 제외하면, 즉 무역이 생산에 전혀 영향을 주지 않는 경우를 제외하면 항상 두 재화를 더 많이 소비할 수 있는 예산제약선의 일부분이 존재하게 된다.

3. 마지막으로 무역 후 이 나라가 전체적으로 두 재화를 더 많이 소비한다면 원칙적으로 각 개인에게 두 재화를 더 많이 주는 것이 가능하다고 생각할 수 있다. 이처럼 더 많은 소비가 가능하다면 모두가 더 나아질 것이다. 따라서 무역의 결과로 모든 사람이 더 나은 삶을 살 수 있게 보장할 수 있음을 보여준다. 물론 모든 사람이 한 재화를 덜 소비하고 다른 재화를 더 많이 소비할지라도 여전히 그들의 후생은 개선될 수 있고, 오히려 이 경우에도 무역을 통해 모든 사람이 이익을 얻을 수 있다는 잠재력이 존재한다는 결론이 강화될 뿐이다.

무역이 잠재적으로 한 국가에게 이익이 되는 근본적인 이유는 무역이 **경제의 선택의 폭을 확대**하기 때문이다. 이 선택의 확대는 모든 사람이 무역의 이득을 얻는 방향으로 소득을 재분배하는 것이 항상 가능해짐을 의미한다.[9]

불행히도 모든 사람이 무역의 이득을 얻을 수 있다고 해서 모든 사람이 실제로 이익을 얻을 수 있다는 것을 의미하지는 않는다. 현실 세계에서는 무역으로 이익을 얻는 사람뿐만 아니라 손해를 보는 사람이 존재하기 때문에 무역이 완전히 자유롭게 이루어지지 않는 것이다.

## 무역의 정치경제학: 미리보기

무역은 종종 혜택을 보는 사람뿐만 아니라 손해를 보는 사람을 발생시킨다. 이 점은 현대 세계 경제에서 실제로 무역 정책을 결정하는 데 고려해야 할 중요 사항이다. 특정 생산요소 모형을 통해 무역으로 (최소한 단기적으로) 가장 많이 손해를 보는 사람은 수입경쟁 부문의 이동할 수 없는 생산요소를 보유한 사람이라는 점을 살펴보았다. 현실 세계에서 이들은 수입경쟁 부문의 자본 소유자뿐만 아니라 일부 근로자도 해당된다. 이러한 근로자의 일부(특히 저숙련 근로자)는 (무역으로 인해 고용이 감소하는) 수입경쟁 산업으로부터 (무역으로 인해 고용이 증가되는) 수출 산업으로 전환되는 데 어려움을 겪는다. 때로 이들은 실업으로 고생하기도 한다. 미국에서 수입경쟁 산업에 종사하는 근로자는 평균 임금보다 훨씬 낮은 임금을 받고, 그중에서도 가장 낮은 임금을 받는 근로자는 수입경쟁으로 고용주로부터 해고당하는 가장 큰 위험에 직면한다. (예를 들면 2019년에 의류 산업 생산직 근로자의 평균 임금은 전체 생산직 근로자의 평균 임금보다 25% 낮았다.) 이러한 임금격차가 초래한 한 가지 결과는 그 근로자의 어려운 상황에 대한 사회적 동정심으로 인해 결과적으로 의류 수입에 대한 제한조치에 전반적인 공감대가 형성된 것이다. 더 많은 수입이 허용되고 수출 산업(평균적으로 상대

---

9 무역이 경제에서 선택의 폭을 확대하기 때문에 유익하다는 주장은 여기에 제시된 특정 예시보다도 더 일반적인 주장이다. 자세한 논의는 Paul Samuelson, "The Gains from International Trade Once Again," *Economic Journal* 72 (1962), pp. 820-829를 참조하라.

적으로 고숙련 노동자를 고용)의 고용이 증가하게 되어 더 부유한 소비자가 얻는 이익에 대해서는 그 다지 중요하게 여기지 않는다.

그렇다면 이 말은 무역이 저소득 국민에게 손해가 되지 않는 경우에만 무역을 허용해야 한다는 것을 의미하는가? 아마 대부분의 국제경제학자는 이에 동의하지 않을 것이다. 소득분배의 현실적인 중요성에도 불구하고 대부분의 경제학자는 정도의 차이가 있지만 자유무역을 선호하는 경향이 강한 편이다. 경제학자들이 대체로 무역의 소득분배 효과를 강조하지 않는 중요한 이유 세 가지가 있다.

1. 소득분배 효과는 국제무역에만 국한된 효과가 아니다. 기술발전, 소비자 기호의 변화, 기존 자원의 고갈, 새로운 자원의 발견 등을 포함하는 국가 경제의 모든 변화는 소득분배에 영향을 준다. 수입경쟁의 심화로 실직에 시달리는 의류 산업 노동자가 과연 인쇄기 기사의 실직(인터넷 뉴스 제공자와의 경쟁으로 신문사가 폐업한 경우)이나 주택경기 불황으로 해고된 건설 노동자와 다른 대우를 받아야 하는 이유는 무엇이란 말인가?

2. 무역을 금지하는 것보다 무역을 허용하고 이로 인해서 피해를 입은 사람에게 보상하는 것이 항상 더 좋다. 모든 현대의 산업국가는 무역으로 피해를 입은 집단의 손실을 완화할 수 있는 일종의 소득 지원 프로그램(실업수당 및 보조금을 지원해주는 재교육과 직장 재배치 프로그램)의 '안전망(safety net)'을 제공한다. 경제학자들은 만약 이 완충 장치가 불충분하다면 무역을 줄이는 것보다 오히려 지원을 확대하는 것이 올바른 해답이라고 주장할 것이다. (이 지원 정책은 무역의 영향을 받는 근로자에게만 간접적으로 지원하는 대신 도움이 필요한 모든 사람에게 확대될 수 있다.)[10]

3. 무역의 증가로 피해를 입은 사람은 무역으로 이익을 보는 사람보다 대체로 조직화가 더 잘되어 있다(그 이유는 전자가 지역과 산업에 더 집중되어 있기 때문이다). 이러한 힘의 불균형은, 특히 무역을 통한 총이익을 고려할 때 형평성을 요구하는 과정에서 어떤 정치적 편향성을 만들어낸다. 많은 무역제한조치를 보면 보통 소득지원이 가장 절실한 그룹이 아니라 가장 잘 조직화된 그룹에 편향적인 경향을 보인다(대부분의 경우 정반대이다).

대부분의 경제학자들은 국제무역이 소득분배에 미치는 영향을 인정하면서도 한 국가의 일부 그룹에서 발생할 수 있는 피해보다는 무역으로 인한 전반적인 잠재적 이익을 강조하는 것이 더 중요하다고 생각한다. 그러나 경제학자들이 경제 정책에 단호한 목소리를 내지 못하는 경우가 많은데, 특히 이해관계가 충돌하는 경우 더욱 그렇다. 무역 정책이 어떻게 결정되는지에 대해 현실적으로 이해하기 위해서는 그 정책이 실제로 어떤 동기에 의해 만들어졌는지 살펴봐야 한다.

## 보호무역의 정치학

무역으로 피해를 보는 그룹이 무역을 제한하여 소득을 보호해달라고 정부에 로비하는 이유를 쉽게 이해할 수 있다. 무역으로 이득을 보는 사람이 무역으로 손해를 보는 사람만큼 강하게 로비할 것이라고 예상할지 모르지만 그런 경우는 아주 드물다. 미국을 포함한 대부분의 국가에서는 무역제한을 원하는 사람이 무역확대를 원하는 사람보다 정치적으로 더 영향력이 있다. 일반적으로 특정 제품의

---

10 이 점을 주장한 기사는 다음과 같다. An op-ed by Robert Z. Lawrence and Matthew J. Slaughter in the *New York Times*, "More Trade and More Aid," (June 8, 2011).

무역으로 이득을 보는 사람들은 손해를 보는 사람들보다 응집력이 약하고, 정보도 적고, 조직력도 약한 그룹이다.

이렇게 대조적인 두 그룹에 대한 좋은 예로 미국 설탕 산업이 있다. 미국은 오랫동안 설탕 수입을 제한했다. 지난 30년간 미국 시장에서 설탕의 평균가격은 세계시장의 평균가격보다 2배 이상이었다. 2015년 수입제한으로 설탕가격이 상승해서 미국 소비자에게 연간 35억 달러의 손실이 발생했으며, 이는 미국 1가구당 30달러에 해당된다. 이는 단순히 미국 소비자에서 생산자로 소득 이전이 발생했다고만 할 수 없다. 그중 일부가 미국 설탕 생산자에게 돌아가는 것은 맞지만, 수입제한으로 설탕 시장이 왜곡되고 미국에서 설탕 판매 권리를 할당받은 외국 생산자가 높은 미국 시장가격과 낮은 세계 시장가격의 차이로 발생하는 이익을 가져갈 수 있으므로, 미국 설탕 생산자가 누리는 이득은 사실 훨씬 적다.

만약 미국 생산자와 소비자가 똑같이 자신의 이해관계를 표출했다면 이러한 정책은 결코 법제화되지 않았을 것이다. 그러나 각 소비자는 절대치로 보면 피해가 거의 없다. 1년에 30달러는 큰돈이 아니다. 더구나 대부분의 설탕은 직접 소비하기보다 다른 식품의 원료로 사용되기 때문에 대부분의 비용이 숨겨져 있다. 따라서 대부분의 소비자는 그러한 수입제한 조치가 생활수준을 낮춘다는 사실을 모를 뿐만 아니라, 설탕에 수입할당제가 존재한다는 사실조차 모르고 있다. 소비자가 이 사실을 알고 있다 하더라도 30달러는 사람들이 시위를 조직하고 국회의원에게 편지를 쓰게 만들 정도로 큰 금액이 아니다.

설탕 생산자(무역증가로 피해를 입게 되는 사람)의 상황은 아주 다르다. 수입할당제에 의한 이윤의 증가는 소수의 생산자에게 매우 집중되어 있다. (17개의 사탕수수 농장이 전체 사탕수수 산업 이윤의 절반 이상을 창출한다.) 이러한 설탕 생산자는 무역협회를 조직하여 회원들을 대신하여 적극적으로 로비하고 선거운동에 대규모로 기부한다. [미국설탕동맹(American Sugar Alliance)은 2005년부터 로비 비용으로 2,000만 달러 이상을 지출했으며, 이는 2014년 의회에서 미국 농장 법안에 대한 표결로 이어졌고 결국 설탕 수입제한 조치는 재승인되었다.]

예상한 대로 설탕 수입제한으로 인한 이득의 대부분은 소수의 사탕수수 농장 소유자에게 돌아가고 그들의 피고용자에게는 닿지 않는다. 물론 무역 제한으로 근로자의 실직은 막을 수 있지만, 보호받은 1개의 일자리당 소비자 비용은 천문학적으로 높은 300만 달러를 넘는다. 더구나 설탕 수입제한은 설탕을 원료로 사용하는 다른 관련 산업의 고용을 줄인다. 예를 들면 미국의 높은 설탕가격에 대응하여 사탕 제조회사는 설탕가격이 비교적 싼 캐나다로 사탕생산 시설을 이동시켰다. (캐나다에는 사탕수수 농장이 없어서 설탕 수입제한에 대한 정치적 압력도 없다.) 순고용 효과 측면에서 설탕 수입제한 조치는 미국 근로자의 고용 손실을 발생시킨다.

## 무역과 실업

설탕 산업에 대한 보호는 높은 설탕가격으로 피해를 입은 사람에 비해 설탕 산업의 견고한 정치적 영향력과 조직의 집중도로 인한 두 집단 간의 대규모 불균형에 따른 극단적인 결과를 보여준다. 앞서 설명한 바와 같이 많은 경우 산업 보호에 대한 압력이 발생하는 이유는 수입경쟁 부문의 일자리 손실에 대한 우려 때문이다. 수입경쟁의 영향을 받는 근로자는 다른 부문(성장하는 수출 산업 포함)에서 새로운 일자리를 찾는 데 어려움을 겪고 실업자가 된다. **미국 무역조정지원제도**(U.S. Trade Adjustment Assistance program)는 실업수당 기간을 추가 1년 연장하고 일부 근로자에게 새로운 직업기술 습득에 대한 교육비를 상환해준다. 여기에는 수입경쟁이나 혹은 미국 시장 접근에 특혜를 받는 나라로 생산기지가 이전된 것이 원인이 되어 해고되었음을 증명할 수 있는 근로자가 해당된다. 그러나 이 지원제도는 재정이 심각하게 부족하기 때문에 상대적으로 적은 수의 근로자만이 이 지원제도의 자격을 얻을 수 있을 뿐이다. 그리고 이 지원제도의 자격을 얻는 근로자는 더 오래 지속되는 실업수당이 필요한 경우가 많다. 이 무역조정지원제도는 무역 이외의 다른 경제적 요인으로 실직한 근로자를 부당하게 차별하기 때문에 많은 경제학자는 모든 실직 근로자에 확장해서 적용할 수 있는 사회보장제도를 지지한다. 이는 사회보장제도에 적용되는 실직 근로자의 수가 상당히 증가한다는 것을 의미한다.

널리 알려져 있지만 수입경쟁이나 해외 공장이전으로 인한 공장폐쇄는 비자발적 이직자 중 아주 낮은 비율을 차지할 뿐이다. 미국 노동통계국(U.S. Bureau of Labor Statistics)은 동일 고용주를 가지는 50명 이상의 근로자가 30일 이상 실직 기간이 지속되는 경우를 대량 정리해고로 정의하는데, 그 대량 정리해고의 모든 주요 원인을 추적 조사한다. 지난 수십 년 동안 수입경쟁이나 혹은 해외 공장이전으로 발생한 실업은 대규모 정리해고와 관련된 전체 비자발적 실직의 2% 미만에 불과했다.

단기 무역 이론 모형에서 보면 수입경쟁 산업의 일자리 손실은 수출 산업의 새로운 일자리로 대체된다. 미국 경제에서 이러한 새로운 수출 부문의 일자리 중 일부는 제조 분야가 아닌 다른 분야(해외 고객에게 사업 서비스를 제공하는 기업 등)에 있다. 그리고 수입되는 많은 제품은 중간재 생산요소로 사용되기 때문에 생산 과정에서 더 저렴한 생산요소 투입으로 이득을 보는 기업에서도 새로운 일자리가 창출된다.[11] 무역으로 창출되는 새로운 일자리를 모두 추적해내는 것은 훨씬 더 어렵다. 당연히 무역으로 인한 일자리 손실이 대중의 관심을 훨씬 더 많이 받는다. 이는 종종 무역 개방, 혹은 더 일반적으로 말해 세계화가 산업 간 일자리 구성을 변화시키는 원인이라기보다는 경제 전체의 실업을 증가시키는 원인이라는 인상을 준다.

그림 4-12는 미국에서 지난 60년 동안 실업률과 수입(미국 GDP 대비) 사이에 양의 상관관계가 존재한다는 증거가 없음을 보여준다.[12] (실제로 실업률과 수입의 변화 사이에는 음의 상관관계가 있다.) 반면 이 그림은 실업이 전반적인 경제 상황에 반응하는 거시경제적 현상이라는 것을 분명하게 보여준다. 즉 실업률은 경기 침체가 뚜렷한 기간에 최고조에 달한다(그리고 최근 경제 침체기에는 수입이 급감했다). 따라서 경제학자들은 실업에 대한 우려를 해결하기 위해서는 무역 정책보다는 거시경제 정책을 사용할 것을 권장한다.

---

11  서비스 수출과 수입 중간재의 영향에 대해서는 8장에서 더 자세히 다룬다.

12  이 추세에 대한 주요 예외 사례는 수입과 실업률이 동시에 크게 감소했던 2012년과 2016년이다. 그러나 수입의 감소는 전적으로 국제 유가 하락에 기인한다. 비원유 수입(미국 GDP 대비)은 그 기간에 변동이 없었다.

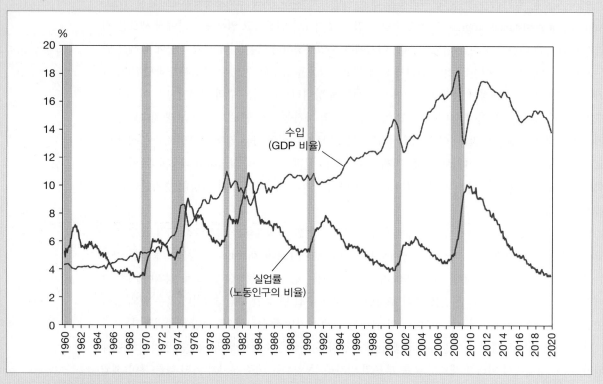

**그림 4-12 미국의 실업과 수입 침투**

그림에서 색으로 강조 표시된 연도는 경기침체 연도이며, 미국 국가경제연구소(National Bureau of Economic Research)에서 추정한 연도이다.

출처: U.S. Bureau of Economic Analysis for imports and U.S. Bureau of Labor Statistics for unemployment.

## 사례 연구 — 미국 제조업 고용과 중국 수입경쟁

보다 구체적으로 제조업 부문 고용에 대한 무역의 영향은 어느 정도일까? 개발도상국, 특히 중국과의 수입경쟁은 종종 언론과 정치인 모두에게 미국 제조업 고용감소의 주요 원인으로 지목된다. 매우 엄격한 방식으로 연구된 실증결과에 따르면 중국산 수입품과 가장 크게 경쟁하는 산업에서 가장 심각한 고용감소를 겪는 것으로 나타났다. 이 연구들은 또한 이 고용의 감소로 발생하는 경제적 비용(이 장의 앞에서 언급한 바와 같이)이 크다는 것을 보여주는데, 특히 미국에서 쇠락하는 산업과 밀접하게 관련된 기술을 보유한 상대적으로 교육수준이 낮은 근로자의 경우 그런 고용감소가 발생한다. 그들 중 다수는 장기간 실업에 시달리고 있으며 다른 직업을 찾아도 임금이 크게 하락하는 상황에 직면하고 있다. 그리고

그러한 타격을 입은 부문의 제조업 고용은 지리적으로 집중되어 있기 때문에 중국 수입경쟁의 영향은 그 영향을 받은 일부 특정지역에 장기간 부정적인 충격으로 이어지고 있다.

앞서 논한 바와 같이 이러한 일자리 손실은 수출 지향적인 부문의 고용증가와 저렴한 수입 중간재로 얻는 이득을 누리는 다른 고용주에 의해 완화된다. 이러한 새로운 일자리 중 일부는 제조업 이외에 성장하는 서비스 부문이 포함될 것이기 때문에 중국 수입경쟁으로 인한 고용 손실이 미국 제조업 고용의 총손실을 나타낸다고 하는 것은 우려할 만하다. 미국이 중국과의 무역을 차단한다면 미국 제조업에서 고용이 차지하는 비중을 높이는 데 도움이 될 수 있을까?[13]

---

13 트럼프 행정부는 주로 중국을 겨냥한 무역전쟁을 벌여 수백만 개의 공장 일자리를 되살릴 것이라고 약속했다. 다음 글상자에서는 무역전쟁이 미국 고용에 미치는 영향에 대해서 논의한다.

그림 4-13은 미국 제조업 고용 비중이 1960년대 이후 꾸준히 감소하고 있음을 보여주는데, 2010년 이후에는 8.5~9% 사이에서 안정되고 있다. 이 전체 기간 동안 미국 제조업 부문은 여전히 동일한 양의 제품을 생산하고 있으나 점점 더 적은 수의 근로자로 이 생산수준을 달성하고 있었다.[14] 그림에서 점선은 1980년 이전의 자료만 사용하여 1980년 이후의 제조업 예상 고용비율(1960~1980년의 고용비율의 직선 형태 연장선)을 나타낸다. 따라서 1980년에 1960~1980년 사이의 고용감소를 기초로 하여 2010년 미국 고용에서 제조업이 차지하는 비율을 추정해본다면 2010년의 실제 고용비율과 거의 동일한 8.8%를 예측할 것이다. 그러나 1960~1980년의 20년 동안 중국으로부터의 수입은 거의 없었다. 그림 4-13은 수입(미국 제조업의 총생산량 대비로 측정)

의 폭발적인 성장이 이후에 나타난 것을 보여주는데, 이는 특히 중국이 세계무역기구(WTO)에 가입한 2001년 이후에 강력하게 나타난다. 따라서 2010년 미국 제조업 고용 비중이 8.8%까지 하락한 것이 중국 수입의 증가에 따른 것이라고 보기는 힘들다. 결국 이는 미국이 중국과 사실상 무역관계가 없었을 때인 1980년에 예측했던 것과 정확히 일치한다. 또한 트럼프 행정부가 이행한 중국과의 무역전쟁의 영향으로 2019년 수입이 급격히 감소했음을 알 수 있다(미국 수출에 대한 중국의 보복 이후 미국의 대중국 수출은 더 큰 비율로 감소했다). 다음 글상자에서는 이 무역전쟁에 대해 더 자세히 논의한다. 무역전쟁 이전의 중국산 수입품의 증가이든 혹은 그 이후의 수입감소이든 그 어느 경우이든 간에 2010년부터 시작된 미국 제조업 고용 비중의 안정화를 바꾸지는 못했다.

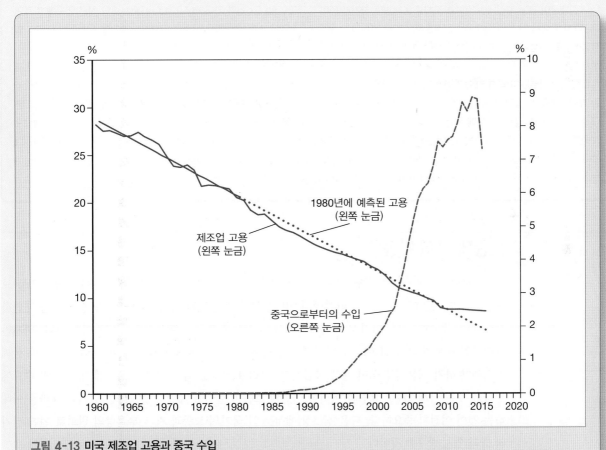

**그림 4-13 미국 제조업 고용과 중국 수입**
제조업 고용은 미국 전체 비농업 부문 고용의 백분율로 측정된다. 중국으로부터의 수입은 미국 제조업 생산의 백분율로 측정된다.

---

14 이 추세는 20세기 전환기에 나타났던 40%를 넘는 수준으로부터 1세기 후인 현재 2% 미만으로 계속 감소해온 미국 농장 노동자 비율의 추세와 매우 유사하다.

## 트럼프의 무역전쟁

수입경쟁으로 인한 일자리 감소는 다른 부문의 무역으로 인한 일자리 창출보다 훨씬 더 가시적이고 무역 정책과 훨씬 더 직접적으로 관련되어 있다. 이는 총고용감소를 초래하더라도 영향을 받는 수입경쟁 부문을 보호해야 한다는 큰 정치적 압력을 발생시킨다. 이 장 서론에서 논의한 바와 같이 새로 선출되는 여러 미국 대통령이 이러한 압력에 굴복해왔다. 그러나 이러한 산업보호는 가장 타격을 크게 받은 일부 산업 부문에만 드물게 주어졌다. 그 이유는 영향받게 되는 수입 중간재의 수를 제한하기 위해서이다. 이러한 재화를 모두 보호하게 되면 그 재화의 가격이 상승하게 되고 이 투입물을 사용하는 미국 산업 생산업자의 근로자 고용수준에 직접적으로 부정적인 영향을 미칠 수 있기 때문이다. 또 다른 이유는 무역 상대국이 그들 자신의 무역보호 조치를 통해 보복하기 때문이다. 다시 말해서 이 무역 상대국들로 수출하는 미국 업체의 고용에 직접적으로 부정적인 영향을 미치게 된다. 10장에서 무역 정책의 정치 경제적 측면에 대해서 더 자세하게 논의할 것이다.

트럼프 행정부는 이러한 제한적 개입에 대한 전통을 깨고 태양광 패널, 세탁기, 철강, 알루미늄 및 중국에서 생산되는 제품에 확대 적용되는 추가 품목리스트에 막대한 관세를 부과하여 정치적으로 전략적인 주에 집중되어 있는 부문의 제조업 일자리를 보호하려 했다. 예상되는 바와 같이 이에 영향받는 품목을 미국으로 수출하는 중국과 기타 국가의 정부는 미국 수출업체에 대한 관세 부과로 보복했다(이러한 미국의 관세 부과, 보복관세 부과, 그리고 이것이 미국 경제에 미치는 영향에 대한 자세한 내용은 9장 참조). 이들 국가는 미국의 관세 부과 배경의 정치적 계산을 인식하고 하원의원 선거구와 공화당이 우세한 지역(트럼프 행정부의 보호무역주의 정책에 대해 강력히 지원하는 지역)에 중요한 특정 품목을 대상으로 관세대응책을 신중하게 만들었다.[15]

또한 여러 많은 보호산업은 미국 생산자가 수입하는 중간재를 많이 포함하는 산업이었다. 예를 들어 수입되는 거의 모든 철강과 알루미늄은 중간재로 사용된다. 그리고 소위 '하류(downstream)' 산업(예: 철강과 알루미늄을 사용하는 산업)에 영향받는 일자리 수는 직접 보호되는 산업의 일자리 수보다 훨씬 많다. 리디아 콕스(Lydia Cox)와 카디 러스(Kadee Russ)의 최근 연구에 따르면 철강을 사용하는 하류 산업의 일자리가 철강을 생산하는 부문의 일자리보다 80대 1의 비율로 많다고 추정한다.[16]

따라서 이러한 트럼프 관세가 제조업에서 일자리 손실을 초래했다는 사실은 그리 놀라운 일이 아니다. 에런 플라엔(Aaron Flaaen)과 저스틴 피어스(Justin Pierce)의 최근 연구에 따르면 이러한 관세로 미국 하류 제조업 부문에서 일자리 감소가 발생했으며, 이는 관세로 보호되는 부문에서 얻은 일자리 수의 2배이다. 그리고 보복관세로 인한 일자리 감소는 일자리 증가 수의 3배 이상이었다.[17]

# 노동의 국제 이동

이 절에서는 노동 이동의 영향을 분석하기 위해 특정 생산요소 모형이 어떻게 적용될 수 있는지를 보여줄 것이다. 현대의 거의 모든 국가에서 이민을 제한하는 것과 같이 노동의 국가 간 이동을 제한하는 조치는 무수히 많다. 따라서 현실에서 노동의 이동은 자본의 이동보다 일반적이지 않다. 하지만 물리적인 자본의 국가 간 이동은 다국적 기업의 해외투자 결정(8장 참조)에 여러 다른 요인과 함께 고려해야 하기 때문에 분석이 매우 복잡하다. 그러나 국경을 넘는 외국 근로자에 대한 이민 수요에 영향을 주는 국제경제적 요인과 이러한 이민의 흐름이 실현될 때마다 발생하는 단기적 효과를 이해하는 것이 여전히 중요하다. 다음 장(5장)에서는 한 국가의 노동과 자본 부존량의 변화로 인한 장기적 효과 역시 탐구할 것이다.

---

15 이러한 표적 관세의 몇 가지 예는 위스키[당시 상원 원내대표였던 미치 매코널(Mitch McConnell)의 고향인 켄터키에서 생산], 크렌베리와 오토바이[당시 하원 원내대표였던 폴 라이언(Paul Ryan)의 고향인 위스콘신에서 생산]이다.

16 Lydia Cox and Kadee Russ, "Will Steel Tariffs Put U.S. Jobs at Risk?," http://econofact.org/will-steel-tariffs-put-u-s-jobs-at-risk 참조

17 Aaron Flaaen and Justin Pierce, "Disentangling the Effects of the 2018-2019 Tariffs on a Globally Connected U.S. Manufacturing Sector," Finance and Economics Discussion Series, Federal Reserve Board, Washington, D.C. 참조

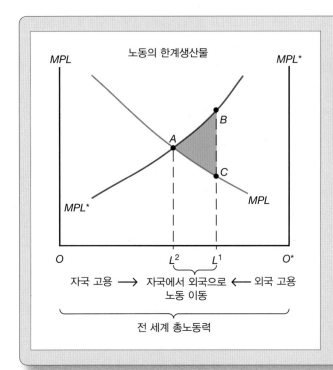

노동의 한계생산물

**그림 4-14 국제 노동 이동의 원인과 결과**

처음에는 $OL^1$의 근로자가 자국에 고용되어 있고, $L^1O^*$의 근로자가 외국에 고용되어 있다. $OL^2$의 근로자가 자국에, 그리고 $L^2O^*$의 근로자가 외국에 고용되어 양국의 임금이 동일해질 때까지 노동은 자국에서 외국으로 이동한다.

앞 절에서는 의복과 식량 두 산업의 임금이 동일해질 때까지 근로자가 한 국가 내에서 어떻게 산업 간에 이동하는지 보았다. 노동의 국가 간 이동도 가능해진다면 근로자는 저임금 국가에서 고임금 국가로 이주하기를 원할 것이다.[18] 이 문제를 단순화하고 국제적 이주 현상에 초점을 맞추기 위해 두 국가는 이동가능 생산요소인 노동과 이동불가 생산요소인 토지로 한 재화만 생산한다고 가정해보자. 그러면 재화가 하나만 존재하기 때문에 그 재화를 무역할 이유는 없다. 그러나 근로자가 더 높은 임금을 찾아 다른 나라로 이동하면 노동력 서비스의 '무역'이 발생할 것이다. 국가 간 노동의 이동이 없는 경우 국가 간의 노동 임금격차는 기술적 격차라든가 혹은 노동 대비 사용 가능한 토지 보유량의 차이 등으로 발생할 수 있다.

그림 4-14는 노동의 국제적 이동의 원인과 결과를 보여준다. 이 그림은 수평축이 (어떤 특정 국가의 노동력 대신) 전 세계 총노동력을 나타내는 것을 제외하고는 그림 4-4와 매우 유사하다. 여기서 2개의 한계생산물곡선은 (어떤 특정 국가 내 2개의 서로 다른 재화를 생산하는 대신) 서로 다른 국가에서 동일한 재화의 생산을 나타낸다. 여기서는 그 곡선들을 재화의 가격으로 곱하지 않는다. 대신 수직축에 측정된 임금이 실질임금(명목임금을 재화의 가격으로 나눈 것)을 나타낸다고 가정한다. 처음에는 자국에 $OL^1$의 근로자가 있고, 외국에는 $L^1O^*$의 근로자가 있다고 가정하자. 그런 고용수준이 주어지면 기술과 토지 보유량의 차이로 인해 실질임금은 자국(점 C)보다 외국(점 B)에서 더 높다.

이제 근로자가 두 국가 사이에서 이동할 수 있다고 가정하자. 그러면 근로자는 자국에서 외국으로

---

18 여기서는 근로자의 선호가 유사하다고 가정하고 있으므로 근로하고자 하는 국가를 선택하는 것은 국가 간 임금격차에 기반할 것이다. 실제로는 국가 간 임금격차가 매우 크고, 많은 근로자가 특정 국가에 대한 개인적 선호를 능가할 만큼 충분히 크다고 할 수 있다.

이동할 것이다. 이 노동의 이동은 자국의 노동력을 감소시키고 실질임금을 인상시키는 반면, 외국의 노동력을 증가시키고 실질임금을 감소시킬 것이다. 만약 노동 이동에 장애 요인이 없다면 이러한 이동 현상은 두 국가 간 실질임금이 같아질 때까지 계속될 것이다. 결과적으로 세계 노동력의 최종적 배분은 자국 $OL^2$, 외국 $L^2O^*$와 같은 점(점 A)이 될 것이다.

그림에서 살펴본 세계 노동력의 재분배에 관해 세 가지 점에 주목해야 한다.

1. 이 노동 이동으로 두 국가 간 실질임금의 차이가 없어진다. 자국의 실질임금은 상승하고, 외국의 실질임금은 하락한다.
2. 이 노동 이동으로 전 세계의 총생산량은 증가한다. 외국의 생산량은 $L^1$에서 $L^2$까지 한계생산물곡선 아래 면적만큼 증가하는 반면에, 자국의 생산량은 $L^1$에서 $L^2$까지 한계생산물곡선 아래 면적만큼 감소한다. 그림 4-14에서 볼 수 있듯이 외국의 생산량 증가가 자국의 생산량 감소보다 색칠한 ABC 면적만큼 더 크다.
3. 이 이득에도 불구하고 일부 사람들은 이 변화로 손해를 본다. 원래 자국에서 일했을 근로자는 높은 실질임금을 받게 되지만, 외국에서 원래 일했을 근로자는 낮은 실질임금을 받게 된다. 외국의 지주는 노동공급의 증가로 이익을 보지만, 자국의 지주는 형편이 더 나빠진다.

국제무역으로 얻은 이득의 경우와 마찬가지로 국제 노동 이동은 원칙적으로 모든 사람이 더 나은 삶을 살도록 하지만 실제로는 일부 그룹의 형편을 더 나쁘게 만든다. 이와 같은 주요 결과는 일부 생산요소가 단기에 국가 간 이동을 할 수 없는 한, 국가들이 여러 재화를 생산하고 무역하는 훨씬 더 복잡한 모형에서도 변하지 않을 것이다. 그러나 다음 장에서는 모든 생산요소의 산업 간 이동이 가능한 장기적 상황에서는 이 결과가 반드시 성립하지는 않는다는 사실을 보게 될 것이다. 어떤 한 국가가 무역을 통해 세계시장에 통합되는 한 그 국가의 노동 보유량이 변화하더라도 모든 생산요소의 후생수준에는 영향이 없을 수 있다. 이 점은 장기적으로 유입되는 이민 현상에 대해 매우 중요한 시사점을 지니는데, 특히 대량 이민 증가 현상을 겪는 국가에서 실증적 관련성이 있는 것으로 나타났다.

## 사례 연구   임금과 사회적 혜택의 수렴 현상: 중국의 이주 이동성

중국은 통일된 국가이지만 중국 정부는 모든 중국 시민이 특정 지역의 거주자로 등록해야 하는 내부등록 시스템인 후커우(Hukou)를 시행한다. 1958년에 설립된 이 시스템은 충분한 농업 인력과 그에 따른 충분한 곡물식량 생산을 확보함으로써 도시의 경제적 안보 상태를 통제할 수 있을 뿐만 아니라 도시 산업 부문을 지원하기 위한 것이다. 이로 인해 도시와 농촌 사이에 어떤 벽이 세워지게 되어 결국 의료, 교육, 퇴직 후 혜택과 같은 많은 사회적 신분에 격차를 발생시켰다.

그러나 밀레니엄에 접어들면서 중국의 급속한 현대화와 국제무역의 상호작용으로 산업 분야의 노동 수요가 증가했다. 이에 따라 농촌에서 도시로의 이주가 크게 증가되었는데, 도시 지역에 유리한 노동 임금격차가 이미 매력적이었기 때문이다. 1978년에는 농촌 인구가 전체 인구의 80% 이상을 차지했다. 2001년에는 63%까지 떨어졌다가 2019년에는 절반인 40% 정도로 줄었다. 주목할 만한 점은 같은 기간 전체 인구는 9억 5,600만 명에서 14억 명으로 늘었다는 것이다. 따라서 이주 근로자는 중국 경제 발전의 핵심이라고 할 수 있다. 2013년에 거의 2억 7,000만 명의 노동자가 도시에 일자리를 구하기 위해 농촌으로부터 이주했으며, 이는 중국 전체 노동력의 약 3분의 1에 해당하고 도시 고용의 2분의 1을 차지했다.

노동 이동 모형에서 예측한 바와 같이 중국의 이주 이동이 중국 내 임금격차를 줄였을까? 실제로 그렇다고 할 수 있다. 그림 4-15는 1990~2014년 사이에 이주자와 도시 근로자 간의 상대임금을 나타낸다. 1992년 경제개방 이후 발생한 소득 불균형에도 불구하고 임금 수렴 추세가 뚜렷하게 나타나는 것을 볼 수 있다. 이주 근로자의 임금은 6배 증가했고 임금격차(그림에서 도시 근로자 대 이주 근로자의 임금비율)는 50% 이상 좁혀졌다.

그러나 밀레니엄 시대로 접어든 이후 이주 근로자의 임금은 도시 근로자 임금의 약 60% 수준에서 다소 정체된 상태를 유지하고 있

다. 이는 두 집단 간의 교육과 기술수준의 차이로 일부 설명할 수 있다. 나머지 차이가 나는 부분은 여전히 노동 시장에 역동적인 성장 엔진으로 작용하지만 중국 지역 전반에 걸친 노동의 적절한 배분이 늦춰지게 되면 미래에는 그 임금격차가 고착화될 수도 있다. 이러한 우려로 후커우 시스템은 점차 완화되었다. 2014년 개혁의 목표는 원하는 모든 사람에게 '도시 후커우(urban Hukou)' 신분을 부여하고 의료, 교육 및 기타 혜택에 대해 농촌과 도시 간 격차를 좁힘으로써 그 시스템을 완전히 자유화하는 것이었다.

**그림 4-15 도시 근로자와 이주 근로자의 평균임금**
RMB(왼쪽 축) 및 비율(오른쪽 축)으로 표시한 월 급여

출처: IMF Working Paper: China's Labor Market in the "New Normal": W. Raphael Lam, Xiaoguang Liu, and Alfred Schipke, July 2015 https://www.imf.org/external/pubs/ft/wp/2015/wp15151.pdf

## 사례 연구    이민자 유입과 미국 경제

그림 4-16에 볼 수 있듯이 미국 인구에서 이민자가 차지하는 비중은 지난 2세기 동안 크게 변했다. 20세기로 접어들면서 동유럽과 남유럽으로부터의 대량 이민으로 외국 태생 미국 거주민의 수가 급격히 증가했다. 1920년대에 부과된 이민에 대한 엄격한 제한조치로 이 시대는 종식되었고, 1960년대까지는 이민자 그룹이 미국 사회에서 중요한 부분은 아니었다. 이민자 유입의 새로운 물결은 1970년경에 다시 시작되었고, 이번에는 대부분 중남미와 아시아에서 왔다. 이민자의 비중은 그 이후 꾸준히 증가하고 있지만, 여전히 제1차 이민물결 기간에 도달했던 수준에는 아직 미치지 못하고 있다.

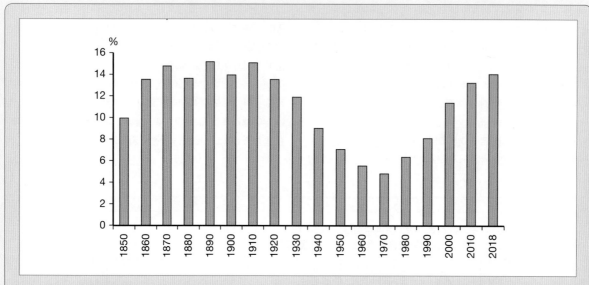

**그림 4-16 미국 인구 대비 외국 태생 인구 비율**

1920년대 이민자 유입 제한조치로 20세기 중반에는 외국 태생 인구가 급격하게 감소했지만, 최근 수십 년 동안 이민자 수가 급격하게 증가했다.

출처: U.S. Census Bureau.

이 새로운 이민물결이 미국 경제에 어떤 영향을 주었을까? 가장 직접적인 영향은 이민자 유입으로 노동력이 확대되었다는 것이다. 2019년 기준으로 외국 태생 근로자는 미국 노동력의 17.4%를 차지한다. 즉 이민자 유입이 없었다면 미국의 노동력은 17.4% 정도 줄어들었을 것이다.

다른 조건이 일정하다면 이 노동력의 증가로 임금이 감소했을 것으로 예상할 수 있다. 널리 인용되는 실증적 추정값 중 하나에 따르면 미국의 평균 임금은 이민이 없을 때보다 3% 낮다는 것이다.[19] 그러나 평균 임금을 비교하는 것은 오해의 소지가 있을 수 있는데, 그 이유는 미국으로 유입되는 이민자는 미국인 전체에 비해 매우 다른 교육 경력을 가지고 있기 때문이다.

이러한 차이를 강조한 그림 4-17을 보면 2019년 교육수준별 25세 이상 외국 태생 인구수와 미국 전체 인구수(왼쪽 눈금)를 비교한 막대표가 있다. 선으로 표시된 것은 이 두 그룹 사이의 비율(오른쪽 눈금으로, 각 교육 그룹 내에서 외국 태생 인구의 비중 표시)을 나타낸다. 이 비율은 외국 태생 근로자가 미국 태생 근로자에 비해 교육수준이 가장 낮은 그룹과 가장 높은 그룹에 얼마나 집중되어 있는지를 보여준다. 교육수준을 나타내는 축의 오른쪽 끝을

보면 전문 및 박사학위를 소지한 외국 태생 근로자는 특히 과학, 기술, 공학, 수학(STEM)과 같은 분야에서 미국 경제에 꼭 필요한 기술을 제공한다. 2013년 해당 STEM 분야에서 박사학위를 소지한 근로자 중 55%가 외국 태생 근로자였고, 같은 해 실리콘밸리의 소프트웨어 엔지니어 중 70% 역시 마찬가지였다. 2016년 버락 오바마 당시 대통령은 노벨상을 받은 6명의 미국 과학자를 축하하며 그들 모두 이민자라고 언급한 바 있었다.

또한 외국 태생 근로자는 가장 교육수준이 낮은 그룹에도 집중되어 있다. 2019년에 이주 노동자의 24.3%가 고등학교 또는 이에 상응하는 교육을 마치지 않은 반면, 미국 태생 근로자는 9.9%에 불과했다. 교육수준이 다른 근로자는 생산에서 서로 다른 생산요소(그리고 서로 쉽게 대체될 수 없는 생산요소)라고 할 수 있기 때문에 임금추정에 대한 대부분의 연구결과는 이민자가 실제로 대다수의 미국 태생 미국인의 임금을 높였음을 시사한다. 이민의 임금에 대한 부정적인 영향은 모두 저학력 미국 근로자에게 나타난다. 그러나 이러한 부적정인 임금 효과가 얼마나 큰지에 대해서는 경제학자들 사이에서 상당한 논쟁거리이다. 단기적으로 보아도 미국 태생 고등학교 중퇴자에 대한 영향이 1%에서 8% 범위로 감소시키는

---

19 George Borjas, "The Labor Demand Curve Is Downward Sloping: Reexamining the Impact of Immigration on the Labor Market," *Quarterly Journal of Economics* 118 (November 2003), pp. 1335-1374.

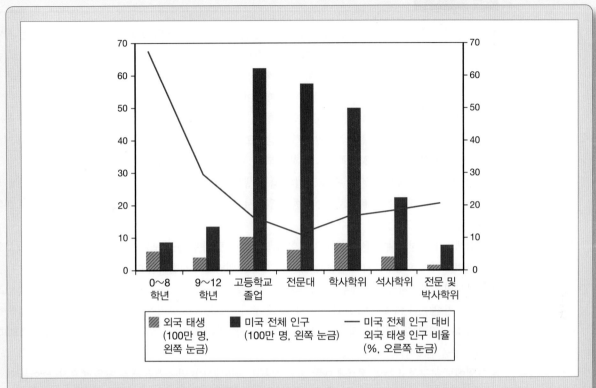

**그림 4-17 교육수준별 25세 이상의 외국 태생 인구와 미국 전체 인구**
미국 태생 근로자에 비해 외국 태생 근로자는 교육수준이 가장 높은 그룹과 가장 낮은 그룹에 집중되어 있다.

출처: U.S. Census Bureau.

것으로 나타난다.

미국 소득에 대한 전반적인 영향은 어떤가? 미국의 국내총생산(미국에서 생산되는 모든 재화와 서비스의 총가치)은 이민 근로자로 인해 분명하게 증가했다. 그러나 생산물 가치의 증가 대부분은 미국 이민자에게 임금을 지불하는 데 사용된다. '이민잉여가치(immigration surplus)', 즉 이민자 유입으로 GDP의 증가분과 이민자에게 지급되는 임금 비용의 차이는 전체적으로 GDP의 0.1% 정도로 낮은 수준이다.[20]

이민의 경제적 효과를 평가하는 데는 조세수입과 정부 지출에 대한 효과라는 또 하나의 복잡한 부분이 있다. 한편으로 이민자는 세금을 내고 정부 지출 비용을 충당하는 데 도움이 된다. 다른 한편으로는 이민자도 차를 몰기 때문에 도로 건설이 더 필요하고 그들의 자녀도 공부하기 때문에 사회에 학교를 더 많이 세워야 하는 것

처럼, 정부는 이에 따른 비용이 들게 된다. 많은 이민자는 낮은 임금을 받고 세금도 조금 내기 때문에 어떤 연구결과에 따르면 이민자가 그들이 내는 세금보다 더 많은 추가적인 비용을 발생시킨다고 한다. 그러나 이민자로 인한 순재정비용 추정치는 순경제적 효과의 추정치처럼 낮아서 다시 GDP의 0.1% 정도에 불과하다.

물론 이민문제는 아주 논쟁적인 정치적 문제이다. 그러나 이민경제학은 아마도 이러한 논쟁을 잘 설명하지 못할 것이다. 대신에 스위스 작가 막스 프리슈(Max Frisch)가 한때 다른 나라 근로자에 크게 의존했던 스위스의 이민자 유입 영향에 대해 언급한 것을 상기하는 것이 도움이 될 수 있다. "우리들은 노동을 요구했으나 사람들이 왔다." 즉 이민문제가 아주 어려운 이유는 이민자 역시 다름 아닌 사람이라는 사실이다.

20 Gordon Hanson, "Challenges for Immigration Policy," in C. Fred Bergsten, ed., *The United States and the World Economy: Foreign Economic Policy for the Next Decade*, Washington, D.C.: Institute for International Economics, 2005, pp. 343-372 참조

**요약**

■ 국제무역은 종종 국내의 소득분배에 강력한 영향을 주기 때문에 이익을 보는 사람과 손해를 보는 사람이 생긴다. 소득분배 효과는 두 가지 이유로 발생한다. 첫째, 생산요소가 한 산업에서 다른 산업으로 순간적 비용 없이 이동할 수 없기 때문이며, 둘째, 경제의 생산물 조합이 변화하게 되면 이로 인해 여러 생산요소에 대한 차별적인 수요를 발생시키기 때문이다.

■ 국제무역의 소득분배 효과 분석에 유용한 모형은 산업 간에 이동할 수 있는 범용 생산요소와 특정 용도에 국한된 생산요소를 구분할 수 있는 **특정 생산요소 모형**이다. 이 모형에서는 생산자원의 차이로 인해 국가들이 서로 다른 상대공급곡선을 가지게 되고, 이로써 국제무역이 발생한다.

■ 특정 생산요소 모형에서 각국 수출 산업의 특정 생산요소는 무역으로 이득을 얻는 반면에 수입경쟁 산업의 특정 생산요소는 손해를 본다. 양쪽 산업에서 모두 사용되는 이동가능 생산요소는 무역으로 이익을 얻을 수도 있고 손해를 볼 수도 있다.

■ 그럼에도 불구하고 무역은 이론적으로 이익을 보는 사람이 손해를 보는 사람을 보상하고 나서도 무역 전과 비교해서 후생수준이 개선될 수 있다는 제한된 의미에서 전반적인 이득을 발생시킨다.

■ 대부분의 경제학자들은 국제무역이 소득분배에 차별적인 영향을 준다고 해서 무역을 제한해야 한다고 생각하지 않는다. 소득분배 효과 면에서 볼 때 무역은 보통 규제받지 않는 많은 다른 형태의 경제적 현상과 다르지 않다. 더구나 경제학자들은 무역 흐름을 방해하기보다는 소득분배 문제를 직접적으로 다루는 것을 선호한다.

■ 그럼에도 불구하고 무역 정책에 대한 현실 정치적 측면에서 보면 소득분배는 매우 중요하다. 이는 특히 무역으로 손해를 보는 사람이 이득을 보는 사람보다 일반적으로 훨씬 많은 정보를 가지고, 결속력이 있으며, 조직화된 그룹이기 때문에 그렇다.

■ 생산요소의 국제적 이동이 때로는 무역을 대체할 수 있기 때문에 노동력의 국제적 이주 현상은 국제무역의 원인과 결과 면에서 서로 유사하다는 사실은 놀라운 일이 아니다. 노동은 노동이 풍부한 국가에서 노동이 희소한 국가로 이동한다. 이러한 이동 현상은 세계 총생산을 증가시키지만 또한 강력한 소득분배 효과를 발생시키기 때문에 결과적으로 일부 그룹이 피해를 입게 된다.

**주요 용어**

노동의 한계생산물 marginal product of labor
미국 무역조정지원제도 U.S. Trade Adjustment Assistance program
생산가능곡선 production possibility frontier
생산함수 production function

수확체감 diminishing returns
예산제약 budget constraint
이동가능 생산요소 mobile factor
특정 생산요소 모형 specific factor model

**연습문제**

1. 수입경쟁 부문에서 일부 근로자는 실업 상태로 남아 있는데도 불구하고 국가는 왜 자유무역을 선택하는가? 태국의 실질임금이 방글라데시보다 높은 상태라고 하면 노동이 완전하게 이동이 가능한 생산요소 모형하에서 국제무역은 이 두 국가의 실질임금에 어떤 영향을 줄 것인가?

**2.** 어떤 나라가 노동과 자본을 사용하여 재화 1을 생산하고 노동과 토지를 사용하여 재화 2를 생산하고 있다고 하자. 노동의 총공급은 100단위이다. 주어진 자본공급에서 두 재화의 생산량은 다음과 같이 노동투입량에 의존하고 있다.

| 재화 1에 대한<br>노동투입량 | 재화 1 생산량 | 재화 2에 대한<br>노동투입량 | 재화 2 생산량 |
|---|---|---|---|
| 0 | 0.0 | 0 | 0.0 |
| 10 | 25.1 | 10 | 39.8 |
| 20 | 38.1 | 20 | 52.5 |
| 30 | 48.6 | 30 | 61.8 |
| 40 | 57.7 | 40 | 69.3 |
| 50 | 66.0 | 50 | 75.8 |
| 60 | 73.6 | 60 | 81.5 |
| 70 | 80.7 | 70 | 86.7 |
| 80 | 87.4 | 80 | 91.4 |
| 90 | 93.9 | 90 | 95.9 |
| 100 | 100 | 100 | 100 |

**a.** 재화 1과 재화 2의 생산함수를 그려라.

**b.** 생산가능곡선을 그려라. 곡선 형태인 이유는 무엇인가?

**3.** 문제 2의 각 생산함수에 해당하는 노동의 한계생산물곡선은 다음과 같다.

| 고용된 근로자 수 | 산업 1의 MPL | 산업 2의 MPL |
|---|---|---|
| 10 | 1.51 | 1.59 |
| 20 | 1.14 | 1.05 |
| 30 | 1.00 | .82 |
| 40 | .87 | .69 |
| 50 | .78 | .60 |
| 60 | .74 | .54 |
| 70 | .69 | .50 |
| 80 | .66 | .46 |
| 90 | .63 | .43 |
| 100 | .60 | .40 |

**a.** 재화 1에 대한 재화 2의 가격은 2이다. 노동 임금과 두 산업 간 노동배분을 그림으로 보여라.

**b.** 문제 2에서 그린 그림을 이용하여 각 산업의 생산량을 결정하라. 그런 다음 그 생산량 조합점에서의 생산가능곡선 기울기가 상대가격과 같다는 것을 그림으로 확인하라.

**c.** 재화 2의 상대가격이 1.3으로 하락한다고 하자. (a)와 (b)를 반복하라.

**d.** 재화 2의 상대가격이 2에서 1.3으로 변할 때 산업 1과 2에서 특정 생산요소의 소득에 미치는 영향을 계산하라.

**4.** 문제 2와 3에서 기술된 생산함수에 따라 (노동과 자본으로) 재화 1을 생산하고 (노동과 토지로) 재화 2를 생산하는 두 국가(자국과 외국)를 고려해보자. 처음에는 두 국가 모두 동일한 노동 공급(각 100단위), 자본 및 토지 공급을 보유하고 있다. 이후 자국에서 자본량이 증가한다. 이 변화로 인해 (문제 2에 기술된) 고용된 노동의 함수로 나타낸 재화 1에 대한 생산함수곡선 및 (문제 3에 기술된) 노동의 한계생산물곡선 모두 밖으로 이동한다. 재화 2에 대한 생산함수곡선과 한계생산물곡선에는 아무 일도 일어나지 않는다.

   **a.** 자국에서의 자본공급 증가가 자국의 생산가능곡선에 어떤 영향을 주는지 보여라.

   **b.** 자국과 외국에 대한 상대공급곡선을 그려라.

   **c.** 두 경제가 무역에 개방된다면 무역 유형은 어떻게 될 것인가(즉 어떤 국가가 어떤 재화를 수출할 것인가)?

   **d.** 무역 개방이 양국에서 세 가지 생산요소(노동, 자본, 토지) 모두에 어떤 영향을 주는지 기술하라.

**5.** 자국과 외국에서 생산되는 재화는 하나이며, 이 생산에 사용되는 두 가지 생산요소는 토지와 노동이다. 각국의 토지공급량과 생산기술은 완전히 동일하다. 각국에서 노동의 한계생산물은 다음과 같이 고용량에 의존한다.

| 고용된 근로자 수 | 마지막 단위 근로자의<br>한계생산물 |
|:---:|:---:|
| 1 | 20 |
| 2 | 19 |
| 3 | 18 |
| 4 | 17 |
| 5 | 16 |
| 6 | 15 |
| 7 | 14 |
| 8 | 13 |
| 9 | 12 |
| 10 | 11 |
| 11 | 10 |

   처음에는 자국에 11명의 근로자가, 외국에는 3명의 근로자만 고용되어 있다. 자국에서 외국으로의 자유로운 노동 이동이 각국의 고용, 생산, 실질임금, 토지 소유자의 소득에 미치는 영향을 찾아라.

**6.** 문제 5에 있는 수치의 예에서 이제 외국은 이민자 수를 제한하여 자국으로부터 오직 2명의 근로자만 이동할 수 있다고 가정하자. 이 2명의 근로자가 이동할 때 다음 5개 그룹의 소득에 어떤 영향을 주는가를 계산하라.

   **a.** 원래 외국에 있었던 근로자

   **b.** 외국의 토지 소유자

   **c.** 자국 거주 근로자

   **d.** 자국의 토지 소유자

   **e.** 이민 근로자

**7.** 멕시코에서 미국으로의 이민자 유입이 미치는 영향에 대한 연구에 따르면 이민자 자신이 가장 큰 이득을 보는 것으로 나타난다. 이 결과를 문제 6의 예와 연관지어 설명하라. 이민에 대한 제한 없이 국경이 개방된다면 상황이 어떻게 바뀌겠는가?

## 더 읽을거리

David Card. "Immigration and Inequality." *American Economic Review* 99 (2) (2009), pp. 1-21.

Avinash Dixit and Victor Norman. *Theory of International Trade.* Cambridge: Cambridge University Press, 1980. 일부 사람들의 형편이 더 나빠질 수 있는 경우라 하더라도 무역으로 이익을 얻을 수 있다는 논점은 오래된 논쟁적인 주제였다. 딕시트(Dixit)와 노먼(Norman)은 원칙적으로는 한 국가의 정부

가 세금과 보조금을 사용하여 소득을 재분배한다면 모든 사람이 무역을 하지 않는 것보다 자유무역을 통해 더 잘 살 수 있음을 보여준다.

Lawrence Edwards and Robert Z. Lawrence. 2013. *Rising Tide: Is Growth in Emerging Economies Good for the United States?* Peterson Institute for International Economics, 2013. (중국과 인도와 같은) 신흥 경제국과의 무역증가가 미국과 미국의 근로자에게 어떤 영향을 주었는지 쉽게 설명한 연구서

Gordon H. Hanson. "The Economic Consequences of the International Migration of Labor." *Annual Review of Economics* 1 (1) (2009), pp. 179-208. 이민자 증가 현상이 이민자 유입국과 유출국 모두에게 어떤 영향을 주었는지에 관한 연구들을 정리한 논문

Douglas A. Irwin. *Free Trade under Fire*, 3rd edition. Princeton, NJ: Princeton University Press, 2009. 자유무역이 전반적으로 후생을 증가시킨다는 주장을 지지하는 자료와 많은 세부 정보를 제공하며 쉽게 설명한 저서. 4장에서는 무역과 실업의 관계(이 장에서 간략하게 논의된 문제)를 논한다.

Douglas A. Irwin. "The Truth About Trade." *Foreign Affairs* 95 (2016), pp. 84-95. 국제무역 경제학자로서 2016년 미국 대통령 선거에서 나타난 무역에 반대하는 강력한 발언에 대해 대응하고 있다.

Robert A. Mundell. "International Trade and Factor Mobility." *American Economic Review* 47 (1957), pp. 321-335. 무역과 생산요소의 국가 간 이동은 상호 대체적이라는 주장을 최초로 제시한 논문

Michael Mussa. "Tariffs and the Distribution of Income: The Importance of Factor Specificity, Substitutability, and Intensity in the Short and Long Run." *Journal of Political Economy* 82 (1974), pp. 1191-1204. 5장의 생산요소비율 모형과 관련시킴으로써 특정 생산요소 모형을 확장한 모형

J. Peter Neary. "Short-Run Capital Specificity and the Pure Theory of International Trade." *Economic Journal* 88 (1978), pp. 488-510. 산업 부문 간 생산요소의 이동에 대한 가정이 특정 생산요소 모형의 결론에 어떤 영향을 주는지에 대해 추가적으로 고려한 모형

Mancur Olson. *The Logic of Collective Action*. Cambridge: Harvard University Press, 1965. 실제로 정부 정책은 대규모 그룹보다 소규모로 집중화된 그룹을 선호한다는 명제를 주장하는 매우 영향력 있는 저서

David Ricardo. *The Principles of Political Economy and Taxation*. Homewood, IL: Irwin, 1963. 리카도의 저서《원리론(Principles)》의 어느 한 부분에서는 무역으로 얻는 국가적 이익을 강조하지만, 다른 부분에서는 지주와 자본가 간의 이해충돌이 중요한 문제이다.

# 부록 4

## 특정 생산요소 모형에 대한 자세한 부연 설명

이 장에서 전개된 특정 생산요소 모형은 매우 편리한 분석 도구이므로, 여기에서 세부사항 중 일부분을 좀 더 자세히 설명하려고 한다. (1) 각 산업 내에서 한계생산물과 총생산물의 관계와, (2) 상대가격 변화의 소득분배 효과라는 2개의 연관된 문제를 보다 자세히 다룰 것이다.

### 한계생산물과 총생산물

본문에서 의복의 생산함수를 두 가지 다른 방법으로 설명했다. 그림 4-1에서는 자본을 일정하게 유지한 채 총생산물을 노동투입의 함수로 나타냈다. 그런 다음 총생산물곡선의 기울기가 노동의 한계생산물이고 그림 4-2에서 그 노동의 한계생산물을 설명했다. 이제는 총생산량이 한계생산물곡선 아래 면적으로 측정된다는 것을 나타내려고 한다. [미적분학을 잘 아는 학생들은 한계생산물이 총생산물의 도함수(derivative)이고, 그래서 총생산물이 한계생산물의 적분(integral)이라는 것을 분명하게 알 것이다. 하지만 이 학생들에게도 여기서 제시되는 직관적 접근 방법은 도움이 될 것이다.]

그림 4A-1은 다시 한번 의복 생산의 한계생산물곡선을 보여준다. $L_C$의 노동을 고용한다고 하자. 총의복 생산량은 어떻게 나타낼 수 있는가? 한계생산물곡선을 이용해서 그 근삿값을 계산해보자. 첫

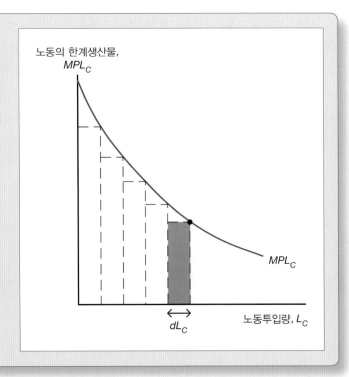

**그림 4A-1 한계생산물곡선 아래의 면적과 같은 총생산량**

늘어서 있는 얇은 직사각형으로 한계생산물곡선을 근사화(approximating)하여, 의복의 총생산량은 한계생산물곡선 아래의 면적과 같다는 것을 보여줄 수 있다.

째, 노동투입을 $dL_C$만큼 줄이면 어떻게 되는가를 보자. 그러면 생산량도 줄어들 것이다. 이렇게 감소된 생산량의 근삿값은 대략 다음과 같다.

$$dL_C \times MPL_C$$

즉 노동력 감소분에 처음에 주어진 고용수준에서 노동의 한계생산물을 곱한 것이다. 이 생산물의 감소는 그림 4A-1에서 색칠한 직사각형 면적으로 나타난다. 이제 또 노동투입을 줄여보자. 이때의 생산량 감소도 그 옆의 다른 직사각형으로 나타난다. 그런데 이번에 나타나는 직사각형의 높이가 더 높은데, 그 이유는 노동투입이 감소할 때마다 노동의 한계생산물은 증가하기 때문이다. 이와 같이 모든 노동이 없어질 때까지 이 과정을 계속하면 총생산물의 손실은 대략 그림에 나타난 모든 직사각형의 합계일 것이다. 하지만 노동투입이 없어지면 생산량도 0으로 떨어질 것이다. 그래서 의복의 총생산량은 한계생산물곡선 아래의 모든 직사각형 면적의 합으로 근사치를 계산할 수 있다.

하지만 매번 줄인 노동력 구간(그림에서 설정된 각 $dL_C$의 폭 길이를 말한다_역자 주) 내에서 가장 첫 번째 노동력 한 단위에 대한 한계생산물이 사용됐기 때문에(그림에서 설정된 각 $dL_C$ 폭의 오른쪽 끝점을 한계생산물곡선과 대응시켰다는 뜻_역자 주) 이 방법은 총생산량의 근삿값일 뿐이다. 더 작은 노동력 구간으로 계산한다면 더 좋은 근삿값을 얻을 수 있다. 그러나 노동력 구간을 무한히 작게 한다면 직사각형은 점점 더 얇아지고 한계생산물곡선 아래의 총면적과 매우 유사한 값을 구할 수 있게 된다. 따라서 결국 노동 $L_C$로 생산된 총생산물 $Q_C$는 $L_C$까지의 한계생산물곡선 $MPL_C$ 아래의 면적과 같다는 것을 알게 된다.

## 상대가격과 소득분배

그림 4A-2는 방금 발견한 결과를 사용하여 의복 산업 내 소득분배를 나타낸다. 의복 산업의 고용주는 근로자의 한계생산물 가치 $P_C \times MPL_C$가 임금 $w$와 같아질 때까지 $L_C$의 노동을 고용한다는 것을 알았다. 이를 의복 산업의 실질임금 $MPL_C = w/P_C$로 다시 쓸 수 있다. 따라서 실질임금 $(w/P_C)^1$이 주어지면 그림 4A-2에서 한계생산물곡선은 $L_C^1$의 노동이 고용될 것이라는 것을 말해준다. 이 근로자들이 생산한 총생산량은 한계생산물곡선의 아래 면적을 $L_C^1$까지 합한 것과 같다. 이 생산량은 근로자와 자본 소유자의 (의복으로 표시된) 실질소득의 형태로 분배된다. 근로자에게 지급된 부분은 실질임금 $(w/P_C)^1$에 고용수준 $L_C^1$을 곱한 직사각형으로 나타나 있다. 나머지 부분은 자본 소유자의 실질소득이다. 동일한 방식으로 근로자와 토지 소유자의 식량 분배량을 식량으로 표시된 실질임금 $w/P_F$의 함수로 결정할 수 있다.

이제 의복의 상대가격이 오른다고 하자. 그림 4-7에서 $P_C/P_F$의 상승은 의복으로 표시된 실질임금을 감소시키는 반면(임금이 $P_C$보다 덜 오르기 때문), 식량으로 표시된 실질임금은 증가시킨다. 자본가와 지주의 실질소득에 대한 효과는 그림 4A-3과 4A-4에서 볼 수 있다. 의복 산업에서 실질임금은 $(w/P_C)^1$에서 $(w/P_C)^2$로 감소한다. 그 결과 의복으로 표시된 자본가들의 실질소득은 증가한다. 식량 산업에서는 실질임금은 $(w/P_F)^1$에서 $(w/P_F)^2$로 증가하고, 식량으로 표시된 지주의 실질소득은 감소한다.

실질소득에 대한 이러한 효과는 $P_C/P_F$ 자체 변화에 의해 한층 더 강화된다. 식량으로 표시된 자본

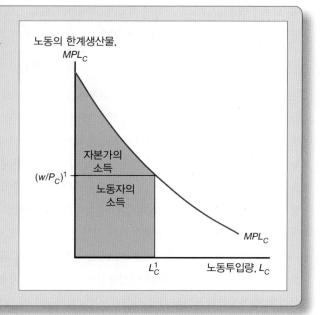

**그림 4A-2 의복 산업 내 소득분배**

노동 소득은 실질임금에 고용을 곱한 값과 같다. 나머지 생산량은 자본 소유자의 소득이 된다.

소유자의 실질소득은 의복으로 표시된 그들의 실질소득보다 더 많이 상승하는데, 그 이유는 식량이 의복보다 상대적으로 더 저렴하기 때문이다. 반대로 의복으로 표시된 지주의 실질소득은 이제 의복이 상대적으로 더 비싸기 때문에 식량으로 나타낸 그들의 실질소득보다 더 많이 감소한다.

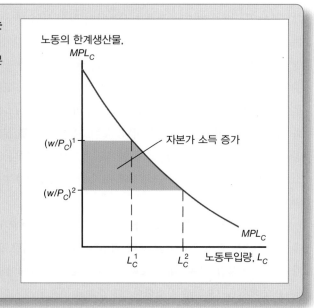

**그림 4A-3 자본 소유자에게 이익이 되는 $P_C$의 증가**

의복으로 표시된 실질임금은 하락하며, 자본 소유자의 소득을 증가시킨다.

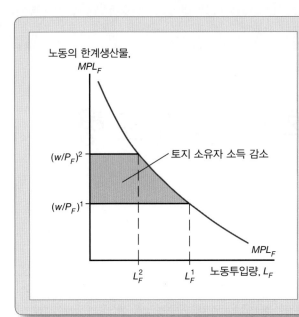

**그림 4A-4 토지 소유자에게 손해가 되는 $P_C$의 증가**

식량으로 표시된 실질임금은 상승하며, 토지 소유자의 소득을 감소시킨다.

# CHAPTER 5

# 자원과 무역: 헥셔-올린 모형

리카도 모형에서 가정한 것과 같이 노동이 유일한 생산요소라면 비교우위는 노동 생산성의 국제적 차이 때문에 발생할 수 있다. 그러나 현실 세계에서 무역은 부분적으로 노동 생산성의 차이로 설명되지만, 국가의 부존자원의 차이를 반영하기도 한다. 캐나다가 미국에 임산물(forest products)을 수출하는 이유는 캐나다의 벌채업자가 미국 벌채업자에 비해 생산성이 높기 때문이 아니라 캐나다의 인구가 적어서 미국보다 1인당 산림 면적이 더 넓기 때문이다. 따라서 현실적인 관점에서 볼 때 무역은 노동뿐만 아니라 토지, 자본, 광물자원과 같은 다른 생산요소의 영향을 받는다고 할 수 있다.

무역의 결정요인으로서 국가 간 부존자원 차이의 역할을 설명하기 위해 이 장에서는 부존자원의 차이가 무역의 유일한 원천이 되는 모형을 설정하고자 한다. 이 모형은 비교우위가 국가들의 자원[생산에 사용되는 요소들이 상대적으로 얼마나 풍부하게 존재하는가를 의미하며, 이를 **요소풍부성**(factor abundance)이라고 한다]과 생산기술[여러 재화 생산에서 다양한 생산요소가 상대적으로 얼마나 집약적으로 사용되는가를 의미하며, 이를 **요소집약도**(factor intensity)라고 한다] 간 상호작용에 영향받는다는 것을 보여준다. 이러한 아이디어 중 일부는 4장의 특정 생산요소 모형에 제시되었지만, 이 장에서 공부할 모형은 모든 생산요소가 산업 간 이동이 가능할 때 나타나는 장기적인 결과를 살펴봄으로써 요소풍부성과 요소집약도 사이의 상호작용을 보다 명확하게 설명해준다.

국제무역이 대체로 각국의 부존자원의 차이로 인해 발생한다는 것은 국제경제학에서 가장 영향력 있는 이론 중 하나이다. 스웨덴 경제학자인 엘리 헥셔(Eli Heckscher)와 베르틸 올린(Bertil Ohlin, 1977년 노벨경제학상 수상)이 개발한 이 이론은 보통 **헥셔-올린 이론**(Heckscher-Ohlin theory)이라고 불린다. 이 이론은 각 국가가 이용 가능한 여러 생산요소의 부존비율과 여러 재화의 생산에 집약적으로 사용하는 생산요소 비율 간의 상호작용에 초점을 맞추기 때문에, **요소비율 이론**(factor-proportions theory)이라고도 불린다.

요소비율 이론을 전개하기 전에 먼저 무역을 하지 않는 나라의 경제를 설명하고 나서, 두 나라가 서로 무역을 할 때 어떤 현상이 발생하는가를 알아보자. 요소비율 이론은 단일 생산요소만 가지고 있는 리카도 모형과는 달리 무역이 생산요소 간의 소득분배에 장기적으로도 영향을 줄 수 있다는 것을 볼 것이다. 무역이 선진국에서 어느 정도로 임금불평등을 증가시킬 수 있는지 논의할 것이다. 그리고 나서 요소비율 이론의 예측을 지지하는 실증연구와 반대하는 실증연구를 더 검토하여 이 장의 결론을 내릴 것이다.

## 학습목표

■ 부존자원의 차이가 어떻게 특정한 무역 유형을 발생시키는지 설명한다.

- 무역으로 얻는 이득이 장기간에도 공평하게 분배되지 않는 이유를 논하고, 무역의 수혜자와 피해자를 식별한다.
- 선진국에서 나타나는 무역 증가와 임금불평등 증가 사이의 연관성을 이해한다.
- 실증적으로 발견되는 무역 유형과 요소가격이 요소비율 이론의 예측 중 일부(전부는 아니고)를 어떻게 지지하는지 확인한다.

# 생산요소가 2개 있을 때의 경제 모형

이 장에서는 2 × 2 × 2, 즉 2개의 국가, 2개의 재화, 2개의 생산요소라고 하는 가장 단순한 요소비율 모형에 초점을 맞출 것이다. 이 예에서 2개의 국가는 자국(Home)과 외국(Foreign)이라고 부를 것이다. 2개의 재화는 4장 특정 생산요소 모형에서 사용했던 의복(Cloth, 측정단위는 야드)과 식량(Food, 측정단위는 칼로리)으로 유지할 것이다. 이 장의 주요 차이점은, 각 산업에 특정적으로 사용된 이동이 불가능했던 생산요소(의복 산업에서 자본, 식량 산업에서 토지)가 이제는 장기적으로 이동 가능하다고 가정하는 것이다. 따라서 농장에 사용되는 토지는 섬유공장을 건설하는 데 사용될 수 있고, 역으로 동력직기(power loom) 비용을 지불하는 데 사용되는 자본은 트랙터 비용을 지불하는 데 사용할 수 있다. 분석을 단순화하기 위해 노동(labor)과 함께 의복이나 식량을 생산하는 데 사용되는 자본(capital)이라는 또 다른 하나의 생산요소를 추가한 모형을 설정한다. 장기적으로 자본과 노동은 모두 산업 간에 이동할 수 있으므로 각 생산요소의 수익(임대료와 임금)은 두 산업에서 서로 동일하다.

## 재화의 가격과 생산

의복과 식량은 모두 자본과 노동을 사용하여 생산된다. 각 재화의 생산량은 자본투입량과 노동투입량이 주어졌을 때 다음과 같은 생산함수에 의해 결정된다.

$$Q_C = Q_C(K_C, L_C)$$
$$Q_F = Q_F(K_F, L_F)$$

이때 $Q_C$와 $Q_F$는 의복과 식량의 생산수준이고, $K_C$와 $L_C$는 의복 생산에 사용된 자본량과 노동량이며, $K_F$와 $L_F$는 식량 생산에 사용된 자본량과 노동량이다. 이 경제는 경제 전체적으로 고정된 자본공급량($K$)과 노동공급량($L$)을 보유하고 있으며, 각각 두 산업으로 배분되어 사용된다.

두 재화의 생산 기술과 관련된 부호를 다음과 같이 정의한다.

$a_{KC}$ = 의복 1야드 생산에 사용되는 자본
$a_{LC}$ = 의복 1야드 생산에 사용되는 노동
$a_{KF}$ = 식량 1칼로리 생산에 사용되는 자본
$a_{LF}$ = 식량 1칼로리 생산에 사용되는 노동

이와 같은 단위요소 소요량(unit input requirement)은 (노동요소만 사용하는) 리카도 모형에서 정의된 것과 매우 유사하다. 하지만 한 가지 중요한 차이가 있다. 이 정의에서는 의복과 식량의 일정한 양을 생산하기 위해 반드시 요구되는 자본이나 노동의 양이라기보다는 그 생산에 사용되는 자본이나

노동의 양을 말한다. 리카도 모형과 다르게 변경한 이유는 어떤 재화 생산에 사용되는 서로 다른 생산요소가 2개 있을 때는 각 요소의 상대적 투입량에 대한 선택이 다양할 수 있기 때문이다.

일반적으로 그러한 선택은 노동과 자본에 대한 요소가격에 따라 달라질 것이다. 그러나 일단 각 재화를 생산하는 방법이 하나만 있는 특수한 경우를 살펴보자. 다음 같은 수치의 예를 생각해보자. 의복 1야드 생산에는 2시간의 노동과 2시간의 기계사용이 필요하다. 식량생산은 더 자동화되어 식량 1칼로리 생산에 1시간의 노동과 3시간의 기계사용이 필요하다. 따라서 단위당 요소투입량은 $a_{KC}=2$, $a_{LC}=2$, $a_{KF}=3$, $a_{LF}=1$이고, 자본을 노동으로 대체하거나 그 반대의 가능성은 없다. 이 경제에 총 3,000시간의 기계작업과 총 2,000시간의 노동이 존재한다고 가정하자. 이와 같이 생산에서 생산요소 간 대체 가능성이 없는 경우, 이 나라의 생산가능곡선은 자본과 노동에 대한 부존자원 사용 제약조건을 이용하여 도출할 수 있다. $Q_C$ 야드의 의복을 생산하려면 $2Q_C=a_{KC} \times Q_C$ 기계작업 시간과 $2Q_C=a_{LC} \times Q_C$의 노동시간이 필요하다. 마찬가지로 $Q_F$ 칼로리의 생산은 $3Q_F=a_{KF} \times Q_F$ 기계작업 시간과 $1Q_F=a_{LF} \times Q_F$ 노동시간을 필요로 한다. 의복과 식량 생산에 사용된 총기계작업 시간은 자본의 총공급을 초과할 수 없다.

$$a_{KC} \times Q_C + a_{KF} \times Q_F \leq K \quad 또는 \quad 2Q_C + 3Q_F \leq 3{,}000 \qquad (5\text{-}1)$$

이것이 바로 자본에 대한 자원 제약조건이다. 마찬가지로 노동에 대한 자원 제약조건은 두 재화 생산에 사용된 총노동시간이 노동의 총공급을 초과할 수 없다는 조건이다.

$$a_{LC} \times Q_C + a_{LF} \times Q_F \leq L \quad 또는 \quad 2Q_C + Q_F \leq 2{,}000 \qquad (5\text{-}2)$$

그림 5-1은 수치의 예를 사용한 생산가능곡선 식 (5-1)과 (5-2)를 보여준다. 각 자원 제약 조건은 그림 3-1에서 리카도 모형의 생산가능곡선을 그린 것과 같은 방법으로 그린 것이다. 하지만 여기서 이 경제는 2개의 자원제약 조건하에서 생산해야 하므로 생산가능곡선은 붉은색으로 나타난 굴절선이 된다. 만약 이 경제가 식량 생산에 전문화(점 1)한다면 1,000칼로리를 생산할 수 있다. 그 생산점에서는 여분의 노동력이 있다. 즉 총 2,000시간 중에서 1,000시간만 고용된다. 반대로 이 경제가 의복 생산에 전문화(점 2)한다면 의복 1,000야드를 생산할 수 있다. 그 생산점에서는 여분의 자본이 존재한다. 즉 총 3,000시간의 기계작업 시간 중 2,000시간만 사용된다. 생산점 3에서 노동과 자본 자원이 모두 고용되고 있다(의복 생산에서 1,500시간의 기계작업과 1,500시간의 노동, 그리고 식량 생산에서 1,500시간의 기계작업과 500시간의 노동).[1]

이 생산가능곡선의 중요한 특성은 식량으로 나타낸 의복 1야드를 추가적으로 생산하는 기회비용이 일정하지 않다는 것이다. 이 경제가 식량을 주로 생산할 때(점 3의 왼쪽)는 노동력의 일부가 사용되지 않고 있다. 만약 식량을 2단위 적게 생산하면 기계작업 시간이 6시간 남아 이를 의복 3야드 생산에 사용할 수 있다. 즉 의복의 기회비용은 2/3이다. 이 경제가 의복을 주로 생산할 때(점 3의 오른쪽)는 자본의 일부가 사용되지 않고 있다. 만약 식량 2단위를 적게 생산하게 되면 노동시간이 2시간 남게 되어 이를 의복 1야드 생산에 사용할 수 있다. 즉 의복의 기회비용은 2이다. 따라서 의복의 기회

---

1 생산요소 간 대체가 없는 이 경우는 특수한 경우로서, 두 생산요소를 전부 사용하여 생산되는 생산점이 하나만 있는 상태이다. 이 그림의 생산가능곡선상의 다른 생산점에서는 생산요소 중 일부가 사용되지 않은 상태이다. 생산요소 간 대체가 가능한 좀 더 일반적인 경우에는 이 특수한 상태에서 벗어나 전체 생산가능곡선상에서 두 생산요소 자원이 완전히 사용된다.

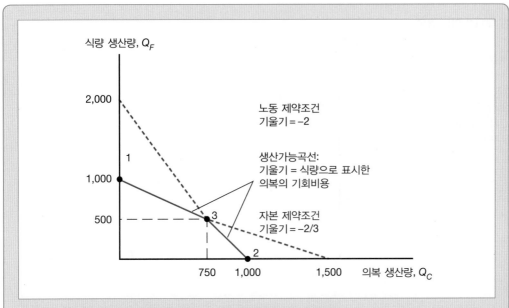

식량 생산량, $Q_F$

2,000 ····· 노동 제약조건
기울기 = -2

생산가능곡선:
기울기 = 식량으로 표시한
의복의 기회비용

1,000 ●1

500 ●3    자본 제약조건
기울기 = -2/3

●2

750  1,000      1,500    의복 생산량, $Q_C$

**그림 5-1 생산요소 간 대체가 없는 경우의 생산가능곡선: 수치 사용의 예**

자본이 노동을 대체할 수 없거나 노동이 자본을 대체할 수 없는 경우, 요소비율 모형의 생산가능곡선은 2개의 자원 제약 조건에 의해 정의된다. 즉 이 경제는 사용 가능한 총노동 공급(2,000 노동시간) 또는 자본 공급(3,000 기계작업 시간) 이상을 사용할 없다. 따라서 생산가능곡선은 그림에서 붉은색의 굴절선으로 나타난다. 점 1에서는 식량 생산에 전문화되지만 모든 노동공급 시간이 사용되는 것은 아니다. 점 2에서는 의복 생산에 전문화되지만 모든 기계작업 시간이 사용되는 것은 아니다. 생산점 3에서는 노동과 자본 공급시간이 전부 사용된다. 이 생산가능곡선의 중요한 특징은 식량으로 표시한 의복의 기회비용이 일정하지 않다는 것이다. 즉 생산물의 조합이 의복 생산쪽으로 이동해 갈 때 의복의 기회비용은 2/3에서 2로 증가한다.

비용은 의복이 더 많이 생산되고 있을 때 더 높다.

이제 이 모형을 좀 더 현실적으로 만들고 생산에서 노동을 자본으로 대체하거나 그 반대로 대체가 가능하다고 가정해보자. 이 생산요소 간 대체성으로 인해 생산가능곡선의 굴절 부분이 사라진다. 대신에 생산가능곡선 $PP$는 그림 5-2와 같이 활 모양으로 휘어지게 된다. 이 휘어진 모양은, 더 많은 의복을 생산하고 더 적은 식량을 생산할 때 식량으로 표시한 의복 1단위 추가 생산의 기회비용이 증가한다는 것을 말한다. 즉 생산물 조합에 따라 기회비용이 어떻게 변하는지에 대한 기본적인 통찰력은 여전히 유효하다.

생산가능곡선의 어느 부분에서 생산하게 될까? 이는 재화의 가격에 의해 결정된다. 특히 생산의 가치가 최대가 되는 점에서 생산하게 된다. 이 의미는 그림 5-3에서 확인할 수 있다. 이 경제가 생산하는 재화의 총가치는 다음과 같다.

$$V = P_C \times Q_C + P_F \times Q_F$$

여기서 $P_C$와 $P_F$는 의복가격과 식량가격이다. 생산물 총가치가 일정한 등가치선(isovalue line)의 기울기는 $-P_C/P_F$이다. 이 경제는 가장 높은 등가치선에 접하는 생산가능곡선의 점 $Q$에서 생산한다. 이 점에서 생산가능곡선의 기울기는 $-P_C/P_F$와 같다. 그래서 식량으로 표시한 의복 1단위 생산

**그림 5-2 생산요소 간 대체가 있는 경우의 생산가능곡선**

만약 자본이 노동을 대체할 수 있고 그 반대로도 대체가 가능할 경우, 생산가능곡선의 굴절 부분이 사라진다. 하지만 생산물 조합이 식량 생산보다 의복 생산으로 변함에 따라 식량으로 표시된 의복 생산의 기회비용이 증가한다는 것은 여전히 사실이다.

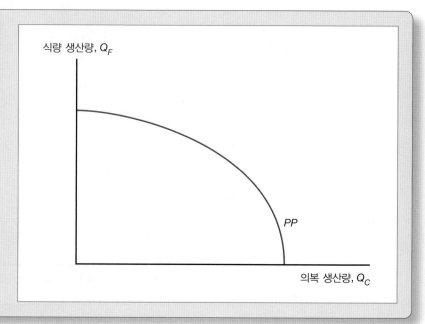

**그림 5-3 재화의 가격과 생산**

이 경제에 주어진 재화가격하에서 생산물의 가치를 최대로 만드는 점에서 생산한다. 즉 이 생산점은 가능한 한 가장 높은 등가치선에 놓인 점이 된다. 이 점에서 식량으로 표시된 의복의 기회비용이 의복의 상대가격 $P_C/P_F$와 일치하게 된다.

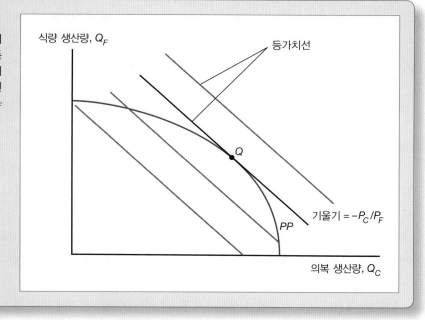

의 기회비용은 의복의 상대가격과 같게 된다.

### 생산요소 조합의 선택

앞에서 언급된 바와 같이 2개의 생산요소 모형에서 생산자는 생산요소 사용에 대한 선택의 여지가 있을 수 있다. 예를 들어 농부는 상대적으로 더 많은 기계화된 장비(자본)를 사용하는 대신 더 적은 수의 근로자를 고용할 수도 있고, 그 반대의 선택을 할 수도 있다. 따라서 농부는 생산량 1단위당 사

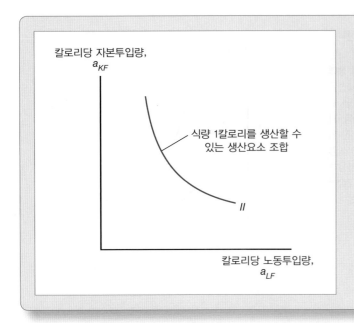

**그림 5-4 식량 생산에 대한 요소 투입 가능곡선**

식량 1칼로리를 생산하는 데 농부는 노동투입이 많은 경우 자본투입을 적게 할 수 있고, 반대로 노동투입이 적은 경우 자본투입을 많이 할 수 있다.

용할 노동과 자본의 양을 선택할 수 있다. 그러면 각 산업의 생산자는 (리카도 모형에서와 같이) 고정된 생산요소 소요량이 아니라 그림 5-4의 *II* 곡선과 같이 생산요소 사용에서 상충관계에 직면하게 될 것이다. 그림에서 *II* 곡선은 식량 1칼로리를 생산하는 데 사용될 수 있는 생산요소 다양한 조합을 보여준다.

생산자들은 실제로 어떤 생산요소 조합을 선택할까? 생산요소의 선택은 자본과 노동의 상대적 비용에 따라 달라질 것이다. 자본 임대료가 비싸고 임금이 저렴하다면 농부는 상대적으로 자본을 적게 사용하고 노동력을 많이 사용하여 생산할 것이다. 반면 자본 임대료가 저렴하고 임금이 비싸다면 노동을 절약하고 자본을 많이 사용할 것이다. 만약 $w$가 노동 한 단위에 대한 임금이고 $r$이 자본 한 단위에 대한 임대비용이라면 생산요소의 선택은 두 **생산요소 가격**(factor price)의 비율($w/r$)에 따라 달라질 것이다.[2] 생산요소 가격과 식량 생산에 사용되는 노동 대 자본 비율의 관계는 그림 5-5의 *FF* 곡선과 같이 나타난다.

의복 생산에서 $w/r$와 노동-자본 비율 간에는 서로 상응하는 관계가 존재한다. 이 관계는 그림 5-5의 *CC* 곡선으로 나타난다. 그림에서 알 수 있듯이 *CC* 곡선이 *FF* 곡선의 오른쪽에 있는 것은 어떤 주어진 요소가격하에서 의복 생산은 식량 생산보다 항상 상대적으로 자본 대비 노동을 더 많이 사용하고 있음을 의미한다. 이와 같은 경우 식량 생산은 **자본집약적**(capital-intensive)인 반면에, 의복 생산은 **노동집약적**(labor-intensive)이라고 한다. 요소집약도는 생산 대비 자본 비율 혹은 노동 비율이 아니라 어떤 재화 생산에 사용된 자본 대비 노동비율로 정의된다. 따라서 어떤 한 재화가 동시에 자본집약적이면서 노동집약적일 수는 없다.

그림 5-5에서 *CC* 곡선과 *FF* 곡선은 상대요소수요곡선이라 하며, 재화의 상대수요곡선과 매우 유사하다. 이 곡선의 기울기가 우하향하는 것은 생산자의 생산요소 수요가 서로 대체 관계가 있음을

---

2 노동-자본 비율의 최적 선택은 이 장의 부록에서 더 자세히 살펴볼 것이다.

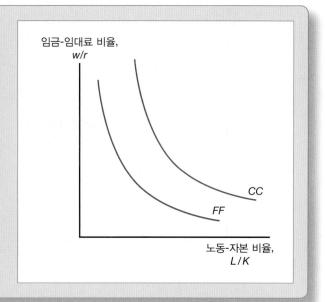

**그림 5-5 요소가격과 요소투입량 선택**

각 부문에서 생산에 사용되는 자본에 대한 노동 비율은 자본 비용에 대한 노동의 상대적 비용, $w/r$에 따라 달라진다. $FF$ 곡선은 식량 생산에서 노동-자본 비율의 선택을 보여주고, $CC$ 곡선은 의복 생산에서 노동-자본 비율의 선택을 보여준다. 어떤 주어진 임금-임대료 비율에 대해 의복 생산은 식량 생산보다 더 높은 노동-자본 비율을 사용하고 있다. 이 경우 의복 생산은 *노동집약적*이고, 식량 생산은 *자본집약적*이라고 말한다.

말해준다. 노동 임금 $w$가 임대료 $r$에 비해 오를 때 생산자는 생산을 결정하는 데 노동을 자본으로 대체한다. 이전에 고려했던 생산요소 대체 가능성이 없는 경우는 이 상대요소수요곡선이 수직선으로 제한된 특수한 경우였다. 노동수요량 대 자본수요량의 비율이 고정되었고 임금-임대료 비율 $w/r$의 변화에 영향받지 않았다. 이 장의 나머지 부분에서는 상대요소수요곡선이 우하향하는, 즉 생산요소가 대체될 가능성이 있는 보다 더 일반적인 경우를 고려할 것이다.

### 요소가격과 재화가격

당분간 이 경제 내에서 의복과 식량이 모두 생산된다고 하자. (이 나라가 국제무역을 할 경우 어떤 하나의 재화에 완전히 전문화된 생산을 할 가능성이 있기 때문에 꼭 이렇게 가정할 필요는 없으나 당분간 이런 가능성은 무시하자.) 그러면 각 산업의 생산자 사이에 경쟁이 발생하여 각 재화의 가격은 그 재화의 생산비와 같아질 것이다. 한 재화의 생산비는 요소가격에 따라 결정된다. 즉 다른 조건이 일정할 때 임금이 오르면 노동력을 사용하는 재화의 가격 또한 오를 것이다.

그러나 한 재화의 생산비용에서 특정 생산요소의 가격이 얼마나 중요한가는 재화 생산에 그 생산요소가 과연 얼마나 들어가느냐에 달려 있다. 식량 생산을 하는 데, 예를 들어 노동이 아주 조금만 사용된다면 노동 임금의 상승은 식량가격에 큰 영향을 미치지 않을 것이다. 반면 의복 생산에는 노동이 많이 사용된다면 노동 임금의 상승으로 인해 의복가격이 크게 영향받을 것이다. 그러므로 자본 임대료에 대한 노동 임금의 상대비율($w/r$)과 식량가격에 대한 의복가격의 상대비율($P_C/P_F$) 사이에는 일대일의 관계가 존재한다고 결론 내릴 수 있다. 이 관계는 그림 5-6에서 우상향하는 $SS$ 곡선으로 나타난다.[3]

---

3 이 관계는 의복과 식량이 모두 생산될 때만 성립하며, 이는 의복의 상대가격에 대한 어떤 주어진 범위와 관련이 있다. 만약 의복의 상대가격이 주어진 상한 수준을 넘어서면 의복 생산을 전문으로 하게 되고, 반대로 그 상대가격이 하한 수준 아래로 떨어지면 식량 생산을 전문으로 하게 된다.

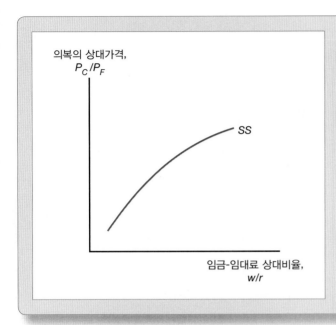

**그림 5-6 요소가격과 재화가격**

의복 생산은 노동집약적인 반면 식량 생산은 자본집약적이므로, 요소가격 비율 $w/r$와 의복의 상대가격 $P_C/P_F$ 사이에 일대일 관계가 존재한다. 즉 노동의 상대비용이 높아질수록 노동집약적 재화의 상대가격도 높아져야 한다. 이 관계는 $SS$ 곡선으로 설명된다.

그림 5-5와 5-6을 함께 모아보자. 그림 5-7의 왼쪽 그림은 그림 5-6의 $SS$ 곡선을 시계 반대 방향으로 90도 회전시킨 것이고, 오른쪽 그림은 그림 5-5를 옮겨놓은 것이다. 앞의 두 그림을 함께 그려봄으로써 각 재화 생산에 사용된 자본에 대한 노동의 상대비율과 재화가격 사이에 놀라운 연관성이 존재함을 한눈에 알 수 있다. 의복의 상대가격(그림 5-7의 왼쪽 그림)이 $(P_C/P_F)^1$이라 하자. 이때 이 나라에서 두 재화가 모두 생산된다면 자본 임대료에 대한 노동 임금의 상대비율은 $(w/r)^1$과 같아야 한다. 여기서 이 비율이 의미하는 바는 의복과 식량 생산에 사용되는 자본에 대한 노동비율(그림 5-7의 오른쪽 그림)이 각각 $(L_C/K_C)^1$과 $(L_F/K_F)^1$이 되어야 함을 의미한다. 만약 의복의 상대가격이 $(P_C/P_F)^2$까지 오른다면, 자본 임대료에 대한 노동 임금의 상대비율도 $(w/r)^2$로 상승할 것이다. 이제 노동이 상대적으로 비싸졌기 때문에 의복과 식량 생산에 사용되는 자본에 대한 노동의 비율도 각각 $(L_C/K_C)^2$와 $(L_F/K_F)^2$로 떨어질 것이다.

이 그림에서 한 가지 더 중요한 사실을 배울 수 있다. 이미 왼쪽 그림에서는 식량가격에 비해 의복의 가격이 상승하면 자본 소유자의 소득에 비해 근로자의 소득이 증가한다는 것을 알 수 있다. 그런데 이제 좀 더 중요한 사실을 언급해볼 수 있다. 즉 이와 같은 상대가격의 변화가 나타나면 두 재화의 소비량으로 표시한 실질임금은 증가하고 실질임대료는 감소하게 되기 때문에, 확실히 근로자의 구매력이 증가하고 자본가의 구매력이 감소될 것이라는 사실이다.

이를 어떻게 확인할 수 있을까? $P_C/P_F$가 상승할 때 의복과 식량 생산 모두에서 자본에 대한 노동의 비율은 감소한다. 그런데 경쟁시장에서 생산요소는 그 한계생산물만큼 보상받게 된다. 즉 의복으로 환산한 근로자의 실질임금은 의복 생산에서 노동의 한계생산물과 동일하게 된다. 각 재화를 생산하는 데 자본에 대한 노동의 비율이 하락하면 해당 재화로 환산한 노동의 한계생산물이 증가하므로 두 재화 모두에서 근로자의 실질임금이 상승하게 된다. 그리고 자본의 한계생산물은 두 산업 모두에서 감소하므로 자본 소유자의 실질임금은 두 재화 모두에서 하락하게 된다.

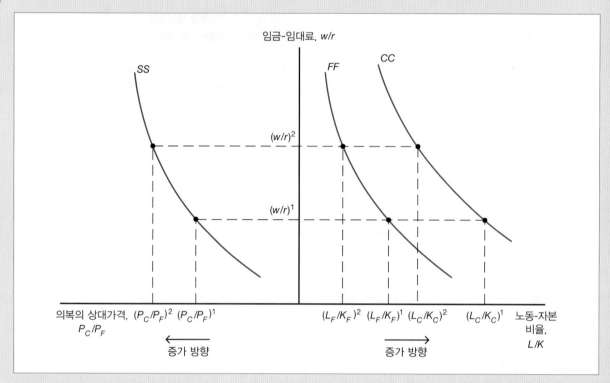

**그림 5-7 재화가격에서 생산요소 선택까지**

의복의 상대가격 $(P_C/P_F)^1$이 주어졌을 때 자본 임대료에 대한 노동 임금의 상대비율은 $(w/r)^1$과 같아야 한다. 그러면 이 임금-임대료 비율에서 의복과 식량 생산에 사용되는 자본에 대한 노동의 상대비율은 각각 $(L_C/K_C)^1$과 $(L_F/K_F)^1$이 된다. 만약 의복의 상대가격이 $(P_C/P_F)^2$로 상승하면 임금-임대료 상대비율은 $(w/r)^2$로 상승해야 한다. 이는 두 재화의 생산에 사용되는 노동-자본 비율을 하락시킬 것이다.

따라서 특정 생산요소 모형에서와 같이 이 모형에서도 상대가격의 변화는 소득분배에 큰 영향을 준다. 재화가격의 변화는 소득분배를 변화시킬 뿐만 아니라 그러한 변화가 너무 크게 일어나서 어떤 생산요소의 소유자에게는 이익을 가져다주고 어떤 생산요소의 소유자에게는 피해를 주기도 한다.[4]

### 부존자원과 생산량

이제는 재화가격, 요소공급 및 생산물 간의 모든 관계를 설명함으로써 생산요소가 2개 있을 경우의 경제에 대한 설명을 완성할 수 있다. 특히 부존자원의 변화(생산요소의 총공급)가 산업 간의 생산요소 배분 및 이에 따른 생산량의 변화에 어떤 영향을 주는가를 살펴볼 것이다.

의복의 상대가격이 어떤 수준에 주어져 있다고 가정해보자. 그림 5-7을 보면 (의복과 식량이 모두 생산되는 한) 이렇게 주어진 의복의 상대가격$(P_C/P_F)^1$은 어떤 고정된 임금-임대료 비율$(w/r)^1$과 관련되어 있다는 것을 알 수 있다. 그러면 이 요소가격 비율은 의복과 식량 산업에 사용된 자본에 대한

---

4 재화가격과 요소가격 (그리고 이에 따른 후생 효과) 사이의 이러한 관계는 고전 논문인 Wolfgang Stolper and Paul Samuelson, "Protection and Real Wages," *Review of Economic Studies* 9 (November 1941), pp. 58-73에서 밝혀졌고, 이 논문으로 인해 스톨퍼-사무엘슨 효과(Stolper-Samuelson effect)라고 알려졌다.

노동의 비율 $(L_C/K_C)^1$과 $(L_F/K_F)^1$을 각각 결정해준다. 이제 이 경제의 총노동자원이 증가한다고 가정해보자. 즉 총자본공급에 대한 총노동공급의 상대비율 $L/K$이 증가한다는 것을 의미한다. 방금 주어진 의복의 상대가격 $(P_C/P_F)^1$에서 두 산업에 사용된 자본에 대한 노동비율이 일정하게 유지된다는 것을 보았다. 만약 각 산업에서 사용되는 상대 노동량이 $(L_C/K_C)^1$과 $(L_F/K_F)^1$에서 그대로 유지된다면, 어떻게 총노동의 상대공급($L/K$)의 증가가 수용될까? 다시 말해 추가 노동시간을 어떻게 고용할 수 있을까? 그 답은 산업 간의 노동과 자본의 배분 메커니즘에 달려 있다. 즉 의복 산업에서 노동-자본 비율은 식량 산업보다 더 높기 때문에 의복 생산(노동집약적 재화)으로 더 많은 노동력과 자본이 배분됨으로써 자본에 비해 노동의 고용이 증가(각 산업에서 고정된 노동-자본 비율을 유지한 채)할 수 있게 된다.[5] 노동과 자본이 식량 산업에서 의복 산업으로 이동함에 따라 더 많은 의복과 더 적은 식량이 생산된다.

이 결과에 대해 생각해보는 가장 좋은 방법은 부존자원이 그 경제의 생산가능곡선에 어떤 영향을 주느냐를 보는 것이다. 그림 5-8에서 $TT^1$ 곡선은 노동공급이 증가하기 전의 생산가능곡선을 나타낸다. 생산은 생산가능곡선의 기울기가 의복의 음의 상대가격 $-P_C/P_F$와 같은 점 1에서 이루어지고, 의복 $Q_C^1$과 식량 $Q_F^1$이 생산된다. $TT^2$ 곡선은 노동공급이 증가한 후의 생산가능곡선을 나타낸다. 생산가능곡선이 $TT^2$로 이동된 것이다. 즉 노동공급 증가 후에는 전보다 더 많은 의복과 식량을 생산할 수 있게 된다. 그런데 생산가능곡선이 확장된 모양을 보면 식량보다 의복 쪽으로 훨씬 더 크게 확장

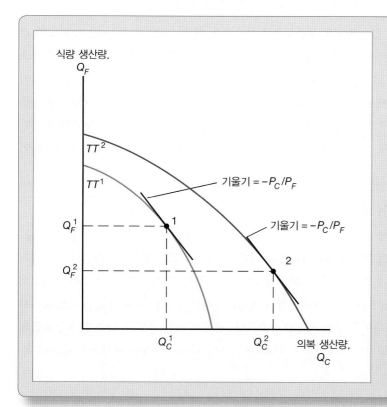

**그림 5-8 부존자원과 생산가능곡선**

노동공급의 증가가 발생하면 생산가능곡선이 $TT^1$에서 $TT^2$로 바깥쪽으로 이동하지만, 의복 생산 방향으로 좀 더 크게 확장된다. 그 결과 의복의 상대가격(기울기가 $-P_C/P_F$로 표시된 부분)이 고정된 상태에서 식량 생산은 실제로 $Q_F^1$에서 $Q_F^2$로 감소한다.

---

5 이 결과와 추가적인 세부사항에 대한 좀 더 공식적인 도출 과정은 부록을 참조하라.

된 것을 알 수 있다. 즉 생산가능곡선이 상대적으로 어느 특정한 방향으로 훨씬 더 많이 확장될 때, **생산가능곡선의 편향적 확장**(biased expansion of production possibilities)이 발생한다. 이 경우 생산가능곡선의 확장이 의복 생산 쪽으로 강하게 편향적이어서 고정된 상대가격하에서의 생산조합은 점 1에서 점 2로 이동하게 되고, 의복 생산은 $Q_C^1$에서 $Q_C^2$로 크게 증가하며 식량 생산은 실제로 $Q_F^1$에서 $Q_F^2$로 감소하게 된다.

생산가능곡선에서 부존자원의 증가가 편향적인 생산 효과를 발생시킨다는 사실은 국가 간 부존자원의 차이가 어떻게 국제무역을 발생시키는가를 이해하는 데 아주 중요한 열쇠가 된다.[6] 노동공급이 증가하면 생산가능곡선은 의복 생산 방향으로 좀 더 확장되고, 자본공급이 증가하면 식량 생산 방향으로 생산가능곡선이 좀 더 확장된다. 따라서 자본에 대한 노동의 상대공급량이 많은 경제에서는 자본에 대한 노동의 상대공급량이 적은 경제보다 의복 생산을 더 잘 할 것이다. 종합적으로 보면 한 나라의 경제는 그 나라가 다른 나라에 비해 상대적으로 더 많이 보유한 생산요소를 집약적으로 사용하는 재화 생산에 상대적으로 더 효과적인 경향이 있다.

나중에 한 국가의 부존자원 공급의 변화가 발생하는 경우 공급이 증가된 생산요소를 집약적으로 사용하는 산업에 편향적인 경제성장이 일어남을 확인하는 실증연구를 살펴볼 것이다. 이 실증연구는 중국 경제에 대한 것으로, 최근 중국 경제는 숙련 노동력의 급격한 공급 증가 현상을 경험하고 있다.

## 생산요소가 2개 있을 때의 국가 간 국제무역의 효과

지금까지는 생산요소가 2개 있는 경제의 생산구조를 설명했고, 이제는 이러한 두 나라, 즉 자국과 외국이 교역할 때 어떻게 되는가를 살펴볼 것이다. 항상 그렇듯이 자국과 외국은 여러 차원에서 서로 유사한 국가이다. 사람들은 같은 소비 선호체계를 가지고, 그러므로 양국에서 두 재화의 상대가격이 동일하면 식량과 의복의 상대수요도 같게 된다. 또한 각국은 동일한 생산기술을 보유하고 있다. 즉 노동과 자본이 동일하게 주어지면 동일한 양의 의복이나 식량을 생산할 수 있다. 두 국가의 유일한 차이점은 자원의 부존량인데, 여기서 자국은 외국에 비해 자본공급에 대한 노동공급의 상대비율이 더 높다고 가정한다.

### 재화의 상대가격과 무역 유형

자국은 외국보다 자본공급에 대한 노동공급의 상대비율이 높기 때문에, 자국은 **노동이 풍부**(labor-abundant)하고 외국은 **자본이 풍부**(capital-abundant)하다. 여기서 주의할 것은 풍부성은 부존자원의 절대적인 양이 아니라 상대적 비율로 정의된다는 점이다. 예를 들면 미국의 총근로자 수는 멕시코의 총근로자 수보다 대략 3배 많으나, 미국의 자본량이 멕시코의 자본량보다 3배 이상 많기 때문에 멕시코는 여전히 미국에 비해 노동이 풍부한 국가로 간주된다. '풍부성'이란 항상 두 국가 간 자본공급에 대한 노동공급의 비율을 비교하여 상대적으로 정의되므로, 노동과 자본이 모두 풍부한 국가는 없다.

---

6 부존자원의 변화가 생산에 미치는 편향된 영향은 폴란드 경제학자 립진스키(T. M. Rybczynski)의 논문, "Factor Endowments and Relative Commodity Prices," *Economica* 22 (November 1955), pp. 336-341에서 밝혀졌다. 그래서 립진스키 효과(Rybczynski effect)라고 한다.

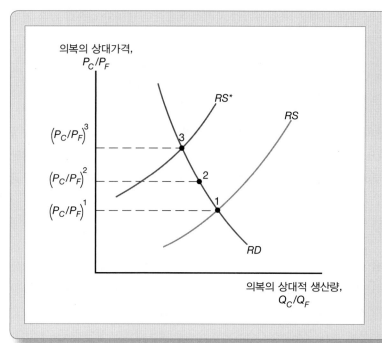

**그림 5-9 무역으로 인한 상대가격의 수렴**
무역이 없을 때 자국의 균형은 국내시장의 상대공급 *RS*와 상대수요 *RD*가 교차하는 점 1에 형성된다. 이와 유사하게 외국의 균형은 점 3에서 형성된다. 무역이 발생하면 세계시장의 상대가격은 점 2의 $(P_C/P_F)^2$와 같이 양국의 무역 전 상대가격인 $(P_C/P_F)^1$과 $(P_C/P_F)^3$ 사이에서 결정된다.

의복은 노동집약적 재화이기 때문에 자국의 생산가능곡선은 외국의 생산가능곡선보다 상대적으로 식량 생산 쪽보다 의복 생산 쪽으로 더 확장되어 있다. 따라서 다른 조건이 동일하다면 자국은 식량에 비해 의복을 더 많이 생산하는 경향이 있게 된다.

무역으로 인해 재화의 상대가격이 하나로 수렴되기 때문에 식량가격에 대한 의복의 상대가격은 같아지는 것 중 하나이다. 그러나 식량에 대한 의복의 상대가격이 주어진 상태에서 국가 간 자원의 풍부성이 서로 다르기 때문에, 자국은 외국보다 식량 생산에 대한 의복 생산 비율이 더 높을 것이다. 즉 자국은 의복의 **상대공급**을 더 많이 하게 된다. 따라서 자국의 상대공급곡선은 외국의 오른쪽에 놓인다.

자국의 상대공급곡선(*RS*)과 외국의 상대공급곡선(*RS*\*)은 그림 5-9에 나타나 있다. 양국에서 동일하다고 가정한 상대수요곡선은 *RD*로 나타나 있다. 국제무역이 없다면 자국의 균형은 점 1에서 이루어지고, 의복의 상대가격은 $(P_C/P_F)^1$이 될 것이다. 외국의 균형은 점 3에서 이루어지고, 의복의 상대가격은 $(P_C/P_F)^3$가 될 것이다.

자국과 외국이 서로 무역할 때 그들의 상대가격은 수렴하게 된다. 의복의 상대가격은 자국에서 상승하고 외국에서 하락하여, 새로운 의복의 세계 상대가격은 이를테면 $(P_C/P_F)^2$와 같이 무역 전 양국의 상대가격 사이에 형성된다. 4장에서 재화들 간의 상대가격 변화 방향에 근거하여 경제가 무역개방에 어떻게 반응하는지를 논의했다. 즉 상대가격이 오르는 재화를 수출한다는 것이었다. 따라서 자국은 의복을 수출(자국에서 의복의 상대가격이 상승)하고, 외국은 식량을 수출할 것이다(외국에서는 의복의 상대가격이 하락하는데, 이는 식량의 상대가격이 상승하는 것을 의미한다).

자국은 (외국에 비해) 노동력이 풍부하고 의복 생산은 (식량 생산에 비해) 노동집약적이기 때문에, 자국은 의복 수출국이 된다. 마찬가지로 외국은 자본이 풍부하고 식량 생산은 자본집약적이기 때문에, 외국은 식량 수출국이 된다. (앞서 학습한 2개의 재화, 2개의 요소, 2개의 국가 모형에서) 무역 유형에 대한 이러한 예측은 이 무역 모형을 처음 개발한 사람의 이름으로 명명된 다음과 같은 정리 (theorem)로 일반화될 수 있다.

**헥셔-올린 정리**(Heckscher-Ohlin Thorem): 어느 한 생산요소가 풍부한 국가는 그 생산요소를 집약적으로 사용하여 생산되는 재화를 수출한다.

다수의 국가, 다수의 생산요소, 다수의 재화가 있는 더 현실적인 모형에서 이 결과를 한 국가의 생산요소의 풍부성과 그 생산요소를 집약적으로 사용하여 생산되는 재화의 수출 간 상관관계로 일반화할 수 있다. 즉 국가는 풍부하게 보유한 생산요소를 집약적으로 사용하여 생산되는 재화를 수출하는 경향이 있다.[7]

## 무역과 소득분배

지금까지 무역이 상대가격을 어떻게 수렴하는가를 논의했다. 그 이전에는 상대가격의 변화가 노동과 자본의 상대적 소득에 큰 영향을 준다는 점을 살펴보았다. 의복의 가격이 상승하면 두 재화로 환산한 노동자의 구매력을 증가시키는 반면, 자본 소유자의 구매력을 감소시킨다. 식량가격의 상승은 그 반대의 효과가 있다. 그러므로 국제무역은 장기적으로도 소득분배에 강력한 영향을 줄 수 있다. 무역으로 인해 의복의 상대가격이 상승하는 자국에서는 노동 소득을 얻는 사람은 이익을 보지만, 자본 소득을 얻는 사람은 후생이 감소한다. 무역으로 인해 의복의 상대가격이 하락하는 외국에서는 반대 현상이 발생한다. 즉 노동자의 후생은 악화되고 자본 소유자의 후생은 향상된다.

국가 내에서 상대적으로 많이 공급되는 자원(자국에서는 노동, 외국에서는 자본)이 그 국가에 **풍부한 생산요소**(abundant factor)가 되고, 상대적으로 적게 공급되는 자원(자국에서는 자본, 외국에서는 노동)은 **희소한 생산요소**(scarce factor)가 된다. 장기적으로 국제무역의 소득분배 효과에 대한 일반적 결론은 다음과 같다. 한 국가의 풍부한 생산요소를 소유한 사람은 무역으로 이득을 얻지만 한 국가의 희소한 생산요소를 소유한 사람은 손해를 본다.

특정 생산요소 모형의 분석을 통해 수입경쟁 산업에 '고착'된 생산요소는 무역개방으로 인해 손해를 본다는 것을 발견했다. 현재 모형에서는 수입경쟁 산업에서 집약적으로 사용되는 생산요소는 고용된 산업에 관계없이 모두 무역개방으로 손해를 본다는 것을 알 수 있다. 그럼에도 불구하고 이 모형에서 주장하는 무역으로 인한 총이익은 특정 생산요소 모형의 경우와 동일하다. 즉 무역개방으로 인해 경제의 소비 가능성이 확대되므로(그림 4-11 참조), 모든 사람의 후생을 개선하는 방법이 존재한다. 그러나 두 모형의 소득분배 효과와 관련하여 한 가지 중요한 차이점이 있다. 특정 산업에 대한 생산요소의 특정성은 종종 단기적인 문제일 뿐이다. 즉 의류 제조업자는 하루아침에 컴퓨터 제조업자가 될 수 없으나, 시간이 충분히 주어지면 미국 경제는 제조 분야 고용을 사양 제조 분야에서 성장 제조 분야로 이동시킬 수 있다. 따라서 노동과 다른 생산요소가 이동할 수 없어 발생하는 소득분배 효과는 일시적이고 과도기적(그런 효과가 손해를 보는 사람들에게 고통스럽지 않다고 말하는 것은 아니다)일 뿐이다. 이와 대조적으로 토지, 노동, 자본 간의 소득분배에 대한 무역의 효과는 다소 영구

7 다수의 재화, 다수의 생산요소, 다수의 국가로 확장된 공식 모형은 Alan Deardorff, "The General Validity of the Heckscher-Ohlin Theorem," *American Economic Review* 72 (September 1982), pp. 683-694 참조

**19**70년대 이후로 미국의 임금분포는 상당히 더 불평등해졌다. 1970년에 임금분포의 90번째의 백분위수(임금소득자 하위 90%보다 높지만 상위 10%보다 적은 임금)에 해당되는 임금을 받는 남성 근로자 1명은 하위 10번째 백분위수에 있는 남성 근로자 1명의 임금보다 3.2배 더 벌었다. 2016년에는 90번째 백분위수에 해당하는 남성 근로자 1명은 하위 10번째 백분위수에 있는 남성 근로자보다 5.5배 이상의 임금을 받았다. 여성 근로자의 임금불평등도 같은 기간 비슷한 속도로 증가했다. 이러한 임금불평등 증가의 대부분은 특히 1980년대 이후 교육수준에 따른 프리미엄과 관련이 있다. 1980년에 1명의 대학 졸업 근로자는 1명의 고등학교 졸업 근로자보다 40%를 더 벌었다. 이 교육 프리미엄은 1980년대와 1990년대를 거치면서 80%까지 꾸준히 증가했다. 그 이후로는 거의 변동이 없었다(대졸자 간의 임금격차는 계속 증가했지만).

임금불평등이 증가한 이유는 무엇인가? 많은 관측자는 이러한 변화가 세계무역의 성장, 특히 멕시코와 중국 같은 신흥산업경제국(newly industrializing economies, NIEs)의 공산품 수출증가에 기인한다고 보고 있다. 1970년대까지 선진국과 저개발국가 사이의 무역(선진국 대부분이 여전히 북반구의 온대지역에 있기 때문에 종종 '북-남' 무역이라고도 한다)은 압도적으로 북부의 공산품과 남부의 원자재와 석유와 커피와 같은 농산물의 교환으로 이루어졌다. 그러나 1970년 이후부터 예전에 원자재 수출국이었던 국가들이 미국과 같은 고임금 국가에 점점 더 많은 공산품을 팔기 시작했다. 2장에서 배운 것처럼 개발도상국은 농산물과 광물에 대한 전통적인 의존 상황에서 벗어나 공산품에 초점을 맞추면서 수출하는 상품의 종류를 극적으로 변화시켰다. NIEs는 또한 고임금 국가의 수출에 빠르게 성장하는 시장을 제공한 반면, 신흥 산업 경제국가들의 수출은 확실히 수입품과는 요소집약도에서 큰 차이를 보였다. NIEs의 선진국 수출은 의류, 신발 및 기타 상대적으로 덜 복잡한 제품인 비숙련노동 집약적인 생산물(저기술 재화)로 구성되어 있는 반면, NIEs에 대한 선진국 수출은 화학물질 및 항공기(고기술 재화)와 같은 자본집약적 또는 숙련노동 집약적인 상품으로 구성되었다.

많은 관측자에게 결론은 분명해 보였다. 즉 당시 발생했던 것은 바로 요소가격 균등화를 향한 움직임이었다. 자본과 기술이 풍부한 선진국과 비숙련 노동력이 풍부한 NIEs 간의 무역은 요소비율 모형이 예측하고 있는 것처럼 기술과 자본이 풍부한 국가에서 고숙련 근로자의 임금은 올리는 반면, 저숙련 근로자의 임금은 낮추는 요인이었다.

이러한 주장은 순수학문 이상의 의미를 함축하고 있다. 많은 사람이 그러하듯이 선진국에서 커지는 소득불균형을 심각한 문제로 간주하고 세계무역의 증가가 그 문제의 주요 원인이라고 믿는다면 자유무역에 대한 경제학자들의 전통적인 옹호론을 유지하기가 어려워질 것이다. (앞에서 주장한 것처럼 이론적으로는 세금과 정부지출은 소득분배에 대한 무역의 효과를 상쇄할 수 있지만 실제로는 일어나지 않을 것이라고 주장할 수도 있다.) 일부 영향력 있는 평론가는 선진국이 기본적으로 중산층 사회로 남아 있으려면 저임금 국가와의 교역을 제한해야 한다고 주장하고 있다.

일부 경제학자는 저임금 국가와의 무역증가가 미국의 소득불평등의 주요 원인이라고 믿고 있지만, 대부분의 실증주의적 경제학자는 이 글을 쓰고 있는 현재 국제무역은 기껏해야 소득불평등을 초래하는 여러 요인 중 하나일 뿐이라고 믿는다.[8] 이러한 회의론은 다음의 세 가지 관찰에 근거한 것이다.

첫째, 요소비율 모형에 따르면 국제무역은 재화의 상대가격을 변화시켜 소득분배에 영향을 준다. 따라서 국제무역이 소득불평등 증가의 주요 동인이라면 비숙련노동 집약적 상품에 대한 숙련노동 집약적 상품의 상대가격이 상승했다는 분명한 증거가 있어야 한다. 그러나 국제물가자료에 대한 연구들은 상대가격에서 그런 변화의 명확한 증거를 찾는 데 실패했다.

둘째, 요소비율 모형은 요소상대가격이 국가 간에 서로 수렴할 것이라고 예측한다. 즉 숙련노동이 풍부한 국가에서 숙련노동의 임금은 오르고 비숙련공의 임금이 내린다면 노동풍부국에서는 그 반대 현상이 발생해야 한다. 무역을 개방한 개발도상국의 소득분배 상황에 대한 연구에 따르면 적어도 어떤 경우에는 반대로 나타났다는 것을 보여준다. 특히 신중하게 연구된 결과를 보면 멕시코의 경우 1980년대 후반(멕시코가 수입을 개방하고 공산품의 주요 수출국이 되었다) 멕시코의 무역변화가 숙련 근로자의 임금증가 현상과 전반적인 임금불평등 증가 현상이 함께 발생했는데, 미국에서 나

---

8 소득 분배에 대한 무역의 영향을 논한 초기 주요 연구 중에는 Robert Lawrence and Matthew Slaughter, "Trade and U.S. Wages: Giant Sucking Sound or Small Hiccup?" *Brookings Papers on Economic Activity: Microeconomic* 2 (1993), pp. 161-226; Jeffrey D. Sachs and Howard Shatz, "Trade and Jobs in U.S. Manufacturing," *Brookings Papers on Economic Activity* 1 (1994), pp. 1-84; 그리고 Adrian Wood, *North-South Trade, Employment, and Income Inequality* (Oxford: Oxford University Press, 1994) 등이 있다. 이 논쟁과 관련 문제를 조사한 연구는 Chapter 9 in Lawrence Edwards and Robert Z. Lawrence, *Rising Tide: Is Growth in Emerging Economies Good for the United States?* (Peterson Institute for International Economics, 2013)를 참조하라.

타난 현상과 매우 유사하다. 보다 최근에는 중국이 2001년 세계 무역기구(WTO)에 가입한 이후 유사한 변화를 겪었다. 중국에서도 이러한 무역의 변화는 임금불평등의 증가 현상과 관련이 있었다.

셋째, 비록 선진국과 NIEs 간의 무역이 빠르게 성장했지만 선진국의 총지출에서 차지하는 비중은 여전히 미미하다. 결과적으로 이러한 무역의 '요소함유량(factor content, 숙련노동 집약적 수출품에 내재되어 사실상 선진국에 의해 수출되는 숙련노동량과 노동집약적 수입품에 내재되어 사실상 수입되고 있는 비숙련노동량을 의미)'에 대한 추정치는 여전히 전체 숙련노동 및 비숙련노동 공급의 작은 부분에 불과하다. 이는 이러한 무역 흐름이 소득분배에 큰

영향을 미치지 않을 수 있음을 시사하고 있다.

그렇다면 미국에서 숙련 근로자와 비숙련 근로자 사이의 임금 격차가 증가하는 원인은 무엇인가? 대다수의 견해에 따르면 그 악역은 무역이 아니라 근로자의 기술수준(예: 작업장에서의 컴퓨터 및 기타 선진기술의 광범위한 도입)이 더욱 강조되는 새로운 생산기술이라는 것이다. 이는 종종 생산기술-숙련노동의 상호보완성 또는 **숙련노동 편향적 기술변화**(skill-biased technological change)라고 불린다. [9]

다음 절에서는 이러한 유형의 기술변화와 임금불평등 증가 사이의 연관성에 대해 논의할 것이다.

적이다.

세계 다른 국가들에 비해 미국은 숙련된 노동력을 풍부하게 보유하고 저숙련 노동력은 상대적으로 희소하게 보유하고 있다. 이는 국제무역을 통해 미국 저숙련 근로자에 대한 후생의 감소가 일시적인 현상이 아니라 지속적으로 나타날 가능성이 있음을 의미한다. 이와 같이 무역이 저숙련 근로자에 미치는 부정적 효과는 (실업보험과 같은) 일시적인 구제 정책으로는 해결할 수 없는 영구적인 정치 문제이다. 결과적으로 미국과 같은 선진국에서 무역증가로 인한 소득불균등의 잠재적 효과는 많은 실증연구의 주제가 됐다. 다음의 사례 연구에서 일부 실증연구를 검토할 것인데, 무역이라는 요인은 기껏해야 미국에서 추정된 소득불평등 증가에 기여하는 여러 요인 중 하나일 뿐이라는 결론을 내리게 된다.

## 숙련노동 편향적 기술변화와 소득불평등

2개의 생산요소가 있는 생산 모형을 확장하여, 숙련노동에 편향된 기술변화를 고려해보자. 이 모형이 미국에서 확대되고 있는 임금불평등과 관련된 실증적 유형에 훨씬 더 적합하다는 것을 논의할 것이다. 또한 이 기술변화의 일부를 무역 및 외부조달과 연결하는 몇 가지 새로운 연구에 대해 설명할 것이다.

'고기술 재화(high-tech goods)'와 '저기술 재화(low-tech goods)'를 생산하기 위해 숙련노동(skilled labor)과 비숙련노동(unskilled labor)이 필요한 변형된 2개의 재화, 2개의 생산요소 모형을 생각해보자. 그림 5-10은 두 산업의 생산자에 대한 상대적 생산요소 수요를 숙련-비숙련 근로자의 상대고용비율이 숙련-비숙련 노동의 상대임금비율의 함수인 것으로 나타내고 있다(LL은 저기술 부문에 대한 곡선이고, HH는 첨단기술 부문에 대한 곡선이다).

고기술 재화의 생산은 숙련노동 집약적이기 때문에 HH 곡선은 LL 곡선에 비해 상대적으로 더 바깥쪽으로 이동되었다고 가정해왔다. 여기에 드러나 있지는 않지만 SS 곡선(그림 5-6과 5-7 참조)을

---

9 Claudia Goldin and Lawrence F. Katz, "The Origins of Technology-Skill Complementarity," *The Quarterly Journal of Economics* (1998), pp. 693-732 참조

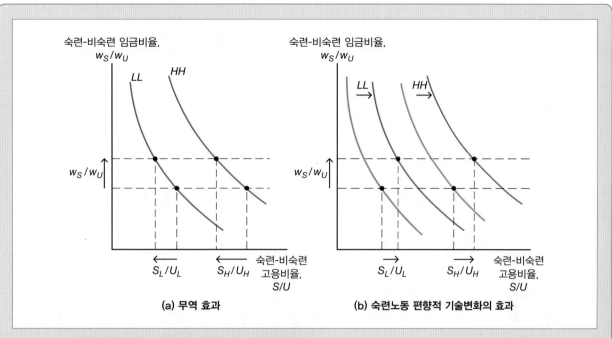

**그림 5-10 임금불평등의 증가: 무역 혹은 숙련노동 편향적 기술변화?**

*LL* 곡선과 *HH* 곡선은 저기술 산업과 고기술 산업 부문의 숙련-비숙련 고용비율 $S/U$를 숙련-비숙련 임금비율 $w_S/w_U$의 함수로 나타내고 있다. 고기술 부문은 저기술 부문보다 더 숙련노동 집약적이므로, *HH* 곡선은 *LL* 곡선에 비해 상대적으로 바깥 방향으로 이동되어 있다. 그림 (a)는 개발도상국과의 무역증가가 숙련-비숙련 임금비율을 높이는 경우를 보여준다. 두 산업 부문의 생산자는 숙련 근로자의 상대적 고용을 줄임으로써 이에 대응한다. 즉 $S_L/U_L$과 $S_H/U_H$ 모두 감소한다. 그림 (b)는 숙련노동 편향적 기술변화가 숙련-비숙련 임금비율을 높이는 경우를 보여준다. *LL* 곡선과 *HH* 곡선이 바깥 방향으로 이동한다(두 부문 모두에서 숙련 근로자에 대한 상대수요가 증가한다). 그러나 이 경우 두 산업 부문의 생산자는 숙련 근로자의 상대적 고용을 늘림으로써 이에 대응한다. 즉 $S_L/U_L$과 $S_H/U_H$ 모두 증가한다.

통해 숙련-비숙련 상대임금비율은 저기술 재화에 대한 고기술 재화의 상대가격의 증가함수로 결정된다.

그림 (a)는 개발도상국과의 무역증가가 (고기술 재화의 상대가격 증가를 통해) 임금불평등(숙련-비숙련 임금비율)의 증가를 초래하는 경우를 보여준다. 숙련된 근로자들의 상대적 비용의 증가는 두 산업 부문의 생산자가 비숙련 근로자에 비해 숙련 근로자의 고용을 줄이도록 유도한다.

그림 (b)는 두 산업에서 기술변화가 임금불평등을 증가시키는 것을 보여준다. 이 기술변화는 두 산업 부문 모두에서 숙련된 근로자에 대한 상대수요를 모두 바깥쪽으로 이동(*LL* 곡선과 *HH* 곡선 모두 바깥쪽으로 이동)시키기 때문에 '숙련노동 편향적(skill-biased)'이라고 분류된다. 그것은 또한 숙련된 근로자와의 상호보완성(complementarity) 때문에 고기술 산업의 생산성 향상을 유도한다. 따라서 고기술 재화의 상대가격이 주어졌을 때 이 기술변화는 높은 숙련-비숙련 임금비율(*SS* 곡선이 이동)과 연결된다. 숙련노동이 상대적으로 더 비싸졌지만 이 기술변화는 두 산업의 생산자가 비숙련 근로자에 비해 숙련 근로자의 고용을 늘리는 방식으로 대응하게 만든다. [참고: 그림 (a)의 무역 효과 설명에서는 두 산업 모두에서 고용에 대해 반대 반응을 예측한다는 점에 유의하라.]

이제 미국의 산업 내 숙련-비숙련 고용비율의 변화를 살펴봄으로써 임금불평등 증가에 대한 무역

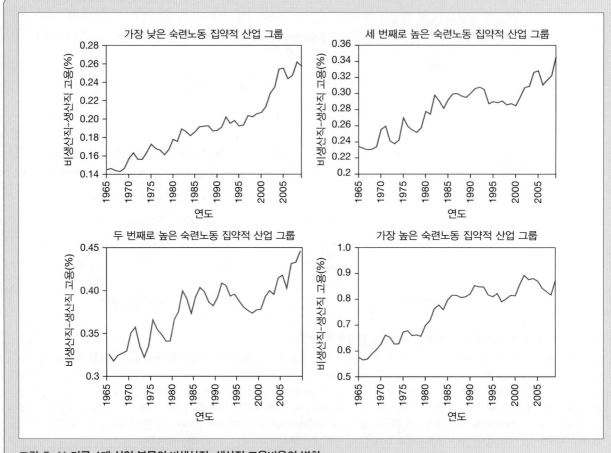

**그림 5-11 미국 4개 산업 부문의 비생산직-생산직 고용비율의 변화**

전체 산업 부문을 숙련노동의 집약도에 따라 4개 그룹으로 나누었다. 비생산직-생산직 고용 비율은 4개 산업 부문 모두에서 시간이 지남에 따라 증가했다.

출처: NBER-CES Manufacturing Productivity Database.

관점의 설명과 숙련노동 편향적 기술변화 관점의 설명 간에 상대적 장점을 검토해볼 수 있다. 미국의 모든 종류의 여러 산업(숙련노동 집약적 산업 및 비숙련노동 집약적 산업 모두)에서 이와 같은 고용 비율의 증가가 광범위하게 나타난다는 사실은 숙련노동 편향적 기술변화의 설명과 일치한다. 이는 정확히 지난 반세기 동안 미국에서 관찰된 사실이다.

그림 5-11은 산업을 숙련노동 집약도 정도에 따라 4개의 그룹으로 구분했다. 미국 기업은 고용을 근로자의 기술수준 측면에서 보고하지는 않지만, 생산직 근로자(production worker)와 비생산직 근로자(non-production worker)의 범주로 구분하여 보고한다. 몇 가지 예외를 제외하고 비생산직군은 더 높은 수준의 교육이 필요하므로, 한 산업의 숙련-비숙련 고용비율을 생산직 고용에 대한 비생산직 고용의 비율로 측정할 수 있다.[10] 생산직 고용에 대한 비생산직 고용의 비율이 가장 높은 산업은

___
10 평균적으로 비생산직 근로자의 임금은 생산직 근로자보다 60% 더 높다.

가장 숙련노동 집약적(most skill-intensive)인 것으로 분류된다. 그림 5-11의 그래프는 시간이 흐름에 따라 각 그룹의 이 고용비율(그 그룹 내 모든 산업의 평균 고용비율)의 변화를 보여준다. 그룹 간 평균 숙련노동 집약도에 큰 차이가 있지만, 분명히 4개 그룹 모두 이 고용비율이 시간이 지남에 따라 증가하고 있다. 미국 경제의 대부분의 산업에 걸쳐 나타나는 이러한 광범위한 증가는 미국 임금불평등의 증가에 대한 기술변화 관점의 설명을 확인해주는 중요한 증거 중 하나이다.

그러나 대부분의 경제학자들이 숙련노동 편향적 기술변화가 발생했다는 것에 동의한다고 할지라도 최근 연구에서는 무역이 이러한 기술변화의 과정을 가속화시킴으로써 무역 요인이 임금불평등 증가에 간접적으로 기여한 몇 가지 새로운 방식을 발견했다. 이러한 설명은 기업이 무역과 해외투자 개방에 영향을 받는 생산 방식을 선택할 수 있다는 원리에 근거한다. 예를 들어 일부 연구에 따르면 수출을 시작하는 기업도 숙련노동 집약적인 생산기술로 업그레이드한다고 한다. 수입 측면의 다른 연구에서는 NIEs와의 경쟁이 (자동화와 같은) 숙련노동 집약적 생산기술의 혁신을 촉발할 수 있음을 보여주었다. 이와 같이 무역 자유화는 많은 기업이 그러한 기술 업그레이드를 선택하도록 유도함으로써 광범위한 기술변화를 발생시킬 수 있다.

또 다른 예는 해외조달 및 무역과 해외투자의 자유화와 관련이 있다. 특히 최근 미국-멕시코-캐나다 협정(USMCA)으로 개명된, 2장에서 설명한 북미자유무역협정(NAFTA)은 기업이 생산공정(연구개발, 부품생산, 조립, 마케팅)의 일부분을 북미 여러 지역으로 이동시키는 것을 상당히 쉽게 만들었다. 멕시코에서는 생산직 근로자의 임금이 상당히 낮기 때문에 미국 기업은 생산직 근로자를 더 집약적으로 사용하는 공정(예: 부품생산, 조립)을 멕시코로 이전할 유인이 있다. 고숙련 비생산직 근로자에 더 집약적으로 의존하는 공정(예: 연구개발, 마케팅)은 미국(또는 캐나다)에 남는 경향이 있다. 미국의 관점에서 보면 이러한 생산공정의 분해는 숙련 근로자에 대한 상대수요를 증가시키고, 숙련노동 편향적 기술변화와 아주 유사하다. 한 연구는 미국에서 멕시코로의 이러한 외부조달 과정이 비생산직 근로자와 생산직 근로자 사이 임금 프리미엄 증가의 21~27%를 설명할 수 있다는 것을 발견했다.[11]

따라서 이와 같이 관찰된 숙련노동 편향적 기술변화의 일부와 그것이 임금불평등 증가에 미친 영향은 무역과 해외투자에 대한 개방확대 탓으로 돌릴 수 있다. 그리고 앞서 언급했듯이 선진국의 임금불평등 증가는 핵심적인 관심문제이다. 그러나 (그러한 기술혁신이 상대적으로 더 숙련된 근로자에게 유리하다는 이유로) 기술혁신을 제한하기 위한 무역제한 조치는 특히 문제가 된다. 무역제한 조치가 없었더라면 이러한 종류의 기술혁신은 또한 (무역으로 얻는 표준적인 이득과 더불어) 경제 전체에 상당한 이득을 가져온다. 결과적으로 경제학자들은 기술혁신의 이점이 가능한 한 널리 파급될 수 있도록 모든 근로자의 기술습득 과정을 용이하게 하는 좀 더 장기적인 정책을 선호한다.

## 요소가격 균등화

무역이 없는 경우 노동이 풍부한 자국의 근로자는 외국의 근로자보다 임금을 덜 받을 것이고, 자국의 자본가는 외국 자본가보다 더 많이 벌 것이다. 국제무역이 없으면 노동이 풍부한 자국은 자본이

---

11 Robert Feenstra and Gordon Hanson, "The Impact of Outsourcing and High-Technology Capital on Wages: Estimates for the United States, 1979-1990," *Quarterly Journal of Economics* 144 (August 1999), pp. 907-940 참조

## 노동소득 분배율의 감소와 자본-숙련노동의 상호보완성

앞서 살펴본 사례 연구에서는 지난 반세기 동안 미국 근로자의 임금격차에 대해서 논했다. 이 기간에 소득 보상을 얻은 생산요소는 숙련 근로자만이 아니다. 그 같은 기간에 자본 소유자의 소득도 증가했다. 총소득 중 노동소득의 비율을 살펴봄으로써 이러한 사실을 측정할 수 있다. 총소득의 나머지 부분은 자본에 대한 수익(보상) 부분이다. 그림 5-12는 미국 근로자의 노동소득비중이 1975년 65%에서 2012년 60%로 어떻게 감소했는지 보여준다(즉 자본 소유자에 대한 수익은 35%에서 40%로 증가했다).[12]

이러한 추세에 대한 한 가지 가능한 설명 방법은 (숙련 노동자에 대한 소득보상 증가에 대한 설명처럼) 노동력이 풍부한 신흥산업국(NIEs)과의 무역증가라고 생각할 수 있다. 이들과의 무역증가로 인해 자본과 노동의 보상이 요소가격균등화의 방향으로 움직일 수 있다. 즉 자본이 풍부한 미국의 경우 자본소득이 증가하고 노동이 풍부한 NIEs는 자본소득이 감소할 것이다. 다시 한번 실제 증거를 보면 이 예측과는 강하게 모순되는 것을 볼 수 있다. 그림 5-12는 59개국의 광범위한 표본을 기반으로 노동소득 비중에 대한 세계 평균 추세를 보여준다(사용 가능한 자료는 1975년부터 2012년까지). 노동소득 비중이 낮아지는 (동시에 자본소득 비중은 높아지는) 추세는 미국과 같이 자본이 풍부한 국가에서와 마찬가지로 노동이 풍부한 국가(중국, 인도, 멕시코 포함)에서도 경험되고 있는 세계적인 현상이다. 따라서 다시 한번 이 증가는 산업 부문 내에 기술변화에 기반한 설명을 뒷받침한다. (자본수익률의 증가는 산업 부문 내에서도 뚜렷하게 발생하고 있다.)

최근 연구에서 이러한 유형의 기술변화를 모형화할 수 있는 인기 있는 방법 중 하나는 자본을 숙련노동보다는 비숙련노동에 훨씬 더 가까운 대체 생산요소로 설정하여, 이 3개의 생산요소(숙련노동, 비숙련노동, 자본)를 생산함수에 도입하는 것이다. 이를 **자본-숙련노동 상호보완성**(capital-skill complementarity)이라고 한다(숙련노동과 자본 간의 낮은 대체성으로 인해 이 두 생산요소가 생산에서 서로 보완재가 되기 때문이다). 기술변화라는 것은 비숙련 근로자를 대체하지만 숙련 근로자를 여전히 필요로 하는 새롭게 개선된 기계(자본)의 형태를 취하게 된다. 이는 자본과 숙련 근로자 모두에게 더 높은 수익을 창출해주는 반면 비숙련 근로자에게는 수익을 감소시킨다. 이러한 유형의 기술변화(자동화)가 (상대적으로 숙련된) 각 산업 부문 내의 비생산직 근로자의 고용비중 증가뿐만 아니라 임금불평등과 자본수익률 모두 증가하는 전 세계적 현상을 설명할 수 있다.

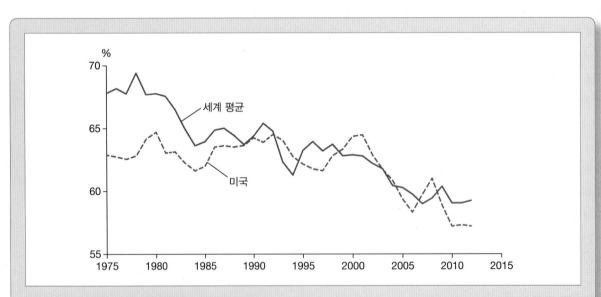

**그림 5-12 미국과 세계의 기업 평균 노동소득 비중**
사용 가능한 자료가 존재하는 59개국에 대해 가중치를 고려하지 않은 세계 평균

출처: Loukas Karabarbounis and Brent Neiman, "The Global Decline of the Labor Share," *The Quarterly Journal of Economics* 129.1 (2014), pp. 61-103.

---

12 자영업자와 동업자의 경우에는 임금과 자본소득을 분리하기 어렵기 때문에 이 수치는 법인기업의 소득측정치를 기반으로 한다.

풍부한 외국보다 의복의 상대가격이 낮을 것이고, 이렇게 재화의 상대가격에 차이가 나타나면 생산요소의 상대가격의 차이는 이보다 훨씬 더 커진다.

자국과 외국이 무역을 하게 되면 두 국가의 재화의 상대가격은 수렴하게 된다. 그러면 차례로 이 상대가격의 수렴은 국가 간 자본과 노동의 상대가격 수렴을 야기한다. 따라서 **요소가격 균등화**(equalization of factor prices) 경향이 뚜렷이 나타난다. 이러한 경향은 어디까지 실현될까?

놀라운 사실은 이 모형에 따르면 요소가격 균등화 경향이 끝까지 간다는 것이다. 즉 국제무역은 요소가격을 완전히 균등화한다. 자국이 외국보다 자본 부존량에 대한 노동 부존량의 비율이 높다고 하더라도 일단 서로 무역을 하기만 하면 임금과 임대료가 양국에서 동일해진다. 이를 확인하기 위해 그림 5-6을 다시 참고하면 의복가격과 식량가격이 주어지면 자본 및 노동의 공급량과 무관하게 임금과 임대료의 상대가격이 결정됨을 알 수 있다. 만약 자국과 외국에서 의복과 식량의 상대가격이 동일해지면 양국의 요소가격도 동일할 것이다.

요소가격이 어떻게 균등하게 되는지를 이해하려면 자국과 외국이 서로 무역할 때 단순히 재화의 교환 현상보다는 더 많은 현상이 발생한다는 사실을 알아야 한다. 사실 양국은 간접적인 방법으로 생산요소를 교환하게 된다. 자국은 노동력을 직접 판매하는 방식이 아니라 자본 대비 노동의 비율이 높은 재화를 자본 대비 노동의 비율이 낮은 재화와 교환함으로써 풍부한 노동력의 일부를 외국이 사용할 수 있게 해준다. 자국이 판매하는 재화는 그 대가로 수입하는 재화보다 생산하는 데 더 많은 노동력이 요구된다. 즉 자국의 수출재는 수입재보다 더 많은 노동력이 내재(embodied)되어 있다는 것이다. 따라서 자국은 노동 집약적인 수출에 내재된 노동력을 수출하는 셈이 된다. 반대로 외국의 수출재는 수입재보다 더 많은 자본이 내재되어 있으므로 외국은 자본을 간접적으로 수출하고 있는 것이다. 이런 관점에서 무역이 두 국가의 요소가격의 균등화로 이어진다는 것은 놀라운 일이 아니다.

무역에 대한 이러한 관점은 단순하고 호소력이 있지만 여기에는 큰 문제가 있다. 즉 현실 세계에서는 국가 간 요소가격이 **균등해지지 않는다.** 예를 들면 국가 간 아주 큰 임금격차가 존재한다(표 5-1). 이러한 국가 간 임금격차의 일부분은 노동의 질적 차이를 반영하지만 그 기준만으로 설명하기에는 요소가격의 격차가 너무 크다.

이 모형이 정확한 예측을 하지 못하는 이유를 이해하려면 모형의 가정을 살펴볼 필요가 있다. 요소가격·균등화의 예측에 중요한 세 가지 가정은 실제로는 매우 비현실적이다. 이 가정은 (1) 두 국가의 기술이 동일하고, (2) 무역비용이 없기 때문에 두 국가 간 재화의 가격이 동일하며, (3) 두 국가가 2개의 재화 모두 생산한다는 것이다.

1. 만약 국가들이 서로 다른 생산기술을 가지고 있다면 무역이 요소가격을 균등화한다는 명제는 성립하지 않을 것이다. 예를 들어 우월한 기술을 가진 국가는 열등한 기술을 가진 국가보다 임금과 임대료 모두 더 높을 수 있다.

2. 완전한 요소가격 균등화 명제는 세계시장에서 재화가격의 완전한 수렴 여부에 달려 있다. 현실 세계에서 재화가격은 국제무역으로 완전히 균등화되지는 않는다. 완전히 수렴하지 않는 이유는 (운송비용 같은) 자연적인 장벽과 관세, 수입할당제 및 기타 무역제한조치와 같은 무역장벽이 있기 때문이다.

| 표 5-1 | 국제 임금 비교(2016, 미국＝100) |
|---|---|
| **국가** | **제조업 근로자의 시간당 임금** |
| 스위스 | 154.64 |
| 독일 | 110.63 |
| 미국 | 100.00 |
| 영국 | 72.79 |
| 일본 | 67.80 |
| 한국 | 58.87 |
| 아르헨티나 | 42.97 |
| 그리스 | 40.22 |
| 포르투갈 | 28.08 |
| 체코 | 27.43 |
| 폴란드 | 21.85 |
| 브라질 | 20.45 |
| 튀르키예 | 15.61 |
| 멕시코 | 10.02 |
| 필리핀 | 5.27 |

출처: The Conference Board, International Labor Comparisons.

**3.** 모든 국가가 동일한 기술을 사용하고 재화가격이 동일하다고 할지라도 요소가격 균등화는 여전히 국가들이 동일 품목의 재화를 생산한다는 가정에 의존한다. 그림 5-6에서 의복과 식량의 가격으로 임금과 임대료를 도출할 때 이 가정을 사용했었다. 하지만 각 국가는 서로 다른 재화 생산에 전문화하도록 유도될 수 있다. 자본부존량 대비 노동부존량의 비중이 아주 높은 국가는 의복만을 생산하는 반면, 노동부존량 대비 자본부존량의 비중이 아주 높은 국가는 식량만을 생산할지도 모른다. 이는 국가가 상대적으로 요소부존량이 충분히 비슷한 경우에만 요소가격 균등화가 일어난다는 것을 의미한다(이 점에 대한 보다 상세한 논의는 이 장 부록에 나와 있다). 따라서 노동부존량에 대한 자본부존량의 비율, 혹은 비숙련노동 공급량에 대한 숙련노동 공급량의 비율이 근본적으로 아주 다른 국가 간에는 요소가격이 균등화될 필요가 없다.

## 헥셔-올린 모형의 실증적 증거

헥셔-올린 모형의 본질은 무역이 국가 간 요소풍부성 차이에 의해 발생한다는 것이다. 이에 지금까지는 재화무역이 생산요소무역을 대체하고, 따라서 국가 간의 재화무역이 이러한 생산요소 차이를 반영해야 한다는 자연스러운 예측으로 이어지는 것을 확인했다. **무역의 생산요소 함유량**(factor content of trade)에 근거한 이론의 예측력은 매우 강력하고 실증적으로 검증될 수 있다. 그렇지만 이 엄격한 실증적 검증의 성공은 매우 제한적으로 나타난다는 것을 알게 될 것인데, 주로 요소가격 균등화에 대한 예측력을 약화시키는 동일한 이유들 때문이다. 이는 생산요소 풍부성의 차이가 국가 간에 관찰된 무역 유형을 설명하는 데 도움이 되지 않는다는 것을 의미하는가? 전혀 그렇지 않다. 첫째, 요소가격 균등화를 일으키는 가정을 완화하면 무역의 생산요소 함유량에 대한 예측의 성공 가능성이 크게 개선된다는 것을 보여줄 것이다. 둘째, 선진국과 개발도상국 간에 재화무역 유형을 직접 살펴보고 헥셔-올린 모형의 예측과 얼마나 잘 맞는지 확인할 것이다.

## 요소무역의 대체로서의 재화무역: 무역의 생산요소 함유량

**미국 자료에 대한 검증**  최근까지 그리고 어느 정도는 지금도 미국은 여러 국가 중에서도 특별한 경우였다. 몇 년 전까지만 해도 미국은 다른 국가보다 훨씬 부유했고 미국 근로자는 다른 국가의 근로자보다 1인당 더 많은 자본을 가지고 노동했다. 일부 서유럽 국가와 일본이 미국을 추격하고는 있지만, 미국은 자본-노동 비율의 순위에서 다른 국가보다 여전히 높다.

그러면 미국은 자본집약적 재화를 수출하고 노동집약적 재화를 수입할 것이라고 예상할 것이다. 하지만 놀랍게도 제2차 세계대전 이후 25년 동안 미국은 그렇지 못했다. 1953년에 발표된 유명한 연구논문의 저자인 경제학자 바실리 레온티예프(Wassily Leontief, 1973년 노벨경제학상 수상)는 미국의 수출재는 수입재보다 자본집약적이지 않다는 사실을 발견했다.[13] 이 결과는 **레온티예프 역설**(Leontief paradox)이라고 알려져 있다.

표 5-2는 미국의 무역 유형에 관한 여러 정보와 함께 레온티예프 역설을 보여준다. 1962년 미국 수출액 100만 달러를 생산하는 데 사용된 생산요소와 1962년 미국 수입액 100만 달러를 생산하는 데 사용된 생산요소를 비교할 수 있다. 이 표의 처음 두 줄에서 알 수 있듯이 레온티예프 역설은 그해에도 존재했다. 즉 미국의 수출재는 수입재보다 더 낮은 노동에 대한 자본비율로 생산됐다. 하지만 표의 나머지 부분에서 보는 바와 같이 수입과 수출에 대한 다른 비교는 예상한 것과 잘 맞는다. 평균교육연수로 측정할 때 미국은 수입 산업 생산재화와 비교해서 더 **숙련노동** 집약적인 제품을 수출했다. 또한 미국은 매출단위당 더 많은 과학자와 기술자가 요구되는 '기술집약적' 제품을 수출하는 경향이 있었다. 이러한 자료는 미국은 정교하고 복잡한 제품 생산에 비교우위가 있는 고기술 국가라는 사실과 일치한다. 그러면 레온티예프 역설이 관찰되는 이유는 무엇인가? 그것이 미국에만 혹은 조사된 생산요소의 종류에만 한정된 것인가? 간단한 답은 '그렇지 않다'이다.

**세계 자료에 대한 검증**  보언(Harry P. Bowen), 리머(Edward E. Leamer), 스베이카우스카스(Leo

| 표 5-2 | 미국 수출과 수입의 요소함유량(1962) | | |
| --- | --- | --- | --- |
| | | 수입 | 수출 |
| 100만 달러당 자본(달러) | | 2,132,000 | 1,876,000 |
| 100만 달러당 노동(연인원) | | 119 | 131 |
| 자본-노동 비율(1인당 달러) | | 17,916 | 14,321 |
| 근로자 1인당 평균교육연수 | | 9.9 | 10.1 |
| 노동력 중 기술자와 과학자 비중 | | 0.0189 | 0.0255 |

출처: Robert Baldwin, "Determinants of the Commodity Structure of U.S. Trade," *American Economic Review* 61 (March 1971), pp. 126-145.

---

13 Wassily Leontief, "Domestic Production and Foreign Trade: The American Capital Position Re-Examined," *Proceedings of the American Philosophical Society* 7 (September 1953), pp. 331-349 참조

Sveikauskas)의 연구[14]는 무역의 생산요소 함유량에 대한 레온티예프의 예측을 27개국과 12개의 생산요소로 확장했다. 한 국가의 수출과 수입의 생산요소 함유량에 기초하여 상대적으로 풍부하게 부존된 생산요소의 순수출국인지(역으로 그 국가가 상대적으로 부족하게 부존된 생산요소의 순수입국인지) 검증했다. 그들은 한 국가의 생산요소 부존(해당 생산요소의 세계 공급에 대한 비중)을 세계 GDP에 대한 그 국가의 비중과 비교함으로써 생산요소 풍부성을 평가했다. 예를 들면 미국은 2019년 세계 소득의 약 24%를 차지하고 있지만 세계 근로자의 단지 약 4%만 차지한다. 이는 미국 무역의 생산요소 함유량이 노동의 순수입을 나타내야 한다는 레온티예프의 가설과 일치한다. 보언과 동료들은 연구에서 27개국과 12개의 생산요소에 대해 이 부호검정의 성공과 실패를 집계했다. 단 61%의 성공률을 보여주었는데, 이는 마치 임의로 동전 던지기를 통해 얻을 수 있는 것보다 훨씬 좋은 결과라고 할 수가 없다. 즉 무역의 요소함유량 사례의 39%가 요소비율 이론의 예측과는 반대로 나타났다.

이 결과는 레온티예프 역설이 단독 사례가 아님을 확인해준다. 그렇지만 이 부정적인 실증 연구의 결과는 (국가 간 임금 차이에 대한 실증적 증거와 분명히 상반된) 요소가격 균등화를 예측한 이론에 대한 까다로운 검증이었다는 점을 고려할 때 그리 놀라운 일은 아니다. 논의한 바와 같이 국가 간 동일기술의 가정은 이러한 예측가설을 제공하는 데 중요한 역할을 한다.

**사라진 무역의 사례**   국가 간 기술의 격차가 크다는 또 다른 징후는 관측된 실제 무역량과 헥셔-올린 모형에서 예측된 무역량 간의 불일치에서 발견된다. 토론토대학교의 대니얼 트레플러(Daniel Trefler)[15]가 수행한 매우 영향력이 큰 연구에 따르면 헥셔-올린 모형은 한 나라의 생산요소 풍부성과 나머지 국가의 생산요소 풍부성 간의 차이(이 모형에서는 재화무역이 요소무역을 대체하기 때문)를 이용해 한 국가의 무역량을 예측하는 데 사용할 수 있다고 지적한다. 그런데 실제로 생산요소 무역은 헥셔-올린 모형이 예측하는 것보다 상당히 적은 것으로 나타난다.

이러한 결과는 주로 부국과 빈국 간의 대규모 노동무역을 잘못 예측한 데서 비롯된다. 2011년 미국의 예를 생각해보자. 미국은 세계 소득의 25%를 차지하지만 전 세계 근로자의 5%에 불과하다. 앞서 살펴본 단순한 요소비율 이론에 따르면 미국 무역이 노동의 순수입을 나타내야 할 뿐만 아니라 세계의 다른 국가에 비해 노동풍부성이 매우 낮기 때문에 미국으로 수입되는 노동 서비스의 양은 매우 커야 한다. 실제로 노동 풍부국과 자본 풍부국 간 무역의 생산요소 함유량은 요소비율 이론(국가 간 생산요소 풍부성에서 관찰된 차이에 기초)이 예측한 거래량보다 몇 자릿수나 더 작다.

트레플러는 국가 간 기술력 차이를 허용하는 모형이 무역의 요소함유량의 방향성에 대한 부호검정과 사라진 무역(missing trade)에 대한 예측을 모두 성공적으로(여전히 많은 무역이 누락된 채로 남아있긴 하지만) 수행하는 데 도움이 된다는 사실을 보여주었다. 이 방법은 대략 다음과 같이 작동된다. 미국의 근로자가 세계 평균보다 훨씬 더 효율적이라면 미국의 '유효(effective)' 노동공급량도 그만큼 훨씬 더 커야 하고, 따라서 미국으로 수입되는 노동 서비스의 예상 규모는 그만큼 더 작아야 한다.

---

14  Harry P. Bowen, Edward E. Leamer, and Leo Sveikauskas, "Multicountry, Multifactor Tests of the Factor Abundance Theory," *American Economic Review* 77 (December 1987), pp. 791-809 참조

15  Daniel Trefler, "The Case of the Missing Trade and Other Mysteries," *American Economic Review* 85 (December 1995), pp. 1029-1046.

| 표 5-3 | 기술 효율성에 대한 추정치(1983, 미국 = 1) |
|---|---|
| **국가** | |
| 방글라데시 | 0.03 |
| 태국 | 0.17 |
| 홍콩 | 0.40 |
| 일본 | 0.70 |
| 서독 | 0.78 |

출처: Daniel Trefler, "The Case of the Missing Trade and Other Mysteries," *American Economic Review* 85 (December 1995), pp. 1029-1046.

만약 국가 사이에 기술력의 차이가 단순한 곱셈 형태를 취한다는 가정, 즉 생산요소가 주어졌을 때 한 나라는 미국에서 생산된 생산량의 배수(a multiple) 또는 일부(a fraction)를 생산할 수 있다고 가정하면, 요소무역에 대한 데이터를 사용하여 여러 국가에서 생산의 상대적 효율성을 추정하는 것이 가능해진다. 표 5-3은 표본국가에 대한 트레플러의 추정치(미국에 대한 곱셈상수)를 보여주는데, 이는 국가 간 기술력의 차이가 실제로 매우 크다는 사실을 제시한다.

**무역의 생산요소 함유량에 대한 개선된 실증적 적합성**    그 후 컬럼비아대학교의 도널드 데이비스(Donald Davis)와 데이비드 와인스타인(David Weinstein)의 중요한 연구에 따르면 요소가격 균등화 현상을 발생시키는 2개의 가정(국가들은 동일한 재화를 생산하고 무역비용이 없을 때 재화가격은 동일하다)과 국가 간 동일기술에 대한 가정이 완화되었을 때, 무역의 생산요소 함유량과 그 방향성에 대한 이론 예측은 실증적 증거와 상당히 일치하여 궁극적으로 적합성을 높였다. 표 5-4는 부호검정(무역의 생산요소 함유량의 방향성)과 사라진 무역의 비중에 대한 성공적인 예측을 통해 개선된 실증적 적합성을 보여준다. 여기서 사라진 무역의 비중이란 무역의 요소함유량으로 예상된 무역량 대비 실제 무역량의 비율(이 값이 1이면 사라진 무역이 없다는 뜻이고, 1 미만으로 감소하면 사라진 무역의 비중이 증가한다는 의미)을 의미한다. 이 연구를 위해 필요한 자료(각 국가에서 사용되는 기술에 대한 세부 정보 포함)는 2개의 생산요소(노동과 자본)와 10개국에 대해서만 이용 가능했다.

표 5-4의 첫 번째 열에서는 요소가격 균등화에 대한 3개의 모든 가정이 적용된다(국가 간에 생산기술은 동일하고, 국가들은 동일한 재화를 생산하며, 비용이 들지 않는 무역으로 재화가격이 동일하다). 그 결과는 보언과 동료들(Bowen et al.)이 수행한 것과 아주 유사한데, 이 부호검정에 대한 예측

| 표 5-4 | 무역의 요소함유량에 대한 개선된 실증적 적합성 | | | |
|---|---|---|---|---|
| | **가정의 완화***[*] | | | |
| | **없음** | **(1) 완화** | **(1)－(2) 완화** | **(1)－(3) 완화** |
| 예측성공률(부호검정) | 0.32 | 0.50 | 0.86 | 0.91 |
| 사라진 무역(관측량/예측량) | 0.0005 | 0.008 | 0.19 | 0.69 |

[*] 가정: (1) 국가 간 동일 생산기술, (2) 국가들은 동일한 재화를 생산, (3) 무역비용이 없을 때 재화가격이 동일
출처: Donald R. Davis and David Weinstein, "An Account of Global Factor Trade," *American Economic Review* (2001), pp. 1423-1453.

성공률이 더 좋지 않다(보언과 동료들의 연구에서는 61%인 반면 여기는 32%). 이는 국가와 생산요소에 대한 표본이 다르고, 생산기술에 대해 새로 사용 가능한 정보를 기반으로 한 자료정리 과정에 기인한다. 또한 사라진 무역의 정도를 알 수 있다. 사실상 예측된 생산요소 무역량의 전부가 사라진 무역이다. 이 실증 결과는 헥셔-올린 모형에 대한 이와 같은 엄격한 검증 방법이 아주 부실한 결과를 보여준다는 것을 다시 한번 확인해준다.

두 번째 열의 결과는 트레플러의 연구에서와 같이 국가 간 공동기술의 가정을 버리고 얻어낸 것이다. 전반적인 예측성공률은 여전히 매우 약하지만 두 실증적 검증 모두에서 상당한 개선이 보인다. 세 번째 열은 국가들이 동일한 재화를 생산한다는 가정 또한 제거된 상태이다. 이렇게 함으로써 무역의 생산요소 함유량의 방향성에 대한 부호검정 예측성공률(86%로까지)이 매우 크게 개선되었음을 확인할 수 있다. 관찰된 무역량은 여전히 예측된 무역량의 19%에 불과하지만, 사라진 무역의 정도 역시 크게 감소했다. 마지막 네 번째 열에서는 비용이 들지 않는 무역을 통한 재화가격 균등화의 가정도 제거했다. 무역 방향에 대한 예측성공률은 91%로 더 높아진다. 이쯤 되면 레온티예프 역설은 통계적 비정상이라고 말할 수 있다. 네 번째 열은 또한 사라진 무역의 정도도 크게 개선되었음을 보여준다. 관찰된 무역은 이제 예측된 무역의 69%로 나타난다.

전반적으로 표 5-4는 무역의 생산요소 함유량과 그 방향성에 대한 요소비율 이론의 예측성공률에 큰 차이가 있음을 보여준다. 한쪽 끝(첫 번째 열)에서는 헥셔-올린 모형의 예측을 사실상 지지하지 않는다는 것이 발견된다. 그러나 이 실패가 '순수한' 헥셔-올린 모형에 들어 있는 특정한 가정에 의해 어떻게 나타난 것인지를 알게 된다. 그 가정들이 제외되면 무역의 생산요소 함유량에 대해 관찰된 유형과 아주 잘 맞는(네 번째 열) 요소비율의 차이를 기반으로 한 무역 모형을 새로 만들 수 있다.

## 선진국과 개발도상국 간의 수출 유형

국가 간 생산요소 부존량 비율의 차이가 실증적 무역 유형을 결정하는 방식을 알 수 있는 다른 분석방법은 개발도상국 세계에서 노동요소가 풍부하고 기술요소는 희소한 국가의 수출과 기술요소가 풍부하고 노동요소는 희소한 국가 간의 수출을 대조해보는 것이다. 2-2-2 이론 모형(2개의 재화, 2개의 국가, 2개의 요소)에서 어느 한 생산요소가 풍부한 국가는 그 생산요소를 집약적으로 이용하여 생산된 재화를 수출한다는 헥셔-올린 정리를 얻었다. 시드니대학교의 존 로말리스(John Romalis)[16]의 논문은 수출 유형에 대한 이러한 예측이 어떻게 여러 재화를 생산하는 여러 국가에 확대 적용될 수 있는지 보여준다. 즉 한 국가의 기술풍부성이 증가할 때 그 국가의 수출은 기술집약도가 높은 산업에 점점 더 집중된다는 것이다. 이제는 기술풍부성의 스펙트럼의 반대쪽 양끝에 있는 국가의 수출을 비교할 때뿐만 아니라 중국과 같은 나라가 성장하여 상대적으로 더 기술이 풍부하게 될 때 수출이 어떻게 변하는지 분석하고자 할 때 이 예측이 얼마나 맞는지 알 수 있다.

그림 5-13은 기술풍부성 스펙트럼의 하단에 있는 3개의 개발도상국(방글라데시, 캄보디아, 아이티)의 수출과 상단에 있는 유럽 3대 경제대국(독일, 프랑스, 영국)의 수출을 대조한다. 이 국가들의 대미 수출은 기술집약도가 높은 순서대로 4개 산업 그룹으로 나뉜다. 이 4개 그룹은 그림 5-11에서

---

16 John Romalis, "Factor Proportions and the Structure of Commodity Trade," *American Economic Review* 94 (March 2004), pp. 67-97.

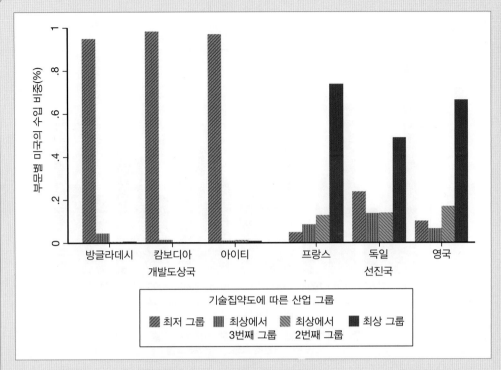

**그림 5-13 일부 선진국과 개발도상국의 수출 유형(2008~2012)**

출처: NBER-CES U.S. Manufacturing Productivity Database, U.S. Census Bureau, 그리고 Peter K. Schott, "The Relative Sophistication of Chinese Exports," *Economic Policy* (2008), pp. 5-49.

사용된 것과 같다.[17] 그림 5-13은 개발도상국 3개국의 대미 수출이 기술집약도가 가장 낮은 분야에 압도적으로 집중되어 있음을 잘 보여준다. 고기술 집약적 산업의 수출은 거의 없다. 3개 유럽 국가의 대미 수출 유형과는 아주 대조적이다. 즉 기술이 풍부한 이 국가들의 대미 수출은 기술집약도가 더 높은 산업 분야에 집중되어 있다.

시간 경과에 따른 변화도 헥셔-올린 이론의 예측과 부합되게 나타난다. 높은 경제성장(특히 지난 15년간)이 기술풍부성의 상당한 증가와 관련되었던 지난 30년간 중국의 경험을 생각해보자. 그림 5-14는 산업 부문별 중국의 대미 수출 유형이 시간이 지남에 따라 어떻게 변했는지 보여준다. 수출은 그림 5-13과 같이 해당 산업의 기술집약도에 따라 4개 그룹으로 나뉜다. 중국의 수출 유형이 근본적으로 어떻게 바뀌었는지 분명히 확인할 수 있다. 즉 중국의 생산요소비율의 변화로 예측되는 것과 같이 고기술 집약적 산업의 수출집중 현상은 시간이 지남에 따라 지속적으로 증가한다. 최근 몇 년 동안 수출의 가장 큰 부분이 기술집약도가 가장 높은 부문에서 얼마나 거래되었는지 알 수 있으며, 반면 초기 연도에는 기술집약도가 가장 낮은 부문에 집중된 것을 알 수 있다.[18]

---

17 이전에 논의한 바와 같이 한 산업 부문의 기술집약도는 그 산업의 생산직 근로자에 대한 비생산직 근로자의 비율로 측정된다.

18 그림 5-13과 5-14(최근 연도)를 비교해보면 중국의 대미 수출 유형이 (아직은) 3개의 유럽 국가에서처럼 고도의 기술 집약적 산업 부문에 집중되어 있지 않다는 것을 알 수 있다. 그럼에도 불구하고 중국의 현재 1인당 GDP를 고려할 때 중국의 수출이 고숙련 산업 분야에 눈에 띄게 집중되어 있음을 알 수 있다. Peter K. Schott, "The Relative Sophistication of Chinese Exports," *Economic Policy* (2008), pp. 5-49 참조

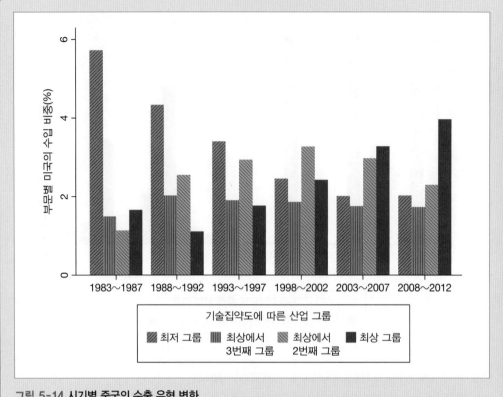

**그림 5-14 시기별 중국의 수출 유형 변화**

출처: NBER-CES U.S. Manufacturing Productivity Database, U.S. Census Bureau, and Peter K. Schott, "The Relative Sophistication of Chinese Exports," *Economic Policy* (2008), pp. 5-49.

## 검증의 의미

국가 간 요소가격 균등화 현상은 관찰하지 못한다. 요소가격 균등화 이면의 모든 가정을 유지하는 헥셔-올린 모형의 '순수' 버전을 검증할 때 한 국가의 무역의 생산요소 함유량은 그 국가의 생산요소 풍부성에 기반한 이론적 예측과 거의 유사하지 않다는 것을 발견했다. 그러나 요소비율 모형의 덜 제한적인 버전은 무역의 생산요소 함유량으로 예측된 무역 유형과 맞는다. 또한 선진국과 후진국 간의 재화무역 유형도 헥셔-올린 모형의 예측과 아주 잘 맞는다.

마지막으로 헥셔-올린 모형은 무역의 **효과**, 특히 소득분배에 대한 영향을 이해하는 데 여전히 중요하다. 북-남 간 공산품 무역(North-South trade, 북반구의 수입과 수출 간 요소집약도 차이가 큰 무역)의 성장은 요소비율 분석 방법을 국제무역 정책에 대한 실질적인 논의의 중심으로 끌어들였다.

## 요약

■ 무역에서 자원의 역할을 이해하기 위해 2개의 생산요소를 사용하여 2개의 재화가 생산되는 모형을 개발했다. 두 재화의 요소집약도는 다르다. 즉 어떤 주어진 임금-임대료 비율에서 한 재화의 생산은 다른 재화보다 더 높은 자본-노동 비율을 사용할 것이다.

- 국가가 2개 재화를 모두 생산하는 한 재화의 상대가격과 재화를 생산하기 위해 사용된 요소의 상대가격 사이에는 일대일의 대응관계가 존재한다. 노동집약적인 재화의 상대가격 상승은 노동에 유리하게 소득을 분배하고, 이 효과는 매우 강하게 나타날 것이다. 즉 두 재화로 환산된 노동의 실질임금은 상승하는 반면, 두 재화로 환산한 자본 소유자의 실질소득은 감소할 것이다.

- 한 생산요소의 공급증가는 생산가능곡선을 매우 편향적인 방식으로 확장시킨다. 재화의 상대가격이 불변일 때 그 생산요소를 집약적으로 사용하는 재화의 생산량은 증가하지만 다른 재화의 생산량은 실제로 감소한다.

- 한 자원의 공급이 다른 자원의 공급에 비해 많은 국가는 그 자원이 **풍부**하다고 할 수 있다. 국가는 풍부한 자원을 집약적으로 사용하는 재화를 상대적으로 더 많이 생산하려는 경향이 있다. 그 결과가 기본적인 헥셔-올린 무역 이론이다. 즉 각 국가는 풍부하게 공급되는 요소가 집약적인 재화를 수출하는 경향이 있다.

- 재화의 상대가격의 변화는 생산요소의 상대소득에 매우 강한 영향을 주고 무역은 상대가격을 변화시키기 때문에, 국제무역의 소득분배 효과는 크다. 한 국가의 풍부한 요소의 소유자는 무역으로 이득을 얻지만 희소한 요소의 소유자는 손해를 본다. 그러나 이론적으로 이득을 보는 사람이 손해를 보는 사람을 보상할 수 있으므로 모두의 후생이 개선될 수 있다는 제한된 의미에서 무역의 이득은 여전히 존재한다.

- 선진국과 개발도상국 간 무역의 증가는 잠재적으로 선진국의 임금불균형 증가 현상을 설명할 수 있다. 그러나 이러한 직접적인 연관성을 뒷받침하는 실증적 증거는 거의 없다. 오히려 실증적 증거에 따르면 숙련노동을 보상해주는 기술변화가 임금불균형을 유발하는 데 훨씬 더 큰 역할을 했다.

- 이상적인 모형에서 국제무역은 실제로 국가 간에 노동과 자본과 같은 생산요소가격의 균등화를 이룬다. 현실에서는 부존자원의 큰 차이, 무역장벽 및 기술의 국제적 차이로 인해 완전한 요소가격 균등화가 이루어지지 않고 있다.

- 헥셔-올린 모형에 대한 실증적 연구 결과는 혼재되어 있다. 그럼에도 불구하고 덜 제한적인 버전의 모형은 무역의 요소함유량으로 예측된 무역 유형과 아주 잘 맞는다. 또한 헥셔-올린 모형은 선진국과 개발도상국 간의 무역 유형을 잘 예측한다.

## 주요 용어

| | |
|---|---|
| 레온티예프 역설 Leontief paradox | 요소비율 이론 factor-proportions theory |
| 무역의 생산요소 함유량 factor content of trade | 요소집약도 factor intensity |
| 생산가능곡선의 편향적 확장 biased expansion of production possibilities | 요소풍부성 factor abundance |
| 생산요소 가격 factor price | 자본-숙련노동 상호보완성 capital-skill complementarity |
| 숙련노동 편향적 기술변화 skill-biased technological change | 풍부한 생산요소 abundant factor |
| 요소가격 균등화 equalization of factor prices | 헥셔-올린 이론 Heckscher-Ohlin theory |
| | 희소한 생산요소 scarce factor |

## 연습문제

1. 그림 5-1과 같이 생산요소 간 대체성이 없을 때 생산가능곡선에서 사용된 수치의 예로 돌아가보자.

**a.** 의복과 식량을 생산하는 경제에서 의복의 상대가격 범위는 무엇인가? 상대가격이 이 범위 밖에 있으면 어떤 재화가 생산되는가?

(b)~(f) 문제에서 재화가격의 범위는 2개의 재화가 모두 생산될 수 있는 범위라고 가정하라.

**b.** 의복 1야드와 식량 1칼로리의 생산 1단위당 비용을 기계작업 1시간의 가격 $r$과 노동 1시간의 임금 $w$의 함수로 기술하라. 완전경쟁시장에서 그 비용은 의복 및 식량 가격과 같을 것이다. 이때 생산요소 가격 $r$과 $w$를 구하라.

**c.** 의복가격이 상승할 때 생산요소의 가격은 어떻게 되는가? 의복가격의 변화로 누가 혜택을 보고 누가 손해를 보는가? 그 이유는 무엇인가? 이 변화는 생산요소 간 대체성이 있는 경우에 나타나는 변화와 일치하는가?

**d.** 이제 기계작업 시간의 총공급이 3,000시간에서 4,000시간으로 증가한다고 가정하자. 새로운 생산가능곡선을 도출하라.

**e.** 자본공급의 증가 후에 의복과 식품의 생산량은 얼마인가?

**f.** 의복과 식량 산업 간에 기계작업 시간과 노동시간의 배분은 어떻게 변하는가? 이 변화는 생산요소 간 대체성이 있는 경우에 나타나는 변화와 일치하는가?

**2.** 인터넷 서비스가 저렴한 미국에서 인터넷 서비스에 사용되는 노동에 대한 자본의 사용 비율은 회계 서비스에 사용되는 노동에 대한 자본 사용 비율보다 높다. 그러나 인터넷 서비스가 비싸고 노동력이 저렴한 다른 나라에서는 미국보다 적은 자본과 더 많은 노동력을 사용하는 것이 일반적이다. 회계 서비스에 비해 인터넷 서비스는 자본 집약적이라고 할 수 있는가? 그 이유는 무엇인가?

**3.** "세계의 최빈국들은 수출할 것이 없다. 그 나라에는 풍부한 자원이 없다. 자본도 없고 토지도 없으며 소규모의 빈국들은 노동력까지도 풍부하지 않다." 이에 대해 논하라.

**4.** 미국의 대부분의 이민자는 생산성 측면에서 긍정적인 영향을 미치는 미국 태생 근로자보다 위험한 직업군에서 일할 가능성이 더 높은 멕시코 블루칼라 근로자로 대표될 수 있다. 이민을 제한하는 것은 노동조합원의 이익을 고려한 근시안적 정책인가, 아니면 합리적인 정책인가? 이에 대한 답변은 무역 모형에 따라 어떻게 다른가?

**5.** 특히 인도로부터의 해외조달 회계 서비스는 많은 미국 기업에게 점점 더 매력적인 선택사항이 되고 있다. 이러한 변화는 거대한 창업과 높은 통신비용으로 이어졌고, 생산성 향상은 물론 기업들의 전반적인 규모 축소로 인해 미국의 고용 상황이 영향을 많이 받고 있다. 화이트칼라 일자리를 인도로 수출하는 것이 반드시 미국에게 손해가 될까?

**6.** 레온티예프 역설과 이 책에 기술된 보언, 리머, 스베이카우스카스의 최근 실증 결과가 요소비율 이론과 상반되는 이유를 설명하라.

**7.** 자유무역과 완전경쟁이 국제적으로 임금 균등화 현상으로 이어질 것인가? 이에 대해 설명하라. 자유무역을 채택한 이후에도 현실 세계에서는 선진국과 개발도상국 간 동일 산업 분야 내 임금이 서로 크게 다른 이유는 무엇인가?

## 더 읽을거리

Donald R. Davis and David E. Weinstein. "An Account of Global Factor Trade." *American Economic Review* 91 (December 2001), pp. 1423-1453. 이 논문은 '순수한' 헥셔-올린 모형의 실증적 연구 결과들이 매우 잘 맞지 않는다는 이전의 연구들을 확인해준다. 그리고 수정된 모형의 실증적 연구 성과가

얼마나 크게 개선되었는지도 보여준다.

Alan Deardorff. "Testing Trade Theories and Predicting Trade Flows," in Ronald W. Jones and Peter B. Kenen, eds. *Handbook of International Economics*. Vol. 1. Amsterdam: North-Holland, 1984. 무역 이론, 특히 요소비율 이론에 대한 실증적 증거를 조사한 논문

Lawrence Edwards and Robert Z. Lawrence, *Rising Tide: Is Growth in Emerging Economies Good for the United States?* (Peterson Institute for International Economics, 2013). 개발도상국 세계에서 빠르게 성장하는 국가와의 무역통합의 증가가 미국에 미치는 영향에 대해 논하는 새로운 서적

Gordon Hanson and Ann Harrison. "Trade and Wage Inequality in Mexico." *Industrial and Labor Relations Review* 52 (1999), pp. 271-288. 미국에 가장 인접한 국가의 소득불평등에 대한 무역의 영향을 주의 깊게 연구한 논문으로서, 요소가격이 단순한 요소비율 모형에서 예측될 수 있는 것과 반대 방향으로 움직였다는 것을 보여준다. 또한 저자들은 왜 그런 일이 발생했는지에 대한 가설도 제시했다.

Ronald W. Jones. "Factor Proportions and the Heckscher-Ohlin Theorem." *Review of Economic Studies* 24 (1956), pp. 1-10. 주로 무역과 소득분배 사이의 관계에 초점을 맞춘 새뮤얼슨의 1948~1949년 분석(여기 더 읽을거리에 인용)을 국제무역의 전반적인 모형으로 확장한다.

Ronald W. Jones. "The Structure of Simple General Equilibrium Models." *Journal of Political Economy* 73 (December 1965), pp. 557-572. 세련된 대수학을 사용한 헥셔-올린-새뮤얼슨 모형의 재구성

Ronald W. Jones and J. Peter Neary. "The Positive Theory of International Trade," in Ronald W. Jones and Peter B. Kenen, eds. *Handbook of International Economics*. Vol. 1. Amsterdam: North-Holland, 1984. 요소비율 이론을 포함한 많은 무역 이론에 대한 최신 조사 논문

Bertil Ohlin. *Interregional and International Trade*. Cambridge: Harvard University Press, 1933. 무역에 대한 요소비율 관점을 최초로 제시한 올린의 책은 여전히 흥미롭다. 무역에 대한 복잡하고 풍부한 관점은 그 이후에 나온 더 엄격하고 단순한 수학적인 모형과는 대조된다.

John Romalis. "Factor Proportions and the Structure of Commodity Trade." *The American Economic Review* 94 (March 2004), pp. 67-97. 헥셔-올린 모형의 수정된 버전이 더 많은 현실 설명력을 가지고 있음을 보여주는 논문

Paul Samuelson. "International Trade and the Equalisation of Factor Prices." *Economic Journal* 58 (1948), pp. 163-184; 그리고 "International Factor Price Equalisation Once Again." *Economic Journal* 59 (1949), pp. 181-196. 올린의 아이디어를 모형화한 가장 영향력 있는 사람은 폴 새뮤얼슨(다시 한번!)으로, *Economic Journal*에 발간된 이 두 논문은 고전이다.

John Van Reenen. "Wage Inequality, Technology and Trade: 21st Century Evidence." *Labour Economics* (December 2011), pp. 30-741. 무역과 새로운 기술이 미국과 영국의 임금불평등 증가와 어떻게 연관되어 있는지 논의한 최근 조사 논문

# 부록 5

## 생산요소가격, 재화가격 및 생산결정

이 장의 본문에서는 사실이긴 하지만 주의 깊게 도출하지 않은 세 가지 주장을 했다. 첫 번째는 그림 5-5에 나타난 바와 같이 각 산업에 고용된 자본에 대한 노동비율이 임금-임대료 비율($w/r$)에 의존한다는 주장이었다. 두 번째는 그림 5-6에 나타난 바와 같이 재화의 상대가격($P_C/P_F$)과 임금-임대료 사이에는 일대일의 대응관계가 있다는 주장이다. 세 번째는 한 국가의 노동공급의 증가(재화의 상대가격 $P_C/P_F$가 주어졌을 때)가 노동과 자본을 식량 산업에서 의복 산업(노동집약적 산업)으로 이동시킬 것이라는 주장이었다. 이 부록에서 세 명제를 간략하게 살펴보자.

### 생산기술의 선택

그림 5A-1은 식량 1단위를 생산하는 데 투입되는 노동과 자본 사이의 대체관계를 다시 한번 보여준다. 즉 곡선 *II*로 표시된 식량생산에 대한 단위등량곡선(unit isoquant)을 말한다. 그런데 이 그림은 동일한 비용이 드는 자본과 노동의 투입조합인 등비용선(isocost line)도 함께 보여준다.

등비용선은 다음과 같이 도출된다. 일정량의 노동 $L$의 구입비용은 $wL$이고, 일정량의 자본 $K$의 임대비용은 $rK$이다. 따라서 어떤 노동단위와 자본단위를 사용하여 식량 1단위를 생산할 수 있다면, 그

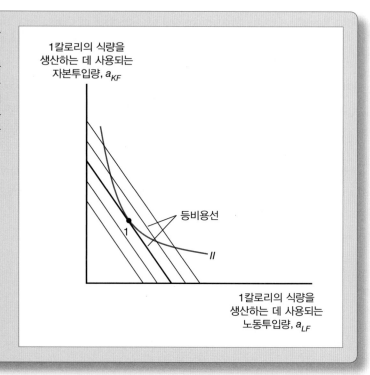

**그림 5A-1 최적 노동-자본 비율 선택**

비용을 최소화하기 위해 생산자는 가능한 한 가장 낮은 등비용선에 도달해야 한다. 즉 기울기가 임금-임대료 비율 $-w/r$와 같은 등량곡선(곡선 *II*)상의 한 점을 선택하는 것을 의미한다.

1칼로리의 식량을 생산하는 데 사용되는 자본투입량, $a_{KF}$

등비용선

*II*

1

1칼로리의 식량을 생산하는 데 사용되는 노동투입량, $a_{LF}$

1단위를 생산하는 데 드는 총비용 $c$는 다음과 같다.

$$c = wa_{LF} + ra_{KF}$$

동일한 총비용하에서 $a_{LF}$와 $a_{KF}$의 모든 조합을 보여주는 선은 다음의 방정식과 같다.

$$a_{KF} = (c/r) - (w/r)a_{LF}$$

즉 기울기가 $-w/r$인 직선이다.

이 그림은 각각 다른 수준의 비용에 해당하는 등비용선을 보여주는데, 원점에서 멀리 떨어져 있을수록 더 높은 총비용을 나타낸다. 등량곡선 *II*에서 나타난 기술적 대체관계(trade-off)가 주어지면 생산자는 가능한 한 낮은 총비용을 선택할 것이다. 여기서 이 선택은 등량곡선 *II*가 등비용선과 접하여 등량곡선 *II*의 기울기가 $-w/r$인 점 1에서 일어난다. (만약 이 결과가 기울기가 $-P_C/P_F$인 생산가능곡선상의 한 점에서 이 경제가 생산을 선택한다는 그림 4-5의 명제를 연상시킨다면 옳게 본 것이다. 즉 동일한 원리가 적용되고 있다.)

이제 2개의 서로 다른 요소가격비율에 대해 각 노동-자본 비율을 비교해보자. 그림 5A-2는 낮은 노동의 상대가격 $(w/r)^1$과 높은 노동의 상대가격 $(w/r)^2$가 주어졌을 때 요소투입비율의 선택을 보여준다. 전자의 경우 요소투입비율은 점 1에서 선택되고, 후자의 경우에는 점 2에서 선택된다. 즉 그림 5-5에서 가정한 것과 같이 노동의 상대가격이 높을수록 노동-자본 비율이 낮아진다.

## 재화가격과 요소가격

이제 재화가격과 요소가격 간의 관계를 살펴보자. 이 문제에 접근하는 데는 몇 가지 동일한 방법이

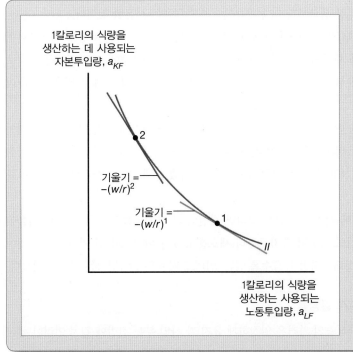

**그림 5A-2 임금-임대료 비율의 변화**

$w/r$가 증가하면 가장 낮은 비용의 요소비율 선택이 점 1에서 점 2로 이동한다. 즉 더 낮은 노동-자본 비율을 선택하게 된다.

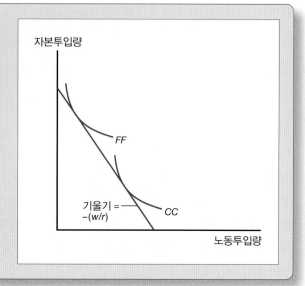

**그림 5A-3 임금-임대료 비율의 결정**

2개의 등량곡선 *CC*와 *FF*는 각각 1달러 상당의
의복과 식량을 생산하는 데 필요한 요소투입량
을 보여준다. 가격은 생산비용과 같아야 하므로
각 재화에 대한 투입비용도 1달러여야 한다. 이
는 임금-임대료 비율이 두 등량곡선에 접하는
선의 음의 기울기와 같아야 함을 의미한다.

있지만, 여기서는 1930년대에 아바 러너(Abba Lerner)가 도입한 분석 방법을 따를 것이다.

그림 5A-3은 의복과 식량을 생산하기 위한 자본과 노동의 투입량을 나타낸다. 앞의 그림들은 재화 1단위를 생산하는 데 필요한 요소투입량을 나타냈다. 하지만 이 그림은 각 재화 1달러의 가치를 생산하는 데 필요한 요소투입량을 나타낸다. (사실 그 금액이 두 재화에 대해 모두 동일하다면 어떤 금액이든 관계없다.) 따라서 의복의 등량곡선 *CC*는 의복 $1/P_C$ 단위를 생산하기 위해 가능한 모든 요소투입조합을 나타내고, 식량의 등량곡선 *FF*는 식량 $1/P_F$ 단위를 생산하기 위해 가능한 모든 요소투입조합을 나타낸다. 그림과 같이 의복 생산은 노동집약적(식량 생산은 자본집약적)이다. 즉 주어진 $w/r$에서 의복 생산은 항상 식량 생산보다 더 높은 노동-자본 비율을 사용할 것이다.

만약 이 경제가 두 재화를 모두 생산한다면 각 재화 1달러의 가치를 생산하는 비용도 사실 1달러여야 한다. 이 두 생산비용은 두 재화의 최저 생산비용 점이 동일한 등비용선에 있는 경우에만 서로 같게 된다. 따라서 2개의 등량곡선에 접하는 등비용선의 기울기는 음의 임금-임대료 비율 $-w/r$여야 한다.

이제 마지막으로 임금-임대료 비율에 대한 의복가격의 상승 효과를 생각해보자. 만약 의복가격이 상승하면 1달러 가치의 의복 생산량은 더 적어진다. 따라서 의복 1달러에 해당하는 등량곡선은 안쪽으로 이동한다. 그림 5A-4에서 본래의 등량곡선은 $CC^1$으로 표시했고 새로운 등량곡선은 $CC^2$로 표시했다.

다시 한번 이 2개의 등량곡선에 접하는 직선을 그리면 직선의 기울기는 음의 임금-임대료 비율이다. 등비용선[기울기 $= -(w/r)^2$]의 기울기 증가로부터 새로운 $w/r$가 이전보다 더 가파르다는 것이 분명하게 나타난다. 즉 의복의 상대가격이 높을수록 임금-임대료 비율은 높아진다는 것을 의미한다.

## 생산자원과 생산량에 대한 추가 설명

이제는 생산자원의 변화(의복과 식량의 가격은 일정하게 유지)가 산업 부문 전반에 걸쳐 이러한 생산

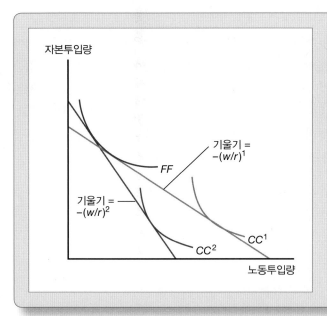

**그림 5A-4 의복가격의 증가**

의복가격이 오르면 1달러의 가치는 이제 더 적은 의복 생산량에 해당되므로, $CC^1$은 $CC^2$로 대체된다. 이에 따라 임금-임대료 비율은 $(w/r)^1$에서 $(w/r)^2$로 증가해야 한다.

요소의 배분에 어떻게 영향을 주고, 생산반응에 어떻게 영향을 주는지 더 엄밀하게 검토해보자. 자본에 대한 노동의 총고용 $L/K$은 의복 산업($L_C/K_C$)과 식량 산업($L_F/K_F$)에 고용된 노동-자본의 가중평균으로 나타낼 수 있다.

$$\frac{L}{K} = \frac{K_C}{K}\frac{L_C}{K_C} + \frac{K_F}{K}\frac{L_F}{K_F} \tag{5A-1}$$

이 가중평균값에서 가중치 $K_C/K$와 $K_F/K$의 합은 1이고, 의복과 식량 산업에 고용된 자본의 비율이다. (그 경제가 의복과 식량 모두 생산하는 한) 주어진 의복의 상대가격이 주어진 임금-임대료 비율과 연관되어 있으며, 이는 차례로 두 산업에서 주어진 노동-자본 고용수준($L_C/K_C$와 $L_F/K_F$)과 연관된다는 것을 보았다. 이제 의복의 상대가격이 주어졌을 때 노동공급 $L$의 증가 효과를 생각해보자. 즉 $L/K$은 증가하지만 $L_C/K_C$와 $L_F/K_F$ 모두 일정하게 유지된다. 식 (5A-1)이 성립하려면 더 높은 노동-자본 비율 $L_C/K_C$에 대한 가중치가 증가해야 한다. 이는 가중치 $K_C/K$는 증가하고 가중치 $K_F/K$는 감소한다는 것을 의미한다. 따라서 자본은 식량 산업에서 의복 산업으로 이동한다(이 예에서는 총자본공급 $K$는 일정하기 때문). 또한 $L_F/K_F$는 일정하기 때문에 $K_F$의 감소는 식량 산업의 노동고용 $L_F$의 감소와 연관되어야 한다. 이는 주어진 의복의 상대가격하에서 노동공급의 증가가 식량 산업에서 의복 산업으로 노동과 자본 두 요소의 이동과 연관되어야 한다는 것을 보여준다. 이 경제의 생산가능곡선의 확장은 의복에 편향적(의복의 상대가격이 일정할 때)이기 때문에, 식량을 덜 생산하게 될 것이다.

이 경제에서 노동공급이 증가함에 따라 노동집약적인 의복 산업에 두 생산요소 모두 더 많이 집중하게 된다. 만약 충분한 노동이 추가된다면 의복 생산에 전문화하고 더 이상 식량을 생산하지 않을 것이다. 그 점에서 재화의 상대가격 $P_C/P_F$와 임금-임대료 비율 $w/r$ 간에는 일대일 대응관계가 깨진다. 즉 노동공급 $L$의 추가적인 증가는 그림 5-7에서 $CC$ 곡선을 따라 임금-임대료 비율의 감소로 연결된다.

이 경제에 자본공급이 증가하게 되면(다시 재화의 상대가격 $P_C/P_F$가 고정된 상태) 유사한 과정이 일어날 것이다. 이 경제에서 의복과 식량이 모두 생산되는 한 자본집약적인 식량 산업에 생산이 집중됨으로써 증가된 자본공급에 반응할 것이다. 즉 노동과 자본 모두 식량 산업으로 이동한다. 경제는 식량에 강한 편향적 성장을 경험하게 된다. 특정 시점에 도달하면 식량 산업이 완전히 전문화되고, 재화의 상대가격 $P_C/P_F$와 임금-임대료 비율 $w/r$ 사이에 일대일의 관계가 다시 한번 깨진다. 자본공급 $K$가 계속 증가하게 되면 그림 5-7의 $FF$곡선을 따라 임금-임대료 비율의 상승과 연결될 것이다.

# CHAPTER 6

# 표준무역 모형

이전 장에서는 생산가능곡선을 결정하는 요인에 대해 서로 다른 가정을 하는 여러 국제무역 모형을 개발했다. 각 모형은 중요한 요점을 도출해내기 위해 다른 모형이 강조하는 현실적인 요인을 생략했다. 이 모형들은 다음과 같다.

■ *리카도 모형*: 생산가능곡선은 단일 생산요소인 노동의 산업 간 배분에 의해 결정된다. 이 모형은 비교우위의 핵심 개념을 전달하고 있지만, 소득분배에 관해서는 이야기할 수 없다.
■ *특수 생산요소 모형*: 이 모형은 다수의 생산요소를 고려하지만 일부 생산요소는 특정 산업에서만 고정적으로 사용된다. 또한 이 모형은 소득분배에 대한 무역의 단기적 영향을 보여준다.
■ *헥셔-올린 모형*: 이 모형에서는 다수의 생산요소가 산업 간에 이동할 수 있다. 부존자원의 차이(국가수준에서 그 생산요소의 가용성)가 무역 유형을 결정한다. 또한 이 모형은 소득분배에 대한 무역의 장기적 영향을 보여준다.

현실 문제를 분석할 때는 이러한 모형을 혼합하여 현실에 대한 통찰력을 갖추어야 한다. 예를 들면 지난 20년간 세계무역의 중심적인 변화 중 하나는 신흥공업국의 급격한 수출이다. 이 국가들의 생산성도 급격하게 증가했다. 이러한 빠른 생산성의 성장을 설명하기 위해서는 3장의 리카도 모형을 응용할 수 있다. 무역 유형의 변화는 미국 내 여러 계층에 서로 다른 영향을 준다. 무역의 증가가 미국 소득분배에 미치는 영향을 이해하기 위해서는 4장과 5장의 (단기 효과를 위해) 특정 생산요소 모형이나 (장기 효과를 위해) 헥셔-올린 모형을 적용할 수도 있다.

세부 내용의 차이점에도 불구하고 이러한 모형의 공통된 특징은 다음과 같다.

1. 한 경제의 생산능력은 생산가능곡선으로 요약될 수 있고, 국가 간 생산가능곡선의 차이가 무역을 발생시킨다.
2. 생산가능곡선은 한 국가의 상대공급곡선을 결정한다.
3. 세계무역 균형은 세계의 상대수요곡선과 각 국가의 상대적 공급곡선 사이에 놓여 있는 세계의 상대공급곡선에 의해 결정된다.

이러한 공통적 특징 때문에 지금까지 공부한 모형들은 세계무역 경제에 대한 좀 더 일반적인 모형의 특수한 경우로 간주할 수 있다. 국제경제학의 많은 중요한 쟁점은 일반적인 모형으로 분석할 수 있고, 세부적인 문제에 대해서는 관련된 모형을 선택하여 분석할 수 있다. 국제경제학의 중요한 쟁점에는 경제성장으로 인한 세계공급의 이동과 관세 및 수출보조금으로 인한 공급과 수요의 동시적 이동의 영향이 있다.

이 장은 경제의 공급 측면의 세부적인 문제에 크게 의존하지 않는 국제무역 이론을 이용하여 현실에 대한 통찰력을 살펴보고자 한다. 따라서 3장부터 5장까지의 모형이 특수한 경우로 간주될 수 있는 세계무역 경제의 표준 모형을 개발하고, 이 모형을 이용하여 주요 변수의 다양한 변화가 세계경제에 어떤 영향을 주는지 분석해보자.

### 학습목표

- 표준무역 모형의 구성요소, 생산가능곡선, 등가치선, 무차별곡선이 서로 어떻게 어우러지면서 공급 측 요인과 수요 측 요인의 결합에 의해 무역 유형이 어떻게 결정되는지 이해한다.
- 교역조건과 경제성장의 변화가 국제무역을 하는 국가의 후생수준에 어떤 영향을 주는가를 알아본다.
- 관세와 보조금이 교역국들의 무역 유형과 후생, 소득분배에 미치는 영향을 이해한다.
- 국제차입과 국제대부 현상을 서로 다른 시점 간 재화가 교환되는 표준무역 모형에 연관시킨다.

## 무역경제의 표준 모형

**표준무역 모형**(standard trade model)은 (1) 생산가능곡선과 상대공급곡선의 관계, (2) 상대가격과 상대수요의 관계, (3) 세계의 상대공급과 상대수요에 의한 세계균형의 결정, (4) **교역조건**(terms of trade, 수입가격으로 나눈 수출가격)이 국민후생에 미치는 효과 등 네 가지 핵심관계에 기초한다.

### 생산가능곡선과 상대공급

표준무역 모형을 설정하기 위해 각국은 식량($F$)과 의복($C$) 2개의 재화를 생산하고, 생산가능곡선은 그림 6-1의 $TT$와 같은 부드러운 곡선의 형태라고 가정한다.[1] 한 경제가 실제로 생산하는 생산가능곡선상의 한 점은 식량에 대한 의복의 상대가격인 $P_C/P_F$에 따라 결정된다. 시장경제에 따르면 $Q_C$는 의복 생산량이고 $Q_F$는 식량 생산량이라고 할 때 주어진 시장가격에서 총생산물의 가치인 $P_C Q_C + P_F Q_F$를 극대화하는 각 재화의 생산량이 선택될 것이다.

　총생산물의 가치가 일정한 **등가치선**(isovalue line)을 그려봄으로써 생산물의 시장가치를 표시할 수 있다. 이 선은 $V$가 산출물의 시장가치라고 할 때 $P_C Q_C + P_F Q_F = V$ 형태의 방정식으로 정의되거나 혹은 $Q_F = V/P_F - (P_C/P_F)Q_C$로 변환될 수 있다. $V$가 높을수록 등가치선은 원점에서 멀리 떨어지게 되고, 그럴수록 생산물의 가치는 더 커진다. 등가치선의 기울기는 $-P_C/P_F$이다. 그림 6-1에서 생산물의 가장 높은 가치는 $TT$가 등가치선에 접하는 점 $Q$에서 생산함으로써 달성된다.

　이제 $P_C/P_F$가 상승(의복은 식량에 비해 더 가치 있게 된다)한다고 하자. 그러면 등가치선의 기울기는 전보다 커질 것이다. 그림 6-2에서 $P_C/P_F$가 변하기 전 그 경제가 도달할 수 있었던 가장 높은 등가치선은 $VV^1$이다. 그리고 상대가격이 상승한 후의 가장 높은 등가치선은 $VV^2$이므로, 그 경제의 생산점은 $Q^1$에서 $Q^2$로 이동한다. 따라서 우리가 예상할 수 있듯이 의복의 상대가격 상승은 의복 생산을 증가시키고 식량 생산을 감소시킬 것이다. 그러므로 의복의 상대가격이 상승할 때 의복의 상대 공급은 증가한다. 상대가격과 상대적 생산량의 이러한 관계는 그림 6-2b에 표시된 상대공급곡선에 반영되어 있다.

---

1 3장에서와 같이 생산요소가 하나만 있을 때의 생산가능곡선은 직선임을 보았다. 그러나 대부분의 모형에서는 부드러운 형태의 곡선이 될 것이며 리카도 모형의 결과는 하나의 극단적인 경우로 간주될 수 있다.

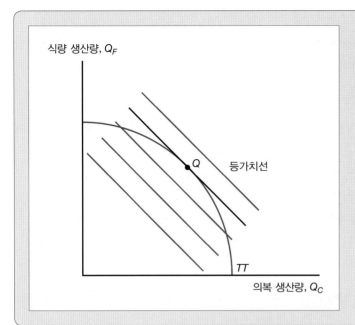

**그림 6-1 재화의 상대가격에 의한 산출물의 결정**

생산가능곡선이 *TT*인 이 경제는 가능한 한 가장 높은 등가치선상에 있는 점 *Q*에서 생산할 것이다.

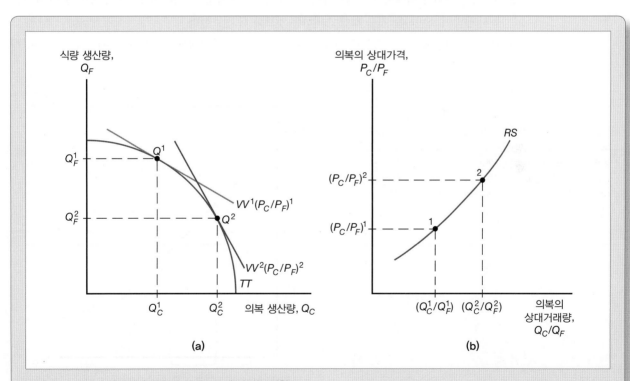

**(a)**

**(b)**

**그림 6-2 의복의 상대가격 상승이 상대공급에 미치는 영향**

(a)에서 등가치선은 의복의 상대가격이 $(P_C/P_F)^1$에서 $(P_C/P_F)^2$로 증가할 때 더 가파르게 된다($VV^1$에서 $VV^2$로 회전된 것으로 나타난다). 결과적으로 더 많은 의복과 더 적은 식량을 생산하고 균형 생산점은 $Q^1$에서 $Q^2$로 이동한다. (b)는 생산가능곡선 *TT*와 관련된 상대공급곡선을 보여준다. $(P_C/P_F)^1$에서 $(P_C/P_F)^2$로의 증가는 $(Q_C/Q_F)^1$에서 $(Q_C/Q_F)^2$로 의복의 상대적 생산을 증가시킨다.

## 상대가격과 수요

그림 6-3은 표준 모형에서 생산, 소비, 무역 사이의 관계를 보여준다. 5장에서 언급한 바와 같이 한 경제의 소비의 총가치는 총생산가치와 같다.

$$P_C Q_C + P_F Q_F = P_C D_C + P_F D_F = V$$

이때 $D_C$와 $D_F$는 각각 의복과 식량의 소비량이다. 위 식은 생산과 소비가 같은 등가치선상에 있어 야 한다는 것을 나타낸다.

이 경제가 등가치선상의 한 점을 선택하는 것은 그 국가의 소비자 선호에 달려 있다. 표준무역 모 형에서 소비결정은 어떤 소비자 대표의 개인 선호에 의해 결정된다고 가정한다.[2]

소비자 개인의 선호는 일련의 **무차별곡선**(indifference curve)으로 나타낼 수 있다. 무차별곡선은 개 인의 효용수준을 동일하게 유지해주는 의복($C$)과 식량($F$)의 소비조합을 연결한 궤적이다. 그림 6-3 에 보이는 바와 같이 무차별곡선은 세 가지 특성을 가진다.

1. 무차별곡선은 우하향한다. 즉 식량($F$)을 적게 소비하면 동일한 효용수준을 유지하기 위해 의복 ($C$)의 소비는 많아져야 한다.
2. 무차별곡선이 원점에서 멀리 위치할수록 더 높은 후생수준을 나타낸다. 즉 각 개인은 두 재화를 동시에 많이 소비하는 것을 적게 소비하는 것보다 더 선호한다.
3. 무차별곡선상에서 오른쪽으로 이동할수록 완만해진다(원점에서 보았을 때 볼록하다). 즉 어떤 개

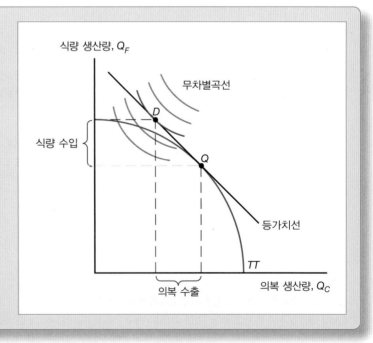

**그림 6-3 표준 모형에서의 생산, 소비, 무역**
이 경제는 생산가능곡선이 가능한 한 가장 높은 등가치선 에 접하는 점 Q에서 생산한다. 소비는 그 등가치선이 가 능한 한 가장 높은 무차별곡선과 접하는 점 D에서 이루어 진다. 이 경제는 소비하는 것보다 더 많은 의복을 생산하 여 수출하고 있다. 이에 따라 생산하는 것보다 더 많은 식 량을 소비하므로 식량을 수입한다.

식량 생산량, $Q_F$

무차별곡선

식량 수입

$D$

$Q$

등가치선

$TT$

의복 수출

의복 생산량, $Q_C$

---

2 몇 가지 상황하에서 이 가정을 정당화할 수 있다. 하나는 모든 개인이 동일한 선호체계와 모든 자원에 대해 동일한 몫을 가지고 있는 상황이다. 또 다른 하나는 정부가 소득을 재분배하여 사회 전체 후생을 극대화하는 경우이다. 기본적으로 이 가정은 소득 분배 변화의 수요 효과가 그다지 중요하지 않다는 상황을 요구한다.

인이 $C$를 더 많이 소비하고 $F$를 더 적게 소비할수록 한계적으로 $F$의 1단위 가치가 $C$의 1단위 가치에 비해 더 커져서 $F$ 1단위의 소비감소를 보상하기 위해 더 많은 $C$가 필요하다.

그림 6-3에서 볼 수 있듯이 이 경제는 가능한 한 가장 높은 후생을 가지는 등가치선상의 한 점을 선택하여 소비할 것이다. 이 점은 등가치선이 도달할 수 있는 가장 높은 무차별곡선에 접하는 점 $D$로 표시된다. 이 점에서 (의복 생산량이 소비량보다 많아) 의복을 수출하고 식량을 수입한다.

이제 $P_C/P_F$가 상승할 때 어떤 현상이 발생하는지를 생각해보자. 그림 6-4(a)는 상대가격의 변화 효과를 보여준다. 우선 의복의 상대가격 상승은 생산점을 $Q^1$에서 $Q^2$로 이동시켜 의복 생산을 증가시키고 식량 생산을 감소시킨다. 이는 소비선택이 이루어지는 등가치선을 $VV^1$에서 $VV^2$로 이동시킨다. 그러므로 소비점은 $D^1$에서 $D^2$로 이동한다.

$D^1$에서 $D^2$로의 소비점 이동은 $P_C/P_F$의 상승으로 인한 두 가지 효과를 반영한다. 첫째, 더 높은 무차별곡선으로 이동함으로써 후생이 증가한다. 그 이유는 이 경제가 의복을 수출하기 때문이다. 의복의 상대가격이 상승하면 주어진 의복 수출량에 대해 더 많은 식량을 수입할 수 있게 된다. 따라서 수출재화의 상대가격이 증가하면 이익이 발생한다. 둘째, 의복의 상대가격 상승은 (의복은 이제 상대적으로 더 비싸기 때문에) 무차별곡선을 따라 의복에서 식량으로 소비를 이동시킨다.

이 두 효과는 경제의 기초 이론으로 잘 알려져 있다. 후생이 증가한 것은 소득 효과(income effect)인 반면에, 주어진 후생수준에서 소비가 변화한 것은 대체 효과(substitution effect)이다. 소득 효과는 이 두 재화의 소비를 모두 증가시키는 경향이 있는 반면, 대체 효과는 $C$의 소비를 감소시키고 $F$의 소비를 증가시키는 경향이 있다.

그림 6-4(b)는 생산가능곡선과 무차별곡선과 관련된 상대공급곡선과 상대수요곡선을 나타낸다.[3] 그 그림은 의복의 상대가격 상승이 의복의 상대적 소비 감소(점 1′에서 점 2′으로 이동)뿐만 아니라 의복의 상대적 생산 증가(점 1에서 점 2로 이동)를 어떻게 유도하는지 보여준다. 이러한 상대적 소비의 변화는 상대가격 변화의 대체 효과를 포착한다. 만약 상대가격 변화의 소득 효과가 충분히 크면 두 재화의 소비수준은 모두 증가($D_C$와 $D_F$ 둘 다 증가)할 수 있다. 그러나 수요의 대체 효과는 의복의 상대적 소비 $D_C/D_F$가 감소한다는 것을 나타낸다. 이 경제가 무역을 할 수 없다면 상대가격 $(P_C/P_F)^3$와 관련된 점 3에서 소비하고 생산한다.

## 교역조건 변화의 후생 효과

$P_C/P_F$가 상승할 때 그림 6-4(a)에서 소비가 $D^1$에서 $D^2$로 이동하는 것에서 보여준 바와 같이 초기에 의복을 수출하는 국가는 후생이 증가한다. 반대로 $P_C/P_F$가 하락했다면 그 국가의 후생은 감소하여 소비는 $D^2$에서 $D^1$으로 움직였을 것이다.

만약 그 국가가 처음에 의복 대신에 식량 수출국이었다면 효과의 방향은 반대일 것이다. $P_C/P_F$의 상승은 $P_F/P_C$의 하락을 의미하므로 그 국가의 후생은 악화될 것이다. 즉 이 국가가 수출하는 재화(식량)의 상대가격이 하락할 것이다.

---

3 일반적인 선호체계에 대한 상대수요곡선은 해당 국가의 총소득에 따라 달라진다. 그러나 이 장 전체에서 상대수요곡선은 소득에 독립적이라고 가정한다. 이 선호 유형은 동조적 선호(homothetic preference)라고 불리는 널리 사용되는 유형이다.

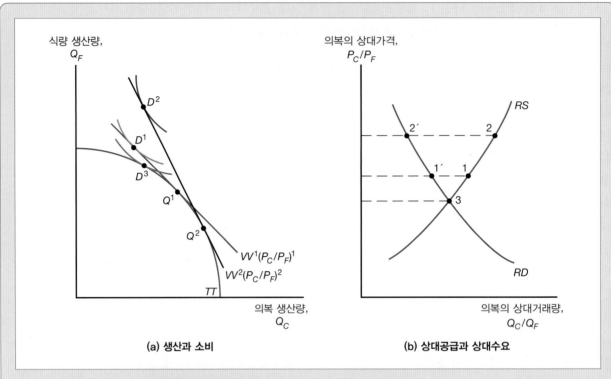

**그림 6-4 의복의 상대가격 상승의 영향과 무역의 이익**

(a)에서 등가치선의 기울기는 의복의 음의 상대가격 $P_C/P_F$와 같다. 결과적으로 상대가격이 오르면 모든 등가치선도 가파르게 된다. 특히 최대의 등가치선은 $VV^1$에서 $VV^2$로 회전한다. 생산은 $Q^1$에서 $Q^2$로 이동하고, 소비는 $D^1$에서 $D^2$로 이동한다. 경제가 무역을 할 수 없다면 점 $D^3$에서 생산하고 소비하게 된다. (b)는 의복의 상대가격 상승이 상대생산(점 1에서 점 2로 이동)과 상대수요(점 1´에서 점 2´으로 이동)에 미치는 영향을 보여준다. 경제가 무역을 할 수 없다면 점 3에서 소비하고 생산한다.

어떤 국가가 초기에 수출한 재화의 가격을 수입한 재화의 가격으로 나눈 값을 교역조건이라고 정의함으로써 이러한 모든 경우를 고려해볼 수 있다. 일반적으로 말해서 어떤 나라의 교역조건이 상승하면 그 나라의 후생수준이 증가하는 반면, 교역조건이 감소하게 되면 후생수준도 감소하게 된다고 할 수 있다.

하지만 한 국가의 교역조건이 변화하는 경우는 그 국가의 후생을 무역이 없는 경우(점 $D^3$에서 소비로 표시된 경우)의 후생수준 이하로 결코 감소시킬 수 없다는 점에 유의하라. 3장, 4장, 5장에서 언급한 무역으로 얻은 이득은 좀 더 일반적인 이 모형에 계속 적용할 수 있다. 이전에 논의되었던 논쟁점들도 또한 계속 적용된다. 즉 무역의 이득은 균등하게 분배되지는 않기 때문에 개별 소비자에게 이득과 손해 모두 발생할 수 있다.

### 상대가격의 결정

이제 또다시 전 세계가 자국(의복 수출국)과 외국(식량 수출국)으로 구성되어 있다고 하자. 자국의 교역조건은 $P_C/P_F$로 측정되고, 외국의 교역조건은 $P_F/P_C$로 측정된다. 이 무역 유형들이 그림 6-5(a)에 관련된 상대공급곡선으로 나타난 것과 같이 자국과 외국의 생산 역량의 차이에 기인한다고

## 중국 수입에 대한 미국 소비자의 이득

역으로 얻은 총이익의 주요 구성요소 중 하나는 더 저렴한 수입재화에 소비자의 접근이 가능해진다는 점이다. 미국과 중국 간의 무역 증가로 인해 야기되는 많은 관심사항은 지난 4장에서 논의되었던 바와 같이 미국 노동자에게 미치는 영향에 집중되었다. 동시에 미국 소비자는 중국으로부터의 수입경쟁이 심화됨으로써 가격이 하락되어 구매력이 증가했다. 최근 연구에서는 그러한 경쟁이 미국에서 소비되는 수십만 개의 제품가격에 미치는 영향을 조사했다.[4] 이 연구의 저자는 2000~2007년 사이 중국과의 무역이 증가하면서 큰 가격 하락을 야기했고, 이는 미국 가계의 구매력을 크게 증가시켰다는 사실을 발견했다. 평균적으로 이 구매력의 증가는 연간 가구당 1,500달러이다. 이것의 절반 이상이 중국 수입품과의 경쟁 심화에 따른 미국산 제품의 가격 인하로 발생했다. 그리고 이러한 가격 하락은 연 소득이 3만 달러 미만인 상대적으로 빈곤한 가구가 소비하는 제품에 더 뚜렷했기 때문에 빈곤한 가구의 평균 1,500달러의 이득은 소득 10만 달러 이상인 부유한 가구에 비해 36% 더 높았다.

가정한다. 또한 두 국가는 동일한 소비선호 체계를 가져서 역시 동일한 상대수요곡선을 가진다고 가정한다. 모든 주어진 상대가격 $P_C/P_F$에서 자국은 의복과 식량의 생산량, $Q_C$와 $Q_F$를 생산하는 한편, 외국은 $Q_C^*$와 $Q_F^*$의 생산량을 생산할 것이며, 이때 $Q_C/Q_F > Q_C^*/Q_F^*$일 것이다. 그러면 세계의 상대공급은 두 재화에 대한 생산수준을 각각 합해서 구할 수 있고, 그 비율은 $(Q_C + Q_C^*)/(Q_F + Q_F^*)$이다. 구조상 이 세계의 상대공급곡선은 두 국가의 상대적 공급곡선 사이에 놓여야 한다.[5] 또한 세계의 상대수요곡선은 두 국가의 의복과 식량의 수요를 통합한 $(D_C + D_C^*)/(D_F + D_F^*)$이다. 국가 간에 선호의 차이가 없기 때문에 세계의 상대수요곡선은 각국의 같은 상대적 수요곡선과 중복된다.

그래서 (자국과 외국이 무역할 때) 세계의 균형 상대가격은 세계의 상대공급곡선과 수요곡선의 교차점 1로 주어진다. 이 상대가격은 얼마나 많은 자국의 의복 수출이 외국의 식량 수출과 교환될 것인지 결정한다. 균형 상대가격에서 자국이 원하는 의복의 수출량 $Q_C - D_C$는 외국이 원하는 의복의 수입량 $D_C^* - Q_C^*$와 일치한다. 또한 식량시장도 자국이 원하는 수입량 $D_F - Q_F$는 외국이 원하는 수출량 $Q_F^* - D_F^*$와 일치하여 균형이 된다. 균형 상대가격 $(P_C/P_F)^1$에서의 예산제약선과 자국과 외국의 생산과 소비 선택점이 그림 6-5(b)에 나타나 있다.

이제는 표준무역 모형에서 상대공급, 상대수요, 교역조건, 후생수준이 어떻게 결정되는지를 알게 되었으므로, 이 표준무역 모형을 사용하면 국제경제학의 많은 중요한 현안문제를 이해할 수 있을 것이다.

### 경제성장: 상대공급곡선의 이동

개방경제에서 경제성장의 효과는 끊임없이 관심과 논쟁거리를 불러일으켰다. 논쟁의 핵심은 다음 두 질문에 있다. 첫째, 외국의 경제성장은 자국에 유리한가, 혹은 불리한가? 둘째, 세계경제와 긴밀하게 통합되어 있을 때가 그렇지 않았을 때보다 그 국가의 경제성장에 얼마나 가치가 있는가?

먼저 다른 국가의 성장 효과를 평가하는 데 두 가지 서로 상반되는 상식적인 주장이 있을 수 있다.

---

4 Xavier Jaravel and Erick Sager, "What Are the Price Effects of Trade? Evidence from the U.S. and Implications for Quantitative Trade Models," Finance and Economics Discussion Series 2019-068. Washington: Board of Governors of the Federal Reserve System, 2019 참조

5 어떤 양수 $X_1, X_2, Y_1, Y_2$에 대해서 만약 $X_1/Y_1 < X_2/Y_2$이면, $X_1/Y_1 < (X_1 + X_2)/(Y_1 + Y_2) < X_2/Y_2$이다.

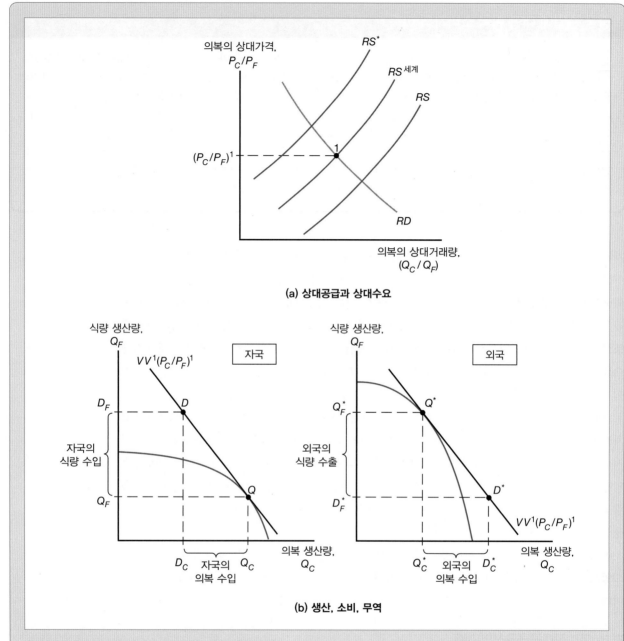

**(a) 상대공급과 상대수요**

**(b) 생산, 소비, 무역**

**그림 6-5 무역이 있을 경우 균형상대가격과 무역의 흐름**

(a)는 자국($RS$), 외국($RS^*$), 그리고 세계의 의복에 대한 상대공급곡선을 보여준다. 자국과 외국은 동일한 상대수요곡선을 가지고 있으며, 이는 세계의 상대수요곡선과도 일치한다. 균형 상대가격 $(P_C/P_F)^1$은 세계의 상대공급과 상대수요가 교차하는 점에서 결정된다. (b)는 이 가격수준에서의 자국과 외국 간 균형무역의 흐름을 보여준다. 균형상대가격 $(P_C/P_F)^1$에서 자국의 의복 수출량은 외국의 의복 수입량과 같고, 자국의 식량 수입량은 외국의 식량 수출량과 일치한다.

한 측면은 세계 다른 국가의 경제성장은 자국 수출시장의 확대를 의미하고 수입품 가격을 낮추기 때문에 자국경제에 이롭다는 것이다. 다른 측면은 다른 국가의 경제성장은 외국의 수출업자와 경쟁하게 되는 자국의 수출업자와 국내 생산자의 경쟁을 심화시킨다는 것이다.

자국경제의 성장 효과를 분석할 때도 이와 비슷하게 모호함이 있음을 알 수 있다. 즉 한편으로 자국경제의 생산능력 증대는 세계시장에 더 많은 재화를 수출이 가능하게 함으로써 더 가치가 있을 수 있다. 반면에 자국 경제성장의 혜택은 자국에만 남는 것이 아니라 수출가격의 하락으로 외국으로 이전될 수 있다.

앞 절에서 개발한 표준무역 모형은 이러한 모호함을 해소하고 개방경제하에서의 경제성장 효과를 명확히 분석할 수 있게 한다.

## 경제성장과 생산가능곡선

경제성장은 한 국가의 생산가능곡선을 밖으로 이동시키는 것을 의미한다. 이러한 경제성장은 한 국가의 자원증가로 인해 발생할 수도 있고 자원사용의 효율성 개선으로도 발생할 수 있다.

경제성장이 국제무역에 미치는 효과는 경제성장의 **편향성**(bias)에서 주로 발생한다. **편향적 성장** (biased growth)은 생산가능곡선의 한쪽이 다른 쪽보다 더 많이 확장되는 것을 말한다. 그림 6-6(a)는 의복 편향적 성장($TT^1$에서 $TT^2$로 이동)을 나타내고, 그림 6-6(b)는 식량 편향적 성장($TT^1$에서 $TT^3$로 이동)을 나타낸다.

편향적 성장은 다음 두 가지 요인에 의해 발생한다.

1. 3장의 리카도 모형은 어떤 경제의 특정 산업에 기술진보가 발생하면 해당 산업의 생산을 더 증가시키는 방향으로 생산가능곡선이 확장될 것이라는 점을 보여주었다.

2. 5장의 헥셔-올린 모형에서 어떤 국가의 특정 생산요소의 공급증가(예: 저축과 투자로 인한 자본의 증가)로 생산가능곡선이 편향적으로 확장될 것이라는 점을 보여주었다. 이러한 편향적 성장은 그 생산요소가 특정하게 사용되는 재화나 공급이 증가된 생산요소를 집약적으로 사용하여 생산되는 재화 쪽으로 일어날 것이다. 따라서 국제무역을 발생시키는 요인과 동일한 사항들이 무역을 하고 있는 국가에 편향적 성장을 발생시킬 것이다.

그림 6-6(a)와 (b)는 강한 편향적 성장을 보여준다. 각 경우에 이 경제는 두 재화를 더 많이 생산하고 있다. 그러나 의복의 상대가격이 불변일 때 그림 6-6(a)에서는 식량의 생산이 실제로 감소하는 반면, 그림 6-6(b)에서는 의복의 생산이 실제로 감소한다. 편향적 성장이 위의 두 예만큼 항상 강한 것은 아니지만, 의복 쪽으로 약간 편향된 성장에서도 주어진 의복의 상대가격하에서 식량 생산량에 비해 의복 생산량이 더 증가할 것이다. 다시 말하면 국가의 상대공급곡선은 오른쪽으로 이동한다. 이 변화는 그림 6-6(c)의 $RS^1$에서 $RS^2$로의 이동으로 나타난다. 경제성장이 식량 편향적일 때 상대공급곡선은 $RS^1$에서 $RS^3$로의 이동으로 나타난 것과 같이 왼쪽으로 이동한다.

## 세계의 상대공급곡선과 교역조건

이제 자국은 모든 주어진 의복의 상대가격에서 그림 6-6(a)에 나타난 것과 같이 의복의 생산 쪽으로

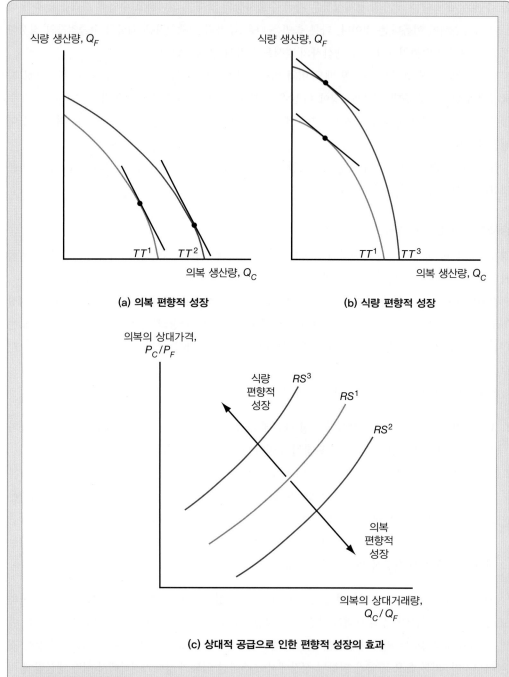

(a) 의복 편향적 성장

(b) 식량 편향적 성장

(c) 상대적 공급으로 인한 편향적 성장의 효과

### 그림 6-6 편향적 성장

성장이 생산가능곡선을 어떤 한 재화보다 다른 재화 방향으로 더 많이 이동시킬 때 성장은 편향적이다. (a)는 의복 편향적 성장($TT^1$에서 $TT^2$로 이동)을 나타내고, (b)는 식량 편향적 성장($TT^1$에서 $TT^3$로 이동)을 나타낸다. 이와 관련된 상대공급곡선의 이동은 (c)에 나타나 있다. 의복 편향적 성장일 때는 오른쪽으로 이동($RS^1$에서 $RS^2$로)하고 식량 편향적 성장일 때는 왼쪽으로 이동($RS^1$에서 $RS^3$로)한다.

강한 편향적 성장을 해서 의복 생산량은 증가하는 반면 식량 생산량은 감소한다고 하자. 그러면 세계 전체에 주어진 가격에서 식량에 대한 의복의 상대적인 생산량은 증가할 것이고, 세계의 상대공급곡선의 이동은 그림 6-7(a)의 $RS^1$에서 $RS^2$로 나타난다. 자국의 상대공급곡선과 마찬가지로 세계의 상대공급곡선도 우측으로 이동할 것이다. 이 이동은 의복의 상대가격을 $(P_C/P_F)^1$에서 $(P_C/P_F)^2$로 하락시켜 자국의 교역조건을 악화시키고 외국의 교역조건을 개선한다.

여기서 중요한 고려사항은 어느 나라가 성장했는가가 아니라 오히려 성장의 편향성이다. 만약 외국에서 강한 의복 편향적 성장이 발생하면 세계의 상대공급곡선과 교역조건에 대한 효과는 비슷할 것이다. 반면 자국이나 외국의 강한 식량 편향적 성장은 그림 6-7(b)에 나타난 것과 같이 세계 $RS$ 곡선을 $RS^1$에서 $RS^3$로 좌측으로 이동시키고, 따라서 의복의 상대가격을 $(P_C/P_F)^1$에서 $(P_C/P_F)^3$로 올린다. 이 상대가격의 상승으로 인해 그림 6-7(b)에 나타난 것처럼 자국의 교역조건은 개선되고 외국의 교역조건은 악화된다.

한 국가의 생산가능곡선이 수출재 쪽으로 확장하는 성장을 **수출 편향적 성장**(export-biased growth)이라고 한다. 마찬가지로 수입재 쪽으로 편향된 성장을 **수입 편향적 성장**(import-biased growth)이라고 한다. 앞의 분석결과는 다음과 같은 일반적 원리로 정리할 수 있다. 수출 편향적 성장은 성장국의 교역조건을 악화시켜 세계의 여타 국가를 유리하게 만드는 경향이 있고, 수입 편향적 성장은

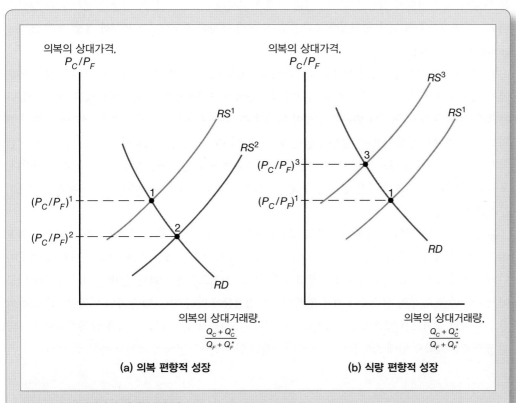

**그림 6-7 경제성장과 세계공급곡선**
의복 편향적 성장은 세계의 *RS* 곡선을 오른쪽으로 이동시키고(a), 식량 편향적 성장은 왼쪽으로 이동시킨다(b).

성장국의 교역조건을 개선하여 세계의 여타 국가를 불리하게 만드는 경향이 있다.

## 경제성장의 국제적 효과

이제 이 원리를 이용하면 경제성장의 국제적 효과에 관한 문제를 분석할 수 있다. 세계의 여러 다른 국가의 성장은 과연 자국경제에 좋은가, 혹은 나쁜가? 자국이 세계경제 내의 무역 당사국이라는 사실은 그러한 성장의 혜택을 증가시키는가, 혹은 감소시키는가? 각 질문에 대한 해답 역시 성장의 편향성에 달려 있다. 세계 다른 국가의 수출 편향적 성장은 자국의 교역조건을 개선하므로 자국경제에 좋은 한편, 다른 국가의 수입 편향적 성장은 자국의 교역조건을 악화시키므로 자국경제에 나쁘다. 자국의 수출 편향적 성장은 자국의 교역조건을 악화시켜 성장의 직접적인 혜택을 감소시킨다. 반면 자국의 수입 편향적 성장은 자국의 교역조건을 개선하여 이차적인 혜택을 본다.

1950년대에 빈국의 많은 경제학자는 주로 원료를 수출하는 자신들의 국가가 시간이 경과함에 따라 교역조건의 지속적인 하락을 경험했을 것이라 믿었다. 그 경제학자들은 공업국의 성장이 원료에 대한 대체 합성원료 개발의 확대와 함께 진행되었던 반면, 빈국의 성장은 공업화를 통한 발전이라기보다 그들이 이미 수출하고 있는 원료의 생산능력을 더 확장하는 형태를 취했다고 믿었다. 즉 공업국의 성장은 수입 편향적 성장인 반면, 저개발국의 성장은 수출 편향적 성장이었을 것이라고 믿었다.

어떤 분석가들은 심지어 빈국의 성장은 실제로 자국경제에 해가 되었다고 주장하기도 했다. 그들은 빈국의 수출 편향적 성장은 교역조건을 크게 악화시켜서 그 국가들이 성장을 전혀 하지 않았을 때보다도 후생수준이 더 악화되었다고 주장했다. 이런 상황을 경제학자는 **빈곤화 성장**(immiserizing growth)이라고 한다.

컬럼비아대학교의 경제학자 재그디시 바과티(Jagdish Bhagwati)는 1958년에 발표한 유명한 논문에서 성장의 그런 왜곡된 효과가 매우 정교하게 만들어진 경제 모형을 통해 실제로도 일어날 수 있다는 것을 보여주었다.[6] 하지만 빈곤화 성장이 일어날 수 있는 조건은 극단적인 경우로서, 한 국가의 강력한 수출 편향적 성장이 매우 경사가 급한 $RS$ 곡선 및 $RD$ 곡선과 결합되어 교역조건의 악화가 한 국가의 생산능력의 증가로 얻는 직접적인 유리한 효과를 충분히 상쇄할 만큼 아주 클 때 발생한다. 오늘날 대부분의 경제학자들은 빈곤화 성장의 개념을 현실의 세계 문제라기보다는 이론적인 것으로 간주할 뿐이다.

통상적으로 세계무역 경제에서 자국의 경제성장은 자국의 후생수준을 증가시키기는 하지만 외국의 성장에 대해서는 결코 그렇지 않다. 수입 편향적 성장 가능성이 없는 것은 아니며, 만약 세계의 여타 국가에서 그런 수입 편향적 성장이 발생하면 자국의 교역조건은 악화될 것이다. 다음의 사례 연구에서 미국의 주요 무역 상대국이 빠른 경제성장을 경험함에 따라 지난 40년 동안 미국이 실질소득의 감소(미국의 교역조건 악화)로 고통받았는지 여부를 조사해보자. 그리고 그다음 글상자에서는 자국의 교역조건 악화로 인해 소득감소가 크게 발생했던 일부 개발도상국에 대해서 논할 것이다.

---

6 "Immiserizing Growth: A Geometrical Note," *Review of Economic Studies* 25 (June 1958), pp. 201-205.

## 사례 연구 — 신흥공업국의 성장이 선진국 경제에 해가 되었는가?

이전의 두 사례 연구에서는 신흥공업국(NIEs)과의 무역 증가가 근로자에게 미치는 단기적 영향(수입경쟁 부문의 실직 근로자, 4장)과 장기적 영향(소득불평등 악화, 5장)에 대해서 알아보았다. 반복해서 강조하고 있듯이 무역은 국가의 총소득을 증가시키는 경우에도 그 국가 내에 승자와 패자(소득분배 효과)를 발생시킬 가능성을 가지고 있다.

무역으로 얻는 손실은 이익보다 더 가시적이며 집중되는 경향이 있기 때문에 (최소한 선진국에서는) 일부 국가에서 국제무역에 대한 인식이 좋지 않다는 것은 놀라운 일이 아니다. 2014년 퓨연구센터(Pew research center)의 무역에 대한 인식조사에 따르면 개발도상국과 신흥경제국에서는 사람들이 일반적으로 국제상업 활동이 유익하다고 믿는 반면, 특히 프랑스, 이탈리아, 일본, 미국 등 선진국에서는 무역에 대해 회의적인 경향을 가지고 있는 것으로 나타났다.[7]

이 사례 연구에서 유럽의 주요 무역 상대국인 튀르키예와 인도가 상당한 수준의 경제성장을 경험했던 1995년과 2018년 사이에 유럽의 교역조건이 악화(총소득의 감소)되었는지 살펴본다. 이 두 국가는 각각 EU의 여섯 번째와 열 번째로 큰 교역국가이며, 이 기간에 각각 매년 평균 9%와 5.5%로 성장했다.

1996년과 2018년 사이 유럽연합 교역조건의 장기적 하락(그리고 반대로 튀르키예와 인도 교역조건의 향상)으로 인해 과연 튀르키예와 인도의 성장이 EU에 총손실을 발생시켰는지 여부를 조사해볼 수 있다. 이 장의 수학 후기에서 교역조건의 변화에 따른 실질소득 효과의 백분율은 교역조건 변화의 백분율에 소득의 수입비중을 곱한 것과 같다는 것을 보여준다.

GDP에서 수입비중이 25%인 유럽연합의 경우 교역조건이 1% 감소하면 실질소득은 약 0.25%만 감소하게 된다. 따라서 교역조건의 하락이 경제성장을 눈에 띄게 감소시키려면 매년 몇 %씩 감소해야 한다.

그림 6-8은 1995년과 2018년 사이 유럽연합, 튀르키예, 인도 교역조건의 변화추세를 보여준다. 이러한 교역조건은 수출상품 바스켓의 평균가격을 수입상품 바스켓의 평균가격으로 나누어 실증적으로 측정한 것이다. 유럽연합의 연간 교역조건은 연간 변동의 크기가 작고 시간에 따른 명확한 추세가 없는 것을 볼 수 있다. 2018년 유럽연합의 교역조건은 본질적으로 1995년과 동일한 수준이었다. 따라서 유럽연합이 장기간 교역조건의 악화로 인해 지속적인 경제적 손실을 입었다는 증거는 없다.

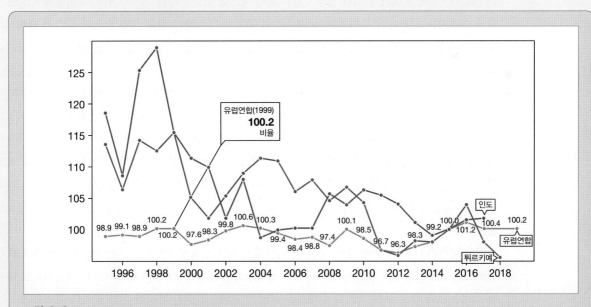

그림 6-8

출처: Evolution of the Terms of trade European Union, India, Turkey 1995-2018, OECD https://data.oecd.org/trade/terms-oftrade.htm

7 Pew research center, Faith and Skepticism about Trade, 2014, https://www.pewresearch.org/global/2014/09/16/faith-and-skepticism-about-trade-foreign-investment/

## 교역조건 충격과 COVID-19 팬데믹이 개발도상국에 미친 영향

그림 6-8에서 미국에 대해 설명한 바와 같이 대부분의 선진국은 교역조건이 연간 (평균) 약 1% 이하로 약한 변동을 경험하는 경향이 있다. 그러나 일부 개발도상국의 수출은 주로 광물과 농업 부문에 크게 집중되어 있다. 세계시장에서 이러한 상품의 가격은 매우 변동성이 커서 교역조건에도 큰 변동을 발생시킨다. 무역이 소수의 산업 부문에 집중되어 있고 GDP의 상당한 비중을 차지하기 때문에 이러한 변동은 결국 후생수준에 상당한 변화를 일으킨다. 세계은행이 추정한 1인당 GDP가 2만 5,000달러(2005년 미화 기준, 구매력 차이에 따라 조정) 미만인 38개의 저소득 및 신흥경제국가를 고려해보자. 이들 중 절반에서 상위 3개 상품의 수출이 해당 국가의 총수출액의 절반 이상을 차지한다. 이러한 상품 가격은 매우 변동적이기 때문에 최근 연구는 교역조건의 변동이

38개국 전체에 대해 평균적으로 GDP 변동의 40%를 차지한다고 추정했다.[8]

COVID-19의 공중보건에 대한 직접적인 영향 이외에도 전 세계적인 팬데믹 현상은 원자재 가격에 큰 변동을 발생시켜 일부 개발도상국에 특히 큰 타격을 주었다. 국경이 폐쇄된 기간에 전 세계의 공장도 봉쇄되면서 유가가 폭락했다. 2020년 4월 짧은 기간에 원유가격은 *마이너스*로 바뀌었다. 즉 원유 '판매자'가 원유를 공급하기 위해 '구매자'에게 오히려 돈을 주어야 했다. 팬데믹 이전에 원유는 나이지리아 수출의 80%, 전체 정부 재정수입의 50%를 차지했다. 세계은행에 따르면 팬데믹으로 인한 원유가격의 하락은 나이지리아 경제에 40년 만에 최악의 경기 침체를 발생시켰다.

## 관세와 수출보조금: *RS* 곡선과 *RD* 곡선의 동시 이동

**수입관세**(import tariff, 수입에 부과되는 세금)와 **수출보조금**(export subsidy, 해외에 상품을 판매하는 국내 생산자에게 지급되는 지원금)은 일반적으로 한 국가의 교역조건에 영향을 주기 위해 시행되지는 않는다. 무역에 대한 이러한 정부개입은 통상적으로 소득분배를 개선하거나, 국민경제에 중요하다고 여겨지는 산업을 진흥하거나, 국제수지의 균형을 달성하기 위해 시행된다(이 동기에 대해서는 10, 11, 12장 참조). 하지만 동기가 어떻든 관세와 수출보조금은 교역조건에 영향을 주고 이 효과는 표준무역 모형을 사용함으로써 이해할 수 있다.

관세와 수출보조금의 중요한 특징은 이들이 세계시장에서 거래되는 재화가격과 국내시장에서 거래되는 재화가격 간에 차이를 발생시킨다는 것이다. 관세의 직접적 효과는 수입재를 해외에서보다 국내에서 더 비싸게 만드는 것이다. 수출보조금은 국내 생산자에게 외국으로 수출할 동기를 제공한다. 즉 보조금은 국내의 수출재 가격을 올리기 때문에, 국내가격이 더 높지만 않다면 국내보다 해외에서 파는 것이 더 이윤이 클 것이다. 이는 생산보조금의 효과와 아주 다른데, 생산보조금은 그 재화에 대한 국내가격 또한 하락시킨다. (생산보조금은 재화의 판매 국가에 따라 차별적으로 지급되지 않기 때문이다.)

어떤 국가가 (세계시장에 비해) 어떤 한 재화의 대규모 수출국가이거나 수입국가인 경우 관세와 수출보조금으로 인한 가격변화는 상대공급과 상대수요를 모두 변화시킨다. 그러므로 결과적으로 관세와 수출보조금 같은 무역 정책을 수행하는 국가의 교역조건뿐만 아니라 여타 국가의 교역조건도 변화시킨다.

---

8 F. DiPace, L. Juvenal, and I. Petrella, *Terms-of-Trade Shocks Are Not All Alike*. London: Centre for Economic Policy Research, 2020 참조

## 상대수요와 상대공급에 미치는 관세의 효과

관세와 보조금은 국제적으로 교역되는 재화의 가격, 즉 **대외가격**(external price)과 국내에서 거래되는 가격, 즉 **국내가격**(internal price) 간에 격차를 만든다. 이는 교역조건을 잘 정의해야 한다는 것을 의미한다. 교역조건은 국가들이 재화를 교환하는 비율을 측정하는 것이 목적이다. 예를 들면 자국이 수출하는 의복 각 단위당 얼마나 많은 단위의 식량을 수입할 수 있는가를 측정한다. 그러므로 교역조건은 대외가격에 대한 것이지 국내가격에 대한 것이 아니다. 관세나 보조금의 효과를 분석할 때 관세나 보조금이 대외가격의 함수로서 상대수요와 상대공급에 어떻게 영향을 주는지를 살펴봐야 한다.

예를 들어 자국에서 식량 수입가격에 20%의 관세를 부과하면 자국의 생산자와 소비자가 직면한 의복 대비 식량의 국내 상대가격은 세계시장에서 식량의 대외 상대가격에 비해 20% 높을 것이다. 마찬가지로 자국 국민이 의사결정하는 데 기초가 되는 의복의 국내 상대가격은 해외시장에서의 대외 상대가격보다 낮을 것이다.

그러면 모든 주어진 의복의 세계 상대가격수준에서 자국 생산자는 낮은 의복의 상대가격에 직면할 것이므로 의복을 덜 생산하고 식량을 더 많이 생산할 것이다. 동시에 자국 소비자는 의복에 대한 소비는 증가시키고 식량의 소비는 감소시킬 것이다. 전 세계적 관점에서 의복의 상대공급은 그림 6-9의 $RS^1$에서 $RS^2$로 감소하는 반면, 의복의 상대수요는 $RD^1$에서 $RD^2$로 증가할 것이다. 따라서 세계시장에서 의복의 상대가격은 $(P_C/P_F)^1$에서 $(P_C/P_F)^2$로 상승하게 되므로 자국의 교역조건은 외국의 희생하에 향상된다.

관세가 교역조건에 미치는 효과의 정도는 관세를 부과하는 국가가 여타 세계에 비해 얼마나 크냐에 달려 있다. 만약 그 국가가 세계에 비해 소국이라면, 소국이 부과한 관세는 세계의 상대수요와 상대공급에 큰 영향을 줄 수 없으므로 상대가격에도 큰 영향을 줄 수 없다. 만약 미국과 같은 대국이

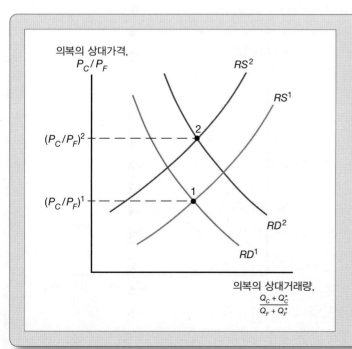

**그림 6-9 식량 관세가 교역조건에 미치는 영향**

자국에서 부과되는 식량 수입관세는 세계시장에서 전체적으로 의복의 상대공급을 줄이고 ($RS^1$에서 $RS^2$로) 상대수요를 증가시킨다($RS^1$에서 $RS^3$로). 결과적으로 의복의 상대가격은 $(P_C/P_F)^1$에서 $(P_C/P_F)^2$로 증가할 것이다.

20%의 관세를 부과한다면 미국의 교역조건은 약 15% 정도 개선될 것이라고 일부 연구에서 추정하고 있다. 즉 관세 부과로 인해 미국의 수출가격에 비하여 수입가격은 세계시장에서 15% 하락하는 반면에, 미국 내에서는 단지 5%만 상승한다는 것이다. 한편 룩셈부르크나 파라과이 같은 소국이 20%의 관세를 부과한다면 교역조건의 효과는 측정할 수 없을 정도로 작을 것이다.

### 수출보조금의 효과

관세와 수출보조금은 모두 국내 생산자를 지원하기 위한 것으로 보이기 때문에 종종 유사한 정책으로 취급되지만 교역조건에는 정반대의 효과를 준다. 자국이 의복 수출가격에 20%의 보조금을 제공한다고 해보자. 모든 주어진 세계시장가격에 대해 이 수출보조금은 자국 내에서 식량가격에 대한 의복의 상대가격을 20%만큼 상승시킬 것이다. 의복의 상대가격의 상승은 국내 생산자가 의복을 더 생산하고 식량을 덜 생산하게 하는 반면에, 국내 소비자는 의복을 식량으로 대체하게 될 것이다. 그림 6-10에 나타난 것처럼 이 보조금은 의복의 세계 상대공급곡선을 $RS^1$에서 $RS^2$로 증가시키고, 의복의 세계 상대수요곡선을 $RD^1$에서 $RD^2$로 감소시켜서 세계시장의 균형은 점 1에서 점 2로 이동한다. 따라서 수출보조금을 준 자국의 교역조건은 악화되고, 외국의 교역조건은 향상된다.

### 교역조건 효과의 의미: 누가 혜택을 보고 누가 손해인가

자국이 관세를 부과하면 자국의 교역조건은 외국의 희생하에 향상된다. 따라서 관세는 여타국들을 해친다. 관세가 자국의 후생에 미치는 효과는 명확하지 않다. 교역조건의 개선은 자국을 유리하게 하지만, 관세는 자국경제의 생산동기와 소비동기를 왜곡하여 비용을 발생시킨다(9장 참조). 관세가 너무 크지 않을 때만 교역조건 개선의 이익이 왜곡의 손실을 능가할 것이다. 나중에 이러한 순이익을

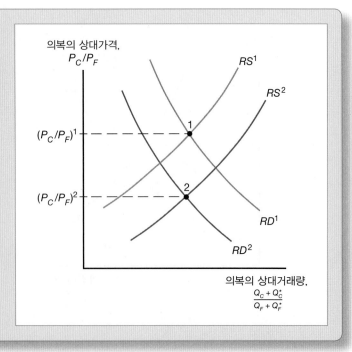

**그림 6-10 의복 수출보조금이 교역조건에 미치는 영향**

의복 수출보조금은 식량 관세와는 반대로 상대공급곡선과 상대수요곡선을 이동시킨다. 세계시장에서 의복의 상대공급을 증가시키고 상대수요는 감소시킨다. 자국의 교역조건은 의복의 상대가격이 $(P_C/P_F)^1$에서 $(P_C/P_F)^2$로 하락함에 따라 악화된다.

최대화하는 최적관세를 정의하는 방법을 제시할 것이다. (만약 소국이 관세를 부과하면 관세가 교역조건에 큰 영향력을 미치지 않기 때문에 최적관세는 거의 0이 된다.)

수출보조금의 효과는 명확하다. 외국의 교역조건은 자국의 희생으로 개선되어 외국의 후생은 분명히 개선된다. 동시에 자국은 교역조건의 악화와 보조금 정책의 왜곡 효과로 손해를 본다.

이러한 분석은, 수출보조금은 결코 도움이 안 되는 것처럼 보이게 한다. 실제로 수출보조금이 국가 이익에 도움을 준다고 보기는 어렵다. 정책 도구로서의 수출보조금은 통상 경제적 논리보다 무역의 정치적 특성과 더 관련이 많다.

그러면 외국이 부과한 관세는 자국경제에 항상 손해를 주고, 외국의 수출보조금은 자국경제에게 유리한가? 반드시 그렇지는 않다. 앞서 살펴본 무역 모형에서 외국은 자국이 수입하는 재화를 수출하고 자국은 외국이 수입하는 재화를 수출하는, 2개의 국가만 있는 세계를 가정한다. 그러나 많은 국가가 존재하는 실제 세계경제에서 외국 정부는 미국의 수출재와 경쟁하는 재화의 수출에 보조금을 제공할 수도 있다. 이 외국 정부의 보조금은 확실히 미국의 교역조건에 피해를 줄 것이다. 이 효과의 좋은 예는 농산물 수출에 대한 유럽의 보조금 지급이다(9장 참조). 또 다른 예로, 어떤 국가가 미국이 수입하는 재화에 관세를 부과하여 그 재화의 수입가격을 낮추고 미국에 이롭게 할 수도 있다. 따라서 2개국 분석 결과는 다음과 같이 한정되어야 한다. 미국이 수입하는 재화를 수출하는 상대국 정부의 수출보조금 지급은 미국에 도움이 되는 반면, 미국이 수출하는 재화를 수입하는 상대국 정부의 관세 부과는 미국에 손해가 된다고 결론을 내릴 수 있다.

미국으로 판매되는 재화에 보조금을 지급하는 것이 미국 국민에게 유리하다는 견해는 일반적인 것이 아니다. 외국 정부가 미국에 수출하는 제품에 보조금을 지급한다는 혐의가 있으면 미국 국민은 수출보조금이 불공정한 경쟁이라고 정치적으로 반응한다. 따라서 미국 상무성(Commerce Department)이 2012년 중국 정부가 미국에 수출하는 태양광 패널에 보조금을 지급했다고 판정했을 때, 미국 상무성은 중국에서 수입되는 태양광 패널에 관세를 부과하는 것으로 대응했다.[9] 표준무역 모형에 따르면 더 낮은 태양광 패널 가격은 (태양광 패널의 순수입국인) 미국 경제에 좋은 일이다. 다른 한편 불완전경쟁과 생산에서 규모에 대한 수확체증에 입각한 모형에서는 유럽의 보조금으로 인한 잠재적 후생손실을 지적한다. 이러한 논의에도 불구하고 이 수출보조금의 가장 큰 효과는 미국 내의 소득분배에 있다. 만약 중국이 미국으로 수출하는 태양광 패널에 보조금을 준다면 대부분의 미국인은 더 싼 태양광 패널을 구입할 수 있게 되므로 이익을 얻을 수 있고 세계적으로도 낮은 탄소배출로 인해 혜택이 돌아갈 것이다. 그러나 미국 내 태양광 패널 산업에 종사하는 근로자와 투자자는 더 낮은 수입가격으로 손해를 보게 된다. (그러나 수입가격 하락으로 혜택을 보는 태양광 패널의 판매, 유통, 설치 분야에 고용된 근로자 수는 거의 6대1의 비율로 더 많다.) 중국산 태양광 패널 수입에 대한 미국 관세의 또 다른 결과는 무역전환(trade diversion)이었다. 즉 중국 태양광 패널의 높은 가격은 말레이시아의 태양광 패널 생산에 대한 투자 붐을 촉발했다.[10] 2016년까지 말레이시아는 중국을 제치고 미국 태양광 패널의 주요 수입원으로 부상했다. 2018년 미국은 모든 국가에서 수입되는 태양광 패널에 30% 관세를 부과했다.

---

9 "U.S. Will Place Tariffs on Chinese Solar Panels," *New York Times*, October 10, 2012 참조

10 "Solar Rises in Malaysia During Trade Wars Over Panels," *New York Times*, December 11, 2014 참조

## 국제적 차입과 대부

지금까지 기술한 모든 무역관계는 시간을 고려하지 않았다. 어떤 재화, 예를 들어 의복은 다른 재화, 이를테면 식량과 교환된다. 이 절에서는 앞서 개발한 표준무역 모형이 시간을 두고 일어나는 국가 간의 아주 중요한 또 다른 종류의 무역인 국제적 차입과 대부를 분석하기 위해 어떻게 사용될 수 있는가를 볼 것이다. 시간을 두고 일어나는 모든 국제적 거래는 재무적 성격을 띠며, 이는 이 책의 후반부에서 자세히 다루는 주요 주제 중 하나이다. 하지만 재무적 성격을 생략하고 또 다른 무역의 일종으로서의 차입과 대부를 생각해볼 수 있다. 어느 시점에 한 재화와 다른 재화를 교역하는 대신에 오늘의 재화를 미래의 재화와 교환할 수 있다. 이런 종류의 무역을 **기간 간 무역**(intertemporal trade)이라고 한다. 이에 대해 이 책에서 나중에 더 자세히 보겠지만, 지금은 시간 차원이 존재하는 표준무역 모형의 변형을 사용하여 분석해볼 것이다.[11]

### 기간 간 생산가능곡선과 무역

국제적 자본 이동이 없어도 모든 경제는 현재의 소비와 미래의 소비 사이의 상충관계에 직면한다. 통상적으로 국가경제는 현재의 생산량을 모두 소비하지 않고 생산량 중 일부를 기계, 건물, 기타 형태의 생산적 자본에 투자한다. 한 경제가 현재에 더 많이 투자할수록 미래에 더 많이 생산하고 소비할 수 있을 것이다. 하지만 유휴자원이 없다면(이 가능성은 잠시 무시한다) 더 많이 투자하기 위해 소비를 줄여 자원으로 사용할 수 있어야 한다. 따라서 현재 소비와 미래 소비 사이에는 상충관계가 있다.

한 재화만을 소비하고 현재와 미래라는 두 기간만이 존재하는 경제를 상상해보자. 그러면 소비재의 현재 생산과 미래 생산에 상충관계가 존재하므로 **기간 간 생산가능곡선**(intertemporal production possibility frontier)을 그려 이 상황을 간단히 표시해볼 수 있다. 그러한 생산가능곡선이 그림 6-11에

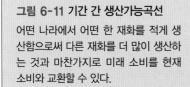

**그림 6-11 기간 간 생산가능곡선**
어떤 나라에서 어떤 한 재화를 적게 생산함으로써 다른 재화를 더 많이 생산하는 것과 마찬가지로 미래 소비를 현재 소비와 교환할 수 있다.

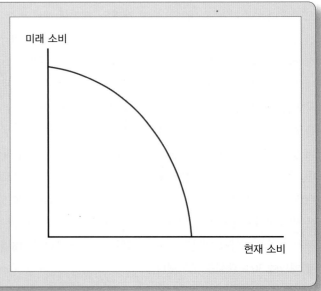

---

11 추가 세부사항과 계산은 부록 참조

그려져 있다. 그동안 그려왔던 것처럼 마치 어느 한 시점에서의 두 재화 간 생산가능곡선처럼 보인다.

기간 간 생산가능곡선의 형태는 국가마다 다를 것이다. 현재 생산에 편향된 생산가능곡선을 가진 국가가 있는 반면에, 미래 생산에 편향된 생산가능곡선을 가진 국가도 있다. 이 편향성에 어떤 실질적 차이가 있는지는 곧 살펴보겠지만, 먼저 기간 간 생산가능곡선이 다른 자국과 외국, 두 국가가 있다고 하자. 외국의 생산가능곡선은 미래 소비에 편향된 반면에 자국은 현재 소비에 편향되어 있다.

유추해서 생각해보면 어떤 결과가 나올지 이미 예측할 수 있다. 국제적 차입과 대부가 없다면 미래 소비의 상대가격이 외국보다 자국에서 더 높다고 예상할 것이다. 따라서 시간에 걸친 무역이 가능하면 자국은 현재 소비를 수출하고 미래 소비를 수입한다고 예상할 수 있다.

그러나 이는 약간 의아해 보일 것이다. 미래 소비의 상대가격은 무엇이고, 시간에 걸친 무역은 어떻게 일어나는가?

## 실질이자율

국가는 시간에 걸친 무역을 어떻게 하는가? 개인과 같이 국가도 차입과 대부로 시간에 걸친 무역을 할 수 있다. 개인이 돈을 차입할 때 어떻게 되는가를 생각해보자. 처음에 개인은 소득보다 더 많이 지출할 수 있게 된다. 즉 개인은 생산한 것보다 더 많이 소비할 수 있다는 것이다. 하지만 그 후에는 이자와 함께 빌린 대출금을 상환해야 하므로 미래에는 생산한 것보다 더 적게 소비하게 된다. 그래서 개인은 돈을 차입함으로써 실제로 현재 소비를 미래 소비와 교환한 것이다. 이는 차입국의 경우에도 동일하게 적용된다.

분명히 현재 소비로 환산된 미래 소비의 가격은 이자율과 관련 있다. 이 책의 후반부에서 보는 것과 같이 현실 세계에서 이자율에 대한 해석은 전체 물가의 변화 가능성으로 인해 복잡해진다. 여기서는 단지 대출계약이 '실물(real)' 단위로 구체화된다고 가정함으로써 그 복잡한 문제를 무시한다. 국가가 돈을 차입할 때 그 국가는 미래에 더 많은 금액을 상환하는 대신에 현재 소비를 구입할 권리를 얻는다. 특히 미래의 상환액은 현재 차입된 금액에 $(1 + r)$로 곱한 금액일 것이다. 이때 $r$은 차입의 **실질이자율**(real interest rate)이다. 현재의 1단위 소비가 미래의 $(1 + r)$ 단위와 교환되기 때문에, 미래 소비의 상대가격은 $1/(1 + r)$이다.

미래 소비의 상대가격이 오를 때(즉 실질이자율 $r$이 하락할 때) 국가는 더 많이 투자하는 것으로 반응한다. 즉 투자증가로 인해 현재 소비 대비 미래 소비의 공급을 증가시키고(그림 6-11의 기간 간 생산가능곡선상에서 왼쪽으로 이동), 이는 미래 소비의 상대공급곡선이 우상향함을 의미한다. 앞서 의복과 식량에 대한 소비자의 선호가 그 재화들의 상대가격과 상대소비를 연결시키는 상대수요곡선으로 표시될 수 있다는 것을 살펴보았다. 마찬가지로 소비자는 현재 소비와 미래 소비 사이를 대체하고자 하는 정도를 포착하는 기간 간 선호를 가질 수 있다. 이 대체 효과는 또한 미래 소비의 상대수요(현재 소비에 대한 미래 소비의 비율)를 상대가격 $1/(1 + r)$과 연계시키는 기간 간 상대수요곡선으로 포착된다.

이는 표준무역 모형과 완전히 합치한다. 만약 국제적 차입과 대부가 허용된다면 미래 소비의 상대가격인 세계의 실질이자율은 미래 소비에 대한 세계시장의 상대공급과 상대수요에 의해 결정된다. 균형 상대가격 $1/(1 + r^1)$의 결정은 그림 6-12에 나타나 있다. [재화의 무역과 그림 6-5(a)가 비슷하

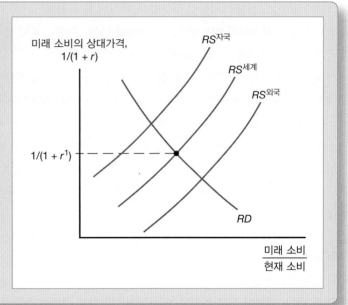

**그림 6-12 차입과 대부가 있을 때 균형 이자율**

외국의 (현재 소비 대비) 미래 소비의 상대공급곡선은 자국의 상대공급곡선에 비해 바깥쪽에 위치해 있다. 자국과 외국은 미래 소비에 대한 동일한 상대수요곡선을 가지고, 세계의 상대수요곡선과도 동일하다. 균형 이자율 $1/(1+r^1)$은 세계의 상대공급곡선과 상대수요곡선의 교차점에서 결정된다.

다는 것을 주목하라.] 자국과 외국에 대한 기간 간 상대공급곡선은 자국의 생산가능곡선이 현재 소비에 얼마나 편향적인가를 반영하는 한편, 외국의 생산가능곡선이 미래 소비에 얼마나 편향적인가를 반영한다. 다시 말하면 미래 소비에 대한 외국의 상대공급은 자국의 상대공급에 비해 바깥쪽에 위치해 있다. 균형 실질이자율에서 자국은 미래 소비를 수입하는 대신에 현재 소비를 수출한다. 즉 자국은 현재에 외국에 대부하고 미래에 상환받을 것이다.

## 기간 간 비교우위

자국의 기간 간 생산가능곡선이 현재 소비에 편향되어 있다는 것을 가정했다. 그런데 이것은 무엇을 의미하는가? 기간 간 비교우위의 원천은 통상적으로 무역을 일으키는 원천과는 약간 다르다.

소비재의 미래 생산에 비교우위를 가진 국가는 국제적 차입과 대부가 없는 경우 미래 소비의 상대가격이 낮은, 즉 높은 실질이자율을 가진 국가이다. 이 높은 실질이자율은 투자에 대한 수익이 높다는 것을 의미한다. 즉 자원을 소비재의 현재 생산을 위해 사용하기보다는 그 경제의 미래의 생산능력을 높이는 자본재, 건설, 기타 투자활동으로 전환하는 것이 수익이 높다는 것이다. 그래서 국제금융시장에서 대부 국가는 국내에 그런 투자기회가 없는 국가인 반면에, 차입 국가는 현재의 생산능력에 비해 국내의 생산적인 투자기회가 상대적으로 많은 국가일 것이다.

### 요약

▪ 표준무역 모형은 생산가능곡선으로부터 세계의 상대공급곡선을 도출하고 소비선호로부터 세계의 상대수요곡선을 도출한다. 수입재에 대한 수출재의 상대가격인 국가의 교역조건은 세계의 상대공급곡선과 상대수요곡선의 교차점에서 결정된다. 여타의 조건이 같은 경우 국가의 교역조건 개선은 그 국가의 후생을 향상시키는 반면, 교역조건 악화는 그 국가의 후생을 악화시킬 것이다.

■ 경제성장은 국가의 생산가능곡선을 바깥 방향으로 이동시키는 것을 의미한다. 그런 성장은 통상적으로 편향적이다. 즉 생산가능곡선이 다른 재화보다 어떤 한 재화 쪽으로 더 많이 이동한다. 편향적 성장의 효과는 여타의 조건이 일정할 경우 편향적 성장을 한 재화 쪽으로 그 재화의 세계의 상대공급을 즉각적으로 증가시킨다. 세계의 상대공급곡선의 이동은 성장국의 교역조건을 변화시키는데, 이는 어느 방향으로든 갈 수 있다. 만약 성장하는 국가의 교역조건이 개선되면 이는 애초의 성장 효과를 강화할 수 있지만 세계의 다른 국가들의 성장을 해친다. 만약 성장하는 국가의 교역조건이 악화되면 자국의 성장에 유익한 효과를 일부 없애지만 세계의 다른 국가들에게는 이익이 된다.

■ 교역조건의 효과가 나타나는 방향은 경제성장의 특성에 의존한다. 수출 편향적 성장(수입재와 경쟁하는 재화의 생산능력을 확장하는 것보다 처음에 수출하고 있었던 재화의 생산능력을 확장시키는 성장)은 교역조건을 악화시킨다. 반대로 수입경쟁재의 생산능력을 더 확장하는 수입 편향적 성장은 한 국가의 교역조건을 개선한다. 외국의 수입 편향적 성장은 자국에 피해를 줄 수 있다.

■ 수입관세와 수출보조금은 상대공급과 상대수요 모두에 영향을 준다. 관세는 한 국가의 수입재에 대한 상대수요를 낮추는 반면, 상대공급을 증가시킨다. 관세는 확실히 세계의 여타 국가들을 희생시켜 그 국가의 교역조건을 개선한다. 수출보조금은 반대의 효과가 있어 그 국가의 수출재에 대한 상대공급을 증가시키고 상대수요를 감소시키며, 따라서 그 국가의 교역조건을 악화시킨다. 수출보조금이 교역조건에 미치는 효과는 보조금 지급 국가에 손해가 되고 세계의 여타 국가들에게는 이익을 주는 반면에, 관세의 효과는 그 반대이다. 이는 수출보조금이 국가적 관점에서 말이 안 된다는 것이며, 외국의 수출보조금은 공격받기보다는 오히려 환영받아야 한다는 것을 의미한다. 하지만 관세와 보조금 모두 국가 내 소득분배에 미치는 효과가 크기 때문에, 이 소득분배 효과는 정책에 종종 교역조건보다 더 강하게 작용한다.

■ 국제차입과 대부는 국제무역의 일종으로 간주될 수 있는데, 한 재화와 또 다른 재화의 무역이라기보다는 미래 소비와 현재 소비의 교환으로 볼 수 있다. 이와 같이 기간 간 무역이 발생할 때의 상대가격은 1에 실질이자율을 더한 값이다.

## 주요 용어

| | |
|---|---|
| 교역조건 terms of trade | 빈곤화 성장 immiserizing growth |
| 국내가격 internal price | 수입관세 import tariff |
| 기간 간 무역 intertemporal trade | 수입 편향적 성장 import-biased growth |
| 기간 간 생산가능곡선 intertemporal production possibility frontier | 수출보조금 export subsidy |
| 대외가격 external price | 수출 편향적 성장 export-biased growth |
| 등가치선 isovalue line | 실질이자율 real interest rate |
| 무차별곡선 indifference curve | 편향적 성장 biased growth |
| | 표준무역 모형 standard trade model |

## 연습문제

1. 노르웨이는 스웨덴에 어류를 수출하고 스웨덴은 노르웨이에 볼보 자동차를 수출하는 무역을 한다고 하자. 두 국가에서 재화에 대한 소비선호는 같으나 생산가능곡선은 다르다고 가정하고, 표준무역 모형을 사용하여 두 국가 간 무역의 이익을 설명하라. 노르웨이에는 북대서양의 긴 해안선이 있어 어업

의 생산성이 더 높다. 스웨덴은 자본이 풍부하여 자동차 생산성이 더 높다.

2. 인도네시아와 중국이 무역 상대국이라고 가정하자. 인도네시아는 중국에 팜유를 수출하고 중국에서 윤활유를 수입한다. 표준무역 모형을 사용하여 윤활유 가격에 대한 팜유의 상대가격 상승이 인도네시아의 팜유 생산 및 소비에 어떤 영향을 미치는지 설명하라(두 제품에 대한 소비선호는 양국에서 동일하다고 가정). 만약 팜유가격 변화의 소득 효과가 대체 효과보다 크다면 인도네시아의 팜유 소비는 어떻게 되겠는가?

3. 어떤 경제에서 상대공급은 가격변화에 별로 반응하지 않을 수 있다. 예를 들어 생산요소가 산업 간에 완전히 이동이 불가능하다면 생산가능곡선은 정확히 직각을 이루게 되고, 두 재화의 생산량은 상대가격에 의존하지 않게 된다. 이 경우에도 교역조건의 개선이 여전히 후생을 증가시키는가? 그래프로 분석하라.

4. 공급 측면에서의 이동 불가능 생산요소에 대한 대응은 수요 측면에서의 대체 불가능일 것이다. 예를 들어 두 재화의 가격과 관계없이 1파운드의 식량에 대해 1야드의 의복과 같이 소비자가 항상 고정된 비율로 재화를 구입하는 경제를 상상해보자. 교역조건의 개선이 이 경제에도 이익이 된다는 것을 나타내라.

5. 네덜란드는 주로 농산물을 수출하고 천연가스, 광물, 곡물과 같은 원재료를 수입한다. 다음의 각 경우가 네덜란드의 교역조건에 미치는 영향을 분석하라.
   a. 중국의 농장 오염이 악화되고 있다.
   b. 이집트는 액화천연가스를 대량 수입할 계획이다.
   c. 독일은 원재료와 에너지 생산성을 위한 지속 가능 개발 전략을 취하고 있다.
   d. 러시아와 OPEC의 합의로 석유 생산량이 감소하고 유가는 상승했다.
   e. 수입철강에 대한 네덜란드의 관세가 인상되었다.

6. 적절한 식량 확보는 대부분 국가의 주요 관심사이다. 따라서 농업은 세계에서 가장 중요한 산업 중 하나이다. 국민의 안보와 건강은 농산물 대비 공산품의 가격을 낮추었다. 브라질은 전 세계에서 최대 농산물 수출국 중 하나이며, 전에는 미국의 주요 수출지역이기도 했다. 공산품과 농산물을 교역재로 사용하여 미국과 브라질 경제에 대한 표준무역 모형을 만들고, 재화의 상대가격의 하락이 어떻게 미국의 후생을 감소시키고 브라질의 후생을 증가시킬 수 있는지 보여라.

7. A국과 B국은 자본과 노동 2개의 생산요소를 가지고 2개의 재화 X와 Y를 생산한다. 두 국가의 기술은 동일하다. X는 자본집약적이고, A국은 자본이 풍부하다. 다음의 경우 두 국가의 교역조건과 후생에 미치는 효과를 분석하라.
   a. A국의 자본량 증가
   b. A국의 노동공급 증가
   c. B국의 자본량 증가
   d. B국의 노동공급 증가

8. 경제성장은 한 국가의 교역조건을 개선할 수 있는 것처럼 교역조건을 악화시킬 수도 있다. 그러면 왜 대부분의 경제학자는 경제성장으로 성장국에 해가 되는 빈곤화 성장이 실제 경제에서는 발생하지 않을 것이라고 생각하는가?

9. 싱가포르와 한국은 친환경 혁신 정책을 채택하는 데 있어 서로 어느 정도 비슷하다. 둘 다 환경 친화적인 상품 및 서비스 생산에 유사한 비교우위 패턴을 보이는 매우 혁신적인 경제이다. 한국은 친환경 혁신 정책 수단을 가장 먼저 도입했다. 싱가포르는 현재 이러한 방향으로 정책 수단을 채택하고자 한다.

이것이 한국의 후생에 어떤 영향을 미칠 것이라고 예상하는가? 그리고 미국의 후생에 대해서는 어떤 영향을 줄 것인가? (힌트: 세계 경제에서 한국 경제와 같은 새로운 경제가 추가된다고 생각해보라.)

10. X국은 수출재에 보조금을 지급하고, Y국은 그 보조금의 효과를 상쇄하는 상계관세를 부과하여 결국 Y국에서 상대가격은 변하지 않았다고 하자. 교역조건은 어떻게 되겠는가? 두 국가의 후생은 어떻게 되는가? 한편 Y국이 자국의 수출보조금으로 보복한다고 하자. 그 결과를 대조하라.

11. 국제차입과 대부를 통상적인 국제무역과 비교하여 비슷한 점을 설명하라.

12. 다음의 어떤 국가들이 현재 소비에 편향적 기간 간 생산가능곡선을 가지고, 또 어떤 국가들이 미래 소비에 편향적 기간 간 생산가능곡선을 가질 것으로 예상하는가?

   **a.** 막대한 투자로 개발될 수 있는 대규모 천연가스를 발견한 이집트와 같은 국가

   **b.** 특히 부유한 나라에 대한 대규모 아웃소싱 서비스를 통해 기술적으로 따라잡는 인도와 같은 국가

   **c.** 이민금지법이 이민자 유입 제한을 의미하는 미국이나 독일과 같은 국가

   **d.** 자국 산업을 보다 생산적이고 비용 효율적으로 만들기 위해 사회기반시설을 개발하기 시작한 인도네시아와 같은 국가

   **e.** 바이오연료 사용에 대한 낮은 투자로 에너지 및 가스 소비를 줄이는 것을 목표로 하는 네덜란드와 같은 국가

## 더 읽을거리

Rudiger Dornbusch, Stanley Fischer, and Paul Samuelson. "Comparative Advantage, Trade, and Payments in a Ricardian Model with a Continuum of Goods." *American Economic Review* 67 (1977). 3장에서 인용한 이 논문은 소득이전국이 소득수취국의 교역조건을 개선한다는 가정을 확립하는 데 비교역재의 역할에 대해 명확한 설명을 제공한다.

Lawrence Edwards and Robert Z. Lawrence, *Rising Tide: Is Growth in Emerging Economies Good for the United States?* (Peterson Institute for International Economics, 2013), Chapter 5. 이 장에서는 개발도상국의 성장이 미국의 전반적인 후생에 미치는 영향에 대한 사례 연구를 자세하게 분석한다.

Irving Fisher. *The Theory of Interest*. New York: Macmillan, 1930. 이 장에서 설명하는 '기간 간' 접근 방식의 기원은 이 피셔의 저서이다.

J. R. Hicks. "The Long Run Dollar Problem." *Oxford Economic Papers* 2 (1953), pp. 117-135. 경제성장과 무역에 대한 현대적인 분석은 제2차 세계대전 후 초기 미국이 추월할 수 없는 경제적 우위를 가지고 있다는 유럽인들의 두려움에 그 기원을 두고 있다. (이것은 오늘 현재의 일로 들리지만, 동일한 많은 주장이 이제 일본에 대해 재등장하고 있다.) 힉스의 이 논문은 가장 유명한 연구이다.

Harry G. Johnson. "Economic Expansion and International Trade." *Manchester School of Social and Economic Studies* 23 (1955), pp. 95-112. 수출 편향적 성장과 수입 편향적 성장 사이의 중요한 차이점을 설명한 논문

Paul Krugman. "Does Third World Growth Hurt First World Prosperity?" *Harvard Business Review* 72 (July-August 1994), pp. 113-121. 개발도상국의 성장이 원칙적으로 선진국에 피해를 줄 필요가 없는 이유를 설명하는 연구이며, 아마 실제로도 피해를 주지 않을 것이다.

Jeffrey Sachs. "The Current Account and Macroeconomic Adjustment in the 1970s." *Brookings Papers on Economic Activity*, 1981. 국제 자본 흐름을 기간 간 무역으로 보는 연구

# 부록 6

## 기간 간 무역에 대한 추가 설명

여기서는 이 장에서 설명한 두 기간 간 국제무역 모형을 더 자세히 검토할 것이다. 먼저 그림 6A-1에 나타나 있는 자국의 기간 간 생산가능곡선을 생각해보자. 자국에서 생산되는 현재 소비재와 미래 소비재의 양은 미래재를 생산하기 위해 투자된 현재 소비재의 양에 의존한다는 것을 상기하라. 현재 이용 가능한 자원은 현재 소비에서 투자로 전환될 때 현재 소비의 생산 $Q_C$는 감소하고 미래 소비의 생산 $Q_F$는 증가한다. 그러므로 증가된 투자는 그 경제를 기간 간 생산가능곡선상에서 좌상향으로 이동시킨다.

6장에서 미래 소비를 현재 소비로 나타낸 상대가격은 $1/(1+r)$이고, 여기서 $r$은 실질이자율이라는 것을 설명했다. 그러므로 현재가치로 측정된 두 기간에 걸친 경제의 총생산가치는 다음과 같다.

$$V = Q_C + Q_F/(1+r)$$

그림 6A-1은 $V$의 여러 다른 값에 대한 상대가격 $1/(1+r)$에 해당하는 등가치선을 나타낸다. 등가치선은 (미래 소비가 수직축에 있기 때문에) 기울기가 $-(1+r)$인 직선들이다. 표준무역 모형에서 기업은 시장가격에서의 생산물의 가치 $Q_C + Q_F/(1+r)$를 최대화하는 생산 유형을 결정한다. 따라서 생산은 점 $Q$에서 나타난다. 이 경제는 현재 소비로 $Q_C$를 정하고 그 나머지를 첫 번째 기간에 투자하여 미래에 상환될 수 있는 미래 소비 $Q_F$를 생산한다. (그림 6-1과 같은 맥락으로서 생산물의 총가치를 극대화하기 위해 하나의 단일 기간에 의복과 식량의 생산수준이 선택되었던 것을 기억하라.)

선택된 생산점 $Q$에서 현재 소비 1단위를 추가적으로 투자함으로써 얻는 추가적 미래 소비는

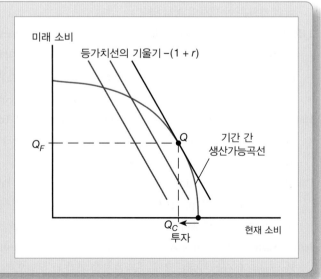

**그림 6A-1 자국의 기간 간 생산 유형에 대한 결정**

세계 실질이자율 $r$에서의 자국의 투자수준은 이 경제가 존재하는 두 기간에 걸친 생산물의 가치를 최대로 만든다.

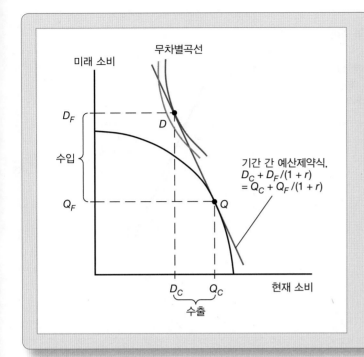

**그림 6A-2 자국의 기간 간 소비 유형에 대한 결정**

자국의 소비는 기간 간 예산제약식과 접하는 가장 높은 무차별곡선상에 놓인다. 이 경제는 $Q_C - D_C$ 단위의 현재 소비를 수출하고, $D_F - Q_F = (1+r) \times (Q_C - D_C)$ 단위의 미래 소비를 수입한다.

$(1+r)$과 같다. 대신에 현재의 소비를 외국에 추가적으로 대부하는 것이 더 좋기 때문에 점 $Q$ 이상으로 투자하는 것은 비효율적일 것이다. 그림 6A-1은 등가치선의 기울기가 더 가팔라지는 세계 실질이자율 $r$의 상승은 투자를 감소시킨다는 것을 의미한다.

그림 6A-2는 주어진 세계의 이자율에 대해 자국의 소비 유형이 어떻게 결정되는가를 나타낸다. $D_C$와 $D_F$는 각각 현재 소비재와 미래 소비재에 대한 수요를 나타낸다. 점 $Q$에서 생산되기 때문에 두 기간에 걸친 경제의 소비가능곡선은 기간 간 예산제약선(intertemporal budget constraint)인 다음 식에 의해 제약받는다.

$$D_C + D_F/(1+r) = Q_C + Q_F/(1+r)$$

이 제약은 두 기간에 대한 (현재 소비로 측정된) 자국의 소비가치가 두 기간에 걸쳐 생산된 (역시 현재 소비단위로 측정된) 소비재의 가치와 같다는 것을 말한다. 다시 말하면 생산과 소비는 같은 등가치선 위에 있어야 한다.

자국의 예산제약선이 가장 높은 무차별곡선과 접하는 점 $D$는 그 경제가 선택한 현재 소비와 미래 소비의 수준을 나타낸다. 자국의 현재 소비에 대한 수요 $D_C$는 그 국가의 현재 소비에 대한 생산 $Q_C$보다 작아서, 자국은 현재 소비의 $Q_C - D_C$만큼을 외국으로 수출(대부)한다. 마찬가지로 자국은 첫 번째 기간의 대출이 이자와 함께 상환될 때 해외에서 $D_F - Q_F$만큼의 미래 소비를 수입한다. 기간 간 예산제약선은 $D_F - Q_F = (1+r) \times (Q_C - D_C)$로 나타나므로, 무역은 기간 간 균형을 이룬다는 것을 의미한다. (또다시 식량을 수입하는 대신에 의복을 수출하는 그림 6-3과 같은 맥락임을 주목하라.)

그림 6A-3은 투자와 소비가 외국에서 어떻게 결정되는가를 나타낸다. 외국은 미래 소비재의 생산에 비교우위를 가진다고 가정되었다. 이 그림은 실질이자율 $r$에서 외국은 첫 번째 기간에 소비재를

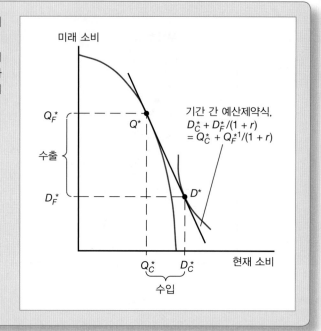

**그림 6A-3 외국의 기간 간 생산과 소비 유형에 대한 결정**

외국은 점 $Q^*$에서 생산하고 점 $D^*$에서 소비하며, $D_C^* - Q_C^*$ 단위의 현재 소비를 수입하고 $Q_F^* - D_F^* = (1+r) \times (D_C^* - Q_C^*)$ 단위의 미래 소비를 수출한다.

차입(수입)하고, 이 대출금을 두 번째 기간에 생산된 소비재로 상환(수출)한다는 것을 나타낸다. 외국은 상대적으로 풍부한 국내 투자기회와 현재 소비에 대한 상대적 선호 때문에, 현재 소비의 수입국인 반면에 미래 소비의 수출국이다.

자국과 외국 생산가능곡선 사이의 차이는 그림 6-11에 묘사된 상대공급곡선의 차이를 가져온다. 균형 이자율 $1/(1+r)$에서 자국이 원하는 현재 소비의 수출량은 외국이 원하는 현재 소비의 수입량과 같다. 다시 말하면 그 이자율에서 자국의 첫 번째 기간 대부액은 외국의 첫 번째 기간 차입액과 동일하다. 그러므로 공급과 수요는 양 기간에 같게 된다.

# CHAPTER 7

# 외부 규모의 경제와 생산의 국제적 입지

3장에서 국가가 무역과 전문화를 하는 두 가지 이유가 있다는 점을 언급했었다. 첫째, 부존자원이나 기술 측면에서 다르기 때문에 각 국가는 상대적으로 잘하는 것에 전문화한다. 둘째, 규모의 경제(혹은 규모에 대한 수확체증)가 있을 경우 각 국가는 제한된 범위의 재화나 용역(서비스) 생산을 전문화하는 것이 이득이 될 수 있다. 3장부터 6장까지는 비교우위에 입각한 무역을 다루는 모형을 살펴봤다. 즉 국가 간의 차이가 무역이 발생하는 유일한 이유였다. 이 장에서는 규모의 경제의 역할을 소개한다.

규모의 경제에 입각한 무역 분석은 지금까지 회피한 몇 가지 문제를 드러낸다. 지금까지는 시장은 완전경쟁적이어서 모든 독점이윤은 경쟁으로 사라진다고 가정했다. 하지만 규모에 대한 수확체증이 있을 경우 대기업은 소기업에 비해 유리하므로, 하나의 기업(독점) 또는 몇 개의 기업(과점)이 시장을 잠식할 수 있다. 이 경우 무역 분석은 불완전경쟁의 효과를 고려해야 한다.

하지만 규모의 경제가 개별 기업수준보다 오히려 산업수준에 적용되는 *외부 경제*의 형태를 취한다면 규모의 경제는 불완전경쟁을 초래하지 않는다. 이 장에서는 무역에서 외부 규모의 경제의 역할에 초점을 맞추고 내부 규모의 경제에 대한 논의는 8장에서 다룰 것이다.

### 학습목표

- 규모에 대한 수확체증이 국제무역을 야기하는 이유를 이해한다.
- 내부 규모의 경제와 외부 규모의 경제의 차이를 이해한다.
- 외부 경제의 원인을 논의한다.
- 외부 경제와 지식창출이 비교우위와 무역 패턴을 형성하는 데 어떠한 역할을 하는지 논의한다.

## 규모의 경제와 국제무역: 개관

이전에 공부한 비교우위 모형에서는 규모에 대한 수확불변을 가정했다. 즉 한 산업에서 요소투입이 2배가 되면 산출량도 2배로 증가할 것이라고 가정했다. 하지만 실제로 많은 산업은 **규모의 경제**(economies of scale, 혹은 **규모에 대한 수확체증**)를 특징으로 하는데, 생산 규모가 커질수록 생산은 더 효율적이 된다. 즉 규모의 경제가 존재하는 산업에서는 요소 투입을 2배로 증가시키면 생산은 2

배 이상 증가할 것이다.

간단한 예를 통해 국제무역에서 규모의 경제가 가진 중요성을 이해해보자. 표 7-1은 한 가상적 산업에서 투입물과 생산량 사이의 관계를 보여준다. 소형기계(widget)는 노동이라는 단일 생산요소만을 사용하여 생산되는데, 이 표는 필요한 노동력이 생산되는 소형기계의 수에 따라 어떻게 달라지는지 보여준다. 예를 들어 10개의 소형기계를 생산하려면 15시간의 노동이 필요하지만, 25개의 소형기계를 생산하는 데는 30시간의 노동이 필요하다. 노동투입이 15시간에서 30시간으로 2배 증가할 때 생산량이 2배 이상 증가한다(실제로 생산량은 2.5배 증가)는 사실에서 규모의 경제가 존재한다는 것을 알 수 있다. 마찬가지로 1단위를 생산하기 위해 사용되는 평균노동량을 통해 규모의 경제가 존재한다는 사실을 알 수 있다. 생산량이 단지 5개일 때는 소형기계 1개당 평균노동투입이 2시간인 반면에, 생산량이 25개일 때는 평균노동투입이 1.2시간으로 하락한다.

다음 예를 통해 규모의 경제가 국제무역을 야기하는 이유를 이해해보자. 세계에는 미국과 영국 두 나라만 존재하고, 두 국가 모두 동일한 소형기계 생산기술을 가졌다고 가정하자. 각국은 처음에 10개의 소형기계를 생산한다. 표에 따르면 각국은 15시간의 노동이 필요하고, 따라서 세계 전체로는 20개의 소형기계를 생산하기 위해 30시간의 노동이 필요하다. 그러나 이번에는 소형기계 생산을 하나의 국가, 예를 들어 미국에 집중시켜 미국이 소형기계 생산에 30시간의 노동을 고용한다고 가정하자. 한 국가에서 30시간의 노동은 25개의 소형기계를 생산한다. 즉 소형기계 생산을 미국에 집중시킴으로써 세계 경제는 같은 노동량을 이용하여 소형기계를 25% 더 많이 생산할 수 있다.

그러나 미국은 소형기계를 생산하기 위한 추가 노동력을 어디서 찾고, 영국의 소형기계 산업에 고용되었던 근로자는 어떻게 되는가? 미국이 어떤 재화의 생산을 확대하기 위해 노동력을 확보하려면 다른 재화의 생산을 축소하거나 포기해야 한다. 그 대신 그러한 재화는 영국에서 생산될 것인데, 이 영국의 노동력은 미국에서 생산이 확대된 그 산업에 이전에 고용되었던 노동력일 것이다. 생산에 규모의 경제가 존재하는 여러 재화가 있고 각 재화에 1, 2, 3…과 같은 번호를 부여한다고 상상해보자. 규모의 경제를 이용하려면 각국은 단지 제한된 수의 재화를 생산하는 데 집중해야 한다. 따라서 예를 들면 미국은 1, 3, 5…라는 재화를 생산하는 한편, 영국은 2, 4, 6…이라는 재화를 생산한다. 만약 각국이 일부 재화들만 생산한다면 각국은 모든 재화를 생산하는 경우보다 각 재화를 더 큰 규모로 생산할 수 있다. 결과적으로 세계 경제는 각 재화를 더 많이 생산할 수 있게 된다.

그러면 국제무역은 이 예에 어떻게 포함될 수 있을까? 각 국가의 소비자는 여전히 다양한 재화를 소비하고 싶을 것이다. 예를 들어 산업 1은 미국에서 생산되고 산업 2는 영국에서 생산된다고 하자. 즉 미국의 재화 2 소비자는 영국에서 수입된 재화를 구입해야 하고, 반면에 영국의 재화 1 소비자는 그 재화를 미국에서 수입해야 할 것이다. 여기서 국제무역은 중요한 역할을 한다. 국제무역은 각국이 제한된 범위의 재화를 생산하여 규모의 경제를 이용하면서도 소비의 다양성을 해치지 않게 한다. 실제로 다음 장에서 국제무역이 전형적으로 가용한 재화의 다양성을 증가시키는 것을 볼 것이다.

앞의 예는 규모의 경제가 존재할 때 무역이 어떻게 상호 간에 이익을 발생시키는지 보여준다. 각 국가는 제한된 재화 생산에 전문화함으로써 모든 재화를 자가 생산할 때보다 효율적으로 재화를 생산한다. 그리고 이 전문화된 경제는 서로 무역을 하면서 모든 종류의 재화를 소비한다.

그러나 불행하게도 이러한 가상적 예를 규모의 경제에 입각한 명시적 무역 모형으로 전환하는 일은 그렇게 단순하지 않다. 그 이유는 규모의 경제는 완전경쟁적 시장구조와는 다른 시장구조를 야기하고 이 시장구조를 분석하는 데는 세심한 주의가 필요하기 때문이다.

## 규모의 경제와 시장구조

표 7-1의 예에서 규모의 경제는 생산량이 커질수록 단위당 노동투입이 작아지는 것으로 나타났다. 이는 시간당 임금이 주어졌을 때 생산량이 증가할수록 평균생산비가 감소한다는 것을 의미한다. 이러한 생산 증가가 어떻게 달성되는지, 즉 기존 기업이 단순히 더 많이 생산하는지 혹은 기업들의 수가 증가하는지는 언급하지 않았다. 하지만 규모의 경제가 시장구조에 미치는 효과를 분석하려면 평균비용을 감소시키기 위해서 어떤 종류의 생산증가가 필요한지 명백히 할 필요가 있다. **외부 규모의 경제**(external economies of scale)는 단위당 비용이 어떤 한 기업의 규모가 아니라 산업의 규모에 의존할 때 나타난다. 반면에 **내부 규모의 경제**(internal economies of scale)는 단위당 비용이 산업의 규모가 아니라 개별 기업의 규모에 의존할 때 나타난다.

외부 규모의 경제와 내부 규모의 경제의 차이는 다음의 가상적인 예로 설명할 수 있다. 10개의 기업으로 구성된 한 산업을 가정하자. 각 기업은 100개의 소형기계를 생산하고, 따라서 산업 전체는 1,000개의 소형기계를 생산한다. 이제 두 가지 경우를 생각해보자. 첫째, 산업의 규모가 2배가 되는데 기업의 수가 20개가 되고 각 기업은 여전히 100개의 소형기계를 생산한다. 산업의 규모가 증가하여 각 기업의 생산비가 감소할 수 있다. 예를 들면 큰 규모의 산업은 전문화된 서비스와 기계를 더 효율적으로 사용할 수 있고, 이 경우에 산업은 외부 규모의 경제를 가진다. 즉 각 기업의 규모는 전과 동일하지만, 산업규모가 커질수록 기업의 효율성은 향상된다.

둘째, 산업의 생산규모는 소형기계 1,000개로 일정하지만 기업의 수가 반으로 줄어 남아 있는 5개의 기업이 각각 200개의 소형기계를 생산한다고 하자. 이 경우 생산비가 감소한다면 내부 규모의 경제가 존재한다. 즉 기업의 생산량이 커질수록 더 효율적이다.

외부 규모의 경제와 내부 규모의 경제는 산업구조에 대해 다른 시사점을 내포한다. 규모의 경제가 순수하게 외부적인 산업(즉 대기업의 이점이 없음)은 전형적으로 많은 소기업으로 구성되고 완전경쟁적일 것이다. 반면에 내부 규모의 경제는 소기업에 비해 대기업에게 비용상 우위를 주고, 이는 불완전경쟁 시장구조를 야기한다.

외부 및 내부 규모의 경제 모두 국제무역의 중요한 원인이다. 하지만 두 규모의 경제는 시장구조에

| 표 7-1 | 가상적 산업의 투입량과 생산량의 관계 | |
|---|---|---|
| **생산량** | **총노동투입** | **평균노동투입** |
| 5 | 10 | 2 |
| 10 | 15 | 1.5 |
| 15 | 20 | 1.333333 |
| 20 | 25 | 1.25 |
| 25 | 30 | 1.2 |
| 30 | 35 | 1.166667 |

대해 다른 시사점을 가지기 때문에 두 가지 규모의 경제에 입각한 무역을 동일한 모형에서 분석하기는 어렵다. 그러므로 이것을 한 번에 하나씩 다룰 것이다. 이 장에서는 우선 외부경제에 초점을 맞추고, 8장에서는 내부경제를 다룬다.

## 외부경제의 이론

이미 언급했듯이 모든 규모의 경제가 개별 기업의 수준에서 적용되는 것은 아니다. 여러 가지 이유로, 개별 기업의 규모가 작더라도 산업생산이 한 지역이나 몇 개 지역에 집중되면서 산업의 비용이 감소하는 경우가 자주 있다. 규모의 경제가 개별 기업수준보다 오히려 산업수준에 적용될 때, 이를 **외부경제**(external economies)라고 부른다. 외부경제 분석의 기원은 1세기 이상 거슬러 올라간다. 영국의 경제학자 앨프리드 마셜(Alfred Marshall)은 천연자원으로는 쉽게 설명할 수 없는 산업의 지리적 집중인 '산업지구(industrial district)' 현상을 발견했다. 마셜 시대에 산업 집중의 가장 유명한 예는 셰필드 지역 주방용 칼 제조업자들의 집적(cluster)과 노샘프턴 지역 양말 기업들의 집적 등이다.

강력한 외부경제가 있는 것처럼 보이는 산업의 많은 현대적 예시가 있다. 미국의 경우 캘리포니아의 유명한 실리콘밸리에 집중된 반도체 산업, 뉴욕에 집중된 투자은행 산업, 할리우드에 집중된 연예 산업 등이 그 예이다. 중국과 같은 개발도상국에도 제조업이 부상하면서 외부경제가 만연하다. 예를 들면 중국의 한 마을은 전 세계 내의 생산의 대부분을 차지하고, 어떤 마을은 전 세계 담배라이터의 거의 대부분을 생산하며, 또 어떤 마을은 전 세계 자기테이프헤드 생산의 3분의 1을 차지한다. 또한 외부경제는 인도가 정보 서비스의 주요 수출국으로 등장하는 데 중요한 역할을 했는데, 이 산업의 상당 부분이 벵갈루루와 그 주변에 위치한다.

마셜은 기업 집적이 개별 기업이 따로 있는 경우보다 더 효율적인 세 가지 중요한 이유를 다음과 같이 주장했다. 기업 집적은 **전문화된 공급자**(specialized supplier)를 뒷받침할 수 있고, 지리적으로 집약된 산업은 **공동노동시장**(labor market pooling) 형성을 가능하게 하며, 지리적으로 집약된 산업은 **지식확산**(knowledge spillover)을 촉진한다. 이러한 요소는 오늘날에도 유효하다.

## 전문화된 공급자

많은 산업에서 재화와 용역의 생산, 더 나아가 신제품의 개발은 전문화된 장비와 지원 서비스를 필요로 한다. 하지만 개별 기업은 서비스 제공자가 계속 사업을 운영할 만큼 충분히 큰 시장을 제공하지 못한다. 반면 지역에 집적된 산업은 많은 기업이 함께 다양하게 전문화된 공급업자들을 지원할 만큼 충분히 큰 시장을 형성함으로써 이 문제를 해결한다. 이런 현상은 실리콘밸리에서 광범위하게 입증되었다. 1994년의 한 연구는 지역산업이 성장할 때 어떻게 이것이 가능한지 설명한다.

기술자들은 기존의 반도체 회사를 떠나 디퓨전 오븐(diffusion oven), 스텝-앤드-리피트(step-and-repeat) 카메라, 검사기기 등의 자본재와 포토마스크(photomask), 테스팅 지그(testing jig), 전문화된 화학제품 등의 자재와 부품을 제조하는 회사들을 설립했다. … 이런 독자적 장비 산업은 개별 생산자가 내부적으로 자본 장비를 개발해야 하는 부담을 덜어주고 개발 비용을 분산시킴으로써 반도체 회사들의 형성을 지속적으로 촉진했다. 그리고 이런 전문화된 투입요소를 미국의 다른 지역에서는 이용할 수 없었기 때문에 산업의 지역 집중화는 더욱 강화되었다.

앞의 인용문에서 볼 수 있듯이 전문화된 공급자들의 밀집된 연계망은 실리콘밸리 첨단기술 기업들에게 타 지역의 기업에 비해 상당한 우위를 주었다. 많은 기업이 생산요소를 제공하기 위해 경쟁하면서 주요 생산요소는 더 저렴하고 더 쉽게 이용 가능하게 되었고, 기업은 사업의 다른 부분은 외주를 주고 자신들이 가장 잘하는 일에만 집중했다. 예를 들면 특별한 고객에게 아주 고도로 정교한 컴퓨터칩을 전문적으로 제공하는 일부 실리콘밸리 기업은 '반도체칩을 설계만 하고 생산은 하지 않는 회사(fabless)'가 되는 것을 선택했다. 즉 그들은 칩을 만드는 공장을 가지고 있지 않다. 대신에 칩을 설계하는 데 전념하며, 실제 칩 생산은 다른 회사에 의뢰한다.

다른 지역(예: 비견할 만한 산업집적이 없는 다른 국가)에서 그 산업에 진입하려는 기업은 실리콘밸리의 공급자에게 쉽게 접근할 수 없고, 그것을 자체적으로 조달해야 하거나 혹은 멀리 떨어져 있는 실리콘밸리의 공급업자들과 거래를 시도해야 하기 때문에 즉각적으로 비교열위에 있을 수밖에 없다.

## 공동노동시장

외부경제의 두 번째 원천은 기업의 집적이 고도로 전문화된 기술을 보유한 근로자의 공동시장을 형성할 수 있다는 것이다. 그런 공동노동시장은 생산자와 근로자 모두에게 유리한데, 생산자는 노동 부족 문제를 덜 겪을 수 있고 근로자는 일자리를 잃을 확률을 줄일 수 있기 때문이다.

이는 다음의 간단한 예로 잘 설명할 수 있다. 두 회사가 있고 두 회사는 동일한 전문화된 노동력을 사용한다고 가정하자. 즉 두 영화 제작사는 컴퓨터 동영상 전문가를 필요로 한다. 그러나 두 회사가 얼마나 많은 근로자를 고용할지는 불확실하다. 제품에 대한 수요가 높으면 회사는 150명을 고용하고 싶지만, 제품에 대한 수요가 낮다면 50명만 고용하기를 원할 것이다. 또한 이 특별한 기술을 지닌 근로자가 200명 있다고 가정하자. 이제 두 상황을 비교해보자. 하나는 두 회사와 200명의 근로자가 같은 도시에 있는 경우이고, 다른 하나는 회사 하나와 근로자 100명이 2개의 서로 다른 도시에 있는 경우이다. 모두 같은 도시에 있다면 근로자와 고용주 모두에게 더 좋다는 것을 보여주는 것은 간단하다.

첫째, 회사의 관점에서 이 상황을 살펴보자. 두 회사가 다른 도시에 있다면 한 회사가 잘될 때 150명을 고용하고 싶지만 100명의 근로자밖에 없기 때문에 매번 인력 부족 문제에 직면할 것이다. 하지만 두 회사가 인접해 있다면 적어도 한 회사가 잘되고 다른 회사가 잘 안 될 때 두 회사는 모두 그들이 원하는 만큼 고용할 수 있다. 즉 두 회사가 인접해 있음으로써 사업기회를 잡을 가능성을 높일 수 있다.

근로자의 관점에서도 산업이 한곳에 집중되어 있는 것이 유리하다. 산업이 두 도시에 분산되어 있으면 한 기업의 노동에 대한 수요가 낮을 때마다 근처에 사는 100명 근로자 중 50명만 고용되기 때문에 실업이 발생할 것이다. 그러나 두 회사가 같은 도시에 있다면 한 기업의 낮은 노동 수요가 어떤 때는 다른 기업의 높은 노동 수요로 상쇄될 수 있다. 결과적으로 근로자의 실업 위험이 낮아지는 것이다. 이런 점은 회사가 빠르게 확장하고 근로자가 일자리를 쉽게 옮기는 실리콘밸리에서도 입증되었다. 앞에서 인용한 실리콘밸리 연구는 기업들이 한곳에 집중되어 있을 때 직장을 바꾸는 것이 쉽다는 것을 보여준다. 어떤 한 기술자의 말을 인용해보면, "금요일에 직장을 그만두고 월요일에 다른 직장을 얻는 것이 그렇게 어려운 일이 아니다. … 심지어는 아내에게 말할 필요도 없고 월요일 아침에 또 다른 방향으로 차를 몰면 된다."[1] 이러한 유연성은 실리콘밸리를 고도의 숙련 근로자와 그들을 고용하는 회사 모두에게 매력적인 입지로 만든다.

## 지식확산

이제 현대 경제학에서 지식이 적어도 노동, 자본, 원료만큼 중요한 생산요소라고 하는 것은 일반적인 관념이 되었다. 특히 이는 생산기술과 제품 디자인 선도경쟁에서 단 몇 달 뒤처지는 것만으로도 상당히 불리해질 수 있는 초혁신 산업에서 사실이다.

그러나 혁신 산업의 성공에 중요한 전문화된 지식은 어디에서 오는가? 회사는 자체 연구와 개발을 통해 지식을 획득할 수 있다. 또한 경쟁사의 제품을 연구하고 어떤 때는 경쟁사의 디자인과 제품을 분해하여 모방함으로써 경쟁사로부터 배울 수 있다. 하지만 기술적 노하우의 주요 원천은 인적 접촉에서 일어나는 정보와 아이디어의 비공식적 교환이다. 그리고 이러한 비공식적 지식 확산은 대개 산업이 꽤 작은 지역에 집중되어 있어 다른 회사에 근무하는 근로자들과 사회적으로 어울리고 기술적 이슈를 자유롭게 이야기할 수 있을 때 가장 효과적으로 일어난다.

마셜은 같은 산업에 많은 기업이 있는 지역에서의 지식 확산 과정을 다음과 같이 설명했다.

무역의 신비는 신비로운 것이 아니고, 마치 공중에 떠 있는 공기처럼 퍼져나간다. … 좋은 작업은 정당하게 평가되고, 기계 부문, 생산 공정, 전체 사업조직에서 발생하는 발명과 개선사항의 장점이 무엇인지 즉각적으로 논의된다. 즉 한 사람이 새로운 아이디어를 시작하고, 다른 사람들이 그것을 이어받아 자신의 제안과 결합하면 더 새로운 착상의 원천이 된다.

한 저널리스트는 이러한 지식창출과 확산이 실리콘밸리의 부상에 어떻게 작용했는지(또한 그 산업과 관련된 전문화된 지식의 양이 얼마나 대단하지) 다음과 같이 기술했다.

매년 왜건힐, 쉐이본느, 리키즈라운드하우스 같은 곳에서 은밀한 친목회 회원인 반도체 산업의 젊은 남녀들은 하루 일과 후에 한 잔하면서 위상지터, 팬텀회로, 버블메모리, 펄스트레인, 바운슬리스 접점, 버스트모드, 립프로그 검증, p-n 집합, 수면병, 슬로우데스 에피소드, RAMs, NAKs, MOSes, PCMs, PROMs, PROM 블로어, PROM 블래스터, 테라마그니튜드 등에 관한 소문과 무역 전쟁 이야기를 나누었을 것이다.[2]

이런 비공식적 정보의 교환은 실리콘밸리에 있는 회사가 여타 지역의 회사보다 최첨단 기술에 접근하기가 더 용이하다는 것을 의미한다. 실제로 많은 다국적 기업은 최신 기술에 뒤떨어지지 않기 위

---

1 Saxenian, p. 35.

2 Tom Wolfe, Saxenian, p. 33에서 인용

해 연구소와 심지어는 공장을 실리콘밸리에 설립했다.

## 외부경제와 시장균형

방금 살펴본 것처럼 지리적으로 밀집된 산업은 전문화된 공급자를 지원할 수 있고 공동노동시장을 형성하며 지식확산을 촉진할 수 있는데, 이는 지리적으로 분산된 산업에서는 불가능하다. 그러나 이 외부경제의 강점은 아마도 산업의 규모에 달려 있을 것이다. 즉 다른 것이 같다면 산업이 클수록 더 강한 외부경제가 발생할 것이다. 이는 생산량과 가격의 결정에 관해 무엇을 이야기하는가?

실제로 외부경제의 세부적인 사항은 (실리콘밸리의 예가 보여주는 것처럼) 상당히 미묘하고 복잡하지만, 세부내용을 생략하고 외부경제를 단지 산업이 클수록 산업의 비용이 낮다고 가정하면 쉽게 이해할 수 있다. 잠시 국제무역을 무시하면 시장균형은 소형기계 시장을 보여주는 그림 7-1과 같이 공급-수요 그림으로 나타낼 수 있다. 일반적인 시장균형 그림에서는 수요곡선은 우하향하고 공급곡선은 우상향한다. 하지만 외부 규모의 경제가 있는 경우에는 **우하향 공급곡선**(forward-falling supply curve)이 된다. 즉 산업 생산량이 증가할 때 **평균생산비용**(average cost of production)이 감소하기 때문에, 산업의 생산량이 클수록 기업이 판매하려는 가격은 낮아지는 것이다.

무역이 없는 상황에서는 그림 7-1의 특이한 공급곡선이 그렇게 문제가 되는 것 같지는 않다. 전통적인 공급-수요 분석에서와 같이 균형가격 $P_1$과 균형생산량 $Q_1$은 수요곡선과 공급곡선의 교차점에서 결정된다. 하지만 다음에 살펴보는 바와 같이 외부 규모의 경제는 국제무역의 원인 및 효과에 대해 기존의 관점과 큰 차이를 보인다.

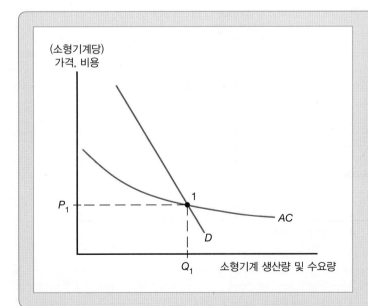

**그림 7-1 외부경제와 시장균형**
외부 규모의 경제가 있을 때 생산량이 증가함에 따라 재화의 평균생산비는 감소한다. 많은 생산자 간에 경쟁이 있으면 우하향하는 평균생산비곡선 *AC*는 우하향하는 공급곡선으로 해석될 수 있다. 일반적인 공급-수요 곡선에서와 같이 시장균형은 공급곡선이 수요곡선 *D*를 교차하는 점 1에서 결정된다. 균형생산량은 $Q_1$이고 균형가격은 $P_1$이다.

# 외부경제와 국제무역

외부경제는 국내와 국가 간에 많은 무역을 발생시킨다. 예를 들면 뉴욕은 미국 전역에 금융 서비스를 수출하는데, 이는 투자 산업의 외부경제로 금융회사가 맨해튼에 밀집되어 있기 때문이다. 마찬가지로 영국은 유럽 전역에 금융 서비스를 수출하는데, 이 역시 외부경제로 금융회사가 런던에 밀집되어 있기 때문이다. 그러나 이런 종류의 무역은 무엇을 시사하는가? 우선 무역이 생산량과 가격에 미치는 효과를 보고 무역 유형의 결정요인을 살펴보고 마지막으로 무역이 후생에 미치는 효과를 알아볼 것이다.

## 외부경제와 생산량 및 가격

잠시 국경을 넘는 단추 무역이 불가능한 세계에서 산다고 상상해보자. 또한 이 세계에는 중국과 미국, 두 국가만 있다고 가정하자. 마지막으로 단추 생산은 외부 규모의 경제에 직면하여 각국에서 단추의 공급곡선은 우하향한다고 가정하자(글상자 '결합된 세계'가 보여주는 바와 같이 이는 단추 산업에서 실제 일어나는 사실이다).

이 경우 세계 단추 산업의 균형은 그림 7-2에 나타난 상황과 같다.[3] 중국과 미국 모두 균형가격과 균형생산량은 국내 공급곡선이 국내 수요곡선과 교차하는 점에서 결정될 것이다. 그림 7-2에서와 같이 무역이 없는 상황에서 중국의 단추가격은 미국의 단추가격보다 더 낮을 것이다.

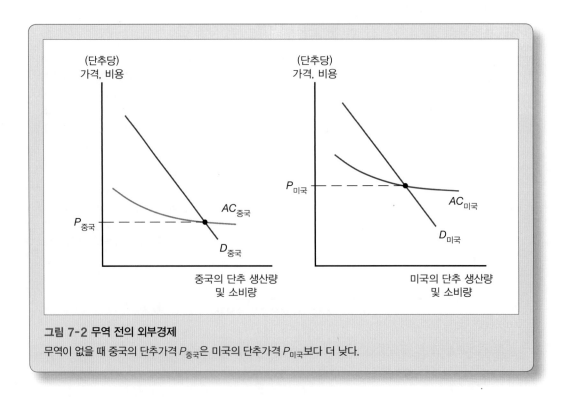

**그림 7-2 무역 전의 외부경제**
무역이 없을 때 중국의 단추가격 $P_{중국}$은 미국의 단추가격 $P_{미국}$보다 더 낮다.

---

3 이 설명에서는 단순화를 위해 경제 전체에서의 일반균형이 아닌, 단추 시장에서의 **부분균형**에 초점을 맞춘다. 훨씬 더 복잡해지겠지만 동일한 분석을 일반균형에 대해 하는 것도 가능하다.

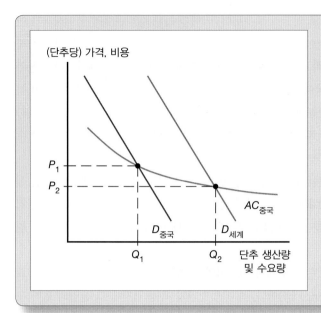

**그림 7-3 무역과 가격**

무역이 개방되면 중국은 중국 국내시장과 미국 시장으로 이루어진 세계시장을 위해 단추를 생산하게 된다. 생산량은 $Q_1$에서 $Q_2$로 증가하여 단추가격이 $P_1$에서 $P_2$로 하락하므로 무역 전 어느 국가의 단추가격보다 낮다.

이제 단추 무역의 잠재성을 열어보자. 어떤 일이 일어날까?

중국의 단추 산업은 확장되는 반면 미국의 단추 산업은 축소될 것이라는 것이 분명해 보인다. 그리고 이 과정은 지속적으로 진행되어 중국의 생산량이 증가할 때 비용은 더 감소할 것이고, 미국의 산업 생산량이 감소할 때 비용은 상승할 것이다. 결국 모든 단추 생산이 중국으로 집중될 것이라고 예상할 수 있다.

이 집중의 효과는 그림 7-3에 나타나 있다. 무역이 개방되기 전에 중국은 국내 단추 시장에만 단추를 공급했다. 무역이 가능한 이후에 중국은 중국과 미국 소비자들을 위해 단추를 생산하며 세계시장에 공급한다.

이러한 생산집중이 가격에 미치는 효과를 생각해보자. 중국의 공급곡선은 우하향하기 때문에 무역으로 증가된 생산은 무역 전보다 단추가격을 더 낮춘다. 그리고 무역 이전에 중국의 단추가격이 미국의 단추가격보다 더 낮았다는 것을 명심하라. 따라서 무역은 단추가격을 무역 이전의 어떤 국가에서의 가격보다 더 낮춘다.

이는 수확체증이 없는 모형의 시사점과 매우 다르다. 6장의 표준무역 모형에서 상대가격들은 무역으로 인해 수렴한다. 만약 무역을 하기 전에 의복이 자국에서 상대적으로 싸고 외국에서 상대적으로 비싸다면, 무역으로 인해 자국에서는 의복가격이 올라가고 외국에서는 내려갈 것이다. 대조적으로 단추 산업 예에서는 무역으로 인해 모든 곳에서 가격이 하락한다는 것이다. 이러한 차이가 나는 이유는 외부 규모의 경제가 있을 때 국제무역은 세계 생산을 한곳으로 집중시켜 더 강력한 외부경제의 혜택으로 생산비용을 낮추기 때문이다.

## 외부경제와 무역 유형

단추 세계무역의 예에서는 단순히 중국의 산업이 미국의 산업보다 더 낮은 생산비로 출발했다고 가정했다. 무엇이 그런 초기의 비교우위를 가지게 했을까?

한 가지 가능성은 기술과 자원의 차이로 인한 비교우위이다. 예를 들면 실리콘밸리가 멕시코가 아니라 캘리포니아에 있는 것에는 충분한 이유가 있다. 첨단기술 산업은 고숙련 노동력을 필요로 하고, 그런 노동력은 생산가능 인구 중 대학교육을 받은 노동자가 16% 미만인 멕시코에서보다 생산가능 인구 중 40%가 대학교육을 받은 미국에서 찾는 것이 훨씬 용이하다. 마찬가지로 단추 생산이 독일보다 오히려 중국에 집중된 데에는 충분한 이유가 있다. 단추 산업은 노동집약적 산업으로, 시간당 임금이 세계에서 가장 높은 국가보다 제조업 평균임금이 시간당 약 5달러인 국가에서 가장 잘 수행될 것이다.

하지만 외부 규모의 경제가 있는 산업에서 비교우위는 통상적으로 무역 유형에 대해 부분적인 설명만 제공한다. 세계의 단추 대부분이 상대적으로 임금이 낮은 국가에서 생산되는 것은 피할 수 없지만, 이 국가가 꼭 중국이어야 했는지는 분명하지 않고 생산이 중국 내 어떤 특별한 입지에 집중될 필요도 없었다.

그러면 무엇이 외부 규모의 경제가 있는 산업에서 전문화와 무역의 유형을 결정하는 것인가? 그 답은 보통 역사적 우연성(historical contingency)이다. 즉 무엇인가가 특정 입지에 그 산업의 초기 우위를 주고, 이 우위는 초기 우위를 가져온 상황이 더 이상 유효하지 않는 상황이 되어도 외부 규모의 경제로 고착화된다. 런던과 뉴욕의 금융 중심지가 좋은 예이다. 런던은 영국이 세계의 경제 선도국이고 전 세계에 걸친 제국의 중심지였던 19세기에 유럽의 지배적인 금융 중심지가 되었다. 제국은 오래전에 사라지고 현재 영국은 단지 중견 규모의 경제력을 가진 국가임에도 불구하고 계속 그 역할을 유지하고 있다. 뉴욕은 이리운하(Erie canal) 덕택에 미국의 주요 항구가 되었고 미국의 금융 중심지가 되었다. 이리운하는 현재 주로 휴양보트들이 이용하지만 뉴욕은 그 역할을 계속 유지하고 있다.

보통 아주 우연한 사건이 산업 중심지를 형성하는 데 중요한 역할을 한다. 지리학자들은 어떻게 19세기 10대 소녀가 결혼선물로 제작한 술로 장식된 침대 덮개가 조지아주 달턴 주변 카펫 제조업자들의 집적지를 형성했는지 설명한다. 실리콘밸리는 휴렛(Hewlett)과 패커드(Packard)라는 2명의 스탠퍼드 졸업생이 그 지역의 차고에서 사업을 하기로 결정했기 때문에 위치가 정해졌다. 1984년 텍사스 인스트루먼트가 지역 정책의 변덕으로 인해 벵갈루루가 아닌 인도의 다른 도시에 투자했더라면 벵갈루루는 오늘날의 벵갈루루가 아닐 수도 있다.

산업입지를 결정하는 데 역사가 한 역할 중 하나는 산업을 항상 적지에 입지시키지는 않았다는 것이다. 즉 일단 한 국가가 한 산업에서 우위를 확립하면 어떤 다른 국가가 잠재적으로 그 재화를 더 싸게 생산할 수 있다 할지라도 그 국가는 우위를 유지할 것이다.

그림 7-4는 이 점을 설명하고 있는데, 여기에서 단추 생산비용은 연간 단추 생산량의 함수로 나타난다. 중국과 베트남 두 국가가 있고, 중국의 단추생산비는 $AC_{중국}$으로, 베트남의 단추생산비는 $AC_{베트남}$으로 나타나 있다. $D_{세계}$는 전 세계의 단추 수요량을 의미하며, 중국이나 베트남 생산으로 충족된다고 가정한다.

단추 생산에서 규모의 경제는 전적으로 기업의 외부요인이라고 가정한다. 개별 기업의 수준에서는 규모의 경제가 없기 때문에 각 국가의 단추 산업은 수많은 소규모의 완전경쟁기업으로 구성된다. 그러므로 경쟁은 단추가격을 평균비용수준까지 끌어내린다.

베트남의 임금이 중국의 임금보다 낮기 때문에 베트남의 비용곡선이 중국의 비용곡선 아래에 위치

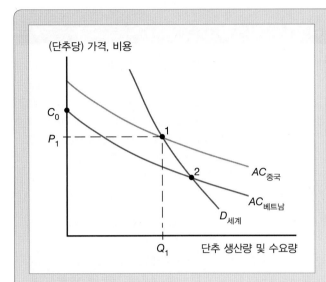

**그림 7-4 확립된 우위의 중요성**

베트남의 평균생산비곡선, $AC_{베트남}$은 중국의 평균생산비곡선, $AC_{중국}$ 아래에 있다. 따라서 베트남은 잠재적으로 세계시장에 중국보다 더 싸게 공급할 수 있다. 하지만 중국 산업이 먼저 설립되면 중국은 베트남 개별 기업이 자체적으로 생산을 시작할 때 당면하게 될 비용 $C_0$보다 낮은 가격 $P_1$에서 단추를 팔 수 있다. 따라서 역사적 사건에 의하여 확립된 전문화의 유형은 새로운 생산자들이 잠재적으로 더 낮은 비용으로 생산할 수 있더라도 지속될 것이다.

한다고 가정하자. 즉 어떤 생산량에서도 베트남이 중국보다 단추를 더 싸게 생산할 수 있다는 것을 의미한다. 따라서 실제로 베트남이 세계시장에 단추를 공급하게 될 것이라고 생각할 것이다. 하지만 불행하게도 반드시 그렇지는 않다. 중국이 어떤 역사적 이유로 인해 단추 산업을 먼저 시작했다고 하자. 그러면 처음에 세계시장의 균형은 그림 7-4의 점 1에서 이루어질 것이고, 중국의 연간생산량은 $Q_1$이고 가격은 $P_1$이 될 것이다. 이제 베트남의 생산가능성을 생각해보자. 만약 베트남이 세계시장을 인수할 수 있다면 균형점은 점 2로 이동할 것이다. 하지만 만약 베트남의 초기 단추 생산이 없다면 $(Q=0)$, 단추 생산을 시작하려는 베트남 기업은 $C_0$의 생산비용에 직면할 것이다. 그림에 나타난 것과 같이 이 비용은 기존의 중국이 단추를 생산할 수 있는 가격보다 높다. 따라서 베트남의 단추 산업은 잠재적으로 중국보다 단추를 더 싸게 생산할 수 있음에도 불구하고 중국은 한발 앞선 출발로 인해 단추 산업을 계속해서 유지할 수 있다.

　이 예가 보여주는 것과 같이 외부경제는 누가 무엇을 생산하는가를 결정하는 역사적 사건이 잠재적으로 중요한 역할을 하고, 비교우위에 반하더라도 기존에 형성된 전문화 유형은 지속될 것이다.

## 외부경제가 있을 때의 무역과 후생

일반적으로 외부 규모의 경제는 비교우위로 발생하는 무역 이득보다 그 이상의 무역 이득을 야기한다고 짐작할 수 있다. 국제무역은 국가들을 다른 산업에 전문화하게 하여 비교우위뿐만 아니라 규모의 경제에서도 이득을 얻게 하기 때문에 세계는 더 효율적이 되고, 따라서 더 부유해질 것이다.

　그러나 이 추정에는 몇 가지 조건이 있다. 그림 7-4에서 본 것처럼 확립된 우위(established advantage)의 중요성이 의미하는 바는, 실제 비교우위가 있는 국가라고 해서 외부경제에 영향을 받는 재화를 생산할 것이라는 보장이 없다는 것이다. 사실 어떤 상황에서는 외부경제에 입각한 무역이 한 국가의 후생수준을 무역이 없을 때보다 더 악화시킬 수도 있다.

　그림 7-5는 한 국가의 후생이 무역이 없을 때보다 무역을 할 때 어떻게 더 악화될 수 있는지 보여

## 결합된 세계

여러분이 옷을 모두 갖춰 입고 이 글을 읽고 있다면 의상의 중요한 부분(특히 옷깃을 여며야 할 때 발생하는 사고를 보호해주는 부분)은 전 세계 단추의 60%와 지퍼의 대부분을 생산하는 중국의 차오터우(橋頭)시에서 왔을 가능성이 높다.

차오터우의 지퍼 산업은 외부 규모의 경제로 인해 형성된 지리적 집중의 고전적 유형이다. 그 산업의 기원은 역사적 사건에 있다. 1980년에 삼형제는 길거리에 버려진 단추를 발견하고 그것을 수습해서 판매하면서 단추 산업으로 돈을 벌 수 있다는 것을 깨달았다. 명백하게 강력한 내부 규모의 경제는 없지만 이 도시의 단추와 지퍼 생산은 수백 개의 소규모 가족 소유 기업에 의해 이루어진다. 그럼에도 불구하고 소규모 생산자들이 서로 근접하게 위치해 운영하는 데에는 확실히 이점이 있다.

차오터우가 유일한 예는 아니다. 중국 도시 산업에 대한 다음과 같은 흥미로운 기사가 있다.[4]

대부분의 지도에 작은 반점의 가치도 없는 많은 중국의 소도시가 노동집약적 틈새시장에 초점을 맞춰 대성공을 거두었다. … 칫솔 도시인 항지(航跡)에서 시작하여 넥타이의 성지인 성저우(州)시를 지나 동쪽으로 가면 저렴한 담배라이터의 고향 장지(杖期)가 있고, 해안을 따라 내려가면 거대한 구두 공장이 있는 웬링(溫嶺)이 있으며, 내륙으로 다시 들어가면 세계 어느 곳보다 더 많은 양말을 만들 뿐만 아니라 태양 아래 거의 모든 것을 파는 이우(義務)가 있다.

넓은 의미에서 노동집약적 제품의 거대한 수출국으로서 중국의 역할은 비교우위로 설명된다. 중국은 분명히 선진국들과 비교하여 노동력이 풍부하다. 하지만 노동집약적 제품 중 많은 제품은 상당히 지리적으로 집약되어 있는 산업에서 생산되는데, 이들은 외부 규모의 경제에서 큰 이득을 얻는다.

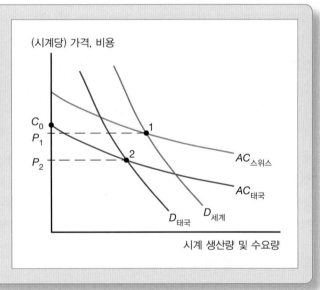

**그림 7-5 외부경제와 무역손실**

외부경제가 있을 때, 무역은 무역이 없을 때보다 잠재적으로 한 국가의 후생을 악화시킬 수 있다. 이 예에서 태국은 스위스에서 시계를 수입하는데, 스위스는 시계를 처음 생산할 때의 비용이 $C_0$인 태국 생산자의 진입을 저지하기에 충분히 낮은 가격 $P_1$으로 세계시장($D_{세계}$)에 공급할 수 있다. 하지만 만약 태국이 모든 시계 무역을 봉쇄한다면 국내 시장($D_{태국}$)에 더 낮은 가격 $P_2$로 공급할 수 있을 것이다.

준다. 이 예에서 태국과 스위스는 모두 시계를 생산할 수 있고, 태국이 시계를 더 싸게 생산할 수 있지만 스위스가 먼저 시계 산업을 시작했다고 가정한다. $D_{세계}$는 시계에 대한 세계수요이고, 스위스가 시계를 생산한다면 균형점은 점 1이다. 하지만 이제 시계에 대한 태국의 수요 $D_{태국}$을 그림에 추가해 보자. 만약 시계무역이 불가능하고 태국이 자급자족해야 한다면 태국의 균형은 점 2에서 결정될 것이다. 태국은 평균생산비가 낮기 때문에 점 2에서 태국에서 생산된 시계의 가격 $P_2$는 점 1에서 스위

---

4 "The Tiger's Teeth," *The Guardian*, May 25, 2005.

스에서 생산된 시계의 가격 $P_1$보다 실제로 더 낮다.

이 예는 시계무역이 불가능하고 태국이 어쩔 수 없이 스스로 시계를 생산해야 한다면 가격이 실제로 더 낮을 것이라는 사실을 보여준다. 분명하게 이 상황에서 무역은 무역이 없을 때보다 그 국가의 후생을 더 악화시킨다.

이 경우 태국은 외국과의 경쟁에서 잠재력이 있는 시계 산업을 보호할 유인이 있다. 하지만 이 상황이 보호무역주의를 정당화한다고 결론 내리기 전에 실제로 그림 7-5의 사례와 같은 상황을 확인하는 일은 결코 쉽지 않음을 주목해야 한다. 10장과 11장에서 강조하겠지만 실제로 외부경제를 현실에서 식별하기 어렵다는 점이 무역을 지향하는 활발한 정부 정책에 반대하는 주요 주장 중 하나이다.

또한 외부경제가 어떤 때에는 불리한 전문화와 무역 유형을 초래하지만 산업집중의 이득으로 세계 경제에 보탬이 된다는 것이 거의 확실하다는 점은 지적할 가치가 있다. 만약 실리콘밸리가 샌프란시스코 대신 토론토에 가깝다면 캐나다의 후생이 개선될 것이다. 만약 시티(the City, 런던의 금융 중심지로 월스트리트와 함께 세계 금융시장을 주도)가 프랑크푸르트로 옮겨 간다면 독일의 후생이 개선될 것이다. 그러나 전반적으로 이 산업들이 어딘가에는 집중되어 있는 것이 세계를 위해서는 더 좋다.

## 동태적 수확체증

가장 중요한 외부경제는 지식축적에서도 발생할 수 있다. 개별 기업이 경험을 통해 제품이나 생산기술을 향상시킬 때 다른 기업들은 그 기업을 모방하면서 이익을 얻을 수 있다. 이러한 지식 확산은 산업 전체의 경험이 축적되면서 개별 기업의 생산비가 낮아지는 상황을 야기한다.

지식의 축적에서 발생하는 외부경제는 지금까지 고려한 산업의 생산비용이 현재의 생산량에 의존하는 외부경제와는 다소 다르다. 이 대안적인 상황에서 생산비용은 지금까지 산업의 누적 생산량으로 측정되는 경험에 의존한다. 예를 들면 철강 1톤의 생산비는 국가가 철강 산업을 시작한 이후 생산된 철강의 총톤수와 음의 상관관계가 있을 것이다. 이런 관계는 흔히 단위당 비용을 누적생산량에 연관시키는 **학습곡선**(learning curve)으로 요약된다. 이 학습곡선은 그림 7-6에 나타나 있다. 생산을 통해 획득되는 경험이 비용에 미치는 효과로 인해 학습곡선은 우하향한다. 비용이 현재 생산수준보다는 시간이 흐를수록 누적되는 생산량에 따라 낮아지기 때문에 이러한 경우를 **동태적 수확체증**(dynamic increasing returns)이라고 한다.

보통의 외부경제와 같이 동태적 외부경제는 산업에서 초기 우위, 즉 먼저 시작해 우위를 얻게 된 것을 고착화할 수 있다. 그림 7-6에서 학습곡선 $L$은 산업을 개척한 국가의 학습곡선인 반면, $L^*$는 저임금과 같은 낮은 요소비용을 갖지만 생산경험이 적은 다른 국가의 학습곡선이다. 첫 번째 국가가 충분히 먼저 출발했다면 잠재적으로 요소비용이 더 낮은 두 번째 국가는 아예 시장에 진입하지 못할 것이다. 예를 들어 첫 번째 국가의 누적생산량이 $Q_L$이고 단위비용이 $C_1$인 반면 두 번째 국가는 그 재화를 전혀 생산하지 않는다고 가정하자. 그러면 두 번째 국가의 초기 생산비용은 $C_0^*$로 첫 번째 국가의 기존 산업의 단위비용 $C_1$보다 높다.

한 시점에서의 외부경제와 같이 동태적 규모의 경제는 잠재적으로 보호무역주의를 정당화한다. 한 국가가 더 많은 생산경험을 가진다면 수출 재화 생산비용을 충분히 낮출 수 있지만, 현재는 경험 부족으로 그 재화를 경쟁력 있게 생산할 수 없다고 가정하자. 그런 국가는 그 산업이 홀로 자립할 수 있

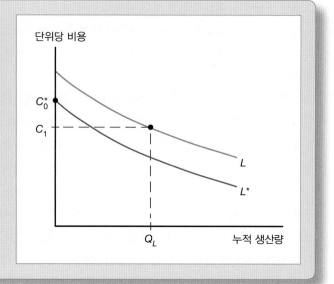

**그림 7-6 학습곡선**

학습곡선은 시간이 흐름에 따라 한 국가의 산업의 누적 생산량이 커질수록 단위비용이 낮아지는 것을 나타낸다. 예를 들면 한 산업에 많은 경험이 있는 국가($L$)는 낮은 임금으로 학습곡선이 더 아래에 있지만 경험이 없거나 적은 두 번째 국가($L^*$)보다 단위비용이 더 낮을 수 있다.

을 때까지 보조금을 지급하거나 외국의 경쟁으로부터 보호함으로써 생산을 촉진하여 국가의 장기적 후생을 증가시킬 수 있을 것이다. 산업이 생산경험을 획득할 수 있게 일시적으로 보호해주자는 주장을 **유치산업보호론**(infant industry argument)이라 하며, 이 주장은 경제발전을 위한 무역 정책의 역할 논쟁에서 중요한 역할을 해왔다. 유치산업보호론은 10장에서 더 자세히 다루겠지만, 여기에서는 간단히 비동태적 상황에서와 같이 그림 7-6에서 설명된 상황을 실제로 식별해내기가 상당히 어렵다는 점을 언급한다.

## 지역 간 무역과 경제지리학

외부경제는 국제무역 유형의 형성에 중요한 역할을 하지만 그보다 국내 지역 사이에 발생하는 **지역 간 무역**(interregional trade) 유형을 형성하는 데 훨씬 더 결정적인 역할을 한다.

지역 간 무역에서 외부경제의 역할을 이해하려면 우선 지역경제학의 본질, 즉 국가 안의 지역경제들이 국가경제와 어떻게 조화를 이루는가에 대해 논의해야 한다. 미국 산업의 입지에 대한 연구들은 미국 근로자의 60% 이상이 미국 내에서도 교역이 어려운 산업에 종사하고 있음을 보여준다. 표 7-2는 교역재 산업(tradable industry)과 비교역재 산업(nontradable industry)의 예를 보여준다. 요컨대 시애틀에서 생산된 항공기는 세계시장에 판매되지만 건물 기초공사에 사용되는 콘크리트는 단 몇 마일 떨어진 곳에서 생산한다. 실리콘밸리의 프로그래머 팀은 미국 전역에서 사용되는 앱을 만들지만 여러분의 세무신고 자료 작성을 도와주는 세무사는 이웃에 위치해 있지는 않더라도 적어도 여러분과 같은 도시에 있을 것이다.

예상하는 것처럼 비교역재 산업의 고용비중은 미국 전역에서 거의 비슷하다. 예를 들어 음식점은 미국의 모든 주요 도시에서 노동력의 약 5%를 고용한다. 반면에 교역재 산업 고용의 중요성은 지역에 따라 크게 다르다. 맨해튼은 미국 전체 고용의 단 약 2%를 차지하지만, 주식과 채권 거래에서 4분의 1을 차지하고 광고 산업에서 약 7분의 1을 차지한다.

| 표 7-2 | 교역재 산업과 비교역재 산업의 예 |
|---|---|
| **교역재 산업** | **비교역재 산업** |
| 항공 제조업 | 레미콘 제조업 |
| 소프트웨어 게시 | 세무대행 서비스 |

출처: Antoine Gervais and J. Bradford Jensen, "The Tradability of Services: Geographic Concentration and Trade Costs," working paper, Peterson Institute for International Economics, 2015.

그러면 무엇이 교역재 산업의 입지를 결정하는가? 어떤 경우에는 천연자원이 중요한 역할을 한다. 예를 들어 동부 텍사스에는 원유가 있기 때문에 휴스턴은 석유 산업의 중심지이다. 하지만 노동과 자본 같은 생산요소는 국내에서 이동성이 높다는 단순한 이유로 국제무역보다 지역 간 무역에서 덜 결정적인 역할을 한다. 결과적으로 생산요소는 산업이 있는 곳으로 이동하는 경향이 있다. 예를 들어 샌프란시스코 근처에 있는 캘리포니아 실리콘밸리에는 많은 공학자와 컴퓨터 전문가가 모여들면서 고학력 노동자가 많다. 이는 캘리포니아가 많은 수의 공학자를 훈련시켜서가 아니라 공학자들이 그 지역 첨단기술 산업에 일자리를 얻기 위해 실리콘밸리로 이주하기 때문이다.

이때 자원은 지역 간 무역에서 2차적 역할을 한다. 대신 전문화와 무역을 주로 결정하는 것은 외부경제이다. 예를 들면 많은 광고대행사는 왜 뉴욕에 위치하는가? 그 이유는 많은 다른 광고대행사가 뉴욕에 있기 때문이다. 한 연구는 다음과 같이 주장한다.

> 정보공유와 정보확산은 광고 팀과 대행사의 성공에 결정적으로 중요하다. 뉴욕 같은 도시에서 광고대행사는 이웃하여 밀집한다. 이 집단은 지역적인 정보연계망(networking)을 촉진하여 창조력을 강화하고 정보와 아이디어를 공유하는데, 이때 대면접촉이 아주 중요하다.[5]

실제로 광고 사업에 나타나는 외부경제는 매우 **지역화**되어 있다는 증거가 있다. 즉 정보확산의 이익을 얻기 위해 광고대행사는 서로 약 300야드 내에 입지할 필요가 있다는 것이다.

그러나 외부경제가 지역 전문화와 지역 간 무역의 중요한 이유라면, 산업의 외부경제가 어떻게 특정 지역에 나타나는지 설명할 수 있는 것은 무엇일까? 일반적으로 그 답은 역사의 우연한 사건이 결정적인 역할을 한다는 것이다. 앞에서 언급한 것처럼 150년 전에 뉴욕은 이리운하를 통해 대서양으로 갈 수 있었기 때문에 미국의 가장 중요한 항구도시였다. 그로 인해 뉴욕은 미국의 금융 중심지가 되었고, 금융 산업이 스스로 창조한 외부경제의 덕택으로 오늘날까지 금융 중심지로 남아 있다. 로스앤젤레스는 영화를 야외에서 촬영을 해야 해서 좋은 날씨가 중요했던 영화 산업 초창기에 중심지가 되었다. 이제는 많은 영화가 실내나 현지에서 촬영되지만 로스앤젤레스는 오늘날까지도 영화 산업의 중심지로 남아 있다.

한 가지 의문은 지역 간 무역을 발생시키는 요인이 정말로 국가 간 무역을 발생시키는 요인과 다른가 하는 점이다. 그 답은 '서로 다르지 않다'는 것인데, 특히 서유럽처럼 밀접하게 통합된 국가들 사이의 무역을 보면 알 수 있다. 실제로 다음 글상자에서 설명하는 바와 같이 런던은 뉴욕이 미국

---

5 J. Vernon Henderson, "What Makes Big Cities Tick? A Look at New York," mimeo, Brown University, 2004.

## 도시와 거리

매년 수십조 달러의 재화와 용역이 국경을 넘는다. 무엇이 이런 물건의 흐름을 유지시키는가? 컨테이너 선박과 화물 수송기 같은 수송은 단지 일부에 불과하다. 전 세계 대양 아래 흐르는 광섬유 케이블을 타고 빠르게 움직이는 데이터 정보가 또 다른 이유이다. 그리고 모든 기업은 계속 돈을 운용한다. 기업은 자금을 모아서 자주 문자 그대로 세계 반대편에 있는 회사에 돈을 보내야 한다.

이런 종류의 금융 거래를 관리하는 것 자체가 특별한 기술과 자원을 필요로 하는 산업이고, 따라서 한 국가의 거주자가 다른 국가의 거주자에게 돈을 송금해 그들 사이의 은행 업무를 처리하고 거래를 성사시키는 금융 서비스 무역은 세계 무역의 중요한 부분이다. 미국은 이 산업에서 2019년 기준 1,360억 달러를 수출하는 가장 큰 국가이다. 그리고 영국은 대부분의 측정치에 따르면 아주 근접한 2인자이다.

하지만 어떤 면에서는 금융 서비스를 수출하는 '영국' 또는 '미국'이라고 말하는 것은 오해의 소지가 있다. 영국의 금융 산업은 런던, 특히 '시티(the City)'라고 알려진 금융 지구에 대부분 집중되어 있다. 미국의 경우는 더 다양하게 분포하지만 고도의 금융은 뉴욕, 특히 그 도시에 대응되는 월스트리트(Wall Street)에 더욱 집중되어 있다.

시티와 월스트리트가 세계무역의 금융 서비스에서 그렇게 중요한 역할을 하는 이유는 무엇인가? 둘 다 먼 과거에 주도적인 역할을 확립했는데, 대영제국이 전 세계의 상당 부분을 지배할 때, 그리고 뉴욕이 이리운하의 종착역으로 독특한 이점을 가졌을 때이다. 그리고 국제 비즈니스에서 영어가 지배적인 언어인데 둘 다 영어를 말하는 국가에 위치한다는 것에서도 약간의 이득이 있을 것이다.

하지만 더 중요하게는 런던과 뉴욕 둘 다 외부경제의 이점을 도출했다. 국제 비즈니스의 금융 서비스는 산업분석가부터 자금매니저, 회계사, 다른 국가 시스템에 익숙한 세금전문가, 전문성을 보유한 정보기술자, 심지어 똑똑한 경영자까지 매우 다양한 고숙련 기술을 지닌 사람들을 필요로 한다. 역사적으로 금융 산업의 이런 다양한 기술은 관계자들이 대면 미팅을 할 때 가장 효과적으로 실현되는 것으로 알려져 있는데, 이런 대면 접촉은 관련 기술을 지닌 사람들이 이미 많이 있는 기존의 금융 중심지에서 가장 쉽게 이루어진다.

다른 말로 하면 역사적으로 만약 여러분이 세계화의 기저를 이루는 복잡한 금융 거래를 하고자 했다면 뉴욕이나 런던에서 했을 것이다.

앞으로도 런던과 뉴욕이 이러한 특별한 역할을 유지할 것인가? 이 글을 쓰고 있는 시점(2020)에 몇 가지 의구심이 든다. 영국은 2016년에 선거를 통해 유럽연합을 탈퇴하기로 결정했고, 이는 런던과 다른 유럽 도시들 사이에 사람들의 이동을 제한할 것이다. 그리고 2020년 COVID-19 팬데믹으로 대면 미팅에서 다양한 형태의 비대면 접촉으로의 중요한 변화가 있었다.

도시 고층빌딩에서 공식적으로 이루어지던 비즈니스의 상당 부분이 재택근무로도 비슷하게 될 수 있다면, 외부 규모의 경제의 힘을 기념비적으로 보여줬던 거대한 금융 지구는 상당히 약해질 것이다. 하지만 대다수는 이에 대해 회의적인데, 온라인상 소통의 초기 매력이 사라지고 있으며 경영진은 다시 사람들이 대면 접촉하기를 강력하게 원한다는 초기 징후가 있다는 것이다. 이에 대해서는 곧 몇 년 후에 더 잘 알게 될 것이다.

의 금융수도 역할을 하는 것처럼 유럽의 금융수도 역할을 한다. 실제로 경제학자들 사이에서 도시의 부상과 같은 현상뿐만 아니라 지역 간 및 국가 간 무역을 동일한 현상(공간에서의 경제적 상호작용)의 다른 측면으로 모형화하는 움직임이 커지고 있다. 그런 접근 방법을 흔히 **경제지리학**(economic geography)이라 한다.

## 요약

■ 무역이 비교우위의 결과일 필요는 없다. 대신에 무역은 생산량이 증가함에 따라 단위당 비용이 감소하는 수확체증 혹은 규모의 경제의 결과일 수 있다. 규모의 경제는 국가 간 자원부존과 기술수준에 차이가 없더라도 국가에게 전문화와 무역의 동기를 제공한다. 규모의 경제는 내부적(기업의 규모에 의존)이거나 외부적(산업의 규모에 의존)일 수 있다.

- 규모의 경제가 기업이 아닌 산업수준에서 일어나는 외부경제의 형태를 취하지 않는다면 규모의 경제는 완전경쟁의 붕괴로 이어질 수 있다.
- 외부경제는 국제무역의 유형을 결정하는 데 역사성이나 우연한 사건이 중요한 역할을 하게 한다. 외부 경제가 중요할 때 다른 국가가 잠재적으로 같은 재화를 훨씬 더 싸게 생산할 수 있다 할지라도 큰 우위로 출발한 국가가 그 우위를 유지할 수 있다. 외부경제가 중요할 때 국가들은 무역으로 손해를 볼 수도 있다.

## 주요 용어

경제지리학economic geography
공동노동시장labor market pooling
규모의 경제economies of scale
내부 규모의 경제internal economies of scale
동태적 수확체증dynamic increasing returns
외부 규모의 경제external economies of scale
우하향 공급곡선forward-falling supply curve

유치산업보호론infant industry argument
전문화된 공급자specialized supplier
지식확산knowledge spillover
지역 간 무역interregional trade
평균생산비용average cost of production
학습곡선learning curve

## 연습문제

1. 다음의 각 예에 대해 외부 규모의 경제인지 내부 규모의 경제인지 설명하라.
    a. 에르메스의 대부분의 상품은 프랑스에서 생산된다.
    b. 애플의 디스플레이는 주로 일본에서 생산되고 일부는 한국에서 생산된다.
    c. 미국에서 판매되는 모든 토요타 랜드크루저와 프리우스는 일본에서 조립된다.
    d. 거버는 미국 소유의 회사였지만 지금은 미시간 프리몬트에 본사를 둔 네슬레 기업의 자회사이다.
2. 규모의 경제가 있는 산업에서 국가가 산업의 생산을 증가시킬 수 있으면 후생을 개선할 수 있기 때문에 수확체증의 존재는 국가 사이에 갈등의 원인이 된다고 흔히 주장된다. 이 관점을 외부경제 모형으로 평가하라.
3. 동태적 수확체증이 있는 국제시장에서 거래되는 제품의 예를 2개 들어라. 각각의 예에서 혁신과 '학습효과(learning-by-doing)'가 그 산업에서 동태적 수확체증에 어떻게 중요한지를 설명하라.
4. 다음 상황을 야기하는 데 규모의 경제와 비교우위의 상대적 중요성을 평가하라.
    a. 세계 금의 대부분은 남아프리카공화국이나 탄자니아에서 생산된다.
    b. 전 세계 우라늄 생산의 절반은 6개 국가의 10개 광산에서 이루어진다.
    c. 대부분의 소고기는 호주나 아르헨티나에서 생산된다.
    d. 대부분의 샴페인은 프랑스에서 생산된다.
    e. 전 세계 커피 생산의 많은 부분은 브라질에서 이루어진다.
5. 그림 7-3과 같이 한 재화를 생산할 수 있는 두 국가가 우하향하는 공급곡선에 직면한 상황을 고려해보자. 하지만 이 경우 두 국가는 비용이 같기 때문에 공급곡선이 일치한다고 가정하자.
    a. 국제적 전문화와 무역의 유형이 어떠하리라고 기대하는가? 무엇이, 누가 그 재화를 생산할 것인가를 결정하는가?

**b.** 이 경우 국제무역의 이득은 무엇인가? 그 이득은 그 산업을 가진 국가에만 국한되는가?

**6.** 산업의 생산기술이 더 이상 빠르게 개선되지 않을 때, 즉 절대적으로 가장 최신의 기계를 보유하는 것이 더 이상 중요하지 않고 고숙련 노동자에 대한 필요성이 감소하며 첨단기술의 이점이 아주 적을 때, 산업의 집적이 해체되고 생산이 저임금 지역으로 이동하는 것은 아주 흔한 일이다. 산업집적이 해체되는 이 경향을 외부경제의 이론으로 설명하라.

**7.** 최근 점증하는 노동부족이 중국의 임금을 상승시키고 있다. 만약 이 추세가 계속된다면 현재 중국이 주도하는 외부경제 산업에 무슨 일이 일어날 것으로 예상하는가? 특히 그림 7-4에서 설명한 상황을 고려하라. 변화가 어떻게 일어날까?

**8.** 공동노동시장의 논의에서는 두 회사가 같은 곳에 입지하는 이점을 강조했다. 즉 만약 한 회사가 확장하는 반면 다른 회사는 줄어든다면 단일 노동시장에 의존하는 노동자와 회사 모두에게 유리하다. 그러나 두 회사가 동시에 확장하거나 동시에 축소될 수도 있다. 이것이 지리적 집중을 반대하는 주장이 되는가? (수치의 예를 곰곰이 생각해보라.)

**9.** 본문에서 언급했듯이 중국 차오터우(橋頭)시는 전 세계 단추의 60%를 생산한다. 하나의 문제점은 차오터우시가 상당히 작은 마을이고 단추 생산은 소규모의 가족 소유 기업에 의해 이루어진다는 것이다. 이러한 사실이 단추 생산에서 비교우위와 외부경제에 대해 무엇을 설명해주는가?

## 더 읽을거리

Frank Graham. "Some Aspects of Protection Further Considered." *Quarterly Journal of Economics 37* (1923), pp. 199-227. 외부 규모의 경제가 존재할 때 국제무역이 해로울 수 있다고 경고하는 초기 논문

Li & Fung Research Centre. *Industrial Cluster Series*, 2006-2010. 홍콩 기반의 무역 그룹인 리앤펑이 중국 제조업에서 산업집중이 증가하는 현상에 대해 발간한 일련의 리포트

Staffan Burenstam Linder. *An Essay on Trade and Transformation*. New York: John Wiley and Sons, 1961. 선진국들 간의 제조업 무역이 비교우위가 아닌 다른 힘을 주로 반영한다는 시각을 제시한 초기의 영향력 있는 자료

Michael Porter. *The Competitive Advantage of Nations*. New York: Free Press, 1990. 국가의 수출 성공을 스스로 강화되는 산업집적, 즉 외부경제의 결과로 설명한 베스트셀러

Annalee Saxenian. *Regional Advantage*. Cambridge: Harvard University Press, 1994. 두 첨단기술 산업 집적지인 캘리포니아의 실리콘밸리와 보스턴의 루트128(Route 128)에 대한 흥미로운 비교

World Bank. *World Development Report 2009*. 중국과 그 외 개발도상국의 산업집적지에 대한 광범위한 논의를 포함해 경제 지리학 증거를 제공하는 방대한 조사자료

# 세계 경제에서의 기업: 수출 및 외부조달 결정과 다국적 기업

이번 장에서는 계속해서 규모의 경제가 어떻게 국제적 전문화와 무역에 대한 유인을 발생시키는지에 대해 논의할 것이다. 이제 기업 내부 규모의 경제에 초점을 맞추려고 한다. 앞 장에서 말한 것처럼 이런 형태의 수확체증은 불완전경쟁을 특징으로 하는 시장구조를 야기한다. **내부 규모의 경제**(internal economies of scale) 는 기업이 더 많이 생산할수록 평균생산비가 감소하는 것을 의미한다. 완전경쟁에서는 가격이 한계비용까지 내려가는데, 이는 기업이 초기 생산물을 생산할 때 발생하는 높은 비용을 회수할 수 없어 손실이 발생한다는 것을 의미한다.[1] 그 결과 완전경쟁은 기업을 시장에서 퇴출시킬 것이고, 이 과정은 불완전경쟁을 특징으로 하는 균형 이 달성될 때까지 계속될 것이다.

불완전경쟁 모형을 세운다는 것은 개별 기업의 행동을 명시적으로 고려한다는 것을 의미한다. 이는 실제 세계 에서 만연한 기업의 두 가지 추가적 특성을 고려하도록 한다. (1) 대부분의 산업에서 기업은 서로 차별화된 제품 을 생산한다. 어떤 제품(예: 병에 든 생수, 스테이플러 등)의 경우에는 제품 간의 차이가 작은 반면, 어떤 재화(예: 승용차, 휴대전화 등)에서는 그 차이가 훨씬 더 중요하다. (2) 성과 측정치(예: 규모, 이윤 등)는 기업마다 상당히 다르다. 이 장 전체에서는 첫 번째 특성(제품차별화)을 고려할 것이다. 우선은 설명을 쉽게 하고 직관을 기르기 위해 기업 간 성과 차이가 없는 경우를 고려한다. 따라서 내부 규모의 경제와 제품차별화가 어떻게 경제적 통합 을 통해 무역 이득을 발생시키는지 살펴볼 것이다.

그 후 기업의 차이를 고려하여 기업들이 어떻게 국제적 힘에 다르게 반응하는지 분석할 것이다. 또한 경제통합 이 어떻게 다른 유형의 기업들 사이에서 승자와 패자를 만드는지 볼 것이다. 성과가 좋은 기업은 번창하여 확장 하는 반면, 성과가 안 좋은 기업은 축소될 것이다. 이는 추가적인 무역 이득 중 하나를 발생시키는데, 생산이 성 과가 좋은 기업에 집중될 때 산업의 전반적인 효율이 개선된다. 마지막으로 성과가 좋은 기업이 수출을 하거나 중간생산 공정의 일부를 해외에서 조달하거나 다국적 기업이 되어 여러 국가에서 경영활동을 함으로써 세계 경 제에 참여하고자 하는 더 큰 유인을 가지는 이유를 살펴볼 것이다.

## 학습목표

- 내부 규모의 경제와 제품차별화가 어떻게 국제무역과 산업 내 무역을 야기하는지 이해한다.
- 산업 내 무역으로부터 발생하는 새로운 형태의 후생 이득을 이해한다.

---

1 평균비용이 감소할 때는 언제나 한 단위를 추가적으로 생산하는 비용(한계비용)이 평균생산비용보다 낮다(평균은 초기 생산량 의 더 높은 단위비용을 포함하고 있기 때문).

- 경제통합이 동일 산업 내 기업들 간에 수혜자와 피해자를 어떻게 발생시키는지 기술한다.
- 경제학자들이 덤핑을 불공정무역행위로 분류해서는 안 된다고 믿는 이유와 반덤핑법의 시행이 보호무역주의가 되는 이유를 설명한다.
- 세계 경제에 참여하는 기업(수출, 외부조달, 다국적 기업)이 해외시장과 교류하지 않는 기업보다 훨씬 더 크고 성과가 좋은 이유를 설명한다.
- 다국적 기업의 존재와 국가 간 해외직접투자의 동기를 설명하는 이론을 이해한다.

# 불완전경쟁의 이론

수많은 소비자와 판매자가 존재하여 어느 누구도 시장의 큰 부분을 대표하지 못하는 완전경쟁시장에서 기업은 가격순응자(price taker)이다. 즉 제품 판매자는 현재의 시장가격으로 원하는 만큼 팔 수 있지만 제품가격에는 영향을 미칠 수 없다고 믿는다. 예를 들어 밀을 재배하는 농부는 자신이 더 많은 밀을 팔더라도 시장가격이 하락할 것이라는 걱정 없이 자기가 원하는 만큼 밀을 판매할 수 있다. 농부가 자신의 밀 판매가 가격에 미치는 영향을 걱정할 필요가 없는 이유는 개별 밀 재배자는 세계시장의 단지 아주 작은 부분이기 때문이다.

하지만 단 몇 개 기업만이 한 재화를 생산하는 경우 상황은 달라진다. 가장 극명한 예로, 거대한 항공기 제조업체인 보잉(Boeing)은 대형 제트여객기 시장을 주요 경쟁업체인 유럽기업 에어버스(Airbus)와 나누어 가진다. 그러므로 보잉은 자신이 더 많은 비행기를 생산하면 세계의 비행기 총공급에 큰 영향을 주고, 따라서 비행기 가격이 상당히 낮아질 것을 알고 있다. 다시 말해 보잉은 항공기를 더 많이 팔기 위해서는 가격을 상당히 인하해야만 한다는 사실을 알고 있다. 따라서 **불완전경쟁**(imperfect competition)에서 기업은 제품가격에 영향을 미칠 수 있고, 제품가격을 인하해야만 더 많이 팔 수 있다는 사실을 안다. 이 상황은 다음의 두 가지 중 하나로 발생한다. 즉 특정재화의 소수의 주요 생산자가 존재하거나, 혹은 각 기업이 경쟁기업 제품과 차별화된 재화(소비자 입장에서)를 생산하는 경우이다. 서론에서 언급한 것처럼 이런 유형의 경쟁은 기업수준에서 규모의 경제가 있을 때 피할 수 없는 결과이다. 생존한 기업의 수는 소수가 되고, 또는 기업은 경쟁자가 생산한 제품과 확실히 차별화되는 제품을 개발해야 한다. 이런 상황하에서 각 기업은 자신을 가격순응자라기보다는 제품의 가격을 선택하는 가격설정자(price setter)라고 생각한다.

기업이 가격순응자가 아닌 경우 가격과 생산량을 결정하는 방법을 기술하기 위해 추가적인 분석 도구를 개발할 필요가 있다. 분석하기에 가장 단순한 불완전경쟁 시장구조는 **순수독점**(pure monopoly)으로, 이 시장에 존재하는 하나의 기업은 경쟁에 직면하지 않는다. 이 시장구조를 분석하기 위해 개발한 분석 도구는 더 복잡한 시장구조를 분석하는 데도 이용될 수 있다.

## 독점시장: 개괄적 검토

그림 8-1은 단 하나의 독점적 기업의 상황을 보여준다. 기업은 그림에서 $D$로 표시된 우하향하는 수요곡선에 직면해 있다. $D$의 우하향하는 기울기는 독점기업이 제품의 가격을 인하해야만 더 많은 생산량을 팔 수 있다는 것을 나타낸다. 기초 미시경제학에서 배운 내용을 상기해보면 한계수입곡선은

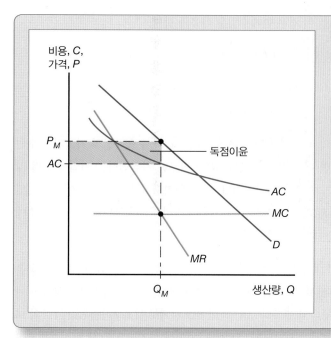

**그림 8-1 독점적 가격설정과 생산결정**

독점기업은 한계수입, 한 단위를 추가적으로 판매할 때 증가되는 이윤과 한계비용, 한 단위 추가적으로 생산하는 비용이 같은 점에서 생산량을 결정한다. 이윤극대화 생산량은 $Q_M$으로 나타나 있고, 이 생산량이 수요되는 가격은 $P_M$이다. 독점기업의 경우 항상 한계수입이 가격보다 적기 때문에 한계수입곡선 $MR$은 수요곡선 $D$ 아래에 있다. 독점이윤은 가격과 평균비용의 차이를 판매량으로 곱한 색칠된 사각형의 면적과 같다.

수요곡선에 대응된다. **한계수입**(marginal revenue)은 기업이 추가적으로 1단위를 더 판매함으로써 얻는 추가적 혹은 한계적 수입이다. 독점기업의 경우 추가적으로 1단위를 더 판매하기 위해 모든 제품(단지 추가적인 제품만이 아니라)의 가격을 낮춰야 하기 때문에 한계수입은 항상 가격보다 낮다. 따라서 독점기업의 한계수입곡선 $MR$은 항상 수요곡선 아래에 위치한다.

**한계수입과 가격**   이 절 후반부에서 독점적 경쟁 모형을 분석하려면 독점기업이 받는 단위당 가격과 한계수입의 관계를 이해하는 것이 중요하다. 한계수입은 항상 가격보다 적은데 과연 얼마나 적은가? 한계수입과 가격의 관계는 두 가지에 의존한다. 첫째, 독점기업이 이미 얼마나 많은 생산량을 판매하고 있는지에 의존한다. 즉 아주 많은 제품을 판매하지 않는 기업은 그 제품들의 가격을 인하한다고 해도 손실이 크지 않을 것이다. 둘째, 가격과 한계수입의 격차는 수요곡선의 기울기에 의존하는데, 그 기울기는 독점기업이 제품 1단위를 더 팔기 위해 제품의 가격을 얼마나 낮춰야 하는지 말해준다. 만약 수요곡선이 아주 완만하다면 독점기업은 가격을 아주 조금만 내려도 제품 1단위를 더 판매할 수 있다. 결과적으로 독점기업은 판매하는 제품의 가격을 많이 인하할 필요가 없으므로 한계수입은 단위당 가격과 가까울 것이다. 반면에 수요곡선이 매우 가파르다면 추가적 제품 1단위를 판매하기 위해 가격을 많이 인하해야 하므로 한계수입은 가격보다 훨씬 적을 것이다.

독점기업이 직면하는 수요곡선이 직선이라고 가정하면 가격과 한계수입의 관계는 더 구체화될 수 있다. 이 경우 독점기업의 총판매량이 부과하는 가격에 따라 달라지는 것은 다음 식으로 나타낼 수 있다.

$$Q = A - B \times P \qquad\qquad (8\text{-}1)$$

여기에서 $Q$는 독점기업이 판매하는 제품의 수, $P$는 독점기업이 단위당 부과하는 가격, $A$와 $B$는 상수이다. 이 장의 부록에서 살펴보겠지만, 이 경우 한계수입은 다음과 같다.

$$한계수입 = MR = P - Q/B \tag{8-2}$$

혹은 다음과 같다.

$$P - MR = Q/B$$

식 (8-2)에 따르면 가격과 한계수입의 격차는 기업의 초기 판매량 $Q$와 수요곡선의 기울기 계수인 $B$에 의존한다. 만약 판매량 $Q$가 높다면 더 많은 양을 팔기 위해 필요한 가격인하는 기업에게 더 많은 비용을 부과하기 때문에 기업의 한계수입은 더 낮아진다. 다른 의미로 $B$가 클수록 주어진 가격인상에 대해 판매량은 더 많이 하락하게 되고, 한계수입은 가격에 더 가까워진다. 식 (8-2)는 다음 절에서 무역의 독점적 경쟁 모형을 분석하는 데 매우 중요하다.

**평균비용과 한계비용**    그림 8-1로 돌아가서 $AC$는 기업 생산의 **평균비용**(average cost), 즉 총비용을 생산량으로 나눈 값을 나타낸다. 우하향하는 기울기는 규모의 경제가 존재하여 기업의 생산량이 커질수록 단위당 비용이 낮아진다는 가정을 반영한다. $MC$는 기업의 **한계비용**(marginal cost, 1단위 더 추가적으로 생산하는 데 들어가는 비용)을 나타낸다. 그림에서 기업의 한계비용은 상수(한계비용곡선이 수평)라고 가정한다. 따라서 규모의 경제는 고정생산비용(생산규모와 무관함)으로부터 발생한다. 이 고정비용으로 평균비용은 상수인 한계비용보다 위에 있는데, 생산량이 늘어남에 따라 고정비용이 분산되기 때문에 평균비용과 한계비용의 차이는 점점 작아진다.

$c$를 기업의 한계비용, $F$를 고정비용으로 나타낸다면, 기업의 총비용($C$)을 다음처럼 정리할 수 있다.

$$C = F + c \times Q \tag{8-3}$$

여기에서 $Q$는 다시 기업의 생산량을 의미한다. 이러한 선형비용함수가 주어졌을 때 기업의 평균비용은 식 (8-4)와 같다.

$$AC = C/Q = (F/Q) + c \tag{8-4}$$

앞서 논의한 것처럼 평균비용은 항상 한계비용 $c$보다 크고, 생산량 $Q$가 증가함에 따라 감소한다.

예를 들어 $F = 5$, $c = 1$이면, 10개를 생산하는 평균비용은 $(5/10) + 1 = 1.5$이고, 25개를 생산하는 평균비용은 $(5/25) + 1 = 1.2$이다. 이 숫자들은 매우 친숙해 보일 텐데, 7장의 표 7-1에서 사용됐기 때문이다(하지만 이 경우에는 노동투입에 대해 단위임금비용을 가정했고, 기술은 이제 산업 대신 기업에 적용된다고 가정한다). 이 특정한 수치 예시의 한계비용곡선과 평균비용곡선은 그림 8-2에 그려져 있다. 평균비용은 생산량이 0일 때는 무한대에 접근하고, 생산량이 아주 클 때는 한계비용에 접근한다.

독점기업의 이윤극대화 생산량은 한계수입(생산량 1단위의 추가적 판매에서 얻는 수입)이 한계비용(생산량 1단위의 추가적 생산비용)과 같은 점, 즉 $MC$(한계비용곡선)와 $MR$(한계수입곡선)의 교차점에서 결정된다. 그림 8-1에서 이윤 극대화 생산량 $Q_M$이 소비되는 가격은 $P_M$이고, $P_M$은 평균비용보다 크다는 것을 알 수 있다. $P > AC$일 경우 독점기업은 독점이윤을 얻고, 이는 색칠된 사각형에 해

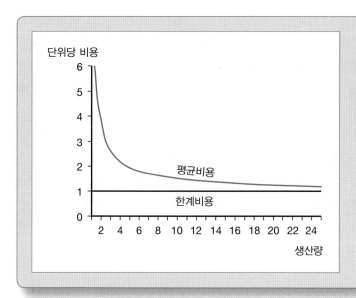

**그림 8-2 평균비용 대 한계비용**
이 그림은 총비용함수가 $C = 5 + x$ 인 경우의 평균비용과 한계비용을 설명한다. 한계비용은 항상 1이고, 평균비용은 생산량이 증가함에 따라 감소한다.

당한다.[2]

## 독점적 경쟁

독점이윤이 좀처럼 논란이 없는 것은 아니다. 높은 이윤을 창출하는 기업은 보통 경쟁자를 끌어들인다. 따라서 실제로 순수독점의 상황은 드물다. 대부분의 경우 경쟁자는 법적이나 기술적 이유로 동일한 제품을 파는 것이 불가능하거나, 또는 오히려 틈새 제품을 개발하여 동일한 제품을 팔지 않는다. 이는 경쟁자가 **차별화된 제품**(differentiated product)을 파는 시장을 야기한다. 따라서 많은 경쟁자가 있더라도 **제품차별화**(product differentiation)는 기업이 그들 자신의 '다양한' 개별제품이나 상표에 대해 가격설정자가 될 수 있게 한다. 하지만 어떤 주어진 가격에서 특정 기업이 낮은 판매량을 보였다는 것은 경쟁이 심화되었다는 것을 의미한다. 즉 더 많은 경쟁자가 있을 때 각 기업의 수요곡선은 안쪽으로 이동한다(다음 절에서 이를 더 명시적으로 모형화할 것이다). 그리고 낮은 수요는 낮은 이윤으로 해석될 것이다.

시장 진입에 수익성이 있는 한 추가적인 새로운 경쟁자에 대한 유인은 존재한다. 일단 경쟁이 어느 수준에 도달하면 추가적인 진입은 더 이상 수익성이 없고 장기균형에 도달한다. 어떤 경우에는 (큰 제트비행기 시장에서와 같이) 시장에 단지 소수의 경쟁회사만이 있을 때 이런 일이 일어난다. 이는 **과점**(oligopoly)이라는 시장구조를 야기한다. 이 상황에서 단일 기업은 총산업생산량과 평균산업가격과 같은 시장 전체 변수에 영향을 줄 만큼 충분한 시장점유율을 가진다.[3] 이는 결국 다른 기업의 수요 조건에 영향을 준다. 따라서 다른 기업은 큰 기업의 가격결정에 대응해 그들의 가격을 조정할 유

---

2 이윤(profit)의 경제적 정의는 총수입에서 노동비용과 재료비를 뺀 나머지를 이윤이라고 부르는 전통적 회계에서 사용되는 의미와 동일하지 않다. 회사의 자본수익률이 그 자본이 다른 산업에서 벌 수 있는 수익률보다 적다면 회사는 이윤을 내지 못한다. 즉 경제적 관점에서 일반적인 자본수익률은 기업의 비용 일부를 나타내고, 일반적인 자본수익률 이상의 수익만이 이윤을 의미한다.

3 이는 전형적으로 고정비용 $F$가 수요조건에 비해 상대적으로 높을 때 일어난다. 각 기업은 평균비용을 낮추어 이윤을 내기 위해 대규모로 운영되어야 하고, 시장이 충분히 크지 않으므로 그렇게 큰 기업을 많이 수용할 수 없다.

인을 가질 것이고, 다른 기업 역시 클 때 반대로도 나타날 것이다. 따라서 과점시장에서 기업의 가격 책정은 **상호의존적**이다. 즉 과점에서 각 기업은 가격을 책정할 때 예상되는 경쟁자의 반응을 고려할 것이다. 하지만 이 반응은 다시 그 기업의 행동에 대한 경쟁자의 예상에 의존할 것이고, 따라서 기업 들은 서로 전략을 예측하려고 하는 복잡한 게임에 직면한다. 12장에서 복점 기업의 과점 모형의 예 를 간단하게 논의할 것이다.

여기에서는 훨씬 단순한 불완전경쟁의 경우인 **독점적 경쟁**(monopolistic competition)에 초점을 맞춰보자. 이 시장구조는 균형에서 경쟁하는 기업의 수가 아주 많고, 어떤 기업도 큰 시장점유율을 가지고 있지 않을 때 발생한다. 따라서 어떤 기업의 가격결정도 시장 전체와 다른 기업의 수요조건에 영향을 주지 않기 때문에 기업들의 가격결정은 더 이상 서로 연결되지 않는다. 각 기업은 어떤 다른 기업의 반응도 중요하지 않다는 것을 알고, 시장 변수가 주어진 상황에서 가격을 결정한다. 다음 절에서는 그런 독점적 경쟁의 모형을 논의할 것이다. 그 후 이어지는 절에서는 이 시장구조에 무역을 도입할 것이다.

**모형의 가정**    우선 전형적인 독점적 경쟁기업이 직면하고 있는 수요를 설명하는 것부터 시작하자. 일 반적으로 산업의 제품에 대한 총수요가 클수록, 경쟁기업이 부과하는 가격이 높을수록 기업은 더 많이 판매할 것이라고 예상할 수 있다. 반면 그 산업에 기업의 수가 많을수록, 기업 자신의 제품가격이 높을수록 그 기업은 더 적게 팔 것이라고 예상할 수 있다. 이런 특성을 가진 기업이 직면하는 수요에 대한 특별한 방정식은 다음과 같다.[4]

$$Q = S \times [1/n - b \times (P - \overline{P})] \tag{8-5}$$

여기서 $Q$는 판매량, $S$는 그 산업의 총판매량, $n$은 그 산업 내의 기업 수, $b$는 기업의 판매량이 가격에 반응하는 정도를 나타내는 상수항, $P$는 그 기업이 부과한 가격, $\overline{P}$는 경쟁기업의 평균가격이다. 식 (8-5)는 다음과 같은 직관을 정당화한다. 모든 기업이 동일한 가격을 부과하면 각 기업의 시장점유 율은 $1/n$일 것이다. 여타 기업의 평균가격보다 더 높은 가격을 부과하는 기업은 시장점유율이 더 낮은 반면, 평균가격보다 더 낮은 가격을 부과하면 시장점유율은 높을 것이다.[5]

산업의 총생산량 $S$는 그 산업의 기업이 부과한 평균가격 $\overline{P}$의 영향을 받지 않는다고 가정하는 것이 유용하다. 즉 기업은 각기 다른 기업의 희생하에서만 고객을 늘릴 수 있다고 가정한다. 이는 비현실 적인 가정이지만 분석을 단순화하고 기업 간의 경쟁에 초점을 맞추도록 한다. 특히 이 가정은 $S$는 시 장규모에 대한 측정치이고, 모든 기업이 동일한 가격을 부과한다면 각 기업은 $S/n$ 단위를 판매한다는 것을 의미한다.[6]

다음으로 대표적 기업의 비용을 분석해보자. 여기에서는 대표적 기업의 총비용과 평균비용은 식

---

4 식 (8-5)는 소비자의 기호가 각기 다르고 기업은 그 시장의 특별한 소비자에 맞춘 다양한 제품을 생산하는 모형에서 도출될 수 있다. 이 접근론은 Stephen Salop, "Monopolistic Competition with Outside Goods," *Bell Journal of Economics* 10 (1979), pp. 141-156 참조

5 식 (8-5)는 $Q = (S/n) - S \times b \times (P - \overline{P})$로 다시 정리할 수 있다. 만약 $P = \overline{P}$라면 이 식은 $Q = S/n$가 된다. 만약 $P < \overline{P}$라면 $Q > S/n$인 반면에, $P < \overline{P}$라면 $Q > S/n$이다.

6 기업들이 다른 가격을 책정한다 하더라도 수요방정식 (8-5)는 전체 기업의 생산량 $Q$의 합계가 항상 총생산량 $S$와 같다는 것을 보증한다(전체 기업의 $P - \overline{P}$의 합계가 0이어야 하기 때문이다).

(8-3)과 (8-4)로 표현된다고 가정한다. 이 초기 모형에서는 기업들이 차별화된 제품을 생산하지만 모든 기업이 대칭적이라고 가정한다. 즉 모든 기업은 동일한 수요곡선 (8-5)에 직면하고 동일한 비용함수 (8-3)을 가진다. 다음 절에서 이 가정을 완화할 것이다.

**시장균형**    개별 기업이 대칭적일 때는 각 개별 기업의 특징을 설명하지 않고도 산업의 상태를 기술할 수 있다. 즉 산업을 기술하기 위해 알아야 할 사항은 그 산업에 얼마나 많은 기업이 존재하고, 대표적 기업이 부과하는 가격이 얼마인가이다. 예를 들어 국제무역의 효과를 평가하기 위해 산업을 분석할 때 기업의 수 $n$과 그들이 부과하는 평균가격 $\overline{P}$를 결정해야 한다. 일단 $n$과 $\overline{P}$를 결정하는 방법을 알면 그것들이 국제무역으로부터 어떤 영향을 받는지 질문할 수 있다.

$n$과 $\overline{P}$를 결정하는 방법은 세 단계로 이루어진다. (1) 먼저 기업의 수와 대표적 기업의 **평균비용**의 관계를 도출한다. 이 관계는 우상향한다. 즉 기업이 많을수록 각 기업의 생산량은 낮아지고, 따라서 각 기업의 단위 생산비용은 높아진다. (2) 다음으로 기업의 수와 각 기업이 부과하는 가격의 관계를 나타내는데, 이 가격은 균형에서 $\overline{P}$와 같아야 한다. 이 관계는 우하향한다. 즉 기업의 수가 많을수록 기업 간 경쟁은 치열해지고, 결과적으로 기업들이 부과하는 가격은 낮아진다. (3) 마지막으로 각 기업의 이윤에 입각하여 기업의 진입과 퇴출을 도입한다. 가격이 평균비용을 초과할 때 기업은 양의 이윤을 얻고 추가적인 기업들이 그 산업에 진입할 것이다. 반면에 가격이 평균비용보다 적을 때는 이윤은 마이너스이고 그러한 손실은 일부 기업들을 시장에서 퇴출시킨다. 장기적으로 이러한 진입과 퇴출은 이윤이 0이 되게 한다. 따라서 각 기업이 책정한 가격 $\overline{P}$는 단계 (1)의 평균비용과 같아야 한다.

1. **기업의 수와 평균비용:** $n$과 $\overline{P}$를 결정하는 첫 번째 단계로, 대표적 기업의 평균비용이 산업 내 기업의 수에 어떻게 의존하는지 분석한다. 이 모형에서 모든 기업은 대칭적이기 때문에 균형에서 기업들은 모두 동일한 가격을 부과할 것이다. 그러나 모든 기업이 동일한 가격을 부과할 때, 즉 $P = \overline{P}$일 때 식 (8-5)에 따르면 $Q = S/n$가 되며, 각 기업의 생산량 $Q$는 산업의 총판매량 $S$ 중에서 $1/n$의 점유율을 차지한다. 그러나 식 (8-4)에서 평균비용과 개별 기업의 생산량은 반비례 관계라는 것을 살펴보았다. 따라서 평균비용은 시장규모와 그 산업에 있는 기업의 수에 의존한다고 결론을 내릴 수 있다.

$$AC = F/Q + c = (n \times F/S) + c \tag{8-6}$$

식 (8-6)은 다른 조건이 같다면 **산업에 기업이 많을수록 평균비용은 더 높아진다**는 것을 보여준다. 그 이유는 기업이 많을수록 각 기업은 적게 생산하기 때문이다. 예를 들어 연간 100만 개의 소형 기계를 판매하는 산업을 생각해보자. 그 산업에 5개의 기업이 있다면 각 기업은 매년 20만 개를 팔 것이다. 10개의 기업이 있다면 각 기업은 단지 10만 개를 팔 것이고, 따라서 각 기업의 평균비용은 더 높아질 것이다. $n$과 평균비용의 우상향하는 관계는 그림 8-3에 $CC$로 나타난다.

2. **기업의 수와 가격:** 반면에 대표적 기업이 부과하는 가격 또한 산업 내 기업의 수에 의존한다. 일반적으로 기업의 수가 많을수록 기업 간의 경쟁은 치열해지고, 따라서 가격은 내려갈 것이라고 예상할 수 있다. 이 현상은 이 모형에서 사실로 드러나는데, 증명하는 데는 좀 시간이 걸린다. 기본 요령은 각 기업이 식 (8-1)에서 보여준 직선형의 수요곡선에 직면하고 있음을 보이고, 식 (8-2)를 이

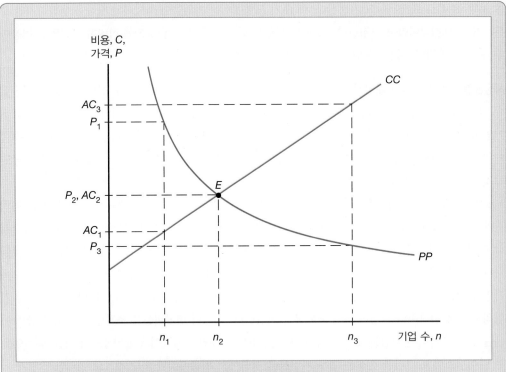

**그림 8-3 독점적 경쟁시장에서의 균형**

독점적 경쟁에서 기업의 수와 그들이 부과하는 가격은 두 가지 관계로 결정된다. 한편으로는 기업이 많을수록 경쟁
은 치열해지고 따라서 산업의 가격은 낮아진다. 이 관계는 *PP*로 나타난다. 다른 한편으로는 기업이 많을수록 각 기
업이 파는 양은 감소하고 따라서 산업의 평균비용은 높아진다. 이 관계는 *CC*로 나타난다. 만약 가격이 평균비용보
다 높다면(즉 *PP* 곡선이 *CC* 곡선 위에 있다면) 그 산업은 이윤을 발생시키고 추가적인 기업들이 그 산업에 진입할
것이다. 만약 가격이 평균비용보다 낮다면 산업은 손실을 일으키고 기업은 그 산업을 떠날 것이다. 균형가격과 기
업의 수는 가격이 평균비용과 같을 때 *PP*와 *CC*의 교차점에서 결정된다.

용하여 가격을 결정하는 것이다.

먼저 독점적 경쟁 모형에서 기업은 다른 기업의 가격을 주어진 것으로 받아들인다는 가정을 상
기하자. 즉 각 기업은 자사가 가격을 변화시키면 다른 기업 역시 가격을 변화시킬 가능성을 무시
한다. 각 기업이 $\overline{P}$를 주어진 것으로 받아들이면 식 (8-5)는 다음과 같이 다시 정리할 수 있다.

$$Q = [(S/n) + S \times b \times \overline{P}] - S \times b \times P \tag{8-7}$$

여기에서 $b$는 식 (8-5)에서 개별 기업이 부과하는 가격에 대한 각 기업의 시장점유율의 민감도
를 측정하는 매개변수이다. 이제 이 식은 식 (8-1)과 같은 형태인데, 상수항 $A$ 대신 $(S/n) + S \times b \times \overline{P}$이고, 기울기 계수 $B$ 대신 $S \times b$이다. 만약 이 값들을 한계수입 식 (8-2)에 대입하면 대표적
기업의 한계수입은 식 (8-8)과 같다.

$$MR = P - Q/(S \times b) \tag{8-8}$$

이윤극대화 기업은 한계수입과 한계비용 $c$를 같게 놓으므로 다음과 같다.

$$MR = P - Q/(S \times b) = c$$

위 식을 대표적 기업이 부과하는 가격에 대해 다시 정리하면 다음과 같다.

$$P = c + Q/(S \times b) \tag{8-9}$$

하지만 모든 기업이 동일한 가격을 부과하면 각 기업은 $Q = S/n$만큼 팔 것을 알고 있다. 이를 식 (8-9)에 대입하면 기업의 수와 각 기업이 부과하는 가격 사이의 관계는 다음과 같은 식으로 나타난다.

$$P = c + 1/(b \times n) \tag{8-10}$$

식 (8-10)은 수학적으로 산업 내에 기업이 많을수록 각 기업이 부과하는 가격이 낮아진다는 것을 보여준다. 이는 각 기업의 **한계비용 대비 마크업**(markup over marginal cost), $P - c = 1/(b \times n)$이 경쟁하는 기업의 수에 따라 감소하기 때문이다. 식 (8-10)은 그림 8-3에서 우하향하는 곡선 $PP$로 나타난다.

3. **균형 기업 수:** 이제 그림 8-3이 무엇을 의미하는지 보자. 앞에서 산업을 2개의 곡선으로 요약했다. 우하향하는 곡선 $PP$는 한 산업 내에 기업이 많을수록 각 기업이 부과하는 가격은 더 낮다는 것을 나타낸다. 즉 기업이 많을수록 각 기업은 더 치열한 경쟁에 직면한다. 우상향하는 곡선 $CC$는 산업 내 기업이 많을수록 각 기업의 평균비용이 높아진다는 것을 나타낸다. 기업의 수가 증가하면 개별 기업은 더 적게 팔게 되고 따라서 기업은 그들의 평균비용 곡선을 따라 충분히 내려갈 수 없게 된다.

2개의 곡선은 점 $E$에서 교차하고, 이때 기업의 수는 $n_2$이다. $n_2$는 기업의 이윤이 0(zero-profit)이되는 산업 내 기업의 수라는 중요성을 가진다. 산업 내 $n_2$개의 기업이 있을 때 그들의 이윤극대화 가격은 $P_2$이고, 이 가격은 그들의 평균비용 $AC_2$와 정확히 일치한다. 이것이 이전에 언급했던 장기 독점적 경쟁 균형이다.

그 이유를 알기 위해 가령 $n$이 $n_2$보다 작은 $n_1$이라 하자. 그러면 기업들이 부과하는 가격은 $P_1$일 것이고 평균비용은 단지 $AC_1$일 것이다. 따라서 기업들은 양(+)의 이윤을 얻을 것이다.[7] 이와 반대로 $n$이 $n_2$보다 큰 $n_3$라고 하자. 그러면 기업들은 단지 가격 $P_3$를 부과하고 반면에 평균비용은 $AC_3$일 것이다. 따라서 기업들은 손실을 볼 것이다[이윤은 음(-)]. 시간이 지남에 따라 기업들은 수익성이 있는 산업으로 진입하고, 손실을 보는 산업에서 떠날 것이다. 만약 기업의 수가 $n_2$보다 적으면 시간이 지남에 따라 기업의 수는 증가할 것이고, 기업의 수가 $n_2$보다 크면 기업의 수는 감소해 균형가격 $P_2$와 균형기업 수 $n_2$에 도달할 것이다.[8]

지금까지 독점적 경쟁 산업 모형을 논의했고, 이 모델에서는 균형기업의 수와 기업이 부과하는 평균가격을 결정할 수 있었다. 이제 이 모형을 이용해 국제무역에서 규모의 경제가 가지는 역할에 대해 중요한 결론을 도출할 수 있다.

---

7 이는 모든 고정비용과 자본비용을 차감한 경제적 이윤을 나타내고, 이는 (그것들을 차감하지 않은) 회계적 이윤과 대조된다.

8 이 분석은 다음과 같은 사소한 문제를 간과한다. 한 산업에서 기업의 수는 물론 5나 8처럼 정수여야 한다. 만약 $n_2$가 6.37이라면 어떻게 되는가? 그 답은 다음과 같다. 그 산업에는 6개의 기업이 있고, 모두 작은 양(+)의 이윤을 얻을 것이다. 산업에 7개의 기업이 있으면 손실을 볼 것을 모두 알고 있기 때문에 새로운 진입자는 이 이윤에 도전하지 않는다. 대부분의 독점적 경쟁의 예에서 정수 또는 '정수 제한'은 중요하지 않은 것으로 나타나므로 여기에서는 그 문제를 무시한다.

## 독점적 경쟁과 무역

독점적 경쟁 모형을 무역에 적용하는 기본 아이디어는 무역이 시장규모를 증대시킨다는 것이다. 규모의 경제가 존재하는 산업에서 한 국가가 생산할 수 있는 재화의 다양성과 그 국가의 생산규모는 모두 시장의 규모에 제약을 받는다. 국가들은 서로 무역을 함으로써, 즉 어떤 개별 국가의 시장규모보다 더 큰 통합된 세계시장을 형성함으로써 국가들은 이 제약을 완화할 수 있다. 따라서 각 국가는 무역이 없을 때보다 더 좁은 범위의 제품 생산을 전문화할 수 있다. 하지만 각국은 생산하지 않는 재화를 다른 국가에서 구입함으로써 소비자가 이용 가능한 재화의 다양성을 증가시킬 수 있다. 결과적으로 무역은 국가가 부존자원이나 기술 측면에서 서로 다르지 않더라도 국가 간 상호이익의 기회를 제공한다.

예를 들어 각 국가의 연간 자동차 시장규모가 100만 대인 두 국가가 있다고 하자. 서로 무역을 함으로써 두 국가는 200만 대의 통합된 자동차 시장을 형성할 수 있다. 이 통합된 시장에서는 시장이 따로 분리되어 있을 때보다 더 다양한 자동차가 더 낮은 평균비용으로 생산될 수 있다.

독점적 경쟁 모형을 이용하여 무역이 어떻게 개별 국가가 직면하는 규모와 다양성 사이의 상충관계를 개선하는지 보여줄 수 있다. 독점적 경쟁 모형에서 더 큰 시장이 어떻게 동시에 더 낮은 평균가격과 제품의 다양성 증가로 이어지는지 논의하는 것에서부터 시작할 것이다. 이 결과를 국제무역에 적용하기 위해서는 무역이 세계시장을 형성하는 어떤 개별 국가보다도 더 큰 세계시장을 창출한다는 것을 인식해야 한다. 따라서 국제무역을 통해 시장이 통합되는 것은 한 국가 내에서 시장이 성장하는 것과 동일한 효과를 가진다.

### 시장규모 증가의 효과

독점적 경쟁 산업에서 기업의 수와 기업들이 부과하는 가격은 시장규모의 영향을 받는다. 일반적으로 큰 시장에는 기업도 더 많고 기업당 판매량도 더 크다. 즉 큰 시장의 소비자는 소규모 시장의 소비자보다 더 낮은 가격으로 다양한 제품을 구입할 수 있다.

이 점을 모형에서 분석하기 위해 다시 그림 8-3에서 $CC$ 곡선을 보면 산업에 기업이 더 많을수록 각 기업의 평균비용은 높아진다. $CC$ 곡선은 식 (8-6)에 의해 다음과 같이 정의된다.

$$AC = F/Q + c = n \times F/S + c$$

위 식을 보면 어떤 주어진 기업의 수 $n$에 대해 산업의 총생산량 $S$가 증가할 때 평균비용이 낮아진다는 것을 알 수 있다. 그 이유는 기업의 수가 고정된 상태에서 시장이 성장하면 기업당 생산량은 증가하고, 따라서 각 기업의 평균비용은 더 감소하기 때문이다. 따라서 만약 2개의 시장을 비교할 때 한 시장규모 $S$가 다른 시장보다 더 크면 큰 시장의 $CC$ 곡선은 작은 시장의 $CC$ 곡선보다 아래에 위치할 것이다.

한편 기업이 부과하는 가격과 기업 수의 관계를 나타내는 그림 8-3의 $PP$ 곡선은 이동하지 않는다. $PP$ 곡선은 식 (8-10)에 의해 다음과 같이 정의된다.

$$P = c + 1/(b \times n)$$

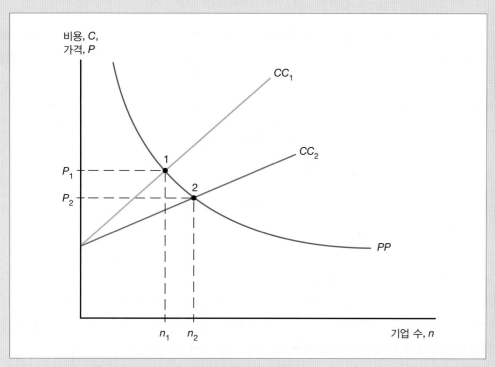

**그림 8-4 시장의 확대 효과**

다른 조건이 동일할 때 시장규모의 증가는 각 기업의 생산을 증가시키고 평균비용을 낮춘다. 이는 $CC_1$에서 $CC_2$로 의 하향 이동으로 나타난다. 그 결과 동시에 기업의 수(따라서 이용 가능한 재화의 다양성)는 증가하고 각 재화의 가격은 낮아진다.

시장규모는 위 식에 포함되어 있지 않으므로 $S$의 증가는 $PP$ 곡선을 이동시키지 않는다.

그림 8-4는 이 정보를 이용하여 시장규모의 확대가 장기 균형에 미치는 영향을 보여준다. 초기 균형은 점 1에서 결정되며 가격은 $P_1$이고 기업의 수는 $n_1$이다. 산업 판매량 $S$로 측정되는 시장규모의 증가는 $CC$ 곡선을 $CC_1$에서 $CC_2$로 아래로 이동시키는 한편, $PP$ 곡선에는 아무런 영향을 주지 않는다. 새로운 균형은 점 2에서 결정되고, 기업의 수는 $n_1$에서 $n_2$로 증가하는 반면에 가격은 $P_1$에서 $P_2$로 하락한다.

소비자는 확실히 소규모 시장보다 대규모 시장을 선호할 것이다. 점 2에서는 점 1에서보다 더 다양한 제품을 더 낮은 가격에 구입할 수 있다.

## 시장통합의 이득: 수치의 예

국제무역은 큰 시장을 형성할 수 있다. 국제무역이 가격, 생산규모, 재화의 다양성에 미치는 효과를 구체적인 수치로 예를 들어 설명해보자.

자동차가 독점적 경쟁 산업에서 생산된다고 하자. 어떤 자동차 생산기업이 직면하는 수요곡선은 식 (8-5)로 표현될 수 있는데, 여기에서 $b = 1/30,000$(이 숫자는 특별한 의미가 없고 예시 결과가 깔끔하게 나오도록 선택된 것)이다. 따라서 어떤 생산기업이 직면하는 수요는 다음과 같이 표현된다.

$$Q = S \times [(1/n) - (1/30,000) \times (P - \overline{P})]$$

여기에서 $Q$는 기업당 자동차의 판매대수, $S$는 산업의 총판매량, $n$은 기업의 수, $P$는 기업이 부과하는 가격, $\overline{P}$는 다른 기업의 평균가격이다. 또한 자동차를 생산하는 비용함수는 식 (8-3)으로 표현될 수 있는데, 여기에서 고정비용 $F = 750,000,000$달러이고, 자동차 한 대당 한계비용 $c = 5,000$달러이다(이 값들 또한 결과가 잘 나오기 위해 선택된 것). 따라서 총비용은 다음과 같다.

$$C = 750,000,000 + (5,000 \times Q)$$

그러므로 평균비용곡선은 다음과 같다.

$$AC = (750,000,000/Q) + 5,000$$

이제 자국과 외국, 두 국가가 있다고 가정하자. 자국은 매년 90만 대의 자동차를 판매하고, 외국은 연간 160만 대의 자동차를 판매한다. 당분간 두 국가의 생산비용은 같다고 가정한다.

그림 8-5(a)는 자국의 자동차 산업에 대한 $PP$ 곡선과 $CC$ 곡선을 보여준다. 무역이 없는 상황에서 자국에는 자동차 회사가 6개 있고, 자동차 한 대당 1만 달러에 판매한다(이 장의 수학 후기에 나타난 것과 같이 $n$과 $P$에 대해 수학적으로 풀 수 있다). 이것이 장기균형이라는 것을 확인하기 위해서는 가격식 (8-10)이 충족되고, 가격이 평균비용과 같다는 것을 보여주면 된다.

한계비용 $c$, 수요의 매개변수 $b$, 자국기업의 수 $n$의 실제 값을 식 (8-10)에 대입하면 다음과 같이 이윤극대화를 위한 조건(한계수입이 한계비용과 같음)이 충족된다.

$$P = 10,000달러 = c + 1/(b \times n) = 5,000달러 + 1/[(1/30,000) \times 6]$$
$$= 5,000달러 + 5,000달러$$

각 기업은 900,000대/6개 기업 = 150,000대를 판매한다. 그러므로 기업의 평균비용은 다음과 같다.

$$AC = (750,000,000달러/150,000) + 5,000달러 = 10,000달러$$

한 대당 1만 달러의 평균비용이 자동차 가격과 같기 때문에 모든 독점적 이윤은 경쟁으로 사라진다. 따라서 6개의 기업이 각각 15만 대의 자동차를 생산해 한 대당 1만 달러에 판매하는 것이 자국시장에서의 장기균형이다.

외국은 어떠한가? 그림 8-5(b)에서 외국의 자동차 시장 규모가 연간 160만 대일 때 $PP$ 곡선과 $CC$ 곡선은 $n = 8$, $P = 8,750$달러인 점에서 교차한다. 즉 무역이 없을 때 외국의 자동차 시장에는 8개의 기업이 존재하며, 각 기업은 20만 대씩 생산해 한 대당 8,750달러에 판매한다. 이 해답이 균형조건을 만족시키는지 다시 다음과 같이 확인할 수 있다.

$$P = 8,750달러 = c + 1/(b \times n) = 5,000달러 + 1/[(1/30,000) \times 8] = 5,000달러 + 3,750달러$$

그리고 다음과 같다.

$$AC = (750,000,000달러/200,000) + 5,000달러 = 8,750달러$$

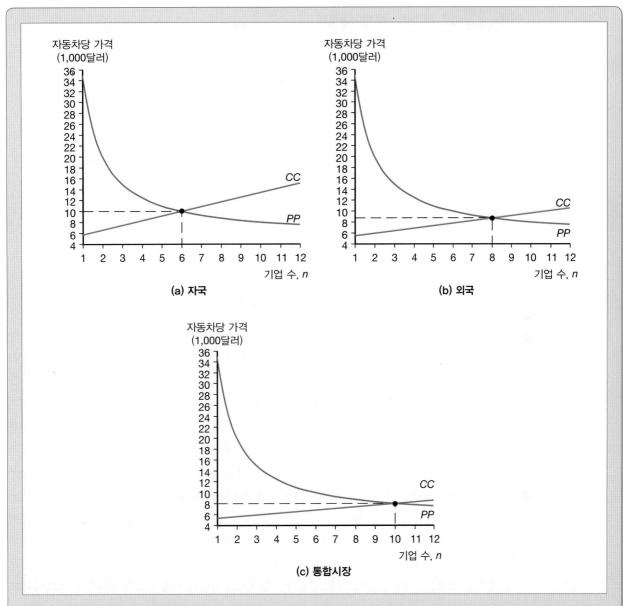

**그림 8-5 자동차 시장에서의 균형**

(a) 자국시장: 자동차 시장 규모가 90만 대인 자국의 균형은 PP 곡선과 CC 곡선의 교차점인 6개의 기업과 자동차 한 대당 1만 달러에서 결정된다. (b) 외국시장: 자동차 시장 규모가 160만 대인 외국의 균형은 8개의 기업과 자동차 한 대당 8,750달러에서 결정된다. (c) 통합시장: 두 시장의 통합은 250만 대의 자동차 시장을 창출한다. 이 시장에는 10개의 기업이 있고, 자동차 한 대당 가격은 단지 8,000달러이다.

이제 자국과 외국이 운송비용 없이 서로 자동차를 교역할 수 있다고 하자. 무역은 총판매량이 250만 대인 새롭게 통합된 자동차 시장[그림 8-5(c)]을 창출한다. 다시 한번 PP 곡선과 CC 곡선을 통해 이 통합된 시장에는 10개의 기업이 있고, 각 기업은 25만 대의 자동차를 생산해 한 대당 8,000달러에 판매한다는 것을 알 수 있다. 이윤극대화와 제로 이윤 조건은 다시 다음과 같이 충족된다.

| 표 8-1 | 시장통합 이득의 가상적 예 | | |
|---|---|---|---|
| | 무역 전 자국시장 | 무역 전 외국시장 | 무역 후 통합된 시장 |
| 산업생산량<br>(자동차 대수) | 900,000 | 1,600,000 | 2,500,000 |
| 기업 수 | 6 | 8 | 10 |
| 기업당 생산량<br>(자동차 대수) | 150,000 | 200,000 | 250,000 |
| 평균비용 | 10,000달러 | 8,750달러 | 8,000달러 |
| 가격 | 10,000달러 | 8,750달러 | 8,000달러 |

$$P = 8,000 = c + 1/(b \times n) = 5,000 + 1/[(1/30,000) \times 10]$$
$$= 5,000달러 + 3,000달러$$

그리고 다음과 같다.

$$AC = (750,000,000달러/250,000) + 5,000달러 = 8,000달러$$

표 8-1은 통합시장을 도출하는 결과를 요약한다. 표 8-1은 각 시장을 통합된 시장과 비교한다. 통합된 시장에는 더 많은 기업이 있고, 각 기업은 각국의 시장이 따로 있을 때보다 더 큰 규모로 생산하고 더 낮은 가격에 판매한다.

시장통합으로 모든 사람의 후생이 명백하게 개선된다. 큰 시장에서 소비자의 선택의 폭은 넓어지고, 각 기업은 더 많이 생산하므로 제품을 더 낮은 가격에 판매할 수 있다. 국가들이 통합으로 이러한 이득을 실현하기 위해서는 국제무역에 참여해야 한다. 규모의 경제를 달성하기 위해 각 기업은 생산을 자국이나 외국 중 한 국가에 집중시켜야 한다. 하지만 기업은 제품을 두 국가의 소비자 모두에게 판매해야 한다. 따라서 각 제품은 한 국가에서 생산되어 다른 국가로 수출될 것이다.

이 수치의 예는 3~6장에서 다룬 비교우위에 입각한 무역 모형과 비교해 독점적 경쟁이 있는 무역에 관하여 두 가지 중요한 새로운 특징을 강조한다. (1) 이 예는 제품차별화와 내부 규모의 경제가 어떻게 비교우위에 차이가 없는 유사한 국가 간에 무역을 발생시키는지 보여준다. 이는 각국이 비교우위가 있는 재화를 수출하는, 비교우위에 입각한 무역과는 상당히 다른 종류의 무역이다. 여기에서 자국과 외국은 모두 서로에게 자동차를 수출한다. 자국은 (외국기업이 생산한) 일부 자동차 모델을 수입하고 (자국기업이 생산한) 다른 모델의 자동차를 수출하며, 그 반대도 성립한다. 이것이 비슷한 재화의 쌍방향 교환인 **산업 내 무역**(intra-industry trade)이라고 불리는 것이다. (2) 이 예는 무역의 후생 이득이 발생하는 2개의 새로운 경로를 제시한다. 무역 후의 통합된 시장에서 기업은 양 국가에 대한 생산을 통합하고 규모의 경제를 이용할 수 있기 때문에 자국과 외국 소비자는 모두 더 낮은 가격(8,000달러 : 8,750달러 혹은 1만 달러)에 더 다양한 자동차 모델(10종 : 6종 혹은 8종)로 이득을 얻는다.[9]

---

[9] 또한 무역 통합으로 자국 소비자는 외국 소비자보다 더 많은 이득을 본다는 것에 유의하라. 이는 규모에 대한 수확체증과 제품차별화가 있는 무역 모형의 일반적인 특징이다. 즉 작은 국가가 큰 국가보다 통합으로 더 많은 이득을 얻는다. 통합의 이득은 관련된 시장규모의 증가로 인한 것인데, 초기에 더 작은 국가가 통합 이후 시장규모의 증가로 더 큰 이득을 얻기 때문이다.

실증적으로도 산업 내 무역은 유의미하며, 확대된 제품의 다양성과 통합된 생산으로 인한 더 낮은 평균생산비를 통해 무역 이득을 확인할 수 있는가? 답은 '그렇다'이다.

## 산업 내 무역의 중요성

세계무역에서 산업 내 무역의 비중은 지난 반세기 동안 꾸준히 증가했다. 산업 내 무역의 측정은 재화를 산업별로 분류하는 산업분류 체계에 따라 다르다. 사용된 산업분류의 조악함(산업분류가 수백 개인 것도 있고 수천 개인 것도 있다)에 따라 산업 내 무역은 전 세계무역량의 4분의 1에서 거의 2분의 1을 차지한다. 산업 내 무역은 세계무역의 대부분을 차지하는 선진공업국들 사이의 공산품 무역에서 훨씬 더 중요한 역할을 한다.

표 8-2는 2009년, 일부 미국 제조업에서 산업 내 무역의 중요성을 나타내는 측정치를 보여준다. 측정치는 총무역 중 산업 내 무역의 비율이다.[10] 그 측정치는 금속가공기계와 무기화학 산업의 0.97(미국은 수출과 수입이 거의 같다)부터 미국이 많이 수입하지만 수출은 거의 없는 신발 산업의 0.10에 이른다. 미국이 수출만하거나 수입만하면 측정치는 0이고, 둘 다하면 0이 아니다. 그리고 미국의 수출이 수입과 똑같은 산업의 경우 측정치는 1이다.

표 8-2는 미국에서 산업 내 무역이 여러 산업에서 매우 중요한 부분이라는 것을 보여준다. 그 산업들은 화학제품, 의약품, 특수기계와 같이 정교한 공산품을 생산하는 산업이다. 이러한 재화는 주로 선진국이 수출하며, 생산에서 중요한 규모의 경제에 직면해 있는 산업이다. 측정치의 다른 한쪽에 있는 산업의 경우 산업 내 무역이 매우 적은데, 신발과 의류같이 전형적으로 노동집약적 제품을 생산하는 산업이다. 미국은 이러한 재화를 주로 개발도상국에서 수입하며, 비교우위가 미국과 이 국가들

| 표 8-2 | 미국 산업의 산업 내 무역 지수(2009) |
|---|---|
| 금속가공기계 | 0.97 |
| 무기화학제품 | 0.97 |
| 발전기계 | 0.86 |
| 의약품 | 0.85 |
| 과학장비 | 0.84 |
| 유기화학제품 | 0.79 |
| 철강 | 0.76 |
| 주행용 차량 | 0.70 |
| 사무용기계 | 0.58 |
| 통신장비 | 0.46 |
| 가구 | 0.30 |
| 의류 | 0.11 |
| 신발 | 0.10 |

10 더 자세하게 특정 산업의 산업 내 무역의 중요성을 계산하는 표준 공식은 다음과 같다.

$$I = \frac{\min(\text{수출액, 수입액})}{(\text{수출액} + \text{수입액})/2}$$

　　여기서 min(수출액, 수입액)은 수출액과 수입액 중 더 적은 액수이다. 이는 수출액과 수입액 모두에 반영된 재화의 쌍방향 교환의 양이다. 이것은 평균무역량(수출액과 수입액의 평균)의 비율로 측정된다. 만약 한 산업의 무역이 일방적이라면 가장 적은 무역량은 0이기 때문에 $I = 0$이다. 즉 산업 내 무역은 없다. 한편 한 산업 내에 한 국가의 수출과 수입이 같다면 정반대로 $I = 1$이 된다.

간 무역의 중요한 결정요인이다.

제품의 다양성 증가와 규모의 경제를 통한 새로운 유형의 후생 이득은 어떠한가? 두케인자본운용사(Duquesne Capital Management)의 크리스티안 브로다(Christian Broda)와 컬럼비아대학교의 데이비드 와인스타인(David Weinstein)의 논문은 1972~2001년까지 30년간 미국 수입 제품의 수가 3배가 됐다고 추정했다. 이들은 또한 이 제품 다양성의 증가로 미국 소비자가 얻은 후생이익은 미국 GDP의 2.6%에 달한다고 추정했다.[11]

표 8-1의 수치 예는 규모의 경제로 발생한 통합 이득은 작은 국가에서 가장 두드러진다는 것을 보여준다. 통합 이전에 그 경제의 생산은 작은 규모로 인해 규모의 경제를 이용할 수 없었기 때문에 특히 비효율적이었다. 이는 미국과 캐나다가 1964년 북미자동차조약(North American Auto Pact)을 시작하면서 경제통합의 확대 경로를 따르면서 정확히 일어났다. 그 무역 협정은 멕시코와 북미를 넘나드는 거의 대부분 교역재로 확대되었다[처음에는 북미자유무역협정(North American Free Trade Agreement, NAFTA)이었고, 최근에 미국-멕시코-캐나다 협정(U.S.-Mexico-Canada Agreement, USMCA)으로 재협상되었다].

유사한 무역 이득은 더 긴밀한 경제적 통합을 이룬 실제 세계의 다른 예에서도 확인된다. 가장 중요한 예 중 하나는 지난 반세기에 걸쳐 유럽에서 일어났다. 1957년에 서유럽의 주요 국가들은 공동시장(Common Market), 즉 유럽경제공동체(European Economic Community, EEC)라는 공산품의 자유무역지대를 설립했다(영국은 이후 1973년에 EEC에 가입했다). 그 결과는 주로 산업 내 무역으로 인한 무역의 급속한 성장이었다. EEC 내의 무역은 1960년대 전 세계 무역보다 2배 빠르게 증가했다. 이 경제통합은 유럽연합(EU)으로 천천히 확대되었다. 유럽연합 국가들 중 일부(대부분 EEC를 형성한 국가)가 1999년 공동유로통화를 채택함에 따라 이 국가들 사이의 산업 내 무역은 (유럽연합의 다른 국가들에 비해) 더 크게 증가했다. 최근의 연구는 또한 유로 채택이 유로존 내에서 교역되는 제품의 수를 증가시켰다는 것을 밝혔다.

## 무역에 대한 기업의 반응: 수혜자와 피해자 및 산업성과

두 국가의 자동차 산업 수치의 예를 통해 경제통합이 어떻게 기업 사이의 경쟁을 증가시키는가를 보았다. 무역 전에 자동차를 생산하는 14개 기업(자국 6개와 외국 8개) 중 단 10개 기업만 경제통합 이후 생존한다. 하지만 이제 그 기업들 각각은 더 큰 규모로 생산한다(기업당 자동차 25만 대 대비 무역 전 자국의 15만 대 또는 외국의 20만 대 비교). 이 예에서 기업들이 대칭적이라는 가정하에 어떤 기업이 퇴출되고 어떤 기업이 생존해 확장하는지는 중요하지 않았다. 그러나 실제 세계에서 기업 간 성과는 상당히 다르고, 따라서 무역으로 증가된 경쟁의 효과는 매우 중요하다. 예상하는 바와 같이 증가된 경쟁은 가장 성과가 나쁜 기업을 강제로 퇴출시키기 때문에 그들이 가장 큰 피해를 입는다. 만약 무역(혹은 경제적 통합)으로 경쟁이 증가되면, 그 또한 생존기업에게는 새로운 시장에서의 판매 기회로 연결된다. 다시 예상하는 바와 같이 그 새로운 판매기회를 가장 잘 이용하여 가장 크게 확장

---

11 Christian Broda and David E. Weinstein, "Globalization and the Gains from Variety," *Quarterly Journal of Economics* 121 (April 2006), pp. 541-585 참조

## 사례 연구    아세안-4 내 자동차 산업 내 무역(1998~2002)

아세안(Association of Southeast Asian Nations)은 회원국의 정치, 사회경제, 문화 협력을 위해 1967년에 형성되었다. 지난 50년 동안 전 세계의 산업 내 무역 비중은 꾸준하게 증가했다. 이런 맥락에서 1998~2002년 사이 아세안-4(인도네시아, 말레이시아, 필리핀, 태국)의 자동차 산업의 성장은 규모의 경제가 국제무역의 이득을 창출하는 역할을 한다는 것을 보여주는 하나의 예이다.[12] 이 상황은 다국적 기업을 포함하기 때문에 본문 모형에 정확하게 들어맞지는 않지만 발전시킨 기본 개념이 현실 세계에서 유용하다는 것을 보여준다.

아세안-4의 자동차 산업은 AFTA(ASEAN Free Trade Agreement, 1998년의 아세안 자유무역협정) 같은 무역 자유화를 포함한 일련의 규제 철폐와 자유화 조치에 의해 추진되었으며 상당한 성장을 경험했다. 2002년 이후 1997년 아시아 금융위기로 초래된 손실을 회복하고 140만 대의 자동차 생산수준에 도달했다. 아세안-4 내에서 태국은 수출 허브로서 주도적인 역할을 담당했고, 나머지 국가는 주로 자동차 부품 생산에 집중했다. 유럽 국가는 아세안-4 자동차 총수출의 60%를 흡수하는 주요 교역국이었으며, 호주 또한 무역관계에서 주요 교역국이었다.

2001년에 ASEAN-4 내 자동차 부품 수출은 총수출의 약 14%를 차지했으며, 유럽연합(EU), 일본, NAFTA(미국, 캐나다, 멕시코 사이의 북미 자유무역협정)가 다른 거대한 수출시장을 차지했고, 그 지역 시장의 중요성은 시간이 흐름에 따라 증가되었다. 유럽연합, NAFTA, 메르코수르(MERCOSUR) 같은 주요 무역권과 비교하면 아세안-4의 무역은 낮지만, 이 모든 지역에서 자동차 부품의 산업 간 무역은 성장하고 있는 것으로 보인다.

자동차 산업 내 무역은 품질 차별화(수직적 차별화)와 특성 차별화(수평적 차별화)의 일반적인 이분법을 보여준다. 아세안-4 국가는 이 수직적 및 수평적 차별화의 중요성과 관련해 상당한 차이점을 보인다. 자동차 부품의 수평적 차별화의 비중은 꾸준히 낮은 반면, 아세안-4 국가의 수직적 차별화는 약 50% 정도 상승하여 63.5%를 차지하게 되었고 주요 무역권 중에서 수직적 차별화의 가장 높은 상위를 차지하게 되었다. 수평적 차별화의 비중은 유지되면서 수직적 차별화의 급격한 증가는 주로 일방향 무역(one-way trade)의 희생으로 이루어졌다. 비교의 관점에서 산업 내 무역의 총비중은 다른 주요 무역권에서 관찰되는 것보다 여전히 낮다.

아세안-4 국가 간 산업 내 무역 추세를 살펴보면 흥미로운 점이 있다. 다시 수평적 산업 내 무역은 상대적으로 안정적으로 유지되지만, 필리핀을 제외하고 모든 아세안-4 멤버의 산업 내 무역 비중이 2002년 70%까지 증가하면서 수직적 산업 내 무역은 주목할 만한 성장을 보였다. 아세안-4 국가 간에 거래된 가장 중요한 자동차 부품은 엔진과 엔진 부품, 자동변속기와 기계부품으로 21%에서 36%를 차지했다(흥미롭게도 자동차 부품 무역의 절반을 차지하는 일반 부품인 '기타 자동차 부품'은 전부 산업 내 무역이다). 물론 다양한 자동차 부품에 대한 무역 특징이 같은 것은 아니다. 예를 들어 자동 변속기와 기계부품은 일방향 무역이 지배적인 반면, 엔진과 엔진 부품은 산업 내 무역이 지배적이다. 무역의 차이는 또한 국가 간에도 존재하는데, 예를 들어 인도네시아의 주요 수출은 전자 부품으로 대부분 일방향 무역을 차지하는 반면, 말레이시아의 주요 수출은 자동 변속기와 기계부품으로 주로 산업 내 무역에 해당한다.

규모의 경제가 아세안-4 국가의 자동차와 자동차 부품 산업 내 무역의 상당 부분을 설명한다는 것은 놀랍지 않다. 예를 들면 전체 시장규모, 시장규모 차이의 감소, 자동차 산업 규모 그 자체가 모두 전반적인 자동차 산업 내 성장에 긍정적으로 기여했다. 고려 대상 기간에 중요한 무역 자유화 조치가 시행된 2002년 이후가 포함되지 않았기 때문에 아세안-4 국가의 더 긴밀한 경제적 통합이 산업 내 성장의 결정요인은 아니었다. 즉 1998~2002년 동안의 지역적 요소가 아닌 시장 및 산업 규모 특징(규모의 경제)이 자동차 산업 내 성장의 주요 결정요인이다.

하는 기업은 성과가 가장 좋은 기업이다.

이 구성의 변화는 산업수준에서 중요한 결과를 야기한다. 성과가 좋은 기업은 확장하고 성과가 나쁜 기업은 축소되거나 퇴출될 때 전반적인 산업성과는 개선된다. 이는 무역과 경제적 통합이 산업성과에 직접적으로 영향을 줄 수 있다는 것을 의미한다. 이는 마치 산업수준에서 기술적 성장이 있는

---

12 Keito Ito and Masaru Umemoto, "Intra-Industry Trade in the ASEAN Region: The Case of the Automotive Industry," *ASEAN-Auto Project* No. 04-8, Working Paper Series Vol. 2004-23, September 2004. (http://www.agi.or.jp/user04/756_196_20110622173800.pdf).

것과 같다. 실증연구에서 이 구성의 변화가 산업의 생산성을 상당히 개선한다는 것을 확인할 수 있다.

캐나다와 미국의 긴밀한 경제적 통합의 예를 살펴보자. 1989년 발효된 캐나다-미국 자유무역협정은 북미자동차조약을 대부분의 제조업 부문으로 확장시켰다. 그 영향을 받은 캐나다 제조업 부문에 유사한 통합 과정이 일어났다. 하지만 이는 또한 선택 과정과 연관되어, 성과가 안 좋은 생산자는 생산을 중단하는 반면 성과가 좋은 생산자는 미국 시장으로 수출이 대폭 증가하여 확장했다. 토론토대학교의 대니얼 트레플러(Daniel Trefler)는 캐나다 기업의 다양한 반응을 조사하면서 이 무역협정의 효과를 자세히 연구했다.[13] 그는 가장 영향을 많이 받은 캐나다 산업의 경우 생산성이 14~15%만큼 극적으로 증가했다는 것을 발견했다(고용이 일정할 때 경제 전체에 1%의 생산성 증가는 GDP 1% 증가로 해석될 수 있다). 미국 기업과의 경쟁 심화에 따른 실적이 가장 나쁜 기업의 축소 및 퇴출이 그 산업의 15% 증가의 절반을 설명한다.

## 생산자 간 성과 차이

이제 앞에서 독점적 경쟁 모형을 개발할 때 부과했던 대칭성 가정을 완화하여 시장규모의 증가로 인한 경쟁이 어떻게 기업에게 다른 영향을 주는지 분석해보자.[14] 대칭성 가정은 모든 기업이 같은 비용곡선식 (8-3)과 같은 수요곡선식 (8-5)를 가진다는 것을 의미했다. 이제 기업은 다른 한계비용수준 $c_i$로 생산하고 따라서 그들은 서로 다른 비용곡선을 가진다고 하자. 모든 기업들은 여전히 같은 수요곡선에 직면해 있다고 가정한다. 기업들 간의 제품 품질의 차이가 기업 성과에 미치는 영향은 지금 우리가 비용 차이에 대해 도출하는 것과 매우 유사한 예측을 도출할 것이다.

그림 8-6은 $c_1 < c_2$일 때 기업 1과 2 사이의 성과 차이를 보여준다. 그림 8-6(a)에는 공통의 수요곡선식 (8-5)와 그와 관련된 한계수입곡선식 (8-8)이 그려져 있다. 두 곡선은 수직축에 같은 절편[식 (8-8)에 $Q=0$을 대입하면 $MR=P$]을 가진다는 점을 주목하자. 이 절편은 식 (8-5)에서 $Q=0$일 때의 가격 $P$이고, 수요곡선의 기울기는 $1/(s \times b)$이다. 앞에서 논의한 것처럼 한계수입곡선은 수요곡선보다 더 가파르다. 기업 1과 2는 이윤을 극대화하기 위해 각각 생산량 $Q_1$과 $Q_2$를 선택한다. 이는 그들 각각의 한계비용곡선이 공통의 한계수입곡선과 교차하는 곳에서 결정된다. 그들은 공통 수요곡선에서 생산량에 대응되는 가격 $P_1$과 $P_2$를 책정한다. 기업 1이 기업 2보다 더 낮은 가격에 더 많이 생산한다는 것을 즉각적으로 확인할 수 있다. 또한 한계수입곡선이 수요곡선보다 더 가파르기 때문에 기업 1이 기업 2보다 한계비용 대비 더 높은 마크업을 책정한다는 것을 알 수 있다($P_1 - c_1 > P_2 - c_2$).

색칠된 부분은 두 기업의 운영이윤을 나타내는데, 이는 수입 $P_i \times Q_i$에서 운영비용 $c_i \times Q_i$를 뺀 것이다(두 기업에 대해 $i=1$, $i=2$). 여기에서 (모든 기업에 대해 같다고 가정한) 고정비용 $F$는 회수될 수 없고 운영이윤에 포함되지 않는다고 가정한다(즉 고정비용은 매몰비용). 운영이윤은 다시 마크업에 판매된 생산단위의 수를 곱한 $(P_i - c_i) \times Q_i$로 정리할 수 있으므로, 기업 1이 기업 2보다 더 높은

13 Daniel Trefler, "The Long and Short of the Canada-U.S. Free Trade Agreement," *American Economic Review* 94 (September 2004), pp. 870-895와 뉴욕타임스의 이 작업 요약본 "What Happened When Two Countries Liberalized Trade? Pain, Then Gain" by Virginia Postel (January 27, 2005) Marc J. Melitz and Daniel Trefler, "Gains from Trade When Firms Matter," *Journal of Economic Perspectives* 26 (2012), pp. 91-118 참조

14 이 모형의 더 자세한 설명은 Marc J. Melitz and Daniel Trefler, "Gains from Trade When Firms Matter," *Journal of Economic Perspectives* 26 (2012), pp. 91-118 참조

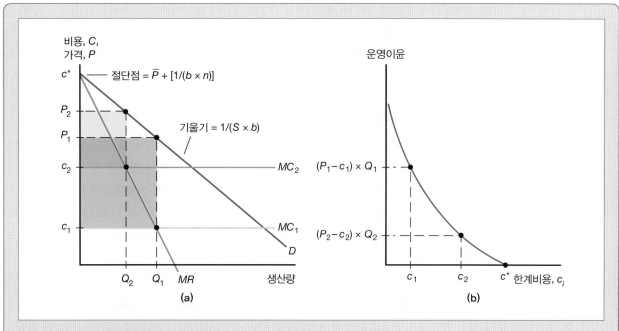

**그림 8-6 기업 간의 성과 차이**

(a) 수요곡선과 기업 1과 기업 2의 비용곡선. 기업 1은 기업 2보다 더 낮은 한계비용을 가진다($c_1 < c_2$). 두 기업은 같은 수요곡선과 한계수입 곡선에 직면한다. 기업 2에 비해 기업 1은 더 낮은 가격을 책정하고 더 많이 생산한다. 색칠한 면적은 두 기업에 대한 운영이윤(고정비용을 빼기 전)을 나타낸다. 기업 1은 기업 2보다 더 높은 운영이윤을 낸다. (b) 기업의 한계비용의 함수인 운영이윤. 한계비용이 증가할 때 운영이윤은 감소한다. $c^*$를 초과하는 한계비용을 가진 어떤 기업도 이윤을 낼 수 없으므로 조업을 중단한다.

이윤을 얻는다는 것을 알 수 있다(기업 1은 기업 2보다 더 높은 마크업을 책정하고 더 많이 생산한다는 것을 상기하라). 따라서 기업 간 한계비용 차이로 인한 관련된 모든 성과 차이를 요약할 수 있다. 한계비용이 높은 기업에 비해 한계비용이 낮은 기업은 (1) 더 낮은 가격을 책정하지만 한계비용 대비 마크업이 더 높고, (2) 더 많이 생산하며, (3) 더 높은 이윤을 창출한다.[15]

그림 8-6(b)는 기업의 운영이윤이 그것의 한계비용 $c_i$에 따라 어떻게 달라지는지 보여준다. 방금 언급한 것처럼 이는 한계비용의 감소함수일 것이다. 그림 8-6(a)로 돌아가서 기업의 한계비용이 수요곡선의 수직절편 $\overline{P} + [1/(b \times n)]$ 아래에 있는 한 기업은 양의 운영이윤을 낼 수 있다는 것을 알 수 있다. $c^*$를 비용 절단점이라 하자. 이 절단점보다 높은 한계비용 $c_i$를 가진 기업은 가격이 높아 시장에서 효과적으로 퇴출되고, 생산을 하더라도 음의 운영이윤을 낼 것이다. 그런 기업은 공장을 닫고 생산하지 않을 것이다(고정비용 $F$의 총이윤 손실을 발생시킨다). 그런 기업이 왜 시장에 진입했을까? 물론 그 기업이 시장에 진입해 고정비용 $F$를 지불하기 전에 자신의 높은 비용 $c_i$를 알았다면 그렇게 하지 않았을 것이다.

진입자가 미래 생산비 $c_i$에 관하여 얼마간의 무작위성에 당면한다고 가정한다. 이 무작위성은 $F$가 지불되고 매몰된 후에 사라진다. 따라서 일부 기업은 그들의 전체 이윤(운영이윤 – 고정비용 $F$)이 음

---

15 모든 기업이 회복 불가능한 동일한 고정비용 $F$에 당면하고 있다고 가정한 것을 상기하라. 만약 한 기업이 더 높은 운영이윤을 얻는다면 그 기업은 또한 더 높은 전체 이윤(고정비용 $F$ 차감)을 얻는다.

이라면 진입결정을 후회할 것이다. 한편 어떤 기업은 그들의 생산비용 $c_i$가 매우 낮고 높은 양수의 전체 이윤을 낸다는 것을 발견할 것이다. 진입은 대칭적 기업에 대해 기술한 것과 유사한 과정으로 이루어질 것이다. 이전의 경우 기업은 모든 기업의 이윤이 0이 될 때까지 진입했다. 여기에서는 기업 간에 이윤 차이가 있고, 모든 잠재적 비용수준 $c_i$에 대해 예상 이윤이 0이 될 때까지 진입이 일어난다.

## 증가된 시장규모의 효과

그림 8-6(b)는 시장규모 $S$가 주어졌을 때 산업균형을 요약한다. 그림은 어떤 기업이 생존해서 생산하는가(비용 $c_i$가 $c^*$보다 아래인 기업)와 그들의 이윤이 비용수준 $c_i$에 따라 어떻게 변하는지 보여준다. 경제가 더 큰 단일시장으로 통합될 때는 무슨 일이 일어나는가? 대칭적 기업의 경우와 같이 더 큰 시장은 작은 시장보다 더 많은 수의 기업을 지원할 수 있다. 이는 직접적으로 시장규모 $S$가 증가하는 효과와 더불어 더 많은 경쟁을 의미한다. 앞으로 보겠지만 이 변화는 생산비가 다른 기업에게 상당히 다른 영향을 초래할 것이다.

　그림 8-7은 시장통합으로 야기된 영향을 요약한다. 그림 8-7(a)에서 각 기업이 당면한 수요곡선 $D$에서 시작해보자. 다른 모든 조건이 동일할 때 경쟁이 증가되면 각 기업의 수요곡선은 안쪽으로 이동할 것이다. 반면에 시장규모 $S$ 자체가 증가하면 수요곡선을 밖으로 이동시킬 것이다. 이러한 직관은 정확하고, 그림 8-7(a)에 나타난 것과 같이 수요곡선은 전반적으로 $D$에서 $D'$으로 변한다. 수요가 어

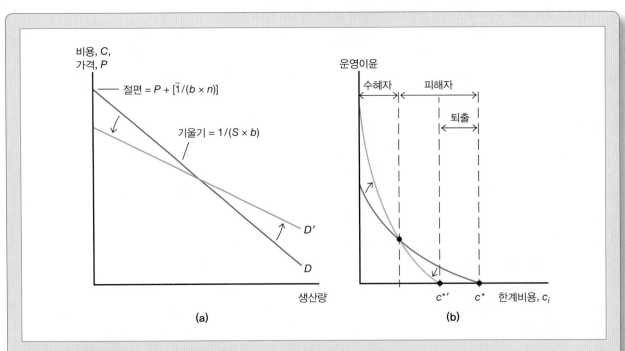

**그림 8-7 경제통합으로 야기된 수혜자와 피해자**

(a) 모든 기업에 대한 수요는 $D$에서 $D'$으로 바뀐다. 그것은 더 완만하고, 수직 절편은 더 낮다. (b) 다른 한계비용 $c_i$를 가진 기업의 운영이윤에 대한 수요 이동의 효과. 이전 절단점 $c^*$와 새 절단점 $c^{*'}$ 사이의 한계비용을 가진 기업은 강제로 퇴출된다. 최저 한계비용수준을 가진 일부 기업은 통합으로 이득을 얻고 그들의 이윤은 증가한다.

떻게 회전하여 더 큰 기업에 대해서는 밖으로 이동하고 더 작은 기업(더 적은 생산량)에 대해서는 안으로 이동했는지 주목하라. 본질적으로 작은 기업에는 경쟁이 증가되었을 때의 효과가 지배적인 반면에, 큰 기업에는 시장규모가 증가되었을 때의 효과가 지배적이다.

또한 경쟁 및 시장규모의 증가가 수요곡선 $D$에 미치는 효과를 분석적으로 설명할 수 있다. 이 수요곡선의 수직적 절편은 $\overline{P}+[1/(b \times n)]$이고, 기울기는 $1/(S \times b)$라는 것을 상기해보자. 시장규모 $S$가 일정한 상황에서 경쟁의 증가(기업 수 $n$의 증가)는 기울기를 변화시키지 않으면서 수요곡선의 절편을 낮춘다.[16] 즉 더 심해진 경쟁은 수요곡선을 안쪽으로 이동시킨다. 시장규모 $S$가 증가했을 때 직접적 효과는 절편을 변화시키지 않으면서 수요곡선을 완만하게 한다(기울기가 낮아짐). 즉 이는 수요곡선을 밖으로 회전시킨다. 이 두 효과를 결합하면 원래 수요곡선보다 수직 절편이 더 낮고 더 평평한 새로운 수요곡선 $D'$을 얻는다.

그림 8-7(b)는 이런 수요 변화가 $c_i$가 다른 기업의 운영이윤에 미치는 결과를 보여준다. 작은 기업에 대한 수요 감소는 새로운 더 낮은 비용 절단점 $c^{*'}$으로 해석된다. $c^{*'}$보다 비용이 높은 일부 기업은 수요 감소로 살아남지 못하고 시장에서 퇴출된다. 한편 더 완만한 수요곡선은 비용수준이 낮은 기업에게는 유리하다. 즉 그들은 마크업(따라서 그들의 가격)을 낮춰 경쟁에 적응함으로써 추가적인 시장 점유율을 얻을 수 있다.[17] 이는 비용수준 $c_i$가 가장 낮은 일부 최상의 성과를 보이는 기업에게는 증가된 이윤을 의미한다.[18]

그림 8-7은 시장규모의 증가가 어떻게 산업 내 기업들 간에 수혜자와 피해자를 발생시키는지 보여준다. 비용이 낮은 기업은 번창해서 이윤과 시장점유율을 늘리는 반면, 고비용 기업은 축소되고 비용이 아주 높은 기업은 시장에서 퇴출된다. 이러한 구성변화는 생산성이 높은(저비용) 기업에 생산이 집중되어 산업의 전반적인 생산성이 증가한다는 것을 의미한다. 이는 이미 앞에서 기술한 것처럼 캐나다 제조업이 미국 제조업과 더 긴밀한 통합을 하면서 나타난 결과와 같다. 이 효과는 작은 국가가 큰 국가와 통합할 때 가장 두드러지는 경향이 있으나, 작은 국가에만 국한되는 것은 아니다. 미국과 같은 큰 경제에서도 더 낮은 무역비용으로 인한 통합의 확대는 중요한 구성 효과와 생산성 증가로 이어진다.[19]

## 무역비용과 수출결정

지금까지는 경제적 통합을 시장규모의 증가로 모형화했다. 이는 이러한 통합이 단일시장이 형성될 수준으로 일어난다는 것을 암묵적으로 가정한다. 실제로 통합은 거의 그렇게까지 일어나지 않는다. 즉 국가들 간의 무역비용은 감소하지만 무역비용이 사라지지는 않는다. 2장에서는 미국 및 캐나다와

---

16 균형에서 경쟁의 증가는 또한 평균 가격 $\overline{P}$를 낮추고, 이는 절편도 낮춘다.

17 기업의 한계비용 $c_i$가 낮을수록 한계비용 대비 마크업 $P_i - c_i$는 높아진다는 점을 상기하자. 고비용 기업은 이미 마크업이 낮기 때문에 수요를 늘리기 위해 가격을 더 낮출 수 없는데, 이는 가격을 한계생산비용 아래로 낮춘다는 것을 의미하기 때문이다.

18 어떤 기업의 이윤이 증가한다는 것을 도출하는 또 다른 방법은 평균 이윤이 0이 된다는 진입 조건을 이용하는 것이다. 만약 일부 고비용 기업의 이윤이 감소한다면 모든 기업에 대한 평균비용이 0으로 유지되어야 하므로 일부 저비용 기업의 이윤은 증가해야 한다.

19 A. B. Bernard, J. B. Jensen, and P. K. Schott, "Trade Costs, Firms and Productivity," *Journal of Monetary Economics* 53 (July 2006), pp. 917-937 참조

| 표 8-3 | 수출판매를 보고하는 미국 기업들의 산업별 비율(2007, %) |
|---|---|
| 인쇄 | 15 |
| 가구 | 16 |
| 목제품 | 21 |
| 의류 | 22 |
| 금속가공 | 30 |
| 원유와 석탄 | 34 |
| 수송장비 | 57 |
| 기계 | 61 |
| 화학 | 65 |
| 전기 장비 및 기기 | 70 |
| 컴퓨터 및 전자부품 | 75 |

출처: Bernard, Andrew B., J. Bradford Jensen, Stephen J. Redding, and Peter K. Schott. "Global Firms." *Journal of Economic Literature* 56, no. 2 (June 2018): 565-619.

같이 아주 밀접하게 통합된 경제의 경우에도 무역비용이 어떻게 명백하게 나타나는가를 논의했다. 미국-캐나다 국경이 어떻게 캐나다의 주와 미국 주 사이의 무역량을 급격히 감소시키는지 보았다.

또한 국경을 넘는 것과 관련된 무역비용은 기업수준의 무역 유형에서 아주 중요한 특징을 보인다. 즉 미국의 아주 소수기업만 캐나다의 고객에게 도달한다. 실제로 대부분의 미국 기업은 전혀 어떤 수출활동도 보고하지 않는다(오로지 미국 고객에게만 판매한다). 2007년에 미국에서 경영활동을 하는 550만 기업 중 단 4%만 수출판매를 보고했다. 제조업 부문의 기업은 수출할 가능성이 훨씬 더 높다(무역비용이 농업, 광업, 서비스업에서보다 상대적으로 낮다). 수출하는 경향이 가장 높은 이 부문에서도 제조업 기업 중 단 35%만 수출한다. 표 8-3은 제조업 부문의 일부 산업에서의 이 비율을 보여준다. 산업 간 수출 기업의 비율에 상당한 차이가 있음을 알 수 있다. 이 차이는 미국 산업의 비교우위와 관련이 있다(자세한 논의는 5장 참조). 미국 수출은 상대적으로 자본집약적이고 기술집약적인 산업에 집중되어 있고, 이러한 산업의 기업은 수출하는 경향이 훨씬 더 높다. 하지만 심지어 가장 수출 지향적인 산업에서도 상당 비율의 기업은 수출활동을 전혀 보고하지 않는다(오로지 미국 소비자에게만 판매한다). 이는 국경과 관련된 무역비용이 무역을 왜 그렇게 많이 낮추는지에 대한 주된 이유를 보여준다. 즉 그 비용은 국경을 넘어 소비자에게 접근하고자 하는 또는 접근할 수 있는 기업의 수를 상당히 낮춘다(또 다른 이유는 무역비용이 국경 너머의 소비자에게 접근한 기업의 수출 판매액도 감소시키기 때문이다).

무역비용이 없는 통합된 경제에서 기업은 고객의 위치에 관해서 무차별하다. 이제 무역비용을 도입해 기업이 실제로 고객의 위치에 관심을 가지는 이유와 많은 기업이 다른 국가의 고객에게 도달하지 않기로 선택하는 이유를 설명하고자 한다. 잠시 후에 보겠지만, 이를 통해 무역비용을 부담하면서 수출하기로 선택한 기업과 그렇지 않은 기업 사이의 중요한 차이를 설명할 수 있다. 간단히 말해 무역비용은 모든 기업에 대해 수출의 수익성을 감소시킨다. 어떤 기업에게 그러한 수익성의 감소는 수출로 얻는 이익이 없어지게 만든다. 이제 이 주장을 공식화할 것이다.

단순화하기 위해 2개의 동일한 국가(자국과 외국)로 이루어진 세계에서 기업의 반응을 고려할 것

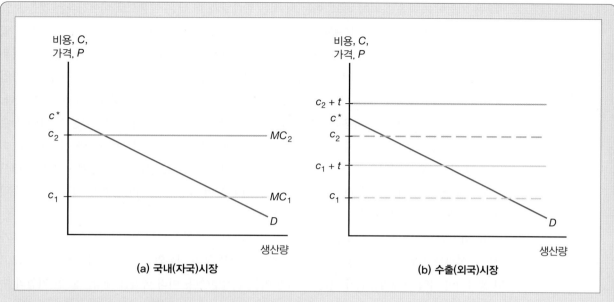

**그림 8-8 무역비용이 있는 수출 결정**

(a) 기업 1과 2 둘 다 국내(자국)시장에서 운영한다. (b) 기업 1만 해외시장에 수출하는 것을 선택한다. 무역비용 $t$가 주어졌을 때 기업 2가 수출하는 것은 이득이 되지 않는다.

이다. 여기에서 시장규모 변수 $S$는 각 시장의 규모를 의미하고 따라서 $2 \times S$는 세계시장의 규모를 의미한다. 이 시장은 무역비용으로 인해 더 이상 완전히 통합될 수 없기 때문에 세계시장을 규모 $2 \times S$의 단일시장으로 분석할 수 없다.

특히 기업이 국경을 넘어 고객에게 판매하는 생산물의 각 단위에 추가적인 비용 $t$가 발생한다고 가정하자. 이제 각 시장에서 기업의 행동을 파악해야 한다. 무역비용 $t$로 인하여 기업은 수출시장에서 국내시장과는 다른 가격을 책정할 것이다. 이로 인해 각 시장에서 팔리는 생산량이 달라지고, 결국 각 시장에서 얻는 이윤이 달라질 것이다. 각 기업의 한계비용은 일정(생산수준에 따라 변하지 않음)하기 때문에 각 시장에서의 가격과 판매량에 대한 결정은 구분될 수 있다. 국내시장에 대한 결정은 수출시장의 여러 결정의 수익성에 영향을 주지 않을 것이다.

자국에 위치한 기업의 경우를 고려해보자. 그들의 국내(자국)시장에 대한 상황은 가격, 생산량, 이윤과 같은 결과가 단지 국내시장과 관련되었다는 점을 제외하면 그림 8-6에 설명한 것과 정확히 일치한다.[20] 이제 수출(외국)시장에 대한 (한계비용 $c_1$과 $c_2$를 가진) 기업 1과 2의 결정을 생각해보자. 그들은 국내에서 직면하는 수요곡선과 똑같은 외국의 수요곡선에 직면한다(두 국가가 같다고 가정했다는 것을 상기하라). 유일한 차이는 수출시장에서 기업의 한계비용이 무역비용 $t$만큼 위로 이동했다는 것이다. 그림 8-8은 두 시장에서 두 기업의 상황을 보여준다.

기업의 수출시장에서의 결정에 무역비용이 미치는 효과는 무엇인가? 이전 분석에서 더 높은 한계

---

20 기업의 수 $n$은 자국시장에서 파는 기업의 총수이다. (이는 자국에 입지한 기업뿐만 아니라 외국에 입지해 있지만 자국으로 수출하는 기업도 포함한다.) $\bar{P}$는 자국에서 판매하는 모든 기업의 평균가격이다.

비용은 기업이 가격을 올리게 하고, 이는 더 적은 판매량과 더 낮은 이윤으로 이어진다는 것을 보았다. 또한 만약 한계비용이 임계수준 $c^*$ 위로 올라가면 기업은 그 시장에서 수익성 있게 운영할 수 없다는 것을 알고 있다. 이는 그림 8-8에서 기업 2에게 일어난 상황이다. 기업 2는 국내시장에서 비용이 임계비용보다 아래($c_2 \leq c^*$)에 있으므로 수익성 있게 운영될 수 있다. 하지만 수출시장에서 기업의 비용은 임계비용보다 위($c_2 + t > c^*$)에 있기 때문에 수출시장에서는 수익성 있게 운영될 수 없다. 한편 기업 1은 충분히 낮은 비용($c_1 + t \leq c^*$)을 가지고 있으므로 국내시장과 수출시장 둘 다에서 수익성 있게 운영될 수 있다. 이 예측을 기업의 한계비용에 입각해 모든 기업으로 확장할 수 있다. $c_i \leq c^* - t$인 최저비용의 기업은 수출한다. $c^* - t < c_i \leq c^*$인 더 높은 비용을 가진 기업은 여전히 국내시장을 위해 생산하지만 수출은 하지 않는다. $c_i > c^*$인 비용이 가장 높은 기업은 어느 시장에서도 수익성 있게 운영할 수 없고, 따라서 시장에서 퇴출된다.

지금까지 무역비용 모형이 어떻게 기존의 독점적 경쟁과 무역 모형에 두 가지 중요한 예측을 추가하는지 살펴보았다. 즉 무역비용은 일부 기업만이 수출을 하는 이유와 그 기업이 상대적으로 더 크고 더 생산적인 기업(한계비용 $c_i$가 낮은 기업)인 이유를 설명한다. 여러 국가를 대상으로 한 기업의 수출결정에 대한 실증분석은 수출하는 기업은 같은 산업의 수출하지 않는 기업보다 더 크고 더 생산적이라는 이 예측을 강하게 뒷받침한다. 미국의 전형적인 제조업에서 수출기업은 평균적으로 수출하지 않는 기업보다 2배 더 크다. 또한 평균 수출기업은 평균 비수출기업보다 근로자당 21% 더 높은 부가가치(생산량에서 중간투입물을 뺀 값)를 생산한다. 수출기업과 비수출기업 사이의 이러한 차이는 유럽 국가에서도 유사하게 관찰된다.[21]

## 덤핑

독점적 경쟁 모형에 무역비용을 추가하면 또 다른 차원의 현실적인 문제가 대두된다. 시장은 더 이상 비용 없는 무역을 통해 완전하게 통합되지 않기 때문에 기업은 다른 시장에서 다른 가격을 책정할 수 있다. 무역비용은 또한 기업이 시장 경쟁에 어떻게 반응하는지에 영향을 미친다. 한계비용이 높은 기업은 한계비용에 더 낮은 마크업(이 기업은 더 낮은 시장점유율로 인하여 더 치열한 경쟁에 당면한다)을 책정할 것이다. 이는 수출기업이 수출시장에서 마크업을 낮춤으로써 무역비용에 대응할 것이라는 점을 의미한다.

그림 8-8에서 기업 1의 경우를 생각해보자. 기업은 해외 수출시장에서 더 높은 한계비용 $c_1 + t$에 직면한다. $P_1^D$와 $P_1^X$가 각각 기업이 국내(자국)시장과 수출(외국)시장에서 책정하는 가격을 나타낸다고 하자. 기업 1은 국내시장에서의 마크업 $P_1^D - c_1$에 비해 수출시장에서 마크업 $P_1^X - (c_1 + t)$를 더 낮게 책정한다. 이는 $P_1^X - t < P_1^D$, 즉 기업 1은 수출가격(무역비용 차감)을 국내가격보다 더 낮게 책정한다는 것을 의미한다.

그것은 기업 1에 의한 **덤핑**(dumping)으로 여겨지고, 대부분의 국가에서 불공정무역으로 간주된

21 Andrew B. Bernard, J. Bradford Jensen, Stephen J. Redding, and Peter K. Schott, "Global Firms," *Journal of Economic Literature* 56, no. 2 (June 2018), pp. 565-619 및 Thierry Mayer and Gianmarco I. P. Ottaviano, "The Happy Few: The Internationalisation of European Firms: New Facts Based on Firm-Level Evidence," *Intereconomics* 43 (May/June 2008), pp. 135-148 참조

| 사례 연구 | 보호무역주의로서의 반덤핑 |

경제학자들은 덤핑을 금지행위로 분류하는 것에 부정적이다. 우선 한 가지 이유는 항공사가 학생, 고령자 및 주말 이상의 장기체류 여행자에게 제공하는 할인혜택 같은 '가격 차별화' 범주에 들어가는 것은 모두 완전히 합법적인 사업전략이기 때문이다. 또한 덤핑의 법적 정의는 경제학적 정의와 상당한 차이가 있다. 외국기업이 수출 고객보다 국내 고객에게 더 높은 가격을 부과한다는 것을 입증하기 어려우므로, 대신에 영향을 받은 국가는 종종 외국기업의 생산비용에 대한 추정치에 입각해 가상의 공정가격을 산출한다. 이 '공정가격 준칙'은 아주 정상적인 사업관행을 방해할 수 있다. 즉 기업은 경험을 통해 생산비를 낮추거나 새로운 시장에 진입하는 동안 기꺼이 손해를 감수하면서도 제품을 판매하려 할 것이다. 그런 동태적 고려가 없더라도 본문에서 살펴본 모형은 독점적 경쟁기업이 어떻게 무역비용과 관련된 경쟁 효과 때문에 수출시장에서 마크업을 낮출 동기를 가지게 되는지 강조했다.

대부분의 국가는 덤핑 제소를 다루기 위해 규제제도를 둔다. 미국에는 상무부와 최종적으로 국제무역위원회(International Trade Commission)가 있다. 유럽연합에서 덤핑은 유럽연합 집행위원회(European Commission), 무역집행위원회(Directorate General Trade)와 다양한 위원회가 관할한다. 인도에서 덤핑은 관세법(Customs and Tariffs Acts)과 반덤핑 규제(Anti-Dumping Rules)의 권한으로 다뤄진다. 덤핑이 '공정한' 경쟁으로 여겨지는지 여부와 WTO 규정 체계 내에서 전 세계 많은 정부가 '실질적 피해'를 정하고 제품의 '정상(normal)' 가치를 계산하는 세 가지 방법을 제시한 특정 절차에 따라 덤핑에 대응하는 조치를 취하는 것('규탄되지만 금지할 수 없는' 관례로 허용되었음에도 불구하고)이 WTO 규정에 허용되는지 여부에 대해서는

의견이 분분하다.

하지만 거의 모든 경제학자의 부정적 의견에도 불구하고 덤핑에 관한 공식적 제소는 1970년 이후 증가하고 있다. 1990년대 초 반덤핑 제소의 대부분은 선진국을 향했다. 그러나 1995년 이후 개발도상국이 반덤핑 제소의 대부분을 차지했다. 그리고 그중에서도 중국이 특히 많은 수의 제소를 받았다.

이런 경향에는 두 가지 중요한 배경이 있다. 첫 번째, 중국의 거대한 수출증가이다. 어떤 기업도 급격하게 증가하는 경쟁에 직면하는 것을 좋아하지 않으며, 반덤핑 관세법은 경쟁자의 비용을 증가시켜 기업을 경쟁에서 보호한다. 두 번째, 다른 나라의 수출기업보다 중국 기업의 불공정한 가격 책정을 증명하는 것이 상대적으로 수월하다. 중국 수출증가에 직면한 대부분의 선진국(미국 포함)은 중국에 '비시장(nonmarket)' 경제라는 딱지를 붙였다. 《비즈니스 위크(BusinessWeek)》는 미국 기업이 중국 수출기업을 상대로 반덤핑 제소 시 이런 묘사가 어떤 차이점을 만드는지 기술했다.

이는 대출지원, 조작된 시장 및 통제된 위안화로 왜곡됐다는 전제하에 미국은 중국의 비용 데이터를 쉽게 무시할 수 있다는 것을 의미한다. 대신에 미국 정부는 시장경제라고 간주되는 다른 개발도상국의 데이터를 사용한다. TV나 가구의 경우에 인도가 이러한 제품의 주요 수출자가 아니지만 미국은 인도의 데이터를 사용했다. 인도의 생산비가 더 높기 때문에 중국은 덤핑 판정을 받았다.[22]

인용문에 언급된 것처럼 중국은 주름종이, 손수레, 새우, 다리미판, 비닐쇼핑백, 쇠파이프 부품, 사카린, 태양광 패널, 최근에 타이어와 냉각압연강재와 같은 다른 많은 제품과 함께 TV와 가구에 반덤핑관세를 부과받았다. 이 관세는 컬러 TV의 78%, 냉각압연강재의 266%, 사카린의 330%만큼이나 높았다.

---

다. 외국의 어떤 기업이든 지역당국[미국에서는 상무부(Commerce Department)와 국제무역위원회(International Trade Commission)가 관련된 정책당국이다]에 제소하여 기업 1에 대한 징벌적 손해배상을 요구할 수 있다. 이는 통상 기업 1에 부과되는 **반덤핑관세**(antidumping duty)의 형태를 취하고, 보통 $P_1^D$와 $P_1^X - t$ 가격 차이로 조정된다.[23]

덤핑은 무역 정책에서 논쟁적인 이슈이다(위의 사례 연구 참조). 여기에서는 단지 기업 1이 외국시장에서 경쟁하는 외국기업과 다르게 행동하지 않는다는 것에 주의할 필요가 있다. 그 시장에서 기업

---

22 "Wielding a Heavy Weapon Against China," *BusinessWeek*, 21 June, 2004

23 $P_1^X - t$는 기업 1의 수출시장에 대한 **공장인도가격**(무역비용이 발생하기 전의 '공장출고가격')이라 한다. 만약 기업 1에게 국내시장에서 수송비나 배달비가 발생한다면 국내시장에 대한 공장인도가격을 받기 위해 그 비용은 국내가격 $P_1^D$에서 공제될 것이다. 반덤핑관세는 기업의 국내시장과 수출시장의 공장인도가격 차이에 기반한다.

1은 한계비용이 $c_2 = c_1 + t$인 외국기업 2와 정확히 동일한 한계비용 대비 마크업을 책정한다. 기업 2의 가격책정 행위는 완전히 합법적인데, 기업 1의 수출가격 결정은 왜 불공정무역행위라고 간주되는가? 이는 경제학자들이 덤핑 제소를 집행하는 것은 잘못된 것이며(추가적인 논의는 사례 연구 참조), 덤핑을 특별히 해가 된다고 생각하는 것은 결코 경제적으로 정당화될 수 없다고 믿는 하나의 중요한 이유이다.

독점적 경쟁 모형은 무역비용이 어떻게 시장점유율 감소로 경쟁이 더 치열해진 수출시장에서 기업이 자연스럽게 마크업을 낮추는지 보여준다. 이는 국내기업이 그들의 시장에 진출하는 수출업자에 대항하여 덤핑 제소하는 것을 상대적으로 용이하게 한다. 실제로 반덤핑법은 시장에서 수출업자를 차별함으로써 무역장벽을 높이는 데 사용될 수 있다.

## 다국적 기업과 해외직접투자

기업은 언제 **다국적 기업**(multinational)이 되는가? 미국 통계에서는 외국회사가 주식의 10% 이상을 소유한다면 이 기업은 외국의 지배를 받는 기업으로 간주하고 따라서 외국에 본사를 둔 다국적 기업의 자회사가 된다. 주식의 10%는 효과적인 지배를 행사하기에 충분하다는 생각에 기초한 것이다. 마찬가지로 미국에 본사를 둔 회사가 외국회사의 10% 이상을 소유하면 그 회사는 다국적 기업으로 간주된다. 지배(소유) 기업은 **다국적 모기업**이라 불리는 반면, 피지배 기업은 **다국적 자회사**라 불린다.

미국 기업이 외국기업의 10% 이상을 사거나 혹은 미국 기업이 해외에 새로운 생산시설을 건설하면 그 투자는 미국의 **해외직접투자**(foreign direct investment, FDI) 유출로 고려된다. 전자는 브라운필드(brownfield, 혹은 초국경 인수합병) 해외직접투자라 불리고, 후자는 그린필드(greenfield) 해외직접투자라 불린다. 반대로 외국기업이 미국의 생산시설에 투자하는 것은 미국의 해외직접투자 유입으로 간주된다. 해외직접투자 흐름의 전 세계적 유형은 다음 절에서 알아보기로 하고, 여기에서는 다국적 기업이 되고자 하는 기업의 의사결정에 초점을 맞춘다. 기업은 왜 외국에서 자회사를 운영하려고 할까?

부분적으로 그 답은 자회사가 수행하는 생산활동에 달려 있다. 이 활동은 두 가지 범주로 나눌 수 있다. (1) 자회사는 세계의 다른 곳에서 생산과정(모기업이 국내생산설비에서 수행)을 복제한다. (2) 생산사슬(production chain)이 분해되어 그 생산공정의 일부가 자회사로 이전된다. 첫 번째 유형의 생산활동을 하는 자회사에 대한 투자는 **수평적 해외직접투자**(horizontal FDI)로 분류된다. 두 번째 유형의 생산활동을 하는 자회사에 대한 투자는 **수직적 해외직접투자**(vertical FDI)로 분류된다.[24]

수직적 해외직접투자는 주로 국가들 사이의 생산비 차이(다른 위치에서 수행될 수 있는 생산공정의 일부에 대한)에 기인한다. 무엇이 국가 간 생산비의 차이를 발생시키는가? 이는 바로 3~7장에서 발전시킨 비교우위 이론의 결과이다. 예를 들면 인텔(Intel, 세계 최대의 컴퓨터 칩 생산자)은 칩 생산을 웨이퍼 제작, 조립, 테스트로 나누었다. 웨이퍼 제작과 관련 연구 개발은 매우 기술집약적이기 때문에 인텔은 여전히 그 생산활동의 대부분을 미국뿐만 아니라 아일랜드와 이스라엘(숙련 노동력이

---

24 현실에서 수평적 해외직접투자와 수직적 해외직접투자의 차이는 모호하다. 어떤 큰 다국적 모기업은 생산공정의 일부를 복제하지만 또한 모기업 생산망의 다른 자회사에 수직적으로 연결되는 큰 자회사 연계망을 운영한다.

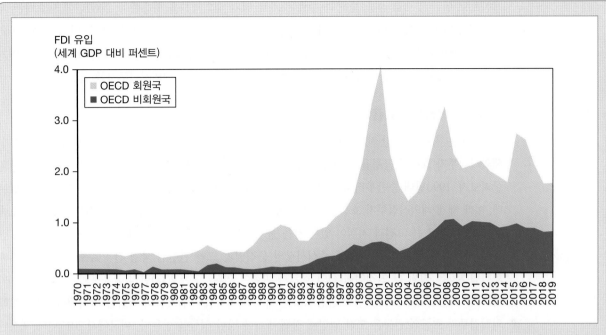

FDI 유입
(세계 GDP 대비 퍼센트)

**그림 8-9 해외직접투자의 유입(1970~2019, 세계 GDP 대비 비중)**
전 세계 해외직접투자 흐름은, 증가율은 고르지 않지만 1990년대 중반 이후로 상당히 증가했다. 역사적으로 해외직접투자 유입의 대부분은 OECD의 선진국으로 향했다. 하지만 개발도상국과 체제이행국으로 가는 FDI 유입의 비율은 시간이 지날수록 지속적으로 증가했고, 2009년 전 세계 FDI의 절반을 차지했다.

출처: United Nations Conference on Trade and Development, *World Investment Report*, 2019.

여전히 상대적으로 풍부)에서 수행한다.[25] 반면 칩의 조립과 검사는 노동집약적인데, 인텔은 그러한 생산공정을 말레이시아, 필리핀, 코스타리카, 중국과 같이 노동이 상대적으로 풍부한 나라로 옮겼다. 이런 유형의 수직적 해외직접투자는 가장 빠르게 성장하는 해외직접투자 유형의 하나이고, 개발도상국으로 대규모 해외직접투자가 유입되는 배경이다(그림 8-9 참조).

다국적 기업이 수직적 해외직접투자에 참여할 때 기업은 국내 및 해외 자회사의 연계망으로 중간재를 수송한다. 그 결과로 발생하는 무역은 기업 내 무역(intra-firm trade)으로 분류된다. 기업 내 무역은 전 세계 무역의 약 3분의 1, 그리고 미국 무역의 40% 이상을 차지한다.

수직적 해외직접투자와 대조적으로 수평적 해외직접투자는 선진국들 간에 지배적으로 이루어진다. 즉 다국적 모기업과 자회사 모두 선진국에 위치한다. 이 유형의 해외직접투자가 이루어지는 주된 이유는 기업이 대규모 고객 기반과 가까운 곳에 생산을 입지시키기 위한 것이다. 그러므로 이런 해외직접투자 결정에는 생산비용의 차이보다 무역 및 운송비용이 훨씬 더 중요한 역할을 한다. 세계 최대 자동차 생산회사(적어도 이 책을 집필하는 시점에는 그러하고 근접한 2인자로는 폭스바겐이다)인 토요타의 예를 생각해보자. 1980년대 초 토요타는 일본에서 거의 모든 승용차와 트럭을 생산하고, 그것을 전 세계, 주로 북미와 유럽에 수출했다. 토요타는 그 시장들에 대한 높은 무역비용(대부분 무역

---

25 2010년에 인텔은 구형 칩 모형을 생산하는 새로운 웨이퍼 제조공장을 중국 대련에 개설했다.

제한으로 인한 것으로, 9장 참조)과 수요 증가로 점차 해외생산을 확대했다. 2009년에 토요타는 자동차의 절반 이상을 해외 조립공장에서 생산했다. 토요타는 브라질, 캐나다, 중국, 인도, 일본, 파키스탄, 남아프리카, 대만, 태국, 튀르키예, 미국, 영국, 베트남, 베네수엘라의 조립공장에서 가장 인기 있는 승용차 모델인 코롤라의 생산공정을 복제했다. 이는 수평적 해외직접투자를 실행한 것이다.

## 세계 해외직접투자 흐름의 유형

그림 8-9는 지난 50년간 세계 해외직접투자 흐름의 규모가 어떻게 전개되어 왔는지 보여준다. 우선 해외직접투자 흐름이 균형을 이루어야 하는, 즉 세계 유입이 세계 유출과 같아야 하는 세계의 유형을 살펴보자. 1990년대 중반부터 후반까지 다국적 기업의 활동이 엄청나게 증가한 것을 확인할 수 있는데, 이때 세계 해외직접투자 흐름은 세계 GDP 대비 4배 이상이었다. 또한 해외직접투자 증가율이 매우 고르지 않고 큰 고점과 저점이 있는 것을 볼 수 있다. 그러한 고점과 저점은 (미국 주식시장의 변동에 의해 강하게 지배되는) 세계 주식시장의 움직임과 그와 관련된 국경 간 인수합병(그린필드 해외직접투자는 훨씬 더 안정적이다)의 흐름과 관련이 있다. 또한 2000년의 금융붕괴(닷컴 버블붕괴)와 가장 최근인 2007~2009년의 금융위기는 세계 해외직접투자 흐름의 폭락을 야기했다. 그리고 해외직접투자 흐름의 변동은 또한 법인세 정책 변화에 강한 영향을 받는다. 미국에서 2017년에 제정된 '감세와 일자리 법안(Tax Cuts and Jobs Act)'은 미국 다국적 기업에 대한 법인세를 대폭 삭감했다. 이에 대응해 다국적 기업은 해외 소득의 상당 부분을 본국으로 송환했고, 이는 그 회사들의 해외 투자의 급격한 감소 그리고 전 세계 해외직접투자의 하락으로 이어졌다.

국가 그룹별로 해외직접투자 흐름의 분포를 살펴보면 역사적으로 가장 부유한 OECD 국가들이 해외직접투자 유입의 가장 큰 수령국이었다. 하지만 또한 그 유입(인수합병과 관련된 해외직접투자가 집중되어 있다)은 나머지 저소득 국가로 유입되는 해외직접투자보다 상당히 변동이 심한 것을 확인할 수 있다. 마지막으로 OECD 비회원국으로 가는 해외직접투자의 비중이 꾸준히 확대된 것을 볼 수 있다. 이는 2009년 이후 세계 해외직접투자 흐름의 거의 절반을 차지한다. BRICS 국가(브라질, 러시아, 인도, 중국, 남아프리카공화국)가 이 증가의 상당 부분을 차지하며, 지난 20년 동안 이 나라들에 대한 해외직접투자 흐름은 3배가 되었다.

그림 8-10은 기업이 해외직접투자에 참여하는 상위 25개국 목록을 보여준다. 흐름이 상당히 변동적이기 때문에 지난 3년(2017~2019)의 평균치로 계산되었다. 여전히 해외직접투자 유출은 선진국이 주도하지만 큰 개발도상국, 특히 중국(홍콩 포함)의 역할이 점점 중요해지고 있다. 실제로 가장 빠르게 증가하는 해외직접투자 유형 중 하나는 개발도상국에서 다른 개발도상국으로 가는 흐름이다. 중국과 인도의 다국적 기업은 이 비교적 새로운 유형의 해외직접투자에서 두드러진 역할을 한다. 또한 국제 조세 정책이 해외직접투자 입지에 영향을 줄 수 있다. 예를 들어 영국령 버진아일랜드가 국제 조세 회피처가 아니었다면 상위 25개국 목록에 들어오지 못했을 것이다.[26] 그곳에 입지한 해외직접투자 참여 기업은 주로 역외회사이다. 즉 그들은 영국령 버진아일랜드에 법인체를 설립하지만 생산적인 활동은 세계의 다른 곳에서 한다.

---

26 영국령 버진아일랜드뿐만 아니라 케이맨제도 또한 불균형하게 해외직접투자 유입이 많은 수령국(그들 경제 규모 대비)이다. 두 국가 모두 세계에서 해외직접투자 수령국 상위 25개국 안에 포함된다.

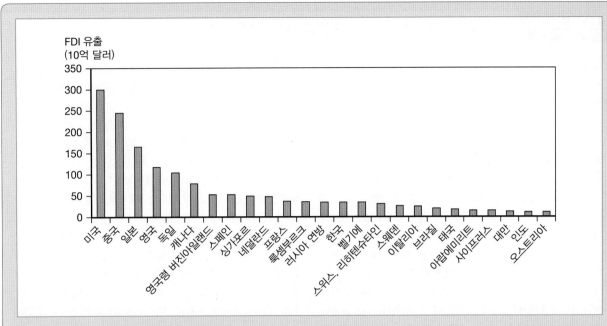

**그림 8-10 상위 25개국의 연평균 해외직접투자 유출(2017~2019, 10억 달러)**
선진국은 기업이 FDI를 유출시키는 상위 국가 명단에서 지배적 우위를 차지한다. 최근에는 중국과 인도 같은 거대 개발도상국가의 기업이 상당히 많은 해외직접투자를 수행했다.

출처: United Nations Conference on Trade and Development, *World Investment Report*, 2019.

해외직접투자 흐름이 세계 경제에서 다국적 기업의 출현을 측정하는 유일한 방법은 아니다. 다른 측정치는 매출액, 부가가치(매출액에서 중간재 구입액 차감), 고용 같은 경제활동에 기반을 둔다. 해외직접투자 자회사의 매출액은 종종 다국적 기업 활동의 기준으로 사용된다. 이는 다국적 기업의 활동을 수출량과 비교할 때 적절한 기준점이 된다. 하지만 다국적 기업의 매출액은 또한 종종 국가 GDP와 비교되는데, 예를 들어 거대한 다국적 기업의 매출량은 세계의 많은 나라의 GDP보다도 높다. 2015년 기준 전 세계에서 가장 큰 100개 다국적 기업의 총매출액은 세계 GDP의 10.7%를 차지했다.

이 결과는 놀랍지만 국가의 GDP는 부가가치로 측정되기 때문에 이러한 비교는 오해의 소지가 있으며 다국적 기업의 영향력을 과장할 수 있다. 최종 생산에 사용된 중간재는 GDP 측정에 이중 상계되지 않는다. 반면 다국적 기업이 다른 기업에 판매한 중간재는 다국적 기업의 매출액 총합에 이중 상계된다(일단 중간재 생산자 매출액에 포함되고, 중간재 사용자가 판매한 재화의 최종 가치의 일부분으로 한 번 더 포함된다). 결과적으로 다국적 기업과 GDP 간의 적절한 비교는 부가가치에 기반해야 한다(이 중요한 측정 이슈에 대한 추가적인 논의는 다음 글상자 '누구의 무역인가?' 참조). 다국적 기업에 의한 부가가치는 그들 총매출액의 약 20%이므로, 이 측정 기준을 사용하면 100대 다국적 기업의 기여는 세계 GDP의 2%로 낮아진다. 이 측정치는 여전히 무시할 수 없지만, 매출액에 기반한 측정치만큼 눈길을 끌지는 않는다.

## 사례 연구  COVID-19와 세계 해외직접투자(FDI) 흐름

그림 8-11은 전 세계 해외직접투자 흐름의 규모가 지난 30년 간 어떻게 변화해왔는지 보여준다. 우선 해외직접투자의 흐름이 균형을 이루어야 하는, 즉 유입과 유출이 같아야 하는 세계의 유형을 검토한다. 1990년대 중반에서 후반까지 다국적 기업의 활동은 엄청나게 증가했는데, 이때 전 세계 해외직접투자 흐름은 5배 이상 증가했고 2000년대 초에 다시 증가했다. 또한 해외직접투자 성장률은 높은 고점과 저점을 보이며 고르지 않다는 것을 알 수 있다. 모든 사건이 해외직접투자 흐름에 부정적 영향을 미친 것은 아니지만, 이 기간의 주요 세계 금융 및 통화 위기로는 일본의 자산 가격 버블(1986~2003), 1990년대 초 ERM 위기(1992년 6월 16일 영국은 유럽환율 메커니즘에서 파운드화를 회수했고 이는 검은 수요일을 초래), 1990년대 초 세계 경기 침체, 1990년대 미국의 저축 및 대출 위기, 1990년대 핀란드 및 스위스의 은행위기, 1994년 멕시코의 투기적 페소위기, 1997년 아시아 금융위기, 1998년 러시아 금융위기, 1998~2002년 아르헨티나의 경제위기, 닷컴위기, 2000년대 후반 세계 금융위기가 있다. 그중에서도 1990년대 초 ERM 위기와 세계 경기 침체, 2000년의 아르헨티나 위기와 금융붕괴(닷컴 버블붕괴), 가장 최근 2007~2009년의 세계 금융위기가 세계 해외직접투자 흐름의 약화 및 급격한

하락을 야기한 것으로 보인다. 2017년과 2018년에 기록된 세계 해외직접투자 흐름은 크게 감소하여 평균 이하로 급락했고, 이후 2019년에는 완만하게 증가하여 1조 5,400만 달러를 기록했다.

국가 그룹별로 해외직접투자 흐름의 분포를 살펴보면 역사적으로 가장 부유한 OECD 국가들이 해외직접투자 유입의 가장 큰 수령국이었지만(2019년 8,000억 달러의 대부분은 미국, 네덜란드, 영국으로 향했다), 그러한 유입은 저소득 국가로 가는 투자에 비해 훨씬 더 변동적이다. 개발도상국에게 해외직접투자는 가장 큰 외부 자금이다(2019년 기준 6,850억 달러). 모든 개발도상국(대부분 아시아 및 라틴 아메리카의 국가로 구성)을 하나의 그룹으로 보면 해외직접투자는 총자금 유입 중 약 39%를 차지한다.

그림 8-12는 기업이 해외직접투자에 참여하는 상위 20개 국가를 보여준다. 해외직접투자 유출은 여전히 선진국이 지배적인 우위에 있으나, 중국(홍콩 포함)과 같은 거대한 개발도상국의 역할이 점점 중요해지고 있다. 해외직접투자의 가장 빠르게 증가하는 부문 중 하나는 개발도상국 간의 흐름이다. 중국과 인도의 다국적 기업은 이 부문에서 중요한 역할을 한다.

세계 경제에서 다국적 기업의 출현에 대한 다른 측정치는 매출액, 부가가치(매출액에서 중간재 구입액 차감), 고용과 같은 경제

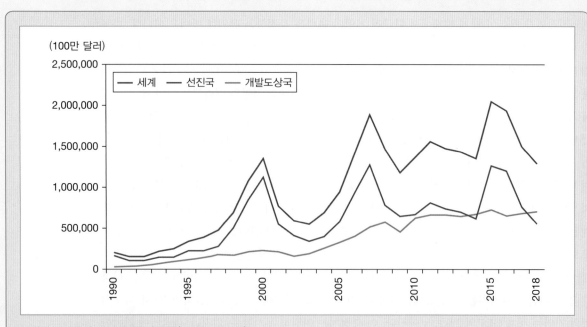

**그림 8-11 세계 해외직접투자 흐름(1990~2018)**

출처: United Nations Conference on Trade and Development, *World Investment Report*, 2015.

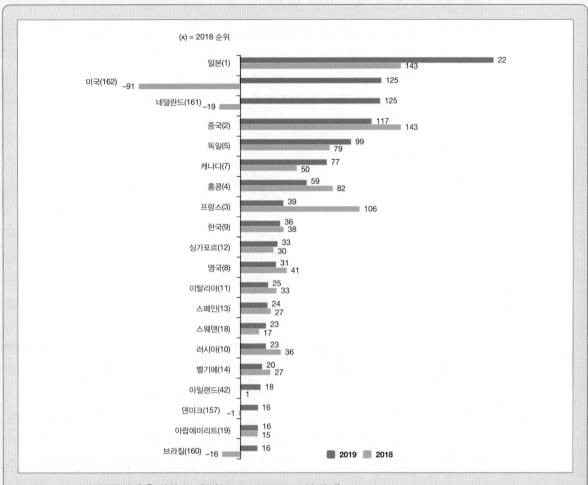

**그림 8-12 해외직접투자 유출 상위 20개국(2018∼2019, 10억 달러)**

출처: United Nations Conference on Trade and Development, *World Investment Report*, 2020.

적 활동에 바탕을 둔다.

2020년 6월 기준 COVID-19로 야기된 위기는 해외직접투자 규모에 즉각적인 영향을 미칠 것으로 예상된다. 바이러스 전파를 제한하기 위한 사업장의 물리적 폐쇄는 투자 프로젝트 실행의 즉각적인 연기를 야기했다. 또한 일부 그린필드 프로젝트와 수많은 기업합병 진행도 일시적으로 연기되었다.

장기적으로 팬데믹은 다국적 기업이 공급 사슬의 회복 탄력성을 강구하게 할 것이다. 또한 전반적인 산업 생산능력을 포함해 핵심 품목의 국내 자급률을 높이는 정책을 추진하게 할 것이다. 팬데믹의 결과로 더 엄격해진 국제무역과 투자 제약은 이미 나타나고 있다. 국제 운영의 합리화, 리쇼어링, 니어쇼어링, 지역화 흐름은 가속화되고 있으며, 이는 해외직접투자에 대한 하방 압력으로 작용한다.

그 결과 개발도상국은 30∼45%의 범위 내의 해외직접투자의 추가적인 감소를 경험할 것으로 예측된다. 개발도상국은 생산과 투자의 분산화가 덜되어 있고, 따라서 체계적 위험에 더 많이 노출되어 있어 세계 금융 위기와 다르게 이런 위기에 더 취약한 것으로 보인다.

출처: United Nations Conference on Trade and Development, *World Investment Report*, 그리고 UNCTAD 자료 https://unctadstat.unctad.org/wds/TableViewer/tableView.aspx

## 해외직접투자와 해외조달 결정

이제 기업의 수출 결정을 분석하기 위해 개발한 모형을 세계시장에서의 운영과 관련된 추가적인 의사결정에 적용해보자. 기업은 해외 소비자에 근접한 해외시장 부지에 투자하기로, 즉 수평적 해외직접투자에 참여하기로 결정할 수 있다. 구매하는 입장에서 기업은 중간재의 일부를 외국에서 조달하기로 결정할 것이다. 기업이 해외 공급업자에 대한 소유권을 보유한다면 이는 수직적 해외직접투자이다(추후에 공급업자와 통합하는 추가적인 기업의 의사결정을 논의할 것이다).

### 수평적 해외직접투자

앞에서 언급한 바와 같이 기업은 해외로 수출하는 것과 관련된 높은 무역비용을 피하기 위해 해외 소비자 근처에 생산시설을 위치시킬 유인이 있다. 한편 생산에는 또한 규모에 대한 수확체증이 존재한다. 결과적으로 규모에 대한 수확체증을 이용하기 위해서는 생산공정을 너무 많이 복제하여 너무 적게 생산하는 생산시설을 운영하는 것은 비용 면에서 효과적이지 않다. 이를 해외직접투자의 **근접-집중 상충관계**(proximity-concentration trade-off)라고 한다. 산업별 해외직접투자 정도에 대한 실증적 증거는 이 상충관계의 적절성을 강력하게 입증한다. 해외직접투자 활동은 무역비용이 높은 산업(예: 자동차 산업)에 집중되어 있다. 하지만 규모에 대한 수확체증이 중요하고 평균 공장규모가 클 경우 해외직접투자에 비해 수출량이 더 많은 것으로 관찰된다. 또한 실증적 증거에 따르면 해외직접투자의 분류 패턴은 산업 내의 기업수준에서 훨씬 더 강하게 나타난다. 즉 다국적 기업은 같은 국가의 비(非)다국적 기업보다 상당히 더 크고 더 생산적인 경향이 있다. 심지어 다국적 기업을 그 국가의 일부 수출기업과 비교해도 여전히 다국적 기업이 규모와 생산성 면에서 더 크다는 것을 발견할 수 있다

그림 8-8에 나타난 기업 수출 결정의 이론적 모형은 또한 근접-집중 상충관계에 대해 기업들이 다르게 반응하는 것을 설명하는 데 사용될 수 있다. 이 모형에서는 만약 기업이 해외 소비자에게 도달하기를 원한다면 한 가지 가능성만 있을 뿐이다. 즉 수출을 선택하는 것이고, 수출 재화 단위당 무역비용 $t$를 부담하는 것이다. 이제 수평적 해외직접투자를 통하여 다국적 기업이 되는 선택을 도입해보자. 기업은 외국에 생산시설을 건설함으로써 무역비용 $t$를 피할 수 있다. 물론 이 생산시설을 건설하는 데는 비용이 드는데, 외국 자회사에 대해서 고정비용 $F$가 다시 발생한다는 것을 의미한다. (하지만 이 추가적 고정비용이 자국에서 그 기업 원래의 생산시설의 고정비용과 같을 필요는 없다는 점을 주목하라. 개별 국가의 고유한 특징이 이 비용에 영향을 줄 것이다). 단순화를 위해 계속해서 자국과 외국은 유사한 국가이며, 따라서 이 기업은 해외 자회사에서도 동일한 한계비용으로 제품 한 단위를 생산할 수 있다고 가정한다. (수평적 해외직접투자는 대개 요소가격이 비슷한 선진국이 참여한다는 것을 상기하라.)

기업의 수출과 해외직접투자 간의 선택은 단위당 수출비용 $t$와 추가적 생산시설을 건립하는 고정비용 $F$ 사이의 상충관계를 포함할 것이다. 모든 단위당 비용과 고정비용 사이의 상충관계는 규모에 관한 문제로 수렴한다. 만약 기업이 해외시장에서 $Q$ 단위를 판매하면 수출하기 위해 총무역비용 $Q \times t$가 발생할 것이다. 이는 고정비용 $F$의 대안과 비교된다. 만약 $Q > F/t$라면 수출하는 것이 더 비싸고, 해외직접투자가 이윤을 극대화하는 선택이다.

이는 해외직접투자자에 대한 규모의 절단점(cutoff)으로 연결된다. 이 절단점은 근접-집중 상충관계를 요약한다. 한편에서는 무역비용이 높을수록, 그리고 다른 한편에서는 고정생산비용이 낮을수록 모두 해외직접투자의 절단점을 낮춘다. 하지만 기업의 규모는 성과수준에 달려 있다. 충분히 낮은 비용 $c_i$를 가진 기업은 해외 소비자에게 $Q$ 단위보다 더 많이 팔기를 원할 것이다. 이를 위한 가장 비용 효과적인 방법은 해외에 자회사를 건설하고 다국적 기업이 되는 것이다. 비용이 중간 정도인 일부 기업은 여전히 해외에 있는 소비자에게 판매하기를 원하지만, 그들이 의도한 판매량 $Q$는 매우 낮아 해외직접투자보다는 수출이 소비자에게 도달하는 가장 비용 효과적인 방법일 것이다.

## 해외조달 결정

기업이 생산사슬을 분해해서 그 사슬의 일부를 외국의 자회사로 이동시키는 결정 또한 단위당 비용과 고정비용 사이의 상충관계를 포함한다. 따라서 다시 한번 기업 활동의 규모가 이 결과를 결정하는 중요한 요인일 것이다. **해외조달**(foreign sourcing)과 관련해 주요 비용 절감은 국경을 넘는 재화의 선적보다는 오히려 옮겨지는 생산사슬 부분에 대한 생산비 차이와 관련이 있다. 앞에서 논의한 것처럼 그 비용 차이는 대부분 비교우위에서 발생한다.

여기에서는 더 이상 그 비용 차이를 논의하지는 않을 것이고, 오히려 그러한 비용 차이가 주어졌을 때 모든 기업이 가장 노동집약적이면서 다른 입지에서 수행될 수 있는 활동을 수행하기 위해 왜 저임금 국가에 자회사를 운영하기로 선택하지 않는가에 대해 물을 것이다. 그 이유는 수평적 해외직접투자의 경우와 같이 해외조달은 적절한 특성을 지닌 국가에서 외국 공급업자와 관계를 형성하는 데 상당한 고정비용 투자를 요구하기 때문이다.[27] 다시 수평적 해외직접투자의 경우와 같이 한편으로는 생산비용 차이에, 다른 한편으로는 외국 공급업자와 조정하는 고정비용에 의존하는 해외조달에 대한 규모의 절단점이 있을 것이다.[28] 그 절단점보다 큰 규모로 운영하는 기업들만 해외 공급업자로부터 조달할 것을 선택할 것이다.

중간재를 수입하는 기업에 대한 이러한 구분 방법은 기업의 수출과 수평적 해외직접투자 선택에 대해 설명했던 것과 유사하다. 즉 단지 상대적으로 더 생산적인(비용이 낮은) 일부 기업만 해외조달을 통해 중간재 일부를 수입할 것을 선택할 것이다.

그리고 다시 한번 해외조달과 관련한 이런 예측을 뒷받침하는 실증 결과는 매우 많다. 중간재를 수입하는 제조기업은 같은 산업에서 수입하지 않는 기업보다 상당히 더 크고 더 생산적이다. 미국의 전형적인 제조 산업에서 수입 기업은 수입하지 않는 기업보다 2.5배 더 크다. 그리고 평균적인 수입 기업은 1인당 부가가치로 측정한 것에 따르면 25% 더 생산적이다.[29] 이런 소위 해외조달과 관련된 성과 프리미엄이라 불리는 것은 이전에 논의했던 수출과 관련된 것보다 훨씬 크다. 그리고 예상하는 것

---

27 분명히 임금과 같은 요소가격은 중요한 요소이지만, 수송/공공기반시설, 법적 제도의 질, 다국적 기업에 대한 조세/규제 정책과 같은 국가의 특성 역시 중요할 수 있다.

28 제조기업은 종종 수직적 해외직접투자와 같은 어떤 공식적인 소유권을 보유하지 않을 때도 그들의 주요 공급자에게 상당한 투자를 한다. 그들은 주요 부품이나 시스템을 책임지는 공급자에게 그들의 직원을 '파견'하고, 더 일반적으로는 그 공급자를 모니터링하는 데 상당한 자원을 투자한다.

29 Andrew B. Bernard, J. Bradford Jensen, Stephen J. Redding, and Peter K. Schott, "Global Firms," *Journal of Economic Literature* 56, no. 2 (June 2018), pp. 565-619 참조

처럼, 해외조달과 수출 활동 모두 큰 규모에 우호적인 상충관계를 포함하기 때문에 해외조달을 하는 기업과 수출하는 기업은 상당히 겹친다. 그리고 이 선택된 기업 중에서도 가장 크고 가장 생산적인 기업은 압도적으로 다국적 기업이다. 세계 전체적으로 다국적 기업은 총무역 흐름의 80%를 대표한다.

### 외부조달 결정: 만들 것인가 구매할 것인가

지금까지 다국적 기업에 대한 논의는 어떤 중요한 동기 하나를 간과했다. 다국적 기업의 형성을 야기하는 생산시설의 **입지동기**(location motive)를 논의했었다. 하지만 모기업이 단일 기업으로 그 입지에서 자회사를 소유하고 운영하는 이유에 대해서는 논의하지 않았다. 이를 **내부화동기**(internalization motive)라고 한다.

수평적 해외직접투자의 대체 수단으로 모기업은 별개의 독립적인 기업이 외국에서 제품을 생산하고 판매하는 것을 허가할 수 있다. 수직적 해외직접투자의 대체 수단으로 모기업은 별개의 독립적인 기업(공급업자)과 계약을 맺고, 비용우위가 가장 높은 외국에서 생산공정의 특정 일부분을 수행하게 할 수 있다.

이러한 제조 또는 구매(make-or-buy) 내부화 선택의 주요 결정 요인은 무엇인가? 내부화의 명확한 이점으로 기업 소유의 기술에 대한 통제를 들 수 있다. 다른 기업에게 (수평적 해외직접투자의 대체 수단으로) 전체 생산공정을 다른 지역에서 수행하도록 허가해주는 것은 종종 기술소유권의 일부를 잃을 수 있는 상당한 위험을 내포한다. 또 한편으로는 독립적인 기업이 모기업보다 더 낮은 비용으로 그 생산공정을 복제할 수 있다는 명백한 근거가 없다. 이는 내부화가 강한 이점을 갖게 하고, 따라서 수평적 해외직접투자는 생산공정을 복제하는 기술을 허가해주는 대안보다 널리 선호된다.

외부조달과 수직적 해외직접투자 사이의 상충관계는 훨씬 모호하다. 같은 지역에서 독립적인 기업이 모기업보다 더 낮은 비용으로 생산공정의 일부를 생산할 수 있는 여러 이유가 있다. 가장 중요한 것 중의 하나는, 독립적인 기업은 정확히 그 생산공정의 좁은 부분에 전문화할 수 있다. 결과적으로 독립적 기업이 그 생산공정을 많은 다른 모기업을 위해 수행한다면 그 기업은 또한 규모의 경제의 이익을 누릴 수 있을 것이다.[30] 다른 이유로는 지역 소유자가 생산시설의 조정 및 감시 관리에 더 유리하다는 것이다.

하지만 내부화는 기업과 생산에 중요한 요소 공급자가 수직적으로 통합될 때 그 자체로 이익을 제공한다. 즉 이러한 통합은 처음 합의에 도달한 후 값비싼 재협상 마찰이 일어날 가능성을 회피하게 한다(적어도 줄인다). 그런 마찰은 최초 합의 시에 법적 계약에 구체화될 수 없는(또는 강제될 수 없는) 생산요소의 많은 특수한 속성으로 인해 일어날 수 있다. 이는 양측 어느 쪽에 의해서든지 생산 중단으로 이어질 수 있다. 예를 들면 구매하는 기업은 부품의 질이 지정한 것과 같지 않다고 주장하고 더 낮은 가격을 요구할 수 있다. 공급하는 기업은 구매자가 요구하는 어떤 변화가 비용을 증가시킨다고 주장하고 납품 시에 더 높은 가격을 요구할 수 있다.

최근의 연구에서 이 상충관계를 공식화하는 많은 진전이 있었다. 이 연구는 기업이 언제 수직적 해외직접투자를 통해 공급자와 통합하는지, 그리고 언제 해외의 공급자와 독립적인 계약관계를 선택

---

30 외부조달 되는 재화와 서비스를 제공하는 회사는 스스로 대규모 다국적 기업이 될 정도로 고객 명단을 확대했다. 그들은 좁은 범위의 서비스(또는 생산공정의 일부) 공급에 전문화하지만, 전 세계 고객 회사를 위해 여러 번 반복한다.

## 누구의 무역인가?

미국 소비자가 (이 책을 집필한 시점에) 애플의 신형 아이폰11 프로맥스를 구입하면 이 거래는 (아이폰이 조립되고 테스트되는) 중국으로부터의 수입 490달러로 기록된다. 이는 이 제품의 총 제조비용이다. 물론 소비자는 아이폰에 그보다 높은 금액을 지불한다(보조금을 받지 않는 가격은 1,100~1,450달러). 이 차이에는 애플이 마케팅, 디자인, 기술에 참여한 미국의 노동자에게 지불한 비용이 포함되어 있기 때문에 그 차이가 애플의 순이윤은 아니다(애플은 소매점에 2만 6,000명 외에도 비소매점에 5만 명 이상을 고용한다).[31] 미국 소비자가 수백만 대의 아이폰을 구매한 것을 고려하면, 아이폰당 490달러의 수입가격은 중국으로부터의 수입이 수백억 원이라는 것을 의미하고, 이는 미국과 중국 간 상당한 무역적자에 기여한다. 이 상호무역적자(2019년 총 3,440억 달러)는 미국의 전 세계와의 총무역적자(재화와 서비스) 중 56%를 차지하고, (종종 불공정무역 관행의 징후로) 언론과 정치인이 중요하게 지적했다.[32]

하지만 중간재 무역의 증가(다음 사례 연구 참조)로 이러한 종합적인 통계치는 오해의 소지가 있다. 아이폰의 예를 들어보자. 총 490달러 비용 중 10달러 미만이 (중국에서 수행되는) 조립과 테스트 비용이다. 나머지 비용은 아이폰의 부품비용으로 대부분 중국 밖에서 생산된다(아이폰 배터리는 이제 중국에서 생산되지만 중국 부가가치에 단지 10달러를 추가할 뿐이다). 이러한 부품의 제조는

Chikena/Shutterstock

아시아(한국, 일본, 대만이 주요 공급자), 유럽, 미국 전역으로 퍼져 있다. 미국에는 미국 근로자 25만 7,000명을 고용하고 아이폰 부품 생산에 기여하는 75개의 공장이 있다.[33] 예를 들어 보호 필름은 켄터키에서, 페이스 아이디(Face ID) 칩은 텍사스에서 생산된다. 그리고 미국 밖에 있는 여러 부품 생산자는 미국인 연구원과 기술자를 고용한다. 예를 들어 한국 회사 삼성(가치 기준 아이폰 부품의 가장 큰 공급자 중 하나)은 텍사스와 캘리포니아에 연구소를 운영하고 수천 명을 고용하고 있다.

따라서 미국의 중국으로부터의 아이폰 수입은 실제로는 아이폰 부품을 중국에 수출하는 여러 다른 국가(미국 포함)로부터의 수입을 반영한다. 총수입비용 490달러는 지역별(가치가 더해지는 국가) 부가가치로 분해될 수 있다.[34] 이러한 더 정확한 부가가치 무역 측정치를 이용하면 총수입비용 490달러 중 아주 작은 부분만 중국으로부터의 수입을 대변한다. 따라서 수십억에 달하는 미국의 중국으로부터의 아이폰 수입은 두 국가 간 상호적자의 실제 값을 지나치게 부풀린다.

모든 미국 무역 상대국과의 모든 무역(수출과 수입)에 대해 총가치에서 부가가치로 유사하게 분해할 수 있다. 쌍방 무역 흐름과 무역적자는 총가치(일반적으로 총가치로 기록)에서 부가가치로 전환될 수 있다. 이러한 회계 방식의 변화는 (전 세계에 대한) 총미국 무역적자에는 변화가 없지만, 여러 무역 상대국과의 상호무역적자 수치에는 상당한 영향을 미칠 수 있다. 그리고 중국과의 상호무역적자 수치가 가장 크게 영향을 받는다. 최근 연구에서는 미국과 중국 간 실제 상호적자(부가가치 기준)가 총가치에 기반한 상호무역적자의 대략 절반인 것으로 계산되었다.[35] 반대로 부가가치로 측정했을 경우 독일, 일본, 한국과의 무역적자는 확대되었는데, 이 국가들은 중국에서 조립되어 미국에 최종재로 수입되는 부품의 상당 부분을 제조하기 때문이다.

생산 사슬이 전 세계에 걸쳐 퍼져 있는 세계에서 일반적인 (총가치의) 무역 흐름에 입각한 상호무역적자 수치는 급격하게 타당성을 상실하고 있다.

---

31 따라서 각 아이폰의 뒷면에는 "캘리포니아에서 애플이 디자인했으며, 중국에서 조립됨(Designed by Apple in California. Assembled in China)"이라는 문구가 있다.

32 2015년 퓨 리서치 센터(Pew Research Center) 조사에 따르면, 미국 응답자 중 52%는 중국과의 무역 적자가 심각하다고 생각한다.

33 "How and Where iPhone Is Made: A Surprising Report on How Much of Apple's Top Product Is US-Manufactured," *Finances Online*, July 30, 2013.

34 이 부가가치에 근거한 회계 방법은 국가의 GDP 생산량을 측정할 때 사용되는 방법과 동일하다.

35 Robert C. Johnson, "Five Facts about Value-Added Exports and Implications for Macroeconomics and Trade Research," *The Journal of Economic Perspectives* 28 (2014), pp. 119-142.

## 사례 연구     일자리의 해외유출? 독일의 해외조달과 노동시장

生산사슬의 일부를 해외로부터 조달할 때 회사는 중간재 또는 중간 용역(서비스)을 수입한다. 예를 들면 회사는 부품, 요소, 또는 전체 조립된 제품을 수입할 수 있다. 또는 해외에 위치한 회계사와(또는) 콜센터를 사용함으로써 사업서비스를 수입할 수도 있다. 다음 절에서 논의하는 바와 같이 그런 중간재 무역의 전반적인 효과는 지금까지 초점을 맞춘 최종재의 무역과 아주 유사하다. 그럼에도 불구하고 해외조달이 고용에 미치는 효과를 고려할 때는 하나 더 추가적인 차원의 논의가 필요하다. 수입 중간재의 낮은 가격은 기업의 소유주와 소비자에게 이익이 될 뿐만 아니라 그 기업에 남아 있는 근로자에게도 이익이 된다. 그 이유는 기업은 낮은 가격의 중간재를 더 구입할 수 있고, 이는 남아 있는 근로자의 생산성을 개선시키기 때문이다.[36] 이 생산성 효과는 또한 해외조달 기업이 생산공정의 나머지 분야에 전념할 근로자를 추가적으로 고용할 수 있게 한다.

해외조달이 노동시장에 미치는 영향을 분석한 다수의 연구가 있다. 많은 연구에서 해외조달 기업에 대한 전반적인 고용 효과는 중립적이거나 또는 긍정적이다. 그리고 다국적 기업에 대한 일부 연구는 다국적 기업이 해외고용을 확대할 때 동시에 그들의 국내 고용도 늘린다는 것을 발견했다.[37] 거시적 수준의 연구는 선진국(호주, 캐나다, 프랑스, 독일, 일본, 네덜란드, 영국, 미국)에서 총고용 성장은 저숙련 집약 분야의 전반적으로 부진한 고용 상황을 훨씬 능가한 반면, 1981년 이후 총고용에서 어떤 명백한 둔화도 관찰되지 않았고, 고숙련 활동으로의 이동과 해외조달비용 절감 효과에 따른 새로운 일자리 창출로 인해 저숙련 직업에서의 초기 손실이 상쇄되었다는 증거를 발견했다.[38] 다시 말해 더 높은 생산성과 기업의 경쟁력은 고용 성장을 야기했다.

해외조달이 독일 경제의 노동시장에 미치는 영향을 분석한 최근 연구는 어떻게 해외조달이 근로자의 노동시장 전환에 영향을 미치는지에 대해 흥미로운 통찰력을 제공한다.[39] 이 연구가 특히 흥미로운 점은, 근로자의 현재 고용 상태에서 다른 직업으로의 이동, 실업 상태로의 전환, 아예 노동시장에서 이탈하는 것(비경제활동)과 같은 다양한 고용 범주에 대해서 근로자의 직업 경력과 변동(separation, 구분)에 대한 개인별, 일별(daily) 정보에 바탕을 두고 결과를 도출했다는 점이다. 독일 경제는 유럽연합에서 가장 큰 경제로, 수출 부문의 활성화로 상당한 무역흑자를 기록하며, 제조업뿐만 아니라 최근에는 정보통신 기술의 발전으로 서비스 부문에서까지 해외조달의 비율이 증가하고 있다.

독일 고용의 2%를 대표하는 방대한 미시 데이터(1991~2000)에서 도출한 결과는 다음과 같다. 해외조달은 제조업 고용에서 비경제활동인구로의 직업 변동에 부정적인 영향을 미친 반면, 제조업 내에서 전체적인 고용 안정은 '좁게' 측정된 해외조달이든 '넓게' 측정된 해외조달이든 어느 것에 의해서도 영향받지 않는다. 서비스 부문의 경우 전체적인 고용 안정은 두 가지 해외조달 측정 방법 모두에 의해 실제 강화된 것으로 나타났다. 따라서 경제 전반의 노동시장에 미치는 해외조달의 효과는 적어도 중립적이다. 보다 세분화된 분석에서는 해외조달의 결과, 제조업의 중간수준 기술(medium-skilled)을 가진 근로자가 가장 비경제활동인구로 몰리는 경향이 있다. 서비스 부문에서는 해외조달로 가장 이득을 얻은 근로자는 고숙련 노동자이고, 그들의 고용 안정성은 증대되었다. 게다가 해외조달 효과는 또한 나이에 따라 다른 것 같다. 예를 들어 제조업에서 해외조달은 고령 근로자의 실업 위험은 높이지만 중년 근로자의 실업은 낮추는 것으로 나타났다.

해외조달이 고용에 미치는 효과에 대한 이러한 모든 사실을 고려하면 해외조달이 단순히 '일자리 해외유출'로 이어진다고 보는 시각은 오해의 소지가 있다. 사실 독일, 캐나다, 미국 기업이 인도로 콜센터를 옮기거나 제품 조립을 중국으로 이전할 때 이전에 미국에서 수행되던 일부 특정 일자리는 이제 인도나 중국에서 수행된다. 하지만 전체 고용 측면에서 보면 원래 국가에서 그런 직업은 다른 직업으로 대체된다는 증거가 있다. 즉 일부는 해외조달 기업의 확대 효과와 관련이 있고, 일부는 해외에 입지한 기업에게 중간 재화 및 용역을 제공하는 기업(in shoring)과 연관되어 있다. 그럼에도 불구하고 다른 형태의 무역처럼 중간재 무역은 소득분배에 상당한

---

36 이러한 해외조달에 대한 추가적인 논의와 저숙련 노동자에게 미치는 효과에 대해서는 Gene M. Grossman and Esteban Rossi-Hansberg, "The Rise of Offshoring: It's Not Wine for Cloth Anymore," *The New Economic Geography: Effects and Policy Implications*, 2006, pp. 59-102 참조

37 Mihir Desai, C. Fritz Foley, and James R Hines, "Domestic Effects of the Foreign Activities of US Multinationals," *American Economic Journal: Economic Policy* (January 2009) 참조

38 Calista Cheung et al, "Offshoring and Its Effects on the Labour Market and Productivity: A Survey of Recent Literature," Bank of Canada Review, Autumn 2008.

39 Ronald Bachman and Sebastian Braun, "The Impact of International Outsourcing on Labour Market Dynamics in Germany," Seminar Paper, 27 December, 2008.

결과를 초래한다. 해외조달로 일자리를 잃은 콜센터나 제조업 근로자는 보통 확장하는 기업에 고용되지 않는다. 그들의 곤경은 다른 근로자에게 발생하는 이득으로 조금도 완화되지 않는다. 이러한 전반적인 후생의 결과는 다음에서 논의한다.

하는지 기술함으로써 이 중요한 내부화 선택이 어떻게 이루어지는지 설명한다.[40] 그러한 이론을 발전시키는 것은 이 책의 범위를 벗어난다. 결국 그러한 이론의 대부분은 생산비용 절감과 해외로 생산 과정의 일부를 이전하는 고정비용 간의 다른 상충관계로 요약된다.

## 다국적 기업과 해외조달의 결과

이 장 초반에서 내부 규모의 경제, 제품차별화, 기업 간 성과 차이가 결합하여 무역 이득에 대한 새로운 경로를 설명한다고 언급했다. 즉 기업은 평균비용곡선을 따라 아래로 이동하고, 더 크고 더 생산적인 기업에 생산이 집중되면서 제품다양성은 증가하고 산업성과는 높아졌다. 다국적 생산과 해외조달의 확대가 후생에 미친 결과는 무엇인가?

다국적 기업과 해외조달 하는 기업이 특정 장소로 생산(혹은 생산의 일부)을 이동하면서 어떻게 비용격차를 이용하는가를 살펴보았다. 본질적으로 이는 무역이 개방될 때 산업 간에 일어났던 생산의 재배치와 아주 유사하다. 3~6장에서 본 것처럼 생산 입지는 비교우위로 발생된 비용 차이를 이용하기 위해 이동한다.

따라서 다국적 기업과 외부조달의 경우에 대해서도 비슷한 후생결과를 예상할 수 있다. 즉 비용 차이를 이용하기 위한 생산 재배치는 전반적인 무역 이득을 가져오지만, 이는 또한 어떤 사람들의 후생을 악화시키는 소득재분배를 야기한다. 5장에서는 외부조달이 선진국의 소득불평등에 미치는 잠재적 장기 결과의 하나를 논의했었다.

하지만 더 일반적으로 단기에 발생하는 다국적 기업과 해외조달의 가장 가시적인 효과는 세계화 확대에 대응하여 일부 기업은 고용을 확대하는 한편 일부 기업은 고용을 감축하는 것이다. 4장에서는 산업 간 무역과 연관된 비자발적 실업(특히 저숙련 노동자)과 관련한 상당한 비용을 설명했다. 해외조달에 의한 실업과 관련된 비용은 유사한 특성을 가진 노동자에게 역시 심각하다. 4장에서 주장한 것처럼 이 심각한 문제에 대응하는 가장 좋은 정책은 비자발적 실업을 초래한 경제적 요인에 대한 차별 없이 실업자에게 적절한 안전망을 제공하는 것이다. 기업이 생산을 재배치하고 비용격차를 이용하는 능력을 방해하는 정책은 일부 기업에게는 이러한 단기비용을 막아줄 수 있겠지만, 또한 경제 전체의 장기적 이득의 축적을 방해하기도 한다.

## 요약

■ 무역이 비교우위의 결과일 필요는 없다. 대신에 무역은 단위당 비용이 생산량의 증가로 감소하는 수확체증 혹은 규모의 경제로 발생할 수 있다. 국가 간 부존자원과 기술수준에 차이가 없더라도 규모의 경

40 Pol Antràs, *Global Production: Firms, Contracts, and Trade Structure*, Princeton, NJ: Princeton University Press, 2015 참조

제는 국가에게 전문화와 무역의 동기를 제공한다. 규모의 경제는 내부적(기업의 규모에 의존)이거나 외부적(산업의 규모에 의존)일 수 있다.

■ 기업에 내부적인 규모의 경제는 완전경쟁 실패로 이어진다. 대신 기업수준에서 수확체증의 결과를 분석하기 위해서는 불완전경쟁 모형이 사용되어야 한다. 이런 종류의 중요한 모형은 기업과 무역을 분석하는 데 널리 사용되는 독점적 경쟁 모형이다.

■ 독점적 경쟁에서 한 산업은 차별화된 제품을 생산하는 많은 기업으로 구성된다. 이러한 기업은 개별적 독점자로 행동하지만, 독점이윤이 경쟁으로 사라질 때까지 추가적인 기업은 이윤이 있는 산업에 진입한다. 균형은 시장규모에 영향을 받는다. 큰 시장은 작은 시장보다 더 많은 기업을 수용할 수 있고, 각 기업은 더 큰 규모를 더 낮은 평균비용으로 생산할 수 있다.

■ 국제무역은 어떤 한 국가의 시장보다 큰 통합된 시장을 창출한다. 결과적으로 소비자에게 다양한 제품과 낮은 가격을 동시에 제공한다. 이 모형에서 창출된 무역 형태가 산업 내 무역이다.

■ 기업들이 성과 면에서 다를 경우 경제적 통합은 수혜자와 피해자를 발생시킨다. 더 생산적(낮은 비용)인 기업은 번창하고 확대되는 한편, 덜 생산적(높은 비용)인 기업은 축소된다. 가장 생산성이 낮은 기업은 강제로 퇴출된다.

■ 무역비용이 존재할 때 시장은 더 이상 무역을 통하여 완벽하게 통합되지 않는다. 기업은 시장마다 다른 가격을 책정할 수 있다. 이 가격들은 무역비용뿐만 아니라 기업이 인지하는 경쟁수준을 반영한다. 무역비용이 있을 경우 생산적인 기업 일부만 수출하기로 선택하고, 나머지 기업은 국내시장에만 공급한다.

■ 덤핑은 기업이 수출품에 국내에서 책정하는 가격보다 더 낮은 가격(무역비용 차감)을 책정할 때 발생한다. 무역비용으로 인해 기업은 수출시장에서의 시장 점유율이 더 낮기 때문에 수출시장에서 경쟁을 더 치열하게 느낄 것이다. 따라서 기업은 국내 판매에 비해 수출 판매에 대한 마크업을 줄일 것인데, 이러한 행위는 덤핑으로 간주된다. 덤핑은 불공정무역관행으로 간주되지만, 양국의 기업들이 같은 방식으로 행동하는 독점적 경쟁과 무역 모형에서는 자연스럽게 발생하는 것이다. 덤핑에 대응하는 정책은 종종 시장에서 외국기업을 차별하고 무역장벽을 세우는 데 사용된다.

■ 어떤 다국적 기업은 고객이 많은 시장 근처에 입지한 해외시설에 생산공정을 복제한다. 이는 수평적 해외직접투자로 분류된다. 대안으로는 그 시장에서 해외시설을 운영하는 대신에 수출하는 것이다. 수출과 해외직접투자 사이의 상충관계는 해외직접투자로 인한 더 낮은 단위당 비용(무역비용 없음)과 해외설비와 관련된 추가적 고정비용을 포함한다. 충분히 큰 규모로 운영하는 기업만 수출 대신 해외직접투자 대안을 선택할 것이다.

■ 어떤 다국적 기업은 생산사슬을 분해하여 그 사슬의 일부를 해외시설에서 수행한다. 이는 수직적 해외직접투자로 분류된다. 하나의 대안은 생산사슬의 일부를 독립된 외국 기업에서 외부조달 하는 것이다. 이 두 가지 운영방식 모두 해외조달로 분류된다. 해외조달을 안 하는 대안에 비해 해외조달은 더 낮은 생산비 그러나 추가적인 고정비용을 수반한다. 충분히 큰 규모로 운영할 수 있는 기업만 해외조달을 선택할 것이다.

■ 다국적 기업과 생산의 일부를 해외조달 하는 기업은 생산입지 간의 비용 차이를 이용한다. 이는 산업수준에서의 생산이 국가 간의 상대적 비용 차이로 결정되는 비교우위 모형과 유사하다. 후생에 미치는 결과 또한 유사하다. 다국적 생산과 해외조달의 증가로 전체적인 이득이 있지만, 또한 일부 사람들의 후생을 악화시키는 소득분배의 변화도 수반된다.

## 주요 용어

| | |
|---|---|
| 과점 oligopoly | 순수독점 pure monopoly |
| 내부 규모의 경제 internal economies of scale | 입지동기 location motive |
| 내부화동기 internalization motive | 제품차별화 product differentiation |
| 다국적 기업 multinational | 차별화된 제품 differentiated product |
| 덤핑 dumping | 평균비용 average cost |
| 독점적 경쟁 monopolistic competition | 한계비용 marginal cost |
| 반덤핑관세 antidumping duty | 한계비용 대비 마크업 markup over marginal cost |
| 불완전경쟁 imperfect competition | 한계수입 marginal revenue |
| 산업 내 무역 intra-industry trade | 해외조달 foreign sourcing |
| 수직적 해외직접투자 vertical FDI | 해외직접투자 foreign direct investment, FDI |
| 수평적 해외직접투자 horizontal FDI | |

## 연습문제

1. 완전경쟁시장에서 기업은 가격을 한계비용과 동일하게 책정한다. 내부 규모의 경제가 있을 때 이것이 가능하지 않은 이유는 무엇인가?

2. 177~181쪽에 있는 수치의 예에서 고려한 두 국가가 자동차 시장의 연간 시장규모가 각각 200만 대와 100만 대인 제3국 및 제4국과 통합한다고 가정하자. 무역 이후 새로 통합된 시장에서 기업의 수, 기업당 자동차 생산대수, 자동차당 가격을 계산하라.

3. 자동차 산업에서 기업의 고정비용(공장건설비, 자본장비 등)은 75억 달러이고, 가변비용은 완성된 자동차 한 대당 2만 달러라고 하자. 기업이 더 많을수록 시장의 경쟁은 증가하므로, 더 많은 기업이 자동차 시장에 진입할 경우 시장가격은 내려가고 더 구체적으로 $P = 20,000 + 1/200n$이다($n$은 시장에 있는 기업의 수). 미국과 유럽 자동차 시장의 초기 규모는 각각 4억 명과 6억 5,000만 명이라고 가정하자.

   a. 무역이 없을 때 미국과 유럽의 자동차 시장에서 균형 기업 수를 계산하라.

   b. 자동차 산업이 무역에 개방되어 있지 않다면 미국과 유럽에서 자동차의 균형가격은 얼마인가?

   c. 이제 미국은 유럽과 자동차 부문에 자유무역을 결정했다고 가정하자. 유럽과의 무역협정으로 자동차 시장에서 미국은 기존 4억 명에 6억 5,000만 명의 소비자가 추가되었다. 미국과 유럽을 합쳐 몇 개의 자동차 회사가 있는가? 자동차의 새로운 균형가격은 얼마인가?

   d. 문제 c와 b에서 미국에서의 자동차 가격이 다른 이유는 무엇인가? 소비자는 자유무역으로 후생이 개선됐는가? 어떤 방법으로 개선되었는가?

4. 단일 통합된 시장(184~186쪽)에서 기업성과 차이가 있는 모형으로 돌아가자. 이제 새로운 기술을 이용할 수 있다고 하자. 어떤 기업이든 새로운 기술을 사용할 수 있지만, 사용하려면 추가적인 고정비용이 필요하다. 새로운 기술의 이점은 주어진 양에 대해 기업의 한계생산비용을 감소시킨다는 것이다.

   a. 어떤 기업은 새로운 기술을 채택하여 이윤을 극대화할 수 있지만, 어떤 기업은 동일한 기술을 채택해도 이윤을 극대화할 수 없는가? 어떤 기업이 새로운 기술을 채택하는가? 그들은 새로운 기술을 채택하지 않는 기업과 어떻게 다른가?

   b. 이제 무역비용이 있다고 가정하자. 무역비용과 기술채택이 모두 있는 새로운 균형에서 기업은 수출

할 것인가 아닌가, 그리고 새로운 기술을 채택할 것인가 아닌가를 결정한다. 수출 기업은 수출하지 않는 기업에 비하여 새로운 기술을 더 채택할 것인가 혹은 덜 채택할 것인가? 그 이유는 무엇인가?

5. 이 장에서는 대칭적인 두 국가 사이에 덤핑이 일어나는 상황을 기술했다. 만약 두 국가의 규모가 다르면 상황이 어떻게 변하는지 간단히 기술하라.

   **a.** 특정 시장에서 경쟁하는 기업의 수는 어떻게 그 시장으로 수출하는 기업이 덤핑으로 제소될 가능성에 영향을 주는가? (덤핑 제소의 가능성은 기업의 국내가격과 수출가격의 가격 차이와 관련되어 있다고 가정하라. 가격 격차가 클수록 덤핑 제소 가능성은 더 커질 것이다.)

   **b.** 작은 국가의 기업이 큰 국가에 수출할 경우 작은 국가의 기업은 (작은 국가에 수출하는 큰 국가의 기업에 비해) 덤핑으로 제소될 가능성이 더 큰가 혹은 더 적은가?

6. 다음 중 어느 것이 해외직접투자인가?

   **a.** 중국기업이 힐튼(Hilton)의 지분을 얻기 위해 649만 달러를 지불한다.

   **b.** 러시아 사업가가 포렉스(FOREX)의 주식을 44억 달러만큼 구매한다.

   **c.** 한 미국 회사가 다른 미국 회사를 산다. 즉 팔린 기업의 주주는 포렉스에 대한 그들의 주식을 판다.

   **d.** 튀르키예 회사는 튀르키예 정부와 계약을 맺고 에티오피아에 공장을 세우고 그 공장을 운영한다.

7. 다음 각 사항에 대하여 해외직접투자가 수평적인지 혹은 수직적인지 명시하라. 또한 그 투자가 언급된 국가의 해외직접투자 유입인지 혹은 유출인지 기술하라.

   **a.** 보다폰(Vodafone, 영국에 기반을 둔 회사)은 루마니아에서 다른 나라에 비해 뒤쳐져 있는 네트워크와 서비스 시장을 개선할 계획이다.

   **b.** 제너럴 일렉트릭(General Electric, 미국 회사)은 알스톰(Alstom, 미국 회사)의 에너지 자산을 산다.

   **c.** 엑슨(Exxon, 미국 회사)은 벨기에에 새로운 중질유 열분해시설(delayed coker unit) 건설을 계획한다.

   **d.** 페트로 차이나(Petro China, 중국 회사)는 호주 서부 벤처기업의 세계 석유와 천연가스 자산에 투자할 계획이다.

8. 내부 규모의 경제가 있다면 기업이 동일한 재화를 1개 이상의 생산시설에서 생산하는 것이 타당한가?

9. 의류와 신발 산업에서 대부분의 기업은 노동력이 풍부한 다른 국가(주로 동남아와 카리브 국가)로부터 생산을 외부조달 하기로 선택하지만, 그러한 기업은 그곳의 공급자와 통합하지는 않는다. 한편 많은 자본집약적 산업의 많은 기업은 공급자와 통합하는 것을 선택한다. 이러한 선택을 설명하는 노동집약적 의류 및 신발 산업과 자본집약적 산업 사이의 차이는 무엇인가?

10. 문제 9의 산업의 예를 고려하라. 그러한 선택이 산업 간에 기업 내 무역의 정도에 대해 무엇을 의미하는가? 즉 어떤 산업에서 기업 내 무역이 더 큰 비중으로 발생하는가?

## 더 읽을거리

Pol Antras. *Global Production: Firms, Contracts, and Trade Structure*. Princeton, NJ: Princeton University Press, 2015. 해외조달, 외부조달, 글로벌 가치사슬의 이론과 실증에 대한 훌륭한 참고 도서

Andrew B. Bernard, J. Bradford Jensen, Stephen J. Redding, and Peter K. Schott. "Firms in International Trade." *Journal of Economic Perspectives* 21 (Summer 2007), pp. 105-130. 미국 기업수준의 무역 패턴의 실증적 결과를 비기술적으로 서술한 논문

Andrew B. Bernard, J. Bradford Jensen, and Peter K. Schott. "Importers, Exporters, and Multinationals: A Portrait of Firms in the US that Trade Goods," in T. Dunne, J. B. Jensen, and M. J. Roberts, eds.

*Producer Dynamics: New Evidence from Micro Data.* Chicago: University of Chicago Press, 2009. 미국 기업과 미국에서 경영활동을 하는 다국적 기업수준의 무역 패턴의 실증적 결과를 비기술적으로 서술한 논문

Robert Feenstra. "Integration of Trade and Disintegration of Production in the Global Economy." *Journal of Economic Perspectives* 12 (Fall 1998), pp. 32-50. 공급 체인이 어떻게 여러 과정으로 분해되어 다른 국가에서 수행되는지 기술한 논문

Gordon Hanson, Raymond Mataloni, and Matthew Slaughter. "Vertical Production Networks in Multinational Firms." *Review of Economics and Statistics* 87 (March 2005), pp. 664-678. 미국에서 경영활동을 하는 다국적 기업을 바탕으로 수직적 해외직접투자 패턴을 실증적으로 기술한 논문

Keith Head. *Elements of Multinational Strategy.* New York: Springer, 2007. 다국적 기업에 초점을 둔 교과서

Elhanan Helpman. "Trade, FDI, and the Organization of Firms." *Journal of Economic Literature* 44 (September 2006), pp. 589-630. 기업의 성과 차이를 반영한 모형과 다국적 기업 및 아웃소싱에 대한 최신 연구를 기술적으로 조사한 논문

Elhanan Helpman. *Understanding Global Trade.* Cambridge, MA: Harvard University Press, 2011. 비교우위의 무역 이론과 기업에 바탕을 둔 최신 무역 이론을 모두 비기술적으로 서술한 책

Elhanan Helpman and Paul R. Krugman. *Market Structure and Foreign Trade.* Cambridge: MIT Press, 1985. 독점적 경쟁과 규모의 경제가 있는 무역 모형을 기술적으로 제시

J. Bradford Jensen. *Global Trade in Services: Fear, Facts, and Offshoring.* Washington, DC: Peterson Institute for International Economics, 2011. 서비스 무역 증가가 미국 경제에 미치는 영향을 비기술적으로 서술한 책

James Markusen. "The Boundaries of Multinational Enterprises and the Theory of International Trade." *Journal of Economic Perspectives* 9 (Spring 1995), pp. 169-189. 무역과 다국적 기업 모형을 비기술적으로 조사한 논문

Thierry Mayer and Gianmarco I. P. Ottaviano. "The Happy Few: The Internationalisation of European Firms: New Facts Based on Firm-Level Evidence." *Intereconomics* 43 (May/June 2008), pp. 135-148.

Marc J. Melitz and Daniel Trefler, "Gains from Trade When Firms Matter," *Journal of Economic Perspectives* 26 (2012), pp. 91-118. 기업 간 성과 차이를 반영한 독점적 경쟁 모형을 이 장에서보다 더 자세하게 비기술적으로 조사했다. 또한 캐나다-미국 자유무역협정 시행 이후 캐나다 기업의 관련된 증거를 자세하게 포함하고 있다.

## 한계수입의 결정

독점과 독점적 경쟁의 설명에서 기업이 직면한 수요곡선이 주어졌을 때 기업이 직면한 한계수입을 수학적으로 나타내는 것이 유용하다는 것을 알았다. 특히 기업이 직면한 수요곡선이 다음과 같은 경우가 있다.

$$Q = A - B \times P \tag{8A-1}$$

그러면 한계수입은 다음과 같다고 주장했다.

$$MR = P - (1/B) \times Q \tag{8A-2}$$

이 부록에서는 왜 이것이 사실인지 보여줄 것이다.

우선 수요곡선은 그 반대가 아니라 가격이 기업의 판매량의 함수임을 보여주기 위해 다시 정리할 수 있다. 식 (8A-1)을 다시 정리하면 다음과 같다.

$$P = (A/B) - (1/B) \times Q \tag{8A-3}$$

기업의 수입은 단순히 1개당 받는 가격을 판매량으로 곱한 것이다. $R$을 그 기업의 수입이라 하면 다음과 같이 정리할 수 있다.

$$R = P \times Q = [(A/B) - (1/B) \times Q] \times Q \tag{8A-4}$$

다음으로 기업의 판매량이 변하면 기업의 수입은 어떻게 변하는가를 살펴보자. 그 기업이 판매량을 $dX$만큼 증가시키기로 결정했고 새로운 판매량은 $Q = Q + dQ$라고 하자. 그러면 판매량 증가 후 그 기업의 수입 $R$은 다음과 같다.

$$\begin{aligned} R' = P' \times Q' &= [(A/B) - (1/B) \times (Q + dQ)] \times (Q + dQ) \\ &= [(A/B) - (1/B) \times Q] \times Q + [(A/B) - (1/B) \times Q] \times dQ \\ &\quad - (1/B) \times Q \times dQ - (1/B) \times (dQ)^2 \end{aligned} \tag{8A-5}$$

식 (8A-5)는 식 (8A-1)부터 식 (8A-4)까지를 대입하여 다음과 같이 단순하게 나타낼 수 있다.

$$R' = R + P \times dQ - (1/B) \times Q \times dQ - (1/B) \times (dQ)^2 \tag{8A-6}$$

하지만 판매량의 변화 $dQ$가 작을 때 그 제곱인 $(dQ)^2$은 아주 작다. (즉 1의 제곱은 1이지만 1/10의 제곱은 1/100이다.) 따라서 $Q$의 작은 변화에 대해 식 (8A-6)의 마지막 항은 무시될 수 있다. 판매량의 작은 변화로 인한 수입의 변화는 다음과 같다.

$$R' = R + [P - (1/B) \times Q] \times dQ \tag{8A-7}$$

　　따라서 추가적 판매단위당 수입의 증가, 즉 한계수입은 다음과 같고, 이는 식(8A-2)에서 주장한 것이다.

$$MR = (R' - R)/dQ = P - (1/B) \times Q$$

# 무역 정책의 수단

**앞** 장에서는 국제무역의 원인과 결과 및 세계 경제에서 무역의 기능에 대해 서술함으로써 '국가는 왜 무역을 하는가?'라는 질문에 대답했다. 이 질문은 그 자체로도 흥미가 있지만, 이에 대한 답이 '한 국가의 무역 정책은 어떻게 수립되어야 하는가?'라는 문제에 답을 하는 데 도움이 된다면 더욱 흥미로워진다. 예를 들어 브렉시트의 가장 불쾌한 현실을 그대로 보여주는 유럽연합에서의 영국 탈퇴 협상은 무역의 주제를 넘어선다. 영국의 관세, 할당제, 보조금 규정은 유럽연합 회원국에 의해 정해진다. 따라서 유럽연합, 영국, 그리고 제3국가들은 무역의 여러 가능성이 주는 딜레마에 직면했다. 영국은 유럽연합의 관세동맹 테두리 밖에서 관세 및 비관세 장벽에 직면하게 되고, 제품에 따라 2~15%의 수출비용이 더해질 수 있다.

이 장은 정부가 국제무역에 대해 채택하는 여러 다양한 조치를 포함한 정책을 검토한다. 이러한 조치는 국제거래에 대한 과세, 다른 거래를 위한 보조금, 특정 수입품목의 가치나 양에 대한 법적제한 및 기타 많은 조치를 포함한다. 따라서 이 장은 가장 중요한 무역 정책 수단의 효과를 이해하는 틀을 제공한다.

## 학습목표

- 관세의 비용과 이익, 관세의 후생 효과, 관세 정책의 수혜자와 피해자를 평가한다.
- 수출보조금과 농업보조금이 무엇인가를 토론하고, 미국과 유럽연합의 농산물 무역에 어떤 영향을 미치는지 설명한다.
- 수입국과 수출국에 대한 수출자율규제의 효과를 식별하고, 수출자율규제의 후생 효과를 관세 및 수입할당 정책과 비교하는 방법을 기술한다.

## 기본적인 관세 분석

가장 단순한 무역 정책인 관세는 재화가 수입될 때 부과되는 세금이다. **종량관세**(specific tariff)는 수입품의 각 단위마다 일정액의 관세를 부과한다(예: 석유 1배럴당 3달러). **종가관세**(ad valorem tariff)는 수입된 재화의 가치에 일정 비율로 부과되는 세금이다. 어느 경우든 관세의 효과는 그 나라로 선적되는 비용을 증가시킨다.

관세는 무역 정책의 가장 오래된 형태이고 전통적으로 정부수입의 원천으로 사용되었다. 예컨대 소득세가 도입되기 전까지 미국 정부는 관세에서 대부분의 조세수입을 거둬들였다. 하지만 관세의 진정한 목적은 두 가지인데, 조세수입의 확보와 자국의 특정 산업을 보호하는 것이다. 예를 들면 19세기 초 영국은 수입경쟁에서 자국의 농업을 보호하기 위해 관세(유명한 곡물법으로 데이비드 리카도가 비교우위 이론을 발전시키는 계기가 되었다, 3장 참조)를 부과했다. 19세기 말 독일과 미국은 공산품 수입에 관세를 부과함으로써 새로운 산업을 보호했다. 19세기 후반 보호는 유럽 발전을 위해 사용된 무역 정책 수단이었다. 유럽에서 관세는 국가의 성장, 특히 유치산업 기반 형성에 긍정적인 영향을 미쳤다. 예를 들어 스웨덴, 이탈리아, 프랑스는 더 엄격한 농업보호 정책을 채택했다. 독일은 농업과 제조업 모두에 보호주의 정책을 채택했고, 유치산업에는 더 높은 관세를 부과함으로써 강력한 성장을 경험했다. 또한 캐나다, 호주, 미국과 같은 신세계(New World) 국가는 제조업과 유치산업을 유럽과의 경쟁에서 보호하고자 했다. 현대 국가의 정부는 **수입할당**(import quota, 수입량에 대한 제한), **수출제한**(export restraint, 수출량에 대한 제한으로 통상 수입국의 요구로 수출국이 부과), 그리고 생산자에 대한 직접적 보조금과 같은 다양한 **비관세장벽**(nontariff barrier)을 통해 자국 산업을 보호하는 것을 선호하면서, 현대에는 관세의 중요성이 감소하고 있다. 그럼에도 불구하고 관세는 여전히 거의 모든 나라가 사용하고 있다. 그리고 2018년에 시작된 트럼프 정부의 무역 전쟁(4장과 이 장의 사례 연구 참조)은 그러한 관세 감소가 얼마나 빨리 역전될 수 있는지 보여준다. 따라서 관세는 여전히 사용되지만 상승의 위협을 받으며 다른 무역 정책의 효과가 관세 효과를 기준으로 평가되기 때문에, 관세 효과에 대한 이해는 여전히 중요하다.

3장부터 8장까지 **일반균형**의 관점에서 무역 이론을 개발했었다. 즉 경제의 한 부분에서 발생하는 사건이 경제의 다른 부문에 영향을 미친다는 점을 확실히 고려했다. 하지만 많은 경우(모든 경우는 아니지만) 한 산업에 대한 무역 정책은 그 정책이 경제의 다른 부문에 미치는 효과를 자세히 고려하지 않더라도 잘 이해될 수 있다. 따라서 대부분의 무역 정책은 **부분균형**으로 검토할 수 있다. 경제 전체에 대한 효과가 중요할 때는 일반균형 분석으로 돌아가 분석할 것이다.

## 단일 산업에서의 공급, 수요, 무역

자국과 외국 두 국가가 존재하고, 두 국가는 모두 밀을 소비하고 생산하며 밀은 두 국가 간에 운송비용 없이 거래할 수 있다고 가정하자. 각 국가에서 밀은 단순한 경쟁 산업으로, 밀의 공급·수요곡선은 시장가격의 함수이다. 일반적으로 자국의 공급과 수요는 자국통화로 표시된 가격에 의존할 것이고, 외국의 공급과 수요는 외국통화로 표시된 가격에 의존할 것이다. 하지만 이 시장에서 어떤 무역 정책이 시행되더라도 두 통화 사이의 환율은 영향받지 않는다고 가정한다. 따라서 두 시장에서의 가격을 자국통화로 나타낸다.

무역이 없는 상황에서 두 시장의 가격이 다르다면 무역이 발생할 것이다. 무역이 없는 경우 밀의 가격이 외국보다 자국에서 더 높다고 하자. 이제 해외 무역이 허용된다고 하면 자국의 밀 가격이 외국의 밀 가격보다 높기 때문에 선주들은 밀을 외국에서 자국으로 이동시키기 시작한다. 밀 수출은 가격 격차가 사라질 때까지 외국의 밀 가격을 높이고 자국의 밀 가격을 낮출 것이다.

밀의 세계가격과 무역량을 결정하려면 국내의 공급곡선과 수요곡선에서 도출되는 2개의 새로운 곡선인 자국의 **수입수요곡선**(import demand curve)과 외국의 **수출공급곡선**(export supply curve)을 정

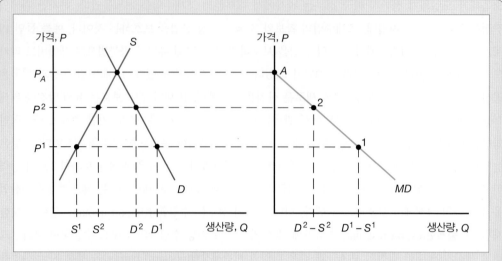

**그림 9-1 자국의 수입수요곡선 도출**
재화가격이 증가할 때 자국 소비자의 수요는 감소하는 반면 자국 생산자의 공급은 증가하므로 수입수요는 감소한다.

의하는 것이 도움이 된다. 자국의 수입수요는 자국 소비자의 수요가 자국 생산자의 공급을 초과하는 것이며, 외국의 수출공급은 외국 생산자의 공급이 외국 소비자의 수요를 초과하는 양이다.

그림 9-1은 자국의 수입수요곡선이 어떻게 도출되는지 보여준다. 가격 $P^1$에서 자국 소비자는 $D^1$을 수요하는 반면, 자국 생산자는 단지 $S^1$만을 공급한다. 따라서 자국의 수입수요는 $D^1 - S^1$이다. 만약 가격을 $P^2$로 올리면 자국 생산자는 생산을 $S^2$로 올리는 반면 자국 소비자는 $D^2$만을 수요하므로, 수입수요는 $D^2 - S^2$로 감소한다. 이 가격-수요량 조합은 그림 9-1 오른쪽 그림에 점 1과 점 2로 나타난다. 가격이 상승할 때 필요한 수입량은 감소하므로 수입수요곡선 $MD$는 우하향한다. 무역이 없을 때 자국의 공급과 수요는 $P_A$에서 일치하므로 자국 수입수요곡선은 가격축의 $P_A$에서 절편을 가진다($P_A$에서 수입수요는 0).

그림 9-2는 외국의 수출공급곡선 $XS$가 어떻게 도출되는지 보여준다. 가격 $P^1$에서 외국 생산자는 $S^{*1}$을 공급하는 반면 외국 소비자는 $D^{*1}$만큼 수요하므로, 수출 가능한 총공급량은 $S^{*1} - D^{*1}$이다. 가격 $P^2$에서 외국 생산자는 공급량을 $S^{*2}$로 증가시키는 반면 외국 소비자의 수요량은 $D^{*2}$로 감소하므로 수출 가능한 총공급량은 $S^{*2} - D^{*2}$로 증가한다. 가격이 증가함에 따라 수출 가능한 재화의 공급량은 증가하기 때문에, 외국의 수출공급곡선은 우상향한다. 무역이 없을 때 공급과 수요는 $P_A^*$에서 일치하므로 외국 수출공급곡선은 가격축의 $P_A^*$에서 절편을 가진다($P_A^*$에서 수출공급은 0).

세계 균형은 자국의 수입수요와 외국의 수출공급이 일치할 때 발생한다(그림 9-3). 두 곡선이 교차하는 가격 $P_W$에서 세계 공급과 세계 수요는 같다. 그림 9-3의 균형점 1에서 다음이 성립한다.

$$\text{자국 수요} - \text{자국 공급} = \text{외국 공급} - \text{외국 수요}$$

양변에서 더하고 뺌으로써 이 식은 다음과 같이 정리할 수 있다.

$$\text{자국 수요} + \text{외국 수요} = \text{자국 공급} + \text{외국 공급}$$

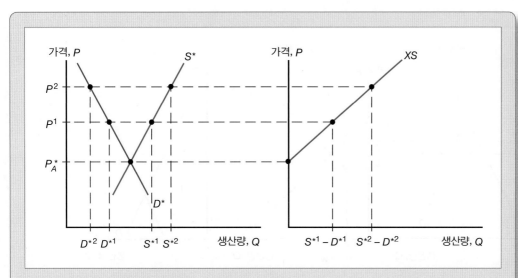

**그림 9-2 외국의 수출공급곡선 도출**
재화가격이 증가할 때 외국 소비자의 수요는 감소하는 반면 외국 생산자의 공급은 증가하므로 수출이 가능한 공급량은 증가한다.

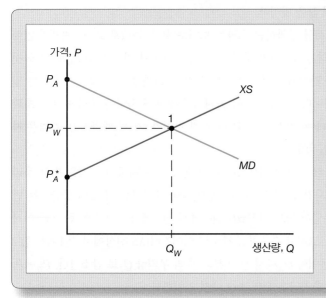

**그림 9-3 세계의 균형**
세계 균형가격에서 자국의 수입수요($MD$ 곡선)와 외국의 수출공급($XS$ 곡선)은 일치한다.

혹은 다음과 같이 정리할 수 있다.

$$세계 수요 = 세계 공급$$

## 관세의 효과

재화를 선적하는 사람의 관점에서 볼 때 관세는 운송비와 같다. 자국이 수입하는 밀 1부셸(1부셸은 약 35.214리터에 해당_역자 주)마다 2달러의 세금을 부과한다면 선주는 두 국가 간 가격 차이가 적

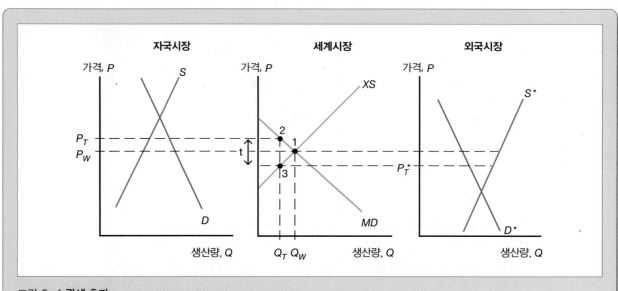

**그림 9-4 관세 효과**

관세는 자국의 가격을 올리는 반면 외국의 가격을 낮춘다. 따라서 무역량은 감소한다.

어도 2달러가 되지 않으면 밀을 옮기지 않을 것이다.

그림 9-4는 밀 한 단위당 $t$의 종량관세를 부과하는 효과를 보여준다(그림에 $t$로 표시). 관세가 없다면 세계시장을 설명하는 가운데 그림의 점 1에서와 같이 밀 가격은 자국과 외국 모두 $P_W$로 같을 것이다. 그러나 관세가 부과되면 자국의 가격이 외국의 가격보다 적어도 $t$만큼 높지 않다면 선주는 밀을 외국에서 자국으로 옮기지 않을 것이다. 하지만 밀이 옮겨지지 않으면 자국에는 밀에 대한 초과수요가, 외국에는 초과 공급이 발생한다. 따라서 두 국가 간 가격 차이가 $t$가 될 때까지 밀 가격은 자국에서는 상승하고 외국에서는 하락할 것이다.

따라서 관세의 도입은 두 시장의 가격 간에 차이를 발생시킨다. 관세는 자국의 가격을 $P_T$로 올리고, 외국의 가격을 $P_T^* = P_T - t$로 하락시킨다. 더 높은 가격에서 자국 생산자는 더 많이 공급하는 반면 소비자는 덜 소비하므로 더 적은 수입이 필요하다($MD$ 선상에서 점 1에서 점 2로 이동). 외국에서의 가격인하는 공급 감소와 수요 증가, 그리고 수출공급 감소로 이어진다($XS$ 선상에서 점 1에서 점 3으로 이동). 따라서 밀 무역량은 자유무역량 $Q_W$에서 관세 부과 후의 무역량 $Q_T$로 감소한다. $P_T - P_T^* = t$일 때 자국의 수입수요와 외국의 수출공급은 무역량 $Q_T$에서 일치한다.

자국 가격의 $P_W$에서 $P_T$로의 증가분은 관세보다 적은데, 이는 관세의 일부가 외국 수출가격 하락에 반영되어 자국 소비자에게 전가되지 않았기 때문이다. 이는 관세와 수입을 제한하는 모든 무역 정책의 일반적인 결과이다. 하지만 수출가격에 미치는 효과의 크기는 실제로는 매우 작다. 소국이 관세를 부과할 경우 세계시장에서 소국이 수입하는 비중은 매우 작으므로 소국의 수입 감소는 세계시장(외국의 수출) 가격에 거의 영향을 미치지 않는다.

외국의 수출가격에 영향을 줄 수 없는 '소국(small country)'의 관세 효과는 그림 9-5에 나타나 있다. 이 경우 관세는 이를 부과하는 국가의 수입가격을 $P_W$에서 $P_W + t$로 관세만큼 올린다. 수입 재화

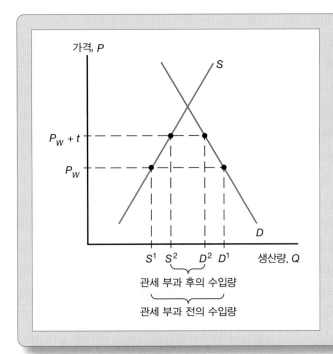

**그림 9-5 소국의 관세**
소국일 때 소국의 관세 부과는 소국이 수입하는 그 재화의 외국 가격을 낮출 수 없다. 결과적으로 수입재 가격은 $P_W$에서 $P_W + t$로 오르고, 수입수요량은 $D^1 - S^1$에서 $D^2 - S^2$로 감소한다.

(그림 내 라벨)
가격, $P$
$S$
$P_W + t$
$P_W$
$D$
$S^1$  $S^2$  $D^2$  $D^1$  생산량, $Q$
관세 부과 후의 수입량
관세 부과 전의 수입량

의 생산은 $S^1$에서 $S^2$로 증가하는 반면, 수입 재화의 소비는 $D^1$에서 $D^2$로 감소한다. 따라서 관세 부과 결과, 관세를 부과하는 국가의 수입은 감소한다.

## 보호율의 계산

수입 재화에 대한 관세는 그 재화의 자국 생산자가 받는 가격을 올린다. 이것이 종종 관세의 주 목적인, 수입경쟁으로 야기되는 낮은 가격에서 국내 생산자를 **보호**하는 효과이다. 실제로 무역 정책을 분석하는 데 관세나 다른 무역 정책이 얼마나 많이 보호하는가를 파악하는 일은 매우 중요하다. 그 답은 통상 자유무역하에서 가격의 비율로 표현된다. 예를 들어 설탕에 대한 수입할당은 미국 설탕 생산자가 받는 가격을 35% 인상시킬 수 있다.

관세의 경우 보호율의 계산은 간단하다. 만약 관세가 수입재 가격에 비례하는 종가세이면 관세율 자체가 보호율을 측정한다. 만약 관세가 종량세이면 관세를 차감한 가격으로 관세를 나누어 종가세와 동일한 보호율을 구할 수 있다.

그러나 보호율을 이렇게 단순하게 계산하는 데는 두 가지 문제가 있다. 첫째, 만약 소국의 가정이 적합하지 않으면 관세 효과의 일부는 국내가격을 상승시키기보다 오히려 외국의 수출가격을 낮출 것이다. 이러한 무역 정책이 외국의 수출가격에 미치는 효과가 상당할 때가 있다.

둘째, 관세가 한 재화의 생산 단계에 따라 매우 다른 효과를 미칠 수 있다는 것이다. 간단한 예로 설명해보자.

세계시장에서 자동차는 8,000달러에 팔리고, 자동차의 부품은 6,000달러라고 가정하자. 자동차 조립 산업의 발전을 원하는 한 국가와 이미 자동차 조립 산업을 보유하고 있고 부품 산업의 발전을 원하는 다른 국가를 비교해보자.

첫 번째 국가는 국내 자동차 산업을 진작시키기 위해 수입 자동차에 25%의 관세를 부과했고, 이는 국내 자동차 조립업자가 8,000달러 대신 1만 달러의 가격을 부과하는 것을 허용한다. 이 경우 국내 자동차 조립업자가 단지 25%의 보호를 받는다고 말하는 것은 잘못된 것이다. 관세 부과 전에는 완성된 차의 가격 8,000달러와 자동차 부품비용 6,000달러의 차이인 2,000달러 이하로 자동차가 조립될 수 있을 때만 국내에서 자동차를 조립할 것이다. 그러나 지금은 자동차 가격 1만 달러와 부품비용 6,000달러의 차이인 4,000달러가 들더라도 국내에서 자동차가 조립될 것이다. 즉 25%의 관세율은 국내 조립업자에게 100%의 **실효보호율**(effective rate of protection)을 제공한다.

이제 두 번째 국가가 국내 부품 생산을 촉진하기 위해 수입부품에 10%의 관세를 부과하여 국내 조립업자의 부품비용이 6,000달러에서 6,600달러로 오른다고 가정하자. 조립된 자동차에 대한 관세가 변하지 않더라도 이 정책은 국내의 자동차 조립을 더 불리하게 만든다. 관세를 부과하기 전에 만약 국내 자동차 조립이 2,000달러(8,000달러 − 6,000달러)에 될 수 있다면 그것은 가치가 있다. 관세를 부과한 후에는 자동차가 1,400달러(8,000달러 − 6,600달러)에 조립될 수 있을 때만 국내에서 자동차가 조립될 것이다. 따라서 부품에 대한 관세 부과는 부품 제조업자를 보호하지만 자동차 조립업자에게는 −30%(−600달러/2,000달러)의 음의 실효보호를 제공하는 셈이다.

이러한 예와 비슷한 이유로 국제경제학자들은 실제 특정 산업에 해당되는 관세 및 다른 무역 정책의 실효보호를 계산할 때 정교하게 한다. 예를 들어 경제발전을 촉진하기 위한 무역 정책(11장)은 종종 실효보호율이 관세율 자체보다 훨씬 더 높다.[1]

## 관세의 비용과 이익

관세는 수입국의 재화가격을 올리고, 수출국의 재화가격을 낮춘다. 이 가격변화로 수입국의 소비자는 손실을 입고 수출국의 소비자는 이득을 얻는다. 수입국의 생산자는 이득을 얻고, 수출국의 생산자는 손실을 본다. 또한 관세를 부과하는 정부는 재정수입을 얻는다. 이러한 비용과 이득을 비교하려면 이를 정량화할 필요가 있다. 관세의 비용과 이익을 측정하는 방법은 미시경제학에서 많이 사용되는 두 가지 개념, 소비자잉여와 생산자잉여를 이용한다.

### 소비자잉여와 생산자잉여

**소비자잉여**(consumer surplus)는 소비자가 구입으로 얻는 이득을 소비자가 실제로 지불하는 가격과 소비자가 기꺼이 지불하고자 하는 가격의 차이로 측정한다. 예를 들어 소비자가 밀 1부셸에 기꺼이 8달러를 지불하고자 하는데 가격이 단지 3달러라면, 구입으로 얻는 소비자잉여는 5달러이다.

소비자잉여는 시장수요곡선(그림 9-6)에서 도출할 수 있다. 예를 들면 소비자가 재화 10단위를 구

---

1 산업의 실효보호율은 공식으로 $(V_T - V_W)/V_W$로 정의된다. 여기서 $V_W$는 세계가격에서 그 산업의 부가가치이고, $V_T$는 무역 정책 하에서 그 산업의 부가가치이다. 예에서 $P_A$는 조립된 자동차의 세계가격, $P_C$는 부품의 세계가격, $t_A$는 수입된 자동차의 종가관세율, $t_C$는 부품의 종가관세율이라 하자. 만약 관세가 세계가격에 영향을 주지 않는다면 조립업자에 대한 실효보호율은 다음과 같다.

$$\frac{V_T - V_W}{V_W} = t_A + P_C\left(\frac{t_A - t_C}{P_A - P_C}\right)$$

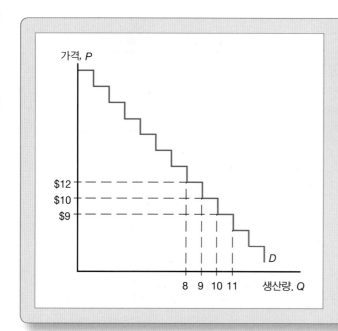

**그림 9-6 수요곡선에서 소비자잉여의 도출**

판매된 각 단위에 대한 소비자잉여는 실제 가격과 소비자가 기꺼이 지불했을 가격의 차이이다.

입하려는 최고가격이 10달러라고 하자. 이때 구입된 재화의 10번째 단위는 소비자에게 10달러의 가치가 있다. 만약 그 재화의 가치가 그보다 낮다면 그것을 구입하지 않을 것이다. 만약 그 재화의 가치가 그보다 높다면 가격이 더 높더라도 소비자는 기꺼이 구입할 것이다. 이제 소비자가 11개를 구입하기 위해서는 가격이 9달러로 내려가야 한다고 가정하자. 그러면 11번째 단위는 소비자에게 단지 9달러의 가치를 제공할 것이다.

가격이 9달러라고 하자. 그러면 소비자는 기꺼이 그 재화의 11번째 단위를 구입하고, 11번째 단위의 구입에서 얻는 소비자잉여는 없다. 하지만 소비자는 10번째 단위에 대해서는 기꺼이 10달러를 지불할 것이고, 따라서 그 단위에서 얻는 소비자잉여는 1달러이다. 소비자는 9번째 단위에 기꺼이 12달러를 지불할 것이고, 이 경우 그 단위에서 얻는 소비자잉여는 3달러이며, 이는 다른 단위에도 동일하게 적용된다.

이 예를 일반화하면 재화의 가격이 $P$이고 그 가격에서 수요량이 $Q$라면 소비자잉여는 수요곡선 $Q$까지의 아래 면적에서 $P \times Q$를 빼서 계산한다(그림 9-7). 만약 가격이 $P^1$이고 수요량이 $D^1$이면 소비자잉여는 $a$와 $b$로 표시된 면적의 합으로 측정된다. 만약 가격이 $P^2$로 올라가면 수요량은 $D^2$로 감소하고 소비자잉여는 $b$만큼 줄어들어 $a$의 면적과 같아진다.

**생산자잉여**(producer surplus)는 소비자잉여와 유사한 개념이다. 한 재화를 기꺼이 2달러에 팔려는데 5달러의 가격을 받은 생산자는 3달러의 생산자잉여를 얻는다. 수요곡선에서 소비자잉여를 도출하는 것과 동일한 과정이 공급곡선에서 생산자잉여를 도출하는 데 이용할 수 있다. 만약 가격이 $P$이고 그 가격에서 공급량이 $Q$라면 생산자잉여는 $P \times Q$에서 공급곡선 $Q$까지의 아래 면적을 뺀 것이다(그림 9-8). 만약 가격이 $P^1$이면 공급량은 $S^1$일 것이고 생산자잉여는 면적 $c$로 측정된다. 만약 가격이 $P^2$로 오르면 공급량은 $S^2$로 증가하고, 생산자잉여는 $c$에 추가적인 $d$를 합한 면적으로 증가한다.

소비자잉여와 생산자잉여의 개념과 관련된 몇 가지 난점은 문제없이 무시할 수 있는 기술적 사안

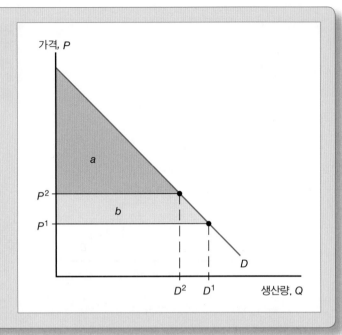

**그림 9-7 소비자 잉여의 기하학**

소비자 잉여는 수요곡선 아래이면서 가격 위의 면적과 같다.

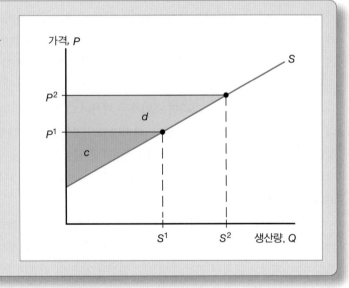

**그림 9-8 생산자 잉여의 기하학**

생산자 잉여는 공급곡선 위이면서 가격 아래의 면적과 같다.

이다. 더 중요한 문제는 주어진 시장에서 생산자와 소비자의 직접적 이득이 사회적 이득을 정확하게 측정하는가 여부이다. 소비자잉여와 생산자잉여로 잡히지 않는 추가적인 이득과 비용이 10장에서 논의할 무역 정책 활동의 핵심이다. 그러나 당분간은 소비자잉여와 생산자잉여로 측정되는 이득과 비용에만 초점을 맞추기로 한다.

## 비용과 편익의 측정

그림 9-9는 수입국에 대한 관세의 비용과 편익을 보여준다. 관세는 국내가격을 $P_W$에서 $P_T$로 올리는

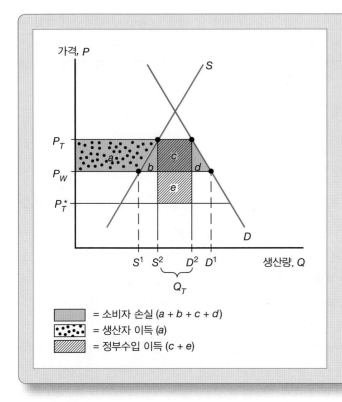

**그림 9-9 수입국의 관세의 비용과 편익**

다른 집단에 대한 비용과 이익은 a, b, c, d, e의 합으로 나타낼 수 있다.

| | = 소비자 손실 (a + b + c + d) |
| | = 생산자 이득 (a) |
| | = 정부수입 이득 (c + e) |

반면에 외국의 수출가격을 $P_W$에서 $P_T^*$로 내린다(그림 9-4 참조). 국내 생산량은 $S^1$에서 $S^2$로 증가하는 반면 국내 소비는 $D^1$에서 $D^2$로 감소한다. 서로 다른 집단에 대한 비용과 편익은 a, b, c, d, e로 표시된 5개 면적의 합으로 나타낼 수 있다.

먼저 국내 생산자의 이득을 생각해보자. 그들은 더 높은 가격을 받으므로 더 많은 생산자잉여를 가진다. 그림 9-8에서 본 것과 같이 생산자잉여는 가격선 아래이지만 공급곡선 위의 면적과 같다. 관세 부과 전 생산자잉여는 $P_W$ 아래이지만 공급곡선 위의 면적과 같다. 가격이 $P_T$로 오르면서 이 생산자잉여는 a로 표시한 면적만큼 증가한다. 즉 생산자는 관세로 이득을 얻는다.

국내 소비자 또한 더 높은 가격에 직면하는데, 이는 후생을 악화시킨다. 그림 9-7에서 본 것과 같이 소비자잉여는 가격선 위이지만 수요곡선 아래의 면적과 같다. 소비자가 직면하는 가격이 $P_W$에서 $P_T$로 오르면서 소비자잉여는 a + b + c + d로 표시된 면적만큼 감소한다. 따라서 소비자는 관세 부과로 피해를 입는다.

여기에는 또한 제3의 경제 주체인 정부가 있다. 정부는 관세수입을 징수하여 이득을 본다. 관세수입은 관세율 t에 수입량 $Q_T = D^2 - S^2$를 곱한 값과 같다. $t = P_T - P_T^*$이기 때문에 정부의 관세수입은 c와 e, 두 면적의 합이다.

이 이득과 손해는 서로 다른 사람들에게 생기기 때문에, 관세의 전체 비용-편익 평가는 각 집단에 대한 편익의 달러가치를 어떻게 평가하는가에 달려 있다. 예를 들어 소비자는 평균보다 가난한 반면에, 생산자 이득 대부분이 부유한 자원 소유자에게 돌아가는 재화의 관세는 부자가 구입하지만 저임금 근로자가 생산하는 사치품의 관세와는 다른 관점에서 고찰되어야 할 것이다. 더구나 정부의 역할은 모호하다. 정부가 관세수입을 꼭 필요한 공공서비스를 위해 쓸 것인가, 혹은 1,000달러 화장실 변기에 낭비할 것인가? 이러한 문제에도 불구하고 무역 정책가들은 일반적으로 각 집단의 이득 또는 손실의 1달러 가치가 동일한 사회적 가치를 가진다고 가정하고 국민후생에 대한 관세의 순효과를 계산하려고 시도한다.

그러면 후생에 대한 관세의 순효과를 살펴보자. 관세의 순비용은 다음과 같다.

$$소비자\ 손실 - 생산자\ 이득 - 정부수입 \tag{9-1}$$

또는 이 개념을 그림 9-9의 면적으로 대체하면 다음과 같다.

$$(a+b+c+d) - a - (c+e) = b+d-e \tag{9-2}$$

즉 국가 전체의 손실을 측정하는 2개의 '삼각형'과 그 손실을 상쇄하는 이득을 측정하는 '직사각형'이 있다. 이 이득과 손실을 해석하는 유용한 방법은 다음과 같다. 두 삼각형은 관세가 생산과 소비 동기를 왜곡하기 때문에 발생하는 **효율성 손실**(efficiency loss)을 나타내는 반면에, 직사각형은 관세가 외국의 수출가격을 낮추어서 발생하는 **교역조건 이득**(terms of trade gain)을 나타낸다.

그 이득은 관세를 부과하는 국가가 외국의 수출가격을 인하시킬 수 있는 능력에 달려 있다. 만약 국가가 세계가격에 영향을 미치지 못하면(그림 9-5에서 설명된 소국의 경우), 교역조건 이득을 나타내는 면적 $e$는 사라지고, 관세는 수입국의 후생을 감소시킬 것이 분명하다. 관세는 수입품이 실제보다 더 비싼 것처럼 행동하도록 생산자와 소비자 모두를 유도함으로써 그들의 동기를 왜곡한다. 그 경제에서 추가적인 1단위 소비의 비용은 추가적인 1단위 수입품의 가격이지만, 관세는 국내가격을 세계가격보다 높게 올리기 때문에 소비자는 한계 단위가 창출하는 후생과 관세를 포함한 국내가격이 같아지는 점까지 소비를 줄인다. 이는 그 경제에서 추가적인 1단위 생산의 가치는 그 경제가 줄이는 수입품 1단위의 가격과 같다는 것을 의미하지만, 국내 생산자는 한계비용이 관세를 포함한 가격과 같은 점까지 생산을 확대한다. 따라서 그 경제는 해외에서 더 저렴하게 구입할 수 있었던 재화의 추가적인 단위를 자국에서 생산한다.

관세의 순후생 효과는 그림 9-10에 요약되어 있다. 음의 효과는 2개의 삼각형 $b$와 $d$로 이루어진다. 첫 번째 삼각형은 관세가 국내 생산자로 하여금 그 재화를 너무 많이 생산하도록 하는 데서 오는 **생산왜곡손실**(production distortion loss)이다. 두 번째 삼각형은 관세가 국내 소비자로 하여금 그 재화를 너무 적게 소비하도록 하는 데서 오는 국내의 **소비왜곡손실**(consumption distortion loss)이다. 이 손실과 반대로 관세로 인한 외국수출가격 하락에서 오는 직사각형 $e$로 측정된 교역조건 이득이 있다. 외국가격에 크게 영향을 줄 수 없는 소국의 경우에 이 교역조건 효과는 사라지고, 따라서 관세의 비용은 분명하게 관세의 이득을 초과한다.

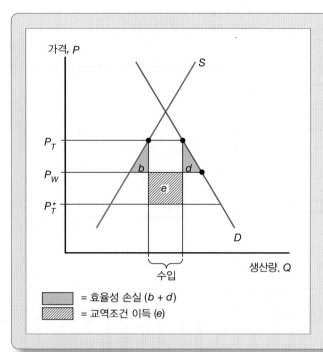

**그림 9-10 관세의 순후생 효과**
직사각형은 교역조건의 이득을 나타내는 반면, 색칠한 삼각형은 효율성의 손실을 나타낸다.

---

## 사례 연구  트럼프 무역 전쟁의 승자와 패자

4장에서 트럼프 행정부의 무역 전쟁에 대한 정치경제학적인 고찰을 논의했다. 무역보호가 미국의 제조업 고용을 증가시키기 위한 것이었음에도 불구하고 부정적인 고용 효과가 왜 긍정적인 효과를 크게 능가했는지 자세하게 살펴보았다. 이 사례 연구에서는 이번 장에서 발전시킨 비용-편익 분석을 이용해 무역 전쟁의 후생 효과를 더 자세하게 살펴보고자 한다.

그림 9-11은 2018~2019년 트럼프 행정부가 부과한 평균 관세의 연대표이다. 일부 특정 재화(태양광 패널, 세탁기, 강철, 알루미늄)에 대한 관세는 많은 수출국가에 부과된 반면, 일부 관세는 특정 국가(대부분 중국이고, 후에 유럽연합도 추가)를 대상으로 다양한 재화를 포함했다. 2019년 중국의 대(對)미 수출의 66% 이상이 그림 9-11에 나타난 관세의 영향을 받았다. 유럽연합에 부과된 관세는 다른 무역 분쟁에 대한 보복으로 훨씬 제한된 재화를 대상으로 했다(이 장 후반에 나오는 보잉-에어버스 분쟁 참조).

여러 연구에서 이러한 관세 증가가 미국에서 소비되는 재화가격에 어떤 영향을 미쳤는지 분석했다.[2] 미국은 크기 때문에(소국 가정이 성립하지 않는다), 관세는 미국으로 수출하는 수출업자에게 가격을 낮추도록 잠재적으로 압력을 가할 수 있다. 이것이 관세의 교역조건 이득이다. 실제 무역 전쟁 옹호자들은 외국 수출업자가 수출가격을 낮춤으로써 관세의 상당 부분을 흡수하기 때문에 미국 소비자(그리고 중간재를 구입하는 기업)는 큰 가격 증가에 직면하지 않을 거라고 주장했다. 하지만 연구들은 그 잠재적 교역조건 이득은 무시할 수준이라는 명백한 증거를 보였다. 따라서 관세의 전체적인 타격은 미국 기업과 소비자에게 돌아갔다.

그림 9-12는 미국 가구의 높은 수입가격으로 인한 연간 비용이 어떻게 관세와 함께 증가했는지 보여준다. 2019년 마지막 관세 증가 시행 이후, 미국 가구의 평균 연간 비용은 300달러를 넘어섰다. 하지만 이것이 미국 소비자에 대한 관세의 총비용을 반영하지는 않는다. 수입재화의 일부는 미국 정부가 구입하는데, 이로 인해 정부 서비스의 비용이 높아진다. 수입재화의 일부는 미국 기업이

---

2 Mary Amiti, Stephen J. Redding, and David E. Weinstein, "The Impact of the 2018 Tariffs on Prices and Welfare," *Journal of Economic Perspectives* 33, no. 4 (November 2019), pp. 187-210과 Kirill Borusyak and Xavier Jaravel, "The Distributional Effects of Trade: Theory and Evidence from the United States," SSRN Scholarly Paper, October 6, 2018, 그리고 Pablo D. Fajgelbaum, Pinelopi K. Goldberg, Patrick J. Kennedy, and Amit K. Khandelwal, "The Return to Protectionism," *The Quarterly Journal of Economics* 135, no. 1 (February 1, 2020), pp. 1-55 참조

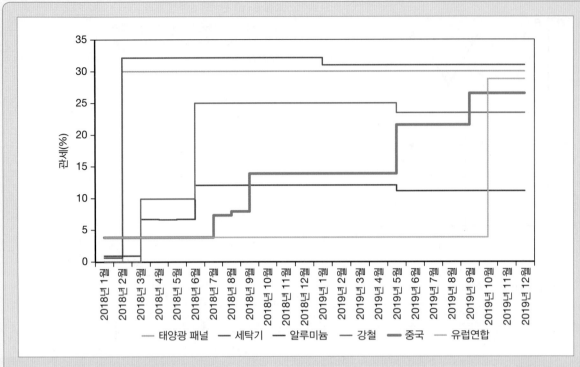

**그림 9-11 미국 수입의 평균 관세**

2018~2019년 동안 트럼프 행정부는 특정 제품뿐만 아니라 특정 국가를 대상으로 관세를 급격하게 증가시켰다.

출처: 2019 update of Pablo D. Fajgelbaum, Pinelopi K. Goldberg, Patrick J. Kennedy, and Amit K. Khandelwal, "The Return to Protectionism," *The Quarterly Journal of Economics* 135, no. 1 (February 1, 2020), pp. 1-55.

구입하는 설비투자에 해당된다. 그것은 궁극적으로 그 설비로 생산되는 재화의 비용이 높아진다는 것을 의미한다. 마지막으로 관세는 또한 관세 타격을 받은 수입재화와 경쟁하는 미국에서 생산되는 재화의 가격을 높인다.

이러한 추가적인 비용을 포함하면 미국 가구당 평균 연간 비용은 891달러로 거의 3배가 된다. 관세의 영향을 받은 재화를 중간재로 사용하는 기업과 함께 미국 가구에 무역 전쟁으로 인한 손실이 집중되었다. 전체적으로 미국 경제에 대한 그림 9-9에서 $a+b+c+d$로 표시된 소비자잉여 손실은 연간 1,141억 달러에 달한다.[3] 그림에 나타난 것과 같이 소비자의 손실 일부는 높은 가격으로 인해 일부 미국 생산자의 이득으로 상쇄된다. 그들은 강철, 알루미늄, 태양광 패널, 세탁기를 생산하는 기업과 중국 수입재화와 직접적으로 경쟁하는 제품을 생산하는 기업이다. 그들은 보

호 증가로 높아진 가격에서 이득을 얻는 무역 전쟁의 승자이다. $a$에 해당하는 관련된 생산자잉여 증가는 연간 318억 달러로 추정된다. 그리고 마지막으로 미국 소비자가 지불하는 높은 가격의 일부는 미국 정부의 관세 수입에 해당한다. $c+e$에 해당하는 이 수입은 659억 달러에 이른다. 앞에 언급했듯이 미국 경제의 교역조건 이득을 나타내는 $e$는 0이다. 따라서 트럼프 무역 전쟁의 높은 미국 관세는 미국 경제에 $b+d$에 해당하는 연간 1,141억 달러 – 318억 달러 – 659억 달러 = 164억 달러의 총효용 손실을 가져왔다.

4장에서 논의했던 것처럼 미국이 부과한 새로운 관세는 불가피하게 무역 상대국의 보복으로 이어졌다. 그 보복적인 관세의 후생 효과는 방금 전에 언급한 비용에는 포함되지 않았다. 그림 9-13은 그 보복적인 관세(대상 재화에 대한 평균)의 진행을 시간별로 보여준다. 중국은 미국이 부과한 높은 관세와 정확히 같은 방식으로

---

3 소비자, 생산자의 후생, 관세수입 추정치는 모두 Pablo D. Fajgelbaum, Pinelopi K. Goldberg, Patrick J. Kennedy, and Amit K. Khandelwal, "The Return to Protectionism," *The Quarterly Journal of Economics* 135, no. 1 (February 1, 2020), pp. 1-55의 2019년 업데이트에 기반한다.

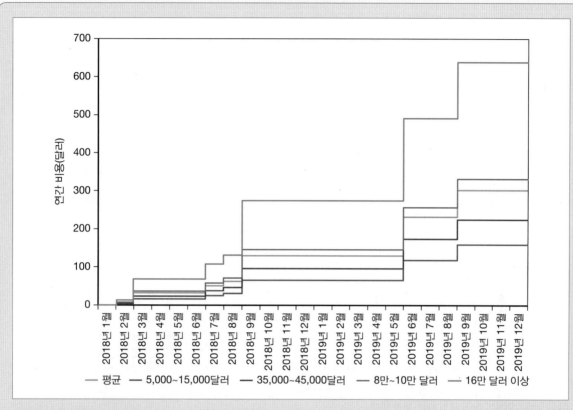

연간 비용(달러)

— 평균　— 5,000~15,000달러　— 35,000~45,000달러　— 8만~10만 달러　— 16만 달러 이상

**그림 9-12 미국 가구소득별 수입가격 증가의 연간 비용**

새로운 관세로 인한 수입재의 높은 가격은 미국 가구의 상당한 연간 비용 증가로 나타난다.

출처: Kirill Borusyak and Xavier Jaravel, "The Distributional Effects of Trade: Theory and Evidence from the United States," SSRN Scholarly Paper, October 6, 2018.

높은 관세로 대응했다. 그리고 미국의 주요 강철과 알루미늄 수출국은 그 제품의 관세에 대해 다양한 미국 수입품의 관세로 대응했다.[4] 그러한 모든 보복적인 관세는 압도적으로 농산물이 대상이었다(중국의 관세는 실제로 모든 미국 농산물의 수출을 포함한다).

관세를 설정하는 수입국의 경우와 대조적으로 수출국의 후생 효과는 전부 대상이 되는 재화의 생산자에게 흡수된다. 즉 소비자는 영향받지 않고, 정부는 어떤 관세수입도 얻지 않는다. 보복적인 관세의 경우, 특히 미국 농부와 목장 소유주가 큰 타격을 입었다. 2018년에 시작된 보복 관세의 시행으로 중국에 대한 미국 농산물

수출은 63% 감소했다. 트럼프 행정부는 그러한 관세(미국이 그 동일한 나라들에게 부과한 이전 관세와 명백하게 연관되어 있다는 점을 고려하여)의 정치적 영향을 염려하여 미국 농무부에게 전례가 없는 새로운 프로그램인 보복적인 관세의 영향을 받은 농부를 대상으로 직접 지불제를 승인했다. 2018~2019년 총지불액은 200억 달러에 조금 못 미쳤다. 이러한 정부의 직접적인 지불금에도 불구하고 2019년 파산한 농장의 수가 24% 증가한 것으로 보아 무역 전쟁으로 인한 농부들의 총손실은 훨씬 더 클 것이다.

---

4 유럽연합은 보잉-에어버스 분쟁과 관련된 미국의 관세 부과에 대응하여 한 차례의 관세 대응을 준비하고 있었다. 하지만 그 관세가 효력을 발휘하기 전에 협정이 이루어졌다.

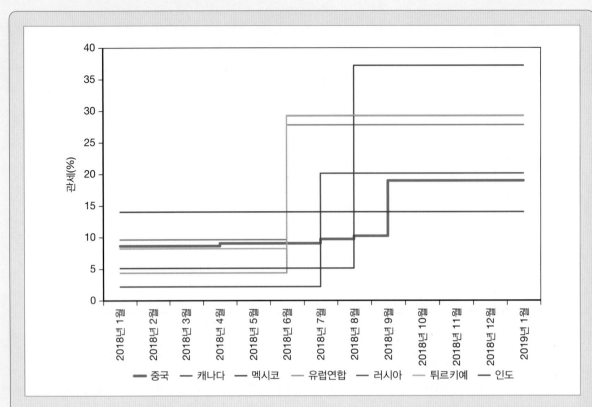

**그림 9-13 미국 수출에 대한 평균 보복 관세**

모든 미국의 주요 상대 교역국은 수출에 대한 관세에 미국 수출을 대상으로 하는 자국의 관세로 대응했다.

출처: 2019 update of Pablo D. Fajgelbaum, Pinelopi K. Goldberg, Patrick J. Kennedy, and Amit K. Khandelwal, "The Return to Protectionism," *The Quarterly Journal of Economics* 135, no. 1 (February 1, 2020), pp. 1-55.

## 기타 무역 정책 수단

관세는 가장 단순한 무역 정책이지만, 현대 세계에서 국제무역에 대한 정부개입의 대부분은 수출보조금, 수입할당제, 수출자율규제, 국산부품 사용요건 등 다른 형태로 이루어진다. 다행스럽게도 일단 관세를 이해하면 다른 무역 정책 수단을 이해하기는 그리 어렵지 않다.

### 수출보조금: 이론

**수출보조금**(export subsidy)은 재화를 해외로 선적하는 기업이나 개인에게 지불된다. 관세와 마찬가지로 수출보조금은 종량적(단위당 고정액)이거나 종가적(수출액의 비율)이다. 정부가 수출보조금을 줄 경우, 수출업자는 국내가격이 외국가격을 보조금만큼 초과하는 수준까지 재화를 수출할 것이다.

　수출보조금이 가격에 미치는 효과는 정확히 관세 효과와 반대이다(그림 9-14). 수출국의 가격은 $P_W$에서 $P_S$로 상승하지만 수입국의 가격은 $P_W$에서 $P_S^*$로 하락하기 때문에, 그 가격상승분은 보조금

## 관세와 보복

앞서 관세가 어떻게 소비자잉여의 손실을 대가로 치르면서 생산자잉여의 증가를 위해 사용되는지 살펴보았다. 하지만 관세의 또 다른 많은 간접적인 비용이 있다. 명확히 규정되지 않은 경제 환경에서 수입 감소의 원인이 그 산업에 있는 기업의 개선된 효율 덕분인지 아니면 '보호된(covered)' 정부 유인 덕분인지를 결정하는 것은 보통 꽤 어렵다.[5] 그럼에도 불구하고 대부분의 경우 국가가 부과한 관세에는 다른 국가의 보복이 뒤따른다. 만약 국가 A가 관세를 부과하면 국가 B의 수출 생산업자는 피해를 보고 그 국가는 관세의 부담으로 손해를 본다. 따라서 국가 B는 자국의 관세로 보복할 것이고 자유무역 정신은 광범위하게 위배된다. 이러한 무역 전쟁의 결과, 두 국가는 모두 무역량 감소로 더 악화될 것이다.

2013년 6월, '태양광 분쟁'은 세계에서 가장 큰 경제이면서 세계에서 가장 큰 무역 상대국인 유럽연합과 중국 간에 발생했다. 유럽연합은 중국의 최대 국제무역 상대국이고, 중국은 미국 다음으로 유럽에게 두 번째 큰 상대국이다. 베이징과 브뤼셀 간의 무역 분쟁은 역사상 가장 큰 분쟁이었다. 유럽연합 집행위원회(European Commission)는 9개월간의 조사 끝에 20개 이상의 유럽 생산자 그룹의 정식 소송을 시작했고, 중국에서 수입되는 태양광 패널에 대해 잠정세율을 부과했으며, 보조받은 수출업자가 유럽연합에 생산비 이하의 가격으로 태양광 패널을 대량으로 들여온 혐의를 제기했다. 중국은 제조 산업의 가격을 낮추어 세계무역에 영향을 미치면서, 세계 경제의 성장으로 최대 태양광 패널 생산자가 되었다. 중국에서 생산된 태양광 패널의 거의 80%는 유럽시장으로 수출되었다. 하지만 유럽무역위원 카렐 더 휘흐트(Karel de Gucht)에 따르면 공정가격하에서 중국의 태양광 패널은 현재 가격보다 88% 높을 것이다. 중국 태양광 패널의 유입은 지역 생산업자와 경쟁자에게 중요한 이슈가 되었다. 관세가 그 산업에 미치는 영향에 대해 불확실성이 있고, 유럽의 태양광 산업은 유럽 전역에 26만 5,000개의 일자리를 제공하기 때문에 유럽연합 회원국 간 의견이 상충되었다.

그럼에도 불구하고 2013년 6월 6일부터 유럽은 중국의 태양광 수입에 11.8%의 관세를 적용하기로 했으며, 두 달 내에 평균 47.6%까지 올리고 이 의무를 5년까지 적용하기로 했다. 이 관세는 연간 210억 유로에 해당하는 태양광 패널 수입에 적용하기로 했지만, 이는 약 4,800억 유로에 해당하는 전체 교역관계에 부정적인 영향을 미쳤고 유럽에서 사업하는 중국 기업의 자신감을 약화시켰다.

유럽의 태양광 제재에 대항하여 중국은 이익을 지키기 위한 조치를 취했고, 베이징은 유럽 와인 수입에 대해 반덤핑 및 반보조금 조사에 착수했다. 동시에 유럽의 고급 승용차 산업에 또 다른 조사를 수행하려고 하면서 고급 승용차 수출기업 또한 위협을 느꼈다. 와인 산업은 유럽의 핵심 산업이 아니다. 하지만 프랑스, 이탈리아, 스페인 같은 일부 국가는 확실히 부정적인 손해를 경험했다. 2002~2012년 사이 중국의 총와인 수입은 약 1만 5,000% 급등했고, 중국은 프랑스산 와인의 최대 수입국가였다. 중국의 지역 와인 공급업자가 이 무역 전쟁으로 가장 큰 수혜를 받았다.

그럼에도 불구하고 중국과 유럽은 무역 전쟁을 계속 가열시키기보다는 협상을 통해 분쟁을 해결하기로 합의했다. 이 두 국가 간의 무역은 일일 10억 유로인 것으로 추정된다. 무역 전쟁의 결과, 이 두 국가 간의 무역량은 축소되었고 두 국가 모두의 경제에 피해를 입혔다.

2013년 7월, 두 국가는 2015년 말까지 태양광 패널의 최저가격을 와트당 0.56유로로 하고 수출량을 제한하는 합의에 도달했다. 중국 태양광 제조업체의 거의 90%가 이 합의안에 동의했다.[6]

---

보다 적다. 수출국에서 소비자는 손해를 보고, 생산자는 이득을 얻으며, 정부는 보조금을 지불해야 하기 때문에 손해를 본다. 소비자 손실은 면적 $a+b$이고, 생산자 이득은 면적 $a+b+c$이며, 정부보조금(수출량 × 보조금)은 면적 $b+c+d+e+f+g$이다. 따라서 순후생손실은 면적 $b+d+e+f+g$의 합이다. 물론 $b$와 $d$는 관세가 야기한 것과 같은 종류의 소비와 생산왜곡을 나타낸다. 그리고 관세와는 대조적으로 수출보조금은 외국시장에 대한 수출가격을 $P_W$에서 $P_S^*$로 낮추기 때문에 교역조건을 악화시킨다. 이는 추가적인 교역손실 $e+f+g$로 이어진다. 또한 이것은 $P_W - P_S^*$를 수출보조금을

5  WTO, "Trade and Public Policies: A Closer Look at Non-Tariff Measures in the 21st Century," World trade report 2012, https://www.wto.org/english/res_e/booksp_e/anrep_e/wtr12-2e_e.pdf.

6  Yu-Chen, "EU-China Solar Panels Trade Dispute: Settlement and challenges to the EU," EU-Asia at a Glance, European Institute for Asian Studies, June 2015, http://www.eias.org.

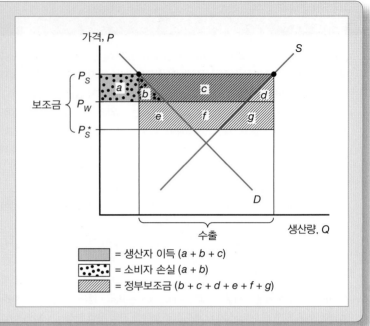

**그림 9-14 수출보조금의 효과**

수출보조금은 수출국의 가격을 올리는 한편 수입국의 가격을 내린다.

= 생산자 이득 $(a + b + c)$
= 소비자 손실 $(a + b)$
= 정부보조금 $(b + c + d + e + f + g)$

## 비우호적인 하늘: 가장 오랫동안 이어진 무역 분쟁의 해결

세계무역기구(WTO)는 수출 성과에 따른 보조금을 금지한다.[7] 보조금이 직접적으로 수출 성과와 연관되어 있지는 않지만 수출하는 기업에 대한 일반적인 생산보조금은 어떠한가? (이는 수출보조금의 이론 모형에서 설명한 경우에 해당한다.) 보조금이 다른 국가의 생산자에게 해를 입힐 수 있는 경우 세계무역기구는 그러한 보조금에 '소송을 초래할 수 있는' 보조금이라는 이름을 붙이고, 그 영향을 받은 국가에게 보조금을 주는 국가에 상계관세를 부과할 수 있도록 허용하고 있다.

2021년, 미국과 유럽연합은 마침내 17년 동안 이어진 보잉과 에어버스(세계에서 가장 큰 두 여객기 제조업체)가 받는 생산보조금의 무역 분쟁을 끝내기로 합의했다. 2004년 미국은 유럽 소유의 에어버스가 새로운 A380과 A350 초대형 여객기 개발을 위해 우호적인 차관계약서를 받았다고 세계무역기구에 제소했다. 유럽연합은 즉각 보잉사는 미국 정부로부터 세금 환급과 우호적인 계약 조항을 받았다고 맞제소를 했다. 두 정부 모두 여객기 시장의 일반적인 환경과 두 기업의 극심한 경쟁을 고려할 때 항공 제조업체가 받은 지원은 소송을 초래할 수 있는 수출보조금에 해당한다고 주장했다. 결국 14년에 걸친 법적 논쟁과 여러 번의 항소 끝에 세계무역기구는 미국과 유럽연합 모두가 상계관세를 부과할 수 있도록 양쪽 모두에게 우호적인 판결을 내렸다.

2019년, 미국은 유럽 와인과 특선 식품에 관세를 부과했다. 유럽연합은 미국 위스키, 견과류, 담배에 관세를 부과함으로써 보복했다. 몇 개의 추가적인 보복 관세와 미국 행정부의 변화 후에 2021년 바이든 정부와 유럽연합은 관세를 없애고 양 항공회사에 우호적인 금융지원을 논의하기로 합의했다.

Herget Josel/Shutterstock

---

7 초기에는 주요 농업 부문을 지원하는 개발도상국에 예외가 허용되었으나, 2015년 협정에서는 그러한 예외를 더 이상 적용하지 않기로 했다.

받는 수출량을 곱한 값과 같다. 따라서 수출보조금의 비용은 확실하게 이득을 초과한다.

## 수입할당제: 이론

수입할당제는 수입되는 어떤 재화의 양을 직접적으로 제한한다. 그 제한은 보통 개인이나 기업 집단에게 면허를 발급함으로써 시행된다. 예를 들면 미국은 외국 치즈의 수입에 수입할당량을 부과한다. 치즈 수입이 허락된 특정 무역회사에게만 매년 치즈의 최대수입량을 수입할 수 있는 권리가 할당된다. 각 기업의 할당규모는 그 기업이 과거에 수입한 치즈량에 달려 있다. 설탕과 의류같이 중요한 경우에는 미국에서 판매할 권한이 수출국 정부에 직접적으로 주어진다. 또 다른 예로는 유럽연합이 특정 원산지의 수입에 관세 할당을 적용한 것이다.[8]

수입할당제가 국내가격을 인상시키지 않고 어느 정도 수입을 제한한다는 오해를 피하는 것이 중요하다. 진실은 **수입할당제는 항상 수입재의 국내가격을 올린다**는 것이다. 수입이 제한될 때 즉각적으로 나타나는 결과는 원래 가격에서 그 재화에 대한 수요가 국내공급과 수입량을 합한 양을 초과한다는 것이다. 이는 시장이 청산될 때까지 가격을 올린다. 결국 수입할당제는 같은 수준으로 수입을 제한하는 관세만큼 국내가격을 올린다(국내 독점인 경우는 예외로 수입할당제는 이보다 가격을 더 많이 올린다. 이 장의 부록 참조).

수입할당제와 관세의 차이점은 수입할당제의 경우 정부의 수입이 전혀 없다는 것이다. 관세 대신에 수입할당제로 수입을 제한하면 관세를 부과할 때 정부수입으로 나타나는 금액은 수입면허를 받는 업자에게 귀속된다. 수입면허 소지자는 수입재를 구입하여 국내시장에서 더 높은 가격에 되팔 수 있다. 수입면허 소지자가 받는 이윤을 **할당지대**(quota rent)라 한다. 수입할당제의 비용과 편익을 평가할 때 누가 그 지대를 가지는가를 결정하는 것이 중요하다. 국내시장에서 판매할 권리가 수출국 정부에 있는 경우에는, 흔히 그랬듯이 지대의 해외 이전은 수입할당제의 비용을 동일한 관세의 경우보다 훨씬 높게 만든다.

---

| 사례 연구 | 관세율할당 배경과 지방종자에 대한 실제적 적용 |
|---|---|

국제무역에서 지방종자(기름을 짤 수 있는 식물 종자의 총칭_역자 주) 상품은 가장 많이 교역되는 농산품(그 외 곡물과 육류 등) 중 하나로, 많은 국가에게 생산 또는 사용 측면에서 상당히 중요하다. 지방종자는 대두, 유채씨, 해바라기씨, 아마씨, 목화씨처럼 고함량 오일의 작물을 일컫는다. 2001년, 전 세계 지방종자 수입의 약 80%는 11%의 대두, 9%의 유채씨, 그리고 다른 종류의 지방종자로 구성되었다. 관세할당(tariff quota, 일정 수입량까지는 저율의 관세를 부과하고 그것을 넘는 수입에는 고율의 관세를 부과하는 이중세율제_역자 주)은 유제품이나 설탕같이 전통적으로 보호되는 제품보다 이러한 제품에 더 빈번하게 적용되었다.

실제 1990년대 지방종자에 대한 세계무역은 '중간수준(low to moderate)'의 실행관세율과 양허관세율로 특징지어진다. 국가가 세계무역기구와 정한 최대 허용 관세율인 양허관세율은 대부분의 경우 그리고 특히 개발도상국의 경우 상당히 높다. 예를 들어 컬럼비아(그리고 베네수엘라)의 가장 높은 관세는 2001년 대두에 부과된 15%의 관세였지만, 세계무역기구와 정한 양허관세율은 97%였다. 인도의 실행관세율은 40%이지만 양허관세율은 100%이다. 일반적으로 지방종자 상품(예: 식물성기름과 지방종자 부산물)의 관세율은 전체 지방종자의 관세율보다 훨씬 높다. 이 상황은 경사관세(tariff escalation, 제품의 가공 정도가 높아짐에 따라 관

---

8 유럽연합 집행위원회

세율이 높아지는 관세구조_역자 주)라고 부르는데, 이는 국내 지방종자 파쇄 산업과 식물성 기름 정제회사를 보호하기 위해, 그리고 원산지 국가의 가공 산업의 발전을 저지하기 위해 고안되었다.

예를 들어 일본은 지방종자 생산이 부족하기 때문에 어느 지방종자에 대한 관세도 없었다. 하지만 자국 파쇄업자를 보호하려는 목적으로 대두유와 유채기름에 킬로그램당 12.9엔의 관세를 부과했다.[9] 유럽연합은 대두유에 30%의 종가세를 적용했고(양허관세율은 45%), 탈지대두의 관세율은 5%였다(양허관세율은 10%). 국제무역기구와의 협정하에 대두 수입에 대한 관세가 면세였음에도 불구하고, 딜론라운드[1958년 일본 동경에서 개최된 GATT 총회에서 미국의 국무차관인 딜론(D. Dillon)의 제창으로 시작된 국제무역협상_역자 주]에서 모든 다른 지방종자와 지방종자 부산물 수입에 대해서도 면세 수입의 지위를 가졌다. 국내 가격지지와 보조금과 같은 비관세 정책의 형태의 대안이 생산자에게 대체안으로 제공되었다. 이러한 정책은 세계 수입을 감소시키고 수출보조금을 늘리며 세계시장에서 팔리는 가격을 낮추는 것뿐만 아니라 초과 생산을 야기하고 무역 흐름을 왜곡했다. 유럽연합의 자국 생산자에 대한 지방종자 생산보조금, 실질가격지지, 예산지출과 지방종자 수확량은 급격하게 증가했고(1985년 지방종자와 단백질 작물에 대한 예산 지출은 유럽연합의 농업 부문 총연간 지출의 10%를 초

과), 이는 지방종자 생산 증가를 야기했다.[10] 1980~1990년 사이 유럽연합의 지방종자 생산은 거의 3배 증가했고, 이는 같은 기간에 미국의 대두 및 대두분 수출의 53% 감소에 기여했으며 유럽에 대한 미국의 수출을 축소 및 악화시켰다. 이것은 1980년대 말 미국과 유럽연합 사이의 지방종자 분쟁으로 이어졌고, 이후 지방종자에 대한 블레어하우스 협정(Blair House Agreement)으로 해결되었다.[11]

우루과이라운드 농산물 협정(Uruguay's Round Agreement on Agriculture, URAA)은 무역장벽 감소에 상당한 영향을 미쳤고, 주요 성과는 보조받는 수출량과 보조금에 대한 지출을 줄이고 국내 농업 프로그램을 줄이면서 농산품에 대한 관세수준을 낮춘 것이다. URAA에 참여하는 선진국은 농산품에 기존 관세에서 평균 36%를 낮추도록 요구되었다. 반면 개발도상국은 더 적은 평균 관세 24%를 인하하기로 했고, 선진국과 비교하여 더 긴 이행기를 가지기로 했다. 또 다른 중요한 요구사항은 기존 비관세 농산물 무역장벽을 관세로 전환하고 관세율할당(tariff-rate quota, TRQ)을 세우기로 했다는 것이다.

관세율할당의 아이디어는 특정 수량 아래의 수입에 대해서는 더 낮은 관세율을 적용하고 그 수량보다 높은 수입에 대해서는 더 높은 관세를 적용하는 것이다. URAA로 관세는 기준수준에서 한계

---

### 그림 9-15 세계 지방종자 관세율(kg당 센트)

출처: *Oil Crops Situation and Outlook Yearbook*, May 2007, Economic Research Service, USDA.

| 국가 | 기준관세율 | 양허관세율<br>(할당관세 이상의 관세율) | 실행관세율<br>(TRQ) |
|---|---|---|---|
| 미국 | 0.7 | 0.45 | 0.53 |
| 멕시코 | 25 | 22.5 | 15 |
| 컬럼비아, 베네수엘라 | 108 | 97 | 15 |
| 폴란드 | 10 | 5 | 3 |
| 인도 | 100 | 100 | 40 |
| 말레이시아 | 13 | 10 | 0 |

---

9 식품가격 증가에 대한 Mitchell D.A의 기록, The World Bank's Development prospects group, July 2008, Policy research working paper 4682 그리고 *Oils Crop Situation and Outlook Yearbook*/OCS-2006/May 2006, Economic Research Service, USDA.

10 Ames Glenn C.W., Gunter L., Davis C.D. (1996) Analysis of USA-European Community oilseeds agreement, *Agriculture Economics* 15, p.97-112.

11 지방종자 분쟁은 좁혀졌다. 1992년 GATT 우르과이라운드에서 미국의 유럽연합 지방종자 시장에 대한 접근을 약화시키는 유럽연합 역내 지원 프로그램에 대한 분쟁을 해결하는 지방종자에 대한 양해각서(종종 '블레어하우스 협정'이라고도 한다)를 미국과 협상했다. 협정에서 지방종자 생산 지원에 대한 여러 규제가 정해졌다. 유럽연합의 특정 종류의 지방종자(특히 유채씨, 해바라기씨, 대두)를 재배하는 지역은 제한되었고, 반면에 일부 지방종자 생산에 대한 특정 지원은 계속해서 허용되었다. 그 제한은 재배지역이 548만 2,000헥타르를 초과해서는 안 된다는 내용을 포함한다. 그 협정은 또한 유럽연합의 확장과 관련하여 지원되는 지역의 조정을 허용한다. 원래 최대 지역은 512만 8,000헥타르로 되어 있었으나, 1995년 유럽연합 15개국을 포함하기 위해 조정되었고 차후 유럽연합 확대에 따른 개정은 허용하지 않았다.

수준으로 감소되었다. URAA에 따르면 할당규모는 최근 기간 동안의 실제 수입량과 같거나 그보다 큰 것을 목표로 하고, 할당규모 밖의 양허관세는 기준 관세율보다 더 낮을 것을 요구했다. 1997년 1,366개의 관세율할당 중 40%는 할당량을 늘리기로 했고, 이는 시장 접근이 더 용이해진다는 것을 의미한다.[12] 이러한 관세율할당 중 124개(9%에 해당)는 지방종자와 상품에 적용된다. 국제무역기구의 21개 회원국은 지방종자와 관련 상품에 적어도 하나의 관세율할당을 적용한다고 보고한다. 예를 들어 아일랜드는 22개, 컬럼비아는 20개, 베네수엘라는 19개, 남아프리카공화국은 8개, 과테말라는 7개, 태국과 모로코는 각각 6개의 관세율할당을 시행한다.[13] URAA는 농산품에 관세율 상한을 정하고 있으나, 이 상한은 종종 꽤 높고 국가마다 다르다.

관세율할당의 수립은 무역에 대한 비관세 장벽의 투명성을 높이는 것을 목표로 상당한 성과를 거두었으나, 관세율할당 결과로 발생된 무역수준은 그다지 크지 않다. 관세율할당이 더 효과적이고 무역이 더 자유화되기 위해서는 할당량 이상의 수입에 대한 관세 축소 또는 할당량 확대가 무역 전체를 위해 훨씬 나은 선택일 것이다. 이러한 결과는 지방종자와 상품무역의 장벽인 할당량 밖의 높은 관세율과 깊게 연관되어 있다. 전체적으로 관세율할당은 국내시장보호의 형태로 더 자주 사용되고 있으며, 어떤 면에서는 국제무역의 자유화 형태에 대한 점진적인 대안이 되고 있다.

### 유럽연합 지방종자 시장에 대한 관점

유럽연합은 지방종자 상품의 주요 수입국 중 하나이고, 지방종자 소비는 수출을 제외한 순생산보다 크다. 실제 유럽연합은 지방종자와 관련 상품(프로틴밀, 식물성 기름) 수입에 상당히 의존한다. 유럽연합에서 지방종자(유채씨, 해바라기씨, 대두, 아마씨)는 음식, 먹이, 연료, 그리고 산업적 목적을 위해 재배된다. 거의 모든 지방종자는 파쇄되어 기름과 부산물을 생산하기 위해 가공된다. 식물성 기름은 식품 산업, 바이오디젤, 그리고 다른 산업에 사용된다.[14] 또한 지방종자 부산물은 핵심적인 단백질이 풍부한 동물 먹이의 원료이다. 일부 지방종자(대두, 대두 가공제품, 팜유)는 국내 생산이 적거나 아예 없다. 대두분의 약 54%, 해바라기 깻묵의 약 50%, 대두의 80% 이상이 파쇄를 위해 수입되어 국내 수요를 충족한다. 유럽연합에서 경작지는 시리얼 생산을 위해 가장 중요하게 사용되는 반면 540만 헥타르는 지방종자 생산을 위해 사용된다. 현재 매년 유럽연합 내에서 소비되는 지방종자의 약 2/3는 유럽연합에서 생산되고, 나머지는 수입된다. 2012년 이후, 유럽연합의 지방종자 생산에 대한 어떤 구체적인 국내 지원 수단도 없고, 더 이상 유럽연합의 지방종자 지역에 대한 어떤 규제도 없다.

2002년 1월부터 2008년 6월까지 세계 식량가격은 여러 요인으로 급격하게 증가했다. 지방종자 가격의 급격한 증가는 미국과 유럽연합에서 곡물과 지방종자로부터 바이오디젤 생산이 크게 증가하면서 주로 야기되었다. 유럽연합의 가금류 산업 부문의 성장은 단백질 사료의 수요 증가를 야기했다. 2020년까지 유럽연합의 바이오디젤 사용이 의무화되면서[2009 재생에너지지침(Renewable Energy Directive)에 언급],[15] 유럽연합의 식물성 오일 사용은 증가했고, 이는 국내 지방종자 생산 증대뿐만 아니라 가격 증가를 유발했다.

| 종류 | 세율 |
|------|------|
| 지방종자 | 0 |
| 올리브 오일을 제외한 식물성 오일 | 0~12.8 |
| 지방종자 부산물 | 0 |

**그림 9-16 지방종자와 부산물에 대한 관세율은 0, 식물성 오일(올리브 오일 제외)에 대한 관세율은 0과 12.8 사이**

유럽의 지방종자와 단백질 작물, 유럽연합 집행위원회. 농업 및 농촌개발부, Unit C5, 2011.[16]

---

12 *Oils Crop Situation and Outlook Yearbook*/OCS-2006/May 2006, Economic Research Service, USDA.

13 URAA는 실행기간 내에 국내 소비의 최소 5%는 수입할 것을 요구했다. 이미 그 양 이상을 수입하고 있는 국가에 대해서는 할당량 수준을 올리도록 요구하지 않았다.

14 OECD (2003) Agriculture, Trade and the Environment: The Arable Crop Sector.

15 유럽연합의회 2009/28/EC와 이사회 2009/4/23의 재생원료 에너지 사용 촉구와 개정, 그리고 연이은 2001/77/EC와 2003/30/EC 지침 폐지

16 유럽집행위원회는 올리브오일 시장에 교란이 있는 경우 민간 저장 지원을 제공할 수 있고, 다음 제품의 평균가격은 2주 동안 기록된다. 엑스트라 버진 올리브오일 톤당 1,779유로로, 버진 올리브오일 톤당 1,710유로로, 람판테 올리브오일 톤당 1,524유로이다. European Commission, Directorate-General for Agriculture and Rural Development, Unit C5, October, 2011.

## 수출자율규제

**수출자율규제**(voluntary export restraint, VER)는 수입할당제의 변형으로, 또한 자율규제협정 (voluntary restraint agreement, VRA)이라고도 한다(무역 정책의 관료세계에 온 것을 환영한다! 여기에서는 모든 것에 세 글자 기호가 있다). 수출자율규제는 수입국 대신에 수출국에서 부과되는 무역에 대한 할당제이다. 가장 유명한 예는 1981년 이후에 일본이 실시한 미국에 대한 자동차 수출의 제한이다. 1979년 석유파동은 석유가격을 급격하게 올렸고, 미국 시장의 수요는 급격하게 소형차로 이동했다. 일본에서 생산되는 자동차의 우호적인 비용우위는 특히 이 자동차 시장에서 두드러졌고, 미국의 일본 자동차 수입은 급증했으며 미국 생산은 감소했다. 미국의 강력한 정치세력은 보호를 요구했다. 미국과 일본 정부는 일방적으로 행동하거나 무역 전쟁을 야기하는 위험을 감수하기보다는 일본의 대(對)미 자동차 수출을 '자발적'으로 제한하기로 협상했다.

이 예에서 본 것처럼 수출자율규제는 일반적으로 수입국의 요구로 부과되고, 다른 무역규제를 미연에 방지하고자 하는 수출국의 동의로 이루어진다. 10장에서 살펴보겠지만 특정한 정치적 및 법적 이점 때문에 일부 경우에 수출자율규제가 무역 정책 수단으로 선호된다. 하지만 경제적인 관점에서 수출자율규제는 면허가 외국 정부에 할당되어 수입국의 비용이 아주 큰 수입할당제와 정확하게 똑같다. 수출자율규제는 항상 같은 양의 수입을 제한하는 관세보다 수입국에 더 큰 비용을 발생시킨다. 차이는 관세하에서는 정부수입이었던 것이 수출자율규제하에서는 외국인이 받는 지대가 된다는 것이다. 따라서 수출자율규제는 명백하게 수입국에게 손실을 발생시킨다. 미국 정부의 추정에 따르면 일본과의 수출자율규제는 단지 1984년에만 미국 자동차 소비자에게 32억 달러의 비용을 발생시켰고, 이를 상쇄할 미국 정부의 수입은 전혀 없다.

어떤 수출자율협정은 한 국가 이상을 포함한다. 가장 유명한 다자간 협정은 2005년 초까지 22개국의 섬유 수출을 제한한 다자간 섬유협정(Multi-Fiber Arrangement)이다. 그 다자간 자율규제협정은 또 다른 세 글자 약자인 OMA, 즉 시장질서협정(orderly marketing agreement)으로 알려져 있다. 그 이후로 세계무역기구(WTO)는 규정을 바꿔 더 이상 수출자율협정을 허용하지 않기로 했다. 하지만 이것은 단지 정부에 의해 협상되고 수출자에게 부과되는 협정에만 적용된다. 2013년 중국의 태양광 패널 수출의 급격한 증가를 둘러싼 유럽연합과 중국 간 무역 분쟁은 최저가격 하한제와 함께 중국 정부가 아닌 중국 생산자가 매년 유럽연합 국가에 7기가와트 아래로 수출을 제한하기로 하면서 해결되었다.

## 국산부품 사용요건

**국산부품 사용요건**(local content requirement, 또는 원산지 규정)은 최종재의 특정 비율이 국내에서 생산되도록 요구하는 규정이다. 어떤 경우에는 1960년대의 미국 석유 수입할당과 같이 이 비율은 물리적 단위로 구체화된다. 어떤 경우에는 재화가격의 최소 비율이 국내 부가가치로 채워지도록 요구함으로써 이 조건이 가치기준으로 제시된다.

자국 부품 생산자의 관점에서 국산부품 사용요건 규정은 수입할당제와 같은 방법으로 보호를 제공한다. 하지만 국산부품을 구입해야 하는 기업의 관점에서 효과는 다소 다르다. 국산부품 사용요건은 수입에 엄격한 제한을 두지는 않는다. 대신에 기업은 국내에서 더 많이 구입하는 것을 조건으로 더 많이 수입할 수 있다. 이는 기업의 부품의 실효가격은 수입부품가격과 국내에서 생산되는 부품가격의 평균이라는 것을 의미한다.

앞에서 봤던 수입부품비용이 6,000달러인 자동차 예를 고려해보자. 같은 부품을 국내에서 구입하는 데 1만 달러가 들고, 조립회사는 50%의 국산부품을 사용해야 한다고 가정하자. 그러면 평균부품비용은 8,000달러(= 0.5 × 6,000달러 + 0.5 × 1만 달러)이고, 이것은 자동차의 최종가격에 반영될 것이다.

중요한 점은 국산부품 사용요건은 정부수입이나 할당지대를 발생시키지 않는다는 것이다. 대신에 수입부품과 국산부품의 가격 차이는 사실상 최종가격에 평균적으로 반영되어 소비자에게 전가된다.

국산부품 사용요건은 자동차 산업 같은 일부 산업에서는 매우 흔하다. 최근 2020년에 북미자유무역협정(NAFTA, 8장 참조)이 미국-멕시코-캐나다 협정(USMCA)으로 재협상될 때, 운송수단에 대한 국산부품 사용요건은 62.5%에서 75%로 증가했다. 이는 북미 내에서 수출되는 모든 자동차나 트럭은 그 지역 내에서 생산되는 부품을 적어도 75% 포함해야 한다는 것이다. 그리고 추가적인 조건으로 부품의 45%는 적어도 시간당 16달러를 받는 근로자가 만들어야 한다는 규정을 추가했다. 이는 효과적으로 임금이 그보다 낮은 멕시코에서 생산되는 부품 대부분을 배제시킨다. 10장(글상자 '자유무역지대와 관세동맹' 참조)에서 논의하는 것처럼 북미자유무역협정이나 미국-멕시코-캐나다 협정과 같은 자유무역지역이 각 국가의 그 지역 밖의 무역 상대국과의 관세가 다른 문제를 다루기 위해 국산부품 사용요건을 포함하는 것은 일반적이다. 하지만 그러한 국산부품 사용요건은 수입업자로 하여금 북미 국가 간의 자동차 관세 차이를 이용하지 못하도록 하는 데 필요한 제한보다 훨씬 더 엄격하다. 예를 들어 운송수단의 조립(노동 및 자본 서비스)비용의 비중은 20%보다 낮다. 75%의 부품 사용요건은 운송수단이 북미에서 조립되어야 한다는 것 이상을 요구한다. 즉 그것은 조립 과정에 사용되는 부품 대부분이 북미에서 생산되고, 임금 요건으로 그중 45%가 미국 또는 캐나다에서 생산될 것을 요구한다. 새로운 미국-멕시코-캐나다 협정의 미국 협상자는 미국에서의 판매를 목적으로 멕시코에서 조립되는 운송수단에 추가적인 제한을 부과하는 것이 의도라고 밝혔다. 이와 대조적으로 미국에서 조립되고 판매되는 운송수단은 이러한 부품 제약요건 중 어느 것도 충족할 필요가 없다.

다음 글상자에서 설명하는 것처럼 정부 또한 그들의 구매에 대해 국산부품 사용요건에 직면한다.

## 기타 무역 정책 수단

정부는 다양한 방법으로 무역에 영향을 준다. 그중 몇 가지를 다음과 같이 간단하게 요약한다.

1. **수출신용지원제도(export credit subsidy)**: 구매자에게 보조 대출의 형태를 띤다는 점을 제외하면 수출지원과 동일하다. 대부분의 국가처럼 미국은 수출을 지원하기 위해 적어도 약간의 보조 대출을 제공하는 정부기관인 수출입은행이 있다.

2. **국가조달제도(national procurement)**: 정부 혹은 강하게 규제되는 기업은 비록 국내에서 생산되는 제품이 수입제품보다 더 비싸더라도 국내에서 생산된 제품을 구매해야 한다. 여러 국가에서 통신, 에너지 발전 및 수송, 운송, 광업 분야에서 운영하는 주요 기업은 정부가 부분 또는 전부 소유한다. 그런 기업은 종종 국내 공급자에게 구입하라는 압력을 받는다.

## 의료서비스 보호를 위한 국산부품 사용의무

국산부품 사용의무(LCR)는 해외 경쟁자에 비해 국내 생산자에게 추가적인 이득을 제공하면서 보호주의의 비관세 형태로 점점 더 주목을 받고 있다. 실제 선진국과 개발도상국 모두 이 정책에 관심을 보이고 있다. LCR은 오랫동안 존재해왔지만, 특히 2008년 금융 위기 이후 최근 이 규제 사용의 급격한 증가가 목격되고 있다. 여러 정부는 LCR을 이용하여 국내 고용과 산업성과를 개선하기 위해 노력을 기울이고 있다.

예를 들어 브라질의 의료 서비스 부문은 의료 서비스와 병원, 의료장비, 제약의 세 가지 그룹으로 나누어진다. 브라질에서 병원과 의료 서비스의 제공은 외국회사가 소유할 수 없는 반면, 외국회사는 다른 의료 서비스 부문의 그룹에 적극적으로 참여하고 있다. 즉 외국회사는 브라질 시장에서 의료장비 수입의 약 60%를 차지하고, 제약의 24%를 차지한다. 2011년 브라질의 제약시장은 약 300억 달러였고, 반면에 의료장비 부문은 10배 이상 커져 대략 40억 달러가 되었다. 브라질 보건성은 허가제를 통해 의료 서비스 제품과 서비스 시장을 통제한다. 생산자(제품의 원산지와 상관없이)가 제약 또는 의료 서비스 제품을 팔기 위해서는 면허를 획득하는 것뿐만 아니라 제품등록의 승인을 받아야 한다.

이 규제의 아이디어는 국민 위생의 생산과 마케팅을 통제한다는 것이다. 결과적으로 이는 추가적인 비용을 발생시키고, 외국 기업은 브라질 시장에 의료장비를 등록하기 위해 추가적인 시간을 들여야 한다. 등록 요건은 차별 정책에 해당되지는 않지만 승인, 허가를 기다리면서 사업이 지연되고 추가적인 비용이 발생한다. 브라질에서 제약의 약 70%는 외국기업이 제조하는데, 외국회사는 국산부품 사용의무와 다른 이유 때문에 브라질 회사를 인수하거나 새로운 생산공장을 지으려 한다. 게다가 2012년 브라질 정부는 국내 제품에 대한 수요를 창출하고 경제에 긍정적인 영향을 미치며 고용률을 높이려는 목적으로 LCR 정책을 수립했고, 정부 계약에 25%까지 브라질의 의료장비와 약을 사용하도록 하고 있다. 이러한 LCR 정책은 분명 해외에서 생산되는 장비와 약에 대해 차별적이다.[17]

---

3. **관료적 형식주의 장벽(red-tape barrier)**: 이따금 정부는 공식적 조치 없이 수입을 제한하기를 원한다. 다행이든 불행이든 무역에 상당한 방해가 되도록 정상적인 보건, 안전, 통관절차를 까다롭게 하는 것은 쉬운 일이다. 고전적 예는 모든 일본의 비디오카세트 녹음기는 푸아티에(근처에 주요 항구가 전혀 없는 내륙도시)에 있는 아주 작은 세관을 통과해야 한다는 1982년의 프랑스 법령으로, 효과적으로 실제 수입이 아주 적어지도록 수입을 제한했다.

## 무역 정책의 효과: 요약

표 9-1은 네 가지 주요 무역 정책의 소비자 후생에 대한 효과를 비교함으로써 주요 무역 정책 수단의 효과를 유용하게 요약한다.

이 표는 확실히 간접적인 무역 정책을 위한 광고처럼 보이지는 않는다. 네 가지 무역 정책은 모두 생산자에게는 이롭고 소비자에게는 손해이다. 경제적 후생에 대한 무역 정책의 효과는 기껏해야 불분명한 정도이다. 두 가지 정책은 국가 전체에 명확하게 손해인 반면, 관세와 수입할당제는 세계가격을 내릴 수 있는 대국에 대해서만 잠재적으로 이롭다.

그러면 정부는 왜 종종 수입을 제한하고 수출을 촉진하기 위한 행동을 취하는가? 10장에서는 이 질문을 다룰 것이다.

---

17 Hufbauer G.C., Schott J.J., Cimino C., Vieiro M, Wada E. Local content requirements: Report on a global problem, Peterson Institute for International Economics (June 28, 2013).

| 표 9-1 | 여러 무역 정책의 효과 | | | |
|---|---|---|---|---|
| 정책 | 관세 | 수출보조금 | 수입할당제 | 수출자율규제 |
| 생산자잉여 | 증가 | 증가 | 증가 | 증가 |
| 소비자잉여 | 감소 | 감소 | 감소 | 감소 |
| 정부수입 | 증가 | 감소<br>(정부지출 증가) | 변화 없음(면허소지자에<br>지대귀속) | 변화 없음(외국인에게<br>지대 귀속) |
| 국가 전체 후생 | 불분명(소국은 감소) | 감소 | 불분명(소국은 감소) | 감소 |

## 요약

■ 시장의 일반균형 상호작용을 강조한 앞의 분석과는 대조적으로 무역 정책 분석을 위해서는 보통 부분균형 접근 방법을 사용하는 것으로 충분하다.

■ 관세는 외국가격과 국내가격의 차이를 발생시키고 국내가격을 올리는데, 관세율보다는 적게 올린다. 하지만 중요하면서 관련 있는 특별한 경우는 외국가격에 어떤 중요한 영향도 미칠 수 없는 '소국'의 경우이다. 소국의 경우에 관세는 모두 국내가격에 반영된다.

■ 관세나 기타 무역 정책의 비용과 편익은 소비자잉여와 생산자잉여의 개념을 이용하여 측정될 수 있다. 이 개념을 사용하면 관세는 그 재화의 생산자가 받는 가격을 올리기 때문에 국내 생산자에게 이득이 되고, 국내 소비자는 동일한 이유로 손해를 본다. 또한 정부수입의 이득이 있다.

■ 관세로 인한 이득과 손실을 합하면 국민후생에 대한 순효과는 두 부분으로 나눌 수 있다. 하나는 국내 생산자와 국내 소비자가 직면하는 유인을 왜곡하는 데서 오는 효율성 손실이다. 다른 하나는 관세가 외국의 수출가격을 낮추는 경향을 반영하는 교역조건의 이득이다. 외국가격에 영향을 줄 수 없는 소국의 경우 두 번째 효과는 0이고, 따라서 분명한 손실이 있다.

■ 관세의 분석 방법은 수출보조금, 수입할당제, 수출자율규제 같은 다른 무역 정책 수단의 분석에도 쉽게 적용할 수 있다. 수출보조금은 관세와 비슷한 효율성 손실을 야기하지만 교역조건을 악화시켜 손실을 더 크게 만든다. 수입할당제와 수출자율규제는 정부수입이 없다는 점에서 관세와 다르다. 대신에 정부수입이었을 부분은 수입 면허를 가진 자(할당제의 경우)와 외국인(수출자유규제의 경우)의 지대로 귀속된다.

## 주요 용어

교역조건 이득 terms of trade gain

국산부품 사용요건 local content requirement

비관세장벽 nontariff barrier

생산왜곡손실 production distortion loss

생산자잉여 producer surplus

소비왜곡손실 consumption distortion loss

소비자잉여 consumer surplus

수입수요곡선 import demand curve

수입할당 import quota

수출공급곡선 export supply curve

수출보조금 export subsidy

수출자율규제 voluntary export restraint, VER

수출제한 export restraint

실효보호율 effective rate of protection

종가관세 ad valorem tariff

종량관세 specific tariff

할당지대 quota rent

효율성 손실 efficiency loss

## 연습문제

**1.** 책에 대한 자국의 수요곡선은 다음과 같다.

$$D = 50 - 10P$$

그리고 공급곡선은 다음과 같다.

$$S = 10 + 10P$$

자국의 수입수요곡선을 도출하고 그래프를 그려라. 무역이 없으면 책의 가격은 얼마인가?

**2.** 이제 외국을 추가하는데, 외국의 수요곡선은 다음과 같다.

$$D^* = 60 - 10P$$

그리고 공급곡선은 다음과 같다.

$$S^* = 20 + 10P$$

    **a.** 외국의 수출공급곡선을 도출하고 그래프를 그리고, 무역이 없는 경우 외국의 책 가격을 구하라.

    **b.** 이제 외국과 자국이 수송비 없이 서로 무역을 한다고 하자. 자유무역하의 균형을 구하고 그래프를 그려라. 세계가격은 무엇인가? 무역량은 얼마인가?

**3.** 자국이 책 수입에 1.5의 종량관세를 부과한다.

    **a.** 다음의 경우에 관세의 효과를 결정하고 그림으로 나타내라.

        (1) 각국의 책가격          (2) 각국의 책 공급량과 수요량      (3) 교역량

    **b.** 다음 각 그룹에 대한 관세의 후생 효과를 결정하라.

        (1) 자국의 수입경쟁 생산자     (2) 자국 소비자          (3) 자국 정부

    **c.** 관세의 교역조건의 이득, 효율성 손실, 후생에 대한 총효과를 그림으로 나타내고 계산하라.

**4.** 외국은 다음의 국내 수요를 가진 매우 작은 나라라고 가정하자.

$$D^* = 8 - 2P, \, S^* = 4 + 2P$$

(이는 무역이 없는 경우 외국의 책 가격이 문제 2와 같음을 의미한다.)

자유무역의 균형과 자국에 의한 1.5의 종량관세의 효과를 다시 계산하라. 결과의 차이를 본문에서 살펴본 소국의 경우에 대한 논의와 연관하여 설명하라.

**5.** 중국이 세계시장가격이 200달러인 자전거에 50%의 관세를 부과하고, 세계시장가격이 100달러인 자전거 부품에 관세를 부과하지 않는다면, 중국에서 자전거에 대한 실효보호율은 얼마인가?

**6.** 막대사탕을 생산하는 회사에 설탕은 요소비용의 70%를 차지한다. 미국은 설탕 재배자를 보호하기 위해 설탕 수입을 제한했고, 이로 인해 설탕가격은 수입 제한이 없는 경우와 비교해 약 25% 증가했다. 하지만 당신의 국가는 막대사탕에 대해 자유무역을 허용했고, 설탕은 총비용의 대략 65%를 차지한다고 가정하자. 설탕이 막대사탕으로 바뀌는 과정에 대한 실효보호율은 얼마인가?

**7.** 문제 2의 예로 돌아가자. 자유무역에서 출발하여 외국은 수출업자에게 단위당 0.5의 보조금을 제공한다고 하자. 각국의 가격과 두 국가에서 두 개별 그룹과 경제 전체의 후생에 대한 효과를 계산하라.

**8.** 무역 정책에 관한 지식을 이용하여 다음 문장을 평가하라.

    **a.** "수입 재화에 대한 관세는 국내가격을 올리고, 이는 실업을 증가시킨다."

**b.** "높은 관세와 할당제는 국가 간에 무역 전쟁을 발생시킬 수 있다."

**c.** "중국의 임금이 증가하기 시작하면서 스마트폰 제조 공정은 다시 미국으로 회귀하고 있다. 따라서 미국은 미국과 중국의 임금 차이만큼 스마트폰에 관세를 부과해야 한다."

**9.** 가상 국가 퀼른은 '크지만' 세계가격에 영향을 줄 수 없다. 퀼른은 초콜릿을 박스당 20달러에 수입한다. 수요곡선은 다음과 같다.

$$D = 700 - 10P$$

그리고 공급곡선은 다음과 같다.

$$S = 200 + 5P$$

자유무역균형을 결정하라. 그리고 수입을 50박스로 제한하는 수입할당제의 효과를 다음의 경우에 대해 계산하고 그림으로 나타내라.

**a.** 국내가격의 인상

**b.** 할당지대

**c.** 소비왜곡손실

**d.** 생산왜곡손실

**10.** 관세가 이미 무역 정책으로 시행되고 있다면 그 국가는 다른 국가들과의 무역량을 통제하기 위한 다른 방안으로 비관세 장벽을 적용하기로 선택한 이유는 무엇인가?

**11.** 제조업 근로자는 경제의 다른 근로자보다 보수가 적다고 가정하자. 만약 공산품에 상당한 관세가 부과된다면 그 경제 내의 실질소득 분배에 대한 효과는 무엇인가?

## 더 읽을거리

Jagdish Bhagwati. "On the Equivalence of Tariffs and Quotas," in Robert E. Baldwin et al., eds. *Trade, Growth, and the Balance of Payments.* Chicago: Rand McNally, 1965. 독점 상황에서 관세와 할당제의 고전적인 비교

W. M. Corden. *The Theory of Protection.* Oxford: Clarendon Press, 1971. 관세, 할당제, 기타 무역 정책 효과에 대한 개괄적인 조사

Robert W. Crandall. *Regulating the Automobile.* Washington, D.C.: Brookings Institution, 1986. 모든 수출자율규제 중 가장 유명한 사례에 대한 분석을 포함한다.

Robert C. Feenstra. "How Costly Is Protectionism?" *Journal of Economic Perspectives* 6 (1992), pp. 159-178. 보호주의 정책과 관련된 비용을 계산한 여러 실증연구를 요약한 조사 논문

Gary Clyde Hufbauer and Kimberly Ann Elliot. *Measuring the Costs of Protection in the United States.* Washington, D.C.: Institute for International Economics, 1994. 미국 21개 산업에서의 무역 정책에 대한 평가

Kala Krishna. "Trade Restrictions as Facilitating Practices." *Journal of International Economics* 26 (May 1989), pp. 251-270. 외국과 자국 생산자가 독점적인 영향력을 가지고 있을 때 수입할당제의 효과를 분석한 선구적인 논문으로, 소비자의 희생으로 외국 및 자국 생산자 모두의 이윤이 증가한다는 것을 보인다.

Patrick Messerlin. *Measuring the Costs of Protection in Europe: European Commercial Policy in the 2000s.* Washington, D.C.: Institute for International Economics, 2001. 미국에 대한 Hufbauer와 Elliot의 조사와 유사하게 유럽의 무역 정책과 그 효과를 조사한다.

D. Rousslang and A. Suomela. "Calculating the Consumer and Net Welfare Costs of Import Relief." U.S. International Trade Commission Staff Research Study 15. Washington, D.C.: International Trade Commission, 1985. 이 장에서 사용된 방식에 대한 설명으로, 어떻게 이 방식이 실제 산업에 적용되는지 서술한다.

U.S. International Trade Commission. *The Economic Effects of Significant U.S. Import Restraints.* Washington, 2009. 보호가 미국 경제에 미치는 효과를 경제학적으로 분석한 것으로 정기적으로 업데이트된다.

# 독점에서의 관세와 수입할당제

9장의 무역 정책 분석은 완전경쟁시장을 가정했기 때문에 모든 기업은 가격을 주어진 것으로 받아들인다. 하지만 8장에서 주장한 것과 같이 국제적으로 거래되는 재화의 많은 시장은 불완전경쟁적이다. 국제무역 정책의 효과는 시장의 경쟁 상태에 의해 영향을 받을 수 있다.

불완전경쟁시장에서 무역 정책의 효과를 분석할 때 새로운 점을 고려해야 한다. 즉 국제무역은 독점력을 제한하기 때문에 무역을 제한하는 정책은 독점력을 증가시킬 수 있다. 한 기업이 국가에서 그 재화의 유일한 생산자라 하더라도 만약 많은 외국 공급자가 있고 자유무역을 한다면 그 기업은 가격을 올릴 능력이 거의 없다. 하지만 수입이 수입할당제로 제한되면 그 기업은 경쟁에 대한 걱정 없이 가격을 자유롭게 올릴 수 있다.

무역 정책과 독점력의 연관은 한 국가가 하나의 재화를 수입하고 수입과 경쟁하는 그 재화의 생산은 오로지 한 기업이 통제하는 모형을 검토함으로써 이해할 수 있다. 그 국가는 세계시장에서 소국으로, 그 국가의 무역 정책은 수입가격에 영향을 주지 못한다. 이 모형으로 자유무역, 관세, 수입할당제의 효과를 검토하고 비교해보자.

## 자유무역 모형

그림 9A-1은 국내 독점기업이 수입품과 경쟁하는 시장에서의 자유무역을 나타낸다. $D$는 국내 거주자의 제품에 대한 수요, 즉 국내수요곡선이다. $P_W$는 그 재화의 세계시장가격으로, 그 가격에서 수

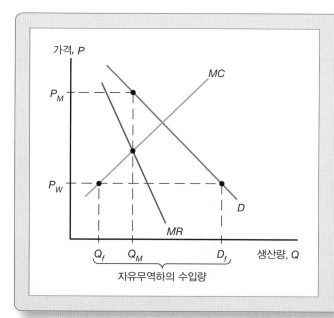

**그림 9A-1 자유무역하의 독점기업**
수입경쟁의 위협은 독점자가 완전경쟁 산업처럼 행동하게 한다.

입은 무한정으로 가능하다. 국내 산업은 단일 기업으로 구성되어 있으며 그 기업의 한계비용곡선은 $MC$이다.

만약 이 시장에 무역이 없다면 국내기업은 일반적으로 이윤을 극대화하는 독점기업처럼 행동할 것이다. $D$에 대응되는 한계수입곡선은 $MR$이고, 기업은 독점이윤을 극대화하는 생산량 $Q_M$과 가격 $P_M$을 선택할 것이다.

하지만 자유무역이 가능하다면 이러한 독점행위는 가능하지 않다. 만약 그 기업이 $P_M$이나 또는 실제 $P_W$보다 높은 어떤 가격이라도 부과한다면 더 저렴한 수입품이 있기 때문에 아무도 그 기업의 제품을 사지 않을 것이다. 따라서 국제무역은 독점자의 가격을 $P_W$로 제한한다.

이러한 가격 제한이 주어졌을 때 독점기업의 최선의 선택은 한계비용과 세계시장가격이 같은 점 $Q_f$까지 생산하는 것이다. $P_W$ 가격에서 국내 소비자는 그 제품을 $D_f$ 단위만큼 소비할 것이고, 따라서 수입량은 $D_f - Q_f$가 될 것이다. 하지만 이 결과는 국내 산업이 완전경쟁적이라면 발생하는 상황과 정확히 동일하다. 따라서 자유무역이 가능할 때 국내 산업이 독점이라는 사실은 결과에 어떤 차이점도 만들지 않는다.

## 관세가 있는 모형

관세의 효과는 국내 산업이 부과할 수 있는 최고가격을 올리는 것이다. 만약 종량관세 $t$가 수입품에 부과된다면 이제 국내 산업은 $P_W + t$의 가격을 부과할 수 있다(그림 9A-2). 만약 가격이 세계시장가격에 관세를 더한 가격 이상으로 오른다면 소비자는 수입품을 구입할 것이기 때문에 그 산업은 여전히 독점가격까지 가격을 자유롭게 올릴 수 없다. 따라서 독점기업이 할 수 있는 최선은 $Q_t$에서 가격을 한계비용과 같게 책정하는 것이다. 관세는 국내 산업의 생산량뿐만 아니라 국내가격을 증가시킨 반면에 수요는 $D_t$로 감소하고, 따라서 수입량은 감소한다. 그러나 국내 산업은 여전히 완전경쟁적일

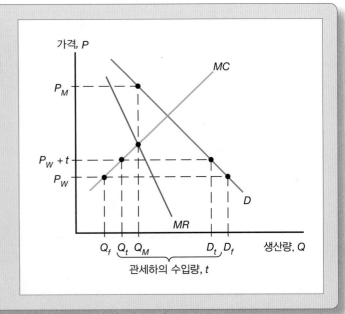

**그림 9A-2 관세에 의한 독점기업 보호**

관세는 독점기업이 가격을 올릴 수 있게 하지만, 그 가격은 여전히 수입의 위협으로 제한을 받는다.

때와 같은 양을 생산한다.[18]

## 수입할당제가 있는 모형

정부가 수입량을 $\overline{Q}$ 수준으로 제한하는 수입제한을 부과한다고 하자. 그러면 독점기업은 $P_W$ 보다 높은 가격을 부과해도 판매량 전부를 잃지 않을 것이라는 것을 안다. 대신에 독점기업은 그 가격의 국내수요에서 허용된 수입량 $\overline{Q}$ 를 뺀만큼 판매할 것이다. 따라서 독점기업이 직면하는 수요는 국내수요에서 허용된 수입량을 뺀 것이다. 할당제 이후 수요곡선을 $D_q$ 라고 정의하면, $D_q$ 는 국내수요곡선 $D$ 를 왼쪽으로 $\overline{Q}$ 단위 평행 이동시킨 곡선이다(할당제가 실효성이 있고 국내가격이 세계가격 $P_W$ 보다 높은 한 그렇다. 그림 9A-3 참조).

$D_q$ 에 대응되는 새로운 한계수입곡선은 $MR_q$ 이다. 수입할당제로 보호되는 기업은 한계비용과 새로운 한계수입을 같게 함으로써 이윤을 극대화하는 $Q_q$ 를 생산하고 가격 $P_q$ 를 부과한다(따라서 재화 1 단위의 수입면허는 $P_q - P_W$ 의 지대를 발생시킨다).

## 관세와 수입할당제의 비교

이제 관세와 수입할당제의 효과를 어떻게 비교하는지 보자. 이를 위해 같은 수입량을 발생시키는 관세와 수입할당제를 비교한다(그림 9A-4). 관세율 $t$ 에서 수입량은 $\overline{Q}$ 이다. 따라서 정부가 관세 대신에 간단히 수입을 $\overline{Q}$ 로 제한한다면 어떻게 되는지 알아보자.

그림에서는 그 결과가 같지 않다는 것을 볼 수 있다. 관세로 국내 생산량은 $Q_t$ 이고, 국내가격은

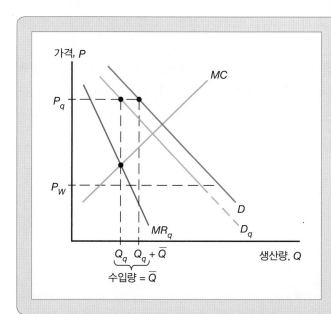

**그림 9A-3 수입할당제에 의한 독점 기업 보호**

독점자는 수입품의 국내가격 역시 오를 것이라는 사실을 알기 때문에 이제 가격을 자유롭게 인상한다.

---

18 관세가 독점 산업에서 완전경쟁 산업과 다른 효과를 일으키는 경우가 하나 있다. 바로 관세가 너무 높아서 수입이 완벽하게 없어지는 경우이다(금지관세). 경쟁 산업의 경우 일단 수입이 제거되면 관세가 그 이상으로 증가하는 것은 아무런 효과가 없다. 하지만 독점 기업의 경우 실제 수입이 0이라 하더라도 수입의 위협 때문에 가격을 제한받는다. 따라서 금지관세의 증가는 독점 기업으로 하여금 가격을 이윤극대가격인 $P_M$ 에 더 가까워지게 인상하도록 한다.

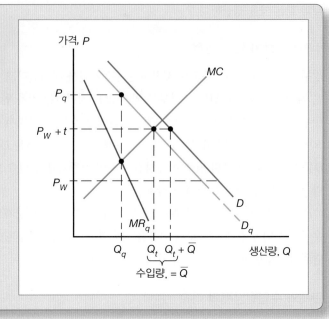

**그림 9A-4 관세와 수입할당제 비교**

수입할당제는 같은 양을 수입하게 하는 관세보다 국내 생산량을 낮추고 가격은 높인다.

$P_W + t$이다. 수입할당제로 인한 국내 생산량은 $Q_q$로 더 낮고, 가격은 $P_q$로 더 높다. 관세로 보호될 때 독점적 국내 산업은 완전경쟁시장에서처럼 행동한다. 수입할당제로 보호될 때는 분명히 그렇지 않다.

이 차이는 수입할당제가 관세보다 더 큰 독점력을 만들기 때문이다. 독점적 산업이 관세로 보호될 때, 국내기업은 가격을 아주 높게 올리더라도 수입에 의해 저가로 팔릴 것이라는 것을 알고 있다. 한편 수입할당제는 국내가격이 아무리 높더라도 수입은 수입할당량을 초과할 수 없기 때문에 절대적인 보호를 제공한다.

이 비교는 만약 정부가 국내 독점력을 우려한다면 무역 정책 수단으로 수입할당제보다 관세를 더 선호할 것이라고 말해주는 것 같다. 하지만 실제로 보호는 점차 관세에서 수입할당제를 포함하는 비관세장벽으로 옮겨왔다. 이를 설명하기 위해서는 정부를 움직이는 경제적 효율성 외의 요인을 고려할 필요가 있다.

# CHAPTER 10

# 무역 정책의 정치경제

미국과 중국이 무역 전쟁에 참여한 2018~2019년에 양 국가 모두에서 일련의 관세가 증가했고, 각 국가는 상대 국가가 이전에 한 행위에 대한 대응이라고 주장했다. 2019년 말, 중국 수입에 대한 미국의 평균 관세는 3%에서 21%로 증가한 반면, 미국 수출에 대한 중국의 평균 관세는 8%에서 21%로 증가했다.

경제학자들의 지배적인 견해는 무역 전쟁은 미국 경제에 피해를 입혔다는 것이다(9장의 사례 연구 '트럼프 무역 전쟁의 승자와 패자' 참조). 하지만 미국 관계자는 그들의 조치는 특정 산업 부문에 대한 주요 보조금과 같이 장기적으로 미국에 피해를 입힐 수 있는 중국의 정책을 바꾸도록 압력을 가하려면 필요하다고 주장했다.

그러나 두 국가가 2020년 1월에 무역협정에 도달했을 때 그 협정은 중국의 산업 정책을 거의 변화시키지 못했다. 대신 중국은 다른 곳에서 농산품을 더 싸게 구매할 수 있더라도 미국 농산품을 더 많이 구매하기로 합의했다. 그리고 대가가 큰 미국 관세는 계속 남게 되었다.

즉 두 국가의 정부는 9장에서 발전시킨 비용-편익 분석에 따르면 편익보다 손실을 더 많이 발생시키는 정책을 집행하기로 결정한 것이다. 확실히 정부 정책은 단순한 비용과 편익 분석 그 이상의 어떤 목적을 반영한다.

이 장에서는 정부의 무역 정책이 경제학자들의 비용-편익 분석에 입각하지 않아야 하거나 또는 어쨌든 하지 않는 이유를 검토한다. 실제 무역 정책의 동기를 유발하는 힘에 대한 검토는 11장과 12장에서 계속되는데, 이 두 장에서 개발도상국과 선진국이 각기 직면한 고유의 무역 정책에 대한 쟁점을 논의한다. 실제의 무역 정책을 이해하는 첫걸음은 정부가 무역에 개입하지 않는 이유가 무엇인지를 묻는 것이다. 즉 자유무역에 대한 논거는 무엇인가? 이 질문의 답이 나오면 무역개입에 대한 주장은 자유무역 논거의 기초가 되는 가정에 이의를 제기함으로써 검토될 수 있다.

## 학습목표

- 전통적 무역 이득을 능가하는 자유무역에 대한 주장을 명확하게 설명한다.
- 자유무역을 반대하는 국민후생론을 평가한다.
- 무역 정책의 '정치경제' 관점의 이면에 있는 이론과 증거를 연관시킨다.
- 국제협상과 국제협정이 세계무역을 어떻게 촉진했는지 설명한다.
- 특혜무역협정으로 야기된 특별한 이슈를 논의한다.

# 자유무역론

소수의 국가만이 완전한 자유무역에 접근하고 있다. 법적으로 중국의 일부이지만 별개의 경제 정책을 유지하는 홍콩은 어떠한 관세나 수입할당제도 없는 유일한 현대 경제이다. 그럼에도 불구하고 애덤 스미스 이래 경제학자들은 무역 정책이 추구해야 하는 이상향으로 자유무역을 주장해왔다. 이 주장의 이유는 생각만큼 간단하지는 않다. 한편에선 이론적 모형은 자유무역이 보호와 관련된 효율성 손실을 피할 것이라고 제안한다. 많은 경제학자는 자유무역이 생산과 소비왜곡의 제거 이상으로 추가적 이득을 발생시킬 것이라고 믿는다. 마지막으로 자유무역이 완전한 정책은 아니라고 믿는 경제학자들 중에서도 다수는 일반적으로 자유무역이 정부가 따를 수 있는 어떤 다른 정책보다 낫다고 믿는다.

## 자유무역과 효율성

**자유무역의 효율성 논거**(efficiency case for free trade)는 간단히 관세에 대한 비용-편익 분석의 반대이다. 그림 10-1은 다시 한번 외국의 수출가격에 영향을 미칠 수 없는 소국의 경우에 대한 기본적인 사항을 보여준다. 관세는 두 삼각형 면적으로 측정되는 경제의 순손실을 야기한다. 이는 생산자와 소비자의 경제적 유인을 왜곡함으로써 발생한다. 반대로 자유무역으로의 이동은 이 왜곡을 제거하고 국민후생을 증가시킨다.

이 장 후반부에서 그 이유를 설명하겠지만, 현대 세계에서 관세율은 일반적으로 낮고 수입할당제는 상대적으로 드물다. 그 결과 관세와 수입할당제로 인한 왜곡의 총비용 추정치는 크지 않다. 표 10-1은 전 세계가 자유무역으로 이동할 때 얻는 이득의 추정치를 GDP 대비 비중으로 보여준다. 이 추계에 따르면 전 세계적으로 보호비용은 GDP의 1% 미만이다. 자유무역의 이득은 미국과 유럽 같은 선진국에서는 다소 낮고 가난한 '개발도상국'에서는 다소 높다.

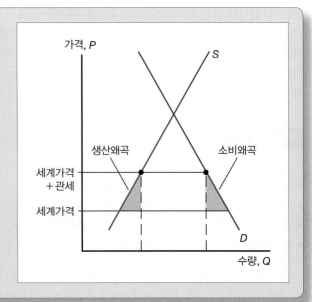

**그림 10-1 자유무역의 효율성 논거**
관세와 같은 무역제한은 생산과 소비왜곡을 야기한다.

| 표 10-1 | 전 세계 자유무역으로의 이동에 따른 이득(GDP에 대한 비중, %) |
|---|---|
| 미국 | 0.57 |
| 유럽연합 | 0.61 |
| 일본 | 0.85 |
| 개발도상국 | 1.4 |
| 세계 | 0.93 |

출처: William Cline, *Trade Policy and Global Poverty* (Washington, D.C.: Institute for International Economics, 2004), p. 180.

## 자유무역의 추가적 이득[1]

몇몇 경우에는 자유무역의 이득이 매우 큰 것으로 보고되지만, 그러한 계산이 이야기의 전부가 아니라는 믿음이 경제학자들 사이에 널리 퍼져 있다. 많은 경제학자들은 일반적으로 소국, 특히 개발도상국의 경우 전통적인 비용-편익 분석으로 설명되지 않는 자유무역의 중요한 이득이 있다고 주장한다.

추가적인 이득 중 하나는 7장과 8장의 주제였던 규모의 경제이다. 보호된 시장은 산업의 집중을 방해함으로써 외부적인 규모의 경제로부터 얻는 이득을 제한한다. 규모의 경제가 내부적인 경우 보호된 시장은 생산을 국제적으로 분할할 뿐만 아니라, 경쟁을 줄이고 이윤을 증가시킴으로써 너무 많은 기업이 보호된 산업에 진입하도록 한다. 좁은 국내시장에 기업의 수가 너무 많으면 각 기업의 생산규모는 비효율적이 된다. 보호가 어떻게 비효율적인 규모를 초래하는가에 대한 좋은 예는 수입제한으로 나타난 아르헨티나 자동차 산업 사례이다. 효율적 규모의 조립공장은 연 8만 대에서 20만 대를 만들어야 하지만, 1964년에 단 16만 6,000대를 생산하는 아르헨티나 자동차 산업에 13개 이상의 기업이 있었다. 어떤 경제학자들은 과도한 진입과 그에 따른 생산규모의 비효율성을 막기 위한 필요가 일반적인 비용-편익 분석을 넘어서 자유무역을 해야 하는 이유라고 주장한다.

자유무역에 대한 또 다른 논거는 자유무역은 기업가에게 수출하거나 수입품과 경쟁할 새로운 방법을 모색할 동기를 제공함으로써 정부가 수입과 수출의 유형을 지시하는 '관리(managed)' 무역제도보다 더 많은 학습과 혁신의 기회를 제공한다는 것이다. 11장에서는 개발도상국이 수입할당제와 관세제도에서 더 개방적인 무역 정책으로 전환할 때 예상치 못한 수출기회를 발견했던 경험을 논의할 것이다.

이와 관련된 자유무역의 이득은 8장에서 설명했듯이 생산성이 높은 기업은 수출에 참여하는 반면 생산성이 낮은 기업은 국내시장에 머무는 경향이 있다는 것이다. 이는 자유무역으로의 전환이 산업 구조를 생산성이 높은 기업으로 이동시켜 경제 전반의 효율성을 향상시킨다는 점을 시사한다.

이 추가적인 자유무역에 대한 논거는 일부 경제학자가 시도하기는 했지만 대부분 계량화하기 어렵다. 일반적으로 규모의 경제와 불완전경쟁을 고려한 모형의 추정치는 표 10-1의 추정치보다 더 크다. 그러나 자유무역의 이득이 실제로 얼마나 더 큰지에 대한 합의는 아직 이루어지지 않고 있다. 만약 자유무역의 추가적 이득이 일부 경제학자가 믿는 것만큼 크다면 관세, 수입할당제, 수출보조금

---

1 경쟁과 혁신의 증가는 생산과 소비왜곡의 제거보다 효과가 나타나는 데 더 많은 시간이 걸리므로, 여기서 논의된 자유무역의 추가적 이득은 때로는 '동태적(dynamic)' 이득이라고 불린다.

등의 무역왜곡비용은 전통적인 비용-편익 분석의 측정치보다 더 클 것이다.

## 지대추구

수입이 관세가 아니라 할당으로 제한될 때, 그에 따른 비용은 **지대추구**(rent-seeking)로 알려진 과정에 의해 종종 더 커진다. 9장에서 수입할당제를 시행하기 위해 정부는 수입면허를 발행해야 하고 경제적 지대는 면허를 받는 누군가에게 귀속된다고 설명한 것을 상기하라. 어떤 경우 개인과 기업은 수입면허를 획득하기 위해 노력하는 과정에서 실제로 상당한 비용을 지불하며 경제의 생산적 자원을 낭비하기도 한다.

유명한 사례가 1950~1960년대 인도이다. 그 당시 인도 기업은 설비용량에 비례해 수입된 생산요소를 구입할 수 있는 권리를 할당받았다. 이는 과잉투자를 할 유인을 제공했는데, 예를 들어 철강회사는 단지 더 많은 수입면허를 얻기 위해 필요 이상으로 용광로를 설치할지도 모른다. 이러한 유휴시설을 짓는 데 사용된 자원은 그림 10-1에 나타난 비용을 초과하는 보호비용을 나타낸다.

지대추구에 대한 좀 더 최근의 특이한 사례는 미국의 참치 통조림 수입이다. 참치는 '관세율 할당'으로 보호받는다. 소량의 참치 수입(미국 소비량의 4.8%)은 6%의 낮은 관세율로 수입될 수 있으나, 이 수준을 넘어서는 모든 수입에는 12.5%의 관세가 적용된다. 어떤 이유에선가 수입면허는 없고, 매년 낮은 관세율의 참치 수입권은 선착순으로 할당된다. 그 결과로 가능한 한 빨리 미국으로 참치를 들여오고자 하는 값비싼 경쟁이 발생했다. 미국 국제무역위원회(U.S. International Trade Commission)는 지대추구 과정을 다음과 같이 묘사한다.

수입업자는 가능한 한 많은 몫의 관세율 할당(TRQ)을 받기 위해 12월 말 세관의 예치창고에 다량의 통조림 참치를 쌓아놓았다가 새해가 시작되자마자 창고에 보관되어 있던 제품을 방출한다.

수입업자가 12월에 다량의 참치를 창고에 보관하는 데 쓰는 돈은 일반적인 보호비용을 초과해 미국 경제에 발생하는 손실에 해당한다.

## 자유무역의 정치적 논거

**자유무역의 정치적 논거**(political argument for free trade)는 원칙적으로 더 좋은 정책이 있을 수 있지만 실제로는 자유무역에 대한 정치적 공약이 좋은 아이디어일 수 있다는 사실에서 출발한다. 경제학자들은 무역 정책이 실제로는 국가적 손실과 이득에 대한 고려보다 특정 이익을 대변하는 정치에 의해 지배된다고 종종 주장한다. 경제학자들은 때때로 이론적으로 선별적인 관세와 수출보조금이 국민후생을 증가시킬 수 있다는 점을 입증할 수 있지만, 현실에서는 정교한 무역개입 계획을 추구하려고 시도하는 어떤 정부기관도 이익집단의 영향을 받고, 정치적으로 영향력 있는 부문으로 소득을 재분배하기 위한 도구로 전락될 수 있다는 것이다. 만약 이 주장이 옳다면 순수한 경제적 근거로는 자유무역이 항상 최상의 정책이 아니더라도 예외 없이 자유무역을 옹호하는 것이 더 나을 것이다.

앞 절에서 요약한 세 가지 주장은 적어도 미국의 국제경제학자들 대부분의 일반적인 견해를 나타낸다.

1. 전통적인 방법으로 측정된 자유무역으로부터의 이탈비용은 매우 크다.
2. 보호주의 정책의 비용 이외에도 자유무역으로 얻는 다른 이득이 존재한다.
3. 자유무역에서 이탈하려는 어떠한 정교한 시도도 정치적 과정으로 무산될 것이다.

　그럼에도 불구하고 자유무역으로부터의 이탈에 대한 지적으로 존중할 만한 주장이 있고, 이러한 주장에 귀 기울일 만한 가치가 있다

## 자유무역에 반대하는 국민후생론

대부분의 관세, 수입할당제, 기타 무역 정책 수단은 기본적으로 특정 이익집단의 소득을 보호하기 위해 시행된다. 하지만 정치가는 종종 그 정책이 국민 전체의 이익을 위해 시행된다고 주장하는데, 때때로 이는 사실을 말하는 것이기도 하다. 흔히 경제학자들이 자유무역으로부터의 이탈은 국민의 후생을 낮춘다고 주장하지만, 때때로 적극적 무역 정책이 국민 전체의 복지를 증가시킬 수 있다고 믿을 만한 이론적인 근거가 있다.

### 관세에 대한 교역조건 논거

자유무역으로부터의 이탈에 대한 한 논거는 직접적으로 비용-편익 분석에서 나온다. 외국 수출가격에 영향을 줄 수 있는 대국의 경우 관세는 수입가격을 낮추고, 따라서 교역조건의 이득을 가져온다. 이 이득은 관세가 생산과 소비동기를 왜곡하여 발생하는 관세의 비용과 대조된다. 하지만 어떤 경우에는 관세의 교역조건 이득이 관세의 비용을 능가하는 경우가 있는데, 이것이 **관세에 대한 교역조건 논거**(terms of trade argument for a tariff)이다.

　이 장의 부록에서는 충분히 낮은 관세율에서는 교역조건 이득이 관세의 비용을 능가한다는 것을 보여준다. 따라서 낮은 관세율에서 대국의 후생은 자유무역에서보다 더 높다(그림 10-2). 하지만 관

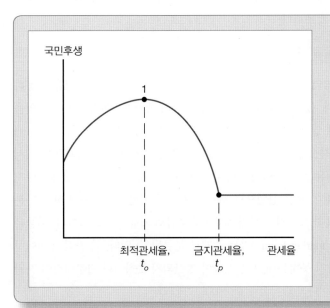

**그림 10-2 최적관세**
대국의 경우 교역조건 개선에 따른 한계 이득과 생산과 소비 왜곡에 따른 한계효용 손실이 같은 최적관세 $t_0$가 존재한다.

세율이 증가함에 따라 결국 비용이 이익보다 더 빠르게 증가하기 시작하고, 국민후생을 관세와 연관시키는 곡선은 아래로 향하게 된다. 무역을 완전히 금지하는 관세(그림 10-2에서 $t_p$)에서 국가의 후생은 자유무역에서보다 악화된다. $t_p$ 이상의 관세율 증가는 효과가 없기 때문에 곡선은 평평하게 나타난다.

그림 10-2에서 관세율 $t_o$에 대응되는 곡선 위의 점 1에서 국민후생이 극대화된다. 국민후생을 극대화하는 관세율 $t_o$은 **최적관세**(optimum tariff)이다(관례적으로 최적관세는 모든 가능한 상황에서의 최선의 관세를 의미하기보다 교역조건 논거에 의해 정당화되는 관세라는 의미로 보통 사용된다). 최적관세율은 항상 양의 값이지만 모든 수입을 없애는 금지관세율($t_p$)보다는 낮다.

교역조건 논거는 **수출** 부문에 대해 어떤 정책을 제시하는가? 수출보조금은 교역조건을 악화시켜 국민후생을 확실하게 감소시키기 때문에 수출 부문에서 최적정책은 음의 보조금, 즉 외국인에 대한 수출가격을 올리는 **수출세**(a tax on export)이다. 최적관세와 마찬가지로 최적수출세는 항상 양이지만, 수출을 완전히 제거하는 수출금지세보다는 낮다.

사우디아라비아와 기타 석유수출국의 정책은 석유수출에 세금을 부과하는 것이었고, 이는 다른 나라의 가격을 상승시켰다. 석유가격이 수년 동안 위아래로 등락을 거듭하긴 했지만, 사우디아라비아가 자유무역하에서 후생이 더 좋았을 것이라고 주장하기는 어렵다.

하지만 자유무역에 반대하는 교역조건 논거는 몇 가지 중요한 한계점이 있다. 대부분의 소국은 수입이나 수출의 세계가격에 영향을 미칠 능력이 없기 때문에 그들에게 교역조건 논거는 거의 실질적인 중요성을 갖지 못한다. 그러나 미국 같은 대국의 경우 문제는 교역조건 논거가 국가독점력을 이용해 다른 국가를 희생해 이득을 얻는다는 주장과 동일하다. 물론 미국이라면 어느 정도까지 이렇게 할 수 있겠지만, 아마도 그런 약탈적인 정책은 다른 대국의 보복을 야기할 것이다. 결국 보복적 무역의 순환은 이 장 후반부에서 기술할 국제무역 정책 조정에 대한 시도를 약화시킬 것이다.

그래서 자유무역에 반대하는 교역조건 논거는 이론적으로는 흠 잡을 데 없지만, 유용성 면에서는 의심스럽다. 실제로 교역조건 논거는 정부에 의해 무역 정책의 정당화 수단으로 사용되기보다 경제학자들에 의해 이론적 명제로 더 많이 강조된다.

## 자유무역에 반대하는 국내시장실패론

교역조건의 쟁점을 제쳐두면 자유무역의 기본적 이론은 소비자잉여와 생산자잉여의 개념을 사용하는 비용-편익 분석에 기초를 두고 있다. 많은 경제학자는 이 개념, 특히 생산자잉여가 비용과 이익을 적절히 측정하지 못한다는 반대논거에 입각하여 자유무역에 반대하는 논거를 제시했다.

생산자잉여가 재화 생산의 이익을 적절하게 측정하지 못하는 이유는 무엇인가? 11장과 12장에서 다양한 이유를 생각해볼 것이다. 그 이유는 한 산업에 고용된 노동이 그렇지 않았다면 실업 상태이거나 불완전 고용 상태일 가능성, 수익률이 높은 산업으로 빠르게 자원이 이전되지 못하게 하는 자본이나 노동시장의 결함, 새로운 혹은 특히 혁신적인 산업에서 기술파급의 가능성을 포함한다. 이들은 모두 일반적인 **국내시장실패**(domestic market failure)라는 주제로 분류될 수 있다. 즉 각각의 예에서 한 국가의 일부 시장이 제대로 작동하지 못하는데, 노동시장이 청산되지 못하거나 자본시장이 자원을 효율적으로 분배하지 못하는 것 등이다.

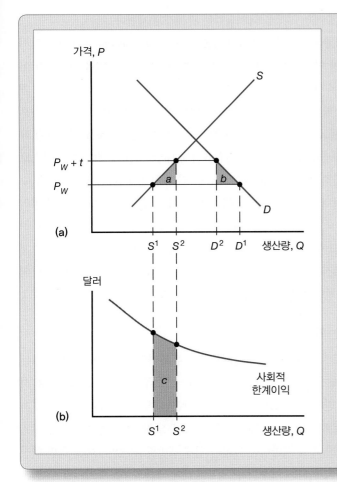

**그림 10-3 관세의 국내시장실패론**

만약 재화의 생산이 생산자잉여로 잡히지 않는 추가적인 사회적 이득[그림 (b)에서 면적 $c$로 측정]을 창출하면, 관세는 후생을 증가시킬 수 있다.

예를 들어 어떤 재화의 생산이 그 경제 전체의 기술을 향상하는 경험을 가져오지만 그 산업의 기업은 그러한 이득을 사적으로 소유할 수 없어서 생산량을 결정하는 데 그 이득을 고려하지 않는다고 해보자. 그러면 생산자잉여 측정치에 포함되지 않는 추가적인 생산에 대한 **사회적 한계이익**(marginal social benefit)이 존재한다. 이 사회적 한계이익이 관세나 그 밖의 무역 정책을 정당화하는 수단이 될 수 있다.

그림 10-3은 자유무역에 반대하는 국내시장실패를 설명한다. 그림 10-3(a)는 소국에 대한 관세의 전통적 비용-편익 분석(교역조건 효과 배제)을 나타낸다. 그림 10-3(b)는 생산자잉여 측정에 고려되지 않은 생산의 한계이익을 나타낸다. 그림은 국내가격을 $P_W$에서 $P_W + t$로 올리는 관세의 효과를 보여준다. 생산은 $S^1$에서 $S^2$로 증가하며 $a$의 면적으로 나타난 생산왜곡을 초래한다. 소비는 $D^1$에서 $D^2$로 감소하며 $b$의 면적으로 표시된 소비왜곡을 초래한다. 만약 소비자잉여와 생산자잉여만 고려한다면 관세의 비용은 관세의 이익을 초과할 것이다. 하지만 그림 10-3(b)는 이 계산이 자유무역보다 관세를 더 선호하게 만드는 추가적 이익을 간과하고 있음을 보여준다. 생산의 증가는 $c$로 표시된 사회적 한계이익곡선 아래의 $S^1$에서 $S^2$까지의 면적으로 측정되는 사회적 이익을 창출한다. 실제 교역조건과 유사한 논거에 의해, 만약 관세가 충분히 작다면 면적 $c$는 항상 면적 $a+b$를 초과하고 자유무

역보다 더 높은 사회적 후생수준을 창출하는 후생을 극대화하는 관세가 존재한다.

자유무역에 반대하는 국내시장실패론은 경제학에서 **차선 이론**(theory of the second best)으로 알려진 일반적 개념의 특수한 경우이다. 이 이론은 다른 모든 시장이 제대로 작동하고 있을 경우에만 어떤 한 시장에서 자유방임 정책이 바람직하다고 언급한다. 만약 그렇지 않다면 한 시장에서 유인을 왜곡하는 것처럼 보이는 정부개입은 그 밖의 다른 시장에서의 시장실패 결과를 상쇄함으로써 실제 후생을 증가시킬 수 있다는 것이다. 예를 들어 노동시장이 잘 작동하지 않아 완전고용을 이루지 못한다면 완전고용경제에서라면 바람직하지 않았을 노동집약적 산업에 대한 지원 정책이 좋은 것으로 나타날 수 있다. 노동시장 문제를 해결하기 위해 예를 들어 임금을 더 유연하게 하는 것이 더 나을 수 있지만, 어떤 이유로 이것이 여의치 않다면 다른 시장에 개입하는 것이 그 문제를 완화하는 '차선'의 방법이 될 수 있다.

경제학자들이 차선 이론을 무역 정책에 적용할 때 경제의 내부적 기능의 불완전성이 대외경제관계에 대한 개입을 정당화할 수 있다고 주장한다. 이 주장은 국제무역이 문제의 원인은 아니지만 그럼에도 불구하고 무역 정책이 적어도 부분적인 해결책을 제공할 수 있다는 점을 받아들인다.

## 시장실패론은 얼마나 설득력이 있는가

처음 시장실패론이 제안됐을 때 보호를 주장하는 시장실패론은 자유무역의 많은 것을 약화시키는 것 같았다. 결국 우리가 사는 실물경제가 시장실패에서 자유롭다고 누가 주장할 수 있겠는가? 특히 가난한 국가에는 시장의 불완전성이 만연한 것 같다. 예를 들면 많은 개발도상국에는 농촌과 도시 간의 엄청난 임금격차와 실업이 존재한다(11장). 선진국에서도 시장이 잘 작동하지 않는다는 증거는 덜 두드러지긴 하지만, 역시 주요 시장실패를 제안하는 가설을 쉽게 개발할 수 있다. 예를 들면 혁신 기업이 혁신에 대한 완전한 보상을 받지 못하는 경우이다. 정부개입이 국민후생을 증가시킬 수 있는 가능성이 있을 때 자유무역을 어떻게 방어할 수 있는가?

자유무역을 방어하는 2개의 노선이 있는데, 첫째는 국내시장실패는 직접적으로 그 문제의 원인을 겨냥한 국내 정책에 의해 수정되어야 한다는 주장이다. 둘째는 경제학자들은 정책 처방을 할 정도로 시장실패를 잘 진단할 수 없다는 주장이다.

국내시장실패가 국제무역 정책이 아닌 국내 정책의 변화를 요구한다는 점은 비용-편익 분석을 측정되지 않은 모든 사회적 한계이익을 고려하도록 수정함으로써 설명할 수 있다. 그림 10-3은 관세가 생산과 소비왜곡을 야기함에도 불구하고 사회적 이득을 창출하는 추가적 생산을 가져오기 때문에 후생을 증가시킬 수 있다는 것을 보여줬다. 하지만 만약 같은 생산증가가 관세가 아닌 생산보조금을 통해 이루어졌다면 소비자 가격은 오르지 않을 것이고 소비손실 $b$는 피할 수 있었을 것이다. 다시 말하면 생산보조금은 장려하고자 하는 특정 행위를 직접 겨냥함으로써 관세와 관련된 일부 부수적 비용을 피하도록 할 것이다.

이 예는 시장실패를 다룰 때의 일반적인 원칙을 설명한다. 간접적 정책 대응은 경제의 여타 분야에서 의도하지 않은 유인 왜곡을 발생시킬 수 있기 때문에 가능한 한 직접적으로 시장실패를 다루는 것이 항상 더 선호된다. 따라서 국내시장실패로 인해 정당화된 무역 정책은 가장 효율적인 대응이 아니며, 무역 정책은 항상 '최선의 정책'이기보다는 '차선의 정책'이다.

이러한 통찰은 무역 정책 입안자에게 중요한 함의를 제공한다. 모든 제안된 무역 정책은 항상 동일한 문제를 해결하는 것을 목적으로 하는 순수한 국내 정책과 비교되어야 한다. 만약 국내 정책의 비용이 너무 크거나 바람직하지 못한 부작용이 있다면 무역 정책은 거의 확실하게 더 바람직하지 않다(비용이 덜 분명하더라도).

예를 들면 유럽연합에서 바나나 생산자는 2007년까지 가격이 바나나의 특정한 상한 생산량에 맞춰지도록 보장받았다. 전체 유럽연합 소비의 단 16%만이 유럽에서 생산되었다. 나머지 소비는 중남미와 아프리카, 카리브해, 태평양 지역 국가(African, Caribbena and Pacific countries, ACP)로부터 수출되었다. 일부 ACP 국가의 경제적 성장을 지원하기 위해 유럽연합 시장에 접근할 수 있는 상당한 수입 할당이 그들 경제에 대한 지원 수단으로 제공되었다.

1993년에 유럽연합은 ACP가 아닌 국가에서 수입되는 바나나에 관세를 부과했다. 하지만 유럽연합의 보상적 원조 정책은 실제로 상당한 보조금을 지불해야 했고, 이는 중앙정부의 예산 적자에 영향을 미치고 세금 인상을 야기했다. 게다가 유럽연합의 근로자는 농업 부문에서 가장 높은 임금을 받는 근로자이다. 따라서 ACP 국가에 제공되는 수입할당제와 ACP 수출업자가 받는 이득은 중남미 수출업자와 높은 가격을 지불해야 되기 때문에 소비 선택이 왜곡되는 유럽연합의 소비자 모두에게 높은 비용을 초래한다. 하지만 이 비용은 직접적인 정부 지출의 형태가 아닌 높은 가격의 형태로 발생한다. 여러 번의 세계무역기구 분쟁과 그에 따른 바나나 무역제도 개혁 후에, 유럽연합 농부에 대한 보상적 원조 정책은 철폐되었다.

보호를 위한 국내시장실패 정당화를 비판하는 사람들은 다음과 같은 경우가 전형적이라고 주장한다. 즉 자유무역으로부터의 이탈은 이득이 손실을 초과하기 때문이 아니라 국민이 그들의 실제 비용을 이해하지 못하기 때문이라는 것이다. 따라서 무역 정책의 비용을 대안적인 국내 정책의 비용과 비교하는 것은 이 비용이 얼마나 큰지 잘 알 수 있게 하는 유용한 방법이다.

자유무역을 방어하는 두 번째 주장은 일반적으로 시장실패를 정확하게 식별하는 것이 어렵기 때문에 적절한 정책 대응이 무엇인가를 확신하기도 어렵다는 것이다. 예를 들면 개발도상국 도시에 실업이 있다고 가정하자. 적절한 정책은 무엇인가? 하나의 가설(더 자세한 검토는 11장 참조)은 도시의 산업 부문을 보호하기 위한 관세는 실업자를 생산 작업으로 이동시킴으로써 관세비용을 보상하는 것 이상의 사회적 이익을 발생시킨다는 것이다. 하지만 다른 가설은 이 정책은 도시로의 이주를 장려해 실업이 사실상 증가할 것이라고 말한다. 이들 가설 중에 어떤 것이 옳은가를 말하기란 어렵다. 경제 이론은 적절히 기능하는 시장의 작동에 관해서는 많이 말하지만, 그렇지 않는 시장에 대해서는 지침을 거의 제공하지 못한다. 시장이 제대로 작동하지 못하는 다양한 방식이 있으며, 차선 정책의 선택은 시장실패의 세부사항에 따라 다르다.

따라야 할 적절한 차선 무역 정책을 알아내기가 어렵다는 점은 앞에서 논의한 자유무역에 대한 정치적 주장을 강화한다. 자유무역에서 무역 정책이 어떻게 이탈해야 하는가에 대해 무역 정책 전문가들 간에 이견이 있고 매우 불확실하다면 무역 정책이 국민후생을 완전히 무시하고 특정 이해 정치에 지배되기가 매우 쉽다. 만약 시장실패가 아주 나쁘지 않다면 결국 더 유연한 접근이라는 판도라의 상자를 여는 것보다 자유무역에 대한 공약이 더 좋은 정책이 될 것이다.

하지만 이는 경제학이라기보다는 정치에 대한 판단문제이다. 경제 이론이 종종 그런 비난을 받기도 하지만 자유무역에 대한 독단적인 방어 수단을 제공하는 것은 아니라는 것을 깨달아야 한다.

## 소득분배와 무역 정책

지금까지의 논의는 관세 정책을 옹호하는 그리고 반대하는 국민후생론에 초점을 맞췄다. 국민후생과 특정 집단의 후생을 구별하는 것은 쟁점을 명확히 하도록 도와주고, 무역 정책 지지자들은 무역 정책이 국민 전체에게 이득이 된다고 주장하기 때문에 국민후생론에서 시작하는 것이 적절하다. 하지만 무역 정책의 실제 정치를 볼 때 국민후생 같은 것은 없고 정부 목표에 다소 불완전하게 반영되는 개인의 욕망만 있는 현실을 다룰 필요가 있다.

실제로 목격하는 무역 정책이 만들어지기 위해 개인의 선호는 어떻게 더해져야 하는가? 일반적으로 받아들여지는 단 하나의 답은 없지만, 정부가 추상적인 국민후생의 측정치보다 오히려 정치적인 성공을 극대화하려 한다고 가정하는 모형을 탐색하는 경제적 분석이 증가하고 있다.

### 선거경쟁

정치학자들은 투표자의 선호가 실제 정책에 어떻게 반영되는지를 보여주기 위해 정당 간 경쟁의 단순한 모형을 오랫동안 사용해왔다.[2] 모형은 다음과 같다. 경쟁하는 두 정당은 다음 선거에서 이기기 위해 할 수 있는 무엇이든 기꺼이 공약한다고 가정하고, 정책은 관세율수준과 같이 일차원으로 나타낼 수 있다고 하자. 그리고 마지막으로 투표자는 선호하는 정책이 다르다고 가정하자. 예를 들어 기술집약적 재화를 수출하고 노동집약적 재화를 수입하는 한 국가를 상상해보자. 그러면 고도의 기술을 가진 투표자는 낮은 관세율을 선호하지만, 저숙련 기술을 가진 투표자는 국가가 높은 관세를 부과하면 후생이 개선될 것이다(5장에서 논의한 스톨퍼-새뮤얼슨 효과 때문에). 따라서 모든 투표자를 그들이 선호하는 관세율의 순서대로, 가장 낮은 관세율을 선호하는 투표자는 왼쪽에 가장 높은 관세율을 선호하는 투표자는 오른쪽에 줄을 세우는 것을 생각해볼 수 있다.

그러면 두 정당은 어떤 정책을 추구하겠다고 약속할까? 답은 두 정당은 중간 위치를 찾으려고 한다는 것이다. 특히 두 정당은 일렬의 줄을 정확히 반으로 나누는 투표자인 **중위 투표자**(median voter)가 선호하는 관세율로 수렴하는 경향이 있다. 그 이유를 알아보기 위해 그림 10-4를 보자. 그림에서 투표자는 선호하는 관세율에 따라 일렬로 세워졌고, 이는 가상적 우상향 곡선으로 나타난다. $t_M$은 중위 투표자의 선호관세율이다. 이제 한 정당이 중위 투표자의 선호관세율보다 훨씬 높은 관세율 $t_A$를 제안했다고 하자. 그러면 다른 정당은 다소 낮은 $t_B$의 관세율을 제안하고, 그 정책은 낮은 관세율을 원하는 거의 모든 투표자, 즉 다수가 선호할 것이다. 다시 말하면 정당은 중위 투표자가 원하는 것보다 더 높은 관세율에 대해서는 그보다 낮은 관세율을 제안하는 것이 항상 그들의 정치적 이해관계에 맞아 떨어진다.

유사한 이유로 자기 이익을 추구하는 정치인은 만약 상대자가 중위 투표자가 좋아하는 관세보다 더 낮은 관세율을 제안하면 항상 더 높은 관세를 약속하고자 할 것이다. 따라서 양 정당은 결국 중위 투표자가 원하는 관세에 가까운 관세를 제안할 것이다.

---

2 Anthony Downs, *An Economic Theory of Democracy* (Washington, DC: Brookings Institution, 1957) 참조

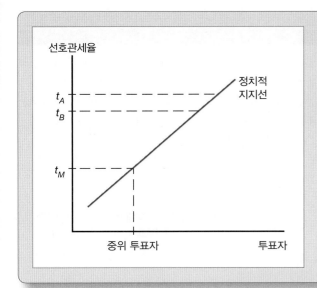

**그림 10-4 정치적 경쟁**

투표자는 선호하는 관세율 순서로 일렬로 세워진다. 만약 한 정당이 높은 관세율 $t_A$를 제안하면, 다른 정당은 약간 더 낮은 관세율 $t_B$를 제안함으로써 대부분의 투표자를 얻을 수 있다. 이 정치적 경쟁은 두 정당이 중위 투표자에 의해 선호되는 관세율 $t_M$에 가까운 관세율을 제안하게 한다.

정치학자들은 이 단순한 모형을 여러 방법으로 수정했다. 예를 들면 어떤 분석자는 표를 모으는 데 정당 활동가의 중요성을 강조한다. 이 활동가들은 종종 이념적인 동기를 가지고 있기 때문에 그들의 지지를 얻기 위해 정당은 냉소적이지 않아야 하거나 이 모형이 제시하는 것처럼 구별하기 어려운 공약을 채택하지 않아야 한다. 그럼에도 불구하고 선거경쟁의 중위 투표자 모형은 정책의 소득분배에 대한 효과가 효율성에 대한 효과보다 더 중요한 현실세계에서 정치적 결정이 어떻게 이루어지는가에 대해 생각해볼 수 있는 매우 유용한 방법이다.

하지만 중위 투표자 모형이 잘 작동하지 않는 것 같아 보이는 영역이 바로 무역 정책이다. 실제로 이 모형은 거의 확실히 잘못 예측한다. 이 모형에 따르면 정책은 얼마나 많은 투표자가 원하는가에 기반하여 선택되어야 한다. 즉 소수의 사람들에게 큰 손실을 주지만 많은 사람에게 이득을 주는 정책이 정치적 승자여야 하고, 광범위한 손실을 주지만 소수의 집단을 돕는 정책은 정치적 패배자여야 한다. 하지만 실제로 보호주의 정책은 앞에서 기술한 것보다 뒤에서 기술한 것과 더 맞는 것 같다. 예를 들어 미국의 유제품 산업은 정교한 관세와 할당제로 외국과의 경쟁에서 보호받는다. 이러한 규제는 미국의 거의 모든 가구에 손실을 미치는 반면 미국 노동인구의 단지 0.1%를 고용하는 유제품 산업에는 훨씬 적은 이득을 준다. 이런 일이 어떻게 정치적으로 일어날 수 있는가?

## 집단행동

경제학자 맨커 올슨(Mancur Olson)은 유명한 저서에서 집단을 위한 정치적 활동은 공공재라고 지적했다. 즉 그런 활동의 이득은 단지 그 활동을 하는 개인이 아닌 집단의 모든 구성원에게 돌아간다.[3] 한 소비자가 하원의원에게 자신이 좋아하는 수입재에 낮은 관세를 요구하는 편지를 써서 그 의원의 투표에 영향을 주고 낮은 관세가 승인되었다고 하자. 그러면 그 재화를 사는 모든 소비자는 편지를 쓰는 수고를 하지 않았음에도 더 낮은 가격의 이득을 얻는다.

---

3 Mancur Olson, *The Logic of Collective Action* (Cambridge, MA: Harvard University Press, 1965).

## 매물로 나온 정치인: 1990년대의 증거

본문에서 설명했듯이 정부가 진실로 국민의 후생을 극대화하려고 노력한다고 가정하면 실제의 무역 정책을 이해하기 어렵다. 한편 특수 이해집단이 영향력을 살 수 있다고 가정하면 실제의 무역 정책을 이해할 수 있다. 그러나 정치인이 실제로 매물로 나왔다는 어떤 직접적 증거가 있는가?

1990년대 몇 가지 중요한 통상 쟁점에 대한 미국 의회의 투표는 유용한 검토 사례를 제공한다. 미국의 선거운동자금법은 정치인이 받은 선거운동 기부금의 금액과 출처를 밝히도록 요구하기 때문이다. 이러한 공개로 경제학자와 정치학자는 기부와 실제 투표 사이의 어떤 관계를 발견할 수 있다.

로버트 볼드윈(Robert Baldwin)과 크리스토퍼 마지(Christopher Magee)의 1998년 연구[4]는 두 가지 중요한 투표, 1993년의 북미자유무역협정(일반적으로 NAFTA로 알려져 있으며, 상세한 내용은 이 장 후반부 참조)에 대한 투표와 1994년의 관세와 무역에 관한 일반협정(일반적으로 GATT로 알려져 있으며, 이 역시 이 장 후반부 참조) 체제하의 마지막 협정을 비준하는 투표에 초점을 맞춘다. 두 표결은 크게 기업과 근로자로 나뉘어 기업집단은 강하게 찬성하고 노동조합은 강하게 반대하며 극심하게 다투었다. 두 경우 모두 기업의 지원을 받은 자유무역의 입장이 이겼는데, NAFTA 투표에서는 마지막 순간까지 결과를 예측할 수 없었고, 표 차이도 하원에서 34표로 그리 크지 않았다.

볼드윈과 마지는 하원의원 지역구의 경제적인 특징뿐만 아니라 의원들이 기업과 근로자에게 받은 기부금 같은 요소를 통제하는 의회투표 계량 모형을 추정했다. 그들은 돈이 투표 유형에 강한 영향을 미친다는 점을 발견했다. 이 효과를 평가하는 한 방법은 일련의 가상 상황(counterfactual)을 만드는 것이다. 즉 만약 기업의 기부가 없었다면, 근로자의 기부가 없었다면, 그리고 어떤 기부금도 전혀 없었다면 전체 표결이 어떻게 다를 것인가를 보는 것이다.

다음의 표는 그 결과를 요약한다. 첫째 줄은 얼마나 많은 의원이 각 법안에 찬성 투표를 했는지 보여준다. 법안 통과에는 최소한 214표가 필요하다는 점을 기억하자. 둘째 줄은 볼드윈과 마지의 식으로 예측된 찬성표 수를 보여준다. NAFTA의 경우 정확히 예측한 반면 GATT의 경우에는 몇 표 더 많이 예측했다. 셋째 줄은 근로자의 기부가 없는 경우 모형에 따르면 각 법안이 얼마나 많은 투표수를 받게 되는지 보여준다. 그다음 줄은 기업의 기부가 없는 경우 얼마나 많은 의원이 찬성에 투표했는지 보여준다. 마지막 줄은 기업과 근로자의 기부가 모두 없다면 얼마나 많이 찬성에 투표했는지 보여준다.

| | NAFTA에 대한 찬성투표수 | GATT에 대한 찬성투표수 |
|---|---|---|
| 실제 | 229 | 283 |
| 모형에 의한 추정 | 229 | 290 |
| 근로자의 기부가 없는 경우 | 291 | 346 |
| 기업의 기부가 없는 경우 | 195 | 257 |
| 어떠한 기부도 없는 경우 | 256 | 323 |

만약 이 추정치가 정확하다면 기부는 투표 전체에 큰 영향을 미쳤다. NAFTA의 경우 근로자의 기부는 그 기부가 없었더라면 법안을 지지했을 62명의 의원을 반대하도록 유도했다. 기업의 기부는 34명의 의원을 반대 방향으로 움직이게 했다. 만약 기업의 기부가 없었다면 이 추정치로 보았을 때 NAFTA는 법안 통과에 충분하지 않은 단지 195표만 얻었을 것이다.

한편 양측 모두 기부를 하면 효과는 상쇄되는 경향이 있다. 볼드윈과 마지의 추정치는 근로자나 기업 어느 쪽의 기부도 없는 경우 NAFTA와 GATT는 모두 어쨌든 통과했을 것이라는 것을 보여준다.

이 특별한 사례에서 양측의 기부행위가 최종결과를 바꾸지 못했다는 점을 강조하는 것은 아마도 옳지 않을 것이다. 정말로 중요한 결과는 실제로 매물로 나온 정치인이 있다는 것이다. 즉 특별한 이해를 강조하는 무역 정책 이론이 옳은 방향으로 가고 있다는 것을 의미한다.

이러한 정치의 공공재적 특징은 전체로는 큰 손실을 주지만 개인에게는 작은 손실을 주는 정책은 어떠한 실질적인 반대에도 직면하지 않을 수 있다는 것을 의미한다. 다시 유제품 보호의 예를 보자. 이 정책은 일반적인 미국 가구에 연간 약 3달러의 비용을 부과한다. 소비자는 자신의 하원의원에게 이 정책을 없애달라고 로비를 해야 할까? 개인의 이기심의 관점에서는 확실히 아니다. 한 통의 편

---

4  Robert E. Baldwin and Christopher S. Magee, "Is Trade Policy for Sale? Congressional Voting on Recent Trade Bills," Working Paper 6376, National Bureau of Economic Research, January 1998.

지는 그 정책에 단지 미미한 효과를 미치기 때문에 그런 편지의 개인적 보상은 우표 값은커녕 편지지 값도 안 될 것이다(사실 그런 것 자체에 관심이 없다면 그 정책의 존재를 알 필요도 없다). 하지만 100만 명의 투표자가 유제품 보호를 끝내는 것을 촉구하는 편지를 쓴다면 그것은 분명히 폐지될 것이고, 편지를 보내는 비용을 훨씬 초과하는 이득을 소비자에게 가져다줄 것이다. 올슨의 표현대로 **집단행동**(collective action) 문제가 존재한다. 유리한 정책에 압력을 가하는 것은 집단 전체의 이익과는 맞지만, 그것은 어느 한 개인의 이익과는 맞지 않는다.

집단이 소수이고(그래서 각 개인이 유리한 정책의 이득을 상당 부분 얻는다) 잘 조직되어 있을 때(그래서 집단구성원이 집단적 이해를 위한 행동에 동원될 수 있다) 집단행동의 문제가 가장 잘 극복될 수 있다. 유제품 보호와 같은 정책이 발생할 수 있는 이유는 유제품 소비자는 자신을 이해집단으로 인식조차 못하는 대규모 인구인 반면에, 유제품 생산자는 그들이 받는 암시된 보조금의 규모를 잘 아는 상대적으로 작지만 잘 조직된 집단이기 때문이다. 따라서 집단행동의 문제는 정책이 이득보다 더 큰 비용을 발생시키는 것처럼 보일 뿐만 아니라 도움을 주기보다 피해를 입히는 투표자가 훨씬 많은 것처럼 보임에도 불구하고 채택될 수 있는 이유를 설명한다.

## 정치적 과정의 모형화

오랫동안 경제학자들은 집단행동의 논리를 불합리하게 보이는 무역 정책을 설명하는 데 사용해왔지만 조직된 이해집단이 실제 정책에 영향을 미치는 방법에는 다소 모호한 측면이 있었다. 이 격차를 정치적 과정의 단순화된 모형으로 채우려는 분석이 증가하고 있다.[5]

이 분석의 출발점은 명확하다. 정치가는 부분적으로 인기 있는 정책을 옹호함으로써 선거에서 승리할 수도 있으나, 성공적인 선거운동은 광고, 여론조사 등을 위한 돈을 필요로 한다. 따라서 만약 정치인이 전형적인 투표자의 이해에 반대하는 대가로 충분히 큰 금전적 기부를 받는다면 유권자의 이해에 반대하는 입장을 취하는 것이 정치인의 이해와 맞는다. 여분의 돈은 인기 없는 정책을 택하여 잃는 표보다 더 많은 표의 가치를 가지게 될 것이다.

그러므로 무역 정책에 대한 정치경제의 최근 모형은 이해집단이 정부가 추진하는 정책 여하에 따라 기부함으로써 정책을 '구매'하는 일종의 경매로 본다. 정치가는 전체적 후생을 무시하지는 않지만 기꺼이 투표자 후생의 일부 감소를 더 큰 선거운동자금과 거래할 것이다. 결과적으로 집단행동의 문제를 극복할 수 있는 잘 조직화된 집단은 전체 대중을 희생하여 그들의 이익에 유리한 정책을 얻을 것이다.

## 누가 보호를 받는가

실질적인 문제로 어떤 산업이 실제로 수입경쟁에서 보호받는가? 많은 개발도상국은 전통적으로 수입대체 산업화라고 알려진 정책으로 광범위한 제조업을 보호해왔다. 11장에서는 이 정책과 그것이 최근 상당히 인기를 잃은 이유를 논의할 것이다. 선진국에서 보호주의의 범위는 훨씬 더 좁다. 실제로 상당한 보호주의는 농업과 의류 단 두 산업에 집중되어 있다.

---

5 특히 Gene Grossman and Elhanan Helpman, "Protection for Sale," *American Economic Review* 89 (September 1994), pp. 833-850 참조

**농업**  현대 경제에는 농민이 많지 않고, 미국의 경우 농업은 1억 6,000만 명 이상의 노동인구 중에 단지 약 250만 명이다. 하지만 농민은 많은 경우 높은 실효보호율을 달성할 수 있을 만큼 대체적으로 잘 조직되고 정치적으로 힘이 있는 집단이다. 유럽의 공동농업 정책의 수출보조금은 많은 농산물이 세계가격의 2배 혹은 3배로 팔리게 한다. 일본 정부는 전통적으로 쌀 수입을 금지했고, 이는 주식인 쌀의 국내가격을 세계가격의 5배 이상 올렸다. 이 수입금지는 1990년대 중반 흉작으로 다소 완화됐지만, 1998년 말 일본은 미국을 포함한 여타 국가들의 항의에도 불구하고 수입쌀에 1,000%의 관세를 부과했다.

미국은 대체로 식량수출국으로, 이는 관세나 수입할당제로 가격을 올릴 수 없음을 의미한다(설탕과 유제품은 예외). 실제 이 장 초반부에 기술한 미중 무역 전쟁으로 농민은 심한 타격을 입었다. 하지만 농민은 그 손실 보상을 위해 특수 보조금으로 280억 달러를 받았다. 앞서 살펴본 바와 같이 2020년 중국이 미국 농산품을 구입하겠다는 약속이 무역 전쟁을 완화하는 협상의 가장 중요한 부분이었다.

**의류 산업**  의류 산업은 섬유(방적과 직물)와 의복(직물을 의류로 만드는 과정)의 두 부문으로 구성되어 있다. 두 산업, 특히 의복 산업은 역사적으로 관세와 수입할당제를 통해 매우 심하게 보호되었다. 2005년까지 두 산업은 많은 국가에 수출 및 수입할당을 설정했던 다자간 섬유협정(Multi-Fiber Arrangement, MFA)의 대상이었다.

의복 생산에는 두 가지 중요한 특징이 있다. 첫째, 노동집약적이다. 근로자는 상대적으로 거의 자본이 필요하지 않고 어떤 경우에는 재봉틀만 있으면 되며 광범위한 정식교육 없이도 일을 할 수 있다. 그리고 기술이 비교적 간단하여 최빈국에서도 큰 어려움 없이 기술을 익힐 수 있다. 결과적으로 의복 산업은 저임금 국가가 강한 비교우위를 가지고, 고임금 국가는 강한 비교열위를 보이는 산업이다. 의복 산업은 선진국에서 전통적으로 잘 조직된 산업이다. 예를 들어 국제숙녀복노동조합(International Ladies' Garment Worker's Union)은 오랫동안 의류 산업의 많은 근로자를 대표해왔다.

이 장 후반부에서는 무역협상이 어떻게 작동하는지를 설명할 것이다. 1994년에 서명된 우루과이라운드 무역협정의 가장 중요한 조항 중 하나는 2004년 말에 이루어진 MFA의 단계적 폐지이다. 2005년 중국에 수입할당이 다시 부과됐지만 이 할당은 그 이후 단계적으로 폐지되고 있다. 현재 의류 무역은 더 이상 많은 규제를 받지 않는다.

표 10-2는 미국의 보호주의에서 의류가 얼마나 중요했었는지 그리고 의류에 대한 규제 폐지가 얼마나 많은 변화를 가져왔는지 보여준다. MFA가 아직 유효했던 2002년, 의류에 대한 규제가 미국의 보호무역에 따른 전체 후생비용의 80% 이상을 차지했다. MFA는 수입면허를 수출국에게 할당해주

| 표 10-2 | 미국 보호의 후생비용(10억 달러) | |
| --- | --- | --- |
| | 2002년 추정치 | 2015년 |
| 전체 | 14.1 | 2.6 |
| 섬유와 의복 | 11.8 | 0.5 |

출처: U.S. International Trade Commission.

기 때문에 미국의 후생비용 대부분은 생산과 소비의 왜곡이 아니라 할당지대가 외국인에게 이전된 데 따른 것이다.

MFA의 종료와 함께 의류 보호비용과 미국의 전반적인 보호비용은 급격히 감소했다.

## 국제협상과 무역 정책

무역 정책의 정치적 측면에 대한 논의는 크게 장려되지 않았다. 앞서 국민후생을 증진하는 무역 정책을 고안하기가 매우 어렵다는 점과 종종 무역 정책을 이익집단이 지배한다는 점을 논의했다. 어떤 가능한 이득을 훨씬 초과하는 비용을 발생시키는 무역 정책에 대한 '괴담'이 아주 많기 때문에 무역 이론의 실질적 측면에 대해서는 매우 냉소적이기 쉽다.

하지만 실제 1930년대 중반부터 1980년까지 미국과 여타의 선진국들은 점진적으로 관세 및 기타 무역장벽을 제거하면서 국제적 통합의 급속한 증진을 도모했다. 그림 10-5는 프랑스, 영국, 미국의 총수입에 대한 평균 관세율을 보여준다. 대부분의 경제학자는 이 같은 발전적인 무역자유화는 매우 유익했다고 믿는다. 하지만 앞에서 논의한 무역 정책의 정치적 측면을 고려해볼 때 이러한 관세 철폐가 어떻게 정치적으로 가능했겠는가?

최소한 이에 대한 부분적인 답은 전후 무역자유화의 상당 부분은 **국제협상**(international negotiation)을 통해 이루어졌다는 것이다. 즉 정부들이 상호 관세 인하에 참여하기로 합의했다. 이러한 합의는 각국이 수입경쟁 산업에 대한 보호를 줄이는 것과 그 국가의 수출 산업에 대한 타국의 보호를 줄이는 것을 연결시켰다. 다음에 논의할 것처럼 이와 같은 연결관계는 국가들이 좋은 무역 정책을 채

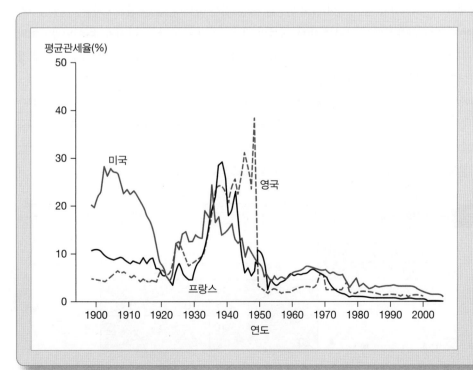

그림 10-5 총수입에 대한 평균 관세율(프랑스, 영국, 미국)

택하지 못하도록 방해하는 정치적인 어려움의 일부를 상쇄했다.

## 협상의 이점

일방적인 정책보다 상호 합의의 일환으로 관세를 내리는 것이 쉬운 두 가지 이유가 있다. 첫째, 상호 합의는 자유무역에 대한 지지를 이끌어내는 데 기여한다. 둘째, 협상된 무역협정은 정부가 파괴적인 무역 전쟁에 말려드는 것을 막는다.

국제협상이 더 자유로운 무역을 지지하는 효과는 명백하다. 수입경쟁 산업의 생산자는 일반적으로 소비자보다 더 많은 정보를 가지고 있으며 잘 조직되어 있다는 점을 언급했다. 국제협상은 국내 수출업자를 균형추로 참여시킬 수 있다. 예를 들어 일본이 미국 농산품이나 첨단기술제품의 수입장벽을 제거해주는 대신 미국이 일본과의 경쟁에서 자국의 제조업자를 보호하는 수입할당제를 부과하지 못하게 하는 협약에 미국과 일본이 합의할 수 있다. 미국 소비자는 외국제품에 대한 수입할당제의 비용이 커도 수입할당제를 반대하는 데 정치적으로 효과적이지 못하지만, 외국시장에 접근하기를 원하는 수출업자는 수입할당제의 상호 제거를 위해 로비함으로써 소비자 이익을 보호할 수 있다.

국제협상은 또한 **무역 전쟁**(trade war)을 피할 수 있게 해준다. 무역 전쟁의 개념은 다음의 정형화된 예를 통해 가장 잘 설명할 수 있다.

세계에 오직 미국과 일본, 두 국가만 존재하고, 이 두 국가는 자유무역 또는 보호무역의 두 가지 정책만 선택할 수 있다고 하자. 이 두 정부는 평소와는 달리 명석해서 특정 정책의 결과의 만족도를 수치화할 수 있다고 가정하자(표 10-3).

표에 주어진 보수의 특정 값은 다음의 두 가정을 나타낸다. 첫째, 각 정부는 다른 국가의 정책을 주어진 것으로 받아들이면 보호 정책을 선택할 것이다. 즉 일본이 어떤 정책을 선택하든 미국 정부에게는 보호 정책이 더 유리하다. 이 가정이 결코 반드시 옳은 것은 아니다. 많은 경제학자는 다른 정부가 무엇을 하든지 간에 자유무역이 국가를 위한 최선의 정책이라고 주장한다. 하지만 정부는 공공이익을 위해서뿐만 아니라 자국의 정치적 이익을 위해 행동해야 한다. 앞 절에서 논의한 이유로 인해 정부는 종종 어떤 산업에 대한 보호를 피하는 것이 정치적으로 매우 어렵다는 것을 발견하기도 한다.

표 10-3에 포함된 두 번째 가정은 개별적으로 행동하는 두 정부는 무역보호가 더 나은 선택일 수 있지만 두 정부 모두 자유무역을 선택하면 둘 다 더 나아질 수 있다는 것이다. 즉 미국 정부가 자국 시장을 개방하여 손실을 보는 것보다 일본 시장을 개방함으로써 더 커다란 이득을 얻을 수 있으며, 이 점은 일본도 마찬가지이다. 이 가정은 간단히 무역으로 얻는 이득으로 정당화될 수 있다.

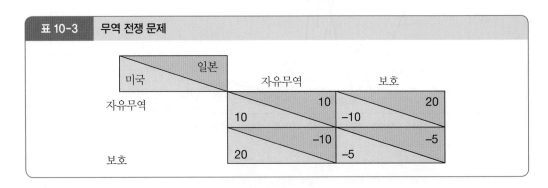

| 표 10-3 | 무역 전쟁 문제 |

게임 이론을 공부한 학생들에게 이러한 상황은 **죄수의 딜레마**(prisoner's dilemma)로 알려져 있다. 자국을 위해 최선의 결정을 내리는 각 정부는 보호 정책을 택할 것이다. 이러한 선택의 결과는 표의 오른쪽 하단 사각형에 나타나 있다. 그러나 두 정부 모두 보호 정책을 택하지 않으면 더 좋아질 수 있다. 표 10-3의 왼쪽 상단의 사각형의 보상은 두 국가 모두에게 더 높은 보상을 제공한다. 최선의 이득을 얻기 위해 일방적으로 행동하면 국가들은 최선의 결과를 얻는 데 실패한다. 만약 두 국가가 일방적으로 보호 정책을 수행하면 두 국가 모두 더 나빠지는 무역 전쟁이 발생한다. 무역 전쟁은 무력 전쟁만큼 심각하지는 않지만 무역 전쟁을 피하는 것은 무력충돌 또는 무력경쟁을 피하는 문제와 유사하다.

확실히 일본과 미국은 보호 정책을 금지하는 협약(예: 조약)을 할 필요가 있다. 각 국가는 다른 국가 역시 행동의 자유를 제한한다는 조건하에 자국의 행동의 자유를 제한하는 것이 더 나을 것이다. 협약은 모든 사람의 후생을 더 낫게 할 수 있다.

이는 매우 단순화된 예이다. 실제 세계에는 많은 국가가 존재하며, 자유무역과 수입을 반대하는 완전한 보호 사이에 다양한 무역 정책이 있다. 그럼에도 불구하고 앞에서 살펴본 예는 국제협약을 통해 무역 정책을 조정할 필요가 있으며, 이러한 협약이 실제로 차이를 가져온다는 점을 시사한다. 실제로 현재의 국제무역체제는 일련의 국제협약으로 세워졌다.

## 국제무역협정: 간단한 역사

무역 정책으로 국제적으로 조정된 관세인하는 1930년대로 거슬러 올라간다. 1930년에 미국은 스무트-홀리법(Smoot-Hawley Act)이라는 놀랍도록 무책임한 관세법을 통과시켰다. 이 관세법하에서 관세율은 급격하게 상승하고 미국 무역은 급격히 감소했으며, 일부 경제학자들은 스무트-홀리법이 대공황을 심화했다고 주장한다. 이 관세법이 통과된 지 몇 년 후 미국 행정부는 관세를 인하시킬 필요가 있다고 결론 내렸지만, 이는 정치적 연합을 형성해야 하는 심각한 문제를 야기했다. 어떠한 관세 인하도 수입경쟁상품을 생산하는 기업이 있는 지역구의 하원의원은 반대하는 반면에 그 이득은 광범위하게 분산되므로 의회에서 반대편에서 활동할 의원은 거의 없었다. 관세율을 인하하기 위해서는 관세인하가 수출업자의 어떤 구체적인 이득으로 연결될 필요가 있었다. 이 정치적 문제의 초기 해결방안은 쌍방의 관세협상이었다. 미국은 설탕 같은 어떤 재화의 주요 수출 국가에 접근하여 만약 그 국가가 미국 수출재에 대한 관세를 낮춘다면 설탕에 대한 관세를 낮출 것을 제안할 것이다. 미국 수출업자가 느끼는 이 거래의 매력은 설탕 이해집단의 정치적 힘을 상쇄하게 해줄 것이다. 외국에서는 설탕 수출업자가 느끼는 이 거래의 매력은 수입경쟁 이해집단의 정치적 영향력과 균형을 유지할 것이다. 이러한 쌍방협상은 미국 수입재에 대한 평균관세율을 1932년의 59%에서 제2차 세계대전 직후 25%로 낮추는 데 도움이 되었다.

그러나 쌍방협상은 국제적 조정을 충분히 이용하지 못한다. 우선 한 가지 이유는 쌍방협상의 이득이 어떤 양보도 하지 않은 국가로 '파급(spill over)'될 수 있다. 예를 들어 미국이 브라질과 협상 결과 커피에 대한 관세를 인하하면 컬럼비아 또한 세계시장에서 커피가격의 상승으로 이득을 얻을 것이다. 게다가 어떤 유리한 거래는 선천적으로 두 국가 이상을 포함한다. 즉 미국은 유럽에 더 많이 팔고, 유럽은 사우디아라비아에 더 많이 팔며, 사우디아라비아는 일본에 더 많이 팔고, 일본은 미국에 더 많이 파는 것이다. 따라서 국제무역 자유화의 다음 단계는 많은 국가를 포함하는 다자간 협상으로 나아가는 것이었다.

다자간 협상은 제2차 세계대전이 끝난 직후 시작됐다. 승전한 연합국들의 외교관들은 그러한 협상은 국제통화기금(International Monetary Fund, IMF) 및 세계은행(World Bank)에 상응하는 국제무역기구(International Trade Organization, ITO)라는 기구의 후원하에 이루어질 것이라고 상상했다(이에 대한 설명은 이 책 후반부 참조). 1947년에 ITO가 조직되기까지 기다리는 것이 내키지 않았던 23개 국가는 **관세와 무역에 관한 일반협정**(General Agreement on Tariffs and Trade, GATT)이라는 잠정적 협정하에서 무역협상을 시작했다. 결과적으로 ITO는 특히 미국에서 심각한 정치적 반대에 부딪혀 설립되지 않았다. 따라서 그 잠정적 협정이 결국 다음 48년 동안 세계무역을 지배하게 되었다.

공식적으로 GATT는 조직체가 아닌 협정이었고, 그 협정에 참여하는 국가들은 구성원이 아니라 공식적으로 '계약당사국'으로 불렸다. 실무적으로 GATT는 모든 사람이 'GATT'라고 부르는 영구적 '사무국'을 제네바에 유지했다. 마침내 1995년, 50여 년 전에 계획했던 공식적 기구인 **세계무역기구**(World Trade Organization, WTO)가 설립됐다. 하지만 GATT 규정은 여전히 유효하며 그 체제의 기본적 논리는 변하지 않았다.

무역에 대한 GATT-WTO 접근을 생각하는 한 가지 방법은 기계에 비유하는 것이다. 세계 경제라는 무거운 물건을 자유무역이라는 길의 경사로를 따라 밀어 올리기 위해 고안된 기구 같은 것이다. 거기에 도달하기 위해서는 물건을 바른 방향으로 밀기 위한 '지렛대'와 뒤로 미끄러지는 것을 막는 '제동장치'가 모두 필요하다.

이 시스템에서 주요 제동장치는 **구속**(binding)의 과정이다. 관세율이 구속되어 있을 때 그 관세를 부과하는 국가는 미래에 관세율을 인상하지 않을 것에 동의한다. 현재 선진국의 거의 모든 관세율은 구속되어 있고, 개발도상국 관세율의 약 3/4도 구속되어 있다. 하지만 구속된 관세에는 약간의 자유재량권이 있다. 즉 한 국가는 일반적으로 다른 관세를 낮춰 보상을 제공함으로써 다른 국가의 동의를 얻을 경우 관세율을 인상할 수 있다. 실제 구속은 매우 효과적으로 작용하여 지난 50년 동안 관세율의 후퇴는 거의 없었다.

관세 구속 외에도 GATT-WTO 체제는 일반적으로 무역의 비관세 개입을 막기 위해 노력했다. 하나의 큰 예외를 제외하면 수출보조금은 허용되지 않는다. 미국은 GATT 초기에 농산물 수출에 허점이 있다고 주장했는데, 이 허점은 이후 유럽연합에 의해 대대적으로 이용되고 있다.

이 장의 앞부분에서 지적한 것처럼 미국에서 대부분의 실제 보호비용은 수입할당제에서 발생한다. 수입할당제를 철폐하거나 수입할당제를 관세로 전환하고자 하는 지속적 노력이 있었고 종종 이 노력이 성공하기도 했지만, 실제 GATT-WTO 체제는 기존의 수입할당제에 대해서는 기득권을 인정하는 분위기이다. 통상 수입 급증으로 국내 산업이 갑작스럽게 폐업되는 것으로 해석되지만 아직 정의되지 않은 표현인 '시장교란(market disruption)'을 다루기 위한 일시적인 조치를 제외하고, 새로운 수입할당제는 일반적으로 금지됐다.

자유무역을 진척시키기 위해 사용된 지렛대는 많은 국가가 관세인하와 무역자유화를 위한 각종 조치를 협상하기 위해 모이는 **무역라운드**(trade round)로 알려진 다소 전형화된 과정이다. 1947년 이후 여덟 번의 무역라운드가 열렸고, 그중 마지막인 1994년도에 끝난 우루과이라운드는 WTO를 창설했다. 2001년 페르시아만의 도시 도하에서의 회담으로 아홉 번째 라운드가 개시되었지만, 여러 해의 협상에도 불구하고 합의에 도달하지 못했다. 이 장 후반부에서는 그 실패 이유를 논의할 것이다.

GATT 체제하에서 열린 처음 다섯 번의 무역협상은 '병렬적' 쌍방협상의 형태를 취했고, 이 협상에서 각국은 수많은 국가와 동시에 쌍방으로 협상했다. 일례로 독일이 프랑스와 이탈리아 모두에게 이익이 되는 관세인하를 제안하고, 상호적인 양보로 프랑스와 이탈리아 모두에게 관세인하를 요구했다. 전후 세계 경제의 회복과 함께 더욱 광범위한 협상을 할 수 있었던 것이 상당한 관세인하에 도움이 되었다.

케네디라운드(Kennedy Round)로 알려진 여섯 번째 다자간 무역협상은 1967년에 끝났다. 이 협상은 주요 선진국이 특정 산업을 제외하고 일률적으로 관세를 50% 인하하는 내용을 담고 있다. 케네디라운드는 특별조치가 주어지지 않은 산업에 대한 관세인하의 규모보다 어떤 산업을 면제해줄 것인가에 관심이 있었다. 전반적으로 케네디라운드는 평균 관세를 약 35% 인하했다.

1979년에 끝난 소위 도쿄라운드(Tokyo Round) 무역협상은 케네디라운드보다 더 복잡한 공식으로 관세를 인하했다. 이 외에 수출자율규제(voluntary export restraint)와 시장질서협약(orderly marketing agreement) 같은 비관세장벽의 확산을 억제하고자 하는 노력으로 새로운 규정이 만들어졌다. 마지막으로 소위 우루과이라운드로 불리는 8차 라운드는 1994년에 마무리됐다. 8차 라운드의 규정은 치열한 논쟁 끝에 미국의회의 승인을 받았다. 다음 절에서 그 협상의 결과를 다룰 것이다.

## 우루과이라운드

주요 국제무역협상은 항상 이국적인 장소에서 기념식과 함께 개최되었고, 다른 장소에서 의식적인 서명식으로 마무리되었다. GATT 체제하에서 개최된 8차 세계무역협상은 1986년 우루과이(그래서 이름이 우루과이라운드이다)의 해변 피서지인 푼타델에스테에서의 회의로 시작했다. 그 후 참가국은 종종 제네바에 모여 수년간의 제안과 대안, 협박과 반대 협박, 그리고 무엇보다도 매우 노련한 외교관도 깨어 있기 어려울 만큼 지겨운 수천 시간의 회의에 참여했다. 라운드는 1990년까지 완성될 계획이었으나 심각한 정치적 어려움에 직면했다. 1993년 말 협상국들은 마침내 400쪽의 협의 내용으로 구성된 기본안과 특정 시장과 제품에 관한 참여국의 특정 공약을 상세히 수록한 부속서류와 함께 총 2만 2,000쪽의 합의안을 제출했다. 합의안은 1994년 4월에 모로코의 마라케시에서 서명되었고, 미국을 포함한 몇몇 국가에서 격렬한 정치적 논쟁 끝에 그해 말 주요 국가에 의해 비준됐다.

문서의 길이가 보여주듯 우루과이라운드의 최종 결론을 요약하기는 쉽지 않다. 하지만 가장 중요한 결과는 무역자유화와 행정개혁이라는 2개의 제목으로 분류될 수 있을 것이다.

## 무역자유화

이전의 GATT 협상과 같이 우루과이라운드는 전 세계의 관세율을 낮췄다. 그 인하폭은 인상적으로 들릴 수 있는데, 선진국이 부과한 평균관세율은 우루과이라운드 결과 거의 40% 감소했다. 하지만 관세율은 이미 매우 낮았다. 사실상 평균관세율은 6.3%에서 단지 3.9%로 하락하여 세계무역을 아주 적게 증가시키는 정도였다.

이 관세율 인하보다 더 중요한 것은 농산물과 의류 두 주요 산업의 무역자유화 움직임이다.

농산물에 대한 세계무역은 매우 왜곡되어 있다. 일본은 쌀, 쇠고기, 기타 식품의 국내가격을 세계시장가격보다 몇 배 높게 하는 수입제한으로 악명이 높다. 공동농업계획(Common Agricultural Policy)하의 유럽의 대규모 수출보조금이 있다. 우루과이라운드 초기에 미국은 2000년까지 농산물 무역자유화라는 의욕적 목표를 가지고 있었다. 실제 업적은 아주 빈약하지만 우루과이라운드는 여전히 중요한 의미를 가지고 있다. 협상은 농산물 수출업자에게 향후 6년 동안 보조금을 36% 감소시키고, 보조금을 받는 수출규모를 21% 감소시킬 것을 요구했다. 일본처럼 수입할당제를 이용하여 자국 농민을 보호하는 국가는 할당제를 관세로 대체하고, 향후 이를 인상하지 않을 것을 약속했다.

섬유와 의류의 세계무역은 9장에서도 언급했던 다자간 섬유협정(MFA)에 의해 크게 왜곡되었다. 우루과이라운드는 향후 10년간 MFA를 점차 폐지하여 섬유와 의류 무역에 대한 모든 양적 제한을 제거했다. (일부 높은 관세는 여전히 남아 있다.) 의류 산업에 대한 보호가 다른 모든 보호무역조치를 합한 것보다 미국 소비자에게 더 큰 비용을 부과한다는 추정치를 기억한다면 이는 상당히 극적인 자유화이다. 하지만 MFA의 단계적 폐지에 사용된 공식은 매우 '유보적'이었음에 주목할 필요가 있다. 자유화의 대부분은 2003년 또는 2004년까지 연기되었고, 할당제의 종료도 2005년 1월까지 미뤄졌다.

MFA의 종료로 확실히 중국의 의류 수출이 급격히 증가했다. 예를 들면 2005년 1월 중국은 미국으로 2,700만 벌의 면바지를 수출했는데, 이는 1년 전 190만 벌의 면바지를 수출했던 것과 비교된다. 그리고 미국과 유럽의 의류 생산자들로부터 격렬한 정치적 반발이 있었다. 중국의 의류 수출에 새로운 규제가 부과되었으나 이 규제는 시간이 지나면서 폐지되었고, 사실상 의류 무역은 상당히 자유화되었다. 마지막으로 우루과이라운드의 중요한 무역조치는 민간기업이나 소비자가 아니라 정부기관이 구매하는 정부조달에 관한 새로운 규정이다. 정부조달은 건설장비에서 차량에 이르기까지 다양한 종류의 상품에 대해 오랫동안 보호된 시장을 제공했다. 우루과이라운드는 광범위한 정부계약을 수입제품에 개방하도록 하는 새로운 규정을 세웠다.

## 행정개혁: GATT에서 WTO까지

그 이후 우루과이라운드를 둘러싼 여론의 관심과 세계무역체제에 관한 많은 논쟁은 그 라운드에서 창설된 새로운 기구인 세계무역기구에 초점이 맞춰졌다. 1995년에 이 기구는 GATT를 관리해왔던 특별 사무국을 대체했다. 12장에서 보겠지만 WTO는 세계화에 대한 반대자들이 증오하는 기구가 됐다. 이 기구는 우익과 좌익 양쪽으로부터 모두 국가 주권을 약화시키는 일종의 세계정부라고 비난받았다.

WTO는 GATT와 어떻게 다른가? 법적인 측면에서 GATT는 임시적인 협정이었던 반면, WTO는 어엿한 국제조직이다. 하지만 실제 조직은 소규모(약 500명의 직원)이다. 원래 GATT 본문의 수정안이 WTO 규정에 포함되었다. 그러나 GATT는 상품 무역에만 적용되었지 보험, 자문, 은행업과 같은 무형 서비스의 세계무역은 규정의 합의 대상이 아니었다. 그 결과 많은 국가는 공공연히 혹은 사실상 외국기업을 차별하는 규제를 적용했다. 현대 경제는 점점 더 유형의 재화보다 서비스 생산에 초점을 맞추고 있기 때문에 GATT가 서비스 교역을 등한시했던 것이 점점 더 두드러진 실수가 되었다. 그래서 WTO 협정은 서비스 교역에 대한 규정(서비스 교역에 관한 일반협정, General Agreement on

Trade in Services, GATS)을 포함시켰다. 실제로 이 규정은 서비스 교역에 큰 영향을 미치지는 않았다. 이 협정의 주요 목적은 미래의 무역라운드 협상에 기초를 제공하는 것이다.

재화 생산에서 서비스 생산으로의 광범위한 전환과 더불어 선진국은 물적 자본에 대한 의존에서 특허와 저작권에 의해 보호되는 '지적재산권(intellectual property)'에 대한 의존으로의 전환을 경험했다. (30년 전에는 제너럴모터스가 전형적인 현대적 기업이었고, 지금은 애플이나 구글이 그렇다.) 따라서 국제 지적재산권의 국제적 적용을 정의하는 문제가 주요한 관심사항이 됐다. WTO는 무역 관련 지적재산권에 관한 협정(Agreement on Trade-Related Aspects of Intellectual Property, TRIPS)으로 이 현안을 다루고자 했다. 제약 산업에 TRIPS의 적용은 뜨거운 논쟁 주제가 됐다.

그러나 WTO의 가장 중요한 새로운 측면은 일반적으로 '분쟁해결(dispute settlement)' 절차라고 알려진 것이다. 기본적 문제는 한 국가가 다른 국가에 대해 무역체제의 규칙을 위반했다고 제소할 때 발생한다. 예를 들어 몰도바가 자국의 제품 수입을 제지한다고 우크라이나를 제소하고, 우크라이나는 그 제소 내용을 부인했다고 가정하자. 그러면 다음에 무슨 일이 일어나는가?

분쟁은 한 국가가 무역 정책을 채택하거나 WTO 협정을 위반할 때 발생할 수 있다. WTO 회원국은 일방적으로 행동하는 대신 다자적 분쟁 해결 제도를 사용하기로, 즉 합의된 WTO 절차를 따르고 판결을 존중하기로 합의했다. 하지만 WTO의 우선순위는 판결을 내리는 것이 아니라 협의를 통해 분쟁을 해결하는 것이다.

WTO가 우크라이나가 실제 규정을 위반했다고 결론을 내렸음에도 불구하고 우크라이나는 정책을 바꾸길 거부한다고 가정하자. 그러면 무슨 일이 일어나는가? WTO 자체는 집행 권한이 없다. WTO가 할 수 있는 것은 소송 국가에게 보복할 수 있는 권한을 부여하는 것이다. 이 예에서 몰도바 정부는 WTO 규정 위배를 고려하지 않고 우크라이나 수출을 제한할 권리를 가지게 된다.

GATT 규정하에서는 정해진 시간표가 없었기 때문에 국제위원회의 판결은 몇 년 또는 심지어 몇십 년이 걸리기도 하고, 심지어 판결이 발표되어도 저지하기 쉬웠다. 물론 어느 국가도 상습 위반자라는 평판을 얻고 싶어 하지 않기 때문에 GATT 규정을 따르는 행동을 하기 위해 노력하곤 했다.

WTO하의 우루과이라운드 협정은 제소에 대한 즉각적 해결과 함께 더 확실하게 정의된 절차, 더 광범위한 규율을 가진 더 공식적이고 구조화된 절차를 도입했다. 사건을 심리하기 위한 전문가 패널이 구성되고 통상적으로 1년 이내에 결론을 내렸으며 항소가 있는 경우에도 그 절차가 15개월 이상 걸리지 않을 것으로 간주된다.[6]

이렇게까지 가는 분쟁은 거의 없을 것이라는 희망과 기대가 있다. 많은 경우 WTO에 제소한다는 위협으로도 분쟁이 해결됐고, 대부분의 소송사례에서 국가들은 WTO 판결을 받아들이고 정책을 변경했다.

다음의 글상자는 수입 휘발유에 대한 미국과 베네수엘라의 분쟁에 관한 WTO 분쟁해결 절차의 예를 설명한다. 글상자에서 설명한 것처럼 이 소송은 또한 WTO가 국가 주권을 약화시킨다고 비난하는 사람들에게 아주 적절한 예시가 되었다.

---

6 World Trade Organization: www.wto.org

## 분쟁해결과 분쟁창출

WTO의 새로운 분쟁해결 절차의 최초 적용사례 역시 가장 논란이 많은 것 중 하나이다. WTO 지지자들에게 그것은 새로운 체제의 유효성을 분명히 보여준다. 반대자들에게는 기구가 환경보호와 같은 중요한 사회적 목표를 방해한다는 것을 보여준다.

이 사례는 미국의 새로운 대기오염기준에서 비롯됐다. 이 기준은 미국에서 판매되는 휘발유의 화학적 성분을 규정했다. 일률적 기준이었다면 WTO 규정하에서 분명히 합법적이었을 것이다. 하지만 새 기준은 몇 가지 함정을 지니고 있었는데, 미국에 있는 정유회사이거나 미국에서 생산량의 75% 이상을 파는 정유회사는 1990년 오염수준에 따라 '기준선'이 주어졌다. 이 조항은 일반적인 수입 휘발유보다 덜 엄격한 기준을 제시했고, 그래서 실제로 국내 정유회사의 휘발유에 대한 선호를 보여줬다.

1995년 초 미국에 상당량의 휘발유를 선적하는 베네수엘라는 새로운 오염규정에 불만을 제기했다. 베네수엘라는 그 규정이 수입재화는 국내재화와 동일한 규정의 적용을 받아야 한다는 '내국인 대우(national treatment)' 원칙(규제가 간접적인 보호주의의 형태로 사용되지 않도록 하기 위해)을 위반했다고 주장했다. 1년 후 WTO가 임명한 패널들은 베네수엘라에 우호적인 판결을 내렸다. 미국은 항소했지만 항소는 기각됐다. 그 후 미국과 베네수엘라는 규정을 개정하기 위해 협상했다.

한 측면에서 이 결과는 WTO가 해야 할 일을 정확히 한 사례이다. 미국은 무역협정의 조항을 상당히 명백하게 위반하는 조치를 만들었다. 더 작고 영향력이 적은 국가가 그 조치에 대해 제소했을 때 WTO는 매우 신속하게 결론을 내렸다.

한편 환경운동가들은 당연히 화가 났다. WTO 판결은 실제로 공기를 더 깨끗하게 할 수 있는 조치를 막았다. 더구나 청정대기 규정이 선의로 제정되었다는 점에는 의문의 여지가 없다. 즉 그 법은 수출을 배제하기 위해서가 아니라 정말로 대기오염을 감소시키려는 의도였다.

WTO 옹호자들은 미국이 분명히 수입을 차별하지 않는 법을 제정했을 수도 있었다고 지적한다. 그렇게 하지 않았다는 사실은 정유산업에 대한 정치적 양보로 사실상 일종의 보호주의로 여겨졌다. 확실히 말할 수 있는 것은 WTO 규정이 미국 환경운동가들과 정유산업이 정치적 거래를 하는 것을 더 어렵게 만들었다는 것이다.

청정대기 기준에 반대한 WTO의 간섭은 12장에서 논의하는 반세계화운동의 근거 없는 믿음에 상징적인 위치를 취하고 있다. 즉 그 조직이 어떻게 국가 주권을 침해하여 사회적·환경적으로 책임 있는 정책을 추구하지 못하게 했는지에 대한 주요한 예에 해당한다. 하지만 이 사례의 실체는 그렇게 명확하지 않다. 만약 미국이 다른 국가를 차별하지 않는 '깨끗한' 청정대기규정을 세웠다면 WTO는 불만이 없었을 것이다.

### 이익과 비용

우루과이라운드의 경제적 영향을 추정하기는 어렵지만 적어도 실행계획에 대해서는 생각해보자. 효과를 추정하려면 엄청난 서류의 난해한 법률용어를 경제용어로 번역해야 하고 그 번역된 자료에 숫자를 할당해야 하며 이 모든 것을 세계 경제에 대한 컴퓨터 모형에 집어넣어야 한다.

가장 널리 인용되는 추정치는 GATT와 또 다른 국제기관인 OECD(Organization for Economic Cooperation and Development, 선진국으로 구성되었으며 파리에 본부가 있다)의 추정치이다. 두 추정치 모두 세계 경제에 대한 이득을 연간 2,000억 달러 이상으로, 즉 전 세계 소득을 약 1% 증가시키는 것으로 추정했다. 항상 그렇듯이 양쪽 모두에 반대하는 추정치가 있다. 일부 경제학자들은 이 추정된 이득은 수출과 수입이 새로운 자유화 움직임에 강하게 반응한다고 가정하기 때문에 과장되었다고 주장한다. 더 많을 것으로 추측되는 소수의 비판가들은 이 장 초반부에서 설명했던 '동태적' 이유로 이 추정치는 너무 낮다고 주장한다.

어떤 경우든 무역자유화의 일반적 논리가 적용된다는 것은 확실하다. 우루과이라운드의 비용은 집중되어 있고 종종 잘 조직화된 집단에 영향을 주는 반면에, 이득은 광범위하고 분산된 국민들에게 발생한다. 농업에서의 진전은 농산물 가격이 세계시장보다 훨씬 높은 유럽, 일본, 기타 국가의 소수

## 사례 연구   세계무역기구(WTO)의 기질(metal) 테스트

2002년 3월, 미국 정부는 다양한 수입 철강 제품에 30%의 관세를 부과했다. 이 조치에 대한 공식적 이유는 미국 산업이 수입 급증에 직면해 구조조정할 시간이 필요하다는 것이었다. 하지만 거의 모든 사람이 동의하는 실제 이유는 정치적인 것이었다. 철강 산업이 집중되어 있는 웨스트버지니아주, 오하이오주, 펜실베이니아주는 2004년 대선에서 핵심적인 '경합주'가 될 것으로 널리 예상되었기 때문이다.

유럽, 일본, 중국, 한국은 미국의 조치가 불법이라고 주장하면서 미국의 철강 관세에 대항하여 WTO에 소송을 제기했다. 2003년 7월, WTO 패널은 미국의 조치가 정당하지 않다고 판결을 내리는 데 동의했다. 많은 관찰자는 이 판결에 대한 미국의 반응을 WTO의 신뢰성에 대한 중요한 시험으로 간주했다. 세계에서 가장 강력한 국가의 정부가 정치적으로 중요한 관세를 제거하라는 국제기구의 지시를 허용할 것인가? 심지어 무시무시한 무역 전쟁에 대한 소문도 있었다.

사실상 미국은 판결에 따라 2003년 12월에 철강 관세를 철폐했다. 이 결정에 대한 공식적 설명은 관세가 그 목적을 다했다는 것이다. 하지만 대부분의 관찰자들은 주요 동기를 유럽연합의 위협이라고 믿었는데, 유럽연합은 이미 보복행위를 취할 수 있게 WTO의 승인을 받았고 미국 수출품에 20억 달러 이상의 관세를 부과할 준비가 되어 있었다. (짐작하듯이 정치를 잘 이해하는 유럽인들은 정치적 경합주에서 생산되는 상품에 대해 관세를 부과할 계획이었다.)

따라서 WTO는 큰 시험을 통과했다. 하지만 중요한 것은 미국이 미국과 경제규모가 거의 같은 초강력 경제대국인 유럽연합의 불평을 수용한 것이다. 다음 질문은 WTO가 미국이나 유럽연합 같은 주요 경제적 힘에 반대하여 더 작은 경제를 지지하는 판결을 내릴 때 어떤 일이 일어날 것인가이다.

2005년 3월의 역사적인 결정에서 WTO는 미국의 면직물 생산자에 대한 보조금이 불법이라는 브라질의 주장에 동의했다. 미국은 판결에 따라 보조금을 제거할 것이라고 했지만 2009년까지 단지 부분적으로만 실행했다. 그 시점에 WTO는 브라질에게 미국의 수출품을 강력히 제재할 수 있는 보복 권한을 주었다. 하지만 2010년 브라질은 소송을 취하했는데, 이는 미국이 보조금을 없앴기 때문이 아니라 미국이 브라질에게 보상으로 수백만 달러를 지불하겠다는 부가 합의를 했기 때문이다. 이는 특수집단의 이해가 얼마나 강력할 수 있는지를 보여주는 예이다.

---

이지만 영향력 있는 농민에게 피해를 준다. 이러한 손실은 이 국가의 소비자와 납세자가 얻는 이득으로 상쇄되고도 남지만, 이득은 아주 광범위하게 분산되어 거의 주목받지 못한다. 유사하게 섬유와 의류 무역의 자유화는 이 산업의 근로자와 기업에게 집중된 고통을 주었고, 이는 훨씬 더 크지만 거의 가시적이지 않은 소비자 이득으로 상쇄되었다.

이처럼 상당히 광범위하게 퍼진 우루과이라운드의 영향을 고려할 때 협정이 성사된 것 자체가 정말로 놀랄 만하다. 목표 연도인 1990년까지 아무런 협정에도 달성하지 못하자 실제로 많은 논평자는 전체 무역협상 과정은 끝났다고 말하기 시작했다. 최초의 희망보다 미진하긴 했으나 결국 협상이 이루어진 것은 상호 맞물린 일련의 정치적 계산에 기인한다. 미국에서는 GATT가 상당한 자유화의 문을 열어주었을 때 농산물 수출업자가 얻는 이득과 서비스 수출업자가 기대하는 이득이 의류 산업의 항의를 상쇄하는 데 도움이 되었다. 많은 개발도상국은 섬유와 의류 수출에 주어지는 새로운 기회 때문에 우루과이라운드를 지지했다. 또한 협정하에서 협상된 일부 양허사항은 어쨌든 결국에는 발생할 수밖에 없는 정책변화에 대한 이유가 되었다. 예를 들면 유럽의 공동농업계획의 순전한 지출은 재정적자 시기에 어쨌든 삭감될 운명이었다.

하지만 라운드의 최종적 성공의 중요한 요인은 그것이 실패했을 때 무슨 일이 벌어질 것인가에 대한 두려움이었다. 1993년까지 미국과 그 외 국가에서 보호주의 흐름이 눈에 띄게 강하게 나타났다. 농부들이 강력한 로비를 통해 무역자유화에 강렬하게 반대하는 프랑스, 일본, 한국 같은, 협정이 성공하지 않으면 아예 그 협정에 참여하기를 거부할지도 모르는 국가들의 협상 당사자들은 합의에 실패하면 위험해질 것이라고 두려워했다. 즉 이들은 실패한 라운드가 단순히 진전이 없다는 것을 의미하는 것이 아니라 과거 40여 년에 걸친 자유무역을 향한 진전이 크게 후퇴하지 않을까 두려워했다.

## 무역협정의 종말?

세계무역협상의 9차 주요 라운드는 2001년 페르시아만의 도시 도하에서 기념식과 함께 시작됐다. 하지만 앞에서 언급했듯이 어떤 협정도 이루어지지 않았다.

하지만 도하라운드의 실패가 이전의 무역협상에서 이루어진 진보를 되돌리는 것은 아니라는 것을 이해하는 것이 중요하다. 세계무역 체제는 '지렛대'(무역자유화를 추진하는 국제무역협상)와 '제동장치'(주로 퇴보를 막는 구속력 있는 관세의 실행)의 조합임을 기억하라. 지렛대는 최근의 무역라운드에서 실패한 것처럼 보이지만 제동장치는 여전히 작동하고 있다. 이전 8차 라운드에서 이루어진 관세율 인하는 여전히 유효하다. 그 결과 세계무역은 현대사의 그 어떤 때보다 훨씬 더 자유롭다.

사실상 도하의 실패는 상당 부분 이전 무역협상의 성공에 기인한다. 이전 협상들이 무역장벽을 낮추는 데 상당히 성공적이었기 때문에 남아 있는 무역장벽이 매우 낮아 추가적인 무역의 자유에서 얻을 수 있는 잠재적 이득이 크지 않다. 실제로 의복과 섬유를 제외한 대부분의 공산품 무역에 대한 장벽은 현재 거의 미미하다. 더 자유로운 무역에서 얻을 수 있는 잠재적 이득의 대부분은 농업 부문의 관세와 수출보조금 인하에서 발생할 수 있는데, 농업은 가장 정치적으로 민감한 부문이기 때문에 마지막으로 개방될 부문이다.

표 10-4는 이 점을 설명한다. 표는 '완전자유화(full liberalization)', 즉 남아 있는 모든 무역장벽과 수출보조금의 제거로 얻을 수 있는 후생의 이득이 어디서 오는지, 그리고 그것이 국가들 간에 어떻게 배분되는지에 대한 세계은행의 추정치를 보여준다. 현대 세계에서 농산물은 전 세계 무역의 10%를 차지한다. 그럼에도 불구하고 세계은행의 추정치에 따르면 농업 무역을 개방하는 것이 전 세계적인 자유무역에서 세계 전체 이득의 63%를 발생시킨다. 이 이득을 얻기는 매우 힘들다. 이미 기술했듯이 부유한 국가의 농민은 정치 과정에서 혜택을 받는 데 매우 효과적으로 움직이고 있다.

도하라운드에서 실제로 수용된 제안은 사실상 완전자유화와는 거리가 멀다. 결과적으로 라운드가 성공했더라도 거기서 얻을 수 있는 이득은 상당히 작았을 것이다. 표 10-5는 도하라운드가 어떻게

| 표 10-4 | 자유무역에서 잠재적 이득의 분배율 | | | |
|---|---|---|---|---|
| | **완전자유화 품목** | | | |
| 경제 | 농산물과 식품(%) | 섬유와 의복(%) | 기타 상품(%) | 전체상품(%) |
| 선진국 | 46 | 6 | 3 | 55 |
| 개발도상국 | 17 | 8 | 20 | 45 |
| 전체 | 63 | 14 | 23 | 100 |

출처: Kym Anderson and Will Martin, "Agricultural Trade Reform and the Doha Agenda," *The World Economy* 28 (September 2005), pp. 1301-1327.

## 농업보조금은 제3세계에 피해를 주는가?

도 하라운드 협상에서 개발도상국의 주된 불만 중 하나는 부국의 대규모 농업 수출과 수출보조금이 계속 존재한다는 점이었다. 세계 면화가격을 떨어뜨려 서아프리카의 면화 재배자에게 피해를 주는 미국의 면화 보조금이 가장 많이 인용되는 사례이다.

그러나 9장에서 수출보조금은 보통 재화를 더 저렴하게 구매할 수 있는 수입국가의 후생을 증가시킨다고 배웠다. 따라서 부유한 국가의 수출보조금은 실제로 빈곤한 국가에게 도움이 되지 않을까?

답은 많은 경우 '그렇다'는 것이다. 표 10-5의 추정치는 성공적인 도하라운드가 실제로 중국에 피해를 입혔다는 점을 보여준다. 그 이유는 무엇인가? 공산품을 수출하고 식품과 기타 농산품을 수입하는 중국은 농업보조금의 폐지로 피해를 보기 때문이다.

그리고 실제로 부국의 수출보조금에서 이익을 얻는 국가는 중국만이 아니다. 일부 제3세계 농부는 보조를 받는 유럽과 미국의 식품 수출품의 낮은 가격으로 손해를 보지만, 제3세계의 도시 거주자는 이득을 보며, 보조를 받는 상품과 경쟁하지 않는 커피 같은 제품을 생산하는 농부 또한 이득을 본다.

아프리카가 바로 이 예에 해당한다. 아프리카의 저소득 국가들에 대한 도하라운드의 가능한 효과에 대한 추정치를 조사한 결과, 대부분의 경우 아프리카 국가들은 더 높은 식품가격의 부정적인 효과가 면화 같은 작물의 더 높은 가격으로 얻는 이득을 상쇄하는 것 이상이기 때문에 후생이 더 나빠질 것으로 밝혀졌다.

| 표 10-5 | 도하라운드의 두 가지 시나리오하에서 소득이득의 분배율 | |
| --- | :---: | :---: |
| | 야심적일 경우 | 덜 야심적일 경우 |
| 고소득국 | 0.20 | 0.05 |
| 중소득국 | 0.10 | 0.00 |
| 중국 | −0.02 | −0.05 |
| 저소득국 | 0.05 | 0.01 |
| 세계 전체 | 0.18 | 0.04 |

출처: Kym Anderson and Will Martin, "Agricultural Trade Reform and the Doha Agenda," *The World Economy* 28 (September 2005), pp. 1301-1327.

마무리될 것인가에 대한 두 가지 시나리오, 달성하기 매우 어려운 '야심적인' 시나리오와 '민감한' 부문은 주요 자유화를 유보하는 '덜 야심적인' 시나리오하의 후생이득을 소득의 백분율로 나타낸 세계은행의 추정치를 보여준다. 야심적인 시나리오에서도 전 세계에 대한 이득은 GDP의 단 0.18%였으며, 더 가능성이 높은 시나리오에서의 이득은 그 추정치의 1/3에도 못 미친다. 중·저소득 국가에게는 그 이득이 훨씬 더 작을 것이다. (왜 중국은 실제로 손해를 볼까? 위의 글상자에서 설명했듯이 결국 수입 농산물에 더 높은 가격을 지불해야 할 것이기 때문이다.)

표 10-5의 숫자가 아주 적은 것은 왜 라운드가 실패했는지 설명하는 데 도움이 된다. 빈곤한 국가는 그 제안에서 자국을 위한 것이 거의 없다고 보았으며, 부유한 국가에게 훨씬 더 큰 양허를 하도록 압박했다. 결국 부유한 국가의 정부는 뭔가의 보상 없이 농부와 같은 강력한 이익단체에 반하는 정치적 위험을 감수하려고 하지 않았으며, 빈곤한 국가는 충분히 남아 있는 관세를 대폭 인하하려고 하지 않았다.

## 특혜무역협정

지금까지 설명한 모든 국제무역협정은 '무차별적' 관세율 인하와 관련되어 있다. 예를 들어 앞에서 논의한 오랫동안 지속된 바나나 분쟁에서 유럽연합 집행위원회(European Commission)는 중남미와 바나나에 대한 협정을 개시했고, 이로 인해 유럽연합과 미국의 대외적인 무역관계는 틀어졌다. 협정에 따르면 유럽연합은 최혜국(Most Favoured Nation, MFN)에 바나나의 수입관세를 톤당 176유로에서 빠르면 2017년(늦어도 2019년)에 톤당 114유로로 (8단계에 걸쳐) 점차적으로 인하한다. 최혜국 지위는 대부분의 중남미 국가에게 부여되었고, 이는 중남미 수출업자가 가장 낮은 관세를 지불하는 국가보다 더 높지 않은 관세를 지불한다는 것을 보증한다. 따라서 최혜국 대우 지위를 부여받은 모든 국가는 같은 관세율을 지불한다.[7] GATT 체제하에서의 관세인하는 한 가지 중요한 예외를 제외하고는 항상 최혜국 대우 기초 위에 이루어졌다.

동일한 재화에 대해 다른 국가보다 더 낮은 관세율을 상호 적용하는 **특혜무역협정**(preferential trading agreement)이라는 중요한 경우가 있다. GATT는 일반적으로 그런 협정을 금지하지만 이상한 예외를 두었다. A국이 C국에서의 수입품보다 B국에서의 수입품에 더 낮은 관세율을 부과하는 것은 법에 위배되지만, 만약 B국과 C국이 서로의 제품에 제로 관세를 부과하는 것에 동의한다면 이는 허용된다. 즉 GATT는 일반적으로 최혜국 원칙에 위반된다고 특혜무역협정을 금지하지만, 만약 그것이 동의하는 국가들 간의 자유무역을 야기한다면 이를 허용한다.[8]

일반적으로 자유무역을 설정하기로 합의하는 둘 혹은 그 이상의 국가는 두 가지 방법 중 하나를 선택할 수 있다. **자유무역지대**(free trade area)를 설립하여 각국의 재화를 관세 없이 다른 국가로 선적할 수 있으나, 역외 국가에 대해서는 독립적으로 관세를 설정할 수 있다. 혹은 **관세동맹**(customs union)을 설립하여 관세율을 합의할 수 있다. 캐나다, 미국, 멕시코 간의 자유무역을 확립한 북미자유무역협정(NAFTA)은 자유무역지대를 창설했다. 예를 들면 캐나다와 멕시코가 중국에서 수입되는 직물에 같은 관세를 부과할 것을 요구하지는 않는다. 최근에 이 협정의 일부 세부사항이 재협상되었고, 미국-멕시코-캐나다 협정(USMCA)으로 이름을 바꾸었다. 하지만 협정의 기본 구조는 그대로 유지되었고, 세 국가는 자유무역지대이지 관세동맹은 아니다.

한편 유럽연합은 완전한 관세동맹이다. 모든 국가는 각각의 수입재에 같은 관세를 부과한다는 것에 동의해야 한다. 각 체제는 장단점을 모두 지니는데, 이는 다음의 글상자에서 논의할 것이다.

이 장 초반부에 언급한 조건하에서 관세인하는 경제적 효율을 높이는 좋은 것이다. 언뜻 보기에 전반적 관세인하만큼 좋지는 않더라도 특혜적 관세인하는 역시 좋은 것처럼 보인다. 결국 빵 반 조각이라도 아예 없는 것보다 낫지 않은가?

아마도 놀랍겠지만 이 결론은 너무 낙관적이다. 어떤 국가는 관세동맹에 참여함으로써 후생이 더 악화될 수도 있다. 이는 영국, 프랑스, 미국을 이용한 가상적 예로 설명할 수 있다. 미국은 밀을 가장

---

7  "Bananas other than Plantains," European Commission, Directorate-General for Agriculture and Rural Development, September 2013, https://ec.europa.eu/agriculture/sites/agriculture/files/bananas/fact-sheet_en.pdf

8  여기서의 논리는 경제적이라기보다 법률적인 것 같다. 각국은 자국의 국경 안에서 자유무역을 할 수 있다. 아무도 캘리포니아 포도주가 뉴욕으로 선적될 때 프랑스 포도주와 동일한 관세를 내야 한다고 주장하지 않는다. 즉 MFN 원칙은 정치단위 내에서는 적용되지 않는다. 그러나 무엇이 정치단위인가? GATT는 모든 경제그룹에게 국가가 하는 것을 똑같이 할 수 있게 허용함으로써 이 곤란한 문제를 회피하고, 정의된 경계 내에서 자유무역을 확립한다.

낮은 비용으로 생산하는 국가이고(밀 1부셸에 4달러), 프랑스는 중간 비용(1부셸에 6달러), 영국은 가장 높은 생산비용 국가(1부셸에 8달러)이다. 영국과 프랑스는 모든 밀의 수입에 관세를 부과한다. 만약 영국이 프랑스와 관세동맹을 맺으면 프랑스 밀에 대한 관세는 폐지되지만 미국 밀에 대한 관세는 폐지되지 않는다. 이는 영국에 좋은가 혹은 나쁜가? 이에 답하기 위해 두 가지 경우를 생각해보자.

우선 영국의 초기 관세가 프랑스나 미국에서 밀 수입을 하지 못할 정도로 높았다고 하자. 예를 들어 관세가 부셸당 5달러이면 미국 밀 수입은 9달러가 되고, 프랑스 밀 수입은 11달러가 되므로, 영국의 소비자는 8달러의 영국 밀을 구입할 것이다. 프랑스 밀에 대한 관세가 철폐되면 프랑스 밀의 수입이 영국의 밀 생산을 대체할 것이다. 영국의 관점에서 프랑스 밀 1부셸을 사기 위해서는 단 6달러가치의 수출 재화를 생산해야 하는 반면에 밀 1부셸을 국내적으로 생산하는 데는 8달러의 비용이 들기 때문에 이득이다.

한편 관세는 1부셸에 3달러로 관세동맹에 가입하기 전에 영국은 자체적으로 밀을 생산하기보다는 미국에서 밀을 구입했다고 하자(소비자의 부셸당 비용은 7달러). 관세동맹이 형성될 때 영국 소비자는 7달러인 미국 밀보다 6달러인 프랑스 밀을 구입할 것이고 미국 밀의 수입은 중단될 것이다. 하지만 미국 밀은 사실상 프랑스 밀보다 더 저렴하다. 즉 영국 소비자가 미국 밀에 지불하는 3달러의 세금은 정부수입으로 영국에 돌아오므로 관세는 영국 경제에 순비용이 아니다. 영국은 프랑스 밀의 수입 대금을 지불하기 위해 더 많은 자원을 수출해야 할 것이고, 영국의 후생은 개선되기보다 악화될 것이다.

이 손실의 가능성은 차선 이론의 또 다른 예이다. 초기에 영국은 유인을 왜곡하는 두 가지 정책, 미국 밀에 대한 관세와 프랑스 밀에 대한 관세를 시행했다고 하자. 프랑스 밀에 대한 관세는 유인을 왜곡하는 것처럼 보이지만 실제로는 더 저렴한 미국 밀의 소비를 장려함으로써 미국에 대한 관세에서 발생하는 유인왜곡을 상쇄하는 데 도움이 될 수 있다. 따라서 프랑스 밀에 대한 관세철폐는 실제로 영국의 후생을 감소시킨다.

두 가지 경우로 돌아가서 관세동맹의 형성이 새로운 무역(국내 생산을 대체한 프랑스 밀)으로 이어진다면 영국은 이득을 보지만, 관세동맹 내의 무역이 단순히 관세동맹 밖에 있는 국가와의 무역을 대체한다면 영국은 손실을 본다는 것을 기억하자. 특혜무역협정의 분석에서 첫 번째 경우는 **무역창출**(trade creation)이라고 하는 반면, 두 번째 경우는 **무역전환**(trade diversion)이라고 한다. 관세동맹이 바람직한지의 여부는 관세동맹이 무역창출로 이어지는가 또는 무역전환으로 이어지는가에 달려 있다.

## 환태평양경제동반자협정

2016년 초 미국은 포함하지만 중국은 포함하지 않는 환태평양 지역 12개 국가의 교섭자들은 환태평양경제동반자협정(Trans-Pacific Partnership, TPP)이라는 새로운 경제협정 제안에 동의했다. 어떤 점에서 TPP는 이전의 무역협정처럼 들리고, 교섭자들은 우루과이라운드나 북미자유무역협정에서와 같은 노력의 행로를 따를 것을 기대하는 것처럼 보였다. 즉 상당한 논쟁이 있겠지만 결국 참여하는 국가는 경제적 이해에 따라 그 협정을 비준할 것이라고 기대했다.

하지만 결국 TPP는 어떤 성과도 거두지 못했다. 이에 대한 부분적인 이유는 12장에서 더 논의하게

## 자유무역지대와 관세동맹

자유무역지대와 관세동맹의 차이는 간단히 자유무역지대는 정치적으로 단순하지만 행정적으로 골치 아픈 반면, 관세동맹은 그와 정반대라는 것이다.

먼저 관세동맹의 경우를 생각해보자. 일단 관세동맹이 설립되면 관세 행정은 상대적으로 쉽다. 재화는 관세동맹의 국경선을 통과할 때 관세를 지불해야 하지만, 동맹국 간에는 자유롭게 선적될 수 있다. 마르세이유나 로테르담에 하역되는 짐은 그곳에서 관세를 내야 하지만, 짐이 트럭으로 뮌헨으로 간다면 추가적 관세는 없을 것이다. 하지만 이 간단한 체제가 작동하기 위해서는 국가들이 관세율을 합의해야 한다. 관세는 짐이 마르세이유, 로테르담, 함부르크 중 어디에서 하역되든지 같아야 한다. 그렇지 않다면 수입업자는 수입비용을 최소화하는 항구를 선택하게 될 것이기 때문이다. 그래서 관세동맹은 독일, 프랑스, 네덜란드 및 모든 다른 국가가 동일한 관세를 부과하는 데 합의할 것을 요구한다. 국가들이 실제로 유럽연합 같은 초국가조직에게 주권의 일부를 양도해야 하기 때문에 이 합의는 쉽지 않다.

이는 경제적 통합이 전후 유럽 민주국가 간 정치적 동맹을 공고화해줄 것이라는 신념 등의 다양한 이유로 유럽에서 가능했다. (유럽연합의 창시자 중 한 사람은 스탈린의 위협이 없었다면 동맹은 결코 설립될 수 없었을 것이라는 의미에서 스탈린의 동상을 세워야 한다는 농담을 하기도 했다.) 그러나 이 조건은 다른 지역에서는 만족되지 않는다. 지금은 USMCA로 이름이 바뀐 NAFTA를 형성한 세 국가는 초국가적 조직에 관세 통제권을 양도하기가 매우 어렵다는 것을 알았다. 최소한 미국이 캐나다와 멕시코의 무역 정책에 실질적인 영향을 주지 않으면서 자국의 이익을 고려하는 합의를 만들기가 매우 어려웠다. 따라서 USMCA는 멕시코 상품이 관세 없이 미국으로 들어오며 그 반대도 허용하지만, 멕시코와 미국이 다른 국가에서 수입되는 재화에 동일한 외부 관세를 책정하도록 요구하지 않는다.

하지만 이 점이 다른 문제를 일으킨다. USMCA하에서 멕시코 근로자가 만든 셔츠는 미국으로 들어올 수 있다. 그러나 미국이 다른 국가에서 수입된 셔츠에 높은 관세를 유지하기를 원하는 한편 멕시코는 유사한 관세를 부과하지 않는다고 하자. 누군가가 예를 들어 방글라데시에서 멕시코로 셔츠를 선적하고, 그 후 그것을 시카고로 가는 트럭에 싣는다면 무엇으로 막을 수 있겠는가?

답은 비록 미국과 멕시코가 자유무역을 한다고 할지라도 멕시코에서 미국으로 수입되는 재화는 여전히 세관 검사를 통과해야 한다는 것이다. 그리고 이 제품이 제3국가에서 옮겨 실어진 제품이 아니고 실제 멕시코 제품인 것을 증명하는 서류가 있을 때만 관세 없이 미국으로 들어올 수 있다.

그러나 어떤 것이 멕시코산 셔츠인가? 셔츠가 방글라데시에서 오지만 멕시코 사람이 단추를 달았다면 그 셔츠는 멕시코산인가? 아마 아닐 것이다. 그러나 단추를 제외한 모든 것이 멕시코에서 만들어졌으면, 그것은 아마도 멕시코산으로 간주되어야 할 것이다. 중요한 점은 관세동맹이 아닌 자유무역지대를 관리하는 것은 국가가 계속 국경에서 재화를 조사해야 할 뿐만 아니라, 제품이 관세를 지불하지 않고 국경을 통과할 자격이 있는지를 결정하는 정교한 '원산지 규정(rules of origin)'을 명시해야 한다는 것이다.

결과적으로 자유무역지대는 원칙적으로는 무역이 자유롭더라도 무역에 중요한 장애가 될 수 있는 엄청난 서류작업을 부과한다.

될 널리 퍼진 세계화에 대한 반발 때문이다. 그 또한 논쟁의 소지가 있지만 TPP가 실제 전통적인 의미의 무역협정이 아니었기 때문이기도 하다. 즉 이전의 협정들이 전통적인 무역장벽을 없애기 위해 이미 많은 것을 했기 때문에 TPP가 관세를 인하하거나 수입할당제를 없애는 데 크게 기여할 것이 없었다.

그렇다면 TPP는 무엇을 했는가? 한 가지 중요한 측면은 국가 간 특허와 저작권을 시행하는 능력인 '지적재산권'을 강화했다는 것이다. 또 다른 측면은 민간 사업체와 국가 정부 간 분쟁을 다루는 '투자자 국가 분쟁해결(investor-state dispute settlement)'이었다. TPP는 그런 분쟁을 해결하기 위해 양쪽의 대표자로 구성된 특별 패널을 세웠을 것이다.

두 가지 측면, 사업체에 공평한 대우를 보장해주고 더 많은 무역과 투자를 촉진한다는 주장이 있었다. 하지만 협정에 반대하는 정당한 주장도 있었는데, 예를 들어 제약회사가 높은 가격을 더 쉽게 부과하게 해주는 것과 같이 근로자의 희생으로 기업의 이익을 강화할지도 모른다는 것이다. 중요한

## 브렉시트

유럽연합(European Union)은 1957년 6개 국가 간의 관세동맹인 유럽경제공동체(Common Market)로 시작했다. 그 이후로 유럽연합은 관세동맹이 어떻게 작동할 수 있는지에 대한 세계의 주요한 예시였고, 거의 반세기 동안 압도적으로 성공적인 사례였다. 시간이 지나면서 유럽의 경제적 통합은 넓어지고 깊어졌다. 즉 더 많은 국가가 관세동맹에 참여했으며 유럽이 연합하는 활동의 범위는 확장되었다. 하지만 2016년에 유럽연합은 충격적인 반전을 경험했다. 즉 영국이 연합을 떠날 것인지['브렉시트(Brexit)'라고 알려진 제의]에 대한 투표를 실시했고 근소한 차로 떠날 것이 확정되었다.

무슨 일이 있었는가? 아마도 재화와 서비스 무역에 대한 것, 즉 관세동맹에 대한 것은 아니었을 것이다. 대신 유럽경제공동체에서 유럽연합으로 명칭을 변경하는 노력이 상징하는 것처럼 유럽이 관세동맹 이상이 되려고 시도하는 방식에 대한 반발이었다.

구체적으로는 1992년 당시 유럽경제공동체(European Economic Community)로 알려진 조직은 규정을 통합하는, 아마도 더 중요하게는 회원국 간의 자유로운 사람의 이동을 보장하는 새로운 규범을 마련했다. 처음에 이것은 약간의 문제를 야기하는 것처럼 보였다. 하지만 2004년 이후 이전에 공산주의 국가였던 다수의 동유럽 국가가 참여하면서 연합이 크게 확대되었다. 이러한 국가는 상대적으로 가난한데, 예를 들어 루마니아와 불가리아의 1인당 소득은 영국의 절반 미만이었다. 결과적으로 상당수의 근로자가 부유한 유럽 국가로 이주하기 시작했다.

이민자가 들어오는 것을 경험한 국가는 이주자가 자국민의 직업을 빼앗고, 공공서비스에 부담을 주는 등 부정적인 영향을 미친다는 인식을 가지고 있었다. 대부분의 경제학적 분석은 이러한 인식이 상당히 현실을 과장하고 근로자의 추가적인 이득을 고려하지 않는다는 점을 보여주지만, 그러한 주장이 왜 특히 많은 블루칼라 노동자의 임금이 감소할 때 인기를 얻는지 이해하는 것은 어렵지 않다. 국가 정체성이 약화된다는 두려움을 더하면 대중에 영합하는 불만의 조건이 된다.

이 책의 집필 시점에 아일랜드 국경 지위부터 어업권까지 다양한 쟁점은 여전히 해결되지 않았고, 따라서 유럽 내 경제적 관계가 미래에 어떤 형태일지 불확실하다. 브렉시트 사례에서 확실한 것은 국제경제 정책의 정치경제학은 여전히 어렵다는 것이고, 역사적으로 경제통합을 향한 장벽의 감소 추세를 비가역적인것으로 생각해서는 안 된다는 것이다.

## 사례 연구 ▌ 남미에서의 무역전환

1991년에 남미의 아르헨티나, 브라질, 파라과이, 우루과이, 4개 국가는 메르코수르(Mercosur, 남미공동시장)라는 자유무역지대를 형성했다. 이 조약은 무역에 즉각적이고 극적인 영향을 미쳤다. 이들 국가 간의 무역규모는 4년 만에 3배 증가했다. 국가의 지도자들은 메르코수르를 더 넓은 경제개혁 패키지의 일부분의 주요 성공사례로 자랑스럽게 소개했다.

그러나 메르코수르가 지역 내 무역을 증가시키는 데는 확실히 성공했지만, 특혜무역지대 이론에 따르면 이는 반드시 좋은 일이 아닐 수도 있다. 새로운 무역이 세계 다른 국가와 했었을 무역의 희생으로 일어난 것이라면, 즉 그 조약이 무역을 창출하는 대신에 무역을 전환했다면 실제로는 후생을 감소시켰을 것이다. 아니나 다를까 1996년 세계은행의 수석 무역경제학자가 준비한 보고서는 메르코수르가 지역의 무역을 증가시키는 데 성공했음에도 불구하고 오히려 그 성공은 다른 무역을 희생하여 얻은 것이기 때문에 참여한 경제들에 대한 순효과는 아마 음(−)일거라고 결론지었다.

본질적으로 그 보고서는 메르코수르의 결과로 회원국의 소비자는 싸지만 높은 관세가 부과된 다른 국가의 재화 대신에 비싸게 생산된 이웃의 재화를 구입하도록 유도되었다고 주장했다. 특히 본문의 예에서 영국시장에서 프랑스 밀이 미국 밀을 대체한 것과 같이, 메르코수르 때문에 브라질에서 중요하게 보호되는 다소 비효율적인 자동차 산업은 사실상 어쩔 도리가 없는 아르헨티나의 시장을 획득했고 다른 나라로부터의 수입을 대체했다. "이 발견은 지역 무역협정의 잠재적 역효과에 관해 지금까지 발견된 증거 가운데 가장 설득력 있고 충격적인 증거인 것 같다"고 보고서의 초안은 결론을 내렸다.

그러나 이 결론은 출판된 최종보고서의 내용은 아니다. 초안이 언론에 새어 나갔고 이는 메르코수르 정부, 특히 브라질은 불같이 항의했다. 압력을 받은 세계은행은 우선 보고서의 출판을 연기했고, 결국 수많은 단서를 포함한 보고서를 배포했다. 출판된 보고서에서 여전히 메르코수르는 완전히 반생산적까지는 아니지만 상당한 규모의 무역전환을 초래했다고 강하게 주장한다.

점은 한쪽이 맞고 다른 쪽이 틀렸다는 것이 아니라 단순한 자유무역의 논리가 TPP의 정당성을 입증해주지 못했다는 것이다.

무역 전반에 대한 회의가 고조되면서 이러한 불명확함은 TPP가 납득되지 못하도록 했다. 그리고 도하라운드와 함께 TPP의 명백한 실패는 큰 무역협정은 이제 과거의 것이라는 주장을 강화했다.

## 요약

- 자유무역을 하는 국가는 거의 없지만 대부분의 경제학자는 지속적으로 자유무역이 바람직한 정책이라고 지지한다. 이에 대한 지지는 다음 세 가지 주장에 근거를 둔다. 첫째, 자유무역의 효율성 이득에 대한 공식적인 근거로 단순히 무역 정책의 비용-편익 분석을 반대 방향으로 해석하는 것이다. 둘째, 많은 경제학자는 자유무역이 이 공식적 분석 이상의 추가적 이득을 창출한다고 믿는다. 셋째, 복잡한 경제적 분석을 실제 정책으로 전환하기가 어렵기 때문에 자유무역을 가장 이상적인 정책이라고 보지 않는 사람들조차도 자유무역을 유용한 정책이라고 여긴다.

- 자유무역으로부터의 이탈에 대해 이론적으로 존중할 만한 근거가 있다. 한 가지 원칙적으로 명백하게 유효한 주장은 국가들이 최적관세와 수출세를 통해 교역조건을 개선할 수 있다는 것이다. 하지만 이 주장은 현실에서는 별로 중요하지 않다. 소국은 자국의 수입과 수출 가격에 큰 영향을 미칠 수 없고, 따라서 관세나 다른 무역 정책을 사용하여 교역조건을 개선할 수 없다. 한편 대국은 교역조건에 영향을 미칠 수 있지만 관세부과는 무역협정을 방해하고 보복을 일으킬 위험이 있다.

- 자유무역으로부터의 이탈을 지지하는 다른 주장은 국내시장실패에 근거한다. 노동시장 같은 국내시장이 제대로 작동하지 않으면, 자유무역으로부터의 이탈은 때때로 이 오작동의 결과를 감소시키는 데 도움이 될 수 있다. 차선 이론은 한 시장이 제대로 작동하지 못하면 더 이상 정부가 다른 시장에 대한 간섭을 삼가는 것이 최적은 아니라고 말한다. 만약 생산자잉여로 측정되지 않는, 재화 생산의 사회적 한계이익이 있다면 관세는 후생을 증가시킬 수 있다.

- 시장실패는 흔하지만 국내시장실패론이 자유롭게 적용되어서는 안 된다. 그것은 무역 정책이라기보다는 국내 정책을 위한 주장이다. 관세는 항상 국내시장실패를 상쇄하는 열등한 '차선책'으로, 국내시장실패는 항상 그것이 발생한 원인 자체에서 가장 잘 해결될 수 있다. 더구나 적절한 정책을 확실하게 추천할 만큼 시장실패를 충분히 잘 분석하기 어렵다.

- 2004년 미국은 여러 중앙아메리카 국가 및 도미니카 공화국과 DR-CAFTA라는 자유무역협정에 서명했다. 그 협정은 아시아 국가와의 경쟁심화로 어려움을 겪는 중앙아메리카 국가들과 도미니카 공화국의 의류 수출을 진작시킬 것으로 기대되었다. 그 협정이 이런 측면으로 작동했다면 경제 전체 영향에 대해 무엇을 말하는가?

- 2016년 미국 대선에서 중요한 주제 중 하나는 일반적인 무역협정에 대한 반발이었다. 수많은 유권자는 미국의 무역 협상은 주권 포기에 이르렀으니 이제 자국의 손을 묶는 것을 그만두고 국익에 맞는 어떠한 무역 정책이라도 추구해야 한다고 확신했다. 이 주장에 어떻게 반응하겠는가?

- 1930년대에 쌍방협상을 통한 자유무역으로의 일부 진전이 있었지만, 제2차 세계대전 이래로 국제적 조정은 기본적으로 관세와 무역에 관한 일반협정(GATT)의 감독하에서 다자간 협상으로 이루어졌다. 무역에 대한 관료조직과 행동준칙으로 구성된 GATT는 국제무역체제의 중심적 기구이다. 가장 최근의 세계적 GATT 협정은 또한 협정을 감시하고 집행하기 위해 세계무역기구(WTO)를 설립했다.

■ 다자간 협상을 통해 전반적 관세인하와 더불어 어떤 국가집단은 서로 간에는 관세를 낮추지만 여타 국가에 대해서는 그렇지 않는 특혜무역협정을 협상했다. GATT하에서 두 종류의 특혜무역협정이 있는데, 하나는 협정 회원국이 동일한 외부관세를 정하는 관세동맹이고 다른 하나는 회원국 상호 간에는 관세를 부과하지 않지만 여타 국가에는 각자의 관세를 정하는 자유무역지대가 허용되는 것이다. 어느 종류의 협정이든 경제적 후생에 미치는 효과는 모호하다. 협정에 참여하여 고비용의 국내 생산을 협정의 다른 회원국의 수입으로 대체한다면(무역창출) 그 국가는 이득을 얻는다. 그러나 협정에 참여함으로써 비회원국으로부터의 저비용 수입을 회원국의 고비용 제품으로 대체한다면(무역전환) 그 국가는 손해를 본다.

■ 스마트폰과 같은 첨단기술 제품의 생산은 희귀한 금속인 '희토류원소의 산화물(rare earths)'에 결정적으로 의존한다. 공교롭게도 중국은 이 희토류 생산을 장악했고, 가능한 국제적 긴장을 고려해볼 때 미국의 희토류 생산을 장려할 특별 정책이 필요하다. 이러한 필요는 경제적 측면에서 정당화될 수 있는가? 이 정당화는 이 장의 어느 분석과 맞는가?

## 주요 용어

관세동맹 customs union

관세에 대한 교역조건 논거 terms of trade argument for a tariff

관세와 무역에 관한 일반협정 General Agreement on Tariffs and Trade, GATT

구속 binding

국내시장실패 domestic market failure

국제협상 international negotiation

무역라운드 trade round

무역 전쟁 trade war

무역전환 trade diversion

무역창출 trade creation

사회적 한계이익 marginal social benefit

세계무역기구 World Trade Organization, WTO

자유무역의 정치적 논거 political argument for free trade

자유무역의 효율성 논거 efficiency case for free trade

자유무역지대 free trade area

중위 투표자 median voter

죄수의 딜레마 prisoner's dilemma

지대추구 rent-seeking

집단행동 collective action

차선 이론 theory of the second best

최적관세 optimum tariff

특혜무역협정 preferential trading agreement

## 연습문제

1. "필리핀처럼 작은 국가에서 자유무역으로의 이동은 많은 이득을 가져올 것이다. 소비자와 생산자는 정부 정책이 결정한 인위적 가격이 아니라 제품의 실질비용에 근거해 선택하게 될 것이다. 그것은 협소한 국내시장의 제약에서 벗어날 수 있게 해주고, 기업가에게 새로운 지평을 열어줄 것이며, 가장 중요한 것은 국내정치를 깨끗하게 하는 데 일조할 것이다." 이 주장에서 자유무역에 대한 주장을 분리하고 식별하라.

2. 다음 중 어떤 것이 관세와 수출보조금에 대해 잠재적으로 유효한 주장이고 어느 것이 아닌가? 이에 대해 설명하라.

   a. "웨일스의 유제품 생산자는 전반적인 농업소득의 증가에도 불구하고 가장 낮은 정점에 있다."

**b.** "유럽연합이 더 생태학적으로 공인된 식품을 요구할수록 유럽경제공동체에서 이 제품의 가격은 높아질 것이다."

**c.** "미국의 중국과 인도에 대한 수출은 단지 농부의 부의 증가를 의미하는 것이 아니라, 가치사슬에 있는 모든 사람의 부가 증가하는 것을 의미한다."

**d.** "페트(PET) 산업은 지속적으로 미국의 재활용 프로그램을 유지시킨다. 즉 상당한 세계 경제 침체와 공급원료 가격 하락에 직면하더라도 페트 재활용 시장의 견고함을 보여준다."

**e.** "석탄가격은 안정적이었지만 생산은 10.3% 감소했고 근로자는 어쩔 수 없이 다른 일자리를 찾아봐야 했다."

**3.** 소국은 한 단위당 5의 세계가격에 재화를 수입할 수 있다. 재화의 국내공급곡선은 다음과 같다.

$$S = 10 + 10P$$

수요곡선은 다음과 같다.

$$D = 600 - 5P$$

또한 각 재화 1단위의 생산은 15의 사회적 한계이익을 발생시킨다.

**a.** 수입품 단위당 10의 관세가 부과될 때 후생에 미치는 총효과를 계산하라.

**b.** 단위당 10의 생산보조금의 총효과를 계산하라.

**c.** 생산보조금이 관세보다 더 큰 후생 이득을 발생시키는 이유는 무엇인가?

**d.** 최적생산보조금은 얼마인가?

**4.** 공급과 수요는 문제 3과 같지만 생산에 대한 사회적 한계이익은 없다고 가정하자. 그러나 정치적 이유로 정부는 생산자의 1달러 이익이 소비자 이득이나 정부수입의 5달러의 가치가 있다고 계산한다. 단위당 관세 10이 정부목표에 미치는 효과를 계산하라.

**5.** 폴란드가 유럽연합에 가입한 후 폴란드의 자동차 생산비는 2만 유로인 반면, 독일은 3만 유로라는 것을 알았다고 하자. 관세동맹을 맺고 있는 유럽연합은 자동차에 $X\%$의 관세를 부과하고, 일본의 생산비는 $Y$유로라고 하자. 다음 시나리오에서 폴란드의 유럽연합 가입이 무역창출 또는 무역전환을 초래하는지 논하라.

**a.** $X = 50\%$, $Y = 1$만 8,000유로

**b.** $X = 100\%$, $Y = 1$만 8,000유로

**c.** $X = 100\%$, $Y = 1$만 2,000유로

**6.** "중국은 표준가격 이하의 대출과 기타 불법적인 정부보조금을 통해 알루미늄 산업에 이득을 준다. 이런 종류의 정책은 미국 제조업자를 불리하게 하고 알루미늄, 철강 등 다른 산업의 세계 과잉의 원인이 된다." 이 관점을 경제학적 및 정치경제학적으로 논의하라.

**7.** 최적관세론을 직관적으로 설명하라.

**8.** 정부가 국민의 경제적 후생에 입각하여 무역 정책을 만든다면 무역후생의 문제는 여전히 표 10-3에서의 죄수의 딜레마 게임으로 나타날 수 있는가? 만약 정부가 이런 방법으로 정책을 만든다면 그 게임의 균형해답은 무엇인가? 정부는 보호주의 전략을 선택할 것인가?

**9.** 노르웨이는 유전자변형 농산물의 수입을 금지했고 농산물 유전자변형에서 비롯된 작물에 매우 규제적인 정책을 개발했는데, 이는 건강, 식품안전, 환경보호와는 관련이 없다. 노르웨이는 농촌 고용에 상당한 관심을 가지고 있고 수입품과의 경쟁력을 유지하기 위해 작은 농장에 보조금을 주는 만큼 이

러한 정책은 국내 농업의 이해를 보호하기 위해 만들어졌다. 이러한 무역 정책 접근에 대해 논하라.

## 더 읽을거리

W. Max Corden. *Trade Policy and Economic Welfare*. Oxford: Clarendon Press, 1974. 보호주의를 지지하거나 반대하는 경제학적 주장에 대한 고전적 조사

I. M. Destler. *American Trade Politics*, 4th edition. Washington, D.C.: Peterson Institute for International Economics, 2005. 현실 세계에서의 무역 정책 수립 과정과 그 과정이 시간에 걸쳐 어떻게 변화했는지에 대한 포괄적인 묘사

Gene M. Grossman and Elhanan Helpman. *Interest Groups and Trade Policy*. Princeton: Princeton University Press, 2002. 무역 정책에 대한 현대 정치경제학의 논문과 사례 연구 모음집

Jeffrey Schott. *The Uruguay Round: An Assessment*. Washington, D.C.: Institute for International Economics, 1994. 가장 최근의 GATT 라운드의 논쟁점과 달성, 그리고 관련된 많은 연구에 대한 친절한 요약과 읽기 쉬운 조사

Peter Van den Bossche. *The Law and Policy of the World Trade Organization*. Cambridge: Cambridge University Press, 2008. 국제무역의 법률 체계에 대한 글과 다른 자료를 포함하는 포괄적인 조사

World Trade Organization, *Understanding the WTO*. Geneva: World Trade Organization, 2007. 제도의 역할과 역사에 대한 유용한 자체 조사

## 최적관세가 양인 것에 대한 증명

관세는 항상 대국의 교역조건을 개선하지만 동시에 생산과 소비를 왜곡한다. 이 부록은 충분히 작은 관세에 대해 교역조건 이득이 항상 왜곡손실보다 크다는 것을 보여준다. 따라서 최적관세는 항상 양 (+)이다.

요점에 집중하기 위해 모든 수요곡선과 공급곡선은 선형, 즉 직선이라고 가정한다.

### 수요와 공급

수입국인 자국의 수요곡선은 다음과 같다.

$$D = a - b\tilde{P} \tag{10A-1}$$

여기서 $\tilde{P}$는 재화의 국내가격이다. 공급곡선은 다음과 같다.

$$Q = e + f\tilde{P} \tag{10A-2}$$

자국의 수입수요는 국내수요와 공급의 차이와 같다.

$$D - Q = (a - e) - (b + f)\tilde{P} \tag{10A-3}$$

외국의 수출공급도 역시 직선으로 다음과 같다.

$$(Q^* - D^*) = g + hP_W \tag{10A-4}$$

여기서 $P_W$는 세계가격이다. 자국의 국내가격은 세계시장가격을 관세만큼 초과한다.

$$\tilde{P} = P_W + t \tag{10A-5}$$

### 관세와 가격

관세는 국내가격을 상승시키고 세계가격을 하락시켜 국내가격과 세계가격 간 차이를 발생시킨다.

세계 균형에서 자국의 수입수요는 외국의 수출공급과 같다.

$$(a - e) - (b + f) \times (P_W + t) = g + hP_W \tag{10A-6}$$

$P_F$를 관세가 없을 때의 세계가격이라 하자. 그러면 관세 $t$는 국내가격을 다음과 같이 상승시킬 것이다.

$$\tilde{P} = P_F + \text{th}/(b + f + h) \tag{10A-7}$$

반면에 세계시장가격을 다음과 같이 내린다.

$$P_W = P_F - t(b + f)/(b + f + h) \tag{10A-8}$$

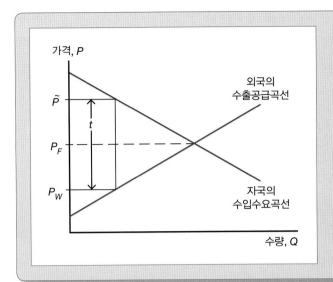

**그림 10A-1 가격에 대한 관세의 효과**
선형 모형에서 가격에 대한 관세의 정확한 효과를 계산할 수 있다.

(소국에 대해 외국의 공급은 매우 탄력적이다. 즉 $h$가 아주 크다. 그래서 소국의 관세는 국내가격을 거의 일대일로 올리는 반면에 세계가격에는 거의 영향을 미치지 않는다.)

## 관세와 국내후생

이제 지금까지 배운 것을 이용하여 자국후생에 대한 관세 효과를 도출한다(그림 10A-2). $Q^1$과 $D^1$은 자유무역에서의 소비수준과 생산수준을 나타낸다. 관세가 있으면 국내가격은 올라가고, 그 결과 $Q$는 $Q^2$로 증가하며 $D$는 $D^2$로 하락한다.

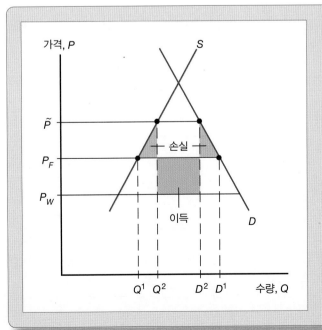

**그림 10A-2 관세의 후생 효과**
관세의 순효과는 사각형 면적에서 2개의 삼각형 면적을 뺀 값과 같다.

$$Q^2 = Q^1 + tfh/(b+f+h) \tag{10A-9}$$

$$D^2 = D^1 - tbh/(b+f+h) \tag{10A-10}$$

낮은 세계가격으로 인한 이득은 그림 10A-2에서 가격인하에 관세 부과 후의 수입량을 곱한 직사각형의 면적이다.

$$\begin{aligned}\text{이득} &= (D^2 - Q^2) \times t(b+f)/(b+f+h) \\ &= t \times (D^1 - Q^1) \times (b+f)/(b+f+h) - (t)^2 \times h(b+f)^2/(b+f+h)^2\end{aligned} \tag{10A-11}$$

소비왜곡으로 인한 손실은 그림 10A-2에서 두 삼각형 면적의 합이다.

$$\begin{aligned}\text{손실} &= (1/2) \times (Q^2 - Q^1) \times (\tilde{P} - P_F) + (1/2) \times (D^1 - D^2) \times (\tilde{P} - P_F) \\ &= (t)^2 \times (b+f) \times (h)^2/2(b+f+h)^2\end{aligned} \tag{10A-12}$$

그러므로 후생의 순효과는 다음과 같다.

$$\text{이득} - \text{손실} = t \times U - (t)^2 \times V \tag{10A-13}$$

하지만 여기에서 $U$와 $V$는 관세수준과 무관한 복잡한 표현이고 양의 값을 가진다. 즉 순효과는 양수에 관세율을 곱한 값과 음수에 관세율의 제곱을 곱한 값의 합이다.

이제 관세가 충분히 작을 때 순효과는 양의 값이어야 한다는 것을 알 수 있다. 그 이유는 숫자를 더 작게 할 때 숫자의 제곱은 그 숫자 자체보다 더 빠르게 작아지기 때문이다. 20%의 관세가 순손실을 야기한다고 하자. 그러고 나서 10%의 관세를 시도하자. 그 관세 효과의 양의 항은 20% 관세의 절반밖에 되지 않지만, 음의 항은 1/4일 것이다. 만약 순효과가 여전히 음수이면 5%의 관세를 시도하라. 이는 다시 음의 효과를 양의 효과의 2배만큼 감소시킬 것이다. 충분히 낮은 관세에서 음의 효과는 틀림없이 양의 효과에 압도될 것이다.

# 11

# 개발도상국의 무역 정책

지금까지는 무역 정책을 수행하는 국가에 대해 구체적으로 설명하지 않고 무역 정책의 수단과 목표를 분석했다. 각 국가는 독특한 역사와 현안문제를 가지고 있지만, 경제 정책을 논의하는 데 국가 간의 확실한 한 가지 차이는 소득수준이다. 표 11-1이 제시하는 것처럼 국가는 1인당 소득에서 큰 차이를 보인다. 소득 스펙트럼의 한쪽 끝에는 서유럽과 미국을 포함하여 유럽인이 정착한 국가, 그리고 일본 등의 선진국이 있다. 이들 국가는 어떤 경우 1인당 소득이 연간 6만 달러를 초과한다. 하지만 대부분의 세계인구는 상당히 가난한 국가에 살고 있다. **개발도상국**(developing country)의 소득범위는 매우 광범위하다.[1] 한국 같은 일부 이전의 개발도상국은 선진국 지위로 옮겨갔다. 방글라데시 같은 국가는 여전히 절망적으로 가난한 상태에 머물러 있다. 사실상 모든 개발도상국은 선진국과의 소득격차를 줄이고자 노력하며 이는 경제 정책의 중요한 관심사이다.

어떤 국가는 왜 다른 국가에 비해 더 가난한가? 한 세대 이전에 가난했던 어떤 국가는 극적인 발전을 이루는 데 성공한 반면에 왜 다른 국가는 그렇지 않은가? 이러한 질문은 매우 논쟁적이고, 이와 같은 질문에 답하거나 또는 경제학자들이 과거 수년 동안 제시한 답을 자세히 설명하는 것은 이 책의 범위를 벗어난다. 하지만 여기서 말할 수 있는 것은 경제발전에 대한 견해의 변화가 무역 정책을 결정하는 데 중요한 역할을 했다는 것이다.

제2차 세계대전 이후 약 30여 년 동안 많은 개발도상국의 무역 정책은, 경제발전의 핵심은 강력한 제조업을

| 표 11-1 | 2019년 1인당 국내총생산(달러, 물가수준 차이 조정) |
|---|---|
| 미국 | 64,747 |
| 독일 | 55,110 |
| 일본 | 43,445 |
| 한국 | 44,203 |
| 멕시코 | 21,294 |
| 중국 | 13,548 |
| 방글라데시 | 4,513 |

출처: Conference Board Total Economy Database.

---

1 일부 '개발도상'국은 오랜 기간 생활수준 하락을 경험함에도 불구하고 개발도상국은 현재 국제기구가 사용하는 표준화된 용어이다. 좀 더 묘사적이지만 덜 정중한 용어는 저개발국(less-developed country, LDC)이다.

형성하는 것이며 제조업을 형성하는 최선의 방법은 국제경쟁에서 국내제조업을 보호하는 데 있다는 견해에 큰 영향을 받았다. 이 장의 첫 번째 부분에서는 수입대체 산업화 전략의 근거와 1970년 이후 점점 더 공유된 이 전략에 대한 비판, 그리고 1980년대 후반에 나타난 자유무역의 장점을 강조하는 일반적인 견해에 대하여 설명한다. 이 장의 두 번째 부분에서는 1980년대 이후에 발생한 개발도상국이 보인 무역 정책에서의 급격한 변화를 설명한다.

마지막으로 경제학자들은 지속적으로 국가 간 소득격차가 발생하는 이유에 대해 논쟁을 벌여왔지만, 1960년대 중반 이후 많은 아시아 국가가 괄목할 만한 경제성장률을 달성함으로써 세계를 놀라게 했다. 이 장의 세 번째 부분에서는 이와 같은 '아시아의 기적(Asian Miracle)'에 대한 해석과 국제무역 정책에 대한 시사점(많은 논란이 있지만)을 논의한다.

### 학습목표

- 개발도상국에서 역사적으로 실행됐던 보호주의의 사례를 요약하고, 수입대체 주도 산업화와 '유치산업보호론'을 논의한다.
- '경제적 이중성'의 배경이 되는 기본적인 아이디어와 경제적 이중성과 국제무역의 관계를 요약한다.
- 중국, 인도 등 아시아 국가의 최근 경제사를 논의하고, 그들의 급속한 경제성장과 국제무역 참여의 관계를 상세하게 논의한다.

## 수입대체 산업화

제2차 세계대전 이후부터 1970년대까지 많은 개발도상국은 국내시장에 제품을 공급하는 제조업을 발전시키기 위해 제조업 제품의 수입을 제한함으로써 개발을 가속화하고자 노력했다. 이 전략은 여러 이유로 인기가 있었지만 수입대체에 대한 이론적인 경제적 논거가 이 전략을 인기 있게 만드는 데 중요한 역할을 했다. 이 논거의 가장 중요한 부분은 7장에서 언급했던 유치산업보호론이다.

### 유치산업보호론

유치산업보호론에 따르면 개발도상국은 제조업에 잠재적인 비교우위를 가지고 있지만 개발도상국의 새로운 제조업은 초기에 선진국의 잘 발달된 제조업과 경쟁할 수 없다. 따라서 제조업이 발판을 마련할 수 있도록 정부는 국제경쟁에 맞설 만큼 충분히 성장할 때까지 새로운 제조업을 일시적으로 지원해야 한다. 그러므로 유치산업보호론에 따르면 산업화를 시작하기 위한 일시적인 보호조치로 관세나 수입할당제를 사용하는 것이 타당하다. 세계에서 가장 큰 몇몇 시장경제가 무역장벽의 보호 하에서 산업화를 시작한 것은 역사적인 사실이다. 미국은 19세기에 제조업에 높은 관세율을 부과했던 반면, 일본은 1970년대까지 광범위한 수입통제를 시행했다.

**유치산업보호론의 문제점**    유치산업보호론은 매우 그럴듯하게 보였고, 실제 많은 정부에 설득력이 있었다. 그러나 경제학자들은 그 주장의 많은 위험성을 지적했으며 신중하게 사용할 것을 추천했다.

첫째, 미래에 비교우위를 가지게 될 산업 때문에 현재를 좌우하는 것은 항상 좋은 아이디어가 아니다. 현재 노동력이 풍부한 국가가 자본을 축적하는 과정에 있다고 가정하자. 이 국가는 충분한 자본을 축적하면 자본집약적인 산업에 비교우위를 가질 것이다. 하지만 이것이 즉각적으로 자본집약적 산업을 발전시켜야 한다는 것을 의미하는 것은 아니다. 예를 들면 한국은 1980년대에 자동차 수출국이 됐다. 그러나 한국이 자본과 숙련노동이 매우 부족했던 1960년대에 자동차 산업을 발전시키려 했다면 아마도 그것은 좋은 아이디어가 아니었을 것이다.

둘째, 제조업 보호는 보호 자체가 산업을 경쟁력 있게 만들지 못한다면 아무런 소용이 없다. 예를 들어 파키스탄과 인도는 수십 년 동안 자국의 제조업 부문을 보호해왔고 최근에서야 제조업 제품을 상당히 수출하기 시작했다. 그러나 그들이 수출하는 제품은 그들 국가가 보호해왔던 중공업 제품이 아니라 섬유 같은 경공업 제품이다. 이는 그들이 제조업을 보호하지 않았더라도 제조업 제품을 수출할 수 있다는 것을 보여주는 좋은 사례이다. 일부 경제학자는 초기에 보호를 받았지만 보호와는 무관한 이유로 경쟁력을 가지게 되는 '허위유치산업(pseudoinfant industry)'에 대해 경고했다. 이 경우 유치산업에 대한 보호는 결과적으로 성공적인 것처럼 보이지만 실제로는 경제에 순손실이다.

더 일반적으로 한 산업을 발전시키기 위해서 비용과 시간이 많이 소요된다는 사실은 어떤 국내시장실패가 존재하지 않는 한 정부간섭의 논거가 되지 못한다. 어떤 산업이 자본, 노동, 기타 생산요소에 대해 충분히 높은 수익을 벌 수 있어 개발할 만한 가치를 지니고 있다면 왜 민간 투자가들이 정부의 도움 없이 이 산업을 개발하지 않겠는가? 민간 투자가는 산업의 미래 가능성은 고려하지 않고 현재 수익만을 고려한다고 종종 주장되기는 하지만, 이러한 주장은 민간 투자가의 시장행위와 맞지 않는다. 적어도 선진국에서 투자가는 수익이 불확실하고 매우 먼 미래에 발생하는 사업에 종종 투자한다. 예를 들어 2000년대 초기 이래 거대한 투자를 끌어들인 중국의 전기자동차 산업을 생각해보자. 중국의 전기자동차 판매는 2014년 말이 되어서야 같은 해 초기보다 거의 30배로 치솟으면서 2015년에는 세계에서 가장 큰 전기자동차 시장인 미국을 능가했다.

**유치산업보호에 대한 시장실패 정당성**    유치산업보호론을 정당화하기 위해서는 새로운 산업은 항상 보호될 필요가 있다는, 그럴듯해 보이지만 의심스러운 주장을 넘어 살펴볼 필요가 있다. 유치산업보호론이 정당한가의 여부는 10장에서 논의한 종류의 분석에 달려 있다. 즉 성장 초기에 산업을 보호해야 한다는 주장은 민간시장이 이 산업을 빠르게 발전시키지 못하도록 방해하는 일련의 특정한 시장실패요소와 관련되어야 한다. 유치산업보호론의 정교한 지지자들은 유치산업보호가 좋은 아이디어일 수 있는 이유로 **불완전 자본시장**(imperfect capital market)과 **전용성**(appropriability)의 문제라는 2개의 시장실패 요인을 제시했다.

유치산업보호에 대한 불완전 자본시장의 정당성(imperfect capital markets justification)은 다음과 같다. 만약 전통적 산업(예: 농업)에서의 저축을 새로운 산업(예: 제조업)의 투자 자금으로 사용할 수 있게 하는 일련의 금융기관(예: 효율적인 주식시장과 은행)이 개발도상국에 없다면, 새로운 산업의 성장은 현재 그 산업에 속한 기업의 이윤을 벌 수 있는 능력에 제한받을 것이다. 따라서 투자의 장기 수익률이 높을지라도 초기의 낮은 이윤은 투자의 장애요인이 될 것이다. 최선의 정책은 더 나은 자본시장을 만드는 것이지만, 새로운 산업을 보호함으로써 이윤을 높여 더 빠르게 성장하도록 하는 것이 차선책으로 정당화될 수 있다.

유치산업보호론에 대한 **전용성 근거**(appropriability argument)는 여러 형태를 취할 수 있지만 모두 공통적으로 새로운 산업 내 기업은 보상받지 못하는 사회적 이익을 창출한다는 아이디어에 기반한다. 예를 들어 한 산업에 처음 진입하는 기업은 기술을 지역적 상황에 맞게 적용하거나 또는 새로운 시장을 개척하는 '스타트업(start-up)' 비용을 지불해야 한다. 만약 다른 기업이 이와 같은 스타트업 비용을 지불하지 않고서도 선도 기업을 뒤따를 수 있다면 선도 기업은 이 비용의 지출에 대해 어떤 보상도 받지 못할 것이다. 따라서 선도 기업은 물리적인 생산물을 생산하는 것에 추가하여 재산권을 설정할 수 없는 무형의 이득(예: 지식 또는 새로운 시장)을 창출할 수 있다. 어떤 경우에는 새로운 산업 창출에서 발생하는 사회적 이익이 사회적 비용을 초과하지만, 이 전용성의 문제 때문에 어떤 민간 기업가도 기꺼이 선도적으로 진입하려 하지 않을 것이다. 최선책은 기업에 무형의 기여를 보상해주는 것이다. 그러나 이것이 불가능할 경우 관세 또는 기타 무역 정책을 사용하여 새로운 산업으로의 진입을 장려하는 것이 차선책이 될 수 있다.

유치산업보호에 대한 불완전 자본시장과 전용성 주장 모두 분명 자유무역에 대한 개입을 정당화하는 **시장실패**의 특별한 경우이다. 여기에서 차이점은 그러한 주장이 모든 산업보다는 새로운 산업에만 적용된다는 것이다. 그러나 시장실패 접근이 가지고 있는 일반적인 문제는 여전히 남아 있다. 실제적으로 어떤 산업이 특별히 취급되어야 하는지를 평가하는 일은 어렵고, 발전을 촉진하고자 의도한 정책이 결국 특별한 이익집단에 점유되는 위험이 존재한다. 성장하지 못하면서 여전히 보호에 의존하고 있는 유치산업에 관한 사례는 매우 많다.

## 보호를 통한 제조업 육성

유치산업보호론에 대한 의문점이 존재하지만 많은 개발도상국은 유치산업보호론을 제조업이 성장하는 데 특별한 지원을 제공하기 위한 설득력 있는 근거로 보고 있다. 원칙적으로 그러한 지원에는 여러 방법이 있다. 예를 들면 국가는 일반적인 제조업 생산에 보조금을 지원하거나 또는 비교우위를 개발할 수 있는 일부 제조업 제품의 수출보조금에 자국의 노력을 집중시킬 수 있다. 그러나 대부분의 개발도상국에서 실행하는 산업화를 위한 기본 전략은 관세와 수입할당제 같은 무역제한조치를 사용함으로써 수입제품을 국내제품으로 대체하도록 장려하여 국내시장을 지향하는 산업을 발전시키는 것이다. 제조업 제품의 수입을 제한하여 국내 산업을 발전시키는 전략을 **수입대체 산업화**(import-substituting industrialization) 전략이라고 한다.

왜 하나의 선택만 해야 하는지 의문이 들 수 있다. 수입대체와 수출 모두를 장려하지 않는 이유는 무엇인가? 이에 대한 답은 6장에서 살펴본 관세의 일반균형 모형으로 돌아가 생각해보자. 수입을 감소시키는 관세는 또한 반드시 수출을 감소시킨다. 수입대체 산업을 보호함으로써 국가는 실제적이거나 또는 잠재적인 수출 부문으로부터 자원을 당겨오는 것이다. 따라서 수입대체를 추구하는 국가의 선택은 동시에 수출 성장을 위축시키는 선택이 된다.

수출 증가보다 수입대체가 산업화 전략으로 선택되었던 이유에는 경제적·정치적 요인이 복합되어 있다. 첫째, 1970년대까지 많은 개발도상국은 제조업 제품 수출에 회의적이었다(이러한 회의론은 또한 제조업 보호를 위한 유치산업보호론에 의문을 야기함에도 불구하고). 많은 개발도상국은 산업화가 절대적으로 제조업 제품의 수출 성장보다는 국내 산업의 수입 대체에 기반을 두어야 한다고 믿었다. 둘째, 많은 경우 수입대체 산업화 정책은 자연스럽게 기존의 정치적 성향에 딱 들어맞았다. 앞에서 이미 1930년대의 경제 대공황과 1940년대 전반기 전쟁으로 무역이 중단된 시기에 중남미 국가들이 수입대체를 진전시키도록 강요된 사례를 언급했었다(10장 참조). 이들 국가에서 수출 촉진은 자연스럽게 정치적인 지지를 받지 못한 반면, 수입대체는 강력한 기존 이익집단에 직접적인 이익을 제공했다.

수입대체 정책의 일부 지지자들은 세계 경제가 새로운 국가의 진입을 방해하고 기존 공업국가에게 유리한 점이 너무 커서 신흥공업국가는 극복할 수 없다고 믿었다는 점도 지적할 가치가 있다. 이 견해에 대한 극단적인 지지자들은 개발도상국과 선진국의 관계를 끊는 일반적인 정책을 요구했다. 그러나 보호주의적 발전 전략에 더 온건한 지지자들 사이에서도 국제 경제 시스템이 체계적으로 개발도상국의 이익에 반하여 작동한다는 견해가 1980년대까지 일반적으로 퍼져 있었다.

1950~1960년대에는 수입대체 산업화가 대세였다. 개발도상국은 일반적으로 식품가공과 자동차 조립 같은 산업의 최종 단계를 보호하는 것으로 시작했다. 대규모 개발도상국에서는 국내제품이 거의 완전히 수입소비재를 대체했다(종종 제조업은 외국의 다국적 기업이 운영하긴 했지만). 소비재 수입을 대체할 가능성이 소진되자 이들 국가는 자동차 차체, 철강, 석유화학제품과 같은 중간재 보호로 눈길을 돌렸다.

대부분 개발도상국 경제에서 수입대체는 논리적 한계로 인해 중단되었다. 컴퓨터, 정밀기계 등의 정밀 제조업 제품은 계속해서 수입됐다. 그럼에도 불구하고 수입대체 산업화를 추진한 대규모 국가들은 수입을 매우 낮은 수준까지 감소시켰다. 가장 극단적인 경우는 인도로, 1970년대 초에 석유를 제외한 인도의 수입은 GDP의 약 3%에 불과했다.

제조업 성장을 촉진하기 위한 정책으로서 수입대체 산업화 전략은 확실히 효과가 있었다. 중남미 국가들은 선진국만큼 높은 제조업 생산 비중을 보이기 시작했다. (인도의 생산이 적은 이유는 가난한 국민이 소득의 많은 부분을 식량에 지출했기 때문이다.) 그러나 이 국가들에게 제조업 육성 정책은 그 자체가 목표라기보다는 경제발전의 최종 목표를 위한 수단이었다. 수입대체 산업화가 경제발전을 촉진했는가? 이에 대한 심각한 의문이 제기됐다. 많은 경제학자가 1950년대와 1960년대 초에 수입대체 산업화 정책을 지지했음에도 불구하고 1960년대 이후부터 수입대체 산업화 정책은 점차적으로 거센 비판을 받게 됐다. 실제로 경제분석가와 정책입안자의 관심사는 대부분 수입대체를 촉진하려는 노력에서 나쁜 수입대체 정책으로 발생한 피해를 바로잡고자 하는 노력으로 옮겨갔다.

## 제조업 선호의 결과: 수입대체 산업화의 문제점

수입대체를 추진하는 국가가 선진국을 따라잡지 못하는 것이 명백해지면서 수입대체 산업화는 신임을 잃기 시작했다. 실제로 일부 개발도상국은 국내 제조업 기반을 발전시켰음에도 불구하고 선진국에 훨씬 뒤처지게 됐다. 1980년의 인도는 독립을 쟁취한 후 첫해인 1950년보다도 더 가난해졌다.

수입대체 산업화는 왜 예상했던 방식대로 작동하지 않았는가? 가장 중요한 이유는 유치산업보호론이 많은 사람이 생각했던 것처럼 보편적으로 타당하지는 않은 것 같다. 국가에 제조업에서 비교우위를 가지지 못하는 근본적인 이유가 있다면 일정한 기간의 보호로도 경쟁력 있는 제조업을 만들지 못할 것이다. 경험에 따르면 제조업 발전에 실패한 이유는 단순히 제조업에 대한 경험 부족보다 더 깊은 데 있다. 가난한 국가는 숙련노동, 기업가, 경영능력이 부족하고, 예비 부품에서 전력에 이르기

## 사례 연구    수출주도 전략

**19**91년 소비에트 연방의 붕괴 이후 여러 나라가 독립을 쟁취했고, 이는 그 나라들의 시장 기반 경제 건설의 시작을 암시하였다. 결과적으로 경제발전을 위해 국제무역과 경제협력이 지배적으로 중요해졌다. 2001년, 리투아니아는 10장에서 설명했던 국제무역의 주요 기구가 된 세계무역기구(WTO)의 회원국이 되었다. 리투아니아의 비교적 자유로운 무역을 위한 해외무역 자유화는 실제로 독립하자마자 곧 시작되었고, 대체로 서구에서는 이미 잘 알려진, 그리고 WTO가 승인한 시장경제 수단으로 시행되었다. 리투아니아처럼 작은 국가의 경우 수출주도 전략은 국제시장에 참여하는 주요 형태 중 하나로, 경제성장을 달성하고 국내시장의 경쟁력을 향상시키는 주요 결정요인이었다.

2000년에 리투아니아는 160개 이상의 국가와 경제적 관계를 맺었다. 리투아니아의 이행기 목표 중 하나는 이전 소비에트 연방과의 무역에서 서방과의 무역으로 방향을 바꾸는 것이었다. WTO 가입은 리투아니아가 경제적 안정이 취약한 시기에 무역이 증가하도록 도왔고, 러시아 및 다른 독립국가연합(CIS, 1991년까지 소비에트 연방의 일원이던 독립국가들_역자 주)과의 무역관계를 떠나 방향을 바꾸는 것을 도왔다. 반면에 리투아니아는 WTO 회원국이 되면서 시장 기반 농업 정책을 위해 조치를 취해야 했다. 리투아니아는 유럽연합의 농업 규제를 피할 수 없었고, 따라서 국내 농업보조금을 5년에 걸쳐 20% 낮추고 농업 수출보조금을 폐지해야 했다. 이 과정을 통해 리투아니아는 2004년 유럽연합 가입을 준비하였다. 가입 절차는 유럽연합과 제3국 간에 결정된 모든 무역협정을 포함하는 유럽연합의 공동무역 정책을 채택하는 것으로 이어졌다.[2] 이러한 다수의 정책과 함께 리투아니아와 다른 작은 유럽연합 국가들의 무역 자유화는 수출을 급증시켰다. WTO와 유럽연합 가입은 투자자에게 시장에 들어갈 수 있는 안정성을 보장하였다. 1995년 리투아니아 수출은 GDP의 53%였고 그중 많은 부분은 러시아와의 무역으로, 이후 1998년 러시아 금융위기 기간에 리투아니아에 부정적인 영향을 주었다. 이는 그런 예측 불가능한 경제에 대한 의존은 위험하다는 것을 보여준 값비싼 교훈이었다. 2015년에 수출은 GDP의 76%로 성장하였고 리투아니아의 주요 교역 상대국은 유럽연합이 되었다. 국제무역과 국제시장은 총수익을 증가시키고, 국제화를 확대하고, 더 높은 투자 수익률을 제공하고, 새로운 일자리를 창출하고, 경제성장에 영향을 주었기 때문에 리투아니아 기업들 또한 국제무역과 국제시장을 더욱 지향하게 되었다.

수출주도 전략은 자본과 기술이 충분하지 않고 시장이 작은 저개발 국가에서 지지받았다. 산업, 국제투자, 무역의 규제완화는 다수의 새로운 국내 및 해외 경쟁자를 끌어들였다. 이는 국내시장의 경쟁을 증가시키고 국내기업이 국내에서 판매할 기회를 감소시킴으로써 외국에서의 다른 유통 방법을 찾아보게 하였다.[3] 결과적으로 오늘날 리투아니아의 수출을 통한 국제무역은 경제적 후생을 증가시켰고 이는 리투아니아 국민들의 삶의 여건을 향상시켰다. 시장 확대는 또한 1인당 소득 성장을 촉진했다(1995년 2,169달러에서 2015년 1만 4,172달러로 증가). 작은 국가에게 수출주도 전략은 성장기회를 제공한다. 하지만 이 전략의 부정적인 한 측면은 수출에 과도하게 의존한다는 것이다. 리투아니아와 같은 국가는 너무 작아서 오로지 자국의 작은 내수시장에만 전념할 수가 없다(수입대체 전략의 경우). 수출주도 전략은 작은 국가들이 지리적으로 작은 지역, 작은 인구, 작은 시장을 가졌음에도 불구하고 큰 규모의 경제적 이윤을 얻도록 해준다. 하지만 전 세계의 대부분의 국가에서 이 수출주도 전략을 시행하고 있고, 따라서 선진국의 생산성 높은 기업뿐만 아니라 다른 개발도상국과의 엄청난 경쟁을 야기한다. 국제적 경쟁은 가혹해지고 수출은 감소하기 마련이다.

| 표 11-2 | 리투아니아 수출(GDP 비중) | | | | |
| --- | --- | --- | --- | --- | --- |
| | 1995 | 2000 | 2005 | 2010 | 2015 |
| 수출, GDP 대비 퍼센트(%) | 53 | 43 | 59 | 68 | 76 |

2 Ginevičius R., Tvaronavičiene M., Korsakiene R. & Kalaūinskaite K (2007) *Lithuania − Belarus economic relations: How the EU accession impacted bilateral trade*, Journal of Business Economics and Management, 8:2, p. 137-144.

3 Dzemydaitė G., Dzemyda I, Jurgelevičius A. (2012) *Evaluation of the Implementation of National Export Development Strategy: Case Study of the Republic of Lithuania*, Intellectual economics Vol. 6, no 1(13), p. 776-797.

| 표 11-3 | 개발도상국의 제조업 실효보호율(%) |
| --- | --- |
| 멕시코(1960) | 26 |
| 필리핀(1965) | 61 |
| 브라질(1966) | 113 |
| 칠레(1961) | 182 |
| 파키스탄(1963) | 271 |

출처: Bela Balassa, *The Structure of Protection in Developing Countries* (Baltimore: Johns Hopkins Press, 1971), p. 82.

까지 모든 것이 안정적으로 공급되기 어려운 사회 조직의 문제가 있다. 이러한 문제점은 경제 정책의 범위를 넘어선 것은 아니지만 **무역 정책**으로 해결될 수는 없다. 수입할당제는 비효율적인 제조업을 생존 가능하게 할 수는 있지만 직접적으로 그 산업을 효율적으로 만들 수는 없다. 유치산업보호론은 관세나 수입할당제 같은 일시적인 보호 정책하에서 개발도상국의 제조업은 효율적이 되도록 배운다는 것이다. 실제로 이와 같은 주장은 항상 또는 심지어 일반적으로도 사실이 아니다.

수입대체 산업화가 약속된 이익을 가져오지 못하면서 관심은 산업을 촉진하기 위해 사용된 정책의 비용으로 돌아섰다. 이 쟁점에 대해 많은 개발도상국의 보호주의 정책이 유인을 심하게 왜곡했다는 점을 보여주는 증거가 늘어나고 있다. 문제의 일부는 많은 국가가 유치산업을 촉진하려고 지나치게 복잡한 방법을 사용했다는 것이다. 즉 단순한 관세 대신 정교하게 수입할당제, 환율통제, 국산부품 규제 등 종종 중복되는 정책을 사용했다. 때때로 하나의 행정 규제가 실제로 얼마만큼의 보호를 제공하는지 결정하는 것은 어려우며 여러 연구에 따르면 보호의 정도는 종종 정부가 의도한 것보다 더 높고 산업 간에 차이도 크다. 표 11-3은 중남미와 남아시아의 일부 산업이 200% 이상의 관세율과 동등한 규제로 보호되었다는 것을 보여준다. 이와 같은 높은 실효보호율은 산업의 생산비용이 산업을 대체하는 수입가격의 3배 또는 4배일 때조차도 산업이 생존할 수 있게 했다. 심지어 보호를 위한 시장실패론의 가장 열광적인 지지자들조차도 실효보호율이 방어하기 어려울 정도로 높다는 것을 발견했다.

상당한 관심을 받은 추가적 비용은 수입제한이 비효율적인 소규모 생산을 촉진하는 경향이 있다는 것이다. 심지어 가장 큰 개발도상국의 국내시장 규모도 미국 또는 유럽연합의 국내시장 규모에 비해 매우 작다. 흔히 전체 국내시장은 효율적인 규모의 생산시설을 허용할 정도로 충분히 크지 않다. 그러나 이와 같은 작은 시장이 예를 들어 수입할당제로 보호될 때 단 하나의 기업만이 시장에 진입한다면 이 기업은 독점이윤을 얻는다. 이러한 독점 이윤을 위한 경쟁은 일반적으로 한 기업에게도 충분하지 않은 시장에 다수 기업이 진입할 유인을 제공하고 생산은 매우 비효율적인 규모에서 이루어진다. 8장에서 설명한 것처럼 소국의 규모의 문제에 대한 답은 제한된 종류의 제품의 생산과 수출에 전문화하고 다른 제품들을 수입하는 것이다. 수입대체 산업화는 국내시장을 위한 생산에 초점을 맞춤으로써 이러한 대안을 없앤다.

수입대체 산업화를 비판하는 사람들은 또한 이 정책이 소득불평등과 실업 등의 다른 문제를 악화시켰다고 주장한다.

1980년대 말 수입대체 산업화에 대한 비판은 경제학자뿐만 아니라 세계은행 같은 국제기구와 심지어 개발도상국의 정책입안자에게도 광범위하게 받아들여졌다. 통계적 증거는 상대적으로 자유무역 정책을 따랐던 국가가 평균적으로 보호무역 정책을 따른 국가보다 더 빠르게 성장했음을 제시했다(일부 경제학자들은 이 통계적 증거에 이의를 제기하지만).[4] 이러한 지적 풍토의 변화는 실제 정책의 큰 변화로 이어져 많은 개발도상국은 수입할당제를 폐지하고 관세를 낮추었다.

## 1985년 이후의 무역자유화

1980년대 중반부터 많은 개발도상국이 관세율을 낮추고 수입할당제와 다른 무역 규제를 폐지했다. 개발도상국의 좀 더 자유로운 무역으로의 이행은 지난 25년간 무역 정책의 중요한 흐름이다.

1985년 이후 많은 개발도상국은 관세를 낮추고 수입할당제를 폐지했으며 일반적으로 자국의 경제를 수입경쟁에 개방했다. 그림 11-1은 이전에 개발 전략으로 수입대체에 크게 의존했던 중요한 두 개발도상국인 인도와 브라질에 대한 관세율 추세를 보여준다. 이 두 국가에서 급격한 관세율 하락이 있는 것을 확인할 수 있다. 유사하지만 덜 극적인 무역 정책의 변화가 많은 개발도상국에서 일어났다.

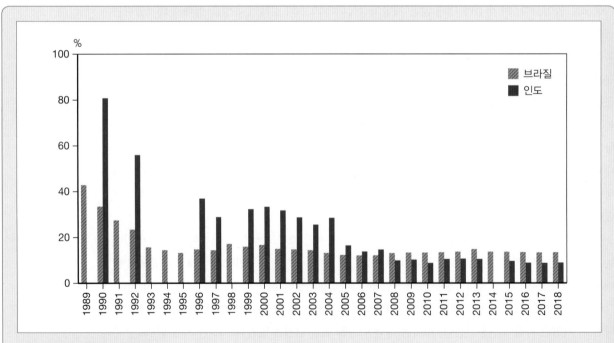

**그림 11-1 개발도상국의 관세율**

수입대체 산업화 이탈에 대한 하나의 측정치는 개발도상국의 급격한 관세율 하락으로, 1980년대 초반 평균 30%를 넘던 관세율은 오늘날 약 10%로 하락했다. 인도와 브라질 같은 한때 특별히 강력한 수입대체 정책을 실시했던 국가 또한 급격한 관세율 하락을 보여준다.

출처: World Bank.

4 Francisco Rodriguez and Dani Rodrik, "Trade Policy and Economic Growth: A Skeptic's Guide to the Cross-National Evidence," in Ben Bernanke and Kenneth S. Rogoff, eds., *NBER Macroeconomics Annual 2000* (Cambridge, MA: MIT Press for NBER, 2001) 참조

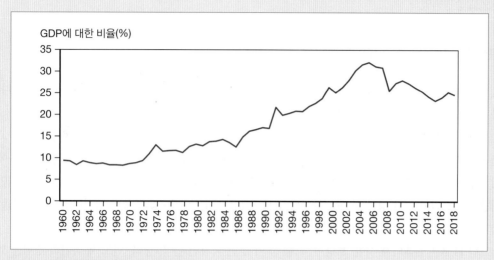

**그림 11-2 개발도상국 무역의 성장**

1980년대 초 많은 개발도상국은 수입대체 정책에서 벗어나기 시작했다. 이는 GDP 대비 비중으로 나타낸 수출이 크게 증가하는 결과로 나타났다.

출처: http://data.worldbank.org/indicator/NE.EXP.GNFS.ZS, http://data.worldbank.org/indicator/NE.IMP.GNFS.ZS

개발도상국의 무역자유화는 두 가지 명백한 효과를 발생시켰다. 하나는 무역규모의 급격한 증가이다. 그림 11-2는 1970년부터 GDP의 퍼센트로 측정한 개발도상국의 수출과 수입을 나타낸다. 그림에서 볼 수 있듯이 그 기간에 GDP 대비 무역 비중은 3배 증가했고, 대부분은 1985년 이후에 이루어졌다.

다른 효과는 무역 특성의 변화이다. 무역 정책의 변화 이전에 개발도상국은 주로 농업과 광업 제품을 수출했다. 그러나 그림 2-6에서 봤듯이 1980년 이후에 이 같은 상황은 바뀌었다. 개발도상국 수출의 제조업 제품 비중은 급증했고, 가장 큰 개발도상국에서는 수출을 압도하게 되었다.

하지만 무역자유화는 수입대체와 마찬가지로 그 자체가 목표가 아니고 수단이다. 앞서 논의했듯이 수입대체는 빠른 경제발전의 약속을 이행하지 못한다는 것이 명백해지면서 인기를 잃었다. 더 개방적인 무역으로의 전환은 더 좋은 결과를 가져왔는가?

이에 대한 답은 혼재되어 있다. 브라질과 기타 중남미 국가의 성장률은 수입대체 산업화 기간보다 1980년대 후반 무역자유화 이후에 실제로 더 낮아졌다. 반면에 인도는 인상적인 성장률의 증가를 경험했으나, 다음 절에서 보듯이 이러한 성장의 얼마만큼이 무역자유화에 기인하는지에 대해서는 극심한 논쟁이 있다.

이에 더해 개발도상국에서 불평등이 심화되는 것에 대한 우려가 증대되고 있다. 적어도 중남미에서 수입대체 산업화에서의 전환은 고도로 숙련된 노동자의 소득이 상승할 때 육체 노동자의 실질임금이 하락한 것과 연관이 있다.

그러나 한 가지는 분명하다. 많은 개발도상국이 무역에 더 적게 개방하는 것이 아닌 더 많이 개방할수록 놀라운 성장을 달성하면서 수입대체가 발전에 이르는 유일한 길이라는 과거의 견해는 틀린 것으로 증명되었다.

## 무역과 성장: 아시아의 도약

앞서 살펴본 것처럼 1970년대 발전 전략으로서 수입대체 산업화에 대한 환멸이 널리 퍼져 있었다. 하지만 무엇이 이를 대체할 수 있을까?

경제학자와 정책입안자가 개발도상국의 놀라운 성공 사례, 즉 급속한 성장의 가속화를 경험하고 선진국 소득에 수렴하기 시작한 경제 사례에 주목하면서 가능한 답안이 제시되기 시작했다. 처음에 이 성공 사례는 비교적 작은 동아시아 국가 그룹인 한국, 대만, 홍콩, 싱가포르에 해당되었다. 하지만 시간이 흐르면서 이런 성공 사례는 확산되기 시작했고, 오늘날에는 깜짝 놀랄 경제적 도약을 경험한 국가 목록에 세계에서 가장 인구가 많은 두 국가, 중국과 인도도 포함되어 있다.

그림 11-3은 원래의 아시아 '호랑이' 그룹 중 가장 큰 국가인 한국, 중국, 인도 세 국가의 경험을 보여줌으로써 아시아의 경제적 도약을 보여준다. 각 국가에 대해 경제 '따라잡기(catchup)' 수준을 강조해서 보여주는 지표인 미국수준 대비 1인당 국내총생산(GDP) 비율을 보여준다. 그림에서 볼 수 있는 것처럼 한국은 1960년대에 경제성장을 시작했고, 중국은 1970년 말에, 인도는 1990년쯤에 시작했다.

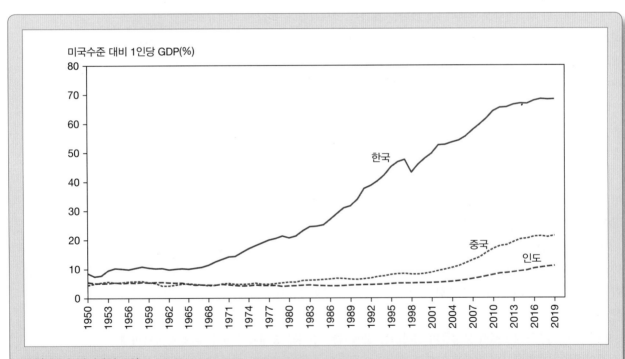

### 그림 11-3 아시아의 도약

1960년 대 초, 일련의 국가들이 선진국의 소득수준에 수렴하기 시작했다. 그림은 미국수준 대비 비중 1인당 GDP를 보여주는데, 변화를 강조하기 위해 비율적인 수치를 사용한 것이다. 한국은 1960년대에, 중국은 1970년대 말에, 인도는 그보다 약 10년 뒤에 상승하기 시작하였다.

출처: Total Economy Database.

무엇이 이런 경제적 도약을 야기했을까? 그림 11-3에 있는 국가는 모두 도약기 즈음에 주요한 경제 정책의 변화를 경험했다. 새로운 정책은 좀 더 자유로운 무역을 향하는 움직임을 포함해 다양한 분야에서 정부의 규제를 줄이는 것이었다. 가장 극적인 변화는 중국에서 일어났고, 1978년에 권력을 잡은 덩샤오핑은 중앙계획경제를 이윤 동기가 상대적으로 자유로운 통제력하에 있는 시장경제로 전환했다. 하지만 다음의 글상자 '인도의 호황'에서 설명하듯이 인도 역시 극적인 정책 변화를 경험했다.

각 국가의 경우 이러한 정책 개혁에 뒤이어 경제 개방의 큰 확대가 이루어졌고, 이는 GDP 대비 수출 비중으로 측정된다(그림 11-4). 따라서 이러한 아시아 국가들의 성공 사례는 수입대체 산업화 지지자들이 틀렸다는 것을 입증한다. 즉 수출 지향적인 성장을 통해서도 경제발전을 달성하는 것이 가능하다는 것이다.

명확하지 않은 것은 무역자유화가 어느 정도까지 이런 성공 사례를 설명할 수 있는가이다. 방금 살펴본 것처럼 관세인하와 다른 수입규제의 폐지는 이 국가들이 취했던 경제개혁의 단지 일부이기 때문에 무역자유화 그 자체의 중요성을 평가하기는 어렵다. 게다가 급격하게 무역을 자유화하고 수출로 이동했던 멕시코 및 브라질 같은 중남미 국가는 비슷한 경제적 도약을 이루지 못했는데, 이는 적어도 다른 요인이 아시아 기적에 중요한 역할을 했다는 것을 암시한다.

따라서 아시아 국가들의 경제적 도약의 시사점은 여전히 다소 논란의 여지가 있다. 하지만 한 가지

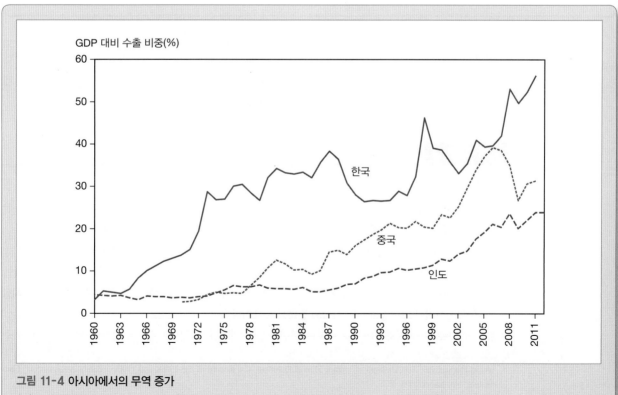

**그림 11-4 아시아에서의 무역 증가**

출처: World Bank.

## 인도의 호황

11억이 넘는 인구가 살고 있는 인도는 세계에서 두 번째로 인구가 많은 국가이다. 인도는 또한 세계무역에서 물리적 재화보다 특히 정보를 포함하는 새로운 형태의 무역에서 영향력을 확대하고 있다. 인도의 도시 벵갈루루는 전 세계 정보기술 산업에서 맡고 있는 역할의 증대로 유명해졌다.

그러나 한 세대 전 인도는 세계무역에서 매우 미약한 참가자였다. 이는 부분적으로 국가의 경제성과가 대체로 나빴기 때문이다. 1980년경까지 인도는 종종 '힌두성장률'이라고 조롱받던, 인구증가율보다 단지 약 1%p 정도 높은 경제성장률을 겨우 이어나갔다.

이러한 낮은 성장률은 대부분 숨 막히는 관료주의적 규제에 기인한다. 관찰자들은 '라이선스 라지(license Raj)'에 대해 이야기한다. 즉 실제로 모든 종류의 창업은 얻기 어려운 정부의 허가를 필요로 하는데, 이는 투자와 혁신을 방해한다. 그리고 침체된 인도 경제는 세계무역에 거의 참여하지 않았다. 인도가 1948년 독립을 쟁취한 이후 지도자들은 국가의 개발 전략으로 매우 극단적인 형태의 수입대체 산업화를 채택했다. 인도는 국내에서 생산할 수 있는 것은 비록 국내 상품이 외국에서 수입한 것보다 훨씬 비싸고 품질이 낮더라도 거의 아무것도 수입하지 않았다. 결국 고비용은 수출을 억제했다. 따라서 인도는 매우 '폐쇄'된 경제였다. 1970년대에 수입과 수출은 평균적으로 GDP의 약 5%였는데, 이는 주요 국가 중 가장 낮은 수준에 근접한 수준이었다.

그러더니 모든 것이 바뀌었다. 인도의 성장은 극적으로 가속화됐다. 1960~1980년 단지 연 1.3%로 성장하던 1인당 GDP가 1980년 이후에는 매년 4%에 가깝게 증가했다. 그리고 관세율이 인하되고 수입할당제가 철폐됨에 따라 인도의 세계무역 참여는 급증하였다. 요컨대 인도는 성과가 높은 경제가 되었다. 인도는 여전히 매우 가난한 국가이지만 급속히 부유해지고 있고 중국에 필적할 만해지기 시작하면서 세계의 주목을 받고 있다.

물론 커다란 의문점은 왜 인도의 성장률이 그렇게 극적으로 상승했는가이다. 이 의문은 경제학자 사이에 뜨거운 논쟁 주제이다. 어떤 경제학자들은 인도가 세계 경제에 참여할 수 있도록 한 무역자유화가 결정적이라고 주장한다.[5] 어떤 경제학자들은 인도의 성장이 1980년경에 가속화되기 시작한 반면 1990년대 초까지 무역정책에 커다란 변화가 없었다는 점을 지적한다.[6]

무엇이 변화를 초래했든 인도의 변화는 환영받는 발전이다. 10억 이상의 인구가 지금은 적절한 생활수준에 더 큰 희망을 가지게 되었다.

---

분명한 사실은 한때 널리 받아들여졌던 견해, 즉 세계 경제는 새로운 국가의 진입을 방해하고 가난한 국가는 부유해질 수 없다는 견해는 결국 틀린 것으로 증명되었다는 것이다. 인류 역사상 이렇게 많은 사람이 이렇게 급격한 생활수준의 향상을 경험한 적은 없었다.

## 요약

■ 개발도상국의 무역 정책은 선진국을 논의하는 데 사용한 것과 동일한 분석 도구를 사용해서 분석할 수 있다. 하지만 개발도상국의 특별한 쟁점의 특징은 선진국과 다르다. 특히 개발도상국의 무역 정책은 산업화를 촉진하고 국내 경제의 불균형 개발을 극복하는 두 가지 목표와 관련이 있다.

■ 산업화를 촉진하는 무역 정책으로 새로운 산업은 다른 국가의 기존 기업과의 경쟁에서 일시적 기간 동안 보호가 필요하다는 유치산업보호론이 종종 옹호되었다. 그러나 유치산업보호론은 정부개입에 대한 시장실패론이 제시될 수 있는 경우에만 유효하다. 이는 두 가지로 정당화할 수 있는데, **불완전 자본시장**의 존재와 개척기업이 창출하는 지식의 **전용성** 문제이다.

■ 유치산업보호론을 정당성의 근거로 이용하면서 많은 개발도상국은 관세나 수입할당제의 보호 아래 국

---

5 Arvind Panagariya, "The Triumph of India's Market Reforms: The Record of the 1980s and 1990s." Policy Analysis 554, Cato Institute, November 2005 참조

6 Dani Rodrik and Arvind Subramanian, "From 'Hindu Growth' to Productivity Surge: The Mystery of the Indian Growth Transition," *IMF Staff Papers* 55 (2, 2005), pp. 193-228 참조

내 산업을 발전시키는 **수입대체 산업화** 정책을 추진했다. 이 정책은 산업을 촉진하는 데 성공했지만 대체로 경제성장과 생활수준 면에서 기대한 이득을 발생시키지는 않았다. 현재 많은 경제학자는 수입대체가 높은 비용과 비효율적인 생산을 조장했다고 주장하면서 수입대체의 결과를 혹독하게 비판한다.

■ 1985년부터 수입대체 정책의 결과에 만족하지 않은 많은 개발도상국가는 제조업에 대한 보호율을 크게 감소시켰다. 결과적으로 개발도상국의 무역은 빠르게 성장했고 수출에서 차지하는 제조업 제품의 비중은 상승했다. 그러나 경제발전 측면에서 이러한 정책 변화의 결과는 기껏해야 혼재되어 있다.

■ 경제개발은 수입대체를 통해 이루어져야 한다는 견해와 수입대체 산업화가 실패함에 따라 확산된 경제발전에 대한 회의론은 많은 아시아 국가의 급속한 경제성장으로 틀렸음이 입증되었다. 이 아시아 국가들은 수입대체가 아니라 수출을 통해 성장했다. 이들 국가는 국민소득 대비 높은 교역비율과 극단적으로 높은 경제성장률로 특징지어진다. 이들 국가가 성공한 이유에 대해서는 상당히 논쟁적인데, 특히 무역자유화의 역할에 대해 많은 논란이 있다.

## 주요 용어

개발도상국developing country
불완전 자본시장imperfect capital market

수입대체 산업화import-substituting industrialization
전용성appropriability

## 연습문제

1. 어떤 국가들이 지난 수십 년 동안 국제무역에서 가장 크게 혜택을 받았는가? 이 국가들은 공통적으로 어떤 정책을 추진했는가? 그들의 경험은 유치산업보호론을 지지하는가, 아니면 그것을 반대하는가?[7]

2. 유치산업보호론의 문제점이 많은 경제학자에게 비판을 받는 이유는 무엇인가? 아시아 국가들의 예가 왜 이 문제에 대한 논쟁을 일으켰는지 설명하라.

3. 국가 A는 현재 태양광 패널을 개당 3만 달러에 수입한다. 정부는 이웃 국가에 청정에너지를 수출하면서 프로그램의 단 10%를 국내 부품으로 사용한다. 국가 B는 또한 태양광 패널을 개당 2만 5,000달러에 수입하지만 프로그램의 70%를 국내 부품으로 사용한다. 만약 두 국가 모두 태양광 패널을 국내에서 생산했다면 그 비용은 국가 A는 2만 5,000달러에 달하고, 국가 B는 2만 달러에 달했을 것이지만 초기 시험 기간에 국가 A의 태양광 패널의 생산비용은 3만 5,000달러이고, 국가 B는 4만 달러였을 것이다.

   a. 각 국가는 외국으로부터 어떤 재정적 지원을 받기 전에 높은 비용의 초기 시험 기간을 지나야만 한다고 가정하자. 어떤 상황에서 높은 초기 비용의 존재가 유치산업보호를 정당화하는가?

   b. 두 국가 모두 이 산업을 보호하기 위해 유치산업보호론을 시행한다고 가정하자. 어느 국가가 이 주장을 지키는 데 성공하는지 그리고 그 이유를 설명하라.

4. 그림 11-3에서 1960년대 한국, 중국, 인도는 경제 정책의 주요한 변화를 경험했다는 사실을 볼 수 있다. 무엇이 그들의 발전 경로의 차이점을 설명하는가?

5. 수입대체 산업화 전략이 위축되면서 대신 무역개방을 촉진하는 전략이 선호된 이유는 무엇이었는가?

---

7 이 문제는 도전적인 학생을 위한 것으로, 이 장에서 제시된 이론을 확장한 것이다.

## 더 읽을거리

W. Arthur Lewis. *The Theory of Economic Development*. Homewood, IL: Irwin, 1955. 1950~1960년대 수입대체화가 고조된 시기에 경제발전을 위한 무역 정책에 대해 낙관적인 관점을 보여주는 좋은 사례

I. M. D. Little, Tibor Scitovsky, and Maurice Scott. *Industry and Trade in Some Developing Countries*. New York: Oxford University Press, 1970. 1970~1980년대 수입대체에 대한 부정적인 관점이 나타나는 주요 연구

Barry Naughton. *The Chinese Economy: Transitions and Growth*. Cambridge: MIT Press, 2007. 중국 정책의 시간에 걸친 급진적인 변화에 대한 훌륭한 개관

Dani Rodrik. *One Economics, Many Recipes*. Princeton: Princeton University Press, 2007. 널리 퍼진 통설에 대한 주요 회의론자들의 무역과 발전에 대한 견해

T. N. Srinivasan and Suresh D. Tendulkar. *Reintegrating India with the World Economy*. Washington: Institute for International Economics, 2003. 인도가 어떻게 수입대체에서 멀어졌고 그 결과 무슨 일이 일어났는지에 대한 내용

# 무역 정책에 대한 논쟁

**앞**에서 살펴본 바와 같이 국제무역 정책 이론도 국제무역 이론과 같이 오랜 지적 전통을 지니고 있다. 경험이 많은 국제경제학자들은 무역에서 '새로운' 이슈를 들고 나오는 사람들에게 냉소적인 태도를 보이는 경향이 있다. 대부분의 새로운 관심사는 단지 오래된 오류를 새 병에 담아놓은 것에 불과하다는 게 일반적인 인식이다.

하지만 아주 가끔 정말로 새로운 이슈가 출현하기도 한다. 이 장에서는 과거 40년 동안 출현한 국제무역에 관한 네 가지 논쟁을 논의하고자 하는데, 각각의 이슈는 이전에 국제경제학자들에 의해 진지하게 분석된 적이 없다.

첫째, 1980년대 정부의 무역개입에 관한 새로운 일련의 정교한 주장이 선진국에서 제기됐다. 이 주장은 실리콘 칩의 출현으로 두각을 나타내게 된 '첨단기술' 산업에 초점을 맞췄다. 일부 주장은 10장에서 분석한 시장실패와 밀접히 연관이 있는 반면, **전략적 무역 정책**(strategic trade policy)이라는 새로운 이론은 다른 아이디어에 기초를 두고 상당한 논란을 일으켰다. 첨단기술 산업과 무역을 둘러싼 논쟁은 1990년대에 잠시 진정되었으나 최근 미국 혁신에 대한 새로운 우려가 나타나면서 다시 시작되었다.

둘째, 1990년대 국제무역의 증가가 개발도상국 노동자에게 미치는 영향과 무역협정에 임금 및 노동조건에 대한 기준을 포함해야 하는지 여부에 대해 열띤 논쟁이 벌어졌다. 이 논쟁은 종종 세계화 효과에 대한 광범위한 논의로 확대되기도 했다. 단순히 학술적인 논문에서뿐만 아니라 어떤 경우에는 길거리에서도 이에 관한 토론이 벌어지기도 한다.

최근에는 '탄소 관세(carbon tariff)'와 같은 정책이 적절한가에 대한 심각한 경제적·법적 논쟁과 더불어 점점 더 국경을 초월하는 환경문제와 무역 정책의 상호작용에 관한 우려가 증가하고 있다.

마지막으로 2000년 이후 급증한 중국 수출이 미국의 여러 제조업 부문에 부정적인 영향을 미친 것처럼 2010년경 이후부터 일부 경제학자들은 기존의 전통적 분석이 국제무역의 빠른 변화로 야기된 지역사회의 와해를 과소평가한다고 주장한다.

## 학습목표

- 개입주의 무역 정책에 대한 특히 외부 효과 및 규모의 경제와 관련된 더 정교한 주장을 요약한다.
- 무역이 노동자, 노동기준, 환경에 미치는 영향과 관련된 반세계화 운동의 주장을 반대론의 입장에서 평가한다.
- 무역 분쟁 및 WTO 규정과 개별 국가의 이익 간 갈등을 해결하는 포럼으로서 WTO의 역할을 논의한다.
- 무역 정책과 환경에 대한 논쟁의 핵심적 이슈를 논의한다.

## 적극적 무역 정책에 대한 정교한 주장

9장과 10장에서 개발된 어떠한 분석틀도 정부의 무역개입이 바람직할 수 있음을 배제하지 않았다. 이 분석틀은 적극적인 정부 정책이 특정 종류의 정당성을 필요로 한다는 것을 보여준다. 즉 정책은 기존의 국내시장실패를 상쇄해야 한다. 적극적인 무역 정책에 관한 많은 주장의 문제점은 정부개입에 대한 근거를 자유방임론의 근거가 의존하는 가정의 어떤 특정한 실패와도 연결하지 않는다는 점이다.

개입에 대한 시장실패 주장의 어려운 점은 시장실패를 볼 때 그것이 시장실패인지 아닌지 알아볼 수 있는가이다. 선진국을 연구하는 경제학자들은 선진국의 무역 정책과 관련이 있는 두 종류의 시장 실패를 식별했다. (1) 첨단산업 기업이 다른 기업에게 지식을 전파하는 데 기여함에도 불구하고 그에 대한 이득을 얻지 못한다는 것과, (2) 고도로 집중된 과점 산업에서 독점이윤이 존재한다는 것이다.

### 기술과 외부 효과

11장에서 유치산업보호론을 논의할 때 지식은 전용하기 어렵기 때문에 이로 인해 발생하는 잠재적인 시장실패가 있다는 점을 언급했다. 산업 내 기업이 아무런 대가를 지불하지 않은 기업도 사용할 수 있는 지식을 창출한다면 그 산업은 사실상 기업의 유인에 반영되지 않는 지식의 사회적 한계이익이라는 여분의 생산물을 생산한다. 그러한 **외부 효과**(externality), 즉 지식을 생산한 기업이 아닌 다른 기업에게 돌아가는 이득이 중요한 것처럼 보일 때 이는 그 산업에 보조금을 주는 좋은 근거가 된다.

외견상 이러한 주장은 선진국의 기존 산업과 같이 저개발국의 유치산업에도 동일하게 적용된다. 하지만 선진국의 경우 지식의 생성이 여러 측면에서 기업의 핵심이 되는 중요한 첨단기술 산업이 존재하기 때문에 이 주장은 특별한 우위를 가진다. 첨단기술 산업에서 기업은 명백하게 연구개발에 투자하거나 경험을 쌓기 위해 신제품이나 새로운 공정에 대한 초기 손실을 기꺼이 감내하는 등 기술개발에 상당한 규모의 자원을 투입한다. 이러한 활동은 거의 모든 산업에서 발생하기 때문에 첨단 산업과 그 외 경제 사이에 명백한 선은 존재하지 않는다. 하지만 정도에 분명한 차이가 있고, 지식에 대한 투자가 사업의 핵심인 첨단기술 산업에 대해 논의하는 것은 의미가 있다.

적극적인 무역 정책에 대한 주장은 기업이 지식 투자에서 발생하는 이윤의 일부는 전용할 수 있지만(그렇지 않다면 아예 투자하지 않을 것이다) 일반적으로 그 이윤의 전부를 전용할 수 없다는 것이다. 이윤의 일부는 선도기업의 아이디어와 기술을 모방하는 다른 기업에게 발생한다. 예를 들어 전자 산업에서 기업이 경쟁기업의 제품을 그것들이 어떻게 작동되고 어떻게 만들어졌는지를 알아보기 위해 분해해보면서 '역설계(reverse engineer)'하는 것은 흔히 있는 일이다. 특허법이 기술혁신 기업을 완벽하게 보호하지 못하기 때문에 자유방임 경제하에서 첨단기술 기업이 혁신할 강력한 동기를 얻지 못한다는 것은 타당한 가설이다.

**첨단기술 산업에 대한 정부지원 논거**  예를 들어 기술혁신을 통해 경제를 성장시키려고 노력하는 다른 개발도상국처럼 요르단 정부는 첨단기술 산업을 보조해야 하는가? 그러한 보조에 대해 꽤 훌륭한 논거들이 있지만 몇 가지 주의를 기울여야 한다. 특히 다음의 두 가지 질문을 생각해볼 수 있다. (1) 정부는 올바른 산업 또는 활동을 목표 대상으로 정할 수 있는가? (2) 그러한 목표 설정으로 얻는 이득이 양적으로 얼마나 중요한가?

첨단기술 산업이 생성하는 지식으로 인해 추가적인 사회적 이익을 생산할 수 있음에도 불구하고 그 산업에서 진행되는 많은 일은 지식창출과 무관하다. 그러므로 첨단기술 산업의 자본이나 비기술자 노동자 고용에 보조금을 지급할 이유가 없다. 한편 혁신과 기술 파급은 전혀 첨단 산업이 아닌 산업에서도 어느 정도 발생한다. 일반적인 원칙은 무역과 산업 정책은 시장실패가 나타나는 특정 활동을 대상으로 해야 한다는 것이다. 따라서 정책은 기업이 전용할 수 없는 지식창출에 보조금을 제공해야 한다. 그러나 문제는 항상 지식창출을 식별하는 것이 쉽지 않다는 것이다. 잠시 후에 보겠지만 산업 정책 실행가들은 종종 특별히 '연구(research)'로 분류된 활동에만 초점을 맞추는 것은 그 문제를 매우 좁은 시각으로 보는 것이라고 주장한다.

**첨단기술에 대한 우려의 발생과 소멸 그리고 부활**    특히 미국이 첨단기술 산업을 발전시키고 그 산업이 외국 경쟁기업과 경쟁하도록 돕기 위해 계획적인 정책을 세워야 한다는 주장은 기이한 역사를 가지고 있다. 이 주장은 1980년대와 1990년대 초에 많은 주목을 받고 인기를 얻었지만 잠시 인기를 잃었다가 최근에 다시 강력하게 부활했다.

1980년대와 1990년대 초의 첨단기술에 관한 논쟁은 그전까지 미국 생산자가 지배했던 일부 유망한 첨단기술 산업에 일본 기업이 부상하면서 시작되었다. 가장 유명한 예로, 1978~1986년 사이 여러 전자장비의 핵심 요소인 D램(dynamic random access memory)의 전 세계 생산에서 미국이 차지하는 비중이 70%에서 20%로 급락한 반면, 일본의 비중은 30%에서 75%로 증가했다. 다른 첨단기술 제품도 같은 운명을 겪을 거라는 우려가 확산되었다. 하지만 사례 연구 '칩 산업이 성숙되었을 때'에서 설명하듯이 반도체시장에서 일본의 우위가 컴퓨터 및 관련 기술로 더 넓게 확산될 거라는 우려는 근거가 없는 것으로 입증됐다. 더구나 일본의 전반적인 성장이 1990년대에 주춤한 반면, 미국은 인터넷과 다른 정보 산업에 선두를 차지하면서 새로운 기술적 우위의 시대에 들어섰다.

그러나 최근 첨단기술 분야에서 미국의 지위에 대한 우려가 다시 등장했다. 이 우려의 핵심요인은 소위 연구개발이 집중된 제품에서 미국의 고용이 감소한 것이다. 그림 12-1이 보여주듯이 미국은 이 제품 부문에서 대규모 적자를 경험하고, 그림 12-2가 보여주는 것처럼 2000년 이후 컴퓨터 및 컴퓨터 관련 제품 생산의 고용이 전체 제조업 고용보다 훨씬 빠르게 감소했다.

이것이 문제가 되는가? 논란의 여지는 있으나 미국은 첨단기술 제품 실제 생산의 상당 부분을 해외 공장에 위탁하면서도 정보기술 혁신의 최첨단에 설 수 있었다. 하지만 다음의 글상자 '인텔 창립자로부터의 경고'에서 설명하듯이 몇몇 영향력 있는 사람들은 혁신가들이 물리적으로나 사업적으로 그 혁신을 유형의 제품으로 만드는 사람들과 가까이 있지 않으면 성공할 수 없다고 경고한다.

이 논쟁은 이러한 우려를 수량적으로 측정하기 어렵기 때문에 결론에 이르기 어렵다. 하지만 첨단기술 산업을 위한 특별한 조치가 필요한지 여부에 대한 토론이 앞으로 점점 더 격렬해질 것으로 예상된다.

## 불완전경쟁과 전략적 무역 정책

1980년대에 산업적 목표(industrial targeting)에 대한 새로운 주장은 상당한 이론적인 관심을 받았다. 브리티시컬럼비아대학교의 바바라 스펜서(Babara Spencer)와 제임스 브랜더(James Brander)가 최초

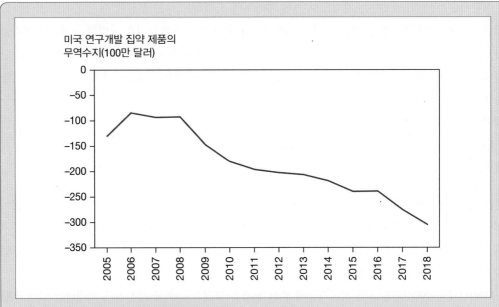

**그림 12-1 미국 연구개발 집약 제품의 무역수지**

2005년 이후 미국은 혁신의 최첨단에 있는 것으로 널리 인식되는 연구개발 집약 제품 부문에서 큰 무역 적자를 보이고 있다.

출처: National Science Foundation, *Science and Engineering Indicators* 2020.

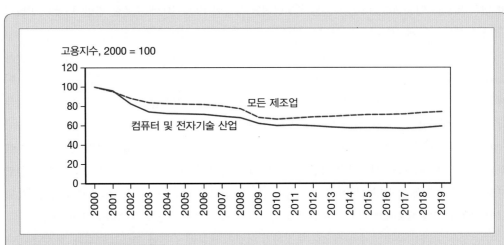

**그림 12-2 미국 제조업의 고용**

2000년 이후 미국에서 컴퓨터 및 관련 제품을 생산하는 노동자 수는 전반적인 제조업의 고용 감소를 능가하며 빠르게 감소하였다.

출처: Bureau of Labor Statistics.

로 제안한 이 주장은 정부개입을 정당화하는 시장실패로 불완전경쟁을 언급했다. 그들은 일부 산업에서 소수의 기업만이 실질적인 경쟁에 참여하고 있다는 점을 지적했다. 기업 수가 적기 때문에 완전경쟁의 가정이 적용되지 않는다. 특히 일반적으로 **초과수익**(excess returns)이 존재하는데, 즉 기업이 경제 내 동일한 위험을 가진 투자로부터 벌 수 있는 것 이상의 이윤을 벌 수 있다는 것이다. 따라서 누가 이 이윤을 가져갈 것인가에 대해 국제적인 경쟁이 벌어질 것이다.

스펜서와 브랜더는 이런 경우에 기본적으로 정부는 초과수입이 외국기업에서 국내기업으로 이동하도록 게임의 규칙을 바꿀 수 있다고 언급했다. 가장 간단한 예로 국내기업에 대한 보조금은 외국 경쟁기업의 투자와 생산을 억제함으로써 국내기업의 이윤을 보조금 이상으로 올릴 수 있다. 소비자에게 미치는 효과는 제외하고, 예를 들어 기업이 외국시장에서만 제품을 판매하는 경우 이렇게 외국 경쟁기업의 이윤을 가져오는 것은 보조금이 다른 국가를 희생시켜 국민소득을 증가시킨다는 것을 의미한다.

**브랜더-스펜서 분석의 예시**    브랜더-스펜서 분석(Brander-Spencer analysis)은 국적이 다른 두 회사가 경쟁하는 간단한 예를 통해 설명할 수 있다. 실제 상황과 유사하다면 그것은 우연의 일치일 뿐이라는 점을 염두에 두고, 두 회사를 미국의 보잉(Boeing)과 유럽의 에어버스(Airbus)라고 가정하자. 두 회사 모두 생산할 수 있는 신제품 슈퍼점보 비행기가 있다고 가정하자. 단순화를 위해 두 회사는 슈퍼점보 비행기를 생산하거나 생산하지 않는 '예/아니요'의 결정만 할 수 있다고 가정하자.

표 12-1은 두 회사가 버는 이윤이 의사결정에 따라 어떻게 달라지는지 보여준다. (상황은 10장에서 다른 국가의 무역 정책들 간의 상호작용을 검토할 때 다루었던 상황과 유사하다.) 각 행은 보잉의 의사결정에 해당되며, 각 열은 에어버스의 의사결정에 해당된다. 각 칸의 2개 숫자 중 왼쪽 하단의 숫자는 보잉의 이윤을 나타내고, 오른쪽 상단의 숫자는 에어버스의 이윤을 나타낸다. 표에 설정되어 있는 것처럼 표 12-1은 다음의 가정을 반영한다. 즉 어느 회사 혼자 슈퍼점보 비행기를 생산하면 이윤을 얻을 수 있지만 두 회사 모두 제품을 생산하면 두 회사 모두 손실을 입는다. 어느 회사가 그 이윤을 얻을 것인가? 이 질문에 대한 답은 누가 먼저 생산을 시작하느냐에 달려 있다. 보잉이 아주 조금 일찍 에어버스가 진입하기 전에 슈퍼점보 비행기 생산을 시작할 수 있다고 가정하자. 에어버스는 시장에 진입할 유인을 찾지 못할 것이다. 그 결과는 표의 오른쪽 상단에 보잉이 이윤을 얻는 것으로 나타난다.

이제 브랜더-스펜서의 주장을 생각해보자. 유럽 정부는 이 상황을 반전시킬 수 있다. 유럽 정부가

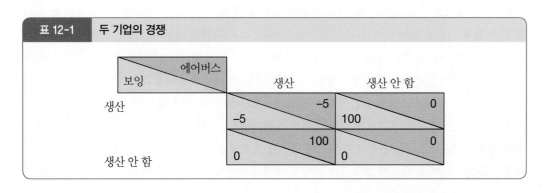

**표 12-1    두 기업의 경쟁**

| 보잉 \ 에어버스 | 생산 | 생산 안 함 |
|---|---|---|
| 생산 | 에어버스 −5 / 보잉 −5 | 에어버스 0 / 보잉 100 |
| 생산 안 함 | 에어버스 100 / 보잉 0 | 에어버스 0 / 보잉 0 |

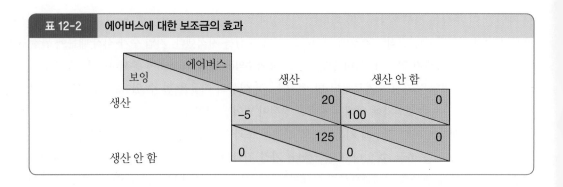

표 12-2    에어버스에 대한 보조금의 효과

만약 에어버스가 시장에 진입하면 25의 보조금을 지불하기로 약속했다고 가정하자. 그 결과 보수표는 표 12-2로 바뀔 것이다. 이 경우 에어버스는 보잉이 무엇을 하든 간에 슈퍼점보 비행기를 생산하는 것이 이득이다.

이러한 변화의 결과를 살펴보자. 이제 보잉은 무엇을 하든 간에 에어버스와 경쟁해야 하고 따라서 생산하기로 결정하면 손실을 본다는 것을 알고 있다. 따라서 이제 보잉은 시장진입을 단념하게 된다. 실제로 정부의 보조금은 앞서 가정했던 보잉의 선점 우위를 빼앗아 에어버스에게 제공한다.

최종결과는 표 12-1의 오른쪽 상단에서 표 12-2의 왼편 하단으로 균형의 이동이다. 에어버스는 정부보조금 25로 인해 0 대신에 125의 이윤을 얻게 된다. 즉 보조금은 외국 경쟁회사에 대한 시장진입 저지 효과를 통해 보조금 그 이상으로 이윤을 증가시킨다. 보조금은 보잉이 아니라 에어버스가 그 산업에서 먼저 생산했다면 얻을 수 있었던 전략적 이점과 비견되는 이점을 창출함으로써 이러한 효과를 가져온다.

**브랜더-스펜서 분석의 문제점**    이러한 가상적 예는 전략적 무역 정책 주장이 정부 간섭에 대한 설득력 있는 근거를 제공하는 것처럼 보인다. 유럽 정부의 보조금은 외국 경쟁기업을 희생시켜 유럽 회사의 이윤을 급격하게 증가시킨다. 소비자의 이익은 제외하고 보조금은 확실히 유럽의 후생을 증가시키는 것처럼 보인다(미국의 후생은 낮추고). 미국은 이 주장이 실행되는 것을 막아야 하는가?

사실 이러한 무역 정책에 대한 전략적 정당화는 많은 흥미를 불러일으켰지만 또한 많은 비판을 받았다. 비판가들은 이론을 실제적으로 사용하기 위해서는 정책이 외국의 보복 위험을 불러오는지, 그리고 어쨌든 무역과 산업 정책에 대한 국내 정치가 그런 미묘한 분석적인 정책의 사용을 방해할 것인지 등과 같은 현재 이용 가능한 것보다 더 많은 정보가 필요하다고 주장했다.

불충분한 정보로 인한 문제는 두 가지 측면을 가진다. 첫째, 한 산업만 따로 살펴보더라도 표 12-1과 같은 표에 신뢰성 있는 숫자를 채워 넣기란 어렵다. 그리고 만약 정부가 잘못된 숫자를 채워 넣는다면 보조금 정책은 값비싼 오판으로 나타날 것이다. 예를 들어 보잉이 더 나은 기술과 같은 근원적인 이점을 지니고 있어 에어버스가 시장에 진입하더라도 여전히 생산을 함으로써 이윤을 얻을 수 있다고 가정하자. 하지만 보잉이 진입하면 에어버스는 생산하더라도 이윤을 얻을 수 없다.

보조금이 없는 경우의 결과는 보잉은 생산하고 에어버스는 생산하지 않는 것이다. 이제 이전처럼 유럽 정부가 에어버스의 생산을 유도하기에 충분한 보조금을 준다고 가정하자. 하지만 이 경우에는 보잉의 근본적인 이점 때문에 보조금은 보잉을 저지하지 못하고 에어버스의 이윤은 보조금에 못 미칠 것이다. 요컨대 정책은 값비싼 실수로 나타날 것이다.

핵심은 두 사례가 매우 비슷한 것 같아도 첫 번째 사례에서 보조금은 좋은 아이디어이지만 다른 사례에서는 끔찍한 아이디어라는 것이다. 전략적 무역 정책이 바람직한지의 여부는 상황을 얼마나 정확하게 이해하는지에 달려 있다. 이로 인해 몇몇 경제학자들은 이론을 효과적으로 사용할 만큼 충분한 정보를 가지고 있는지 의문을 제기한다.

산업을 별개로 고려할 수 없기 때문에 정보 요구조건은 복잡해진다. 한 산업이 보조금을 받으려면 다른 산업에서 자원을 끌어내야 하므로 다른 산업의 비용을 증가시킨다. 따라서 미국에서 한 산업의 기업에게 전략적인 이득을 제공하는 데 성공한 정책조차도 다른 산업에서는 전략적 불이익을 야기할 수 있다. 정책이 정당한지 여부를 판단하기 위해 미국 정부는 이러한 상충 효과를 따져야 한다. 미국 정부가 한 산업을 정확하게 이해하고 있다고 하더라도 자원을 두고 그 산업과 경쟁하는 산업에 대해서도 동일한 정확성으로 이해해야 하므로 이것만으로는 충분하지 않다.

만약 제안된 전략적 무역 정책이 이러한 비판을 극복할 수 있다고 하더라도 여전히 외국의 보복 문제에 직면할 것인데, 이는 기본적으로 교역조건 개선을 위해 관세를 고려할 때 나타나는 문제(10장 참조)와 동일하다. 전략적 정책은 다른 국가를 희생시킨 대가로 자국의 후생수준을 증대시키는 **인접국 빈곤화 정책**(beggar-thy-neighbor policy)이다. 그러므로 이 정책은 모두의 후생을 악화시키는 무역 전쟁의 위험성을 가지고 있다. 미국이 그러한 무역 정책을 개시해야 한다고 옹호하는 경제학자는 거의 없다. 대신에 정책을 지지하는 대부분의 경제학자들은 미국은 다른 국가가 공격적으로 전략적 정책을 사용하려고 할 때 보복할 준비가 되어 있어야 한다고 주장한다.

마지막으로 이 같은 이론이 정치적인 맥락에서 사용될 수 있는가? 이 주제는 10장에서 논의했는데, 자유무역에 대한 정치적 회의론의 맥락에서 그 이유를 설명했다.

## 인텔 창립자로부터의 경고

**앤**디 그로브(Andy Grove)가 기술에 대해 말할 때 사람들은 귀를 기울인다. 1968년 그는 컴퓨터를 운용하는 칩인 마이크로프로세서를 발명하고 수십 년 동안 반도체시장을 장악한 인텔(Intel)을 공동 설립했다.

그래서 많은 사람은 그가 2010년 미국 첨단기술의 운명에 대해 엄중하게 경고할 때 이에 주목했다. 그는 기술 산업의 제조업 고용의 잠식은 미래의 혁신 환경을 약화할 것이라고 주장했다.[1] 그로브는 다음과 같이 기술했다.

스타트업은 훌륭하지만 그들은 스스로 기술 고용을 증가시킬 수 없다. 이것 못지않게 중요한 것은 기술이 원형에서 대량생산으로 이동할 때 차고에서의 전설적인 창조의 순간 이후에 무엇이 따라오는가이다. 이는 회사의 규모가 커지는 단계이다. 회사는 세부사항을 설계하고, 어떻게 적당한 가격으로 물건을 만들 수 있는지 이해하며, 공장을 세우고 수천 명을 고용한다. 확장은 어려운 작업이지만 혁신을 중요하게 만들기 위해 필요하다.

이런 확장 과정은 미국에서 더 이상 일어나지 않는다. 이런 상황이 지속되는 한 공장을 다른 곳에 짓는 신생회사에 자본을 투자하는 것은 미국의 일자리 측면에 계속해서 나쁜 결과를 초래할 것이다.

실제로 그로브는 기술의 파급은 연구자 이상의 것을 필요로 하는데, 새로운 아이디어를 작업에 적용하는 수많은 노동자를 필요로 한다고 주장한다. 만약 그가 옳다면 그의 주장은 산업적 목표설정에 대한 강력한 근거가 된다.

---

1 Andy Grove, "How to Make an American Job Before It's Too Late," Bloomberg.com, July 1, 2010.

## 사례 연구    칩 산업이 성숙되었을 때

전략적 무역 정책의 실효성에 대한 논의가 최고조에 달했던 몇 년간, 미국 측 개입주의 무역 정책 지지자들은 일본이 계획적으로 핵심 산업을 촉진함으로써 경제적 번영을 이루었다고 주장했다. 1990년대 초에 특히 반도체 칩의 예는 핵심 산업 촉진이 '효과가 있다'는 사례의 증거물 제1호(Exhibit A)가 되었다. 실제로 1994년에 제임스 팔로스(James Fallows)가 자유무역의 이념을 공격하면서 일본식 개입주의의 우월성을 주장하는 일련의 논문들을 발간했을 때, 그는 '칩의 우화(The Parable of the Chips)'라는 제목의 논문으로 그 시작을 알렸다. 그러나 1990년대 말 반도체의 예는 적극적 무역 정책이 빠질 수 있는 함정에 대한 실례가 되었다.

반도체 칩은 복잡한 회로가 새겨진 작은 실리콘 조각이다. 앞의 글상자에서 보았듯이 실리콘 산업은 미국 기업 인텔이 컴퓨터의 두뇌에 해당되는 마이크로프로세서를 칩 위에 처음 도입하면서 미국에서 시작됐다. 그 이후 반도체 산업은 급속하지만 매우 예측 가능한 기술변화를 경험했는데, 무어의 법칙(Moore's Law)으로 알려진 공식에 따라 대략 18개월마다 칩에 새길 수 있는 회로의 수가 2배로 늘어났다. 이러한 진전이 과거 30년 동안 정보기술 혁명의 기저가 되었다.

일본은 1970년대 말에 반도체시장에 진입했다. 반도체 산업은 확실히 일본 정부의 목표 대상이 되어 일본 정부는 국내 기술역량을 형성하는 데 도움이 되는 연구 노력을 지원했다. 하지만 보조금의 총액은 매우 적었다. 미국 비판가들에 따르면 일본의 적극적인 무역 정책의 핵심요소는 암묵적인 보호주의였다. 미국 기업은 일본에 공식적인 관세나 수입장벽이 거의 없음에도 불구하고 일단 일본이 특정한 종류의 반도체 칩을 생산할 수 있게 되면 미국 제품은 일본에서 거의 팔리지 않을 것이라는 것을 알았다. 비판가들의 주장에 따르면 일본이 이미 주도적인 가전제품과 같은 산업에서 일본 기업 간에는 국내 반도체 가격이 경쟁하는 미국 제품보다 더 높고 품질이 더 낮더라도 국내 반도체를 구입해야 한다는 암묵적인 이해가 존재했다는 것이다. 이러한 주장은 사실인가? 이 사례의 진위 여부는 지금까지도 논란이 되고 있다.

관찰자들은 또한 보호된 일본 시장(실제로 보호를 받았다면)이 간접적으로 일본의 반도체 수출능력을 향상시켰다고 주장했다. 이 논리는 다음과 같이 전개되었다. 반도체 생산은 가파른 학습곡선 (7장의 동태적인 규모의 경제에 대한 논의 참조)으로 특징지어진다. 대규모 국내시장을 보장받은 일본 반도체 생산자는 학습곡선을 따라 내려가면서 생산할 수 있을 것으로 확신했는데, 이는 그들이 수출을 위한 생산도 할 수 있는 신규공장에 기꺼이 투자하려 했다는 것을 의미한다.

이러한 정책이 일본이 반도체시장에서 높은 시장점유율을 차지하는 성공에 얼마만큼 기여했는지는 여전히 명확하지 않다. 일본 산업제도의 몇 가지 특징이 품질관리가 핵심사항인 반도체 생산에 '자연스러운' 비교우위를 제공했을 수도 있다. 1970~1980년대에 일본 공장은 무엇보다도 허용 가능한 결함 기준을 미국보다 훨씬 더 낮게 설정하는 데 기초를 둔 제조공정에 대한 새로운 접근 방법을 개발했다.

어쨌든 1980년대 중반 일본은 한 종류의 반도체 판매에서 미국을 능가했는데, 이것이 바로 이 산업의 성공에 결정적인 역할을 했다고 널리 인식되는 램(random access memory, RAM)이다. 램 생산이 전체 반도체 산업을 장악하는 데 핵심적이었다는 주장은 이것이 강력한 기술적 외부 효과와 초과수익을 창출한다는 믿음에 근거한다. 램은 가장 규모가 큰 반도체로, 산업 전문가들은 램 생산에서 얻은 노하우는 마이크로프로세서 같은 다른 반도체 분야의 선진기술을 따라잡는 국가능력에 필수적이라고 주장한다. 따라서 램에서 일본의 우위는 곧 일반적인 반도체 생산에서의 우위로 이어질 것이고, 이 우위는 다시 일본에게 반도체를 이용한 다른 많은 제품 생산에 이점을 가져다줄 것이라고 예측되었다.

또한 램 생산이 1990년 이전에는 수익성이 높은 사업이 아니지만 결국에는 초과수익의 특징을 가지는 산업이 될 것이라는 인식이 널리 퍼졌다. 그 이유는 램을 생산하는 기업의 수가 계속 감소했기 때문이다. 즉 반도체 칩의 세대마다 일부 생산자는 산업에서 퇴출되었지만 새로운 진입기업이 없었다. 많은 관찰자는 결국 단 2개 또는 3개의 수익성 높은 램 생산자만 남게 될 것이라고 생각했다.

하지만 1990년대 10년 동안 램을 목표 대상으로 하는 것에 대한 정당성인 기술의 외부 효과와 초과수익은 명백하게 실현되지 않았다. 한편으로 램에서 일본의 우위는 궁극적으로 다른 형태의 반도체에서의 우위로 전환되지도 않았다. 예를 들어 미국 기업은 마이크로프로세서의 확실한 주도권을 유지했다. 다른 한편 램 생산자 수가 계속해서 줄어드는 대신 한국과 다른 신흥공업국의 주요 새로운 기업들이 진입하면서 램 생산자 수는 다시 증가하기 시작했다. 1990년대 말 많은 사람이 램을 생산할 수 있고 이 산업에 대해 특별히 전략적인 것이 없다고 여겨지면서 램 생산은 하나의 '제품' 사업으로 간주되었다.

중요한 교훈은 장려할 산업을 선택하는 일이 얼마나 어려운가 하는 점이다. 외견상 반도체 산업은 적극적 무역 정책에 적합한 산업의 모든 속성을 지니고 있는 것처럼 보였다. 그러나 결국 반도체 산업은 강력한 외부 효과도 초과수익도 창출하지 못했다.

# 세계화와 저임금 노동

이 책을 읽고 있는 당신이 지금 입고 있는 옷의 대부분이 미국보다 훨씬 더 가난한 국가로부터 왔다는 것에 내기를 걸면 이길 가능성이 아주 높다. 개발도상국으로부터의 제조업 수출 증가는 지난 세대에 걸쳐 세계 경제에 일어난 중요한 움직임 중 하나이다. 심지어 1인당 GDP가 미국의 5%에도 못 미치는 방글라데시 같은 극심하게 가난한 나라조차도 전통적인 농산물이나 광산물보다 제조업 제품 수출에 더 많이 의존한다. (한 개발도상국의 정부 관료는 저자 중의 한 사람에게 "우리는 바나나 공화국이 아니고 파자마 공화국이다"라고 언급한 적이 있다.)

개발도상국에서 수출을 위한 제조업 제품을 생산하는 노동자가 종종 시간당 1달러 이하, 때로는 50센트 이하의 선진국 기준으로 매우 적은 임금을 받는다는 사실은 놀랄 일도 아니다. 어쨌든 이와 같이 전반적으로 가난한 경제에서 노동자에게 다른 좋은 대안은 거의 없다. 많은 경우 노동조건이 매우 열악하며 사례 연구 '방글라데시의 비극'에서 보듯이 때로는 치명적이라는 점 또한 결코 놀랄 만한 일이 아니다.

저임금과 열악한 노동조건이 우려할 이유가 되어야 하는가? 많은 사람은 그렇다고 생각한다. 1990년대에 반세계화 운동은 선진국, 특히 대학 캠퍼스에서 많은 지지자를 끌어들였다. 다른 우려도 있지만(후반부에 논의), 개발도상국 수출 산업의 저임금과 열악한 노동조건에 대한 분노가 반세계화 운동이 호소력을 가지는 큰 이유이다.

대부분의 경제학자들이 반세계화 운동을 기껏해야 오도된 것이라고 본다는 것은 맞는 말이다. 비교우위에 대한 전통적 분석은 무역에 참여하는 국가는 무역으로 상호이익을 얻는다고 설명한다. 더 나아가 노동이 풍부한 국가가 의류와 같이 노동집약적인 제조업 제품을 수출할 때 국민소득이 상승할 뿐만 아니라 소득분배도 노동자에게 우호적으로 바뀐다고 설명한다. 그렇다면 반세계화 운동은 전적으로 틀린 것인가?

## 반세계화 운동

1995년 이전까지 국제무역에 대한 선진국 시민의 불만 대부분은 국제무역이 선진국 시민에게 미치는 영향에 대한 것이었다. 1980년대에 대부분의 유럽인은 세계화가 민족문화, 정치적 독립성, 일자리와 경제적 질에 미치는 영향을 우려했고, 이러한 우려의 대부분은 여전히 오늘날에도 적용된다. 유럽에서 1980년대의 유럽화(Europeanization), 즉 유럽 통합의 과정은 1990년대 세계화를 향한 도입의 한 형태였다.

1990년대 성장한 반세계화 운동은 원래 1968년 유럽, 특히 프랑스에서 베트남 전쟁에 대항하는 전 세계적인 시위로 시작되었고, 이후 미국 학생들에 의해 오늘날 알려진 반세계화 운동으로 발전했다. 이는 해로운 국제무역이 열악한 노동조건과 임금의 불평등을 야기하고 가난한 국가가 서구시장에 제공할 수 있는 이윤을 이용하여 개발도상국의 노동자에게 저지른 일들에 대한 혐의를 제기했다. 반세계화의 활발한 운동가들은 국제무역협정 제안과 수많은 조직에 반대 목소리를 내고 협정의 국제적 활동의 전개에 직접적으로 반대하면서 더욱 가시적인 존재성을 알렸다. 오늘날 세계화의 아이디어는 진화했다. 예를 들어 유럽연합은 회원국이 세계화 과정에서 이득을 얻을 수 있는 큰 단일 시장을 형성했다. 1980년대 주요 유럽 국가는 정부와 여러 무역장벽에 의해 상당히 통제되었을 뿐 아니라 자본과 노동 이동에 관해서도 매우 제한적이었다. 오늘날에도 여전히 일부 비판가들은 유럽연합, 민족문화, 이민, 일부 새로운 전례가 없는 위협(예: 테러와 인권)에 도전하는 국제적 상호의존성의 증가에 대해 반대한다. 반세계화 집단은 세계은행(Wordl Bank), OECD, 세계무역기구(WTO), 국제통화기금(IMF), 서비스 교역에 관한 일반협정(GATS), 북미자유무역협정(NAFTA)과 같은 자유무역협정과 같은 조직과 집단에 반대한다.

## 무역과 임금에 대한 재고

세계화에 대한 반대 의견 중 한 부분은 3장의 분석과 매우 유사하다. 반대론자들은 개발도상국 수출산업의 수많은 노동자가 받는 임금이 매우 낮은 것을 지적한다. 비평가들은 자유무역 지지자들의 주장과 달리 저임금(그리고 이와 관련된 열악한 노동조건)이 바로 세계화가 개발도상국의 노동자를 돕지 못한다는 것을 보여주는 것이라고 주장한다.

예를 들어 일본은 베트남과 인도네시아의 해외직접투자에 선도적인 국가이다. 이들 국민의 70% 이상은 농촌에 거주하며 기본적으로 농산품에 의존한다. 베트남의 노동인구 중 50% 이상은 젊은 세대로, 잠재적인 인적 자원이고 저임금 노동자 공급의 상당 부분을 차지하면서 외국투자자에게 투자할 유인을 제공한다. 결과적으로 베트남의 실업률은 특히 1990년대 후반 이후 대략 절반으로 감소했다. 또한 2007년 WTO 가입과 2008년 TPP(Trans-Pacific Partnership Agreement, 환태평양경제동반자협약) 참여는 투자 환경에 우호적인 영향을 미쳤다.[2] 하지만 베트남의 최저임금은 여전히 하루에 4달러 미만이고 대부분의 경우 노동조건은 선진국 기준으로 볼 때 형편없는 수준이다. 세계화 반대론자들은 세계화가 고용주로 하여금 일본의 고임금 노동자를 베트남의 저임금 노동자로 쉽게 대체하도록 만들어 두 국가 모두의 노동자에게 피해를 줬다고 주장한다.

이 주장에 관한 경제학자들의 일반적인 답변은 비교우위에 대한 잘못된 이해를 다룬 3장의 분석으로 돌아간다. 앞서 노동자가 부유한 국가의 노동자보다 훨씬 낮은 임금을 받는 것을 무역이 노동자를 착취하는 것임에 틀림없다고 보는 것은 흔하게 잘못 이해되는 것임을 살펴보았다.

표 12-3은 그 분석을 간단하게 다시 보여준다. 이 예에서는 일본과 베트남 두 국가가 있고, 첨단기술과 저기술의 두 산업이 있다고 가정한다. 또한 노동이 유일한 생산요소이며, 일본 노동자가 모든 산업에서 베트남 노동자보다 더 생산성이 높다고 가정한다. 구체적으로 일본 노동자가 각 산업에서 한 단위의 생산량을 생산하는 데는 1시간이 걸리고, 베트남 노동자가 저기술 산업에서 한 단위의 생산량을 생산하는 데는 2시간이 걸리며 첨단기술 산업에서는 8시간이 걸린다고 가정한다. 표의 상단 부분은 무역이 없는 경우 각 제품으로 측정한 각국 노동자의 실질임금을 보여준다. 각각의 경우에 실질임금은 간단히 노동자가 1시간 동안 생산할 수 있는 각 제품의 양이다.

이제 무역이 개방되었다고 가정하자. 무역 이후 균형에서 일본과 베트남 노동자의 상대적 임금비율은 두 산업에서 노동자의 상대적 생산성 사이에 있을 것이다. 예를 들어 일본의 임금은 베트남 임금의 4배가 될 것이다. 따라서 베트남에서 저기술 제품을 생산하고 일본에서 첨단기술 제품을 생산

---

2 LNT & Partners. Japan Investments Profile in Vietnam. Source: http://lntpartners.com/documents/Japan_Investment%20Profile_LNTpartners.pdf

| 표 12-3 | 실질임금 | |
|---|---|---|
| **(A) 무역 이전** | | |
| | **첨단기술 제품/시간당** | **저기술 제품/시간당** |
| 일본 | 1 | 1 |
| 베트남 | 1/8 | 1/2 |
| **(B) 무역 이후** | | |
| | **첨단기술 제품/시간당** | **저기술 제품/시간당** |
| 일본 | 1 | 2 |
| 베트남 | 1/4 | 1/2 |

하는 것이 더 저렴할 것이다.

세계화에 대한 비판자들은 이 무역 균형을 보고 무역이 노동자의 이익에 불리하게 작용한다고 결론 내릴지도 모른다. 우선 저기술 산업에서 높은 임금을 받는 일본의 일자리는 베트남의 낮은 임금의 일자리로 대체되었다. 더 나아가 베트남 노동자가 제대로 보수를 받지 못하는 것 같은 상황을 만들 수도 있다. 즉 저기술 산업에서 베트남 노동자의 생산성은 이들이 대체한 일본 노동자의 1/2 수준이지만 베트남 노동자의 임금은 일본 노동자의 1/4(1/2이 아니라)에 불과하다.

그러나 표 12-3 하단에 나타난 것처럼 이 예에서 임금의 구매력은 실제적으로 두 국가 모두에서 증가했다. 이제 첨단기술 산업에 모두 고용된 일본 노동자는 이전보다 더 많은 저기술 제품을 구입할 수 있다. 즉 1시간 노동으로 1단위가 아닌 2단위를 구입할 수 있다. 모두 저기술 산업에 종사하는 베트남 노동자는 1시간 노동으로 이전보다 더 많은 첨단기술 제품, 즉 1/8단위 대신 1/4단위를 구입할 수 있다. 무역을 통해 각국의 임금으로 측정된 수입제품의 가격은 하락했다.

이 예의 핵심은 어떤 정확한 방식으로 실제 상황을 재현하는 것이 아니라 세계화가 개발도상국의 노동자에게 피해를 입힌다는 증거로 일반적으로 인용되는 증거가 정확히 무역이 선진국과 개발도상국 노동자 모두에게 실제로 이롭다는 것을 보여주는 모형이라는 것이다.

누군가는 노동이 유일한 생산요소라고 가정했기 때문에 이 모형이 잘못됐다고 주장할 수 있다. 만약 리카도 모형에서 5장에서 논의한 요소비율 모형으로 전환하면 무역이 노동이 희소한 고임금 국가, 즉 이 예에서 일본 노동자에게 피해를 줄 수 있다는 것은 사실이다. 그러나 이것은 무역이 개발도상국 노동자에게 해를 끼친다는 주장에는 아무런 도움이 되지 않는다. 그 반대로 무역이 저임금 국가의 노동자에게 유리하다고 믿는 근거는 사실상 더욱 강해진다. 표준적인 경제 분석은 일본처럼 자본이 풍부한 국가의 노동자는 베트남처럼 노동이 풍부한 국가와의 무역으로 피해를 입는 반면에, 노동이 풍부한 국가의 노동자는 소득분배가 그들에게 유리하게 바뀌어 이득을 얻는다는 것을 보여준다.

위 사례에서 경제학자들은 베트남 임금이 일본 임금에 비해 매우 낮음에도 불구하고 훨씬 더 낮은 생산성을 가진 베트남에게 다른 기회가 없기 때문에 이러한 상황은 불가피하다고 주장한다. 그리고 베트남의 임금과 노동조건이 상당히 안 좋더라도, 이 상황이 베트남의 다른 가능한 대안보다는 나은 것이라는 결론에 이른다. 실제로 외국 공장 고용의 빠른 증가는 노동자가 다른 대안보다 그들이 찾을 수 있는 그 일자리를 더 선호한다는 것을 보여준다.

다시 말해 표준적인 경제학자의 주장은 개발도상국 노동자가 받는 저임금에도 불구하고 세계화가 이루어지지 않았을 때보다 노동자의 형편이 더 낫다는 것이다. 몇몇 세계화 반대론자들은 이 주장을 받아들이지 않고 무역 증가가 선진국과 개발도상국의 노동자 모두를 더 안 좋게 만들었다고 주장한다. 하지만 이러한 일이 발생하는 과정에 대한 명확한 설명을 찾기는 어렵다. 아마 가장 인기 있는 주장은 노동은 국가 간 이동이 불가능하지만 자본은 국가 간 이동이 가능하기 때문에 이러한 이동 가능성은 자본가에게 협상의 우위를 준다는 것이다. 하지만 4장에서 살펴본 것처럼 생산요소의 국제적인 이동은 효과 측면에서 국제무역과 유사하다.

## 노동기준과 무역협상

자유무역 지지자들과 반세계화 운동가들은 세계화가 노동자에게 좋은 것인가 또는 나쁜 것인가와 같은 거창한 질문에 대해 논쟁을 벌일 수도 있다. 그러나 국제무역협정이 가난한 국가의 임금과 노동조건을 개선하는 것을 목적으로 하는 조항을 포함해야 하는지의 여부와 그것의 범위와 같은 더 제한된 실제적 정책 이슈가 중요한 논쟁거리이다.

가장 적절한 제안은 임금과 노동조건을 감시하고, 이러한 감시 결과를 소비자에게 공개하는 시스템을 주장한 경제학자들에 의해 제기되었다. 이 주장은 10장의 시장실패 분석의 일종이다. 이들은 선진국 소비자가 제조업 제품이 적절한 임금을 받는 노동자에 의해 생산된 것임을 알고 이를 구입할 때 기분이 더 좋아진다는 가정을 제시한다. 그러면 정보 수집에 대한 큰 노력 없이 노동자가 실제로 적절한 임금을 받았는지 소비자가 알도록 하는 시스템은 상호 이득의 기회를 제공한다. [이 장 후반부 더 읽을거리에 인용된 킴벌리 앤 엘리엇(Kimberly Ann Elliott)은 10대들에게 말했다. "자, 나는 상점가에 갈 때마다 매번 정치적 행동가처럼 행동할 시간이 없다. 어떤 종류의 신발을 사도 되는지 그것만 나에게 말해다오, 알겠니?"] 소비자는 '보증된(certified)' 제품만 구입하기로 결정할 수 있기 때문에 구매에 만족감을 느낌으로써 그들의 후생은 증가한다. 한편 보증된 공장의 노동자는 그렇지 않은 경우보다 더 나은 생활수준을 누릴 수 있다.

이러한 시스템의 지지자들은 이 시스템이 개발도상국의 생활수준에 커다란 영향을 미치지 않을 것이라는 점을 인정한다. 그 주된 이유는 고도로 수출 지향적인 경제에서조차도 이 시스템은 소수에 불과한 수출 공장에 종사하는 노동자의 임금에만 영향을 주기 때문이다. 그러나 이들은 이 시스템에 이점은 있지만 해로운 점은 거의 없다고 주장한다.

더 강력한 조치는 공식적인 노동기준, 즉 수출 산업이 충족해야 하는 조건을 무역협정의 일부로 포함하는 것이다. 이러한 노동기준은 선진국에서 상당한 정치적인 지지를 받고 있고, 실제로 빌 클린턴(Bill Clinton) 대통령은 시애틀 회담에서 이런 노동기준에 대해 우호적인 발언을 했다.

무역협정의 노동기준에 찬성하는 경제학적 주장은 국내 노동자의 최저임금에 찬성하는 주장과 유사하다. 경제 이론은 최저임금이 고용 가능한 저숙련 일자리 수를 줄인다고 보여주지만, 일부(결코 전부가 아닌) 합리적인 경제학자들은 이러한 효과는 미미하며 고용된 노동자의 소득을 향상하는 최저임금의 효과가 더 크다고 주장한다.

하지만 이러한 노동기준이 필연적으로 보호주의 수단으로 사용될 것이라고 믿는 대부분의 개발도상국은 무역의 노동기준에 강하게 반대한다. 즉 선진국의 정치인들은 개발도상국이 충족할 수 없는 수준으로 노동기준을 설정할 것이고, 사실상 그들의 제품에 터무니없이 비싼 가격을 매겨 세계시장에서 팔리지 않도록 한다는 것이다. 실제로 시애틀 회담을 실패로 이끈 우려 중 하나는 반덤핑법이 민간기업에 의해 외국 경쟁기업을 괴롭히는 데 사용되었던 것처럼 노동기준도 외국기업에 대한 민간 소송의 근거로 사용될 것이라는 점이었다.

## 환경과 문화적 이슈

세계화에 대한 불만은 노동 이슈를 넘어선다. 많은 비판가는 세계화가 환경에 해롭다고 주장한다. 개발도상국의 수출 산업에 대한 환경기준이 선진국보다 훨씬 낮은 것은 틀림없는 사실이다. 수많은 사례에서 선진국 시장에 재화를 공급하기 위해 엄청난 환경 훼손이 발생했고 또한 발생되고 있다는 점 또한 사실이다. 하나의 유명한 사례는 동남아시아 산림이 일본과 서구시장에 판매되는 목제 제품을 생산하기 위해 광범위하게 벌목된 것이다.

다른 한편 세계 경제와 통합되는 것을 꺼리는 국가의 '대내지향적(inward-looking)' 정책이라는 이름하에 벌어진 수많은 환경 파괴 사례도 있다. 유명한 예는 브라질에서 내륙 지역 개발을 보조하는 국내 정책 결과의 일부로 나타난 열대우림의 대량 파괴이다. 이 정책은 수출과는 아무런 관련이 없고, 사실상 브라질이 대내지향적 개발을 추진하려고 시도했던 기간에 시작되었다.

노동기준의 사례에서처럼 무역협정이 환경기준을 포함해야 하는가에 대한 논쟁이 존재한다. 한편에서 지지자들은 그러한 협정은 모든 당사자에게 이득을 주면서 적어도 약간의 환경 개선으로 이어질 수 있다고 주장한다. 다른 한편에서 반대론자들은 무역협정에 환경기준을 포함하는 것은 사실상 서구기준을 충족할 상황이 안 되는 가난한 국가의 잠재적 수출 산업을 중단시킨다고 주장한다.

더욱 교묘한 이슈는 세계화가 지역 및 국가 문화에 미치는 영향에 대한 것이다. 시장 통합의 증대가 전 세계 문화의 동질화를 초래한다는 것은 틀림없는 사실이다. 전 세계 대중이 점점 더 같은 옷을 입고, 같은 음식을 먹으며, 같은 음악을 듣고, 같은 영화와 TV 프로그램을 보는 경향이 있다.

이러한 동질화의 전부는 아니지만 상당 부분은 역시 미국화(Americanization)이다. 예를 들어 맥도날드(McDonald's)는 현재 세계 거의 모든 곳에서 볼 수 있고 스시도 마찬가지이다. 할리우드 액션 영화는 전 세계 영화관을 지배하고 있지만, 〈매트릭스〉 같은 할리우드 블록버스터 영화에서 정형화된 액션 장면은 홍콩 무술 영화의 전통에 기초를 두고 있다.

이러한 문화의 동질화로 인해 무엇인가를 잃어버렸다는 것을 부인하기는 어렵다. 따라서 극장에서 상영되는 미국 영화의 수나 외국 프로그램의 TV 방영시간을 제한하는 등 국가의 문화 차이를 보존하기 위한 정책을 지지하기 위해 시장실패론을 주장할 수 있다.

하지만 이러한 주장을 개진하는 순간, 또 다른 원칙, 자유 사회에서 개인이 자신이 좋아하는 것을 즐길 권리가 제기될 것이다. 미국 문화적 독립성이 보호되어야 한다는 근거로 당신이 롤링스톤스(Rolling Stones)의 노래를 듣거나 성룡(Jackie Chan)의 영화를 보는 권리가 침해된다면 어떻겠는가?

## WTO와 국가의 독립성

반세계화 운동에서 되풀이되는 주제는 자유무역과 자본의 자유로운 이동의 추진이 국가의 주권을

## 사례 연구　방글라데시의 비극

방글라데시는 매우 가난한 나라이다. 세계은행의 추정치에 따르면 2010년 방글라데시인의 77%가 하루 2달러 미만으로 살고 있으며, 43%가 하루 1.25달러 미만으로 살고 있다. 그러나 믿기 어렵겠지만 이러한 숫자는 그리 멀지 않은 과거에서 크게 성장한 것이다. 1992년에는 인구의 93%가 현재의 달러가치로 하루 2달러 미만으로 살았으며, 67%가 1.25달러 미만으로 살았다.

이러한 빈곤의 감소는 국가의 1인당 GDP를 2배로 증가시킨 20년간의 인상 깊은 경제성장의 부산물이다. 방글라데시의 성장은 결국 주로 수출, 특히 의류 수출 증가에 의존했다. 11장에서 언급한 것처럼 방글라데시의 의류 산업은 비교우위의 고전적인 사례이다. 방글라데시의 의류 산업은 심지어 다른 개발도상국에 비해서도 상대적으로 생산력이 낮지만, 다른 산업에서는 상대적인 생산력이 더 낮아 의류 수출 강국이 되었다.

그러나 방글라데시의 의류 산업에서의 경쟁력은 낮은 임금과 열악한 노동조건에 의존한다. 얼마나 열악한가? 2013년 4월 24일, 방글라데시에서 많은 의류 공장이 입주해 있는 8층 건물이 무너져 1,200명 이상이 사망했다는 뉴스에 전 세계가 충격을 받았다. 조사에 따르면 전날 건물에 균열이 있었지만 의류 노동자들은 어찌됐든 공장에 복귀하라는 명령을 받았다. 또한 그 건물은 구조적으로 제조업 작업에 적합하지 않으며 허가 없이 증축된 것으로 밝혀졌다.

누가 이처럼 안전하지 않은 작업조건에서 만들어진 옷을 구입하는가? 바로 우리이다. 그 건물의 공장들은 인기 있는 여러 서구 의류 브랜드에 의류를 공급하고 있었다.

분명히 방글라데시는 건물과 노동자 안전법을 시행하여 노동자를 보호하기 위한 조치를 취할 필요가 있다. 하지만 부국의 소비자, 여러 사람 중에서도 바로 당신은 어떻게 반응하겠는가?

직접적이고 본능적인 반응은 노동자가 너무 열악하게 대우받는 국가에서 생산된 제품을 구입하지 말아야 한다는 것이다. 하지만 방금 본 것처럼 방글라데시는 절실하게 계속 의류를 수출할 필요가 있고, 이는 오로지 노동자가 서구기준에 따르면 매우 낮은 임금을 받을 때만 가능하다. 실제로 방글라데시는 의류 산업에서 더 높은 생산력을 가진 중국보다도 더 낮은 임금을 지불해야 한다. 그리고 낮은 임금과 열악한 노동조건은 좋든 싫든 함께 나타나는 경향이 있다.

이는 결국 방글라데시 노동자를 해치지 않으면서 그들을 돕는 것이 불가능하다는 것을 의미하는가? 아니다. 법 또는 단순히 소비자 압력을 통해 방글라데시뿐만 아니라 경쟁자에게도 적용되는 노동조건에 관한 몇 가지 기본적인 기준을 생각해볼 수 있다. 이것이 너무 야심 찬 것이 아니라면 이러한 기준은 이 국가가 의존하는 수출을 망치지 않으면서 방글라데시 노동자의 삶을 개선할 수 있을 것이다.

그러나 쉽지 않을 것이고 이러한 대책에 너무 많은 것을 기대해서는 안 될 것이다. 가까운 미래에도 가난한 나라와의 무역에 관한 두 가지 불편한 진실은 계속될 것이다. 즉 그 나라의 노동자는 서양인이 쉽게 상상하는 것보다 더 나쁜 임금과 노동조건으로 고통을 받게 될 것이나, 이 노동자가 생산한 것을 구입하기를 거부하는 것은 그들을 훨씬 더 나쁘게 만들게 될 것이라는 점이다.

약화한다는 것이다. 이러한 불평의 극단적인 견해에서 WTO는 개별 국가의 정부가 자국 이익을 위한 정책을 추진하지 못하도록 하는 초국가적인 세력으로 특징지어지고 있다. 이러한 비난에 얼마만큼의 실체가 있는가?

간단한 대답은 WTO의 권한은 기본적으로 각국이 국제무역협정을 따르도록 요구하는 것에 제한되어 있어 세계정부와 전혀 같지 않다는 것이다. 하지만 WTO를 초국가적인 권위로 보는 견해에 담긴 조그마한 진실은 WTO의 권한이 WTO가 관세, 수출보조금, 수량제한 등의 전통적인 무역 정책 수단뿐만 아니라 사실상의 무역 정책인 국내 정책을 감시하는 것도 포함한다는 것이다. 그리고 정당한 국내 정책과 사실상의 보호주의 간의 경계선이 모호하기 때문에 일부 관찰자에게는 WTO가 국내 정책에 간섭하는 것처럼 보이는 경우가 있다.

10장의 글상자 '분쟁해결과 분쟁창출'에서 이 이슈의 모호성을 보여주는 유명한 사례를 설명했다. 그 예에서 살펴본 것처럼 미국은 국내 정유회사가 공급하는 평균 휘발유보다 수입 휘발유가 더 많은 오염을 유발하지 않도록 요구하는 청정대기법(Clean Air Act)을 개정했다. WTO는 이러한 요구가 기존의 무역협정을 위배하는 것이라는 판결을 내렸다. WTO 비판자들에게 이러한 판결은 WTO가 민주적으로 선출된 정부의 환경을 개선하고자 하는 노력을 어떻게 좌절시킬 수 있는지를 보여주는 대표적인 예이다.

그러나 WTO 지지자들이 지적한 것처럼 이 판결은 미국이 수입과 국내 생산에 다른 기준을 적용 했다는 사실에 근거하고 있다. 결국 일부 미국 정유회사는 평균보다 더 오염된 휘발유를 공급하지만 계속 운영되고 있다. 그 법은 실제 베네수엘라의 오염된 휘발유가 미국 시장에서 판매되는 것을 방지 했지만 국내 정유회사의 동일하게 오염된 휘발유의 판매는 허용했다. 만약 새로운 법이 국산 및 외국 휘발유에 동일한 기준을 적용했다면 이 법은 WTO에 의해 받아들여졌을 것이다.

## 세계화와 환경

인간이 환경에 미치는 영향에 관한 관심이 세계 도처에서 고조되고 있다. 그리고 이러한 관심이 국내 정치에서 수행하는 역할도 점점 더 커지고 있다. 예를 들어 2007년 11월, 호주 수상 존 하워드(John Howard)는 투표에 의해 자리에서 물러났는데, 대부분의 정치 분석가는 여당의 결정적인 패배가 호 주의 자유당(Liberal Party, 실제로는 보수당이며 노동당이 좌파)이 환경 위협에 반대하는 행동을 하 지 않으려 한다는 대중의 인식과 깊은 관련이 있다고 생각한다.

따라서 필연적으로 환경 이슈는 국제무역에 관한 논쟁에서도 그 역할이 커지고 있다. 일부 반세계 화 활동가는 국제무역의 증가가 자동적으로 환경을 파괴한다고 주장하고, 일부는 국제무역협정, 특 히 세계무역기구의 역할이 환경활동을 방해하는 효과가 있다고 주장한다. 대부분의 국제경제학자는 첫 번째 주장을 지나치게 단순화된 것으로 보고, 두 번째 주장에는 동의하지 않는다. 즉 그들은 세계 화와 환경파괴 간에 단순한 관계가 있다는 것을 부인하고, 무역협정이 국가들이 진보한 환경 정책을 펴지 못하도록 방해한다고 생각하지 않는다. 그럼에도 불구하고 무역과 환경의 교차는 여러 중요한 이슈를 제기한다.

### 세계화와 성장, 그리고 오염

생산과 소비 모두 종종 환경파괴라는 부작용을 야기한다. 공장은 대기에 오염물질을 방출하고 때때 로 강에 폐수를 버린다. 농부는 결과적으로 수질을 오염시키는 화학비료와 농약을 사용하고, 소비자 는 오염을 방출하는 자동차를 운전한다. 그 결과 다른 조건이 일정할 때 생산과 소비 모두를 증가시 키는 경제성장은 더 큰 환경파괴를 초래한다.

그러나 다른 조건이 일정하지 않다. 우선 국가가 부유해질수록 어느 정도는 환경에 미치는 영향을 줄이는 방향으로 생산과 소비의 구성을 변화시킨다. 일례로 미국 경제가 점점 더 재화보다 서비스 생 산에 전념함에 따라 GDP 1달러당 더 적은 에너지와 원자재를 사용하는 경향을 보이고 있다.

또한 부의 증가는 환경의 질에 대한 정치적 수요를 증가시키는 경향이 있다. 그 결과 부유한 국가 는 일반적으로 깨끗한 공기와 수질을 유지하기 위해 가난한 국가보다 더 엄격한 규제를 부과한다. 그 차이는 미국과 유럽의 주요 도시와 개발도상국의 주요 도시 사이를 오가며 양쪽에서 심호흡을 해

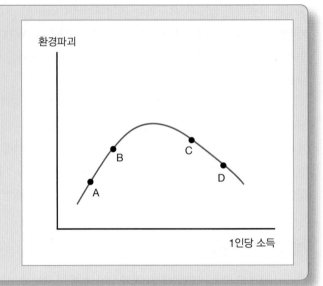

**그림 12-3 환경 쿠즈네츠 곡선**

실증적 근거는 경제가 성장함에 따라 초기에는 환경파괴를 증가시키나 일단 충분히 부유해지면 더욱더 환경친화적이 된다는 점을 시사한다. 경제가 성장함에 따라 환경이 악화되고 있는 중국은 사실상 A에서 B로 이동하고 있다. 더 부유한 국가는 성장의 일부를 환경을 개선하는 데 사용함으로써 C에서 D로 이동할 수 있다.

본 사람들에게 명백하게 느껴질 것이다.

1990년대 초, 프린스턴대학교의 경제학자 진 그로스먼(Gene Grossman)과 앨런 크루거(Alan Krueger)는 국민소득수준과 아황산가스 같은 오염물질 사이의 관계를 연구한 결과, 이러한 경제성장의 상쇄 효과가 1인당 소득과 환경오염 사이에 독특한 '역의 U(inverted U)'의 관계를 발생시킨다는 것을 발견했고, 이는 **환경 쿠즈네츠 곡선**(environmental Kuznets curve)으로 알려졌다.[3] 많은 후속 연구로 적절성이 검증된 이 개념은 그림 12-3에 도식적으로 묘사되어 있다.

아이디어는 경제성장으로 국가의 1인당 소득이 증가함에 따라 초기 효과는 환경파괴가 증가한다는 것이다. 따라서 최근 몇십 년 동안 경제가 급성장한 중국은 실제로 점 A에서 점 B로 이동하고 있다. 국가가 발전소에서 더 많은 석탄을 태우고 공장에서 더 많은 재화를 생산할수록 대기로 더 많은 아황산가스를 배출하고 강에 더 많은 폐수를 버린다.

하지만 국가가 충분히 부유해지면 환경을 보호하기 위한 행동을 취할 여력이 된다. 미국은 최근 몇십 년간 부유해짐에 따라 오염을 제한하는 방향으로 움직였다. 예를 들면 자동차는 매연을 감소시키는 촉매변환장치를 갖추도록 요구했고, 정부 허가제도는 발전소의 아황산가스의 배출을 제한했다. 그림 12-3에서 미국은 지역 대기오염과 같은 분야에 대해 앞서 있으며 C에서 D로 이동했다. 즉 부유해질수록 환경을 파괴하는 행위가 줄어들고 있다.

이것이 국제무역과 어떤 관련이 있을까? 무역자유화는 종종 경제성장을 촉진한다는 이유로 지지를 받는다. 무역자유화는 경제성장 목표를 달성한 만큼 1인당 소득을 증가시킬 것이다. 이는 환경의 질을 개선할까, 아니면 악화시킬까? 그 답은 경제가 환경 쿠즈네츠 곡선의 어느 측면에 있느냐에 달려 있다. 부분적으로 북미자유무역협정(NAFTA)이 환경을 해칠 것이라고 주장하는 비판에 대응하기 위해 저술한 그들의 초기 연구에서 그로스먼과 크루거는 멕시코가 곡선의 오른쪽 부분에 있을 수 있

---

3 Gene Grossman and Alan Krueger, "Environmental Effects of a North American Free Trade Agreement," in Peter Garber, ed., *The U.S. Mexico Free Trade Agreement*. MIT Press, 1994.

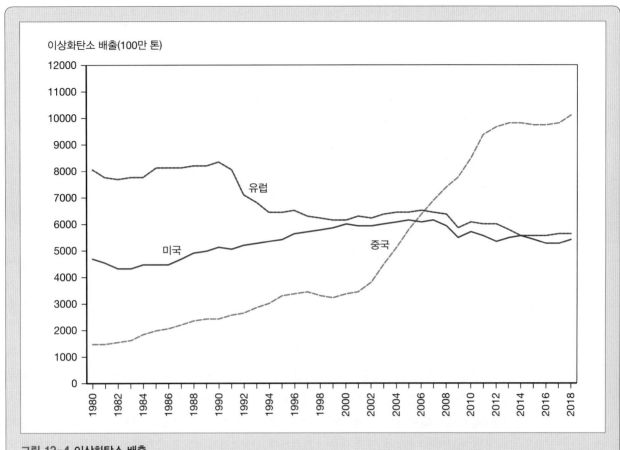

**그림 12-4 이산화탄소 배출**

중국의 급속한 경제성장으로 기후변화의 사소하게 기여했던 중국이 세계 최대의 이산화탄소 배출국으로 바뀌었다.

출처: Global Carbon Project.

다고 했다. 즉 NAFTA가 멕시코의 소득을 증가시키는 만큼 실제로 환경파괴 감소를 초래할 것이라고 제안했다.

하지만 환경 쿠즈네츠 곡선은 어떤 방식으로든 세계화가 반드시 환경에 좋다는 것을 의미하지는 않는다. 사실 전 세계적으로 보면 세계화가 적어도 지금까지는 환경에 실제로 해를 끼쳤다고 주장하기 매우 쉽다.

이 주장은 다음과 같이 전개된다. 논란의 여지는 있으나 세계화의 가장 큰 단일 수혜자는 중국이며, 중국의 수출주도형 경제는 1980년 이후 믿어지지 않을 정도의 성장을 경험했다. 반면에 가장 큰 환경 이슈는 틀림없이 기후변화로, 이산화탄소와 기타 온실가스의 배출이 지구의 평균기온을 상승시키고 있다는 광범위한 과학적 합의가 존재한다.

중국의 호황은 이산화탄소 배출의 대규모 증가와 관련이 있다. 그림 12-4는 1980~2018년의 미국, 유럽, 중국의 이산화탄소 배출을 보여준다. 1980년 중국은 지구 온난화의 작은 부분만 기여했지만, 2018년 중국은 2위와 큰 차이를 보이면서 세계에서 가장 큰 온실가스 방출국이 되었다.

하지만 여기서 문제는 세계화 그 자체가 아니고, 어느 정도는 세계화의 결과로 나타난 중국의 경제적 성공이라는 점을 깨닫는 것이 중요하다. 또한 환경에 대한 염려에도 불구하고 수억 명을 비참한 궁핍에서 벗어나게 한 중국의 성장이 나쁘다고 주장하기는 어렵다.

## '오염 피난처' 문제

배가 너무 낡아 계속 운행할 수 없을 때 배는 금속조각과 기타 물질을 다시 사용하기 위해 해체된다. '선박해체'를 보는 하나의 방법은 그것이 재활용의 한 형태라는 것이다. 배가 녹슬도록 두는 대신 선박해체 회사는 부품을 뜯어내서 다시 사용한다. 궁극적으로 이러한 과정은 철광석이 덜 채굴되고 석유가 덜 추출될 필요가 있다는 것을 의미한다. 선박해체가 환경에 이로울 것이라고 기대할 수 있다. 하지만 작업 자체는 환경에 해로울 수 있다. 배 탱크에 남은 석유부터 의자 및 인테리어에 사용된 플라스틱까지 모든 것을 주의 깊게 다루지 않으면 지역 환경에 독이 될 수 있다.

그 결과 선진국에서 선박해체는 철저한 환경규제에 직면한다. 배가 볼티모어나 로테르담에서 해체될 때 환경파괴를 피하기 위해 세심한 주의가 기울여진다. 하지만 근래 선박해체는 선진국에서는 거의 이루어지지 않는다. 대신 인도의 선박해체 중심지인 알랑과 같은 곳에서 배를 해변으로 끌어내 용접용 버너를 가진 사람들이 해체하는데, 많은 오염 물질을 남긴다.

실제로 알랑은 **오염 피난처**(pollution haven)가 되었다. 국제무역 덕분에 어떤 국가에서 강력한 환경규제를 받는 경제활동은 덜 엄격한 규제를 가진 다른 국가에서 수행될 수 있다. 몇몇 행동주의자 단체는 오염 피난처 문제에 대해 매우 큰 우려를 나타냈다. 실제로 환경단체인 그린피스(Greenpeace)는 알랑에서 유명한 소송사건을 만들어 더 높은 환경기준을 부과하도록 요구했다. 실제로 오염 피난처에 대한 두 가지 질문이 제기된다. (1) 그것이 정말로 중요한 요인인가? (2) 그것이 국제적 협상의 대상이 될 만한가?

첫 번째 질문에 대한 대부분의 실증연구는 국제무역에 대한 오염 피난처의 영향은 비교적 작다는 것을 보여준다. 즉 '더러운(dirty)' 산업이 느슨한 환경규제를 가진 국가로 옮겨갔다는 증거가 많지 않다.[4] 선박해체 산업의 경우에도 인도의 낮은 임금이 느슨한 환경규제보다 더 매력적인 요인이었던 것으로 보인다.

두 번째, 국가는 서로 다른 국가의 환경 정책에 관심을 가지는 것이 정당한가? 이는 환경문제 특성에 따라 다른 것으로 보인다.

오염은 다른 사람에게 비용을 일으키지만 그에 대한 대가는 지불하지 않는 부정적 외부 효과의 고전적인 예이다. 따라서 오염은 정부개입에 대한 타당한 근거가 된다. 하지만 형태에 따라 오염이 미치는 지리적 범위는 매우 다른데, 국경을 넘어 퍼진 오염에 대해서만 명백하게 국제적인 우려가 정당화될 수 있다.

따라서 인도의 선박해체가 알랑 지역의 환경을 오염시키는 한 이는 인도의 문제이며, 다른 국가의 문제인지는 명백하지 않다. 유사하게 멕시코시티의 대기오염은 멕시코의 문제이며, 그것이 왜 미국의 관심을 정당화하는지는 명백하지 않다. 반면 이산화탄소 배출은 모든 국가의 미래 기후에 영향을

---

4 이에 대한 예는 Josh Ederington, Arik Levinson, and Jenny Minier, "Trade Liberalization and Pollution Havens," Working Paper 10585, National Bureau of Economic Research, June 2004 참조

미치고, 이는 국제적인 외부 효과로 국제협상의 주제가 될 만하다. 현 시점에서 오염 피난처 현상이 국제적인 부정적 외부 효과를 초래하는 주요 산업의 예를 제시하기는 어렵다. 하지만 모두가 아니더라도 몇몇 주요 국가가 기후변화를 제한하는 강력한 정책을 채택한다면 상황은 급변할 수 있다.

## 탄소 관세 논쟁

2009년 미국 하원은 온실가스에 대한 배출권 거래제(cap-and-trade system)를 수립할 법안을 통과시켰다. 이 제도하에서는 한정된 수의 배출 허가권이 발행되고 기업은 실제 배출하는 양만큼의 허가권을 구매하도록 요구되어, 실제로 탄소와 다른 가스에 대해 가격을 부과한다. 상원에서 어떤 상응하는 법안도 통과시키지 못해 기후변화 입법은 보류되었고 언제 가능할지 알 수 없는 상황이다. 그럼에도 불구하고 하원에서 통과된 법안에는 앞으로 무슨 일이 일어날지 보여주는 핵심적인 무역 관련 조항이 있는데, 비슷한 정책을 제정하지 않은 국가로부터 수입된 제품에 **탄소관세**(carbon tariff)를 부과한다는 것이다.

이것은 무엇에 관한 것인가? 기후변화 법안 제정에 제기되는 하나의 의문점은 일부 국가만 이러한 조치를 취하는 경우 과연 효과적인가 하는 것이다. 미국은 전 세계 온실가스 배출의 단지 일부분을 차지하고, 그림 12-4에서 보았듯이 실제 미국은 가장 큰 배출국도 아니다. 따라서 미국의 일방적인 탄소 배출 감축은 전 세계 배출과 미래 기후변화에 제한된 효과만 가져올 것이다. 더구나 탄소에 높은 가격을 부과하는 정책은 오염 피난처 효과를 지금보다 더 크게 만들고, 이는 탄소 배출이 집중된 산업을 강력한 기후변화 정책이 없는 국가로 이전시키는 '탄소 누출(carbon leakage)'을 야기할 수 있다.

이러한 우려에 대한 확실한 답은 이 계획을 세계적인 것으로 만들어 모든 주요 국가가 유사한 정책을 채택하도록 하는 것이다. 하지만 중국과 같은 일부 국가는 이미 높은 생활수준을 달성한 부유한 국가보다 더 느슨한 환경 정책을 시행할 권리를 가져야 한다고 생각하고 있어 이러한 협상이 이루어지리라고 보장할 수는 없다.

그렇다면 해결책은 무엇일까? 탄소관세에 내재된 아이디어는 기후변화 정책을 시행하지 않는 국가로부터의 수입상품에 대해 이 상품 생산에서 배출된 이산화탄소에 비례해 가격을 부과하는 것이다. 배출 1톤당 관세는 국내시장에서의 탄소 배출 허가권의 가격과 같을 것이다. 이는 해외 생산자에게 탄소 배출을 줄일 유인을 제공하며, 생산을 느슨한 규제를 가진 국가로 이전하려는 유인을 제거할 것이다. 게다가 이것은 아마도 느슨한 규제를 가진 국가 스스로의 기후변화 정책을 채택하도록 유인을 제공할 것이다.

탄소 관세를 비판하는 사람들은 이것이 보호무역에 해당하며 국내제품과 외국제품의 차별을 금지하는 국제무역 법규를 위반하는 행위라고 주장한다. 탄소 관세 지지자들은 이것이 수입재화 생산자와 국내 생산자 모두에게 온실가스 배출에 비용 지불을 요구함으로써 국내 시장 판매에 공평한 경쟁의 장을 제공한다고 주장한다. 그리고 그들은 탄소 관세가 공평한 경쟁의 장을 만들기 때문에 정교하게 적용된다면 기존 무역규제하에서 또한 합법적이어야 한다고 주장한다.

현 시점에서는 어떤 주요 국가도 아직 온실가스 배출에 상당한 가격을 부과한 적이 없기 때문에 탄소 관세 이슈는 가설에 불과하다. 이에 따라 세계무역기구(WTO)도 이러한 관세의 적법성에 대해 어떤 판결도 내리지 않고 있으며, 아마 앞으로도 실제 사례가 나타나기 전까지는 판결을 내리지 않을 것이다. 하지만 기후변화에 대한 입법이 다시 주목을 받으면(조만간 그럴 듯한데) 확실히 무역 정책에 새로운 중요한 이슈를 가져올 것이다.

## 무역 충격과 지역사회에 미치는 영향

널리 알려진 사실과 다르게 국제무역에 대한 경제적 분석은 자유무역이 모두에게 좋은 것이라고 말하지 않는다. 지금까지 살펴본 바와 같이 무역의 증가는 한 국가 내 소득 분포를 변화시키고 승자뿐만 아니라 패자를 발생시킨다. 하지만 과연 무역의 표준 모형이 무역의 빠른 증가로 야기되는 손실을 충분히 설명하는가?

최근 다수의 저자는 '아니다'라고 답한다. 데이비드 오토(David Autor), 데이비드 돈(David Dorn), 고든 핸슨(Gordon Hanson)의 상당히 영향력 있는 분석은 1990년 이후, 특히 중국이 세계무역기구에 가입한 2001년 이후 중국의 빠른 수출 증가는 대부분의 경제학자들이 인식하는 것보다 더 많은 고통을 야기했다고 주장한다. 오토와 동료들(Autor et al.)의 분석은 다음의 세 가지 주요 관찰에 근거한다.[5]

■ 중국의 수출 증가는 산업별로 매우 상이하다. 예를 들어 중국은 사실상 비운동용 여성용 신발의 세계 생산 대부분을 차지하는 반면, 다른 산업에서는 훨씬 더 천천히 잠식하고 있다.
■ 많은 미국 제조업 산업은 7장에서 논의한 외부경제로 인해 지리적으로 상당히 집중되어 있기 때문에, 특정 산업에서 대규모의 중국 진입은 일부 지역에는 큰 영향을 미치지 않은 반면 일부 지역에는 엄청난 영향을 미쳤다.
■ 마지막으로 미국 노동자와 가구들은 기대했던 것보다 훨씬 더 침체된 지역을 떠나 다른 곳으로 이사하기를 내켜하지 않거나 또는 이사할 수 없는 상황이다.

이러한 이유로 중국의 수출 급증은 전체적인 숫자가 제시하는 것보다 미국 근로자에게 훨씬 더 큰 영향을 미쳤다고 주장한다. 오토와 동료들의 연구는 '차이나 쇼크(China shock)'가 총 약 100만 개의 미국 제조업 일자리를 없앴다고 추정했다. 이는 사실상 1억 5,000만의 근로자를 고용하고 그중 매달 150만 근로자가 일자리를 잃는 경제에서 그리 큰 숫자는 아니다. 하지만 중국 관련 일자리 손실은 상대적으로 적은 수의 지역에 집중되어 있고, 지역 서비스에 대한 수요 감소는 그 지역의 더 큰 일자리 손실로 이어졌다. 결과적으로 일부 지역에 대한 영향은 엄청나게 충격적이었다고 주장한다.

이런 종류의 분석은 국제무역의 빠른 변화는 경제학자들이 인식하는 것보다 더 고통스럽다는 점을 보여준다. 그리고 이러한 현실은 2016년 영국이 유럽연합을 떠나기로 투표하고 미국이 강력한 보호주의 공약을 가진 후보자를 선출하면서 가시적으로 나타난 세계화에 대한 반발을 일부 설명한다.

---

5 David H. Autor, David Dorn, and Gordon H. Hanson, "The China Shock: Learning from Labor-Market Adjustment to Large Changes in Trade," *Annual Review of Economics*, October 2016.

## 요약

- 정부의 무역개입에 관한 몇 가지 새로운 논거가 지난 25년 동안 등장했다. **전략적 무역 정책** 이론은 한 국가가 특정 산업을 장려함으로써 이득을 얻을 수 있는 이유를 제시했다. 1990년대에는 세계화가 개발도상국 근로자에게 미치는 영향에 초점을 맞추면서 세계화에 대한 새로운 비판이 등장했다. 그리고 기후변화에 대한 조치는 **탄소관세**의 필요성 및 법적 타당성을 포함해 몇 가지 중요한 무역 이슈를 제기했다.

- 적극적 무역 정책론은 두 가지 아이디어에 의존한다. 하나는 정부가 기술적 **외부 효과**를 창출하는 산업을 촉진해야 한다는 주장이다. 다른 하나는 표준적인 시장실패론과 상당히 다른 브랜더-스펜서 분석으로, 전략적 개입이 국가로 하여금 **초과수익**을 얻을 수 있게 한다는 주장이다. 이러한 주장은 이론적으로 설득력이 높다. 그러나 많은 경제학자는 이 이론들이 너무 미묘하고 매우 많은 정보를 요구하기 때문에 현실적으로 유용하지 않다고 우려한다.

- 개발도상국의 제조업 수출 증가와 함께 세계화에 반대하는 새로운 운동이 출현했다. 이 운동의 주요한 관심사는 수출 노동자에게 지불되는 저임금이다. 경제학자 대부분의 반응은 개발도상국의 근로자는 서구기준으로는 낮은 임금을 받지만 무역을 하는 것이 무역이 없을 때보다 더 많이 벌게 해준다는 것이다.

- 사례 연구는 세계화를 도덕적 이슈로 볼 때 세계화에 대한 논의가 얼마나 어려운지 보여준다. 사람들이 선행을 하고자 할 때도 해를 끼치기란 매우 쉽다. 운동가들이 가장 선호하는 노동기준과 같은 대의명분도 개발도상국은 이것이 보호주의의 도구로 사용될 것이라고 믿으며 우려를 표한다.

- 세계화가 경제성장을 촉진하는 반면 환경에 대한 영향은 분명하지 않다. **환경 쿠즈네츠 곡선**은 경제성장 초기에는 국가가 부유해짐에 따라 환경피해를 증가시키는 경향이 있으나, 특정 수준을 넘어서면 성장이 실제로 환경에 유익하다고 설명한다. 불행하게도 세계에서 가장 빨리 성장한 몇몇 국가는 아직도 상대적으로 가난하며, 그 곡선의 '올바르지 못한' 부분에 위치해 있다.

- 세계화가 상당한 오염을 유발하는 산업을 규제가 더 느슨한 **오염 피난처**로 이동시킬 수 있다는 우려가 점점 커지고 있다. 적어도 지금까지는 이것이 실제 입지 결정에 중요한 요인이라는 증거는 거의 없다. 그러나 심각한 기후변화 정책이 시행되면 상황은 변할 수 있다. 이 경우에 탄소관세에 대한 강력한 논거가 있는 반면 또한 그 개념에 대한 강력한 비판도 존재한다.

- 중국의 수출 성장으로 야기된 최근의 우려는 국제무역의 큰 변화가 지역적으로 집중된 노동자들과 그들의 지역사회에 극심한 피해를 야기함에 따라 경제학자들이 이전에 인식했던 것보다 부정적인 효과가 훨씬 심각하다는 것이다.

## 주요 용어

| | |
|---|---|
| 브랜더-스펜서 분석Brander-Spencer analysis | 전략적 무역 정책strategic trade policy |
| 오염 피난처pollution haven | 초과수익excess returns |
| 외부 효과externality | 탄소관세carbon tariff |
| 인접국 빈곤화 정책beggar-thy-neighbor policy | 환경 쿠즈네츠 곡선environmental Kuznets curve |

## 연습문제

1. 전략적 무역 정책이 한 국가의 후생을 증가시키는 것으로 보이는 경우에도 이 정책에 참여함으로써 받는 불이익은 무엇인가?

2. 우주 개척은 가까운 장래에 아주 흔해질 것이고 위성 이용에 큰 진전이 있을 것이라는 믿음이 널리 퍼져 있다. 이는 미국이 우주개척 분야에 선도자가 되도록 돕는 정책을 마련해야 한다는 것을 의미하는가?

3. 많은 유럽 정책 분석가들은 유럽연합과 그 회원국들이 기초 연구에 상당한 보조금을 지급하는 것을 비판한다. 대신 그들은 유럽 회사의 비교우위를 위해 응용 연구가 장려되어야 한다고 주장한다. 이에 대해 설명하라.

4. 전략적 무역 정책이 브랜더-스펜서의 에어버스와 보잉의 예에서 작동하도록 하는 핵심가정은 무엇인가?

5. 개발도상국의 일부 소매업자는 임금이 높은 선진국에서 생산된 제품을 판매하지만 소비자에게 이 제품은 높은 품질기준으로 생산되었다고 보장한다. 이런 종류의 보장을 요구하는 것이 수출에 보조금을 주는 것과 같은가? 이것이 외국 소비자에게 이득이 될 수 있는 방법에는 어떠한 것이 있는가?

6. 환경보호와 관련해 WTO에 대한 주된 비판은 무엇인가? WTO는 환경 이슈와 관련된 무역 분쟁에 대한 입장을 어떻게 정당화하는가?

7. 프랑스는 가끔 전략적 무역 정책을 비난하면서도 프랑스 예술, 음악, 패션, 요리 등을 장려하는 적극적인 민족주의적 문화 정책을 추진한다. 이는 점점 동질화되는 세계에서 민족의 정체성을 보존하려는 시도일 수 있지만 일부 프랑스 관료는 경제적인 이유로 이러한 정책을 지지한다. 이러한 정책의 몇몇 특징이 어떤 의미에서 일종의 전략적 무역 정책으로 지지될 수 있는가?

8. 많은 국가에서 생산자가 지불하지만 소비자에게 전가되는 경향이 있는 부가가치세를 시행하고 있다. (부가가치세는 기본적으로 판매세를 부과하는 간접적인 방식이다.) 이 부가가치세는 항상 수입에 대해 동일한 세금을 부과하는데, 이러한 수입세는 부가가치세와 같이 모든 소비자 구매에 동일한 세율을 부과하는 간접적인 방식이기 때문에 합법적인 것으로 간주된다. 이 상황을 탄소관세에 대한 주장과 비교하라. 지지자들은 왜 이 관세가 합법적이라고 주장하는가? 어떤 반대가 있을 수 있는가?

9. 일반적인 무역 이론은 한 산업에서 잃은 일자리는 다른 산업에서 얻는 일자리로 상쇄된다고 가정한다. 하지만 오토와 동료들의 논문에서는 수입으로 제조업 일자리를 잃은 지역사회는 결국 다른 일자리 또한 잃게 된다고 주장했다. 여기에 모순이 존재하는가?

## 더 읽을거리

James A. Brander and Barbara J. Spencer. "Export Subsidies and International Market Share Rivalry." *Journal of International Economics* 16 (1985), pp. 83-100. 보조금의 전략적 무역 정책 도구로서의 잠재적 역할에 대한 기본적인 참고자료

Kimberly Ann Elliott. *Can Labor Standards Improve Under Globalization?* Washington, D.C.: Institute for International Economics, 2001. 활동가들의 대의에 공감하는 경제학자들이 제기한 이슈에 대한 조사

Edward M. Graham. *Fighting the Wrong Enemy: Antiglobali-zation Activists and Multinational Corporations.* Washington, D.C.: Institute for International Economics, 2001. 활동가들에게 덜 공감하는 경제학자들이 제기한 이슈에 대한 조사

Elhanan Helpman and Paul Krugman. *Trade Policy and Market Structure.* Cambridge: MIT Press, 1989. 전략적 무역 정책과 관련된 주제를 다룬 논문에 대한 조사와 종합

William Langewiesche. "The Shipbreakers." *The Atlantic Monthly* (August 2000). 알랑의 선박해체 산업과 그것이 야기한 분쟁에 대한 훌륭한 설명

*Hearing on Trade Aspects of Climate Change Legislation, Before the Subcommittee on Trade*, 112th Cong. (March 24 2009) (statement of Joost Pauwelyn). 탄소관세를 둘러싼 이슈에 대한 무역 변호사의 명백하고 간결한 논의로, 여기에서 그는 주의 깊게 살펴보면 탄소관세는 기존 협정하에서 합법적이라고 주장한다.

# CHAPTER 13

# 국민소득계정과 국제수지

20 14년부터 2019년까지 세계 경제의 총실질생산은 연평균 3.5% 성장했다. 세계 경제의 성장률은 3.9% (2017년)에서 2.9%(2019년)의 범위에서 변동하면서 상당히 안정됐다. 그러나 2020년 세계적 유행병인 COVID-19가 출현하면서 세계 경제는 갑자기 급격한 역성장으로 돌아섰고 많은 국가의 경제는 1930년대 세계대공황 이후 전례가 없던 규모로 위축됐다. 미국을 포함해 세계 도처에서 실업이 급격히 상승했으나 동아시아의 몇몇 국가와 같은 나라들은 훨씬 작은 타격을 받았다. 경제분석이 세계 경제가 변화하는 모습과 개별 국가의 국부가 서로 다른 이유를 이해하는 데 도움을 줄 수 있는가?

앞의 장들에서는 주로 한 시점에서 세계의 희소한 생산자원을 가장 잘 사용하는 문제를 논의했다. **미시경제학**(microeconomics)이라고 부르는 경제학 분야는 개별 기업과 소비자의 관점에서 이 문제를 연구한다. 미시경제학은 자신의 이익을 추구하는 개별 경제주체가 집단적으로 자원이 어떻게 사용되는지를 결정한다는 점을 보이기 위해 '아래에서 위로 가는 방식'을 사용한다. 국제미시경제학 연구를 통해 개별적인 생산 및 소비 결정이 어떻게 국제무역의 패턴과 전문화를 초래하는지를 배웠다. 자유무역은 일반적으로 효율적인 자원의 사용을 촉진하는 반면, 정부개입이나 시장실패는 모든 생산요소가 완전고용될 때조차도 낭비를 초래할 수 있다는 점을 살펴보았다.

이 장에서는 초점을 바꿔 다음과 같은 질문을 살펴본다. 경제 정책이 어떻게 생산요소가 완전고용되는 것을 보장할 수 있는가? 무엇이 재화와 서비스를 생산하는 한 경제의 능력이 시간이 지나면서 어떻게 변화하는지를 결정하는가? 이러한 질문에 대답하기 위해서는 경제 전체의 고용, 생산, 성장 수준이 어떻게 결정되는지를 연구하는 경제학 분야인 **거시경제학**(macroeconomics)을 이해해야 한다. 미시경제학처럼 거시경제학은 희소한 자원의 효율적인 사용에 관심을 가진다. 그러나 미시경제학은 개별 경제주체의 경제적 의사결정에 초점을 맞추는 반면, 거시경제학은 경제 전체의 행태를 분석한다. 국제거시경제학을 공부하면서 국가 경제 간 상호작용이 어떻게 전 세계적인 거시경제활동의 패턴에 영향을 주는지를 배우게 될 것이다.

거시경제 분석은 국제경제학에 관한 논의를 단순화하기 위해 일반적으로, 그리고 지금까지 배후에 남겨두었던 경제생활의 네 가지 측면을 강조한다.

1. *실업*: 실제 세계에서 근로자는 실업 상태에 있을 수 있고 공장이 가동되지 않을 수 있다. 거시경제학은 실업을 발생시키는 요인과 정부가 실업을 막기 위해 취할 수 있는 조치를 연구한다. 국제경제학의 한 가지 주요 관심사는 국제무역에 개방되어 있는 경제에서 완전고용을 확보하는 문제이다.

2. *저축*: 앞의 장들에서 통상 모든 국가는 소득과 정확히 일치하는 양만큼, 더 많거나 더 적지 않게 소비한다고 가정했다. 하지만 현실에서 가계는 소득의 일부를 미래를 위해 따로 떼어놓거나 번 것보다 더 많이 지출하기

위해 일시적으로 차입할 수 있다. 한 국가의 저축 또는 차입 행태는 국내고용과 미래의 국부수준에 영향을 미친다. 국제경제 전체의 관점에서 세계 저축률은 세계의 생산자본스톡이 얼마나 빨리 증가할 수 있는지를 결정한다.

3. *무역불균형*: 앞의 장들에서 살펴보았듯이 지출과 소득이 같을 때 한 국가의 수입은 그 국가의 수출과 일치한다. 그러나 이와 같은 무역균형 상태는 실제 경제에서는 결코 달성되지 않는다. 무역불균형은 국가 간에 부를 재분배하고 한 국가의 거시경제 정책이 그 국가의 무역 상대국에 영향을 미치는 하나의 주요 경로이기 때문에 다음 장들의 논의에서 중요한 역할을 한다. 따라서 무역불균형이 특히 크고 지속적일 때 즉각적인 국제적 갈등의 원인이 될 수 있다는 사실은 놀라운 일이 아니다.

4. *통화량과 물가수준*: 지금까지 공부한 무역 이론은 상대가격에 기초하여 재화가 다른 재화와 직접적으로 교환되는 물물경제 이론이었다. 실제 거래에서는 광범위하게 수용되는 교환의 매개수단인 통화를 사용하는 것과 통화 단위로 가격을 설정하는 것이 좀 더 편리하다. 현대 경제에서 발생하는 거의 모든 거래에서 통화의 손이 바뀌기 때문에 통화의 공급 또는 통화에 대한 수요 변동은 생산량과 고용 모두에 영향을 미칠 수 있다. 국제거시경제학은 모든 국가는 자신의 통화를 사용한다는 것과 한 국가의 통화적 요인의 변화(예: 통화공급의 변화)는 그 국가의 국경을 넘어서 다른 국가로 파급되는 효과를 가질 수 있다는 점을 고려한다. 물가수준의 안정은 국제거시경제 정책의 중요한 목표 중 하나이다.

이 장은 국제거시경제학을 연구하는 첫 단계로서 경제학자들이 한 국가의 생산과 국제거래 수준을 기술하는 데 사용하는 회계 개념을 설명한다. 국제무역에 참여하는 경제 간의 거시경제적 연계의 완전한 모습을 살펴보려면 두 가지 중요한 개념을 이해해야 한다. 이러한 개념 중 첫 번째인 **국민소득계정**(national income accounting)은 한 국가의 소득과 생산량에 기여하는 모든 지출을 기록한다. 두 번째인 **국제수지계정**(balance of payment accounting)은 한 국가의 해외부채 변화와 수출 및 수입의 변화 모두를 추적한다. 국제수지계정은 또한 해외거래와 국내통화공급의 관계를 보여준다.

### 학습목표

- 경상수지의 개념을 논의한다.
- 국민소득계정을 개방경제로 확장하기 위해 경상수지를 사용한다.
- 저축, 투자, 순수출의 상호작용을 이해하기 위해 국민소득계정을 적용한다.
- 국제수지계정을 설명하고 국제수지계정과 경상수지의 관계를 설명한다.
- 한 국가의 순해외부의 변화와 경상수지의 관계를 설명한다.

## 국민소득계정

거시경제 분석에서 중심적인 관심사 중 하나는 주어진 기간에 생산요소로 생산되어 시장에서 판매된 모든 최종 재화와 서비스의 가치인 한 국가의 **국민총생산**(gross national product, GNP)이다. 거시경제학자가 연구하는 한 국가의 생산량에 대한 기본적인 척도인 GNP는 최종생산물에 대한 모든 지출의 시장가격을 합해 계산된다. 따라서 GNP를 계산하는 데는 주식 브로커와 배관공이 제공하는 서비스의 가격은 물론 슈퍼마켓에서 판매되는 빵과 서점에서 판매되는 교재의 가격도 포함된다. 생산물은 생산요소 없이는 생산될 수 없기 때문에 GNP를 구성하는 지출은 노동, 자본, 기타 생산요소의 고용과 밀접하게 연결되어 있다.

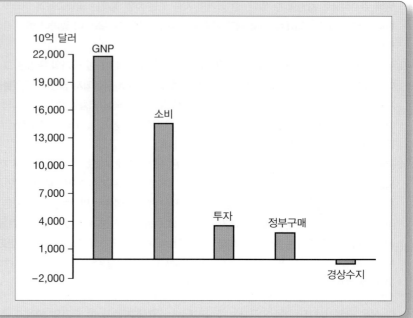

**그림 13-1 미국의 GNP와 그 구성**

2020년 1분기 미국의 GNP는 네 가지 구성요소로 분해될 수 있다.

출처: U.S. Department of Commerce, Bureau of Economic Analysis. 이 그림은 계절조정된 2020년 1분기의 GNP와 그 구성요소를 연간 금액으로 환산해 보여준다.

한 국가의 GNP를 구성하는 지출의 유형을 구별하기 위해 국민소득계정을 정리하는 정부 경제학자와 통계학자는 GNP를 한 국가의 생산물이 구매되는 네 가지의 요소, 즉 소비(consumption, 민간부문의 자국민에 의해 소비되는 금액), 투자(investment, 미래의 생산을 위한 신규 공장과 장비를 만들기 위해 민간기업이 사용하는 금액), 정부구매(government purchase, 정부가 사용하는 금액), 경상수지(current account balance, 재화와 서비스의 순수출액)로 구분한다. 국민생산계정(national output account) 대신 국민소득계정(national income account)이라는 용어를 사용하는 것은, 한 국가의 소득이 사실상 생산과 일치하기 때문에 이와 같은 네 가지 구성요소를 기술하기 위해서이다. 따라서 국민소득계정은 국민소득에 기여하는 각 거래를 지출의 형태에 따라서 분류한 것이라고 생각할 수 있다. 그림 13-1은 미국의 GNP가 2020년 1분기(1~3월)에 어떻게 네 가지 요소로 나뉘는지를 보여준다.[1]

GNP를 소비, 투자, 정부구매, 경상수지로 나누는 것이 왜 유용한가? 한 가지 중요한 이유는 지출의 주요 부분이 어떻게 변화했는지를 모르면 특정한 경기후퇴 또는 경기 호황의 원인을 이해할 수 없기 때문이다. 그리고 이러한 이해 없이는 좋은 정책대안이 제시될 수 없다. 이에 더해 국민소득계정은 일부 국가는 부유한데 다른 국가는 가난한 이유가 무엇인지, 즉 인구규모에 비해 GNP 수준이 상대적으로 높거나 낮은 원인을 연구하는 데 중요한 정보를 제공한다.

### 국민생산과 국민소득

경제학자들이 GNP를 어떻게 분석하는지 이해하기 위해 첫 번째로 할 일은 일정 기간 한 국가가 창

---

1 그림 13-1에서 분기 GNP와 그 구성요소는 연율(즉 분기의 수치에 4를 곱한 것)로 측정된 것이다. 여기서 사용된 경상수지에 대한 정의는 엄밀하게 말하면 한 국가가 해외증여의 순증여자나 순수혜자일 때 정확하지 않다. 이와 같은 가능성은 기타 요인과 더불어 GNP와 국민소득이 일치하지 못하게 만든다. 이 장 후반부에서는 이러한 경우에 국민소득과 경상수지의 정의가 어떻게 변해야 하는지를 설명할 것이다.

출한 GNP가 왜 그 국가의 **국민소득**(national income), 즉 주어진 기간에 생산요소가 벌어들이는 소득과 일치하는지를 설명하는 것이다.

이와 같이 GNP가 국민소득과 일치하는 이유는 재화나 서비스를 구매하는 데 사용된 모든 달러는 자동적으로 어느 누구인가의 주머니에 들어가기 때문이다. 의사에게 진료받는 예를 통해 국민생산의 증가가 같은 금액만큼 국민소득을 증가시킨다는 점을 살펴보자. 의사에게 지불하는 75달러는 그 의사가 환자를 위해 제공하는 서비스의 시장가격을 나타내고, 진료는 GNP를 75달러만큼 증가시킨다. 또한 환자가 의사에게 지불한 75달러는 그 의사의 소득을 증가시킨다. 따라서 국민소득은 75달러만큼 증가한다.

생산과 소득이 같다는 원리는 또한 많은 생산요소에 의해 생산되는 재화의 경우에도 적용된다. 경제학 교재의 예를 생각해보자. 출판사로부터 새 책 한 권을 살 때 그 구매금액은 GNP에 포함된다. 그러나 그 지불금액은 출판사가 판매하여 얻은 자금으로 생산요소의 서비스에 지불되기 때문에 이 책을 생산하는 데 사용된 생산요소의 소득이 된다. 첫째, 이 책의 생산에 필요한 노동투입을 제공한 저자, 편집자, 디자이너, 조판자가 있다. 둘째, 생산에 사용되는 자본을 제공하고 배당금을 받는 출판사의 주주가 있다. 셋째, 이 책을 생산하는 데 사용되는 중간재인 종이와 잉크의 공급자가 있다.

이 책을 생산하기 위해 출판사가 구매하는 종이와 잉크가 국민생산에 기여한 부분은 이 책의 가격에 이미 포함되어 있기 때문에 GNP의 계산에 별도로 포함되지 않는다. **최종** 재화와 서비스의 판매만을 GNP의 정의에 포함하는 이유는 이와 같은 이중계산을 피하기 위해서이다. 출판사가 구매하는 종이와 잉크 같은 중간재의 판매는 계산되지 않는다. 또한 중고 교재의 판매는 GNP에 포함되지 않는다는 것을 주목하라. GNP는 **생산된** 최종 재화와 서비스만을 측정하고 중고 교재는 포함되지 않는다. 최종 재화와 서비스는 최초로 판매된 시점의 GNP에 포함된다. 중고 교재의 판매는 어떠한 생산요소에도 소득을 창출해주지 못한다.

### 자본의 감가상각과 국제이전

GNP와 국민소득이 반드시 일치하도록 정의했기 때문에 GNP와 국민소득이 일치한다는 것은 항등식이다. 그러나 GNP와 국민소득이 실제로 일치하기 위해서는 GNP의 정의를 두 가지 측면에서 조정해야 한다.

1. GNP는 기계와 구조물이 사용되면서 낡기 때문에 발생하는 경제적 손실을 고려하지 않는다. 감가상각(depreciation)이라고 하는 이와 같은 손실은 자본소유자의 소득을 감소시킨다. 따라서 주어진 어느 기간의 국민소득을 계산하려면 GNP에서 그 기간에 발생한 자본의 감각상각을 빼야 한다. GNP에서 감가상각을 뺀 것을 순국민생산(net national product, NNP)이라고 한다.

2. 한 국가의 소득은 외국 정부에 지불된 세금과 외국 정부로부터 받은 보조금뿐 아니라 외국인으로부터 받은 무상 증여를 포함할 수 있다. 이를 일방적 이전(unilateral transfer)이라고 부른다. 소득의 일방적 이전의 예에는 해외에 사는 은퇴 시민에게 지불되는 연금지불, 배상지불, 가뭄으로 타격을 입은 국가에 기부되는 구호자금 같은 해외원조 등이 있다. 미국의 경우 2019년 이와 같은 이전지불 수지는 1,400억 달러로 GNP 순해외이전의 0.65%였다. 순일방적 이전은 한 국가소득의 일부분이지

만 한 국가생산의 일부분은 아니다. 순일방적 이전은 국민소득을 계산할 때 NNP에 추가되어야 한다.

국민소득은 GNP에서 감가상각을 빼고, 순일방적 이전을 더한 것과 같다. GNP와 국민소득의 차이는 결코 무시할 만큼 적은 금액이 아니지만 거시경제학에서는 이에 관해 거의 언급하지 않으며 실제로 거시경제 분석에서 중요하지도 않다. 따라서 이 책에서는 일반적으로 GNP와 **국민소득**이라는 용어는 중요할 때만 구별하고 서로 같은 의미로 상호 교환해 사용한다.[2] 많은 국가는 감가상각을 조정하지 않는 국민소득인 **국민총소득**(gross national income, GNI)의 회계 개념을 강조한다. 대부분의 국가에서 거의 모든 해에 GNP와 GNI는 크게 다르지 않다.

### 국내총생산

미국 외의 대부분의 국가는 오랫동안 국민경제활동의 주요 측정지표로서 GNP보다는 **국내총생산**(gross domestic product, GDP)을 공표한다. 1991년부터 미국도 이와 같은 관행을 따르기 시작했다. GDP는 한 국가의 국경 안에서 이루어진 생산을 측정하는 지표이다. GNP는 GDP와 해외로부터 발생한 요소소득의 순수취 부분을 합한 것이다. 이와 같은 순수취는 주로 자국민이 외국에서 보유하고 있는 부로부터 벌어들인 소득에서 국내에 있는 부를 소유하고 있는 외국인 소유주에게 자국민이 지불하는 부분을 뺀 것이다.

외국 소유 자본과 노동에 의해 제공되는 서비스를 사용해 생산된 부분을 GDP는 교정하지 않으나 GNP는 교정한다. 한 가지 예를 생각해보자. 영국인 소유주가 보유한 한 스페인 공장의 수입은 스페인 GDP에 포함되지만 영국 GNP의 한 부분이다. 영국 자본이 스페인에서 제공하는 서비스는 영국의 서비스 수출이므로, 이 부분은 영국 GNP를 계산하는 데 영국 GDP에 더해진다. 동시에 스페인 GNP를 계산하기 위해 스페인 GDP에서 영국으로부터 수입한 서비스 부분은 공제되어야 한다.

사실 GDP와 GNP의 움직임은 일반적으로 크게 다르지 않다. 이 책에서는 GNP가 GDP보다 국민소득을 좀 더 정확하게 측정하고, 국민후생은 국내생산보다는 국민소득에 좀 더 직접적으로 의존하기 때문에 GNP에 초점을 맞춘다.

## 개방경제의 국민소득계정

이 절에서는 경제학 과목에서 살펴봤을 폐쇄경제 국민소득계정을 개방경제 국민소득계정으로 확장한다. 국민소득계정이 개방경제 거시경제 이론에서 국제무역의 핵심적인 역할을 강조하기 때문에 이 계정에 관한 논의부터 시작하자. 폐쇄경제에 있는 자국민은 외국 생산물을 구매할 수 없거나 생산물을 외국인에게 판매할 수 없기 때문에 모든 국민소득은 국내 소비, 투자, 정부구매에 의해 생성되어야 한다. 그러나 국제무역에 개방된 경제에서는 일부 국내 생산물이 외국인에게 수출되는 한편 일부 국내소득이 수입된 외국 생산물에 지출되기 때문에 폐쇄경제에서 적용되는 국민소득계정은 수정되

---

2 엄밀하게 말하면 정부 통계전문가들은 '국민소득(national income)'을 국민가처분소득(national disposable income)이라고 부른다. 그들이 사용하는 공식적인 국민소득 개념에는 해외 순일방적 이전(foreign net unilateral transfer)이 제외되어 있다. 그러나 다시 한번 언급하지만 국민소득과 국민가처분소득의 차이는 일반적으로 거시경제 분석에서 중요하지 않다. 일방적 이전은 국경을 넘나드는 임금과 투자 소득으로 구성되는 본원적 소득 지급(primary income payments)과 구별하기 위해 이차적 소득 지급(secondary income payments)이라고 부르기도 한다. 국제수지계정에 관한 논의를 할 때 이와 같은 용어를 접하게 될 것이다.

어야 한다.

이 절의 주요 내용은 국민저축, 투자, 무역불균형의 관계에 관한 것이다. 저축과 투자는 폐쇄경제에서는 반드시 일치하지만 개방경제에서는 그렇지 않다는 점을 살펴볼 것이다. 왜냐하면 개방경제는 수입하는 것보다 더 많이 수출함으로써 해외부 형태로 저축할 수 있으며, 수입하는 것보다 더 적게 수출함으로써 음의 저축(해외부 감소)을 할 수 있기 때문이다.

## 소비

현재의 욕구를 충족하기 위해 민간가계가 구매하는 GNP의 부분을 **소비**(consumption)라고 한다. 영화 티켓, 음식, 치과 서비스, 세탁기의 구매는 모두 이 분류에 들어간다. 소비지출은 대부분의 경제에서 GNP에서 가장 큰 부분을 차지한다. 예를 들면 미국에서 소비가 차지하는 GNP의 비율은 과거 70년 동안 약 62~70% 사이에서 변동했다.

## 투자

미래의 생산물을 생산하기 위해 민간기업이 사용하는 생산물 부분을 **투자**(investment)라고 한다. 투자지출은 한 국가의 자본스톡을 증가시키는 데 사용되는 GNP의 부분이다. 공장을 짓는 데 사용되는 철강과 벽돌은 투자지출의 한 부분이며, 영업용 컴퓨터 시스템 구축을 돕는 기술자가 제공하는 서비스도 투자지출의 한 부분이다. 재고를 보유한다는 것은 기업이 생산물을 현재의 사용으로부터 미래의 사용으로 이전시키는 한 방법이기 때문에 기업의 재고구매도 투자지출로 계산된다.

투자는 일반적으로 소비보다 더 크게 변동한다. 미국에서 (총)투자는 최근 GNP의 약 11~22% 사이에서 변동했다. 가끔 개별 가계의 주식, 채권, 부동산 구매를 나타내는 단어로 **투자**가 사용되지만, 이와 같은 일상적인 투자라는 단어의 의미와 GNP의 한 구성요소로서 투자의 경제적 정의를 혼동하지 않도록 주의해야 한다. 마이크로소프트(Microsoft)의 주식 한 주를 살 때 이는 재화나 서비스를 구매하는 것이 아니기 때문에 GNP에 포함되지 않는다.

## 정부구매

연방정부, 주정부, 지방정부가 구매하는 재화와 서비스는 국민소득계정에서 **정부구매**(government purchase)로 나타난다. 연방정부의 국방비지출, 암 연구에 대한 정부지원, 고속도로 정비, 교육에 지출되는 정부자금이 정부구매에 포함된다. 정부구매는 소비지출뿐 아니라 투자도 포함한다. 사회보장과 실업수당 같은 정부이전지불은 수혜자에게 그 대가로 정부에 재화나 서비스를 제공하도록 요구하지 않는다. 따라서 이전지불은 정부구매에 포함되지 않는다.

정부구매는 현재 미국 GNP의 약 18%를 차지하고 있으며 이 비율은 1950년대 후반 이후 크게 변하지 않았다(예: 1959년의 정부구매 비중은 약 22%). 그러나 1929년 정부구매 비중은 미국 GNP의 8.5%에 불과했다.

## 개방경제의 국민소득항등식

폐쇄경제에서 가계나 정부가 구매하지 않는 최종 재화 또는 서비스는 새로운 공장, 장비, 재고를 생산하기 위해 기업이 사용해야만 한다. 만약 소비재가 소비자나 정부에 즉각적으로 판매되지 않으면 기업은 (아마도 마지못해) 이 재화를 기존의 재고에 추가해 투자를 증가시켜야 한다.

이와 같은 정보로부터 폐쇄경제의 기본적인 항등식이 도출된다. $Y$는 GNP, $C$는 소비, $I$는 투자, $G$는 정부구매를 나타낸다고 하자. 폐쇄경제의 생산물은 모두 소비되거나, 투자되거나, 정부가 구매해야 하기 때문에 다음과 같이 나타낼 수 있다.

$$Y = C + I + G$$

모든 생산물은 한 국가의 국민에 의해 소비되거나 투자되든지 또는 그 국가의 정부에 의해 구매된다는 가정으로부터 폐쇄경제의 국민소득항등식이 도출됐다. 그러나 국제무역이 가능할 때 일부 생산물은 외국인이 구매하는 한편 일부 국내지출은 해외에서 생산된 재화와 서비스를 구매하기 위해 사용된다. 개방경제의 GNP 항등식은 한 국가가 생산한 재화와 서비스를 판매해서 발생한 국민소득이 어떻게 자국민에 대한 판매와 외국인에 대한 판매로 나뉘는지를 보여준다.

개방경제에서 사는 국민은 소득 일부를 수입재, 즉 해외로부터 구매되는 재화와 서비스에 지출할 수 있으므로 수입에 사용되지 않은 지출 부분만이 국내 GNP에 지출되는 부분이다. $IM$으로 표시한 수입은 국내 국민소득을 창출하는 국내지출의 부분을 계산하기 위해 총국내지출인 $C + I + G$로부터 공제되어야 한다. 해외로부터의 수입은 해외 국가의 GNP를 증가시키지만 국내 GNP에는 직접적으로 포함되지 않는다.

이와 유사하게 외국인에게 판매되는 재화와 서비스는 한 국가의 수출이다. $EX$로 표시한 수출은 외국인이 구매한 것을 나타내며 국내경제의 국민소득에 추가된다.

따라서 개방경제의 국민소득은 국내생산요소에 의해 생산된 재화와 서비스에 대한 국내지출과 해외지출의 합이다. 개방경제의 국민소득항등식은 다음과 같다.

$$Y = C + I + G + EX - IM \tag{13-1}$$

### 가상적인 개방경제

항등식 (13-1)을 구체적으로 설명하기 위해 유일하게 밀만을 생산하는 가상적인 폐쇄경제인 아그라리아를 생각해보자. 아그라리아의 각 시민은 밀의 소비자이면서 동시에 농부이다. 따라서 아그라리아의 각 시민은 하나의 기업으로 여길 수 있다. 농부는 각 연도의 수확물 중 일부를 다음 해의 농사를 위한 씨로 따로 남겨두는 투자를 한다. 아그라리아 군인의 식량으로 수확량의 일부를 사용하는 정부도 존재한다. 아그라리아의 연간 총수확량은 100부셸의 밀이다. 아그라리아는 밀을 수출하고 해외로부터 우유를 수입할 수 있다. GNP 항등식 (13-1)의 모든 구성요소는 동일한 단위로 측정돼야 하기 때문에 밀의 양으로 나타낸 우유의 가격을 모르고는 아그라리아의 국민소득을 계산할 수 없다. 만약 우유의 가격이 갤런당 0.5부셸의 밀이고, 이 가격에서 아그라리아 사람들은 40갤런의 우유를 소비하길 원한다고 가정하면 아그라리아의 수입은 20부셸의 밀과 같다.

표 13-1에서 아그라리아의 총생산은 100부셸의 밀이라는 사실을 알 수 있다. 소비는 주어진 연도 동안 소비되는 55부셸의 밀과 40갤런의 우유(20부셸의 밀 가치에 해당)로 나누어진다. 밀의 양으로 나타낸 소비가치는 $55 + (0.5 \times 40) = 55 + 20 = 75$부셸이다.

| 표 13-1 | 개방경제인 아그라리아의 국민소득계정(밀 부셸) | | | | | | | | | |
|---|---|---|---|---|---|---|---|---|---|---|
| GNP(총생산) | = | 소비 | + | 투자 | + | 정부구매 | + | 수출 | − | 수입 |
| 100 | = | 75ᵃ | + | 25 | + | 10 | + | 10 | − | 20ᵇ |

ᵃ 밀 55부셸 + (갤런당 0.5부셸) × (우유 40갤런)
ᵇ 갤런당 0.5부셸 × 우유 40갤런

아그라리아가 생산한 100부셸의 밀은 다음과 같이 사용된다. 55부셸은 국내 주민이 소비하고 25부셸은 투자된다. 10부셸은 정부가 구매하며 10부셸은 해외로 수출된다. 국민소득($Y = 100$)은 국내지출($C + I + G = 110$)과 수출($EX = 10$)을 더하고 수입($IM = 20$)을 뺀 것과 같다.

### 경상수지와 해외부채

현실적으로 한 국가의 국제무역이 정확히 균형을 맞추는 일은 거의 없다. 재화와 서비스의 수출과 재화와 서비스의 수입 간 차이를 **경상수지**(current account balance 또는 current account)라고 한다. 경상수지를 *CA*로 표시하면 그 정의를 다음과 같이 표현할 수 있다.

$$CA = EX - IM$$

한 국가의 수입이 수출을 초과할 때 그 국가는 **경상수지 적자**(current account deficit)를 가진다. 한 국가의 수출이 수입을 초과할 때 그 국가는 **경상수지 흑자**(current account surplus)를 가진다.[3]

식 (13-1)로 나타낸 GNP 항등식은 경상수지가 국제거시경제학에서 중요한 한 가지 이유를 보여준다. 식 (13-1)의 오른편은 국내생산물에 대한 총지출이기 때문에 경상수지의 변화는 생산의 변화, 결과적으로 고용의 변화와 관련될 수 있다.

경상수지는 또한 국제차입의 규모와 방향을 측정하기 때문에 중요하다. 한 국가가 수출하는 것보다 더 많이 수입할 때 그 국가는 외국인에게 파는 것보다 외국인으로부터 더 많이 사는 것이고, 어떤 방식으로든 이와 같은 경상수지 적자에 필요한 자금을 조달해야 한다. 한 국가가 수출대금을 모두 지출했다면 추가적인 수입에 대해 어떻게 지불하는가? 이 국가는 그 차이를 외국인으로부터 차입할 수 있을 때만 수출한 것보다 더 많은 수입을 할 수 있기 때문에 경상수지 적자를 가진 국가는 적자금액만큼 순해외부채를 증가시켜야만 한다. 이것이 현재 미국의 상황이다. 미국은 현재 대규모 경상수지 적자를 가지고 있으며 2019년에 GNP의 약 2.3%에 해당되는 금액을 차입했다.[4]

이와 유사하게 경상수지 흑자를 가진 국가는 수입으로 지출하는 것보다 수출로 더 많이 번다. 이 국가는 무역 상대국에 대출을 해줌으로써 경상수지 적자에 필요한 자금을 조달할 수 있게 해준다.

---

3 재화와 서비스의 순수출 외에 경상수지는 앞에서 간단히 논의한 소득의 순일방적 이전을 포함한다. 앞에서의 가정에 따라 논의를 간편하게 하기 위해 잠시 동안 계속해서 이와 같은 이전을 무시하자. 이 장 후반부에서 미국의 국제수지를 상세하게 분석할 때 경상소득이전이 경상수지에 어떻게 포함되는지를 살펴볼 것이다.

4 이와는 다른 방법으로, 한 국가는 수입액을 지불하기 위해 이전에 축적한 해외부를 사용함으로써 경상수지 적자에 필요한 자금을 조달할 수 있다. 이 국가는 순해외부채를 증가시키는 것과 같은 만큼 순해외부를 감소시킨다. 여기서의 논의는 한 국가가 다른 국가의 부채를 면제할 것을 합의하는 경우처럼 한 국가가 해외자산의 **증여**(gifts)를 받을(또는 줄) 가능성을 무시한다. 앞으로 논의하겠지만 (경상소득의 이전이 아닌) 이와 같은 자산이전은 경상수지의 한 부분이 아니지만 그럼에도 불구하고 순해외부에 영향을 미친다. 이와 같은 자산이전은 국제수지의 **자본수지**(capital account)에 기록된다.

흑자국가의 해외부가 증가하는 것은 외국인이 궁극적으로 상환해야 하는 차용증서(IOU)를 발행함으로써 수출로 감당하지 못한 수입대금을 지불하기 때문이다. 지금까지의 논의를 정리하면 한 국가의 경상수지는 그 국가의 순해외부의 변화와 일치한다.[5]

경상수지를 수출과 수입의 차이로 정의했다. 식 (13-1)은 경상수지는 국민소득과 국내 자국민의 총지출($C+I+G$)의 차이와 일치한다는 것을 말해준다.

$$Y-(C+I+G)=CA$$

한 국가가 경상수지 적자를 가지고 현재 생산하는 것보다 더 많은 생산물을 사용할 수 있는 것은 해외로부터의 차입에 의해서만 가능하다. 만약 한 국가가 생산한 것보다 더 적게 사용하면 이 국가는 경상수지 흑자를 가지고 이 흑자를 외국인에게 대출한다.[6] 국제차입 및 국제대출은 6장에서 기간 간 국제무역과 같은 것으로 간주했다. 경상수지 적자를 가진 국가는 현재 소비를 수입하고 미래 소비를 수출하고 있는 것이다. 경상수지 흑자를 가진 국가는 현재 소비를 수출하고 미래 소비를 수입하고 있는 것이다.

한 예로서 표 13-1에서 나타낸 가상적인 아그라리아의 경제를 생각해보자. 이 경제의 소비, 투자, 정부구매의 총가치는 110부셸의 밀로, 100부셸의 밀 생산보다 크다. 이와 같은 불일치는 폐쇄경제에서 성립할 수 없다. 이는 아그라리아가 이제 20부셸의 밀 가치인 40갤런의 우유를 수입하고 10부셸의 밀을 수출하는 개방경제에서 가능하다. 10부셸의 경상수지 적자는 아그라리아가 미래에 상환해야 하는, 외국인으로부터 차입한 가치이다.

그림 13-2는 연속적인 경상수지 적자가 어떻게 대규모의 해외부채로 누적될 수 있는가를 생생하게 보여준다. 이 그림은 1970년대 후반 이후 미국의 순해외부의 스톡, 즉 외국인에 대한 청구권과 부채 간의 차이인 **순국제투자포지션**(net international investment position, NIIP)과 경상수지를 그린 것이다. 그림 13-2에서 보는 것과 같이 미국은 20세기에 전례 없는 규모로 지속적인 경상수지 적자가 시작됐던 1980년대 초까지 상당한 해외부를 축적했다. 그러나 1989년에 미국은 제1차 세계대전 이후 처음으로 외국인에 대한 순채무국이 됐다. 이와 같은 해외부채는 계속 증가했으며 2020년 초에 GNP의 약 50% 수준에 이르렀다.

### 저축과 경상수지

GNP 항등식은 간단하지만 많은 시사점을 제공한다. 이 시사점 중에서 가장 중요한 것을 설명하기 위해 **국민저축**(national saving)을 가계소비 $C$ 또는 정부구매 $G$에 사용되지 않은 생산 $Y$의 부분으로 정의하자.[7] 폐쇄경제에서 국민저축은 항상 투자와 같다. 이는 경제 전체는 새로운 자본을 축적함으로써만 부를 증가시킬 수 있음을 의미한다.

---

5 불행하게도 국민소득계정과 국민생산계정에서 포착되지 않는 순해외부에 영향을 미치는 요인이 있기 때문에 이러한 진술도 정확히 옳은 것은 아니다. 이 장을 마무리하는 사례 연구에서 논의할 때까지 이러한 사실을 무시할 것이다.

6 $A=C+I+G$는 국제거시경제학에서 종종 국내 압솝션(absorption)이라고 부른다. 이와 같은 용어를 사용하면 경상수지 흑자를 소득과 압솝션의 차이 $Y-A$로 나타낼 수 있다.

7 미국의 국민소득계정은 정부구매가 미국의 자본스톡을 증가시키지 않는다고 가정한다. 이와 같은 관례에 따라 국민저축을 계산하기 위해 생산으로부터 모든 정부구매를 공제한다. 대부분의 다른 국가의 국민소득계정은 정부소비와 정부투자(예: 공기업에 의한 투자)를 구분하고 후자를 국민저축의 한 부분으로 포함한다. 그러나 종종 정부투자는 군대장비의 구매를 포함한다.

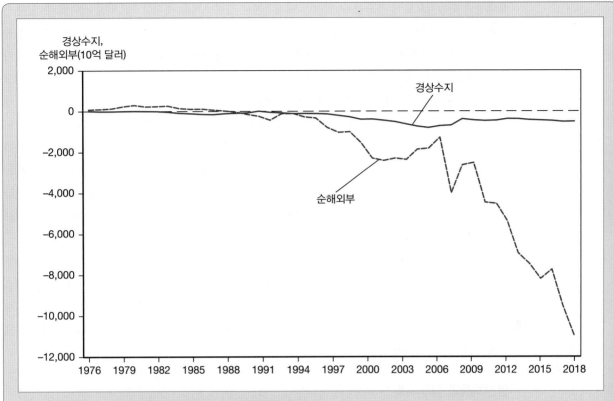

**그림 13-2 미국의 경상수지와 순국제투자포지션(1976~2019)**

1980년대 초 이후 연속적인 경상수지 적자는 미국의 순해외부를 감소시켰으며, 21세기 초에 이르러 미국은 상당한 규모의 순해외채무를 가지게 됐다.

출처: U.S. Department of Commerce, Bureau of Economic Analysis.

$S$가 국민저축을 나타낸다고 하자. $S$의 정의에 의하면 다음 식이 성립한다.

$$S = Y - C - G$$

폐쇄경제의 GNP 항등식, $Y = C + I + G$는 또한 $I = Y - C - G$와 같이 쓸 수 있기 때문에 다음 식과 같다.

$$S = I$$

또한 국민저축은 폐쇄경제에서 투자와 같아야 한다.

폐쇄경제에서는 저축과 투자가 항상 같아야 하지만, 개방경제에서는 저축과 투자가 다를 수 있다. 국민저축 $S$는 $Y - C - G$와 같고, $CA = EX - IM$이므로, GNP 항등식 (13-1)은 다음과 같이 다시 정리할 수 있다.

$$S = I + CA$$

이 식은 개방경제와 폐쇄경제의 중요한 차이점을 강조한다. 개방경제는 자본스톡을 축적하거나 해외부를 취득함으로써 저축할 수 있지만 폐쇄경제는 자본스톡을 축적함으로써만 저축할 수 있다.

폐쇄경제와는 달리 수익성 있는 투자기회를 가진 개방경제는 이 기회를 이용하기 위해 저축을 증가시킬 필요가 없다. 위 식은 저축을 변화시키지 않고 투자와 해외차입을 동시에 증가시키는 것이 가능함을 보여준다. 예를 들어 뉴질랜드가 새로운 수력발전소를 건설하기로 결정하면 미국에서 필요한 물자를 수입하고 돈을 지불하기 위해 미국 자금을 차입할 수 있다. 이 거래는 수입물자가 뉴질랜드의 자본스톡을 증가시키는 데 기여하기 때문에 뉴질랜드의 국내투자를 증가시킨다. 이 거래는 또한 투자 증가와 같은 금액만큼 뉴질랜드의 경상수지 적자를 증가시킨다. 뉴질랜드의 저축은 투자가 증가하더라도 변화할 필요가 없다. 그러나 이것이 가능하려면 뉴질랜드가 수력발전소를 건설하는 데 필요한 자원을 자유롭게 사용할 수 있도록 미국인이 기꺼이 저축을 좀 더 많이 해야 한다. 이 결과는 뉴질랜드가 현재의 소비를 수입하고(미국으로부터 차입할 때) 미래의 소비를 수출하는(뉴질랜드가 대출을 상환할 때) 기간 간 무역의 한 예이다.

제2의 국가가 자본스톡을 증가시키기 위해 한 국가로부터 저축을 차입할 수 있기 때문에 한 국가의 경상수지 흑자는 흔히 순해외투자(net foreign investment)라고 한다. 물론 한 국가가 투자자금을 조달하려는 다른 국가에 대출할 때 투자로 창출되는 소득의 일부는 미래에 대출자에게 상환하는 데 사용되어야 한다. 국내투자와 해외투자는 한 국가가 미래소득을 증가시키기 위해 현재의 저축을 사용할 수 있는 두 가지 방법이다.

## 민간저축과 정부저축

지금까지의 저축에 관한 논의에서는 민간 부문에 의한 저축 의사결정과 정부에 의한 저축 의사결정의 구별을 강조하지 않았다. 그러나 민간의 저축 의사결정과는 달리 정부의 저축 의사결정은 생산과 고용에 미치는 영향을 고려해 이루어진다. 국민소득항등식은 정부의 저축 의사결정이 거시경제 조건에 영향을 미치는 경로를 분석하는 데 도움을 줄 수 있다. 이와 같은 방법으로 국민소득항등식을 사용하기 위해서는 먼저 국민저축을 민간 부문과 정부 부문으로 구분해야 한다.

**민간저축**(private saving)은 소비되지 않고 저축된 가처분소득의 부분으로 정의된다. 가처분소득은 국민소득 $Y$에서 가계와 기업으로부터 정부가 거둔 순세금 $T$를 뺀 것이다.[8] 따라서 $S^p$로 나타낸 민간저축은 다음과 같이 표현될 수 있다.

$$S^p = Y - T - C$$

**정부저축**(government saving)은 민간저축과 유사하게 정의된다. 정부의 '소득'은 순세금수입 $T$이고, 정부의 '소비'는 정부구매 $G$이다. 정부저축을 $S^g$로 나타내면 다음과 같다.

$$S^g = T - G$$

두 가지 형태의 저축, 즉 민간저축과 정부저축을 합한 것이 국민저축이다. 그 이유를 살펴보기 위해 국민저축 $S$를 $Y - C - G$로 정의한 것을 기억하라. 그러면 다음과 같은 식이 성립한다.

---

8 순세금(net tax)은 세금에서 정부이전지불을 뺀 것이다. 정부라는 용어는 단일단위로 여겨지는 연방정부, 주정부, 지방정부를 일컫는다.

# 사라진 세계 경상수지 적자의 수수께끼

각국가의 수출은 다른 국가의 수입이기 때문에, 세계 경상수지는 0이 되어야 한다. 그러나 세계 경상수지는 0이 아니다. 아래의 그림은 세계 경상수지의 변화 모습을 보여준다. 1980~2003년 사이에 세계 경상수지는 음이었고, 이는 경상수지 흑자가 과소 측정됐거나 경상수지 적자가 과대 측정됐다는 것을 의미한다. 그러나 2004년에 이러한 '사라진 세계 경상수지 흑자의 수수께끼'는 '사라진 세계 경상수지 적자의 수수께끼'가 되었다. 2004년 이후 세계 경상수지는 양의 값이 되었다.

정확성과 수집 범위가 다른 많은 국가 기관으로부터 상세한 국제수지 자료를 수집하는 데서 발생되는 불가피한 오류를 고려하면, 약간의 차이는 불가피하게 발생할 수 있다. 당혹스러운 것은 세계 경상수지 차이가 *일관되게* 양의 값을 가지든지 음의 값을 가지고 있다는 점이다. 이러한 양상은 어떤 체계적인 요인이 존재한다는 점을 시사한다.

세계 경상수지가 음의 값을 나타냈을 때, 한 가지 중요한 요인은 국제투자소득의 불완전한 보고라고 여겨졌다. 예를 들어 은행은 자국 정부에 국제투자소득을 보고하지만 세금 회피를 원하는 일부 수익자는 국제투자소득을 보고하지 않을 수 있다.

그러나 조세당국이 업무를 더 잘 집행하게 됐을 뿐만 아니라 현재 이자율의 일반적인 수준은 1980~1990년대보다 더 낮다. 더 양호한 국제투자소득에 대한 측정이 이루어졌기 때문에 세계의 경상수지가 가지는 음의 값이 감소됐을 수 있다. 그러나 무엇이 세계의 경상수지가 양의 값이 되도록 할 수 있었는가?

한 가지 가능한 요인은 서비스의 국제무역이 증가하고 있는 점이다. 예를 들어 한 대형 법률회사는 자신의 서비스 수출을 상당히 정확하게 보고할 가능성이 있으나 규모가 작은 많은 고객에 의한 서비스 구매는 발견되지 않을 수 있다. 그러나 《이코노미스트(Economist)》는 2011년 이 질문을 상세히 검토하면서 상품교역을 측정하는 데 발생되는 오류가 극적으로 증가됐으나 이것이 세계 경상수지 흑자를 발생시키는 체계적인 편의를 발생시키는지는 분명하지 않다고 지적했다.[9] 세계 경상수지의 수수께끼는 여전히 수수께끼로 남아 있다. 2019년에 세계 경상수지 흑자는 세계 생산량의 약 1/3%인 2,900억 달러였다.

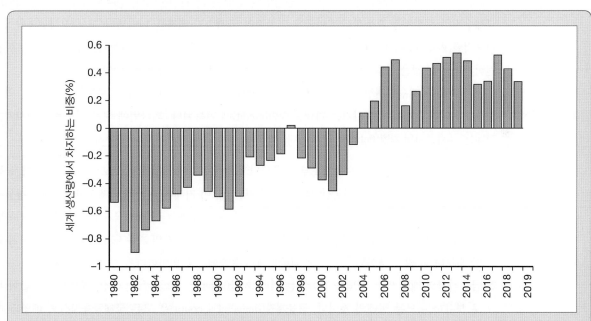

## 1980년 이후 세계 경상수지의 차이
세계 경상수지는 한때 사라진 경상수지 흑자를 의미하는 큰 음의 값을 가졌었으나, 사라진 경상수지 적자를 의미하는 큰 양의 값을 가지게 됐다.

출처: International Monetary Fund, *World Economic Outlook* database, October 2019.

9 "Economics Focus: Exports to Mars," *The Economist*, November 12, 2011, http://www.economist.com/node/21538100 참조

$$S = Y - C - G = (Y - T - C) + (T - G) = S^p + S^g$$

정부의 저축 의사결정이 개방경제에 미치는 영향을 분석하는 데 유용한 형태로 국민소득항등식을 다시 쓰기 위해 민간저축과 정부저축의 정의를 사용할 수 있다. $S = S^p + S^g = I + CA$이기 때문에 다음과 같이 쓸 수 있다.

$$S^p = I + CA - S^g = I + CA - (T - G) = I + CA + (G - T) \tag{13-2}$$

식 (13-2)는 민간저축을 국내투자, 경상수지 흑자, 정부저축과 연결시킨다. 식 (13-2)를 해석하기 위해 **정부재정적자**(government budget deficit)를 $G - T$, 즉 음의 부호를 가진 정부저축으로 정의한다. 정부재정적자는 정부가 정부지출을 조달하기 위해 차입하는 정도를 나타낸다. 식 (13-2)는 한 국가의 민간저축은 세 가지 형태, 즉 국내자본 투자($I$), 외국인으로부터 부의 구매($CA$), 국내정부의 신규발행 채무($G - T$)로 구분된다는 것을 보여준다.[10]

## 국제수지계정

국민소득계정에 더해 정부 경제학자들과 통계학자들은 또한 국제수지, 즉 경상수지의 구성요소와 이를 조달하는 수많은 거래에 대한 상세한 기록을 정리한다.[11] 국제수지 수치는 다양한 언론매체가 관심을 가지고 있는 데서 알 수 있듯이 민간인에게 매우 큰 관심사이다. 그러나 언론보도는 때때로 국제수지의 측정치를 혼동한다. "미국은 기록적인 국제수지 적자를 나타냈다"고 주장하는《월스트리트저널(Wall Street Journal)》의 제목을 보고 놀라야 하는가, 기뻐해야 하는가? 국제수지계정을 완전히 이해하는 것은 한 국가의 국제거래가 지닌 의미를 평가하는 데 도움이 된다.

한 국가의 국제수지계정은 외국인에 대한 지불과 외국인으로부터의 수취 모두를 추적한다. 외국인으로부터의 수취를 발생시키는 거래는 **대변**(credit)에 기록된다. 외국인에 대한 지불을 발생시키는 거래는 국제수지의 **차변**(debit)에 기록된다. 세 가지 형태의 국제거래가 국제수지에 기록된다.

1. 재화나 서비스의 수출과 수입으로부터 발생되어 경상수지에 직접적으로 포함되는 거래. 예를 들어 프랑스의 한 소비자가 미국산 청바지를 수입할 때, 이 거래는 미국의 국제수지계정에서 경상수지의 대변에 기록된다. 그 반면에 미국인의 프랑스 치즈 구매는 미국의 국제수지의 차변에 기록된다. 양의 경상수지는 경상계정의 차변이 대변보다 크며 한 국가의 거주자가 외국인으로부터 수입한 것보다 더 많은 재화와 서비스를 외국인에게 수출했음을 의미한다.

2. 금융자산의 매입 또는 매도를 포함하는 거래. **자산**(asset)은 통화, 주식, 공장, 정부채무와 같이 부로 보유하는 모든 형태의 것이다. **금융계정**(financial account)은 모든 국제금융자산의 매입과 매

---

10  폐쇄경제에서 경상수지는 항상 0이고, 따라서 식 (13-2)는 단순히 $S^p = I + (G - T)$이다.

11  미국 경제분석국(Bureau of Economic Analysis, BEA)이 현재 국제기준과 일치시키기 위해 국제수지를 나타내는 방법을 변경하는 과정에 있는 중이어서 이 장에서의 논의는 이 책 구판에서의 논의와 일부 측면에서 다르다. 이 책은 Kristy L. Howell and Robert E. Yuskavage, "Modernizing and Enhancing BEA's International Economic Accounts: Recent Progress and Future Directions," *Survey of Current Business* (May 2010), pp. 6–20에서 설명된 새로운 방법을 따른다. 경제분석국은 2014년 6월 새로운 시스템으로 완전히 이행했다. 이에 대한 최신 정보는 Jeffrey R. Bogen, Mai-Chi Hoang, Kristy L. Howell, and Erin M. Whitaker, "Comprehensive Restructuring and Annual Revision of the U.S. International Transactions Accounts," *Survey of Current Business* (July 2014), pp. 1–24 참조

도를 기록한다. 한 미국 회사가 한 프랑스 공장을 살 때 이러한 거래는 금융계정의 차변으로 미국의 국제수지에 포함된다. 이 거래가 차변에 기록되는 것은 미국으로부터 외국인에게 지불이 이루어져야 하기 때문이다. 한편 미국 자산을 외국인에게 매도하는 것은 미국 금융계정의 대변에 기록된다. 국제수지 통계는 금융계정을 차변에서 대변을 뺀 차이, 즉 한 국가의 해외자산 매입과 매도의 차이로 기록한다. 국제수지계정은 종종 이 **금융계정수지**(financial account balance)를 순금융유입(net financial flow)이라고 부르기도 한다. 한 국가의 거주자가 외국인에 대한 청구권을 축적할 때, 즉 외국인에게 판매된 금융자산보다 이들로부터 구매한 금융자산이 더 많을 때 금융계정수지는 양이 된다.

3. 국가 간에 부의 이전을 발생시키는 기타 활동은 **자본수지**(capital account)에 기록된다. 이러한 국제적 자산 이동은 미국의 경우 매우 적으며 금융계정에 기록되는 국제적 자산 이동과 다르다. 대개 이러한 국제적 자산 이동은 비시장활동(nonmarket activity)으로 발생하거나 비생산적, 비금융적이며 무형 자산(저작권과 상표)의 인수나 처분을 나타낸다. 예를 들어 미국 정부가 파키스탄 정부의 채무인 부채 10억 달러를 면제하면 미국의 부가 10억 달러만큼 감소하고, 10억 달러가 미국 자본수지의 차변에 기록된다.

만약 다음과 같은 간단한 복식부기 원칙을 명심한다면 국제수지의 복잡성이 혼란스럽지 않다는 사실을 알게 될 것이다. **모든 국제거래는 자동적으로 국제수지에 두 번, 즉 한 번은 대변에, 또 한 번은 차변에 포함된다.** 국제수지회계방식의 이와 같은 원칙은 모든 거래가 두 측면을 가지기 때문에 성립한다. 만약 당신이 외국인으로부터 무엇인가를 사면 당신은 어떤 방식으로든 외국인에게 지불하며, 외국인은 당신이 지불한 것을 지출하거나 저축해야 한다.

## 국제수지에서 복식부기의 예

다음의 몇 가지 예는 복식부기 원리가 실제로 어떻게 작동하는지를 보여준다.

1. 이탈리아 회사인 올리베티(Olivetti)로부터 잉크젯 팩스머신을 사고 1,000달러의 수표를 지불한다고 상상해보자. 외국인으로부터 재화(팩스머신)를 사기 위한 지불은 미국 경상수지의 차변에 기록된다. 그러나 상쇄적인 국제수지 대변 항목은 어디 있는가? 올리베티의 미국 판매원은 수표를 가지고 무엇인가 해야만 한다. 그가 뉴욕에 있는 시티은행(Citibank)의 올리베티 계좌에 수표를 예금한다고 하자. 이 경우 올리베티는 1,000달러의 은행예금을 매입했고 시티은행은 매도했으며, 이 거래는 미국의 금융계정에 1,000달러의 대변으로 나타난다. 이 거래는 미국의 국제수지에 다음과 같은 2개의 상쇄적인 부기항목을 만든다.

| | 대변 | 차변 |
|---|---|---|
| 팩스머신 구입(경상수지, 미국의 재화수입) | | 1,000달러 |
| 시티은행의 은행예금 매도(금융계정, 미국의 자산 매도) | 1,000달러 | |

2. 또 다른 예로서 프랑스를 여행하는 동안 레스토랑 레스카르고도르(Restaurant de l'Escargot d'Or)에서 좋은 저녁식사를 위해 200달러를 지불한다고 하자. 현금이 없어서 비자카드로 요금을 지불

한다고 하자. 여행자 지출인 지불은 미국의 서비스 수입으로 간주되고 이에 따라 경상수지의 차변에 기록된다. 이에 대한 상쇄적인 대변 항목은 어디 있는가? 비자전표에 있는 서명은 이 식당이 비자카드를 발급한 회사인 퍼스트카드(First Card)로부터 200달러(실제로는 이에 해당하는 지역통화인 유로 금액)를 받을 권리를 부여한다. 따라서 비자전표는 퍼스트카드의 미래지불에 대한 청구권, 즉 자산이다. 따라서 신용카드로 해외에서 식사비용을 지불할 때 프랑스에 자산을 매도한 것이며, 200달러가 금융계정의 대변에 기록된다. 이 경우의 상쇄적인 차변과 대변항목은 다음과 같다.

| | 대변 | 차변 |
|---|---|---|
| 식사 구매(경상수지, 미국의 서비스 수입) | | 200달러 |
| 퍼스트카드에 대한 청구권 매도(금융계정, 미국의 자산 매도) | 200달러 | |

3. 다음으로 로스앤젤레스에 있는 엉클시드(Uncle Sid)가 영국의 석유 대기업인 브리티시페트롤리엄(British Petroleum, BP)의 신규 발행 주식을 산다고 상상해보자. 그의 고-포-브로크(Go-for-Broke, Inc.) 단기금융시장 계좌에서 인출되는 수표로 95달러를 지불하면서 그의 미국 주식중개회사인 고-포-브로크에 주문을 한다. 이어서 BP는 시드가 지불한 95달러를 BP의 미국 은행 세컨드뱅크오브시카고(Second Bank of Chicago) 계좌에 예금한다. 95달러의 엉클시드의 주식 구매는 금융계정의 차변에 기록되고(그는 외국인인 BP로부터 자산을 매입했다), BP의 미국 은행계좌에 있는 95달러 예금은 상쇄적인 금융계정의 대변에 기록된다(BP는 미국 자산보유를 증가시킨다). 따라서 이러한 거래는 금융계정에 다음과 같이 나타난다.

| | 대변 | 차변 |
|---|---|---|
| 엉클시드의 BP 주식구매(금융계정, 미국의 자산 매입) | | 95달러 |
| 세컨드뱅크오브시카고에 있는 엉클시드의 지불에 해당하는 BP의 예금<br>  (금융계정, 미국의 자산 매도) | 95달러 | |

4. 마지막으로 미국 은행이 가상의 국가인 바이고니아 정부가 보유하고 있는 채무인 5,000달러를 면제할 때(즉 미국 은행이 단순히 그 채무를 없는 것으로 한다고 공표할 때) 미국의 국제수지는 어떻게 영향을 받는지 생각해보자. 이 경우 미국은 바이고니아에 5,000달러의 자본이전을 한 것이고, 이는 자본수지에 5,000달러의 차변항목으로 나타난다. 이와 관련된 대변항목은 미국의 해외보유 자산이 5,000달러 감소(해외자산 취득의 감소이고 이에 따라 국제수지의 대변항목)한 것으로 금융계정에 나타난다.

| | 대변 | 차변 |
|---|---|---|
| 바이고니아 채무에 대한 미국 은행의 면제(자본수지, 미국의 이전지불) | | 5,000달러 |
| 바이고니아에 대한 미국 은행의 청구권 감소(금융계정, 미국의 자산 매도) | 5,000달러 | |

앞의 예들은 많은 상황이 한 거래가 이를 상쇄하는 국제수지 항목을 만드는 방법에 영향을 줄 수 있다는 점을 보여준다. 한 특정한 거래를 상쇄하는 다른 거래가 어디에 나타날 것인지는 확신할 수 없으나 분명히 어디엔가 나타난다.

## 국제수지의 기본 항등식

어떠한 국제거래도 국제수지에서 서로 상쇄되는 대변과 차변 항목을 자동 생성하기 때문에 경상수지와 자본수지의 합은 자동적으로 금융계정수지와 같다.

$$경상수지 + 자본수지 = 금융계정수지 \qquad (13\text{-}3)$$

앞의 예 1, 2, 4에서 살펴본 것처럼 경상수지항목 또는 자본수지항목은 서로 상쇄되는 금융계정항목을 가지는 반면, 예 3에서 살펴본 것처럼 두 금융계정항목은 서로 상쇄된다. 복식부기는 한 국가가 외국으로부터 받은 총수입은 외국에 지급한 총지불과 같아야 한다는 점을 말해준다. 따라서 국제수지 대변의 총합은 차변의 총합과 같아야 한다. 식 (13-3)은 이 항등식을 경상계정과 자본계정의 대변에서 차변을 뺀 것을 왼쪽에, 금융계정의 차변에서 대변을 뺀 것을 오른쪽에 모아 재배치한 것에 불과하다.

이 항등식을 다른 방식으로 이해할 수 있다. 경상수지를 국제적 대여와 차입으로 연결시키는 관계를 기억해보라. 경상수지와 자본수지의 합은 한 국가의 순해외자산(경상수지변화를 발생시키는 비시장자산이전 포함)의 총변화이기 때문에, 경상수지와 자본수지의 합은 반드시 한 국가의 외국인으로부터의 자산 매입과 외국인에 대한 자산 매도의 차이, 즉 금융계정수지(순금융유입)와 같다.

이제 2019년 미국 국제수지의 예를 통해 국제수지를 좀 더 상세하게 살펴보자.

## 경상수지, 재론

앞서 배운 것처럼 경상수지는 한 국가의 재화와 서비스의 순수출을 측정한다. 실제로 경상수지는 지금까지 대제로 무시하고 있었던 해외로부터 수취한 순일방적 이전지출을 포함한다. 표 13-2는 2019년에 대변의 미국의 수출이 3조 8,059억 4,000만 달러인 반면, 차변의 미국의 수입은 (일방적 이전을 포함해) 4조 2,861억 6,000만 달러였음을 보여준다.

국제수지계정은 수출과 수입을 좀 더 세분화된 3개의 내용으로 분류한다. 첫 번째는 재화(goods) 무역, 즉 재화의 수출과 수입이다. 두 번째 내용인 서비스(service)는 법률서비스 지원, 여행자 지출, 운송료 등의 항목을 포함한다. 마지막 내용인 본원 소득(primary income)은 대부분 국제적 이자 및 배당금 지급과 해외에서 영업하는 자국소유 기업의 수익으로 구성된다. 만약 독일 기업의 주식 한 주를 보유하고 5달러의 배당금을 지불받으면 이 지불은 5달러의 미국 투자소득 수취로 본원 소득 계정에 나타난다. 근로자가 해외에서 번 임금도 본원 소득의 수취로 기록된다.

경상수지에 해외투자에서 발생하는 소득을 포함하는 것은 이 소득이 실제로 해외투자에 의해 제공되는 서비스에 대한 보상이기 때문이다. 앞에서 살펴본 것처럼 이러한 견해는 GNP와 GDP를 구별하는 배후의 논리이다. 예를 들면 한 미국 기업이 캐나다에 공장을 지을 때 이 공장이 창출하는 생산적인 서비스는 이 공장이 미국 소유주에게 발생시키는 이윤에 해당하는 금액만큼 미국이 캐나다로 서비스를 수출한 것으로 여겨진다. 일관성을 위해 이러한 이윤은 캐나다 GNP가 아닌 미국 GNP에 분명히 포함되어야 한다. GNP는 한 국가의 생산요소에 의해 생산된 재화와 서비스를 의미하지만, 이러한 생산요소에 의해 생산된 재화와 서비스가 이를 소유한 국가의 국경 안에서 발생되어야 한다고 규정하지는 않는다. 경상수지를 계산하기 전에 이차 소득(secondary income)으로 표에 표시된 일방적 이전이 포함되어야 한다. GNP와 국민소득의 관계를 논의하면서 일방적 이전을 국제적 증여, 즉 재화, 서비스, 자산의 구매와 관련되어 있지 않은 지불로 정의했다. 순일방적 이전은 국민소득의 한 부분인 동시에 경상수지의 한 부분으로 간주되며, 만약 $Y$가 GNP와 순이전의 합(즉 GNI)으로 해석되면 항등식 $Y = C + I + G + CA$가 정확히 성립한다. 2019년에 미국의 일방적 이전수지는 1,419억 8,000만 달러 − 2,816억 9,000만 달러 = −1,397억 1,000만 달러였다.

표 13-2는 2019년의 미국 경상수지가 3조 8,059억 4,000만 달러 − 4조 2,861억 6,000만 달러 = −4,802억 2,000만 달러로 적자였다는 것을 보여준다. 음의 부호는 경상지불이 경상수취를 초과하고 미국인들이 그들이 생산한 것보다 더 많은 생산물을 사용했음을 의미한다. 이와 같은 경상거래는 어떤 방식으로든 지불되어야 하기 때문에 이러한 4,802억 2,000만 달러의 순차변 금액은 국제수지의 다른 순대변 금액에 의해 상쇄되어야 한다.

## 자본수지

표 13-2의 자본수지 항목은 2019년에 미국이 약 60억 달러의 순자본이전을 외국인에게 지불했음을 보여준다. −62억 4,000만 달러의 순이전수지는 국제수지의 차변에 기록된다. 이를 경상수지의 적자와 합하면, 미국이 외국인에게 지불해야 하는 초과분을 충당하는 데 필요한 금액은 4,802억 2,000만 달러에서 4,864억 6,000만 달러로 약간 증가한다. 국민소득보다 많은 국민지출의 초과분은 외국인으로부터의 순차입에 의해 충당되어야 하기 때문에, 이러한 음의 값을 가진 경상수지와 자본수지의 합은 음의 값을 가진 순금융유입과 같아야 한다. 이것은 미국이 적자에 필요한 자금을 조달하기 위해 2019년에 외국인에게 빚진 미국의 순부채를 나타낸다.

## 금융계정

경상수지가 외국인에 대한 재화 및 서비스의 판매와 외국인으로부터 재화 및 서비스의 구매 간 차이를 측정하는 반면, 금융계정은 외국인에게 상환을 약속하는 자산 매도와 외국인에게 부채상환을 요구할 수 있는 자산 매입의 차이를 측정한다. 미국이 외국인으로부터 1달러를 차입할 때 미국은 외국인에게 미래에 이자와 함께 1달러를 상환할 것이라는 약정서인 자산을 매도한다. 마찬가지로 미국이 외국인에게 대출할 때 미국은 외국인의 미래 상환을 청구할 수 있는 권리를 나타내는 자산을 매입한다. 수출을 초과하는 수입을 충당하기 위해 자산 매입을 초과하는 자산 매도(해외 차입)가 필요하다.

2019년의 경상수지와 자본수지를 합한 4,864억 6,000만 달러의 적자를 충당하기 위해 미국은 4,864억 6,000만 달러를 외국인으로부터 더 차입하거나 외국인에게 자산을 더 매도할 필요가 있었다. 이러한 일이 어떻게 발생했는지를 표 13-2에서 살펴볼 수 있다.

표 13-2는 미국의 순해외금융자산 취득(미국이 해외금융자산을 취득하기 위해 외국인에게 지불해야 하기 때문에 국제수지의 차변에 기록)과 외국인의 미국인에 대한 순해외청구권 증가(미국이 자산을 해외에 매도할 때 외국인으로부터 지불받기 때문에 국제수지의 대변에 기록)를 분리해 기록하고 있다.

이러한 미국의 해외자산 보유와 외국의 미국자산 보유의 증가에 관한 자료는 통상적인 주식과 채권보다 더 복잡하지만 그 가치가 주식과 채권가치에 의존하는 자산인 **금융파생상품**의 보유를 포함하

| 표 13-2 | 2019년의 미국 국제수지(10억 달러) |
|---|---|

**경상수지**

| | |
|---|---:|
| (1) 수출과 경상이전수취 | **3,805.94** |
| 　재화 | 1,652.44 |
| 　서비스 | 875.83 |
| 　소득수취(본원 소득) | 1,135.69 |
| 　경상이전수취(이차 소득) | 141.98 |
| (2) 수입과 경상이전지불 | **4,286.16** |
| 　재화 | 2,516.77 |
| 　서비스 | 588.36 |
| 　소득지불(본원 소득) | 899.35 |
| 　경상이전지불(이차 소득) | 281.69 |
| | |
| 　경상수지 | **−480.22** |
| 　[(1) − (2)] | |
| **자본수지** | |
| (3) | −6.24 |
| **금융계정** | |
| (4) 미국의 순금융자산 취득(금융파생상품 제외) | **440.75** |
| 　공적 준비자산 자산 | 4.66 |
| 　기타 자산 | 436.09 |
| (5) 미국의 순금융부채 증가(금융파생상품 제외) | **797.96** |
| 　공적 준비자산 부채 | 61.63 |
| 　기타 부채 | 736.33 |
| (6) 준비자산 이외의 금융파생상품(순) | −38.34 |
| 　순금융유입 | −395.54 |
| 　[(4) − (5) + (6)] | |
| **통계적 불일치** | **90.92** |
| [순금융유입 − 경상수지와 자본수지의 합] | |

출처: U.S. Department of Commerce, Bureau of Economic Analysis, June 19, 2020. 총계는 반올림 때문에 합계와 다를 수 있다.

지 않는다. (다음 장에서 일부 특정 파생증권에 대해 논의할 것이다.) 2006년부터 미국 상무부는 미국으로 순유입되는 파생상품(미국의 해외발행 파생상품 순구매 − 외국의 미국발행 파생상품 순구매)에 대한 자료를 수집할 수 있게 되었다. 다른 국제적 자산거래가 국제수지계정에 포함되는 것처럼 파생상품거래도 국제수지계정에 포함된다.

표 13-2에 의하면 해외에 있는 미국 소유 자산(금융파생상품 제외)은 2019년에 4,407억 5,000만 달러 순증가했다. 일부 미국인이 해외자산을 매입한 반면 일부 미국인은 이미 소유하던 해외자산을 매도했고, 이에 따른 미국의 총해외자산 매입과 매도 간 차이가 4,407억 5,000만 달러이기 때문에 이 수치는 순증가를 나타낸다. 2019년에 미국의 외국인에 대한 부채는 7,979억 6,000만 달러 순증가했다. 일부 미국인은 해외부채를 상환했지만 외국인으로부터의 새로운 차입이 이 상환을 7,979억 6,000만 달러만큼 초과했다. 2019년에 미국의 금융파생상품 매도와 매입 수지는 −383억 4,000

만 달러였다. 미국은 외국인이 취득한 것보다 외국인으로부터 더 적은 금융파생상품을 매입했다. 금융계정수지(순금융유입)는 4,407억 5,000만 달러 − 7,979억 6,000만 달러 − 383억 4,000만 달러 = −3,955억 4,000만 달러로 계산된다. 순금융유입의 수치가 음의 값을 가지는 것은 2019년에 미국의 외국인에 대한 순부채가 3,955억 4,000만 달러만큼 증가했다는 것을 의미한다.

### 통계적 불일치

경상수지와 자본수지를 합하면 4,864억 6,000만 달러의 금융계정수지 적자가 예상되지만, 이와 달리 3,955억 4,000만 달러의 금융계정수지 적자가 실현됐다. 무역과 금융계정에 대한 자료에 의하면 미국은 경상수지와 자본수지 적자를 충당하는 데 필요한 자금보다 909억 2,000만 달러 더 적은 빚을 해외에 졌다. 왜냐하면 4,864억 6,000만 달러(차입 필요액)에서 3,955억 4,000만 달러(실제 차입액)를 빼면 909억 2,000만 달러이기 때문이다. 만약 모든 국제수지 대변이 자동적으로 같은 크기의 차변을 생성하고 반대의 경우도 성립한다면 이와 같은 차이가 어떻게 가능한가? 그 이유는 주어진 거래와 관련된 차변과 대변 항목의 상쇄에 관한 정보가 서로 다른 자료로부터 수집될 수 있기 때문이다. 예를 들면 한국으로부터의 평면 스크린 TV 선적이 생성하는 수입 차변은 미국 세관검사관의 보고서에 나타나고, 이에 상응하는 금융계정 대변은 TV 수입을 지불한 수표가 예금되는 미국 은행의 보고서에 나타날 수 있다. 서로 다른 출처의 자료는 범위, 정확성, 시점이 다를 수 있기 때문에 국제수지계정은 실제로는 이론에서처럼 균형을 맞추지는 못한다. 회계담당자는 계정상에 **통계적 불일치**(statistical discrepancy)를 추가함으로써 차변과 대변을 강제로 일치시킨다. 2019년에 기록되지 않은 (또는 잘못 기록된) 국제거래가 국제수지계정을 균형시키기 위해 순금융유입과 경상수지와 자본수지의 합계 간 차이인 909억 2,000만 달러의 대변을 생성시켰다.

이와 같은 불일치 부분을 경상수지, 자본수지와 금융계정에 정확히 배분하는 방법은 없다. (만약 그 방법이 있다면 이 항목은 불일치가 아니다.) 금융계정이 가장 가능성이 높은 원인인데, 서로 다른 국가의 국민 간에 이루어지는 복잡한 금융거래를 추적하는 일은 매우 어렵기 때문이다. 그러나 경상수지도 또한 가능성이 높은 원인이기 때문에 순금융유입이 기록된 것보다 단순히 909억 2,000만 달러 더 적다고 결론지을 수 없다. 국제수지 회계담당자들은 재화 교역에 대한 자료는 상대적으로 신뢰할 만하지만 서비스 교역에 대한 자료는 그렇지 못하다고 생각한다. 금융자문과 컴퓨터 프로그래밍 지원의 판매와 같은 서비스 거래는 파악하기 어려울 수 있다. 특히 국제적 이자 및 배당 수취를 정확하게 측정하는 것은 어렵다.

---

## 다국적 기업의 이윤 이전과 변동성이 큰 아일랜드의 GDP

20 16년 7월 12일, 아일랜드의 중앙통계국(CSO)은 아일랜드의 실질 GDP가 2014~2015년 사이에 그 이전의 추정치인 7.8%를 훨씬 웃도는 26.3%로 엄청 높은 성장을 했다는 충격적인 발표를 했다. 통계국은 "언론보도는 2015년 4분기의 추정치가 발표된 2016년 3월에 이용할 수 있었던 자료보다 더 완벽하고 최신으로 업데이트된 자료에 바탕으로 두고 있다"는 놀랄 만큼 애매한 논평을 덧붙였다. 1999년 이후 아일랜드의 GDP 추이를 보여주는 다음 그림은 2015년이 극단적인 예외였다는 점을 명확히 나타내고 있다. (2015년의 성장률은 추가 자료를 반영하여 25.1%로 하향 조정됐다.)

무엇이 이 놀라운 급성장을 설명하는가? 아일랜드에서 이용 가능한 공장, 토지, 노동의 공급이 갑자기 증가한 것은 아니었을까? 실제로는 생산요소가 대폭 증가하지는 않았다. 예를 들어 그에 상응하는 큰 고용 효과가 자료에 나타나지 않는다. 그 대신 GDP의 증가는 대부분 외국의 대규모 다국적 기업의 조세 회피 전략을 반영하는 회계적 현상이었다. 소규모 아일랜드 경제에 미쳤던 막대한 영향은 GDP 추계 방식과 경제적 후생의 척도로서의 GDP의 단점을 예시해준다.

아일랜드는 기업 이윤에 12.5%의 법정 세금을 부과한다. 그러나 그곳에 설립된 일부 기업은 실제로는 훨씬 더 낮은 세금을 납부할 수도 있다. 이에 비해 미국의 법인세율(주세 불포함)은 2017년 12월의 마지막 인하 이후로 21%를 유지하고 있다. 이 불일치로 인해 대규모 다국적 기업, 특히 첨단기술과 제약 같은 분야의 다국적 기업은 지적재산권(IP) 자산을 아일랜드의 자회사(그리고 룩셈부르크와 버뮤다를 포함한 저세율의 피난처)에 재배치하고자 하는 유인을 가지게 되며, 그 결과 세계 이윤이 본국이 아닌 이들 피난처에 등록되고 세금이 부과된다.

지적재산권은 '무형 자본'이므로 이동이 쉽지만, 연구개발 투자의 역사를 반영하는 자본이다. 예를 들어 미국 회사가 지적재산권을 아일랜드의 자회사로 이전할 경우 아일랜드의 대외부채와 자본스톡이 그만큼 늘어나게 되며 지적재산권 자본에 기인한 이윤이 미국 GDP가 아니라 아일랜드 GDP로 유입되기 시작한다. 이러한 '외국인 직접투자'가 2015년 GDP의 급성장을 촉발했다.

모든 선진국은 다국적 기업의 이윤 이전 문제에 직면하고 있는데, 이 문제는 공공서비스 재원조달의 부담을 기업으로부터 가계로 이전하는 왜곡을 발생시킨다. 이는 특히 애플, 구글, 마이크로소프트와 같은 지적재산권 집약적인 초대형 기술 기업의 모국인 미국에게 첨예한 문제이다. 최근의 추정치에 의하면 미국의 다국적 기업은 본국으로부터 저세율 피난처로 약 60%의 이윤을 이전한 반면, 다국적기업이 본국으로부터 이전한 이윤은 세계 평균으로 약 40%이다.[12]

정부는 상세한 정보의 공유뿐 아니라 실질적인 조세 정책의 공조를 통해서만 이 문제를 해결할 수 있다. 지금까지의 노력은 조지프 바이든(Joseph R. Biden, Jr.) 대통령의 미국과 다른 대국들이 15%의 공통 최저 법인세율을 설정하기로 합의한 2021년까지 제한적으로만 성공했다. 이 합의가 주요 돌파구이긴 하지만 집행은 기술적인 장애뿐 아니라 정치적인 장애에 직면했다. 이 책을 쓰는 시점에서 이 장애들이 극복될 수 있을지는 더 지켜봐야 한다.

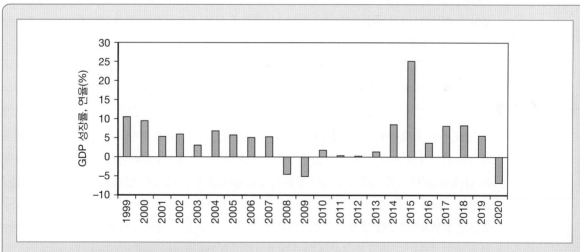

**1999년 이후 아일랜드의 실질 GDP의 성장**

아일랜드 실질 GDP의 2015년 급격한 상승은 대부분 장부 조작의 가공물이었다.

출처: International Monetary Fund, *World Economic Outlook* database, April 2020. 2020년 자료는 추정치이다.

**12** 더 읽을거리에 있는 Saez and Zucman의 책 참조

## 공적 준비자산 거래

많은 종류의 금융계정 거래가 존재하지만 한 가지 종류는 별도로 논의하기에 충분할 만큼 중요하다. 이와 같은 종류의 거래는 중앙은행에 의한 공적 준비자산의 매입 또는 매도이다.

한 국가의 **중앙은행**(central bank)은 통화공급을 관리하는 책임을 가진 기관이다. 미국의 중앙은행은 연방준비제도(Federal Reserve System)이다. **공적 준비자산**(official international reserve)은 국가경제의 어려움에 대비해 완충 역할을 할 수 있도록 중앙은행이 보유하는 해외자산이다. 과거에 공적 준비자산은 주로 금이었으나 오늘날 중앙은행의 준비자산은 해외금융자산, 특히 미국 재무부 단기증권 같은 미국 달러자산이다. 연방준비제도 자신은 금 외에 아주 작은 규모의 공적 준비자산을 보유하고 있다. 연방준비제도가 보유하고 있는 달러자산은 준비자산으로 간주되지 않는다.

중앙은행은 종종 거시경제 상황에 영향을 주기 위해 민간 자산시장에서 준비자산을 매입하거나 매도한다. 이 같은 형태의 공적 거래는 **공적 외환시장 개입**(official foreign exchange intervention)이라고 한다. 외환시장 개입이 거시경제 상황을 바꿀 수 있는 한 가지 이유는 외환시장 개입이 중앙은행이 경제에 통화를 주입하거나 환수하는 방법이기 때문이다. 외환시장 개입의 원인과 결과에 관해서는 나중에 자세히 논의할 것이다.

중앙은행이 아닌 정부기관도 준비자산을 보유하고 외환시장에 공적으로 개입할 수 있다. 예를 들어 미국 재무부는 시장거래에서 적극적인 역할을 하는 외환시장 안정기금(Exchange Stabilization Fund)을 운영한다. 그러나 이런 기관의 조작은 일반적으로 통화공급에 눈에 띌 만한 영향을 미치지 못하기 때문에, 마치 중앙은행만이 준비자산을 보유하고 외환시장에 공적으로 개입하는 것처럼(이것이 지나치게 오도하지 않을 때) 논의를 단순화할 것이다.

중앙은행이 해외자산을 매입하거나 매도할 때, 이 거래는 한 시민이 동일한 거래를 수행한 것과 마찬가지로 그 국가의 금융계정에 나타난다. 일본 중앙은행(Bank of Japan)이 달러자산을 취득하는 거래는 다음과 같이 발생할 수 있다. 한 미국의 자동차 딜러는 일본으로부터 닛산 세단을 한 대 수입하고 닛산 자동차 회사에 2만 달러짜리 수표로 지불한다. 닛산 자동차 회사는 이 돈을 달러자산에 투자하기를 원하지 않기 때문에 일본 중앙은행이 닛산 자동차에게 2만 달러의 수표와 교환해 엔화를 주는 일이 발생한다. 이 거래의 결과로 일본 중앙은행의 준비자산은 2만 달러만큼 증가한다. 일본중앙은행의 달러준비자산은 미국에 보유하고 있는 총일본자산의 한 부분이기 때문에, 미국에 보유하고 있는 총일본자산은 2만 달러만큼 증가한다. 따라서 이 거래는 미국의 금융계정에 2만 달러의 대변항목을 발생시키고, 자동차의 구매는 미국의 경상수지에 2만 달러의 차변항목을 발생시킨다.[13]

표 13-2는 2019년에 미국의 공적 준비자산이 46억 6,000만 달러만큼 증가했음을 보여준다. 해외 중앙은행은 616억 3,000만 달러의 미국 달러 준비자산을 구입했다. 미국 공적 준비자산의 순증가에서 미국에 대한 외국의 공적 준비자산 청구권의 순증가를 뺀 것이 순중앙은행금융유입(net central bank financial flows)이고, 그 규모는 2019년에 46억 6,000만 달러 − 616억 3,000만 달러 = −569억 7,000만 달러였다.

이러한 −569억 7,000만 달러의 순중앙은행금융유입이, 이 수치가 음수인 경우 미국의 경상수지

---

13 얼마나 이해하고 있는지 시험해보기 위해 동일한 거래활동이 일본의 경상수지는 2만 달러만큼 개선하지만 일본의 금융계정수지는 2만 달러만큼 악화시키는 이유를 설명할 수 있는지 확인해보라.

적자를 충당할 수 있도록(그 반면 이 수치가 양수인 경우는 민간 부문의 해외조달의 필요성을 증가시킬 수 있도록) 미국과 외국의 통화당국이 미국의 순해외부채를 추가로 발생시키는 정도를 나타내는 것으로 생각할 수 있다. 앞의 예에서 일본 중앙은행은 2만 달러의 미국 은행 예금을 구입함으로써 2만 달러짜리 일본차를 미국으로 수입하는 데 필요한 자금을 간접적으로 지원한다. 순중앙은행금융유입은 **공적 결제수지**(official settlement balance) 또는 (보다 덜 공식적으로 사용되는 용어로) **국제수지**(balance of payment)라고 부른다. 이러한 국제수지는 경상수지와 자본수지의 합에서 금융계정수지의 비준비자산 부분(nonreserve portion)을 공제한 것으로서 경상수지를 상쇄하는 데 공적 준비자산을 거래하는 중앙은행의 역할을 지칭한다. 따라서 2019년 미국의 국제수지는 −569억 7,000만 달러였다.

국제수지는 국제지불의 불균형에 대한 척도로서 역사적으로 중요한 역할을 수행했고 많은 국가에서 여전히 이와 같은 역할을 수행한다. 음의 국제수지(적자)는 위기에 대한 신호일 수 있다. 음의 국제수지는 한 국가의 준비자산이 감소하거나 외국통화당국에 대한 부채가 증가하고 있음을 의미한다. 한 국가가 갑자기 외국으로부터의 대출을 받을 수 없는 위험에 직면할 수 있으므로 이 국가는 예비조치로서 준비자산이라는 비상저축금을 유지하기 원한다. 특히 많은 개발도상국은 이와 같은 상황에 처해 있다(22장 참조).

그러나 모든 요약 측정치처럼 국제수지는 신중하게 해석돼야 한다. 앞의 예로 돌아가면 일본 중앙은행이 미국 은행예금 보유를 2만 달러만큼 증가시키기로 의사결정하는 것은 미국의 국제수지 적자를 같은 금액만큼 증가시킨다. 일본 중앙은행이 그 대신 런던에 있는 바클레이스은행(Barclays Bank)에 2만 달러를 넣어둔다고 하자. 바클레이스은행은 이어서 이 돈을 뉴욕에 있는 시티은행에 예금한다고 하자. 이 경우 미국의 민간 외국인에 대한 부채는 추가적으로 2만 달러만큼 증가하고 미국의 국제수지 적자는 증가하지 않는다. 그러나 이러한 국제수지의 '개선'은 경제적으로 전혀 중요하지 않다. 미국이 일본 중앙은행의 돈을 직접 차입하든 런던 은행을 통해 차입하든 미국은 차이가 없다.

## 사례 연구 ── 세계 최대 채무국의 자산과 부채

앞에서 경상수지는 한 국가가 수입하는 것보다 더 많은 재화와 서비스를 수출하여 획득하는 해외부에 대한 새로운 순청구권의 흐름을 측정한다는 것을 살펴봤다. 그러나 이 같은 새로운 순청구권의 흐름은 한 국가의 순해외부를 변화시키는 유일한 요인이 아니다. 이에 더해 과거에 획득한 해외부의 시장가격 변화도 한 국가의 순해외부를 변화시킬 수 있다. 예를 들면 일본의 주식시장이 1990년대에 주식가치의 4분의 3을 잃었을 때 일본 주식을 보유하고 있었던 미국과 유럽의 소유주는 그들이 보유하고 있는 일본 자산에 대한 청구권의 가치가 곤두박질치고, 일본의 순해외부가 증가하는 것을 보게 됐다. 환율의 변화도 유사한 효과를 가진다. 예를 들면 달러가 외국통화에 대해 절하될 때 달러자산을 보유하고 있는 외국인은 자국통화로 측정할 때 그들이 보유하고 있는 부의 가치가 감소하는 것을 경험하게 된다.

미국의 국민소득과 국제수지 통계에 대한 자료수집이라는 방대한 일을 감독하는 미국 상무부의 경제분석국(BEA)은 미국의 해외자산에서 미국의 해외부채를 차감해 구해지는 미국의 순국제투자포지션에 대한 연간 추정치를 보고한다. 자산가격과 환율변화는 해외자산과 해외부채 모두의 달러가치를 변화시키기 때문에 BEA는 미국의 순해외부를 추정하기 전에 이와 같은 자본 이득과 자본 손실을 반영하기 위해 보유하고 있는 청구권의 가치를 조정해야 한다. 이와 같이 구해진 추정치는 2019년 말 현재 미국이 어느 국가보다도 훨씬 큰 음의 순해외부 포지션을 가지고 있음을 보여준다.

| 표 13.3 | 연말 미국 순국제투자포지션의 변화(10억 달러) |

| | | | Change in position in 2019 | | | | | | |
|---|---|---|---|---|---|---|---|---|---|
| | | | | Attributable to: | | | | | |
| | | | | | | Other changes in position | | | |
| Line | Type of investment | Yearend position, 2018[r] | Total | Financial transactions | Total | Price changes | Exchange rate changes[1] | Changes in volume and valuation n.i.e.[2] | Yearend position, 2019[r] |
| 1 | **U.S. net international investment position (line 4 less line 36)** | **−9,674.4** | **−1,376.1** | **−395.5** | **−980.5** | (⁴) | (⁴) | (⁴) | **−11,050.5** |
| 2 | Net international investment position excluding financial derivatives (line 5 less line 37) | −9,716.5 | −1,354.2 | −357.2 | −997.0 | −1,104.9 | 119.5 | −11.5 | −11,070.7 |
| 3 | Financial derivatives other than reserves, net (line 6 less line 38) | 42.0 | −21.9 | −38.3 | 16.4 | (4) | (4) | (4) | 20.2 |
| 4 | **U.S. assets** | **25,233.8** | **3,919.0** | (³) | (³) | (³) | (³) | (³) | **29,152.8** |
| 5 | Assets excluding financial derivatives (sum of lines 7, 10, 21, and 27) | 23,784.2 | 3,578.2 | 440.8 | 3,137.4 | 3,080.1 | 128.3 | −71.0 | 27,362.4 |
| 6 | Financial derivatives other than reserves, gross positive fair value (line 15) | 1,449.6 | 340.8 | (³) | (³) | (³) | (³) | (³) | 1,790.4 |
| | By functional category: | | | | | | | | |
| 7 | Direct investment at market value | 7,443.9 | 1,354.7 | 188.5 | 1,166.3 | 1,104.5 | 40.5 | 21.3 | 8,798.7 |
| 8 | Equity | 6,149.4 | 1,335.6 | 173.5 | 1,162.1 | 1,104.5 | 40.5 | 17.1 | 7,485.0 |
| 9 | Debt instruments | 1,294.5 | 19.1 | 14.9 | 4.2 | . . . . | . . . . | 4.2 | 1,313.6 |
| 10 | Portfolio investment | 11,433.6 | 1,942.3 | 46.6 | 1,895.7 | 1,914.0 | 86.6 | −104.9 | 13,375.9 |
| 11 | Equity and investment fund shares | 7,899.6 | 1,559.5 | −191.3 | 1,750.8 | 1,682.8 | 77.5 | −9.4 | 9,459.1 |
| 12 | Debt securities | 3,534.0 | 382.8 | 237.9 | 144.9 | 231.2 | 9.2 | −95.5 | 3,916.8 |
| 13 | Short term | 651.6 | 82.4 | 167.6 | −85.2 | . . . . | 14.8 | −100.0 | 734.0 |
| 14 | Long term | 2,882.4 | 300.3 | 70.3 | 230.0 | 231.2 | −5.7 | 4.5 | 3,182.8 |
| 15 | Financial derivatives other than reserves, gross positive fair value | 1,449.6 | 340.8 | (³) | (³) | (³) | (³) | (³) | 1,790.4 |
| 16 | Over-the-counter contracts | 1,408.9 | 346.4 | (³) | (³) | (³) | (³) | (³) | 1,755.3 |
| 17 | Single-currency interest rate contracts | 928.8 | 368.7 | (³) | (³) | (³) | (³) | (³) | 1,297.5 |
| 18 | Foreign exchange contracts | 303.6 | −15.5 | (³) | (³) | (³) | (³) | (³) | 288.1 |
| 19 | Other contracts | 176.4 | −6.8 | (³) | (³) | (³) | (³) | (³) | 169.7 |
| 20 | Exchange-traded contracts | 40.7 | −5.6 | (³) | (³) | (³) | (³) | (³) | 35.1 |
| 21 | Other investment | 4,457.6 | 215.8 | 201.1 | 14.8 | 0 | 2.1 | 12.7 | 4,673.4 |
| 22 | Other equity | 66.7 | 1.4 | 1.4 | 0.0 | 0 | . . . . | 0.0 | 68.0 |
| 23 | Currency and deposits | 1,854.1 | 156.5 | 132.6 | 23.9 | . . . . | (*) | 23.9 | 2,010.6 |
| 24 | Loans | 2,484.4 | 56.9 | 66.1 | −9.2 | . . . . | 2.0 | −11.2 | 2,541.4 |
| 25 | Insurance technical reserves | n.a. | n.a. | n.a. | n.a. | n.a. | n.a. | n.a. | n.a. |
| 26 | Trade credit and advances | 52.4 | 1.0 | 1.0 | (*) | . . . . | (*) | 0.0 | 53.3 |
| 27 | Reserve assets | 449.1 | 65.3 | 4.7 | 60.7 | 61.6 | −1.0 | 0.0 | 514.4 |

| Line | Type of investment | Yearend position, 2018[r] | Change in position in 2019 | | | | | | Yearend position, 2019[r] |
|---|---|---|---|---|---|---|---|---|---|
| | | | | | | Attributable to: | | | |
| | | | | | | | Other changes in position | | |
| | | | Total | Financial transactions | Total | Price changes | Exchange rate changes[1] | Changes in volume and valuation n.i.e.[2] | |
| 28 | Monetary gold | 334.5 | 61.6 | 0.0 | 61.6 | 61.6 | . . . . . | 0.0 | 396.1 |
| 29 | Special drawing rights | 50.8 | −0.1 | 0.2 | −0.3 | . . . . . | −0.3 | 0.0 | 50.7 |
| 30 | Reserve position in the International Monetary Fund | 22.0 | 4.1 | 4.3 | −0.1 | . . . . . | −0.1 | 0.0 | 26.2 |
| 31 | Other reserve assets | 41.8 | −0.4 | 0.2 | −0.5 | 0.0 | −0.5 | 0.0 | 41.4 |
| 32 | Currency and deposits | 27.3 | 1.9 | (*) | 1.9 | . . . . . | −0.3 | 2.2 | 29.3 |
| 33 | Securities | 14.5 | −2.3 | 0.2 | −2.5 | 0.0 | −0.2 | −2.2 | 12.1 |
| 34 | Financial derivatives | . . . . . | . . . . . | . . . . . | . . . . . | . . . . . | . . . . . | . . . . . | . . . . . |
| 35 | Other claims | 0.0 | 0.0 | 0.0 | 0.0 | . . . . . | 0.0 | 0.0 | 0.0 |
| 36 | **U.S. liabilities** | **34,908.2** | **5,295.1** | (3) | (3) | (3) | (3) | (3) | **40,203.3** |
| 37 | Liabilities excluding financial derivatives (sum of lines 39, 42, and 57) | 33,500.7 | 4,932.4 | 798.0 | 4,134.4 | 4,185.0 | 8.8 | −59.4 | 38,433.0 |
| 38 | Financial derivatives other than reserves, gross negative fair value (line 51) | 1,407.5 | 362.7 | (3) | (3) | (3) | (3) | (3) | 1,770.3 |
| | **By functional category:** | | | | | | | | |
| 39 | Direct investment at market value | 8,401.7 | 2,145.4 | 351.6 | 1,793.8 | 1,743.2 | . . . . . | 50.5 | 10,547.1 |
| 40 | Equity | 6,725.5 | 2,038.7 | 290.3 | 1,748.4 | 1,743.2 | . . . . . | 5.2 | 8,764.2 |
| 41 | Debt instruments | 1,676.2 | 106.7 | 61.3 | 45.4 | . . . . . | . . . . . | 45.4 | 1,782.9 |
| 42 | Portfolio investment | 18,844.2 | 2,545.6 | 180.0 | 2,365.6 | 2,441.8 | 9.1 | −85.3 | 21,389.8 |
| 43 | Equity and investment fund shares | 7,539.2 | 1,681.0 | −244.1 | 1,925.1 | 1,944.3 | . . . . . | −19.3 | 9,220.2 |
| 44 | Debt securities | 11,304.9 | 864.6 | 424.0 | 440.6 | 497.5 | 9.1 | −66.0 | 12,169.6 |
| 45 | Short term | 982.2 | −44.9 | −43.2 | −1.8 | . . . . . | −1.8 | 0.0 | 937.3 |
| 46 | Treasury bills and certificates | 746.7 | −40.4 | −40.4 | 0.0 | . . . . . | . . . . . | 0.0 | 706.2 |
| 47 | Other short-term securities | 235.5 | −4.5 | −2.7 | −1.8 | . . . . . | −1.8 | 0.0 | 231.1 |
| 48 | Long term | 10,322.7 | 909.5 | 467.2 | 442.3 | 497.5 | 10.9 | −66.0 | 11,232.3 |
| 49 | Treasury bonds and notes | 5,523.5 | 461.1 | 266.1 | 195.0 | 198.6 | . . . . . | −3.6 | 5,984.6 |
| 50 | Other long-term securities | 4,799.3 | 448.4 | 201.1 | 247.3 | 298.9 | 10.9 | −62.4 | 5,247.7 |
| 51 | Financial derivatives other than reserves, gross negative fair value | 1,407.5 | 362.7 | (3) | (3) | (3) | (3) | (3) | 1,770.3 |
| 52 | Over-the-counter contracts | 1,366.2 | 371.8 | (3) | (3) | (3) | (3) | (3) | 1,738.0 |
| 53 | Single-currency interest rate contracts | 893.7 | 382.6 | (3) | (3) | (3) | (3) | (3) | 1,276.3 |
| 54 | Foreign exchange contracts | 299.0 | −2.9 | (3) | (3) | (3) | (3) | (3) | 296.1 |
| 55 | Other contracts | 173.6 | −8.0 | (3) | (3) | (3) | (3) | (3) | 165.7 |
| 56 | Exchange-traded contracts | 41.3 | −9.1 | (3) | (3) | (3) | (3) | (3) | 32.2 |
| 57 | Other investment | 6,254.8 | 241.3 | 266.4 | −25.0 | . . . . . | −0.3 | −24.7 | 6,496.2 |

| Line | Type of investment | Yearend position, 2018[r] | Change in position in 2019 | | | | | | | Yearend position, 2019[r] |
|---|---|---|---|---|---|---|---|---|---|---|
| | | | Total | Attributable to: | | | | | | |
| | | | | Financial transactions | Other changes in position | | | | | |
| | | | | | Total | Price changes | Exchange rate changes[1] | Changes in volume and valuation n.i.e.[2] | | |
| 58 | Other equity | n.a. | n.a. | n.a. | n.a. | n.a. | n.a. | n.a. | | n.a. |
| 59 | Currency and deposits | 3,257.2 | 201.6 | 204.1 | −2.5 | . . . . | −0.7 | −1.8 | | 3,458.8 |
| 60 | Loans | 2,749.7 | 32.7 | 52.4 | −19.7 | . . . . | 0.6 | −20.3 | | 2,782.5 |
| 61 | Insurance technical reserves | n.a. | n.a. | n.a. | n.a. | n.a. | n.a. | n.a. | | n.a. |
| 62 | Trade credit and advances | 198.8 | 7.3 | 9.8 | −2.6 | . . . .. | (*) | −2.6 | | 206.1 |
| 63 | Special drawing rights allocations | 49.1 | −0.3 | 0.0 | −0.3 | . . . .. | −0.3 | 0.0 | | 48.8 |

r: Revised; n.a.: Not available; . . .: Not applicable; (*): Value between zero and +/− $50 million.

1. Represents gains or losses on foreign-currency-denominated assets and liabilities due to their revaluation at current exchange rates.

2. Includes changes due to year-to-year shifts in the composition of reporting panels and to the incorporation of more comprehensive survey results. Also includes capital gains and losses of direct investment affiliates and changes in positions that cannot be allocated to financial transactions, price changes, or exchange-rate changes.

3. Financial transactions and other changes in financial derivatives positions are available only on a net basis, which is shown on line 3; they are not separately available for gross positive fair values and gross negative fair values of financial derivatives.

4. Data are not separately available for price changes, exchange-rate changes, and changes in volume and valuation not included elsewhere.

주: 총계는 반올림 때문에 세부항목의 합계와 다를 수 있다.

출처: U.S. Bureau of Economic Analysis, June 30, 2020.

1991년까지 미국 기업이 소유하는 해외공장과 같은 해외직접투자의 가치는 역사적 가격, 즉 처음의 구매가격으로 측정됐다. 현재 BEA는 해외직접투자의 현재 가치를 평가하기 위해 두 가지의 방법, 즉 현재 시점에서 해외직접투자를 구매하는 비용으로 가치를 평가하는 *경상비용법*(current cost method)과 해외직접투자를 판매할 수 있는 가격으로 가치를 평가하는 *시장가치법*(market value method)을 사용한다. 이와 같은 방법은 특정한 해외직접투자를 대체하는 비용과 시장에서 판매할 때 받는 가격을 측정하기 어려울 수 있기 때문에 각기 다른 가치평가 결과를 발생시킬 수 있다. (그림 13-2에 그려져 있는 순해외부 자료는 경상비용법에 의한 추정치이다.)

표 13-3은 2019년 말 현재 BEA가 미국의 NIIP를 구하기 위해 어떻게 가치조정을 했는지를 보여주는 BEA 계정을 복제해놓은 것이다. 이 표의 추정치는 경상비용법으로 해외직접투자의 가치를 추정한 것이다. BEA는 2018년의 순해외부 −9조 6,744억 달러에 표 13-2에 보고되어 있는 −3,955억 달러의 2019년 미국의 순금융유입을 더했다. 이어서 BEA는 달러 가격의 변화를 반영하여 이전에 보유하고 있었던 자산과 부채의 가치를 조정했다. 이러한 가치조정의 결과로 미국의 순해외부는 외국인으로부터 신규 순차입인 3,995억 달러보다 더 큰 금액만큼 감소했다. 실제로 미국의 순해외부는 1조 3,761억 달러 감소했다. BEA가 평가한 2019년 미국 순해외부의 추정치는 대략 미국 GDP의 절반인 −11조 505억 달러였다.

그러나 최근에 미국의 총해외자산과 총해외부채가 매우 크기 때문에 환율과 증권가격의 변화는 미국의 순해외부채를 크게 변화시킬 잠재력을 지니고 있다. 그림 13-3은 이와 같은 극적인 추이를 보여준다. 1976년에 미국의 해외자산은 단지 미국 GDP의 20%였고 미국의 해외부채는 GDP의 15%였다(이에 따라 미국은 GDP의 약 5% 정도 순해외채권국이었다). 그러나 2019년에 미국의 해외자산은 GDP의 137%에 이르렀고, 미국의 해외부채는 GDP의 188%에 이르렀다. 이와 같이 해외자산과 해외부채의 스톡이 놀랍도록 증가한 것은 20장에서 상세하게 논의되는 현상인, 20세기 후반에 진행된 급속한 금융시장의 세계화를 반영한 것이다.

이와 같은 크기의 총부의 포지션이 환율변화의 효과를 어떻게 증폭시키는지를 생각해보자. 미국이 보유하고 있는 해외자산의 70%가 외국통화로 표시되어 있으나, 모든 미국의 해외부채는 달

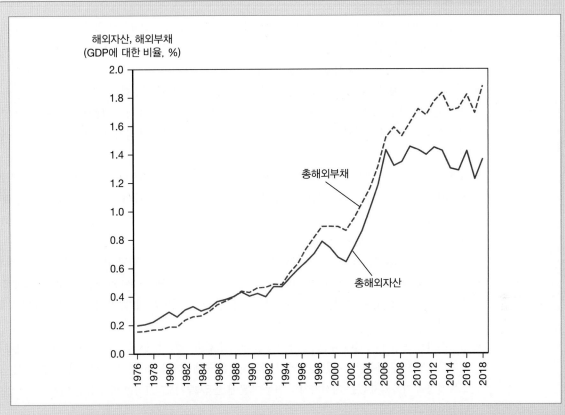

**그림 13-3 미국의 총해외자산과 총해외부채(1976~2019)**

1976년 이후 미국의 해외자산과 해외부채는 급격히 증가했다. 그러나 미국의 해외부채가 해외자산보다 더 빠르게 증가했기 때문에 미국은 상당한 수준의 순해외부채를 지게 됐다.

출처: U.S. Department of Commerce, Bureau of Economic Analysis.

러로 표시되어 있다고 하자. 2019년에 미국의 GDP는 약 21조 5,000억 달러이기 때문에 달러의 10% 절하는 미국의 해외부채를 변화시키지는 않지만 달러로 측정되는 미국의 해외자산 가치를 GDP의 9.6%(10 × 0.7 × 1.37), 즉 2조 달러만큼 증가시킨다. 이 수치는 2019년 미국의 경상수지 적자의 4.3배이다. 실제로 환율과 주가의 급격한 변화 때문에 이러한 방식으로 미국 경제는 2007~2008년 사이에 약 8,000억 달러의 손실을 입었고, 2008~2009년 사이에 같은 금액만큼의 이득을 얻었다(그림 13-2 참조). 이와 같은 형태로 이루어지는 외국인과 미국 간 부의

재분배는 1976년에 훨씬 더 적었을 것이다.

이 가능성은 정책당국자가 경상수지를 무시하고 그 대신에 순해외부채가 대규모로 증가하는 것을 막기 위해 통화가치를 조작해야 한다는 것을 의미하는가? 이와 같은 정책은 위험한 전략이다. 왜냐하면 14장에서 살펴볼 것처럼 미래 환율에 대한 예상은 시장참여자의 행동에 매우 중요하기 때문이다. 환율변화를 통해 해외투자자의 부를 감소시키고자 하는 체계적인 정부의 시도는 자국통화의 절하로부터 발생하는 부의 이익을 감소시키거나 제거하면서 국내통화자산에 대한 해외수요를 급속히 감소시킬 것이다.

## 요약

- **국제거시경제학**은 세계 경제 전체의 관점에서 희소한 경제자원의 완전고용과 물가수준의 안정에 관심을 가진다. **국민소득계정**과 **국제수지계정**은 국가지출 패턴과 이에 따른 국제적인 영향을 반영하기 때문에 개방적이고 상호의존적인 경제의 거시경제학을 연구하는 데 필수적인 도구이다.

- 한 국가의 **국민총생산(GNP)**은 그 국가의 생산요소가 받는 소득과 일치한다. 국민소득계정은 국민소득을 창출하는 지출의 형태, 즉 소비, 투자, 정부구매, 경상수지로 분해된다. **국내총생산(GDP)**은 GNP에서 해외에서 번 요소소득의 순수취 부분을 뺀 것과 일치하고, 한 국가의 국경 안에서 생산된 생산량을 측정한다.

- 국제무역이 없는 폐쇄경제에서 GNP는 소비되거나 투자되거나 정부에 의해 구매돼야 한다. 투자는 공장, 장비, 재고를 위해 현재의 생산을 사용함으로써 현재의 생산을 미래의 생산으로 전환시킨다. 폐쇄경제의 경우 투자가 저축하는 유일한 방법이기 때문에 민간 부문과 공공 부문이 이룬 저축의 합, 즉 **국민저축**은 투자와 일치해야 한다.

- 개방경제에서 GNP는 소비, 투자, 정부구매, 재화와 서비스의 순수출 합과 같다. 만약 개방경제가 나머지 세계, 즉 해외로부터 차입하거나 대출할 수 있다면 무역이 균형을 유지할 필요가 없다. 개방경제의 수출과 수입의 차이, 즉 경상수지는 개방경제에서 발생되는 재화와 서비스의 총생산과 그것의 사용 간 차이이다.

- 경상수지는 또한 외국인에 대한 한 국가의 순대출과 같다. 폐쇄경제와는 달리 개방경제는 국내투자와 해외투자에 의해 저축할 수 있다. 따라서 국민저축은 국내투자와 경상수지의 합이다. 경상수지는 국민소득계정에 기록되지 않는 자산가치의 변동 때문에 **순국제투자포지션**의 변화와 통상 일치하지는 않지만 밀접히 관련되어 있다.

- 국제수지계정은 경상수지의 구성과 경상수지와 관련된 자금조달의 상세한 내용을 기록한다. 한 국가와 나머지 세계 간 모든 거래는 국제수지계정에 기록된다. 국제수지계정은 외국인에게 지불을 발생시키는 거래는 차변에 기록되는 반면, 외국인으로부터 수취를 발생시키는 거래는 대변에 기록된다는 관례에 따라 작성된다.

- 재화와 서비스의 거래는 경상수지에 나타나는 한편 **자산**의 국제적인 매도 또는 매입은 **금융계정**에 나타난다. **자본수지**는 비시장 자산이전을 기록하며 미국의 경우 규모가 작은 경향이 있다. 경상수지와 자본수지의 합은 반드시 금융계정수지(순금융유입)와 일치해야 한다. 국제수지계정의 이러한 특징은 수출대금과 수입금액의 차이는 미래에 통상 이자와 함께 그 차이를 상환한다는 약속증서에 의해 충당되어야 한다.

- 중앙은행이 수행하는 국제자산거래는 금융계정에 포함된다. 외국통화자산을 매입하거나 매도하기 위해 민간시장에서 이루어지는 중앙은행의 거래는 **공적 외환시장 개입**이라고 한다. 외환시장 개입이 중요한 한 가지 이유는 중앙은행이 통화량을 바꾸는 수단으로 외환시장 개입을 이용하기 때문이다. 한 국가는 공적 준비자산 또는 외국 중앙은행으로부터의 차입이 감소할 때 **국제수지** 적자를 가진다. 이와 반대의 경우에 한 국가는 국제수지 흑자를 가진다.

## 주요 용어

거시경제학-macroeconomics                                경상수지current account balance

공적 결제수지official settlement balance

공적 외환시장 개입official foreign exchange intervention

공적 준비자산official international reserve

국내총생산gross domestic product, GDP

국민소득national income

국민소득계정national income accounting

국민저축national saving

국민총생산gross national product, GNP

국제수지balance of payment

국제수지계정balance of payment accounting

금융계정financial account

미시경제학microeconomics

민간저축private saving

소비consumption

순국제투자포지션net international investment position, NIIP

자본수지capital account

자산asset

정부구매government purchase

정부재정적자government budget deficit

중앙은행central bank

투자investment

## 연습문제

**1.** 이 장에서 GNP 계정은 시장에서 판매되는 최종 재화와 서비스의 가치만을 포함함으로써 이중계산을 피한다고 기술했다. 따라서 GNP 계정에서 사용되는 수입을 측정할 때 해외로부터의 최종 재화와 서비스 수입만 포함되어야 하는가? 수출은 어떠한가?

**2.** 식 (13-2)는 경상수지 적자를 감소시키기 위해 한 국가는 민간저축을 증가시키거나 국내투자를 감소시키거나 또는 재정적자를 축소시켜야 한다는 것을 말해준다. 현재 일부 사람들은 미국의 경상수지 적자를 감소시키기 위해 중국과 기타 국가로부터의 수입을 제한하는 조치를 취할 것을 권고한다. 미국의 높은 수입장벽은 미국의 민간저축, 국내투자, 재정적자에 어떻게 영향을 미치는가? 수입제한이 반드시 미국의 경상수지 적자를 감소시킬 것이라는 데 동의하는가?

**3.** 다음의 거래가 어떻게 일본의 국제수지계정에서 2개의 항목, 즉 차변과 대변에 포함되는지를 설명하고, 각 항목이 어떻게 분류되는지를 기술하라.

  **a.** 한 일본인 투자자가 태국 기업의 주식을 한 주 매입하고, 한 싱가포르 은행에 있는 계좌에 기초하여 수표를 발행하여 지불한다.

  **b.** 한 일본인 투자자가 태국 기업의 주식을 한 주 매입하고, 한 일본 은행에 있는 계좌에 기초하여 발행된 수표로 지불한다.

  **c.** 말레이시아 정부가 자국민으로부터 링깃(MYR)을 사기 위해 한 일본 은행에 보유하고 있는 달러를 사용하여 공적 외환시장 개입을 한다.

  **d.** 교토 출신의 한 여행자가 방콕에 있는 비싼 식당에서 식사를 하고 여행자 수표로 지불한다.

  **e.** 고베의 한 정종 제조업자가 파리의 와인 시음회를 위해 한 상자의 정종 병을 기부한다.

  **f.** 독일에 있는 일본인 소유의 공장이 추가적으로 기계를 구매하기 위해 그곳에서 번 돈을 사용한다.

**4.** 한 멕시코 시민이 브라질로 여행하여 3,000헤알(BRL)짜리 보석을 산다. 이 보석을 판 브라질 회사는 한 파나마 은행에 있는 자기 계좌에 3,000헤알을 예금한다. 이와 같은 거래는 멕시코와 브라질의 국제수지계정에 어떻게 나타나는가? 이 멕시코 시민이 보석을 사기 위해 현금을 지불한다면 어떤 일이 발생하는가?

**5.** 가상 국가인 페큐니아는 2021년에 10억 달러의 경상수지 적자와 5억 달러의 비준비자산 금융계정수

지 흑자를 가지고 있었다.

   **a.** 2021년 페큐니아의 국제수지는 얼마인가? 이 국가의 순해외자산에는 어떤 일이 일어났는가?

   **b.** 해외 중앙은행은 페큐니아의 자산을 매입하지도 매도하지도 않는다고 가정하라. 페큐니아 중앙은행의 준비자산은 2021년에 어떻게 변했는가? 이 같은 공적 외환시장 개입이 페큐니아의 국제수지에 어떻게 나타나는가?

   **c.** 만약 해외 중앙은행이 2021년에 6억 달러어치의 페큐니아 자산을 매입했다는 사실을 안다면 문제 b에 대한 답은 어떻게 바뀌는가? 이 같은 공적 매입은 국제수지계정에 어떻게 기록되는가?

   **d.** 문제 c에 기술된 사건이 2021년에 발생했다는 가정하에 2021년 페큐니아의 국제수지를 작성하라.

**6.** 정부가 대규모 경상수지 적자 또는 흑자에 대해 우려하는 이유는 무엇인가? 정부는 왜 공적 결제수지(즉 국제수지)에 대해 우려하는가?

**7.** 유로지역의 공적 결제수지를 설정하는 유럽 중앙은행이 외환시장에서 유로를 사고파는 정도에 대해 정확한 정보를 제공해주는가?

**8.** 한 국가가 국제수지 흑자를 가지는 동시에 경상수지 적자를 가지는 것이 가능한가? 경상수지와 비준비자산 금융계정에 관한 가상적인 수치를 사용하면서 답을 설명하라. 반드시 공적 준비자산의 흐름에 대한 시사점을 논의하라.

**9.** 남아프리카 공화국의 순해외부채가 그 나라 GDP의 50%이고 해외자산 및 해외부채는 동일하게 연간 6%의 이자를 지불한다고 하자. 순해외부채에 대한 이자 지불로부터 발생하는 남아프리카 공화국 GDP의 유출(GDP의 비율로 측정)은 얼마가 되겠는가? 이 수치가 크다고 생각하는가? 순해외부채가 GDP의 100%라면 어떠한가? 어느 시점에서 한 국가의 정부는 그 국가의 해외부채 크기에 대해 우려해야 한다고 생각하는가?

**10.** 2015년 스위스의 국제수지에서 본원소득수지에서의 노동소득은 210억 스위스프랑의 적자를 보였는데, 이는 710억 스위스프랑의 순국제수지 흑자의 거의 30%에 해당하는 것이었다. 이러한 규모의 적자를 어떻게 설명하겠는가?

**11.** 10%의 미국 달러 절하가 미국 순해외부에 어떻게 영향을 미치는지에 관한 논의가 이루어진 이 장의 마지막 사례 연구('세계 최대 채무국의 자산과 부채')로 돌아가보자. 달러로 측정된 미국에 대한 외국인의 순해외부에 미치는 영향의 크기를 미국 GDP의 %로 나타내라.

**12.** 이 장에서 한 국가의 순해외자산으로부터 발생하는 자본 이득과 자본 손실은 경상수지 속에 포함되어 있지 않다는 점이 언급됐다. 경상수지의 한 부분으로 이와 같은 자본 이득과 자본 손실을 포함하길 원한다면 경제학자들은 국민소득항등식(13-1)을 어떻게 수정해야 하는가? 이와 같은 수정이 타당하다고 생각하는가? 이와 같은 수정이 현실에서 이루어지지 않는 이유는 무엇이라고 생각하는가?

**13.** BEA 웹사이트(http://www.bea.gov/iTable/iTable.cfm?reqid=62&step=1&isuri=1#reqid=62&step=6&isuri=1&6210=5&6200=143)에 가서 1976년부터 시작하여 미국의 연말 국제투자포지션(IIP)에 관한 연간 자료를 다운로드받아라. http://www.bea.gov/national/index.htm#gdp에 가서 같은 기간 미국의 명목 GDP에 관한 연간 데이터를 다운로드받아라. 이어서 1976년부터 시작하여 명목 GDP에 대한 IIP의 연간 비율을 계산하고 그림을 그려라. 미국은 1980년대 중반 이후 거의 매년 경상수지 적자를 발생시켰다. 수집한 데이터가 놀라운가? (힌트: 이 질문에 답하기 위해서는 명목 GDP의 퍼센트로 나타낸 경상수지 적자와 명목 GDP의 성장률을 비교할 필요가 있기 때문에 BEA 웹사이트에서 연간 경상수지 데이터를 검토할 필요가 있다. 19장을 읽은 후에 이 문제를 다시 검토할 수 있다.)

## 더 읽을거리

Stefan Avdjiev, Mary Everett, Philip R. Lane, and Hyun Song Shin. "Tracking the International Footprints of Global Firms." *BIS Quarterly Review* (March 2018), pp. 47-66. 다국적 기업의 글로벌 활동이 국민 계정 및 국제수지 통계에 미치는 영향 분석

European Commission, International Monetary Fund, Organisation for Economic Co-operation and Development, United Nations, and World Bank. *System of National Accounts 2008.* New York: United Nations, 2009. 국민소득 및 생산 계정을 구성하기 위한 최종 지침

Christopher A. Gohrband and Kristy L. Howell. "U.S. International Financial Flows and the U.S. Net Investment Position: New Perspectives Arising from New International Standards," in Charles Hulten and Marshall Reinsdorff, eds., *Wealth, Financial Intermediation, and the Real Economy.* Chicago: University of Chicago Press, 2014. 미국 IIP 통계에 대한 자세한 논의

William Griever, Gary Lee, and Francis Warnock. "The U.S. System for Measuring Cross-Border Investment in Securities: A Primer with a Discussion of Recent Developments." *Federal Reserve Bulletin* 87 (October 2001), pp. 633-650. 해외 자산 및 부채를 측정하는 미국의 절차에 대한 비판적 설명

International Monetary Fund. *Balance of Payments and International Investment Position Manual*, 6th edition. Washington, D.C.: International Monetary Fund, 2009. 국제수지계정에 대한 권위 있는 논의

Philip R. Lane and Gian Maria Milesi-Ferretti. "The External Wealth of Nations Mark II: Revised and Extended Estimates of Foreign Assets and Liabilities, 1970-2004." *Journal of International Economics* 73 (November 2007), pp. 223-250. 많은 국가의 국제적 지위에 대한 자료를 구축하기 위해 공통 방법 론을 적용했다.

James E. Meade. *The Balance of Payments*, Chapters 1-3. London: Oxford University Press, 1952. 국제수 지 개념에 대한 고전적이며 분석적인 논의

Gian Maria Milesi-Ferretti. "The US is Increasingly a Net Debtor Nation. Should We Worry?" Brookings Up Front Blog, April 14, 2021. (Available at https://www.brookings.edu/blog/up-front/2021/04/14/the-us-is-increasingly-a-net-debtor-nation-should-we-worry/.) 미국의 순해외자산 및 부채에 대한 자세한 분석

Maurice Obstfeld. "Does the Current Account Still Matter?" *American Economic Review* 102 (May 2012), pp. 1-23. 양방향 국제자산 유출입이 대규모로 이루어지는 세계에서 경상수지의 중요성에 대해 설명 한다.

Emmanuel Saez and Gabriel Zucman. *The Triumph of Injustice: How the Rich Dodge Taxes and How to Make Them Pay.* New York: W.W. Norton, 2019. 4장에서는 국제 조세 피난처와 기업의 이윤 이전에 대해 설명한다.

Cédric Tille. "The Impact of Exchange Rate Movements on U.S. Foreign Debt." *Current Issues in Economics and Finance* (Federal Reserve Bank of New York) 9 (January 2003), pp. 1-7. 미국의 해외 자산 및 부채에 대한 자산가격 변동의 의미를 논의한다.

# 환율과 외환시장: 자산접근법

미국이 실업과 저성장으로 고전하고 있던 2011년 7월, 주요 외국통화 바스켓에 대한 달러의 가격은 저점을 기록했다. 그러나 미국 경제가 세계대공황 이후 가장 높은 실업을 기록했던 2020년 4월의 달러가치는 그 이전 15년 동안 가장 높았다(저점에 비해 약 43% 더 높았다). 미국과 세계 경제의 어떤 변화가 외환시장에서의 이러한 급격한 변화를 초래할 수 있는가? 이 장에서는 환율변화의 원인과 결과에 대한 공부를 시작할 것이다.

다른 국가의 통화단위로 나타낸 한 국가 통화의 가격을 **환율**(exchange rate)이라고 한다. 2020년 6월 3일 런던시간으로 오후 4시에 유럽 통화인 유로 1단위를 사려면 1.1219달러가 필요했을 것이다. 이때 유로에 대한 달러의 환율은 유로당 1.1219달러였다. 환율은 경상수지와 기타 거시경제변수에 강력한 영향을 미치기 때문에 개방경제에서 가장 중요한 가격 중 하나이다.

다른 국가의 통화단위로 나타낸 한 국가 통화의 가격인 환율도 하나의 자산가격이기 때문에 다른 자산가격을 결정하는 원리가 또한 환율을 결정한다. 13장에서 살펴봤듯이 자산은 부의 한 형태로 현재에서 미래로 구매력을 이전시키는 방법이다. 따라서 현재의 자산가격은 구매자가 미래에 이 자산이 창출하리라고 예상하는 재화와 서비스에 대한 구매력과 직접적으로 관련되어 있다. 이와 유사하게 현재의 달러/유로 환율은 이 환율의 미래수준에 대한 사람들의 예상과 밀접히 관련되어 있다. 마치 구글(Google) 주가가 구글의 미래 전망에 관한 좋은 소식이 있으면 즉각적으로 상승하는 것처럼 환율은 미래의 통화가치에 관한 어떠한 소식에도 즉각적으로 반응한다.

이 장의 일반적인 목적은 국제무역에서 환율의 역할과 환율이 어떻게 결정되는지를 이해하는 데 있다. 우선 환율이 어떻게 서로 다른 국가의 재화와 서비스 가격을 비교할 수 있게 해주는지를 배운다. 다음으로 통화가 거래되는 국제자산시장을 설명하고, 이 시장에서 균형환율이 어떻게 결정되는지를 살펴본다. 마지막 절에서는 현재의 환율이 미래의 예상되는 환율변화에 어떻게 반응하는지를 살펴봄으로써 자산시장접근법을 강조하여 설명할 것이다.

## 학습목표

- 환율의 변화와 국가 간 수출재의 상대가격 변화의 관계를 논의한다.
- 외환시장의 구조와 기능을 설명한다.
- 서로 다른 국가의 통화로 표시된 자산수익률을 비교하기 위해 환율을 사용한다.
- 균형환율을 구하기 위해 이자율 평형조건을 적용한다.
- 이자율과 예상환율의 변화가 환율에 미치는 효과를 설명한다.

# 환율과 국제거래

환율은 서로 다른 국가에서 생산된 재화와 서비스 가격을 비교할 수 있게 해주므로 국제무역에서 중요한 역할을 한다. 두 종류의 미국 자동차 중 어느 것을 살 것인지 결정하는 소비자는 자동차의 달러가격, 예를 들면 링컨 콘티넨털의 가격 4만 4,500달러와 포드 토러스의 가격 2만 7,000달러를 비교해야 한다. 그러나 이 소비자는 이들 자동차 가격과 일본으로부터 수입되는 일본 닛산 리프의 가격인 350만 엔을 어떻게 비교할 것인가? 이와 같은 비교를 하려면 달러와 엔의 상대가격을 알아야만 한다.

통화의 상대가격은 인터넷에서 실시간으로 알 수 있다. 또한 환율은 신문의 금융란에 매일 보도된다. 표 14-1은 《파이낸셜타임스(Financial Times)》에 보도된 2020년 6월 4일 자 달러, 유로, 파운드 환율을 보여준다(이 환율은 그 전날인 2020년 6월 3일 런던시간으로 오후 4시에 거래된 통화의 달러환율이다). 환율은 두 가지 방법, 즉 달러로 나타낸 외국통화의 가격(예: 유로당 1.1219달러)이나 그 반대인 외국통화로 나타낸 달러의 가격(예: 달러당 0.8913유로)으로 호가될 수 있다. 환율 시세를 나타내는 첫 번째 방식(외국통화 단위당 달러)은 **직접환율방식**(또는 '미국식'), 두 번째 방식(달러당 외국통화 단위 수)은 **간접환율방식**(또는 '유럽식')이라고 한다. 표의 각 행은 각국 통화로 나타낸 달러, 유로, 파운드 가격을 보여준다.[1]

가계와 기업은 외국통화로 표시된 가격을 국내통화 단위로 전환하기 위해 환율을 사용한다. 국내재화와 수입재의 가격이 동일한 통화단위로 표시되면 가계와 기업은 국제무역 흐름에 영향을 미치는 상대가격을 계산할 수 있다.

## 국내가격과 외국가격

두 국가 통화 간 환율을 안다면 다른 국가의 통화단위로 한 국가의 수출재 가격을 계산할 수 있다. 예를 들면 영국에서 가격이 50파운드인 에딘버러울른밀(Edinburgh Woolen Mill) 스웨터를 사는 데 얼마의 달러가 드는가? 이 질문의 답은 스웨터의 파운드가격에 달러로 나타낸 파운드의 가격, 즉 파운드에 대한 달러의 환율을 곱하여 구할 수 있다. 파운드당 1.50달러인 이 스웨터의 달러가격은 다음과 같다.

$$(1.50달러/파운드) \times (50파운드) = 75달러$$

달러/파운드 환율의 변화는 이 스웨터의 달러가격을 변화시킬 것이다. 파운드당 1.25달러에서 이 스웨터의 파운드가격이 동일하다고 가정하면 이 스웨터의 달러가격은 다음과 같다.

$$(1.25달러/파운드) \times (50파운드) = 62.50달러$$

파운드당 1.75달러에서 이 스웨터의 달러가격은 더 높아져서 다음과 같다.

$$(1.75달러/파운드) \times (50파운드) = 87.50달러$$

---

1 표 14-1에서 'mid' 환율은 미국 달러에 대한 매도가격과 매입가격의 평균이다. 일반적으로 (이를테면 은행이나 브로커가) 거래를 중개하는 비용 때문에 달러의 매입자는 달러의 매도자가 받는 것(매도가격)보다 더 많이 지불(매입가격)한다. 이러한 매도가격과 매입가격 스프레드는 거래비용을 나타내는 척도이다. 19장에서 개별 거래 통화에 대한 평균환율을 의미하는 '실효'환율지수에 대해 논의할 것이다.

| 표 14-1 | 환율 |
| --- | --- |

## CURRENCIES

| Jun 3 | Currency | DOLLAR | | EURO | | POUND | |
| --- | --- | --- | --- | --- | --- | --- | --- |
| | | Closing Mid | Day's Change | Closing Mid | Day's Change | Closing Mid | Day's Change |
| Argentina | Argentine Peso | 68.8026 | 0.0953 | 77.1927 | 0.3569 | 86.6673 | 0.3917 |
| Australia | Australian Dollar | 1.4423 | −0.0088 | 1.6181 | −0.0046 | 1.8168 | −0.0053 |
| Bahrain | Bahraini Dinar | 0.3772 | 0.0000 | 0.4231 | 0.0013 | 0.4751 | 0.0014 |
| Bolivia | Bolivian Boliviano | 6.9100 | – | 7.7526 | 0.0251 | 8.7042 | 0.0273 |
| Brazil | Brazilian Real | 5.0281 | −0.1935 | 5.6412 | −0.1981 | 6.3336 | −0.2231 |
| Canada | Canadian Dollar | 1.3489 | 0.0001 | 1.5133 | 0.0050 | 1.6991 | 0.0055 |
| Chile | Chilean Peso | 764.9900 | −15.2950 | 858.2761 | −14.3210 | 963.6213 | −16.1809 |
| China | Chinese Yuan | 7.1099 | −0.0006 | 7.9769 | 0.0252 | 8.9560 | 0.0274 |
| Colombia | Colombian Peso | 3579.3300 | −46.9050 | 4015.8094 | −39.4294 | 4508.7106 | −44.7456 |
| Costa Rica | Costa Rican Colon | 577.1050 | 1.7850 | 647.4796 | 4.0960 | 726.9515 | 4.5235 |
| Czech Republic | Czech Koruna | 23.7213 | 0.0004 | 26.6139 | 0.0868 | 29.8805 | 0.0943 |
| Denmark | Danish Krone | 6.6449 | −0.0199 | 7.4552 | 0.0019 | 8.3702 | 0.0012 |
| Egypt | Egyptian Pound | 16.0836 | 0.1097 | 18.0449 | 0.1812 | 20.2598 | 0.2014 |
| Hong Kong | Hong Kong Dollar | 7.7503 | −0.0002 | 8.6953 | 0.0279 | 9.7626 | 0.0303 |
| Hungary | Hungarian Forint | 306.7205 | −2.1010 | 344.1232 | −1.2335 | 386.3611 | −1.4253 |
| India | Indian Rupee | 75.4700 | 0.1075 | 84.6731 | 0.3948 | 95.0659 | 0.4334 |
| Indonesia | Indonesian Rupiah | 14110.0000 | −322.5000 | 15830.6500 | −309.3157 | 17773.7017 | −349.1678 |
| Israel | Israeli Shekel | 3.4763 | 0.0030 | 3.9002 | 0.0161 | 4.3789 | 0.0176 |
| Japan | Japanese Yen | 108.8250 | 0.2400 | 122.0956 | 0.6644 | 137.0816 | 0.7317 |
| ..One Month | | 108.8249 | 0.2399 | 122.0956 | 0.6644 | 137.0816 | 0.7316 |
| ..Three Month | | 108.8248 | 0.2397 | 122.0956 | 0.6645 | 137.0815 | 0.7314 |
| ..One Year | | 108.8242 | 0.2384 | 122.0957 | 0.6647 | 137.0816 | 0.7309 |
| Kenya | Kenyan Shilling | 106.1000 | −0.3500 | 119.0383 | −0.0054 | 133.6491 | −0.0199 |
| Kuwait | Kuwaiti Dinar | 0.3081 | −0.0002 | 0.3457 | 0.0010 | 0.3881 | 0.0010 |
| Malaysia | Malaysian Ringgit | 4.2625 | −0.0150 | 4.7823 | −0.0013 | 5.3693 | −0.0020 |
| Mexico | Mexican Peso | 21.5950 | −0.0380 | 24.2284 | 0.0361 | 27.2022 | 0.0377 |
| New Zealand | New Zealand Dollar | 1.5570 | −0.0139 | 1.7469 | −0.0099 | 1.9613 | −0.0113 |
| Nigeria | Nigerian Naira | 388.1800 | 1.4300 | 435.5163 | 3.0116 | 488.9718 | 3.3307 |
| Norway | Norwegian Krone | 9.4775 | −0.0501 | 10.6332 | −0.0215 | 11.9384 | −0.0254 |
| Pakistan | Pakistani Rupee | 164.2000 | −0.8500 | 184.2232 | −0.3531 | 206.8349 | −0.4180 |
| Peru | Peruvian Nuevo Sol | 3.3860 | −0.0145 | 3.7989 | −0.0039 | 4.2652 | −0.0048 |
| Philippines | Philippine Peso | 50.1200 | −0.2250 | 56.2318 | −0.0693 | 63.1338 | −0.0843 |
| Poland | Polish Zloty | 3.9347 | 0.0150 | 4.4145 | 0.0311 | 4.9564 | 0.0345 |
| Romania | Romanian Leu | 4.3079 | −0.0185 | 4.8333 | −0.0050 | 5.4265 | −0.0062 |
| Russia | Russian Ruble | 68.6488 | −0.1112 | 77.0201 | 0.1254 | 86.4735 | 0.1318 |
| Saudi Arabia | Saudi Riyal | 3.7550 | 0.0015 | 4.2128 | 0.0153 | 4.7299 | 0.0167 |
| Singapore | Singapore Dollar | 1.3970 | −0.0026 | 1.5674 | 0.0022 | 1.7597 | 0.0023 |
| South Africa | South African Rand | 16.9163 | −0.1885 | 18.9791 | −0.1492 | 21.3086 | −0.1698 |
| South Korea | South Korean Won | 1216.6500 | −8.7500 | 1365.0135 | −5.3583 | 1532.5558 | −6.1763 |
| Sweden | Swedish Krona | 9.2891 | −0.0357 | 10.4219 | −0.0062 | 11.7011 | −0.0082 |
| Switzerland | Swiss Franc | 0.9621 | 0.0015 | 1.0794 | 0.0051 | 1.2118 | 0.0056 |
| Taiwan | New Taiwan Dollar | 29.8745 | −0.0800 | 33.5175 | 0.0192 | 37.6315 | 0.0177 |
| Thailand | Thai Baht | 31.5525 | – | 35.4001 | 0.1148 | 39.7452 | 0.1248 |
| Tunisia | Tunisian Dinar | 2.8531 | −0.0050 | 3.2010 | 0.0048 | 3.5939 | 0.0051 |
| Turkey | Turkish Lira | 6.7298 | −0.0028 | 7.5504 | 0.0214 | 8.4771 | 0.0232 |
| United Arab Emirates | UAE Dirham | 3.6732 | – | 4.1211 | 0.0134 | 4.6269 | 0.0145 |
| United Kingdom | Pound Sterling | 0.7939 | −0.0025 | 0.8907 | 0.0001 | – | – |
| ..One Month | | 0.7939 | −0.0025 | 0.8906 | 0.0001 | – | – |
| ..Three Month | | 0.7939 | −0.0025 | 0.8905 | 0.0001 | – | – |
| ..One Year | | 0.7941 | −0.0025 | 0.8901 | 0.0001 | – | – |
| United States | United States Dollar | – | – | 1.1219 | 0.0036 | 1.2597 | 0.0040 |
| ..One Month | | – | – | 1.1219 | −0.1338 | 1.2597 | 0.0040 |
| ..Three Month | | – | – | 1.1217 | −0.1338 | 1.2597 | 0.0040 |
| ..One Year | | – | – | 1.1210 | −0.1338 | 1.2599 | 0.0040 |
| Venezuela | Venezuelan Bolivar Fuerte | – | – | | | | |
| Vietnam | Vietnamese Dong | 23262.0000 | 5.5000 | 26098.6896 | 90.7520 | 29302.0544 | 98.8350 |
| European Union | Euro | 0.8913 | −0.0029 | – | – | 1.1227 | −0.0001 |
| ..One Month | | 0.8912 | −0.0029 | – | – | 1.1227 | −0.0001 |
| ..Three Month | | 0.8911 | −0.0029 | – | – | 1.1226 | −0.0001 |
| ..One Year | | 0.8903 | −0.0029 | – | – | 1.1221 | −0.0001 |

Rates are derived from WM Reuters Spot Rates and MorningStar (latest rates at time of production). Some values are rounded. Currency redenominated by 1000. The exchange rates printed in this table are also available at www.FT.com/marketsdata.

환율의 변화는 절하 또는 절상으로 표현된다. 달러에 대한 파운드의 **절하**(depreciation)는 파운드의 달러가격 하락, 예를 들어 환율이 파운드당 1.50달러에서 1.25달러로 변화하는 것을 나타낸다. 앞의 예는 여타의 사항이 모두 일정하다면 한 국가 통화의 절하는 외국인에게 자국의 재화를 더 싸게 만든다는 것을 보여준다. 달러로 나타낸 파운드가격의 상승, 예를 들어 파운드당 1.50달러에서 1.75달러로 변화하는 것이 달러에 대한 파운드의 **절상**(appreciation)이다. 여타의 사항이 일정하다면 한 국가의 통화 절상은 외국인에게 자국의 재화를 더 비싸게 만든다.

환율의 변화는 동시에 영국인이 미국산 재화에 지불하는 가격을 변화시킨다. 파운드당 1.50달러의 환율에서 45달러 하는 미국산 디자이너 청바지의 파운드가격은 (45달러)/(1.50달러/파운드)＝30파운드이다. 파운드당 1.50달러에서 1.25달러로의 환율변화는 달러에 대한 파운드의 절하이자 달러의 파운드가격 상승, 즉 파운드에 대한 달러의 절상이다. 이와 같은 달러의 **절상**은 미국산 청바지의 파운드가격을 30파운드에서 다음과 같이 상승시킴으로써 영국인에게 미국산 청바지를 더 비싸게 만든다.

$$(45달러)/(1.25달러/파운드)＝36파운드$$

파운드당 1.50달러에서 1.75달러로의 환율변화, 즉 달러에 대한 파운드의 절상 또는 파운드에 대한 달러의 절하는 이 청바지의 파운드가격을 30파운드에서 다음과 같이 하락시킨다.

$$(45달러)/(1.75달러/파운드)＝25.71파운드$$

앞에서 살펴본 것처럼 한 통화가 다른 통화에 대해 절하할 때, 두 번째 통화는 동시에 첫 번째 통화에 대해 절상해야 하기 때문에 절하 또는 절상으로 환율의 변화를 설명하는 것이 당혹스러울 수 있다. 환율을 논의하는 데 혼란을 피하기 위해 2개의 통화 중 어느 통화가 다른 통화에 대해 절하한 것인지 또는 절상한 것인지를 항상 알고 있어야 한다.

파운드에 대한 달러의 절하가 동시에 달러에 대한 파운드의 절상이라는 것을 기억하면 다음과 같은 결론을 얻을 수 있다. 한 국가의 통화가 절하할 때 외국인은 이 국가의 수출재가 더 싸진다는 사실을 알게 되고 자국민은 외국으로부터의 수입재가 더 비싸진다는 사실을 알게 된다. 절상은 이와 반대의 효과를 지닌다. 외국인은 이 국가의 생산물에 더 많이 지불하고 국내 소비자는 외국의 생산물에 더 적게 지불한다.

## 환율과 상대가격

수입수요와 수출수요는 모든 재화와 서비스에 대한 수요와 마찬가지로 디자이너 청바지 단위로 나타낸 스웨터의 가격과 같은 상대가격에 영향을 받는다. 환율이 어떻게 국내통화가격과 외국통화가격을 동일한 통화단위로 나타냄으로써 가격을 비교할 수 있게 해주는지 살펴봤다. 이와 같은 분석을 한 단계 더 발전시키면 환율은 또한 통화가격이 서로 다른 통화단위로 호가되어 있는 재화와 서비스의 상대가격을 계산할 수 있게 해준다는 것을 알 수 있다.

미국산 청바지와 영국산 스웨터에 얼마만큼을 지출할 것인지를 결정하고자 하는 미국인은 청바지 단위로 나타낸 스웨터의 가격을 계산하기 위해 하나의 동일한 통화로 청바지와 스웨터의 가격을 전환해야 한다. 앞에서 살펴본 것처럼 파운드당 1.50달러의 환율에서 미국인은 영국에서 가격이 50파운드인 스웨터를 사기 위해 75달러를 지불해야 한다. 미국산 청바지 한 벌의 가격은 45달러이기 때

| 표 14-2 | 달러/파운드 환율과 미국산 디자이너 청바지와 영국산 스웨터의 상대가격 | | |
|---|---|---|---|
| 환율($/£) | 1.25 | 1.50 | 1.75 |
| 상대가격(청바지/스웨터) | 1.39 | 1.67 | 1.94 |

주: 청바지 가격은 45달러, 스웨터 가격은 50파운드에서 변하지 않는다고 가정한다.

문에 청바지 단위로 나타낸 스웨터의 상대가격은 스웨터당 1.67벌의 청바지[(스웨터 한 벌의 가격 75달러)/(청바지 한 벌의 가격 45달러) = 1.67벌]이다. 당연히 영국인도 동일한 스웨터의 상대가격, 즉 (스웨터 한 벌의 가격 50파운드)/(청바지 한 벌의 가격 30파운드) = 1.67벌의 청바지에 직면한다.

표 14-2는 청바지의 달러가격과 스웨터의 파운드가격이 환율변화에 영향을 받지 않는다는 가정하에서 파운드당 1.25달러, 1.50달러, 1.75달러일 때의 상대가격을 보여준다. 이를 이해했는지를 시험해보기 위해 상대가격을 계산해보고 계산결과가 맞는지를 확인해보라.

표 14-2는 재화의 통화가격이 변하지 않으면 파운드에 대한 달러의 절상은 청바지 단위로 나타낸 스웨터의 가격을 더 싸게 만드는 반면(청바지 한 벌로 더 많은 스웨터를 살 수 있다), 파운드에 대한 달러의 절하는 청바지 단위로 나타낸 스웨터의 가격을 더 비싸게 만든다(청바지 한 벌로 더 적은 스웨터를 살 수 있다)는 것을 보여준다. 이러한 계산결과는 하나의 일반적인 원칙을 제시한다. 다른 모든 조건이 일정하다면 한 국가 통화의 절상은 이 국가가 수출하는 재화의 상대가격을 상승시키고 이 국가가 수입하는 재화의 상대가격을 하락시킨다. 이와 반대로 한 국가 통화의 절하는 이 국가가 수출하는 재화의 상대가격을 하락시키고 이 국가가 수입하는 재화의 상대가격을 상승시킨다.

## 외환시장

경제에서 가격이 구매자와 판매자의 상호작용으로 결정되는 것처럼 환율도 국제적 지불을 위해 외국통화를 사고파는 가계, 기업, 금융기관의 상호작용으로 결정된다. 여러 국가의 통화 간 거래가 이루어지는 시장을 **외환시장**(foreign exchange market)이라고 한다.

### 외환시장 참여자

외환시장의 주요 참여자는 상업은행, 국제교역을 하는 기업, 자산관리사와 보험사 같은 비은행 금융기관, 중앙은행 등이다. 개인, 예를 들면 호텔 프런트에서 외국통화를 사는 관광객도 외환시장에 참여할 수 있으나 이와 같은 현금거래는 총외환거래의 극히 작은 일부분을 차지한다.

주요 외환시장 참여자와 그들의 역할을 살펴보자.

1. **상업은행**: 상업은행은 외환시장의 중심에 있는데, 이는 거의 모든 대규모 국제거래가 다수의 금융센터에 있는 상업은행계좌의 차변과 대변 기입의 형태로 이루어지기 때문이다. 따라서 외환거래의 대부분은 여러 국가의 통화로 표시되어 있는 은행예금(bank deposit)의 교환으로 이루어진다.

   한 예를 살펴보자. 엑슨모빌사(ExxonMobil Corporation)가 독일의 한 원유 공급업자에게 16만 유로를 지불하길 원한다고 하자. 우선 엑슨모빌은 자기가 거래하는 서드내셔널은행(Third National Bank)으로부터 환율시세를 얻는다. 이어서 엑슨모빌은 서드내셔널은행에게 엑슨모빌의 달러계좌에 부채로 기재하고 독일 은행에 있는 원유 공급자의 계좌로 16만 유로를 지불하도록 지시한다. 만약 서드내셔널은행이 엑슨모빌에게 제시한 환율시세가 유로당 1.2달러이면 19만 2,000달러(＝유로당 1.2달러 × 160,000유로)가 엑슨모빌 계좌에 부채로 기입된다. 이 거래의 최종결과는 독일의 원유 공급자에게 지불하기 위해 서드내셔널은행이 사용하는 16만 유로 예금과 서드내셔널은행에 있는 19만 2,000달러 예금(유로를 공급하는 독일 은행이 서드내셔널은행에 보유하고 있는 예금)이 교환된다.

이 예에서 보는 것처럼 은행은 날마다 고객, 주로 기업의 필요를 충족하기 위해 외환시장에 참여한다. 이에 더해 한 은행은 다른 은행으로부터 외국통화를 기꺼이 구매하고 다른 은행에 외국통화를 판매할 환율시세를 제시한다. 은행 간 외국통화 거래를 **은행 간 거래**(interbank trading)라고 하는데, 이것이 외환시장에서 이루어지는 활동의 대부분을 차지한다. 실제로 표 14-1에 제시되어 있는 환율은 은행이 서로에게 부과하는 은행 간 환율이다. 기업 고객에게 적용되는 환율을 '소매환율(retail rate)'이라 하고, 일반적으로 소매환율은 은행 간 거래에 적용되는 '도매환율(wholesale rate)'보다 높다. 소매환율과 도매환율의 차이는 은행이 외환영업을 하는 것에 대한 보상이다.

대형 상업은행의 국제영업은 매우 광범위하게 이루어지기 때문에 대형 은행은 외국통화의 구매자와 판매자를 함께 불러모으는 데 매우 적합하다. 10만 달러를 스웨덴 크로나로 환전하기를 원하는 다국적 기업이 같은 양의 스웨덴 크로나를 판매하기를 원하는 다른 기업을 알아낸다는 것은 어렵고도 비용이 많이 드는 일이다. 한 번에 대규모로 크로나를 구매해서 많은 고객에게 동시에 서비스함으로써 대형 은행은 이와 같은 탐색비용을 절약할 수 있다.

2. **기업:** 다수의 국가에서 영업활동을 하는 기업은 수시로 본부가 있는 국가의 통화가 아닌 다른 국가의 통화로 지불받거나 지불한다. 예를 들면 IBM은 멕시코에 있는 공장의 근로자에게 지불하기 위해 멕시코 페소가 필요할 수 있다. 만약 IBM이 미국에서 컴퓨터를 판매하여 번 미국 달러만을 보유하고 있다면 IBM은 외환시장에서 미국 달러를 판매해 멕시코 페소를 확보할 수 있다.

3. **비은행 금융기관:** 최근에 미국, 일본, 기타 국가에서 이루어진 금융시장 규제완화는 뮤추얼펀드와 같은 비은행 금융기관이 은행이 제공하는 것과 구별되지 않는 광범위한 서비스를 고객에게 제공하도록 장려했다. 이 서비스 중에는 외환거래도 포함되어 있다. 연기금 같은 기관투자자는 종종 외국통화를 거래한다. 보험회사도 외국통화를 거래한다. 매우 부유한 개인의 필요를 충족해주고 뮤추얼펀드의 트레이딩 전략을 제한하는 정부규제를 받지 않는 헤지펀드는 외환시장에서 활발하게 거래된다.

4. **중앙은행:** 앞 장에서 중앙은행은 때때로 외환시장에 개입한다는 것을 배웠다. 중앙은행의 거래규모는 일반적으로 크지 않지만, 거래의 영향력은 클 수 있다. 이러한 영향력 때문에 외환시장의 참여자는 환율에 영향을 미칠 수 있는 미래의 거시경제 정책에 대한 실마리를 찾기 위해 중앙은행의 행태를 면밀히 주시한다. 중앙은행 외의 정부기관도 외환시장에서 거래하지만 중앙은행이 외환시장에 정규적으로 참여하는 공식적인 참여자이다.

## 외환시장의 특징

외환거래는 많은 금융센터에서 이루어진다. 대규모의 외환거래는 (가장 큰 외환시장인) 런던, 뉴욕, 도쿄, 프랑크푸르트, 싱가포르 같은 주요 도시에서 이루어진다. 세계 전체의 외환거래 규모는 매우 크고, 지난 30년에 걸쳐 급팽창하고 있다. 1989년 4월, 세계 전체의 하루 평균 외환거래액은 6,000억 달러수준이었고, 이 중에 런던에서 1,840억 달러, 미국에서 1,150억 달러, 도쿄에서 1,110억 달러가 거래됐다. 30년이 지난 2019년 4월, 세계 전체의 하루 외환거래액은 6조 6,000억 달러로 크게 늘어났고, 이 중에 영국에서 3조 5,800억 달러, 미국에서 1조 3,700억 달러, 도쿄에서 3,760억 달러가 거래됐다.[2]

주요 외환거래센터 간 전화, 팩스, 인터넷 연결이 이루어지면서 각 외환거래센터는 태양이 결코 지지 않는 단일 세계시장을 구성하는 한 부분이 되고 있다. 하루의 어느 시점에 발표되는 경제뉴스는 즉각적으로 전 세계에 전달되어 시장 참여자가 일련의 외환거래 활동을 하도록 촉발할 수 있다. 뉴욕에서의 거래가 종료된 후에도 다른 시간대에 있는 지역에 자회사를 가진 뉴욕에 있는 은행과 기업은 외환시장에 계속 참여할 수 있다. 외환거래자는 늦은 밤에 통신을 통해 다른 대륙에 있는 금융센터에서 이루어지는 중요한 변동사항을 접하게 되면 자신의 집에서 거래를 할 수 있다.

이러한 금융센터의 통합은 오전 9시 뉴욕에서의 달러/유로 환율시세와 동일한 시간(런던시간 오후 2시)에 런던에서의 달러/유로 환율시세 간에 상당한 차이가 존재할 수 없다는 것을 의미한다. 만약 유로가 뉴욕에서 1.1달러에 팔리고 런던에서 1.2달러에 팔리고 있다면 **차익거래**(arbitrage), 즉 한 통화를 싸게 사서 비싸게 파는 과정을 통해 이윤을 만들 수 있다. 예를 들면 위와 같이 주어진 가격으로 한 거래자가 뉴욕에서 110만 달러로 100만 유로를 사서 즉각 런던에서 120만 달러에 100만 유로를 팔면 10만 달러의 이윤을 얻을 수 있다. 그러나 만약 모든 거래자가 그러한 기회를 이용하여 달러로 돈을 벌려고 하면 뉴욕에서 유로에 대한 수요 증가가 유로의 달러가격을 상승시킬 것이고, 런던에서 유로의 공급 증가가 유로의 달러가격을 하락시킬 것이다. 뉴욕과 런던의 환율 차이는 매우 빠르게 사라질 것이다. 외환거래자는 차익거래 기회를 찾으려고 컴퓨터 스크린을 주의 깊게 들여다보기 때문에 차익거래 기회는 소규모로 매우 단기적으로만 존재한다.

외환거래에는 2개의 통화가 포함되지만 대부분의 은행 간 거래(2019년 4월에 약 88.3%)는 외국통화와 미국 달러의 교환으로 이루어진다. 이는 한 은행이 달러가 아닌 통화를 팔고 달러가 아닌 다른 통화를 사는 데도 적용된다. 예를 들면 스위스프랑을 팔고 이스라엘 셰켈을 사기 원하는 은행은 일반적으로 달러를 받고 스위스프랑을 팔며, 셰켈을 사기 위해 받은 달러를 사용한다. 이 과정은 돌아가는 것처럼 보이지만 이 방법이 스위스프랑을 사기 원하면서 셰켈을 보유하고 있는 상대방을 찾는 방법보다 비용이 덜 든다. 달러를 통한 거래의 장점은 세계 경제에서 미국의 중요성 때문에 생긴 결과이다. 달러를 수반하는 국제교역규모가 매우 크기 때문에 달러와 스위스프랑 또는 셰켈을 거래하려는 상대방을 찾는 일은 어렵지 않다. 이와는 대조적으로 소수의 거래만이 스위스프랑과 셰켈의 직

---

2  1989년 4월의 수치는 뉴욕연준은행, 영국 중앙은행, 일본 중앙은행, 캐나다 중앙은행과 프랑스, 이탈리아, 네덜란드, 싱가포르, 홍콩, 호주의 통화당국에 의해 동시에 이루어진 서베이의 결과로 구한 것이다. 2019년 4월의 서베이는 53개의 중앙은행에 의해 이루어졌다. 수정된 수치는 "Triennial Central Bank Survey: Foreign Exchange Turnover in April 2019," Bank for International Settlement, Basel, Switzerland, September 16, 2019에 보고되어 있다. 1980년 미국의 하루 평균 외국통화거래액은 약 180억 달러에 불과했다.

접적인 교환을 요구한다.[3]

달러는 많은 외환거래에서 중심적인 역할을 하기 때문에 때때로 **기축통화**(vehicle currency)라고 불린다. 기축통화는 기축통화를 발행하는 국가에 살지 않는 거래 참여자에 의해 이루어지는 국제계약을 결제하기 위해 널리 사용되는 통화이다. 1999년이 시작되면서 도입된 유로는 달러와 동등하게 기축통화로 발전할 것이라고 예상됐다. 2019년 4월 현재 외환거래의 약 32.3%가 유로로 이루어졌다. 이는 달러 비중의 절반 이하이며, 2010년에 기록되었던 39%보다 훨씬 낮은 수준이다. 일본 엔은 16.8%의 시장점유율을 가지고 있는, 세 번째로 중요한 통화이다. 모든 외환거래에는 2개의 통화가 필요하므로 모든 비중은 200을 기준으로 측정된다. 달러 다음으로 중요한 국제통화였던 파운드스털링(pound sterling)은 중요성이 크게 감소되어 네 번째가 됐다. 중국의 위안은 2019년 4.3%의 시장점유율로 여덟 번째 통화로 기록됐는데, 이는 아직은 낮지만 2010년의 0.9%보다는 훨씬 높은 수준이다.[4]

### 현물환율과 선물환율

지금까지 논의한 외환거래는 즉각적으로 이루어진다. 두 당사자가 은행예금을 교환하는 데 합의하면 그 거래는 즉각적으로 실행된다. 현장에서 즉각적으로 이루어지는 거래에 적용되는 환율은 **현물환율**(spot exchange rate)이라 하고, 그 거래는 현물거래(spot transaction)라고 한다.

외환거래는 때때로 30일, 90일, 180일, 또는 수년 후를 미래 거래일로 정한다. 이러한 거래에 적용되는 환율은 **선물환율**(forward exchange rate)이라고 한다. 예를 들어 1개월 선물거래에서 두 당사자는 5월 1일에 10만 파운드를 15만 5,000달러와 현물교환하기로 4월 1일에 합의할 수 있다. 이 경우 1개월 선물환율은 파운드당 1.55달러인데, 이 선물환율은 일반적으로 현물환율 및 결제일이 다른 선물환율과 다르다. 선물환율로 미래의 어느 날에 달러를 받고 파운드를 팔기로 오늘 합의한다면 '파운드를 선물로 팔고' '달러를 선물로 산' 것이다. 통화가 실제로 거래되는 미래의 일자를 **결제일**(value date)이라고 한다.[5] 표 14-1은 주요 통화의 1개월, 3개월, 1년 선물환율을 보여준다.

선물환율과 현물환율이 반드시 일치하는 것은 아니지만 그림 14-1에서 그려진 달러/파운드 환율의 경우처럼 매우 밀접하게 함께 움직인다. 이 장의 마지막 절에서는 선물환율이 어떻게 결정되는지를 논의하고 현물환율과 선물환율이 밀접하게 움직이는 관계를 설명할 것이다.

거래당사자들이 선물환거래에 참여하기를 원하는 이유를 보여주는 예를 살펴보자. 일본으로부터

---

3 스위스프랑/셰켈 환율은 달러/셰켈 환율을 달러/스위스프랑 환율로 나누어 계산할 수 있다. 만약 달러/스위스프랑 환율이 스위스프랑당 0.80달러이고 달러/셰켈 환율이 셰켈당 0.20달러이면 스위스프랑/셰켈 환율은 (0.20달러/셰켈)/(0.80달러/스위스프랑)=0.25스위스프랑/셰켈이다. 외환거래자는 달러가 아닌 통화 간 환율을 '교차환율(cross rate)'이라고 한다. 달러환율과 교차환율의 관계에 대한 더 자세한 내용은 이 장의 연습문제 2를 참조하라.

4 기축통화에 대한 좀 더 상세한 논의는 다음을 참조하라. Richard Portes and Hélène Rey, "The Emergence of the Euro as an International Currency," *Economic Policy* 26 (April 1998), pp. 307-343. 주요 통화의 사용비율에 대한 데이터는 Bank for International Settlements, *op. cit.*, table 2에서 인용한 것이다. 달러와 유로의 미래 역할에 대한 평가에 대해서는 Jean Pisani-Ferry and Adam S. Posen, eds., *The Euro at Ten: The Next Global Currency?* (Washington, D.C.: Peterson Institute for International Economics, 2009)에 포함되어 있는 논문들을 참조하라. 이러한 논문은 21장에서 논의되는 유로지역 위기 이전에 작성됐다. 최근 평가는 더 읽을거리에 있는 Eichengreen, Mehl, and Chitu의 책을 참조하라.

5 과거에는 현물환거래조차도 결제하는 데 2일이 걸렸다. 다시 말해 현물환거래의 결제일은 실제로 거래가 이루어진 2일 후였다. 현재 주요 통화의 대부분 현물환거래는 실제로 거래가 이루어진 당일에 결제된다.

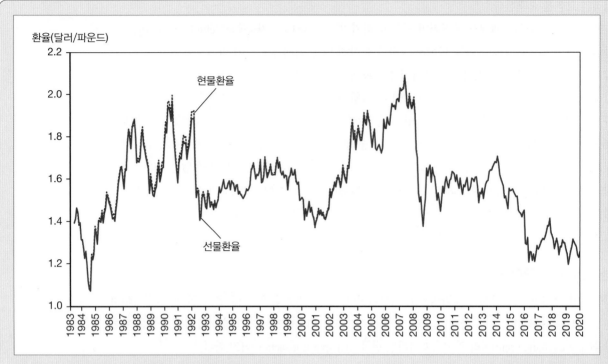

**그림 14-1 달러/파운드 현물환율과 선물환율(1983~2020)**

현물환율과 선물환율은 높은 상관관계를 가지고 변동하는 경향이 있다.

출처: Datastream. 사용된 환율은 월말기준 90일물 선물환율과 현물환율이다.

라디오를 수입하는 베스트바이(Best Buy)는 30일 후에 선적 도착분에 대해 일본인 공급자에게 엔을 지불해야 한다고 하자. 베스트바이는 라디오 1대당 100달러에 팔 수 있고, 공급자에게 라디오 1대당 9,000엔을 지불해야만 한다. 따라서 베스트바이의 이윤은 달러/엔 환율에 의해 결정된다. 1엔당 0.0105달러의 현물환율에서 베스트바이는 (엔당 0.0105달러) × (라디오 1대당 9,000엔) = 라디오 1대당 94.50달러를 지불할 것이고, 수입 라디오 1대당 5.50달러의 돈을 벌게 될 것이다. 그러나 베스트바이는 라디오가 도착하여 판매될 때까지 공급자에게 지불할 자금을 가지고 있지 않을 수 있다. 만약 앞으로 30일 동안 달러가 예기치 않게 엔당 0.0115달러로 절하되면, 베스트바이는 (엔당 0.0115달러) × (라디오 1대당 9,000엔) = 라디오 1대당 103.50달러를 지불해야 할 것이고, 이에 따라 라디오 1대당 3.50달러의 손실을 입게 될 것이다.

이러한 위험을 피하기 위해 베스트바이는 거래은행인 뱅크오브아메리카와 30일물 선물환거래를 할 수 있다. 만약 뱅크오브아메리카가 30일 후에 엔당 0.0107달러로 엔을 베스트바이에게 팔기로 합의하면, 수입업자는 공급업자에게 (엔당 0.0107달러) × (라디오 1대당 9,000엔) = 라디오 1대당 96.30달러를 정확히 지불하는 것을 확약받을 수 있다. 선물매매의 형태로 엔을 사고 달러를 팔아 수입업자인 베스트바이는 라디오 1대당 3.70달러의 이윤을 보장받고 갑작스러운 환율변화가 수익성이 있는 수입거래를 손실을 발생시키는 거래로 바꿀 수 있는 가능성에 대한 보험을 가지게 된다. 외환시장의 전문용어를 사용하면 베스트바이는 환리스크를 헤지(hedge)했다고 말한다.

　이제부터 현물환율 또는 선물환율을 따로 언급하지 않는 경우 환율은 현물환율을 의미하는 것으로 한다. 그러나 이 장의 말미와 이 책의 후반부에서는 선물환율과 그 역할에 대해 다시 논의할 것이다.

## 외환스왑

**외환스왑**(foreign exchange swap)은 한 통화의 선물 매입과 동시에 이루어지는 현물 매도이다. 예를 들면 토요타가 자동차 판매로 방금 100만 달러를 받고, 3개월 후에 캘리포니아에 있는 한 부품공급자에게 100만 달러를 지불해야 한다고 하자. 토요타 자동차의 자산관리부서는 그동안에 100만 달러를 유로 채권에 투자하기를 원한다. 달러와 유로의 3개월 스왑은 현물 유로를 사기 위해 달러를 팔고 선물로 달러를 사기 위해 유로를 파는 2개의 분리된 거래(거래 상대자가 다를 가능성이 있는)보다 중개수수료를 낮출 수 있다. 외환스왑은 외환거래의 상당한 부분을 차지하고 있다.

## 통화선물과 옵션

외환시장에서 거래되는 다른 몇몇 금융상품도 선물계약(forward contract)과 마찬가지로 통화의 교환이 미래에 이루어진다. 그러나 통화교환의 시점과 조건이 환위험을 회피하는 데 거래자에게 추가로 융통성을 부여한다는 점에서 선물계약에 규정된 시점이나 조건과 다르다.

　**통화선물계약**(futures contract)을 살 때, 정해진 외국통화의 양이 미래의 정해진 일자에 인도될 것이라는 약속을 사는 것이다. 당신과 어떤 다른 민간당사자 간 통화선물계약은 당신이 미래의 정해진 일자에 같은 양의 외국통화를 받는다는 것을 확정하는 또 다른 방법이다. 그러나 선물거래는 이를 완수하는 것 외에는 아무런 선택의 여지가 없는 반면에, 통화선물계약에서는 즉각적으로 이윤이나 손실을 실현하면서 조직화된 통화선물거래소에서 통화선물계약을 팔 수 있다. 예를 들어 미래의 현물환율이 변할 것이라고 예상하면 이러한 통화선물계약의 매도가 유리할 수 있다.

　**외환옵션**(foreign exchange option)은 옵션 소유자에게 정해진 만기일 이전의 어느 시점에서나 정해진 가격으로 정해진 외국통화의 양을 구매 또는 판매할 권리를 부여한다. 옵션거래의 상대방, 즉 옵션 매도자는 그의 권리를 행사할 의무를 가지고 있지 않은 옵션 매입자의 의사결정에 따라서 외국통화를 판매 또는 구매해야 한다.[6]

　다음 달에 외국통화의 지불이 언제 이루어질지 불확실하다고 생각해보라. 손실의 위험을 회피하기 위해 다음 달의 어느 시점에 미리 정해진 환율로 외국통화를 매도할 권리를 부여하는 **풋 옵션**(put option)의 매입을 원할 수 있다. 그 대신에 다음 달의 어느 시점에 외국통화로 지불해야 할 것으로 예상하면, 미리 정해진 가격에 필요한 외국통화를 매입할 수 있는 권리를 부여하는 **콜 옵션**(call option)이 매력적일 수 있다. 옵션은 외환선물을 포함하여 많은 기초자산에 근거하여 매도될 수 있고, 통화선물처럼 자유롭게 매입되고 매도된다. 선물, 스왑, 통화선물, 옵션은 모두 13장에서 논의한 **금융파생상품**의 예이다.

---

6 이 옵션은 미리 정해진 만기일에만 행사될 수 있는 유럽식 옵션과는 대조적으로 소위 미국식 옵션으로 지칭된다.

# 외국통화자산에 대한 수요

은행, 기업 및 다른 기관들이 하루 24시간 영업하는 세계외환시장에서 외국통화 은행예금을 어떻게 거래하는지를 살펴봤다. 외환시장에서 환율이 어떻게 결정되는지 이해하기 위해 먼저 외국통화 예금에 대한 외환시장 참여자의 수요가 어떻게 결정되는지 살펴보자.

외국통화 은행예금에 대한 수요는 다른 자산에 대한 수요에 영향을 주는 요인과 동일한 요인에 영향을 받는다. 이러한 요인 중에서 가장 중요한 것은 외국통화 예금의 미래가치이다. 외국통화 예금의 미래가치는 두 가지 요인, 즉 외국통화 예금이 제공하는 이자율과 외국통화에 대한 해당 통화의 예상환율 변화로 결정된다.

## 자산과 자산수익률

사람들은 주식, 채권, 현금, 부동산, 희귀한 포도주, 다이아몬드 등의 다양한 형태로 부를 보유한다. 부를 획득하고자 하는 목적, 즉 저축의 목적은 구매력을 미래로 이전시키기 위한 것이다. 은퇴 후를 위해, 상속자를 위해, 단순하게 어느 특정한 해에 지출하기 위해, 필요한 것보다 더 많이 벌어서 어려운 때에 대비하기 위해 저축할 수 있다.

**자산수익률의 정의**  저축의 목적은 미래 소비를 위한 것이기 때문에 **수익률**(rate of return), 즉 어떤 일정한 기간에 자산이 제공하는 가치의 퍼센트(%) 증가분에 기초해 자산을 보유하는 것이 바람직할 것인지를 판단한다. 예를 들어 2021년 초에 파이낸셜수스세이어(Financial Soothsayer)의 주식 한 주를 사기 위해 100달러를 지불한다고 하자. 만약 이 주식이 2022년 초에 1달러의 배당을 지불하고, 이 주식의 가격이 1년 동안 100달러에서 109달러로 상승한다면, 2021년 동안 이 주식에 대해 10%의 수익률을 번 것이다. 즉 최초 투자금 100달러가 1달러의 배당과 주식을 팔았을 때 얻게 되는 109달러의 합인 110달러로 증가한다. 만약 파이낸셜수스세이어의 주식이 1달러의 배당을 지불하지만 주식의 가격이 89달러로 하락한다면, 최초 투자금 100달러는 2021년 말에 90달러의 가치만을 지니게 되어 −10%의 수익률이 실현된다.

종종 어떤 자산을 구매한 후에 그 자산이 실제로 지불할 수익률에 대해 확실히 알지 못할 수 있다. 예를 들면 주식 한 주에 지불되는 배당과 주식의 재판매가격 모두는 예측하기 어려울 수 있다. 따라서 의사결정은 **기대수익률**(expected rate of return)에 기초하여 이루어져야 한다. 특정 기간의 기대수익률을 계산하기 위해서는 그 기간 말에 실현될 해당 자산의 총가치에 대해 최선의 예측을 해야 한다. 예상되는 자산의 미래 가치와 이 자산을 사기 위해 오늘 지불하는 가격의 % 차이가 그 기간에 발생되는 해당 자산의 기대수익률이다.

어떤 자산의 수익률을 계산할 때 두 시점 사이에 해당 자산에 대한 투자의 총가치가 어떻게 변했는지를 비교한다. 앞의 예에서 파이낸셜수스세이어의 주식가치가 2021년(100달러)과 2022년(110달러) 사이에 어떻게 변했는지를 비교하고 주식의 수익률이 연간 10%라고 결론지었다. 비교한 두 수익률이 달러로 표시되어 있기 때문에 **달러기준 수익률**(dollar rate of return)이라고 한다. 그러나 비교하는 두 가격을 외국통화나 금과 같은 물품으로 나타내면서 수익률을 계산할 수도 있다.

**실질수익률**  저축자가 어느 자산을 보유할 것인지를 결정할 때 고려하는 기대수익률은 **기대실질수익률**(expected real rate of return), 즉 저축자가 통상적으로 구매하는 대표적인 상품바스켓 기준으로 자산가치를 측정함으로써 계산되는 수익률이다. 저축의 궁극적인 목적은 미래 소비이기 때문에 중요한 것은 기대실질수익률이다. 실질수익률은 저축자가 현재 소비의 일부를 포기(저축)하는 대가로 미래에 구매할 수 있는 재화와 서비스의 크기를 측정한다.

앞의 예를 계속 살펴보자. 파이낸셜수스세이어의 주식에 투자한 자금의 달러가치는 2021~2022년 사이에 10% 증가하지만, 모든 재화와 서비스의 달러가격도 10% 증가한다고 하자. 생산물로 측정해보면, 즉 실질기준으로 측정해보면 투자자금의 가치는 2021년과 2022년에 동일하다. 실질수익률이 0이기 때문에 파이낸셜수스세이어 주식은 아주 매력적인 자산이 아닐 수 있다(실제 세계에서는 보통 실질수익률이 양인 자산을 구할 수 있기 때문이다).

저축자는 기대실질수익률에 관심을 가지지만 동일한 통화를 기준으로 나타낸 수익률은 여전히 다른 통화자산들 간 실질수익률을 비교하는 데 사용될 수 있다. 만약 모든 달러가격이 2021~2022년 사이에 10% 상승한다면, 달러가격이 25% 상승하는 희귀한 와인 한 병이 달러가격이 20% 상승하는 채권보다 더 좋은 투자자산이다. 와인의 실질수익률은 15%(= 25% − 10%)인 반면, 채권의 실질수익률은 단 10%(= 20% − 10%)이다. 두 자산의 달러기준 기대수익률 차이(25% − 20%)는 두 자산의 실질수익률 차이(15% − 10%)와 같아야 한다는 점에 주목하라. 그 이유는 두 자산의 달러기준 수익률이 주어진 경우, 재화의 달러가격이 상승하는 비율은 두 자산의 실질수익률을 같은 크기만큼 변화시키기 때문이다.

저축자가 다른 자산을 어떻게 평가할 것인가를 검토하는 데 실질수익률과 달러기준 기대수익률을 구분하는 것이 중요하다. 두 자산의 수익률은 동일한 단위로 측정되지 않으면 비교할 수 없다. 예를 들면 와인 한 병의 실질수익률(15%)을 채권의 달러기준 기대수익률(20%)과 직접적으로 비교하는 것이나 옛 그림에 대한 달러기준 기대수익률을 금에 대한 유로수익률과 비교하는 것은 의미가 없다. 수익률이 같은 측정단위, 예를 들면 달러단위로 계산된 후에만 어떤 자산이 가장 높은 기대실질수익률을 제공하는지를 알 수 있다.

## 위험과 유동성

다른 모든 조건이 일정하다면 개인은 가장 높은 기대실질수익률을 제공하는 자산을 보유하기를 선호한다. 그러나 특정한 자산에 관한 앞으로의 논의에서 알 수 있듯이 다른 모든 조건은 때때로 같지 않다. 저축자가 기대실질수익률 외의 특성에 대해 가치를 높게 평가할 수 있다. 저축자는 자산수익률 외에 자산의 두 가지 중요한 특성, 즉 자산이 저축자의 부에 영향을 주는 변동성을 의미하는 **위험**(risk)과 자산이 판매되거나 다른 재화와 교환될 수 있는 용이성을 의미하는 **유동성**(liquidity)에 관심을 가진다.

1. **위험**: 한 자산의 실질수익률은 일반적으로 예측할 수 없고 저축자가 그 자산을 구매할 때 예상하는 실질수익률과는 매우 다르게 실현될 수 있다. 앞의 예에서 저축자는 채권의 기대실질수익률(10%)을 예상되는 채권의 달러가격 상승률(20%)에서 예상되는 달러가격의 상승률(10%)을 차감하여 구했다. 그러나 만약 예상이 틀리고 채권의 달러가격이 변동하지 않는다면 저축자는 −10%

의 실질수익률(=0% - 10%)을 얻게 된다. 저축자는 불확실성을 싫어하고 부의 크기를 크게 변동시킬 수 있는 자산을 보유하는 것을 주저한다. 기대수익률이 높은 자산도 실제로 실현되는 수익률이 크게 변동하면 저축자에게 매력적인 자산이 아닐 수 있다.

2. **유동성**: 자산은 저축자가 이 자산을 처분하는 비용과 속도에 따라 구별된다. 예를 들면 주택은 판매 시 일반적으로 시간이 걸리고 중개인과 검사자의 서비스를 필요로 하기 때문에 유동성이 매우 낮다. 이와 대조적으로 현금은 가장 유동성이 높은 자산이다. 현금은 항상 재화 또는 다른 자산을 사기 위한 지불수단으로서 액면가 그대로 수용된다. 저축자는 유동성이 떨어지는 자산을 판매할 때 손실을 보는 상황에 대비하기 위해 일부 유동성이 있는 자산을 보유하는 것을 선호한다. 따라서 저축자는 어느 자산을 얼마만큼 보유할 것인가를 결정하는 데 기대수익률과 위험은 물론 유동성을 고려한다.

## 이자율

여타의 자산시장에서처럼 외환시장의 참여자는 외국통화 예금들 간 기대수익률을 비교하여 이들 외국통화 예금에 대한 수요를 결정한다. 서로 다른 외국통화 예금의 수익률을 비교하기 위해 시장 참여자는 두 가지 정보가 필요하다. 첫째, 시장 참여자는 외국통화 예금의 화폐가치가 어떻게 변할 것인지를 알아야 한다. 둘째, 시장 참여자는 서로 다른 외국통화단위로 측정되는 수익률을 비교 가능한 단위로 전환할 수 있도록 환율이 어떻게 변할 것인지를 알아야 한다.

한 특정한 통화 예금의 수익률을 계산하기 위해 필요한 첫 번째 정보는 해당 통화의 **이자율**(interest rate), 즉 한 개인이 1년 동안 해당 통화 1단위를 대출해줌으로써 벌 수 있는 통화의 양이다. 달러이자율이 연간 10%이면 1달러를 대출해준 대부자는 1년 말에 1.10달러를 받는다. 이 중 1달러는 원금이고 10센트는 이자이다. 이와 같은 거래의 이면을 보면 달러이자율은 1년 동안 1달러를 빌리기 위해 지불해야 하는 달러 금액이다. 미국 재무부 단기증권을 살 때 미국 정부에 달러를 대출하는 것이기 때문에 달러이자율을 번다.

외환시장에서 거래되는 대규모 통화 예금은 예금한 통화로 표시된 이자율로 이자를 지급하기 때문에 이자율은 외환시장에서 중요한 역할을 한다. 예를 들면 달러이자율이 연간 10%일 때 10만 달러 예금은 1년 후에 11만 달러가 된다. 유로이자율이 연간 5%일 때 10만 유로 예금은 1년 후에 10만 5,000유로가 된다. 예금은 실제로 예금자가 은행에게 제공하는 대출이기 때문에 이자를 지급한다. 기업 또는 금융기관이 은행에 한 통화를 예금하는 것은 현재의 지출을 위해 사용하기보다는 은행에 대출하는 것이다. 다시 말해 예금자는 예금한 통화로 표시된 자산을 보유하는 것이다.

달러이자율은 단순히 달러 예금에 대한 달러기준 기대수익률이다. 은행에 10만 달러를 대출해주고 그에 해당하는 예금을 '사는 것'이고, 연말에 10%의 이자를 지불받으면 자산가치는 11만 달러가 된다. 이 경우 (110,000 - 100,000)/100,000 = 0.10, 즉 10%의 수익률이 발생한다. 이와 유사하게 한 외국통화의 이자율은 그 외국통화 예금에 대한 수익률이다. 그림 14-2는 1978년에서 2020년까지 달러와 일본 엔 이자율의 월간 변화 추이를 보여준다. 이러한 이자율은 비교될 수 있는 단위로 측정된 것이 아니다. 따라서 이러한 이자율이 시간이 지나면서 거의 같다든지 비슷한 패턴으로 변해야 할 이유가 없다.

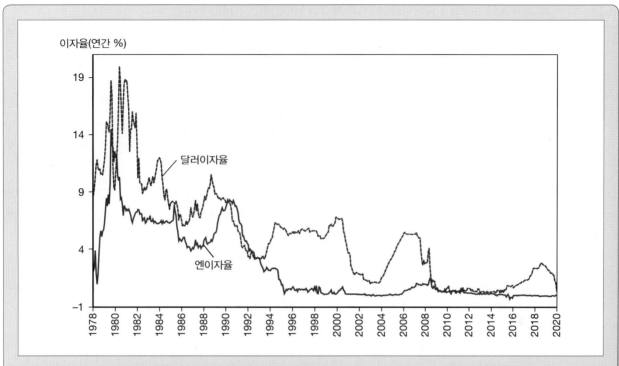

**그림 14-2 달러 예금 이자율과 일본 엔 예금 이자율(1978~2020)**
달러이자율과 엔이자율은 서로 비교할 수 있는 단위로 측정된 것이 아니기 때문에 시간이 지나면서 아주 다르게 움직일 수 있다.

출처: *Datastream*. 3개월 이자율을 보여준다.

## 환율과 자산수익률

달러 예금과 유로 예금에 제공되는 이자율은 달러 예금과 유로 예금의 가치가 1년 동안에 어떻게 변하는지를 말해준다. 달러 예금과 유로 예금이 제공하는 수익률을 비교하는 데 필요한 또 다른 정보는 예상되는 연간 달러/유로 환율의 변화이다. 달러 예금 또는 유로 예금 중에서 어느 것이 더 높은 기대수익률을 제공하는지 알기 위해 다음과 같은 질문을 해야 한다. 유로 예금을 사기 위해 달러를 사용한다면 1년 후에 얼마나 많은 달러를 얻게 될 것인가? 이 질문에 답하기 위해서는 현재의 달러 가치와 1년 후의 달러가치를 비교해야 하므로 유로 예금의 달러기준 기대수익률을 계산해야 한다.

유로 예금의 달러기준 기대수익률을 어떻게 계산하는지를 알아보기 위해 다음과 같은 상황을 생각해보자. 환율이 현재 유로당 1.10달러이지만 1년 후에 유로당 1.165달러가 될 것으로 예상된다고 하자(아마도 미국 경제가 1년 동안 좋지 않은 상황을 겪을 것이라고 예상하기 때문이다). 또한 달러 이자율은 연간 10%이고, 유로이자율은 연간 5%라고 하자. 이는 1달러 예금은 1년 후에 1.10달러가 되는 반면에 1유로 예금은 1년 후에 1.05유로가 된다는 의미이다. 달러 예금과 유로 예금 중 어느 것이 더 높은 수익률을 제공하는가?

이 질문의 답은 5단계로 구할 수 있다.

**1단계.** 1유로 예금의 달러가격을 구하기 위해 현재의 달러/유로 환율을 사용하라. 만약 현재의 환율이 유로당 1.10달러라면 1유로 예금의 달러가격은 1.10달러이다.

**2단계.** 오늘 1유로 예금을 산다면 지금부터 1년 후에 가지게 될 유로의 양을 알기 위해 유로이자율을 사용하라. 유로 예금 이자율이 연간 5%라는 것을 알고 있다. 따라서 연말에 1유로 예금은 1.05유로가 될 것이다.

**3단계.** 2단계에서 결정되는 1년 후에 예상되는 유로 금액의 달러가치를 계산하기 위해 예상되는 1년 후의 환율을 사용하라. 앞으로 1년 동안 달러는 유로에 대해 절하되어 1년 후의 환율은 유로당 1.165달러가 될 것이라고 예상되기 때문에, 1년 후 1유로 예금의 달러가치는 유로당 1.165달러 × 1.05유로 = 1.223달러가 될 것이다.

**4단계.** 현재 1유로 예금의 달러가격(1.10달러)을 알고 있고, 1년 후 1유로 예금의 달러가치(1.223달러)를 예상할 수 있기 때문에, 유로 예금의 달러기준 기대수익률(expected dollar rate of return)은 (1.223 − 1.10)/1.10 = 0.11, 즉 연간 11%라고 계산할 수 있다.

**5단계.** 달러 예금의 달러기준 기대수익률(달러이자율)이 연간 10%이기 때문에 부를 유로 예금으로 보유하는 것이 더 낫다고 예상한다. 달러이자율이 유로이자율보다 연간 5%가 높은데도 불구하고 예상되는 달러에 대한 유로의 절상이 유로 보유자에게 유로 예금을 더 높은 수익률을 창출하는 자산으로 만들기에 충분할 만큼 큰 자본 이득을 제공한다.

## 간단한 법칙

이 계산을 짧게 하는 간단한 법칙이 있다. 첫째, 유로에 대한 달러의 **절하율**(rate of depreciation)을 연간 달러/유로 환율의 % 증가율로 정의하라. 앞의 예에서 달러의 예상절하율(expected depreciation rate)은 (1.165 − 1.10)/1.10 = 0.059, 즉 연간 대략 6%이다. 일단 유로에 대한 달러의 예상절하율을 계산했다면 다음과 같은 법칙이 구해진다. 유로 예금의 달러기준 기대수익률은 근사적으로 유로이자율과 유로에 대한 달러의 예상절하율의 합과 같다. 다시 말해 유로 예금에 대한 유로수익률을 달러기준으로 전환하기 위해 유로이자율에 유로의 달러가격이 연간 상승하는 비율을 합할 필요가 있다.

앞의 예에서 유로이자율(5%)과 달러의 예상절하율(대략 6%)의 합은 약 11%이고, 이것이 위에서 계산한 유로 예금의 달러기준 기대수익률이다.

다음과 같은 기호를 도입하면서 우리의 논의를 요약하자.

$$R_{€/\$} = 1년 만기 유로 예금에 대한 현재 이자율$$
$$E_{\$/€} = 현재의 달러/유로 환율(유로당 달러)$$
$$E^e_{\$/€} = 1년 후에 예상되는 달러/유로 환율$$

(마지막 환율에 붙은 위첨자 *e*는 현재 시점에서 사람들이 알고 있는 정보에 기초해 형성된 미래 환율의 예측치임을 나타낸다.)

이 기호를 사용하면 달러기준으로 측정된 1유로 예금의 기대수익률은 (1) 유로이자율과, (2) 유로에 대한 달러의 예상절하율의 합으로 다음과 같이 나타낼 수 있다.

$$R_€ + (E^e_{\$/€} - E_{\$/€})/E_{\$/€}$$

| 표 14-3 | 달러 예금과 유로 예금의 달러기준 기대수익률 비교 | | | |
|---|---|---|---|---|
| 사례 | 달러이자율 $R_\$$ | 유로이자율 $R_€$ | 유로에 대한 달러의 예상절하율 $\dfrac{E^e_{\$/€} - E_{\$/€}}{E_{\$/€}}$ | 달러 예금과 유로 예금의 기대수익률 차이 $R_\$ - R_€ - \dfrac{(E^e_{\$/€} - E_{\$/€})}{E_{\$/€}}$ |
| 1 | 0.10 | 0.06 | 0.00 | 0.04 |
| 2 | 0.10 | 0.06 | 0.04 | 0.00 |
| 3 | 0.10 | 0.06 | 0.08 | −0.04 |
| 4 | 0.10 | 0.12 | −0.04 | 0.02 |

달러 예금과 유로 예금 중 어느 것이 더 높은 기대수익률을 제공하는지를 결정하기 위해 1년 만기 유로 예금의 달러기준 기대수익률과 1년 만기 달러 예금의 이자율 $R_\$$를 비교해야 한다.[7] 따라서 달러 예금과 유로 예금 간 기대수익률 차이는 다음과 같이 나타낼 수 있다.

$$R_\$ - [R_€ + (E^e_{\$/€} - E_{\$/€})/E_{\$/€}] = R_\$ - R_€ - (E^e_{\$/€} - E_{\$/€})/E_{\$/€} \tag{14-1}$$

이 차이가 양일 때 달러 예금의 기대수익률이 더 높고, 이 차이가 음일 때 유로 예금의 기대수익률이 더 높다.

표 14-3은 몇몇 사례를 비교해 보여준다. 사례 1에서 달러 예금과 유로 예금의 이자율 차이가 연간 4%($R_\$ - R_€ = 0.10 - 0.06 = 0.04$)이고 환율의 변화는 예상되지 않는다[$(E^e_{\$/€} - E_{\$/€})/E_{\$/€} = 0.00$]. 이는 달러 예금의 연간 기대실질수익률은 유로 예금보다 4% 높고, 따라서 다른 모든 조건이 일정하다면 유로 예금보다는 달러 예금으로 부를 보유하는 것을 선호할 것임을 의미한다.

사례 2에서 달러 예금과 유로 예금의 이자율 차이는 4%이지만 4%의 유로에 대한 달러의 예상절하율로 완전히 상쇄된다. 따라서 두 자산의 기대수익률은 동일하다.

사례 3은 앞에서 논의한 경우와 유사하다. 4%의 달러 예금과 유로 예금의 이자율 차이가 8%의 예상절하율에 의해 상쇄되고도 남아서 시장 참여자는 유로 예금을 선호한다.

사례 4에서 달러 예금과 유로 예금의 이자율 차이는 −2%이나 유로 대비 달러의 연간 4% 절상이 예상된다. 따라서 달러 예금의 기대수익률은 유로 예금보다 연간 2% 높다.

지금까지 모든 수익률은 달러기준으로 전환됐다. 그러나 이와 같이 계산된 수익률 차이는 수익률을 유로기준 또는 어떤 제3의 통화기준으로 나타내더라도 같다. 예를 들면 유로기준으로 달러 예금의 수익률을 측정하기를 원한다고 하자. 간단한 법칙을 따르면 유로기준 달러 예금의 기대수익률은 달러이자율 $R_\$$에 달러에 대한 유로의 예상 절하율의 합이다. 그러나 달러에 대한 유로의 예상 절하

---

[7] 간단한 법칙을 소개하기 전에 설명했던 5단계 방법을 정확히 따르면서 계산한 유로 예금에 대한 달러기준 기대수익률은 다음과 같다.

$$(1 + R_€)(E^e_{\$/€} - E_{\$/€}) - 1$$

이 식은 다음과 같이 다시 쓸 수 있다.

$$R_€ + (E^e_{\$/€} - E_{\$/€})/E_{\$/€} + R_€ \times (E^e_{\$/€} - E_{\$/€})/E_{\$/€}$$

이 식은 대개 그렇듯이 $R_€ \times (E^e_{\$/€} - E_{\$/€})/E_{\$/€}$가 작은 값일 때 간단한 법칙으로부터 도출된 공식과 매우 유사하다.

율은 유로에 대한 달러의 예상 **절상률**(rate of appreciation), 즉 유로에 대한 달러의 예상 절하율 앞에 음의 부호를 붙인 것과 같다. 유로기준으로 나타낸 달러 예금의 기대수익률은 다음과 같다.

$$R_\$ - (E^e_{\$/€} - E_{\$/€})/E_{\$/€}$$

이 식과 $R_€$의 차이는 식 (14-1)의 우변과 같다. 따라서 동일한 통화기준으로 측정하는 한, 수익률을 달러기준으로 측정하든 유로기준으로 측정하든 차이가 없다.

## 외환시장에서의 수익률 및 위험과 유동성

앞에서 어떤 자산을 보유할 것인지를 결정하는 저축자는 자산의 기대실질수익률 외에 자산의 위험과 유동성에 관심을 가진다는 것을 살펴봤다. 이와 유사하게 외국통화자산에 대한 수요는 수익률뿐만 아니라 위험과 유동성에도 의존한다. 예를 들면 유로 예금의 달러기준 기대수익률이 달러 예금의 기대수익률보다 높더라도 사람들은 유로 예금 보유에 대한 보상이 불규칙하게 변동한다면 유로 예금의 보유를 주저할 수 있다.

　외환시장에서의 위험의 중요성에 관해 경제학자들 간에 의견일치가 이루어지지 못하고 있다. '환위험(foreign exchange risk)'의 정의조차도 논란의 주제이다. 잠시 동안 외국통화의 종류에 관계없이 모든 통화 예금의 실질수익률의 위험 정도가 동일하다고 가정함으로써 환위험과 관련된 복잡한 문제를 피해갈 것이다. 다시 말해 위험의 차이가 외국통화자산에 대한 수요에 영향을 미치지 못한다고 가정할 것이다. 그러나 18장에서 환위험의 역할을 좀 더 상세하게 논의할 것이다.[8]

　일부 시장 참여자는 어떤 통화자산을 보유할 것인지를 결정하는 데 유동성 요인에 영향을 받을 수 있다. 이러한 시장 참여자의 대부분은 국제무역에 참여하는 기업과 개인이다. 예를 들어 프랑스산 패션의류나 와인을 수입하는 미국인 수입업자는 유로의 기대수익률이 달러의 기대수익률보다 낮을지라도 일상적인 지불을 위해 유로를 보유하는 것이 편리하다고 여길 수 있다. 국제무역과 관련된 지불은 총외환거래에서 매우 작은 부분을 차지하기 때문에 외국통화를 보유하는 데 유동성 동기는 무시하기로 하자.

　따라서 잠시 동안 외환시장 참여자는 전적으로 외국통화자산의 기대수익률에 기초해 외국통화자산에 대한 수요를 결정한다고 가정한다. 이와 같이 가정하는 중요한 이유는 이 가정이 환율이 외환시장에서 어떻게 결정되는지에 관한 분석을 단순화하기 때문이다. 이에 더해 외국통화의 보유에서 위험과 유동성 동기는 다음의 몇 개 장에서 논의되는 많은 국제거시경제 쟁점과 비교하면 크게 중요하지 않은 것으로 보인다.

---

8 현물환과 선물환 거래를 논의하면서 일부 책에서는 외환 '투기자(speculator)', 즉 기대수익률에만 관심을 가지는 시장 참여자와 '위험회피자(hedger)', 즉 위험을 회피하는 데 관심을 두는 시장 참여자를 구분한다. 이는 부주의한 사람들을 오도할 수 있기 때문에 여기서는 그와 같은 책의 전통을 따르지 않는다. 투기적 동기와 위험회피 동기는 모두 잠재적으로 환율결정에서 중요하지만 동일인이 수익률과 위험을 우려하면 투기자와 위험회피자가 될 수 있다. 외국통화자산에 대한 수요를 결정하는 데 위험이 중요하지 않다고 하는 잠정적인 가정은 전통적인 언어로 말하면 외국통화를 보유하는 투기적 동기가 위험회피 동기보다 훨씬 더 중요하다는 것을 의미한다. 그러나 본문에 언급했듯이 위험의 역할에 대해서는 이 책의 후반부에서 더욱 자세히 고려할 것이다.

# 외환시장의 균형

이제 환율이 어떻게 결정되는지를 설명하기 위해 외국통화자산의 수요에 관해 배운 것을 사용하자. 외환시장을 균형시키는 환율은 시장 참여자가 현재 주어진 모든 통화 예금의 공급을 보유하는 것에 만족하는 환율임을 살펴볼 것이다. 시장 참여자가 현재 주어진 모든 통화 예금의 공급을 기꺼이 보유할 때 외환시장은 균형 상태라고 말한다.

이 절에서 살펴보는 환율결정에 관한 설명은 단지 1단계에 불과하다. 현재의 환율수준에 관한 완전한 설명은 외환시장 참여자가 미래에 실현될 환율에 대한 예상을 어떻게 형성하는지를 배운 후에만 가능하다. 다음의 두 장에서는 미래 환율에 대한 예상에 영향을 미치는 요인을 논의할 것이다. 그러나 잠시 동안 미래 예상환율(expected future exchange rate)이 주어진 것으로 가정하자.

## 이자율 평형조건: 기본적 균형조건

모든 통화 예금이 동일한 기대수익률을 제공할 때 외환시장은 균형이다. 같은 통화기준으로 측정할 때 어느 두 통화 예금의 기대수익률이 같다는 조건을 **이자율 평형조건**(interest parity condition)으로 정의한다. 이 조건은 기대수익률이 동일하다면 외국통화 예금의 잠재적인 보유자가 외국통화 예금 모두를 똑같이 바람직한 자산으로 보는 경우에 성립된다.

이자율 평형조건이 성립할 때 외환시장이 균형이 되는 이유를 살펴보자. 달러이자율이 10%이고 유로이자율이 6%이지만 달러는 유로에 대해 연간 8% 절하될 것으로 예상된다고 하자(표 14-3에서 사례 3의 경우). 이 경우 유로 예금의 기대수익률은 연간 달러 예금의 기대수익률보다 4% 정도 높다. 앞 절의 마지막 부분에서 사람들은 가장 높은 기대수익률을 제공하는 통화 예금을 보유하는 것을 항상 선호한다고 가정했다. 이는 만약 유로 예금의 기대수익률이 달러 예금의 기대수익률보다 4% 높다면 어느 누구도 달러 예금을 계속해서 보유하려고 하지 않을 것이고, 달러 예금의 보유자는 유로 예금을 사기 위해 달러 예금을 팔려고 할 것임을 의미한다. 따라서 외환시장에서 달러 예금의 초과공급과 유로 예금의 초과수요가 발생할 것이다.

이와 대조적인 예로서 달러 예금은 10%의 이자율을 제공하지만 유로 예금은 12%의 이자율을 제공하고, 달러는 앞으로 1년 동안 유로에 대해 4% 절상될 것으로 예상된다고 하자(표 14-3에서 사례 4의 경우). 이제 달러 예금의 수익률이 2% 높다. 이 경우 어느 누구도 유로 예금을 수요하지 않을 것이다. 따라서 유로 예금은 초과공급 상태에 있게 될 것이고, 달러 예금은 초과수요 상태에 있게 될 것이다.

그러나 달러이자율이 10%, 유로이자율이 6%이고 유로에 대한 달러의 예상절하율이 4%일 때, 달러와 유로 예금은 같은 수익률을 제공하고 외환시장의 참여자는 기꺼이 두 통화 예금 중 하나를 보유하고자 할 것이다(표 14-3에서 사례 2의 경우).

모든 통화 예금의 기대수익률이 같을 때만, 즉 이자율 평형조건이 성립할 때만 한 통화 예금의 초과공급과 다른 통화 예금에 대한 초과수요가 존재하지 않는다. 어느 통화 예금도 초과공급 상태나 초과수요 상태에 있지 않을 때 외환시장은 균형을 이룬다. 따라서 이자율 평형조건이 성립할 때 외환시장은 균형을 이룬다고 말할 수 있다.

달러 예금과 유로 예금의 이자율 평형조건을 기호로 나타내기 위해 두 통화자산의 달러기준 기대수익률 간 차이를 보여주는 식 (14-1)이 사용된다. 두 통화자산의 기대수익률이 같을 조건은 다음과 같다.

$$R_\$ = R_\text{€} + (E^e_{\$/\text{€}} - E_{\$/\text{€}})/E_{\$/\text{€}} \tag{14-2}$$

아마도 달러 예금이 유로 예금보다 높은 수익률을 제공할 때 모든 투자자가 자금을 달러 예금으로 이동시키고자 하기 때문에 달러는 유로에 대해 절상될 것이라고 생각할 것이다. 이와는 반대로 처음에 좀 더 높은 수익률을 제공하는 것이 유로 예금일 때 달러는 유로에 대해 절하되어야 할 것이다. 이 직관은 정확히 맞다. 그러나 그 과정이 어떻게 작동하는지를 이해하려면 이와 같은 환율변화가 어떻게 외환시장의 균형을 유지시키는 데 도움을 주는지 주의 깊게 살펴봐야 한다.

## 현재 환율의 변화는 기대수익률에 어떻게 영향을 미치는가

외환시장이 어떻게 균형에 이르는가를 이해하는 첫 단계로서, 이자율과 미래 환율에 대한 예상이 변하지 않을 때 현재 환율의 변화가 어떻게 외국통화 예금의 기대수익률에 영향을 미치는지 살펴보자. 다른 모든 조건이 일정하다면 국내통화의 절하는 외국통화 예금의 국내통화표시 기대수익률을 하락시킨다. 이와 반대로 다른 모든 조건이 일정하다면, 국내통화의 절상은 외국통화 예금의 국내통화표시 기대수익률을 상승시킨다.

한 예를 살펴봄으로써 이와 같은 관계가 성립하는 이유를 이해해보자. 다른 모든 조건이 일정하다면 현재의 달러/유로 환율변화가 어떻게 달러기준으로 측정된 유로 예금의 기대수익률을 변화시키는가? 현재의 달러/유로 환율이 유로당 1.00달러이고 내년 이 시점에 예상되는 환율이 유로당 1.05달러라고 하자. 이 경우 유로에 대한 달러의 예상절하율은 (1.05 − 1.00)/1.00 = 0.05, 즉 연간 5%이다. 이는 유로 예금을 살 때 유로 이자율 $R_\text{€}$뿐만 아니라 달러기준으로 5%의 '보너스'를 얻는다는 것을 의미한다. 이제 현재의 환율이 갑자기 유로당 1.03달러로 상승(달러의 절하와 유로의 절상)하지만 미래 예상환율은 여전히 유로당 1.05달러라고 하자. 달러기준으로 유로 가치의 증가로부터 얻을 것으로 기대하는 '보너스'에 어떠한 일이 발생하는가? 이제 달러의 예상절하율은 단지 (1.05 − 1.03)/1.03 = 0.019, 즉 1.9%이다. $R_\text{€}$가 변하지 않았기 때문에 $R_\text{€}$와 달러의 예상절하율의 합인 유로 예금의 달러기준 기대수익률은 연간 3.1%p(= 5% − 1.9%)만큼 하락한다.

표 14-4에서 미래 예상환율은 유로당 1.05달러에 고정되어 있고 유로이자율은 연간 5%라고 가정하면서, 여러 수준의 현재 달러/유로 환율 $E_{\$/\text{€}}$에 해당되는 유로 예금의 달러기준 기대수익률을 계산했다. 표 14-4에서 보는 것처럼 현재의 달러/유로 환율이 상승하면(유로에 대해 달러가 절하하면) 유로 예금의 달러기준 기대수익률이 감소하는 반면, 현재의 달러/유로 환율이 하락하면(유로에 대한 달러가 절상하면) 유로 예금의 달러기준 기대수익률이 증가한다.

유로에 대한 달러의 절하가 (유로 예금의 달러기준 기대수익률을 하락시킴으로써) 유로 예금을 달러 예금과 비교해 상대적으로 덜 매력적으로 만드는 반면, 유로에 대한 달러의 절상은 유로 예금을 좀 더 매력적으로 만든다는 사실은 직관과 다를 수 있다. 이 결과는 미래 예상환율과 이자율이 변하지 않는다고 가정했음을 기억하면 놀라운 일이 아니다. 예를 들어 현재 시점에 달러의 절하는 달러가

| 표 14-4 | $E^e_{\$/€} = 1.05$달러일 때 현재의 달러/유로 환율과 유로 예금의 달러기준 기대수익률 | | |
|---|---|---|---|
| 현재의 달러/유로 환율 | 유로 예금의 이자율 | 유로에 대한 달러의 예상절하율 | 유로 예금의 달러기준 기대수익률 |
| $E_{\$/€}$ | $R_€$ | $\dfrac{1.05 - E_{\$/€}}{E_{\$/€}}$ | $R_€ + \dfrac{1.05 - E_{\$/€}}{E_{\$/€}}$ |
| 1.07 | 0.05 | $-0.019$ | 0.031 |
| 1.05 | 0.05 | 0.00 | 0.05 |
| 1.03 | 0.05 | 0.019 | 0.069 |
| 1.02 | 0.05 | 0.029 | 0.079 |
| 1.00 | 0.05 | 0.05 | 0.10 |

어느 주어진 미래 환율수준에 이르기 위해 좀 더 작은 크기만큼 절하될 필요가 있다는 것을 의미한다. 만약 달러가 오늘 절하될 때 미래의 달러/유로 예상환율이 변하지 않는다면 미래에 예상되는 유로에 대한 달러의 절하는 감소하거나 미래에 예상되는 유로에 대한 달러의 절상은 증가한다. 이자율 또한 변하지 않기 때문에 현재 시점에 달러의 절하는 유로 예금을 달러 예금과 비교하여 덜 매력적으로 만든다.

다시 말해 미래의 예상환율 또는 이자율 어느 것에도 영향을 주지 않는 현재 시점의 달러절하는 예상되는 유로 예금의 미래 보상을 변동시키지 않으나 현재 시점의 유로 예금의 달러 비용을 증가시킨다. 이와 같은 변화가 자연스럽게 달러 예금과 비교하여 상대적으로 유로 예금을 보다 덜 매력적으로 만든다.

미래에 예상되는 환율은 변하지 않는 반면에 현재의 환율이 변할 수 있다는 것 또한 직관과 다를 수 있다. 이 책에서는 앞으로 이와 같은 두 가지 환율이 동시에 변하는 경우를 검토할 것이다. 그럼에도 불구하고 여기서 미래 예상환율은 일정한 값으로 고정되어 있다고 가정하자. 이것이 현재의 환율이 기대수익률에 미치는 영향을 보여주는 가장 명료한 방법이기 때문이다. 만약 이것이 도움이 된다면, 내년에 예상되는 환율에 미치는 영향이 없는 현재 환율의 일시적인 변화를 살펴보고 있다고 생각할 수 있다.

그림 14-3은 표 14-4에서 계산한 수치를 환율결정에 관한 분석을 하는 데 도움이 되는 그림의 형태로 나타낸 것이다. 그림의 수직축은 현재의 환율을 측정하고 수평축은 유로 예금의 달러기준 기대수익률을 측정한다. 미래의 달러/유로 예상환율과 유로이자율이 고정되어 있는 경우, 현재의 달러/유로 환율과 유로 예금의 달러기준 기대수익률의 관계가 우하향곡선으로 나타난다.

## 균형환율

이제 외환시장이 균형이면 왜 이자율 평형조건이 성립하는지와 현재의 환율이 외국통화 예금의 기대수익률에 어떻게 영향을 미치는지를 이해했으므로, 균형환율이 어떻게 결정되는지를 살펴볼 수 있다. 중요한 결론은 환율은 항상 이자율 평형조건을 유지하도록 조정된다는 것이다. 계속해서 달러이자율 $R_\$$, 유로이자율 $R_€$, 미래의 달러/유로 예상환율 $E^e_{\$/€}$가 모두 주어져 있다고 가정하자.

그림 14-4는 이러한 가정하에서 균형 달러/유로 환율이 어떻게 결정되는지를 보여준다. 그림에서

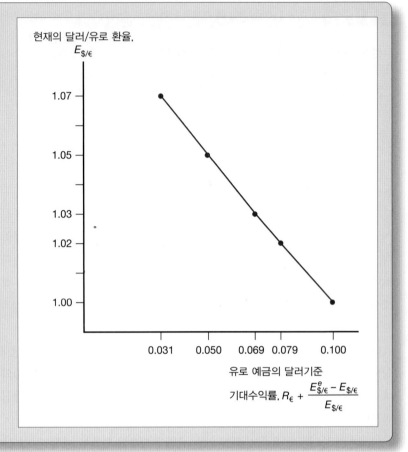

**그림 14-3 현재의 달러/유로 환율과 유로 예금의 달러기준 기대수익률의 관계**

$E^e_{\$/€} = 1.05$와 $R_€ = 0.05$인 경우, 유로에 대한 달러의 절상은 달러기준으로 측정된 유로 예금의 기대수익률을 상승시킨다.

수직선은 주어진 $R_\$$ 수준, 즉 달러기준으로 측정된 달러 예금의 수익률을 나타낸다. 우하향의 곡선은 달러기준으로 측정된 유로 예금의 기대수익률이 현재의 달러/유로 환율에 어떻게 의존하는지를 보여준다. 이 곡선은 그림 14-3에서 보는 곡선과 같은 방법으로 도출된다.

균형 달러/유로 환율은 두 곡선의 교차점인 점 1에서 결정되는 환율, 즉 $E^1_{\$/€}$이다. 이 환율에서 달러기준 달러 예금과 유로 예금의 수익률이 같아져서 이자율 평형조건 (14-2)가 성립한다.

$$R_\$ = R_€ + (E^e_{\$/€} - E^1_{\$/€})/E^1_{\$/€}$$

그림 14-4에서 만약 환율이 처음에 점 2 또는 점 3과 같은 점에 있다면 왜 환율이 점 1에서 결정되는지를 살펴보자. 우선 경제가 점 2에 있어서 환율이 $E^2_{\$/€}$라고 하자. 유로 예금의 달러기준 기대수익률을 측정하는 우하향하는 곡선은 $E^2_{\$/€}$에서 유로 예금의 수익률이 달러 예금의 수익률 $R_\$$보다 낮다는 것을 말해준다. 이러한 상황에서 유로 예금을 보유하고 있는 사람은 좀 더 이익이 되는 달러 예금을 사기 위해 유로 예금을 팔기 원한다. 은행과 다국적 기업 같은 참여자가 유로 예금을 보유하기를 원하지 않기 때문에 외환시장은 균형에서 이탈되어 있다.

환율은 어떻게 조정되는가? 불만족스러운 유로 예금 소유자는 달러 예금을 사기 위해 유로 예금을 팔려고 하지만, $E^2_{\$/€}$에서 달러 예금의 수익률이 유로 예금의 수익률보다 높기 때문에 달러 예금 보

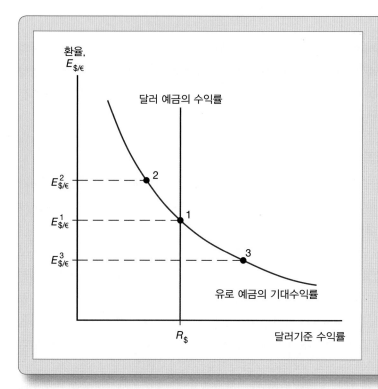

그림 14-4 균형 달러/유로 환율의 결정

**그림 14-4 균형 달러/유로 환율의 결정**

외환시장의 균형은 달러 예금과 유로 예금의 달러기준 기대수익률이 일치하는 점 1에서 이루어진다.

유자는 어느 누구도 이 환율에서 유로를 사기 위해 달러 예금을 판매하지 않을 것이다. 유로 예금 보유자가 달러 예금 보유자에게 좀 더 좋은 달러가격을 제시하면서 달러 예금 보유자가 거래를 하도록 유인하기 때문에 달러/유로 환율은 $E^1_{\$/€}$을 향해 하락한다. 즉 유로는 달러기준으로 좀 더 싸진다. 일단 환율이 $E^1_{\$/€}$에 이르면 유로 예금과 달러 예금은 같은 수익률을 제공하고, 유로 예금 보유자는 더 이상 달러를 사기 위해 유로 예금을 판매할 유인을 가지지 않는다. 따라서 외환시장의 균형이 이루어진다. 환율이 $E^2_{\$/€}$에서 $E^1_{\$/€}$으로 하락하면서 환율은 유로에 대한 달러의 예상절하율을 증가시켜 유로 예금을 좀 더 매력적으로 만들어줌으로써 유로 예금과 달러 예금의 기대수익률을 일치시킨다.

만약 처음에 환율이 $E^3_{\$/€}$인 점 3에 있으면 같은 과정이 반대로 작동한다. 점 3에서 유로 예금의 수익률은 달러 예금의 수익률보다 높아서 달러 예금의 초과공급이 존재한다. 만족스럽지 않은 달러 예금 보유자는 좀 더 매력적인 유로 예금을 사고자 하기 때문에 달러에 대한 유로의 가치는 상승하는 경향이 있다. 즉 달러는 유로에 대해 절하되는 경향이 있다. 환율이 $E^1_{\$/€}$으로 이동할 때 유로 예금과 달러 예금의 수익률은 일치되고 외환시장의 균형이 이루어진다. $E^3_{\$/€}$에서 $E^1_{\$/€}$으로의 달러 절하는 유로에 대한 달러의 예상절하율을 감소시킴으로써 달러 예금과 비교해 상대적으로 유로 예금을 덜 매력적으로 만든다.[9]

---

9 수직축에 유로/달러 환율 $E_{€/\$}(=1/E_{\$/€})$로 나타내고, $R_€$에서 유로 예금의 유로기준 수익률을 나타내는 수직선과 달러 예금의 유로기준 수익률이 환율 $E_{€/\$}$의 변화에 따라 어떻게 변화하는지를 보여주는 우하향곡선을 가지고 있는 유럽의 관점에서 그래프를 그릴 수 있을 것이다. 이 장의 끝에 있는 한 연습문제에서는 외환시장의 균형을 살펴보는 이와 같은 방법이 본문에서 사용된 방법에 의한 결과와 동일한 결과를 제시하는지를 보이도록 요구한다.

## 이자율 및 예상환율과 균형

환율이 이자율 평형조건에 의해 어떻게 결정되는지를 살펴봤으므로, 이제 현재의 환율이 앞의 논의에서 고정되어 있다고 가정한 두 가지 요인인 이자율과 미래 환율에 대한 예상의 변화에 어떻게 영향을 받는지를 살펴보자. (두 통화자산의 상대가격인) 환율이 두 통화자산의 기대수익률을 변화시키는 요인에 반응한다는 것을 살펴보자.

## 이자율의 변화가 현재 환율에 미치는 영향

종종 미국 이자율이 높기 때문에 달러가 강세이다, 또는 미국 이자율이 하락하고 있기 때문에 달러 가치가 하락하고 있다는 신문기사를 읽은 적이 있을 것이다. 앞에서 살펴본 외환시장에 대한 분석을 사용하면서 신문기사의 내용을 설명해보자.

이 질문에 답하기 위해 다시 그림을 활용하자. 그림 14-5는 달러이자율이 $R_\$^1$에서 $R_\$^2$로 상승한 것을 수직선인 달러 예금의 수익률 곡선이 오른쪽으로 이동한 것으로 보여준다. 처음의 환율 $E_{\$/€}^1$에서 이제 달러 예금의 기대수익률은 점 1과 점 1′ 사이의 거리만큼 유로 예금의 기대수익률보다 높다. 앞에서 살펴본 것처럼 이와 같은 기대수익률의 차이는 달러를 $E_{\$/€}^2$(점 2)까지 절상시킨다. 유로이자율 또는 미래의 예상환율이 변하지 않았기 때문에 현재 시점에서 달러의 절상은 미래에 예상되는 달러의 절하율을 증가시킴으로써 유로 예금의 달러기준 기대수익률을 증가시킨다.

그림 14-6은 유로이자율 $R_€$의 상승 효과를 보여준다. 이러한 변화는 (유로 예금의 달러기준 기대수익률을 측정하는) 우하향하는 곡선을 오른쪽으로 이동시킨다(그 이유를 알기 위해 유로이자율의 상승이 현재 환율과 미래의 예상환율이 주어졌을 때 유로 예금의 달러기준 기대수익률을 어떻게 변

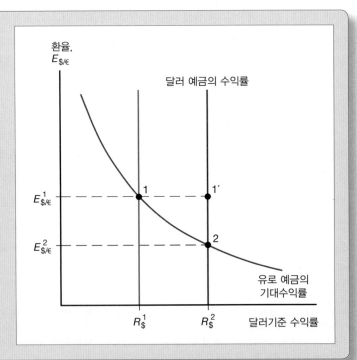

**그림 14-5 달러이자율의 상승이 환율에 미치는 영향**
달러 예금의 이자율이 $R_\$^1$에서 $R_\$^2$로 상승하면 달러는 $E_{\$/€}^1$(점 1)에서 $E_{\$/€}^2$(점 2)로 절상한다.

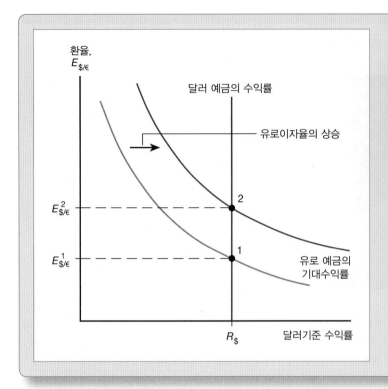

그림 14-6 유로이자율의 상승이 환율에 미치는 영향
유로 예금의 이자율 상승은 달러를 $E^1_{\$/€}$(점 1)에서 $E^2_{\$/€}$ (점 2)로 절하시킨다(이 그림은 또한 예상되는 미래의 달러/유로 환율의 상승이 환율에 미치는 영향을 보여준다).

화시키는지 자문해보라).

처음의 환율 $E^1_{\$/€}$에서 유로에 대한 달러의 예상절하율은 $R_€$의 상승이 있기 전과 같기 때문에 유로 예금의 기대수익률은 이제 달러 예금의 기대수익률보다 높다. 점 1에서 달러자산의 초과공급을 해소하기 위해 달러/유로 환율은 ($E^1_{\$/€}$에서 $E^2_{\$/€}$로) 상승한다. 앞의 경우처럼 유로에 대한 달러의 절하는 유로 예금에 대한 달러기준 기대수익률을 감소시킴으로써 달러자산의 초과공급을 해소한다. 따라서 유럽 이자율의 상승은 유로에 대한 달러의 절하를 발생시킨다. 즉 유럽의 관점에서 보면 달러에 대한 유로의 절상을 발생시킨다.

지금까지의 논의를 요약하면 다음과 같다. 다른 모든 조건이 일정하다면 한 통화 예금에 지불되는 이자율의 상승은 외국통화에 대한 해당 통화의 절상을 발생시킨다.

이자율이 환율에 미치는 영향에 관한 신문기사가 옳다고 결론짓기 전에 미래의 예상환율이 일정하다는 가정은 비현실적이라는 사실을 기억해야만 한다. 많은 경우 이자율의 변화에 따라 미래의 예상환율도 변할 것이다. 미래의 예상환율 변화는 이자율을 변화시키는 경제적 요인의 영향을 받는다. 16장에서 이자율과 미래의 예상환율의 다양한 관계를 검토할 것이다. 실제 세계에서 왜 이자율이 변하는지를 알지 못하면 주어진 이자율 변화가 어떻게 환율을 변화시킬 것인지를 예측할 수 없다는 사실을 명심할 필요가 있다.

## 미래 환율에 대한 예상의 변화가 현재 환율에 미치는 영향

그림 14-6은 또한 예상되는 미래의 달러/유로 환율 $E^e_{\$/€}$의 상승이 현재의 환율에 미치는 영향을 검

| 사례 연구 | 무엇이 캐리 트레이드를 설명해주는가? |

20 00년대 대부분의 기간 동안 일본 엔 이자율은 그림 14-2에서 보는 것처럼 0에 가까웠던 반면, 호주의 이자율은 상당한 정도로 양의 수준을 유지하였고, 2008년 봄에는 연간 7% 이상으로 상승했다. 따라서 엔을 차입하여 호주 달러에 투자하는 것이 매력적인 것으로 보이지만, 이자율 평형조건은 이러한 전략이 *체계적*으로 이익을 발생시키지 않아야 한다는 점, 즉 호주 달러의 이자율 이점이 상대적인 엔의 절상에 의해 사라져야 한다는 점을 시사한다.

그럼에도 불구하고 일본의 가정주부에서 전문적인 헤지펀드에 이르는 시장 참여자는 실제로 이러한 전략을 추구했다. 이 전략은 호주 달러에 수십억의 엔을 투자하여 호주 달러의 가치를 엔에 대해 하락시키기보다는 상승시켰다. 더 일반적으로 말하면 국제 투자자는 종종 저이자율 통화('자금조달' 통화)를 차입하여 장기적으로 이익을 얻을 수 있는 고이자율 통화('투자' 통화)를 매입한다. 이러한 활동을 *캐리 트레이드*(carry trade)라고 부른다. 일반적으로 캐리 트레이드 포지션의 규모를 정확하게 파악하기는 불가능하지만, 상당한 수준의 국제 이자율 차이가 발생될 때 캐리 트레이드 포지션의 규모는 매우 클 수 있다. 이러한 캐리 트레이드가 존재한다는 것이 이자율 평형조건이 잘못된 것이라는 증거인가?

정직하게 답한다면 부분적으로 앞에서 언급한 위험과 유동성 요인 때문에 이자율 평형조건은 현실에서 정확하게 성립하지 않지만, 경제학자들은 캐리 트레이드에 대해 추가적인 설명이 필요한지를 이해하기 위해 여전히 열심히 연구하고 있다. 이러한 경제학자들의 연구는 일반적으로는 금융시장, 구체적으로는 외환시장의 기능을 좀 더 잘 이해할 수 있게 해줄 가능성이 있다.

한 가지 중요한 캐리 트레이드의 위험은 투자 통화(캐리 트레이드가 목표로 삼는 고이자율 통화)의 가치가 갑작스럽게 폭락할 수 있다는 것이다. 그림 14-7은 2006년 1분기에 처음 투자하여 서로 다른 투자기간 동안 엔 표시 채권에 100엔을 투자하여 발생된 누적 수익률과 호주 달러 채권에 100엔을 투자하여 발생된 누적 수익률을 비교하면서 외환시장의 이러한 특성을 보여준다. 그림 14-7에서 보는 것처럼 엔 표시 채권에 대한 투자는 거의 수익률을 발생시키지 못했지만 호주 달러 표시 채권에 대한 투자는 고이자율뿐만 아니라 2008년 여름까지 엔이 호주 달러에 대하여 절하하는 경향을 나타냈기 때문에 상당한 수익률을 발생시켰다. 그러나 2008년에 엔에 대한 호주 달러의 가치는 7월과 12월 사이에 100엔에서 65엔으로 폭락했다. 이와는 달리 2009년 중반 이후에 캐리 트레이드에 참여한 사람들은 호주 달러에서 계속 좋은 성과를 거두었다. 2008년 6월에 캐리 트레이드 전략을 청산할 정도로 충분히 똑똑한 투자자였다면 3년 동안 막대한 손실을 보는 대신 2년 반 동안에 거의 40%의 투자수익을 올렸을 것이다. 캐리 트레이드는 분명히 매우 위험한 투자활동이다.

투자자는 호주 달러가 엔에 대해 점진적으로 연간 1% 절상할 확률이 90%이고 연간 40%의 절하가 발생할 확률이 10%라고 예상한다고 상상해보면 이러한 캐리 트레이드의 패턴에 약간의 통찰력을 얻을 수 있다. 엔에 대한 호주 달러의 연간 기대절상률은 다음과 같다.

$$기대절상률 = (0.9) \times 1 - (0.1) \times 40 = -3.1\%$$

이러한 음의 기대절상률은 엔이 실제로 호주 달러에 대해 평균적으로 연간 3.1% 절상될 것으로 예상된다는 것을 의미하는데, 이 예상은 이자율 평형과는 최소한 질적으로는 일관성이 있다. 그러나 투자가 이루어진 후 처음 6년 동안 호주 달러의 가치가 하락한 확률은 $1 - (0.9)^6 = 1 - 0.53 = 47\%$로 50 대 50의 확률보다 낮다.[10] 결과적으로 발생되는 누적수익률의 패턴은 그림 14-7에서 보는 것과 매우 유사할 수 있다. 이러한 계산은 시사하는 바가 크다. 이와 같은 계산이 캐리 트레이드 수익률의 크기를 완전히 설명할 수는 없지만, 연구자들은 투자 통화가 특히 갑작스러운 호주 달러가치의 하락에 영향을 받고, 자금조달 통화는 갑작스러운 호주

---

10 만약 호주 달러의 가치하락이 시간이 흐름에 따라 발생하는 독립사건이라면 호주 달러의 가치하락이 6년 동안 발생하지 않을 확률은 $(0.9)^6$이다. 따라서 호주 달러의 가치하락이 6년 동안에 발생할 확률은 $1 - (0.9)^6$이다.

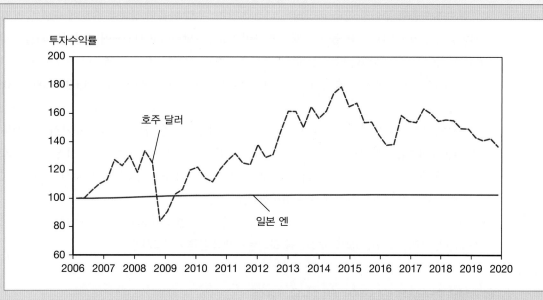

**그림 14-7 일본 엔 대비 호주 달러의 누적 총수익률(2006~2020)**

호주 달러-엔 캐리 트레이드는 평균적으로는 이익을 발생시켰지만 2008년처럼 갑작스러운 대규모 반전을 겪기도 한다.

출처: 분기 일본 엔/호주 달러 환율, 90일물 호주 은행어음 이자율, 90일물 일본 예금증서 이자율은 FRED의 DB에서 구한 자료이다. 이 그림은 이자를 지급하는 90일물 일본 채권에 100엔을 투자하고, 이를 매분기 갱신(롤 오버)할 때의 누적 가치를 100엔을 호주 달러로 환전해 90일물 호주 채권에 투자하고 이를 매분기 갱신한 후 엔으로 다시 환전할 때의 수익과 대비하여 비교한 것이다.

달러가치의 절상에 영향을 받는다는 점을 발견했다.[11]

위험과 유동성에 기초한 보충적인 설명도 이루어지고 있다. 갑작스러운 통화가치의 변화는 다른 부를 잃고 현금이 특히 가치가 있게 되는 상황인 금융위기 동안에 발생한다. 이러한 상황에서 캐리 트레이드 포지션의 대규모 손실은 추가적인 고통이며, 캐리 트레이드 거래자가 손실을 보고 보유하고 있는 자산을 매각하게 만들 수 있다.[12] 이 후의 장들에서 금융위기에 관해 더 많이 논의할 것이나 우선 2008년 후반의 호주 달러가치 폭락은 심각한 글로벌 금융위기 중에 발생했다는 점을 지적한다.

대규모 캐리 트레이드 포지션이 발생될 때 국제경제 정책을 책임지는 정부 관리들은 종종 잠을 이루지 못한다. 초기 단계에서는 투자자가 갑작스러운 투자 통화의 절하에 대한 노출 금액을 크게 증가시킴에 따라 캐리 트레이드는 투자 통화를 절상시킬 것이다. 이러한 상황에서 갑작스러운 투자 통화의 절하가 발생하면 발을 잘못 들여놓은 투자자들이 앞다투어 자금조달을 위해 받은 대출을 상환하려 할 것이기 때문에 투자 통화의 절하는 더 커지게 된다. 그 결과로 이는 트레이드 참여자들에게 큰 손실을 발생시킬 수 있을 뿐만 아니라 환율 변동성을 더 증가시키고 주식시장, 채권시장, 은행 간 대출시장에 부정적인 영향을 미치게 된다.

---

11 Markus K. Brunnermeier, Stefan Nagel, and Lasse H. Pedersen, "Carry Trades and Currency Crashes," *NBER Macroeconomics Annual* 23 (2008), pp.313-347 참조. 이러한 분석결과는 Menzie Chinn, "The (Partial) Rehabilitation of Interest Rate Parity in the Floating Rate Era: Longer Horizons, Alternative Expectations, and Emerging Markets," *Journal of International Money and Finance* 25 (February 2006), pp. 7-21에서 제시하는 것처럼 상대적으로 장기간에 이자율 평형조건이 명백하게 실증적으로 성립한다는 결과와 일치한다.

12 Brunnermeier et al., *ibid.*, as well as Craig Burnside, "Carry Trades and Risk," in Jessica James, Ian Marsh, and Lucio Sarno, eds., *Handbook of Exchange Rates* (Hoboken, NJ: John Wiley & Sons, 2012), pp. 283-312 참조

토하는 데 사용할 수 있다.

현재의 환율이 주어진 경우 예상되는 미래의 달러/유로 환율의 상승은 유로에 대한 달러의 예상 절하율을 증가시킨다. 예를 들어 현재의 환율이 유로당 1달러이고 1년 후에 예상되는 환율이 유로당 1.05달러이면 유로에 대한 달러의 예상절하율은 $(1.05 - 1.00)/1.00 = 0.05$이다. 만약 미래의 예상환율이 유로당 1.06달러로 상승하면 유로에 대한 달러의 예상절하율도 $(1.06 - 1.00)/1.00 = 0.06$으로 상승한다.

유로에 대한 달러의 예상절하율 상승은 유로 예금의 달러기준 기대수익률을 증가시키기 때문에 그림 14-6에서처럼 우하향하는 곡선이 오른쪽으로 이동한다. 처음의 환율 $E_{\$/€}^{1}$에서 달러 예금의 초과 공급이 존재한다. 유로 예금은 달러 예금보다 높은 기대수익률을 제공한다. 따라서 균형이 점 2에서 이루어질 때까지 달러는 유로에 대해 절하한다.

다음과 같은 결론이 도출된다. 다른 모든 조건이 일정하다면 미래의 예상환율 상승은 현재의 환율을 상 승시킨다. 이와 유사하게 미래의 예상환율 하락은 현재의 환율을 하락시킨다.

## 선물환율과 무위험 이자율 평형

선물환율은 현물환율과 밀착해서 움직이지만 시장의 기대에 대한 지표로서, 그리고 서로 다른 통화의 금융시장을 연결하는 핵심 가격으로서 그 자체로 매우 중요하다는 점을 살펴봤다. 이 절은 이자율 평형조건이 항상 성립한다는 가정하에 선물환율이 선물계약의 결제일에 실현될 것으로 예상되는 현물환율과 일치한다는 점을 보일 것이다. 이자율 평형이 성립하지 않을 때조차 선물환율이 어떻게 각국의 금융시장을 밀접하게 연결할 수 있는지를 설명하고, 2007~2008년에 발생한 글로벌 금융위기 이후에 나타난 시장 퍼즐을 소개(풀지는 않지만)할 것이다.

논의의 첫 단계로 두 통화 간 선물환율과 현물환율 및 이 두 통화 예금의 이자율 간에 밀접한 관계가 존재한다는 점을 지적하고자 한다. 이러한 관계는 **무위험 이자율 평형**(covered interest parity, CIP) 조건으로 설명된다. 무위험 이자율 평형조건은 외환시장의 균형을 정의하는 유위험 이자율 평형(uncovered interest parity, UIP) 조건과 유사하나 미래에 예상되는 현물환율이 아닌 선물환율과 관계되어 있다.

구체적으로 논의하기 위해 다시 달러 예금과 유로 예금의 경우를 살펴보자. 달러를 가지고 1단위의 유로 예금을 사기를 원하지만 1년 기간의 말에 얻게 될 달러의 양을 **확정**하기를 원한다고 하자. 달러로 1단위의 유로 예금을 사면서 동시에 투자 수익금을 선물로 매도함으로써 환위험(exchange rate risk)을 회피할 수 있다. 달러를 가지고 1단위의 유로 예금을 사는 동시에 원금과 이자를 달러를 사기 위해 선물로 매도할 때 자신을 '보호했다', 즉 예기치 않은 유로의 절하 가능성을 회피했다고 말한다.

무위험 이자율 평형조건은 달러 예금의 수익률과 '위험이 회피'된 외국통화 예금의 수익률이 같아야 한다는 것이다. 다음의 예로 이 조건의 의미를 명확히 할 것이고, 이 조건이 왜 항상 성립해야 하는지를 보여줄 것이다. $F_{\$/€}$를 달러로 표시한 유로의 1년물 선물환율이라 하고, $F_{\$/€}$가 유로당 1.113 달러라고 하자. 동시에 현물환율 $E_{\$/€}$은 유로당 1.05달러, $R_{\$} = 0.10$, $R_{€} = 0.04$라고 가정하자. 달러 예금의 달러기준 기대수익률은 분명히 연간 0.10, 즉 10%이다. 위험이 회피된 유로 예금의 달러기준 수익률은 얼마인가?

이 질문에 대해 이 장에서처럼 답변해보자. 1유로 예금은 현재 1.05달러가 들고, 1년 후에 1.04유로가 된다. 만약 선물환율인 유로당 1.113달러에 1.04유로를 선물로 매도하면 1년 후에 투자의 달러 가치는 (유로당 1.113달러) × (1.04유로) = 1.158달러이다. 따라서 위험이 회피된 유로 예금의 달러기준 수익률은 (1.158 − 1.05)/1.05 = 0.103이다. 이 10.3%의 연간 수익률은 달러 예금이 제공하는 10%보다 높고, 따라서 무위험 이자율 평형이 성립되지 않는다. 이 경우 어느 누구도 기꺼이 달러 예금을 보유하지 않을 것이며, 모든 사람은 위험이 회피된 유로 예금을 선호할 것이다. 달리 말하면 시장가격이 차익거래 기회를 제공하고 있는 것이다.

좀 더 엄밀하게 위험이 회피된 유로 예금의 수익률은 다음과 같이 나타낼 수 있다.

$$\frac{F_{\$/€}(1 + R_€) - E_{\$/€}}{E_{\$/€}}$$

이는 $R_€ \times (F_{\$/€} - E_{\$/€})/E_{\$/€}$의 값이 작을 때, 근사적으로 다음과 같다.

$$R_€ + \frac{F_{\$/€} - E_{\$/€}}{E_{\$/€}}$$

따라서 무위험 이자율 평형조건은 다음과 같이 나타낼 수 있다.

$$R_\$ = R_€ + (F_{\$/€} - E_{\$/€})/E_{\$/€} \tag{14-3}$$

여기서 다음을 달러에 대한 유로의 선물할증(forward premium)이라고 한다[유로에 대한 달러의 선물할인(forward discount)이라고도 한다].

$$(F_{\$/€} - E_{\$/€})/E_{\$/€}$$

이 용어를 사용하면 무위험 이자율 평형조건을 다음과 같이 기술할 수 있다. 달러 예금의 이자율은 유로 예금의 이자율과 달러에 대한 유로의 선물할증(또는 유로에 대한 달러의 선물할인)의 합과 같다.

2000년대 후반까지 무위험 이자율 평형조건이 단일 금융센터 내에서 발행된 서로 다른 외국통화 예금 간에는 매우 잘 성립했었다.[13] 비교되는 통화 예금이 서로 다른 국가에 위치한다면 무위험 이자율 평형조건으로부터의 이탈이 발생할 수 있다. 예를 들어 자산 보유자가 정부가 국경을 넘나드는 외국 자금의 자유로운 이동을 막는 규제를 부과할 수 있다는 것을 두려워할 경우 이와 같은 이탈이 발생할 수 있다. 무위험 이자율 평형조건을 도출할 때 암묵적으로 이러한 종류의 정치적 위험은 존재하지 않는다고 가정했는데, 이 가정은 선진국 경제의 현재 상황을 매우 잘 묘사해주는 것이다.

이탈은 은행이 도산해서 거액의 예금을 되돌려주지 못할 것이라는 두려움이나 선물환거래 당사자가 외환을 인도하기로 한 계약을 지키지 못할 것이라는 두려움 때문에 발생할 수 있다. 이러한 이유로 2007~2008년에 시작된 전 세계적인 은행위기 기간에 무위험 평가로부터의 큰 이탈이 발생했

---

13 무위험 이자율 평형조건을 지지하는 실증적 증거가 Frank McCormick in "Covered Interest Arbitrage: Unexploited Profits? Comment," *Journal of Political Economy* 87 (April 1979), pp. 411-417과 Kevin Clinton in "Transactions Costs and Covered Interest Arbitrage: Theory and Evidence," *Journal of Political Economy* 96 (April 1988), pp. 358-370에 제시되어 있다.

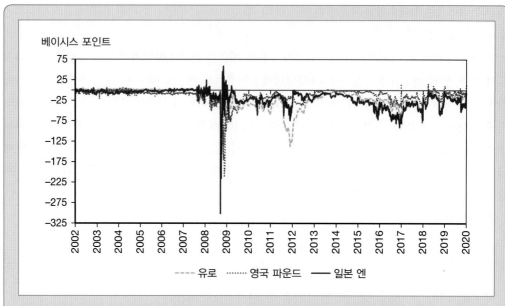

**그림 14-8 미국 달러 3개월물 이자율과 외국은행예금 3개월물 무위험 이자율의 차이**
무위험 이자율 평형은 2008년 금융위기가 시작되기 전까지는 잘 성립되었으나, 그 이후에는 잘 성립되지 않고 있다. 3개의 외국 투자 통화는 유로, 파운드, 엔이다.

다.[14] 그림 14-8은 달러의 은행 간 이자율과 3개의 해외 은행 간 시장에서 투자할 때의 무위험 수익률 간의 차이를 베이시스 포인트(1베이시스 포인트는 100분의 1%p)로 측정한 그림을 그려 그 이탈의 전개 상황을 보여준다.

그러나 놀랍게도 그림 14-8이 보여주듯이 2007~2008년의 위기가 지나간 이후 은행을 비롯한 다른 시장 참가자들이 재정적으로 더 강해졌음에도 불구하고 CIP는 재성립되지 않았다. 그림 14-8에서 보면 대부분의 이탈은 음인 경향이 있었다. 이는 달러를 빌린 후 이 달러를 팔아 외환을 사서 외국금융시장에 투자하는 동시에 투자수익금을 선물로 매각하는 차익거래를 통해 달러로 시작하여 달러로 끝나는 왕복여행을 완성하면 이윤을 남길 수 있었음을 의미한다. 시카고대학교의 원신 두(Wenxin Du), 콜럼비아대학교의 알렉산더 테퍼(Alexander Tepper), MIT의 아드레인 베르델한(Adrein Verdelhan)은 중요한 연구에서 최근의 CIP 붕괴 원인이 거의 확실하게 CIP 거래의 불이행에 대한 두려움은 아니었다는 점을 입증했다.[15] 그럼에도 불구하고 시장의 잠재적인 차익거래자는 이윤

---

14 선물환시장에서 정치적 위험의 역할에 대한 좀 더 상세한 논의는 다음을 참조하라. Robert Z. Aliber, "The Interest Parity Theorem: A Reinterpretation," *Journal of Political Economy* 81 (November/December 1973), pp. 1451-1459. 물론 국경을 넘나드는 자본 이동에 대한 정부의 실제 제한조치가 무위험 이자율 평형조건으로부터의 이탈을 야기할 수 있다. 무위험 이자율 평형조건으로부터의 이탈을 발생시키는 한 원인인 은행파산에 대한 두려움에 대해서는 Naohiko Baba and Frank Packer, "Interpreting Deviations from Covered Interest Parity During the Financial Market Turmoil of 2007-2008," Working Paper No. 267, Bank for International Settlements, December 2008을 참조하라. 이 논문이 대상으로 삼는 사건들은 20장에서 논의할 것이다. 21장에서 논의될 유로위기 동안의 무위험 이자율 평형에 대해서는 Victoria Ivashina, David S. Scharfstein, and Jeremy C. Stein, "Dollar Funding and the Lending Behavior of Global Banks," *Quarterly Journal of Economics* 130 (August 2015), pp. 1241-1281을 참조하라.

15 Du, Tepper, and Verdelhan, "Deviations from Covered Interest Rate Parity," *Journal of Finance* 73 (June 2018), pp. 915-957 참조

을 남길 수 있는 CIP 거래를 충분히 이용하기를 주저한 것으로(또는 차입할 능력이 부족한 것으로)
보인다. 이 명백한 퍼즐의 원인은 현재의 금융시장을 이해하는 데 중요하며, 이 문제를 20장에서 좀
더 다룰 것이다.

무위험 이자율 평형조건을 유위험 이자율 평형(UIP) 조건인 다음과 비교해보라.

$$R_\$ = R_€ + (E^e_{\$/€} - E_{\$/€})/E_{\$/€}$$

그럼으로써 현재의 1년물 선물환율이 사람들이 1년 후에 실현되리라고 예상하는 현물환율과 일치
할 때만, 즉 다음과 같을 때만 두 조건이 동시에 성립한다는 것을 발견할 것이다.

$$F_{\$/€} = E^e_{\$/€} \tag{14-4}$$

이 사실은 직관적으로 맞는다. 두 당사자가 미래의 어느 날짜에 외환을 거래하기로 합의할 때 합
의하는 환율은 미래의 해당되는 날짜에 실현되리라고 예상하는 현물환율이다. 그러나 위험이 회피
된 거래와 위험에 노출된 거래의 중요한 차이를 명심해야 한다. 위험이 회피된 거래는 환위험을 가지
지 않는 반면에 위험에 노출된 거래는 환위험을 가진다. 이 중요한 차이는 선물환율과 미래 예상 현
물환율이 같다는 간단한 등식이 이론적으로 성립해야 하는 것은 아니라는 것을 의미한다. 18장에서
는 이 주제를 논의할 것이다. 앞에서 주목했듯이 UIP는 현실적으로도 성립하지 않는 것으로 나타나
는데, 그 이유는 20장에서 설명할 것이다.

무위험 이자율 평형 이론은 그림 14-1에서 보는 것처럼 현물환율과 선물환율의 변화 추이 간에 밀
접한 상관관계가 존재한다는 것을 설명하는 데 도움을 준다. 자산의 기대수익률에 영향을 미치는 예
기치 않은 경제적 사건은 종종 만기가 단기(예: 3개월)인 통화 예금 간 이자율 차이에 상대적으로 작
은 영향을 미친다. 따라서 무위험 이자율 평형조건이 유지되기 위해 현물환율과 해당되는 만기의 선
물환율은 대체로 서로 같은 비율만큼 변해야만 한다.

무위험 이자율 평형조건을 적용하는 예를 하나 더 살펴보고 이 절을 마무리하자. 선물환율의 역할
을 살펴보기 위해 이 장은 일본산 라디오를 수입하는 미국인 수입업자가 라디오 공급자에게 지불해
야 하는 30일 후에 실현될 달러/엔 환율에 대해 걱정하는 예를 사용했다. 이 예에서 베스트바이는
엔을 사기 위해 라디오의 비용을 지불하기에 충분한 달러를 선물로 매도함으로써 문제를 해결했다.
그러나 베스트바이는 이와는 다른 조금 복잡한 방식으로 문제를 해결할 수도 있었을 것이다. (1) 베
스트바이가 거래하는 은행으로부터 달러를 빌리고, (2) 빌린 달러를 즉각 팔아서 현물환율로 엔을 사
서 30일 기간의 엔 예금을 하고, (3) 30일 후에 일본인 라디오 공급자에게 지불하기 위해 만기가 되는
엔 예금의 원금과 이자를 사용하고, (4) 원래 달러 대출을 상환하기 위해 베스트바이가 미국에서 라
디오를 판매하여 얻은 수익을 사용할 수도 있었을 것이다.

엔의 선도 매입과 앞에서 설명한 일련의 4단계 거래 중 어떤 방법이 수입업자에게 좀 더 이익이 될
수 있는가? 이 질문은 무위험 이자율 평형조건이 성립할 때 이 두 전략이 같은 이윤을 창출한다는 것
을 보이기 위한 연습문제로 남겨놓는다.

## 요약

- **환율**은 다른 국가의 통화로 나타낸 한 국가통화의 가격이다. 환율은 서로 다른 국가의 가격을 비교할 수 있는 단위로 전환해주기 때문에 지출에 관한 의사결정을 하는 데 중요한 역할을 한다. 다른 모든 조건이 일정하다면 외국통화에 대한 한 국가통화의 절하(자국통화로 나타낸 외국통화가격의 상승)는 이 국가의 수출재를 더 싸게 만들고 이 국가의 수입재를 더 비싸게 만든다. 한 국가통화의 절상(자국통화로 나타낸 외국통화가격의 하락)은 이 국가의 수출재를 더 비싸게 만들고 이 국가의 수입재를 더 싸게 만든다.

- **환율**은 **외환시장**에서 결정된다. 외환시장의 주요 참여자는 상업은행, 기업, 비은행 금융기관, 중앙은행이다. 상업은행은 외환거래의 대부분을 차지하는 이자를 지급하는 은행예금의 교환을 활발히 수행하기 때문에 외환시장에서 중심적인 역할을 한다. 외환거래는 전 세계에 있는 많은 금융센터에서 이루어지지만 최신의 통신기술은 이들 금융센터를 하나의 시장으로 연결해 외환시장을 하루 24시간 열리게 한다. 한 가지 중요한 외환거래가 **선물환거래**이다. 선물환거래에서 당사자들은 사전에 합의된 환율로 미래의 어느 시점에 통화를 교환하는 데 합의한다. 이와는 대조적으로 **현물환거래**는 즉각적으로 결제된다.

- **환율**은 두 자산의 상대가격이기 때문에 하나의 자산가격으로 보는 것이 가장 적절하다. 자산가격을 결정하는 기본적인 원칙은 자산의 현재 가치가 자산으로부터 기대되는 미래 구매력에 의해 결정된다는 것이다. 자산을 평가할 때 저축자는 자산이 제공하는 **기대수익률**, 즉 자산에 대한 투자의 가치가 주어진 기간에 상승하리라고 예상되는 정도를 살펴본다. 자산의 기대수익률은 자산의 가치가 측정되는 단위에 따라서 여러 가지 방법으로 측정된다. 저축자는 자산의 **기대실질수익률**, 즉 대표적인 상품바스켓으로 측정된 자산의 가치가 상승할 것으로 예상되는 정도에 관심을 가진다.

- 외환시장에서처럼 상대적인 자산수익률이 관련될 때 자산의 현재 가치를 동일한 통화기준으로 나타내고, 예상되는 자산의 현재 가치 변화를 비교하는 것이 적절하다. 만약 **위험**과 **유동성**이 외국통화자산의 선택에 강력하게 영향을 미치지 않는다면, 외환시장의 참여자는 항상 가장 높은 기대수익률을 창출하는 자산을 보유하기를 선호한다.

- 외환시장에서 거래되는 통화 예금의 수익률은 **이자율**과 예상되는 환율변화에 의존한다. 예를 들면 달러 예금과 유로 예금의 기대수익률을 비교하기 위해 유로 예금의 수익률은 유로 예금 보유기간의 유로이자율과 유로에 대한 달러의 **예상절하율** 또는 달러에 대한 유로의 **예상절상률**을 합하여 달러기준으로 계산되어야 한다.

- 외환시장의 균형은 **이자율 평형**이 성립할 때 이루어진다. 이자율 평형은 모든 통화 예금의 수익률이 비교할 수 있는 단위로 측정될 때 동일한 기대수익률을 제공해야 한다는 것을 의미한다.

- 이자율과 미래환율에 대한 예상이 주어진 경우, 이자율 평형조건은 현재의 균형환율을 결정한다. 예를 들어 유로 예금의 달러기준 기대수익률이 달러 예금의 수익률을 초과할 때 달러는 즉각적으로 유로에 대해 절하한다. 다른 모든 조건이 일정하다면 현재의 달러절하는 미래에 예상되는 유로에 대한 달러의 절하율을 감소시킴으로써 유로 예금의 달러기준 기대수익률을 감소시킨다. 이와 유사하게 유로 예금의 기대수익률이 달러 예금의 수익률보다 낮을 때 달러는 즉각적으로 유로에 대하여 절상한다. 다른 모든 조건이 일정하다면 현재의 달러절상은 유로에 대한 달러의 예상절하율을 상승시킴으로써 유로 예금을 좀 더 매력적으로 만든다.

- 다른 모든 조건이 일정하다면 달러이자율의 상승은 달러를 유로에 절상시키는 반면, 유로이자율의 상승은 달러를 유로에 절하시킨다. 현재의 환율은 예상되는 미래의 환율수준 변화에 의해 변한다. 예를

들어 예상되는 미래의 달러/유로 환율이 상승하면 이자율이 변하지 않는 경우 현재의 달러/유로 환율
도 상승한다.

- 이자율, 현물환율, 선물환율은 서로 다른 통화의 금융시장 간에 차익거래 기회가 없다면 무위험 이자율
평형(CIP) 조건에 부합해야 한다. 무위험 이자율 평형은 선물환율이 미래 예상 현물환율과 같지 않다면
외환시장 균형 이론의 기초를 이루는 유위험 이자율 평형(UIP)과 다르다. 다음 장에서 다루듯이 앞의
마지막 조건은 항상 만족되어야 하는 것은 아니며, CIP조차도 최근에는 잘 맞지 않는다.

## 주요 용어

| | |
|---|---|
| 기대실질수익률 expected real rate of return | 이자율 interest rate |
| 기축통화 vehicle currency | 이자율 평형조건 interest parity condition |
| 무위험 이자율 평형 covered interest parity, CIP | 절상 appreciation |
| 선물환율 forward exchange rate | 절상률 rate of appreciation |
| 수익률 rate of return | 절하 depreciation |
| 외환시장 foreign exchange market | 절하율 rate of depreciation |
| 위험 risk | 차익거래 arbitrage |
| 유동성 liquidity | 현물환율 spot exchange rate |
| 은행 간 거래 interbank trading | 환율 exchange rate |

## 연습문제

1. 이발료가 델리에서는 135루피(INR)이고 싱가포르에서는 15싱가포르달러(SGD)이다. SGD당 50INR
의 환율에서 싱가포르 이발로 나타낸 인도의 이발 가격은 얼마인가? 다른 모든 조건이 일정하다면,
INR이 SGD당 55달러로 절하하는 경우 이 상대가격은 어떻게 변하는가? 처음의 상황과 비교할 경우
싱가포르의 이발은 인도에 비해 상대적으로 더 비싸졌는가, 더 싸졌는가?

2. 각주 3에서 정의한 것처럼 교차환율은 미국 달러 이외의 다른 통화 간 환율이다. 표 14-1에는 달러
에 대한 환율뿐만 아니라 유로와 파운드에 대한 교차환율도 열거되어 있다. 달러/스위스프랑 환율과
달러/셰켈 환율로부터 스위스프랑/셰켈 환율을 도출할 수 있다는 사실은 '삼각차익거래(triangular
arbitrage)'라고 알려진, 잠재적으로 이윤을 얻을 수 있는 차익거래 전략을 배제시킨다는 것을 의미한
다. 예를 들어 1셰켈의 스위스프랑 가격이 달러의 스위스프랑 가격과 셰켈의 달러가격을 곱한 것보다
낮다고 하자. 달러로 셰켈을 사는 것보다 달러로 스위스프랑을 사고 스위스프랑을 셰켈을 사기 위해
사용하는 것이 더 싼 이유를 설명하라. 따라서 이러한 가상적인 상황은 위험이 없는 이윤기회를 제공
하고 이윤극대화의 원리에 배치된다.

3. 표 14-1은 달러에 대한 환율뿐만 아니라 유로와 파운드에 대한 환율도 보여준다(각 행은 서로 다른 통
화기준으로 나타낸 달러, 유로와 파운드의 가격을 각각 보여준다). 동시에 이 표는 유로의 현물 달러
가격(유로당 1.1219달러)과 파운드의 현물 달러가격(파운드당 1.2597달러)을 보여준다. 이 표에서 임
의로 5개의 통화를 선택하고 달러, 유로, 파운드 기준으로 나타낸 현물환율이 근사적으로 삼각차익거
래를 배제시키는지 보여라. 왜 '근사적으로'라는 말을 추가할 필요가 있는가?

4. 석유는 전 세계 시장에서 판매되고 미국 달러로 가격이 결정되는 경향이 있다. 모로코의 포스페이트그

룹(Phosphate Group)은 비료와 기타 화학제품을 생산하는 데 사용할 석유를 수입해야만 한다. 모로코 통화인 디르함(DH)이 미국 달러에 대해 절하할 때 이 회사의 이윤은 어떤 영향을 받는가?

**5.** 다음과 같은 자산의 유로기준 기대수익률을 계산하라.

　　**a.** 가격이 1년 동안에 20만 유로에서 25만 유로로 상승한 그림 한 점

　　**b.** 가격이 2014년과 2015년 사이에 2만 유로에서 2만 1,000유로로 상승한 다이아몬드

　　**c.** 파운드의 이자율이 2%이고 유로/파운드 환율이 파운드당 1.36유로에서 1.17유로로 변할 때 1년 동안 런던 은행에 보유한 1만 파운드의 예금

**6.** 만약 동시에 모든 달러가격이 10% 상승한다면 앞의 질문에 제시된 자산들의 실질수익률은 얼마인가?

**7.** 멕시코 페소(MXN) 이자율과 인도 루피(INR) 이자율이 연간 5%로 동일하다고 하자. 현재의 MXN/INR 균형환율과 예상되는 미래의 MXN/INR 환율의 관계는 무엇인가? 인도 이자율이 연간 10%로 상승할 때 예상되는 미래의 MXN/INR 환율은 멕시코 페소당 3.40루피에서 변하지 않는다고 하자. 만약 멕시코 이자율도 변하지 않는다면 새로운 MXN/INR 균형환율은 얼마인가?

**8.** 자산시장의 거래자들이 갑자기 달러이자율이 가까운 미래에 하락할 것이라는 사실을 안다고 하자. 현재의 달러이자율과 유로이자율이 변하지 않는다고 가정하면서 현재의 달러/유로 환율에 미치는 영향을 분석하기 위해 이 장에서 제시된 그림을 활용하라.

**9.** 유럽의 관점에서 외환시장균형에 관해 논의하기 위해 수직축에 유로/달러 환율 $E_{\text{€}/\$}(=1/E_{\$/\text{€}})$를 표시하고, 유로 예금의 유로기준 수익률을 나타내는 수직선의 $R_{\text{€}}$와 달러 예금의 유로기준 수익률이 $E_{\text{€}/\$}$에 따라 어떻게 변화하는지를 나타내는 우하향 곡선을 가진 그림을 활용할 수 있다. 외환시장의 균형을 나타내는 그림을 그리고, 이 그림을 사용하여 이자율들과 예상되는 미래 환율의 변화가 균형환율에 미치는 영향을 검토하라. 답은 이 장의 본문에서 얻은 답과 일치하는가?

**10.** 2016년 1월 8일 자《파이낸셜타임스(Financial Times)》의 보도는 한국의 재무부 장관이 중국 경제전망을 확신한다는 의견을 낸 것에 주목하면서 "그는 서울은 중국 경제가 금년 6% 내지 7% 성장할 것으로 기대한다고 말하면서 베이징의 '연착륙(soft landing)' 전망을 지지했다"고 발표했다.

　　**a.** 한국의 재무부 장관이 왜 중국의 '연착륙'에 대해 그렇게 걱정하는가?

　　**b.** 원/위안화 환율이 이 '연착륙'에 중요한 요인이라고 생각하는가?

**11.** 유로의 달러환율과 엔의 달러환율이 같은 정도로 변동한다고 하자. 그러나 당신이 보유한 나머지 부의 수익률이 예기치 않게 높을 때, 유로는 달러에 대해 예기치 않게 절하하는 경향이 있는 반면 동일한 상황에서 엔은 예기치 않게 절상하는 경향이 있다. 유럽인에게 달러 또는 엔 중에서 어느 통화가 더 위험한 것으로 여겨지는가?

**12.** 이 장의 논의는 달러 예금이 다른 통화 예금과는 다른 유동성 특성을 가진다고 믿게 하는가? 만약 그렇다면 달러 예금과 다른 통화 예금의 유동성 차이는, 예를 들면 달러 예금과 멕시코 페소 예금 간 이자율 차이에 어떻게 영향을 미치는가? 유로 예금의 유동성이 시간이 흐름에 따라 어떻게 변화할 것이라고 예측하는가?

**13.** 1979년 10월, 미국 중앙은행(연방준비제도)은 달러이자율의 변동을 제한하기 위해 적극적인 역할을 하지 않을 것이라고 공표했다. 이와 같은 새로운 정책이 발표된 후에 외국통화에 대한 달러의 환율은 더 심하게 변동했다. 외환시장에 관한 분석은 이와 같은 두 사건 간에 어떠한 관계가 있다고 제시하는가?

**14.** 한 국가의 중앙은행이 자국통화 이자율의 변동을 제한하기 위해 적극적인 역할을 하지 않을 것이라고 공표했다. 이 국가 통화의 환율은 변동성이 더 심해지겠는가? 그 이유는 무엇인가?

**15.** 남아프리카공화국의 랜드(ZAR)와 인도네시아의 나이라(NGN)의 두 통화의 예를 들어보자. 1년물

선물환율이 ZAR당 23NGN이고 현물환율이 ZAR당 20NGN이라고 하자. NGN의 선도 프리미엄 [forward premium, 또는 ZAR의 선도 디스카운트(forward discount)]은 얼마인가? 상환 위험이 없다고 가정할 때, 1년 ZAR 예금의 이자율과 1년 NGN 예금의 이자율의 차이는 얼마인가?

16. 유럽의 단일통화인 유로는 프랑스, 독일, 이탈리아, 스페인(영국 제외, 21장 참조)을 포함하여 11개 유럽연합 회원국의 통화를 대체하면서 1999년 1월에 도입됐다. 유로의 도입 직후에 유로로 거래됐던 외환의 가치가 원래 11개 통화로 거래됐던 1999년 이전 외환의 가치보다 더 커졌다고 생각하는가, 더 적어졌다고 생각하는가? 그 이유는 무엇인가?

17. 일반적으로 다국적 기업은 많은 국가에 생산공장을 가지고 있다. 따라서 다국적 기업은 다양한 경제 상황의 변화에 대응하여 비싼 생산지역에서 값싼 생산지역으로 생산을 이동할 수 있다. 국내 기반의 기업이 생산기반의 일부를 해외로 이동할 때 **외부조달**(outsourcing)이라고 부르는 현상이 발생한다. 미국 달러가 절하하면 미국 기업의 외부조달에 어떤 일이 발생할 것이라고 예상하는가? 답을 설명하고 한 가지 예를 들어라.

18. 2015년 초에 몇몇 통화의 이자율이 아래 표와 같았다.

| | |
|---|---|
| 호주 | 2.25 |
| 캐나다 | 0.75 |
| 중국 | 5.60 |
| EU-유로 | 0.05 |
| 일본 | 0.10 |
| 멕시코 | 5.75 |
| 뉴질랜드 | 3.5 |
| 러시아 | 15 |
| 남아프카공화국 | 5.75 |
| 미국 | 0.25 |

**a.** 이론적으로 가장 좋은 캐리 트레이드는 어떤 것인가?

**b.** 환율 변동 위험을 고려한다면 당신은 어떤 캐리 트레이드를 선호할지 설명하라.

**c.** 유로와 멕시코 페소와 러시아 루블 간 캐리 트레이드의 수익률을 계산해보라. 인터넷에서 구할 수 있는 자료집의 환율을 찾아보고, 이 캐리 트레이드의 수익률이 2017년 1월 현재 양(+)이었는지 계산해보라.

19. 이 장에서 수출업자가 자국통화가 절하될 때 환호하는 이유를 설명했다. 동시에 자국통화가 절하될 때 국내 소비자는 더 높은 가격을 지불해야 하는 것을 발견하고 실망한다. 통상적으로 수출업자들이 이기고, 그 결과 정부가 종종 자국통화 절상은 피하려고 하는 반면 자국통화 절하는 반기는 것처럼 보이는 이유는 무엇인가? (힌트: 보호 관세의 경우와 비슷하게 생각해보라.)

## 더 읽을거리

Geert J. Bekaert and Robert J. Hodrick, *International Financial Management*, 3d edition. Cambridge: Cambridge University Press, 2017. 2장과 3장은 외환시장을 집중적으로 다루고 있다.

Sam Y. Cross. *All about the Foreign Exchange Market in the United States*. New York: Books for Business, 2002. 시장에서의 미국 비중에 대한 입문서

Barry Eichengreen, Arnaud Mehl, and Livia Chitu. *How Global Currencies Work: Past, Present and*

*Future*. Princeton, NJ: Princeton University Press, 2017. 이 역사적이고 분석적인 논문은 세계 통화의 흥망성쇠와 중국 위안화를 포함한 다수의 세계 통화의 안정성에 대한 시사점을 살펴본다.

Federal Reserve Bank of New York. *The Basics of Foreign Trade and Exchange*, at http://www.ny.frb. org/education/fx/index.html. 외환시장과 그 역할에 대해 광범위하지만 쉽게 접근할 수 있도록 설명하며 유용한 웹링크를 많이 제공한다.

Philipp Hartmann. *Currency Competition and Foreign Exchange Markets: The Dollar, the Yen and the Euro*. Cambridge: Cambridge University Press, 1999. 세계무역 및 자산시장에서 국제통화의 역할에 대한 이론적이고 실증적인 미시적 연구

John Maynard Keynes. *A Tract on Monetary Reform*, Chapter 3. London: MacMillan, 1923. 선물환 시장과 무위험 이자율 평형에 대한 고전적 분석

Michael R. King, Carol Osler, and Dagfinn Rime. "Foreign Exchange Market Structure, Players, and Evolution," in Jessica James, Ian Marsh, and Lucio Sarno, eds., *Handbook of Exchange Rates*. Hoboken, NJ: John Wiley & Sons, 2012, pp. 3-44. 외환시장 구조의 최신 개관

Paul R. Krugman. "The International Role of the Dollar: Theory and Prospect," in John F. O. Bilson and Richard C. Marston, eds. *Exchange Rate Theory and Practice*. Chicago: University of Chicago Press, 1984, pp. 261-278. '국제통화'로서 달러의 지위에 대한 이론적이고 실증적인 분석

Richard M. Levich. *International Financial Markets: Prices and Policies*, 2nd edition. Boston: Irwin McGraw-Hill, 2001. 이 포괄적인 교재에서 3~8장은 외환시장을 중점적으로 다루고 있다.

Richard M. Levich. "CIP Then and Now: A Brief Survey of Measuring and Exploiting Deviations from Covered Interest Parity." Unpublished manuscript, NYU Stern School of Business, May 2017 (Available at https://www.bis.org/events/bissymposium0517/symposium0517_open2.pdf.) 무위험 이자율 평형 연구에 대한 포괄적이며 역사적인 조사

Michael Mussa. "Empirical Regularities in the Behavior of Exchange Rates and Theories of the Foreign Exchange Market," in Karl Brunner and Allan H. Meltzer, eds., *Policies for Employment, Prices and Exchange Rates*, Carnegie-Rochester Conference Series on Public Policy 11. Amsterdam: North-Holland, 1979, pp. 9-57. 환율결정에 대한 자산가격 접근법의 실증적 근거를 조사한 고전적인 논문

David Sawyer. "Continuous Linked Settlement (CLS) and Foreign Exchange Settlement Risk." *Financial Stability Review* 17 (December 2004), pp. 86-92. 외환거래의 신속한 결제를 위한 동시결제시스템의 기능과 근거 설명

Tim Weithers. *Foreign Exchange: A Practical Guide to the FX Markets*. Hoboken, NJ: John Wiley & Sons, 2006. 외환상품 및 시장에 대한 명확한 소개

# 통화와 이자율 및 환율

**14** 장에서 두 통화 간 환율이 두 가지 요인, 즉 두 통화 예금으로 벌 수 있는 이자율과 미래 예상환율에 의해 어떻게 결정되는지를 살펴봤다. 그러나 환율결정을 완전히 이해하려면 이자율이 어떻게 결정되며 미래 예상환율이 어떻게 형성되는지를 배워야 한다. 이 장과 다음의 두 장에서 환율, 이자율과 인플레이션율 및 생산량 같은 중요한 거시경제변수를 연결하는 경제 모형을 구축함으로써 이러한 주제를 살펴보자.

이 모형을 구축하는 첫 단계는 한 국가의 통화공급과 통화에 대한 수요가 이자율과 환율에 미치는 영향을 살펴보는 것이다. 환율은 두 통화 간 상대가격이기 때문에 한 국가의 통화공급 또는 통화수요에 영향을 주는 요인이 외국통화에 대한 그 국가통화의 환율을 결정하는 가장 강력한 요인이다. 따라서 통화공급과 통화수요를 논의하면서 환율결정에 대해 좀 더 심도 있는 연구를 시작하는 것은 자연스러운 일이다.

통화공급과 통화수요의 변화는 이자율을 변화시키고 미래 환율에 관한 사람들의 예상을 변화시킴으로써 환율에 영향을 준다. 미래 환율에 관한 예상은 생산물의 미래 통화가격에 관한 예상과 밀접히 연결되어 있으며, 이 생산물의 미래 통화가격 변화는 통화공급과 통화수요의 변화에 의존한다. 따라서 환율에 대한 통화적 영향을 검토하기 위해 통화적 요인이 어떻게 이자율과 생산물 가격에 영향을 미치는지 살펴볼 필요가 있다. 그러나 미래 환율에 관한 예상은 통화 외의 많은 요인에 의존한다. 이와 같은 비통화적 요인은 다음 장에서 다룰 것이다.

일단 통화공급과 통화수요의 이론과 결정요인이 정리되면, 이를 이용하여 통화공급과 통화수요가 같다는 조건에 의해 균형이자율이 어떻게 결정되는지를 살펴볼 것이다. 이어서 재화와 서비스의 가격, 생산량, 미래에 관한 시장예상이 주어져 있다고 가정하고 통화적 요인의 변화가 환율에 미치는 영향을 연구하기 위해 이자율 결정 모형과 이자율 평형조건을 결합할 것이다. 마지막으로 통화적 요인의 변화가 생산물 가격과 미래 예상환율에 미치는 장기 효과를 일차적으로 살펴볼 것이다.

### 학습목표

- 이자율이 결정되는 한 국가의 통화시장을 설명하고 논의한다.
- 통화 정책과 이자율이 외환시장에 어떤 영향을 미치는지 설명한다.
- 경제의 장기 상태와 명목가격 및 명목임금이 경직적인 단기 상태를 구별한다.
- 물가수준과 환율이 통화적 요인의 변화에 장기적으로 어떻게 반응하는지 설명한다.
- 통화 정책의 단기 효과와 장기 효과의 관계를 개관하고 단기 환율 오버슈팅 현상의 개념을 설명한다.

# 통화의 정의: 간략한 개관

우리는 통화를 사용하는 데 너무 익숙해져 매일 거의 모든 거래에서 통화가 하는 역할을 잘 알지 못한다. 많은 다른 현대 문명의 이기와 마찬가지로 우리는 통화에 어떤 잘못된 일이 일어날 때까지는 통화를 당연한 것으로 여긴다. 사실 통화의 중요성을 평가하기 위한 가장 쉬운 방법은 통화가 없다면 경제생활이 어떻게 될 것인지를 상상해보는 것이다.

이 절에서는 바로 이 일을 해볼 것이다. 이처럼 '생각하는 실험'을 수행하는 목적은 통화와 기타 자산을 구별하고 사람들이 통화를 보유하게 만드는 통화의 특성을 살펴보기 위해서이다. 통화의 특성은 통화에 대한 수요를 분석하는 데 중요하다.

## 교환의 매개수단

통화의 가장 중요한 기능은 **교환의 매개수단**(medium of exchange), 즉 일반적으로 수용되는 결제수단의 기능을 수행하는 것이다. 교환의 매개수단이 왜 필요한지를 이해하기 위해 유일하게 가능한 거래 형태가 물물교환인, 즉 재화 또는 서비스의 직접 거래가 이루어지는 세계에서 재화와 서비스를 구매하는 것이 얼마나 시간이 걸리는 일인지를 상상해보라. 예를 들어 당신의 교수는 자동차를 수리하기 위해 경제학 강의를 원하는 자동차 정비사를 찾아야만 할 것이다.

통화는 보편적으로 수용되기 때문에 물물교환 시스템과 관련된 막대한 탐색비용을 제거해준다. 통화는 개인이 생산한 재화와 서비스의 소비를 원하는 다른 사람에게 팔 수 있도록 함으로써 이와 같은 탐색비용을 제거한다. 어떤 표준화되고 편리한 결제수단이 없다면 복잡한 현대 경제는 작동하지 못할 것이다.

## 회계의 단위

통화의 두 번째 중요한 역할은 **회계의 단위**(unit of account), 즉 광범위하게 수용되는 가치 측정수단으로서의 역할이다. 14장에서 살펴본 통화의 기능은 이 역할이었다. 재화, 서비스, 자산의 가격은 전형적으로 통화로 표시된다. 환율은 다른 국가의 통화가격을 비교 가능한 단위로 전환할 수 있게 해준다.

통화단위로 가격을 매기는 관습은 상품가격을 쉽게 비교할 수 있게 함으로써 경제적 계산을 단순화한다. 다른 국가의 생산물 가격을 비교하기 위해 환율을 사용하는 국제적 가격 비교는 상품가격이 표준화된 회계의 단위로 표시되지 않았을 때와 같이 매일 많은 횟수의 계산이 이루어져야 가능하다. 만약 14장에서 제시된 계산이 머리를 아프게 한다면 당신이 소비하는 각 재화와 서비스의 상대가격을, 다른 재화와 서비스를 기준으로 계산하는 것이 얼마나 힘들지 상상해보라. 예를 들면 피자 한 조각의 가격을 바나나 기준으로 나타내는 것을 상상해보라. 이와 같이 생각해보면 통화를 회계단위로 사용하는 것에 대해 좀 더 잘 이해할 수 있을 것이다.

## 가치의 저장수단

통화는 구매력을 현재에서 미래로 이전시키기 위해 사용될 수 있기 때문에 하나의 자산 혹은 **가치의 저장수단**(store of value)이다. 만약 재화와 서비스로 나타낸 가치가 즉각적으로 증발해버린다면 어느 누구도 결제 시에 수용하지 않을 것이기 때문에 이와 같은 특성은 교환의 매개수단에 필수적이다.

교환의 매개수단으로서 통화의 유용성은 자동적으로 통화를 모든 자산 중에 가장 **유동성**이 높은 자산으로 만든다. 14장에서 배운 것처럼 자산이 중개인 수수료 같은 높은 거래비용 없이 신속하게 재화와 서비스로 전환될 수 있을 때 그 자산은 유동성이 높다고 말한다. 통화는 결제 수단으로 항상 수용될 수 있기 때문에 다른 자산의 유동성을 평가하는 기준이다.

### 통화란 무엇인가

현금통화와 수표발행의 기초가 되는 은행예금은 분명히 통화로 정의된다. 현금통화와 은행예금은 낮은 비용으로 소유자 간에 이전될 수 있는 널리 수용되는 결제수단이다. 가계와 기업은 거래가 발생할 때 일상적인 거래에 필요한 자금을 조달하는 하나의 편리한 방법으로 현금통화와 수표발행예금(당좌예금)을 보유한다. 부동산과 같은 자산은 현금통화와 수표발행예금과는 달리 본질적으로 유동성이 낮기 때문에 통화로 정의되지 않는다.

이 책에서 **통화공급**(money supply)은 연방준비제도가 M1으로 부르는 통화량, 즉 가계와 기업이 보유하고 있는 현금통화와 수표발행예금의 총량인 통화량을 의미한다. 미국의 2019년 4분기 통화공급은 3조 9,000억 달러였고, 이 규모는 2019년 GNP의 약 19%에 해당된다.[1]

외환시장 참여자가 거래하는 거액 예금은 통화공급의 한 부분으로 여겨지지 않는다. 이 예금은 통화보다 유동성이 낮고 일상적인 거래에 필요한 자금으로 사용되지 않는다.

### 통화공급은 어떻게 결정되는가

한 경제의 통화공급은 중앙은행에 의해 통제된다. 중앙은행은 직접적으로 현금통화의 양을 규제하고 또한 민간은행이 발행하는 수표발행예금의 양을 간접적으로 통제한다. 중앙은행이 통화공급을 통제하는 과정은 복잡하기 때문에, 당분간 중앙은행은 단지 원하는 수준에서 통화공급 규모를 결정한다고 가정한다. 18장에서 통화공급 과정이 좀 더 상세하게 논의될 것이다.

## 개인의 통화에 대한 수요

통화의 기능과 통화공급의 정의를 논의했으므로 이제 개인이 보유하기를 원하는 통화의 양을 결정하는 요인을 살펴보자. 개인의 통화에 대한 수요를 결정하는 요인은 14장에서 논의한 자산수요 이론에서 도출할 수 있다.

14장에서 개인은 다음의 세 가지의 특성에 기초하여 자산에 대한 수요를 결정한다는 것을 살펴봤다.

**1.** 다른 자산의 수익률과 비교한 해당 자산의 기대수익률

---

[1] 연방준비제도의 좀 더 넓은 통화공급 척도인 M2는 정기예금(time deposits)을 포함하지만 정기예금에 들어 있는 자금은 일반적으로 벌과금 없이는 조기에 인출될 수 없기 때문에 M1에 포함되어 있는 자산보다 유동성이 낮다. M3로 알려진 좀 더 넓은 통화공급 척도도 연방준비제도에 의해 추적된다. 통화와 준통화의 경계선을 어디에 그려야 하는지의 결정은 임의적이므로 논쟁거리가 된다. 이와 같은 질문에 관한 추가적인 논의는 Frederic S. Mishkin, *The Economics of Money, Banking and Financial Markets*, 12th edition (New York: Pearson, 2020)의 3장 참조

**2.** 자산의 기대수익률 위험

**3.** 자산의 유동성

유동성은 외환시장에서 거래되는 자산의 상대적인 수요를 결정하는 데 중요한 역할을 하지는 않지만 가계와 기업은 유동성 때문에 통화를 보유한다. 가계와 기업이 보유하기를 원하는 통화의 양을 어떻게 결정하는지 이해하기 위해 위에 열거한 세 가지 고려사항이 통화수요에 어떤 영향을 미치는지 좀 더 자세하게 살펴보자.

## 기대수익률

현금통화는 이자를 지불하지 않는다. 수표발행예금은 종종 약간의 이자를 지불하지만 유동성이 낮은 자산이 제공하는 높은 수익률에는 미치지 못한다. 통화를 보유할 때는 국채, 거액 정기예금이나 상대적으로 유동성이 낮은 다른 자산을 보유함으로써 벌 수 있었을 높은 이자율을 희생하는 것이다. 우리가 이자율이라고 언급할 때 마음속에 가지고 있는 것은 이와 같은 이자율이다. 수표발행예금에 지불되는 이자율은 상대적으로 일정하고, 현금통화에 지불되는 이자율은 0이기 때문에 통화와 유동성이 낮은 대체자산의 수익률 차이가 시장이자율이다. 시장이자율이 높으면 높을수록 통화의 형태로 부를 보유하는 것은 좀 더 많은 희생을 하는 것이다.[2]

예를 들어 미국 재무부 단기증권으로 벌 수 있는 이자율이 연간 10%라고 하자. 만약 재무부 단기증권을 사기 위해 1만 달러를 사용한다면 1년 후에 미국 정부로부터 1만 1,000달러를 받을 것이다. 그러나 그 대신 현금으로 1만 달러를 금고에 넣어두기로 한다면 미국 재무부 단기증권을 사서 벌 수 있었을 1,000달러의 이자를 포기하게 되는 것이다. 따라서 1만 달러를 통화로 보유함으로써 10%의 수익률을 희생한다.

14장에서 제시된 자산수요 이론은 이자율의 변화가 어떻게 통화에 대한 수요에 영향을 미치는지를 보여준다. 이 이론은 다른 모든 조건이 일정하다면 사람들은 좀 더 높은 기대수익률을 제공하는 자산을 선호한다고 설명한다. 이자율의 상승은 통화의 수익률과 비교하여 상대적으로 좀 더 유동성이 낮은 자산의 수익률 상승이기 때문에, 이자율이 상승하면 개인은 부를 시장이자율을 지불하는 비통화자산의 형태로 더 많이 보유하는 반면, 통화의 형태로는 더 적게 보유하기를 원할 것이다. 결국 다음과 같은 결론을 얻을 수 있다. 다른 모든 조건이 일정하다면 이자율의 상승은 통화에 대한 수요를 감소시킨다.

또한 기회비용(opportunity cost), 즉 특정한 행동을 선택함으로써 희생하는 금액이라는 경제적 개념으로 통화수요에 미치는 이자율의 영향을 설명할 수 있다. 이자율은 이자를 창출하는 채권 대신 통화를 보유하는 데 따른 기회비용이다. 따라서 이자율의 상승은 통화 보유의 비용을 증가시키고 통화수요를 감소시킨다.

---

2 개인이 선택할 수 있는 유동성이 낮은 많은 자산은 이자의 형태로 수익률을 지불하지 않는다. 예를 들면 주식은 배당과 자본 이득의 형태로 수익률을 지불한다. 케이프 코드에 있는 가족 여름 별장은 자본 이득과 해변에서 휴가를 즐기는 즐거움의 형태로 수익률을 지불한다. 통화수요에 대한 분석 배후에는 위험에 대한 고려가 배제되면 통화 외의 모든 자산은 이자율과 일치하는 (통화단위로 나타낸) 기대수익률을 제공한다는 가정이 있다. 이와 같은 가정하에서 유동성이 낮은 자산이 아닌 통화를 보유함으로써 개인이 희생하는 수익률을 나타내기 위해 이자율이 사용될 수 있다.

## 위험

위험은 통화수요에서 중요한 요인이 아니다. 재화와 서비스 가격의 예기치 않은 상승은 소비하는 상품으로 평가한 통화의 가치를 감소시키기 때문에 통화를 보유하는 것은 위험하다. 그러나 국채 같은 이자지불 자산은 통화단위로 나타낸 고정된 액면가를 가지고 있기 때문에 가격의 예기치 않은 상승은 같은 %만큼 국채 같은 이자지불 자산의 실질가치를 감소시킨다. 통화 보유에 따른 위험의 변화는 같은 크기만큼 채권의 위험도 변화시키기 때문에 반드시 개인의 통화에 대한 수요를 감소시키고 이자지불 자산에 대한 수요를 증가시키는 것은 아니다.

## 유동성

통화를 보유하는 중요한 혜택은 유동성에서 발생한다. 가계와 기업은 통화가 매일의 구매에 필요한 자금을 조달하는 가장 쉬운 방법이기 때문에 통화를 보유한다. 일부의 거액 구매는 유동성이 낮은 자산의 매각을 통해 필요한 자금을 조달한다. 예를 들면 미술수집가는 집을 한 채 사기 위해 소장하고 있는 피카소 그림 한 장을 판매할 수 있다. 그러나 다양한 금액단위로 수시로 계속 이루어지는 좀 더 작은 지출에 필요한 자금을 조달하기 위해 가계와 기업은 일부 통화를 보유해야 한다.

개인의 평균 일일 거래 금액이 증가할 때 유동성에 대한 개인의 수요도 증가한다. 예를 들면 매일 버스를 타는 학생은 러시아워에 택시를 타는 회사 임원만큼 현금을 많이 보유할 필요가 없다. 결국 다음과 같은 결론을 얻을 수 있다. 가계 또는 기업이 수행하는 평균 거래 금액 증가는 가계 또는 기업의 통화에 대한 수요를 증가시킨다.

# 총통화수요

가계와 기업이 통화에 대한 수요를 어떻게 결정하는지에 관한 앞의 논의는 이제 **총통화수요**(aggregate money demand), 즉 경제 내에 있는 모든 가계와 기업의 통화에 대한 총수요를 결정하는 요인을 도출하기 위해 적용할 수 있다. 총통화수요는 경제 내에 있는 모든 개인의 통화수요를 합한 것이다.

다음과 같은 세 가지 주요 요인이 총통화수요를 결정한다.

1. **이자율**: 이자율의 상승은 경제 내 각 개인의 통화에 대한 수요를 감소시킨다. 다른 모든 조건이 일정하다면 이자율이 상승할 때 총통화수요는 감소한다.
2. **물가수준**: 한 경제의 **물가수준**(price level)은 통화단위로 나타낸 재화와 서비스로 구성된 대표 바스켓의 가격이다. 일반적으로 대표 바스켓에는 식품, 의류, 주택처럼 매일 사용되는 표준적인 소비항목뿐만 아니라 의료비용과 법률 서비스 수수료 같은 일상적으로 이루어지지 않는 구매항목도 포함된다. 만약 물가수준이 상승하면 개별 가계와 기업은 일상적인 재화와 서비스로 구성된 바스켓을 구매하기 위해 좀 더 많은 통화를 지출해야 한다. 따라서 물가수준이 상승하기 전과 같은 유동성수준을 유지하기 위해 가계와 기업은 좀 더 많은 통화를 보유해야 한다.
3. **실질국민소득**: 실질국민소득이 증가할 때 좀 더 많은 재화와 서비스가 경제 내에서 판매된다. 이와

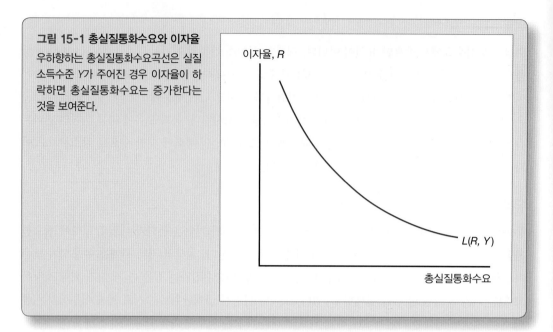

**그림 15-1 총실질통화수요와 이자율**

우하향하는 총실질통화수요곡선은 실질소득수준 $Y$가 주어진 경우 이자율이 하락하면 총실질통화수요는 증가한다는 것을 보여준다.

이자율, $R$

$L(R, Y)$

총실질통화수요

같은 거래의 실질가치 증가는 물가수준이 주어진 경우 통화에 대한 수요를 증가시킨다.

$P$는 물가수준, $R$은 이자율, $Y$가 실질 GNP이면 통화에 대한 총수요 $M^d$는 다음과 같이 나타낼 수 있다.

$$M^d = P \times L(R, Y) \tag{15-1}$$

여기서 $L(R, Y)$의 값은 $R$이 상승할 때 감소하고, $Y$가 증가할 때 증가한다.[3] 총통화수요가 왜 물가수준에 비례적이라고 규정하는지를 이해하기 위해 모든 가격이 2배로 상승했으나 이자율과 모든 사람의 실질소득은 변하지 않았다고 상상해보자. 각 개인의 평균적인 일일 거래의 통화가격은 2배로 상승할 것이고, 각 개인이 보유하기를 원하는 통화의 양도 2배로 증가할 것이다.

일반적으로 식 (15-1)로 표시된 총통화수요식은 다음과 같이 나타낸다.

$$M^d/P = L(R, Y) \tag{15-2}$$

$L(R, Y)$를 총실질통화수요(aggregate real money demand)라고 한다. 유동성에 대한 총수요 $L(R, Y)$는 통화단위 수에 대한 수요가 아니고, 유동성의 형태로 실질 구매력의 양을 보유하고자 하는 수요이다. $M^d/P$, 즉 전형적인 대표 상품바스켓 단위로 측정된 원하는 통화 보유량은 사람들이 유동성의 형태로 보유하기를 원하는 실질 구매력의 양과 같다. 예를 들어 사람들이 상품바스켓당 100달러인 물가수준에서 현금으로 1,000달러를 보유하기 원한다면, 사람들의 실질통화보유량은 1,000달러/(바스켓당 100달러) = 10바스켓이다. 만약 물가수준이 2배가 되면(바스켓당 200달러) 현금 1,000달러의 구매력은 5바스켓이 되어 반으로 감소한다.

그림 15-1은 총실질통화수요가 실질소득 $Y$가 고정되어 있는 경우 이자율에 어떤 영향을 받는지를

---

3 당연히 $L(R, Y)$의 값은 $R$이 하락할 때 증가하고, $Y$가 감소할 때 감소한다.

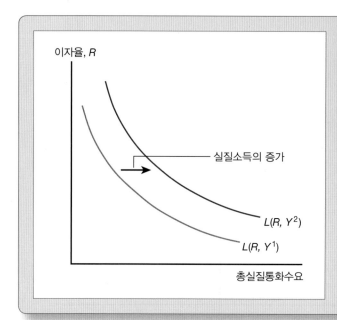

**그림 15-2 실질소득의 증가가 총실질통화수요곡선에 미치는 영향**

$Y^1$에서 $Y^2$로의 실질소득 증가는 모든 이자율수준에서 실질통화잔고에 대한 수요를 증가시키고 총실질통화수요곡선을 위쪽으로 이동시킨다.

보여준다. 이자율의 하락은 경제 내에 있는 가계와 기업이 보유하고자 하는 실질통화보유량을 증가시키기 때문에 총실질통화수요곡선 $L(R, Y)$는 우하향한다.

실질 GNP가 주어진 경우 이자율의 변화는 $L(R, Y)$ 곡선상의 이동을 발생시킨다. 그러나 실질 GNP의 변화는 이 곡선 자체를 이동시킨다. 그림 15-2는 $Y^1$에서 $Y^2$로의 실질 GNP 증가가 총실질통화수요곡선의 위치를 어떻게 이동시키는지를 보여준다. 실질 GNP의 증가는 주어진 이자율수준에서 총실질통화수요를 증가시키기 때문에, $Y^2$가 $Y^1$보다 클 때 $L(R, Y^2)$ 곡선은 $L(R, Y^1)$의 오른쪽에 위치한다.

## 균형이자율: 통화공급과 통화수요의 상호작용

다른 경제학 과목에서 배운 것을 바탕으로 예상할 수 있는 것처럼 중앙은행이 결정한 통화공급과 총통화수요가 일치할 때 통화시장은 균형을 이룬다. 이 절에서는 물가수준과 생산량이 당분간 통화량 변화의 영향을 받지 않는다는 가정하에 물가수준과 생산량이 주어진 경우 이자율이 통화시장의 균형에 의해 어떻게 결정되는지 살펴보자.

### 통화시장의 균형

만약 $M^s$가 통화공급이면 통화시장의 균형조건은 다음과 같다.

$$M^s = M^d \tag{15-3}$$

이 식의 양변을 물가수준으로 나눈 후 총실질통화수요를 이용하여 통화시장의 균형조건을 다음과 같이 표현할 수 있다.

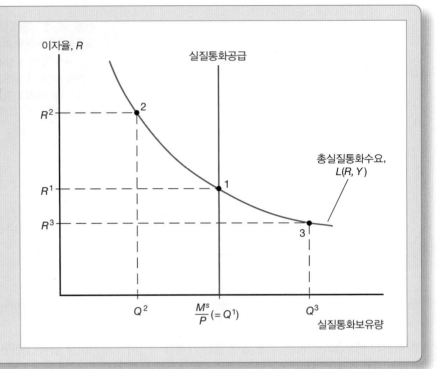

**그림 15-3 균형이자율의 결정**

$P$와 $Y$가 주어져 있고 실질통화공급이 $M^s/P$인 경우 통화시장 균형은 점 1에서 이루어진다. 이 점에서 총실질통화수요와 실질통화공급은 일치하고 균형이자율은 $R^1$이다.

$$M^s/P = L(R, Y) \tag{15-4}$$

물가수준 $P$와 생산량 $Y$가 주어진 경우 균형이자율은 총실질통화수요와 실질통화공급이 일치하는 이자율이다.

그림 15-3에서 총실질통화수요곡선은 점 1에서 실질통화공급곡선과 교차하고, 균형이자율은 $R^1$이다. $M^s$는 중앙은행이 결정하고 $P$는 주어진 것으로 간주하기 때문에 통화공급곡선은 $M^s/P$에서 수직이다.

만약 시장이 처음에 $R^1$보다 높은 $R^2$의 이자율을 가지는 점 2에 있다면 어떤 일이 발생하는지를 생각하면서 왜 이자율이 균형수준에 이르게 되는지를 살펴보자.

점 2에서 실질통화보유에 대한 수요는 $Q^1 - Q^2$만큼 실질통화공급보다 적고, 통화의 초과공급이 존재한다. 만약 개인이 주어진 이자율수준 $R^2$에서 보유하기를 원하는 것보다 많은 통화를 보유하고 있다면, 개인은 이자창출 자산을 구매하기 위해 일부 통화를 사용함으로써 보유한 유동성을 감소시키려 할 것이다. 다시 말해 개인은 통화를 다른 사람에게 빌려줌으로써 바람직한 수준을 초과하여 보유하고 있는 통화를 없애려 할 것이다. 그러나 $R^2$에서 총체적으로 통화의 초과공급이 존재하기 때문에 어느 누구도 이 일을 하는 데 성공할 수 없다. 유동성을 증가시키기 위해 통화를 빌리기를 원하는 사람보다 보유한 유동성을 감소시키기 위해 통화를 빌려주기를 원하는 사람이 많다. 보유한 과도한 통화를 감소시킬 수 없는 사람은 빌려주는 데 부과하는 이자율을 $R^2$보다 낮게 부과함으로써 잠재적인 차입자를 유인하고자 한다. 이자율에 대한 하락 압력은 이자율이 $R^1$에 이르기까지 계속된다. $R^1$의 이자율에서 통화의 초과공급이 사라지기 때문에 통화를 빌려주기를 원하는 누구나 그렇게 할 수

있다. 따라서 일단 시장이 점 1에 이르면 이자율이 더 이상 하락할 가능성이 존재하지 않는다.[4]

이와 유사하게 이자율이 처음에 $R^1$보다 낮은 $R^3$의 수준이라면 이자율은 상승하는 경향을 보일 것이다. 그림 15-3에서 보는 것처럼 점 3에서 $Q^3 - Q^1$만큼 통화에 대한 초과수요가 존재한다. 따라서 개인은 통화 보유를 증가시키기 위해 채권과 같은 이자창출 자산을 팔려고 한다(즉 개인은 현금을 얻기 위해 채권을 판매). 그러나 점 3에서 어느 누구도 통화에 대한 수요를 충족하기 위해 충분한 이자창출 자산을 파는 데 성공할 수 없다. 따라서 사람들은 점차적으로 좀 더 높은 이자율을 제공하면서 통화를 사려고 하여 이자율을 $R^1$으로 밀어올린다. 시장이 점 1에 도달하고 통화에 대한 초과수요가 제거될 때만 이자율은 상승하는 것을 멈춘다.

지금까지의 분석결과는 다음과 같이 요약할 수 있다. 시장은 항상 실질통화공급이 총실질통화수요와 일치하는 이자율을 향하여 이동한다. 처음에 통화의 초과공급이 존재하면 이자율은 하락하고, 처음에 통화의 초과수요가 존재하면 이자율은 상승한다.

## 이자율과 통화공급

물가수준이 주어진 경우 통화공급 증가의 효과가 그림 15-4에 예시되어 있다. 처음에 통화시장은 통화공급 $M^1$과 이자율 $R^1$을 가지고 점 1에서 균형을 이루고 있다. $P$가 일정하기 때문에 통화공급이 $M^2$로 증가하는 것은 실질통화공급을 $M^1/P$에서 $M^2/P$로 증가시킨다. 실질통화공급이 $M^2/P$인 경우 점 2는 새로운 균형이고 $R^2$는 사람들이 증가된 실질통화공급을 보유하도록 유도하는 새로운 이

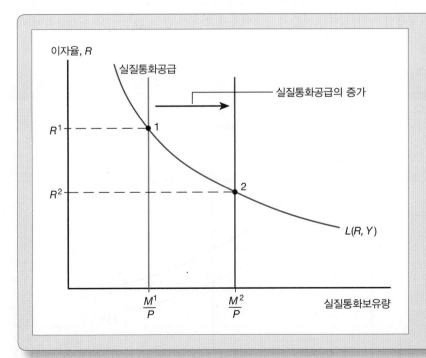

**그림 15-4 통화공급의 증가가 이자율에 미치는 효과**

물가수준 $P$와 실질소득수준 $Y$가 주어진 경우 $M^1$에서 $M^2$로의 통화공급 증가는 이자율을 $R^1$(점 1)에서 $R^2$(점 2)로 하락시킨다.

---

4 이와 같은 과정을 살펴보는 또 다른 방법은 다음과 같다. 14장에서 자산의 현재 가격이 자산의 미래 가격에 비해 상대적으로 상승할 때 자산의 수익률은 하락한다는 것을 살펴봤다. 통화의 초과공급이 존재할 때 이자를 지불하는 유동성이 낮은 자산들의 현재 통화가격은 개인이 통화 보유를 감소시키려 함에 따라 상승할 것이다. 이와 같은 현재 자산가격의 상승은 비통화자산의 수익률을 낮추고, 이 수익률은 (위험을 조정한 후의) 이자율과 같기 때문에 이자율도 하락해야 한다.

자율이다.

이자율이 하락하는 과정은 이제 익숙하다. 중앙은행이 $M^s$를 증가시킨 후 이전에 시장을 균형시켰던 처음의 균형이자율 $R^1$에서 실질통화의 초과공급이 존재한다. 사람들은 그들이 원하는 것보다 많은 통화를 보유하고 있기 때문에 이자를 지불하는 자산을 사기 위해 잉여자금을 사용한다. 경제 전체는 통화 보유를 감소시킬 수 없다. 본의 아니게 많은 통화를 보유한 사람들이 초과 현금잔고를 빌려주기 위해 경쟁함에 따라 이자율이 하락한다. 그림 15-4의 점 2에서 보는 것처럼 이자율은 실질통화수요의 증가가 실질통화공급의 증가와 같아지도록 충분히 하락한다.

앞의 정책실험을 반대 방향으로 실시하면 중앙은행이 $M^s$를 감소시킬 때 통화공급의 감소가 어떻게 이자율을 상승시키는지를 살펴볼 수 있다. $M^s$의 감소는 이전에 공급과 수요를 균형시켰던 이자율에서 통화에 대한 초과수요를 발생시킨다. 사람들은 부족한 실질통화보유를 재충전하기 위해 이자창출 자산을 판매(즉 차입)하려고 한다. 초과통화수요가 존재할 때 사람들은 절대로 성공할 수 없기 때문에 이자율은 모든 사람이 좀 더 적은 실질통화량을 보유하는 데 만족할 때까지 상승한다.

다음과 같은 결론을 얻을 수 있다. 물가수준과 생산량이 주어진 경우 통화공급의 증가는 이자율을 하락시키는 반면 통화공급의 감소는 이자율을 상승시킨다.

### 생산량과 이자율

그림 15-5는 통화공급과 물가수준이 주어진 경우, $Y^1$에서 $Y^2$로의 생산량 증가가 이자율에 미치는 효과를 보여준다. 앞에서 살펴본 것처럼 생산량의 증가는 총실질통화수요곡선을 오른쪽으로 이동시키고, 균형점을 점 1로부터 이탈시킨다. 처음의 균형이자율 $R^1$에서 $Q^2 - Q^1$만큼의 실질통화에 대

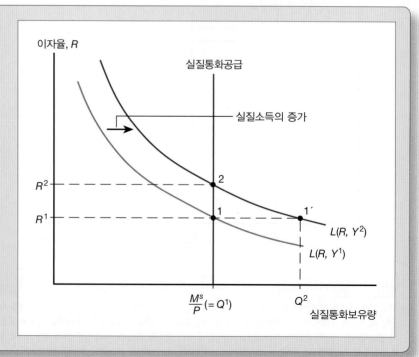

**그림 15-5 실질소득의 증가가 이자율에 미치는 효과**

실질통화공급 $M^s/P(=Q^1)$가 주어진 경우 $Y^1$에서 $Y^2$로의 실질소득 증가는 이자율을 $R^1$(점 1)에서 $R^2$(점 2)로 상승시킨다.

한 초과수요가 존재한다. 실질통화공급이 주어져 있기 때문에 이자율은 좀 더 높은 새로운 균형수준 $R^2$(점 2)에 이르기까지 상승한다. 생산량의 감소는 총실질통화수요곡선을 왼쪽으로 이동시키고 균형이자율을 하락시키는, 반대의 효과를 가진다.

다음과 같은 결론을 얻을 수 있다. 물가수준과 통화공급이 주어진 경우 실질생산량의 증가는 이자율을 상승시키는 반면 실질생산량의 감소는 이자율을 하락시킨다.

## 통화공급과 환율의 단기적 관계

14장에서 미래의 환율에 대한 예상이 주어진 경우 이자율의 변화가 환율에 어떤 영향을 미치는지를 예측하는 이자율 평형조건에 대해 배웠다. 한 국가의 통화공급 변화가 그 국가의 통화로 표시된 비통화자산의 이자율에 어떤 영향을 미치는지를 알게 되었으므로, 이제 통화공급의 변화가 환율에 어떤 영향을 미치는지를 살펴보자. 한 국가의 통화공급 증가는 외환시장에서 그 국가의 통화를 절하시키는 반면에 한 국가의 통화공급 감소는 그 국가의 통화를 절상시킨다는 사실을 알게 될 것이다.

이 절에서 계속해서 실질생산과 물가수준은 주어진 것으로 가정한다. 이러한 이유 때문에 이 절의 분석은 **단기**(short run) 분석이라고 부른다. 경제적 사건의 **장기**(long run) 분석은 (오랜 시간이 걸릴 수 있는) 물가수준의 완전한 조정과 모든 생산요소의 완전고용을 허용한다. 이 장 후반부에서는 통화공급이 물가수준, 환율, 기타 거시경제변수에 미치는 장기적 영향을 살펴볼 것이다. 이와 같은 장기 분석은 통화공급이 단기 분석에서 주어진 것으로 가정하는 환율에 대한 예상에 어떤 영향을 미치는지도 보여준다.

### 통화, 이자율, 환율의 관계

그림 15-6을 활용하여 단기에서 통화와 환율의 관계를 분석하기 위해 이미 따로따로 살펴본 두 그림을 결합해보자. 다시 한번 달러/유로 환율, 즉 달러로 나타낸 유로의 가격을 살펴보자.

(그림 14-4에서 소개된) 첫 번째 그림은 이자율과 미래 환율에 대한 예상이 주어진 경우 외환시장의 균형이 어떻게 결정되는지를 보여준다. 이 그림은 그림 15-6의 윗부분에 나타나 있다. 통화시장에서 결정되는 달러이자율 $R_\$^1$은 수직선으로 그려져 있다.

14장에서 살펴봤듯이 우하향하는 유로의 기대수익률곡선은 달러기준 유로 예금의 기대수익률을 나타낸다. 이 곡선은 현재 환율의 변화가 유로에 대한 달러의 예상 절하율에 미치는 효과 때문에 우하향한다. 주어진 미래의 예상환율수준에 대한 현재 달러의 상대적 강세($E_{\$/€}$의 하락)는 사람들이 미래에 좀 더 급격한 달러의 절하를 예측하게 함으로써 유로 예금을 더 매력적으로 만든다.

두 곡선의 교차점(점 1′)에서 달러 예금과 유로 예금의 기대수익률은 일치하고 이자율 평형조건이 성립한다. $E_{\$/€}^1$이 균형환율이다.

통화와 환율의 관계를 살펴보기 위해 필요한 두 번째 그림은 그림 15-3에서 소개했다. 이 그림은 한 국가의 균형이자율이 통화시장에서 어떻게 결정되는지를 보여주며 그림 15-6의 아랫부분에 나타나 있다. 그러나 논의의 편의를 위해 이 그림은 달러이자율이 수평축에 0부터 측정되고 미국의 실질통화공급은 아래로 그려진 수직축에 0부터 측정되도록 시계 방향으로 90도 회전되어 있다. 통화시

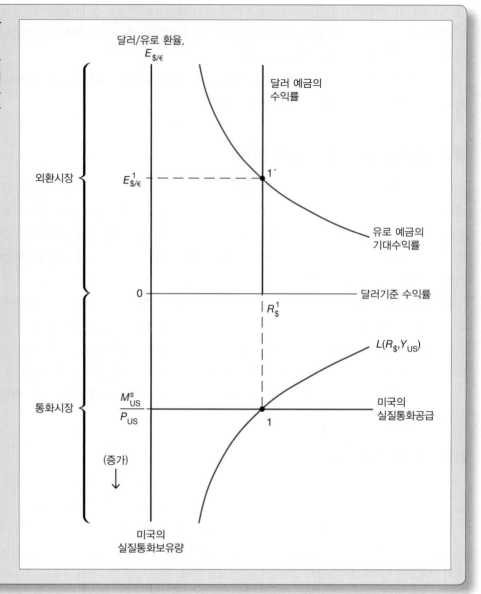

**그림 15-6 미국의 통화시장과 외환시장의 동시 균형**

두 자산시장은 이자율 $R_\$^1$과 환율 $E_{\$/\unicode{x20AC}}^1$에서 균형이다. 이와 같은 이자율과 환율에서 통화공급은 통화수요와 일치하고(점 1), 이자율 평형조건이 성립한다(점 1').

장균형은 점 1로 표시되어 있다. 이 점에서 달러이자율 $R_\$^1$은 사람들이 미국의 실질통화공급 $M_{US}^s/P_{US}$와 일치하는 실질잔고를 수요하도록 유도한다.

그림 15-6은 미국의 통화시장(아래)과 외환시장(위)의 연결관계를 보여준다. 미국의 통화시장은 달러이자율을 결정하고, 이어서 이 이자율은 이자율 평형조건을 충족하는 환율에 영향을 미친다. (물론 유럽의 통화시장과 유로이자율의 변화를 통해 작동하는 외환시장에도 이와 유사한 연결관계가 존재한다.)

그림 15-7은 통화시장과 외환시장의 연결관계를 보여준다. 미국과 유럽의 중앙은행인 연방준비제도(Federal Reserve System)와 유럽 중앙은행(European Central Bank, ECB)은 각각 미국과 유럽의 통화공급, 즉 $M_{US}^s$와 $M_E^s$를 결정한다. 두 국가의 물가수준과 국민소득이 주어지면 두 국가의 통화시

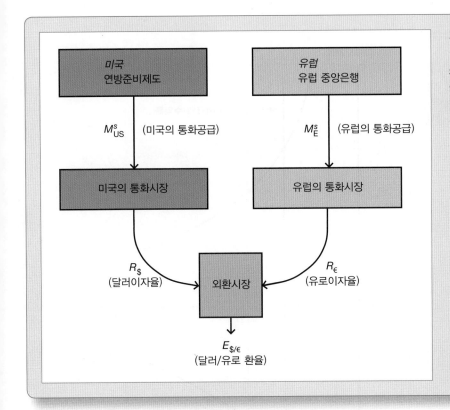

**그림 15-7 통화시장과 환율의 연결관계**
연방준비제도의 통화 정책은 미국의 이자율에 영향을 미치고, 외환시장을 균형시키는 달러/유로 환율을 변화시킨다. 유럽 중앙은행은 유럽의 통화공급과 이자율을 변화시킴으로써 환율에 영향을 줄 수 있다.

장에서 균형 달러이자율 $R_\$$와 유로이자율 $R_€$가 결정된다. 이러한 이자율은 외환시장에 투입되고, 미래의 달러/유로 환율에 대한 예상이 주어진 경우 현재의 환율 $E_{\$/€}$가 이자율 평형조건에 의해 결정된다.

## 미국의 통화공급과 달러/유로 환율

이제 연방준비제도가 미국의 통화공급 $M_{US}^s$를 변화시킬 때 달러/유로 환율이 어떻게 변하는지를 살펴보기 위해 자산시장연결 모형(통화시장과 외환시장을 연결시킨 모형)을 사용해보자. $M_{US}^s$ 변화의 효과가 그림 15-8에 정리되어 있다.

처음의 통화공급 $M_{US}^1$에서 미국의 통화시장은 $R_\$^1$의 이자율을 가진 점 1에서 균형 상태에 있다. 유로이자율과 미래 환율에 대한 예상이 주어진 경우 $R_\$^1$의 달러이자율에서 외환시장의 균형은 $E_{\$/€}^1$의 환율을 가진 점 1′에서 이루어진다.

연방준비제도가 경기후퇴의 시작을 우려해서 미국의 통화공급을 $M_{US}^1$에서 $M_{US}^2$로 증가시킬 때 어떤 일이 발생하는가? 이와 같은 미국의 통화공급 증가로 다음과 같은 일련의 일이 연쇄적으로 발생한다. (1) 처음의 이자율 $R_\$^1$에서 미국의 통화시장에 통화의 초과공급이 존재하게 되고, 통화시장이 새로운 균형(점 2)에 이를 때 달러이자율은 $R_\$^2$로 하락한다. (2) 처음의 환율 $E_{\$/€}^1$과 새로운 이자율 $R_\$^2$에서 유로 예금의 기대수익률은 달러 예금의 기대수익률보다 높다. 따라서 달러 예금의 보유자는 이제 좀 더 매력적인 유로 예금을 사기 위해 달러 예금을 팔려고 한다. (3) 달러 예금의 보유자가 유로 예금을 사려고 하면서 달러는 $E_{\$/€}^2$까지 절하한다. $E_{\$/€}^2$로의 환율 변동이 달러이자율의 하락을 상

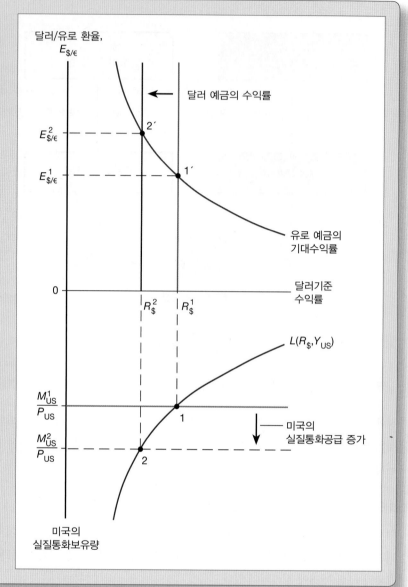

**그림 15-8 미국의 통화공급 증가가 달러/유로 환율과 이자율에 미치는 효과**

$P_{US}$와 $Y_{US}$가 주어진 경우 통화공급이 $M_{US}^1$에서 $M_{US}^2$로 증가할 때 (통화시장의 균형은 점 2에서 다시 이루어지기 때문에) 달러이자율은 하락하고 달러는 (외환시장의 균형은 점 2´에서 다시 이루어지기 때문에) 유로에 대해 절하한다.

쇄하기에 충분한 만큼 달러의 예상 절하율을 하락시키기 때문에 외환시장은 다시 점 2´에서 균형 상태가 된다.

다음과 같은 결론을 얻을 수 있다. 한 국가의 통화공급 증가는 그 국가의 통화를 외환시장에서 절하시킨다. 그림 15-8의 내용을 반대 방향으로 생각하면 한 국가의 통화공급 감소는 그 국가의 통화를 외환시장에서 절상시킨다.

## 유럽의 통화공급과 달러/유로 환율

ECB가 유럽의 통화공급을 변화시킬 때 앞서 얻은 결론이 그대로 적용된다. ECB가 유럽의 경기후퇴를 우려하고, 확장적 통화 정책을 통해 경기후퇴의 시작을 막기 원한다고 하자. $M_E^s$의 증가는 유로의

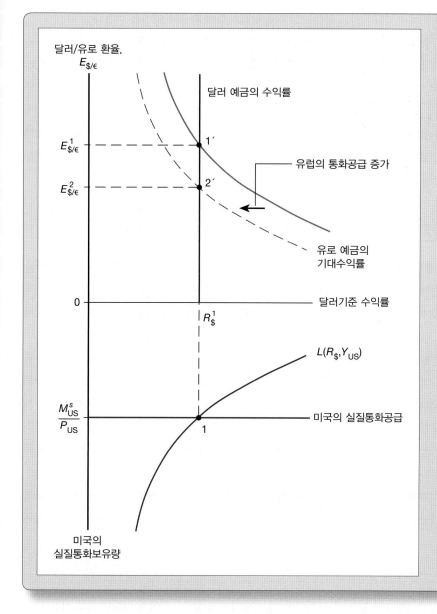

**그림 15-9 유럽의 통화공급 증가가 달러/유로 환율에 미치는 효과**

유럽의 통화공급 증가는 (유로의 기대수익률 곡선의 왼쪽 이동으로 나타난 것처럼) 유로 예금의 달러기준 기대수익률을 하락시킴으로써 달러를 유로에 대해 절상시킨다. 외환시장의 균형은 점 1′에서 점 2′으로 이동하지만 미국의 통화시장균형은 점 1에서 유지된다.

절하(즉 달러의 절상, 다시 말해 $E_{\$/€}$의 하락)를 초래하는 반면, $M_E^s$의 감소는 유로의 절상(즉 달러의 절하, 다시 말해 $E_{\$/€}$의 상승)을 초래한다.

유로이자율에서 환율까지 이어지는 작동 과정은 방금 분석했던 것과 같다. 유럽의 통화시장과 외환시장의 연결관계를 나타내는 그림 15-6 및 그림 15-8과 유사한 그림을 그려서 이러한 주장을 증명하는 것은 좋은 연습문제가 될 것이다.

여기서 유럽의 통화공급 변화가 달러/유로 환율에 어떤 영향을 미치는지를 살펴보기 위해 다른 접근 방법을 사용해보자. 14장에서 유로이자율 $R_€$의 하락은 그림 15-6의 위쪽 그림에 있는 우하향하는 곡선을 왼쪽으로 이동시킨다는 것을 배웠다. 그 이유는 주어진 환율수준에서 $R_€$의 하락은 유로 예금의 기대수익률을 하락시키기 때문이다. 유럽의 통화공급 $M_E^s$ 증가는 $R_€$를 하락시켜 그림 15-6의 윗부분에 있는 유로의 기대수익률곡선을 왼쪽으로 이동시킴으로써 환율에 영향을 미친다.

유럽의 통화공급 증가의 결과는 그림 15-9에 나타나 있다. 처음에 미국의 통화시장은 점 1에서 균형을 이루고 외환시장은 $E_{\$/€}^1$의 환율을 가진 점 1′에서 균형을 이룬다. 유럽의 통화공급 증가는 $R_€$를 하락시키고, 유로 예금의 기대수익률을 환율과 연결하는 곡선을 왼쪽으로 이동시킨다. 외환시장의 새로운 균형은 $E_{\$/€}^2$의 환율을 가진 점 2′에서 이루어진다. 유럽의 통화공급 증가는 유로를 달러에 대해 절하시킨다는 것(즉 유로의 달러가격을 하락시킨다는 것)을 알 수 있다. 이와 유사하게 유럽의 통화공급 감소는 유로를 달러에 대해 절상시킬 것($E_{\$/€}$를 상승시킬 것)이다. 유럽의 통화공급 변화는 미국의 통화시장을 교란하지 않고 점 1에 그대로 머물러 있게 한다.[5]

## 통화, 물가수준, 환율의 장기적 관계

통화시장과 외환시장의 연결관계에 대한 단기 분석은 논의를 단순화하기 위해 물가수준과 예상환율이 주어졌다는 가정에 기초하여 이루어졌다. 통화공급과 통화수요가 환율에 어떤 영향을 미치는지에 대한 이해를 확장하기 위해 통화적 요인이 장기적으로 한 국가의 물가수준에 어떻게 영향을 미치는지를 살펴보자.

한 경제의 **장기균형**(long-run equilibrium)은 경제가 완전고용으로 조정되는 동안 새로운 경제충격이 발생하지 않는다면 궁극적으로 도달하는 경제 상태이다. 아마도 모든 임금과 가격이 시장청산수준(즉 초과공급과 초과수요가 존재하지 않는 수준)으로 조정되는 데 충분한 시간을 가진 후에 유지되는 균형을 장기균형이라고 생각할 수 있다. 장기균형을 생각하는 다른 방법은 가격이 완전히 신축적이고 항상 완전고용을 유지하기 위해 즉각적으로 조정되는 경우에 이루어질 균형을 장기균형으로 생각하는 것이다.

통화공급의 변화 자체가 장기적으로 어떠한 결과를 가져올 것인지를 검토하기 위해 통화공급의 변화가 경제의 장기균형을 어떻게 변화시키는지를 살펴보자. 총통화수요의 이론이 주요한 분석도구로 사용된다.

### 통화와 통화가격

만약 물가수준 $P$와 생산량 $Y$가 단기에 고정되어 있고 통화공급 $M^s$가 주어져 있다면 통화시장의 균형조건을 나타내는 식 (15-4)가 국내이자율 $R$을 결정한다.

$$M^s/P = L(R, Y)$$

그러나 '단기'라는 가정을 버리고 $R$뿐 아니라 $P$와 $Y$도 변할 수 있는 기간을 생각한다고 할지라도 통화시장은 항상 균형을 향하여 이동한다. 따라서 위에서 나타낸 통화시장의 균형조건은 다음과 같이 다시 정리할 수 있다.

$$P = M^s/L(R, Y) \tag{15-5}$$

---

5 $Y_{US}$와 $P_{US}$가 주어진 경우 유럽의 통화공급 증가 후 유럽의 통화시장과 외환시장을 균형시키는 가격조정이 미국의 통화공급 또는 통화수요 어느 것도 변화시키지 않기 때문에 미국의 통화시장균형은 점 1에 그대로 유지된다.

이 식은 물가수준이 이자율, 생산량, 통화공급에 어떻게 의존하는지를 보여준다.

장기균형 물가수준(long-run equilibrium price level)은 이자율과 생산량이 장기수준, 즉 완전고용을 달성시키는 수준일 때 식 (15-5)의 조건을 만족하는 $P$의 값이다. 통화시장이 균형이고 모든 생산요소가 완전고용되어 있을 때 통화공급, 총통화수요함수, 그리고 $R$과 $Y$의 장기수준이 안정되게 유지되고 있다면 물가수준도 안정되게 유지될 것이다.

$P$에 대한 식 (15-5)의 가장 중요한 예측 중 하나는 한 국가의 물가수준과 통화공급 $M^s$의 관계에 관한 것이다. 다른 모든 조건이 일정하다면 한 국가의 통화공급 증가는 물가수준을 같은 비율만큼 상승시킨다. 예를 들어 통화공급이 2배($2M^s$)로 증가하지만 생산량과 이자율이 변하지 않는다면 통화시장의 균형을 유지하기 위해 물가수준도 2배($2P$)로 상승해야 한다.

이와 같은 매우 정확한 예측의 배후에 있는 경제적 논리는 통화에 대한 수요는 실질통화보유에 대한 수요라는 관찰에서 유래한다. 실질통화수요는 $R$과 $Y$를 변화시키지 않는[따라서 총실질통화수요 $L(R, Y)$를 변화시키지 않는] $M^s$의 증가에 의해 변하지 않는다. 만약 총실질통화수요가 변하지 않으면 실질통화공급이 변화 없이 그대로 유지되어야만 통화시장이 균형에 머물러 있을 것이다. 실질통화공급 $M^s/P$를 일정하게 유지하려면 $P$가 $M^s$와 같은 비율로 상승해야만 한다.

## 통화공급 변화의 장기 효과

이자율과 생산량이 주어진 경우 통화공급이 어떻게 물가수준에 영향을 미치는지를 설명하는 이론은 아직은 통화공급의 변화가 장기적으로 물가수준에 어떤 영향을 미치는지를 설명하는 이론이 아니다. 이 이론을 개발하기 위해서는 통화공급의 변화가 이자율과 생산량에 미치는 장기 효과를 검토해야만 한다. 이 일은 생각하는 것보다 쉽다. 결론부터 말하면 **통화공급의 변화는 이자율 또는 실질생산량의 장기 값에 영향을 미치지 못한다.**[6]

통화공급이 이자율과 생산량에 미치는 장기 효과를 이해하기 위한 가장 좋은 방법은 먼저 한 국가의 정부가 그 국가의 통화단위를 재정의하는 **통화개혁**(currency reform)을 생각해보는 것이다. 예를 들어 튀르키예 정부는 2005년 1월 1일에 단순히 옛 100만 리라를 새로운 1리라로 발행하는 통화개혁을 단행했다. 이러한 통화개혁의 효과는 통용되는 통화단위의 수와 모든 리라가격을 옛 리라가격의 100만 분의 1로 줄이는 것이었다. 그러나 통화단위를 재정의하는 것은 실질생산량, 이자율, 재화의 상대가격에 영향을 미치지 못한다. 다만 리라로 측정되는 모든 가치를 단 한 번 변화시킨 것이 일어난 일의 전부이다. 마일 단위가 아니라 1/2마일 단위로 거리를 측정하기로 하는 결정은 마치 통화단위로 측정된 모든 가격의 끝부분에서 6개의 0단위를 잘라버리기로 한 튀르키예 정부의 결정처럼 실질경제변수에 거의 영향을 미치지 않는다.

한 국가의 통화공급 증가는 장기적으로 통화개혁과 동일한 효과를 가진다. 예를 들면 통화공급을 2배 증가시키는 것은 통화 1단위를 새로운 통화 2단위로 대체하는 통화개혁과 같은 장기 효과를 가

---

6 이 결과는 명목통화공급수준의 변화에 적용되는 것이지 통화공급이 시간이 흐름에 따라 증가하는 비율의 변화에 적용되는 것은 아니다. 통화공급수준의 한 차례 변화는 실질경제변수의 장기 값에 영향을 주지 않는다는 주장을 통화의 장기적 중립성(long-run neutrality of money)이라고 한다. 이와는 대조적으로 통화공급 증가율의 변화는 장기적으로 중립적이지 않을 수 있다. 통화공급 증가율의 지속적인 변화는 궁극적으로 (다음 장에서 논의하는 것처럼) 명목이자율을 상승시킴으로써 균형실질통화잔고에 영향을 준다.

진다. 만약 경제가 처음에 완전고용 상태라면 경제 내 모든 가격은 궁극적으로 2배가 될 것이나, 실질 GNP, 이자율, 모든 상대가격은 장기수준 또는 완전고용수준에서 유지된다.

통화공급의 변화가 경제의 장기균형에 미치는 영향이 마치 통화개혁과 같은 이유는 무엇인가? 완전고용 생산량수준은 경제가 보유하고 있는 노동과 자본의 양으로 결정되고, 장기에서 실질생산량은 통화공급의 영향을 받지 않는다. 이와 유사하게 이자율은 장기적으로 통화공급과는 독립적으로 결정된다. 만약 통화공급과 모든 가격이 영구히 2배로 된다면 이전에 현재의 1달러를 1년 후 1.10달러와 기꺼이 교환했던 사람들이 이제 현재의 2달러를 1년 후 2달러 20센트와 기꺼이 교환하지 않을 이유가 없다. 따라서 이자율은 연간 10%에서 유지될 것이다. 만약 모든 통화가격이 2배가 되어도 상대가격은 다름 아닌 통화가격의 비율이기 때문에 같은 수준에서 유지될 것이다. 따라서 통화공급은 자원의 장기적 배분을 변화시키지 못한다. 통화가격의 절대수준만이 변화한다.[7]

따라서 통화공급 증가의 장기 효과를 연구할 때 $R$과 $Y$의 장기 값이 통화공급의 변화에 의해 변하지 않는다고 가정하는 것이 정당화된다. 이에 따라 식 (15-5)에서 다음과 같은 결론을 도출할 수 있다. 통화공급의 한 차례 영구적 증가는 물가수준의 장기 값을 같은 비율만큼 상승시킨다. 특히 경제가 처음에 완전고용 상태에 있으면 통화공급의 한 차례 영구적 증가는 궁극적으로 물가수준을 같은 비율만큼 상승시킨다.

## 통화공급과 물가수준의 관계에 대한 실증적 증거

통화공급과 물가수준에 대한 실제 데이터를 살펴볼 때 부분적으로 생산량, 이자율, 총실질통화수요함수가 통화공급과는 관계없는 이유로 이동할 수 있기 때문에 장기적으로 통화공급과 물가수준의 정확한 비례적 관계를 관찰할 수 있을 것으로 기대해서는 안 된다. 예를 들어 자본축적과 좀 더 강력한 컴퓨터 같은 기술발전의 결과로 생산량은 변하고, 통화에 대한 수요는 인구구성의 변화 추이 또는 전자 현금이체 제도의 도입과 같은 금융혁신의 결과로 변할 수 있다. 이에 더해 실제 경제가 장기균형 상태에 있는 것도 아니다. 그럼에도 불구하고 우리는 데이터가 통화공급과 물가수준 간에 분명한 양(+)의 관계를 보여줄 것을 기대한다. 만약 실제 데이터가 통화공급과 물가수준이 장기적으로 함께 변한다는 강한 실증적 증거를 보여주지 않으면 앞서 제시한 통화에 대한 수요 이론의 유용성은 심각하게 의심받을 것이다.

최근 남미에서 발생한 인플레이션율의 큰 변동은 이 지역을 통화공급과 물가수준의 관계에 대한 이상적인 연구대상으로 만들었다. 거시경제개혁의 노력으로 인플레이션율을 낮추기 시작했던 1990년대 중반 이전의 10년 이상 동안 남미에서 인플레이션율은 상당히 높았고 변동이 심했다.

앞에서 논의한 이론을 적용하면 통화공급 증가율의 급격한 변동이 인플레이션율의 급격한 변동을 수반했을 것이라고 예상할 수 있다. 이와 같은 예상은 1980~2014년의 연간 통화공급 증가율과 연간 인플레이션율의 관계를 나타낸 그림 15-10에서 확인할 수 있다. 통화공급 증가율이 높았던 연도

---

7 통화공급의 한 차례 변화가 왜 이자율의 장기적 수준을 변화시키지 못하는지를 좀 더 충분히 이해하기 위해 통화단위로 측정된 이자율을 서로 다른 시점에 존재하는 통화단위의 상대가격으로 정의하는 것으로 생각하는 게 유용할 수 있다. 만약 달러이자율이 연간 $R$일 때 오늘 1달러를 포기하면 내년에 $(1+R)$달러를 받는다. 따라서 $1/(1+R)$은 현재 달러로 나타낸 미래 달러의 상대가격이고, 이와 같은 상대가격은 통화단위의 실질가치가 모든 시점에 동일한 요인으로 커지거나 작아진다면 변화하지 않을 것이다.

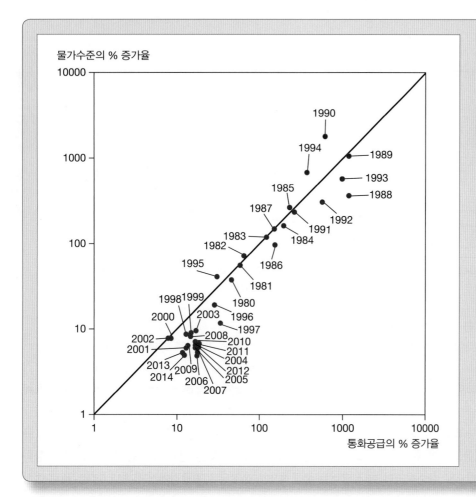

**그림 15-10 남미 개발도상국의 연평균 통화공급 증가율과 인플레이션율(1980~2014)**

남미 개발도상국의 평균 통화공급 증가율과 인플레이션율 간에 강한 양의 상관관계가 존재한다. (양 축은 로그 값의 측정치를 나타낸다.)

출처: World Bank development indicators database and own calculations. 지역 총량 변수는 총지역 달러 GDP에서 차지하는 국가별 달러 GDP의 비중을 가중치로 사용하여 구한 것이다.

에는 평균적으로 연간 인플레이션율도 높은 경향을 나타냈다. 이에 더해 데이터가 통화공급과 물가수준이 비례적으로 증가하는 45도 선 주위에 가깝게 집중되어 있다.

그림 15-10에서 도출되는 중요한 교훈은 실제 데이터가 경제 이론으로 예측되는 통화공급과 물가수준의 강한 장기적 관계를 확인해준다는 것이다.

그림 15-11은 통화공급 증가율과 인플레이션의 관계를 보여주는 또 다른 사례로서, 2010년대 후반 이례적으로 높은 통화공급 증가율과 인플레이션을 기록했던 베네수엘라의 경우를 보여준다. 21세기 들어 현재까지 베네수엘라의 인플레이션 경험은 뒤에 자세히 논의할 짐바브웨에 견줄 만한 유일한 사례인데, 두 경우 비슷하게 경제적 곤경에 직면하여 정부가 예산 소요액을 충당하기 위해 통화를 발행해야 해서 일어난 일이다.

## 통화와 환율의 장기적 관계

외국통화의 국내통화가격(환율)은 통화공급의 한 차례 영구적 증가 후에 장기적으로 상승하는 경제 내의 많은 가격 가운데 하나이다. 통화개혁의 효과에 대해 다시 생각해보면 환율이 장기적으로 어떻게 변할 것인지를 알게 될 것이다. 예를 들어 미국 정부가 2단위의 '옛' 달러를 1단위의 '새로운' 달러

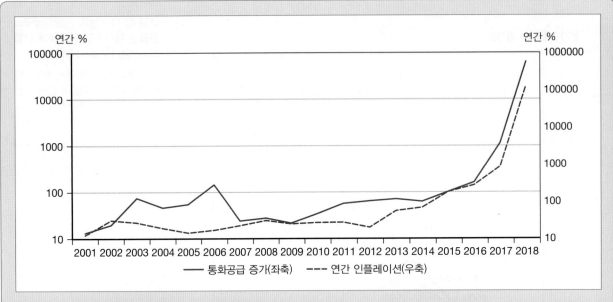

**그림 15-11 베네수엘라의 통화공급 증가와 인플레이션(2001~2018)**

베네수엘라의 통화공급 증가와 인플레이션 모두 2010년대 후반 폭발적으로 증가했다. (양 축은 로그 값의 측정치를 나타낸다.)

출처: 통화공급은 Banco Central de Venezuela, 소비자물가 인플레이션은 International Monetary Fund, *World Economic Outlook* database, April 2020.

로 대체했다고 하자. 그리고 달러/유로 환율이 통화개혁 전에 유로당 1.20 옛 달러였다면, 달러/유로 환율은 통화개혁 후에 즉각적으로 유로당 0.60 새 달러로 변할 것이다. 같은 방식으로 미국 통화공급을 절반으로 감소시키면 미국 달러는 궁극적으로 유로당 1.20달러에서 유로당 0.60달러로 절상될 것이다. 모든 재화와 서비스의 달러가격 또한 절반으로 하락할 것이기 때문에 이처럼 달러의 50% 절상은 미국과 외국의 모든 재화와 서비스의 상대가격을 변화시키지 않는다.

다음과 같은 결론을 얻을 수 있다. 다른 모든 것이 일정하다면 국가 통화공급의 한 차례 영구적 증가는 장기적으로 외국통화에 대한 이 국가 통화를 비례적으로 절하시킨다. 이와 유사하게 국가의 통화공급의 한 차례 영구적 감소는 장기적으로 외국통화에 대한 이 국가통화를 비례적으로 절상시킨다.

## 인플레이션과 환율의 동태적 조정 과정

이 절에서는 물가수준이 장기수준으로 조정되는 과정을 검토함으로써 통화공급 변화의 단기 효과와 장기 효과를 결합할 것이다. 경제는 물가수준이 상승할 때 **인플레이션**(inflation)을, 물가수준이 하락할 때 **디플레이션**(deflation)을 경험한다. 인플레이션에 대한 검토를 통해 통화공급의 변화가 발생할 때 환율이 어떻게 조정되는지를 좀 더 깊이 이해할 수 있다.

### 단기 가격 경직성과 장기 가격 신축성

통화공급 변화의 단기 효과에 대한 분석에서 한 국가의 물가수준은 환율과는 달리 즉각적으로 점프

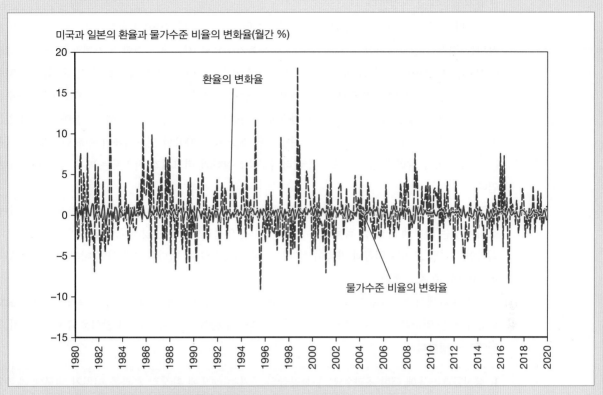

**그림 15-12 달러/엔 환율과 미국/일본 물가수준 비율의 월간 변동성(1980~2019)**
환율의 월간 변동성이 훨씬 더 큰 것은 상대적으로 물가수준이 단기적으로 경직적임을 시사한다.

출처: 물가수준은 International Monetary Fund, *International Financial Statistics*. 환율은 Global Financial Data.

하지 않는다고 가정했다. 농산물과 같은 많은 상품은 공급 또는 수요 조건이 변함에 따라 가격이 매일 급격히 조정되는 시장에서 거래되기 때문에 이 가정은 정확히 옳지 않을 수 있다. 게다가 환율의 변화 자체가 물가수준을 정의하는 상품바스켓에 포함된 일부 교역되는 재화와 서비스의 가격에 영향을 미칠 수 있다.

그러나 경제에서 많은 가격은 장기계약 조건으로 결정되어 있어서 통화공급의 변화가 발생할 때 즉각적으로 변할 수 없다. 이러한 형태의 가장 중요한 가격은 많은 산업에서 정기적으로 이루어지는 협상을 통해 결정되는 근로자의 임금이다. 임금은 직접적으로 물가지수에 포함되지 않지만 재화와 서비스 생산비용의 상당한 부분을 차지한다. 생산물 가격은 생산비용에 크게 의존하기 때문에 전반적인 물가수준은 임금 변화의 경직성에 영향을 받는다. 물가수준의 단기적 '경직성(stickiness)'이 그림 15-12에 예시되어 있다. 그림 15-12는 달러/엔 환율 $E_{\$/\yen}$의 월간 % 변화율과 미국과 일본의 물가수준 비율 $P_{US}/P_J$의 월간 % 변화율을 비교한다. 그림 15-12에서 보는 것처럼 환율은 상대적 물가수준보다 훨씬 더 심하게 변동했다. 이러한 사실은 물가수준이 단기적으로 경직적이라는 견해를 확인해준다. 그림 15-12에서 보여주는 모습은 최근 주요 선진국 모두에 해당된다. 이것과 기타 증거를 감안하여 계속해서 물가수준은 단기적으로 일정한 값으로 주어지고, 정책변화에 반응하여 크게 점프하지 않는다고 가정한다.

그러나 이 가정이 모든 시점, 모든 국가에 적절한 것은 아니다. 1980년대에 일부 남미 국가에서 관찰되는 것처럼 인플레이션이 심한 경우 국내통화기준으로 지불액을 정한 장기계약은 쓸모가 없을 수 있다. 인플레이션이 심한 경우에 임금의 자동적인 물가연동이 널리 활용될 수 있다. 임금의 자동적인 물가연동은 완만한 인플레이션하에서와는 달리 물가수준을 덜 경직적으로 만들고, 물가수준의 큰 점프가 가능할 수 있다. 그러나 선진국의 기준으로 볼 때 높은 인플레이션율에 직면해 있을 때조차도 약간의 가격 경직성이 존재할 수 있다. 예를 들면 2002년 튀르키예의 30% 인플레이션율은 같은 기간 미국 달러에 대한 튀르키예 리라의 114% 절하와 비교되기 전까지는 매우 높은 것처럼 보인다.

그럼에도 불구하고 단기 가격 경직성을 가정하는 분석은 미국과 같이 역사적으로 물가수준이 안정되어 있는 국가에 가장 잘 적용될 수 있을 것이다. 인플레이션율이 낮은 국가의 경우에서조차도 경직적인 것처럼 보이는 임금과 가격이 실제로 매우 신축적일 수 있다는 가능성에 대해 활발한 학문적 논쟁이 이루어지고 있다.[8]

많은 국가에서 물가수준이 단기적으로 경직성을 보이지만 통화공급의 증가는 즉각적으로 수요와 비용에 상승 압력을 가하여 궁극적으로 미래의 물가수준을 상승시킨다. 이 압력은 주로 세 가지 원인에서 발생한다.

1. **생산물과 노동에 대한 초과수요:** 통화공급의 증가는 경제에 확장적 효과를 미치기 때문에 재화와 서비스에 대한 총수요를 증가시킨다. 이와 같은 수요를 충족하기 위해 재화와 서비스의 생산자는 근로자를 초과 근무하게 하고 새로운 근로자를 고용해야 한다. 임금이 단기적으로 일정하게 주어진다 할지라도 근로자에 대한 추가적인 수요는 근로자가 다음번 임금협상에서 좀 더 높은 임금을 요구할 수 있게 할 것이다. 호황인 경제에서 생산자는 생산물 가격을 상승시켜 소비자에게 전가하기가 어렵지 않다는 사실을 알기 때문에 생산자는 더 높은 임금을 기꺼이 지불하려고 한다.

2. **기대인플레이션:** 만약 모든 사람이 물가수준이 미래에 상승할 것이라고 예상하면 이 예상은 현재의 인플레이션율을 상승시킬 것이다. 임금협상을 하는 근로자는 예상되는 물가수준의 상승이 실질임금에 미치는 영향을 상쇄하기 위해 명목임금의 인상을 요구할 것이다. 생산자는 또다시 생산물 가격을 상승시켜 추가적인 임금비용을 메울 수 있다면 임금 인상 요구를 받아들일 것이다.

3. **원자재 가격:** 최종재의 생산에 사용되는 많은 원자재, 예를 들어 석유제품과 금속은 단기에서조차 가격이 급격히 조정되는 시장에서 판매된다. 통화공급의 증가는 이러한 원자재의 가격을 급격히 상승시킴으로써 원자재 사용 산업의 생산비용을 증가시킨다. 궁극적으로 이들 산업에 있는 생산자는 비용 상승을 감당할 수 있도록 생산물 가격을 상승시킬 것이다.

---

8 이 논쟁에 대한 논의와 미국의 총체적인 물가와 임금은 상당한 경직성을 보인다는 실증적 증거에 관해 더 읽을거리에 있는 Hall and Papell의 책을 참조하라. 미국의 증거에 관한 기타 논의는 Mark A. Wynne, "Sticky Prices: What Is the Evidence?" *Federal Reserve Bank of Dallas Economic Review* (First Quarter 1995), pp. 1-12와 Peter J. Klenow and Benjamin A. Malin, "Microeconomic Evidence on Price Setting," in Benjamin M. Friedman and Michael Woodford, eds., *Handbook of Monetary Economics*, Vol. 3 (Amsterdam: Elsevier, 2010)를 참조하라.

## 짐바브웨의 통화공급 증가와 하이퍼인플레이션

프랑스 혁명 이후 통화 가치가 급속히 상실되어 쓸모없게까지 만드는 폭발적이고 통제 불가능해 보이는 인플레이션을 의미하는 '하이퍼인플레이션(hyperinflation)'이 30차례 이상이나 있었다. 프랑스 혁명 정부가 지출 수요를 지급하기 위해 '아시냐 (assignats)'라는 지폐를 발행하면서 시작된 모든 하이퍼인플레이션은 대규모의 통화공급 증가로 인해 촉발됐다.

21세기의 두 하이퍼인플레이션 중 하나이며, 역사적으로 가장 극단적인 하이퍼인플레이션이 2007~2009년에 아프리카의 짐바브웨에서 발생했다(다른 하나는 베네수엘라이다). 하이퍼인플레이션 기간 동안 통화량 변화가 엄청나게 커서 통화가 물가수준에 미치는 '장기 효과'가 매우 신속하게 발생할 수 있다. 따라서 하이퍼인플레이션은 통화공급이 물가수준에 미치는 효과에 관한 장기 이론을 검정하기에 아주 적당한 실험 환경을 제공해준다.[9]

여타 하이퍼인플레이션과 마찬가지로 짐바브웨의 하이퍼인플레이션은 통화를 발행하여 정부 지출에 필요한 자금을 조달하면서 촉발됐다. 이러한 짐바브웨 정부의 지출에는 1998년에 시작된 콩고

와의 4년 전쟁에 필요한 전비와 대규모 농업 부문에 대한 지원이 있었다. 동시에 짐바브웨의 정치적 혼란 때문에 외국인들은 대출, 투자와 원조를 중단했다. 그 결과로 인플레이션이 발생했고 짐바브웨 통화의 환율은 공식적으로 정부에 의해 통제됐지만 시장의 힘이 작동하는 암시장에서 급속하게 절하됐다. 2006년 4월 1일에 짐바브웨 정부는 옛 1,000 짐바브웨 달러를 새 1 짐바브웨 달러로 전환하는 통화개혁을 단행했다.

그림에서 보는 것처럼 2007년에 인플레이션은 경계선을 넘어 하이퍼인플레이션으로 진입했다. 월간 인플레이션율은 2007년 3월에 50%를 넘어섰고 그 이후 대체로 더 상승했다. 2008년 7월 1일에 짐바브웨 정부는 그 당시에 대략적으로 3개의 계란 가격인 1,000억 짐바브웨 달러 통화를 발행했고 그다음 달에 옛 100억 짐바브웨 달러를 새 1 짐바브웨 달러로 전환하는 추가적인 통화개혁을 단행했다. 그러나 상황은 더 악화됐다. 짐바브웨 중앙은행인 짐바브웨준비은행(Reserve Bank of Zimbabwe, RBZ)의 공식적 CPI 통계에 따르면, 물가수준은 2007년 1월과 (RBZ

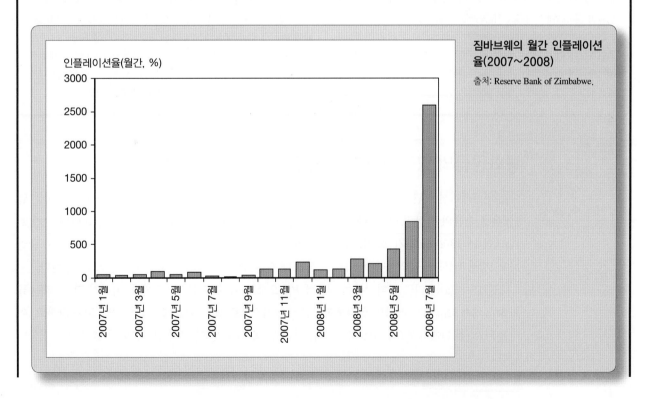

**짐바브웨의 월간 인플레이션율(2007~2008)**

출처: Reserve Bank of Zimbabwe.

---

9 컬럼비아대학교 경제학 교수였던 고 필립 케이건(Phillip Cagan)은 한 고전적인 논문에서 월간 50%의 인플레이션율(복리 계산을 하면 연간 1만 2,875%의 인플레이션율)에서 인플레이션과 하이퍼인플레이션 사이의 경계선을 그었다. "The Monetary Dynamics of Hyperinflation," in Milton Friedman, ed., *Studies in the Quantity Theory of Money* (Chicago: University of Chicago Press, 1956), pp. 25-117 참조. 18세기 데이터를 보면 프랑스 혁명기(1789~1796)에 월간 최고 인플레이션율은 143%보다 높았다.

가 물가 데이터 발표를 중단했던) 2008년 7월 사이에 3,666만 1,304% 상승했다. 이러한 RBZ의 수치는 과소추정된 것일 수 있다. 한 논문에 의하면, 2008년 10월 한 달 동안의 인플레이션율은 3,300만%를 초과했다.[10] 2009년 2월 3일에 다시 옛 1조 짐바브웨 달러를 새 1 짐바브웨 달러로 전환하는 통화개혁을 단행하여 4번째 짐바브웨 달러가 탄생됐다.

그러나 2009년 초에 사람들이 불안정한 짐바브웨 달러를 피하고 그 대신 미국 달러, 남아프리카 공화국의 란드(ZAR)와 보츠와나의 풀라(BWP)에 의존하게 됨에 따라 하이퍼인플레이션은 스스로 종료되고 있었다. 새로운 연립정부는 외국통화 사용을 합법화하고 짐바브웨 달러의 법정통화 지위를 중단했으며 정부의 모든 거래는 미국 달러로 수행할 것이라고 발표했다. 중요한 것은 (더 이상 통화를 발행할 수 없는) 새로운 연립정부가 세금을 통해 걷은 금액만을 지출할 수 있게 하는 '현금재정 방식(cash budgeting)'을 채택했다는 점이다. 짐바브웨 달러가 급속히 사용되지 않게 됨에 따라 RBZ는 2009년 11월 6일 이후에 자국통화의 환율 발표를 포기했다. (미국 달러 기준으로 측정되는) 인플레이션율은 2009년에 극적으로 하락했다.[11] 여러 통화가 계속 함께 유통되고 있지만 미국 달러가 압도적이다. 이에 따라 미국 달러로 측정된 인플레이션율이 짐바브웨의 가계와 기업에게는 가장 중요한 것이 되었다.

2009년 이후 짐바브웨는 여전히 수많은 경제문제로 어려움을 겪고 있다. 이 중 많은 문제는 극단적으로 거시경제가 불안정했던 시기와 만연한 부패와 같이 지금도 잔존해 있는 구조적 왜곡에서 발생하고 있다. 그러나 인플레이션은 이러한 문제 중 하나가 아니다. 달러가격 인플레이션은 연간 5%보다 낮게 유지되고 있다. 불행하게도 2014년 이후 낮은 양(+)의 인플레이션이 디플레이션, 즉 음(-)의 인플레이션율로 역전되었다. 지속적인 물가 하락은 17장에서 논의하듯이 자체적으로 수많은 복잡한 문제를 일으킨다. 짐바브웨의 디플레이션은 미국의 낮은 인플레이션뿐 아니라 더 깊은 경제 퇴보, 즉 철광석, 목재, 면직물과 같은 주요 수출품의 세계가격 붕괴를 반영한다. 외국통화를 자국의 통화로 채택함으로써 짐바브웨 정부는 자국의 통화공급에 대한 통제력을 포기했다. 디플레이션을 줄이기 위한 통화를 창조할 수 없게 되었으며, 경상수지 흑자, 외국 원조, 근로자의 해외로부터의 송금을 통해 통화공급을 구성하는 데 필요한 미국 달러를 수입해야만 한다.

자국 수출의 취약성으로 인해 짐바브웨 경제는 2015년까지 달러 기근에 시달렸고 그 결과 2016년 정부는 아프리카 수출입은행에서 차입한 2억 미국 달러의 뒷받침을 받는 '채권(bond note)'을 도입했다.[12] 그러나 이 채권의 가치는 곧 절하되었고 그 공급을 늘리기 위해 정부는 새로운 전자 노트를 만들게 되었다. 2019년 2월 정부는 이 둘을 통합해 짐달러로 불리는 새로운 전자화폐를 만들었고, 2019년 11월 지폐로 된 짐달러 노트를 발행하기 시작했다.

이러한 통화적 혼란 속에서 재정적자를 조달하기 위해 계속 통화를 발행하려는 유인이 있어 높은 인플레이션이 재개됐다. RBZ 자료에 따르면 인플레이션은 2020년 2월 13.5%였고(연간으로는 540%에 해당), 2020년 3월 26.6%(연간 676%)였다. 새로운 세계경제 불경기와 COVID-19 팬데믹에 직면하여 짐바브웨 시민들은 앞으로 수개월 동안 더 나쁜 상황을 각오하고 있다.

## 통화공급의 영구적 변화와 환율

이제 인플레이션에 관한 분석을 미국의 통화공급이 한 차례 영구적으로 증가하는 경우 발생하는 달러/유로 환율의 조정 과정을 살펴보는 데 적용하자. 그림 15-13은 이러한 통화공급 교란의 단기 효과[그림 15-13(a)]와 장기 효과[그림 15-13(b)]를 보여준다. 경제는 모든 변수가 장기수준에서 출발하고, 경제가 통화공급의 변화에 따라 조정될 때 실질생산량 $Y$는 일정하게 유지된다고 가정한다.

그림 15-13(a)는 미국 물가수준이 처음에 $P_{US}^1$으로 주어져 있다고 가정한다. 따라서 명목통화공급이 $M_{US}^1$에서 $M_{US}^2$로 증가하면 실질통화공급은 단기적으로 $M_{US}^1/P_{US}^1$에서 $M_{US}^2/P_{US}^1$로 증가하고, 이자율은 $R_\$^1$(점 1)에서 $R_\$^2$(점 2)로 하락한다. 지금까지의 분석은 이 장의 앞부분에서 했던 것과 정확히 같다.

---

10 Tara McIndoe-Calder, "Hyperinflation in Zimbabwe," unpublished manuscript (Central Bank of Ireland, March 2011) 참조

11 좀 더 자세한 설명은 Janet Koech, "Hyperinflation in Zimbabwe," in *Globalization and Monetary Policy Institute 2011 Annual Report*, Federal Reserve Bank of Dallas, pp. 2-12 and Joseph Noko, "Dollarization: The Case of Zimbabwe," *Cato Journal* 31 (Spring/Summer 2011) pp. 339-365 참조

12 "Who Wants to Be a Trillionaire? Zimbabwe's New Currency," *The Economist*, May 14, 2016 참조

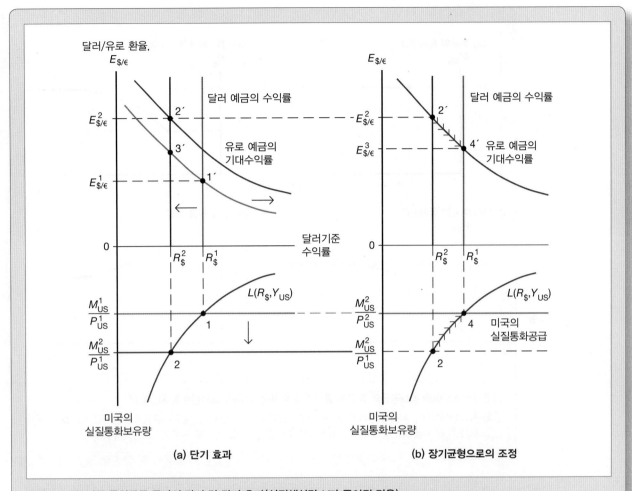

**그림 15-13** 미국 통화공급 증가의 단기 및 장기 효과(실질생산량 Y가 주어진 경우)
(a) 자산시장의 단기조정, (b) 경제가 장기균형에 접근함에 따른 이자율, 물가수준, 환율의 조정 과정

이 분석에서 첫 번째 변화는 미국의 통화공급 변화[그림 15-13(a)의 아랫부분]가 외환시장[그림 15-13(a)의 윗부분]에 어떤 영향을 미치는지를 살펴볼 때 나타난다. 이전처럼 미국 이자율의 하락은 달러 예금의 달러기준 기대수익률을 나타내는 수직선의 왼쪽 이동으로 나타나 있다. 그러나 이것이 전부가 아니다. 이제 통화공급의 증가는 **예상환율**(exchange rate expectation)에 영향을 미치기 때문이다. 미국의 통화공급 변화가 영구적이기 때문에 사람들은 유로의 달러가격인 환율을 포함하여 모든 달러가격의 장기적 상승을 예상한다. 14장에서 살펴봤듯이 미래의 달러/유로 예상환율의 상승(미래의 달러절하)은 달러기준 유로 예금의 기대수익률을 증가시킨다. 따라서 그림 15-13(a)의 윗부분에 있는 우하향곡선이 오른쪽으로 이동한다. 환율이 $E^1_{\$/€}$(점 1′)에서 $E^2_{\$/€}$(점 2′)로 이동하면서 달러는 유로에 대해 절하한다. 달러의 절하는 미래의 달러/유로 예상환율이 고정된 경우에 발생되는(통화공급 증가가 영구적이 아니라 일시적일 때 발생되는) 달러의 절하보다 크다. 만약 예상환율 $E^e_{\$/€}$가 변하지 않았다면 새로운 단기균형은 점 2′ 대신 점 3′에서 이루어졌을 것이다.

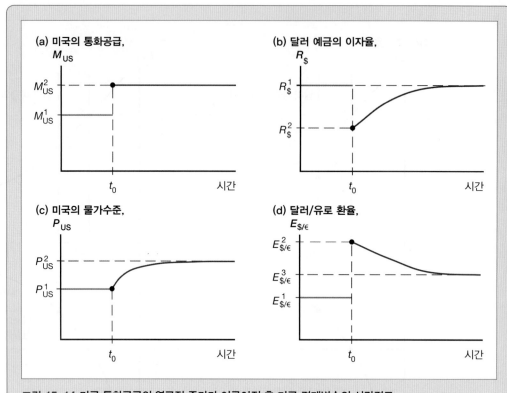

**그림 15-14 미국 통화공급의 영구적 증가가 이루어진 후 미국 경제변수의 시간경로**

통화공급이 (a)에서 $t_0$ 시점에 증가한 후 이자율(b), 물가수준(c), 환율(d)은 장기수준으로 이동한다. (d)에서 환율이 $E_{\$/€}^1$에서 $E_{\$/€}^2$로 처음 점프한 것처럼, 환율은 장기수준 $E_{\$/€}^3$에 이르기 전에 단기적으로 오버슈팅한다.

그림 15-13(b)는 경제가 장기균형으로 조정되는 동안 물가수준이 상승함에 따라 이자율과 환율이 어떻게 조정되는지를 보여준다. 물가수준은 처음에 주어진 수준인 $P_{US}^1$에서 궁극적으로 $P_{US}^2$로 상승하기 시작한다. 물가수준의 장기적 상승은 통화공급 증가에 비례해야 하기 때문에 최종적인 **실질통화공급** $M_{US}^2/P_{US}^2$는 처음의 실질통화공급 $M_{US}^1/P_{US}^1$과 일치한다. 생산량이 주어져 있고 실질통화공급은 처음의 수준으로 복귀하기 때문에 균형이자율은 장기적으로 다시 $R_\$^1$과 일치해야 한다(점 4). 따라서 물가수준이 $P_{US}^1$에서 $P_{US}^2$로 상승함에 따라 이자율은 $R_\$^2$(점 2)에서 $R_\$^1$(점 4)으로 상승한다.

미국 이자율의 상승은 그림 15-13(b)에서 볼 수 있는 환율 효과를 보인다. 조정 과정에서 달러는 유로에 대해 **절상**한다. 만약 조정 과정 동안 예상환율이 더 이상 변하지 않으면 외환시장은 달러기준 유로 예금의 기대수익률을 나타내는 우하향곡선을 따라서 장기적 위치로 이동한다. 시장의 조정경로는 바로 물가수준의 점진적인 상승에 따라 수직의 미국 달러이자율 곡선이 오른쪽으로 이동하면서 나타나는 경로를 추적한 것이다. 장기(점 4′)에서 균형환율 $E_{\$/€}^3$는 처음의 균형환율(점 1′)보다 높다. 물가수준처럼 달러/유로 환율은 통화공급의 증가와 같은 비율로 상승한다.

그림 15-14는 미국의 통화공급, 달러이자율, 미국의 물가수준, 달러/유로 환율의 시간 경로를 보여준다. 물가수준[그림 15-14(c)]과 환율[그림 15-14(d)]이 장기적으로 통화공급 증가에 비례하여 상승하도록 그림에 나타나 있다.

## 환율의 오버슈팅

통화공급이 증가한 후 처음의 달러절하 과정에서 환율은 $E_{\$/\epsilon}^1$에서 $E_{\$/\epsilon}^2$로 점프하여 $E_{\$/\epsilon}^1$에서 $E_{\$/\epsilon}^3$로 달러가 장기적으로 절하하는 크기보다 더 크게 절하한다[그림 15-14(d) 참조]. 교란에 대한 환율의 즉각적인 반응이 환율의 장기적 반응보다 클 때 환율은 오버슈팅한다고 말한다. **환율의 오버슈팅**(exchange rate overshooting)은 환율이 매일 매우 급격하게 변동하는 이유를 설명하는 데 도움을 주기 때문에 중요한 현상이다.

이자율 평형조건은 환율의 오버슈팅에 관한 경제적 설명을 제공한다. 통화공급이 처음 증가하기 전에 달러/유로 환율의 변화가 예상되지 않아 $R_\$^1$이 주어진 유로 예금의 이자율 $R_\epsilon$와 같다고 가정하면 이 설명은 이해하기가 훨씬 쉽다. $M_{US}^s$의 영구적 증가는 $R_\epsilon$에 영향을 미치지 못하기 때문에 미국 이자율 $R_\$^1$을 $R_\epsilon$보다 낮게 하락시킨다. 미국의 물가수준이 그림 15-14(c)에서 보는 것처럼 $P_{US}^2$로 장기적인 조정을 완료할 때까지 미국 이자율은 $R_\$^1$보다 낮은 수준에서 유지된다[그림 15-14(b)]. 그러나 외환시장이 이러한 조정기간 동안 균형에 있기 위해서는 유로 예금에 더 유리한 이자율 차이가 유로에 대한 달러의 예상되는 절상에 의해, 즉 예상되는 $E_{\$/\epsilon}$의 하락에 의해 상쇄되어야 한다. 달러/유로 환율이 처음에 $E_{\$/\epsilon}^3$를 오버슈팅해야만 외환시장 참여자는 유로에 대한 달러의 절상이 이어질 것으로 예상하게 될 것이다.

환율의 오버슈팅은 물가수준의 단기 경직성에 따른 직접적인 결과이다. 통화공급이 증가한 후에 물가수준이 새로운 장기수준으로 즉각적으로 조정될 수 있는 가상적인 세계에서는 물가가 즉각적으

---

**사례 연구**　개발도상국에서의 인플레이션 타깃팅과 환율

모든 중앙은행은 그들의 통화 정책을 관리할 책임이 있다. 따라서 그들은 통화 정책을 공식화하기 위해 계수 값을 설정해야 한다. IMF의 환율제도와 외환통제에 관한 연차보고서(Annual Report on Exchange Arrangements and Exchange Restrictions)는 한 국가가 통화 정책의 일환으로 인플레이션율, 환율 닻(exchange rate anchor), 통화총량을 목표로 삼는 제도의 정의를 내리고 있다.

신흥시장경제에서 통화 정책은 재정 정책에 대한 제약 때문에 종종 유일한 경제 정책이 되기도 하는데, 통화 정책의 역할은 경제성장, 물가안정, 환율안정을 동시에 증진시킬 것으로 기대되는 만큼 훨씬 더 중요하다. 이런 이유로 인플레이션 타깃팅의 선택은 이러한 국가에게 매우 도전적인 과제이다.

몇몇 실증 분석은 인플레이션 타깃팅이 장기 이자율을 관리하는 동시에 인플레이션과 인플레이션 기대를 억제함으로써 거시경제 성과를 개선한다는 점을 보여준다. 그 반면 다른 연구들은 인플레이션 타깃팅이 경제성과를 개선했다는 증거가 없다고 주장한다. 이 점은 특히 중앙은행 통화 정책의 주요 수단인 이자율 관리와 관련해 중요하다. 인플레이션 타깃팅은 중앙은행이 인플레이션을 억제하기 위해 이자율을 인상할 때 눈에 띄는 모순된 결과를 초래할 수 있는데, 이자율 인상은 GDP 성장을 둔화시키고 외국자본을 유입시키며, 이는 이어서 환율에 절상 압력을 가하게 된다. 이와 비슷하게 이자율 인하는 GDP 성장을 촉진하고 환율을 평가절하하며 인플레이션을 부추길 수 있다.

인플레이션 타깃팅의 효과성은 많은 논란이 되고 있지만 사마리나(Samarina), 테르프스트라(Terpstra), 드 한(De Hann)의 2014년 연구는 인플레이션 타깃팅의 영향은 그 국가가 처한 발전 단계에 따라 달라질 수 있다고 주장한다. 그들은 인플레이션 타깃팅은 선진경제에는 효과가 없지만 신흥시장경제에는 심각한 부정적인 영향을 끼친다는 점을 발견했다.

환율제도와 외환통제에 관한 연차보고서는 2014년 34개 국가가 인플레이션을 직접 타깃팅하고 있다는 점을 보여주는데, 이들 중 알바니아, 브라질, 칠레, 컬럼비아, 가나, 헝가리, 인도네시아, 한국, 멕시코, 파라과이, 페루, 필리핀, 폴란드, 루마니아, 세비아, 남아프리카 공화국, 태국, 대만, 튀르키예, 우간다 등 19개 국가는 신흥시장경제로 분류될 수 있다. 2015년 2월 인도 중앙은행(Reserve Bank of India, RBI)은 통화 정책의 일환으로

인플레이션 타깃팅을 공식적으로 채택했다.

## 인플레이션 타깃팅과 환율

1997~1998년의 아시아 외환위기와 중남미 위기 이후 많은 신흥시장경제는 더 신축적인 환율제도를 채택하기 위해 연성 고정환율제도(soft-pegged regimes)를 포기했다. 또한 어우양(Ouyang)과 라잔(Rajan)의 2016년 연구에 따르면[13] 인플레이션 타깃팅에 바탕을 둔 통화 정책은 세계 곳곳에서 점점 더 인기를 얻고 있다.

인플레이션 타깃팅을 하는 모든 국가는 이자율 관리와 충돌되지 않도록 변동 또는 자유변동 환율제도를 채택하고 있다.

금융위기 이전까지 중앙은행이 준수했던 테일러 방정식을 고안한 존 테일러(John B. Taylor)는 남아프리카 공화국의 중앙은행에서 행한 연설에서 신흥시장경제가 국제적 수준의 순조로운 조정과 낮은 변동성을 달성하기 위해서는 자유재량적 접근보다는 준칙에 바탕을 둔 인플레이션 타깃팅을 고수해야 한다고 주장했다. 이와 비슷하게 베그(Vegh)와 불레틴(Vuletin)은 2012년의 연구에서 신흥시장경제의 준칙에 바탕을 둔 인플레이션 타깃팅은 자유 낙하하는 환율에 대한 공포('fear of free falling' exchange rate)와 관련이 있는 대규모 자본 이동을 줄여준다는 점을 발견했다. 아이컨그린(Eichengreen)과 테일러(Taylor)의 2003년 연구도 인플레이션 타깃팅은 낮은 환율 변동성과 관련이 있다는 비슷한 결론을 내렸다.[14]

어우양과 라잔은 환율 변동성과 이것이 무역과 투자에 미치는 영향에 대한 여러 아시아 경제가 공유하고 있는 걱정거리를 전달하면서 아시아 신흥시장에서의 인플레이션 타깃팅 체제는 유럽 대륙의 다른 신흥시장경제보다 더 낮은 인플레이션에 직면해 있다는 점을 발견했다. 그러나 그들은 또한 더 낮은 성장률을 경험하고 있는 것으로 나타난다.

환율 절하가 국내가격에 미치는 효과(환율전가)는 두 가지 요소로 구성되어 있는데, 수입가격의 상승을 통한 즉각적인 효과와 물가와 임금에 영향을 미치고 인플레이션에 항구적인 영향을 주는 인플레이션 기대의 변화라는 제2차(second round) 효과가 그것이다.

이러한 상황에서 통화 정책의 역할은 환율전가의 영향을 제한하기 위해 중기 기대인플레이션을 성공적으로 안정시키는 것이다.

만약 중앙은행이 인플레이션 타깃팅을 통해 물가안정에 대한 단단한 기대를 심어준다면 제2차 효과는 제한적일 것이라고 가정하는 것이 합리적이다.

중남미 신흥경제의 경험은 이 예상을 확인해준다. 2016년 중남미 지역경제전망(Regional Economic Outlook, Western Hemisphere, 2016)에서 IMF는 인플레이션 타깃팅을 하는 국가에서 환율전가가 더 작다고 결론 내렸다. 이 갭은 인플레이션 타깃팅을 하지 않는 신흥시장경제에 비해 타깃팅을 하는 신흥시장경제에서 더욱 크다.

모든 경제가 나름의 거시경제 도전에 직면해 있으므로 단 하나의 적정 통화 정책을 처방하는 것은 어렵다. 심지어 인플레이션 타깃팅을 하는 국가에서조차 정책입안자들이 실질환율의 움직임에 무관심할 수는 없다. 신흥시장경제 또한 중앙은행이 인플레이션과 실질환율을 모두 관리하는 혼합된 인플레이션 타깃팅 전략으로 전환하고 있다. 실질환율을 관리하는 데 인플레이션 타깃팅으로 인해 야기되는 제약을 설명하면서 오스트리(Ostry), 데이비드(David), 고시(Ghosh), 샤몽(Chamon)은 2012년의 연구에서 이러한 시나리오에서 외환시장 개입은 또 다른 통화 정책의 수단이 될 수 있다고 결론 내렸다. 그렇게 되면 2개의 통화 정책 목표인 인플레이션 및 환율과 정책 수단의 개수가 같아진다.[15]

---

13 Alice Y. Ouyang & Ramkishen S. Rajan, "Does Inflation Targeting in Asia Reduce Exchange Rate Volatility?," *International Economic Journal*, 30:2, 294-311, 2016, http://dx.doi.org/10.1080/10168737.2016.1148431; Keynote Address at the Conference on Fourteen Years of Inflation Targeting in South Africa and The Challenge of a Changing Mandate, South African Reserve Bank Conference Centre, Pretoria, South Africa, October 30, 2014.

14 테일러 방정식: 존 테일러는 1992년 중앙은행의 이자율($r$)을 인플레이션($p$) 및 실질 GDP 증가율($Y$)과 연결하는 방정식으로 다음 식을 제안했다. $r = 1.5p + 0.5Y + 1$(Taylor, John B.(2013a)). 또한 다음 문헌을 참고하라. "Lectures on Monetary Theory and Policy," Stanford University, http://web.stanford.edu/~johntayl/Spring2013PhDclass/IndexSpring2013.html; The Annual Report on Exchange Arrangements and Exchange Restrictions, International Monetary Fund, 2014, www.imf.org/external/pubs/nft/2014/areaers/ar2014.pdf; "India Adopts Flexible Inflation Targeting," *Business Standard*, March 3, 2015, http://www.business-standard.com; and Anna Samarina, Mirre Terpstra, and De Haan, "Inflation Targeting and Inflation Performance: A Comparative Analysis," *Applied Economics*, 2014; http://dx.doi.org/10.1080/00036846.2013.829205.)

15 "Regional Economic Outlook," Western Hemisphere, April 2016, www.imf.org/external/pubs/ft/reo/2016/whd/eng/wreo0416.htm; Joshua Aizenman, Michael Hutchison, and Ilan Noy, "Inflation Targeting and Real Exchange Rates in Emerging Markets," *NBER Working Paper* No. 14561, December 2008, Revised July 2010, www.nber.org/papers/w14561.pdf; and Ostry, Jonathan David, Atish R Ghosh, and Marcos Chamon, "Two Targets, Two Instruments: Monetary and Exchange Rate Policies in Emerging Market Economies," IMF Staff Discussion Note No. 12/01, International Monetary Fund (www.imf.org/external/pubs/ft/sdn/2012/sdn1201.pdf.

로 조정되어 실질통화공급이 증가하지 못하기 때문에 달러이자율은 하락하지 않을 것이다. 따라서 외환시장에서 균형을 유지하기 위한 환율의 오버슈팅은 필요하지 않을 것이다. 환율은 새로운 장기 수준으로 즉각적으로 점프하여 균형을 유지할 것이다.

## 요약

- 사람들은 유동성 때문에 통화를 보유한다. **총통화수요**는 현금단위의 수에 대한 수요가 아니고 구매력의 양에 대한 수요이다. 총실질통화수요는 (이자율로 측정되는) 통화 보유의 기회비용과 음(-)의 관계를 가지고 (실질 GNP로 측정되는) 경제의 거래량과 양(+)의 관계를 가진다.
- 통화시장은 **실질통화공급**과 총실질통화수요가 일치할 때 균형을 이룬다. **물가수준**과 실질생산량이 주어진 경우 통화공급의 증가는 이자율을 하락시키고 통화공급의 감소는 이자율을 상승시킨다. 물가수준이 주어진 경우 실질생산량의 증가는 이자율을 상승시키는 반면 실질생산량의 감소는 이자율을 하락시킨다.
- 국내통화공급의 증가는 국내 이자율을 하락시켜 (미래 예상환율이 변하지 않을지라도) 외환시장에서 국내통화를 절하시킨다. 이와 유사하게 국내통화공급의 감소는 국내통화를 외국통화에 대해 절상시킨다.
- 물가수준이 단기적으로 주어져 있다는 가정은 완만한 **인플레이션율**을 보이는 국가의 현실에 대한 하나의 좋은 가정이지만, 장기적으로는 잘못된 가정이다. 통화공급의 영구적 변화는 같은 방향으로 장기균형 물가수준을 비례적으로 변화시키나 생산량, 이자율, 상대가격에는 영향을 미치지 않는다. **장기균형** 수준이 영구적인 통화공급에 비례적으로 상승하는 하나의 중요한 통화가격이 환율, 즉 외국통화의 국내통화 표시가격이다.
- 통화공급의 증가는 단기에 환율을 장기수준을 초과하도록 상승시킨다. 예를 들어 생산량이 주어져 있다면 영구적인 통화공급의 증가는 단기적으로 국내통화를 비례 이상으로 절하시키고 이어서 장기환율 수준으로 절상시킨다. 환율의 변동성을 증가시키는 **환율의 오버슈팅**은 물가수준의 단기 느릿느릿한 조정과 이자율 평형조건의 직접적인 결과로 발생되는 현상이다.

## 주요 용어

단기short run

디플레이션deflation

물가수준price level

인플레이션inflation

장기long run

장기균형long-run equilibrium

총통화수요aggregate money demand

통화공급money supply

환율의 오버슈팅exchange rate overshooting

## 연습문제

1. 총실질통화수요의 감소, 즉 총실질통화수요함수의 왼쪽 이동이 발생했다고 하자. 이것이 환율, 이자율, 물가수준에 미치는 단기 및 장기 효과를 추적해보라.

2. 한 국가의 인구감소가 이 국가의 총통화수요함수를 어떻게 변화시킬 것으로 예상하는가? 인구의 감소가 가계 수의 감소 또는 가계의 평균 크기 감소에 기인하여 발생하면 그것이 문제가 되는가?

3. 통화의 유통속도 $V$는 실질통화보유량에 대한 실질 GNP의 비율로 정의된다. 이 장의 기호로 나타내면

$V = Y/(M/P)$이다. 식 (15-4)를 사용하여 유통속도의 식을 도출하고, 유통속도가 $R$과 $Y$의 변화에 따라 어떻게 변하는지를 설명하라. (힌트: 실질생산량 변화가 $V$에 미치는 효과는 실질생산량에 대한 총통화수요의 탄력성에 의존한다. 경제학자들은 이 크기는 1보다 작다고 믿고 있다.) 유통속도와 환율의 관계는 무엇인가?

4. 미래 예상환율이 주어진 경우 국내 실질 GNP 증가가 환율에 미치는 단기 효과는 무엇인가?

5. 교환의 매개수단과 회계의 단위로서 통화의 유용성에 관한 앞서 살펴본 논의는 어떤 통화가 외환거래를 위한 기축통화가 되는지 그 이유를 제시해주는가? (기축통화의 개념은 14장 참조)

6. 만약 통화개혁이 경제의 실질변수에 아무런 영향을 주지 않는다면 정부는 왜 폭등하는 인플레이션을 멈추기 위한 광범위한 조치와 관련하여 일반적으로 통화개혁을 단행하는가? (본문에서 언급한 튀르키예의 경우 외에도 많은 예가 존재한다. 기타의 예는 이스라엘이 파운드에서 세켈로 이행한 것, 아르헨티나가 페소에서 오스트랄로 이행했다가 다시 페소로 이행한 것, 브라질이 크루제이루에서 크루자두로, 크루자두에서 크루제이루로, 크루제이루에서 크루제이루 헤알로 그리고 1994년에 실시된 통화개혁인 크루제이루 헤알에서 헤알로 이행한 것 등이다.)

7. 1980~2005년 사이에 가나는 높은 인플레이션 시기와 덜 높은 인플레이션 시기를 경험했다. 아래 표에는 가나의 경제 및 금융 변수의 변화를 보여주는 일부 핵심 거시 데이터가 제시되어 있다 (환율은 가나 통화인 세디로 표시된 미국 달러 환율이다). 다음 질문에 답하라.

### GDP 성장, 통화 증가, 환율과 인플레이션

| 연도 | GDP 증가 | 통화 증가 | 환율 | 인플레이션 |
| --- | --- | --- | --- | --- |
| 1980 | −0.47 | 33.80 | 2.75 | 50.07 |
| 1981 | −3.50 | 51.32 | 2.75 | 116.50 |
| 1982 | −6.92 | 23.34 | 2.75 | 22.30 |
| 1983 | −4.56 | 40.21 | 8.83 | 122.87 |
| 1984 | 8.64 | 53.62 | 35.99 | 39.66 |
| 1985 | 5.09 | 46.17 | 54.37 | 10.30 |
| 1986 | 5.20 | 47.94 | 89.20 | 24.57 |
| 1987 | 4.80 | 53.33 | 153.73 | 39.82 |
| 1988 | 5.63 | 46.28 | 202.30 | 31.36 |
| 1989 | 5.09 | 54.67 | 270.00 | 25.22 |
| 1990 | 3.33 | 13.30 | 326.33 | 37.26 |
| 1991 | 5.28 | 39.08 | 367.83 | 18.03 |
| 1992 | 3.88 | 52.28 | 437.09 | 10.06 |
| 1993 | 4.85 | 33.50 | 649.06 | 24.96 |
| 1994 | 3.30 | 52.57 | 659.71 | 24.87 |
| 1995 | 4.11 | 43.17 | 1200.43 | 59.46 |
| 1996 | 4.60 | 39.20 | 1637.23 | 46.56 |
| 1997 | 4.20 | 44.09 | 2050.17 | 27.89 |
| 1998 | 4.70 | 17.49 | 2314.15 | 14.62 |
| 1999 | 4.41 | 25.42 | 2669.30 | 12.41 |
| 2000 | 3.69 | 54.24 | 5455.06 | 25.19 |
| 2001 | 4.00 | 31.69 | 7170.76 | 32.91 |
| 2002 | 4.50 | 48.85 | 7932.70 | 14.82 |
| 2003 | 5.20 | 34.23 | 8677.37 | 26.67 |
| 2004 | 5.60 | 27.44 | 9004.63 | 12.62 |
| 2005 | 5.90 | 9.35 | 9072.54 | 15.12 |

출처: WDI, World Bank.

**a.** 이 통계를 보고 통화공급, 물가수준, 환율의 관계를 관찰할 수 있는가?

**b.** 1994~1996년 사이에 일반 물가수준과 가나 세디가격의 퍼센트 변화를 계산하라. 이 수치들은 서로 어떻게 비교되고 통화공급의 퍼센트 증가와는 어떻게 비교되는가? 환율과 인플레이션율 간에 어떤 관계가 있는지 발견했는가?

**c.** 몇몇 연구자들은 세계시장에서의 원유가격, 환율, 가나의 정치적 선거의 영향에 상관관계가 있음을 발견했다. 이 변수들의 관계를 설명할 수 있는가?

**8.** 아래의 표는 인플레이션 타깃팅 국가의 인플레이션 타깃팅 도입 연도를 보여준다.

| 국가 | 도입 연도 |
|---|---|
| 뉴질랜드 | 1990 |
| 칠레 | 1991 |
| 캐나다 | 1991 |
| 이스라엘 | 1991 |
| 스웨덴 | 1993 |
| 핀란드 | 1993 |
| 호주 | 1994 |
| 브라질 | 1999 |
| 멕시코 | 1999 |
| 남아프리카공화국 | 2000 |
| 인도네시아 | 2005 |

국제통화기금(IMF)의 가장 최근 *World Economic Outlook* 데이터 베이스(www.imf.org)에 가서 1980년부터 이들 국가의 연간 인플레이션율 시계열 PCPIEPCH를 수집하라. 엑셀(Excel) 또는 기타 데이터 분석 패키지를 사용하여 각국의 데이터를 그래프로 그려라. 수집한 데이터를 보면 인플레이션이 인플레이션 타깃팅을 도입한 이후에 다르게 움직인 것처럼 보이는가?

**9.** 단기적인 환율의 오버슈팅에 관한 논의에서 실질생산량은 주어진 것으로 가정했다. 그 대신 통화공급의 증가가 단기의 실질생산량을 증가시킨다고 가정하라(이 가정은 17장에서 정당화된다). 이 가정은 통화공급이 증가할 때 환율이 오버슈팅하는 정도에 어떻게 영향을 미치는가? 환율은 언더슈팅(undershooting)할 가능성이 있는가? [힌트: 그림 15-13(a)에서 총실질통화수요곡선이 생산량의 증가에 반응하여 이동하는 것을 허용하라.]

**10.** 그림 14-2는 일본의 단기이자율이 거의 0에 가깝거나 0이었던 기간이 존재했음을 보여준다. 엔 이자율이 0 아래로 하락하지 않은 사실은 우연히 발생된 일인가? 이자율이 0 아래로 하락할 수 없는 이유가 무엇이라고 생각하는가?

**11.** 제로 이자율은 통화 정책을 어떻게 복잡하게 만들 수 있는가? [힌트: 제로 이자율에서는 통화를 채권으로 전환하는 데 따른 이점이 없다.]

**12.** 이 장에서 살펴본 것처럼 중앙은행은 통화공급수준 목표를 설정하는 대신에 사람들이 주어진 이자율에서 보유하기를 원하는 통화의 양을 빌려주거나 차입하는 기준이 되는 단기이자율 목표를 설정한다. (사람들이 이자율 변화가 아닌 다른 이유로 통화를 더 필요로 할 때 통화공급은 증가하고, 사람들이 통화를 더 적게 보유하고자 할 때 통화공급은 감소한다.)

**a.** 중앙은행이 시장이자율을 일정하게 고정시키고 통화 정책을 수행한다면 발생할 수 있는 문제점을 설명하라. (먼저 신축적 가격의 경우를 생각하고 중앙은행이 단순히 고정된 이자율로 사람들이 보

유하기를 원하는 통화량 모두를 공급할 때 유일한 균형물가수준을 발견할 수 있을 것인지 물어보라. 이어서 경직적 가격의 경우를 생각해보라.)

**b.** 만약 중앙은행이 $R - R_0 = a(P - P_0)$와 같은 공식에 따라서 이자율을 인상시킨다면 이와 같은 상황은 변화되는가? 단, $a$는 양의 상수이고, $P_0$는 목표 물가수준이다.

**c.** 중앙은행의 정책 준칙이 $R - R_0 = a(P - P_0) + u$라고 하자. 단, $u$는 정책이자율의 임의 변동이다. 그림 15-14에서 보는 것과 같은 오버슈팅 모형에서 경제가 임의 요소인 $u$의 한 차례 영구적인 예기치 않은 하락에 의해 어떻게 조정되는지 설명하고 그 이유를 논의하라. $u$의 하락을 중앙은행에 의한 이자율 인하, 따라서 확장적 통화 정책 조치로 해석할 수 있다. 이 논의를 그림 15-14의 논의와 비교하라.

**13.** 서아프리카 CFA 프랑은 통화동맹을 구성하고 있는 서아프리카의 8개 독립국가인 베냉, 부르키나파소, 기니비사우, 코트디부아르, 말리, 니제르, 세네갈, 토고가 사용하는 통화이다. 1999년 이후 CFA는 유로에 맞춰 엄격히 고정되어 있고(그 이전에는 프랑스 프랑에 연동되어 있었다), 서아프리카 중앙은행이 발행한다. *World Economic Outlook* 데이터 베이스(www.imf.org)에 가서 사하라 사막 이남의 아프리카 국가들과 이 문제에서 언급된 국가의 소비자물가 상승률을 비교하라. 그리고 관찰을 요약하라. 이것을 어떻게 설명하겠는가?

## 더 읽을거리

Ben S. Bernanke, Thomas Laubach, Frederic S. Mishkin, and Adam S. Posen. *Inflation Targeting: Lessons from the International Experience.* Princeton, NJ: Princeton UniversityPress, 1999. 최근 통화 정책 경험과 인플레이션 및 기타 거시경제 변수에 대한 결과 논의

Rudiger Dornbusch. "Expectations and Exchange Rate Dynamics." *Journal of Political Economy* 84 (December 1976), pp. 1161-1176. 환율의 오버슈팅에 대한 이론적 분석

Jacob A. Frenkel and Michael L. Mussa. "The Efficiency of Foreign Exchange Markets and Measures of Turbulence." *American Economic Review* 70 (May 1980), pp. 374-381. 국가 물가수준의 행태와 환율 및 기타 자산가격의 행태를 비교

Robert E. Hall and David H. Papell. *Macroeconomics: Economic Growth, Fluctuations, and Policy*, 6th edition. New York: W. W. Norton & Company, 2005. 15장에서 명목가격 경직성에 대한 몇 가지 이론을 논의한다.

Lucrezia Reichlin and Richard Baldwin, eds. *Is Inflation Targeting Dead? Central Banking after the Crisis.* London: Centre for Economic Policy Research, 2013. 인플레이션 타깃팅과 가능한 대안들의 성공에 대한 깊이 있는 논문

David Romer. "Keynesian Macroeconomics without the LM Curve." *Journal of Economic Perspectives* 14 (Spring 2000), pp. 149-169. 중앙은행이 통화공급보다 금리를 통해 통화 정책을 시행하는 거시경제 모형

Edwin M. Truman. *Inflation Targeting in the World Economy.* Washington, D.C.: Institute for International Economics, 2003. 낮은 인플레이션을 목표로 하는 통화 정책 체제의 국제적 측면에 대한 개요

# CHAPTER 16

# 물가수준과 환율의 장기적 관계

**19**70년 말에는 미국 1달러로 일본 358엔을 살 수 있었다. 1980년 크리스마스에 1달러의 가치는 단지 203엔이었다. 1980년대의 일시적인 가치 회복에도 불구하고 엔으로 나타낸 달러의 가격은 2020년 여름에 110엔 밑까지 하락했다. 많은 투자자는 이와 같은 가격변화는 예측하기 어렵다는 사실을 알았고, 그 결과로 많은 돈을 외환시장에서 잃고 벌었다. 이와 같은 극적인 환율의 장기적 변화의 배후에는 어떤 경제적 요인이 존재하는가?

환율은 통화시장 상황에 영향을 받는 이자율 및 미래에 대한 예상에 의해 결정된다는 것을 살펴봤다. 그러나 장기환율의 움직임을 충분히 이해하기 위해 모형을 두 가지 방향으로 확장해야 한다. 첫째, 통화 정책, 인플레이션율, 이자율, 환율의 연결관계에 관한 논의를 완성해야 한다. 둘째, 환율에 지속적인 영향을 미칠 수 있는 통화공급과 통화수요 외의 요인, 예를 들면 재화와 서비스 시장에서의 수요변화 등을 검토해야 한다.

이 장에서 개발되는 장기환율 모형은 자산시장 참여자가 미래 환율을 예측하기 위해 사용할 수 있는 분석틀을 제공한다. 자산시장 참여자의 예상이 환율에 즉각적으로 영향을 미치기 때문에, 환율의 장기적 변화에 대한 예측은 단기에서도 중요하다. 따라서 17장에서 이루어지는 환율과 생산량의 단기적 상호작용에 관한 검토는 이 장의 결론에 크게 의존할 것이다.

장기적으로 각국의 물가수준은 이자율과 국가들 간에 생산물이 교역되는 상대가격을 결정하는 데 중요한 역할을 한다. 따라서 국내 물가수준이 환율과 어떻게 상호작용하는가에 관한 이론은 환율이 왜 수년간 급격하게 변화할 수 있는가를 이해하는 데 필수적이다. **구매력 평가**(purchasing power parity, PPP) 이론을 논의하면서 분석을 시작한다. 구매력 평가 이론은 양국 통화의 환율변화를 양국의 물가수준 변화로 설명한다. 다음으로 PPP 이론이 장기환율을 정확하게 예측하지 못하는 이유를 검토하고 이 이론이 생산물시장에서 발생하는 공급 또는 수요의 변화를 고려하기 위해 어떻게 수정되어야 하는지를 살펴볼 것이다. 마지막으로 통화시장과 생산물시장의 변화가 환율과 이자율에 미치는 영향을 확장된 PPP 이론이 어떻게 예측하는지 살펴볼 것이다.

## 학습목표

- 환율의 구매력 평가 이론과 국제재화시장 통합의 관계를 설명한다.
- 지속적 인플레이션과 같은 통화적 요인이 장기적으로 환율에 어떻게 영향을 미치는지를 설명한다.
- 실질환율의 개념을 논의한다.
- 장기적으로 실질환율과 상대통화가격에 영향을 미치는 요인을 이해한다.
- 국제적 실질이자율 차이와 예상되는 실질환율 변화의 관계를 설명한다.

## 일물일가의 법칙

구매력 평가 이론이 예측하는 결과를 발생시킬 수 있는 경제적 요인을 이해하기 위해 먼저 **일물일가의 법칙**(law of one price)이라고 하는, 관련은 있지만 별개인 명제를 논의해보자. 일물일가의 법칙은 수송비와 (관세 같은) 공식적인 교역장벽이 존재하지 않는 경쟁시장에서 서로 다른 국가들에서 판매되는 동일한 재화는 동일한 통화기준으로 나타낼 때 동일한 가격으로 판매되어야 한다는 것이다. 예를 들어 달러/파운드 환율이 파운드당 1.50달러이면 뉴욕에서 45달러에 판매되는 스웨터는 런던에서 30파운드에 판매되어야 한다. 런던에서 판매되는 스웨터의 달러가격은 뉴욕에서의 가격과 같은 (파운드당 1.50달러) × (스웨터당 30파운드) = 스웨터당 45달러이다.

교역이 자유롭고 수송비나 기타 무역장벽이 존재하지 않을 때 일물일가의 법칙이 성립해야 하는 이유를 살펴보기 위해 이 예를 계속해서 사용하자. 만약 달러/파운드 환율이 파운드당 1.45달러라면 외환시장에서 43.50달러( = 파운드당 1.45달러 × 30파운드)를 30파운드로 바꾸어 런던에서 스웨터를 살 수 있다. 이 경우 런던에서 스웨터의 달러가격은 43.50달러이다. 만약 동일한 스웨터가 뉴욕에서 45달러에 팔리고 있다면 미국 수입업자와 영국 수출업자는 런던에서 스웨터를 사서 뉴욕으로 선적할 유인이 생기고, 이는 두 지역에서 가격이 같아질 때까지 런던의 가격을 상승시키고 뉴욕의 가격을 하락시킨다. 이와 비슷하게 파운드당 1.55달러의 환율에서, 런던에서 스웨터의 달러가격은 뉴욕에서보다 1.50달러 높은 46.50달러( = 파운드당 1.55달러 × 30파운드)이다. 스웨터는 두 시장에서 동일한 가격이 형성될 때까지 뉴욕에서 런던으로 선적될 것이다.

일물일가의 법칙은 이 책의 무역 이론 부분에서 논의된 중요한 한 원칙을 통화기준으로 바꾸어서 재진술한 것이다. 무역이 개방되어 있고 비용이 들지 않을 때 동일한 재화는 어디서 판매되느냐에 관계없이 동일한 상대가격으로 거래되어야 한다. 이 원칙이 재화의 국내가격과 환율의 연결고리를 제공하기 때문에 이 원칙을 상기시키는 것이다. 일물일가의 법칙은 공식적으로 다음과 같이 나타낼 수 있다. $P_{US}^i$는 미국에서 판매되는 재화 $i$의 달러가격, $P_E^i$는 유럽에서 판매되는 재화 $i$의 유로가격이라고 하자. 일물일가의 법칙은 재화 $i$의 달러가격은 이 재화가 어디서 판매되든지 동일하다는 것, 즉 다음 식을 의미한다.

$$P_{US}^i = (E_{\$/\large{\euro}}) \times (P_E^i)$$

이 식을 다르게 표현하면 달러/유로 환율은 재화 $i$의 미국과 유럽 통화가격의 비율, 즉 다음과 같다.

$$E_{\$/\large{\euro}} = P_{US}^i / P_E^i$$

## 구매력 평가

구매력 평가(PPP) 이론은 양국 통화의 환율이 양국의 물가수준 비율과 같다고 설명한다. 15장에서 한 국가 통화의 국내 구매력은 그 국가의 물가수준, 즉 재화와 서비스로 구성된 기준 바스켓의 통화가격에 반영되어 있다는 사실을 살펴봤다. 따라서 PPP 이론은 (국내 물가수준의 상승으로 나타나는) 한 통화의 국내 구매력 감소가 외환시장에서 이 통화의 비례적인 절하로 연결될 것이라고 예측한다.

이와 대칭적으로 PPP 이론은 한 통화의 국내 구매력 증가는 이 통화의 비례적인 절상으로 연결될 것이라고 예측한다.

PPP 이론의 기본적인 아이디어는 19세기 영국 경제학자인 데이비드 리카도(David Ricardo, 비교우위 이론의 창시자)의 저술에서 싹텄다. 20세기 초 스웨덴의 경제저술가인 구스타브 카셀(Gustav Cassel)이 PPP 이론을 환율 이론의 중심이 되도록 만들어 PPP 이론을 널리 퍼뜨렸다. PPP 이론의 일반적 타당성에 관한 많은 논란이 존재하지만 이 이론은 환율변화의 배후에 있는 중요한 요인을 강조한다.

기호로 PPP 이론을 표현하기 위해 $P_{US}$는 미국에서 판매되는 기준 상품바스켓의 달러가격이라고 하고, $P_E$는 유럽에서 판매되는 동일한 상품바스켓의 유로가격이라고 하자(잠시 동안 이 바스켓이 양 국가에서 통화의 구매력을 정확하게 측정한다고 가정한다). PPP 이론은 달러/유로 환율이 다음과 같다고 예측한다.

$$E_{\$/€} = P_{US}/P_E \qquad (16\text{-}1)$$

예를 들어 기준 상품바스켓 가격이 미국에서 200달러이고 유럽에서 160유로이면, PPP 이론은 달러/유로 환율이 유로당 1.25달러( = 기준 상품바스켓당 200달러/기준 상품바스켓당 160유로)라고 예측한다. 만약 미국의 물가수준이 3배(기준 상품바스켓당 600달러)로 상승하면 유로의 달러가격도 3배로 상승한다. PPP 이론은 환율이 유로당 3.75달러( = 기준 상품바스켓당 600달러/기준 상품바스켓당 160유로)라고 예측한다.

식 (16-1)을 다시 정리하면 PPP 이론을 다르게 해석할 수 있다.

$$P_{US} = (E_{\$/€}) \times (P_E)$$

이 식의 왼편은 미국에서 판매되는 기준 상품바스켓의 달러가격이고, 오른편은 유럽에서 구매할 때 지불하는 기준 상품바스켓의 달러가격(기준 상품바스켓의 유로가격에 유로의 달러가격을 곱한 것)이다. 만약 PPP 이론이 성립하면 이 두 가격은 같다. 따라서 PPP 이론은 모든 국가의 물가수준은 동일한 통화단위로 측정될 때 같다고 주장한다.

마찬가지로 마지막 식의 오른편은 달러가 유로와 교환되어 유럽에서 쓰일 때 달러의 구매력을 측정한다. 따라서 PPP 이론은 현재의 환율에서 모든 통화의 국내 구매력은 항상 이 통화의 해외 구매력과 같다고 주장한다.

## 구매력 평가 이론과 일물일가 법칙의 관계

언뜻 보면 식 (16-1)로 나타낸 PPP 이론은 상품 $i$에 대한 $E_{\$/€} = P_{US}^i/P_E^i$, 즉 일물일가의 법칙과 같아 보인다. 그러나 PPP 이론과 일물일가의 법칙은 다르다. 일물일가의 법칙은 (상품 $i$와 같은) 개별 상품에 대해 적용되는 한편, PPP 이론은 기준 바스켓에 포함되는 모든 상품의 가격을 하나의 수치로 나타낸 일반적인 물가수준에 적용된다.

만약 일물일가의 법칙이 모든 상품에 대해 성립한다면 PPP 이론은 다른 국가의 물가수준을 계산하는 데 사용되는 기준 상품바스켓이 같은 한 자동적으로 성립해야 한다. 그러나 PPP 이론의 지지자들은 PPP 이론의 타당성(특히 장기 이론으로서 PPP 이론의 타당성)은 일물일가의 법칙이 정확히 성립하는 것을 필요로 하지 않는다고 주장한다.

그들은 일물일가의 법칙이 각 개별 상품에 대해 성립하지 않을 때조차도 가격과 환율은 PPP 이론에 의해 예측되는 관계에서 너무 멀리 벗어나지 않아야 한다고 주장한다. 재화와 서비스가 일시적으로 다른 국가보다 한 국가에서 더 비쌀 때, 그 국가의 통화와 그 국가의 생산물에 대한 수요는 감소하고, 환율과 국내가격을 PPP 이론이 예측하는 수준으로 회복되게 만든다. 상대적으로 국내 생산물이 싼 반대의 상황은 통화의 절상과 물가수준의 상승을 발생시킨다. 따라서 PPP 이론은 일물일가의 법칙이 문자 그대로 성립하지 않을 때조차도 PPP 이론의 배후에 있는 경제적 힘이 궁극적으로 모든 국가에서 한 통화의 구매력을 동일하게 만든다고 주장한다.

## 절대 구매력 평가 이론과 상대 구매력 평가 이론

환율은 물가수준의 비율과 같다[식 (16-1)]는 진술은 종종 **절대 구매력 평가**(absolute PPP) 이론이라고 한다. 절대 구매력 평가 이론에서 어느 기간이나 두 통화 간 환율의 % 변화는 두 국가 물가수준의 % 변화 간 차이와 일치한다고 말하는 **상대 구매력 평가**(relative PPP) 이론이 도출된다. 상대 구매력 평가 이론은 절대 구매력 평가 이론을 물가와 환율의 수준에 관한 진술에서 물가와 환율의 변화에 관한 진술로 전환한 것이다. 상대 구매력 평가 이론은 물가와 환율은 각 통화의 국내 구매력과 해외 구매력의 비율을 유지하는 방식으로 변한다고 주장한다.

예를 들어 미국의 물가수준이 1년 동안 10% 상승하는 한편 유럽의 물가수준은 5%만 상승한다면, 상대 구매력 평가 이론은 달러가 유로에 대해 5% 절하할 것이라고 예측한다. 유로에 대한 달러의 5% 절하는 미국의 인플레이션율이 유럽의 인플레이션율을 초과하는 5%를 상쇄하여 두 통화의 상대적인 국내 구매력과 해외 구매력이 변하지 않도록 만든다.

좀 더 공식적으로 말하면 미국과 유럽 간 상대 구매력 평가 이론은 다음과 같이 나타낼 수 있다.

$$(E_{\$/\text{€},t} - E_{\$/\text{€},t-1})/(E_{\$/\text{€},t-1}) = \pi_{\text{US},t} - \pi_{\text{E},t} \tag{16-2}$$

여기서 $\pi_t$는 인플레이션율[$\pi_t = (P_t - P_{t-1})/P_{t-1}$, 즉 $t$시점과 $t-1$ 시점 간 물가수준의 % 변화]을 나타낸다.[1] 절대 구매력 평가 이론과는 달리 상대 구매력 평가 이론은 물가수준과 환율이 변하는 시간 구간에 대해서만 정의될 수 있다.

실제로 각국 정부는 국제적으로 표준화된 상품바스켓을 이용하여 물가지수를 계산하지 않는다. 만약 식 (16-1)에서 가격이 비교되는 2개의 상품바스켓이 같지 않다면 절대 구매력 평가 이론은 의미가 없다(서로 다른 상품바스켓이 같은 가격으로 판매되리라고 기대할 이유가 없지 않은가). 따라서

---

1 정확히 말하면 변화율이 지나치게 크지 않을 때 식 (16-2)는 식 (16-1)로부터 도출된다. 정확한 관계는 다음과 같다.

$$E_{\$/\text{€},t}/E_{\$/\text{€},t-1} = (P_{\text{US},t}/P_{\text{US},t-1})/(P_{\text{E},t}/P_{\text{E},t-1})$$

양변에서 1을 뺀 후, 앞의 식을 다음과 같이 나타낸다.

$$\begin{aligned}(E_{\$/\text{€},t} - E_{\$/\text{€},t-1})/(E_{\$/\text{€},t-1}) &= (\pi_{\text{US},t} + 1)(P_{\text{E},t-1}/P_{\text{E},t}) - (P_{\text{E},t}/P_{\text{E},t}) \\ &= (\pi_{\text{US},t} - \pi_{\text{E},t})(1 + \pi_{\text{E},t}) \\ &= (\pi_{\text{US},t} - \pi_{\text{E},t}) - \pi_{\text{E},t}(\pi_{\text{US},t} - \pi_{\text{E},t})/(1 + \pi_{\text{E},t})\end{aligned}$$

그러나 만약 $\pi_{\text{US},t}$와 $\pi_{\text{E},t}$의 값이 작으면 마지막 등식에서 $-\pi_{\text{E},t}(\pi_{\text{US},t} - \pi_{\text{E},t})/(1 + \pi_{\text{E},t})$의 값은 무시할 수 있을 정도로 작다. 이 항을 무시하면 식 (16-2)가 도출된다.

상대 구매력 평가 이론은 PPP를 평가하기 위해 정부의 물가수준통계에 의존할 때 유용하다. 각국이 범위와 구성이 서로 다른 상품바스켓에 기초하여 물가수준을 계산할 때조차도 환율의 % 변화를 인플레이션율의 차이와 비교하는 것은 의미가 있다.

또한 절대 구매력 평가 이론이 타당하지 않을 때조차도 상대 구매력 평가 이론은 타당할 수 있기 때문에 중요하다. 절대 구매력 평가 이론에서 이탈시키는 요인이 시간이 흐름에 따라 다소 안정적이라면 상대적 물가수준의 % 변화율은 여전히 환율의 % 변화율을 근사시킬 수 있다.

# PPP 이론에 기초한 장기 환율 모형

PPP 이론은 15장에서 제시한 통화수요와 통화공급 모형과 결합될 때 환율과 통화적 요인이 장기적으로 어떻게 상호작용하는지에 대한 유용한 이론이 된다. 통화공급 또는 통화수요에 영향을 주지 않는 요인은 이 이론에서 명시적인 역할을 하지 않기 때문에, 이 이론은 **환율에 대한 통화주의 접근법**(monetary approach to the exchange rate)으로 알려져 있다.

우리는 환율에 대한 통화주의 접근법을 단기 이론이 아닌 장기 이론으로 생각한다. 왜냐하면 환율에 대한 통화주의 접근법은 단기의 거시경제적 상황, 특히 완전고용으로부터의 이탈을 설명하는 중요한 요인으로 보이는 가격 경직성을 허용하지 않기 때문이다. 그 대신 통화주의 접근법은 가격이 PPP 이론은 물론 완전고용을 유지하기 위해 즉각적으로 조정될 수 있는 것처럼 가정하고 논의를 전개한다. 여기서 15장에서처럼 한 변수의 장기 값은 생산물과 요소의 시장가격이 완벽히 신축적인 가상적인 세계에서 이 변수의 균형 값을 의미한다.

명백한 가격 경직성의 원인에 관해 거시경제학자들 간에 실제로 상당한 논란이 있다. 일부 거시경제학자는 가격과 임금은 경직적인 것처럼 보일 뿐이지 실제로는 시장을 균형시키기 위해 즉각적으로 조정된다고 주장한다. 가격 신축성이 존재한다고 주장하는 경제학자들에게 이 장의 모형들은 가격수준의 조정속도가 매우 빨라서 어떠한 의미 있는 실업이 발생하지 않는 경제의 단기 행태를 설명하는 이론일 수 있다.

### 통화주의 접근법의 기본식

달러/유로 환율에 대한 통화주의 접근법의 예측을 설명하기 위해 장기적으로 외환시장은 PPP 이론이 성립하도록 환율[식 (16-1) 참조]을 결정한다고 가정한다.

$$E_{\$/€} = P_{US}/P_E$$

다시 말해 위의 식은 환율과 여타 가격이 완전고용과 일치하는 수준으로 즉각 조정되지 못하도록 하는 시장 경직성이 존재하지 않는 세계에서 성립한다고 가정한다.

15장에서 살펴본 식 (15-5)는 국내 물가수준이 국내 통화수요와 통화공급에 의해 어떻게 설명될 수 있는지를 보여준다. 미국의 경우 다음과 같다.

$$P_{US} = M^s_{US}/L(R_\$, Y_{US}) \tag{16-3}$$

유럽의 경우 다음과 같다.

$$P_E = M_E^s / L(R_\epsilon, Y_E) \tag{16-4}$$

앞의 경우처럼 한 국가의 통화공급을 나타내기 위해 $M^s$가 사용되고, 이자율이 상승할 때 감소하고 실질생산이 증가할 때 증가하는 한 국가의 총실질통화수요를 나타내기 위해 $L(R, Y)$가 사용된다.[2]

식 (16-3)과 (16-4)는 환율에 대한 통화주의 접근법이란 이름이 어떻게 붙여졌는지를 보여준다. 식 (16-1)의 PPP 이론에 따르면 유로의 달러가격은 미국 생산물의 달러가격을 유로 생산물의 유로가격으로 나눈 것이다. 미국과 유럽의 물가수준은 미국과 유럽의 통화에 대한 수요와 공급에 의해 전적으로 결정된다. 식 (16-3)처럼 미국의 물가수준은 미국의 통화공급을 미국의 실질통화수요로 나눈 것이고, 이와 비슷하게 유럽의 물가수준은 식 (16-4)처럼 유럽의 통화공급을 유럽의 실질통화수요로 나눈 것이다. 따라서 통화주의 접근법은 미국 통화와 유럽 통화의 상대가격인 환율은 장기적으로 두 통화의 상대적인 공급과 두 통화에 대한 상대적인 실질수요에 의해 완전히 결정된다고 예측한다. 이자율과 실질생산수준의 변화는 총통화수요에 대한 영향을 통해서만 환율에 영향을 미친다.

이에 더해 통화주의 접근법은 통화공급, 이자율, 생산량 수준의 변화가 환율에 미치는 장기적 효과에 대해 다음과 같이 예측한다.

1. **통화공급**: 다른 모든 것이 일정하다면 식 (16-3)에서 보는 것처럼 미국 통화공급 $M_{US}^s$의 영구적 증가는 장기적으로 미국 물가수준 $P_{US}$를 비례적으로 상승시킨다. 그러나 PPP 이론에서 $E_{\$/\epsilon} = P_{US} / P_E$이기 때문에, $E_{\$/\epsilon}$도 장기적으로 미국 통화공급의 증가에 비례하여 상승한다(예: $M_{US}^s$가 10% 증가하면 $P_{US}$와 $E_{\$/\epsilon}$ 모두 궁극적으로 10% 상승). 따라서 미국 통화공급의 증가는 장기적으로 유로에 대한 달러의 비례적 절하를 발생시킨다. 이와 반대로 식 (16-4)는 유럽 통화공급의 영구적 증가는 장기적으로 유럽 물가수준을 비례적으로 상승시킨다는 것을 보여준다. PPP 이론에서 이와 같은 유럽 물가수준의 상승은 장기적으로 유로에 대한 달러의 비례적 **절상**(달러에 대한 유로의 비례적 절하)을 발생시킨다.

2. **이자율**: 달러표시 자산의 이자율 $R_\$$의 상승은 미국의 실질통화수요 $L(R_\$, Y_{US})$를 감소시킨다. 식 (16-3)에 의하면 미국의 장기 물가수준은 상승하고, PPP 이론에서 달러는 이와 같은 미국 물가수준의 상승에 비례하여 유로에 대해 절하해야 한다. 유로 표시 자산의 이자율 $R_\epsilon$의 상승은 장기적으로 환율에 이와 반대의 영향을 미친다. 유럽의 실질통화수요 $L(R_\epsilon, Y_E)$가 감소하기 때문에 식 (16-4)에 의하면 유럽의 물가수준은 상승한다. PPP 이론에서 달러는 유럽의 물가수준 상승에 비례하여 유로에 대해 절상해야 한다.

3. **생산량 수준**: 미국의 생산량 증가는 미국의 실질통화수요 $L(R_\$, Y_{US})$를 증가시키고, 식 (16-3)에 의하면 장기적으로 미국의 물가수준을 하락시킨다. PPP 이론에 따르면 유로에 대한 달러의 절상이 발생한다. 이와 대칭적으로 유럽의 생산량 증가는 유럽의 실질통화수요 $L(R_\epsilon, Y_E)$를 증가시키고, 식 (16-4)에 의하면 유럽의 장기적 물가수준을 하락시킨다. PPP 이론은 이것이 유로에 대해 달러를 절하시킬 것이라고 예측한다.

이와 같은 예측을 이해하기 위해 통화주의 접근법은 본질적으로 물가수준은 환율이 조정되는 만

---

2 기호를 단순화하기 위해 미국과 유럽의 통화수요함수는 같다고 가정한다.

큼 신속하게, 즉 즉각적으로 조정된다고 가정한다는 것을 기억하라. 예를 들어 미국의 실질생산 증가는 미국의 실질통화잔고에 대한 거래수요를 증가시킨다. 통화주의 접근법에 따르면 미국의 물가수준은 시장을 균형시키는 실질통화잔고의 공급 증가를 발생시키기 위해 즉각적으로 하락한다. PPP 이론은 이와 같은 즉각적인 미국의 물가하락은 외국통화에 대해 달러의 즉각적인 절상을 발생시킨다.

통화주의 접근법은 한 국가 통화의 장기환율은 그 국가의 통화공급에 비례하여 변한다(예측 1)는 15장과 유사한 결과를 제시한다. 이 이론은 또한 하나의 역설같이 보이는 결과를 제시한다(예측 2). 앞 장에서 한 통화의 이자율이 해외의 이자율보다 상대적으로 상승할 때 그 통화는 절상한다는 것을 배웠다. 그런데 이제 어떻게 정확히 반대되는 결론, 즉 한 국가의 이자율 상승은 그 국가 통화에 대한 실질수요를 감소시킴으로써 그 국가 통화를 절하시킨다는 결론을 얻게 됐는가?

14장의 끝부분에서 이자율의 변화가 어떻게 환율에 영향을 주는지에 관한 논의는 이자율이 변하는 이유를 정확히 규정하기까지는 완성된 것이 아니라고 경고했다. 이 점이 이자율과 환율에 관한 우리의 결론이 정확하게 반대인 이유를 설명한다. 그러나 이 의문점을 해결하기 위해 먼저 통화 정책과 이자율이 장기적으로 어떻게 연결되어 있는지를 좀 더 면밀하게 검토할 필요가 있다.

## 지속적인 인플레이션, 이자율 평형과 PPP

15장에서 한 국가의 통화공급의 영구적 증가는 궁극적으로 물가수준의 비례적 상승을 발생시키지만, 이자율 또는 실질생산의 장기 값에는 영향을 미치지 않는다는 것을 살펴봤다. 한 차례 이루어지는 통화공급의 변화를 살펴보는 가상적 실험은 통화의 장기적 효과에 관해 생각하는 데는 유용하지만 실제의 통화 정책을 나타내는 방법으로는 너무 비현실적이다. 통화당국이 말하자면 연간 5%, 10%, 50%와 같은 증가율을 선택하고, 작지만 자주 증가율을 증가시키는 방법으로 통화공급이 점진적으로 증가하게 한다는 것이 더 현실적이다. 통화공급이 양(+)의 증가율로 완만하게 영원히 증가하도록 하는 정책의 장기 효과는 무엇인가?

15장은 계속적인 통화공급의 증가는 계속적인 물가수준의 상승, 즉 지속적인 인플레이션의 상황을 발생시킬 것이라고 제시한다. 기업과 근로자는 통화공급이 말하자면 연간 10%로 지속적으로 증가한다는 사실을 알기 때문에, 가격과 임금을 매년 같은 10%만큼 상승시켜 조정함으로써 실질소득을 일정하게 유지할 것이다. 완전고용 생산량은 생산요소의 공급에 의존하지만, 생산요소의 공급과 이에 따른 생산량은 장기적으로 통화공급 증가율의 선택에 영향을 받지 않는다고 가정해도 무방하다. 여타의 사항이 일정하다면 일정한 증가율을 가진 통화공급의 증가는 궁극적으로 같은 증가율로 지속적인 물가수준의 상승을 발생시키지만 이런 장기 인플레이션율의 변화는 완전고용 생산수준 또는 재화와 서비스의 장기적 상대가격에는 영향을 주지 않는다.

그러나 이자율은 분명히 장기적으로 통화공급 증가율로부터 독립적이지 않다. 장기이자율은 통화공급의 절대수준에는 의존하지 않지만, 지속적인 통화공급의 증가는 궁극적으로 이자율에 영향을 미친다. 인플레이션율의 영구적 증가가 어떻게 장기이자율에 영향을 주는지를 살펴보기 위한 가장 쉬운 방법은 PPP 이론을 환율결정 분석의 기초가 되는 이자율 평형조건과 결합하는 것이다.

14장과 15장에서 살펴본 달러와 유로 자산의 이자율 평형조건은 다음과 같다['외환시장의 균형'의 식 (14-2) 참조].

$$R_\$ = R_€ + (E^e_{\$/€} - E_{\$/€})/E_{\$/€}$$

이제 단기에서는 물론 장기에서도 성립해야 하는 이자율 평형조건이 장기 모형에서 성립한다고 가정하는 또 다른 평형조건인 구매력 평가 이론과 어떻게 연결되는지를 살펴보자. 상대 구매력 평가 이론에 따르면 다음 해 동안의 달러/유로 환율의 % 변화는 다음 해 동안의 미국과 유럽의 인플레이션율 차이와 일치한다[식 (16-2) 참조]. 사람들은 이와 같은 관계를 이해하기 때문에 환율의 % 변화는 미국과 유럽의 인플레이션율 차이와 일치할 것이라고 예상한다. 이제 앞에 기술된 이자율 평형조건은 다음과 같은 점을 말해준다. 만약 사람들이 상대 PPP 이론이 성립한다고 생각하면 달러 예금과 유로 예금 이자율의 차이는 주어진 기간 동안 미국과 유럽에서 예상되는 인플레이션율 간 차이와 일치할 것이다.

몇 가지 추가적인 기호를 사용하면 이러한 결과를 좀 더 공식적으로 도출하는 데 도움이 될 것이다. 만약 $P^e$가 현재 시점부터 앞으로 1년 동안 한 국가에서 예상되는 물가수준이라면 이 국가의 기대인플레이션율 $\pi^e$는 앞으로 1년 동안 예상되는 물가수준의 % 증가율과 같다.

$$\pi^e = (P^e - P)/P$$

만약 상대 PPP 이론이 성립하면 시장 참여자는 상대 PPP 이론이 미래에도 성립하리라고 예상할 것이다. 이는 식 (16-2)에 있는 실제 환율의 절하율과 인플레이션율을 시장이 실현되리라고 예상하는 값으로 대체할 수 있음을 의미한다.

$$(E^e_{\$/€} - E_{\$/€})/E_{\$/€} = \pi^e_{US} - \pi^e_E$$

이와 같은 예상을 반영한 상대 PPP 이론과 이자율 평형조건

$$R_\$ = R_€ + (E^e_{\$/€} - E_{\$/€})/E_{\$/€}$$

를 결합하고 다시 정리하면, 국제간 이자율 차이를 국제간 기대인플레이션율 차이로 나타내는 공식이 도출된다.

$$R_\$ - R_€ = \pi^e_{US} - \pi^e_E \tag{16-5}$$

만약 PPP 이론이 예측하는 것처럼 통화의 절하가 국제간 인플레이션율 차이를 상쇄할 것으로 예상되면(예상되는 달러절하율이 $\pi^e_{US} - \pi^e_E$이면), 국제간 이자율 차이는 기대인플레이션율의 차이와 같아야 한다.

## 피셔 효과

식 (16-5)는 이자율이 환율에 어떻게 영향을 미치는지에 관한 통화주의 접근법의 예측을 설명하기 위해 필요한 지속적 인플레이션과 이자율의 장기적 관계를 제시한다. 이 식은 다른 모든 조건이 일정하다면 한 국가의 기대인플레이션율 상승은 궁극적으로 이 국가의 통화 예금이 제공하는 이자율을 같은 크기만큼 상승시킨다는 것을 말해준다. 이와 유사하게 기대인플레이션율의 하락은 궁극적으로 이자율을 하락시킨다.

이와 같은 인플레이션율과 이자율의 장기적 관계를 **피셔 효과**(Fisher effect)라고 한다. 예를 들어 피셔 효과는 만약 미국의 인플레이션율이 연간 5% 수준에서 연간 10% 수준으로 영구히 상승한다면,

달러이자율은 궁극적으로 원래의 수준에서 5%p만큼 상승하여 좀 더 높아진 인플레이션율을 따라잡을 것이라는 뜻이다. 이와 같은 변화는 미국의 재화와 서비스로 측정된 달러자산의 **실질수익률**을 변화시키지 않을 것이다. 따라서 피셔 효과는 순수한 통화적인 변화가 장기적으로 경제의 상대가격에 영향을 미치지 않는다는 일반적인 견해를 보여주는 하나의 예이다.[3]

국내통화 예금의 이자율이 외국통화 예금의 이자율에 비해 상대적으로 상승할 때 국내통화가 외환시장에서 절하한다는 언뜻 보기에 역설적으로 보이는 통화주의 접근법의 배후에 피셔 효과가 있다. 통화주의 접근법이 가정하는 장기균형에서 국내 이자율과 외국 이자율 간 차이의 증가는 국내의 기대인플레이션율이 외국의 기대인플레이션율에 비해 상대적으로 상승할 때만 발생한다. 이와 같은 일은 분명히 국내 물가수준이 경직적인 단기에 발생하는 일이 아니다. 15장에서 살펴본 것처럼 단기에는 경직적인 국내 물가수준이 국내통화공급이 감소할 때 처음의 이자율에서 실질통화잔고에 대한 초과수요를 발생시키기 때문에 국내 이자율이 상승할 수 있다. 그러나 신축적인 물가를 가정하는 통화주의 접근법하에서 물가수준은 즉각적으로 하락한다. 이에 따라 실질통화공급은 변하지 않고 이자율의 변화는 발생하지 않는다.

한 예를 생각해봄으로써 이자율과 환율이 통화주의 접근법에서 어떻게 상호작용하는지 좀 더 잘 이해할 수 있다. 이 예는 통화주의 접근법이 왜 이자율의 지속적인 상승이 현재와 미래의 통화절하와 관련되어 있는지와 이자율의 지속적인 하락이 현재와 미래의 통화절상과 관련되어 있는지를 보여준다.

$t_0$시점에 연방준비제도가 예기치 않게 미국의 통화공급 증가율을 $\pi + \Delta\pi$로 증가시킨다고 상상해보자. 그림 16-1은 통화주의 접근법하에서 이 같은 변화가 어떻게 여타 미국의 경제변수는 물론 달러/유로 환율 $E_{\$/€}$에 영향을 미치는지를 보여준다. 그래프를 간단하게 나타내기 위해 유럽의 인플레이션율은 0에서 일정하게 유지된다고 가정한다.

그림 16-1(a)는 미국의 통화공급 증가율이 $t_0$시점에 갑자기 증가했음을 보여준다. (일정한 크기의 기울기가 변수의 일정한 비례적 증가율을 나타내도록 그림의 수직축 단위를 조정했다.) 이와 같은 정책변화는 미래에 좀 더 급속한 달러의 절하가 있을 것이라고 예상하게 한다. PPP 이론에서 달러는 $\pi$율이 아닌 $\pi + \Delta\pi$율로 절하할 것이다. 따라서 이자율 평형조건에 의하면 그림 16-1(b)에서 보는 것처럼 달러이자율은 처음 수준인 $R_\$^1$에서 추가적인 예상 달러절하율을 반영한 새로운 수준인 $R_\$^1 + \Delta\pi$로 상승해야 한다[식 (16-5) 참조]. 이와 같은 조정은 유로이자율을 변화시키지 않는다는 것에 주목하라. 유럽의 통화공급과 생산량은 변하지 않았기 때문에 처음의 유로이자율은 유럽의 통화시장에서 여전히 균형을 유지한다.

그림 16-1(a)에서 통화공급수준이 $t_0$시점에 실제적으로 증가한 것이 아니고 **미래의 통화공급 증가율**만이 변화한 것을 볼 수 있다. 통화공급의 즉각적인 증가는 없지만 통화수요를 감소시키는 이자율의 상승은 발생하기 때문에 $t_0$시점 바로 직전 물가수준에서 미국 실질통화잔고의 초과공급이 발생하게 된다. 이와 같은 미국 실질통화잔고의 초과공급에 직면해서 미국의 물가수준은 $t_0$시점에 위로 점프한다[그림 16-1(c) 참조]. 이 같은 미국 물가수준의 점프는 실질통화수요와 일치하도록 실질통화공

---

3 피셔 효과는 20세기 초 위대한 미국 경제학자 중 한 사람인 어빙 피셔(Irving Fisher)의 이름을 따서 지어졌다. 이 피셔 효과는 그의 저서 《The Theory of Interest(New York: Macmillan, 1930)》에 길게 논의되어 있다. 일찍이 피셔는 우연히도 외환시장균형에 관한 이론에 기초를 둔 이자율 평형조건에 대해 설명했다.

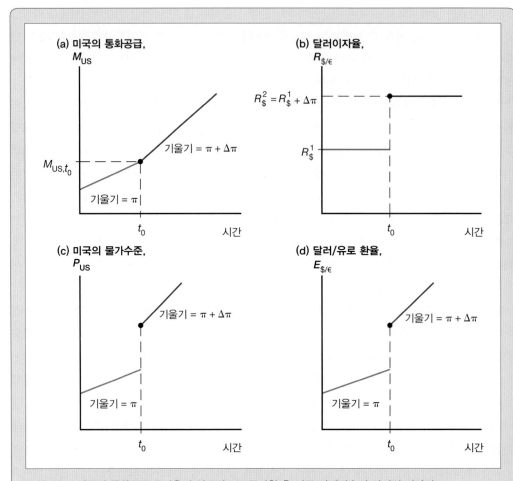

**그림 16-1 미국의 통화공급 증가율이 영구적으로 증가한 후 미국 경제변수의 장기적 시간경로**

통화공급의 증가율이 (a)에서 $t_0$시점에 증가한 후 이자율(b), 물가수준(c), 환율(d)은 새로운 장기균형경로로 이동한다. (통화공급, 물가수준과 환율은 자연로그 단위로 측정되었다. 일정한 비율로 변화하는 변수가 시간에 대해 그려질 때 직선으로 나타난다. 이 직선의 기울기는 주어진 변수의 비례적 증가율과 같다.)

급을 감소시킨다[식 (16-3) 참조]. 그림 16-1(d)는 $t_0$시점에서 $P_{US}$가 위로 점프하면서 PPP 이론이 제시하는 것처럼 동시에 $E_{\$/€}$도 $P_{US}$에 비례하여 위로 점프한다는 것을 보여준다.

$t_0$시점에서 어떻게 외환시장의 반응을 시각적으로 나타낼 수 있는가? 통화공급 또는 통화수요의 현재 수준이 변하기 때문이 아니라 사람들이 미래의 통화공급 증가와 달러절하가 좀 더 급속하게 이루어질 것이라고 예상하기 때문에 이 예에서 달러이자율이 상승한다. 투자자가 순간적으로 좀 더 높은 기대수익률을 제공하는 외국통화 예금으로 이동하는 반응을 보이면서 달러의 절하가 $t_0$시점 이전보다 더 빠르게 이루어지는 새로운 추세선으로 이동하여 달러는 외환시장에서 급속하게 절하한다.[4]

물가수준의조정속도에 관한 다른 가정이 어떻게 환율과 이자율의 상호작용에 관해 상반된 예측을

---

4 유럽의 인플레이션율 $\pi_E$가 0이 아닌 일반적인 경우 달러는 유로에 대해 $t_0$시점 이전에 $\pi$ 율로, 그리고 그 이후에 $\pi + \Delta\pi$율로 절하하기보다는 $t_0$시점까지 $\pi - \pi_E$율로, 그리고 그 이후에는 $\pi + \Delta\pi - \pi_E$율로 절하한다.

하는지 살펴보자. 가격이 경직적인 경우 통화공급의 감소에 반응하여 물가수준이 즉각적으로 하락할 수 없기 때문에 통화시장의 균형을 유지하기 위해 이자율이 상승해야 한다. 경직적 가격의 경우에는 이자율의 상승이 기대인플레이션율의 하락과 장기적 통화의 절상과 연결되기 때문에 통화는 즉각적으로 절상한다. 그러나 통화공급 증가율의 증가를 상정하고 있는 통화주의 접근법의 예에서 이자율의 상승은 기대인플레이션율의 상승과 통화가 모든 미래에서 좀 더 약세화될 것이라는 예상과 연결된다. 즉각적인 통화의 절하가 발생된다.[5]

이와 같이 이자율 변화가 상반된 결과를 가져오기 때문에 이자율에 기초한 환율의 설명은 이자율의 변화를 야기한 요인을 주의 깊게 고려해야 한다고 앞에서 경고한 것이다. 이러한 요인은 동시에 미래 예상환율에 영향을 줄 수 있고 결과적으로 이자율의 변화에 대한 외환시장의 반응에 결정적인 영향을 줄 수 있다. 이 장의 부록에서는 우리가 분석한 경우의 예상이 어떻게 변화하는지를 상세하게 보여준다.

## PPP와 일물일가 법칙의 실증적 증거

PPP 이론은 환율과 물가수준의 실제 데이터를 얼마나 잘 설명하는가? 간단하게 답하면 모든 종류의 PPP 이론은 사실을 잘 설명하지 못한다. 특히 물가수준의 변화는 종종 환율의 움직임에 대해 거의 아무것도 말해주지 못한다.

그러나 이와 같은 증거 때문에 PPP 이론을 배우는 데 쏟아부은 노력이 낭비였다고 결론짓지 마라. 이 장 후반부에서 보는 것처럼 PPP 이론은 통화주의 접근보다 더 현실적인 환율 모형을 구축하는 핵심 블록이다. 사실 PPP 이론이 실증적으로 지지되지 못한다는 것은 좀 더 현실적인 모형이 어떻게 만들어져야 하는지에 관한 중요한 실마리를 제공한다.

절대 PPP 이론을 검정하기 위해 경제학자들은 동일한 것으로 여겨지는 상품의 국가 간 질적 차이를 주의 깊게 조정하면서 기준 상품바스켓의 국제가격을 비교한다. 이와 같은 비교를 통해 절대 PPP 이론은 일반적으로 잘 맞지 않는다고 결론짓는다. 동일한 상품바스켓의 가격은 동일한 통화기준으로 나타냈을 때 국가 간에 상당히 다르다. 일물일가의 법칙도 상품 유형별로 구분한 가격 데이터를 사용한 최근 연구에서 성립되지 않는다. 서로 매우 유사한 제조업 제품도 1970년대 초 이후 여러 시장에서 매우 다른 가격으로 팔리고 있다. 절대 PPP 이론은 일물일가의 법칙에 기초를 두기 때문에 PPP 이론이 실제 데이터와 잘 맞지 않는다는 것은 놀라운 일이 아니다.[6]

---

[5] 그림 16-1(a)에서처럼 통화공급은 일반적으로 시간이 흐름에 따라 우상향으로 증가하는 추세를 보인다. 이와 같은 추세는 이에 상응하는 물가수준이 우상향으로 증가하는 추세를 발생시킨다. 만약 두 국가의 물가수준 추세가 다르다면 PPP 이론은 물론 두 국가 통화 간 환율의 추세를 제시한다. 이제부터 통화공급, 물가수준 또는 환율의 변화를 언급할 때 이 변화는 이들 변수의 예상되는 증가율이 상대적으로 이전에 비해 변화하는 것을 의미한다. 이와는 달리 추세 자체의 변화를 고려하고자 할 때는 명시적으로 이를 언급한다.

[6] 절대 PPP 이론에 관한 부정적인 증거의 일부가 다음 사례에서 논의된다. 예를 들면 일물일가의 법칙에 관하여 Peter Isard, "How Far Can We Push the Law of One Price?" *American Economic Review* 67 (December 1977), pp. 942-948; Gita Gopinath, Pierre-Olivier Gourinchas, Chang-Tai Hsieh, and Nicholas Li, "International Prices, Costs, and Markup Differences," *American Economic Review* 101 (October 2011), pp. 2450-2486; Mario J. Crucini and Anthony Landry, "Accounting for Real Exchange Rates Using Micro-Data," Working Paper 17812, National Bureau of Economic Research, February 2012와 더 읽을거리에 있는 Goldberg and Knetter의 논문을 참조하라.

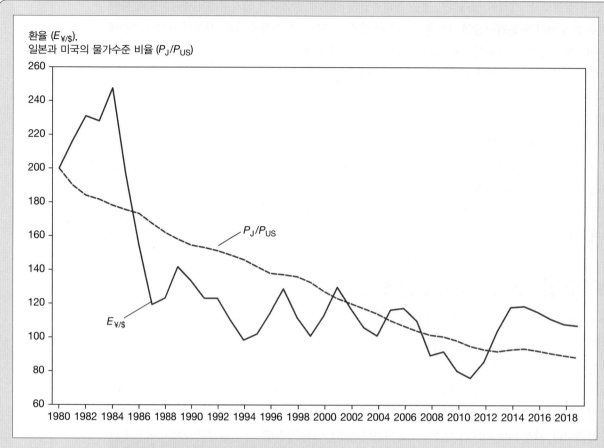

**그림 16-2 엔/달러 환율과 일본-미국의 물가수준 비율(1980~2019)**

이 그림은 상대 PPP가 1980~2015년 동안의 엔/달러 환율을 설명하지 못한다는 것을 보여준다.

출처: IMF, *International Financial Statistics*. 환율과 물가수준은 연말통계이다.

상대 PPP는 때때로 실제 데이터에 대한 그럴듯한 근사치이지만 이 역시 대부분은 잘 작동하지 않는다.

그림 16-2는 엔/달러 환율 $E_{¥/\$}$과 일본과 미국의 물가수준 비율 $P_J/P_{US}$의 그림을 통해 상대 PPP 이론의 약점을 예시해준다. 물가수준은 일본 정부와 미국 정부가 발표하는 지수로 측정된다.[7]

상대 PPP 이론은 $E_{¥/\$}$과 $P_J/P_{US}$가 비례적으로 움직일 것이라고 예측하지만 분명히 그렇지는 않았다. 1980년대 초에 미국의 물가수준에 대한 일본의 물가수준이 지속적으로 하락했기 때문에 상대 PPP에 따르면 달러가 절하해야 했으나 달러는 엔에 대해 급격히 절상했다. 동일한 인플레이션 추이가 1980년 중반 이후에도 계속됐으나 엔은 2000년경 PPP 추세로 되돌아가기 전까지 PPP 이론이 예

---

7 그림 16-2의 물가수준 측정치는 지수이지 달러금액이 아니다. 예를 들어 미국의 소비자 물가지수(CPI)는 기준연도인 2000년에 100이었고 1980년에 50이어서 전형적인 미국의 소비구매를 나타내는 기준 상품바스켓의 달러가격은 2000년과 1980년 사이에 2배가 됐다. 미국과 일본의 물가지수를 위한 기준연도는 1980년의 양국 간 물가지수 비율이 1980년의 환율과 일치하도록 선정되었다. 그러나 이와 같이 양국 간 물가지수 비율과 환율이 같다고 한 것은 절대 PPP 이론이 1980년에 성립했음을 의미하지 않는다. 그림 16-2는 CPI를 사용하지만, 기타 물가지수도 유사한 그림을 제시한다.

측하는 정도보다 훨씬 더 큰 폭으로 절상했다. 상대 PPP 이론은 어느 정도 장기의 기간에 대해서만 대체로 성립한다. 그러나 PPP로부터의 이탈이 오랜 기간 지속됐다는 점을 고려할 때 PPP 이론은 환율의 장기적 움직임을 설명하는 이론으로서도 그 유용성이 제한적인 것으로 보인다.

다른 통화에 관한 연구도 대부분 그림 16-2의 결과를 확인해준다. 상대 PPP는 잘 성립하지 않는다.[8] 이 책 후반부에서 살펴볼 것처럼 제2차 세계대전이 종료됐던 1945년과 1970년대 초의 기간에 환율은 중앙은행의 외환시장 개입을 통해 국제적으로 합의된 좁은 폭 안에서 고정됐다. 이와 같은 고정환율 기간에 PPP는 어느 정도 성립했다. 그러나 1970년대와 그 이후처럼 많은 환율이 시장에서 결정됐던 1920년대 전반에도 최근 수십 년 동안에 발생했던 것처럼 상대 PPP로부터의 상당한 이탈이 있었다.[9]

## PPP의 문제점에 관한 설명

앞 절에서 제시된 부정적인 실증적 결과의 원인은 무엇인가? 일물일가의 법칙에 바탕을 둔 환율에 대한 PPP 이론의 근거에는 당면한 몇 가지 문제점이 있다.

1. 일물일가 법칙의 가정과 달리 수송비와 무역에 대한 제한조치가 분명히 존재한다. 이와 같은 무역장벽은 일부 재화와 서비스가 국가 간에 교역되는 것을 막을 정도로 충분히 높을 수 있다.
2. 재화시장에서의 독점적 또는 과점적 시장구조가 서로 다른 국가에서 판매되는 유사한 재화들의 가격 간 연계가 더욱 약화되도록 수송비 및 기타 무역장벽과 상호작용할 수 있다.
3. 서로 다른 국가에서 보고되는 인플레이션 데이터는 서로 다른 상품바스켓에 기초하기 때문에 무역장벽이 존재하지 않고 모든 생산물이 교역재일 때조차도 환율의 변화가 공식적인 인플레이션율의 차이를 상쇄할 이유가 없다.

### 무역장벽과 비교역재

수송비와 정부의 무역제한조치는 서로 다른 국가에 위치해 있는 시장 간에 재화의 이동을 비싸게 만들고, 이에 따라 PPP의 기초가 되는 일물일가 법칙을 약화시킨다. 동일한 스웨터가 뉴욕에서는 45달러에 팔리고, 런던에서는 30파운드에 팔리며, 두 도시 간에 스웨터를 운송하는 데 2달러의 비용이 든다고 하자. 파운드당 1.45달러의 환율에서 런던 스웨터의 달러가격은 43.50달러[= (파운드당 1.45달러) × 30파운드]이지만 미국 수입업자는 런던에서 스웨터를 구매하고 뉴욕으로 가져오기 위해 43.50달러 + 2달러 = 45.50달러를 지불해야 한다. 파운드당 1.45달러의 환율에서 미국의 수입업자는 스웨터의 달러가격이 뉴욕에서 비싸더라도 런던에서 뉴욕으로 스웨터를 운송하지 않을 것이다. 이와 유사하게 파운드당 1.55달러의 환율에서 미국의 수출업자는 뉴욕의 스웨터가격인 45달러가 런던의 스

---

8 예는 이 장의 더 읽을거리에 있는 Taylor and Taylor의 논문 참조

9 Paul R. Krugman, "Purchasing Power Parity and Exchange Rates: Another Look at the Evidence," *Journal of International Economics* 8 (August 1978), pp. 397-407; Paul De Grauwe, Marc Janssens, and Hilde Leliaert, *Real-Exchange-Rate Variability from 1920 to 1926 and 1973 to 1982*, Princeton Studies in International Finance 56 (International Finance Section, Department of Economics, Princeton University, September 1985); Hans Genberg, "Purchasing Power Parity under Fixed and Flexible Exchange Rates," *Journal of International Economics* 8 (May 1978), pp. 247-276 참조

웨터 달러가격인 46.50달러보다 낮더라도 뉴욕에서 런던으로 스웨터를 운송하면 손실을 볼 것이다.

이 예의 교훈은 수송비가 일물일가의 법칙이 의미하는 환율과 재화가격의 밀접한 관계를 절단한다는 것이다. 수송비가 클수록 서로 다른 국가의 재화가격이 주어진 경우 환율이 변동할 수 있는 범위가 커진다. 세관에 지불되는 수수료는 운송수수료와 같은 방법으로 수입업자의 이윤에 영향을 미치기 때문에 관세와 같은 공식적인 무역제한조치도 유사한 효과를 보인다. 어떠한 형태의 무역제한조치도 주어진 통화의 구매력을 국가마다 크게 다르게 함으로써 PPP 이론의 기초를 약화시킨다. 예를 들어 무역제한조치가 존재하는 경우 1달러가 시카고에서만큼 런던에서 쓸모가 있을 필요가 없다. 실제로 런던을 다녀온 사람은 누구나 아는 것처럼 런던에서 1달러는 쓸모가 없다.

국제무역 이론에서 배웠듯이 수송비가 일부 재화와 서비스를 생산하는 비용에 비해 상대적으로 매우 크면 이들 재화와 서비스는 이윤을 발생시키면서 국제적으로 교역될 수 없다. 이와 같은 재화와 서비스를 비교역재(nontradable)라고 한다. 비교역재의 고전적인 예는 이발이다. 미국식 이발을 원하는 프랑스인은 미국으로 날아가든지 미국인 이발사를 프랑스로 데려와야 한다. 어느 경우든 수송비가 이발 서비스의 가격에 비해 상대적으로 매우 커서(관광객의 경우는 예외로 하고) 프랑스식 이발은 프랑스 주민에게만 소비되는 반면 미국식 이발은 미국의 주민에게만 소비된다.

가격이 국제적으로 연결되어 있지 않은 교역되지 않는 재화와 서비스가 모든 국가에서 존재하기 때문에 상대 PPP로부터의 체계적인 이탈이 발생한다. 비교역재의 가격은 전적으로 국내 공급곡선과 수요곡선에 의해 결정되기 때문에 국내 공급곡선과 수요곡선의 변화는 상품바스켓의 해외가격 대비 동일한 상품바스켓의 국내가격을 변화시킬 수 있다. 다른 조건이 일정하다면 한 국가의 비교역재 가격의 상승은 해외 물가수준에 비해 상대적으로 국내 물가수준을 상승시킨다(모든 국가의 물가수준은 동일한 통화기준으로 측정된다). 다른 방식으로 보면 통화의 구매력은 비교역재의 가격이 상승하는 국가에서 감소한다.

각 국가의 물가수준을 측정하는 데 (이발과 더불어) 일상적인 의료 서비스, 댄스 교습, 주거 서비스를 포함하는 많은 다양한 비교역재가 있다. 교역재는 제조업 제품, 원자재, 농산물 등과 같은 것이다. 비교역재는 주로 서비스와 건설 산업의 생산물이다. 당연히 이러한 분류에는 예외가 존재한다. 예를 들면 은행과 중개거래소가 제공하는 금융 서비스는 국제적으로 거래될 수 있다(특히 인터넷의 발전은 교역될 수 있는 서비스의 범위를 확대했다). 이에 더해 매우 심한 무역제한조치는 정상적으로 교역될 재화도 교역되지 못하게 만들 수 있다. 따라서 대부분의 국가에서 일부 제조업 제품은 교역되지 않는다.

미국 GNP에 대한 서비스 산업의 기여도를 살펴봄으로써 미국 경제에서 비교역재의 중요성을 대략적으로 파악할 수 있다. 최근에 서비스 생산은 미국 생산량 가치의 약 75%를 차지했다. 서비스 생산은 가난한 국가에서 더 작은 비중을 차지하는 경향이 있는 반면, 비교역재는 모든 국가에서 GNP의 중요한 구성요소이다. 비교역재는 그림 16-2가 예시한 상대 PPP로부터의 상당한 이탈을 설명하는 데 도움을 준다.

### 자유경쟁으로부터의 이탈

무역장벽과 불완전한 경쟁시장구조가 함께 작동할 때 물가수준 간 관계는 더욱 약화된다. 한 기업이 같은 상품을 시장마다 다른 가격으로 판매하는 극단적인 경우도 발생한다.

한 기업이 동일한 생산물을 시장마다 다른 가격으로 판매할 때 **시장별 가격설정**(pricing to market) 을 한다고 말한다. 시장별 가격설정은 국가마다 다른 수요 상황을 반영할 수 있다. 예를 들면 수요가 비탄력적인 국가는 독점적 판매자의 생산비 이상으로 가격이 좀 더 높은 경향이 있다. 기업수준의 수 출 데이터에 관한 실증연구는 제조업 무역에서 시장별 가격설정이 널리 행해진다는 강한 증거를 제 시했다.[10]

2016년에 폭스바겐 폴로(Volkswagen Polo)는 두 국가가 동일한 통화인 유로를 사용하고 유럽연 합이 오랫동안 유럽 내 무역장벽을 제거하기 위해 노력했음에도 불구하고 오스트리아에서보다 아일 랜드에서 4,000달러 더 비쌌다(21장 참조). 만약 소비자가 오스트리아에서 자동차를 사고 아일랜드 까지 운전하거나 선적하는 것이 비용이 들지 않는다면 또는 소비자가 폴로의 좋은 대체재로 아일랜 드에서 더 값싼 자동차를 찾을 수 있으면, 이러한 가격 차이가 발생하기 어려울 것이다. 그러나 제품 차별화와 분할시장은 일물일가의 법칙과 절대 PPP로부터 커다란 이탈을 발생시킨다. 시간의 흐름에 따라 발생되는 시장구조와 수요의 변화는 상대 PPP를 무효화할 수 있다.

## 소비패턴과 물가수준 측정의 차이

정부의 물가수준 측정 방법은 국가마다 다르다. 이와 같은 차이가 존재하는 한 가지 이유는 서로 다 른 국가에 사는 사람들은 서로 다른 방법으로 소득을 지출하기 때문이다. 일반적으로 사람들은 외국 산 제품보다 교역재를 포함하여 자국산 제품을 상대적으로 더 많이 소비한다. 평균적인 노르웨이인 은 평균적인 미국인보다 순록 고기를 좀 더 많이 소비하고, 평균적인 일본인은 평균적인 미국인보다 스시를 좀 더 많이 소비하며, 평균적인 인도인은 평균적인 미국인보다 처트니(chutney, 과일, 채소, 식초, 향신료 등을 넣어 만든 새콤달콤한 맛의 인도 조미료_역자 주)를 좀 더 많이 소비한다. 따라서 구매력을 평가하기 위한 기준 상품바스켓을 만드는 데 노르웨이 정부는 순록 고기에 상대적으로 높 은 가중치를 부여하고, 일본 정부는 스시에 높은 가중치를 부여하며, 인도 정부는 처트니에 높은 가 중치를 부여한다.

상대 PPP는 물가수준이 아니라 물가수준의 **변화**에 대해 예측을 하기 때문에, 상대 PPP가 비교 대 상 국가에서 물가수준을 정의하기 위해 사용되는 상품바스켓들에 관계없이 적용할 수 있는 합리적 인 개념이다. 만약 모든 미국 가격이 10%만큼 상승하고 달러가 외국통화에 대해 10%만큼 절하하면, 상대 PPP는 국내와 외국에서 물가지수를 어떤 것으로 선택하든지 (외국에서 아무런 변화가 없다고 가정하면) 충족될 것이다.

그러나 바스켓 구성상품의 상대가격 변화는 상대 PPP가 공식적인 물가지수에 기초한 검정을 통과 하지 못하게 만들 수 있다. 예를 들면 생선의 상대가격 상승은 단지 생선이 일본 정부의 기준 상품바

---

10 이와 같은 증거를 상세하게 살펴보려면 이 장의 더 읽을거리에 있는 Golgberg and Knetter 및 Burstein and Gopinath의 논문 을 참조하라. 시장별 가격설정에 관한 고전적인 이론 논문으로는 Rudiger Dornbusch, "Exchange Rates and Prices," *American Economic Review* 77 (March 1987), pp. 93-106, Paul R. Krugman, "Pricing to Market When the Exchange Rate Changes," in Sven W. Arndt and J. David Richardson, eds., *Real-Financial Linkages among Open Economies* (Cambridge, MA: MIT Press, 1987)와 Andrew Atkeson and Ariel Burstein, "Pricing-to-Market, Trade Costs, and International Relative Prices," *American Economic Review* 98 (December 2008), pp. 1998 -2031이 있다.

# 전 세계적인 국부의 측정과 비교: 국제비교 프로그램(ICP)

신뢰할 만한 구매력 평가(PPP)를 계산하기 위해서는 한 경제에서 소비되는 수많은 상품과 서비스의 현지가격에 대한 자료가 필요하며, 이를 다른 국가와 비교해야 한다. 이러한 자료를 수집하고 조직화하는 것은 분명히 아주 어려운 일이다.

PPP를 계산하는 데 어려운 문제 중 하나는 환율을 사용하는 것이 부적절하다는 점이다. 환율은 GDP를 공통 통화로 표시하기 위해 사용될 수 있으나, 통화의 상대적 구매력 평가를 감안하지는 않는다. 왜냐하면 환율은 통화에 대한 수요과 공급, 이자율, 자본 이동, 정부의 외환시장 개입, 환투기 등에 의해 결정되기 때문이다. 이러한 이유로 환율은 공통 물가수준으로 GDP를 평가하지는 않는다.

또 다른 어려움은 교역재와 비교역재의 가격을 결정하는 문제이다. 교역재 가격은 일물일가의 법칙에 의해 국제적으로 결정될 수 있으나, 비교역재(건물, 건강, 교육, 정부 서비스) 가격은 특히 임금 및 봉급과 같은 국내 요인에 영향을 받는데, 임금 및 봉급은 대개 고소득 국가일수록 더 높다.

국제비교 프로그램(International Comparison Program, ICP)은 1960년대에 정책입안자와 국제기구에 PPP 자료를 제공하기 위한 연구 노력으로서 개설됐다. 세계은행의 주도하에 ICP 글로벌 사무실은 유엔 지역위원회, OECD, EU통계청 및 지역개발은행들과 협력하고 있다. ICP는 자료를 수집하고 인증해주는 ICP 지역 사무실도 설립했다. ICP는 공통 물가수준을 기준으로 각 국가의 자료를 계산하고, 이를 공통 통화로 표시하는 방식으로 PPP를 이용하여 GDP 수치 및 그 구성요소들 간 비교가 가능하도록 해준다.

국내 정책입안자와 다른 관계자들뿐 아니라 세계은행, IMF, 세계보건기구(WHO), UNESCO, 유엔개발계획(UN Development Program, UNDP), OECD, EU와 같은 국제기구도 GDP, 성장률, 빈곤선을 국가 간에 비교하기 위해 ICP의 자료를 이용한다.

## 방법론

ICP는 GDP에 대한 최종 지출을 구성하는 모든 종류의 최종 상품과 서비스의 가격과 지출에 대한 자료를 수집하기 위해 6년마다 전 세계적인 서베이를 실시한다.

국가 간 물가수준 차이를 일치시키는 방법은 수량을 직접 관찰하거나 상대가격을 이용하여 수량을 도출하는 두 가지 방식이 있다. 1단계에서는 교역재와 비교역재에 대한 물가수준의 차이를 감안해 개별 상품과 서비스에 대한 PPP가 추정된다. 2단계에서는 상품군에 대한 PPP가 추정된다. 마지막으로 GDP를 구성하기 위해 합계를 낸다. 국가 간 구매력을 비교하기 위한 상품과 서비스 바스켓의 구성은 선호, 문화, 기후, 가격, 상품의 이용 가능성 및 소득의 차이를 반영해 달라지지만, 각 바스켓은 사실상 비슷하거나 동등한 효용이나 소비자 만족을 제공하게끔 구성된다.

GDP는 처음 155개의 기본 상품군으로 분류된다. 이 기본 상품군은 지출 추정치가 요구되는 가장 낮은 수준이다. 이는 기본적으로 가격을 매기기 위해 개별 상품이나 서비스를 분류해 넣는 상품군이다. 다음과 같은 세 종류의 기본 상품군이 있다.

1. 다양한 시장에서 소비자가 구매하는 상품
2. 주택임대, 건강관리, 교육, 정부 서비스, 장비
3. 마약과 같이 가격이 없는 상품

두 번째와 세 번째 상품군에 대한 비교 가능한 자료는 얻기가 힘들거나 너무 비용이 많이 들어 대부분 시장조사를 통해 수집할 수 있는 범위를 넘어선다.

일단 모든 재화가 특정 상품 범주로 분류되면 모든 국가 쌍에 대해 각 기본 상품군에 속한 개별 재화의 PPP가 계산되고 비교된다. 그 반면 다국 간 PPP는 이행성(transitivity)과 국가불변성(country invariance) 원칙에 따라 계산된다. 이행성은 두 국가의 PPP가 직접 계산되든 제3국을 통해 간접적으로 계산되든 동일할 때 성립한다. 국가불변성은 두 국가 간 PPP가 기준 국가와 상관없이 동일할 때 성립한다.

ICP의 가장 최근의 서베이인 *ICP 2011 Purchasing Power Parities and the Real Size of World Economy*는 2014년 10월 28일에 공표되었다. 이는 여러 해의 집중작업을 거쳐 7개 지역(통계적 지역 1개 추가)으로부터의 199개 국가를 포함하고 있다(그 이전 것은 ICP 2005로 불린다).

## 세계 GDP

그 보고서는 ICP 2005 PPP로 측정된 실질 지출과 비교할 때 저소득과 중간소득 경제(개발도상국)의 비중이 세계 GDP의 약 절반 수준으로 상승했다는 점을 발견했다.

다음 그림은 세계 GDP의 ICP 지역별 비중을 보여주며, PPP에 기초한 비중과 환율에 기초한 비중을 비교하고 있다. PPP에 기초한 분포에 따르면 아시아와 태평양연안국은 2011년 세계 GDP의 30% 이상을 차지한 데 반해, 유로통계-OECD 지역은 훨씬 더 낮다. 그 보고서는 세계에서 가장 큰 12개국이 세계 경제의 2/3와 세계인구의 59%를 차지하고 있는 데 비해 이 12개국 중 6개는 중간소득 국가에 속해 있다는 점을 지적했다. PPP를 감안할 때 미국은 여전히 가장 큰 국가이지만 두 번째와 세 번째로 큰 중국과 인도의 GDP 비중은 2005년 이후 미국 대비 2배 이상 상승했다.

그 보고서는 또한 소비의 비중이 그 경제가 속한 범주에 따라 달라진다는 점을 보여준다.

## 국제 빈곤선

2015년 10월, 세계은행 그룹은 2011 PPP를 이용하여 거의 10년 만에 처음으로 업데이트된 국제 빈곤선을 발표했다.

업데이트된 1.90달러의 빈곤선은 새로운 2011 PPP 자료를 이용하여 각국 통화로부터 미국 달러로 환산할 수 있다. 이러한 빈곤선의 평균은 2011년 약 1.90달러였는데, 이것이 업데이트된 국제 극빈선이다.

IMF와 세계은행이 GDP와 빈곤선을 국제적으로 비교하는 것 외에도 국제기구는 ICP 자료를 다른 여러 목적으로 이용한다. 예를 들면 이 자료를 이용하여 UNDP는 인적개발지수를 계산하고 성별권한부여 지표를 만들며, 세계보건기구는 국가 간 건강 불평등을 비교하며, UNESCO는 다양한 경제에서 교육에 대한 1인당 지출을 평가한다.

## 한계점

모든 자료는 주의해서 다루어야 한다. ICP 보고서는 다음과 같은 단서를 달았다.

관측되지 않은 부문이 많은 국가는 GDP를 과소 추정했을 가능성이 있다. 이러한 이유로 GDP 측정치가 모든 나라 간에 통일된 것은 아니다.

서비스 가격에 바탕은 둔 PPP는 서비스 가격에 바탕은 둔 만큼 정확하지 않다. 이는 건강 및 주택과 같은 서비스는 대부분 오차 부분이 더 클 것이기 때문이다.

PPP는 한 경제의 전반적인 물가수준을 나타내지만 한 국가 내의 가격 차이를 반영하지는 않는다.

이런 이유로 ICP 보고서는 가격과 경제구조의 차이가 큰 중국, 인도, 브라질의 경우 오차가 상하 15%에 이를 것으로 추정하고 있다.

마지막 단서는 PPP를 균형환율과 동일시해서는 안 된다는 점이다. 왜냐하면 ICP의 PPP는 통화의 저평가나 고평가를 반영하지 않기 때문이다.[11]

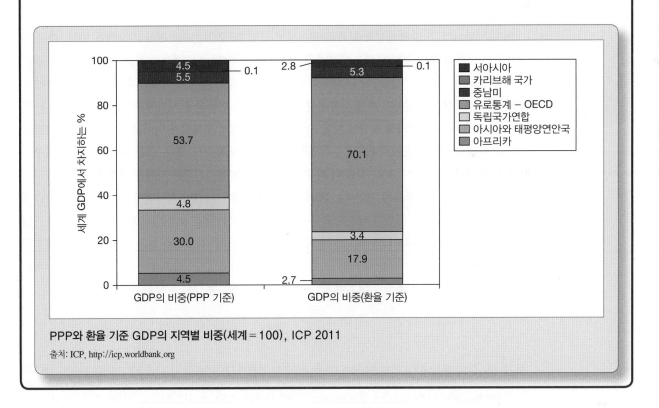

PPP와 환율 기준 GDP의 지역별 비중(세계 = 100), ICP 2011

출처: ICP, http://icp.worldbank.org

---

11 "Purchasing Power Parities and the Real Size of World Economies: A Comprehensive Report of the 2011 International Comparison Program," the World Bank Group, ICP 2011, http://siteresources. worldbank.org/ICPEXT/Resources/ICP-2011-report.pdf; Mario Cruz, James Foster, Bryce Quillin, and Philip Schellekens, "Ending Extreme Poverty and Sharing Prosperity: Progress and Policies," Development Economics, World Bank Group, October 2015, http://pubdocs.worldbank. org/en/109701443800596288/PRN03Oct2015TwinGoals.pdf 참조

스켓에서 차지하는 비중이 크기 때문에 미국 정부의 기준 상품바스켓의 달러가격에 비해 상대적으로 일본 정부의 기준 상품바스켓의 달러가격을 상승시킨다. 상대가격 변화는 무역이 자유롭고 비용이 들지 않는다고 하더라도 그림 16-2에서 보는 것과 같이 PPP가 성립되지 않는 결과를 초래할 수 있다.

## 단기와 장기의 PPP

PPP 이론이 실증적 증거가 약하다는 사실을 설명하기 위해 지금까지 살펴본 요인은 모든 가격이 시장균형수준으로 조정되는 시간을 가진 후인 장기에서도 국가별 물가수준을 서로 다르게 만들 수 있다. 그러나 15장에서 논의했듯이 경제의 많은 가격은 경직적이고 완전히 조정되는 데 시간이 걸린다. 따라서 PPP로부터의 이탈은 장기에서보다 단기에서 더 클 수 있다.

예를 들면 외국통화에 대한 달러의 갑작스러운 절하는 미국의 농기구를 해외에서 생산된 유사한 농기구에 비해 상대적으로 더 싸게 만든다. 전 세계의 농부는 트랙터와 수확기에 대한 수요를 미국의 생산자에게로 이동시킬 것이기 때문에 미국산 농기구의 가격은 달러의 절하로 발생된 일물일가 법칙으로부터의 이탈을 감소시키기 위해 상승하는 경향이 있다. 그러나 이와 같은 가격상승 과정이 완료되는 데는 시간이 걸리고 시장이 환율변화에 적응하는 동안 미국과 외국 농기구의 가격은 상당히 다를 수 있다.

어쩌면 단기의 가격 경직성과 환율의 변동성이 그림 16-2를 논의하면서 지적했던 현상, 즉 상대 PPP가 성립하지 않는 현상이 환율이 변동하는 시기에 훨씬 더 뚜렷했다는 점을 설명하는 데 도움을 준다고 생각할 수 있다. 실증연구는 데이터에 대한 이와 같은 해석을 지지한다. 환율과 비교하여 재화가격의 경직성을 예시하기 위해 사용했던 그림 15-11은 변동환율 시기에 전형적으로 나타나는 현상이다. 많은 국가와 역사적 경험에 대한 주의 깊은 연구에서 경제학자 마이클 무사(Michael Mussa)는 고정환율과 변동환율에서 PPP로부터의 단기 이탈 정도를 비교했다. 그는 변동환율이 상대 PPP로부터의 이탈을 훨씬 더 크고, 훨씬 더 자주 체계적으로 발생시킨다는 사실을 발견했다.[12]

최근의 연구는 변동환율에 기인하는 PPP의 단기적 이탈은 시간이 지나면서 사라지는데, 4년 후에 일시적 이탈의 효과 중 절반만 남는다고 주장한다.[13] 그러나 이와 같은 일시적인 PPP로부터의 이탈이 데이터에서 제거된다고 하더라도 여전히 장기적 추세의 누적 효과가 많은 국가의 경우에 예견할 수 있는 PPP로부터의 이탈을 초래하는 것으로 보인다. 사례 연구 '물가수준은 왜 가난한 국가에서 낮은가?'에서는 이러한 추세의 배후에 있는 중요한 메커니즘 중 하나를 논의한다.

---

12 Mussa, "Nominal Exchange Rate Regimes and the Behavior of Real Exchange Rates: Evidence and Implications," in Karl Brunner and Allan H. Meltzer, eds., *Real Business Cycles, Real Exchange Rates and Actual Policies*, Carnegie-Rochester Conference Series on Public Policy 25 (Amsterdam: North-Holland, 1986), pp. 117-214 참조. 위스콘신대학교의 찰스 엥겔 (Charles Engel)은 변동환율하에서 동일한 재화의 국제적 가격 차이는 단일국가 내 다른 재화의 상대가격보다 더 변동이 심할 수 있다는 사실을 발견했다. Engel, "Real Exchange Rates and Relative Prices: An Empirical Investigation," *Journal of Monetary Economics* 32 (August 1993), pp. 35-50 참조. 또한 Gopinath, Gourinchas, Hsieh, and Li, *op. cit.* (각주 6) 참조

13 예를 들면, Jeffrey A. Frankel and Andrew K. Rose, "A Panel Project on Purchasing Power Parity: Mean Reversion Within and Between Countries," *Journal of International Economics* 40 (February 1996), pp. 209-224 참조. 이 결과의 통계적 타당성은 Paul G. J. O'onnell in "The Overvaluation of Purchasing Power Parity," *Journal of International Economics* 44 (February 1998), pp. 1-19에 도전받고 있다.

## 사례 연구  물가수준은 왜 가난한 국가에서 낮은가?

국제적 물가수준의 차이에 관한 연구를 통해 발견한 놀라운 전형적인 실증적 사실 하나는 동일한 통화기준으로 나타낼 때 국가의 물가수준은 1인당 실질소득수준과 양(+)의 관계라는 것이다. 다시 말해 달러는 시장환율로 지역 통화로 환전될 때 일반적으로 부유한 국가보다 가난한 국가에서 더 쓸모가 있다는 것이다. 그림 16-3은 각 점을 한 국가로 표시하면서 물가수준과 소득의 관계를 보여준다.

물가수준을 결정하는 데 비교역재의 역할에 관한 앞 절의 논의는 비교역재 가격의 국제적 차이가 부유한 국가와 가난한 국가의 물가수준 차이를 발생시킬 수 있다고 시사한다. 실제 데이터는 부유한 국가에서 (교역재에 비해 상대적으로) 비교역재 가격이 더 비싼 경향이 있다는 점을 보여준다.

벨라 발라사(Bela Balassa)와 폴 새뮤얼슨(Paul Samuelson)은 가난한 국가에서 비교역재 가격이 상대적으로 낮은 한 가지 이유를 제시했다.[14] 발라사-새뮤얼슨 이론(Balassa-Samuelson theory)은 가난한 국가의 노동력은 교역재 부문에서 부유한 국가의 노동력보다 생산성이 떨어지지만 비교역재 부문에서 국제적 생산성 차이는 무시할 만하다고 가정한다. 그러나 교역재의 가격이

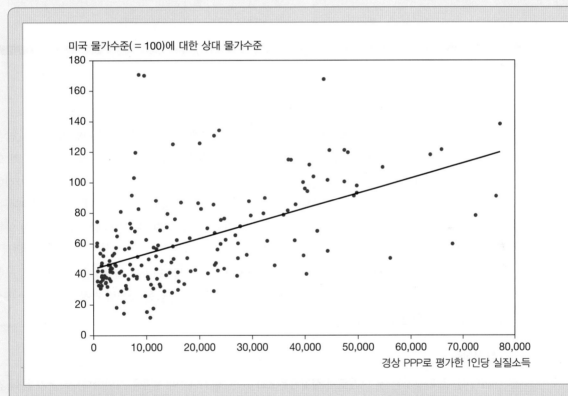

미국 물가수준(=100)에 대한 상대 물가수준

경상 PPP로 평가한 1인당 실질소득

**그림 16-3 물가수준과 실질소득(2017)**
국가별 물가수준은 국가별 실질소득이 증가함에 따라 상승하는 경향을 보인다. 각 점은 한 국가를 나타낸다. 직선은 한 국가의 1인당 실질소득을 알고 있을 때 미국과 비교한 이 국가의 물가수준에 대한 가장 좋은 예측치를 제시한다.

출처: Penn World Table, version 9.1.

14 Balassa, "The Purchasing Power Parity Doctrine: A Reappraisal," *Journal of Political Economy* 72 (December 1964), pp. 584-596; Samuelson, "Theoretical Notes on Trade Problems," *Review of Economics and Statistics* 46 (May 1964), pp. 145-154 참조. 발라사-새뮤얼슨 이론은 리카도의 관측에 의해 예견됐다. Jacob Viner, *Studies in the Theory of International Trade* (New York: Harper & Brothers, 1937), p. 315 참조

모든 국가에서 대체적으로 같다면 교역재 산업에서 가난한 국가의 낮은 노동생산성은 해외보다 임금을 낮게 만들고, 비교역재 부문의 생산비용을 낮게 만들며, 결과적으로 비교역재의 가격도 낮게 만든다. 교역재 부문에서 노동생산이 높은 부유한 국가에서는 비교역재 가격과 물가수준이 높은 경향이 있다. 생산성 통계는 발라사-새뮤얼슨의 생산성 차이 가설에 대해 일부 실증적 지지를 제시해준다. 국제적 생산성 차이는 비교역재 부문에서보다 교역재 부문에서 뚜렷할 수 있다. 한 국가가 부유하든 가난하든 간에 이발사는 일주일에 많은 이발을 할 수 있으나, 개인컴퓨터 같은 교역재를 만드는 데 국가 간 생산성 차이는 클 가능성이 있다.

가난한 국가의 물가수준이 낮은 이유를 설명하는 또 다른 이론은 컬럼비아대학교의 재그디시 바과티(Jagdish Bhagwati), 펜실베이니아대학교의 어빙 크래비스(Irving Kravis), 뉴욕시립대학교의 로버트 립시(Robert Lipsey)가 제시했다.[15] 바과티-크래비스-립시의 견해는 생산성 차이보다는 자본과 노동의 부존 상태 차이에 근거를 두고 있으나, 이 견해도 1인당 실질소득이 증가함에 따라 비교역재의 상대가격이 상승한다고 예측한다. 부유한 국가는 자본-노동 비율이 높은 반면 가난한 국가는 자본에 비해 상대적으로 노동을 많이 보유한다. 부유한 국가는 자본-노동 비율이 높기 때문에 노동의 한계생산성은 가난한 국가에서보다 부유한 국가에서 더 높고, 이에 따라 부유한 국가는 가난한 국가보다 임금수준이 더 높다.[16] 대부분이 서비스로 구성된 비교역재는 자연히 교역재에 비해 상대적으로 노동집약적이다. 노동은 가난한 국가에서 더 싸고 비교역재를 생산하는 데 집약적으로 사용되기 때문에 비교역재도 부유하고 임금이 높은 국가에서보다 가난한 국가에서 더 싸다. 이와 같은 비교역재 상대가격의 국제적 차이는 동일한 통화기준으로 측정할 때 전반적인 물가수준이 가난한 국가에서보다 부유한 국가에서 보다 더 높아야 한다는 것을 의미한다.

# PPP의 극복: 장기환율의 일반 모형

구매력 평가 이론이 예외로 가득 차고 분명히 데이터와 상반되는데도 왜 이 이론에 대해 매우 많은 논의가 이루어지는가? PPP의 시사점을 매우 면밀하게 살펴본 것은 장기환율을 장기물가수준과 연결하는 PPP의 기본적인 아이디어가 매우 유용한 출발점이기 때문이다. 앞에서 살펴본 PPP를 가정한 통화주의 접근법은 너무 단순하여 실제 세계를 정확히 예측할 수 없다. 그러나 PPP가 사실상 예측을 잘하지 못하는 이유의 일부를 고려함으로써 PPP를 일반화할 수 있다. 이 절에서는 바로 이 일반화를 할 것이다.

다음에서 이루어지는 장기 분석은 가격 경직성 때문에 발생하는 단기적 복잡성을 계속해서 무시한다. 환율이 장기적으로 어떻게 변하는가에 대한 이해는 앞에서 언급한 것처럼 다음 장의 좀 더 복잡한 단기분석을 위한 선행조건이다.

### 실질환율

PPP 이론을 확장하는 첫 단계로서 **실질환율**(real exchange rate)의 개념을 정의한다. 두 국가 통화 간 실질환율은 다른 국가의 재화와 서비스에 대한 한 국가의 재화와 서비스의 상대가격을 대략적으로 요약한 척도이다. PPP는 실질환율이 영구적으로는 아닐지라도 결코 변화하지 않는다고 예측하기 때문에 여기에서 실질환율의 개념을 소개하는 것은 자연스러운 일이다. 세상의 현상을 좀 더 정확하게 설명할 수 있도록 모형을 확장하기 위해 실질환율의 극적이고 영구적인 변화를 발생시키는 요인을

---

15 Kravis and Lipsey, *Toward an Explanation of National Price Levels*, Princeton Studies in International Finance 52 (International Finance Section, Department of Economics, Princeton University, November 1983)와 Bhagwati, "Why Are Services Cheaper in the Poor Countries?" *Economic Journal* 94 (June 1984), pp. 279-286 참조

16 이 주장은 부유한 국가와 가난한 국가 간 요소 부존의 차이는 요소가격 균등화가 성립할 수 없을 정도로 충분히 크다고 가정한다.

체계적으로 검토할 필요가 있다.

앞으로 살펴보는 것처럼 실질환율은 PPP로부터의 이탈을 계량화하는 것뿐만 아니라 개방경제에서 거시경제의 수요와 공급 조건을 분석하는 데도 중요하다. 두 생산물 바스켓의 상대가격을 나타내는 실질환율과 두 통화의 상대가격을 나타내는 환율을 구별하고자 할 때 후자의 환율을 **명목환율**(nominal exchange rate)이라고 한다. 그러나 혼동의 위험이 없을 때 명목환율을 나타내기 위해 환율이라는 용어를 계속해서 사용할 것이다.

실질환율은 명목환율과 물가수준에 의해 정의된다. 따라서 실질환율을 좀 더 정확하게 정의하기 전에 물가수준의 척도를 명확하게 이해할 필요가 있다. 지금까지의 경우에서처럼 $P_{US}$는 미국의 물가수준이고, $P_E$는 유럽의 물가수준이라고 하자. (통화주의 접근법의 논의와 다르게) 절대 PPP를 가정하지 않을 것이기 때문에 더 이상 물가수준이 미국과 유럽에서 동일한 상품바스켓으로 측정될 수 있다고 가정하지 않는다. 분석을 통화적 요인과 연결할 것이기 때문에 각 국가의 물가지수는 국민이 그 국가의 통화공급을 수요하도록 동기를 유발하는 구매력에 대한 좋은 지표라고 가정한다.

어떠한 물가수준의 측정치도 이와 같은 구매력을 완벽히 나타내지 못하지만 실질환율을 공식적으로 정의하기 전에 물가수준의 정의를 정리할 필요가 있다. 구체적으로 말하면 $P_{US}$는 미국 가계와 기업의 전형적인 주간 구매를 반영하는 변하지 않는 바스켓의 달러가격이고, 이와 유사하게 $P_E$는 유럽 가계와 기업의 전형적인 주간 구매를 반영하는 변하지 않은 바스켓의 유로가격이라고 생각할 수 있다. 기억할 사항은 미국의 물가수준은 미국에서 생산되고 소비되는 상품에 상대적으로 높은 가중치를 부여하고, 유럽의 물가수준은 유럽에서 생산되고 소비되는 상품에 상대적으로 높은 가중치를 부여한다는 사실이다.[17]

물가수준을 측정하는 데 사용되는 기준 상품바스켓을 설명했으므로, 이제 공식적으로 $q_{\$/€}$로 나타낸 실질 달러/유로 환율을 미국 바스켓 가격기준으로 나타낸 상대적인 유럽 바스켓의 달러가격으로 정의하자. 실질환율은 유럽 물가수준의 달러가격을 미국 물가수준으로 나눈 것으로 정의하고 기호로 다음과 같이 나타낸다.

$$q_{\$/€} = (E_{\$/€} \times P_E)/P_{US} \qquad (16\text{-}6)$$

수치의 예를 통해 실질환율의 개념을 명확하게 이해하도록 하자. 유럽의 기준 상품바스켓 비용은 100유로이고($P_E$ = 유럽의 기준 상품바스켓당 100유로), 미국의 기준 상품바스켓 비용은 120달러이며($P_{US}$ = 미국의 기준 상품바스켓당 120달러), 명목환율은 $E_{\$/€}$ = 유로당 1.20달러라고 하자. 그러면 실질 달러/유로 환율은 다음과 같다.

$$q_{\$/€} = \frac{(\text{유로당 } 1.20\text{달러}) \times (\text{유럽의 상품바스켓당 } 100\text{유로})}{(\text{미국의 상품바스켓당 } 120\text{달러})}$$

$$= (\text{유럽의 상품바스켓당 } 120\text{달러})/(\text{미국의 상품바스켓당 } 120\text{달러})$$

$$= \text{유럽의 상품바스켓당 } 1 \text{ 미국의 상품바스켓}$$

실질 달러/유로 환율 $q_{\$/€}$의 상승[이를 유로에 대한 달러의 **실질절하**(real depreciation)라고 한다]

---

17 비교역재는 국내 생산물에 대한 상대적 선호의 배후에 있는 하나의 중요한 요소이다.

은 다음과 같이 몇 가지 방식으로 이해할 수 있다. 가장 분명하게 식 (16-6)은 $q_{\$/\epsilon}$의 상승은 미국에서 달러의 구매력에 비해 상대적으로 유럽의 국경 안에서 달러의 구매력이 하락한다는 것을 보여준다. 유럽산 재화의 달러가격($E_{\$/\epsilon} \times P_E$)이 미국산 재화의 달러가격($P_{US}$)에 비해 상대적으로 상승하기 때문에 이와 같은 상대적인 구매력 변화가 발생한다.

위의 수치 예에서 $E_{\$/\epsilon}$ = 유로당 1.32달러가 되는 명목 달러의 10% 절하는 $q_{\$/\epsilon}$를 유럽의 상품바스켓당 1.1 미국의 상품바스켓으로 상승시킨다. 즉 유로에 대한 10%의 실질달러절하가 발생한다. 이와 같은 실질절하는 유럽의 재화와 서비스에 대한 달러의 구매력이 미국의 재화와 서비스에 대한 달러의 구매력에 비해 상대적으로 10%만큼 하락한다는 것을 의미한다.

다른 방식으로 보면 물가수준에 포함되는 품목 중 많은 품목이 교역되지 않는다고 하더라도 실질환율 $q_{\$/\epsilon}$를 일반적으로 미국 생산물로 나타낸 유럽 생산물의 상대가격, 즉 달러가격으로 무역이 가능하다면 유럽의 상품바스켓과 미국의 상품바스켓의 가상적인 무역이 발생하는 가격으로 생각하는 것이 유용하다. 유럽 생산물에 대한 미국 생산물의 가상적인 구매력이 감소하기 때문에 $q_{\$/\epsilon}$가 상승할 때 달러는 유로에 대해 실질기준으로 절하하는 것으로 여겨진다. 미국의 재화와 서비스는 유럽의 재화와 서비스에 비해 상대적으로 더 싸진다.

유로에 대한 달러의 **실질절상**(real appreciation)은 $q_{\$/\epsilon}$의 하락이다. 이와 같은 실질환율의 하락은 유럽에서 구매되는 생산물의 상대가격 하락 또는 미국에서 달러의 구매력과 비교하여 상대적으로 유럽에서 달러의 구매력이 상승한다는 것을 의미한다.[18]

유로에 대한 달러의 실질절하와 실질절상을 나타내는 방식은 명목환율에 대해 사용하는 방식(즉 $E_{\$/\epsilon}$의 상승은 달러의 절하이고, $E_{\$/\epsilon}$의 하락은 달러의 절상이다)과 같다. 식 (16-6)은 생산물 가격이 변하지 않는 경우 명목절하(절상)는 실질절하(절상)를 의미한다는 것을 보여준다. 따라서 실질환율에 관한 논의는 14장에서 살펴본 것을 하나의 특수한 경우로 포함한다. 재화의 국내통화가격이 일정한 경우 명목 달러절하는 외국재화에 비해 상대적으로 미국 재화를 더 싸게 만드는 한편 명목 달러절상은 외국재화에 비해 상대적으로 미국 재화를 더 비싸게 만든다.

식 (16-6)에 의하면 상대 PPP가 성립할 때 실질환율이 왜 변할 수 없는지를 쉽게 이해할 수 있다. 예를 들면 상대 PPP 이론에서 $E_{\$/\epsilon}$의 10% 상승은 항상 물가수준 비율 $P_E/P_{US}$의 10% 하락에 의해 정확히 상쇄되어 $q_{\$/\epsilon}$는 변하지 않는다.

## 수요 및 공급과 장기 실질환율

PPP가 성립하지 않는 세계에서 다른 상대가격처럼 실질환율의 장기 값이 시장을 균형시키는 수요와 공급 조건에 의존한다는 것은 놀라운 일이 아니다. 그러나 실질환율은 두 국가 상품바스켓의 상대가격 변화를 추적하기 때문에 두 국가의 상황이 중요하다. 생산물시장의 변화는 매우 복잡할 수 있기 때문에 생산물시장 변화의 모든 가능성을 살펴보지는 않는다. 그 대신 이해하기 쉽고 실질환율의 장기 값이 변할 수 있는 이유를 설명하는 데 실제로 중요한 두 가지 특별한 경우에만 초점을 맞춘다.

---

18 $E_{\$/\epsilon} = 1/E_{\epsilon/\$}$이기 때문에 이것이 성립된다. 따라서 유로에 대한 달러의 실질절하는 달러에 대한 유로의 실질절상(즉 유럽에서 유로의 구매력과 비교하여 상대적인 미국에서 유로의 구매력 상승 또는 유럽의 생산물로 나타낸 미국 생산물의 상대가격 하락)과 같다.

## 가격 경직성과 일물일가의 법칙: 스칸디나비아 면세점의 증거

명목가격과 임금의 경직성은 거시경제 이론의 중심에 있지만 가격이 시장조건의 변화에 따라 매일 매일 변하기가 어려운 이유는 무엇인가? 한 가지 이유는 '메뉴비용(menu cost)' 때문이다. 메뉴비용은 새로운 가격표와 카탈로그를 인쇄하는 데 드는 실제 비용과 같은 다양한 요인 때문에 발생할 수 있다. 이 외에 기업은 경쟁자의 가격에 대한 고객의 불완전한 정보 때문에 발생하는 또 다른 종류의 메뉴비용을 인지할 수 있다. 한 기업이 가격을 올릴 때 일부 고객은 다른 곳에서 쇼핑을 할 것이며, 이 기업은 모든 판매자가 가격을 올릴지라도 경쟁력 있는 판매자로 남는 것이 편리하다는 사실을 발견할 것이다. 이와 같은 다양한 메뉴비용이 존재하는 상황에서 판매자는 시장 상황의 변화가 가격변화의 비용을 지불하기에 충분할 만큼 영구적인 것이라는 것을 확신할 때까지 종종 시장 상황이 변한 후에도 가격을 일정하게 유지한다.[19]

만약 서로 다른 통화로 가격이 책정된 재화를 가진 두 시장에 아무런 장벽이 존재하지 않으면 경직적인 가격은 환율의 변화에 직면해서 존속할 수 없을 것이다. 모든 구매자는 재화의 가격이 더 싼 시장으로 몰려갈 것이다. 그러나 어떤 무역장벽이 존재할 때 일물일가의 법칙이 성립하지 않더라도 차익거래가 무제한으로 발생되지 않을 수 있기 때문에 환율의 변화에도 불구하고 판매자가 가격을 일정하게 유지하는 것이 가능하다. 실제 세계에서 무역장벽은 상당히 높고 광범위하게 존재하며 때때로 미묘한 형태를 가지기도 한다.

스칸디나비아 면세할인점의 가격설정에 관한 한 놀라운 연구가 보여주는 것처럼 두 시장의 물리적인 거리가 0일 때도 분명하게 두 시장 간 차익거래가 발생되지 않을 수 있다. 스웨덴의 경제학자인 마커스 아스플룬드(Marcus Asplund)와 리처드 프리버그(Richard Friberg)는 두 스칸디나비아 페리선상 면세점의 가격 책정 행위를 연구했다. 이들의 카탈로그는 서로 다른 국가 출신 고객의 편의를 위해 각 재화의 가격을 여러 국가 통화로 표시하고 있다.[20] 이 카탈로그를 인쇄하는 데는 비용이 들기 때문에 가격이 수정된 카탈로그는 가끔씩만 다시 발행된다. 그러나 그 중간에 환율의 변동이 동일한 재화에 종종 가격변동을 발생시킨다. 예를 들면 스웨덴과 핀란드를 운항하는 페리를 소유하고 있는 비르카라인(Birka Line)에서 가격은 1975년과 1998년 동안 핀란드의 마르카와 스웨덴의 크로나로 모두 표시됐다. 이는 마르카의 상대적 절하는 크로나보다는 마르카를 지불함으로써 담배 또는 보드카를 구매하는 것을 더 싸게 만든다는 것을 의미한다.

이와 같은 가격 차이에도 불구하고 비르카라인은 항상 2개의 통화로 영업할 수 있었다. 즉 여객들은 가장 낮은 가격으로 사려고 달려들지 않았다. 자신의 통화를 상대적으로 많이 보유한 스웨덴 여객은 크로나 가격으로 사는 경향이 있는 반면, 핀란드 고객은 마르카 가격으로 사는 경향이 있었다.

종종 비르카라인은 가격이 일물일가의 법칙으로부터 이탈되는 것을 감소시키기 위해 새로운 카탈로그를 발행했다. 이와 같은 가격조정 직전 달에 가격이 일물일가의 법칙으로부터 이탈된 정도는 평균적으로 7.21%였으나, 가격조정이 이루어진 달에는 단 2.22%였다. 차익거래의 기회를 이용하는 데 하나의 큰 장애물은 대략 7.5%에 이르는 선상의 환전소에서 환전하는 비용이었다. 승선 시점에 여객이 선호하는 통화가 다른 경우 이와 같은 거래비용이 실질적인 무역장벽으로 작용했다.[21]

놀랍게도 비르카라인은 카탈로그의 가격을 변경할 때 가격이 일물일가의 법칙으로부터 이탈되는 것을 완전히 제거하지 못했다. 그 대신 비르카라인은 페리선상에서 일종의 시장별 가격설정을 시행했다. 일반적으로 수출업자는 서로 다른 위치에 있는 서로 다른 고객에 대해 시장가격 차별을 시행하나 비르카라인은 같은 페리선상에 있는 모든 잠재적 고객에 대해 국적과 통화 선호도에 기초하여 가격을 차별할 수 있었다.

---

1. **미국 생산물에 대한 상대적 세계수요의 변화:** 미국의 재화와 서비스에 대한 세계의 총지출이 유럽의 재화와 서비스에 대한 세계의 총지출에 비해 상대적으로 증가한다고 하자. 이와 같은 변화는 여러 요인으로 발생할 수 있다. 예를 들면 미국의 민간수요가 유럽의 재화에서 미국의 재화로 이동하거

---

[19] 경제 상황이 심하게 변동할 때 가격은 가장 신축적이 되는 경향이 있다. 예를 들어 레스토랑 메뉴가격은 생선어획 결과의 높은 변동성을 반영하기 위해 그날의 시장 상황에 따라 책정된다.

[20] "The Law of One Price in Scandinavian Duty-Free Stores," *American Economic Review* 91 (September 2001), pp. 1072-1083.

[21] 고객은 현금뿐만 아니라 신용카드를 이용하여 자신이 선택한 통화로 지불할 수 있었다. 신용카드는 매우 낮은 환전수수료를 지불하지만 재화를 구매한 수일 후의 환율로 지불금액이 결정된다. 아스플룬드(Asplund)와 프리버그(Friberg)는 가격이 낮은 제품을 구매하는 경우 이러한 지불금액의 불확실성과 (신용카드 환전수수료에 더하여) 상대가격을 계산하는 비용이 상대적으로 익숙하지 않은 통화로 거래하는 것에 충분한 장애물이 될 수 있다고 주장한다.

나, 해외의 민간수요가 미국의 재화로 이동하거나, 또는 미국의 생산물에 대한 미국 정부의 수요가 증가할 수 있다. 미국의 생산물에 대한 상대적인 세계수요의 증가는 이전의 실질환율에서 미국의 생산물에 대한 초과수요를 발생시킨다. 따라서 균형을 회복하기 위해 유럽 생산물로 나타낸 미국 생산물의 상대가격은 상승해야 한다. 미국의 비교역재의 상대가격은 상승할 것이고 미국에서 생산되어 미국에서 주로 소비되는 교역재의 가격도 유럽에서 만들어진 교역재의 가격에 비해 상대적으로 상승할 것이다. 이와 같은 변화는 모두 미국의 기준 상품바스켓으로 나타낸 유럽의 기준 상품바스켓의 상대가격인 $q_{\$/€}$를 하락시킬 것이다. 다음과 같은 결론을 얻을 수 있다. 미국 생산물에 대한 상대적 세계수요의 증가는 유로에 대한 달러의 장기적 실질절상($q_{\$/€}$의 하락)을 발생시킨다. 이와 유사하게 미국 생산물에 대한 상대적 세계수요의 감소는 유로에 대한 달러의 장기적 실질절하($q_{\$/€}$의 상승)를 발생시킨다.

2. **상대적 생산물 공급의 변화**: 미국의 노동과 자본의 생산효율성이 상승한다고 하자. 미국인은 증가된 소득의 일부를 외국재화에 지출하기 때문에 미국 재화와 서비스의 공급은 모든 미국 재화와 서비스에 대한 수요에 비해 상대적으로 증가하고, 그 결과로 이전의 실질환율에서 미국 생산물의 상대적인 초과공급이 발생한다. 미국 생산물의 상대가격 하락은 미국 생산물에 대한 수요를 증가시키고 미국 생산물의 초과공급을 제거한다. 이에 따라 유로에 대한 달러의 실질절하가 발생한다. 미국 생산물의 상대적인 공급증가는 유로에 대한 달러의 장기적 실질절하를 발생시킨다($q_{\$/€}$는 상승한다). 유럽 생산물의 상대적인 공급증가는 유로에 대한 달러의 장기적 실질절상을 발생시킨다($q_{\$/€}$는 하락한다).[22]

하나의 그림으로 수요, 공급, 장기실질환율에 관한 논의를 요약할 수 있다. 그림 16-4에서 미국 생산물의 유럽 생산물에 대한 상대적 비율 $Y_{US}/Y_E$가 수평축에 나타나 있고, 실질 달러/유로 환율 $q_{\$/€}$는 수직축에 나타나 있다.

균형실질환율은 두 곡선의 교차점에서 결정된다. 우상향곡선 RD는 $q_{\$/€}$가 상승함에 따라, 즉 미국 제품이 상대적으로 더 저렴해짐에 따라 일반적으로 미국 제품에 대한 수요가 유럽 제품에 대한 수요에 비해 상대적으로 증가한다는 것을 보여준다. 미국 제품의 상대가격 하락은 수직축을 따라 위로 이동하는 것으로 측정되기 때문에 미국 재화의 유럽 재화에 대한 상대적 수요곡선의 기울기는 양(＋)이다. 상대적 공급은 어떠한가? 장기적으로 상대적인 국가 생산물 수준은 실질환율의 영향을 받지 않고 생산요소공급과 생산성에 의해 결정된다. 따라서 상대적 공급곡선 RS는 장기(즉 완전고용) 상대적 생산물 비율($Y_{US}/Y_E)^1$에서 수직선이다. 장기 균형실질환율은 $Y_{US}/Y_E$에 대한 상대적 수요를 장기 상대적 공급과 일치시키는 실질환율 수준(점 1)이다.[23]

이 그림은 세계시장의 변화가 실질환율에 어떻게 영향을 미치는지를 쉽게 보여준다. 세계 휘발유

---

22 사례 연구 '물가수준은 왜 가난한 국가에서 낮은가?'에서 발라사-새뮤얼슨 효과에 대한 논의는 미국의 교역재 부문에 집중된 생산성 증가는 유로에 대한 달러의 실질절하가 아니라 실질절상을 발생시킬 수 있다고 예상하게 만들 것이다. 그러나 마지막 문단은 교역재 부문과 비교역재 부문에 동일한 비율로 혜택을 주는 균형된 생산성 증가를 염두에 둔 것인데, 이는 비교역재와 유럽보다 미국의 소비자 물가지수에서 더 중요한 교역재 가격을 하락시킴으로써 달러의 실질절하를 발생시킨다.

23 RD 곡선과 RS 곡선은 6장에서 사용된 곡선과 다르다는 점에 주목하라. 6장에서 사용된 곡선은 두 국가 중 어느 한 국가에서 생산될 수 있는 두 재화의 상대적인 세계수요와 공급을 나타낸다. 이와는 대조적으로 이 장에서 사용된 RD 곡선과 RS 곡선은 다른 국가의 총생산물(GDP)과 비교하여 상대적인 한 국가 총생산물에 대한 세계수요와 공급을 나타낸다.

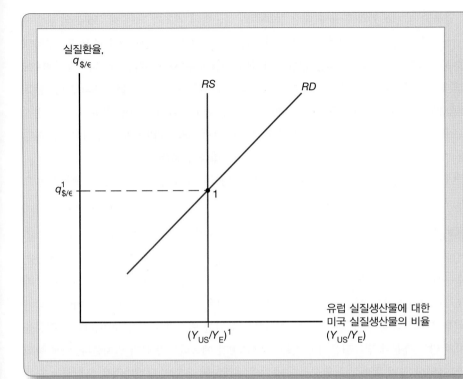

**그림 16-4 장기 실질환율의 결정**
장기 균형실질환율은 $(Y_{US}/Y_E)$에 대한 상대수요와 완전고용 상대공급수준을 일치시킨다.

가격이 하락하여 세계 사람들이 미국산 스포츠용 자동차를 더 많이 보유하기 원한다고 하자. 이와 같은 변화는 미국 재화에 대한 세계의 상대적 수요 증가를 의미하고 RD 곡선을 오른쪽으로 이동시키며 $q_{\$/€}$를 하락시킨다(유로에 대한 달러의 실질절상을 발생시킨다). 미국이 건강관리 시스템을 개선해 미국 근로자의 질병을 감소시킨다고 하자. 만약 이와 같은 결과로 근로자가 시간당 더 많은 재화와 서비스를 생산할 수 있다면 미국 생산성의 상승은 RS 곡선을 오른쪽으로 이동시키고 $q_{\$/€}$를 상승시킨다(유로에 대한 달러의 실질절하를 발생시킨다).

## 장기균형에서의 명목환율과 실질환율

이제 장기 명목환율이 어떻게 결정되는가를 살펴보기 위해 이 장과 앞 장에서 배운 것을 통합해보자. 하나의 핵심적인 결론은 통화공급과 통화수요의 변화는 상대 PPP 이론으로 예측되는 환율과 국제적 물가수준 비율의 비례적인 장기적 변화를 발생시킨다는 것이다. 그러나 생산물시장에서 발생되는 수요와 공급의 변화는 PPP와 일치하지 않는 명목환율의 변화를 발생시킨다.

실질 달러/유로 환율을 다음과 같이 정의한 것을 기억하라[식 (16-6) 참조].

$$q_{\$/€} = (E_{\$/€} \times P_E)/P_{US}$$

명목환율에 대해 이 식을 풀면 명목 달러/유로 환율은 실질 달러/유로 환율과 미국과 유럽의 물가수준 비율의 곱으로 나타낼 수 있다.

$$E_{\$/€} = q_{\$/€} \times (P_{US}/P_E) \tag{16-7}$$

공식적으로 말하면 식 (16-7)과 환율에 대한 통화주의 접근법의 기초가 되는 식 (16-1)의 유일한 차이점은 식 (16-7)은 실질환율을 명목환율의 추가적인 결정요인으로 추가함으로써 PPP로부터의 이탈 가능성을 고려한다는 것이다. 이 식은 실질 달러/유로 환율이 주어지면 유럽 또는 미국의 통화수요 또는 통화공급의 변화는 통화주의 접근법에서처럼 장기 명목 달러/유로 환율에 영향을 미친다고 제시한다. 그러나 장기 실질환율의 변화도 장기 명목환율에 영향을 미친다. 따라서 식 (16-7)이 설명하는 환율결정의 장기 이론은 통화주의 접근법의 타당한 요소를 포함하되 추가적으로 PPP로부터의 지속적인 이탈을 발생시키는 비통화적 요인을 허용함으로써 통화주의 접근법을 수정한다.

이제 모든 변수가 장기수준에서 출발한다고 가정하면서 명목환율의 장기적 변화를 발생시키는 요인을 살펴보자.

1. **상대적 통화공급 수준의 변화:** 미국 연방준비제도가 경기를 진작시키기 위해 미국의 통화공급수준을 증가시킨다고 하자. 15장에서 배운 것처럼 한 국가 통화공급의 한 차례 영구적 증가는 생산량, 이자율 또는 (실질환율을 포함한) 어떠한 상대가격의 장기적 수준에도 영향을 미치지 못한다. 따라서 식 (16-3)은 $P_{US}$는 $M_{US}$에 비례적으로 상승한다는 것을 보여주고, 식 (16-7)은 미국의 물가수준이 명목환율 $E_{\$/€}$와 더불어 장기적으로 변화하는 유일한 변수라는 것을 보여준다. 실질환율 $q_{\$/€}$는 변하지 않기 때문에 명목환율의 변화는 상대 PPP가 예측하는 변화와 일치한다. 미국 통화공급 증가의 유일한 장기 효과는 통화공급의 증가와 비례하여 유로의 달러가격을 포함하는 모든 달러가격을 상승시키는 것이다. 이 결과가 통화적 변화의 장기 효과를 설명하기 위해 만들어진 통화주의 접근법이 제시하는 결과와 동일하다는 것은 놀라운 일이 아니다.

2. **상대적 통화공급 증가율의 변화:** 미국 연방준비제도가 실망스럽지만 앞으로 수년 동안 미국의 물가수준이 하락할 것이라고 결론지었다고 하자. (물가수준의 지속적인 하락은 **디플레이션**이라고 한다.) 미국 통화공급 증가율의 영구적인 증가는 미국의 장기 인플레이션율을 상승시키고, 피셔 효과를 통하여 유로이자율에 비해 상대적으로 달러이자율을 상승시킨다. 따라서 상대적인 미국의 실질통화수요는 감소하기 때문에 식 (16-3)은 (그림 16-1에서 보는 것처럼) $P_{US}$가 상승한다는 것을 보여준다. 그러나 이러한 결과를 발생시키는 변화는 전적으로 통화적 현상이기 때문에 장기적 효과에 중립적이다. 특히 이 변화는 장기 실질 달러/유로 환율을 변화시키지 않는다. 식 (16-7)에 의하면 $E_{\$/€}$는 $P_{US}$의 상승에 비례하여 상승한다(유로에 대한 달러의 절하). 전적으로 통화적인 변화는 통화주의 접근법이 예측하는 대로 장기 명목환율의 변화를 발생시킨다.

3. **상대적 생산물 수요의 변화:** 이와 같은 유형의 변화는 통화주의 접근법으로 다루어지지 않는다. 우리가 개발한 좀 더 일반적인 시각이 중요하다. 이 시각에서는 실질환율이 변할 수 있다. 상대적 생산물 수요의 변화는 장기 물가수준에 영향을 주지 않기 때문에[장기 물가수준은 식 (16-3)과 식 (16-4)에서 나타나는 요인에만 의존한다], 식 (16-7)에서 장기 명목환율은 실질환율이 변화할 때만 변할 것이다. 미국 생산물에 대한 상대적인 세계수요가 증가한다고 생각해보자. 이 절의 앞부분에서 미국 생산물에 대한 수요의 증가는 장기적으로 유로에 대한 달러의 실질절상($q_{\$/€}$의 하락)을 발생시킨다는 것을 살펴봤다. $q_{\$/€}$의 하락은 바로 미국 생산물의 상대가격 상승이다. 그러나 장기 물가수준이 변하지 않는 경우, 식 (16-7)은 장기적으로 유로에 대한 달러의 절상($E_{\$/€}$의 하락)

도 발생해야 한다는 것을 말해준다. 이와 같은 예측은 환율이 명목가격이더라도 환율은 장기간에 통화적 사건은 물론 비통화적 사건에 대해서도 반응한다는 중요한 사실을 뚜렷하게 보여준다.

4. **상대적 생산물 공급의 변화**: 이 절 앞부분에서 살펴본 것처럼 상대적 미국 생산물 공급의 증가는 미국 생산물의 가격을 하락시키면서 유로에 대해 달러를 실질절하시킨다. 그러나 이와 같은 $q_{\$/€}$의 상승은 식 (16-7)에서 미국 생산물의 상대적인 공급 증가로 나타나는 유일한 변화가 아니다. 이에 더해 미국 생산물의 증가는 미국의 실질통화잔고에 대한 거래수요를 증가시키고, 이에 따라 미국의 총실질통화수요를 증가시켜 식 (16-3)에서 보는 것처럼 미국의 장기 물가수준을 하락시킨다. 식 (16-7)에 의하면 $P_{US}$는 하락하는 반면 $q_{\$/€}$는 상승하기 때문에 생산물 공급의 변화에 따른 생산물시장 효과와 통화시장 효과는 반대 방향으로 작동하여 $E_{\$/€}$에 미치는 순효과가 **불분명함**을 알 수 있다. 생산물 공급변화에 대한 분석은 교란의 원인이 한 시장(이 경우 생산물시장)에서 발생될 때도 환율에 미치는 영향은 다른 시장을 통해 전달되는 반향 효과에 의존할 수 있다는 것을 보여준다.

다음과 같은 결론을 얻을 수 있다. 모든 교란이 통화적 특성을 지닐 때 환율은 장기적으로 상대 PPP가 제시하는 방향으로 변화한다. 장기적으로 통화적 교란은 한 통화의 일반적 구매력에만 영향을 미치고, 이 구매력의 변화는 국내재화와 외국재화로 평가한 이 통화의 가치를 동일하게 변화시킨다. 교란이 생산물시장에서 발생할 때 환율은 장기적으로도 상대 PPP가 제시하는 방향으로 변화하지 않는다. 표 16-1은 통화적 변화와 생산물시장 변화가 장기 명목환율에 미치는 효과에 관한 결론을 요약한 것이다.

이후의 장에서 단기적 거시경제 사건을 논의할 때도 이 절의 일반적인 장기 환율 모형을 활용할 것이다. 미래에 대한 예상이 매일매일의 환율결정에서 중요한 역할을 하기 때문에 장기적 요인은 단기에서도 중요하다. 이 절의 장기 환율 모형은 시장 예상을 결정하는 기준 모형, 즉 시장 참여자가 현재 가진 정보에 기초하여 미래 환율을 예측하는 데 사용하는 분석틀이다.

| 표 16-1 | 통화시장과 생산물시장의 변화가 장기 명목 달러/유로 환율 $E_{\$/€}$에 미치는 효과 |
|---|---|
| **변화** | **장기 명목 달러/유로 환율 $E_{\$/€}$에 미치는 효과** |
| **통화시장** | |
| 1. 미국 통화공급수준의 증가 | 비례적인 상승(달러의 명목절하) |
| 2. 유럽 통화공급수준의 증가 | 비례적인 하락(유로의 명목절하) |
| 3. 미국 통화공급 증가율의 증가 | 상승(달러의 명목절하) |
| 4. 유럽 통화공급 증가율의 증가 | 하락(유로의 명목절하) |
| **생산물시장** | |
| 1. 미국 생산물에 대한 수요의 증가 | 하락(달러의 명목절상) |
| 2. 유럽 생산물에 대한 수요의 증가 | 상승(유로의 명목절상) |
| 3. 미국 생산물의 공급 증가 | 불분명함 |
| 4. 유럽 생산물의 공급 증가 | 불분명함 |

## 국제적 이자율 차이와 실질환율

이 장 앞부분에서 상대 PPP가 이자율 평형조건과 결합될 때 국제적 이자율의 차이는 해당 국가의 기대인플레이션율의 차이와 일치한다는 점을 시사한다는 것을 살펴봤다. 그러나 상대 PPP는 일반적으로 성립하지 않기 때문에 국제적 이자율 차이와 인플레이션율 차이의 관계는 이와 같은 간단한 공식이 제시하는 것보다 실제에서는 더 복잡할 가능성이 있다. 이와 같은 복잡성에도 불구하고 환율을 예측하기 원하는 개인은 물론 환율에 영향을 주기 바라는 경제 정책 담당자는 국제적 이자율 차이를 발생시키는 요인을 이해하지 않고는 원하는 일을 성공적으로 수행할 수 없다.

따라서 이 절에서 실질환율의 움직임을 포함하기 위해 피셔 효과에 대한 논의를 확장할 것이다. 이와 같은 일을 하기 위해 일반적으로 국가 간 이자율 차이는 통화주의 접근법이 주장하는 것처럼 기대인플레이션율의 차이에 의존할 뿐만 아니라 예상 실질환율의 변화율에도 의존한다는 것을 살펴보자.

먼저 실질 달러/유로 환율 $q_{\$/€}$의 변화는 상대 PPP로부터의 이탈이라는 사실을 기억하자. $q_{\$/€}$의 변화율은 명목 달러/유로 환율의 % 변화율에서 미국과 유럽 간 인플레이션율의 국가 간 차이를 뺀 것이다. 따라서 다음과 같은 예상 실질환율의 변화율, 예상 명목환율의 변화율과 기대인플레이션율의 관계가 도출된다.

$$(q_{\$/€}^e - q_{\$/€})/q_{\$/€} = \left[(E_{\$/€}^e - E_{\$/€})/E_{\$/€}\right] - (\pi_{US}^e - \pi_E^e) \tag{16-8}$$

여기서 $q_{\$/€}^e$는 현재로부터 1년 후에 예상되는 실질환율이다.

이제 달러 예금과 유로 예금 간 이자율 평형조건, 즉 다음 식을 생각해보자.

$$R_\$ - R_€ = (E_{\$/€}^e - E_{\$/€})/E_{\$/€}$$

식 (16-8)을 재정리하면 명목 달러/유로 환율의 예상 변화율은 실질 유로/달러 환율의 예상 변화율과 미국과 유럽의 기대인플레이션율 차이의 합이다. 식 (16-8)과 이자율 평형조건을 결합하면 국제적 이자율 차이는 다음과 같이 분해하여 나타낼 수 있다.

$$R_\$ - R_€ = \left[(q_{\$/€}^e - q_{\$/€})/q_{\$/€}\right] + (\pi_{US}^e - \pi_E^e) \tag{16-9}$$

시장이 상대 PPP가 성립한다고 예상할 때, $q_{\$/€}^e = q_{\$/€}$이고 이 식의 오른쪽 변에 있는 첫 항은 사라진다. 이와 같은 특별한 경우 식 (16-9)는 상대 PPP를 가정하면서 도출한 식 (16-5)가 된다.

그러나 일반적으로 달러와 유로의 이자율 차이는 (1) 유로에 대한 달러의 예상 실질절하율과, (2) 미국과 유럽의 기대인플레이션율 차이의 합이다. 예를 들어 미국의 인플레이션율이 영구히 연간 5%이고 유럽의 인플레이션율이 0이면 달러 예금과 유로 예금의 장기적 이자율 차이는 (이자율 평형조건과 결합된) PPP가 제시하는 5%가 될 필요가 없다. 만약 이에 더해 모든 사람이 생산물 수요와 공급 추세가 연간 1%로 유로에 대한 달러의 실질 절하를 발생시킬 것으로 안다면 국제적 이자율 차이는 실제로 6%일 것이다.

# 실질이자율 평형

경제학자들은 통화기준으로 측정되는 수익률인 **명목이자율**(nominal interest rate)과 실질기준, 즉 한 국가의 생산물 기준으로 측정되는 수익률인 **실질이자율**(real interest rate)을 중요하게 구분한다. 실질 수익률은 종종 불확실하기 때문에 일반적으로 예상 실질이자율(expected real interest rate)이라는 용어를 사용한다. 이자율 평형조건과 통화수요의 결정요인과 관련하여 논의했던 이자율은 명목이자율, 예를 들면 달러 예금의 달러기준 기대수익률이었다. 그러나 경제학자들은 많은 다른 목적으로 실질수익률을 기준으로 행태를 분석할 필요가 있다. 예를 들면 돈을 투자하려고 생각하는 어느 누구도 명목이자율이 15%라는 사실만을 알고서 의사결정을 할 수 없다. 이와 같은 투자는 인플레이션율이 0인 경우에는 매우 매력적일 것이나 인플레이션율이 연간 100% 수준으로 움직인다면 재앙이 될 만큼 매력적이지 않다.[24]

명목이자율 평형조건은 통화 예금 간 명목이자율 차이가 **명목환율**의 예상 변화율과 일치한다는 것을 의미하며, 실질이자율 평형조건은 예상 실질이자율 차이가 **실질환율**의 예상 변화율과 일치한다는 것을 의미한다는 것을 살펴보자. 상대 PPP가 성립할 것이라고 예상될 때(실질환율의 변화가 없다고 예상된다는 것을 의미)에만 모든 국가에서 예상 실질이자율이 일치한다.

예상 실질이자율 $r^e$는 명목이자율 $R$에서 기대인플레이션율 $\pi^e$를 뺀 것으로 정의된다.

$$r^e = R - \pi^e$$

다시 말해 한 국가의 예상 실질이자율은 바로 그 국가의 국민이 자국의 통화로 이루어진 대출에 대해 벌 것으로 예상하는 실질이자율이다. 예상 실질이자율의 정의는 피셔 효과의 배후에 있는 요인의 일반성을 명료하게 보여준다. 예상 실질이자율을 변화시키지 않는 기대인플레이션율의 증가는 일대일로 명목이자율의 증가에 반영되어야 한다.

이와 같은 정의는 미국과 유럽과 같은 두 통화지역 간 예상 실질이자율의 차이에 관해 다음과 같은 유용한 공식을 제시한다.

$$r_{US}^e - r_E^e = (R_\$ - \pi_{US}^e) - (R_\euro - \pi_E^e)$$

식 (16-9)를 다시 정리하고 이를 위의 식과 결합하면 다음과 같은 **실질이자율 평형조건**이 도출된다.

$$r_{US}^e - r_E^e = (q_{\$/\euro}^e - q_{\$/\euro})/q_{\$/\euro} \qquad (16\text{-}10)$$

식 (16-10)은 명목이자율 평형조건과 매우 유사하지만 미국과 유럽의 예상 실질이자율 차이가 실질 달러/유로 환율의 예상 변화율과 같다고 설명한다.

상대 PPP가 성립할 것이라고 예상될 때 예상 실질이자율은 두 국가에서 같다[이 경우 식 (16-10)은 $r_{US}^e = r_E^e$라는 것을 의미한다]. 그러나 좀 더 일반적으로, 생산물시장에서 계속적인 변화가 예상된다면 국가별 예상 실질이자율은 장기적으로도 같을 필요가 없다.[25] 예를 들어 한국의 교역재 부문 생

---

24  14장에서 살펴본 것처럼 외환시장에서는 명목수익률 차이가 실질수익률 차이와 같기 때문에 투자자는 명목수익률 차이를 검토하면서 의사결정을 할 수 있다. 통화수요의 경우 명목이자율은 이자지불이 없는 통화를 보유함으로써 희생하는 실질수익률이다.

25  6장의 국제 차입과 대출에 관한 2기간 모형 분석에서 모든 국가는 전 세계적으로 같은 하나의 실질이자율에 직면해 있었다. 그러나 이 분석에서 각 기간에 단지 하나의 소비재만이 존재하기 때문에 상대 PPP 이론은 성립해야 한다.

산성은 앞으로 20년 동안 증가할 것으로 예상되는 반면, 한국의 비교역재 부문과 미국의 모든 산업의 생산성은 정체될 것으로 예상된다고 하자. 만약 발라사-새뮤얼슨 가설이 타당하다면 한국의 비교역재 가격이 상승하는 추세를 보임에 따라 사람들은 미국 달러가 한국 원에 대해 실질기준으로 절하할 것으로 예상해야 한다. 따라서 식 (16-10)은 예상 실질이자율이 한국에서보다 미국에서 더 높아야 한다는 것을 의미한다.

이와 같은 실질이자율 차이는 국제투자자에게 포착되지 않은 이윤기회가 존재한다는 것을 시사하는가? 반드시 그런 것은 아니다. 국제적 실질이자율 차이는 두 국가의 국민이 부에 대한 수익률을 다르게 인식하고 있음을 의미한다. 그러나 명목이자율 평형조건은 모든 투자자가 국내통화자산과 외국통화자산에 대한 실질수익률이 같다고 예상한다는 것을 말해준다. 서로 다른 국가에서 사는 두 투자자는 만약 상대 PPP가 그들의 소비바스켓을 연결하지 못한다면 동일한 방법으로 이와 같은 하나의 실질수익률을 계산할 필요가 없다. 그러나 자금을 통화 간에 이동시킴으로써 실질수익률의 차이로부터 이익을 얻을 수 있는 방법은 존재하지 않는다.

## 요약

- **구매력 평가(PPP)** 이론은 두 국가 통화 간 환율이 기준 상품바스켓의 통화가격으로 측정된 두 국가 물가수준의 비율과 같다고 주장한다. 다시 말해 PPP는 한 통화의 구매력은 어느 국가에서나 동일하다는 것이다. **절대 구매력 평가** 이론에서 **상대 구매력 평가** 이론이 도출된다. **상대 구매력 평가** 이론은 두 국가 통화 간 환율의 % 변화율은 두 국가의 인플레이션율 차이와 같다고 제시한다.

- **PPP** 이론의 기본 토대는 **일물일가의 법칙**이다. 자유경쟁하에서 무역장벽이 존재하지 않으면 일물일가의 법칙은 한 재화는 세계의 어디에서 판매되든지 하나의 가격으로 판매되어야 한다는 것이다. 그러나 PPP 이론의 지지자는 PPP 이론이 성립하기 위해 모든 상품에 대해 일물일가의 법칙이 성립해야 하는 것은 아니라고 주장한다.

- 환율에 대한 **통화주의 접근법**은 PPP를 사용하여 통화공급과 통화수요에 의해서만 장기환율의 움직임을 설명한다. 이 이론에서 장기적인 국제적 이자율 차이는 **피셔 효과**가 예측하는 것처럼 지속적인 인플레이션율의 차이에서 발생한다. 지속적인 통화공급 증가율의 국제적 차이가 장기적인 지속적 인플레이션율 차이를 발생시킨다. 따라서 통화주의 접근법은 한 국가의 이자율 상승은 이 국가 통화의 절하로 연결된다고 주장한다. 상대 PPP에서 예상환율 변화율과 일치하는 국제적 이자율 차이는 또한 국제적 기대인플레이션율 차이와 같다고 설명한다.

- PPP와 일물일가의 법칙에 대한 실증적 지지는 최근 자료에서 약하다. 실제 세계에서 PPP와 일물일가의 법칙이 성립하지 않는 것은 무역장벽, 자유경쟁으로부터의 이탈, 수출업자에 의한 **시장별 가격설정**을 발생시키는 요인 때문이다. 이에 더해 국가별 물가수준에 대한 정의가 달라 정부가 공표하는 물가지수를 사용하여 PPP를 검정하는 시도를 좌절시킨다. 많은 서비스를 포함한 일부 생산물의 경우 국제적 수송비가 매우 커서 이러한 생산물은 비교역재가 된다.

- 상대 PPP로부터의 이탈은 **실질환율** 변화를 의미한다고 생각할 수 있다. 실질환율은 대표적인 국내지출 바스켓으로 나타낸 대표적인 외국지출 바스켓의 가격이다. 다른 모든 조건이 일정하다면 한 국가의 통화는 이 국가의 생산물에 대한 상대적인 세계수요가 증가할 때 외국통화에 대해 장기적으로 **실질절상**을 경험한다. 이 경우 이 국가의 실질환율은 하락한다. 자국 생산물의 공급이 외국 생산물에 비해 상대적으

로 증가할 때 자국통화는 외국통화에 대해 장기적 **실질절하**를 경험한다. 이 경우 이 국가의 실질환율은 상승한다.

- 장기 **명목환율**의 결정에 관한 분석은 두 이론, 즉 장기 **실질환율** 이론과 통화적 요인이 장기 물가수준을 어떻게 결정하는가에 관한 이론을 결합함으로써 이루어질 수 있다. 한 국가 통화공급량의 영구적 증가는 PPP가 예측하는 것처럼 궁극적으로 이 국가의 물가수준을 비례적으로 상승시키고 이 국가 통화의 가치를 비례적으로 하락시킨다. 통화공급 증가율의 변화도 PPP가 예측하는 것과 같은 장기 효과를 가진다. 그러나 생산물시장의 공급 또는 수요 변화는 PPP와 일치하지 않는 환율의 움직임을 발생시킨다.
- 이자율 평형조건은 **명목이자율**의 국제적 차이와 예상 명목환율의 변화율을 일치시킨다. 만약 이러한 의미로 이자율 평형조건이 성립하면 실질이자율 평형조건은 예상 **실질이자율**의 국제적 차이와 예상 실질환율의 변화율을 일치시킨다. 실질이자율 평형조건은 또한 명목이자율의 국제적 차이는 기대인플레이션율의 국제적 차이와 예상 실질환율 변화율의 합과 같다는 것을 의미한다.

## 주요 용어

| | |
|---|---|
| 구매력 평가purchasing power parity, PPP | 실질절하real depreciation |
| 명목이자율nominal interest rate | 실질환율real exchange rate |
| 명목환율nominal exchange rate | 일물일가의 법칙law of one price |
| 상대 구매력 평가relative PPP | 절대 구매력 평가absolute PPP |
| 시장별 가격설정pricing to market | 피셔 효과Fisher effect |
| 실질이자율real interest rate | 환율에 대한 통화주의 접근법monetary approach to the exchange rate |
| 실질절상real appreciation | |

## 연습문제

1. 러시아의 인플레이션율은 1년 동안 100%이지만 스위스의 인플레이션율은 단 5%라고 하자. 상대 PPP에 의하면 1년 동안 러시아 루블에 대한 스위스프랑의 환율에 어떤 일이 발생해야 하는가?

2. 수출업자는 자국통화가 외국통화에 대해 실질기준으로 절상할 때 어려움을 겪고, 자국통화가 외국통화에 대해 실질기준으로 절하할 때 번성한다고 하는 주장의 이유를 논의하라.

3. 다른 모든 조건이 일정한 경우 다음과 같은 변화가 외국통화에 대한 자국통화의 실질환율에 어떤 영향을 준다고 생각하는가?

   **a.** 지출의 전체 수준은 변하지 않지만 자국민이 소득의 좀 더 많은 부분을 비교역재에 지출하고 좀 더 적은 부분을 교역재에 지출하기로 결정한다.

   **b.** 외국인들이 수요를 자신의 재화로부터 이 국가의 수출재로 이동시킨다.

4. 유로지역은 오스트리아, 벨기에, 프랑스, 독일, 아일랜드를 포함한 국가로 1999년에 창설됐다. 그 이후 슬로베니아(2007), 사이프러스(2008), 몰타(2008), 슬로바키아(2009), 에스토니아(2011), 라트비아(2014), 리투아니아(2015) 등의 신규 참가국이 가입했다. 유럽통화동맹의 회원국이 되기 위해 지원국은 먼저 2년 동안 환율 메커니즘(ERMII)으로 알려진 '시험 단계'에 참가해야 하며 인플레이션, 부채, 환율 안정 등의 '수렴 기준'을 충족해야만 한다. 유로와 지원국 통화 간 중심 환율은 다양한 경제지표를 고려해 선택된다.

이 절차에 대해 논평하고, 이 장에서 설명된 내용에 근거하여 왜 PPP 절상이 그 과정에 포함되지 않 았는지 논의하라.

5. 아래 도표는 여러 개의 외국통화에 대한 일본 엔화의 평균 명목환율(NER)과 실질환율(REER) 지수를 보여준다(이러한 평균 지수는 실질실효환율이라고 한다).

| 2011 | 2012 | 2013 | 2014 | 2015 | 2016Q3 | |
|---|---|---|---|---|---|---|
| 105.7 | 105.2 | 87.1 | 81.5 | 76.6 | 93 | **NER** |
| 101.3 | 100.0 | 79.7 | 75.1 | 70.3 | 83.6 | **REER** |

2010년 100 기준
출처: http://www.bis.org/statistics/tables_i.pdf

2012년 12월 이후 일본에는 아베 신조가 새 수상으로 취임했는데, 그는 구조조정과 더불어 수년 동안 매우 낮았던 경제성장을 촉진하기 위해 공격적인 팽창 통화 정책을 주창하는 신경제 정책(아베노믹스)을 도입했다. 이와 관련하여 일본 엔화 환율의 변화를 설명하라.

6. 한 국가의 실질통화수요함수의 영구적 이동이 장기적으로 실질환율과 명목환율에 어떤 영향을 미치는지를 설명하라.

7. 제1차 세계대전의 종료 시에 베르사이유 협정(Treaty of Versailles)은 승리한 연합국에 대한 막대한 배상금을 독일에게 부과했다. (많은 역사학자는 이러한 배상금이 제1차 세계대전과 제2차 세계대전 사이에 금융시장을 불안정하게 만들고 제2차 세계대전을 발생시키는 역할을 했다고 믿는다.) 1920년대에 경제학자들인 존 메이너드 케인스(John Maynard Keynes)와 베르틸 올린(Bertil Ohlin)은 이러한 이전지급이 교역조건을 악화시켜 독일에 '제2차 부담'을 부과할 수 있는 가능성에 대해 《이코노믹저널(Economic Journal)》을 통해 열띤 논쟁을 했다. 이 장에서 개발된 이론을 사용하여 폴란드로부터 체코 공화국으로의 영구적 이전지급이 장기적으로 실질 즐로티/코루나 환율에 영향을 주는 메커니즘을 논의하라.

8. 앞의 문제 7과 관련하여 이와 같은 이전지급이 두 통화의 장기 명목환율에 어떤 영향을 미치는지 논의하라.

9. 한 국가가 외국으로부터의 수입재에 대해 관세를 부과한다. 이 조치는 자국통화와 외국통화 간 장기 실질환율을 어떻게 변화시키는가? 장기 명목환율은 어떤 영향을 받는가?

10. 동일한 두 국가가 동일한 수준으로 수입을 제한한다고 하자. 한 국가는 관세를 사용하고 다른 국가는 쿼터(quota)를 사용한다. 이와 같은 정책이 시행된 후 두 국가는 동일한 국내지출의 균형적인 증가를 경험한다. 이와 같은 수요 증가는 관세를 사용하는 국가 또는 쿼터를 사용하는 국가 중 어느 국가에서 더 큰 실질통화절상을 발생시키는가?

11. (다른 모든 것이 일정하다면) 유로에 대한 RMB의 예상 실질절하율이 영구적으로 변하는 것에 의해 명목 유로/RMB 환율은 어떤 영향을 받을 것인지를 설명하라.

12. 완벽히 신축적인 가격을 가진 세계에서 한 국가의 명목이자율을 상승시키는 동시에 이 국가의 통화를 절상시키는 사건을 제시할 수 있는가?

13. 홍콩의 예상 실질이자율은 연간 5%이고 싱가포르의 예상 실질이자율은 연간 2%라고 하자. 다음 해에 실질 홍콩달러/싱가포르 환율에 어떤 일이 발생할 것이라고 예상하는가?

14. 경직적 가격을 가진 단기 모형에서 통화공급의 감소는 명목이자율을 상승시키고 통화를 절상시킨다

(15장 참조). 예상 실질이자율에 어떤 일이 발생하는가? 실질이자율의 변화경로가 실질이자율 평형조건을 만족시키는 이유를 설명하라.

15. 다음의 진술을 논의하라. "한 국가의 명목이자율 변화가 예상 실질이자율의 상승에 의해 발생될 때 국내통화는 절상한다. 한 국가의 명목이자율 변화가 기대인플레이션율의 상승에 의해 발생될 때 국내통화는 절하한다."(15장 참조)

16. 2006년 ECB 보고서는 유로지역의 장기 채권 수익률이 전반적으로 상승했음에도 불구하고 유로지역의 수익률 곡선은 그해 동안 평평해졌다고 진술했다. 이는 10년물 정부 채권 수익률과 3개월물 유로리보금리(EURIBOR) 간 차이로 측정되는 '기간 스프레드'의 하락에 투영되어 있다. 2006년 동안 기간 스프레드가 거의 50 베이시스 포인트 하락해 연말에는 거의 30 베이시스 포인트에 도달했다. 통상적으로 장기 이자율은 단기 이자율보다 높다. 피셔 효과의 관점에서 이러한 패턴이 기대인플레이션 혹은 미래 기대실질이자율에 대해 의미하는 바는 무엇인가?

17. 2002~2004년 사이에 유로지역의 1년 이자율은 미국 이자율보다 120 베이시스 포인트 높았다. 경제학자들은 이자율 평형에 기초하여 유로의 절하를 기대했다. 그러나 유로는 미국에 대해 46% 절상했다. 이와 같은 이자율 평형으로부터의 이탈을 어떻게 설명하겠는가?

18. 상대 PPP 이론이 단기보다 장기에 더 잘 성립할 수 있는 이유는 무엇인가? (국제무역기업은 크고 지속적인 교역재 가격의 국가 간 차이에 어떻게 반응할 수 있는지에 대해 생각해보라.)

19. 유로지역 거주자들은 외국인들보다 유로지역 국가의 수출재를 상대적으로 더 많이 소비한다고 하자. 달리 말하면 유로지역 국가의 수출재는 다른 국가보다 유로지역의 HCPI(Harmonized CPI, 유럽 국가들의 CPI를 비교할 수 있도록 특별히 고안된 조화물가지수)에서 더 높은 가중치를 가진다. 이와 반대로 외국 수출재는 해외에서보다 유로지역 CPI에서 더 낮은 가중치를 가진다. 유로지역의 교역조건(유럽 수입재로 나타낸 유럽 수출의 상대가격) 상승은 유로의 실질환율에 어떤 영향을 미치는가?

20. 《이코노미스트(Economist)》는 빅맥가격은 일반 물가수준의 경우처럼 한 국가의 소득수준에 대해 체계적으로 양(+)의 관계를 가진다는 점을 관측했다. 《이코노미스트》의 빅맥 웹사이트인 http://www.economist.com/content/big-mac-index에 접속하면 (이전 연도의 서베이는 물론) 2020년 6월의 과소평가/과대평가에 관한 데이터를 찾을 수 있을 것이다. 세계은행의 World Development Indicators 웹사이트인 http://data.worldbank.org/indicator에 접속해서 모든 국가의 일인당 총국민소득(GNI)과 PPP에 관한 가장 최근 데이터를 구하라. 이 데이터와 함께 빅맥 달러가격에 관한 이코노미스트의 데이터를 사용하여 수평축에 일인당 소득을 나타내고 수직축에 빅맥 달러가격을 나타내는 그래프를 그려라. 무엇을 발견할 수 있는가?

## 더 읽을거리

James E. Anderson and Eric van Wincoop. "Trade Costs." *Journal of Economic Literature* 42 (September 2004), pp. 691-751. 국제무역 비용의 성격과 효과에 대한 종합적인 조사

Ariel Burstein and Gita Gopinath. "International Prices and Exchange Rates," in Gita Gopinath, Elhanan Helpman, and Kenneth Rogoff, eds., *Handbook of International Economics*, volume 4. Amsterdam: Elsevier, 2014. 시장별 가격설정 및 관련 주제에 대한 가치 있는 고급 조사

Gustav Cassel. *Post-War Monetary Stabilization*. New York: Columbia University Press, 1928. 제1차 세계대전 이후의 화폐 문제의 분석에 환율의 구매력 평가 이론을 적용했다.

Robert E. Cumby. "Forecasting Exchange Rates and Relative Prices with the Hamburger Standard: Is What You Want What You Get with McParity?" Working Paper 5675. National Bureau of Economic Research, July 1996. 과소/과대평가에 대한 빅맥 지수의 통계적 예측력을 연구한다.

Angus Deaton and Alan Heston. "Understanding PPPs and PPP-Based National Accounts." *American Economic Journal: Macroeconomics* 2 (October 2010): 1-35. 정확한 국제가격 비교의 실행을 방해하는 많은 장애물에 대한 중요한 개관

Michael B. Devereux. "Real Exchange Rates and Macroeconomics: Evidence and Theory." *Canadian Journal of Economics* 30 (November 1997), pp. 773-808. 실질환율의 결정요인과 효과에 대한 이론 검토

Rudiger Dornbusch. "The Theory of Flexible Exchange Rate Regimes and Macroeconomic Policy," in Jan Herin, Assar Lindbeck, and Johan Myhrman, eds. *Flexible Exchange Rates and Stabilization Policy.* Boulder, CO: Westview Press, 1977, pp. 123-143. 교역재와 비교역재를 통합하는 장기 환율 모형 개발

Pinelopi Koujianou Goldberg and Michael M. Knetter. "Goods Prices and Exchange Rates: What Have We Learned?" *Journal of Economic Literature* 35 (September 1997), pp. 1243-1272. 일물일가의 법칙, 환율전가 및 시장별 가격설정에 대한 미시적 수준의 증거를 다루는 우수한 조사

Patrick Honohan. "Using Purchasing Power Parities to Compare Income and Production across Countries." Policy Brief, Peterson Institute for International Economics, December 2020. 국가 간 생활수준 비교에 PPP 조정을 적용하는 것에 대한 비판적 검토

David Hummels. "Transportation Costs and International Trade in the Second Era of Globalization." *Journal of Economic Perspectives* 21 (Summer 2007), pp. 131-154. 현대 국제무역에서 운송비의 경제학에 대한 조사

Lloyd A. Metzler. "Exchange Rates and the International Monetary Fund," in *International Monetary Policies.* Postwar Economic Studies 7. Washington, D.C.: Board of Governors of the Federal Reserve System, 1947, pp. 1-45. 저자는 제2차 세계대전 이후 국제통화기금(IMF)이 설정한 고정환율을 전문적이고 객관적으로 평가하기 위해 구매력 평가를 적용했다.

Frederic S. Mishkin. *The Economics of Money, Banking and Financial Markets*, 12th edition. New York: Pearson, 2020. 5장에서 인플레이션과 피셔 효과에 대해 논의한다.

Kenneth Rogoff. "The Purchasing Power Parity Puzzle." *Journal of Economic Literature* 34 (June 1996), pp. 647-668. 이론 및 실증적 분석에 대한 비판적 조사

Alan C. Stockman. "The Equilibrium Approach to Exchange Rates." *Federal Reserve Bank of Richmond Economic Review* 73 (March/April 1987), pp. 12-30. 이 장의 장기 모형과 유사한 균형환율 모형에 대한 이론과 증거

Alan M. Taylor and Mark P. Taylor. "The Purchasing Power Parity Debate." *Journal of Economic Perspectives* 18 (Fall 2004), pp. 135-158. PPP에 대한 최근 연구 조사

# 신축적 가격을 가정한 통화주의 접근법에서의
# 피셔 효과, 이자율, 환율

재화가격이 완벽히 신축적이라고 가정하는 환율에 대한 통화주의 접근법은 기대인플레이션율의 상승 때문에 명목이자율이 상승할 때 한 국가의 통화는 절하한다고 설명한다. 이 부록에서는 이와 같은 중요한 결과에 대한 상세한 분석을 제시할 것이다.

다시 한번 달러/유로 환율을 생각하고 연방준비제도가 $\Delta\pi$만큼 미국의 통화공급 증가율을 증가시킨다고 하자. 그림 16A-1은 여러 시장이 이와 같은 변화에 어떻게 반응하는지를 추적하는 데 도움을 준다.

그림 16A-1의 오른쪽 아래 그림은 미국의 통화시장균형을 나타낸 것이다. 이 그림은 미국의 통화공급 증가율이 증가하기 전에 달러 예금의 명목이자율은 $R_\$^1$(점 1)이라는 것을 보여준다. 피셔 효과에 의해 다른 모든 것이 일정하다면 미국의 통화공급 증가율의 증가는 달러의 명목이자율을 $R_\$^2 = R_\$^1 + \Delta\pi$(점 2)로 상승시킬 것이다.

이 그림이 보여주는 것처럼 명목이자율의 상승은 통화수요를 감소시키고, 그 결과로 통화시장의 균형을 위해 실질통화공급은 감소해야 한다. 그러나 미국 통화공급 증가율은 미래에 증가하기 때문에 명목통화공급은 단기에 변하지 않는다. 무슨 일이 발생하는가? 명목통화공급이 $M_{US}^1$에서 변하지 않는다면 미국의 물가수준이 $P_{US}^1$에서 $P_{US}^2$로 상승해야 미국의 실질통화보유량이 필요한 만큼 감소한다. 가격의 신축성 가정은 이와 같은 물가수준의 점프가 단기에서도 발생할 수 있게 만든다.

환율의 반응을 살펴보기 위해 그림 16A-1의 왼쪽 아래 그림을 살펴보자. 통화주의 접근법은 구매력 평가 이론이 성립한다고 상정하기 때문에 $P_{US}$가 상승함에 따라(유럽의 물가수준은 일정하게 유지된다고 가정), 달러/유로 환율 $E_{\$/\epsilon}$는 상승(달러의 절하)해야 한다. 그림 16A-1의 왼쪽 아래 그림은 미국의 명목통화공급과 유럽의 물가수준이 변하지 않는 경우 미국의 실질통화보유량 $M_{US}/P_{US}$와 환율 $E_{\$/\epsilon}$의 관계를 나타낸다. PPP 이론을 사용하면 왼쪽 아래 그림에 그려진 (기울기가 우하향하는 쌍곡선인) 곡선의 식은 다음과 같이 나타낼 수 있다.

$$E_{\$/\epsilon} = P_{US}/P_E = \frac{M_{US}/P_E}{M_{US}/P_{US}}$$

이 식은 $M_{US}^1/P_{US}^1$에서 $M_{US}^1/P_{US}^2$으로의 미국의 실질통화공급의 감소는 달러/유로 환율이 $E_{\$/\epsilon}^1$에서 $E_{\$/\epsilon}^2$로 상승하는 달러의 절하와 연결되어 있다는 것을 보여준다.

그림 16A-1의 왼쪽 위 그림에 있는 45도 선은 왼쪽 아래 그림에서 그려진 환율의 변화를 오른쪽 위 그림의 수직축으로 이전시킬 수 있게 해준다. 오른쪽 위 그림은 외환시장의 균형을 그린 것이다.

오른쪽 위 그림에서는 유로에 대한 달러의 절하가 외환시장의 균형점이 점 1'에서 점 2'으로 이동하는 것과 관련되어 있음을 살펴볼 수 있다. 이 그림은 $R_\$$가 상승함에도 불구하고 왜 달러가 절하하

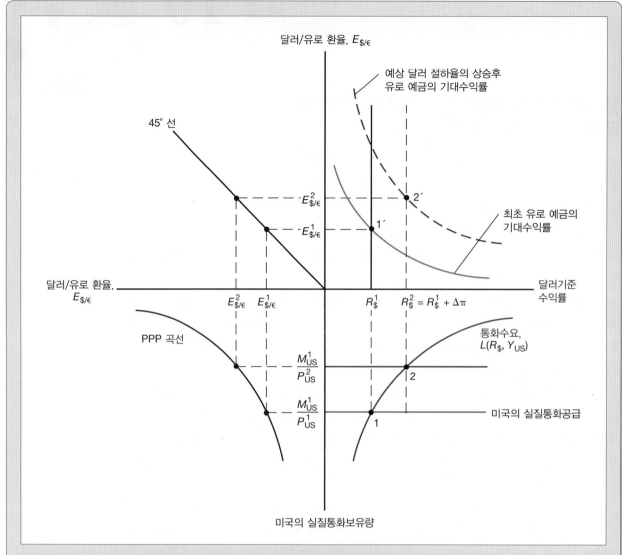

**그림 16A-1 재화가격이 신축적일 때 미국 통화공급 증가율의 증가가 달러 이자율과 달러/유로 환율에 미치는 영향**

재화가격이 완벽히 신축적일 때 통화시장의 균형을 나타내는 그림(오른쪽 아래 그림)은 미래의 미국 통화공급 증가율이 $\Delta\pi$만큼 증가할 때 발생하는 두 가지 효과를 보여준다. 이 변화는 (1) 피셔 효과를 반영하여 달러이자율을 $R_\$^1$에서 $R_\$^2 = R_\$^1 + \Delta\pi$로 상승시키고, (2) 미국의 물가 수준을 $P_{US}^1$에서 $P_{US}^2$로 점프시킨다. 따라서 통화시장의 균형은 점 1에서 점 2로 이동한다($M_{US}^1$은 즉각적으로 변화하지 않기 때문에 미국의 실질통화공급은 $M_{US}^1/P_{US}^2$으로 감소한다). 왼쪽 아래 그림에서 PPP 이론이 성립하는 경우 $P_{US}^1$에서 $P_{US}^2$로 미국 물가수준의 상승은 유로에 대한 달러의 절하를 발생시킨다(달러/유로 환율은 $E_{\$/\epsilon}^1$에서 $E_{\$/\epsilon}^2$로 상승한다). 외환시장의 그림(오른쪽 위 그림)에서 이와 같은 달러의 절하는 점 1′에서 점 2′으로의 이동으로 표시되어 있다. 미래의 유로에 대한 달러의 예상절하율 상승이 유로 예금의 달러표시 기대수익률을 측정하는 곡선을 바깥쪽으로 이동시키기 때문에 달러는 $R_\$$의 상승에도 불구하고 절하한다.

는지를 보여준다. 그 이유는 유로 예금의 달러표시 기대수익률을 나타내는 우하향의 기울기를 가진 곡선이 오른쪽으로 이동하기 때문이다. 왜 이 곡선이 오른쪽으로 이동하는가? 미래의 통화공급 증가 율의 상승에 대한 예상은 유로에 대한 달러의 예상절하율을 증가시키고 이에 따라 유로 예금의 매력 이 증가한다. 이와 같은 유로에 대한 달러의 예상절하율 변화는 달러의 명목이자율 상승과 외환시장

에서 달러의 절하를 동시에 발생시킨다.

　요약하면 앞의 예에서 보는 것처럼 명목이자율이 상승하는 이유를 알지 못하고는 달러이자율의 상승이 달러의 환율에 어떻게 영향을 미치는지를 예측할 수 없다. 가격신축성을 가정한 모형에서 통화공급 증가율의 증가가 예상되기 때문에 자국의 명목이자율이 상승하는 경우 자국통화는 미래의 좀 더 급속한 절하에 대한 예상 때문에 절상하는 것이 아니라 절하한다.

# CHAPTER 17

# 생산량과 환율의 단기적 관계

깊은 글로벌 경제후퇴를 겪었던 2009년에 미국과 캐나다 경제는 유사한 마이너스 실질생산 증가율을 기록했다. 그러나 2009년 동안 미국 달러는 외국통화들에 대하여 약 8% 절하한 반면 캐나다 달러는 약 16% 절상했다. 이와 같은 대조적인 경험의 원인은 무엇인가? 이 장은 14~16장에서 제시된 거시경제 모형을 완성함으로써 생산량, 환율, 인플레이션율을 변화시키는 복잡한 요인을 가려낼 것이다. 15장과 16장은 환율, 이자율, 물가수준의 관계를 제시했으나 생산량수준은 항상 모형 밖에서 결정된다고 가정했다. 환율, 이자율, 물가수준을 변화시키는 사건은 생산량에 영향을 줄 수 있기 때문에 15장과 16장은 거시경제적 변화가 개방경제에 어떻게 영향을 주는가에 대해 부분적인 그림만을 제공한다. 이제 생산량과 환율이 단기에 어떻게 결정되는가를 검토함으로써 이 그림을 완성하도록 하자.

논의는 자산시장과 환율의 장기 변화에 관해 배운 것을 새로운 요소, 즉 경제의 생산물 가격이 완만하게 조정될 때 생산물시장이 수요 변화에 따라 어떻게 조정되는지에 대한 이론과 결합한다. 15장에서 배운 것처럼 장기명목임금 계약과 같은 제도적 요인이 생산물 시장가격의 조정을 '경직적'이거나 완만하게 만들 수 있다. 생산물시장의 단기 모형과 외환시장 및 통화시장(자산시장)의 모형을 결합함으로써 개방경제에서 모든 중요한 거시경제변수의 단기적 변화를 설명하는 모형을 개발할 것이다. 앞 장의 장기환율 모형은 자산시장 참여자가 미래 환율을 예상하는 데 사용할 수 있는 분석틀을 제공한다.

생산량의 변화는 완전고용으로부터 경제를 이탈시킬 수 있기 때문에 생산량, 무역수지, 경상수지 등의 거시경제변수 간 관계는 경제 정책 담당자에게 중요한 관심사항이다. 이 장 마지막 부분에서 거시경제 정책 수단이 생산량과 경상수지에 어떻게 영향을 미치고 완전고용을 유지하는 데 어떻게 사용될 수 있는지를 검토하기 위해 이 장에서 개발한 단기 모형을 사용할 것이다.

## 학습목표

- 한 국가의 생산물에 대한 총수요를 결정하는 데 실질환율의 역할을 설명한다.
- 한 개방경제의 단기균형이 어떻게 자산시장균형곡선(*AA*)과 생산물시장균형곡선(*DD*)의 교차점으로 분석될 수 있는지를 설명한다.
- 통화 정책과 재정 정책이 단기적으로 환율과 총생산에 어떻게 영향을 미치는지를 이해한다.
- 영구적 거시경제 정책 변화와 일시적 거시경제 정책 변화의 장기 효과를 설명하고 해석한다.
- 거시경제 정책, 경상수지, 환율의 관계를 설명한다.

# 개방경제 총수요의 결정요인

생산물 가격이 경직적일 때 생산량이 단기에 어떻게 결정되는지를 분석하기 위해 한 국가의 생산물에 대한 **총수요**(aggregate demand)의 개념을 도입한다. 총수요는 전 세계의 가계와 기업이 수요하는 한 국가의 재화와 서비스의 양이다. 개별적인 재화 또는 서비스의 생산량이 부분적으로 개별적인 재화 또는 서비스에 대한 수요에 의해 결정되는 것처럼 한 국가의 단기 총생산량수준은 이 국가 생산물에 대한 총수요에 의해 결정된다. 임금과 물가수준은 궁극적으로 완전고용을 확보하도록 조정되기 때문에 (정의상) 장기에 경제는 완전고용수준 상태에 있게 된다. 따라서 장기적으로 국내 생산량은 이용 가능한 노동과 자본 같은 생산요소의 국내 공급량에 의해서만 결정된다. 그러나 살펴보게 되겠지만 이 생산요소들은 아직 가격에 완전한 장기 효과를 미치지 못하는 총수요의 변화 때문에 단기적으로 과다고용되거나 과소고용될 수 있다.

13장에서 경제의 생산량은 국민소득을 구성하는 네 가지 종류의 지출, 즉 소비, 투자, 정부구매, 경상수지의 합이라는 것을 배웠다. 마찬가지로 개방경제의 생산물에 대한 총수요는 소비수요($C$), 투자수요($I$), 정부수요($G$), 순수출수요, 즉 경상수지($CA$)의 합이다. 이와 같은 총수요의 구성요소 각각은 여러 요인으로 결정된다. 이 절에서 소비수요와 경상수지를 결정하는 요인을 검토할 것이다. 재정 정책의 효과를 검토하는 이 장 후반부에서는 정부수요를 논의할 것이다. 잠시 동안 $G$는 주어진 것으로 가정한다. 모형을 복잡하게 만드는 것을 피하기 위해 투자수요도 주어진 것으로 가정한다. 이 장의 부록 3에서는 투자수요의 결정요인을 모형에 도입할 것이다.

## 소비수요의 결정요인

이 장에서 국가의 국민이 소비하기 원하는 양은 가처분소득 $Y^d$(즉 국민소득에서 세금을 뺀 것, $Y - T$)에 의해 결정된다고 생각한다($C$, $Y$, $T$ 모두는 국내 생산물 단위로 측정된다).[1] 이와 같은 가정하에서 한 국가가 원하는 소비수준은 가처분소득의 함수로 다음과 같이 나타낼 수 있다.

$$C = C(Y^d)$$

각 소비자는 당연히 실질소득이 증가함에 따라 더 많은 재화와 서비스를 수요하기 때문에 총체적 수준에서 소비는 가처분소득이 증가함에 따라 증가한다고 예상한다. 따라서 소비수요와 가처분소득은 양의 관계를 가진다. 그러나 가처분소득이 증가할 때 소비수요는 일반적으로 소득증가분의 일부가 저축되기 때문에 소득의 증가보다 적게 증가한다.

## 경상수지의 결정요인

한 국가의 재화와 서비스에 대한 수출수요에서 이 국가의 재화와 서비스에 대한 수입수요를 뺀 것으로 정의되는 경상수지는 두 가지 중요한 요인, 즉 외국통화에 대한 국내통화의 실질환율(즉 국내 지출 바스켓으로 나타낸 외국 지출 바스켓 가격)과 국내 가처분소득에 의해 결정된다(현실에서 한 국가의 경상수지는 외국의 지출수준과 같은 많은 다른 요인에 의존하지만, 잠시 동안 이와 같은 다른

---

1 좀 더 완전한 모형은 실질 부, 예상되는 미래소득, 실질이자율 등의 다른 요소도 소비계획에 영향을 줄 것이라고 가정한다. 이 장의 부록 1은 이 장의 논의와 6장의 부록에서 논의된 내용의 기초를 이루는 소비자 미시경제 이론을 연결한다.

요인은 일정하게 주어진 것으로 간주한다).[2]

한 국가의 경상수지를 이 국가 통화의 실질환율 $q = EP^*/P$와 국내 가처분소득 $Y^d$의 함수로 나타낸다.

$$CA = CA(EP^*/P, Y^d)$$

16장에서 논의한 것처럼 대표적인 외국과 국내 지출 바스켓의 국내통화가격은 각각 $EP^*$와 $P$임을 주목하라. 여기서 $E$(명목환율)는 국내통화로 나타낸 외국통화의 가격이고, $P^*$는 외국의 물가수준이며 $P$는 국내의 물가수준이다. 따라서 국내 바스켓으로 나타낸 외국 바스켓의 가격으로 정의되는 실질환율 $q$는 $EP^*/P$이다. 예를 들어 유럽의 재화와 서비스의 대표적인 바스켓 가격이 40유로($P^*$)이고, 대표적인 미국의 바스켓 가격은 50달러($P$)이며, 달러/유로 환율이 유로당 1.10달러($E$)이면 미국 바스켓으로 나타낸 유럽 바스켓의 가격은 다음과 같다.

$$EP^*/P = \frac{(1.10달러/유로) \times (40유로/유로 바스켓)}{(50달러/미국 바스켓)}$$
$$= 0.88 \text{ 미국 바스켓/유럽 바스켓}$$

실질환율의 변화는 외국 재화 및 서비스와 비교한 국내 재화와 서비스의 상대가격 변화를 나타내기 때문에 경상수지에 영향을 미친다. 가처분소득은 국내 소비자의 총지출에 영향을 줌으로써 경상수지에 영향을 미친다. 이와 같은 실질환율과 가처분소득이 어떻게 경상수지에 영향을 주는지를 이해하기 위해 한 국가의 수출수요($EX$)와 이 국가 국민의 수입수요($IM$)를 분리해서 살펴보자. 13장에서 살펴봤듯이 경상수지는 다음과 같은 항등식으로 나타낸 것과 같이 수입과 수출에 관련되어 있다.

$$CA = EX - IM$$

여기서 $CA$, $EX$, $IM$ 모두는 국내 생산량 기준으로 측정된다.

## 실질환율의 변화가 경상수지에 미치는 영향

대표적인 국내지출 바스켓이 일부 수입 생산물을 포함하고 있으나 국내에서 생산된 재화와 서비스에 좀 더 큰 가중치를 부여한다는 사실을 기억할 것이다. 동시에 대표적인 외국지출 바스켓은 외국에서 생산된 재화와 서비스에 좀 더 큰 가중치를 부여한다. 따라서 국내 바스켓으로 나타낸 외국 바스켓의 가격상승은 국내 생산물과 비교한 외국 생산물의 상대가격 상승을 의미한다.[3]

여타의 사항이 일정한 경우 국내 생산물의 상대가격 변화가 어떻게 경상수지에 영향을 미치는지를 결정하기 위해 국내 생산물의 상대가격 변화가 $EX$와 $IM$ 모두에 어떤 영향을 미치는지를 살펴봐야 한다. 예를 들어 만약 $EP^*/P$가 상승하면 외국 생산물은 국내 생산물에 비해 상대적으로 더 비싸진

---

2 각주 1에서 지적한 것처럼 가처분소득과 함께 소비에 영향을 주는 (부와 이자율 등의) 많은 요인을 무시한다. 소비변화의 일부는 수입에서 이루어지기 때문에 이와 같은 소비의 결정요인도 경상수지를 결정하는 데 영향을 준다. 13장에서와 같이 경상수지를 분석하는 데 일방적 이전(unilateral transfers)을 무시한다.

3 실질환율은 여기서 본질적으로 외국 생산물에 대한 국내 생산물의 상대가격을 나타내는 하나의 편리한 요약척도로 사용된다. 좀 더 정확한 (그러나 좀 더 복잡한) 분석은 각 국가의 비교역재와 교역재에 대한 수요함수와 공급함수 각각에 대해 명시적으로 이루어져야 하나 본문에서 얻는 결론과 매우 유사한 결론을 얻을 수 있다.

다. 국내 생산물 1단위는 이제 외국 생산물을 좀 더 적게 구매한다. 외국 소비자는 더 많은 국내 생산물의 수출을 수요함으로써 이러한 가격변화(실질 국내통화 절하)에 반응할 것이다. 따라서 이와 같은 외국 소비자의 반응은 $EX$를 증가시킬 것이고 국내의 경상수지를 개선할 것이다.

동일한 실질환율의 상승이 $IM$에 미치는 효과는 더 복잡하다. 국내 소비자는 상대적으로 더 비싸진 외국 생산물을 더 적게 구매함으로써 가격변화에 반응한다. 그러나 이와 같은 국내 소비자의 반응이 $IM$이 반드시 감소해야 한다는 것을 의미하지는 않는다. $IM$은 국내 생산물로 측정된 수입금액을 의미하지 수입되는 외국 생산물의 양을 의미하지 않는다. $EP^*/P$의 상승은 국내 생산물 단위로 나타낸 수입의 단위가격을 상승시키는 경향이 있기 때문에 국내 생산물 단위로 측정된 수입금액은 수입되는 외국 생산물의 단위 수가 감소하더라도 $EP^*/P$의 상승 결과로 증가할 수 있다. 따라서 $IM$은 $EP^*/P$가 상승할 때 증가하거나 감소할 수 있고, 실질환율의 변화가 경상수지 $CA$에 미치는 효과는 불분명하다.

실질환율의 변화가 경상수지를 개선하는지 악화시키는지는 소비자 지출의 변화가 수출량 또는 수입량에 미치는 **물량 효과**(volume effect)와 국내 생산물 단위로 측정된 주어진 외국 수입 물량의 가치를 변화시키는 **가격 효과**(value effect) 중에서 어떤 효과가 지배적인가에 따라 결정된다. 잠시 동안 실질환율의 물량 효과가 항상 가격 효과보다 크다고 가정한다. 따라서 여타의 사항이 일정한 경우 한 국가 통화의 실질절하는 경상수지를 개선하고 한 국가 통화의 실질절상은 경상수지를 악화시킨다.[4]

소비자의 반응 측면에서 실질환율과 경상수지에 관한 논의를 했지만, 생산자의 반응도 중요하며 거의 동일한 방법으로 작동한다. 한 국가의 통화가 실질기준으로 절하할 때 외국기업은 이 국가가 중간재 생산요소를 더 싸게 공급할 수 있다는 사실을 발견할 것이다. 이와 같은 효과는 다국적 기업이 여러 국가에 서로 다른 생산 과정의 단계를 배치하는 경향이 증가한 결과로 좀 더 강해지고 있다. 예를 들어 달러의 절하가 미국에서 생산하는 상대비용을 낮추면 독일 자동차회사인 BMW는 독일로부터 사우스캐롤라이나의 스파턴버그로 생산을 이전할 수 있다. 이와 같은 생산 이전은 미국의 노동과 생산물에 대한 세계수요의 증가를 의미한다.

## 가처분소득의 변화가 경상수지에 미치는 영향

경상수지에 영향을 주는 두 번째 요인은 국내 가처분소득이다. $Y^d$의 증가는 해외로부터의 수입재를 포함한 모든 재화에 대한 국내 소비자의 지출을 증가시킨다. 여타의 사항이 일정한 경우 가처분소득의 증가는 경상수지를 악화시킨다(외국의 소득은 일정하고 $Y^d$는 외국 소득에 영향을 주지 않는다고 가정하기 때문에 $Y^d$의 증가는 수출수요에 영향을 미치지 않는다).

표 17-1은 실질환율과 가처분소득의 변화가 어떻게 국내 경상수지에 영향을 주는지에 관한 논의를 정리한 것이다.

---

4 이 가정은 수입수요와 수출수요가 실질환율에 대해 상대적으로 탄력적이어야 한다는 것을 요구한다. 이 장의 부록 2는 본문의 가정이 타당하게 성립하는 마셜-러너 조건(Marshall-Lerner condition)을 설명한다. 이 부록은 또한 마셜-러너 조건이 성립하는 기간에 대한 실증적 증거를 제시한다.

| 표 17-1 | 경상수지를 결정하는 요인 |
|---|---|
| **변화** | **경상수지($CA$)에 미치는 효과** |
| 실질환율, $EP^*/P$ ↑ | $CA$ ↑ |
| 실질환율, $EP^*/P$ ↓ | $CA$ ↓ |
| 가처분소득, $Y^d$ ↑ | $CA$ ↓ |
| 가처분소득, $Y^d$ ↓ | $CA$ ↑ |

# 총수요 식

이제 $D$로 나타낸 총수요에 관한 식을 얻기 위해 총수요의 네 요소를 결합하자.

$$D = C(Y - T) + I + G + CA(EP^*/P, Y - T)$$

여기서 가처분소득 $Y^d$는 $Y - T$로 나타냈다. 이 식은 국내 생산물에 대한 총수요는 실질환율, 가처분소득, 투자수요, 정부지출의 함수로 나타낼 수 있음을 보여준다.

$$D = D(EP^*/P, Y - T, I, G)$$

이제 세금 $T$, 투자수요 $I$, 정부지출 $G$가 주어진 경우 총수요가 실질환율과 국내 GNP($Y$)에 어떻게 의존하는지를 살펴보자.[5]

### 실질환율과 총수요

$EP^*/P$의 상승은 외국재화와 서비스에 비해 상대적으로 국내재화와 서비스를 더 싸게 만들고, 국내지출과 외국지출을 외국재화로부터 국내재화로 이동시킨다. 결과적으로 (앞 절에서 가정한 것처럼) $CA$는 증가하고, 따라서 총수요 $D$는 증가한다. 여타의 사항이 일정한 경우 국내통화의 실질절하는 국내 생산물에 대한 총수요를 증가시키고, 국내통화의 실질절상은 국내 생산물에 대한 총수요를 감소시킨다.

### 실질소득과 총수요

국내 실질소득이 총수요에 미치는 효과는 약간 더 복잡하다. 만약 세금이 주어진 수준에서 고정되어 있다면 $Y$의 증가는 같은 크기만큼의 가처분소득 $Y^d$의 증가를 의미한다. 이와 같은 $Y^d$의 증가는 소비를 증가시키는 한편, 외국 수입재에 대한 국내지출을 증가시킴으로써 경상수지를 악화시킨다. 첫 번째 효과는 총수요를 증가시키지만, 두 번째 효과는 총수요를 감소시킨다. 그러나 소비의 증가는 국내 생산물에 대한 지출증가와 외국 수입재에 대한 지출증가로 구분되기 때문에 첫 번째 효과(가처분소득이 총소비에 미치는 효과)가 두 번째 효과(가처분소득이 수입재에 대한 지출에 미치는 효과)보

---

5 앞에서 지적한 것처럼 투자 $I$는 모형의 외부에 있는 요인 때문에 변화한다고 상상할 수 있지만 주어진 것으로 간주된다. (달리 말하면 투자는 내생변수가 아니라 외생변수라고 가정한다.) $G$에 대해서도 동일하게 가정한다. 그러나 이 장의 부록 3에서 한 것처럼 투자를 내생변수로 만드는 것, 즉 투자를 국내 실질이자율의 감소함수로 설정하는 것은 어려운 일이 아니다(투자를 내생변수로 설정하는 것은 중급 거시경제학 과목에서 다루는 표준적인 $IS$-$LM$ 모형의 가정이다). 미래 예상되는 환율과 완전고용 생산량 수준이 주어진 경우 부록 3의 모형은 투자수요가 $I(E, Y)$로 표시될 수 있음을 의미한다. 여기서 국내 생산량 $Y$의 증가가 투자수요를 증가시키는 것처럼, $E$의 상승(국내통화의 절하)도 투자수요를 증가시킨다. 이 장의 논의에서 이러한 방식으로 투자를 모형화하는 것은 모형에서 도출되는 결론을 중요한 방식으로 변화시키지 못한다.

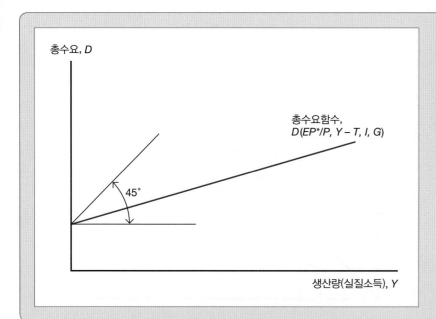

**그림 17-1 생산량 함수로 나타낸 총수요**

총수요는 실질환율($EP^*/P$), 가처분소득($Y - T$), 투자수요($I$), 정부지출($G$)의 함수이다. 만약 다른 모든 요인이 변하지 않으면 생산량(실질소득) $Y$의 증가는 총수요를 증가시킨다. 총수요의 증가는 생산량의 증가보다 적기 때문에 총수요곡선의 기울기는 1보다 작다(이는 45도 안에 총수요곡선이 위치한다는 것을 의미한다).

총수요, $D$

총수요함수,
$D(EP^*/P, Y - T, I, G)$

45°

생산량(실질소득), $Y$

다 더 크다. 따라서 여타의 사항이 일정한 경우 국내 실질소득의 증가는 국내 생산물에 대한 총수요를 증가시키고 국내 실질소득의 감소는 국내 생산물에 대한 총수요를 감소시킨다.

그림 17-1은 실질환율, 세금, 투자수요, 정부지출의 값이 고정되어 있는 경우 총수요와 실질소득($Y$)의 관계를 보여준다. $Y$가 증가함에 따라 소비는 소득 증가의 일부분만 증가한다. 더욱이 소비 증가의 일부분은 수입재에 대한 지출이 된다. 따라서 $Y$의 증가가 국내 생산물에 대한 총수요에 미치는 효과는 소비수요의 증가보다 적다. 또한 소비수요의 증가는 소득의 증가보다 적다. 이와 같은 사실은 그림 17-1에서 기울기가 1보다 작은 총수요곡선으로 나타난다(국내 생산물이 0인 가상적인 경우에도 투자수요, 정부수요, 외국수요는 총수요를 0보다 크게 만들기 때문에 이 곡선은 원점보다 위에서 수직축과 교차한다).

## 생산량은 단기에 어떻게 결정되는가

개방경제의 생산물에 대한 수요에 영향을 미치는 요인을 논의했으므로, 이제 생산량이 단기에 어떻게 결정되는지를 살펴보자. 생산물시장은 실질생산량 $Y$가 국내 생산물에 대한 총수요와 일치할 때 균형을 이룬다.

$$Y = D(EP^*/P, Y - T, I, G) \tag{17-1}$$

따라서 총공급과 총수요가 일치할 때 단기균형 생산량수준이 결정된다.[6]

---

6 언뜻 보면 $Y = C(Y^d) + I + G + CA(EP^*/P, Y^d)$로 나타낼 수 있는 식 (17-1)은 13장에서 논의한 GNP 항등식, 즉 $Y = C + I + G + CA$와 비슷하다. 이 두 식은 어떻게 다른가? 두 식은 식 (17-1)이 항등식이 아니라 균형조건이라는 점에서 다르다. 13장에서 살펴봤듯이 GNP 항등식에 나타나는 투자 $I$는 GNP 항등식이 정의상 항상 성립하도록 기업의 원하지 않는 또는 비자발적인 재고를 포함한다. 그러나 식 (17-1)에 나타나는 투자수요는 원하는 또는 의도된 투자이다. 따라서 GNP 항등식은 항상 성립하지만 식 (17-1)은 기업이 자발적으로 재화의 재고를 증가시키거나 감소시키는 경우에만 성립한다.

**그림 17-2 단기에서 생산량의 결정**
단기에서 생산량은 총수요 $D^1$이 총생산량 $Y^1$
과 일치하는 $Y^1$(점 1)에서 결정된다.

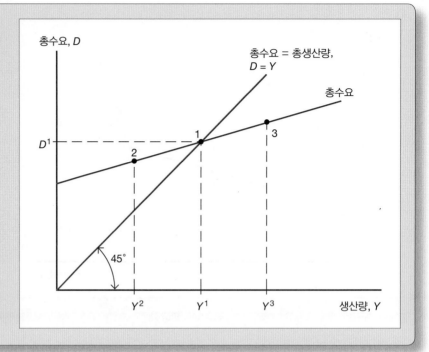

실질생산량 결정에 관한 분석은 재화와 서비스의 가격이 **일시적으로 고정되어** 있다고 가정하기 때문에 단기에 적용된다. 이 장 후반부에서 살펴보는 것처럼 가격이 일시적으로 고정되어 있을 때 발생하는 단기의 실질생산량 변화는 경제를 장기균형으로 이동시키는 물가수준의 변화를 발생시킨다. 장기균형에서 생산요소는 완전 고용되어 있고, 실질생산량수준은 요소공급에 의해 전적으로 결정되며, 실질환율은 장기의 실질생산량을 총수요와 일치시키기 위해 조정된다.[7]

단기에서 총생산량의 결정 과정이 그림 17-2에 예시되어 있다. 이 그림에 실질환율, 세금, 투자수요, 정부지출이 고정된 수준으로 주어진 경우 총수요곡선이 생산량의 함수로 그려져 있다. 총수요곡선과 원점으로부터 그린 45도 선(식 $D = Y$)의 교차점(점 1)이 총수요와 생산량이 일치하는 유일한 생산량수준 $Y^1$을 결정한다.

생산량이 단기에 $Y^1$에서 결정되는 이유를 살펴보기 위해 그림 17-2를 사용하자. $Y^2$의 생산량수준에서 총수요(점 2)는 생산량보다 크다. 따라서 기업은 이와 같은 초과수요를 충족하기 위해 생산량을 증가시킨다(만약 기업이 생산량을 증가시키지 않으면 바람직한 수준 이하로 투자수요 $I$를 감소시켜 재고로 초과수요를 충족해야 한다). 따라서 생산량은 국민소득이 $Y^1$에 이르기까지 증가한다.

점 3에서 국내 생산물의 초과공급이 존재하고 기업은 비자발적으로 재고를 축적하고 있다는 것(비자발적으로 바람직한 수준 이상으로 투자지출을 증가시키고 있다는 것)을 발견한다. 재고가 증가하기 시작함에 따라 기업은 생산량을 감소시킨다. 생산량이 $Y^1$으로 감소할 때에야 기업은 생산수준에 만족한다. 생산량은 정확히 총수요와 일치하는 점인 점 1에서 결정된다. 이와 같은 단기균형에서 소

---

7 따라서 식 (17-1)은 장기균형에서도 성립하지만 16장에서 논의한 것처럼 $Y$가 장기 수준에 있을 때 장기실질환율을 결정한다(해외조건은 일정하다고 가정한다).

비자, 기업, 정부, 국내 생산물의 외국 구매자는 모두 생산량을 남기지 않고 바람직한 지출을 실현할 수 있다.

## 생산물시장의 단기균형: *DD* 곡선

이제 실질환율 $EP^*/P$가 주어진 경우 생산량이 어떻게 결정되는지를 이해했으므로 단기에 환율과 생산량이 동시에 어떻게 결정되는지를 살펴보자. 이 과정을 이해하려면 두 가지 요소가 필요하다. 이 절에서 개발되는 첫 번째 요소는 생산물시장이 균형일 때 성립해야 하는 생산량과 환율의 관계(*DD* 곡선)이다. 다음 절에서 개발되는 두 번째 요소는 국내통화시장과 외환시장(자산시장)이 균형일 때 성립해야 하는 생산량과 환율의 관계이다. 이 두 가지 요소는 생산물시장과 자산시장 모두가 균형일 때만 전체 경제가 균형이기 때문에 모두 필요하다.

### 생산량, 환율, 생산물시장의 균형

그림 17-3은 생산물시장의 균형에 의해 제시되는 환율과 생산량의 관계를 나타낸다. 특히 이 그림은 국내 물가수준 $P$와 외국 물가수준 $P^*$가 주어진 경우 외국통화에 대한 국내통화의 절하(즉 $E^1$에서 $E^2$로 $E$의 상승) 효과를 보여준다. 국내와 외국의 물가수준이 주어진 경우 명목환율의 상승은 국내의 재화와 서비스에 비해 상대적으로 외국의 재화와 서비스를 더 비싸게 만든다. 이와 같은 상대가격의 변화는 총수요곡선을 위로 이동시킨다.

국내 생산물의 상대가격 하락은 총수요곡선을 위로 이동시킨다. 이는 각 생산량수준에서 국내 생산물에 대한 수요가 증가하기 때문이다. 예를 들어 달러가 절하할 때 외국과 국내의 자동차 소비자

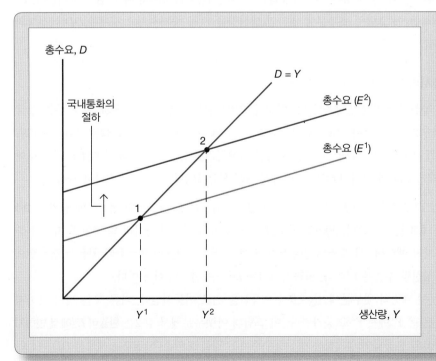

**그림 17-3 생산물 가격이 고정되어 있는 경우 국내통화의 절하가 생산량에 미치는 효과**

다른 모든 것이 일정한 경우 $E^1$에서 $E^2$로 환율의 상승(국내통화의 절하)은 총수요를 총수요($E^2$)로 증가시키고 생산량을 $Y^2$로 증가시킨다.

모두는 미국의 자동차에 대한 수요를 증가시킨다. 기업이 처음의 생산량 수준에서 초과수요에 직면하고 있다는 것을 발견함에 따라 생산량은 $Y^1$에서 $Y^2$로 증가한다.

$P$와 $P^*$가 고정되어 있는 경우 $E$의 변화 효과를 살펴봤지만, $P$와 $P^*$의 변화가 생산량에 미치는 효과를 분석하는 것도 간단하다. 다른 모든 것이 일정한 경우($E$의 상승, $P^*$의 상승 또는 $P$의 하락에 기인하는) 실질환율 $EP^*/P$의 상승은 총수요곡선을 위쪽으로 이동시키고 생산량을 증가시킨다(예: $P^*$의 상승은 $E$의 상승과 질적으로 같은 효과를 가진다). 이와 유사하게 다른 모든 것이 일정한 경우 원인에 관계없이 ($E$의 하락, $P^*$의 하락 또는 $P$의 상승) $EP^*/P$의 하락은 생산량을 감소시킨다(예: $E$와 $P^*$가 고정되어 있는 경우 $P$의 상승은 외국 생산물에 비해 상대적으로 국내 생산물을 더 비싸게 만들고, 국내 생산물에 대한 총수요를 감소시키며 생산량을 감소시킨다).

## DD 곡선의 도출

만약 $P$와 $P^*$가 단기적으로 고정되어 있다고 가정하면 국내통화의 절하($E$의 상승)는 국내 생산량 $Y$의 증가와 관련되어 있는 반면, 국내통화의 절상($E$의 하락)은 $Y$의 감소와 관련되어 있다. 이와 같은 관련성은 개방경제의 단기적 거시경제 움직임을 나타내기 위해 필요한 $E$와 $Y$의 두 가지 관계 중 하나를 제시한다. 이 관계는 **DD 곡선**(DD schedule)으로 요약하여 나타낸다. DD 곡선은 생산물시장의 단기균형(총수요 = 총생산)이 이루어지는 생산량과 환율의 모든 조합을 나타낸다.

그림 17-4는 $P$와 $P^*$가 고정되어 있을 때 생산물시장을 균형시키는 $E$와 $Y$의 조합을 나타내는 DD 곡선을 도출하는 방법을 보여준다. 이 그림의 윗부분은 그림 17-3의 결과를 그대로 옮겨놓은 것이다(국내통화의 절하는 총수요를 위쪽으로 이동시키고 생산량을 증가시킨다). 아랫부분의 DD 곡선은 ($P$와 $P^*$가 일정한 경우) 생산물시장의 균형을 달성시키는 환율과 생산량의 관계를 그린 것이다. DD 곡선상의 점 1은 환율이 $E^1$일 때 총수요와 총공급을 일치시키는 생산량수준이 $Y^1$임을 보여준다. $E^2$로의 국내통화 절하는 이 그림의 윗부분에 의하면 생산량을 $Y^2$로 증가시키고 경제를 DD 곡선상의 점 2로 이동시킨다.

## DD 곡선을 이동시키는 요인

많은 요인이 DD 곡선의 위치에 영향을 준다. 이러한 요인으로는 정부수요, 세금과 투자의 수준, 국내와 외국의 물가수준, 국내 소비행태의 변화, 국내 생산물에 대한 외국의 수요변화가 있다. 이러한 각각의 요인변화가 DD 곡선의 위치에 미치는 효과를 이해하려면 한 요인이 변화할 때 DD 곡선이 어떻게 이동하는지를 살펴봐야 한다. 다음의 논의에서 다른 모든 요인은 고정되어 있다고 가정한다.

1. **$G$의 변화**: 그림 17-5는 환율이 $E^0$에서 고정되어 있는 경우 $G^1$에서 $G^2$로의 정부구매 증가가 DD 곡선에 미치는 효과를 보여준다. 2001년 9월 11일 테러 이후 미국의 군사비 및 보안비 지출이 증가한 것이 한 가지 예이다. 이 그림의 윗부분에서 보는 것처럼 환율이 $E^0$일 때 처음의 정부수요 수준에서 균형생산량 수준은 $Y^1$이다. 따라서 점 1이 $DD^1$ 곡선상의 한 점이다.

$G$의 증가는 이 그림의 윗부분에 있는 총수요곡선을 위로 이동시킨다. 다른 모든 것이 변하지 않는 경우 생산량은 $Y^1$에서 $Y^2$로 증가한다. 이 그림의 아랫부분에서 점 2는 환율이 $E^0$에서 변하지 않는 경우 총수요와 총공급이 일치하는 생산량수준이 $Y^2$임을 보여준다. 점 2는 새로운 DD 곡선인

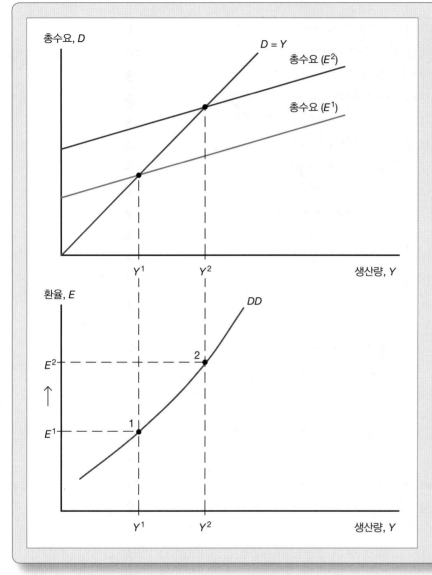

**그림 17-4 DD 곡선의 도출**
다른 모든 것이 일정한 경우 $E^1$에서 $E^2$로의 환율상승이 생산량을 $Y^1$에서 $Y^2$로 증가시키기 때문에 (아래쪽에 제시되어 있는) DD 곡선은 우상향한다.

$DD^2$상에 위치한다.

　주어진 환율수준에서 총수요와 총공급을 일치시키는 생산량수준은 $G$의 증가 후에 증가한다. 이는 $G$의 증가는 그림 17-5에서 보는 것처럼 DD 곡선을 오른쪽으로 이동시킨다는 것을 의미한다. 이와 유사하게 $G$의 감소는 DD 곡선을 왼쪽으로 이동시킨다.

　$G$의 증가가 어떻게 DD 곡선을 이동시키는지를 검토하기 위해 방금 사용한 방법과 사고방식은 다음의 모든 경우에 적용할 수 있다. 잘 이해했는지 점검해보려면 그림 17-5와 유사한 그림을 사용하여 다음에 열거된 경제적 요인이 어떻게 DD 곡선을 변화시키는지 설명해보라.

**2. $T$의 변화:** 세금 $T$는 $Y$가 주어진 경우 가처분소득과 소비를 변화시켜 총수요에 영향을 준다. 세금의 증가는 환율이 주어진 경우 그림 17-1의 총수요함수를 아래쪽으로 이동시킨다. 이 효과는 $G$의 증가가 미치는 효과와 반대이기 때문에 $T$의 증가는 DD 곡선을 왼쪽으로 이동시킨다. 이와 유사

**그림 17-5 정부수요와 *DD* 곡선의 위치**

$G^1$에서 $G^2$로의 정부수요 증가는 모든 환율수준에서 생산량을 증가시킨다. 따라서 정부수요의 증가는 *DD* 곡선을 오른쪽으로 이동시킨다.

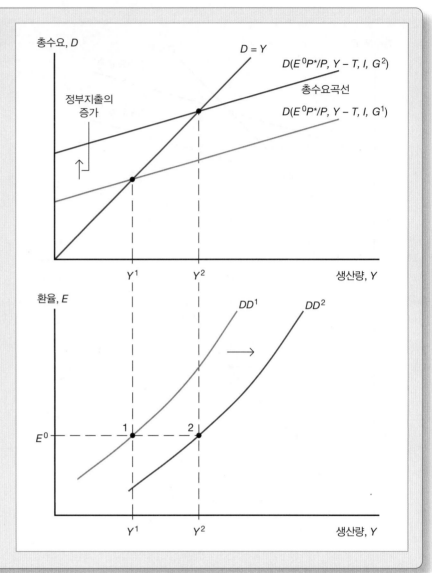

하게 조지 부시(George W. Bush) 대통령에 의해 2001년 이후에 제정된 조세삭감과 같은 $T$의 감소는 *DD* 곡선을 오른쪽으로 이동시킨다.

3. *I*의 변화: 투자수요의 증가는 $G$의 증가와 같은 효과를 가진다. 총수요곡선은 위로 이동하고 *DD* 곡선은 오른쪽으로 이동한다. 투자수요의 감소는 *DD* 곡선을 왼쪽으로 이동시킨다.

4. *P*의 변화: $E$와 $P^*$가 주어진 경우 $P$의 상승은 외국 생산물에 비해 상대적으로 국내 생산물을 더 비싸게 만들고 순수출수요(net export demand)를 감소시킨다. 총수요가 감소함에 따라 *DD* 곡선은 왼쪽으로 이동한다. $P$의 하락은 국내재화를 더 싸게 만들고 *DD* 곡선을 오른쪽으로 이동시킨다.

5. $P^*$의 변화: $E$와 $P$가 주어진 경우 $P^*$의 상승은 외국의 재화와 서비스를 상대적으로 더 비싸게 만든다. 따라서 국내 생산물에 대한 총수요는 증가하고 *DD* 곡선은 오른쪽으로 이동한다. 이와 유사하게 $P^*$의 하락은 *DD* 곡선을 왼쪽으로 이동시킨다.

6. **소비함수의 변화**: 자국민이 갑자기 가처분소득의 각 수준에서 소비를 더 많이 하고 저축을 더 적게 하기로 결정한다고 하자. 예를 들어 주택가격이 상승하고 주택 소유주가 추가적으로 증가된 부에 기초하여 차입하면 이와 같은 일이 발생할 수 있다. 만약 소비지출의 증가가 모두 외국으로부터의 수입재에 사용되지 않는다면 국내 생산물에 대한 총수요는 증가하고 환율 $E$가 주어진 경우 총수요곡선은 위로 이동한다. 이는 $DD$ 곡선이 오른쪽으로 이동하는 것을 의미한다. 소비의 자율적인 감소(만약 이것이 전적으로 수입수요의 감소에 기인한 것이 아니라면)는 $DD$ 곡선을 왼쪽으로 이동시킨다.

7. **외국재화와 국내재화 사이의 수요 이동**: 국내 소비함수에는 아무런 변화가 없으나 자국민과 외국인이 갑자기 더 많은 지출을 국내에서 생산된 재화와 서비스에 사용하기로 결정한다고 하자(예: 해외 광우병에 대한 우려는 미국산 소고기에 대한 수요를 증가시킨다). 만약 국내 가처분소득과 실질환율이 동일한 수준으로 유지된다면 이와 같은 수요의 이동은 수출을 증가시키고 수입을 감소시켜 경상수지를 개선한다. 총수요곡선은 위로 이동하고 따라서 $DD$ 곡선은 오른쪽으로 이동한다. 동일한 사고방식을 적용하면 국내 생산물로부터 해외 생산물로 세계수요의 이동은 $DD$ 곡선을 왼쪽으로 이동시킨다.

간단한 법칙을 적용하여 앞에서 논의한 교란요인 중 하나가 $DD$ 곡선에 미치는 효과를 예측할 수 있다는 것을 발견했을 것이다. 국내 생산물에 대한 총수요를 증가시키는 교란은 무엇이든 $DD$ 곡선을 오른쪽으로 이동시킨다. 국내 생산물에 대한 총수요를 감소시키는 교란은 무엇이든 $DD$ 곡선을 왼쪽으로 이동시킨다.

## 자산시장의 단기균형: *AA* 곡선

지금까지 단기에서 환율과 소득의 결정, 즉 총수요와 총공급이 일치하는 환율과 생산량의 관계에 관한 논의에 필요한 첫 번째 요소를 도출했다. 이 관계는 $DD$ 곡선으로 정리되어 있다. $DD$ 곡선은 생산물시장이 단기균형을 이루는 모든 환율과 생산량수준을 보여준다. 그러나 앞 절의 도입부에서 지적했듯이 전체 경제의 균형은 생산물시장의 균형뿐만 아니라 자산시장의 균형을 요구하며, 일반적으로 $DD$ 곡선상에 있는 점이 자산시장의 균형을 초래할 이유는 없다.

이 절에서 단기균형에 관한 논의를 완성하기 위해 국내통화시장과 외환시장으로 구성된 자산시장을 균형시키는 생산량과 환율의 관계를 도출하자. 국내통화시장과 외환시장이 동시에 균형을 이루는 환율과 생산량의 조합을 연결한 곡선은 ***AA* 곡선**(*AA* schedule)이라고 한다.

### 생산량, 환율, 자산시장균형

14장에서 이자율 평형조건을 살펴봤다. 이자율 평형조건은 국내통화 예금과 외국통화 예금의 기대수익률이 일치할 때만 외환시장의 균형이 달성된다는 것이다. 15장에서 이자율 평형조건 속에 포함되어 있는 이자율이 통화시장에서 실질통화공급과 총실질통화수요가 일치할 때 어떻게 결정되는지를 배웠다. 이제 두 자산시장이 동시에 균형일 때 환율과 생산량이 어떤 관계를 가지는지 살펴보기 위해 이와 같은 두 자산시장의 균형조건을 결합하자. 잠시 동안 국내 경제에 초점을 맞추기 때문에 외국 이자율은 주어진 것으로 간주한다.

미래 예상환율 $E^e$가 주어진 경우 외환시장의 균형을 나타내는 이자율 평형조건은 식 (14-2)와 유사한 다음 식으로 쓸 수 있다.

$$R = R^* + (E^e - E)/E$$

여기서 $R$은 국내통화 예금의 이자율이고, $R^*$는 외국통화 예금의 이자율이다. 15장에서 이자율 평형조건을 만족하는 국내 이자율은 또한 국내 실질통화공급$(M^s/P)$과 총실질통화수요를 일치시켜야 한다[식 (15-4) 참조]는 것을 살펴봤다.

$$M^s/P = L(R, Y)$$

$R$의 하락은 이자지불 비통화자산의 보유를 덜 매력적으로 만들기 때문에 총실질통화수요 $L(R, Y)$는 이자율이 하락할 때 증가한다는 사실을 기억하라(이와 반대로 이자율의 상승은 총실질통화수요를 감소시킨다). 실질생산량 $Y$의 증가는 사람들이 통화로 실행해야 하는 거래의 양을 증가시키기 때문에 총실질통화수요를 증가시킨다(실질생산량의 감소는 통화로 실행해야 하는 거래의 양을 감소시키기 때문에 총실질통화수요를 감소시킨다).

이제 자산시장의 균형을 유지시키는 생산량의 변화와 환율의 변화를 살펴보기 위해 15장에서 제시된 그림을 사용하자. 그림 17-6은 명목통화공급 $M^s$, 국내 물가수준 $P$, 외국 이자율 $R^*$와 미래 예상환율 $E^e$가 주어진 경우 생산량수준 $Y^1$과 연계된 균형 국내 이자율과 균형환율을 보여준다. 이 그림의 아랫부분에서 실질생산량이 $Y^1$, 실질통화공급이 $M^s/P$로 주어진 경우 이자율 $R^1$은 국내통화시장을 균형시키는(점 1) 한편 환율 $E^1$은 외환시장을 균형시킨다(점 1′). 환율 $E^1$은 국내통화기준으로 측정된 외국통화 예금의 기대수익률을 이자율 $R^1$과 일치시키기 때문에 외환시장을 균형시킨다.

$Y^1$에서 $Y^2$로의 생산량 증가는 $L(R, Y^1)$에서 $L(R, Y^2)$로 총실질통화수요를 증가시킨다. 이에 따라 그림 17-6의 아랫부분에 있는 총실질통화수요곡선은 바깥쪽으로 이동한다. 이와 같은 총실질통화수요곡선의 이동은 균형 국내 이자율을 $R^2$(점 2)로 상승시킨다. $E^e$와 $R^*$가 고정되어 있기 때문에, 국내통화는 점 2′에서 외환시장의 균형이 이루어지도록 하기 위해 $E^1$에서 $E^2$로 절상해야 한다. 국내통화는 외국통화에 대한 국내통화의 예상절하율이 국내통화 예금의 이자율 상승에 따른 이점을 상쇄하기에 충분한 만큼 절상한다. 자산시장이 균형을 유지하기 위해 국내 생산량의 증가는 여타의 사항이 일정하다면 국내통화의 절상을 발생시켜야 하고, 국내 생산량의 감소는 국내통화의 절하를 발생시켜야 한다.

### AA 곡선의 도출

DD 곡선은 생산물시장의 균형을 달성하는 환율과 생산량 수준의 조합을 나타내고, AA 곡선은 통화시장과 외환시장의 균형을 동시에 달성하는 환율과 생산량수준의 조합을 나타낸다. 그림 17-7은 AA 곡선을 보여준다. 그림 17-6에서 임의의 생산량수준 $Y$에 대해 (실질통화공급, 외국 이자율과 미래 예상환율이 주어진 경우) 이자율 평형조건을 만족시키는 유일한 환율 $E$가 존재한다. 여타의 사항이 일정한 경우 $Y^1$에서 $Y^2$로의 생산량 증가는 국내통화의 절상, 즉 $E^1$에서 $E^2$로의 환율하락을 발생시킨다. 따라서 AA 곡선은 그림 17-7에서 보는 것처럼 우하향한다.

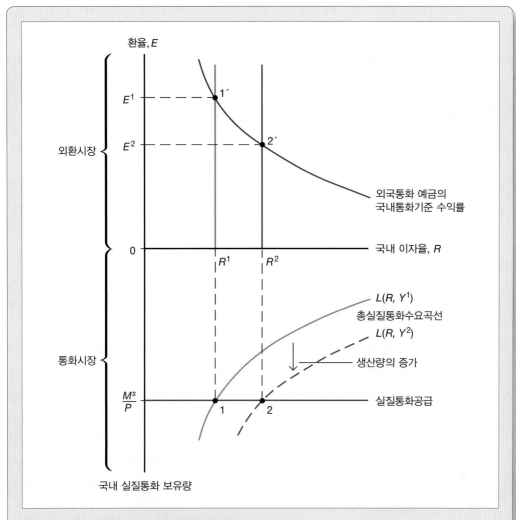

**그림 17-6 자산시장의 균형에서 생산량과 환율**

다른 모든 것이 일정한 경우 생산량의 증가는 자산(외환과 통화)시장이 균형을 유지하기 위해 국내통화를 절상시킨다.

## *AA* 곡선을 이동시키는 요인

다섯 가지 요인이 *AA* 곡선을 이동시킨다. 이러한 요인은 국내통화공급 $M^s$의 변화, 국내 물가수준 $P$의 변화, 미래 예상환율 $E^e$의 변화, 외국 이자율 $R^*$의 변화, 총실질통화수요곡선의 이동이다.

1. **$M^s$의 변화:** 생산량이 고정되어 있는 경우 $M^s$의 증가는 다른 모든 것이 일정한 경우 외환시장에서 국내통화를 절하시킨다($E$는 상승). 생산량의 각 수준에서 $M^s$의 증가 후 환율 $E$가 상승하기 때문에 $M^s$의 증가는 *AA* 곡선을 위로 이동시킨다. 이와 유사하게 $M^s$의 감소는 *AA* 곡선을 아래로 이동시킨다.

2. **$P$의 변화:** $P$의 상승은 실질통화공급을 감소시키고 이자율을 상승시킨다. ($Y$를 포함한) 다른 모든

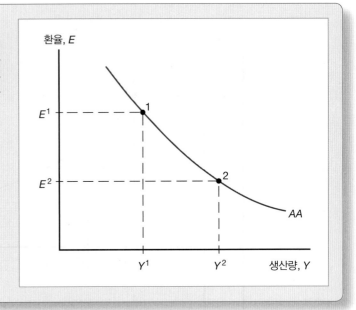

**그림 17-7 AA 곡선**
다른 모든 것이 일정한 경우 $Y^1$에서 $Y^2$로의 생산량 증가는 국내 이자율을 상승시키고 $E^1$에서 $E^2$로 국내통화를 절상시키기 때문에 자산시장균형곡선 AA는 우하향한다.

것이 일정한 경우 이와 같은 이자율의 상승은 $E$를 하락시킨다. 따라서 $P$의 상승은 AA 곡선을 아래로 이동시킨다. $P$의 하락은 AA 곡선을 위로 이동시킨다.

3. **$E^e$의 변화**: 외환시장의 참여자가 갑자기 미래 환율에 대한 예상을 수정하여 $E^e$가 상승한다고 하자. 이와 같은 변화는 그림 17-6의 윗부분에 있는 (국내통화기준으로 나타낸 외국통화 예금의 기대수익률을 측정하는) 곡선을 오른쪽으로 이동시킨다. 따라서 $E^e$의 상승은 여타의 사항이 일정한 경우 국내통화를 절하시킨다. 주어진 생산량에서 $E^e$가 상승한 후 외환시장을 균형시키는 환율이 상승하기 때문에 미래 예상환율이 상승할 때 AA 곡선은 위로 이동한다. 미래 예상환율이 하락할 때 AA 곡선은 아래로 이동한다.

4. **$R^*$의 변화**: $R^*$의 상승은 외국통화 예금의 기대수익률을 상승시키고, 이에 따라 그림 17-6의 윗부분에 있는 우하향하는 곡선을 오른쪽으로 이동시킨다. 생산량이 주어진 경우 국내통화는 이자율평형조건을 회복하기 위해 절하해야 한다. 따라서 $R^*$의 상승은 AA 곡선에 대해 $E^e$의 상승과 같은 효과를 미친다. $R^*$의 상승은 AA 곡선을 위로 이동시킨다. $R^*$의 하락은 AA 곡선을 아래로 이동시킨다.

5. **실질통화수요의 변화**: 자국민이 각 생산량수준과 이자율에서 실질통화잔고를 좀 더 적게 보유하는 것을 선호하기로 결정한다고 하자(이와 같은 자산 보유의 선호변화는 **통화수요의 감소**이다). 통화수요의 감소는 임의의 고정된 $Y$의 수준에서 총실질통화수요함수 $L(R, Y)$를 안쪽으로 이동시키고, 이자율의 하락과 $E$의 상승을 발생시킨다. 따라서 통화수요의 감소는 통화공급의 증가와 같은 효과를 가진다. 통화수요의 감소는 AA 곡선을 위로 이동시킨다. 통화수요의 증가는 AA 곡선을 아래로 이동시킨다.

# 개방경제의 단기균형: *DD* 곡선과 *AA* 곡선의 결합

생산물 가격이 일시적으로 고정되어 있다고 가정하면서 환율과 생산량 수준의 관계를 나타내는 2 개의 곡선, 즉 생산물시장의 균형을 나타내는 *DD* 곡선과 자산시장의 균형을 나타내는 *AA* 곡선을 도출했다. 경제 전체의 단기균형은 생산물시장과 자산시장을 동시에 균형시켜야 하기 때문에 두 곡선상에 존재해야 한다. 따라서 *DD* 곡선과 *AA* 곡선의 교차점이 경제의 단기균형이다. 이와 같은 교차점을 단기균형으로 만드는 것은 생산물 가격이 일시적으로 고정되어 있다는 가정이다. 이 절의 분석에서 계속해서 외국 이자율 $R^*$, 외국 물가수준 $P^*$, 미래 예상환율 $E^e$도 고정되어 있다고 가정 한다.

그림 17-8은 단기균형의 위치를 나타내기 위해 *DD* 곡선과 *AA* 곡선을 결합한다. 점 1로 나타낸 *DD* 곡선과 *AA* 곡선의 교차점은 생산물시장에서 총수요와 총공급을 일치시키면서 동시에 자산시장 의 균형을 달성시키는 환율과 생산량의 유일한 조합점이다. 따라서 환율과 생산량의 단기균형수준 은 $E^1$과 $Y^1$이다.

경제가 점 1에 정말 정착할 것인지 확신하기 위해 경제가 그림 17-9의 점 2와 같은 위치에 있다고 생각해보자. *AA* 곡선과 *DD* 곡선의 위에 위치한 점 2에서 생산물시장과 자산시장 모두는 균형이 아니다. *E*는 *AA* 곡선상의 환율수준에 비해 상대적으로 높기 때문에 미래에 예상되는 *E*의 절상률이 이 자율 평형조건을 유지시키는 미래에 예상되는 *E*의 절상률에 비해 상대적으로 높다. 미래에 예상되는 국내통화의 절상률이 높다는 것은 국내통화기준으로 측정된 외국통화 예금의 기대수익률이 국내예 금의 수익률보다 낮고, 이에 따라 외환시장에서 국내통화에 대한 초과수요가 존재한다는 것을 의미 한다. 점 2에서 높은 수준의 *E*는 또한 국내재화를 (국내재화의 국내통화가격이 주어진 경우) 외국 구 매자에게 더 싸게 만들고, 국내 생산물에 대한 초과수요를 발생시킨다.

국내통화에 대한 초과수요는 $E^2$에서 $E^3$로 환율의 즉각적인 하락을 발생시킨다. 이와 같은 환율

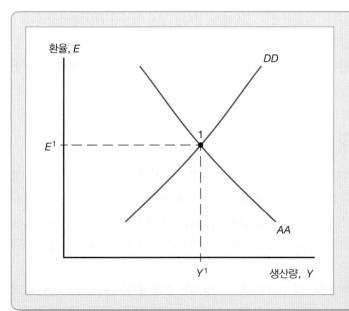

**그림 17-8 단기균형: *DD* 곡선과 *AA* 곡선의 교차점**

경제의 단기균형은 점 1에서 이루어 진다. 점 1은 생산물시장(*DD* 곡선상 의 점 = 생산물시장의 균형점)과 자 산시장(*AA* 곡선상의 점 = 자산시장 의 균형점)이 동시에 균형 상태인 점 이다.

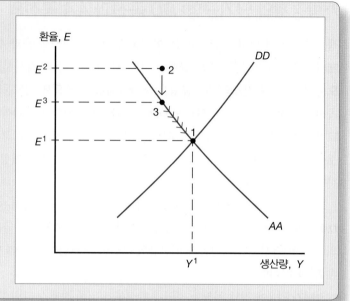

**그림 17-9 경제가 어떻게 단기균형에 도달하는가**

자산시장은 매우 빠르게 조정되기 때문에 환율은 점 2에서 *AA* 곡선상의 점 3으로 즉각 점프한다. 이어서 경제는 생산량이 총수요를 충족하기 위해 증가함에 따라 *AA* 곡선을 따라서 점 1로 이동한다.

의 절상은 국내통화 예금과 외국통화 예금의 기대수익률을 일치시키고 경제를 자산시장균형곡선 *AA* 상의 점 3에 위치시킨다. 그러나 점 3은 *DD* 곡선의 위에 있기 때문에 여전히 국내 생산물에 대한 초과수요가 존재한다. 기업은 재고가 소진되는 것을 피하기 위해 생산을 증가시키기 때문에 경제는 *AA* 곡선을 따라서 총수요와 총공급이 일치하는 점 1로 이동한다. 생산계획의 변화는 시간이 걸리지만 자산가격은 즉각적으로 점프할 수 있기 때문에 생산량이 변하는 동안에도 자산시장은 계속해서 균형을 유지할 수 있다.

경제가 *AA* 곡선을 따라서 점 1에 접근함에 따라 생산량의 증가가 통화수요를 증가시키고 이자율을 지속적으로 상승시키기 때문에 환율은 하락한다. (국내통화의 예상절상률을 감소시키고 이자율평형조건을 유지하기 위해 국내통화는 지속적으로 절상해야 한다.) 경제가 일단 *DD* 곡선상의 점 1에 도달하면 총수요는 생산량과 일치하고 생산자는 더 이상 비자발적인 재고의 소진에 직면하지 않는다. 따라서 경제는 점 1에 정착한다. 점 1은 생산물시장과 자산시장이 모두 균형을 이루는 유일한 점이다.

## 통화 정책과 재정 정책의 일시적 변화

이제 경제의 단기균형이 어떻게 결정되는지를 살펴봤으므로 정부의 거시경제 정책 변화가 어떻게 생산량과 환율에 영향을 미치는지를 검토해보자. 거시경제 정책의 효과에 관심을 가지는 이유는 생산량, 고용, 인플레이션율의 변동을 발생시키는 경제교란에 대응하는 데 거시경제 정책이 유용하기 때문이다. 이 절에서는 정부 정책이 개방경제에서 완전고용을 유지하는 데 어떻게 사용될 수 있는지를 배운다.

두 가지 형태의 정부 정책, 즉 통화공급의 변화를 통해 작동하는 **통화 정책**(monetary policy)과 정부지출 또는 세금을 통해 작동하는 **재정 정책**(fiscal policy)에 초점을 맞춘다.[8] 그러나 지속적인 인플레이션으로 발생하는 복잡한 문제를 피하기 위해 통화공급이 시간이 흐름에 따라 지속적으로 증가하는 상황은 살펴보지 않을 것이다. 따라서 명시적으로 살펴보는 통화 정책의 유일한 형태는 통화공급의 한 차례 증가 또는 한 차례 감소이다.[9]

이 절에서 일시적인 정책의 변화를 살펴보자. 일시적인 정책변화는 사람들이 가까운 장래에 원상태로 복귀할 것이라고 예상하는 것이다. 이제 미래 예상환율 $E^e$는 16장에서 논의한 장기환율과 일치한다고 가정한다. 장기환율은 완전고용이 달성되고 국내가격이 생산물시장과 자산시장에서 발생한 교란에 대해 완전히 조정될 때 달성되는 환율이다. 이와 같은 해석에 따라서 일시적인 정책변화는 장기 예상환율 $E^e$에 영향을 주지 않는다.

앞으로 살펴보는 경제사건은 외국 이자율 $R^*$와 외국 물가수준 $P^*$에 영향을 주지 않으며, 국내 물가수준 $P$는 단기에 고정되어 있다고 가정한다.

## 통화 정책

국내통화공급의 일시적 증가에 의한 단기적 효과는 그림 17-10에 제시되어 있다. 통화공급의 증가는 $AA^1$을 $AA^2$로 이동시키지만 $DD$ 곡선의 위치에는 영향을 주지 않는다. 이와 같은 자산시장균형곡선의 위쪽 이동은 경제를 환율 $E^1$과 생산량 $Y^1$을 가진 점 1에서 환율 $E^2$와 생산량 $Y^2$를 가진 점 2로 이

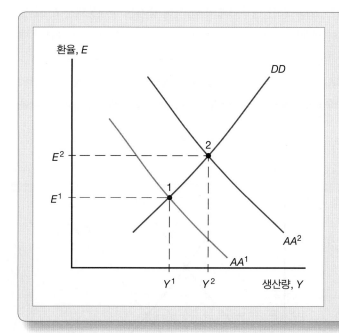

**그림 17-10 통화공급의 일시적 증가 효과**

통화공급의 일시적 증가는 $AA^1$ 곡선을 위쪽으로 이동시켜 국내통화의 절하와 생산량의 증가를 발생시킨다.

---

8 앞에서 언급한 것처럼 재정 정책의 예로는 2001~2005년 조지 부시 대통령 행정부가 시행한 세금삭감이 있다. 무역 정책(관세, 수입할당제 등) 같은 정책도 거시경제적 효과를 가진다. 그러나 이러한 정책은 일반적으로 거시경제의 안정화를 목적으로 사용되지 않기 때문에 이 장에서는 논의하지 않는다(이 장 끝에 있는 연습문제 2는 관세의 거시경제적 효과에 관해 생각해보도록 요구한다).

9 $E$와 $P$가 일정한 비율로 증가하는 추세를 보이는 시간경로에서 이탈하는 환율과 물가수준의 변화를 고려함으로써 논의에서 도출되는 결과를 지속적인 인플레이션을 포함하는 상황으로 확장할 수 있다.

동시킨다. 통화공급의 증가는 국내통화의 절하, 생산량의 증가와 이에 따른 고용의 증가를 발생시킨다.

자산시장균형과 생산량 결정에 관한 앞의 논의를 기억하면 이러한 결과를 발생시키는 경제적 요인을 이해할 수 있다. 처음의 생산량수준 $Y^1$과 고정된 물가수준에서 통화공급의 증가는 국내 이자율 $R$을 하락시킨다. 통화공급의 변화가 일시적이고 미래 예상환율 $E^e$에 영향을 주지 않는다고 가정하고 있기 때문에 (외국 이자율 $R^*$가 변하지 않는 상태에서) 국내 이자율의 하락이 발생할 때 이자율 평형조건이 유지되려면, 환율은 국내통화가 국내 이자율이 하락하기 이전에 예상됐던 것보다 빠른 속도로 미래에 절상될 것이라는 예상을 만들어내기 위해 즉각적으로 절하되어야만 한다. 그러나 국내통화의 즉각적인 절하는 국내 생산물을 외국 생산물에 비해 상대적으로 싸게 만든다. 그 결과 국내재화와 서비스에 대한 총수요가 증가하게 되고, 총수요의 증가는 생산량을 증가시킨다.

## 재정 정책

앞에서 살펴본 것처럼 확장적 재정 정책은 정부지출의 증가, 세금의 삭감, 또는 총수요를 증가시키는 이러한 두 정책을 결합한 형태를 취할 수 있다. (미래 예상환율에 영향을 주지 않는) 일시적인 재정확장은 $DD$ 곡선을 오른쪽으로 이동시키지만 $AA$ 곡선을 이동시키지는 않는다.

그림 17-11은 확장적 재정 정책이 단기적으로 경제에 어떻게 영향을 미치는지를 보여준다. 처음에 경제는 환율 $E^1$과 생산량 $Y^1$을 가진 점 1에 있었다. 정부가 새로운 우주왕복선을 개발하기 위해 300억 달러를 지출하기로 결정한다고 하자. 이와 같은 정부구매의 한 차례 증가는 국내통화를 $E^2$로 절상시키고 생산량을 $Y^2$로 증가시키면서 경제를 점 2로 이동시킨다. 경제는 세금의 일시적 삭감에 대해서도 이와 유사한 방법으로 반응할 것이다.

어떤 경제적 요인이 경제를 점 1에서 점 2로 이동시키는가? 정부지출의 증가에 기인한 생산량의 증가는 실질통화보유에 대한 거래적 수요를 증가시킨다. 물가수준이 고정되어 있는 경우 이와 같은

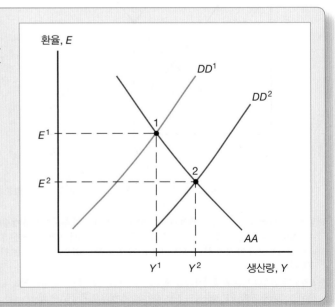

**그림 17-11 일시적 재정확장의 효과**
일시적 재정확장은 $DD^1$ 곡선을 오른쪽으로 이동시켜 국내통화의 절상과 생산량의 증가를 발생시킨다.

통화수요의 증가는 이자율 $R$을 상승시킨다. 미래 예상환율 $E^e$와 외국 이자율 $R^*$는 변화하지 않기 때문에 국내통화 예금을 선호하게 만드는 국제적 이자율 차이의 증가를 상쇄하기에 충분한 만큼 국내통화의 절하가 이루어질 것이라는 예상을 만들어내기 위해 국내통화가 절상되어야 한다.

## 완전고용을 유지하기 위한 정책

이 절의 분석은 개방경제에서 완전고용을 유지하는 문제에 적용할 수 있다. 일시적인 통화확장과 일시적인 재정확장 모두 생산량과 고용을 증가시키기 때문에 이와 같은 정책은 경기후퇴를 발생시키는 일시적인 교란에 대항하는 데 사용할 수 있다. 이와 유사하게 과다고용(overemployment)을 발생시키는 교란은 긴축적 거시경제 정책(contractionary macroeconomic policy)을 통해 상쇄될 수 있다.

그림 17-12는 거시경제 정책을 이와 같이 사용하는 것을 예시한다. 경제의 최초 균형이 생산량이 완전고용수준 $Y^f$와 일치하는 점 1에 있다고 하자. 갑자기 국내 생산물에서 이탈하는 소비자 선호의 일시적인 변화가 일어났다고 하자. 이 장 앞부분에서 살펴봤듯이 이와 같은 변화는 국내재화에 대한 총수요를 감소시키고 $DD^1$ 곡선을 왼쪽으로 $DD^2$ 곡선까지 이동시킨다. 새로운 단기균형점인 점 2에서 국내통화는 $E^2$로 절하되고 생산량은 완전고용 생산량수준보다 낮은 $Y^2$로 감소하며 경제는 경기후퇴에 있게 된다. 소비자 선호의 변화가 일시적이라고 가정하고 있기 때문에 이 변화는 $E^e$에 영향을 주지 않는다. 따라서 $AA^1$의 위치에는 아무런 변화가 없다.

완전고용을 회복하기 위해 정부는 통화 정책 또는 재정 정책 또는 두 정책 모두를 사용할 수 있다. 일시적 재정확장은 $DD^2$ 곡선을 다시 처음의 위치로 이동시키며, 완전고용을 회복시키고 환율을 $E^1$으로 복귀시킨다. 통화공급의 일시적 증가는 자산시장균형곡선을 $AA^2$로 이동시키고 경제를 점 3으

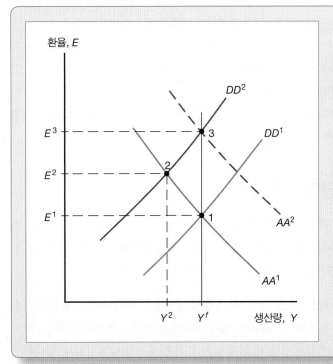

**그림 17-12 국내 생산물에 대한 세계수요의 일시적 감소와 완전고용의 유지**

국내 생산물에 대한 세계수요의 일시적 감소는 $DD^1$을 $DD^2$로 이동시키고, 생산량을 $Y^f$에서 $Y^2$로 감소시키며, 국내통화를 $E^1$에서 $E^2$로 절하시킨다(점 2). 일시적 재정확장은 $DD$ 곡선을 처음의 위치로 이동시킴으로써 완전고용을 회복시킬 수 있다(점 1). 일시적 통화확장은 $AA^1$을 $AA^2$로 이동시킴으로써 완전고용을 회복시킬 수 있다(점 3). 이 두 정책은 환율 효과에서 다르다. 재정 정책은 국내통화를 처음의 값($E^1$)으로 복귀시킨다. 통화 정책은 국내통화를 $E^3$까지 더 절하시킨다.

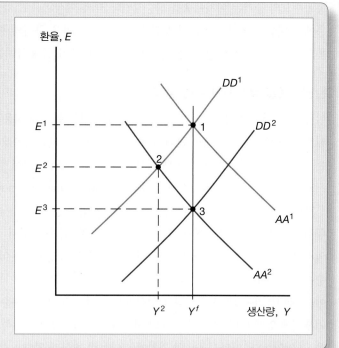

**그림 17-13 통화수요의 일시적 증가와 완전고용 유지 정책**

일시적 통화수요의 증가 후($AA^1$에서 $AA^2$로의 이동) 통화공급의 일시적 증가 또는 일시적 재정확장이 완전고용을 유지하기 위해 사용될 수 있다. 이 두 정책은 각기 다른 환율 효과를 가진다. 통화 정책은 환율을 $E^1$으로 복귀시키고 재정 정책은 환율을 더 크게 절상($E^3$)한다.

로 이동시킨다. 점 3으로 경제의 이동은 완전고용을 회복시키지만 국내통화를 더 크게 절하시킨다.

경기후퇴의 또 다른 가능한 원인은 그림 17-13에 예시되어 있는 것과 같은 통화수요의 일시적 증가이다. 통화수요의 증가는 국내 이자율을 상승시키고 국내통화를 절상시킨다. 이에 따라 국내재화는 더 비싸지고 생산량은 감소한다. 그림 17-13은 이와 같은 자산시장의 교란을 $AA^1$에서 $AA^2$로의 이동으로 보여준다. 이에 따라 경제는 처음의 완전고용균형인 점 1에서 점 2로 이동한다.

확장적 거시경제 정책은 다시 완전고용을 회복시킬 수 있다. 일시적 통화공급 증가는 $AA$ 곡선을 다시 $AA^1$으로 복귀시키고 경제를 처음의 위치인 점 1로 다시 이동시킨다. 이와 같은 통화공급의 일시적 증가는 자국민들이 보유하기 원하는 추가적인 통화를 공급해줌으로써 통화수요의 증가를 완전히 상쇄한다. 일시적 재정확장은 $DD^1$을 $DD^2$로 이동시키고 점 3에서 완전고용을 회복시킨다. 그러나 점 3으로의 경제 이동은 국내통화를 더 크게 절상한다.

## 인플레이션 편의와 정책 입안의 문제점

앞서 살펴본 모형에서 정부가 완전고용을 아주 쉽게 유지할 수 있다고 생각하는 것은 잘못이다. 거시경제를 안정적인 경로상에 유지시키는 것이 쉽다는 생각을 가지고 정책을 논의해서는 안 된다. 정책입안과 관련하여 발생할 수 있는 많은 문제 중에 몇 가지를 정리하면 다음과 같다.

1. 명목가격의 경직성은 생산량이 비정상적으로 낮을 때 정부에 생산량을 증가시킬 수 있는 능력을 부여할 뿐만 아니라 선거 직전에 정치적으로 유리한 경기 호황을 만들도록 정부를 유혹할 수 있다. 근로자와 기업이 이러한 일을 미리 예상할 때 이와 같은 유혹은 문제를 발생시킨다. 왜냐하면

근로자와 기업은 확장적 정책을 예상하고 임금과 가격을 인상시킬 것이기 때문이다. 정부는 국내 가격의 상승이 발생시킬 경기후퇴를 막기 위해 확장적 정책을 사용해야 하는 입장에 처하게 된다. 그 결과 이러한 거시경제 정책은 인플레이션율을 상승시키지만 생산량은 증가시키지 못하는 **인플레이션 편의**(inflation bias)를 발생시킬 수 있다. 이와 같은 인플레이션율의 증가는 많은 다른 국가에서뿐만 아니라 1970년대에 미국에서도 발생했다. 인플레이션 편의 문제는 정부 정책이 장기적 물가안정을 희생하면서 근시안적인 방법으로 사용되지 않을 것이라는 점을 시장 참여자에게 확신해주는 기관, 예를 들어 집권 정부와 독립적으로 운용되는 중앙은행이 필요하다는 결론에 이르게 한다. 15장에서 살펴본 것처럼 현재 전 세계의 많은 중앙은행은 공표된 목표 인플레이션율을 달성하려고 노력하고 있다. 21장과 22장에서 이러한 노력의 일부를 상세하게 논의한다.[10]

2. 실제로 경제의 교란이 생산물시장에서 발생된 것인지 자산시장에서 발생된 것인지를 확신하기가 종종 어렵다. 그렇지만 정책의 환율 효과를 우려하는 정부는 통화 정책과 재정 정책 중 선택을 하기 전에 경제의 교란 원인을 알아야 할 필요가 있다.

3. 현실 세계의 정책 선택은 경제 충격이 실물적인 것인지(즉 경제 충격이 생산물시장에서 발생한 것인지) 통화적인 것인지에 대한 면밀한 검토보다는 종종 관료적 필요성으로 결정된다. 재정 정책의 변화는 장시간의 입법심의 후에만 이루어질 수 있는 반면, 이와는 대조적으로 통화 정책은 일반적으로 중앙은행에 의해 이루어진다. 절차상의 지연을 피하기 위해 정부는 재정 정책의 변화가 더 적합할 때도 통화 정책을 변화시켜 경제교란에 대응할 가능성이 있다.

4. 재정 정책이 지닌 다른 문제는 정부예산에 미치는 영향이다. 세금 삭감 또는 지출 증가는 정부 재정적자를 발생시킬 수 있고, 이러한 정부 재정적자는 2009년에 미국의 오바마(Obama) 행정부가 시행한 수십억 달러의 재정확장 조치에 이어서 발생한 것처럼 재정 정책의 반전으로 언젠가는 메워져야 한다. 불행하게도 정부가 경기변동 상태에 따라 이와 같은 행동을 시간에 맞추어 시행할 정치적 의지를 가지고 있다는 보장이 없다. 앞서 살펴본 것처럼 선거 경기변동이 더 중요할 수 있다.

5. 앞서 살펴본 단순한 모형에서 신속하게 작동할 것으로 보이는 정책은 현실에서 다양한 시차를 두고 작동한다. 동시에 주어진 경제 충격의 크기와 지속성을 평가하는 데 따른 어려움은 통화 정책이나 재정 정책의 처방을 얼마만큼 해야 하는지를 정확히 알기 어렵게 만든다. 이러한 불확실성은 정책 담당자로 하여금 목표를 크게 벗어난 것으로 판명될 수 있는 예측치와 직관에 기초하여 행동을 결정하게 만들 수 있다.

## 통화 정책과 재정 정책의 영구적 변화

영구적 정책변화는 정부의 정책변수(통화공급, 정부지출, 세금)의 현재 값뿐만 아니라 장기환율에도

---

10 인플레이션 편의에 관한 명료하고 상세한 논의는 Andrew B. Abel, Ben S. Bernanke, and Dean Croushore, *Macroeconomics*, 9th ed. (New York: Pearson, 2017)의 14장을 참조하라. 그들이 설명하는 것처럼 인플레이션 편의 문제는 정부 정책에 정치적인 동기가 없을 때도 발생할 수 있다. 기본 아이디어는 최소임금법과 같은 요인이 고용을 낮추어 생산량을 비효율적으로 낮게 유지시킬 때 고용을 증가시키는 통화확장은 총자원을 좀 더 효율적으로 사용하는 방향으로 경제를 이동시킬 수 있다는 것이다. 이와 같은 변화가 잠재적으로 경제에 속해 있는 모든 사람을 이롭게 한다는 이유로 정부는 좀 더 좋은 자원배분에 도달하기를 원할 수 있다. 그러나 이러한 정책에 대한 민간 부문의 예상은 여전히 인플레이션을 발생시킬 것이다.

영향을 미친다. 이는 또한 미래 예상환율에도 영향을 미친다. 미래 환율에 대한 예상의 변화는 단기
환율에 영향을 주기 때문에 영구적 정책변화의 효과는 일시적 정책변화의 효과와 다르다. 이 절에서
단기와 장기 모두에서 통화 정책과 재정 정책의 영구적 변화의 효과를 살펴보자.[11]

정책의 장기 효과를 좀 더 쉽게 이해할 수 있도록 경제는 처음에 장기균형에 있고 우리가 검토하는
정책변화가 유일하게 발생한 경제적 변화라고 가정한다. 이 가정은 환율이 장기수준에 있고 예상환
율의 변화가 없는 완전고용에서 경제가 출발한다는 것을 의미한다. 이에 따라 국내 이자율은 처음에
외국 이자율 $R^*$와 일치해야 한다.

## 통화공급의 영구적 증가

그림 17-14는 통화공급의 영구적 증가가 처음에 완전고용 생산량수준 $Y^f$(점 1)에 있었던 경제에 미
치는 단기 효과를 보여준다. 앞에서 살펴본 것처럼 $M^s$의 일시적 증가도 $AA^1$에서 $AA^2$로 자산시장균
형곡선을 위로 이동시킨다. 그러나 $M^s$의 영구적 증가는 미래 예상환율 $E^e$에도 영향을 미친다. 15장
에서 통화공급의 영구적 증가가 장기환율에 어떻게 영향을 주는지를 살펴봤다. $M^s$의 영구적 증가는
궁극적으로 $E$의 비례적 상승을 발생시켜야 한다. 따라서 $M^s$의 영구적 증가는 미래 예상환율 $E^e$도
비례적으로 상승시킨다.

통화공급의 영구적 증가로 인해 $E^e$가 상승하기 때문에 $AA^1$에서 $AA^2$로의 이동은 같은 크기의 통화
공급의 일시적 증가에 의해 이루어지는 $AA$ 곡선의 이동보다 더 크다. 새로운 경제의 단기균형인 점 2

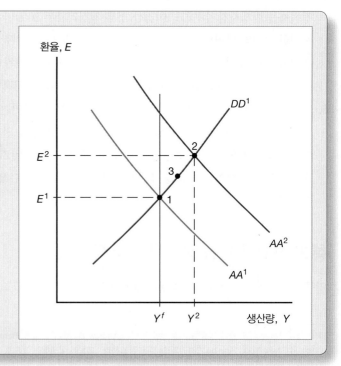

**그림 17-14 통화공급의 영구적 증가
의 단기 효과**

통화공급의 영구적 증가는 $AA^1$을 $AA^2$
로 이동시키고 점 1에서 점 2로 경제를
이동시킨다. 통화공급의 영구적 증가는
경제를 점 3으로만 이동시키는 같은 크
기로 이루어지는 통화공급의 일시적 증
가보다 환율과 생산량에 더 강한 영향
을 미친다.

에서 $Y$와 $E$ 모두는 통화공급의 증가가 일시적인 경우보다 더 크다(점 3은 $M^s$의 일시적 증가가 이루어진 경우의 균형점이다).

## 통화공급의 영구적 증가에 대한 조정

그림 17-14에 제시된 통화공급의 영구적 증가는 중앙은행에 의해 반전되지 않기 때문에 경제가 시간이 흐름에 따라 어떻게 영향을 받는지를 물어보는 것은 자연스러운 일이다. 그림 17-14의 점 2로 제시된 단기균형에서 생산량은 완전고용 생산량수준보다 높고, 노동과 기계는 오버타임으로 일하는 상태이다. 근로자가 더 높은 임금을 요구하고 생산자가 증가하는 생산비용을 감당하기 위해 가격을 인상시키면서 물가수준에 대한 상승 압력이 생긴다. 15장에서 통화공급의 증가는 궁극적으로 모든 통화가격을 비례적으로 상승시키는 반면 생산량, 상대가격, 이자율에는 아무런 영향을 미치지 않는다는 것을 살펴봤다. 시간이 흐름에 따라 영구적 통화공급 증가로 인해 발생된 인플레이션 압력은 물가수준을 새로운 장기수준으로 상승시키고 경제를 완전고용 생산량수준으로 복귀시킨다.

그림 17-15는 완전고용 생산량으로 복귀하는 조정 과정을 시각적으로 나타내는 데 도움을 준다. 생산량이 완전고용수준 $Y^f$보다 높고 생산요소가 오버타임으로 일할 때, 물가수준 $P$는 증가하는 생산비용을 따라잡기 위해 상승한다. $DD$ 곡선과 $AA$ 곡선이 일정한 물가수준 $P$하에서 그려진 것이지만, 이미 $P$의 상승이 두 곡선을 어떻게 이동시키는지를 살펴봤다. $P$의 상승은 외국재화에 비해 상대적으로 국내재화를 더 비싸게 만들어 수출을 감소시키고 수입을 증가시킨다. 따라서 국내 물가수준의 상승은 시간이 흐름에 따라 $DD^1$ 곡선을 왼쪽으로 이동시킨다. 물가수준의 상승은 시간이 흐름에 따라 지속적으로 실질통화공급을 감소시키기 때문에 $AA^2$도 물가수준이 상승함에 따라 왼쪽으로 이

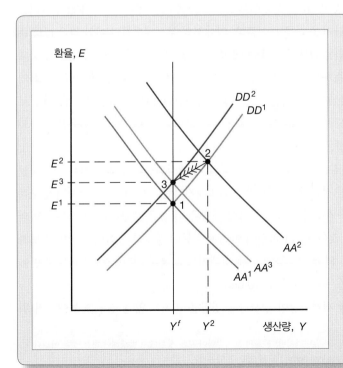

**그림 17-15 통화공급의 영구적 증가에 따른 장기 조정**

통화공급의 영구적 증가가 이루어진 후 지속적인 물가수준의 상승은 새로운 장기균형(점 3)이 달성될 때까지 $DD$ 곡선과 $AA$ 곡선을 왼쪽으로 이동시킨다.

동한다.

$DD$ 곡선과 $AA$ 곡선은 완전고용 생산량수준 $Y^f$에서 교차할 때 이동하는 것을 멈춘다. 생산량이 $Y^f$와 차이가 나는 한 물가수준은 변하고 두 곡선은 계속해서 이동한다. 이 곡선의 최종적인 위치는 그림 17-15에서 $DD^2$와 $AA^3$로 나타나 있다. 이 두 곡선의 교차점인 점 3에서 환율 $E$와 물가수준 $P$는 통화의 장기적 중립성(long-run neutrality of money)이 요구하는 수준으로 통화공급의 증가에 비례하여 상승한다. (통화공급의 영구적 증가 후 $E^e$는 영구히 높아지기 때문에 $AA^2$는 처음의 위치로 완전히 이동하지 않는다. $E^e$도 $M^s$와 같은 %만큼 상승한다.)

처음의 단기균형(점 2)과 장기균형(점 3)의 조정경로를 따라서 국내통화는 ($E^1$에서 $E^2$로) 처음에 급격히 절하한 후에 ($E^2$에서 $E^3$로) 절상한다는 점에 주목하라. 이와 같은 환율의 움직임은 15장에서 논의한 환율의 오버슈팅(overshooting) 현상을 나타내는 한 예이다. 환율의 오버슈팅은 어떤 변화에 대해 환율의 처음 반응 정도가 환율의 장기적 반응 정도보다 큰 것을 의미한다.[12]

이제 영구적인 통화 교란에 대한 적절한 정책 대응이 무엇인지 결론을 내릴 수 있다. 예를 들어 통화수요의 영구적 증가는 같은 크기의 영구적 통화공급 증가로 상쇄될 수 있다. 이와 같은 정책은 완전고용을 유지시키지만 이 정책이 시행되지 않았을 경우 물가수준이 하락했을 것이기 때문에 인플레이션을 발생시키지는 않는다. 그 대신 통화확장은 경제를 즉각적으로 장기의 완전고용 상태로 이동시킬 수 있다. 그러나 경제에 대한 특정한 충격의 원인이나 지속성을 진단하는 것이 실제로 어렵다는 점을 명심하라.

### 영구적 재정확장

영구적 재정확장은 생산물시장에 즉각적인 영향을 줄 뿐만 아니라 장기환율에 대한 예상에 영향을 끼쳐 자산시장에 영향을 미친다. 그림 17-16은 우주여행 프로그램에 매년 추가적으로 100억 달러를 영구히 지출하기로 한 정부 결정의 단기 효과를 보여준다. 앞에서의 분석에서처럼 이와 같은 $G$의 증가가 총수요에 미치는 직접적인 효과는 $DD^1$을 오른쪽에 있는 $DD^2$로 이동시킨다. 이 경우에 국내 재화와 서비스에 대한 정부수요의 증가가 영구적이기 때문에 16장에서 살펴본 것처럼 이는 통화의 장기적 절상을 발생시킨다. 이에 따른 $E^e$의 하락은 자산시장균형곡선인 $AA^1$을 아래쪽에 있는 $AA^2$로 이동시킨다. 새로운 $DD^2$와 $AA^2$가 교차하는 점 2는 경제의 단기균형이고, 이 점에서 환율은 처음의 수준에서 $E^2$로 절상하는 한편 생산량은 $Y^f$에서 변하지 않는다.

그림 17-16에서 제시된 중요한 결과는 재정확장이 영구적일 때 예상환율의 변화에 따른 추가적인 통화의 절상이 생산량에 미치는 재정 정책의 확장 효과를 감소시킨다는 것이다. 재정 정책의 영구적 변화에 기인하는 추가적인 예상환율 변화의 효과가 없다면 균형은 더 높은 생산량과 더 적은 통화의 절상을 나타내는 점 3에서 이루어질 것이다. $AA$ 곡선의 아래쪽 이동이 클수록 통화의 절상의 정도가 더 커진다. 이와 같은 통화의 절상은 외국 생산물에 비해 상대적으로 국내 생산물을 더 비싸게 만듦으로써 국내 생산물에 대한 총수요를 '구축한다'(crowd out).

그림 17-16은 추측한 것과 다르게 재정확장이 생산량에 영향을 미치지 않는 경우를 보여주기 위

---

12 그림 17-15에 제시된 경우에 환율은 처음에 오버슈팅하지만, 환율의 오버슈팅이 모든 상황에서 발생해야 하는 것은 아니다. 그 이유를 설명할 수 있는가? 환율의 '언더슈팅(undershooting)'도 발생할 수 있는가?

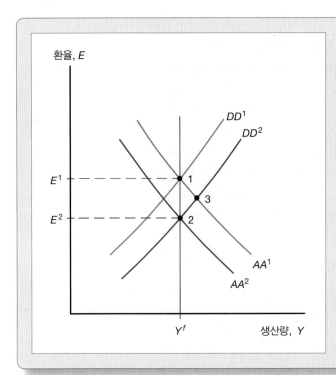

**그림 17-16 영구적 재정확장의 효과**

영구적 재정확장은 $DD^1$ 곡선을 오른쪽으로 이동시키고 예상환율을 변화시키기 때문에 $AA^1$ 곡선을 왼쪽으로 이동시킨다. 경제가 장기균형에서 출발하면 영구적 재정확장은 생산량에 영향을 미치지 않는다(점 2). 이와 대조적으로 일시적 재정확장은 경제를 점 3으로 이동시킨다.

해 그려진 것이다. 그러나 이는 특별한 경우가 아니다. 사실 앞에서 설정한 가정하에서 이 결과는 불가피하게 도출된다. 이 결과가 도출되는 것을 5단계의 과정을 통해 확인할 수 있다. 이 5단계 과정을 이해하기 위해 시간을 할애함으로써 지금까지 다룬 내용을 좀 더 깊이 있게 이해할 수 있다.

1. 첫 단계로서 재정확장은 통화공급 $M^s$, (외국 이자율과 일치하는) 국내 이자율, ($Y^f$와 일치하는) 생산량의 장기 값에 영향을 미치지 않기 때문에 장기 물가수준에 영향을 미칠 수 없다는 것을 (15장을 복습함으로써) 스스로에게 확신시키는 것이다.

2. 다음 단계로서 경제가 국내 이자율 $R$이 외국 이자율 $R^*$와 일치하고 생산량이 $Y^f$와 일치하는 장기균형에서부터 출발한다고 가정하는 것을 기억하라. 또한 재정확장은 실질통화공급 $M^s/P$를 단기적으로 변화시키지 않는다(분자와 분모 어느 것도 변하지 않는다)는 것에 주목하라.

3. 이제 그림 17-16이 보여주는 것과 달리 생산량이 $Y^f$ 이상으로 증가했다고 상상하라. $M^s/P$는 단기적으로 변하지 않기 때문에(단계 2) 국내 이자율 $R$은 통화시장의 균형을 유지하기 위해 $R^*$와 일치하는 처음의 수준 이상으로 상승해야 한다. 그러나 외국 이자율이 $R^*$에서 유지되기 때문에 $Y$가 $Y^f$ 이상의 어떤 수준으로 증가한다는 것은 (이자율 평형조건에 의하면) 국내통화의 절하가 예상된다는 것을 의미한다.

4. 이러한 결론은 잘못된 것임에 주목하라. 이미 (단계 1로부터) 장기 물가수준은 재정확장에 영향을 받지 않기 때문에 사람들은 경제가 장기균형으로 복귀함에 따라 국내통화가 실질기준으로 절하할 때만 정책의 변화 직후에 국내통화가 명목기준으로 절하할 것이라고 예상할 수 있다는 사실을 알고 있다. 이와 같은 통화의 실질절하는 국내 생산물을 상대적으로 싸게 만들기 때문에 처음의

과다고용의 상황을 더욱 악화시키고 이에 따라 생산량은 실제로 $Y^f$로 복귀하지 못하게 한다.

5. 마지막으로 이러한 분명한 모순은 재정 정책이 변한 후에 생산량이 전혀 증가하지 않는다면 해결된다. 이 상황은 국내통화가 즉각적으로 새로운 장기수준으로 절상하는 경우에만 발생할 수 있다. 이와 같은 국내통화의 절상은 $G$가 증가했음에도 불구하고 생산량을 완전고용수준에 유지시키기에 충분할 만큼 순수출수요를 구축한다.

이러한 환율의 변화는 생산물시장이 완전고용 생산량수준에서 균형을 이룰 수 있게 하는 동시에 자산시장도 균형을 유지하게 만든다. 또한 $Y^f$의 생산량에서 통화시장의 장기균형 조건인 $M^s/P = L(R^*, Y^f)$도 재정 정책의 변화가 이루어지기 전과 같이 여전히 성립한다. 결과적으로 이야기는 앞뒤가 맞게 된다. 영구적 재정확장이 발생시키는 국내통화의 절상이 즉각적으로 생산물시장은 물론 자산시장을 장기균형의 위치로 이동시킨다.

다음과 같은 결론을 얻을 수 있다. 경제가 장기균형점에서 출발한다면 재정 정책의 영구적 변화는 생산량에 아무런 영향을 미치지 않는다. 그 대신 재정 정책의 영구적 변화는 총수요에 미치는 직접적인 효과를 정확히 상쇄하는 환율의 즉각적이고 영구적인 점프를 발생시킨다. 순수출수요의 감소가 정부수요 증가를 상쇄한다.

## 거시경제 정책과 경상수지

정책담당자들은 종종 경상수지의 수준에 대해 우려한다. 19장에서 좀 더 충분히 논의하겠지만 경상수지의 과도한 불균형은 흑자든 적자든 국가 전체의 후생에 바람직하지 않은 장기 효과를 미칠 수 있다. 대규모 대외 불균형은 또한 정부가 무역제한조치를 취하도록 하는 정치적 압력을 만들 수 있다. 따라서 국내 목적을 달성하고자 하는 통화 정책과 재정 정책이 어떻게 경상수지에 영향을 미치는지를 아는 일은 중요하다.

그림 17-17은 거시경제 정책이 경상수지에 미치는 영향을 설명하기 위해 DD-AA 모형이 어떻게 확장될 수 있는지를 보여준다. 이 그림은 DD 곡선과 AA 곡선에 더하여 XX로 표시된 새로운 곡선을 포함하고 있다. XX 곡선은 경상수지가 어떤 바람직한 수준, 말하자면 $CA(EP^*/P, Y - T) = X$가 되도록 만드는 환율과 생산량의 조합을 나타낸다. 이 곡선의 기울기는 우상향한다. 왜냐하면 여타의 사항이 일정한 경우 생산량의 증가는 수입에 대한 지출을 증가시키고 통화 절하가 없다면 경상수지를 악화시키기 때문이다. CA의 실제 수준은 X와 다를 수 있기 때문에 경제의 단기균형은 XX 곡선상에 있어야 할 필요가 없다.

그림 17-17의 중요한 특성은 XX 곡선이 DD 곡선보다 기울기가 **평평**하다는 것이다. 그 이유를 모든 3개의 곡선이 교차하는(처음의 상태에서 CA = X) 점 1로부터 생산량이 증가하는 방향을 따라 DD 곡선상으로 이동할 때 경상수지가 어떻게 변화하는지를 살펴봄으로써 알 수 있다. DD 곡선을 따라 올라가면서 Y가 증가할 때 국내 생산물에 대한 국내수요는 생산량의 증가보다 적게 증가한다(일부 소득은 저축되고 일부 지출은 수입재에 대해 이루어지기 때문이다). 그러나 DD 곡선상에서 **총수요**는 **공급**과 일치해야 한다. 따라서 국내 생산물의 초과공급을 막기 위해서 E는 수입보다 수출수요를 더

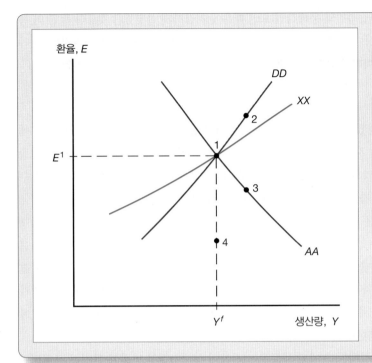

**그림 17-17 거시경제정책은 경상수지에 어떻게 영향을 주는가**

$XX$ 곡선상에서 경상수지는 $CA = X$ 수준에서 일정하다. 통화확장은 경제를 점 2로 이동시키고 경상수지를 개선한다. 일시적 재정확장은 경제를 점 3으로 이동시키는 한편 영구적 재정확장은 경제를 점 4로 이동시킨다. 어느 경우에도 경상수지는 악화된다.

빨리 증가시키기에 충분할 만큼 $DD$ 곡선을 따라 크게 상승해야 한다. 다시 말해 순해외수요, 즉 경상수지는 국내저축에 의해 남겨진 부분을 메꾸도록 생산량이 증가함에 따라 $DD$ 곡선을 따라 충분히 증가해야 한다. 따라서 점 1의 오른쪽에서 $DD$ 곡선은 $CA > X$인 곳, 즉 $XX$ 곡선의 위에 있어야 한다. 이와 유사하게 생각하면 점 1의 왼쪽에서 $DD$ 곡선은 $XX$ 곡선의 아래($CA < X$인 곳)에 있어야 한다.

이제 거시경제 정책이 경상수지에 미치는 효과를 검토할 수 있다. 앞에서 살펴본 것처럼 예를 들어 통화공급의 증가는 생산량을 증가시키고 통화를 절하시키면서 경제를 점 2와 같은 위치로 이동시킨다. 점 2는 $XX$ 곡선의 위에 있기 때문에 경상수지는 이러한 정책 조치의 결과로 개선된다. 통화확장은 경상수지를 단기적으로 개선한다.

다음으로 재정확장의 경우를 살펴보자. 이와 같은 조치는 $DD$ 곡선을 오른쪽으로 이동시키고 경제를 그림의 점 3으로 이동시킨다. 통화는 절상하고 소득은 증가하기 때문에 경상수지의 악화가 발생한다. 영구적 재정확장은 $AA$ 곡선을 왼쪽으로 이동시키는 추가적인 영향을 미쳐 경제를 점 4에서 균형시킨다. 점 3처럼 점 4는 $XX$ 곡선의 아래에 위치하고 이에 따라 경상수지는 일시적인 경우보다 더 크게 악화된다. 확장적 재정 정책은 경상수지를 악화시킨다.

## 점진적 무역흐름 조정과 경상수지의 동태적 조정

$DD$-$AA$ 모형의 기반이 되는 하나의 중요한 가정은 여타의 사항이 일정하다면 국내통화의 실질절하는 즉각적으로 경상수지를 개선하는 반면, 국내통화의 실질절상은 경상수지를 즉각적으로 악화시킨다는 것이다. 그러나 현실에서 무역흐름의 변화는 환율변화에 경상수지가 점진적으로 조정되도록

만드는 수요 측면뿐 아니라 공급 측면의 동태적인 요인 때문에 지금까지 설명했던 것보다 훨씬 더 복잡할 수 있다. 이 절에서는 경상수지 조정의 실제적인 양상을 설명하는 데 중요하게 여겨지는 몇 가지의 동태적 요인을 논의하고 이러한 요인이 모형의 예측을 어떻게 수정하는지를 설명할 것이다.

## J 곡선

*DD* 곡선을 도출하기 위해 설정했던 가정과는 달리 한 국가의 경상수지는 실질절하가 이루어진 후에 즉각적으로 악화되고 수개월이 지난 후에서야 개선되기 시작하는 현상이 종종 관찰된다. 만약 실질절하 후에 경상수지가 처음에 악화됐다가 점차적으로 개선되면 그림 17-18에서 보는 것처럼 경상수지의 시간경로는 처음 부분이 J자 모양이기 때문에 **J 곡선**(J-curve)이라고 한다.

대부분의 수입과 수출 주문은 수개월 전에 이루어지기 때문에 실질절하가 이루어진 직후에 국내 생산물로 측정되는 경상수지는 크게 악화될 수 있다(그림 17-18에서 보면 점 1에서 점 2로 이동). 실질절하 후 처음 수개월 동안 수출과 수입 물량은 예전의 실질환율에 기초하여 이루어진 구매의사 결정을 반영한다. 실질절하의 일차적인 효과는 국내 생산물로 측정된 수입의 사전계약분 가격을 증가시킨다. 국내 생산물로 측정된 수출은 변하지 않고 국내 생산물로 측정된 수입은 증가하기 때문에 처음에 경상수지의 악화가 발생한다.

예전의 수출과 수입 계약이 실행된 후에도 새로운 선적분이 상대가격의 변화에 완전히 조정되기 위해서는 시간이 필요하다. 생산 측면에서 수출재의 생산자는 추가적인 공장과 기계를 설치하고 새로운 근로자를 고용해야 하는 경우가 있을 수 있다. 수입재가 국내 제조업에서 중간재로 사용되는

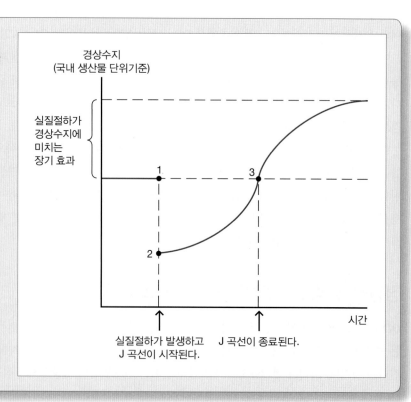

**그림 17-18 J 곡선**

J 곡선은 통화의 실질절하가 경상수지를 개선하는 데는 시간이 걸린다는 것을 보여준다.

정도에 따라서 수입업자가 중간투입요소를 절약하는 새로운 생산기술로 전환하면서 수입의 조정도 점진적으로 이루어진다. 소비 측면에서도 물론 시차가 존재한다. 예를 들어 국내 수출재에 대한 외국 소비를 크게 확대시키기 위해 해외에 새로운 소매할인점을 건설해야 할 필요가 있으며, 이러한 일을 하는 데 시간이 걸릴 수 있다.

이와 같은 조정에서 발생하는 시차 때문에 그림 17-18에서 제시된 것과 같이 점 2에서 점 3과 그 이후로 이동하면서 경상수지는 점진적으로 개선된다. 궁극적으로 실질절하에 대한 조정이 완료됨에 따라 경상수지의 증가는 점점 사라진다.

대부분의 선진국에서는 J 곡선이 6개월 이상에서 1년 미만 동안 지속된다는 실증적 증거가 있다. 따라서 그림 17-18의 점 3은 일반적으로 실질절하 후 1년 안에 도달되고 그 이후에 경상수지는 계속적으로 개선된다.[13]

J 곡선 효과의 존재 때문에 적어도 1년 미만의 단기에 대해 앞에서 얻은 결론 중 일부를 수정할 필요가 있다. 예를 들면 통화확장은 국내통화를 절하함으로써 처음에 생산량을 감소시킬 수 있다. 이 경우 통화공급의 증가가 경상수지를 개선하고 총수요를 증가시키기 전에 약간의 시간이 걸릴 수 있다.

만약 확장적 통화 정책이 실제로 단기에 생산량을 감소시킨다면 국내 이자율은 정상적으로 국내 통화시장을 균형시키기에 필요한 수준보다 더 크게 하락할 필요가 있다. 이에 따라 환율은 외환시장의 균형에 필요한 더 큰 국내통화 절상에 대한 예상을 만들기 위해 더 크게 오버슈팅할 것이다. J 곡선 효과는 환율의 오버슈팅을 발생시키는 추가적인 원인으로 작용하면서 환율의 변동성을 확대시킨다.

## 환율전가와 인플레이션

경상수지가 $DD$-$AA$ 모형에서 어떻게 결정되는지에 관해 논의하면서 명목환율의 변화는 단기에 비례적인 실질환율의 변화를 발생시킨다고 가정했다. $DD$-$AA$ 모형은 명목 생산물 가격 $P$와 $P^*$가 갑자기 점프할 수 없다고 가정하기 때문에 실질환율 $q = EP^*/P$의 변화는 단기에 명목환율 $E$의 변화와 완전히 같다. 그러나 현실에서 명목환율의 변화와 실질환율의 변화는 단기에 거의 같지만 완전히 같은 것은 아니다. 명목환율의 변화가 단기에 어떻게 경상수지에 영향을 주는지를 충분히 이해하기 위해 명목환율과 수출재 및 수입재 가격의 관계를 좀 더 상세하게 검토할 필요가 있다.

외국 생산물의 국내통화가격은 환율과 외국 생산물의 외국통화가격을 곱한 것, 즉 $EP^*$이다. 지금까지 $E$가 상승할 때 외국에서 수입되는 재화의 국내통화가격이 비례적으로 상승하도록 $P^*$가 고정되어 있다고 가정했다. 국내통화가 1%만큼 절하할 때 수입재 가격이 상승하는 % 정도는 환율변화가 수입가격으로 **전가**(pass-through)되는 정도를 나타낸다. 앞에서 살펴본 $DD$-$AA$ 모형에서 이와 같은 환율의 변화가 수입재 가격으로 전가되는 정도는 1이다. 즉 환율의 변화는 수입재 가격에 완전히 전가된다. (물론 이 상황은 외국통화로 나타낸 수입가격이 $P/E$인 무역상대국에 대해서는 대칭적이다. 이는 $P$가 단기에 고정되어 있는 모형에서 수출재의 외화통화가격으로 전가되는 정도가 1임을 의미한다.)

---

[13] 이 장의 부록 2에 있는 표 17A2-1에 관한 논의 참조

그러나 이와 같은 가정과는 달리 환율전가는 불완전할 수 있다. 불완전한 환율전가가 발생하는 한 가지 이유는 국제시장이 분할되어 있기 때문이다. 국제시장의 분할은 불완전 경쟁기업이 서로 다른 국가에서 동일한 생산물에 대해 서로 다른 가격을 부과하는 **시장별 가격설정**을 할 수 있게 한다(16장 'PPP의 문제점에 관한 설명' 참조). 예를 들면 미국에 자동차를 공급하는 외국 대기업은 시장점유율을 잃을 것을 우려하여 달러가 10%만큼 절하할 때 미국에서의 자동차 매출액이 자국의 통화로 측정하는 경우 감소할 것임에도 불구하고 미국에서의 자동차 가격을 즉각적으로 10%만큼 상승시키지 않는다. 이와 유사하게 이 기업은 10%만큼의 달러절상이 이루어진 후에 미국에서의 자동차 가격을 10%만큼 인하하는 것을 망설일 수 있다. 왜냐하면 이렇게 함으로써 이 기업은 미국으로의 자동차 선적을 증가시키기 위해 즉각적으로 자원을 투자하지 않고도 더 높은 이윤을 벌 수 있기 때문이다. 어느 경우든 이 기업은 파기할 경우 비용이 드는 가격과 생산에 대한 확약을 하기 전에 달러의 변화가 확실한 추세를 반영하는 것인지 확인하기 위해 기다릴 수 있다. 실제로 많은 미국의 수입재 가격은 달러의 절하가 이루어진 후 1년 동안에 달러 절하의 절반 정도만 상승하는 경향이 있다.

따라서 영구적인 명목환율의 변화는 장기적으로 수입재 가격에 완전히 반영될 수 있지만 환율전가의 정도는 단기적으로 1보다 훨씬 작다. 이와 같은 불완전한 환율전가는 경상수지 조정의 시점에 복잡한 효과를 미친다. 한편으로 명목환율 변화의 단기 J 곡선 효과는 환율의 변화가 수입재 가격에 반영되는 정도가 작다는 것 때문에 약화된다. 다른 한편으로 불완전한 환율전가는 환율의 변화가 무역량을 결정하는 상대가격에 비례 이하의 효과를 미친다는 것을 의미한다. 이와 같이 상대가격이 신속하게 조정되지 못하기 때문에 무역량도 완만하게 조정된다. 명목환율과 실질환율의 관계가 어떻게 국내가격의 반응에 따라 더욱 약화될 수 있는지를 살펴보자. 예를 들면 인플레이션율이 높은 경제에서는 명목환율 $E$를 변화시켜서 실질환율 $EP^*/P$를 변화시키기가 어렵다. 왜냐하면 명목환율의 변화로 발생한 총수요의 증가는 신속하게 국내 인플레이션율을 상승시키고 결과적으로 $P$를 상승시키기 때문이다. 국내통화가 절하할 때 이 국가의 수출재 가격이 상승하는 정도에 따라서 세계시장에서 이 국가의 수출 경쟁력에 미치는 유리한 효과는 사라진다. 그러나 이와 같은 수출재 가격의 상승은 불완전한 환율전가처럼 J 곡선 효과를 약화시킬 수 있다.

## 글로벌 가치사슬과 수출 및 수입 가격에 대한 환율 효과

많은 국제무역은 중간재의 형태를 띠는데, 이것은 수입국이 나중에 수출하는 다른 상품에 투입하기 위해 수입될 수 있다. 8장에서 FDI, 해외조달이 최근에 이 과정을 어떻게 가속화했는지 살펴봤다. 그 결과는 복잡한 **글로벌 가치사슬**(global value chain)이었는데, 여기서는 각기 다른 국가들이 최종재의 부가가치의 일부분을 생산한다. 이러한 체제에서 한 국가의 부가가치는 그것의 최종 구매자에 도달하기 직전까지 연속적인 생산 단계를 거쳐 여러 차례 국경을 넘을 수 있다. 그림 17-19는 글로벌 가치사슬의 한 가지 핵심적 측면을 보여준다. 많은 국가에서 이전에 수입된 가치가 수출 총가치의 상당 부분을 차지한다(소위 '후방 연관'). 글로벌 가치사슬의 또 다른 핵심적 측면은 한 국가의 수출이 다른 국가들의 수출에 여러 차례 요소로 투입된다는 점이다(소위 '전방 연관').

후방 및 전방 연관은 환율변화가 수출 및 수입 가격에 미치는 영향에 대해 중요한 함축의미를 제시한다. 논의를 단순화하기 위해 환율변화의 수입가격에 대한 전가가 완전하다고, 즉 한 국가의 통화

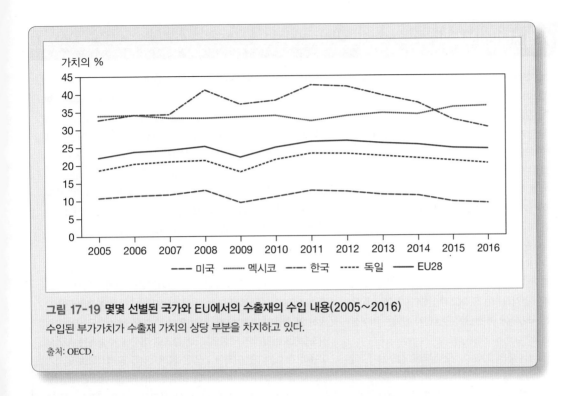

가치의 %

**그림 17-19 몇몇 선별된 국가와 EU에서의 수출재의 수입 내용(2005~2016)**
수입된 부가가치가 수출재 가치의 상당 부분을 차지하고 있다.

출처: OECD.

가 절하할 때 그 국가의 수입가격은 즉각적으로 절하율에 비례하여 상승한다고 가정하자. 그러나 한 국가가 강한 후방 연관을 가지고 있다면 이 가정은 수출품 생산에 사용된 수입 중간재 가격이 상승할 것임을 의미한다. 그 결과 환율절하는 무역 상대국에 책정하는 수출가격을 낮추는 데 단지 부분적인 효과만 미치게 된다. 예를 들어 이탈리아가 가격이 500유로인 자전거를 수출하지만 이 비용의 절반이 다른 국가로부터 수입된 요소라고 가정하자. 만약 유로가 다른 모든 통화에 대해 10% 절하한다면 자전거의 유로가격은 5% 증가한 525유로로 상승한다.

이와 같은 자전거의 유로가격 상승이 없다면 10%의 유로 절하는 그것이 달러가격을 10%만큼 낮추었을 것이다. 그러나 유로가격이 상승하여 달러가격의 하락은 단지 10% − 5% = 5%이다. 즉 유로의 달러가격 하락률에서 자전거의 유로가격 상승률을 뺀 값이다. 따라서 후방 연관이 있을 때는 주어진 환율변화에 대해 통화절하가 수출가격과 순수출에 미치는 영향이 약화된다.

전방 연관은 수입 측면에서 그 영향이 좀 더 우회적이긴 하지만 같은 방향으로 작동한다. 통화절하가 그 국가의 수출가격을 낮추기 때문에 이 수출품을 요소로 투입하는 수입재 가격 또한 낮출 것이다. 수입재의 국내통화가격이 자국통화 절하에 완전히 반응하여 상승할지라도 수입재의 외국통화가격이 주어진 경우 통화절하는 글로벌 가치사슬이 있을 때는 수입재의 외국통화가격을 낮출 수 있다. 이 효과는 수요를 수입으로부터 이전시켜 순수출을 늘리는 데 환율의 영향을 감소시킬 것이다.

글로벌 가치사슬은 환율조정이 총수요를 이전시키는 효과를 감소시킨다고 결론을 내릴 수 있는가? 답은 '반드시 그렇지는 않다'는 것이다. 글로벌 가치사슬이 복잡할수록 수입량과 수출량 모두 더 크다는 강력한 증거가 있다(이 때문에 8장에서 언급했듯이 글로벌 가치사슬이 글로벌 무역량을 대폭 증가시키는 데 도움을 주었다). 그러나 무역량이 클수록 환율변화가 GDP에 미치는 거시경제적 영향

## 수입 및 수출 가격 전가 이해하기

환율의 국제가격에 대한 전가가 복잡하고 무역회사의 시장지배력과 관련이 있으며 가격 조정 기간에 따라 달라진다는 점을 살펴봤다. 그러나 연구자들은 경제학자들이 거시경제 정책의 단기 영향과 환율변화의 물가수준에 대한 영향을 예측하는 방법에 영향을 미치는 다른 중요한 요인을 식별했다.

한 가지 중요한 요인은 국제적으로 교역되는 재화가 청구되는 통화, 즉 판매자가 가격을 책정하고 지급을 받는 통화이다. 미국 달러가 세계외환시장에서 핵심 '기축통화'이듯이(14장 '외환시장' 절 참조) 그것은 또한 미국이 관련되지 않은 교역에서조차 지배적인 '청구통화'이다. (다른 공용 청구통화는 유로이지만 중요성에서 달러에 훨씬 못 미친다.) 하버드대학교의 기타 고피나트(Gita Gopinath)는 청구통화로 측정된 교역재 가격은 2년까지는 그 통화의 환율에 대해 아주 민감하지는 않다고 주장했다.[14] 이 사실은 청구통화 국가와 다른 국가들에 대한 단기 환율전가 간에는 비대칭성이 존재함을 의미한다.

예를 들어 미국 수입과 수출의 90% 이상은 달러로 청구된다. 이러한 가격이 달러로 측정될 때 매우 경직적이므로 달러 절하는 미국 소비자와 기업이 지불하는 수입가격에 거의 영향을 미치지 않는다. 그러나 미국 상품의 수입업자에 대한 즉각적인 전가는 그들의 통화로 측정될 때 1에 가깝다. 이는 달러 절하가 미국의 수출을 즉각적으로 촉진하지만 미국의 수입에는 거의 영향을 미치지 않는다는 점을 의미한다. 물론 미국에 판매하며 달러로 청구하는 외국 기업은 그들의 통화로 측정한 이윤이 감소할 것이다(왜 그런지 알 수 있겠는가?). 그 결과 그들은 손실을 만회하기 위해 시간이 지나면서 상품의 미국 가격을 올리기를 원할 것이다.

이와는 대조적으로 2015년 일본 수입의 13%만이 미국에서 발생했지만 이 수입의 71%가 완전히 달러로 청구되었다. (수입의 24%만 자국통화인 엔으로 청구되었다.) 따라서 달러에 대한 엔의 절하는 수입가격에 강력한 영향을 미친다. 이와는 대조적으로 대부분 엔으로 청구하지 않는 일본의 수출기업은 수출가격에 대한 단기 영향은 거의 경험하지 못하지만 수출 이윤에 대해서는 커다란 영향을 경험한다. 미국과는 대조적으로 환율에 대한 순수출의 주요 조정 경로는 적어도 단기에는 수출 조정보다는 수입 조정인데, 이는 미국의 사례와는 정반대이다.

청구통화는 전가 분석을 복잡하게 하는 한 가지 요인에 불과하다. 그 외에 환율변화와 이에 따른 물가변화의 관계는 매사추세츠공과대학교의 크리스틴 포브스(Kristin Forbes)가 지적하듯이 정확히 왜 환율이 변했는지에 달려 있다.[15] 예를 들어 미국 총수요의 감소로 인해 달러가 약화되고 그 결과로 미국에 수출하는 기업의 이윤이 감소한다면 이러한 기업은 달러가격을 공격적으로 올리기 원하지 않을 것이다. 따라서 이 경우 전가는 낮은 것으로 보일 것이다. 절하가 비달러 자산으로의 포트폴리오 선호의 국제적 이동과 같이 미국 생산물에 대한 수요를 동시에 증가시키는 요인에서 발생했다면 반응은 달라질 것이다.

14장('외환시장의 균형' 절 참조)에서 실제 세계에서 이자율 변화가 환율에 미치는 영향이 왜 이자율이 변했는지에 따라 달라진다고 관찰했던 것을 기억하라. 이와 비슷하게 환율변화에 따른 후속 결과는 그 변화를 일으킨 근본적인 경제 요인에 따라 달라질 것이다.

도 더 커질 것이다. 이 무역량 효과는 후방 및 전방 연관 효과를 상쇄할 수 있으며, 그 결과 환율변화가 수요과 생산에 미치는 전반적인 효과를 거의 같게 한다.[16]

### 경상수지 및 부와 환율의 동태적 조정

앞에서 논의한 이론 모형은 영구적 재정확장은 통화절상과 경상수지 적자를 발생시킬 것임을 보여

---

14 The International Price System," in *Inflation Dynamics and Monetary Policy* (Kansas City, MO: Federal Reserve Bank of Kansas City, 2016).

15 Much Ado about Something Important: How Do Exchange Rate Movements Affect Inflation?" Bank of England (September 2015).

16 환율 탄력성과 글로벌 가치사슬에 대한 두 편의 연구로 Gustavo Adler, Sergii Meleshchuk, and Carolina Osorio Buitron, "Global Value Chains and External Adjustment: Do Exchange Rates Still Matter?" IMF Working Paper WP/19/300, December 2019와 Georgios Georgiadis, Johannes Gräb, and Makram Khalil, "Global Value Chain Participation and Exchange-Rate Pass-Through," European Central Bank Working Paper Series 2327, November 2019를 참조하라. 또한 글로벌 가치사슬을 분석적으로 논의하고 있는 Maurice Obstfeld, "Harry Johnson's 'Case for Flexible Exchange Rates' — 50 Years Later," *The Manchester School* 88 (September 2020), pp. 86-113도 적절한 참고문헌이다.

준다. 이 장 앞부분에서의 논의는 영구적 정책변화 직후의 위치에서 장기위치로 경제가 조정되는 데 있어 물가수준의 역할에 초점을 맞추었지만, 경상수지의 정의는 동태적 조정 과정에 대해 또 다른 주의를 환기시킨다. 경상수지 적자가 있는 경우 한 국가의 순해외부는 시간이 흐름에 따라 감소한다.

앞에서 논의한 모형에 부의 효과(wealth effect)를 명시적으로 도입하지 않았지만 사람들의 소비는 부가 감소함에 따라 감소할 것으로 예상할 수 있다. 경상수지가 적자인 국가는 부를 외국인에게 이전하고 있는 것이므로 시간이 흐름에 따라 국내 소비는 감소하고 외국 소비는 증가한다. 이와 같이 소비수요가 외국인에게 유리하게 국제적으로 재배분되는 것이 환율에 미치는 효과는 무엇인가? 외국인들은 그들이 생산하는 재화에 대해 상대적으로 더 높은 선호를 보인다. 이에 따라 자국재화에 대한 상대적 세계수요는 감소하고 자국통화는 실질기준으로 절하하는 경향을 나타낸다.

이와 같은 장기 효과는 재정확장과 같은 영구적 변화에 이어서 발생하는 실질환율의 변화를 더 복잡한 모습으로 만든다. 처음에 자국통화는 경상수지가 급격히 감소함에 따라 절상할 것이다. 그러나 자국통화는 시간이 흐르면서 시장 참여자의 예상이 점점 더 경상수지가 국제적 부의 상대적 수준에 미치는 효과에 초점을 맞추게 됨에 따라 절하하기 시작할 것이다.[17]

## 유동성 함정

장기간에 걸쳐 진행됐던 1930년대의 대공황기에 명목이자율은 미국에서 제로수준이었고 미국은 경제학자들이 말하는 **유동성 함정**(liquidity trap)에 빠져 있었다.

15장에서 통화는 가장 유동성이 높은 자산이고 재화와 쉽게 교환될 수 있는 자산이라는 점에서 독특하다는 것을 살펴보았다. 유동성 함정은 한 경제의 명목이자율이 일단 제로수준으로 하락하면 중앙은행이 통화공급을 증가시킴으로써(즉 그 경제의 유동성을 증가시킴으로써) 명목이자율을 영 이하로 하락시키는 것이 매우 어렵기 때문에 발생하는 함정이다. 그 이유는 무엇인가? 음(-)의 명목이자율에서 사람들은 채권보다 통화를 분명히 더 선호할 것이고, 이에 따라 채권은 초과공급 상태에 놓이게 될 것이다. 제로 이자율은 무료로 차입할 수 있는 차입자들을 기쁘게 할 수 있지만, 전통적인 확장적 통화 정책을 통하여 더 이상 경제를 조정할 수 없는 상황에 갇힌 거시경제 정책 담당자들을 우려하게 만든다. 따라서 경제학자들은 가능하다면 중앙은행이 명목이자율에 대한 **제로 금리 하한**(zero lower bound, ZBL)을 회피하도록 권고한다.

중앙은행이 명목이자율을 0 아래로 낮추는 것은 매우 어렵지만 제한된 범위에서 낮출 수 있는 여지는 있다. 2014년부터 몇몇 주요 중앙은행, 가장 대표적으로 유럽 중앙은행은 상업은행이 중앙은행에 예치하고 있는 현금에 대해 수수료를 부과함으로써 효과적으로 명목이자율을 마이너스 영역으로 밀어 넣기 시작했다. 현금의 명목이자율이 0%인데, 누가 왜 아무리 작더라도 마이너스 명목이자율을 지급하는 예금을 보유하길 원하겠는가? 그 답은 대규모 현금을 보유하는 데 따른 위험, 즉 대형 금고를 구입하거나 다른 사람의 공간을 임대하는 비용뿐 아니라 절도나 화재와 관련이 있다. (그러나 일부 국가에서는 금고 판매가 증가하고 있다.)

---

17 한 영향력 있는 환율과 경상수지 모형이 Rudiger Dornbusch and Stanley Fischer, "Exchange Rates and the Current Account," *American Economic Review* 70 (December 1980), pp. 960-971에 제시되어 있다.

물론 어느 시점에서 이자율이 충분히 마이너스가 된다면 이러한 비용에도 불구하고 현금으로 전환하는 것이 유리해지기 시작할 것이다. 그 결과 명목이자율이 하락할 수 있는 범위에는 한계가 있다. 많은 경제학자들은 경제에 따라 달라질 것이지만 이 한계를 −1%에서 −2% 사이에 두고 있다. 마이너스 이자율의 가능성을 고려하여 경제학자들은 ZLB 대신 유효 금리 하한(effective lower bound, ELB)을 언급하는데, 이 ELB에 도달하면 경제는 유동성 함정에 빠지게 된다. 이 책의 남은 부분에서는 논의를 단순화하기 위해 대부분 ZLB와 ELB의 차이를 무시할 것이며, 유동성 함정을 ZLB에 고착된 이자율과 연관시킬 것이다.

경제학자들은 일본이 1990년대 후반에 유동성 함정에 빠지기 전까지 유동성 함정은 과거의 산물이라고 여겼다. 일본 중앙은행(Bank of Japan, BOJ)이 이자율을 급격히 인하했음에도 불구하고 일본 경제는 1990년대 중반 이후로 계속해서 침체 상태에 머물렀으며 디플레이션(물가수준의 하락)으로 어려움을 겪었다. 1999년에 일본의 단기 이자율은 실질적으로 제로수준에 도달했다. 예를 들면 2004년 9월에 일본 중앙은행은 1일물 이자율(통화 정책에 가장 즉각적으로 영향을 받는 이자율)이 0.001%라고 발표했다.

경제회복의 기미가 보이자 BOJ는 2006년이 시작되면서 이자율을 인상했으나 2008년 후반에 글로벌 금융위기가 심화됨에 따라 이자율을 제로수준으로 다시 인하했다(19장 참조). 이러한 글로벌 금융위기는 미국에 심각한 타격을 입혔고, 14장 '외국통화자산에 대한 수요' 절의 그림 14-2가 보여주는 것처럼 이자율은 일본에서뿐만 아니라 미국에서도 제로수준으로 급격히 떨어졌다. 이와 동시에 전 세계의 다른 중앙은행들도 이자율을 급격히 하락시켰다. 유동성 함정이 전 세계적으로 확산됐다.

경제가 유동성 함정에 놓여 있을 때 중앙은행이 직면하는 딜레마는 국내 이자율 $R = 0$인 경우의 이자율 평형조건인 다음 식을 고려해봄으로써 살펴볼 수 있다.

$$R = 0 = R^* + (E^e - E)/E$$

잠시 동안 미래 예상환율 $E^e$는 고정되어 있다고 가정하자. 중앙은행이 자국통화를 일시적으로 절하하기 위해 국내 통화공급을 증가시킨다고 하자. 이자율 평형조건은 이자율은 음이 될 수 없기 때문에 일단 $R = 0$이면 $E$는 상승할 수 없다는 것을 보여준다. 그 대신 통화공급의 증가에도 불구하고 환율은 다음의 수준에서 계속 머무르게 된다.

$$E = E^e/(1 - R^*)$$

자국통화는 더 이상 절하될 수 없다.

이러한 현상이 어떻게 발생할 수 있는가? 통화공급의 일시적 증가는 이자율을 하락시킨다는 일반적인 주장은 사람들에게 채권을 보유하는 것이 덜 매력적일 때만 그들의 포트폴리오에 통화를 추가한다는 가정에 의존한다. 그러나 $R = 0$일 때 사람들은 채권과 통화 모두 명목 수익률이 0이기 때문에 채권과 통화가 무차별하다고 여긴다. 말하자면 통화공급을 증가시키기 위한 채권의 공개시장 매입은 시장을 변화시키지 못한다. 사람들은 기꺼이 제로수준 이자율의 변화 없이 채권과 교환하기 위해 추가적인 통화를 수용할 것이고 이에 따라 환율의 변화도 발생하지 않을 것이다. 이 장의 앞부분에서 살펴본 경우와는 다르게 통화공급의 증가가 경제에 아무런 영향을 미치지 못할 것이다. 채권을 매

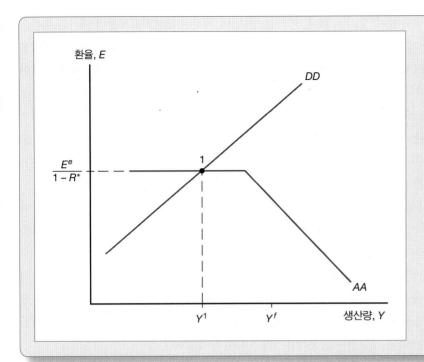

**그림 17-20 낮은 생산량수준과 유동성 함정**
점 1에서 생산량은 완전고용수준보다 낮다. 그러나 미래 예상환율 $E^e$는 고정되어 있기 때문에, 확장적 통화 정책은 $AA$ 곡선을 오른쪽으로 이동시킬 뿐이고 처음의 균형점을 그대로 유지시킨다. $AA$ 곡선의 수평 부분이 유동성 함정을 발생시킨다.

각하여 통화공급을 점진적으로 **감소**시키는 중앙은행은 궁극적으로 이자율을 상승시키는 데 성공할 것이나(경제는 어느 정도의 통화 없이는 작동할 수 없다), 경제가 침체 상태에 처해 있고 이자율의 하락이 필요한 처방전일 때 이러한 가능성은 아무런 도움이 되지 못한다.

그림 17-20은 $DD$-$AA$ 그림이 유동성 함정을 포함하는 잠재적 균형 상태의 영역을 나타내기 위해 어떻게 수정될 수 있는지를 보여준다. $DD$ 곡선은 동일하나 $AA$ 곡선은 이제 제로 이자율에서 통화시장의 균형이 이루어지는 낮은 생산량 수준에서 수평 부분을 가진다. 이러한 $AA$ 곡선의 수평 부분은 주어진 통화가 $E^e/(1-R^*)$ 수준 이상으로 절하될 수 없다는 것을 보여준다. 그림 17-20의 균형점 1에서 생산량은 완전고용수준 $Y^f$보다 낮은 $Y^1$에서 함정에 빠져 있다.

다음으로 이와 같은 제로 이자율 상태에서 공개시장 조작을 통한 통화공급 증가가 어떻게 작동하는지를 살펴보자. 그림 17-20에 나타내지는 않았지만 이러한 조치는 $AA$ 곡선을 **오른쪽**으로 이동시킨다. 환율의 변화가 없는 상황에서 생산량의 증가는 통화수요를 증가시키고 사람들은 제로 이자율 $R=0$의 변화가 없는 상황에서 추가적인 통화보유에 만족한다. 이에 따라 $AA$ 곡선의 수평 부분은 더 길어진다. 경제에 더 많은 통화가 유통되면서 이자율을 양의 수준으로 상승시키지 않고 실질생산과 통화수요가 이전보다 더 증가할 수 있다(궁극적으로 $Y$가 더 증가함에 따라 증가된 통화수요는 점진적으로 이자율 $R$을 상승시키고, $AA$ 곡선의 우하향하는 선상을 따라 점진적인 통화절상을 발생시킨다). 놀라운 결과는 균형점은 점 1에서 그대로 유지된다는 것이다. 따라서 통화공급의 증가는 생산량이나 환율에 아무런 영향을 미치지 못한다. 이것이 경제가 함정에 빠졌다는 의미이다.

미래 예상환율이 고정되어 있다는 가정은 이러한 유동성 함정에 관한 분석에서 핵심적인 요소이다. $E^e$가 통화공급과 함께 동시에 상승할 수 있도록 중앙은행이 신뢰할 수 있게 통화공급을 **영구적으**

로 증가시키는 것을 약속할 수 있다고 하자. 이러한 경우 *AA* 곡선은 오른쪽으로뿐만 아니라 위쪽으로 이동할 것이다. 이에 따라 생산량은 증가하고 자국통화는 절하할 것이다. 그러나 BOJ의 경험을 관찰한 사람들은 (1930년대 초에 많은 중앙은행 관리들처럼) BOJ 관리들이 엔화의 절하와 인플레이션을 매우 두려워하여 시장은 BOJ가 기꺼이 엔화를 영구히 절하시킬 것이라고 믿지 않았다고 주장했다. 그 대신 시장은 엔화를 절하시키려는 의도를 의심했고 모든 통화공급의 증가를 일시적인 것으로 여겼다. 마침내 일본 정부는 2013년 상반기에 가서야 연간 2%의 인플레이션을 달성하기 위해 통화공급을 충분히 확대하고 이자율을 충분히 오랜 기간 제로수준에서 유지시킬 것이라고 발표했다. 그에 따라 엔화는 급격히 절하했다.[18]

미국과 일본이 2016년 내내 제로 내지 제로에 매우 근접한 이자율을 유지함에 따라 일부 경제학자들은 연방준비제도가 일본과 유사하게 미국의 디플레이션을 멈추게 하는 데 무력할 것이라는 점을 두려워했다. 이에 반응하여 연방준비제도와 다른 중앙은행들은 새로 발행한 통화로 특정 범주의 자산을 매입하는 소위 **비전통적인 통화 정책**(unconventional monetary policy)을 채택했다. 이러한 정책 중 하나가 장기 이자율을 낮추기 위해 장기국채를 매입하는 것이다. 장기 이자율은 주택자금대출에 부과되는 이자율을 결정하는 데 중요한 역할을 하며, 장기 이자율이 하락할 때 주택수요는 증가한다. 18장에서 논의하는 다른 가능한 비전통적인 정책은 외환의 매입이다.

## 사례 연구    정부지출승수는 얼마나 큰가?

많은 학생은 거시경제학을 배우면서 **정부지출승수**(government spending multiplier)를 처음으로 접하게 된다. 정부지출승수는 정부지출의 증가로 발생하는 생산량의 증가 크기를 측정하며, 기호로 $\Delta Y / \Delta G$로 나타낸다.

언뜻 보기에 정부지출승수는 클 것처럼 보이지만 학생들은 곧바로 정부지출승수의 크기를 감소시킬 수 있는 요인에 대해서 배운다. 정부지출의 증가가 이자율을 상승시키고 그 결과로 소비와 투자 지출을 감소시키면, 정부지출승수는 작아질 것이다. 재정 정책의 잠재적 확장 효과의 일부분이 이자율의 상승에 의해 '구축'된다.

개방경제에서 정부지출승수는 더 작아진다. 일부 민간 지출이 수입을 통해 경제에서 새어 나가고 이 장에서 배운 것처럼 환율 절상에 따른 순수출의 감소가 구축 효과를 발생시키는 추가적인 경로가 된다.

마지막으로 가격신축성과 완전고용의 조건하에서 정부지출승수는 0이다. 정부가 더 많이 소비하기 원할 때 자원이 이미 완전고용되어 있으면 민간 부문이 정부가 원하는 생산물을 내어주어야 한다. 생산요소의 스톡이 완전고용 되어 있는 상황에서는 생산물을

더 많이 확보할 수 있는 방법이 없고, 이에 따라 $\Delta Y / \Delta G = 0$이 된다.

세계 경제가 (19장부터 시작되는) 다음 장들에서 논의하게 될 글로벌 금융위기의 결과로 2008년에 경기후퇴 상황으로 진입하면서 정부지출승수의 크기에 대한 불확실성이 학계 밖에서 우려를 불러일으켰다. 2020년의 COVID-19 위기로 또다시 대규모 재정확장이 시행됐다. 미국 및 중국과 여타 국가는 공포에 질린 경제를 진작시키기 위해 정부지출의 증가를 포함하여 대규모 재정확장 프로그램을 실행했다. 이러한 정책은 자원의 낭비였는가, 아니면 경기침체를 완화하는 데 유용했는가? 이러한 경기후퇴가 발생시킨 재정적자를 다시 원상복귀하기 위해 정부지출을 감소시키는 것이 추후에 쉬운 일이 될 것인가, 고통스러운 일이 될 것인가? 이러한 질문에 대한 답은 정부지출승수의 크기에 달려 있다.

경제학자들은 오랫동안 정부지출승수의 크기 문제를 연구했으나 2008~2009년의 경기후퇴가 극심했던 것이 정부지출승수에 대한 이론적 및 실증적 연구를 새롭게 촉발했다. 개방경제에서 영구적 재정지출은 생산량에 아무런 영향을 미치지 못한다는 것, 즉 정

---

18 유사한 정책이 Paul R. Krugman, "It's Baaack: Japan's Slump and the Return of the Liquidity Trap," *Brookings Paper on Economic Activity* 2 (1998), pp. 137-205에 의해 지지되었다.

부지출승수는 0이지만 일시적 재정지출은 생산량을 증가시킬 수 있다는 것을 이미 살펴보았다(그림 17-16 참조). 경기 대응적 재정확장은 (경기후퇴가 일시적이기 때문에) 일시적일 가능성이 높다. 최근 연구는 이 주제에도 초점을 맞추고 있다.

철저한 조사를 통해 스탠퍼드대학교의 로버트 홀(Robert E. Hall)은 대부분의 연구가 정부지출승수의 크기를 0.5와 1.0 사이의 값으로 추정했다고 제시한다(더 읽을거리에 있는 Hall의 논문 참조). 즉 정부가 정부소비를 1달러 증가시킬 때 그 결과로 발생되는 생산량의 증가는 기껏해야 1달러가 될 것이다. 이러한 정부지출승수의 크기는 단순한 폐쇄경제 모형의 정부지출승수보다 작지만 고용에 상당한 양(+)의 영향을 미칠 수 있는 효과를 가진다.

그러나 이미 2009년에 많은 선진국은 극적으로 이자율을 낮추었고, 가끔 제로 이자율로 유동성 함정에 빠져들었다. 홀은 이러한 상황은 통상적인 '구축 효과'가 발생하지 않는 예외적인 상황이라고 설명하고 유동성 함정에 빠진 경제의 경우 정부지출승수는 1.7만큼 높을 수 있다고 주장했다. 노스웨스턴대학교의 로런스 크리스티아노(Lawrence Christiano), 마틴 아이컨바움(Martin Eichenbaum)과 세르지우 헤벨루(Sergio Rebelo)는 그들의 이론적 모형에 기초하여 정부지출승수는 훨씬 더 크다고 주장했다. 일반적으로 정부지출승수는 1보다 작지만, 그들이 제시한 정부지출승수는 유동성 함정 상황에서 3.7만큼 클 수 있다. 캘리포니아대학교(버클리)의 알란 아우어바흐(Alan Auerbach)와 유리이 고로드니첸코(Yuriy Gorodnichenko)는 (부유한) OECD 회원국들을 분석하고 (유동성 함정에 빠져 있는 상황은 아니지만) 경기후퇴에 처한 경제의 경우 정부지출승수는 약 2라는 것을 발견했다.[19]

앞서 살펴본 유동성 함정 모형은 이자율이 0일 때 정부지출승수가 크다는 것을 쉽게 이해할 수 있게 해주고 개방경제의 경우에 흥미로운 추가적인 예측을 제시해준다. 이자율을 통한 구축 효과가 존재하지 않을 뿐만 아니라 환율을 통한 구축 효과도 존재하지 않는다.

그림 17-16은 정상적인 (이자율이 양인) 상황에서 G의 일시적 증가가 생산량에 미치는 효과를 보여준다. 이러한 결과를 (R이 0이라고 가정하면서) 그림 17-20에서 G의 일시적 증가가 Y에 미치는 효과와 비교해보라. G의 증가가 일시적일 때 (가정에 의해) 미래 예상환율 $E^e$는 변화하지 않기 때문에 DD 곡선은 AA 곡선의 수평선 부분을 따라서 오른쪽으로 이동한다. 그림 17-20에서 이자율과 미래 예상환율은 변하지 않고 이에 따라 이자율 평형조건은 현재 환율도 변할 수 없다고 제시한다. 이와는 달리 그림 17-16에서 생산량의 증가는 통화수요를 증가시키고 이에 따라 R을 상승시키며 자국통화를 절상한다. 통화절상은 순수출을 감소시켜 생산량에 미치는 효과를 제한하기 때문에 정부지출승수는 그림 17-20보다 그림 17-16에서 더 작다. 그림 17-20에서 실제로 정부지출승수는 18장에서 논의하게 되는 '고정환율'하에서의 정부지출승수와 같다.

정부지출승수의 크기가 격렬한 논쟁의 주제가 되었던 지역이 유럽인데, 여기서는 많은 국가가 동시에 재정적자와 채무를 감소시키기 위해 2009년 이후 정부지출을 크게 삭감했다. 정부지출승수에 관한 논의는 효과가 매우 긴축적이었을 것이라고 믿게 만든다. 21장에서 살펴보는 것처럼 이것이 정확히 발생했던 일이다.

## 요약

- 개방경제의 생산물에 대한 **총수요**는 GNP의 4개 구성요소와 일치하는 4개 요소, 즉 소비수요, 투자수요, 정부수요, 경상수지(순수출수요)로 구성되어 있다. 경상수지의 중요한 결정요인은 실질환율, 즉 국내 물가수준에 대한 국내통화로 측정된 외국 물가수준의 비율이다.

- 생산량은 단기적으로 총수요와 총공급이 일치할 때 결정된다. 총수요가 생산량보다 클 때 기업은 의도하지 않은 재고의 소진을 피하기 위해 생산을 증가시킨다. 총수요가 생산량보다 적을 때 기업은 의도하지 않은 재고의 축적을 피하기 위해 생산을 감소시킨다.

- 개방경제의 단기균형은 물가수준, 미래 예상환율, 외국의 경제조건이 주어진 경우 총수요가 총공급과 일치하고 자산시장이 균형을 이루는 환율과 생산량수준에서 달성된다. 환율과 실질생산을 각각 수직축

19 Lawrence Christiano, Martin Eichenbaum, and Sergio Rebelo, "When Is the Government Spending Multiplier Large?" *Journal of Political Economy* 119 (February 2011), pp. 78-121과 Alan Auerbach and Yuriy Gorodnichenko, "Fiscal Multipliers in Recession and Expansion," in Alberto Alesina and Francesco Giavazzi, eds., *Fiscal Policy after the Financial Crisis* (Chicago: University of Chicago Press, 2013), pp. 63-102 참조

과 수평축에 표시하는 그림에서 단기균형은 생산물시장의 균형을 나타내는 우상향의 *DD* 곡선과 자산시장의 균형을 나타내는 우하향의 *AA* 곡선이 교차하는 점에서 이루어진다.

■ 장기 예상환율을 변화시키지 않는 통화공급의 일시적 증가는 통화의 절하와 생산량의 증가를 발생시킨다. 일시적 재정확장은 생산량을 증가시키지만 통화를 절상시킨다. 통화 정책과 재정 정책은 생산량과 고용을 변화시키는 교란의 효과를 상쇄하기 위해 정부가 사용할 수 있다. 경제가 제로 금리 하한 수준의 명목이자율에서 유동성 함정에 빠져 있을 때 일시적 통화확장은 생산량을 증가시키거나 환율을 변화시키는 데 무력하다.

■ 장기 예상환율을 변화시키는 통화공급의 영구적 변화는 더 큰 환율의 변화를 발생시키고, 이에 따라 통화공급의 일시적 변화보다 생산량에 더 강한 단기적 효과를 미친다. 만약 경제가 완전고용 상태에 있으면 통화공급의 영구적 증가는 처음의 명목환율 절하가 실질환율에 미치는 효과를 궁극적으로 반전시키는 물가수준의 상승을 발생시킨다. 장기적으로 생산량은 처음의 수준으로 복귀하고 모든 통화가격은 통화공급의 증가에 비례하여 상승한다.

■ 영구적 재정확장은 장기 예상환율을 변화시키기 때문에 같은 크기의 일시적 재정확장보다 더 큰 통화의 절상을 발생시킨다. 만약 경제가 장기균형에서 출발하면 추가적인 통화의 절상은 국내 재화와 서비스를 더 비싸게 만든다. 이에 따라 발생하는 순수출수요의 구축이 이 정책이 생산량과 고용에 미치는 효과를 무효화한다. 이 경우 영구적 재정확장은 확장적 효과를 전혀 가지지 못한다. 영구적 재정확장의 경우 정부지출승수는 일시적 재정확장과는 달리 0이다.

■ 정책 시행과 관련하여 실제적으로 제기되는 중요한 문제점은 경제를 진작시키는 정부의 능력이 인플레이션 편의를 발생시키는 단기적인 정치적 목표를 달성하는 데 사용되지 않도록 해야 한다는 것이다. 또 다른 문제점은 경제적 변화의 원인 또는 기간과 정책 시행에 존재하는 시차를 식별하기가 어렵다는 것이다.

■ 만약 수출과 수입이 실질환율 변화에 대해 점진적으로 조정되면 통화의 실질절하 후에 경상수지는 처음에는 악화되다가 그 후에 개선되는 J 곡선 패턴을 따르면서 조정될 수 있다. 만약 이와 같은 J 곡선이 존재하면 통화절하는 처음에 생산량을 감소시키는 효과를 가질 수 있고 환율의 오버슈팅은 확대될 수 있다. 국내가격의 상승과 불완전한 환율의 전가는 명목환율이 실질환율에 미치는 효과를 감소시킬 수 있다. 글로벌 가치사슬의 경우도 이 생산체제가 수출과 수입의 총수준을 증가시키는 경향이 있지만 마찬가지이다.

## 주요 용어

글로벌 가치사슬global value chain

유동성 함정liquidity trap

인플레이션 편의inflation bias

재정 정책fiscal policy

전가pass-through

정부지출승수government spending multiplier

제로 금리 하한zero lower bound, ZLB

총수요 aggregate demand

통화 정책monetary policy

*AA* 곡선*AA* schedule

*DD* 곡선*DD* schedule

J 곡선J-curve

**연습문제**

1. 투자수요가 감소하면 $DD$ 곡선은 어떻게 이동하는가?

2. 정부가 모든 수입재에 대해 관세를 부과한다고 하자. 이 조치가 경제에 미치는 효과를 분석하기 위해 $DD$-$AA$ 모형을 사용하라. 일시적 관세부과와 영구적 관세부과 모두를 분석하라.

3. 2015년 캐나다 정부는 정부가 항상 의무적으로 균형예산을 유지하도록 하는 균형예산법을 채택하고자 했다. 따라서 만약 정부가 지출을 변화시키려면 항상 같은 크기만큼 세금을 변화시켜야 한다. 즉 $\Delta G = \Delta T$여야 한다. 이 법은 정부가 더 이상 고용과 생산량에 영향을 주기 위해 재정 정책을 사용할 수 없다는 것을 의미하는가? (힌트: 같은 크기의 세금 인상을 수반하는 '균형예산' 정부지출 증가를 분석하라.)

4. 한 국가의 생산물에 대한 민간 총수요가 영구적으로 감소(아래쪽으로 총수요곡선이 이동)했다고 하자. 이것이 생산량에 미치는 효과는 무엇인가? 어떤 정부 정책을 추천할 것인가?

5. 정부지출의 일시적 증가가 정부지출의 영구적 증가보다 경상수지를 더 적게 감소시키는 이유는 무엇인가?

6. 정부가 처음에 균형예산을 가지고 있으나 세금을 삭감하면 정부는 어떻게든 자금을 조달하여 메워야 하는 적자를 안게 된다. 사람들은 정부가 정부지출을 충당하기 위해 통화를 추가적으로 발행하여 적자를 메울 것이라고 생각한다고 하자. 여전히 세금삭감이 통화 절상을 발생시킬 것이라고 예상하는가?

7. 한 국가의 통화는 절하하지만 동시에 이 국가의 경상수지는 악화되는 것을 보고 있다고 하자. J 곡선 효과를 보고 있는지를 결정하기 위해 어떤 데이터를 보겠는가? 만약 J 곡선이 존재하지 않을지라도 어떤 다른 거시경제적 변화가 경상수지의 악화와 함께 통화 절하를 발생시킬 수 있는가?

8. 새로운 정부가 선출됐고, 새로운 정부가 출범하면 통화공급을 증가시킬 것이라고 공표한다고 하자. 이 공표에 대한 경제의 반응을 $DD$-$AA$ 모형을 사용하여 검토하라.

9. 환율의 변화에 대한 경상수지의 반응이 J 곡선을 따를 때 $DD$-$AA$ 모형의 그림을 어떻게 그릴 것인가? 통화 정책과 재정 정책의 일시적 변화와 영구적 변화의 효과를 검토하기 위해 이와 같은 수정된 그림을 사용하라.

10. 만약 실질환율이 변하는 국가가 0의 경상수지에서 출발하지 않는다면 마셜-러너 조건은 어떤 모습인가? (부록 2에서 마셜-러너 조건은 처음에 경상수지가 균형이라는 '표준적'인 가정하에서 도출된다.)

11. 앞서 살펴본 모형은 물가수준 $P$가 단기에 주어진 것으로 가정하지만 실제로 영구적 재정확장으로 발생한 통화의 절상은 수입가격을 하락시킴으로써 $P$를 약간 하락시킬 수 있다. 만약 영구적 재정확장의 결과로 $P$가 약간 하락한다면 영구적 재정확장이 생산량에 아무런 효과를 미치지 못한다는 결론이 여전히 맞는가? (앞에서처럼 경제는 처음에 장기균형에 있다고 가정하라.)

12. 이자율 평형조건이 정확히 성립하지 않지만 진정한 이자율 평형조건은 $R = R^* + (E^e - E)/E + \rho$라고 하자. 여기서 $\rho$는 국내통화 예금과 외국통화 예금 간 위험 차이를 측정하는 항목이다. 국내 정부지출의 영구적 증가는 미래에 정부의 재정적자를 발생시킬 것이라는 전망을 만듦으로써 $\rho$를 증가시킨다고 하자. 즉 국내정부지출의 영구적 증가가 국내통화 예금을 더 위험하게 만든다고 하자. 이 경우에 국내 정부지출의 영구적 증가가 생산량에 미치는 효과를 검토하라.

13. 만약 경제가 완전고용에서 출발하지 않으면 재정 정책의 영구적 변화가 생산량에 아무런 영향을 미치지 못한다는 결론이 여전히 맞는가?

14. 본문의 $DD$-$AA$ 모형의 선형함수 버전이 다음과 같다. 소비는 $C = (1 - s)Y$이고 경상수지는 $CA = aE$

$-mY$이다. [거시경제학 교재에서 $s$는 한계저축성향(marginal propensity to save)이라 하고 $m$은 한계 수입성향(marginal propensity to import)이라고 한다.] 재화시장의 균형조건은 $Y = C + I + G + CA = (1-s)Y + I + G + aE - mY$이며, 통화시장의 균형조건은 $M^s/P = bY - dR$이다. 중앙은행이 이자율 $R$과 환율 $E$를 일정하게 유지시킬 수 있고 투자 $I$도 일정하다고 가정하면, 정부지출 $G$의 증가가 생산량 $Y$에 미치는 효과는 무엇인가? [이 값은 종종 개방경제 정부지출승수(open-economy government spending multiplier)라고 부르나 개방경제 정부지출승수는 엄격한 조건하에서만 타당하다.] 결과를 직관적으로 설명하라.

15. 영구적 재정확장이 생산량을 감소시킬 수 없다는 것을 보이기 위해 본문의 '통화 정책과 재정 정책의 영구적 변화' 절의 끝부분에서 제시된 5단계의 주장을 다시 검토해보라.

16. 이 장의 '인플레이션 편의와 정책 입안의 문제점'에 관한 논의는 실제로 영구적인 재정확장과 같은 일은 존재하지 않을 수 있다고 설명한다. 이에 대해 어떻게 생각하는가? 이와 같은 견해가 재정 정책이 환율과 생산량에 미치는 효과에 어떻게 영향을 미치는가? 이 장의 경상수지 불균형의 장기 효과에 대한 논의에도 이와 유사한 점이 있다고 생각하는가?

17. 인플레이션율이 낮은 경제와 인플레이션율이 높고 심하게 변동하는 경제를 비교한다면 환율의 전가 정도가 어떻게 다를 것이라고 예상하며, 그 이유는 무엇인가?

18. 2015년 11월 인도 정부는 전자제품의 정부조달에서 국산품을 우대하는 정책을 입안했다. 뉴스는 '메이크 인 인디아(Make in India)'로 언급되는 이 캠페인이 경제력을 강화하고 세계시장에서의 위상을 좀 더 확고하게 해준다고 보도했다. 이 자국 우대 정책에 제약받는 인도 정부지출이 이러한 제약이 없는 인도 정부지출보다 인도 생산량에 더 큰 영향을 미친다고 생각하는가? 이 정책이 모든 정부지출에 적용된다면 무슨 일이 일어나겠는가?

19. 문제 14에서 제시된 모형을 완성하기 위해서는 이자율 평형조건을 추가해야한다. 또한 $Y^f$가 완전고용 생산량 수준이면 장기 예상환율 $E^e$는 $Y^f = (aE^e + I + G)/(s+m)$을 충족한다. (여기서도 다시 투자 $I$는 주어진 것으로 간주한다.) 이러한 식들을 사용하여 경제가 $R = R^*$이면서 완전고용 상태에서 출발한다면 $G$의 증가가 생산량에 아무런 영향을 미치지 못한다는 것을 보여라. $G$의 증가가 환율에 미치는 효과는 무엇인가? 환율의 변화는 $a$에 어떻게 의존하며, 그 이유는 무엇인가?

20. 이자율 평형조건에 대한 한 가지 선형 근사(환율변화가 적을 때 정확히 성립)를 $R = R^* + (E^e - E)/E^e$와 같이 나타낼 수 있다. 이 식을 문제 14와 문제 19에 추가하고 $Y$를 $G$의 함수로 풀어라. ($E^e$에 영향을 주지 않는) $G$의 일시적 변화에 대한 정부지출승수를 구하라. 답은 $a, b, d$에 어떻게 의존하며, 그 이유는 무엇인가?

### 더 읽을거리

Victor Argy and Michael G. Porter. "The Forward Exchange Market and the Effects of Domestic and External Disturbances under Alternative Exchange Rate Systems." *International Monetary Fund Staff Papers* 19 (November 1972), pp. 503-532. 이 장에서 살펴본 것과 유사한 거시경제 모형의 고급 분석

Morten Linnemann Bech and Aytek Malkhozov. "How Have Central Banks Implemented Negative Policy Rates?" *BIS Quarterly Review* (March 2016), pp. 31-45. 마이너스 명목이자율에 대한 최근 중앙은행의 경험 검토

Rudiger Dornbusch. "Exchange Rate Expectations and Monetary Policy." *Journal of International*

*Economics* 6 (August 1976), pp. 231-244. J 곡선이 존재하는 모형에서 통화 정책 및 환율에 대한 정밀 조사

Robert C. Feenstra, Philip Luck, Maurice Obstfeld, and Katheryn N. Russ. "In Search of the Armington Elasticity." *Review of Economics and Statistics* 100 (March 2018), pp. 135-150. 미국 무역탄력성에 대한 기술적 및 방법론적 비판과 새로운 추정치

Joseph E. Gagnon. "Productive Capacity, Product Varieties, and the Elasticities Approach to the Trade Balance." *Review of International Economics* 15 (September 2007), pp. 639-659. 장기 무역탄력성을 결정하는 데 신제품의 역할을 살펴본다.

Robert E. Hall. "By How Much Does GDP Rise if the Government Buys More Output?" *Brookings Papers on Economic Activity* 2 (2009), pp. 183-231. 현대 거시경제 모형과 실제에서 정부지출승수에 대한 철저한 고급 분석

Daniel Leigh, Weicheng Lian, Marcos Poplawski-Ribeiro, and Viktor Tsyrennikov. "Exchange Rates and Trade Flows: Disconnected?" Chapter 3 in International Monetary Fund, *World Economic Outlook*, IMF, October 2015. 시장별 가격설정이 있는 환경에서 함께 환율에 대한 무역의 반응이 어떻게 진화했는지에 대한 실증적 분석

Jaime Marquez. *Estimating Trade Elasticities*. Boston: Kluwer Academic Publishers, 2002. 무역탄력성 추정에 관한 광범위한 조사

Subramanian Rangan and Robert Z. Lawrence. *A Prism on Globalization*. Washington, D.C.: Brookings Institution, 1999. 환율변동에 대한 다국적 기업의 반응 조사

Lars E. O. Svensson. "Escaping from a Liquidity Trap and Deflation: The Foolproof Way and Others." *Journal of Economic Perspectives* 17 (Fall 2003), pp. 145-166. 비전통적인 통화 정책을 포함하여 디플레이션에 직면한 경제를 위한 정책 옵션에 대한 명확한 논의

World Bank. *Trading for Development in the Age of Global Value Chains: World Development Report 2020*. Washington, D.C.: World Bank Group, 2019. 글로벌 가치사슬의 발전과 무역 및 경제성장에서의 역할에 대한 포괄적인 개관

# 부록 1 · 17

## 기간 간 무역과 소비수요

이 장에서 민간소비수요는 가처분소득의 함수, 즉 $C = C(Y^d)$라고 가정한다. 민간소비수요는 $Y^d$가 증가할 때 소비가 $Y^d$의 증가보다 더 적게 증가한다는 특성을 가진다[저축 $Y^d - C(Y^d)$도 증가한다]. 이 부록은 6장의 부록에서 논의한 소비행위의 기간 간 모형의 맥락에서 이 가정을 해석한다.

6장의 논의에서 소비자의 후생은 현재 소비수요 $D_P$와 미래 소비수요 $D_F$에 의존한다고 가정했다. 만약 현재 소득이 $Q_P$이고 미래 소득이 $Q_F$이면, 소비자는 아래의 기간 간 예산제약(intertemporal budget constraint)과 일치하는 방식으로 소비를 시간에 걸쳐 배분하기 위해 차입 또는 저축을 사용할 수 있다. 여기서 $r$은 실질이자율이다.

$$D_P + D_F/(1+r) = Q_P + Q_F/(1+r)$$

그림 17A1-1은 소비와 저축이 어떻게 결정되는지에 관한 6장의 논의를 상기시킨다. 만약 현재와 미래 생산이 처음에 점 1에서 이루어지고 있으면, 소비자는 예산제약하에서 최대의 효용을 나타내는 무차별곡선상에 있는 점 1에서 소비한다.

현재 생산의 증가 효과를 명확히 보이기 위해 점 1에서 저축이 0이라고 가정했다. 미래 생산은 증가하지 않으나 현재 생산이 증가한다고 하자. 이에 따라 총소득이 수평으로 점 1의 오른쪽에 있는 점 2′으로 이동한다. 소비자는 이로 인한 소비증가를 전 생애에 걸쳐 분산하길 원한다. 소비자는 현재

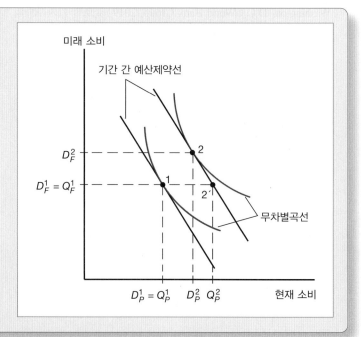

**그림 17A1-1 생산과 저축의 변화**

1기의 생산 증가는 저축을 증가시킨다.

소득의 증가 $Q_P^2 - Q_P^1$의 일부를 저축하고 점 2′에서 점 2로 예산제약선을 따라서 왼쪽으로 이동함으로써 소비를 분산할 수 있다.

이제 만약 현재 생산 $Q_P$가 가처분소득 $Y^d$에 해당하고, 현재 소비수요가 $C(Y^d)$에 해당한다고 재해석하면, 소비는 분명히 현재 가처분소득 외의 요인, 즉 미래 소득과 실질이자율에 의존한다. 이러한 행태는 현재에 집중 발생되는 평생소득(lifetime income)의 증가는 현재 소득의 증가보다 더 적게 현재 소비를 증가시킬 것임을 시사한다. 이 장에서 살펴본 생산의 변화는 국내통화가격의 단기적 경직성에서 발생하는 일시적 변화이기 때문에 이 장에서 가정하는 소비행위는 *DD-AA* 모형이 작동하는 데 필수적인 기간 간 소비행위의 특성을 지닌다.

또한 각주 1에서 언급한 실질이자율의 소비 효과를 살펴보기 위해 그림 17A1-1을 사용할 수 있다. 만약 경제가 처음에 점 1에 있으면 실질이자율 $r$의 하락은 예산제약선을 점 1을 중심으로 시계 반대 방향으로 회전시키고 현재 소비를 증가시킨다. 그러나 만약 처음에 경제가 점 2에서처럼 양(+)의 저축을 가지고 있다면 실질이자율 하락의 소비 효과는 이 책의 국제무역 이론에서 소개된 소득 효과와 대체 효과의 상반된 영향을 반영하여 불분명해진다. 이 경우 부존소득을 나타내는 점은 점 2′이고, 실질이자율의 하락은 예산제약선을 점 2′을 중심으로 시계 반대 방향으로 회전시킨다. 실증적 증거는 실질이자율의 하락이 소비에 미치는 양(+)의 효과는 약하다고 제시한다.

재정 정책의 기간 간 측면을 분석하기 위해 이 모형을 사용하는 것은 거시경제학에서 가장 매력적인 주제 중의 하나이지만, 우리의 주제로부터 너무 멀리 벗어나게 만든다. 이에 대해 자세히 알고자 하는 독자는 좋은 중급 거시경제학 교재를 참고하기 바란다.[20]

---

20  예를 들면 Abel, Bernanke, and Croushore, *op. cit*, 15장 참조

## 마셜-러너 조건과 무역탄력성의 실증적 추정치

이 장에서는 한 국가 통화의 실질절하가 이 국가의 경상수지를 개선한다고 가정했다. 그러나 앞에서 지적한 것처럼 이러한 가정의 타당성은 실질환율 변화에 대한 수출량과 수입량의 반응에 달려 있다. 이 부록에서는 이 가정이 타당하기 위해 요구되는 수출량과 수입량의 반응 조건을 도출한다. 마셜-러너 조건(Marshall-Lerner condition)이라고 부르는 이 조건은 다른 모든 것이 일정한 경우 수출량과 수입량이 실질환율에 대해 충분히 탄력적이면 실질절하가 경상수지를 개선한다는 것이다[이 조건은 이를 발견한 두 경제학자 앨프리드 마셜(Alfred Marshall)과 아바 러너(Abba Lerner)의 이름을 따서 지었다]. 마셜-러너 조건을 도출한 후 무역탄력성의 실증적 추정치를 살펴보고 실질환율 변화에 대한 실제 경상수지의 반응에 대해 이 추정치가 가지는 의미를 분석할 것이다.

먼저 경상수지를 국내 생산물 단위로 측정된 재화와 서비스의 수출과 수입 간 차이로 나타낸다.

$$CA(EP^*/P, Y^d) = EX(EP^*/P) - IM(EP^*/P, Y^d)$$

위 식에서 수출수요는 외국 소득이 일정하게 주어졌기 때문에 $EP^*/P$만의 함수로 나타낸다.

$q$는 실질환율 $EP^*/P$를 나타내고, $EX^*$는 국내 생산물이 아닌 외국 생산물로 측정된 국내 수입을 나타낸다고 하자. $EX^*$라는 표시는 외국 생산물로 측정된 외국으로부터의 국내 수입이 국내로의 외국 수출량과 일치하기 때문에 사용된다. 만약 $q$를 국내 생산물로 나타낸 외국 생산물의 가격이라고 해석하면 $IM$과 $EX^*$는 다음과 같은 관계를 가진다.

$$IM = q \times EX^*$$

즉 국내 생산물로 측정된 수입은 (국내 생산물 단위들/외국 생산물 단위) × (외국 생산물 단위로 측정된 수입)이다.[21]

따라서 경상수지는 다음과 같이 다시 나타낼 수 있다.

$$CA(q, Y^d) = EX(q) - q \times EX^*(q, Y^d)$$

이제 $EX_q$는 $q$의 상승이 수출수요에 미치는 효과를 나타내고, $EX_q^*$는 $q$의 상승이 수입수요에 미치는 효과를 나타낸다고 하자. 즉 다음과 같다.

$$EX_q = \Delta EX / \Delta q, \ EX_q^* = \Delta EX^* / \Delta q$$

---

21 이 장의 앞에서 경고한 것처럼 실질환율을 생산물의 상대가격으로 정의하는 것은 실질환율이 지출 바스켓의 상대가격이기 때문에 정확하지는 않다. 그러나 대부분의 실제적인 목적을 위해 이 차이는 질적으로 중요하지 않다. 우리의 분석에서 좀 더 심각한 문제는 국가 전체 생산물은 부분적으로 비교역재로 구성되어 있고 실질환율은 교역재의 가격뿐만 아니라 비교역재의 가격도 포함한다는 점이다. 국가 전체 생산물의 구성에 대해 좀 더 상세하게 취급할 때 발생하는 추가적인 복잡성을 피하기 위해 마셜-러너 조건을 도출하는 데 실질환율은 근사적으로 수출로 나타낸 수입의 상대가격이라고 가정한다.

이 장에서 살펴본 것처럼 $EX_q$는 양이지만(실질절하는 국내 생산물을 상대적으로 더 싸게 만들어 수출을 증가시킨다) $EX_q^*$는 음이다(국내 생산물이 상대적으로 더 싸져 국내 수입수요를 감소시킨다). 이와 같은 정의를 사용하면서 이제 다른 것이 모두 일정하게 주어진 경우 $q$의 상승이 어떻게 경상수지에 영향을 주는지를 살펴볼 수 있다.

만약 위첨자 1이 어느 변수의 처음 값을 나타내는 한편 위첨자 2는 $q$가 $\Delta q = q^2 - q^1$만큼 변한 후 이 변수의 값을 나타낸다면, 실질환율의 변화 $\Delta q$로 인해 발생한 경상수지의 변화는 다음과 같다.

$$\Delta CA = CA^2 - CA^1 = (EX^2 - q^2 \times EX^{*2}) - (EX^1 - q^1 \times EX^{*1})$$
$$= \Delta EX - (q^2 \times \Delta EX^*) - (\Delta q \times EX^{*1})$$

$\Delta q$로 양변을 나누면 $q$의 변화에 대한 경상수지의 반응은 다음과 같이 나타낼 수 있다.

$$\Delta CA / \Delta q = EX_q - (q^2 \times \Delta EX_q^*) - EX^{*1}$$

이 식은 본문에서 논의한 실질절하의 두 가지 경상수지 효과, 즉 **물량 효과**와 **가격 효과**를 보여준다. $EX_q$와 $EX_q^*$를 포함하는 항은 물량 효과, 즉 $q$의 변화가 각각 수출되는 생산물 단위 수와 수입되는 생산물 단위 수에 미치는 효과를 나타낸다. $EX_q > 0$과 $EX_q^* < 0$이기 때문에 이 두 항은 항상 양이다. 마지막 항인 $EX^{*1}$은 가격 효과를 나타내고 음의 부호가 붙어 있다. 이 마지막 항은 $q$의 상승이 최초 수입물량의 국내 생산물 가격을 증가시키는 만큼 경상수지를 악화시킨다는 사실을 말해준다.

우리의 관심은 어느 조건하에서 위 식의 오른쪽 변이 양( + )인가, 즉 실질절하가 경상수지를 증가시키는가를 아는 것이다. 이 질문에 대답하기 위해 먼저 $q$에 대한 **수출수요의 탄력성**(elasticity of export demand)을 정의한다.

$$\eta = (q^1 / EX^1) EX_q$$

그리고 **수입수요의 탄력성**(elasticity of import demand)을 정의한다.

$$\eta^* = - (q^1 / EX^{*1}) EX_q^*$$

($\eta^*$는 $EX_q^* < 0$이기 때문에 양의 부호를 가진다. 따라서 무역탄력성인 $\eta$와 $\eta^*$ 모두는 양의 값이다.) $\Delta CA / \Delta q$의 식으로 돌아가서 이 식을 무역탄력성으로 나타내기 위해 오른쪽 변에 $(q^1 / EX^1)$을 곱한다. 만약 경상수지가 처음에 0(즉 $EX^1 = q^1 \times EX^{*1}$)이면 $\Delta CA / \Delta q$는 다음과 같을 때 양이다.

$$\eta + (q^2 / q^1) \eta^* - 1 > 0$$

만약 $q$의 변화가 작다고 하면 $q^2 \approx q^1$이고 $q$의 증가가 경상수지를 증가시키기 위한 조건은 다음과 같다.

$$\eta + \eta^* > 1$$

이 조건이 마셜-러너 조건이다. 이 조건은 경상수지가 처음에 0인 경우 통화의 실질절하는 $q$에 대한 수출수요의 탄력성과 수입수요의 탄력성 합이 1보다 크다면 경상수지의 흑자를 발생시킨다는 것을 말해준다(경상수지가 처음에 0이 아니면 이 조건은 상당히 복잡해진다). 마셜-러너 조건을 적용할 경우 이 조건을 도출하는 과정에서 $q$가 변할 때 가처분소득이 일정하게 유지된다고 가정하고 있

| 표 17A2-1 | 공산품 국제무역의 가격탄력성 추정치 | | | | | |
|---|---|---|---|---|---|---|
| | $\eta$ | | | $\eta^{*}$ | | |
| 국가 | 충격 | 단기 | 장기 | 충격 | 단기 | 장기 |
| 오스트리아 | 0.39 | 0.71 | 1.37 | 0.03 | 0.36 | 0.80 |
| 벨기에 | 0.18 | 0.59 | 1.55 | – | – | 0.70 |
| 영국 | – | – | 0.31 | 0.60 | 0.75 | 0.75 |
| 캐나다 | 0.08 | 0.40 | 0.71 | 0.72 | 0.72 | 0.72 |
| 덴마크 | 0.82 | 1.13 | 1.13 | 0.55 | 0.93 | 1.14 |
| 프랑스 | 0.20 | 0.48 | 1.25 | – | 0.49 | 0.60 |
| 독일 | – | – | 1.41 | 0.57 | 0.77 | 0.77 |
| 이탈리아 | – | 0.56 | 0.64 | 0.94 | 0.94 | 0.94 |
| 일본 | 0.59 | 1.01 | 1.61 | 0.16 | 0.72 | 0.97 |
| 네덜란드 | 0.24 | 0.49 | 0.89 | 0.71 | 1.22 | 1.22 |
| 노르웨이 | 0.40 | 0.74 | 1.49 | – | 0.01 | 0.71 |
| 스웨덴 | 0.27 | 0.73 | 1.59 | – | – | 0.94 |
| 스위스 | 0.28 | 0.42 | 0.73 | 0.25 | 0.25 | 0.25 |
| 미국 | 0.18 | 0.48 | 1.67 | – | 1.06 | 1.06 |

출처: Estimates come from Jacques R. Artus and Malcolm D. Knight, *Issues in the Assessment of the Exchange Rates of Industrial Countries*. Occasional Paper 29. Washington, D.C.: International Monetary Fund, July 1984, table 4. Dashes indicate unavailable estimates.

음을 기억하라.

이제 마셜-러너 조건을 도출했으므로 $q$에 대한 수출수요의 탄력성과 수입수요의 탄력성의 실증적 추정치가, 환율의 실질절하가 경상수지를 개선한다는 이 장의 가정에 합치되는지를 살펴볼 수 있다. 표 17A2-1은 공산품 무역에 대한 국제통화기금(IMF)의 가격탄력성 추정치를 보여준다. 이 표는 연속적으로 점점 길어지는 3개의 기간에 걸쳐 측정된 수출과 수입의 가격탄력성을 보여주며, 이에 따라 J 곡선에 대한 논의에서와 같이 수출수요와 수입수요가 상대가격의 변화에 대해 점진적으로 조정될 가능성을 허용한다. 충격탄력성은 상대가격의 변화 후 처음 6개월 동안에 무역흐름의 반응을 측정한다. 단기탄력성은 1년의 조정기간에 적용되고 장기탄력성은 가상적인 무한대의 조정기간 동안 상대가격 변화에 대한 무역흐름의 반응을 측정한다.

대부분의 국가에서 충격탄력성은 매우 작아서 충격 수출수요 및 충격 수입수요 탄력성의 합은 1보다 작다. 충격탄력성은 일반적으로 마셜-러너 조건을 충족하지 못하기 때문에 이 추정치는 실질절하가 즉각적으로 경상수지를 악화시킨다는 J 곡선 효과가 존재한다는 것을 지지한다.

그러나 표에 제시된 대부분의 국가는 단기에 마셜-러너 조건을 충족하고, 장기에는 거의 모든 국가가 마셜-러너 조건을 충족한다. 따라서 이와 같은 실증적 증거는 6개월 미만의 짧은 기간을 제외하고 실질절하가 경상수지를 개선할 가능성이 있는 한편 실질절상은 경상수지를 악화시킬 가능성이 있다는 이 장의 가정을 지지한다.

## IS-LM 모형과 DD-AA 모형

이 부록에서는 이 장의 *DD-AA* 모형과 국제거시경제학의 질문에 대답하기 위해 자주 사용되는 또 다른 모형인 *IS-LM* 모형의 관계를 살펴본다. *IS-LM* 모형은 국내 실질이자율이 총수요에 영향을 미치는 것을 허용함으로써 *DD-AA* 모형을 일반화한다.

*IS-LM* 모형을 분석하는 데 통상적으로 이용되는 그림은 양축에 명목환율과 생산량 대신에 명목이자율과 생산량을 표시한다. *DD-AA* 그림과 마찬가지로 *IS-LM* 그림도 *IS*와 *LM*으로 불리는 2개의 개별 시장균형곡선의 교차점에서 경제의 단기균형을 결정한다. *IS* 곡선은 생산물과 외환시장이 균형을 이루게 하는 명목이자율과 생산량의 조합이며, *LM* 곡선은 통화시장이 균형을 이루게 하는 명목이자율과 생산량의 조합이다.[22]

*IS-LM* 모형은 투자와 (자동차 및 다른 내구재와 같은) 일부 소비자구매품은 기대 실질이자율과 음 (−)의 관계를 가진다고 가정한다. 기대 실질이자율이 낮을 때 기업은 차입을 해서 투자계획을 실행하면 이윤을 남길 수 있다. (6장의 부록은 투자와 실질이자율의 관계를 설명하는 모형을 제시했다.) 낮은 실질이자율은 또한 대체 자산보다는 재고를 유지하는 것이 더 이득이 되게 한다. 이러한 두 가지 이유로 기대 실질이자율이 하락하면 투자가 증가할 것이라고 예상할 수 있다. 이와 유사하게 실질이자율이 낮을 때 소비자는 차입 비용이 싸며 저축은 매력이 없다고 생각한다. 그러나 17장의 부록 1이 보여주듯이 실증근거뿐 아니라 이론적 논의도 이자율에 대한 소비자의 반응이 투자보다는 더 약하다고 시사한다.

따라서 *IS-LM* 모형에서 총수요는 실질환율, 가처분소득 및 실질이자율의 함수로 표시된다.

$$D(EP^*/P, Y - T, R - \pi^e) = C(Y - T, R - \pi^e) + I(R - \pi^e)$$
$$+ G + CA(EP^*/P, Y - T, R - \pi^e)$$

여기서 $\pi^e$는 기대 인플레이션율, $R - \pi^e$는 기대 실질이자율이다. 이 모형은 $P, P^*, G, T, R^*, E^e$가 모두 주어져 있다고 가정한다. (표기를 간단히 하기 위해 총수요함수 $D$에서 $G$는 생략한다.)

총수요가 생산량과 일치되게 하는 $R$과 $Y$의 조합인 *IS* 곡선을 알기 위해 먼저 아래 생산물시장의 균형조건이 $E$에 의존하지 않도록 해야 한다.

$$Y = D(EP^*/P, Y - T, R - \pi^e)$$

---

22 폐쇄경제의 맥락에서 *IS-LM* 모형에 대한 최초의 설명은 J. R. Hicks, "Mr. Keynes and the 'Classics': A Suggested Interpretation," *Econometrica* 5(April 1937), pp. 147-159에 있다. 힉스의 논문은 오늘날에도 여전히 즐겁고 교훈적이다. *IS*라는 이름은 폐쇄경제에서 생산물시장은 투자($I$)와 저축($S$)이 같을 때 균형을 이룬다(개방경제에서는 반드시 그렇지는 않다)는 사실에서 유래했다. *LM* 곡선상에서는 실질통화수요($L$)와 실질통화공급($M^s/P$)이 같아진다. 이 모형의 개방경제 버전은 (논의를 단순화하기 위해 기대에 대해 $E = E^e$라고 가정) 먼델-플레밍 모형(Mundell-Fleming model)이라고 한다. 컬럼비아대학교의 로버트 먼델(Robert Mundell)은 1999년에 이 모형에 대한 논문으로 노벨 경제학상을 받았다.

이자율 평형조건인 $R = R^* + (E^e - E)/E$를 이용하여 $E$에 대해 풀면 그 결과는 아래와 같다.

$$E = E^e / (1 + R - R^*)$$

이를 총수요 함수에 대입하면 생산물시장의 균형조건은 아래 식으로 표현된다.

$$Y = D[E^e P^* / P(1 + R - R^*), Y - T, R - \pi^e]$$

생산량의 변화가 생산물시장의 균형에 어떻게 영향을 미치는지를 완벽히 이해하기 위해 경제에서 인플레이션율이 실제 생산량 $Y$와 '완전고용' 생산량 $Y^f$의 갭에 양적( + )으로 의존한다는 점을 기억해야 한다.

$$\pi^e = \pi^e (Y - Y^f)$$

이러한 기대에 대한 가정하에서 생산물시장은 아래 조건이 만족될 때 균형을 이룬다.

$$Y = D[E^e P^* / P(1 + R - R^*), Y - T, R - \pi^e (Y - Y^f)]$$

이 조건은 명목이자율 $R$의 하락이 두 경로를 통해 총수요에 영향을 미친다는 점을 보여준다. (1) 미래 예상환율이 주어진 경우 $R$의 하락은 경상수지를 개선하는 국내통화의 절하를 초래한다. (2) 기대인플레이션이 주어진 경우 $R$의 하락은 직접적으로 소비와 투자 지출을 촉진하는데, 그 일부만이 수입에 지출된다. 이 두 경로 중 두 번째 경로, 즉 이자율의 지출에 대한 영향만 폐쇄경제의 IS-LM 모형에 제시된다.

IS 곡선은 생산물시장의 균형을 유지하기 위해 이자율 하락에 대해 생산량이 어떻게 반응해야 하는지를 물음으로써 발견된다. $R$의 하락은 총수요를 증가시키고 $R$이 하락한 후 $Y$가 증가할 때만 생산물시장은 균형을 유지하게 된다. 따라서 그림 17A3-1에서 보듯이 IS 곡선은 우하향하게 된다. IS 곡선과 DD 곡선이 모두 생산물시장의 균형을 나타내지만 IS 곡선은 우하향하며, DD 곡선은 우상향한다. 이러한 차이가 나는 이유는 미래 예상환율이 주어진 경우 이자율과 환율이 이자율 평형조건에 의해 반대 방향으로 연결되어 있기 때문이다.[23]

통화시장 균형을 나타내는 LM 곡선의 기울기는 훨씬 더 쉽게 도출할 수 있다. 통화시장은 $M^s / P = L(R, Y)$일 때 균형을 이룬다. 이자율의 상승은 통화수요를 감소시키므로 주어진 생산량수준에서 통화의 초과공급을 초래한다. 따라서 $R$이 상승한 후 통화시장의 균형을 유지하기 위해 $Y$ 또한 증가해야 한다(왜냐하면 생산량의 증가가 통화의 거래적 수요를 증가시키기 때문이다). 따라서 그림 17A3-1에서 보듯이 LM 곡선은 양( + )의 기울기를 가진다. 점 1에서의 IS 곡선과 LM 곡선의 교차점이 단기균형 생산량 $Y^1$과 명목이자율 $R^1$을 결정한다. 이 균형 이자율은 이자율 평형조건을 통해 단기균형 환율을 결정한다.

IS-LM 모형은 통화 정책과 재정 정책의 효과를 분석하는 데 사용할 수 있다. 예를 들어 통화공급

---

23 IS 곡선이 음(−)의 기울기를 가진다고 결론 내릴 때 우리는 생산량의 증가가 $R$의 하락으로 초래된 생산물에 대한 초과수요를 감소시킨다고 주장했다. 이 초과수요의 감소는 생산량의 증가에 따라 소비수요가 증가하지만 생산량의 증가에는 못 미치기 때문에 일어난다. 그러나 생산량의 증가가 기대 인플레이션을 상승시키고 그 결과 수요를 자극한다는 점에 주목하라. 따라서 생산량의 증가가 아니라 감소가 생산물시장의 초과수요를 제거한다고 생각할 수 있다. 이러한 왜곡된 가능성(IS 곡선이 우상향하는)이 발생하지 않는다고 가정한다.

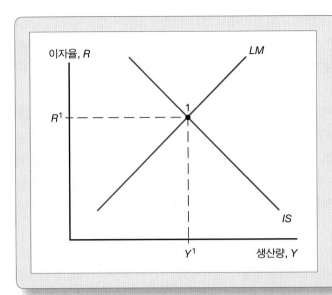

**그림 17A3-1 *IS-LM* 모형에서의 단기균형**

균형은 생산물과 자산 시장에 동시에 청산되는 점 1에서 이루어진다.

의 일시적 증가는 *LM* 곡선을 오른쪽으로 이동시킴으로써 이자율을 하락시키고 생산량을 증가시킨다. 그러나 통화공급의 **영구적** 증가는 *LM* 곡선뿐 아니라 *IS* 곡선도 오른쪽으로 이동시킨다. 왜냐하면 개방경제에서 *IS* 곡선이 $E^e$에 의존하기 때문인데, 지금의 경우 $E^e$는 상승한다. 그림 17A3-2의 오른편은 이 이동을 보여준다. 통화공급의 영구적 증가에 따른 새로운 단기균형(점 2)에서 생산량과 이

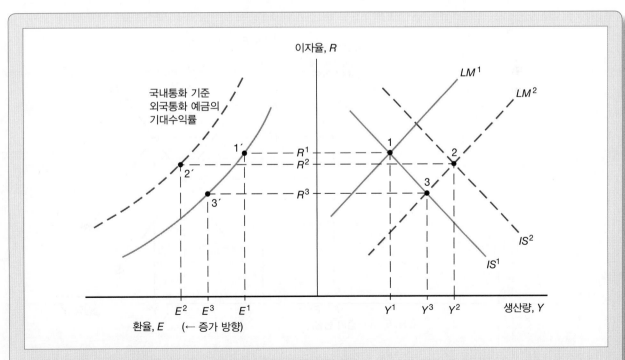

**그림 17A3-2 *IS-LM* 모형에서의 영구적 및 일시적 통화공급 증가의 효과**

통화공급의 일시적 증가는 *LM* 곡선만 오른쪽으로 이동시키지만 영구적 증가는 *IS* 곡선과 *LM* 곡선 모두 오른쪽으로 이동시킨다.

자율은 같은 크기의 일시적 증가에 따른 단기균형(점 3)에서보다 더 크다. 심지어 명목이자율은 점 1에서보다 점 2에서 더 높을 수 있다. 이 가능성은 16장의 피셔 기대인플레이션 효과가 어떻게 통화확장 이후 명목이자율을 상승시킬 수 있는지를 보여주는 또 다른 예를 제공해준다.

그림 17A3-2의 왼편은 통화량 변화가 어떻게 환율에 영향을 주는지를 보여준다. 이는 환율을 수직축에 표시했던 통상적인 외환시장균형 그림이지만, 여기서는 수평축을 따른 왼쪽 이동이 $E$의 상승(국내통화의 절하)이다. 통화공급의 영구적 증가에 따른 이자율 $R^2$는 외환시장이 점 2′에서 균형을 이룬다는 것을 의미한다. 왜냐하면 통화공급의 영구적 증가에 수반된 $E^e$의 상승이 국내통화 기준 외국통화 예금의 기대수익률을 측정하는 곡선을 이동시키기 때문이다. 그 곡선은 통화공급 증가가 일시적일 경우는 이동하지 않으며, 그 결과 이 경우의 균형 이자율 $R^3$는 점 3′에서 외환시장이 균형을 이루게 한다.

재정 정책은 장기균형을 출발점으로 가정하는 그림 17A3-3에서 분석된다. 정부지출의 일시적 증가는 $IS^1$ 곡선을 오른쪽으로 이동시키지만 $LM$에는 영향을 미치지 않는다. 점 2에서의 새로운 단기균형에서 생산량은 증가하고 명목이자율은 상승하는 반면에 점 2′의 외환시장균형에서는 일시적으로 통화가 절상한다. 정부지출의 영구적 증가는 장기 균형환율을 하락시키며 그에 따라 $E^e$도 하락시킨다. 따라서 $IS$ 곡선은 일시적 정책의 경우만큼 많이 이동하지 않는다. 사실상 $IS$ 곡선은 전혀 이동하지 않는다. $DD$-$AA$ 모형에서와 같이 영구적 재정확장은 생산물이나 국내 이자율에 영향을 미치지 못한다. 영구적 재정확장이 일시적 재정확장에 비해 더 약한 이유는 그림의 왼편(점 3′)에서 확인이 가능

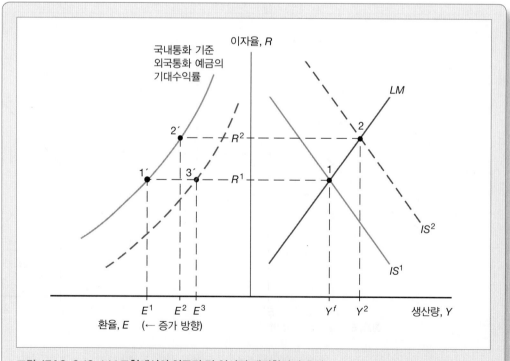

**그림 17A3-3 $IS$-$LM$ 모형에서의 영구적 및 일시적 재정확장의 효과**
일시적 재정확장은 생산량을 증가시키는 반면 영구적 재정확장은 생산량에 아무런 영향도 미치지 못한다.

하다. 환율 기대의 변화가 급격한 통화절상을 초래하며 그 결과 순수출의 반응을 통해 총수요의 완전 '구축(crowding out)' 효과를 초래한다.[24]

24 *IS-LM* 모형이 *DD-AA* 모형과 다른 한 가지 측면은 전자의 경우 통화확장이 실질이자율을 낮추고 국내지출을 증가시킴으로써 (J 곡선 효과가 없는 경우조차도) 경상수지를 악화시킨다는 점이다. 이에 대해 관심 있다면 17장에서 논의된 *XX* 곡선의 *IS-LM* 버전을 도출해보기 바란다.

## CHAPTER 18

# 고정환율과 외환시장 개입

**앞**선 장들에서 한 국가의 환율과 실질국민소득이 자산시장과 생산물시장의 상호작용에 의해 어떻게 결정되는지 이해를 돕는 모형에 대해 논의했다. 또한 이 모형을 이용하여 통화 정책과 재정 정책이 완전고용과 물가안정을 유지하는 데 어떻게 이용될 수 있는지도 살펴봤다.

논의를 간단히 하기 위해 환율이 완전 신축적이라고 가정했다. 즉 통화당국이 환율에 영향을 주기 위한 목적으로 외환을 거래하지 않는다고 가정했다. 그러나 환율이 완전 신축적이라는 것은 현실적으로는 정확하지 못한 가정이다. 앞에서 언급했듯이 제2차 세계대전 종전과 1973년 사이에 세계 경제는 고정된 달러 환율제도하에서 운용됐는데, 이 시기에는 환율을 국제적으로 합의된 수준에서 고정하기 위해 중앙은행이 일상적으로 외환거래에 참여했다. 선진국들은 현재 **관리변동환율**(managed floating exchange rate)제도라는 혼합제도, 즉 정부가 환율을 엄격하게 고정하지 않은 채 환율변동을 완화하려고 시도하는 제도를 운용하고 있다. 많은 개발도상국은 22장에서 논의되는 이유로 인해 고정환율제도를 유지하고 있다.

이 장에서는 중앙은행이 환율을 엄격하게 고정하기 위해 어떻게 외환시장에 개입하는지와 환율이 고정되어 있을 때 거시경제 정책이 어떻게 작동하는지를 알아볼 것이다. 또한 관리변동환율제도에서 중앙은행의 외환시장 개입이 환율결정에 어떠한 역할을 하는지 이해하도록 도와줄 것이다.

### 학습목표

- 중앙은행이 외환시장에서 자국통화의 가치를 고정하기 위해 통화 정책을 어떻게 수행해야 하는지를 이해한다.
- 중앙은행의 준비자산, 외환시장에서 외환의 매입과 매각, 통화공급의 관계를 설명하고 분석한다.
- 고정환율하에서 통화 정책, 재정 정책, 불태화 외환시장 개입 정책이 경제에 어떤 영향을 미치는지를 설명한다.
- 국제수지 위기의 원인과 영향을 논의한다.
- 환율을 고정하는 다자간 제도가 어떻게 작동하는지를 설명한다.

## 고정환율을 공부하는 이유는 무엇인가

주요 선진국 환율의 급격한 변화가 정기적으로 신문의 헤드라인을 장식하는 현시점에서 고정환율에 대한 논의는 진부해 보일 수도 있다. 우리가 현재 직면하고 있는 거시경제 정책의 문제를 분석하기 전에 고정환율을 이해해야만 하는 네 가지 이유가 있다.

1. **관리변동**: 이미 설명했듯이 중앙은행은 종종 환율에 영향을 주기 위해 외환시장에 개입한다. 그 결과 선진국 통화의 달러에 대한 환율은 정부에 의해 고정되어 있지는 않지만 자유롭게 변동하도록 방임되지도 않는다. 변동 달러 환율제도는 정부가 환율에 영향을 주려고 직접적인 시도를 하지 않는 순수한 변동(clean float)과 구별하기 위해 종종 **지저분한 변동**(dirty float)이라고 한다(앞 장들에서 논의한 환율 모형은 순수한 변동, 즉 완전한 변동 환율을 가정했다).[1] 현재의 통화 시스템은 순수한 고정환율제도와 변동환율제도의 혼합이기 때문에 고정환율에 대한 이해는 변동환율제도에서 외환시장 개입이 있을 때 그것의 효과에 대한 통찰력을 제공해준다.

2. **지역 통화협정**: 일부 국가는 회원국 통화 간 환율은 고정하는 반면 비회원국 통화에 대한 환율은 변동을 허용하기로 합의하는 **환율동맹**(exchange rate unions)에 속해 있다. 예를 들어 현재 덴마크는 유럽연합의 **환율 메커니즘**(Exchange Rate Mechanism, ERM) 내에서 유로화에 대한 자국통화 가치를 고정하고 있다.

3. **개발도상국**: 선진국들은 일반적으로 자국통화의 달러에 대한 환율변동을 허용하고 있으나 이 국가들의 비중은 전 세계의 1/6 이하에 불과하다. 많은 개발도상국은 종종 달러에 대한 자국통화의 환율을 고정하려 하며, 가끔은 달러 외의 통화나 통화당국에 의해 선택된 통화 '바스켓'에 대한 환율을 고정하려 한다. 예를 들어 모로코는 자국의 환율을 통화 바스켓에 고정하고 있는 반면 바베이도스는 미국 달러에, 세네갈은 유로에 고정하고 있다. 고정환율의 의미를 고려하지 않고는 개발도상국의 문제를 깊이 있게 검토하기가 어렵다.[2]

4. **미래를 위한 과거의 교훈**: 고정환율제도는 제1차 세계대전 이전의 수십 년, 1920년대 중반과 1931년 사이, 그리고 1945년과 1973년 사이와 같이 오랜 기간 실시되었던 전형적인 환율제도였다. 오늘날 변동환율에 불만을 품는 경제학자와 정책입안자는 고정환율제도를 부활시킬 새로운 국제협약을 제안한다. 이러한 계획은 세계 경제에 이익을 가져다줄 것인가? 이 제도로부터 이익을 얻거나 손해를 보는 사람은 누구인가? 고정환율과 변동환율의 장점을 비교하려면 고정환율의 기능을 이해해야만 한다.

---

1 실제로 순수한 변동이 존재했었는지는 의문이다. 대부분의 정부 정책은 환율에 영향을 미치며, 정부가 환율에 대한 영향을 고려하지 않고 정책을 시행하는 경우는 거의 없다.

2 다음 장에서 논의할 국제기구인 국제통화기금(IMF)은 회원국의 환율제도를 유용하게 분류하여 발표하고 있다. 2018년 4월 말 현재 환율제도는 https://www.elibrary-areaer.imf.org/Documents/YearlyReport/AREAER_2018.pdf에서 이용 가능한 *Annual Report on Exchange Arrangements and Exchange Restrictions 2018*에서 찾아볼 수 있다. (IMF는 이러한 환율제도를 각국이 시행하고 있다고 주장하는 것이 아니라 실제로 시행하고 있는 것에 기초한 것이기 때문에 '사실상(de facto)' 환율제도라고 부른다.) 2018년 4월 현재, 대부분의 주요 선진국들과 유로를 사용하는 19개국을 포함하여 66개국은 '변동하거나(floating)' '자유롭게 변동하는(freely floating)' 통화를 가지고 있다. (21장에서 논의하는 것처럼 유로 자체는 달러와 여타 주요 통화에 대해 독립적으로 변동한다.) (에콰도르, 파나마와 짐바브웨를 포함하여) 13개국은 자국의 통화를 가지고 있지 않다. 43개국은 이 장에서 배우는 형태의 '전통적인 고정환율(conventional peg)'을 가지고 있는 반면 11개국 이상은 (이 장의 분석이 전반적으로 적용되는 고정환율제도의 특별한 형태인) '통화위원회(currency board)'를 가지고 있다. 많은 대부분의 가난한 국가들은 전통적인 고정환율제도를 가지고 있으나 석유가 풍부한 사우디아라비아, 유럽연합 회원국인 덴마크도 이에 속한다. 이라크, 마케도니아, 베트남을 포함한 27개 국가는 공식적으로 고정환율을 천명하지 않은 채 환율을 고정시키고 있는 '안정화된 환율제도(stabilized arrangement)'를 가지고 있다. 통가는 환율을 수평적 밴드 내에서 변동하도록 허용하고 있다. 다른 18개국은 환율이 사전에 결정된 경로를 따르도록 하는 '크롤링 페그(crawling peg)'나 이와 유사한 환율제도(crawl-like arrangement)를 가지고 있다(중국은 후자에 속한다). 마지막으로 (시리아, 캄보디아, 알제리를 포함하는) 13개국은 '여타 관리 환율제도(other managed arrangement)'를 가지고 있다. 이처럼 당황스러울 정도로 다양한 환율제도가 있으며 고정환율제도는 여전히 매우 중요한 환율제도이다.

# 중앙은행의 외환시장 개입과 통화공급

15장에서는 통화공급을 현금통화와 기업 및 가계가 보유하고 있는 요구불예금의 총합으로 정의했으며, 중앙은행이 유통되는 통화량을 결정한다고 가정했다. 중앙은행의 외환시장 개입 효과를 이해하기 위해서는 먼저 중앙은행의 금융거래가 어떻게 통화공급에 영향을 미치는지 살펴볼 필요가 있다.[3]

## 중앙은행의 재무상태표와 통화공급

자산시장에서 중앙은행의 거래를 연구하는 데 사용되는 주된 도구는 중앙은행이 보유한 자산과 부채를 기록하는 **중앙은행 재무상태표**(central bank balance sheet)이다. 여타의 재무상태표와 같이 중앙은행 재무상태표는 복식부기의 원리에 따라 정리된다. 중앙은행에 의한 자산의 취득은 재무상태표의 자산 항목에 양(+)의 변화를 가져오고, 부채의 증가는 재무상태표의 부채 항목에 양(+)의 변화를 가져온다.

가상 국가인 페큐니아의 중앙은행 재무상태표가 다음과 같다고 하자.

### 중앙은행 재무상태표

| 자산 | | 부채 | |
|---|---|---|---|
| 외국자산 | 1,000달러 | 민간은행이 보유한 예금 | 500달러 |
| 국내자산 | 1,500달러 | 현금통화 | 2,000달러 |

페큐니아 은행의 재무상태표에서 자산 항목은 두 가지 종류의 자산, 즉 **외국자산**(foreign asset)과 **국내자산**(domestic asset)을 기재하고 있다. 외국자산은 주로 중앙은행이 보유한 외화채권으로 구성되어 있다. 이 외국자산은 중앙은행의 공적 준비자산을 구성하며, 준비자산의 수준은 중앙은행이 외환시장에서 외환을 사거나 팔 때 변한다. 이 장 뒷부분에서 논의되는 역사적인 이유 때문에 중앙은행이 보유한 금 역시 준비자산에 포함된다. 준비자산을 정의하는 특징은 외국인에 대한 청구권이나 일반적으로 수용되는 대외 지급수단(예: 금)이라는 점이다. 주어진 예에서 보면 중앙은행은 1,000달러의 외국자산을 보유하고 있다.

국내자산은 중앙은행이 국민과 국내기관에게 미래에 지급을 요구할 수 있는 청구권이다. 이 청구권은 대개 국내 국채와 민간은행에 대한 대출의 형태를 취한다. 페큐니아 은행은 1,500달러의 국내자산을 가지고 있다. 따라서 페큐니아 은행의 총자산은 외국자산과 국내자산의 합계인 2,500달러가 된다.

재무상태표의 부채 항목은 민간은행 보유 예금과 현금통화, 즉 지폐와 동전을 부채로 기입한다. (비은행 기업과 가계는 일반적으로 중앙은행에 돈을 예금할 수 없으나, 은행은 일반적으로 부채에 대한 부분 보증수단으로 중앙은행에 예금을 보유한다.) 이러한 민간은행의 예금은 중앙은행의 부채이다. 왜냐하면 민간은행이 필요하면 언제든지 찾아갈 수 있기 때문이다. 현금통화는 주로 역사적인

---

3 13장에서 살펴봤듯이 중앙은행이 아닌 정부기관도 외환시장에 개입할 수 있으나 중앙은행과는 달리 국내통화공급에 커다란 영향을 미치지 못한다(다음에 소개될 전문용어에 따르면 중앙은행 외 기관에 의한 개입은 자동적으로 불태화된다). 논의를 간단히 하기 위해 오해의 소지가 없는 경우 중앙은행만이 외환시장에 개입한다고 계속 가정하기로 한다.

이유 때문에 중앙은행의 부채로 간주된다. 과거에 중앙은행은 국내통화와 금 또는 은의 교환을 원하는 사람에게는 특정량의 금이나 은을 주어야 할 의무가 있었다. 앞의 재무상태표는 페큐니아의 민간은행이 중앙은행에 500달러를 예금하고 있음을 보여준다. 현금통화가 2,000달러이므로 중앙은행의 총부채는 2,500달러가 된다.

중앙은행의 총자산은 총부채에 순자산(net worth)을 더한 값과 같은데, 여기서 순자산은 0이라고 가정했다. 중앙은행의 순자산의 변화는 지금의 분석에서는 중요하지 않기 때문에 이를 무시하고자 한다.[4]

순자산이 일정하다는 가정은 중앙은행의 자산변화가 **자동적으로** 동일한 금액만큼 부채를 변화시킴을 의미한다. 예를 들어 중앙은행이 어떤 자산을 매입한다면 두 가지 수단 중 하나로 지급할 수 있다. 현금 지급은 자산의 구매액만큼 현금통화를 증가시킨다. 수표 지급은 수표의 주인에게 동일한 금액의 중앙은행에 대한 예금을 보증한다. 수표의 수령인이 수표를 민간은행의 계좌에 입금한다면 민간은행은 같은 금액만큼 중앙은행에 청구할 권리(즉 민간은행에 대한 중앙은행의 부채)가 생긴다. 둘 중 어느 경우든 중앙은행의 자산 매입은 자동적으로 동일한 금액만큼 부채를 증가시킨다. 이와 유사하게 중앙은행에 의한 자산 매각은 현금통화의 환수 또는 중앙은행에 대한 민간은행의 청구권의 감소를 수반하게 되며, 민간 부문에 대한 중앙은행의 부채가 그만큼 감소한다.

중앙은행 자산의 변화는 국내통화공급의 변화를 초래하기 때문에 중앙은행 재무상태표를 이해하는 것이 중요하다. 앞 단락에서 논의한 중앙은행 자산과 부채의 변화가 동일하다는 가정은 중앙은행의 작동 메커니즘을 설명해준다.

예를 들어 중앙은행이 민간 부문으로부터 자산을 매입하고 그 대가를 지급하면 현금 지급이든 수표 지급이든 직접 통화공급으로 유입된다. 따라서 자산 매입과 관련된 중앙은행 부채의 증가는 통화공급을 증가시킨다. 중앙은행이 민간에게 자산을 매각할 경우 통화공급은 감소한다. 왜냐하면 중앙은행이 지급받은 현금이나 수표는 유통과정에서 사라지고, 그 결과 민간에 대한 중앙은행의 부채를 감소시키기 때문이다. 중앙은행이 보유한 자산수준의 변화는 동일한 금액만큼 중앙은행의 부채를 변화시키므로 통화공급도 같은 방향으로 변화시킨다.

이 설명 과정은 이전에 수강한 과목에서 배운 중앙은행의 공개시장운영을 통해 잘 알고 있을 것이다. 정의상 공개시장운영은 국내자산의 매입이나 매각과 관련이 있지만 외국자산에 대한 공적인 매매도 통화공급에 대해 동일한 직접적 효과를 가진다. 중앙은행이 자산을 매입할 때 발생되는 통화공급 증가가 민간은행 시스템 내에서의 예금창조 승수 때문에 일반적으로 원래의 자산 매입액보다 더 크다는 점을 기억할 것이다. 중앙은행의 거래가 통화공급에 미치는 효과를 증폭시키는 이러한 **통화승수**(money multiplier) 효과는 다음 결론을 한층 더 강화한다. 중앙은행의 자산 매입은 자동적으로 국내통화공급을 증가시키는 반면에 중앙은행의 자산 매각은 자동적으로 통화공급을 감소시킨다.[5]

---

4 중앙은행의 순자산(중앙은행의 자본이라고도 부름)이 변할 수 있는 방법은 여러 가지가 있다. 예를 들어 정부가 중앙은행으로 하여금 정부자산에 대한 이자를 일부 보유하도록 허용하고 이 이자가 재투자된다면 중앙은행의 순자산은 증가한다. 이러한 순자산의 변화는 경험적으로 보면 거시경제분석에서는 무시해도 될 만큼 작다. 그렇지만 이 장 끝부분의 연습문제 19를 풀어보라.

5 예금창조와 통화승수에 대한 자세한 설명은 다음을 참조하라. Frederic S. Mishkin, *The Economics of Money, Banking and Financial Markets*, 12th edition, Chapter 14 (New York: Pearson, 2018).

## 외환시장 개입과 통화공급

외환시장 개입이 통화공급에 어떻게 영향을 미치는지를 이해하기 위해 한 가지 예를 들어보자. 페큐니아 은행이 외환시장에서 100달러의 외국채권을 매각한다고 가정하자. 이 매각은 공적 외국자산 보유량을 1,000달러에서 900달러로 감소시키며, 중앙은행 재무상태표에서 자산을 2,500달러에서 2,400달러로 감소시킨다.

페큐니아 은행이 외국자산 매각의 대가로 받은 금액은 자동으로 부채를 100달러만큼 감소시킨다. 페큐니아 은행이 국내통화를 받았다면 그 통화는 금고로 들어가 통화에서 빠져나간다. 따라서 현금통화는 100달러만큼 감소한다. 외국자산 매각의 결과 중앙은행의 재무상태표는 다음과 같이 변한다.

**외국자산 100달러 매각 후 중앙은행 재무상태표(매입자가 현금으로 지불하는 경우)**

| 자산 | | 부채 | |
|------|------|------|------|
| 외국자산 | 900달러 | 민간은행이 보유한 예금 | 500달러 |
| 국내자산 | 1,500달러 | 현금통화 | 1,900달러 |

매각 후 자산은 여전히 부채와 같으며 자산과 부채 모두 100달러만큼 감소했는데, 이 금액은 페큐니아 은행이 외환시장 개입을 통해 유통되던 현금통화를 줄인 액수와 같다. 중앙은행 재무상태표의 변화는 페큐니아의 통화공급 감소를 의미한다.

페큐니아 은행의 100달러의 외국자산 매입은 부채를 100달러만큼 증가시키게 된다. 중앙은행이 매입대가를 현금으로 지불하면 현금통화는 100달러만큼 증가할 것이다. 만약 수표로 지불한다면 페큐니아 은행에 대한 민간은행의 예금은 결국 100달러만큼 증가한다. 어떤 경우든 국내통화공급은 증가할 것이다.

## 불태화

중앙은행은 때때로 외환시장 개입이 국내통화공급에 미치는 영향을 상쇄하기 위해 반대 방향으로 외국자산과 국내자산을 거래한다. 이러한 정책을 **불태화 외환시장 개입**(sterilized foreign exchange intervention)이라고 한다. 다음의 예를 통해 불태화 외환시장 개입이 어떻게 작동하는지 이해할 수 있다.

다시 한번 페큐니아 은행이 외국자산 100달러를 매각하고 민간은행인 페큐니아코프의 100달러 수표를 받았다고 가정하자. 이 거래는 중앙은행의 외국자산과 부채를 동시에 100달러만큼 감소시키고, 그 결과 국내통화공급은 감소한다. 중앙은행이 외국자산 매각에 따른 통화공급 감소를 상쇄하기 원하면 국채와 같은 국내자산을 100달러어치 매입하면 된다. 이러한 조치는 페큐니아 은행의 국내자산과 부채를 100달러 증가시키며, 그 결과 100달러의 외국자산 매각에 의한 통화공급 감소는 완전히 상쇄된다. 예를 들어 중앙은행이 국채를 수표로 매입한다면 두 가지 거래(외국자산 100달러 매각과 국내자산 100달러 매입)는 재무상태표상에서 아래와 같은 순효과(net effect)를 발생시킨다.

**불태화된 외국자산 100달러 매각 이후의 중앙은행 재무상태표**

| 자산 | | 부채 | |
|---|---|---|---|
| 외국자산 | 900달러 | 민간은행이 보유한 예금 | 500달러 |
| 국내자산 | 1,600달러 | 현금통화 | 2,000달러 |

**불태화된 외국자산 100달러 매각 이전의 중앙은행 재무상태표**

| 자산 | | 부채 | |
|---|---|---|---|
| 외국자산 | 1,000달러 | 민간은행이 보유한 예금 | 500달러 |
| 국내자산 | 1,500달러 | 현금통화 | 2,000달러 |

중앙은행의 외국자산 100달러 감소는 국내자산의 100달러 증가와 일치하며, 재무상태표의 부채 항목은 변하지 않는다. 따라서 불태화된 외환 매각은 통화공급에 아무런 영향을 미치지 않는다.

표 18-1은 불태화된 경우와 불태화되지 않은 경우 외환시장 개입의 효과를 요약하여 비교한다.

## 국제수지와 통화공급

13장의 국제수지계정에 대한 논의에서 한 국가의 국제수지(또는 공적 결제수지)를 자국 중앙은행의 외국자산 순매입에서 외국 중앙은행의 국내자산 순매입을 뺀 것으로 정의했다. 다른 각도에서 보면 국제수지는 경상수지와 자본수지의 합계에서 금융계정의 비준비자산을 공제한 것, 즉 중앙은행이 준비자산의 거래를 통해 해소해야만 하는 국제 지불 갭이다. 예를 들어 자국의 국제수지 적자는 이 국가의 준비자산 순부채가 증가하고 있음을 의미한다. 즉 자국 중앙은행의 준비자산 매각과 외국 중앙은행의 준비자산 매입이 결합되어 준비자산을 제외한 순금융유입으로 완전히 충당되지 못한 자국의 경상수지와 자본수지 합에서 발생한 적자 혹은 준비자산을 제외한 순금융유출에 미달하는 자국의 경상수지와 자본수지 합에서 발생한 흑자를 해소하게 된다.

이 절에서 공부한 내용은 국제수지와 자국 및 외국의 통화공급 증가 간 중요한 관계를 설명한다. 예를 들어 중앙은행이 불태화하지 않는 경우에 자국이 국제수지 흑자를 기록하고 있다면, 이에 따른 자국 중앙은행의 외국자산 증가는 자국의 통화공급 증가를 의미한다. 이와 비슷하게 외국 중앙은행의 자국에 대한 청구권의 감소는 외국의 통화공급 감소를 의미한다.

그러나 측정된 국제수지 불균형이 어느 정도까지 자국과 외국의 통화공급에 영향을 미칠지는 실제로 매우 불확실하다. 우선 국제수지 조정 부담이 각국 중앙은행 사이에 어떻게 분담되는지를 알아야 한다. 즉 얼마나 많은 부분의 국제수지 불균형이 각각 자국과 해외의 공적인 외환시장 개입으로 충

| 표 18-1 | 100달러 외환시장 개입의 효과: 요약 | | |
|---|---|---|---|
| **국내 중앙은행의 행동** | **국내 통화공급에<br>대한 효과** | **중앙은행 국내자산에<br>대한 효과** | **중앙은행 외국자산에<br>대한 효과** |
| 불태화되지 않은 외환 매입 | +100달러 | 0 | +100달러 |
| 불태화된 외환 매입 | 0 | −100달러 | +100달러 |
| 불태화되지 않은 외환 매각 | −100달러 | 0 | −100달러 |
| 불태화된 외환 매각 | 0 | +100달러 | −100달러 |

당되는지를 알아야 한다. 이러한 분담은 첫째, 중앙은행의 거시경제 목표와 외환시장 개입과 관련된 제도(이 장 뒷부분 참조) 등 다양한 요인에 의해 결정된다. 둘째, 준비자산의 변화가 통화공급에 미치는 효과를 상쇄하기 위해 중앙은행이 불태화정책을 실시할 수도 있다. 마지막으로 13장의 끝부분에서 언급했듯이 일부 중앙은행 거래는 외국의 국제수지 적자를 조달하는 데 간접적으로 도움을 주지만 외국의 공표된 국제수지표에는 기록되지 않는다. 그럼에도 불구하고 이러한 거래는 이 거래를 수행한 중앙은행의 통화부채에 영향을 미칠 수 있다.

## 중앙은행은 어떻게 환율을 고정하는가

중앙은행의 외환거래가 통화공급에 어떻게 영향을 미치는지를 알았으므로 이제는 중앙은행이 외환시장 개입으로 어떻게 환율을 고정하는지를 분석할 수 있다.

환율을 고정하려면 중앙은행은 항상 민간 부문과 정해진 환율로 기꺼이 외화를 거래할 의사가 있어야 한다. 예를 들어 달러당 120엔에서 엔/달러 환율을 고정하기 위해서 일본 중앙은행은 시장이 요구하는 어떤 금액이라도 기꺼이 달러당 120엔의 환율로 달러 준비자산을 매각하고 엔화를 매입해야 한다. 일본 중앙은행은 또한 정해진 환율에서 시장이 매각하기 원하는 어떤 금액의 달러 자산이라도 엔화를 지급하고 매입해야 한다. 만약 일본 중앙은행이 엔화에 대한 초과공급이나 초과수요를 시장개입으로 제거하지 않으면 환율이 균형을 회복하기 위해 변하게 된다.

고정된 환율수준에서 자산시장이 균형을 유지하도록 자산거래가 이루어질 때만 중앙은행이 환율을 고정하는 데 성공할 수 있다. 자산시장의 균형 상태가 유지되는 과정은 앞 장들에서 제시된 외환시장과 통화시장의 동시균형 모형으로 설명할 수 있다.

### 고정환율하에서의 외환시장균형

먼저 중앙은행이 $E^0$ 수준에서 환율을 영구히 고정하는 경우 외환시장균형이 어떻게 유지되는가를 고려해보자. 이자율 평형조건이 유지될 때 외환시장은 균형을 이룬다. 즉 국내 이자율 $R$이 외국 이자율 $R^*$와 국제통화의 기대절하율 $(E^e - E)/E$를 합한 것과 같을 때이다. 그러나 환율이 $E^0$에 고정되어 있고 시장 참여자가 그것이 고정되어 있을 것으로 예상한다면 국내통화의 기대절하율은 0이 된다. 따라서 이자율 평형조건은 다음과 같을 경우에만 $E^0$가 현재의 균형환율이 된다는 것을 의미한다.

$$R = R^*$$

외환시장 참여자들은 환율이 변하지 않을 것으로 예상하기 때문에 두 이자율이 같을 때만 공급된 국내통화 예금과 외국통화 예금을 보유하는 것에 만족한다.[6]

환율이 $E^0$에 영구히 고정된 상태에서 외환시장이 균형을 이루려면 중앙은행은 $R$이 $R^*$와 동일하게끔 유지해야 한다. 국내 이자율이 실질통화수요와 실질통화공급의 상호작용으로 결정되기 때문에

---

6 환율이 현재 특정 수준에서 고정되어 있는 경우에도 시장 참여자는 중앙은행이 그것을 변화시킬 것이라고 기대할 수 있다. 이러한 상황에서 외환시장이 균형을 이루려면 자국 이자율이 외국 이자율과 자국통화의 기대절하율을 합한 것과 같아야 한다(여느 때처럼). 이 장 후반부에서 이런 종류의 상황을 검토할 것이나 지금은 아무도 중앙은행이 환율을 변화시킬 것으로 기대하지 않는다고 가정한다.

고정환율에 대한 분석을 완결하기 위해서는 통화시장을 살펴봐야 한다.

## 고정환율하에서의 통화시장균형

국내 이자율을 $R^*$로 유지하기 위해서는 중앙은행이 외환시장 개입으로 통화공급을 조절함으로써 $R^*$가 국내 실질통화수요와 실질통화공급을 일치시키도록 해야 한다.

$$M^s/P = L(R^*, Y)$$

$P$와 $Y$가 주어진 경우 위의 균형조건은 외국 이자율이 $R^*$일 때 고정된 환율이 자산시장의 균형과 부합하려면 통화공급이 얼마나 되어야 하는지를 나타낸다.

중앙은행이 외환시장에 개입하여 환율을 고정시킬 때 $R=R^*$인 상태에서 통화시장균형이 유지되도록 **자동**으로 국내통화공급을 조절해야 한다. 이 과정이 어떻게 작동하는지를 알기 위해 한 예를 보자. 중앙은행은 $E$를 $E^0$에 고정하고, 자산시장은 처음에 균형에 있었다고 가정하자. 갑자기 생산이 증가하는 경우 환율을 $E^0$에 영구히 고정하기 위한 필요조건은 사람들이 미래에도 환율이 $E^0$에 머물 것이라고 기대한다는 전제하에 중앙은행이 $E^0$에서 자산시장의 균형을 회복시키는 것이다. 따라서 질문은 다음과 같다. 미래 환율에 대한 예상이 변하지 않는 경우 어떤 통화 정책 수단으로 현재의 환율을 일정하게 유지할 수 있는가?

생산의 증가는 국내실질통화수요를 증가시키며 국내실질통화수요의 증가는 일반적으로 국내 이자율을 상승시킨다. 자국통화의 절상을 막으려면 중앙은행은 외환시장에 개입하여 외국자산을 매입해야 한다. 중앙은행은 외국자산 매입의 대가를 지급하기 위해 통화를 발행하므로 국내통화에 대한 초과수요가 제거된다. 즉 $E=E^0$와 $R=R^*$에서 다시 자산시장이 균형을 이룰 때까지 중앙은행은 자동으로 국내통화공급을 증가시킨다.

생산이 증가했을 때 중앙은행이 외국자산을 매입하는 대신 통화량을 일정하게 유지해도 환율을 $E^0$에 고정시킬 수 있을까? 답은 '아니다'이다. 중앙은행이 생산이 증가됨으로써 통화에 대한 초과수요를 충족하지 못하면 국내 이자율은 통화시장의 균형을 위해 외국 이자율보다 높게 상승할 것이다. 국내통화 예금이 더 높은 수익률을 제공하므로 외환시장의 거래자는 외국통화에 대한 국내통화의 가격을 올려 부르게 된다. 중앙은행의 개입이 없다면 환율은 $E^0$ 밑으로 하락하게 될 것이다. 이러한 국내통화의 절상을 막기 위해 중앙은행은 국내통화를 매각하고 외국자산을 매입하여 국내통화공급을 증가시킴으로써 자국 이자율이 $R^*$보다 높게 상승하는 것을 방지해야 한다.

## 도표를 통한 분석

이러한 환율고정 메커니즘은 앞에서 개발된 그림을 통해 설명할 수 있다. 그림 18-1은 환율이 $E^0$에 고정되어 있고 미래에도 환율이 $E^0$일 것이라고 기대될 경우 외환시장과 국내통화시장의 동시균형을 보여준다.

통화시장은 처음에 그림 아랫부분의 점 1에서 균형을 이루고 있었다. 물가수준 $P$와 생산량 $Y^1$이 주어진 경우 그림은 국내 이자율이 외국 이자율 $R^*$와 같다면 통화공급은 $M^1$이 되어야 한다는 것을 보여준다. 그림의 윗부분은 점 1'에서 외환시장의 균형을 보여준다. 미래 환율에 대한 예상이 $E^0$라

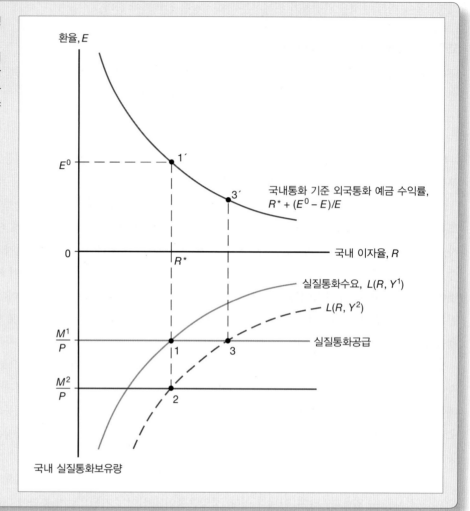

**그림 18-1 환율이 $E^0$에서 고정된 경우의 자산시장균형**

생산량이 $Y^1$에서 $Y^2$로 증가할 때 환율을 $E^0$에 고정하기 위해 중앙은행은 외국자산을 매입하여 통화공급을 $M^1$에서 $M^2$로 증가시켜야 한다.

면 현재의 환율이 $E^0$일 때만 이자율 평형조건 $R = R^*$가 성립한다.

환율을 $E^0$에서 고정하려면 거시경제 변화에 중앙은행이 어떻게 대응해야 하는지를 알기 위해 생산량 증가의 예를 다시 살펴보자. 생산량이 $Y^1$에서 $Y^2$로 증가하면 모든 이자율에서 실질통화수요가 증가한다. 따라서 그림 18-1에서 실질통화수요곡선을 아래쪽으로 이동시킨다. 앞에서 지적했듯이 고정환율을 유지하기 위한 필요조건은 미래 예상환율이 $E^0$라는 조건에서 자산시장의 균형을 회복하는 것이다. 따라서 그림의 윗부분에 우하향하는 곡선은 이동하지 않는다고 가정해도 된다.

만약 중앙은행이 어떠한 행동도 취하지 않으면 새로운 통화시장균형은 점 3에서 이루어진다. 점 3에서 국내 이자율이 $R^*$보다 높기 때문에 점 3′에서 외환시장이 균형을 이루려면 자국통화가 절상되어야 한다.

환율을 고정하려면 중앙은행은 자국통화의 절상을 막아야 하며, 이를 위해 외국자산을 매입해야 한다. 중앙은행의 외국자산 증가는 국내통화공급의 증가를 수반한다. 중앙은행은 국내통화공급이 $M^2$로 증가할 때까지 외국자산을 계속 매입할 것이다. 그 결과 통화시장이 균형을 이루면(그림의 점

2) 국내 이자율은 다시 $R^*$와 같아진다. 국내 이자율이 $R^*$인 경우 외환시장의 균형은 점 1′에서 이루어지며 균형환율은 여전히 $E^0$로 유지된다.

## 고정환율하에서의 안정화 정책

중앙은행이 환율을 고정하기 위해 외환시장 개입을 어떻게 이용하는지 알았으므로 이제 다양한 거시경제 정책의 효과를 분석할 수 있다. 이 절에서는 통화 정책, 재정 정책, $E^0$에서 고정된 환율의 갑작스러운 변화 등 세 가지 가능한 정책을 검토할 것이다.

외환시장에서 환율이 결정되게 두지 않고 중앙은행이 환율을 고정하면 17장에서 논의했던 안정화 정책은 완전히 다른 효과를 가진다. 환율을 고정시킴으로써 중앙은행은 통화 정책을 통해 경제에 영향을 미치는 능력을 포기해야 하지만 재정 정책은 생산과 고용에 영향을 미치는 더욱 강력한 수단이 된다.

17장에서와 같이 경제의 단기균형을 설명하기 위해 $DD\text{-}AA$ 모형을 사용한다. $DD$ 곡선은 생산물시장이 균형일 때 환율과 생산량의 조합이며, $AA$ 곡선은 자산시장이 균형일 때 환율과 생산량의 조합이다. 전체 경제의 단기균형은 $DD$와 $AA$의 교차점에서 이루어진다. 이 모형을 영구적인 고정환율의 경우에 적용하기 위해 미래 예상환율은 중앙은행이 고정한 환율과 같다는 가정을 추가한다.

### 통화 정책

그림 18-2의 점 1은 중앙은행이 환율을 $E^0$에서 고정할 때 경제의 단기균형을 보여준다. 생산량은 $Y^1$이고, 앞 절에서와 마찬가지로 점 1에서의 통화공급은 외국 이자율($R^*$)과 같은 국내 이자율이 국내 통화시장의 균형을 이루게 하는 수준에 있다. 이제 생산량의 증가를 기대하면서 중앙은행이 국내자산을 매입하여 통화공급을 증가시키기로 결정했다고 가정하자.

변동환율하에서 중앙은행의 국내자산 증가는 자산시장균형곡선 $AA^1$을 $AA^2$로 오른쪽으로 이동시키고, 따라서 점 2에서 새로운 균형이 이루어져 환율이 상승(국내통화의 절하)하게 된다. 이러한 국내통화의 절하를 막고 환율을 $E^0$에 고정하기 위해 중앙은행은 외환시장에서 외국자산을 매각하고 국내통화를 지급받는다. 중앙은행이 받은 국내통화는 현금통화에서 제외되며, 자국의 통화공급이 감소함에 따라 자산시장균형곡선은 원래 위치로 되돌아간다. 통화공급이 원래 수준으로 되돌아가면 자산시장균형곡선도 다시 $AA^1$으로 되돌아가고, 환율은 더 이상 변화 압력을 받지 않는다. 결국 고정환율제도하에서 통화공급을 증가시키기 위한 시도는 경제를 처음 균형(점 1)에 그대로 머무르게 한다. **고정환율하에서 중앙은행의 통화 정책 수단은 통화공급이나 생산량에 아무런 영향을 주지 못한다.**

이 결과는 변동환율하에서 중앙은행이 통화공급과 (유동성 함정이 없는 경우) 생산량을 증가시키기 위해 통화 정책을 사용할 수 있다는 17장의 결과와는 아주 다르다. 이와 같은 차이가 발생하는 이유를 알아보는 것은 유익한 일이다. 변동환율하에서 중앙은행은 국내자산을 매입함으로써 국내통화의 초과공급을 유발하여 국내 이자율을 하락시키는 동시에 국내통화를 절하시킨다. 그러나 고정환율하에서는 중앙은행이 국내통화를 받고 외국자산을 매각하여 국내통화의 초과공급을 제거함으로써 국내통화의 절하를 억제하게 된다. 국내통화공급의 증가는 아무리 그 규모가 작더라도 국내통화

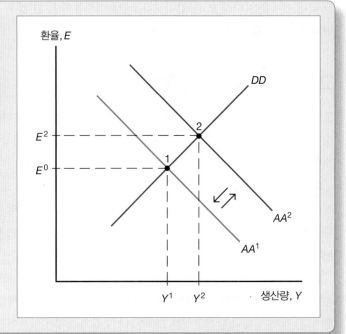

**그림 18-2 고정환율하에서 확장적 통화 정책의 무력성**

생산물시장과 자산시장이 동시에 균형을 이루는 처음 균형점인 점 1에서 고정환율은 $E^0$, 생산량은 $Y^1$이다. 생산량을 $Y^2$로 증가시킬 것을 기대하면서 중앙은행은 국내자산을 매입하여 통화공급을 증가시키고 $AA^1$을 $AA^2$로 이동시키기로 결정한다. 중앙은행은 $E^0$를 유지해야 하기 때문에 외국자산을 팔아 국내통화를 흡수해야 한다. 즉 통화공급을 즉각 감소시키고 $AA^2$를 $AA^1$으로 되돌아가게 해야 한다. 따라서 경제의 균형은 여전히 점 1에 머무르게 되고 생산량은 $Y^1$에서 변하지 않는다.

를 절하시키기 때문에 중앙은행은 통화공급이 처음의 수준으로 돌아갈 때까지 외국자산을 계속 매각해야 한다. 결국 중앙은행의 국내자산 증가는 중앙은행의 공적 준비자산의 감소로 정확히 상쇄된다. 이와 유사하게 국내자산의 매각을 통한 통화공급 감소 시도는 국내통화공급을 변화시키지 않는 공적 준비자산의 증가로 정확히 상쇄될 것이다. 고정환율하에서 통화 정책은 오직 중앙은행의 자산 구성에만 영향을 미친다.

따라서 환율을 고정함으로써 중앙은행은 거시경제 안정을 위해 통화 정책을 사용할 능력을 잃어버린다. 그러나 정부의 두 번째 핵심적인 안정화 수단인 재정 정책은 변동환율보다 고정환율하에서 더 큰 효과를 발휘하게 된다.

## 재정 정책

그림 18-3은 경제의 처음 균형이 점 1에 있을 경우 소득세 감면과 같은 확장적 재정 정책의 효과를 설명한다. 17장에서 살펴봤듯이 재정확장은 생산물시장의 균형곡선을 $DD^1$에서 $DD^2$로 오른쪽으로 이동시킨다. 만약 중앙은행이 외환시장 개입을 하지 않는다면 생산량은 $Y^2$로 증가하고 (미래 예상환율이 변하지 않는다고 가정하면) 자국 이자율 상승의 결과로 환율은 $E^2$로 하락(국내통화의 절상)하게 된다.

재정확장 이후 중앙은행의 외환시장 개입은 어떻게 고정환율을 유지하게 하는가? 이 과정은 그림 18-1에서 설명했다. 처음에 생산량 증가는 실질통화수요를 증가시키기 때문에 국내통화에 대한 초과수요가 발생한다. 국내통화에 대한 초과수요로 인해 이자율이 상승하고 국내통화가 절상되는 것을 막기 위해 중앙은행은 국내통화로 외국자산을 매입해서 통화공급을 증가시켜야 한다. 그림 18-3에서 중앙은행의 외환시장 개입은 $AA^1$을 $AA^2$로 오른쪽으로 이동시킴으로써 환율을 $E^0$에 고정시킨

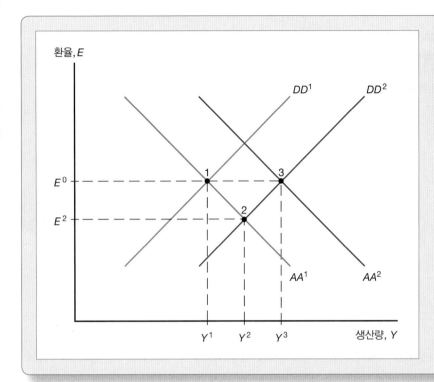

**그림 18-3 고정환율하에서의 확장적 재정 정책**

$DD^1$의 $DD^2$로의 이동으로 표시되는 재정확장과 이에 수반된 외환시장 개입($AA^1$에서 $AA^2$로의 이동)은 경제를 점 1에서 점 3으로 이동시킨다.

다. 새로운 균형(점 3)에서 생산량은 처음보다 증가하며 환율은 변하지 않고 외화준비자산(과 통화공급)은 더 늘어난다.

고정환율하에서 재정 정책은 통화 정책과는 달리 생산량에 영향을 미칠 수 있다. 실제로 고정환율하에서 재정 정책은 변동환율하에서보다 훨씬 더 효과적이다. 변동환율하에서 재정확장은 세계시장에서 국내 상품과 서비스를 더욱 비싸게 만드는 국내통화의 절상을 수반하여 총수요에 대한 재정확장의 효과를 상쇄하는 경향이 있다. 이러한 국내통화의 절상을 막고 환율을 고정하려면 중앙은행은 외환 매입을 통해 통화공급을 증가시킬 수밖에 없다. 이와 같은 통화공급 증가의 추가적인 확장 효과 때문에 고정환율하에서의 재정 정책이 변동환율하에서보다 더 효과적이게 된다.

## 환율변화

환율을 고정하고 있는 국가도 때때로 갑작스럽게 환율을 변화시키기로 결정하기도 한다. 예를 들면 민간금융 유입을 크게 초과하는 대규모 경상수지 적자 때문에 한 국가의 준비자산이 급속히 감소하는 경우 이러한 일이 발생할 수 있다. **평가절하**(devaluation)는 중앙은행이 국내통화 표시 외국통화의 가격인 $E$를 올릴 때 발생하며, **평가절상**(revaluation)은 중앙은행이 $E$를 낮출 때 발생한다. 평가절하 또는 평가절상을 하기 위해 중앙은행이 해야 할 일은 새로운 환율에서 무한정으로 외화를 거래하겠다는 의지를 표명하는 것이다.[7]

---

7 평가절하(devaluation)와 절하(depreciation), 평가절상(revaluation)과 절상(appreciation) 사이에는 미묘한 차이가 있다. 절하(절상)는 변동환율하에서 $E$의 상승($E$의 하락)인 반면, 평가절하(평가절상)는 고정환율하에서 $E$의 상승($E$의 하락)이다. 그러므로 절하(절상)는 능동태('통화가치가 하락했다'와 같이)인 반면, 평가절하(평가절상)는 수동태('통화가 평가절하되었다'와 같이)이다. 다시 말해 평가절하(평가절상)는 정부의 의도적인 결정인 반면 절하(절상)는 정부 정책과 시장의 힘이 상호작용하여 나타난 결과이다.

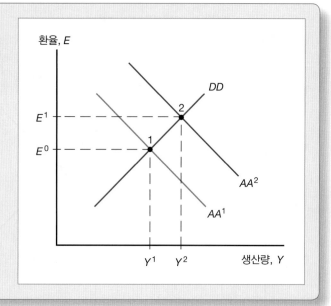

**그림 18-4 평가절하의 효과**

고정환율수준이 $E^0$에서 $E^1$으로 평가절하되면 경제의 균형은 생산량과 통화공급이 모두 증가함에 따라 점 1에서 점 2로 이동한다.

그림 18-4는 평가절하가 경제에 어떤 영향을 미치는지를 보여준다. 고정환율수준이 $E^0$에서 $E^1$으로 상승하면 국내 재화와 서비스를 외국 재화와 서비스에 비해 더 싸게 만든다(단기에 $P$와 $P^*$는 고정되어 있다). 따라서 생산량은 $DD$ 곡선상의 점 2의 $Y^2$와 같이 더 높은 수준으로 이동한다. 그러나 점 2는 처음의 자산시장균형곡선인 $AA^1$상에 있지 않다. 점 2에서 생산량 증가에 수반된 거래의 증가 때문에 국내통화의 초과수요가 존재하게 된다. 중앙은행이 외환시장에 개입하지 않는다면 이 초과수요는 국내 이자율을 외국 이자율보다 높게 상승시킬 것이다. 환율을 새로운 수준 $E^1$에서 고정하기 위해 중앙은행은 자산시장균형곡선이 $AA^2$에 이르고 점 2를 통과할 때까지 외국자산을 사고 통화공급을 늘려야만 한다. 그러므로 평가절하는 생산량의 증가, 준비자산의 증가, 통화공급의 증가를 초래한다.[8]

이러한 평가절하의 효과는 정부가 때때로 통화가치를 평가절하하고자 하는 세 가지 이유를 제시한다. 첫째, 평가절하는 효과적인 통화 정책이 부재한 경우에도 정부가 국내 실업에 대응할 수 있게 해준다. 예를 들어 정부지출과 재정적자가 정치적으로 인기가 없거나 입법 과정이 더딘 경우 정부는 총수요를 진작시키기 위해 가장 편리한 방법으로 평가절하를 선택할 수 있다. 평가절하의 두 번째 이유는 정부가 바람직하다고 생각할 수 있는 경상수지의 개선이다. 평가절하의 세 번째 동기는 이 절 초반부에서 언급했던 중앙은행의 준비자산에 대한 효과이다. 만약 중앙은행의 준비자산이 부족하다면 준비자산을 더 늘리기 위해 갑작스러운 한 번의 평가절하(아무도 반복될 것으로 기대하지 않는)를 이용할 수 있다.

---

8 국내통화가 평가절하된 후 시장 참여자는 앞으로 이전의 환율이 아니라 더 높은 환율이 유지될 것이라고 기대한다. 이러한 기대의 변화도 $AA^1$을 오른쪽으로 이동시키지만 중앙은행의 외환시장 개입 없이 기대만으로 $AA^1$을 $AA^2$까지 이동시키기는 어렵다. 점 2에서는 점 1과 마찬가지로 외환시장이 균형을 이룬다면 $R = R^*$이다. 생산량이 점 1에서보다 점 2에서 더 높기 때문에 실질통화수요 또한 점 2에서 더 크다. $P$가 고정되어 있으므로 새로운 $AA^2$상의 점 2에서 통화시장이 균형을 이루기 위해서는 통화공급의 증가가 필요하다. 경제를 새로운 고정환율하의 균형 상태로 이동시키기 위해 중앙은행의 외국자산 매입이 필요하다.

### 재정 정책과 환율변화에 대한 조정

완전고용 상태에서 재정 정책과 환율이 변하고 이 변화가 무한히 지속되는 경우 이 변화는 결국 완전 고용을 회복하게끔 국내 물가수준을 변화시킨다. 이러한 동태적 조정 과정을 이해하기 위해 재정확장과 평가절하에 대한 경제의 조정 과정을 차례대로 논의해보자.

만약 처음에 경제가 완전고용 상태에 있었다면 재정확장은 생산량을 증가시키고, 완전고용수준 이상으로 증가한 생산량은 국내 물가수준 $P$를 상승시키기 시작한다. 물가가 오르면 국내 생산물은 더 비싸지고 총수요는 점차 감소하여 생산량은 처음의 완전고용수준으로 되돌아간다. 완전고용에 도달하게 되면 물가상승 압력은 소멸된다. 단기에는 변동환율하에서와 같은 실질환율의 절상은 발생되지 않는다. 그러나 장기에는 변동환율이든 고정환율이든 같은 크기만큼 실질환율이 절상된다.[9] 현재의 예에서 실질환율의 절상($EP^*/P$의 하락)은 $E$의 하락보다는 $P$의 상승으로 나타난다.

언뜻 보기에 고정환율하에서 재정확장으로 초래된 장기 물가수준의 상승은 생산량과 이자율이 주어진 경우 장기적으로 물가수준의 상승과 통화공급의 증가가 비례적으로 이루어진다는 15장의 결과와 모순되는 것처럼 보인다. 그러나 재정확장으로 중앙은행이 외환시장에 개입하여 통화공급을 증가시켰기 때문에 모순은 아니다. 조정 과정 내내 환율을 고정하기 위해 중앙은행은 결국 외환시장 개입을 통해 장기 물가상승과 비례하여 통화공급을 증가시켜야 한다.

평가절하에 대한 조정도 이와 유사하다. 실제로 평가절하는 생산물시장에서 장기 수요나 공급 상태를 변화시키지 않기 때문에 평가절하로 초래된 장기 물가수준의 상승은 환율상승에 비례한다. 고정환율하에서 평가절하의 장기 효과는 변동환율하에서 동일한 비율의 통화공급 증가의 효과와 같다. 후자의 정책처럼 평가절하도 결국 중립적이며, 경제의 장기균형에 미치는 유일한 효과는 모든 명목가격과 국내통화공급의 비례적 증가로 국한된다.

## 국제수지 위기와 자본도피

지금까지는 외환시장 참여자가 고정환율이 현재의 수준에서 영원히 유지될 것이라 믿는다고 가정했다. 그러나 실제로는 중앙은행이 현재의 고정환율수준을 유지하는 것이 바람직하지 않거나 불가능한 경우가 많다. 예를 들어 중앙은행은 준비자산이 바닥나거나 높은 국내 실업률에 직면할 수 있다. 시장 참여자는 중앙은행이 평가절하로 이러한 상황에 대응할 수 있다는 사실을 알기 때문에 현재의 환율이 영원히 유지되리라고 기대하는 것은 터무니없는 일이다.

환율변화가 임박했다는 시장의 믿음은 **국제수지 위기**(balance of payments crisis), 즉 미래 환율에 대한 예상의 변화로 촉발되는 공적 준비자산의 급격한 변화를 초래한다. 이 절에서는 자산시장균형 모형을 이용하여 국제수지 위기가 고정환율하에서 어떻게 발생할 수 있는지를 살펴볼 것이다. (이후 장에서는 다양한 형태의 금융위기를 다룰 것이다.)

그림 18-5는 환율이 $E^0$에서 고정되어 있고 이 수준이 계속 유지될 것이라고 기대되는 경우의 자산시장균형(점 1에서의 통화시장균형과 점 1′에서의 외환시장균형)을 보여준다. $M^1$은 이러한 처음의

---

9 이 점을 확인하기 위해서는 장기균형실질환율 $EP^*/P$는 어떤 경우든지 17장에서처럼 $Y^f$가 완전고용 생산수준인 경우 등식 $Y^f = D(EP^*/P, Y^f - T, I, G)$를 만족시켜야 한다는 점을 기억하기 바란다.

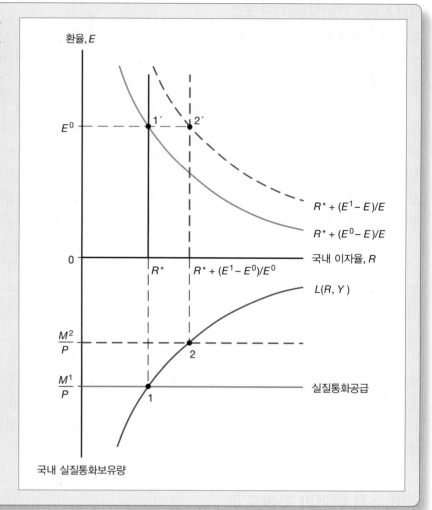

**그림 18-5 자본도피, 통화공급과 이자율**

고정환율수준이 $E^1$으로 평가절하될 것이라고 시장에서 결정된 후에 환율을 $E^0$로 유지하려면 중앙은행은 통화공급을 감소시키고 국내 이자율을 상승시키는 민간자본 유출을 준비자산을 이용해 충당해야 한다.

균형과 부합하는 통화공급이다. 예를 들어 경상수지의 갑작스러운 악화는 외환시장으로 하여금 정부가 미래에 평가절하하여 현재의 환율 $E^0$보다 더 높은 새로운 고정환율 $E^1$을 채택할 것이라고 기대하게 한다. 그림의 윗부분에서 이러한 기대변화는 국내통화로 표시한 외국통화 예금의 수익률 곡선을 오른쪽으로 이동시킨다. 현재의 환율이 여전히 $E^0$이기 때문에 외환시장의 균형(점 2´)을 위해서는 국내 이자율이 $R^* + (E^1 - E^0)/E^0$까지 상승해서 국내통화로 표시한 외국통화 예금의 수익률과 같아야 한다.

그러나 초기에는 국내 이자율이 새로운 외국통화 예금의 기대수익률보다 낮은 $R^*$에 머물러 있게 된다. 이러한 수익률 차이는 외환시장에서 외국통화자산에 대한 초과수요를 발생시키며, $E^0$에서 환율을 계속 유지하려면 중앙은행은 준비자산을 매각해서 국내통화공급을 감소시켜야 한다. 통화공급이 $M^2$로 감소하면 외환시장 개입은 끝나며, 외환시장을 균형시키는(점 2) 이자율 $R^* + (E^1 - E^0)/E^0$에서 통화시장도 균형을 이루게 된다. 미래의 평가절하에 대한 예상은 준비자산의 급격한 감소로 인한 국제수지 위기와 세계 이자율보다 높은 수준으로의 국내 이자율 상승을 발생시킨다. 이와 유사하게 미래의 평가절상에 대한 예상은 준비자산의 급격한 증가와 세계 이자율보다 낮은 수준으로 국내 이자율 하락을 발생시킨다.

평가절하에 대한 공포로 초래된 준비자산 감소는 종종 **자본도피**(capital flight)라고 한다. 거주자는 국내통화를 중앙은행에 매각하여 외국통화를 확보한 다음 이를 외국에 투자한다. 동시에 외국인은 보유한 국내 자산을 자신의 외국통화로 바꾸어 이를 본국으로 송금한다. 중앙은행의 준비자산이 감소하기 시작하면서 평가절하의 공포가 증대될 때 자본도피는 특히 정부의 걱정거리가 된다. 자본도피는 준비자산을 더욱더 감소시킴으로써 중앙은행이 계획했던 것보다 더 빨리 더 큰 폭으로 평가절하하게 할 수 있다.[10]

통화위기를 발생시키는 원인은 무엇인가? 정부는 때때로 고정환율을 장기간 유지하는 것과는 모순되는 정책을 따르기도 한다. 시장의 기대가 이 모순된 정책을 감지하는 순간 그 국가의 이자율은 반드시 인상될 수밖에 없다. 예를 들어 정부가 재정적자를 계속 운용할 수 있도록 중앙은행이 국채를 매입할 수 있다. 이러한 중앙은행의 국내자산 매입은 준비자산의 계속적인 감소를 초래하기 때문에 고정환율을 유지할 수 없는 수준으로 준비자산이 감소하게 된다. 붕괴의 가능성은 시간이 지날수록 증가하기 때문에 중앙은행이 준비자산을 다 써버리고 고정환율을 포기할 때까지 국내 이자율이 상승한다. [이 장의 부록 2는 이에 대한 자세한 모형을 제시하고 외화거래자가 갑자기 중앙은행의 남은 준비자산 전부를 획득하는 **투기적 공격**(speculative attack)으로 고정환율이 붕괴될 수 있음을 보여준다.] 중앙은행이 이러한 운명을 회피하는 유일한 방법은 재정적자를 위한 자금조달을 멈추고 정부가 세입으로 스스로 적자를 처리하도록 요구하는 것이다.

앞의 예에서 볼 때 주어진 거시경제 정책하에서 준비자산의 고갈과 고정환율의 붕괴는 필연적이다. 민간의 자본거래를 금지하더라도 느리기는 하지만 결국 통화위기에 따른 금융유출이 필연적으로 일어날 붕괴를 앞당긴다. 그러나 모든 위기가 이와 같지는 않다. 고정환율의 붕괴가 필연적인 나쁜 경제 상태에 있지 않은 경우에도 한 국가의 경제가 투기적 공격에 노출될 수 있다. 이러한 상황에서 일어나는 통화위기는 종종 **자기실현적 통화위기**(self-fulfilling currency crisis)라고 한다. 그러나 정부가 투기적 공격을 초래하는 경제적 약점을 만들었거나 용인했다는 점에서 궁극적인 책임은 정부에 있다는 점을 명심해야 한다.

일례로 국내 상업은행의 부채가 주로 단기예금이고 은행대출의 상당수가 경기후퇴기에 부실화될 수 있는 경제를 고려해보자. 만약 투기꾼이 평가절하가 있을 것으로 의심하면 이자율이 오를 것이며, 은행대출 비용은 상승하고 동시에 경기후퇴가 발생하며 은행자산의 가치는 하락한다. 국내은행의 파산을 막기 위해 중앙은행은 은행에 돈을 빌려주게 되고, 이 과정에서 준비자산을 소진시켜 환율을 고정하는 능력을 상실할 수 있다. 이 경우 경제를 위기로 밀어넣고 환율을 변하게 한 것은 외화거래자 사이에 평가절하에 대한 예상이 형성됐기 때문이다.

이 장의 나머지 부분에서는 환율이 고정된 경우 시장은 환율이 변하지 않을 것이라고 기대한다는 가정을 계속 견지할 것이다. 다양한 국가의 고정환율에 대한 불행한 경험을 논의하는 이후의 장들에서도 앞서 제시된 분석 모형을 반복하여 이용할 것이다.

---

10 *IS-LM* 모형에서와 같이 총수요가 이자율에 의존한다면 자본도피는 통화공급을 감소시키고 이자율을 상승시킴으로써 생산량을 감소시킨다. 이러한 자본도피의 경기위축 효과는 정책입안자가 자본도피의 회피를 원하는 또 다른 이유이다.

## 관리변동환율과 불태화 외환시장 개입

관리변동환율하에서 통화 정책은 환율을 고정해야 하는 의무에서 벗어나 환율변화의 영향을 받는다. 그 대신 중앙은행은 고용, 인플레이션, 환율안정과 같은 국내 목표가 상충하는 문제에 부딪히게 된다. 예를 들어 중앙은행이 국내 실업에 맞서기 위해 통화공급을 증가시키는 동시에 자국통화의 절하를 억제하기 위해 외국자산을 매각한다고 가정하자. 외환시장 개입은 통화공급을 감소시킴으로써 중앙은행의 실업률 감소를 위한 노력을 방해하지만 완전히 무력화하지는 않는다.

정책 포럼과 신문에서 외환시장 개입에 대한 논의는 종종 앞에서 자세히 살펴본 외환시장 개입과 통화공급의 밀접한 관계를 무시하는 것처럼 보인다. 그러나 실제로 이런 논의는 종종 외환시장 개입이 불태화되고 반대 방향의 국내자산 매매가 통화공급에 미치는 영향이 상쇄된다고 가정한다. 중앙은행의 행동에 대한 실증분석은 이 가정을 지지하며, 중앙은행이 변동환율제도와 고정환율제도에서 똑같이 **불태화 개입**(sterilized intervention)을 해왔음을 일관되게 보여준다.

광범위한 불태화 개입에도 불구하고 경제학자들 사이에서 그 효과에 대한 상당한 의견 차이가 있다. 이 절에서는 환율을 관리하는 데 불태화 개입의 역할을 살펴보자.[11]

### 완전 자산 대체성과 불태화 외환시장 개입의 무력성

중앙은행이 불태화된 외환시장에 개입하면 국내통화공급은 변하지 않는다. 앞에서 논의했던 환율결정 모형에서는 이러한 정책의 논리적 근거를 파악하기가 어렵다. 왜냐하면 그 모형은 통화공급의 변화가 수반되지 않으면 중앙은행의 외환시장 개입은 국내 이자율과 환율에 영향을 주지 않을 것이라고 예측하기 때문이다.

앞의 모형은 또한 고정환율하에서 불태화는 효과가 없을 것이라고 예측한다. 재정확장의 예는 중앙은행이 고정환율에서 불태화하기를 원하는 이유와 그러한 정책이 왜 실패할 것인지를 설명해준다. 확장적 재정 정책이 실시될 경우 환율을 일정하게 유지하기 위해 중앙은행은 외국자산을 매입해서 자국통화공급을 증가시켜야 한다는 점을 기억하라. 이 정책은 생산량을 증가시킬 뿐만 아니라 인플레이션을 초래하는데, 중앙은행은 재정 정책이 야기한 통화공급 증가를 불태화시킴으로써 인플레이션을 회피하려고 할 수 있다. 중앙은행이 통화공급을 감소시키기 위해 국내자산을 매각하는 순간 고정환율을 유지하기 위해 더 많은 외국자산을 **매입**해야 한다. 고정환율하에서의 통화 정책의 무력성은 불태화 정책이 자기파괴적인 정책이라는 점을 시사한다.

이 결과는 국내통화채권과 외국통화채권에 대한 기대수익률이 동일한 경우에만 외환시장이 균형을 이룬다는 앞서 살펴본 모형의 핵심적인 가정에 기인한다.[12] 이 가정은 종종 **완전 자산 대체성**(perfect asset substitutability)이라고 한다. 앞선 모형에서 가정했던 것처럼 두 자산의 기대수익률이 같으면 포트폴리오를 구성하는 데 투자자가 두 자산을 어떻게 배분하든지 신경을 쓰지 않는 경우 두

---

11  미국에서는 뉴욕연방준비은행(Federal Reserve Bank of New York)이 연방준비제도를 위해 외환시장 개입을 수행하고 이러한 외환시장 개입은 통상적으로 불태화된다. Federal Reserve Bank of New York, "Fedpoint: U.S. Foreign Exchange Intervention," http://www.newyorkfed.org /aboutthefed/fedpoint/fed44.html 참조

12  비유동적인 정기예금이든 국채이든 동일한 통화로 표시되는 이자를 지급하는 모든 (현금이 아닌) 자산은 포트폴리오에서 완전 대체적이라고 가정한다. '채권'이라는 용어는 일반적으로 이러한 모든 자산을 일컫는다.

## 사례 연구    시장은 강한 통화를 공격할 수 있는가? (2011~2015년 스위스프랑의 사례)

스위스프랑은 전통적으로 투자자들이 불안정한 세계 경제를 두려워할 때 매입하는 '안전한' 통화였다. (이후의 장들에서 논의하는 것처럼) 부글거리던 글로벌 금융위기가 2008년 9월에 격렬해졌을 때 통상적인 양상이 반복됐다. (대부분이 스위스인이었고 해외에 상당한 자산을 소유하고 있었던) 투자자들은 재빠르게 돈을 스위스로 이동시켰다. 그림 18-6에서 볼 수 있는 것처럼 유로의 스위스프랑 가격은 급격히 하락(스위스프랑의 절상)했던 반면 스위스 중앙은행(Swiss National Bank, SNB)의 준비자산은 급격히 증가했다. (준비자산은 그림 18-6의 오른쪽 수직축에 표시되어 있다.) SNB가 외환시장에 개입하여 스위스프랑의 절상 속도를 늦추기 위해 스위스프랑으로 유로를 매입했기 때문에 준비자산은 증가했다.

SNB는 경제활동을 부양시키고 스위스프랑의 절상을 막기 위해 이자율을 신속하게 하락시켰다. 2008년 11월에 스위스의 단기 이자율은 실질적으로 0이었다. 스위스프랑의 환율은 일시적으로 유로당 1.5스위스프랑(CHF)보다 약간 높은 수준에서 안정화되었다.

그러나 (21장에서 논의하는 것처럼) 2009년에 유로지역이 금융위기에 들어섰을 때 새로운 압력이 발생했다. 스위스프랑은 유로에 대해 급격히 절상되었고 추가적인 외환 매입의 결과로 준비자산은 크게 증가되었다. 수입가격이 하락하고 (시계 산업과 같은) 수출 산업이 세계시장에서 가격경쟁력을 상실하게 됨에 따라 스위스는 디플레이션과 실업으로 어려움을 겪었다. 2011년 8월에 스위스프랑은 유로당 1.12스위스프랑에 이르렀다.

이 시점에 SNB는 급진적인 조치를 취했다. 2011년 9월에 SNB는 유로당 1.2스위스프랑에서 스위스프랑의 유로가격을 방어하겠다고 약속했다. SNB는 스위스프랑이 바닥 수준인 유로당 1.2스위스프랑까지 절하하는 것을 허용할 것이지만 그 아래로 하락하는 것은 허용하지 않을 것이라고 말이다. 이러한 목표를 달성하기 위해 SNB는 시장이 유로당 1.2스위스프랑에서 팔기 원하는 모든 유로를 매입해야만 했다.

그림 18-6은 스위스의 준비자산이 더 급속하게 증가했던 것을 보여준다. 스위스프랑의 바닥선이 유지되지 못할 것이라는 데 내기를 거는 투기꾼들의 돈이 밀려들어 왔기 때문에 SNB의 준비자산은 연간 스위스 국민총생산의 약 3/4의 수준에 이르렀다. 약한 통화가 공격을 당할 때 준비자산을 매각하여 환율을 방어하는 중앙은행은 준비자산을 모두 소진시킬 수 있다. 그러나 제한 없이 통화를 발행할 권한을 가진 자신의 통화로 준비자산을 매입하여 강한 통화를 절하시킬 수 있는 능력에 제한이 있는가? 중요한 잠재적 제동장

치는 준비자산을 매입하고 통화공급을 증가시킴으로써 중앙은행이 과도한 인플레이션을 촉발한다는 것이다. 그러나 이러한 일은 발생하지 않았다. 부분적으로는 이웃 유로지역의 암울한 경제성장 때문에 스위스는 스위스프랑의 절상을 제한하려고 조치를 취한 이후 오랫동안 디플레이션 상태에 빠져 있었다.

환율 최저 방어 수준은 2014년 말까지 유지되었고, 그 기간 동안 외화준비자산은 5,000억 스위스프랑에서 안정적으로 유지되었다. 그런데 2015년 1월 15일 SNB는 1.2스위스프랑/유로의 방어수준을 철회하여 시장을 놀라게 했고, 그날 외환시장에서 스위스프랑은 0.8스위스프랑/유로까지 절상되었다. (그림 18-6은 월말 수치를 보여주고 있어 그날의 환율 변화가 나타나 있지 않다.) 최초의 강한 절상 이후에 스위스프랑의 가치는 다소 하락했고 (그다음 해 일시적 약세로 들어가기 전) 2016년에는 1.1스위스프랑/유로수준에서 안정화되었다. SNB의 강한 시장 개입이 환율의 안정을 가져왔다.

SNB가 환율 최저 방어수준을 포기하게 한 요인은 무엇인가? 2015년 1월 사람들은 ECB가 유로지역의 낮은 인플레이션과 저성장에 대응하여 비전통적인 자산매입 프로그램을 준비한다고 믿었다. 그 프로그램은 유로 가치를 더욱 약화시킬 것이고 반대로 스위스프랑 가치의 상승 압력을 강화시키고 SNB의 유로 매입을 더욱 확대시킬 것으로 보였다. 이미 대규모 유로 자산을 보유하던 SNB의 입장에서는 훗날에 환율 최저 방어수준을 포기하고 스위스프랑의 가치가 유로에 대해 상승하도록 허용한다면 (스위스프랑으로 계산했을 때) 엄청난 자본 손실이 발생할 위험을 안게 된다. SNB는 손실 익스포저 증가를 막고 환율이 자연적 균형수준에서 더 괴리되는 것을 방지하기 위해 환율 방어 정책을 그만둘 시점이 되었다고 판단했다.

스위스 수출업자는 이러한 결정에 대해 당연히 불만을 표했는데, 스와치그룹(Swatch group) 대표는 이를 '쓰나미'라고 불렀다. 이러한 변화는 다른 나라들에도 중대한 결과를 가져왔다. 예를 들면 폴란드 국민은 높은 금리의 폴란드 즐로티 대신 낮은 금리의 스위스프랑 대출을 받는 본질적으로 위험한 캐리 트레이드를 했다. 스위스프랑이 자유롭게 변동하게 된 시점에 폴란드의 스위스프랑 부채는 폴란드 GDP의 약 8%에 이르렀다. 50만 명 이상의 폴란드 주택소유자에게 스위스프랑 절상 이후 매월 모기지 상환액 부담이 15~20% 상승했다. 이 글을 쓰고 있는 현재, 폴란드 정부는 이러한 외환 손실에 대해 모기지 대출을 확대한 은행이 부담하도록 하는 법을 도입하려 하고 있다.

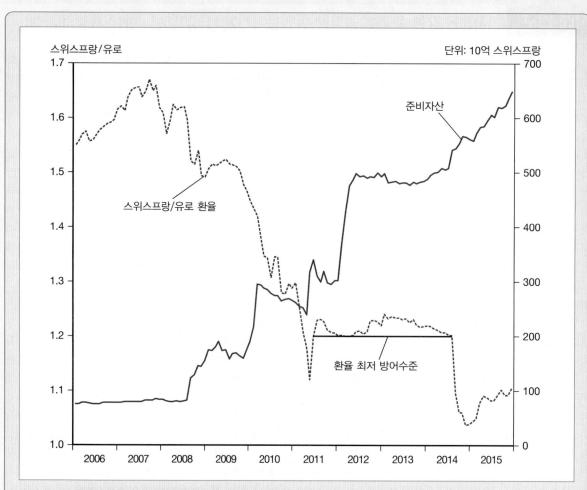

**그림 18-6 유로에 대한 스위스프랑의 환율과 스위스의 준비자산(2006~2016)**

스위스 중앙은행은 유로에 대한 스위스프랑의 절상을 늦추기 위해 대규모로 개입했고 마침내 2011년 9월에 유로의 스위스프랑 가격 최저 방어수준을 설정했지만, 2015년 1월에는 그 방어수준을 철회했다.

출처: Swiss National Bank.

자산은 완전 대체성을 지닌다. 외환시장에서 완전 자산 대체성이 존재하면 환율은 이자율 평형조건을 충족하도록 결정된다. 이 경우 중앙은행이 외환시장 개입을 통해 할 수 있는 일은 아무것도 없으며, 순수한 의미의 국내 공개시장 조작을 통해서도 아무것도 할 수 없게 된다.

완전 자산 대체성과는 대조적으로 균형 상태에서도 자산의 기대수익률이 달라질 수 있는 경우 **불완전 자산 대체성**(imperfect asset substitutability)이 존재한다. 이러한 상황은 유위험 이자율 평형조건(UIP)하에서 이자율 차이가 예상환율변화와 정확하게 연결된다는 14장의 가정과 반대되는 경우이다. 14장에서 살펴봤듯이 외환시장에서 불완전 자산 대체성을 초래하는 주요인은 **위험**(risk)이다. 서로 다른 통화로 표시된 채권의 위험이 서로 다르다면 투자가는 기꺼이 덜 위험한 채권에 대해 더 낮은 기대수익률을 얻으려 할 것이다. 따라서 투자자는 위험이 높은 채권의 기대수익률이 상대적으로 높아야 그 채권을 보유하려 할 것이다.

완전 자산 대체성하에서 외환시장 참여자는 오로지 기대수익률만 염려한다. 이 기대수익률은 통화정책으로 결정되므로 통화공급에 영향을 미치지 못하는 불태화 개입은 환율에도 영향을 미치지 못한다. 그러나 불완전 자산 대체성하에서는 위험과 수익률 모두 중요하다. 국내통화자산의 위험을 변화시키는 중앙은행의 정책은 통화공급이 변하지 않을 때조차 환율에 영향을 미친다. 그러나 불태화 개입이 국내통화자산의 위험을 어떻게 변화시키는지를 이해하기 위해 외환시장균형 모형을 수정해야 한다.

## 불완전 자산 대체성하에서의 외환시장균형

국내통화채권과 외국통화채권이 완전 대체재일 때는 다음과 같은 (위험) 이자율 평형조건(UIP)이 충족될 때만 외환시장이 균형을 이룬다.

$$R = R^* + (E^e - E)/E \qquad (18\text{-}1)$$

그러나 국내통화채권과 외국통화채권이 불완전 대체재일 경우 이러한 조건은 일반적으로 성립되지 않는다. 그 대신 외환시장이 균형을 이루기 위해서는 국내 이자율이 외국통화채권의 기대수익률(국내통화 표시)에 **위험 프리미엄**(risk premium) $\rho$를 더한 값과 같아야 한다. 여기서 위험 프리미엄은 국내통화채권과 외국통화채권 간 위험의 차이를 반영한다.

$$R = R^* + (E^e - E)/E + \rho \qquad (18\text{-}2)$$

만약 무위험 이자율 평형조건(CIP)이 성립하면 14장의 (14-3) 조건이 적용된다. 그러나 UIP가 성립하지 않는다면 (14-4) 조건도 성립하지 않는다. 이때 (14-3)과 (18-2)를 결합하면 (14-4) 대신에 선물환율은 다음을 만족한다.

$$(F - E)/E = (E^e - E)/E + \rho$$

즉 불완전 자산 대체성하에서 한 통화의 선물할증(forward premium)은 그 통화의 예상 절하율에 위험 프리미엄을 더한 값과 같다. 앞의 식은 CIP가 성립한다는 가정에 기초한 것이다. 만약 CIP가 성립하지 않는다면 선물환율의 결정은 20장에서 논의하는 바와 같이 더욱 복잡해진다.

이 장의 부록 1에서는 불완전 자산 대체성하에서 외환시장균형을 다루는 상세한 모형이 제시된다. 그 모형의 주요 결론은 민간 부문이 보유할 수 있는 국내 국채 스톡이 증가하면 국내자산의 위험 프리미엄이 상승하고, 중앙은행이 보유하는 국내자산이 증가하면 위험 프리미엄이 하락한다는 점이다. 이러한 결론의 경제적 이유는 이해하기 어렵지 않다. 민간 투자자가 국내 국채를 많이 보유할수록 예상치 못한 환율변화의 위험에 더 많이 노출된다. 따라서 투자자는 더 높은 기대수익률로 보상받지 않는다면 더 많은 국내 국채 보유에 따른 위험을 떠안으려 하지 않는다. 이와 같이 국내 국채의 증가는 국내통화채권과 외국통화채권 간 기대수익률의 차이를 증가시킨다. 이와 비슷하게 중앙은행이 국내자산을 매입한다면 시장은 더 이상 그것을 보유할 필요가 없다. 따라서 환율변동 위험에 대한 민간의 노출이 낮아지고 국내통화자산에 대한 위험 프리미엄은 떨어진다.

외환시장균형의 대안 모형은 위험 프리미엄이 국내 정부부채 스톡 $B$와 중앙은행의 국내자산 $A$의 차이와 양(+)의 관계를 가지는 모형이다.

$$\rho = \rho(B - A) \tag{18-3}$$

따라서 국내통화채권에 대한 위험 프리미엄은 $(B - A)$가 증가할 때 상승한다. 위험 프리미엄과 중앙은행이 보유한 국내자산의 이러한 관계 때문에 중앙은행은 불태화 외환시장 개입을 통해 환율에 영향을 미칠 수 있다. 또한 이는 국내자산과 외국자산을 통한 공개시장 운영이 자산시장에 서로 다른 영향을 미칠 수 있다는 점을 시사한다.[13]

## 불완전 자산 대체성하에서의 불태화 외환시장 개입의 효과

그림 18-7은 앞의 자산시장균형 그림에 불완전 자산 대체성을 추가하여 불태화 외환시장 개입이 환율에 어떻게 영향을 미치는지를 설명한다. 그림 아랫부분에서 통화시장의 균형을 나타내는 점 1은

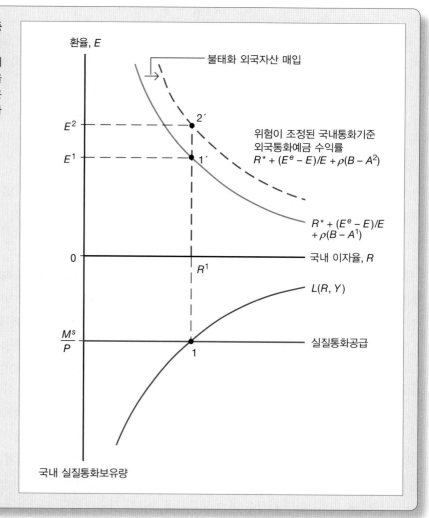

**그림 18-7 불완전 자산 대체성하에서 중앙은행의 불태화 외국자산 매입 효과**

불태화 외국자산 매입은 통화공급을 변화시키지 않으나 위험을 조정한 국내이자율을 상승시킨다. 그 결과 위쪽의 수익률곡선은 오른쪽으로 이동한다. 여타의 조건이 일정하다면 국내통화는 $E^1$에서 $E^2$로 절하된다.

환율, $E$

불태화 외국자산 매입

위험이 조정된 국내통화기준 외국통화예금 수익률
$R^* + (E^e - E)/E + \rho(B - A^2)$

$E^2$

$E^1$

$R^* + (E^e - E)/E + \rho(B - A^1)$

0 ————————— 국내 이자율, $R$

$R^1$

$L(R, Y)$

$\dfrac{M^s}{P}$ ————————— 실질통화공급

1

국내 실질통화보유량

---

[13] 중앙은행이 보유한 국내자산 스톡은 중앙은행 국내여신이라 불린다.

변하지 않는다. 그림 윗부분의 우하향하는 곡선도 외국자산에 대한 기대수익률(국내통화 표시)과 위험 프리미엄의 합이 어떻게 환율에 의존하는지를 보여준다는 점을 제외하고는 앞과 비슷하다. (위험 프리미엄이 환율에 의존하지 않는다고 가정하기 때문에 이 곡선은 여전히 우하향한다.) 외환시장의 균형은 점 1′에서 이루어지는데, 이 점은 국내 정부부채가 $B$이며 중앙은행의 국내자산 보유가 $A^1$인 경우이다. 이 점에서 식 (18-2)에서처럼 국내 이자율은 위험이 조정된 국내통화 기준 외국통화 예금에 대한 수익률과 같다.

이 그림을 통해 중앙은행의 불태화 외국자산 매입의 효과를 살펴보자. 국내자산 매각과 외국자산 매입을 일치시킴으로써 중앙은행은 통화공급을 $M^s$에서 일정하게 유지하므로 그림 18-7의 아랫부분에서는 어떠한 변화도 초래되지 않는다. 그러나 국내자산 매각으로 중앙은행의 국내자산은 감소하고($A^2$로 감소), 그 결과 시장이 보유해야 하는 국내자산 스톡($B - A^2$)은 처음의 스톡($B - A^1$)보다 더 커진다. 이는 위험 프리미엄 $\rho$를 상승시키고 그림 윗부분의 우하향하는 곡선을 오른쪽으로 이동시킨다. 외환시장은 이제 점 2′에서 균형을 이루고 국내통화는 $E^2$로 절하된다.

불완전 자산 대체성하에서 불태화 외환 매입은 자국통화를 절하시킨다. 이와 반대로 불태화 외환 매각은 자국통화를 절상시킨다. 약간 수정된 우리의 분석에 따르면 불태화 개입을 통해 중앙은행은 환율을 고정하면서 동시에 통화공급을 변화시킴으로써 완전고용과 같은 국내목표를 달성할 수 있다. 사실상 불태화 개입이 효과적인 경우 단기에서 환율과 통화 정책은 서로 독립적으로 운용될 수 있다.

## 불태화 외환시장 개입의 효과에 대한 증거

금융시장이 매우 발달된 선진국에서 불태화 외환시장 개입이 통화 정책 및 재정 정책과 독립적으로 환율에 중요한 영향을 미친다는 생각을 지지하는 증거는 거의 발견되지 않았다.[14] 그러나 14장에서 지적한 것처럼 서로 다른 통화로 표시된 채권들이 완전 대체재라는 견해에 반하는 증거는 상당히 많다.[15] 이와 같이 상반되는 결과에서 일부 경제학자들은 위험 프리미엄이 중요하기는 하지만 앞서 살펴본 모형이 가정하고 있는 단순한 방법으로 중앙은행의 자산거래에 의존하는 것은 아니라고 결론지었다. 어떤 경제학자들은 불태화 개입의 효과를 발견하기 위해 사용된 검정 방법에 결함이 있다고 주장했다. 불태화 개입이 환율에 확실하게 영향을 미친다는 증거가 미약한 상황에서 미국 연방준비제도, 유럽 중앙은행, 일본 중앙은행과 같은 주요국 중앙은행이 이용할 수 있는 정책 수단을 고려할 때 이러한 회의적인 태도는 아마도 당연할 것이다. 그러나 금융시장 발전 정도가 낮은 다수의 빈곤국에서는 불태화 개입이 효과적일 수 있으며, 실제로 많은 국가에서 일정한 형태로 이를 실행하고 있다.[16]

우리의 논의에서 불태화 외환시장 개입은 시장의 기대환율을 바꾸지 않는다고 가정했다. 그러나 시장 참여자가 거시경제 정책의 미래 방향에 대해 확신을 가지지 못한 경우 불태화 개입은 중앙은행

---

14 불태화 외환시장 개입에 대한 증거는 *Journal of International Financial Markets, Institutions, and Money* 2000년 12월호와 더 읽을거리의 Sarno and Taylor의 논문 참조

15 20장 더 읽을거리에 있는 Froot and Thaler의 논문과 우리의 논의를 참조하라.

16 예를 들어 Olivier J. Blanchard, Gustavo Adler, and Irineu de Carvalho Filho, "Can Foreign Exchange Intervention Stem Exchange Rate Pressures from Global Capital Flow Shocks?" International Monetary Fund Working Paper WP/15/159, July 2015를 참조하라. 선진국 경제 이외의 지역에서 외환시장 개입이 더욱 효과적인 것은 작은 외환시장 규모와 국제금융거래에 존재하는 (정부 통제를 포함하여) 마찰에 기인한다.

이 환율이 어떻게 변할 것으로 기대하는지(또는 바라는지)에 대한 암시를 줄 수 있다. 이러한 **외환시장 개입의 신호 효과**(signaling effect of foreign exchange intervention)는 미래의 통화 정책이나 재정 정책에 대한 시장의 기대를 바꿀 수 있으며, 심지어는 서로 다른 통화로 표시된 채권들이 완전 대체재일 경우에도 즉각적인 환율의 변화를 초래할 수 있다.

신호 효과는 정부가 현재의 환율수준을 부적절하다고 보고 환율을 변화시키기 위해 통화 정책이나 재정 정책을 바꿀 것이라고 공표하는 경우에 가장 중요하다. 공표와 동시에 불태화 외환시장 개입을 실시함으로써 중앙은행은 종종 공표된 내용에 신뢰를 더하기도 한다. 예를 들어 불태화 외국자산 매입은 중앙은행이 자국통화의 절하를 원한다는 확신을 시장에 심어줄 수 있다. 왜냐하면 자국통화가 절상된다면 중앙은행이 돈을 잃을 것이기 때문이다. 중앙은행일지라도 그 자신의 예산을 지켜봐야 한다.

정부는 심지어 장기환율을 변화시키기 위해 통화 정책이나 재정 정책을 변경할 의도가 없는 경우에도 일시적인 이익을 위해 신호 효과를 이용할 수 있다. 너무 자주 '늑대야!'라고 소리친 결과는 외환시장에서도 같다. 정부가 구체적인 정책변경을 통해 외환시장에 보낸 신호를 추구하지 않는다면 신호는 곧 효력을 잃고 만다. 따라서 외환시장 개입의 신호 효과는 통화 정책이나 재정 정책에서 독립된 별개의 정책 수단으로 볼 수 없다.[17]

## 국제통화제도에서의 준비자산 통화

지금까지 필요할 경우 국내자산을 외국자산과 교환함으로써 가상적인 단일 외국통화에 대한 자국통화 환율을 고정하는 한 국가에 대해 살펴봤다. 실제 세계에는 많은 통화가 있으며 특정 국가의 통화에 대한 자국통화의 환율은 변동하게 하는 반면 다른 국가의 통화에 대해서는 고정하는 것도 가능하다.

이 절과 다음 절은 세계로 눈을 돌려 모든 서로 다른 통화 간 환율을 고정하는 두 가지 제도하에서 세계 경제의 행태를 거시경제의 관점에서 검토할 것이다.

첫 번째 고정환율제도는 지금까지 분석한 것과 매우 흡사하다. 이 제도에서는 한 통화가 **준비자산 통화**(reserve currency)로 선정되고 각국의 중앙은행은 이 통화로 준비자산을 보유하며, 준비자산을 자국통화와 교환함으로써 준비자산 통화에 대한 자국통화의 환율을 고정한다. 제2차 세계대전 종전과 1973년 사이에 미국 달러는 주요 준비자산 통화였으며 거의 모든 국가가 자국통화의 달러 환율을 고정했다.

(다음 절에서 배우게 되는) 두 번째 고정환율제도는 **금본위제도**(gold standard)이다. 금본위제도하에서 중앙은행은 자국통화의 가격을 금으로 고정하며 공적 준비자산으로서 금을 보유한다. 금본위제도의 전성기는 1870~1914년이었다. 1918년 제1차 세계대전 종전 이후 많은 국가가 금본위제도로 되돌아가려고 시도했으나 실패로 끝났다.

준비자산 통화제도와 금본위제도는 세계 모든 국가의 쌍방 통화 간 환율을 고정하는 결과를 발생

---

17 신호 효과의 역할에 대한 논의는 다음을 참조하라. Kathryn M. Dominguez and Jeffrey A. Frankel, *Does Foreign Exchange Intervention Work?* (Washington, D.C.: Institute for International Economics, 1993); Richard T. Baillie, Owen F. Humpage, and William P. Osterberg, "Intervention from an Information Perspective," *Journal of International Financial Markets, Institutions, and Money* 10 (December 2000), pp. 407-421.

시켰다. 그러나 두 제도는 국제수지 조정 부담을 국가 간에 어떻게 분담할 것인지와 자국통화공급을 어떻게 통제하고 증가시킬 것인지에 대해 전혀 다른 시사점을 준다.

## 준비자산 통화제도의 작동원리

준비자산 통화제도의 작동에 대한 대표적인 경우로 제2차 세계대전 이후의 미국 달러에 기초한 시스템을 살펴보자. 이 제도하에서 모든 국가의 중앙은행은 달러와 자국통화를 교환함으로써 달러에 대한 자국통화의 환율을 고정했다. 외환시장에 자주 개입해야 할 필요성 때문에 각국 중앙은행은 미래에 발생할지도 모르는 자국통화의 초과공급을 제거하기에 충분할 만큼 달러 준비자산을 보유해야만 했다. 따라서 중앙은행은 준비자산의 대부분을 이자를 지급하며 비교적 낮은 비용으로, 현금전환이 가능한 미국 재무부 단기증권과 단기 달러 예금의 형태로 보유했다.

각국 통화의 달러에 대한 환율이 각국 중앙은행에 의해 고정되었기 때문에 서로 다른 통화들 간 환율 또한 외환시장에서의 재정거래를 통해 자동적으로 고정되었다. 이 과정이 어떻게 작동됐는가? 유로가 도입되기 전 프랑스와 독일의 통화였던 프랑스 프랑과 독일 마르크의 예를 생각해보자. 프랑스 프랑의 미국 달러에 대한 환율이 5프랑, 독일 마르크의 달러에 대한 환율이 4마르크로 고정되어 있다고 가정하자. 프랑스 프랑과 독일 마르크의 환율은 중앙은행이 그 환율을 고정하기 위해 거래하지 않더라도 1프랑당 0.8마르크(=1달러당 4마르크 ÷ 1달러당 5프랑)로 고정되어야 한다. 예를 들어 1프랑당 0.85마르크라면 먼저 100달러를 500프랑(=100달러 × 1달러당 5프랑)에 프랑스 중앙은행(Bank of France)에 매각하고, 이 500프랑으로 외환시장에서 425마르크(=500프랑 × 1프랑당 0.85마르크)를 매입한 후 이를 독일 분데스방크(Bundesbank, 1999년까지 독일 중앙은행)에 106.25달러(=425마르크 ÷ 1달러당 4마르크)에 매각하여 6.25달러의 이윤을 남길 수 있다. 모든 사람이 이러한 이윤을 획득하기 위해 프랑스 프랑을 매각하고 독일 마르크를 매입하면 마르크/프랑 환율이 0.8이 될 때까지 마르크가 절상될 것이다. 이와 비슷하게 환율이 1마르크당 0.75프랑인 경우는 마르크/프랑 환율이 0.8이 될 때까지 외환시장에서 독일 마르크가 절하될 것이다.

각국 중앙은행이 달러화에 대한 자국통화의 환율만을 고정했으나 시장의 힘으로 모든 서로 다른 통화 간 환율, 즉 교차환율(cross rate)도 고정된다. 따라서 제2차 세계대전 이후의 환율제도는 모든 두 국가 간 환율이 고정된 시스템이었다.[18]

## 준비자산 통화국의 비대칭적 지위

준비자산 통화제도에서 준비자산 통화국으로 선택된 국가는 외환시장에 개입할 필요가 없기 때문에 특별한 지위를 얻게 된다. 그 이유는 세계에 $N$개 국가와 $N$개 통화가 있는 경우 준비자산 통화에 대해서는 $(N-1)$개의 환율만 존재하기 때문이다. $(N-1)$개 국가가 준비자산 통화에 대한 환율을 고정하면 준비자산 통화국이 고정할 환율이 남지 않게 된다. 따라서 준비자산 통화국은 외환시장에 개입할 필요도 없으며 국제수지 조정 부담도 지지 않는다.

이러한 제도는 준비자산 통화를 발행하는 국가에게 특권적 지위를 부여하는데, 이는 준비자산 통

---

18 종전 후 달러에 대한 환율은 실제로 '공식'환율을 기준으로 상하 1% 범위 내에서 움직이도록 허용하는 것을 규칙으로 삼았다. 이는 교차환율이 4% 범위 내에서 변동할 수 있었음을 의미한다.

화국이 환율을 고정하면서도 경제 안정화를 위해 통화 정책을 이용할 수 있기 때문이다. 이 장 앞부분에서 환율을 고정하기 위해 중앙은행이 외환시장에 개입하는 경우 국내통화공급을 증가시키려는 어떠한 시도도 준비자산 감소로 결국 좌절될 수밖에 없음을 알았다. 그러나 준비자산 통화국은 외환시장에 개입하지 않고도 고정환율을 유지할 수 있기 때문에 통화 정책을 안정화 목적에 사용할 수 있다.

준비자산 통화국의 중앙은행이 자국자산을 매입하면 어떠한 효과가 발생되는가? 자국 자산 매입의 결과 발생하는 통화공급의 증가는 일시적으로 자국 이자율을 해외 이자율보다 낮게 하락시키므로 외환시장에서 외국통화에 대한 초과수요를 발생시킨다. 준비자산 통화에 대한 자국통화의 절상을 막기 위해 각국 중앙은행은 자국통화로 준비자산 통화를 매입해서 통화공급을 늘리고, 이자율을 준비자산 통화국이 설정한 수준까지 하락시켜야 한다. 준비자산 통화국이 자국자산을 매입한 이후 그 국가뿐 아니라 세계 전체적으로 생산량이 증가하게 된다.

이러한 통화 정책에 대한 설명은 준비자산 통화제도가 기본적으로 비대칭적임을 지적해준다. 준비자산 통화국은 통화 정책을 통해 자국경제와 외국경제에 영향을 미칠 수 있는 힘을 가진다. 다른 국가의 중앙은행은 안정화 수단으로서의 통화 정책을 포기할 수밖에 없으며, 준비자산 통화에 대한 환율을 고정하기로 한 약속 때문에 수동적으로 준비자산 통화국의 통화 정책을 '수입'할 수밖에 없다.

준비자산 통화제도의 이러한 태생적 비대칭성은 준비자산 통화국에 막대한 경제적 권한을 부여하며 시스템 내에서 정책에 대한 논쟁을 유발한다. 이러한 문제점으로 인해 전후의 '달러본위제도(dollar standard)'가 1973년에 붕괴됐으며, 이에 대해서는 19장에서 논의할 것이다.

## 금본위제도

국제 금본위제도는 'N번째 통화(Nth currency)' 문제를 회피함으로써 준비자산 통화제도에 내재된 비대칭성 문제를 회피한다. 금본위제도에서 각국은 자국통화 표시 금가격을 고정하고 공식가격을 방어할 필요가 있을 때는 언제든지 금과 자국통화를 교환한다. N개의 통화와 N개의 통화로 나타낸 N개의 금가격이 존재하기 때문에 특정 국가가 우월적인 지위를 점하지는 못한다. 각국은 공적 준비자산인 금가격을 고정할 책임이 있다.

### 금본위제도의 작동원리

금본위제도에서는 각국이 자국통화를 금에 연동시키기 때문에 금은 공적 준비자산이 된다. 금본위제도에서 각국은 금의 자유로운 수출입을 허용해야 한다. 금본위제도에서는 준비자산 통화제도에서와 같이 모든 통화 간 환율이 고정된다. 예를 들어 미국의 연방준비제도가 금 1온스 가격을 35달러로 고정하고 영국 중앙은행(Bank of England)은 금/온스가격을 14.58파운드로 고정한다면 달러/파운드 환율은 1파운드당 2.4달러( = 온스당 35달러 ÷ 온스당 14.58파운드)로 고정된다. 준비자산 통화제도에서 교차환율을 고정하는 역할을 했던 차익거래가 금본위제도에서도 각국의 환율을 고정하게 한다.[19]

---

19  실제로는 금의 운송비와 보험료에 의해 환율변동폭, 즉 좁은 '금점(gold point)'이 결정되었다.

## 금본위제도하에서의 대칭적 통화조정

금본위제도에 내재된 대칭성 때문에 어떤 국가도 외환시장에 개입할 필요성을 면제받는 특권적 지위를 점하지는 못한다. 한 국가의 중앙은행에 의한 자국자산 매입의 국제적 효과를 고려하면 금본위제도에서 통화 정책이 어떻게 작동하는지를 좀 더 자세히 알 수 있다.

영국 중앙은행이 국내자산 매입을 통해 통화공급을 증가시키기로 결정했다고 가정하자. 초기의 영국 통화공급 증가는 영국 이자율을 하락시켜 외국자산을 영국자산보다 더 매력적으로 만든다. 파운드 예금주는 파운드 예금을 팔고 외국통화 예금을 사려고 시도하지만 민간 부문 매입자는 아무도 자진해서 이 일을 하려 하지 않는다. 변동환율이라면 파운드는 이자율 평형조건이 회복될 때까지 외국통화에 대해 절하할 것이다. 그러나 모든 통화가 금에 연동되어 있을 경우 이와 같은 절하는 일어날 수 없다. 그러면 어떤 일이 벌어질까? 중앙은행은 고정된 가격으로 금과 자국통화를 매매해야 하는 의무가 있기 때문에 불만족스러운 파운드 보유자는 파운드를 영국 중앙은행에 매각하여 금을 매입하고 이 금을 외국 중앙은행에 팔아 외국통화를 획득한 후, 이 통화를 파운드보다 수익이 높은 외국통화 예금을 구입하는 데 사용할 수 있다. 그러므로 영국은 민간금융의 유출을 경험하고 외국은 금융유입을 경험한다.

이 과정을 통해 외환시장은 균형에 도달한다. 영국 중앙은행은 금의 파운드가격을 고정하기 위해 파운드를 사고 금을 팔아야 하기 때문에 준비자산을 잃는다. 외국 중앙은행은 자국의 통화로 금을 구매한 만큼 준비자산을 얻는다. 모든 국가는 동등하게 국제수지 조정의 부담을 나누어 가진다. 공적 준비자산이 영국에서는 감소하지만 외국에서는 증가하며, 그 결과 영국의 통화공급이 감소하여 영국 이자율이 다시 상승하게 되고, 외국의 통화공급은 증가하며 외국 이자율은 하락한다. 일단 이자율이 다시 국가들 간에 같아지면 자산시장균형이 이루어져 영국 중앙은행이 금을 잃고 외국 중앙은행이 금을 얻는 일이 더 이상 일어나지 않는다. (영국의 통화공급이 아니라) 세계의 총통화공급은 영국 중앙은행의 자국자산 매입량만큼 증가하게 된다. 이자율은 전 세계적으로 하락한다.

이 예는 금본위제도에서 국제적 통화조정의 대칭적 특성을 설명한다. 한 국가가 준비자산을 잃고 그 결과 통화공급이 감소하면 외국은 준비자산을 얻고 통화공급이 증가한다. 이와 반대로 준비자산 통화제도에서는 통화조정이 매우 비대칭적이다. 오직 준비자산 통화국만 자국과 세계의 통화 상태에 영향을 미칠 수 있으며, 다른 국가들은 준비자산 통화국의 통화공급 변화를 초래하지 않으면서 준비자산을 얻거나 잃을 수 있다.[20]

## 금본위제도의 장점과 단점

금본위제도의 주창자들은 금본위제도가 대칭성 외에 또 다른 바람직한 특성을 지니고 있다고 주장한다. 전 세계 중앙은행은 금의 통화가격을 고정할 의무가 있기 때문에 통화공급을 실질통화수요보다 더 빠르게 증가시킬 수 없다. 왜냐하면 통화공급이 실질통화수요보다 더 빠르게 증가하면 결국

---

20 애초에 금화는 금본위제도 국가의 통화공급에서 상당한 부분을 차지했다. 그러므로 한 국가가 외국에게 금을 잃더라도 중앙은행의 금 보유고가 감소하는 형태로 나타날 이유가 별로 없었다. 왜냐하면 민간 부문은 금화를 녹여 금괴로 만든 다음 이를 외국으로 반출하여 외국 금화로 재주조하든지 외국 지폐를 받고 외국 중앙은행에 팔 수 있었다. 중앙은행 재무상태표에 대한 이전의 분석을 사용하면, 유통되는 금화는 중앙은행의 부채가 아닌 본원통화의 구성요소로 간주된다. 따라서 어떤 형태의 금 수출이든 국내통화공급의 감소와 외국통화공급의 증가를 초래한다.

금을 포함한 모든 재화와 서비스의 통화가격을 상승시키기 때문이다. 그러므로 금본위제도는 중앙은행이 확장적 통화 정책을 통해 물가수준을 상승시킬 수 있는 범위를 자동적으로 제한하게 된다. 이러한 제한은 국내통화의 실질가치를 더욱 안정시키고 예측 가능하게 만든다. 그 때문에 통화를 사용함으로써 생기는 거래의 경제(transaction economy) 효과를 증대한다(15장 참조). 준비자산 통화제도하에서는 통화창조에 대한 제한이 없고 준비자산 통화국의 무한한 통화창조를 자동적으로 제한하는 장벽이 존재하지 않는다.

금본위제도에는 이러한 장점을 상쇄하는 몇 가지 단점이 있다.

1. 금본위제도는 실업을 극복하기 위한 통화 정책의 사용을 제약하는 바람직하지 못한 측면이 있다. 세계적인 경기후퇴 상황에서는 비록 금의 국내통화가격을 오르게 할지라도 모든 국가가 공동으로 통화공급을 증가시키는 것이 바람직할 수 있다.

2. 통화가치를 금에 연동시키는 것은 오직 금과 기타 재화와 서비스의 상대가격이 안정될 때만 전반적인 물가수준의 안정을 보장한다. 예를 들어 금가격이 온스당 35달러이지만 대표적 상품바스켓에 대한 금가격은 온스당 1/3바스켓이라고 가정하자. 이는 상품바스켓이 105달러임을 의미한다. 이제 남미에서 다량의 금이 발견되어 상품바스켓에 대한 금의 상대가격이 온스당 1/4바스켓으로 하락했다고 가정하자. 금의 통화가격이 온스당 35달러로 일정하므로 물가수준은 상품바스켓당 105달러에서 140달러로 올라야 할 것이다. 사실상 금본위제 시대를 연구해보면 뜻밖에도 금의 상대가격 변화로 인해 물가수준이 상당한 정도로 변동했다는 사실을 발견할 수 있다.[21]

3. 새로운 금이 계속 발견되지 않는다면 중앙은행이 준비자산을 경제성장에 맞추어 증가시킬 수 없기 때문에 금에 기반을 둔 국제지급 시스템은 문제가 있다. 중앙은행은 자국통화의 금가격을 고정하고 예상치 못한 경제적 재난에 대비하기 위한 완충재로서 금 준비자산을 보유할 필요가 있다. 중앙은행이 국내자산을 매각하고 통화공급을 감소시키는 방법으로 금 준비자산을 증가시키려고 경쟁을 벌이면 세계적인 실업을 초래할 수도 있다.

4. 금본위제도는 러시아나 남아프리카처럼 잠재적인 금 생산이 많은 국가가 금 판매를 통해 전 세계의 거시경제에 상당한 영향력을 미칠 수 있게 한다.

이러한 단점 때문에 오늘날 금본위제도로의 복귀를 지지하는 경제학자는 흔하지 않다. 이미 1923년에 영국 경제학자 존 메이너드 케인스(John Maynard Keynes)는 금을 과거 국제통화제도의 '미개한 유물'이라고 묘사한 바 있다.[22] 대부분의 중앙은행이 준비자산의 일부로 금을 계속 보유하고 있지만 금가격은 현재 각국의 통화 정책에 영향을 미치는 어떠한 특별한 역할도 하지 못하고 있다.

---

21 예를 들어 Richard N. Cooper, "The Gold Standard: Historical Facts and Future Prospects," *Brookings Papers on Economic Activity* 1: 1982, pp. 1-45 참조

22 John Maynard Keynes, "Alternative Aims in Monetary Policy," reprinted in his *Essays in Persuasion* (New York: W. W. Norton & Company, 1963) 참조. 금본위제도에 반대하는 견해는 Robert A. Mundell, "International Monetary Reform: The Optimal Mix in Big Countries," in James Tobin, ed., *Macroeconomics, Prices and Quantities* (Washington, D.C.: Brookings Institution, 1983), pp. 285-293 참조

## 사례 연구    준비자산에 대한 수요

O|장은 중앙은행의 자산이 국내 국채와 같은 국내통화자산과 외국통화자산, 즉 준비자산으로 나누어진다는 점을 설명했다. 역사적으로나 현재까지도 준비자산은 금융위기나 전쟁과 같이 국내자산가치가 불신받는 상황에서조차도 외국 재화 및 서비스와 교환될 수 있기 때문에 중앙은행은 이를 소중하게 여긴다. 금본위제도하에서는 금이 훌륭한 준비자산 역할을 수행했는데, 경제학자들은 미국 달러가 오늘날에도 그 역할을 하고 있지만 그 특권이 얼마나 오랫동안 지속될 수 있는지에 대해 논쟁하고 있다. 중앙은행과 정부가 자국의 준비자산 보유에 영향을 주기 위해 정책을 바꿀 수 있기 때문에 준비자산의 수요에 영향을 미치는 요인을 이해하는 것이 중요하다.

준비자산에 대해 생각하는 좋은 출발점은 국내 및 외국 채권이 완전 대체재이고, 환율이 고정되어 있으며, 고정환율에 대한 신뢰가 절대적이라고 가정하는 이 장의 모형이다. 이 모형에서 통화 정책이 무력하다는 결론은 중앙은행이 필요로 하는 모든 준비자산을 고통 없이 획득할 수 있음을 의미한다. 중앙은행은 단지 공개시장에서 국내자산을 매각함으로써 국내 이자율이나 여타의 국내 경제 상황에 영향을 미치지 않으면서 동일한 금액의 외국통화자산을 즉각 유입시킨다. 현실에서 준비자산을 필요로 하는 상황은 정확히 신용도와 고정환율에 대한 완벽한 신뢰 조건이 깨질 가능성이 높은 상황이기 때문에 이러한 일은 그렇게 쉽게 발생되지 않을 수 있다. 따라서 중앙은행은 이에 대비하는 방식으로 준비자산을 관리하여 미래의 위기 상황에서도 충분하다고 믿는 양을 보유한다.[23]

통상 그렇듯이 준비자산을 획득하고 보유하는 데는 이득뿐 아니라 비용이 따르며, 중앙은행이 보유하길 원하는 준비자산수준은 양자 간 균형을 반영하게 된다. 홍콩과 같은 일부 통화당국은 준비자산을 아주 높게 평가하여 통화공급이 전량 외국자산에 의해 지탱되게 한다. 그러나 대개는 중앙은행이 국내자산과 외국자산을 모두 보유하며, 최적의 준비자산수준은 비용과 이득의 상충관계에 의해 결정된다.

1960년대 중반부터 경제학자들은 준비자산에 대한 공식적인 수요 이론을 개발하고 실증적 증거를 찾기 시작했다. 국제자본시장이 현재보다 훨씬 더 제한되어 있었던 상황에서(20장 참조) 준비자산에 대한 주된 위협은 수출금액의 갑작스러운 감소였으며, 중앙은행은 몇 개월 치 수입을 충당할 수 있는가 하는 관점에서 준비자산수

준을 측정했다. 따라서 준비자산이 너무 0에 가까운 수준에서 변동하게 만들 수도 있는 수출, 수입, 국제적 자본 이동의 변동성은 모두 준비자산에 대한 수요를 결정하는 중요한 요인으로 간주되었다. 이 이론에 따르면 이러한 요인의 높은 변동성은 준비자산에 대한 수요를 증가시킨다. 준비자산에 대한 평균수요를 증가시키는 또 다른 변수는 무역수지 흑자를 유발하기 위해 갑자기 수출을 늘리거나 수입을 줄여야 하거나 외국자본을 유치하기 위해 이자율을 인상해야 하는 데 따르는 조정비용이다. 경제개방도가 높으면 이러한 조정이 더 쉽게 이루어져 준비자산에 대한 수요를 감소시킬 수 있지만 국제무역으로부터의 충격에 더 취약하게 함으로써 준비자산 요구수준을 증가시킬 수도 있다.[24]

한편 준비자산을 보유하는 데 드는 비용은 주로 이자비용이다. 국내채권을 준비자산으로 대체하는 중앙은행은 국내채권에서 얻을 수 있는 이자를 잃는 대신 준비통화, 예를 들면 달러이자를 받는다. 시장에 국내통화가 평가절하될지도 모른다는 두려움이 있으면 국내채권은 준비자산보다 높은 이자를 지급받을 것이다. 이는 중앙은행의 포트폴리오를 준비자산 쪽으로 대체하는 것에 비용이 수반됨을 의미한다. 물론 준비자산 통화가 국내통화에 대하여 절상하면 중앙은행은 이득을 얻고, 준비자산 통화가 국내통화에 대하여 절하하면 중앙은행은 손실을 입는다.

준비자산은 단순히 높은 유동성으로 인해 이자율이 낮을 수 있다. 상대적으로 유동성이 높은 준비자산을 보유하는 이자비용은 15장에서 살펴본 통화를 보유하는 데 따른 이자비용과 유사하다.

1960년대의 많은 경제학자는 좀 더 신축적인 환율제도를 가진 국가의 경우 준비자산이 부족할 때 그 국가의 통화가 절하하도록 허용하고, 그 결과 무역수지를 흑자로 만들기 위해 필요한 경기후퇴를 회피할 수 있게 됨으로써 더 쉽게 수출을 늘릴 수 있다고 믿었다. 따라서 1970년대 초 선진국들이 변동환율제도로 이행했을 때 많은 경제학자는 준비자산에 대한 수요가 급격히 감소할 것으로 예상했다.

그러나 그림 18-8은 이와 같은 일이 일어나지 않았음을 보여준다. 선진국의 경우 준비자산 증가율은 1960년대 이후 양의 값을 유지했다. 개발도상국의 경우는 (2000년대 중반에 준비자산 증가율의 급격한 상승이 어느 정도까지는 중국의 대규모 준비자산 매입에 의한 것이기는 하나) 지난 40년간 평균적으로 높은 준비자산 증

---

23 준비자산 통화제도와 달리 준비자산의 글로벌스톡이 제한되어 있는 금본위제도 같은 제도에서는 또 다른 문제가 발생한다. 모든 국가가 동시에 준비자산을 증가시킬 수 없다는 어려움이 있기 때문에 많은 국가가 동시에 준비자산을 늘리려는 노력은 세계 경제 상황에 영향을 미치게 된다. 이 장 끝부분의 연습문제 18은 이 사례에 대해 생각해보도록 질문한다.

24 초기의 영향력 있는 연구는 H. Robert Heller, "Optimal International Reserves," *Economic Journal* 76 (June 1966), pp. 296-311 이다.

가율을 보였다. 많은 개발도상국이 보다 신축적인 환율제도를 채택
했음에도 불구하고 준비자산은 최근에 둔화가 있었지만 꾸준히 증
가해왔다.

이러한 일이 발생한 이유 중 하나는 이 장 이후의 장들에서 더 논
의하겠지만, 세계자본시장의 성장이 국가 간 자본 이동, 특히 위
기에 취약한 개발도상국 간 자본 이동의 잠재적인 변동성을 급격
히 증가시켰기 때문이다.[25] 1982~1992년 동안 개발도상국의 준
비자산 증가율이 급격히 하락한 것은 1982~1989년의 국제 채
무위기를 반영한 것이다. 이 위기에서 외국의 대출자원이 고갈됐
고, 개발도상국은 자국의 준비자산을 감소시키지 않을 수 없었다.
2008~2009년 위기에도 개발도상국의 준비자산 증가율은 감소

했다. 이러한 사실은 개발도상국이 왜 그토록 열심히 준비자산을
축적했는지를 설명해준다. 변동환율을 채택한 개발도상국조차도
금융위기와 통화붕괴를 회피하기 위해서는 외국 대부자와 국내 거
주자에게 달러로 빚을 갚아야 할 필요가 있을 수 있다.

이러한 설명의 어떤 부분도 초기 이론에 배치되지 않는다. 준비
자산에 대한 수요는 여전히 국제수지의 변동성을 반영한다. 그러나
최근 몇 년간 금융시장의 급속한 세계화는 잠재적인 변동성과 이
변동성에서 비롯되는 잠재적인 위험을 크게 증가시켰다.

각 국가는 미국 달러 이외의 통화로 준비자산을 보유할 수 있다.
각 국가는 시간이 흐름에 따라 가치가 유지되고 외국 수출업자와
신용제공자가 기꺼이 받을 수 있는 가능성이 가장 높은 통화만을

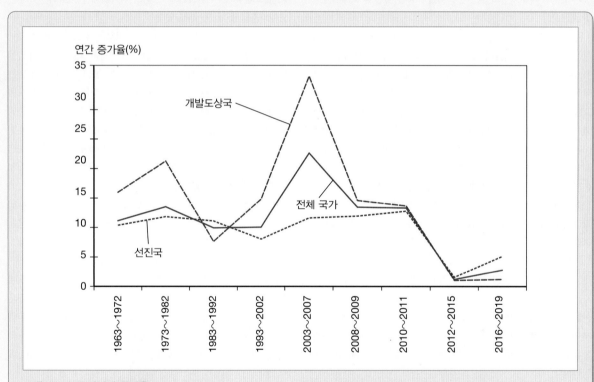

**그림 18-8 준비자산 증가율**

준비자산의 연간 증가율은 1970년대 초반 이후 급격히 하락하지 않았다. 최근 개발도상국들은 준비자산을 대규모로 축적했으나
2008~2009년의 위기 동안 준비자산의 축적 속도는 급격히 둔화되었다. 이 그림은 연평균 증가율을 보여준다.

출처: International Monetary Fund.

25 준비자산에 대한 수요의 결정요인에 관한 최근 연구로는 다음의 논문을 참조하라. Robert Flood and Nancy Marion, "Holding
International Reserves in an Era of High Capital Mobility," *Brookings Trade Forum* 2001, pp. 47; Joshua Aizenman and
Jaewoo Lee, "International Reserves: Precautionary versus Mercantalist Views, Theory and Evidence," *Open Economies Review*
18 (April 2007), pp. 191-214; Maurice Obstfeld, Jay C. Shambaugh, and Alan M. Taylor, "Financial Stability, the Trilemma,
and International Reserves," *American Economic Journal: Macroeconomics* 2 (April 2010), pp. 57-94.

보유하는 경향이 있다. 통화가 유통되는 지역규모가 크고 이 지역이 일반적으로 경제적 번영을 구가하는 덕분에 1999년에 도입된 유로는 달러의 역할에 가장 강력한 도전자이다.

그림 18-9는 세계 준비자산보유를 구성하는 주요 4개 통화의 중요도를 보여준다. 1999~2009년 유로가 도입된 첫 10년 동안 세계 준비자산에서 차지하는 유로의 비중은 18%에서 28%로 증가했다. 그러나 (21장에서 논의될) 2009년 말에 시작된 유로지역의 위기는 준비자산으로서 유로의 신뢰를 약화시켰고 세계 준비자산에서 차지하는 비중도 20%로 하락했다. 1999년 이후 달러의 비중은 71%에서 64%로 감소했다. 영국 파운드는 1920년대까지

세계에서 가장 주도적인 준비자산 통화였다. 그러나 영국 파운드는 이제 세계 준비자산의 약 5%만을 차지하고 있으며, 1990년대 중반에 파운드보다 약 3배 높았던 일본 엔의 비중은 이제 4%로 더 낮은 수준에 있다.

1999년에 유로가 도입되었을 때 일부 경제학자들은 유로가 준비자산 통화로서 달러를 추월할 것이라고 예측했다. 그림 18-9의 최근 추세를 보면 유로가 준비자산 통화로서 달러를 추월하는 것은 요원해 보인다. 그러나 역사는 주도적인 준비자산 통화가 새로운 통화로 대체될 수 있다는 것을 분명히 보여준다.[26]

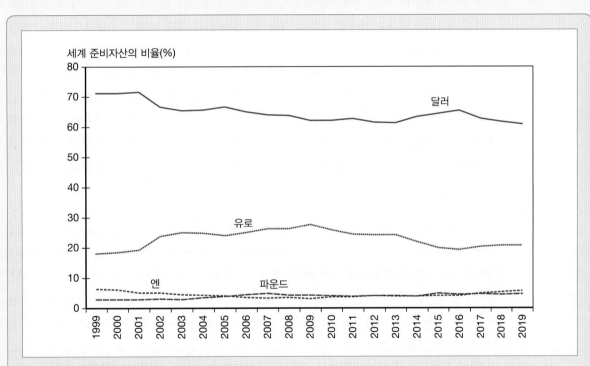

**그림 18-9 세계 준비자산보유의 통화별 구성**

준비통화로서 유로의 역할은 출범 후 첫 10년간 증가했지만 유로 위기 이후 축소되었다. 달러는 여전히 압도적으로 선호되는 준비자산이다.

출처: International Monetary Fund, Currency Composition of Foreign Exchange Reserves (COFER), http://www.imf.org/external/np/sta/cofer/eng/index.htm. 이 데이터는 IMF에 준비자산 통화 구성을 보고한 국가들만 대상으로 하고 있다.

26 유로의 미래에 대한 초기의 통계학적 연구로 Menzie Chinn and Jeffrey A. Frankel, "Will the Euro Eventually Surpass the Dollar as Leading International Reserve Currency?" in Richard H. Clarida, ed., *G7 Current Account Imbalances: Sustainability and Adjustment* (Chicago: University of Chicago Press, 2007), pp. 283-322 참조. 주요 세계적 통화 간 경쟁에 대한 최근의 조사연구로 14장 더 읽을거리에 있는 Eichengreen, Mehl, and Chitu의 책 참조

## 복본위제도

1870년대 초반까지 많은 국가들이 은과 금에 통화의 기반을 둔 **복본위제도**(bimetallic standard)를 고수했다. 미국은 1837년부터 남북전쟁까지 복본위제도였다. 그 당시 복본위제도의 강국은 프랑스였는데, 프랑스는 1873년 복본위제도를 포기하고 금본위제도를 채택했다.

복본위제도에서 각 국가의 조폐국은 대개 수수료를 받고 지정된 양의 금이나 은으로 자국통화를 주조했다. 예를 들어 남북전쟁 전 미국에서는 은 371.25그레인(grain, 1그레인은 1/480온스)이나 금 23.22그레인이 각각 은화와 금화 동전으로 주조되었다. 이러한 주조 평가(mint parity)는 은에 대한 금의 가치를 371.25/23.22 = 16배만큼 비싸게 만들었다.

그러나 주조 평가는 시장에서 형성된 두 금속의 상대가격과 다를 수 있는데, 이 경우 둘 중 하나는 통용되지 않게 된다. 예를 들어 은에 대한 금가격이 20 : 1로 오르면, 즉 은이 16 : 1의 주조 평가와 비교하여 절하되면 아무도 금으로 금화 동전을 주조하려 하지 않을 것이다. 시장에서 금으로 은을 사서 은화를 주조하면 더 많은 돈을 얻을 수 있다. 그 결과 금의 시장가격이 주조 평가 이상으로 오를 경우 금화 동전은 유통되지 않게 되며 그 반대의 경우에는 은화 동전은 사라지게 된다.

복본위제도의 장점은 하나의 금속만을 사용할 때 발생하는 물가수준의 불안정성을 감소시킬 수 있다는 점이다. 금이 부족하여 비싸진다면 더 싸고 상대적으로 풍부한 은이 지배적인 통화 역할을 하게 되어 순수 금본위제도가 내포한 디플레이션을 완화한다. 이러한 장점에도 불구하고 19세기 후반까지 대부분의 국가는 그 당시 선진국의 선두주자였던 영국을 따라 순수 금본위제도를 채택했다.

## 금환본위제도

금본위제도와 순수 준비자산 통화제도의 중간이 **금환본위제도**(gold exchange standard)이다. 금환본위제도하에서 중앙은행의 준비자산은 금과 금가격을 고정한 통화로 구성되며, 각국의 중앙은행은 금가격을 고정한 통화에 대한 자국통화의 환율을 고정한다. 금환본위제도는 전 세계적으로 과도한 통화공급 증가를 억제한다는 점에서 금본위제도처럼 작동되지만, 금과 금 외의 자산으로 구성된 준비자산이 신축적으로 증가할 수 있게 한다. 그러나 금환본위제도는 앞에서 언급한 금본위제도의 기타 제약을 받는다.

제2차 세계대전 후 달러에 집중된 준비자산 통화제도는 사실상 처음에는 금환본위제도로 출발했다. 외국 중앙은행은 달러에 대한 환율을 고정하는 일을 하고, 미국 연방준비제도는 금에 대한 달러의 가격을 1온스당 35달러로 유지하는 책임을 졌다. 1960년대 중반까지 이 제도는 사실상 금본위제도보다는 순수 준비자산 통화제도처럼 운용되었다. 다음 장에서 설명되는 이유로 리처드 닉슨(Richard M. Nixon) 대통령이 1971년 8월 일방적으로 금에 대한 달러의 연동을 단절시킨 후 얼마 지나지 않아 고정된 달러 환율제도는 붕괴되었다.

### 요약

■ 중앙은행의 외환시장 개입과 국내통화공급 사이에는 직접적인 관계가 있다. 한 국가의 중앙은행이 외국자산을 매입하면 그 국가의 통화공급은 자동적으로 증가한다. 이와 유사하게 중앙은행의 외국자산

매각은 자동적으로 통화공급을 감소시킨다. **중앙은행의 재무상태표**는 외환시장 개입이 통화공급에 어떻게 영향을 미치는지를 보여준다. 왜냐하면 중앙은행의 자산이 증가하거나 감소할 때 같은 크기만큼 증가하거나 감소하는 중앙은행의 부채는 국내통화공급 과정의 기반이기 때문이다. 중앙은행은 **불태화**를 통해 외환시장 개입이 통화공급에 미치는 효과를 상쇄할 수 있다. 불태화가 없으면 국제수지와 국내통화공급의 관계는 중앙은행이 국제수지 불균형의 조정 부담을 어떻게 분담하는가에 따라 달라진다.

- 중앙은행이 외국자산과 국내통화를 일정한 비율로 무한정 거래할 의사가 있으면 환율을 고정할 수 있다. 환율을 고정하기 위해서는 국내통화자산의 초과수요나 초과공급의 발생을 막아야 할 필요가 있을 때 중앙은행은 외환시장에 개입해야 한다. 사실상 중앙은행은 고정환율하에서 자산시장이 항상 균형을 유지하도록 외국자산(및 국내통화공급)을 조절한다.

- 환율고정은 경제안정을 위해 통화 정책을 이용하는 중앙은행의 능력을 희생시킨다. 중앙은행의 국내자산 매입은 공적 준비자산을 동일한 금액만큼 감소시키지만 통화공급과 생산량을 변화시키지 않는다. 이와 유사하게 중앙은행의 국내자산 매각은 동일한 금액만큼 준비자산을 증가시키지만 이 외에 다른 영향은 없다.

- 통화 정책과는 달리 재정 정책은 변동환율보다 고정환율하에서 생산량에 더 강력한 효과를 미친다. 고정환율하에서 재정확장은 단기에서도 총수요를 '구축'하는 실질환율의 절상을 초래하지 않는다. 그 대신 이 정책은 중앙은행이 외국자산을 매입하여 통화공급을 증가시키게 한다. **평가절하**는 또한 총수요를 증가시키고 단기에서 통화공급을 증가시킨다(**평가절상**은 그 반대의 효과를 가진다). 장기에서 재정확장은 실질환율 절상, 통화공급 증가, 국내 물가상승을 초래하지만, 평가절하는 장기적으로 통화공급과 물가수준을 환율 변화와 같은 비율만큼 증가시킨다.

- **국제수지 위기**는 시장 참여자가 중앙은행이 현재의 환율을 변화시킬 것이라고 기대할 때 발생한다. 예를 들어 시장에서 평가절하가 발생할 것이라고 판단하면 국내 이자율이 외국 이자율보다 높게 오르고 민간자본이 해외로 유출됨에 따라 준비자산은 급격히 감소한다. 경제가 투기에 노출되어 있는 경우 **자기실현적 통화위기**가 발생할 수 있다. 일관성 없는 정부 정책은 필연적으로 환율붕괴를 초래한다.

- **관리변동환율**제도하에서 중앙은행은 국내통화공급을 조절할 수 있는 능력을 얻지만 환율변동성의 확대라는 비용을 지불해야 한다. 그러나 국내 및 외국 채권이 **불완전 대체재**라면 중앙은행은 불태화 외환시장 개입을 통해 통화공급과 환율을 조절할 수 있다. 불태화 외환시장 개입이 환율에 직접적으로 상당한 효과를 미친다는 견해에 대한 실증적 증거는 거의 없다. 국내 및 외국 채권이 **완전 대체재**여서 위험 프리미엄이 없는 경우에도 불태화 개입은 미래 정책에 대한 시장의 견해를 바꾸는 **신호 효과**를 통해 간접적으로 영향을 미칠 수 있다.

- 각국이 준비자산 통화에 대한 자국통화의 환율을 고정하는 세계적 고정환율제도는 놀랄 만한 비대칭성을 수반한다. 어떠한 환율도 고정할 필요가 없는 준비자산 통화 국가는 자국의 통화 정책을 통해 자국과 외국 모두의 경제활동에 영향을 미칠 수 있다. 이와 반대로 다른 모든 국가는 통화 정책을 통해 자국의 생산량이나 외국의 생산량에 전혀 영향을 주지 못한다. 이러한 정책적 비대칭성은 준비자산 통화 국가는 자신의 국제수지 불균형을 조정할 어떤 부담도 지지 않는다는 점을 반영한다.

- 모든 국가가 통화가격을 금에 대해 고정하는 **금본위제도**는 준비자산 통화제도에 내재된 비대칭성을 회피하게 하며, 통화공급 증가를 제약한다(이와 연관된 제도는 은과 금에 기반을 둔 **복본위제도**이다). 그러나 금본위제도는 심각한 결함이 있으므로 오늘날의 세계 통화제도로 운용되기에는 비현실적이다. 심지어 제2차 세계대전 이후 설립된 달러에 기초한 **금환본위제도**도 결국 실현 불가능한 것으로 판명되었다.

## 주요 용어

관리변동환율 managed floating exchange rate

국제수지 위기 balance of payments crisis

금본위제도 gold standard

금환본위제도 gold exchange standard

복본위제도 bimetallic standard

불완전 자산 대체성 imperfect asset substitutability

불태화 외환시장 개입 sterilized foreign exchange intervention

완전 자산 대체성 perfect asset substitutability

외환시장 개입의 신호 효과 signaling effect of foreign exchange intervention

위험 프리미엄 risk premium

자기실현적 통화위기 self-fulfilling currency crisis

자본도피 capital flight

준비자산 통화 reserve currency

중앙은행 재무상태표 central bank balance sheet

평가절상 revaluation

평가절하 devaluation

## 연습문제

1. 고정환율하에서 중앙은행의 국내자산 증가가 재무상태표에 궁극적으로 어떠한 영향을 미치는지 설명하라. 중앙은행의 외환매매는 국제수지계정에 어떻게 반영되는가?

2. 정부지출의 증가에 대해 앞의 질문에 답하라.

3. 예상치 못한 평가절하가 중앙은행의 재무상태표와 국제수지계정에 미치는 영향을 설명하라.

4. 이 장의 모형에서 평가절하가 왜 경상수지를 개선하는지를 설명하라. (힌트: 17장에서 살펴본 *XX* 곡선을 고려하라.)

5. 정부가 환율을 안정시키기 위해 왜 통화 정책을 사용할 수 있는 능력을 기꺼이 희생하려 하는지 그 이유를 생각해보라.

6. 재정확장은 고정환율하에서 경상수지에 어떻게 영향을 미치는가?

7. 일시적인 재정확장과 영구적인 재정확장이 변동환율에서와 같이 고정환율에서 서로 다른 영향을 주지 않는 이유를 설명하라.

8. 경상수지를 개선하기 위해 종종 평가절하가 이용된다. 그러나 경상수지는 국민저축에서 국내투자를 뺀 것과 같기 때문에(13장 참조) 투자가 감소하거나, 저축이 증가하거나, 혹은 둘 다 발생할 경우에만 개선될 수 있다. 평가절하가 어떻게 국민저축과 국내투자에 영향을 미치는가?

9. *DD-AA* 모형을 이용하여 고정환율하에서 수입관세가 생산량과 국제수지에 미치는 효과를 분석하라. 세계의 모든 국가가 동시에 관세를 부과함으로써 고용과 국제수지 개선을 시도한다면 어떤 일이 발생하는가?

10. 국제수지 위기 이후 중앙은행이 평가절하를 하면 중앙은행은 일반적으로 준비자산을 얻는다. 이 장의 모형을 이용하여 이러한 자본유입을 설명할 수 있는가? 만약 시장이 가까운 미래에 또 다른 평가절하가 있을 것이라고 믿는다면 어떤 일이 발생하는가?

11. 유로는 외국의 중앙은행이 준비자산 통화로 보유한다. 일부 이들 은행이 유로 자산을 정부 채권의 형태가 아닌 유로 지폐로 금고에 보관한다고 가정하자. 국제 통화조정 메커니즘은 대칭적인지 비대칭적인지 설명하라.

12. "국내 및 외국 채권이 완전 대체재일 경우 중앙은행은 통화 정책을 시행하는 데 국내자산을 이용하든지 외국자산을 이용하든지 개의치 않을 것이다." 이 진술에 대해 논의하라.

13. 지속적인 경상수지와 자본수지 흑자에 직면한 중국 중앙은행(PBC)은 통화공급을 조절하고 인플레이션을 막기 위해 외환 유입을 불태화하는 데 주로 다음의 두 가지 방법을 사용한다. 바로 (시중은행이 제공하는 신용의 일정 부분을 중앙은행에 의무적으로 예치하도록 하는) 지급준비율 조정과 중앙은행 채권 매각이다. 이러한 각각의 시장개입의 장단점을 설명하라.

14. 그림 18-7과 같은 그림을 이용하여 중앙은행이 불완전 자산 대체성하에서 환율을 고정한 채 국내 이자율을 어떻게 변화시킬 수 있는지 설명하라.

15. 이 장의 '중앙은행의 외환시장 개입과 통화공급' 절에서 100달러의 외국자산 매각이 중앙은행의 재무상태표에 어떻게 영향을 미치는지 분석했다. 그 예에서는 외국자산의 매입자가 국내통화로 지급했다고 가정했다. 그 대신에 외국자산의 매입자가 자국 민간은행인 페큐니아코프의 계정에서 발행된 수표로 지급했다고 가정하자. 본문에 제시된 것과 같은 재무상태표를 이용하여 이 거래가 어떻게 중앙은행의 재무상태표와 통화공급에 영향을 미치는지 보여라.

16. 본문에서 '고정'환율제도가 절대적으로 고정된 환율이 아니라 좁은 환율변동폭을 가질 수 있음을 관찰했다. 예를 들어 (각주 18에서 언급했듯이) 금점은 금본위제도하에서 이러한 변동폭을 가진다(대개 이러한 변동폭은 '중심'환율 기준으로 상하 1% 범위에 있었다). 이러한 환율의 변동폭은 국내 이자율이 해외 이자율과 어느 정도까지 독립적으로 움직이게 해주는가? 그 답이 이자율의 만기 또는 기간구조에 의존함을 보여라. 직관을 돕기 위해 상하 1% 환율변동폭을 가정하고 3개월, 6개월, 1년 예금 금리를 각각 고려해보라. 이러한 좁은 변동폭하에서 10년 대출이자율이 독립적으로 움직일 여지가 많이 있겠는가?

17. 3국으로 구성된 세계에서 한 중앙은행이 한 환율을 고정하고 다른 환율은 변동을 허용하고 있다. 이 중앙은행은 생산량에 영향을 미치기 위해 통화 정책을 사용할 수 있는가? 이 중앙은행은 두 환율을 모두 고정할 수 있는가?

18. 사례 연구 '준비자산에 대한 수요'에서 준비자산 통화제도의 경우는 예외이지만, 모든 중앙은행이 동시에 국내자산 매각을 통해 준비자산을 증가시키려는 시도가 세계 경제를 침체시키는 데 영향을 미칠 수 있다고 주장했다. 금본위제도와 준비자산 통화제도를 대비하여 이를 설명하라.

19. 만약 한 국가가 환율을 변화시키면 그 국가 통화기준으로 측정된 준비자산의 가치도 변한다. 후자의 변화는 중앙은행의 국내통화 이득 혹은 손실을 나타낸다. 만약 한 국가가 준비자산 통화에 대한 그 국가의 통화가치를 평가절하하면 어떻게 되는가? 만약 평가절상하면 어떻게 되는가? 이 요인이 어떻게 준비자산을 보유하는 데 따른 잠재적 비용에 영향을 미치는가? 답을 작성할 때 이자율 평형조건의 역할을 반드시 고려하라.

20. 17장에서 설명한 유동성 함정에 빠진 경제가 영구적 평가절하를 하는 경우의 결과를 분석하라.

21. 사례 연구 '시장은 강한 통화를 공격할 수 있는가?'에서 스위스프랑 가치의 하한선에 대한 논의를 다시 생각해보라. 또한 17장에서 이루어진 유동성 함정에 관한 논의도 다시 생각해보라. 스위스는 스위스프랑을 방어했던 기간 내내 유동성 함정에 있었으므로 17장에서 이루어진 유동성 함정 이론은 스위스의 인플레이션이 스위스 중앙은행의 대규모 외환 매입에 의해서 상승하지 못했던 이유를 제시해주는가?

22. 스위스프랑 가치의 하한선에 관한 사례 연구로 다시 돌아가보자. 외환 투기꾼들이 스위스프랑이 유로 이자율보다 더 크게 절상할 것이라고 예상했다면 어떤 일이 발생했을 것이라고 생각하는가?

## 더 읽을거리

Graham Bird and Ramkishen Rajan. "Too Much of a Good Thing? The Adequacy of International Reserves in the Aftermath of Crises." *World Economy* 86 (June 2003), pp. 873-891. 국제준비자산 수요에 대한 이용 가능한 문헌 연구

William H. Branson. "Causes of Appreciation and Volatility of the Dollar," in *The U.S. Dollar — Recent Developments, Outlook, and Policy Options*. Kansas City: Federal Reserve Bank of Kansas City, 1985, pp. 33-52. 불완전 자산 대체성하에서 환율결정 모형의 개발 및 적용

Barry Eichengreen. *Exorbitant Privilege: The Rise and Fall of the Dollar and the Future of the International Monetary System.* New York: Oxford University Press, 2011. 달러의 특별한 지위에 대한 포괄적인 역사적 관점

Milton Friedman. "Bimetallism Revisited." *Journal of Economic Perspectives* 4 (Fall 1990), pp. 85-104. 은-금 복본위제도에 대한 경제학자 평가의 흥미로운 재검토

Karl Habermeier, Annamaria Kokenyne, Romain Veyrune, and Harald Anderson. "Revised System for the Classification of Exchange Rate Arrangements." IMF Working Paper WP/09/211, September 2009. 국제통화기금(IMF)이 어떻게 국가별로 다양한 환율결정 시스템을 분류하는지 설명

Owen F. Humpage. "Institutional Aspects of U.S. Intervention." *Federal Reserve Bank of Cleveland Economic Review* 30 (Quarter 1, 1994), pp. 2-19. 미국 재무부와 중앙은행이 외환시장 개입을 위해 어떻게 협력하는지 살펴본다.

Ethan Ilzetzki, Carmen M. Reinhart, and Kenneth S. Rogoff. "Exchange Arrangements Entering the 21st Century: Which Anchor Will Hold?" *Quarterly Journal of Economics* 134 (May 2019), pp. 599-646. 환율제도의 변화를 추적하는 자료의 상세한 연대기

Olivier Jeanne. *Currency Crises: A Perspective on Recent Theoretical Developments.* Princeton Special Papers in International Economics 20. International Finance Section, Department of Economics, Princeton University, March 2000. 투기적 위기와 공격에 대한 최근의 검토

Robert A. Mundell. "Capital Mobility and Stabilization Policy under Fixed and Flexible Exchange Rates." *Canadian Journal of Economics and Political Science* 29 (November 1963), pp. 475-485. 서로 다른 환율제도하에서 통화 정책과 재정 정책의 효과에 대한 고전적 설명

Michael Mussa. *The Role of Official Intervention.* Occasional Paper 6. New York: Group of Thirty, 1981. 지저분한 변동환율제도하에서 중앙은행의 외환시장 개입에 관한 이론과 실제에 대한 논의

Maurice Obstfeld. "Models of Currency Crises with Self-Fulfilling Features." *European Economic Review* 40 (April 1996), pp. 1037-1048. 국제수지 위기의 특성에 대한 추가적 논의

Jonathan D. Ostry, Atish R. Ghosh, and Marcos Chamon. "Two Targets, Two Instruments: Monetary and Exchange Rate Policies in Emerging Market Economies." IMF Staff Discussion Note SDN/12/01 (February 2012). 유위험 이자율 평형이 성립하지 않는 신흥시장경제에서 통화 정책과 환율을 동시에 관리하는 일에 대한 설명

Lucio Sarno and Mark P. Taylor. "Official Intervention in the Foreign Exchange Market: Is It Effective and, If So, How Does It Work?" *Journal of Economic Literature* 39 (September 2001), pp. 839-868. 외환시장 개입에 대한 유용한 문헌 연구

## 불완전 자산 대체성하에서의 외환시장균형

이 부록에서는 위험요인으로 인해 국내통화자산과 외국통화자산이 불완전 대체재가 되는 외환시장의 모형을 개발할 것이다. 이 모형에서는 외국통화자산과 국내통화자산의 기대수익률을 불일치시키는 위험 프리미엄이 나타난다.

### 수요

사람들은 부(wealth)가 날마다 변할 수 있는 위험한 상황을 싫어하기 때문에 포트폴리오의 기대수익률뿐만 아니라 포트폴리오의 위험을 고려하여 부를 다양한 형태의 자산에 분산하려 한다. 예를 들어 자신의 부를 전부 영국 파운드로 보유한 사람은 높은 수익을 기대할 수도 있지만 예기치 않게 파운드가치가 하락하면 막대한 손실을 입을 수도 있다. 이보다 좀 더 현명한 투자 전략은 비록 파운드보다 기대수익률이 낮더라도 여러 통화에 투자함으로써 특정 통화의 가치폭락이 부에 미치는 충격을 감소시키는 것이다. 이렇게 여러 통화에 위험을 분산시킴으로써 개인은 부의 변동성을 줄일 수 있다.

위험을 고려하면 이자를 지급하는 국내통화자산에 대한 개인의 수요는 국내 이자율 $R$이 국내통화 기준 외국자산의 기대수익률$[R^* + (E^e - E)/E]$보다 상대적으로 더 높게 상승할 때 증가한다고 가정하는 것이 합당하다. 달리 말하면 개인은 높은 기대수익률로 보상을 받을 때만 국내통화자산에 더 많이 투자하는 데 따른 위험의 증가를 기꺼이 감내하려고 할 것이다.

이러한 가정에 의하면 개인 $i$의 국내통화채권에 대한 수요 $B_i^d$는 국내통화채권과 외국통화채권 간 수익률 차이의 증가함수로 나타낼 수 있다.

$$B_i^d = B_i^d[R - R^* - (E^* - E)/E]$$

물론 $B_i^d$는 부나 소득과 같은 개인의 특성에도 의존한다. 국내통화채권에 대한 수요는 음( - )이 될 수도 있고 양( + )이 될 수도 있다. 전자의 경우 개인 $i$는 국내 통화채권의 순차입자, 즉 국내통화채권의 **공급자**가 된다.

국내통화채권에 대한 **총수요**를 구하려면 모든 개인의 국내통화채권에 대한 수요 $B_i^d$를 합하면 된다. 이 합계는 국내통화채권에 대한 총수요 $B^d$를 나타내며, 이 또한 국내통화자산과 외화자산 간 기대수익률 차이의 증가함수이다.

$$수요 = B^d[R - R^* - (E^e - E)/E]$$
$$= 모든 개인 i의 B_i^d[R - R^* - (E^* - E)/E]의 합계$$

일부 개인은 차입을 하고 있기 때문에, 즉 채권을 공급하고 있기 때문에 $B^d$는 국내통화채권에 대한 민간 부문의 순수요(net demand)로 해석되어야 한다.

## 공급

$B^d$를 국내통화채권에 대한 민간 부문의 순수요로 해석했기 때문에 시장균형을 정의하기 위한 적당한 공급변수는 민간 부문에 대한 국내통화채권의 순공급, 즉 개인이나 기업의 부채가 아닌 채권의 공급이 된다. 따라서 순공급은 민간이 보유하고 있는 국내통화 국채의 가치 $B$에서 중앙은행이 보유하고 있는 국내통화자산의 가치 $A$를 뺀 것과 같다.

$$공급 = B - A$$

중앙은행의 채권 매입은 민간 부문이 이용할 수 있는 채권공급을 감소시키므로 순공급을 구하기 위해서는 $B$에서 $A$를 빼야 한다(좀 더 일반적으로 외국 중앙은행이 보유한 국내통화자산도 $B$에서 빼야 한다).

## 균형

위험 프리미엄 $\rho$는 수요와 공급의 상호작용으로 결정된다. 위험 프리미엄은 국내통화채권과 외국통화채권 간 기대수익률의 차이(UIP로부터의 괴리)로 정의된다.

$$\rho = R - R^* - (E^e - E)/E$$

따라서 민간 부문의 국내통화채권에 대한 순수요는 $\rho$의 증가함수로 나타낼 수 있다. 그림 18A1-1에서 이 관계는 양( + )의 기울기를 가진 국내통화채권에 대한 수요곡선으로 표시되어 있다.

채권의 순공급은 정부와 중앙은행에 의해 결정되고 위험 프리미엄과는 독립적이기 때문에 채권공급곡선은 $(B - A^1)$에서 수직이다. 국내통화채권에 대한 민간 부문의 순수요와 순공급이 일치하는 점 1(위험 프리미엄 $\rho^1$)에서 균형이 이루어진다. 주어진 $R$, $R^*$, $E^e$에 대해 균형점은 환율수준을 $E = E^e /(1 + R - R^* - \rho)$로 결정한다.

그림 18A1-1은 중앙은행의 국내자산 보유를 $A^1$보다 낮은 $A^2$수준으로 감소시키는 국내통화채권 매각의 효과를 보여준다. 이 매각은 국내통화채권의 순공급을 증가시켜 공급곡선을 $(B - A^2)$까지 오른쪽으로 이동시킨다. 그 결과 점 2에서 새로운 균형이 이루어지며 위험 프리미엄은 $\rho^1$보다 높은 $\rho^2$로 상승한다. 마찬가지로 국내통화 정부부채 $B$의 증가도 위험 프리미엄을 상승시킬 것이다.

이 모형을 통해 식 (18-3)에서 불태화 외환시장 개입을 논의할 때 가정한 것처럼 위험 프리미엄이 $(B - A)$의 증가함수임을 확인할 수 있다.

이러한 위험 프리미엄에 대한 논의는 자국이 소국이어서 모든 해외변수를 주어진 것으로 간주한다고 가정하는 것뿐만 아니라 여러 측면에서 지나치게 단순화하고 있음을 알아야 한다. 그러나 일반적으로 외국 정부가 취한 행동이 위험 프리미엄에 영향을 미칠 수도 있는데, 물론 이는 양의 값뿐 아니라 음의 값도 지닐 수 있다. 즉 외국통화채권을 점점 더 위험하게 만드는 정책이나 사건은 결국 투자자가 외국통화채권보다도 기대수익률이 낮은 국내통화채권을 기꺼이 보유하게 할 것이다.

이러한 가능성을 파악하는 한 방법은 본문의 식 (18-3)을 일반화해서 위험 프리미엄을 다음과 같이 표현하는 것이다.

$$\rho = \rho(B - A, B^* - A^*)$$

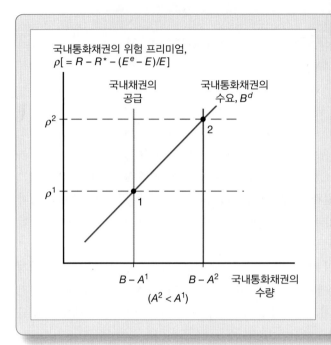

**그림 18A1-1 불완전 자산 대체성하에서의 국내통화채권 공급과 환위험 프리미엄**

민간 부문이 보유해야 하는 국내통화채권 공급의 증가는 국내통화자산에 대한 위험 프리미엄을 상승시킨다.

여기서 $(B^* - A^*)$는 민간 부문이 보유해야만 하는 외국통화채권의 순스톡이다. 이 확장된 공식에서 $(B - A)$의 상승은 $\rho$를 상승시키나, $(B^* - A^*)$의 상승은 외국통화채권을 더욱 위험하게 만들어 $\rho$를 하락시킨다.

## 국제수지 위기의 발생시점

본문에서 국제수지 위기를 중앙은행이 환율을 고정할 것이라는 약속이 갑작스럽게 신뢰를 상실하는 것으로 모형화했다. 앞에서 지적했듯이 통화위기는 위기에 휩싸여 격분한 정책입안자들이 주장하는 것처럼 시장정서가 자의적으로 변한 결과가 아니다. 환율붕괴는 고정환율을 영구히 유지하는 것과 모순되는 정부 정책의 필연적인 결과이다. 이 경우 단순한 경제 이론을 통해 정부 정책과 이에 대한 시장의 합리적 반응을 신중하게 분석해보면 위기시점을 예측할 수 있다.[27]

국제수지에 대한 통화주의 접근법(이 장의 부록 3)과 환율에 대한 통화주의 접근법(16장)의 가정과 기호를 적용하면 가장 쉽게 주요 논점을 설명할 수 있다. 모형을 단순화하여 생산물 가격은 완전 신축적이며 생산량은 완전고용수준에서 일정하다고 가정하자. 또한 시장 참여자는 미래에 대해 완벽한 예측력을 가지고 있다고 가정하자.

국제수지 위기의 정확한 시점은 정부 정책과 무관하게 결정될 수는 없다. 특히 정부의 현재 행동뿐 아니라 미래의 경제적 사건에 대해 어떻게 대응할 계획인가도 설명해야 한다. 정부의 행동에 관해 두 가지 가정을 하자. (1) 중앙은행은 국내여신 스톡 $A$가 계속 증가하도록 허용하고 있으며, 미래에도 영원히 이를 지속할 것이다. (2) 중앙은행은 현재 $E^0$수준에서 환율을 고정하고 있지만, 준비자산 $F^*$가 0으로 떨어지면 환율의 자유로운 변동을 허용할 것이다. 더욱이 중앙은행은 준비자산이 있는 한 이를 매각하여 환율을 $E^0$에서 최후까지 방어하려고 할 것이다.

이러한 중앙은행 정책의 문제점은 그 정책이 영원히 고정환율을 유지하는 것과 모순된다는 점이다. 통화주의 접근법에 따르면 국내자산이 계속 증가함에 따라 준비자산은 계속 감소하게 된다. 따라서 결국 준비자산은 바닥나고 고정환율 $E^0$를 포기할 수밖에 없다. 실제 투기꾼은 투기적 공격을 감행하여 중앙은행의 준비자산이 있는 한 이를 전부 매입하여 이러한 일이 일어나게 한다.

그림을 통해 이러한 위기의 발생시점을 설명할 수 있다. 중앙은행이 준비자산을 보유하지 않고 환율을 자유롭게 변동하게 하며 국내여신이 계속 증가하도록 허용하는 경우에 결정되는 $t$기의 잠재적 환율을 $E_t^S$로 표시하자. 이 경우 환율에 대한 통화주의 접근법에 따르면 국내여신 증가율에 비례하여 $E_t^S$도 계속 상승하는 지속적 인플레이션 상황이 전개된다. 그림 18A2-1의 위쪽 그림은 처음의 고정환율 $E^0$와 함께 잠재 환율 $E_t^S$가 상승하는 모습을 보여준다. 수평축에 표시된 시간 $T$는 잠재환율이 $E^0$에 도달하는 시점을 표시한다.

그림의 아랫부분은 국내여신이 지속적으로 증가할 때 시간이 갈수록 준비자산이 어떻게 변하는지

---

27 국제수지 위기의 대안적인 모형에 대한 논의를 위해서는 다음 논문을 참조하라. Paul Krugman, "A Model of Balance-of-Payments Crises," *Journal of Money, Credit and Banking* 11 (August 1979), pp. 311-325; Robert P. Flood and Peter M. Garber, "Collapsing Exchange Rate Regimes: Some Linear Examples," *Journal of International Economics* 17 (August 984), pp. 1-14; Maurice Obstfeld, "Rational and Self-Fulfilling Balance-of-Payments Crises," *American Economic Review* 76 (March 1986), pp. 72-81. 또한 더 읽을거리에 있는 Obstfeld의 논문을 참조하라.

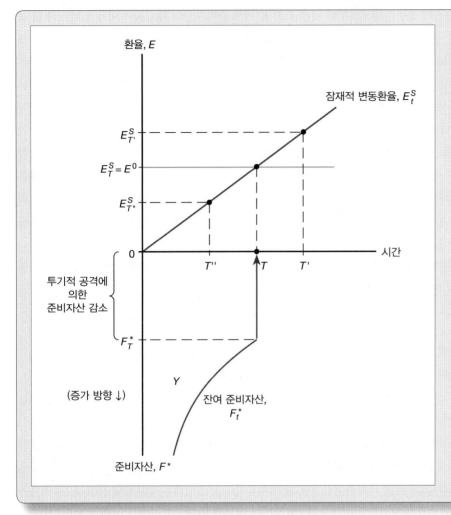

**그림 18A2-1 국제수지 위기의 발생 시점은 어떻게 결정되는가**

잠재환율 $E_t^S$가 붕괴 직전의 고정환율인 $E^0$와 동일해지는 $T$기에 시장은 투기적 공격을 시작하여 남아 있는 준비자산 $F_T^*$를 사들인다.

를 보여준다(준비자산은 수직축을 따라 원점에서 아래쪽으로 움직이면서 증가한다). 준비자산의 시간경로는 $T$시점까지 점차적으로 하락하다가 갑자기 0으로 추락하는 곡선으로 나타난다. 이러한 갑작스러운 준비자산의 감소($F_T^*$)가 바로 고정환율의 종언을 고하는 투기적 공격이며, 자산시장이 균형을 이루려면 정확히 $T$시점에 투기적 공격이 일어나야 한다.

$Y$가 고정되어 있다고 가정하고 있다. 따라서 국내 이자율 $R$이 변하지 않는 한(따라서 국내통화에 대한 수요가 변하지 않는 한) 준비자산은 국내여신 증가율과 같은 비율로 감소한다. 이자율은 어떻게 되는가? 환율이 확실히 고정되어 있는 한 평가절하는 기대되지 않기 때문에 $R$은 외국 이자율 $R^*$와 같다. 따라서 그림 18A2-1이 보여주듯이 환율이 $E^0$에 고정되어 있는 동안에 준비자산은 점차적으로 감소한다.

$T$보다 나중 시점인 $T'$에서 처음으로 준비자산이 0으로 감소했다고 가정하자. 잠재환율 $E^S$는 준비자산이 0일 때의 균형변동환율로 정의된다. 그러므로 준비자산이 $T'$시점에 처음으로 0이 되면 당국은 $E^0$를 영원히 포기하게 되고 환율은 더 높은 수준인 $E_{T'}^S$로 즉각 상승한다. 그러나 이 균형에는 무언가 잘못이 있다. 각 시장 참여자는 자국통화가 $T'$시점에 갑자기 절하될 것을 알고 있기 때문에 $T'$

시점 바로 전 순간에 중앙은행으로부터 낮은 가격 $E^0$에서 준비자산을 매입하여 이윤을 남기려 할 것이다. 따라서 $T'$시점에 처음으로 준비자산이 0이 된다는 앞선 가정과 달리 중앙은행은 $T'$시점 바로 전에 준비자산 모두를 잃게 된다. 따라서 이 점은 균형이 아니다.

$T$시점보다 이른 $T''$시점에 투기꾼이 공적 준비자산을 모두 매입했다고 가정하면 균형이 달성되는가? 개별 자산 보유자의 선택을 고려하면 답은 '아니다'가 된다. 중앙은행의 준비자산이 $T''$점에 0이 되면 중앙은행이 외환시장을 떠나고 자국통화가 $E^0$에서 $E^S_{T''}$로 절상될 것이라는 사실을 투자자는 안다. 따라서 그들은 $T''$시점에 준비자산이 0이 되게 만드는 투기적 공격에 가담할 이유가 없다. 사실상 투자자는 $T''$시점 바로 전에 중앙은행에게 가능한 한 많은 준비자산을 팔고 위기 이후에 더 낮은 환율에서 준비자산을 다시 사려 할 것이다. 그러나 이와 같이 행동하는 것이 모든 투자자에게 유리하므로 투기적 공격은 $T$시점 이전에 발생하지 않는다. 어떤 투기꾼도 $E^0$에서 중앙은행의 준비자산을 사려고 하지 않는다. 왜냐하면 즉각적인 자본 손실을 초래할 것임을 알고 있기 때문이다.

준비자산이 정확히 $T$시점에 0으로 될 때만이 자산시장은 계속 균형을 이룰 수 있다. 앞에서 설명했던 것처럼 $T$시점은 다음 조건으로 정의할 수 있다.

$$E^S_T = E^0$$

위 식에 의하면 $T$시점에 준비자산이 갑자기 0으로 떨어지는 순간 환율은 처음의 고정된 수준에 그대로 머물러 있다가 그 이후에야 위쪽으로 변동하기 시작한다.

폭등이든 폭락이든 예상되는 처음 환율의 급변이 없기 때문에 재정거래 기회가 제거되어 $T'$ 또는 $T''$ 같은 시점에 투기적 공격이 발생하지 않는다. 더욱이 환율이 급변하지 않더라도 통화시장은 $T$시점에 균형을 유지한다. 왜냐하면 두 가지 요인이 정확히 상쇄되기 때문이다. 준비자산이 0으로 급락함에 따라 통화공급도 감소한다. 고정환율이 포기되는 순간 사람들은 국내통화가 점차 절하될 것으로 예상한다. 그러므로 국내 이자율 $R$은 이자율 평형조건을 만족시키도록 상승할 것이고, 이 변화는 실질통화공급 감소와 일치하게끔 실질통화수요를 감소시키게 된다.

지금까지 국제수지 위기가 중앙은행으로 하여금 고정환율을 포기하게 만드는 정확한 시점을 추적했다. 거듭 강조하지만 방만한 통화 정책이 이를 피할 수 없게 만들기 때문에 위기는 언젠가는 반드시 발생한다. 중앙은행이 준비자산을 보유하고 있음에도 불구하고 위기가 일어난다는 사실은 피상적 관찰자들에게 잘못된 시장심리가 이른 시점에 공황을 초래한다고 생각하게 할 수 있다.[28] 그러나 사실은 그렇지 않다. 앞서 분석한 투기적 공격은 시장 참여자에게 재정거래 기회가 주어지지 않는 유일한 경우이다. 그러나 투기적 공격이 없으면 환율이 영원히 유지될 수 있는 경우에도 투기적 공격이 발생할 수 있는 자기실현 위기 모형도 있다.

---

28 단 한 번의 공격으로 준비자산이 0으로 급락한다는 결론은 시장이 미래를 완벽히 예측하고 거래가 지속적으로 이루어진다는 가정에 기인한다. 그러나 (이를테면 미래 국내신용 증가율에 대한) 불확실성을 감안하면 붕괴 가능성이 높아짐에 따라 국내 이자율이 상승하고, 준비자산이 최종적으로 고갈되기 전에 일련의 투기적 통화수요 감소가 이어진다. 이러한 예비적 공격은 여기서 분석한 것과 비슷한 종류의 위기이다.

## 국제수지에 대한 통화주의 접근법

18장에서 논의했던 한 국가에게 국제수지와 통화공급의 긴밀한 관계는 중앙은행 준비자산의 변동이 통화시장의 변화에 따른 것이라는 사실을 나타낸다. 국제수지를 분석하는 이러한 방법은 **국제수지에 대한 통화주의 접근법**이라 한다. 통화주의 접근법은 1950~1960년대에 자크 폴락(Jacques J. Polak)이 이끌던 IMF 조사부와 해리 존슨(Harry G. Johnson), 로버트 먼델(Robert A. Mundell)과 시카고대학교에 재학 중이었던 그들의 학생들이 함께 개발했다.[29]

통화주의 접근법은 국제수지를 통화시장과 연결하는 간단한 모형으로 설명할 수 있다. 우선 아래 식과 같이 실질통화공급이 실질통화수요와 같을 때 통화시장이 균형을 이룬다는 것을 상기하자.

$$M^S/P = L(R, Y)$$

이제 (국내통화로 표시된) 중앙은행의 외화자산을 $F^*$로 표기하고 국내자산(국내신용)을 $A$로 표기한다. $\mu$를 중앙은행 자산($F^* + A$)과 통화공급의 관계를 나타내는 **통화승수**라고 하면 다음과 같다.

$$M^S = \mu(F^* + A)$$

일정 기간 중앙은행 외화자산의 변화($\Delta F^*$)는 (준비자산통화 국가가 아닌 경우) 국제수지와 같다. 위의 두 식을 결합하면 중앙은행의 외화자산은 다음과 같이 표시할 수 있다.

$$F^* = (1/\mu)PL(R, Y) - A$$

만약 $\mu$가 일정하다고 가정하면, 국제수지 흑자는 다음과 같다.

$$\Delta F^* = (1/\mu)\Delta[PL(R, Y)] - \Delta A$$

마지막 식은 통화주의 접근법을 요약한다. 오른쪽 첫 번째 항은 명목통화수요의 변화를 반영하고, 다른 조건이 같을 때 통화수요의 증가는 국제수지 흑자와 통화시장의 균형을 유지하게 하는 통화공급의 증가를 동반한다는 것을 나타낸다. 국제수지식의 두 번째 항은 통화시장의 공급요인을 반영한다. 국내신용의 증가는 다른 조건이 같을 때 통화수요에 비해 통화공급을 증가시킨다. 그래서 국제수지는 통화공급을 줄이고 통화시장의 균형을 회복하기 위해 적자를 기록해야 한다.

국제수지는 (13장에서 본 바와 같이) 경상수지와 (비준비자산) 금융계정 흑자의 합과 같기 때문에 통화주의 접근법이 나오기 이전의 경제학 문헌에서는 국제수지의 변화를 경상수지 또는 금융계정의 변동에 따른 결과로 설명했다. 통화주의 접근법의 중요한 기여는 많은 경우 국제수지 문제가 통화시장 불균형의 결과로 나타나는 것이며, 통화 정책에 의존하는 정책적 대응이 가장 적절하다는 점을 강

---

29 통화주의적 접근법을 사용하는 논문을 모아놓은 저서로 다음을 참조하라. Jacob A. Frenkel and Harry G. Johnson, eds., *The Monetary Approach to the Balance of Payments* (London: George Allen and Unwin, 1976), International Monetary Fund, *The Monetary Approach to the Balance of Payments* (Washington, D.C.: International Monetary Fund, 1977).

조한 데 있다. 예를 들어 대규모 국제수지 적자는 과도한 국내신용 창조의 결과일 수 있다. 이러한 국제수지 적자가 일반적으로 경상수지 적자와 양(+)의 민간 부문 금융계정수지 둘 다와 관련이 있지만, 이를 기본적으로 국내 상품과 자산에 대한 상대적인 세계적 수요의 감소에 기인한다고 보는 견해는 오해의 소지가 있다.

그러나 현실의 많은 경우에서 통화주의 접근법에 기초한 국제수지 분석이 정책 개발을 위해 애매하거나 잘못된 방향으로 이끌 수도 있다. 예를 들면 국내 제품에 대한 해외수요가 일시적으로 감소한 경우를 생각해보자. 이러한 변화는 경상수지와 국제수지의 감소를 초래할 것이지만, 이러한 효과는 (엄격한 자본거래 제약이 있지 않다면) 일시적인 확장적 재정 정책으로 상쇄될 수 있다.

총생산과 통화수요가 감소하기 때문에 통화주의 접근법 또한 수출수요 감소의 결과로 국제수지 적자가 나타난다고 설명한다. 그러나 정책입안자가 국제수지 적자를 통화수요의 감소에 따른 것으로 보고 국내신용 축소가 최선의 방법이라고 결론을 내린다면 이는 잘못된 것이다. 만약 중앙은행이 국제수지를 개선하기 위해 국내신용을 줄이고자 한다면 실업률이 높아지거나 심지어 증가할 수도 있다.

통화주의 접근법은 매우 유용한 분석 수단이지만 거시경제적 문제의 해결책을 찾을 때는 조심스럽게 적용해야 한다. 이 접근법은 국내 통화수요나 공급의 변화로 인한 직접적 결과로 나타나는 정책적 문제의 해결책을 찾는 데 가장 유용하다.

# 국제통화제도: 역사적 개관

**17**장과 18장에서는 자국 내에서 고용과 생산수준을 변화시키기 위해 개별 국가가 어떻게 통화, 재정, 환율 정책을 사용할 수 있는지를 살펴봤다. 이 분석은 나머지 국가의 거시경제 조건이 국가의 행동에 영향을 받지 않는다고 가정했지만 일반적으로 이 가정은 타당하지 않다. 자국 실질환율의 변화는 자동적으로 외국의 실질환율이 반대 방향으로 움직인다는 것을 의미하며, 국내지출의 변화는 외국 상품에 대한 국내수요를 변화시킬 가능성이 높다. 만약 자국이 무시할 정도로 작은 국가가 아니라면 자국 내의 변화는 외국의 거시경제 조건에 영향을 주고 결과적으로 외국 정책입안자들의 일을 복잡하게 만든다.

개방경제에 내재된 상호의존성 때문에 정부는 종종 완전고용과 물가안정 같은 정책 목표를 달성하기가 더 어려워진다. 상호의존성의 경로는 국가들이 채택하고 있는 통화, 금융, 환율제도, 즉 *국제통화제도*라고 불리는 일련의 제도에 의존한다. 이 장에서는 국제통화제도가 금본위제 시대(1870~1914년), 양차 세계대전 사이(1918~1939년), 브레턴우즈 체제에서 환율이 고정되었던 제2차 세계대전 이후(1946~1973년), 변동환율에 광범위하게 의존하고 있는 최근(1973년~현재)의 네 기간에 어떻게 거시경제 정책의 형성과 성과에 영향을 주었는지 검토할 것이다. 이 장에서 알 수 있듯이 각각의 통화제도는 거시경제 정책과 관련해 서로 다른 상충문제(trade-off)를 야기한다.

개방경제에서 거시경제 정책은 대내균형(물가안정하의 완전고용)과 대외균형(과도한 국제수지 불균형의 억제)의 두 가지 기본적인 목표를 가지고 있다. 한 국가가 자국의 국제수지를 변경하고자 할 때는 나머지 국가의 국제수지에 자동적으로 동일한 크기의 반대 변화를 일으키기 마련이므로 한 국가의 거시경제 목표의 추구는 필히 다른 국가가 그들의 목표를 달성하는 데 영향을 준다. 그러므로 대외균형 목표를 추구할 때 한 나라에서 채택된 정책이 다른 국가의 국제수지를 그 국가가 선호하는 것과는 다르게 변화시킬 수 있다.

1870년 이후 줄곧 다양한 국제통화협약하에서 각 국가는 대내외 균형을 이루고자 어떤 시도를 했으며, 얼마나 성공했는가? 시대별로 국제통화제도가 다른 이유는 무엇인가? 정책입안자들은 정책이 외국에 미칠 반향 효과를 걱정했는가? 아니면 세계 경제 전체를 자멸시키는 국수주의적인 수단을 택했는가? 이러한 질문에 대한 답은 그 당시 실행되었던 국제통화제도에 달려 있다.

학습목표

- 개방경제에서 대내 및 대외 균형 목표가 정책입안자에게 어떻게 동기를 부여하는지 설명한다.
- 개방경제에서 정책입안자가 직면할 수밖에 없는 통화 삼자택일의 문제와 각각의 국제통화제도가 이 삼자택일

문제를 어떻게 해결하는지 이해한다.

■ 제1차 세계대전 이전에 국가 간의 환율과 정책을 연결시켰던 국제 금본위제도의 구조와 1914년 이전의 세계통화질서를 회복하려는 노력을 종식시키는 데 1930년대 세계 대공황이 맡았던 역할을 설명한다.

■ 전 세계적으로 고정환율제도를 채택했던 제2차 세계대전 이후의 브레턴우즈 체제가 어떻게 환율 안정과 국내 거시경제 정책의 제한된 자주성을 결합하도록 설계되었는지 논의한다.

■ 1973년 브레턴우즈 체제가 어떻게 붕괴되었으며, 그 당시 경제학자들이 변동환율에 기반을 둔 현재의 국제통화제도를 선호했던 이유를 설명한다.

■ 미국과 같은 대국의 통화 정책과 재정 정책이 변동환율제도에서 어떻게 해외로 전파되는지 요약한다.

■ 최근 세계 경제가 어떤 성과를 거두었는지와 1973년 이후의 경험이 국제적 정책 공조의 필요성에 대해 어떤 교훈을 가르쳐주는지 논의한다.

## 개방경제에서의 거시경제 정책 목표

개방경제의 정책입안자들은 대내균형과 대외균형을 달성하려는 동기를 지닌다. 간단히 정의하면 **대내균형**(internal balance)은 국가 자원의 완전고용과 물가안정을 의미한다. **대외균형**(external balance)은 한 국가의 경상수지 적자가 심각하여 미래에 외채를 갚을 수 없거나 흑자가 너무 커서 외국이 미래에 외채를 갚을 수 없는 경우가 아닐 때 달성된다.

실제적으로 이러한 정의가 모든 잠재적 정책사안을 포괄하는 것은 아니다. 일례로 정책입안자들은 완전고용 및 물가안정과 더불어 자국의 소득분배를 추가적인 대내목표로 여길 수 있다. 정책입안자들은 환율제도나 다른 요인에 따라 경상수지보다는 국제수지의 변동을 더 염려할 수도 있다. 문제를 더 복잡하게 만드는 것은 대내외 목표 사이의 경계가 모호할 수 있다는 점이다. 예를 들어 수출증가가 외채상환 능력에 영향을 줄 경우 수출 산업의 고용목표는 어떻게 분류해야 하는가?

그럼에도 불구하고 위에 제시된 단순한 대내외 균형의 정의는 특정한 경제 상황과 상관없이 대부분의 정책입안자가 공유하는 목표이다. 그러므로 이러한 정의를 중심으로 분석을 체계화하고 필요한 경우 대내 또는 대외균형의 또 다른 측면을 논의해보자.

### 대내균형: 완전고용과 물가안정

한 국가의 생산자원이 완전고용되고 물가수준이 안정될 때 국가는 대내균형 상태에 있다. 고용되지 않은 자원이 있을 때의 낭비와 고통은 설명할 필요가 없다. 또한 한 국가의 경제가 과열되어 자원이 과도하게 이용되는 경우에도 종류는 다르지만 낭비(덜 해로운)가 발생한다. 일례로 연장근무를 하는 노동자는 일을 줄이고 여가를 즐기는 것을 더 선호하지만, 계약 때문에 수요가 많은 시기에는 더 오랫동안 일할 수밖에 없다. 평상시보다 더 강도 높게 작동되는 기계는 더 자주 고장이 날 것이고 더 빨리 마모된다.

불완전고용과 과잉고용은 또한 통화단위의 실질가치를 불확실하게 하여 경제적 결정을 안내하는 지표로서의 유용성을 하락시킴으로써 경제의 효율성을 감소시키는 쪽으로 물가수준을 변화시킨다. 노동수요와 생산이 완전고용수준을 초과할 때 국내임금과 물가는 상승하고 그 반대의 경우는 하락한다. 따라서 정부는 안정적이고 예측 가능한 물가수준을 유지하기 위해 총수요가 완전고용수준에서 크게 벗어나지 않게 해야 한다.

만약 미래 통화 정책에 대한 노동자와 기업의 기대가 임금-물가의 나선형 상승이나 하락을 초래한다면 완전고용하에서도 인플레이션이나 디플레이션이 발생할 수 있다. 그러나 나선형 상승이나 하락은 중앙은행이 통화의 지속적인 투입이나 환수를 통해 기대가 실현되게 하는 경우에만 지속될 수 있다(15장).

불안정한 물가수준이 가져오는 파괴적인 효과 중 하나는 대출계약의 실질가치에 대한 영향이다. 대출은 통화단위로 이루어지기 때문에 예상치 못한 물가변동은 채권자와 채무자 사이에 소득을 재분배한다. 일례로 미국 물가가 갑자기 상승하면 달러화 부채를 진 사람에게는 유리한데, 이는 채권자에게 갚아야 할 돈을 상품이나 서비스로 환산하면 그 가치가 감소하기 때문이다. 동시에 물가상승은 채권자에게 불리하다. 이러한 뜻밖의 소득 재분배는 손해 본 사람에게는 심각한 고통을 주므로 정부가 물가안정을 유지해야 하는 또 다른 이유이다.[1]

이론적으로 완벽한 예측이 가능한 물가의 상승이나 하락 추세는 인플레이션 비용이 많이 들지 않는데, 이는 모든 사람이 미래 통화의 실질가치를 쉽게 계산할 수 있기 때문이다. 그러나 현실 세계에서 예측 가능한 인플레이션이란 있을 수 없다. 실제 경험적으로 보면 물가수준의 예측 불가능성은 물가수준이 빠르게 변하는 기간에 급격히 확대되었다. 전후 기간에 천문학적인 물가상승으로 자국통화가 회계단위나 가치저장 기능을 상실한 아르헨티나, 브라질, 세르비아, 짐바브웨 같은 국가에서 인플레이션의 비용이 가장 뚜렷이 드러난다.

그러므로 물가불안을 피하기 위해 정부는 바람직하지 못한 생산량의 급격한 변동을 막아야 한다. 또한 통화공급이 너무 빠르거나 혹은 너무 느리게 증가하지 않도록 조절함으로써 인플레이션이나 디플레이션을 회피해야 한다.

## 대외균형: 최적 경상수지수준

대외균형의 개념은 대내균형보다 정의하기 어렵다. 이는 '완전고용'이나 '물가안정'처럼 경제의 대외거래에 적용할 수 있는 자연스러운 기준이 없기 때문이다. 외국과의 무역이 거시경제 문제를 일으키는지 여부는 그 국가 특유의 환경, 해외 여건, 외국과의 경제관계를 규정하는 제도 등 다양한 요소에 달려 있다. 일례로 환율을 고정한 국가는 환율이 변동하는 국가와는 다른 대외균형의 정의를 채택하는 것이 당연하다.

국제경제학 교재는 종종 경상수지 균형을 대외균형으로 정의한다. 이러한 정의는 어떤 환경에서는 적절할 수 있지만 일반적으로는 유용하지 않다. 13장에서 살펴본 경상수지가 적자인 국가는 외국으로부터 미래에 갚아야 할 자원을 빌리고 있다는 점을 상기하라. 그러나 이 상황이 반드시 바람직하지 않은 것은 아니다. 예를 들어 경상수지 적자 국가에 투자하는 것이 나머지 국가에 투자하는 것보다 더 수익이 높을 수 있다. 이 경우 해외대출을 상환하는 것에는 문제가 없는데, 왜냐하면 수지가 맞는 투자는 원리금을 갚을 만큼 충분한 수익을 보장할 것이기 때문이다. 마찬가지로 국내저축이 자국보

---

1 정부가 자국통화의 주요 채무자일 때는 이야기가 다소 다르다. 이러한 경우 정부부채의 실질가치를 감소시키는 대규모 인플레이션은 국민에게 세금을 부과하는 편리한 방법이 될 것이다. 이러한 세금징수 방법은 개발도상국(22장 참조)에서는 아주 일상화되었지만 그 외에는 일반적으로 마지못해 하거나 극단적 상황(예: 전쟁 중이나 전쟁 직후)에서만 적용되었다. 인플레이션으로 국민을 놀라게 하는 정책은 정부의 신뢰성을 감소시키고 피셔 효과를 통해서 정부의 미래 차입 조건을 악화시킨다.

다 해외에서 더 높은 투자수익을 낼 수 있는 경우에는 경상수지 흑자도 문제가 되지 않는다.

좀 더 일반적으로 경상수지 불균형은 무역 참가국이 어떻게 무역의 이익을 얻는지를 설명해주는 또 다른 예라고 생각할 수 있다. 무역은 소위 기간 간 무역(intertemporal trade), 즉 시간에 걸친 소비의 교환이라 할 수 있다(6장과 17장 참조). 특정 시점에서 각기 다른 능력을 지닌 국가가 가장 잘 생산할 수 있는 상품을 집중생산하고 거래함으로써 이익을 얻듯이, 현재의 생산물을 가장 높은 미래의 생산물로 바꿀 수 있는 국가에 집중적으로 투자해서 이익을 얻을 수 있다. 투자기회가 취약한 국가는 자국 내 투자를 줄이고 저축을 더 생산적인 해외투자로 돌려야 한다. 다시 말해 투자가 상대적으로 덜 생산적인 국가들은 현재 이용 가능한 생산물의 순수출자가 되고(경상수지 흑자), 반면에 투자가 상대적으로 생산적인 국가는 순수입자가 된다(경상수지 적자). 만기가 돌아오면 후자의 국가는 외채를 갚기 위해 전자의 국가에 생산물을 수출하는데, 이로써 미래 생산물과 현재 생산물의 교환이 완성된다.

경상수지 불균형을 정당화하는 다른 고려사항도 있다. 일시적으로 생산물이 줄어든(예: 농작물 작황이 나쁘기 때문에) 국가는 소비의 급격한 감소를 막기 위해 외국으로부터 차입하기를 원한다. 차입기회가 없다면 미래 생산물에 대한 현재 생산물의 가격은 해외보다 생산물이 하락한 국가에서 더 높다. 따라서 기간 간 무역은 이러한 가격차이를 제거하고 쌍방에게 이익을 가져다준다.

모든 국가가 경상수지 균형을 이루어야 한다는 주장은 이러한 기간 간 무역이 가져다주는 중요한 이익을 고려하지 않는 것이다. 따라서 현실적인 정책입안자라면 경상수지 균형을 모든 환경에서 적절한 정책 목표로 채택하기를 원하지는 않을 것이다.

그러나 특정 시점에서 정책입안자들은 대개 특정한 수준의 경상수지를 목표로 채택하기도 하는데, 그 목표는 대외균형으로 정의된다. 경상수지 목표수준이 일반적으로 균형은 아니지만, 정부는 보통 기간 간 무역의 이익으로 정당화할 수 없는 과도한 경상수지 흑자나 적자는 피하고자 한다. 기간 간 무역으로 얻는 이익을 극대화하는 경상수지수준을 정확히 추정하는 것이 불가능하지는 않지만 매우 어렵기 때문에 정부는 신중을 기한다. 더욱이 최적 경상수지수준은 경제 조건이 변화함에 따라 예측할 수 없는 방향으로 변할 수도 있다. 그러나 목표에서 너무 멀리 이탈한 경상수지는 심각한 문제를 야기할 수 있다.

**과도한 경상수지 적자에 따른 문제점**    정부가 과도한 경상수지 적자를 피하고자 하는 이유는 무엇인가? 이미 설명한 것처럼 경상수지 적자(이는 외국으로부터 차입하고 있음을 의미)가 미래의 수익을 보장하는 생산적인 국내 투자 프로젝트에 사용된다면 아무런 문제가 되지 않는다. 그러나 때때로 대규모 경상수지 적자는 잘못된 정부 정책이나 경제의 기능불량이 초래한 일시적인 과소비를 반영하는 경우도 있다. 다른 한편 외국자본을 차입해 진행한 투자 프로젝트가 잘못 계획되고 미래 수익을 너무 낙관적으로 예상한 경우도 있다. 이러한 경우 정부는 미래에 외국에 부채를 상환하는 방법보다는 즉각적으로 경상수지 적자를 감소시키는 방법을 원할 수 있다. 특히 국내투자의 수익성을 높이지 못하는 확장적 재정 정책이 야기한 대규모 경상수지 적자는 대외균형을 회복시키도록 경제의 경로를 수정해야 한다는 경고일 수 있다. 모든 개방경제는 대외부채의 원리금을 상환할 수 있는 수준으로 지출을 제한하게 하는 **기간 간 예산제약**(intertemporal budget constraint)에 직면해 있다. 이 예산제약

# 한 국가가 영원히 돈을 빌릴 수 있는가? (뉴질랜드 사례)

태평양의 작은 국가인 뉴질랜드(인구 약 500만 명)는 공식 통계가 공표된 이후 수년 동안 매년 경상수지 적자를 기록하고 있다. 그 결과 뉴질랜드의 해외 대출자에 대한 순부채가 국가생산의 약 50%에 달하고 있다. 그럼에도 불구하고 해외 대출자들은 대출을 계속 연장해주고 있으며, (나중에 살펴볼 사례들과는 대조적으로) 아직까지는 상환에 대해 걱정하지는 않는 것 같다. 채무국이 파산하지 않고 매년 대출받는 것이 가능한가? 놀랍게도 너무 많은 금액을 대출받지 않는다면 대답은 '그렇다'이다.

그 이유를 이해하기 위해서는 장기간 차입과 대출을 할 수 있는 국가의 예산제약을 살펴보아야 한다.[2] (이 분석은 13장에서 정의한 순국제투자포지션 $IIP$가 중요한 이유를 보여줄 것이다.) 계속해서 $IIP$가 한 국가의 순해외부(외국인들에 대한 청구권에서 부채를 뺀 값)를 의미하며, $GDP$는 국내총생산 또는 국경 안에서 생산된 생산량을 나타낸다고 하자. $r$은 해외부채에 대해 지급하거나 해외부로부터 지급받는 일정한 이자율이라고 하자.[3] 분석을 단순화해 국민총생산 $Y$가 GDP와 순해외투자로부터 벌어들인 소득의 합계라고 한다면, $Y = GDP + rIIP$이고, $t$시점의 경상수지는 아래와 같이 표현된다.

$$CA_t = IIP_{t+1} - IIP_t = Y_t - (C_t + I_t + G_t)$$
$$= rIIP_t + GDP_t - (C_t + I_t + G_t)$$

($IIP_{t+1}$을 $t$년 말의 순해외부라고 생각하자. 13장의 사례 연구에서 국민소득과 생산계정에 포착되지 않는 순해외부채의 가격 손익 때문에 위 등식이 정확하지는 않다는 것을 보았다. 이 점에 대해서는 마지막 부분에서 더 설명할 것이다.)

(음수일 수도 있는) 순수출을 $NX_t = GDP_t - (C_t + I_t + G_t)$와 같이 국내생산과 이 생산물에 대한 국내수요의 차이라고 정의하자(순수출은 때때로 '무역수지'라고 언급된다). 그러면 위의 경상수지 식을 아래와 같이 다시 쓸 수 있다.

$$IIP_{t+1} = (1 + r)IIP_t + NX_t$$

이제 간단하지만 우회적인 계산을 이용해야 한다. 앞의 등식에서

$t = 0$인 시점에서 시작해서 모든 사람이 부채를 상환해야 하는 먼 미래의 시점 $T$가 있다고 가정하자(즉 $IIP_T = 0$). 앞의 $IIP$ 등식을 1, 2, 3, ⋯ $T$년까지 연속적으로 적용할 것이다. $t = 0$부터 시작하면 앞의 등식으로부터 아래 식을 얻을 수 있다.

$$IIP_0 = -\frac{1}{1+r}NX_0 + \frac{1}{1+r}IIP_1$$

하지만 앞의 등식은 좌변에 $IIP_1$, 우변에 $NX_1$과 $IIP_2$인 경우에도 성립한다. 이것을 위 등식에 대입하면 아래 식을 얻을 수 있다.

$$IIP_0 = -\frac{1}{1+r}NX_0 - \frac{1}{(1+r)^2}NX_1 + \frac{1}{(1+r)^2}IIP_2$$

물론 이러한 대입을 $IIP_T = 0$(모든 부채가 상환되는 시점)이 될 때까지 계속할 수 있다. 그 결과 얻을 수 있는 식이 한 국가의 *기간 간 예산제약식*이 된다.

$$IIP_0 = -\frac{1}{1+r}NX_0 - \frac{1}{(1+r)^2}NX_1$$
$$- \frac{1}{(1+r)^3}NX_2 - \cdots - \frac{1}{(1+r)^T}NX_{T-1}$$

만약 한 국가의 초기 $IIP$ 값이 양이라면(해외자산이 해외부채보다 더 크다면), 이 기간 간 예산제약식은 미래의 순수출 적자를 *현재가치로 할인한* 값이 초기 순해외부보다 더 크지 않은 범위 내에서는 미래에 순수출 적자($NX < 0$)를 운용할 수 있음을 의미한다. 그 반면 만약 초기 $IIP$ 값이 음이면 미래 순수출이 순해외부채를 모두 상환할 수 있을 만큼 충분히 흑자가 되어야만 한다(이자도 갚아야 하기 때문에 미래 순수출이 $r$에 의해 할인되며, 먼 미래일수록 더 크게 할인된다). 따라서 뉴질랜드와 같이 빚을 지고 있는 국가는 명백히 순수출 또는 무역수지 적자를 영원히 유지할 수가 없다. 이 국가는 빚을 갚기 위해 언젠가는 지출(absorb)하는 것보다 더 많은 상품과 서비스를 생산해야만 한다. 그렇지 않으면 그 국가는 빚을 갚기 위해 계속 더 많이 빌려야 한다. 이는 그 국가에 대한 새로운 대출들이 사라지면 머지않아 결국 붕괴될 수밖에 없는 전략이다.[4]

---

2 여기서 논의되는 내용은 6장과 17장의 부록과 관련이 있으나, (2개 기간이 아닌) 여러 기간이며 초기 $IIP$가 0이 아닌 경우를 포함하므로 더 일반적인 모형이다.

3 이 모형에 대한 단순한 설명은 모든 해외자산과 해외부채가 단일 글로벌 통화로 표시된 채권이며, $r$은 글로벌 통화로 표시된 **명목이자율**이라고 가정하는 것이다. 그러나 사실상 해외자산과 해외부채에 대한 명목이자율은 다를 수 있으며, 뒤에서 설명하듯이 어느 정도가 될지 예측할 수 없다. 6장과 17장의 부록에서 $r$을 글로벌 실질이자율로 해석했듯이, $GDP$, $Y$, $IIP$가 모두 가상의 글로벌 통화가 아니라 실질변수로 측정된다면 여기서도 $r$을 실질이자율로 해석할 수 있을 것이다.

4 신규 대출로 과거 대출을 상환하는 것(신규 투자의 수입으로 상환하는 것과는 반대로)에 기초한 전략은 **폰지 책략(Ponzi schemes)**으로 알려져 있다. 찰스 폰지(Charles Ponzi, 1882~1949)는 남에게 속기 쉬운 매사추세츠 투자자들에게 90일 내에 투자금의 2배를 주겠다고 약속했고, 상환해야 할 때는 새로운 투자자들로부터 자금을 공급받아 돈을 갚았다. 미국 정부는 그 사업 모델이 사기임이 밝혀진 뒤인 1920년에 폰지를 체포했다. 최근에 금융업자인 버나드 메이도프(Bernard Madoff)는 여러 해 동안 더 큰 규모의 폰지 책략을 꾸몄다.

그러나 순수출과 마이너스 *IIP*에 따른 순이자지급 유출액의 합인 경상수지는 어떤가? 놀랍게도 빚을 갚을 수 있기 위해 이 합은 양수가 될 필요가 전혀 없다.

그 이유를 알기 위해 앞의 기간 간 예산제약식을 명목 GDP로 나눈 비율, $iip = IIP/GDP$, $nx = NX/GDP$로 나타내는 것이 유용하다. 명목 GDP의 연간 성장률이 $r$보다 낮은 상수 $g$라고 가정하면 $GDP_t = (1 + g)GDP_{t-1}$이다. 그다음 기간 간 예산제약식을 0기의 GDP로 나누면 아래 식이 성립된다.

$$iip_0 = \frac{IIP_0}{GDP_0} = -\frac{1}{1+r}\frac{NX_0}{GDP_0} - \frac{1}{(1+r)^2}\frac{NX_1}{GDP_1}$$
$$\frac{GDP_1}{GDP_0} - \cdots - \frac{1}{(1+r)^T}\frac{NX_{T-1}}{GDP_{T-1}}\frac{GDP_{T-1}}{GDP_0}$$
$$= -\frac{1}{1+r}nx_0 - \frac{1+g}{(1+r)^2}nx_1 - \frac{(1+g)^2}{(1+r)^3}nx_2$$
$$- \cdots - \frac{(1+g)^{T-1}}{(1+r)^T}nx_{T-1}$$

시간이 매우 길다고 가정함으로써 위의 예산제약식을 무한-합산 표현식과 거의 같게 만들 수 있다.

$$iip_0 = -\frac{1}{1+g}\sum_{t=1}^{\infty}\left(\frac{1+g}{1+r}\right)^t nx_{t-1}$$

한 국가가 어떻게 영구적으로 경상수지 적자를 쉽게 유지할 수 있는지 보기 위해 일정한 수준의 순수출 $\overline{nx}$가 어느 규모가 되어야 한 국가가 예산제약식을 준수하게 되는지 알아보자. 앞의 식에 순수출 $\overline{nx}$를 대입하고, 등비급수에 대한 합계공식을 이용해 순수출 수준을 찾아낼 수 있다.[5]

$$iip_0 = -\frac{1}{1+g}\sum_{t=1}^{\infty}\left(\frac{1+g}{1+r}\right)^t \overline{nx} = \frac{-\overline{nx}}{r-g}$$

이 풀이는 순수출이 $\overline{nx} = -(r-g)iip_0$임을 의미한다. 예를 들어 만약 $iip_0$가 음수라면(순채무국) $\overline{nx}$는 양수여야 하고 부채를 상환할 수 있을 만큼 충분히 큰 규모여야 한다.

이것은 어떤 수준의 경상수지를 의미하는가? 초기 연도인 $t = 0$ 시점에서 한 국가의 (GDP에 대한 비율로 표시된) 경상수지는 $ca_0 = r(iip_0) + \overline{nx} = r(iip_0) - (r-g)iip_0 = g(iip_0)$와 같다. 따라서 뉴질랜드와 같은 순채무국의 경우 초기 경상수지는 적자이다. 그러나 경상수지 크기에 대한 중요한 추가적인 시사점은 GDP 대비 *IIP* 비율이 $\overline{iip} = iip_0$에서 영원히 일정하게 유지될 것이고, 그 결과 경

상수지 또한 $g(\overline{iip})$에서 일정하게 유지될 것이라는 점이다. 이 수준의 경상수지는 명목 GDP가 g%로 성장할 때 명목 GDP 대비 순해외자산 또는 순해외부채의 비율을 일정하게 유지시킬 수 있을 만큼 충분하다.[6] 따라서 GDP 대비 순수출의 비율이 적정한 수준에서 일정하다면 초기에 순해외부채를 가진 국가는 국내생산 대비 순해외부채의 비율을 일정하게 유지시키면서 영구적으로 경상수지 적자를 유지할 수 있다.

다음 그림은 뉴질랜드의 순수출과 경상수지(좌축) 그리고 *IIP*(우축)의 GDP 대비 비율을 보여준다. 그림에서 보듯이 최근에 뉴질랜드는 매년 경상수지 적자를 기록했으나 GDP 대비 *IIP*의 비율은 1992년 이래로 평균 −70% 수준에서 유지되고 있다. (2011년 이후에는 그 평균보다 높았고 일반적으로 증가하는, 즉 음의 수치가 줄어드는 모습을 보이고 있다.) 이것이 어떻게 가능한가? 1992~2019년 동안 뉴질랜드의 명목 GDP의 연평균 성장률은 5%이기 때문에 앞의 공식에서 1년 이자율이 $r = 6$%일 때, 뉴질랜드의 1년 평균 순수출 흑자가 아래와 같이 GDP의 0.7%라면, GDP 대비 *IIP*의 비율은 일정하게 유지될 것이다.

$$\overline{nx} = -(r-g)iip_0 = (0.06 - 0.05) \times (0.7)$$
$$= 0.01 \times 0.7 = 0.007$$

하지만 이는 그림에서 1992~2019년 동안 뉴질랜드의 GDP 대비 순수출 비율의 평균인 1.5%보다 확실히 낮은 수치이다.[7]

이 기간 뉴질랜드 *IIP*에 대한 연간 수익률이 약 6%였다는 점을 독자적으로 계산할 수 있는가? 계산을 위해서는 그 국가의 해외 부채 및 투자 그리고 그 수익률(13장 말미에서 논의한 미국의 *IIP*를 생각해보라)에 대한 자세한 정보가 필요하기 때문에 추정치를 계산하기가 쉽지 않다. *IIP*의 일부로 간주되는 뉴질랜드의 국제투자 소득수지를 살펴봄으로써 부분적인 답(해외자산과 부채에 대한 자본 이득과 손실을 무시했기 때문에 부분적인 답이다)을 얻을 수 있다. 1992~2019년 뉴질랜드는 평균적으로 순해외부채의 7.5%에 해당하는 순이자와 배당금을 지급했다. 이는 GDP에 대한 *IIP*의 비율을 안정시키는 6%보다 더 높다.

이 상황에 대해 걱정해야 하는가? 이 경우에는 그러지 않아도 되는 몇 가지 이유가 있다. 한 가지 가능성은 일반적인 과소보고 문제로 인해 공식적인 자료에서 뉴질랜드로의 이자 유입이 과소 추정되었다는 점이다(13장). 게다가 뉴질랜드의 총해외자산은 상당한 부분이 주식이거나 해외통화로 표시된 자산인 반면에, 총해외부채는 대개 뉴질랜드 달러(또는 '키위')로 표시된 은행부채로 되어 있

---

5 고등학교 수학시간에 $x$의 절댓값이 1보다 작은 경우 $x + x^2 + x^3 + \cdots = \frac{x}{1-x}$임을 기억하라. 이번 예시에서 $x = \frac{1+g}{1+x} < 1$이다.

6 따라서 만약 명목 GDP가 매년 5%씩 성장한다면, 경상수지는 순해외자산이나 부채를 5%까지 증가시키고 이 비율이 일정하게 유지되도록 할 것이다. 연습문제 8은 이를 수학적으로 증명하도록 묻고 있다.

7 이 계산식이 의미하는 평균 경상수지 적자는 상당히 크다. 매년 GDP의 $g(iip_0) = 0.05 \times 0.7 = 3.5$%.

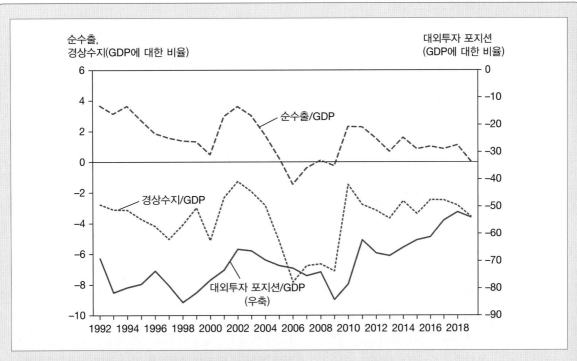

**뉴질랜드 순수출, 경상수지 및 순대외투자 포지션(1992~2019)**

뉴질랜드는 수십 년 동안 계속 경상수지 적자를 기록하고 있지만 순해외부채는 평균 GDP의 70% 수준이며 최근 감소하고 있다

출처: Statistics New Zealand.

다. 1992년 이후 키위가 키위 달러당 미 달러 약 55센트에서 72센트로 절상되었지만, 글로벌 주식시장은 그 기간에 호황을 보였다. 예를 들어 미국의 S&P 500 주가지수는 대략 9배 정도 상승했다. 명백히 이러한 해외자산에 대한 이득은 뉴질랜드의 마이너스인 *IIP*의 연평균 총비용을 6% 가까이까지 줄이는 데 도움이 되었다. 마지막으로 뉴질랜드의 GDP 대비 평균 순수출 비율이 연간 $r = 6$%일 때 순해외부채비율을 장기 평균 수준에서 안정화시키는 0.7%보다 상당히 높다는 점을 기억하자. 따라서 전체적으로 볼 때 뉴질랜드는 해외부채를 안정적으로 상환하고 있는 것으로 보인다. 최근에는 지속적인 경상수지 적자에도 불구하고 순해외부채가 감소했다.

의 단순한 버전은 6장과 17장에서 논의되었으며, 좀 더 현실적인 버전은 뉴질랜드의 해외 차입과 부채에 관한 글상자에 설명되어 있다.

가끔 대외목표는 자국 정부의 선택이 아니라 외국에 의해 강요되기도 한다. 외채상환에 문제가 발생하면 외국 채권자들은 새로운 자금을 대여해주기를 꺼리고 심지어는 초기 대출을 즉각 상환하라고 요구하기도 한다. 경제학자들은 이런 상황을 해외대출의 **급정지**(sudden stop)라고 부른다. 이러한 경우 자국 정부는 외국인들이 연장해주려 하지 않는 만기가 돌아온 부채를 상환하기 위해서뿐만 아니라 필요한 해외차입량을 적절한 수준까지 감소시키기 위해 엄격한 조치를 취해야 한다. 대규모 경상수지 적자는 외국 투자자의 신뢰를 감소시키고 급정지를 초래할 수 있다. 더구나 급정지가 발생하는 경우에 초기의 적자가 클수록 경제가 자력으로 살아남기 위해 필요한 국내지출의 감소 규모가 더 크며 더 고통스럽다.

**과도한 경상수지 흑자에 따른 문제점**  과도한 경상수지 흑자는 적자와는 다른 문제를 야기한다. 경상수지 흑자는 국가가 해외자산을 축적하고 있음을 의미한다. 해외 부에 대한 자국의 청구권 증가는 왜 문제가 되는가? 한 가지 가능한 이유는 국민저축수준이 주어진 경우 경상수지 흑자의 증가는 국내 기계 및 설비에 대한 투자가 감소하고 있음을 의미한다는 사실에서 찾을 수 있다. (이 점은 국민소득 항등식 $S = CA + I$에서 알 수 있다. 이 항등식에 따르면 총국내저축 $S$는 해외자산 축적 $CA$와 국내투자 $I$로 나누어진다.) 국내저축이 국내투자에 더 많이 이용되고, 해외투자에는 더 적게 이용되는 것을 정책입안자가 선호하는 데는 다음과 같은 다양한 요인이 있다. 첫째, 국내자본의 수익은 해외자산보다 과세하기 쉽다. 둘째, 국내 자본스톡 축적은 국내실업을 감소시키고, 해외자산 투자보다 국민소득을 더 많이 증가시킨다. 마지막으로 한 기업에 의한 국내투자는 다른 국내 생산자에게 유익한 기술 전파 효과를 가져다준다.

만약 대규모 경상수지 흑자가 외국의 과도한 차입에 기인한다면 이 국가는 미래에 자국이 빌려준 돈을 돌려받을 수 없을지도 모른다. 다시 말해 외국이 갚을 수 있는 것보다 더 많이 빌렸다면 경상수지 흑자국은 해외 부를 잃게 된다. 이와는 대조적으로 자국 거주자 사이에 대출을 못 갚으면 자국 내에서 국부가 재분배되지만, 국부수준 자체가 변하지는 않는다.[8] 과도한 경상수지 흑자는 정치적으로 불편할 수도 있다. 대규모 경상수지 흑자를 지닌 국가는 대외적자를 지닌 교역대상국의 차별적인 보호무역조치의 목표물이 될 수 있다. 이러한 손해가 되는 규제 수단을 피하기 위해 흑자 국가는 흑자가 너무 크지 않게 유지해야 할 것이다.

**요약**  대외균형의 목표는 앞에서 논의된 위험을 회피하면서 기간 간 무역으로부터 중요한 이익을 실현할 수 있게 하는 경상수지수준이 된다. 정부가 정확히 이러한 경상수지수준을 알지 못하기 때문에 기간 간 무역이 커다란 이익을 준다는 분명한 증거가 없으면 대개 과도한 경상수지 적자나 흑자를 피하고자 한다.

그러나 대외불균형을 조정하게 하는 압력은 적자국과 흑자국 간에 근본적인 차이가 있다. 오래 지속된 대규모 적자는 대출의 급정지에 의해 강제적으로 제거될 수도 있지만, 외국인이 제공하는 자금을 차입국이 흡수하고자 하는 의향에 급정지란 있을 수 없다. 따라서 적자국이 직면한 조정 압력은 흑자국에 비해 훨씬 더 강력하다.

## 통화제도의 분류: 개방경제의 통화 삼자택일

세계 경제는 19세기 이후 다양한 국제통화제도를 통해 발전했다. 이 책의 앞부분에서 학습한 모형에서 얻은 통찰력은 국가가 특정한 제도를 채택하게 하는 경제적·정치적·사회적 요소와 더불어 이러한 제도 간 주요 차이점을 이해하는 데 매우 유용할 것이다. 개방경제에서 정책입안자가 대내외 균형 목표를 이루기 위한 최선의 통화제도를 선택할 때 피할 수 없는 **통화 삼자택일**(monetary trilemma)에

---

8 이 사실은 존 메이너드 케인스(John Maynard Keynes)가 "Foreign Investment and National Advantages," *The Nation and Athenaeum* 35(1924), pp. 584-587에서 지적했다.

직면한다는 것을 이해할 필요가 있다.

18장에서 국가 간 자유로운 자본의 이동을 허용하면서 환율을 고정한 국가가 어떻게 국내통화 정책에 대한 통제력을 포기하는지를 살펴보았다. 이러한 희생은 한 국가가 다음 3개의 항목 중에서 2개를 초과하는 항목을 달성하는 것이 불가능함을 입증한다.

1. 환율 안정
2. 국내목표를 지향하는 통화 정책
3. 국제자본 이동의 자유

이들 항목은 대부분의 경제학자들이 본래 바람직하다고 여기는 국제통화제도의 속성이므로, 오직 2개만 선택해야 한다는 것은 삼자택일의 문제가 된다. 여기서 가능한 선택이 1과 2, 1과 3, 2와 3의 3개이기 때문에 양자택일보다는 삼자택일이라고 불린다.

앞서 보았던 것처럼 국가 간 자유로운 자본의 이동을 허용하는 고정환율제도하의 국가는 위의 두 번째 항목인 국내목표를 지향하는 통화 정책을 희생한다. 반면에 국제자본 이동을 제한하는 고정환율제도하의 국가는 이자율 평형조건($R = R^*$)이 성립할 필요가 없게 되므로(그렇게 함으로써 위의 세 번째 항목을 희생한다), 국내경제에 영향을 주도록 국내 이자율을 변화시킬 수 있게 된다(즉 위의 2번째 항목을 지키는 것이다). 이런 방식으로 수출을 감소시키지 않으면서(통화가치 절상에 기인하는 국제수지 균형으로부터 이탈을 방지하면서) 국내 경기과열을 줄일 수 있을 것이다(즉 이자율을 인상하여 대내균형에 근접하게 된다). 마지막으로 17장에서 다루었던 것처럼 변동환율제도를 선택한(위의 첫 번째 항목을 포기한) 국가는 국제자본 이동이 자유로움에도 불구하고 경제를 조정하기 위한 통화 정책을 사용할 수 있다. 그러나 그 결과 환율이 매우 예측하기 어려워지고, 수입업자와 수출업자의 경제적 계획을 더 복잡하게 만든다.

그림 19-1의 삼각형의 꼭짓점은 앞서 언급한 국제통화제도의 세 가지 바람직한 속성을 삼각형의 변으로 도식적으로 보여준다. 오직 두 가지만 동시에 달성할 수 있다. 삼각형의 각 변은 각 변의 모서

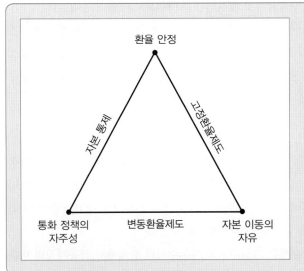

**그림 19-1 개방경제가 직면한 통화 삼자택일**

삼각형의 꼭짓점은 개방경제의 정책입안자들이 통화제도를 통해 달성하고자 하는 세 가지 목표를 보여준다. 불행하게도 최대 2개만 동시에 가능하다. 세 가지 정책체제의 명칭(변동환율제도, 고정환율제도, 자본통제)은 각각 그림에서 두 목표 사이를 연결하는 변과 일치한다.

리에 있는 두 가지 속성과 일치하는 정책제도를 나타낸다.

물론 삼자택일은 중간적인 제도가 불가능하다는 것을 의미하지는 않으며, 정책입안자들이 서로 상충되는 목표를 두고 선택하도록 요구할 뿐이다. 예를 들어 환율을 관리하기 위한 좀 더 공격적인 외환시장 개입은 환율변동성을 감소시킬 수는 있지만, 통화 정책으로 환율 이외의 목표를 추구하는 능력이 감소하는 희생을 치른다. 이와 유사하게 금융계정에 대한 부분적 개방은 국가 간 대출과 차입을 일정 부분 허용할 것이다. 하지만 동시에 국내 이자율 변화에 직면하여 환율을 고정하려면 더 많은 외환시장 개입을 필요로 할 것이고, 국제자본 이동을 완전히 금지할 때보다도 더 큰 규모로 준비자산이 고갈될 수 있으며, 이 경우 중앙은행이 (평가절하와 위기를 회피함으로써) 환율안정을 보장하는 능력은 감소할 것이다. 많은 중소득국가(예: 중국)는 환율 변동성을 제한하면서 동시에 국제지불과 금융시장에 대한 규제를 통해 국내통화관리를 강화한다. 그리고 일정한 수준의 환율안정하에서 규제완화는 통화관리의 완화를 의미한다.

# 금본위제도하의 국제거시경제 정책(1870~1914)

1870~1914년 사이의 금본위제 시대는 제2차 세계대전 이후 국제통화제도의 기초를 형성한 것과는 아주 다른 국제거시 정책에 대한 생각에 기초를 두고 있다. 고정환율제도에 기초하여 국제통화제도를 개혁하려 했던 이 시대의 연속적인 시도는 금본위제도의 약점을 피하면서 강점을 살리기 위한 시도로 간주되기 때문에 주목할 만하다(일부 강점과 약점은 18장에서 논의되었다). 이 절에서는 금본위제도가 제1차 세계대전 전에 구체적으로 어떻게 작동했는지 살펴보고, 이 제도가 어떻게 대내외 균형의 목표를 잘 달성할 수 있게 했는지를 검토해보자.

### 금본위제도의 기원

금본위제도는 교환의 매개수단, 회계단위, 가치저장 수단으로 금화를 사용한 데서 기원을 찾을 수 있다. 고대부터 금이 이러한 방법으로 사용되었지만 금본위가 법적으로 제도화된 것은 영국의회가 오랫동안 지속되었던 영국의 금화와 금괴 수출금지를 폐지시킨 1819년으로 거슬러 올라간다.

19세기 후반부에 미국, 독일, 일본 등의 국가 또한 금본위제도를 채택했다. 그 당시에 영국은 세계경제의 리더였으며, 다른 국가들은 영국의 제도를 모방함으로써 영국과 유사한 경제적 성공을 달성하기를 원했다. 영국이 국제무역에서의 우위와 선진화된 금융제도 및 산업을 지녔기 때문에 런던은 자연스럽게 금본위제도에 기반을 둔 국제통화제도의 중심부가 되었다.

### 금본위제도하의 대외균형

금본위제도하에서 중앙은행의 주된 책임은 통화와 금의 교환비율을 고정하는 일이었다. 이 공적인 금가격을 유지하기 위해 중앙은행은 충분한 양의 금 준비자산을 보유해야 한다. 그러므로 정책입안자들은 대외균형을 경상수지 목표의 관점이 아니라 해외로부터 금을 획득하지도 않고, (훨씬 더 걱정스럽게는) 너무 빠른 속도로 외국에 금을 잃지도 않는 상황으로 보았다.

13장의 현대적 전문용어를 빌리면 중앙은행은 경상수지와 자본수지의 합계에서 금융계정의 비준비자산 항목을 뺀 차이인 **국제수지**의 급격한 변동을 피하고자 했다. 이 기간에 준비자산은 금이었기 때문에 국제수지 흑자나 적자는 중앙은행 간 금 지불로 충당되어야 했다.[9] 대규모 금 이동을 피하기 위해 중앙은행은 국제수지를 0으로 만드는 정책을 채택했다. 한 국가의 경상수지와 자본수지의 합계에서 해외로부터의 순금융유입의 비준비자산 부분을 뺀 차이가 0이 될 때 **국제수지 균형**(balance of payments equilibrium)이라고 한다. 따라서 이때 경상수지와 자본수지의 합계는 공적 준비자산의 이동 없이 국제 민간 대출로 전부 조달된다.

많은 국가의 정부는 경상수지에 대해 방임주의 태도를 취했다. 1870년과 제1차 세계대전 사이에 영국의 경상수지 흑자는 평균 GNP의 5.2%였는데, 이 수치는 1945년 이후의 기준에서 볼 때도 매우 높은 수준이다. 그러나 많은 채무국은 외채를 상환하는 데 한두 번은 어려움을 겪었다. 그 당시 영국은 자본뿐만 아니라 국제경제 이론의 선도적인 수출국이었기 때문에 금본위시대에 저술된 경제적 문헌에는 경상수지 조정 문제가 거의 강조되지 않았다.

## 물가-정화-플로우 메커니즘

금본위제도는 모든 국가가 동시에 국제수지 균형을 달성하는 데 기여하는 몇몇 강력한 자동 메커니즘을 지니고 있다. 그중 가장 중요한 **물가-정화-플로우 메커니즘**(price-specie-flow mechanism)은 18세기에 인식되었다. (이때는 귀금속이 '정화'로 언급되었다.) 스코틀랜드의 철학자인 데이비드 흄(David Hume)은 1752년에 다음과 같이 물가-정화-플로우 메커니즘을 기술한다.

영국 내에 있는 모든 돈의 4/5가 하룻밤 사이에 사라져 정화(specie)에 관한 한 해리스와 에드워즈(the Harrys and the Edwards) 왕국과 같은 상황에 놓이게 되었다고 가정하자. 그 결과는 무엇인가? 모든 노동과 상품의 가격이 동일비율로 하락하고 모든 것이 그 왕국과 같은 정도로 싸게 팔려야만 하지 않을까? 그러면 어떤 국가가 해외시장에서 우리와 경쟁하거나 똑같은 가격으로 공산품을 선적하거나 판매할 수 있겠는가? 이는 우리에게 충분한 이익을 가져다주지 않는가? 그러므로 짧은 시간에 우리는 잃어버렸던 돈을 되찾고 모든 이웃국가와 동등한 수준으로 올라서지 않을까? 그러한 상태에 이르면 우리는 저가의 노동과 상품의 이점을 즉시 상실하게 되고, 풍만하고 포만하게 되어 통화가 더 이상 유입되지 않게 된다.

다시 영국의 모든 통화가 하룻밤 사이에 5배 증가했다면 정반대의 결과가 나타나야만 하지 않을까? 모든 노동과 상품 가격이 터무니없이 상승하여 우리에게 노동과 상품을 살 수 있는 이웃국가는 없지 않을까? 그 반면에 그들의 상품은 상대적으로 싸져 어떤 법을 제정하더라도 우리나라로 몰려와 우리의 통화는 유출된다. 결국 우리는 이웃국가와 같은 수준으로 전락하고 우리를 불리한 위치에 서게 했던 막대한 부의 우위를 상실하게 될 것이다.[10]

흄의 물가-정화-플로우 메커니즘에 대한 설명을 현대 용어로 옮기기는 쉽다. 영국의 경상수지와 자본수지 흑자가 준비자산을 제외한 금융계정 수지보다 크다고 가정하자. 이때 외국의 입장에서 보

---

9 실제로 중앙은행들은 1914년 이전에도 준비자산으로 외국통화를 보유했다. (파운드화는 주요 준비통화였다.)

10 Hume, "Of the Balance of Trade," reprinted (in abridged form) in Barry Eichengreen and Marc Flandreau, eds., *The Gold Standard in Theory and History* (London: Routledge, 1997), pp. 33-43.

면 영국으로부터의 순수입(net import)이 영국의 대출로 완전히 조달되지 않기 때문에 균형을 이루기 위해 금과 같은 준비자산이 영국으로 유입되어야 한다. 이러한 금 유입은 자동적으로 외국통화공급을 감소시키고 영국의 통화공급을 증가시켜 외국 물가는 하락하고 영국 물가는 상승하게 된다(흄이 물가수준과 통화공급은 장기적으로 비례하여 움직인다는 15장의 내용을 완전히 이해했음을 주목하라).

영국 물가의 상승과 외국 물가의 동시 하락(고정환율에서 파운드화의 실질절상)은 영국 상품과 서비스에 대한 외국 수요를 감소시키고 동시에 외국 상품과 서비스에 대한 영국 수요를 증가시킨다. 그러한 수요의 이동은 영국의 경상수지 흑자와 외국의 경상수지 적자를 감소시키는 방향으로 작용한다. 그러므로 결국은 준비자산의 이동이 멈추고 모든 국가는 국제수지 균형에 도달한다. 외국이 흑자이고 영국이 적자인 경우에도 동일한 과정이 반대 방향으로 작용하여 최초의 외국 흑자와 영국 적자를 제거하게 된다.

## 금본위제도의 '게임 규칙': 신화와 현실

이론적으로 물가-정화-플로우 메커니즘은 자동적으로 작동할 수 있다. 그러나 국경을 넘는 금 유출입에 대한 중앙은행의 대응은 국제수지 균형의 회복을 돕는 또 다른 잠재적인 메커니즘을 제공했다. 지속적으로 금을 잃는 중앙은행은 통화를 금으로 태환해주는 의무를 준수하지 못할 위험에 빠진다. 그러므로 중앙은행이 금을 잃을 때 국내자산을 팔아 국내 이자율을 올리고 외국으로부터 자본을 유인하려는 동기를 가지게 된다. 금을 축적한 중앙은행은 자국의 금 수입을 억제하려는 동기가 훨씬 약하다. 주된 이유는 '이자가 없는' 금과 비교해서 이자를 주는 국내자산의 수익성이 훨씬 높기 때문이다. 금을 축적한 중앙은행은 국내자산을 매입하고자 하는 유혹을 받게 되고, 그 결과 국내 이자율을 하락시켜 금융유출이 증가하고 금을 해외로 내보내게 된다.

중앙은행의 이러한 국내신용 정책은 모든 국가가 국제수지 균형을 이루게 하는 물가-정화-플로우 메커니즘을 강화했다. 제1차 세계대전 이후 적자 국면에서는 국내자산을 매각하고, 흑자 국면에서는 국내자산을 매입하는 관행이 금본위제도의 '게임 규칙'(케인스가 만든 것으로 알려진 용어)으로 자리 잡게 되었다. 이러한 정책은 모든 국가의 대외균형 달성을 가속화했기 때문에 금본위제도에 내재된 자동조정 메커니즘의 효율성을 증대시켰다.

최근 연구에 따르면 금본위제도의 '게임 규칙'은 1914년 이전에 자주 위반되었다. 앞에서 언급된 것처럼 게임 규칙을 따르고자 하는 유인은 흑자국보다 적자국에게 더 강하게 적용된다. 따라서 실제로는 모든 국가의 국제수지를 균형으로 만드는 부담을 적자국이 모두 떠안게 되었다. 항상 금 유입을 감소시키는 행동을 취한 것은 아니기에 흑자국은 금본위제도에 내재된 국제 정책 공조 문제를 악화시켰다. 부족한 금 준비금을 위해 경쟁하는 적자국들이 과도한 긴축통화 정책을 실시하여 오히려 고용을 해치고 준비금을 개선하는 데 아무런 도움도 되지 않았다.

사실 많은 국가에서 자주 '게임 규칙'을 뒤집어 금 유입을 불태화했다. 외화준비자산이 증가할 때 국내자산을 매각하고, 외화준비자산이 감소할 때 국내자산을 매입했다. 민간의 금 수출에 대한 정부 간섭도 금본위제도의 기초를 흔들었다. 제1차 세계대전 전의 유연하고 자동적인 국제수지 조정에 대한 상상이 반드시 현실과 일치하는 것은 아니었다. 때때로 정부는 '게임 규칙'을 따르지 않고 자국 정

책이 다른 국가에 미치는 영향을 무시했다.[11]

### 금본위제도하의 대내균형

금에 대한 통화가격을 고정함으로써 금본위제도는 세계 경제의 통화팽창을 제한하고 물가수준을 안정시키고자 했다. 1870~1914년 동안 금본위제 국가의 물가수준은 제2차 세계대전 이후만큼 상승하지는 않았으나, 물가수준이 예측할 수 없을 정도로 변동이 심하여 단기간에 인플레이션과 디플레이션이 서로 번갈아가면서 나타났다. 금본위제 시대에 물가안정에 대한 기록이 이처럼 혼란스러운 것은 앞 장에서 논의했던 문제, 즉 금과 다른 상품의 상대가격 변화를 반영한다.

더욱이 금본위제도는 완전고용에는 많은 기여를 하지 못했던 것으로 보인다. 1914년 이전에 영국의 평균 실업률은 6.2%로, 미국의 실업률보다는 조금 낮았지만 여전히 완전고용에 이르지 못했다. 그러나 제2차 세계대전 이후 1947~1973년의 짧은 기간에 영국의 실업률은 평균 2.1%의 매우 낮은 수준을 기록했다.[12]

1914년 이전의 금본위제도에서 나타난 단기 대내적 불안의 근본적 원인은 정책이 대외목표에 종속되었기 때문이다. 제1차 세계대전 이전에는 제2차 세계대전 이후처럼 전적으로 정부가 대내균형을 유지하기 위한 책임을 떠맡지는 않았다. 미국에서는 그 결과 발생한 경제적 고통이 다음 사례 연구에서 설명하듯이 금본위제도에 대한 정치적 반대를 초래했다. 앞서 논의된 통화 삼자택일 문제에서 금본위제도는 높은 환율 안정성과 국가 간 자본 이동을 허용했지만, 통화 정책이 대내적 정책 목표를 추구하는 것은 허용하지 않은 것이다. 이러한 우선순위는 실업에 가장 취약했던 당시의 상황에서 정치권력이 취약했던 사실과 부합하는 것이었다.

1918~1939년의 양차 세계대전 기간 중 전 세계적인 경제불안이 나타나 제2차 세계대전 이후에는 대내적 정책 목표의 중요성이 증대했다. 1918년 이후 금본위제도를 회복하기 위한 시도에서 초래된 바람직하지 못한 대내적 결과는 1945년 이후에 채택된 고정환율제도의 인식틀을 형성하는 데 도움을 주었다. 제2차 세계대전 이후에 국제통화제도가 어떻게 대내외 균형의 목표를 조화시키기 위해 노력했는지를 알아보려면 양차 대전 사이의 경제적 사건을 검토해야 한다.

## 양차 세계대전 사이의 기간(1918~1939)

여러 국가는 제1차 세계대전 동안 금본위제도를 효과적으로 중지시켰고 막대한 전쟁비용을 통화를 찍어 조달했다. 더욱이 노동력과 생산능력은 패전 이후 급격히 파괴되었다. 그 결과 물가는 1918년 종전 때 훨씬 더 높았다.

여러 국가는 정부가 공공지출을 통해 재건 과정을 지원하고자 했기 때문에 초고속 인플레이션을 경험해야 했다. 전쟁 중과 마찬가지로 정부는 필요한 만큼 돈을 찍어 구매자금을 조달했다. 그 결과

---

11 금본위제도하에서 중앙은행의 관행에 대한 영향력 있는 최근 연구는 Arthur I. Bloomfield, *Monetary Policy under the International Gold Standard: 1880-1914* (New York: Federal Reserve Bank of New York, 1959)이다.

12 1973년 이후 영국의 실업률은 훨씬 높아져 1974~1999년 사이에 평균 10.1%였다. 영국의 실업 데이터는 Timothy J. Hatton and George R. Boyer, "Unemployment and the UK labour market before, during and after the Golden Age," *European Review of Economic History* 9 (April 2005), pp. 35-60 참조

| 사례 연구 | 환율제도의 정치경제: 1890년대 미국의 통화본위제도를 둘러싼 갈등 |

Pictorial Press Ltd/Alamy Stock Photo

18장에서 배웠듯이 미국은 남북전쟁 때까지 금과 은을 모두 통화로 사용하는 복본위제를 시행하고 있었다. 남북전쟁이 발발하자 미국은 '그린백(greenback)'이라 부르는 지폐와 변동환율제도로 전환했지만, 1879년에 순수 금본위제도(및 영국 파운드화 등 다른 금본위제의 통화에 대해서는 고정된 환율)를 채택했다.

1849년 캘리포니아의 금광이 발견된 이후 세계의 금 공급량은 급증했지만, 1879년 미국이 남북전쟁 이전의 달러의 금에 대한 교환비율을 채택한 금본위제도로 복귀하면서 디플레이션이 초래되었다. 더욱이 미국의 금본위제도 복귀 이후 세계적인 금 부족은 오랫동안 물가 하락 압력으로 작용했다. 1896년 미국의 물가수준은 1869년보다 약 40% 낮았다. 경제적 고통은 널리 퍼졌고, 1893년의 은행공황 이후에 특히 심해졌다. 전반적인 물가수준보다 더 빠르게 농산물 가격이 급락하는 것을 경험한 농부들이 특히 심한 타격을 받았다.

1890년대 미국의 농부, 광부, 기타 사람들로 구성된 폭넓은 인민연합(Populist coalition)은 남북전쟁 이전에 시행되던 금은 복본위제도로 복귀할 것을 요구했다. 그들은 금과 은의 상대적 주조 평가가 과거의 16:1로 돌아가길 원했지만 1890년대 초에 은으로 계산한 금의 시장가격은 약 30까지 상승했다. 인민주의자들은 16:1의 비율로 은화를 만들면 사람들이 시장에서 금으로 은을 싸게 구입하고 그것으로 은화를 주조할 것이므로 은화를 증가시키고 디플레이션을 역전시킬 수 있을 것으로 예견했다. 이렇게 된다면 농부와 그들의 연합세력 입장에서는 지난 10년간의 교역조건 악화 추세를 멈추게 하고, 농부의 실질 저당부채를 감소시키는 등 여러 이점이 있다고 판단했다. 특히 서부의 은광 소유자들이 크게 열광했다. 반면 동부의 재력가들은 미국을 세계시장으로 더 완벽하게

통합시키기 위해 '건전한 통화(sound money)', 즉 오직 금만이 절대적으로 필요하다고 보았다.

은 운동(silver movement)은 윌리엄 제닝스 브라이언(William Jennings Bryan)이 "인류를 황금 십자가에 못 박지 말라"고 외친 전당대회 이후 그를 민주당 대통령 후보로 지명한 해인 1896년에 최고조에 달했다. 그러나 남아프리카, 알래스카 및 그 외의 지역에서 새로운 금광이 발견되면서 전 세계의 디플레이션 추세가 역전되기 시작해 은이 정치적인 이슈에서 제외되었다. 브라이언은 1896년과 1900년의 선거에서 공화당의 윌리엄 맥킨리(William McKinley)에게 패했고, 1900년 3월 국회는 금을 배타적으로 달러의 기초로 삼는 금본위법(Gold Standard Act)을 통과시켰다.

프랭크 바움(L. Frank Baum)의 1900년 고전 아동도서인 《오즈의 마법사(The Wonderful Wizard of Oz)》의 현대 독자들은 대개 도로시와 토토 및 친구들에 대한 이야기가 금에 대한 미국의 정치적 투쟁을 우화적으로 표현한 작품이라는 것을 알지 못한다. 노란색 벽돌 길은 금에 대한 거짓약속을 나타내고, '오즈(Oz)'란 이름은 금의 온스(ounce)의 표기 약자이며, 도로시의 은 슬리퍼(잘 알려진 할리우드 컬러 영화에서는 루비 슬리퍼로 바뀌었다)는 빚이 많은 농업 지역인 캔자스주로 돌아가는 바른 길을 안내해준다.[13]

종종 1890년대 은 폭동의 주요 요인으로 농가부채가 언급되나, 하버드대학교의 정치학자 제프리 프리든(Jeffry Frieden)은 농부와 광부가 상품가격을 비교역재에 비해 상대적으로 더 많이 상승시키고자 하는 욕망이 더 적절한 요인임을 입증했다.[14] 수입품과 경쟁하는 제조업자들은 디플레이션에 대한 균형추로서 관세의 보호를 받을 수 있었다. 따라서 한 집단으로서 그들은 통화본위를 바꾸는 것에 대해 관심이 없었다. 왜냐하면 미국은 거의 독점적인 1차 상품의 수출국이었기 때문에 수입관세는 농부나 광부를 돕는 데는 거의 효과가 없었다. 그러나 미국 달러의 절하는 비교역재에 대한 1차 상품의 상대가격을 확실히 상승시킨다. 통화제도와 관련된 법안에 대한 의회투표를 주의 깊게 통계 분석한 결과 프리든은 은에 대한 의회의 지지는 부채수준과는 관련이 없지만 농업과 광업이 주요 사업인 주의 고용과는 매우 높은 상관관계가 있음을 보였다.

---

13 유익하고 재미있는 설명은 Hugh Rockoff, "'The Wizard of Oz' as a Monetary Allegory," *Journal of Political Economy* 98(August 1990), pp.739-760이 있다.

14 "Monetary Populism in Nineteenth-Century America: An Open Economy Interpretation," *Journal of Economic History* 57 (June 1997), pp. 367-395 참조

통화공급과 물가는 급격히 상승하게 되었다.

## 금본위제도로의 일시적 복귀

미국은 1919년 금본위제도로 복귀했다. 1922년 이탈리아의 제노바 회담에서 영국, 프랑스, 이탈리아, 일본을 포함한 국가들은 금본위제도로의 공동 복귀를 위한 프로그램과 대내외 목표를 달성하기 위한 중앙은행 간 협력에 동의했다. 금 공급이 중앙은행의 준비자산에 대한 수요를 충족하기에 불충분하다는 사실(18장에서 언급한 금본위제도의 문제)을 깨달으면서 제노바 회담은 준비자산이 전부 금으로 구성된 대국들의 통화를 소국들이 준비자산의 일부로 보유할 수 있게 하는 **부분 금환본위제도**(partial gold exchange standard)를 인가했다.

1925년 영국은 전쟁 이전의 비율로 파운드를 금에 고정함으로써 금본위제도로 복귀했다. 과거 평가(parity)로의 복귀를 선호한 재무장관 윈스턴 처칠(Winston Churchill)은 전쟁 전의 물가로부터 이탈하면 금본위시대에 국제금융의 선도적 역할을 했던 영국 금융기관의 안정성에 대한 세계의 신뢰가 손상될 수 있다고 주장했다. 영국 물가수준은 전쟁 이후 하락했지만 1925년에는 여전히 전쟁 전의 금본위제도 때보다 높았다. 금의 파운드가격을 전쟁 전의 수준으로 되돌리기 위해서 영국은행은 긴축통화 정책을 실시하지 않을 수 없었고, 그 결과 심각한 실업이 초래되었다.

1920년대 영국의 경기 침체는 세계를 선도하는 금융중심지였던 런던의 몰락을 가속화했다. 영국의 경제적 약세는 복귀된 금본위제도의 안정성이 문젯거리임을 입증했다. 제노바 회담의 추천에 따라 많은 국가는 런던에서의 파운드 예금으로 준비자산을 보유하고 있었다. 그러나 영국의 금 준비금에는 한계가 있었고, 영국의 계속된 경기 침체는 영국의 대외 지불 능력에 대한 신뢰를 되살리는 데 아무런 역할도 하지 못했다. 1929년 대공황(Great Depression)의 시작은 곧 전 세계의 은행파산으로 이어졌다. (여러 중앙은행을 포함해서) 파운드의 해외 보유자들이 통화가치를 유지한다는 영국의 약속에 확신을 잃고 보유한 파운드를 금으로 바꾸기 시작한 1931년에 영국은 금본위제도를 포기하게 되었다.

## 국제경제의 해체

불황이 지속되면서 많은 국가는 금본위제도를 포기하고 외환시장에서 환율이 변동하는 것을 허용했다. 실업이 증가하고 있는 상황에서 고정환율을 선호하는 삼자택일의 해법은 유지하기가 어려웠다. 미국은 1933년에 금본위제도를 포기했지만 1934년에 다시 복귀하여 금의 달러가격을 온스당 20.67 달러에서 35달러로 인상했다. 자국통화에 대한 평가절하 없이 금본위제도를 유지한 국가[프랑스가 주도했던 '금블록(Gold Bloc)']는 대공황시기에 가장 큰 고통을 당했다. 반대로 금본위제도를 폐지하거나 최소한 평가절하를 단행한 나라들은 생산과 물가가 1929년 수준으로 비교적 빠르게 회복되었다.[15] 실제로 최근 연구는 금본위제도 자체가 불황을 전 세계적으로 확산시켰다고 비난하고 있다(사례 연구 '국제 금본위제도와 대공황' 참조).

국제무역과 지급에 대한 규제가 주된 경제적 피해를 입혔는데, 이러한 규제는 많은 국가가 수입을

---

15 금블록의 다른 국가로는 벨기에, 룩셈부르크, 네덜란드, 이탈리아, 폴란드, 스위스가 있다. Ben S Bernanke, "The world on a cross of gold: A Review of 'Golden Fetters: The Gold Standard and the Great Depression, 1919-1939,'" *Journal of Monetary Economics* 31, 1993, pp. 251-267 참조

## 사례 연구　국제 금본위제도와 대공황

Everett Collection/Shutterstock

**19**29년에 시작되어 10여 년간 지속된 장기 대공황의 가장 충격적인 특징 중 하나는 세계적인 현상이라는 점이다. 미국과 주요 교역대상국에 한정되기보다 침체는 빠르고 강력하게 유럽과 중남미, 그 외의 지역으로 번졌다. 무엇이 대공황의 전 세계적인 확산을 설명할 수 있을 것인가? 최근 연구는 국제 금본위제도가 20세기의 가장 커다란 경제위기를 촉발하고, 악화시키며, 확산시키는 데 결정적인 역할을 했음을 입증한다.[16]

1929년에 대부분의 시장경제는 다시 금본위제도로 복귀했다. 그 당시 통화긴축을 통해 과열된 경제를 진정시키고자 했던 미국과 막 인플레이션 기간을 벗어나 금본위제도로 복귀한 프랑스 양국은 막대한 자본유입에 직면했다. 국제수지 흑자의 결과로 두 국가가 깜짝 놀랄 만한 속도로 전 세계의 금화를 흡수했다(1932년에 두 국가가 세계 전체 금의 70% 이상을 보유했다). 금본위제도에 있었던 다른 국가들은 줄어드는 금 스톡을 유지하려고 국내자산을 매각할 수밖에 없었다. 그 결과 초래된 전 세계적인 통화감소는 1929년 10월 뉴욕 주식시장 붕괴의 충격파와 결합되어 전 세계를 깊은 불황으로 몰아넣었다.

세계 도처의 폭포와 같은 은행도산의 물결은 세계 경제 침체의 악순환을 가속화했다. 금본위제도가 또다시 주범이었다. 많은 국가는 금본위제도에 남아 있기 위해 금 준비자산을 방어하려고 했다. 이러한 욕구 때문에 종종 중앙은행은 은행이 계속 영업을 할 수 있게 하는 유동성을 제공하지 못했다. 자국 중앙은행이 은행에 제공한 현금은 결국 정부의 값비싼 금 보유에 대한 민간 부문의 청구권을 증가시키는 것으로 귀결될 것이기 때문이었다.[17]

금본위제도의 역할에 대한 가장 명백한 증거는 영국과 같이 상대적으로 일찍이 금본위제도를 떠난 국가와 금본위제도를 고수한 국가의 생산과 물가수준이 대조적인 움직임을 보였다는 점이다. 금본위제도를 포기한 국가들은 국내 디플레이션과 생산량 감소를 억제하기 위해 자유롭게 통화팽창 정책을 실시했다. 1929~1935년에 걸쳐 디플레이션과 생산량의 감소가 가장 컸던 국가는 프랑스, 스위스, 벨기에, 네덜란드, 폴란드로서 이 국가들은 모두 1936년까지 금본위제도를 유지했다.

억제하고 총수요를 국내제품으로 국한시키는 일이 늘어나면서 더욱 성행했다. 1930년 미국이 부과한 스무트-홀리(Smoot-Hawley) 관세는 미국의 고용을 보호할 목적이었으나 외국의 고용을 악화시켰다. 외국은 보복적 무역규제와 국가 그룹 간 특혜무역협정으로 대응했다. 캐나다는 즉시 미국 수출품에 대한 새로운 관세를 부과하여 보복하고 영국과의 경제적 협력을 강화했다. 유럽의 일부 국가는 폐쇄경제로 돌아섰는데, 특히 독일과 스페인이 강력하게, 이탈리아는 좀 약하게 그러한 정책을 채택했다. 세계무역은 급격히 붕괴되었다. 외국의 경제 상황을 악화시켜야만 자국에 이익이 되는 정책

---

16 이 연구에 대한 중요한 기여는 Ehsan U. Choudhri and Levis A. Kochin, "The Exchange Rate and the International Transmission of Business Cycle Disturbances: Some Evidence from the Great Depression," *Journal of Money, Credit, and Banking* 12 (1980), pp. 565-574; Peter Temin, *Lessons from the Great Depression* (Cambridge, MA: MIT Press, 1989) 및 Barry Eichengreen, *Golden Fetters: The Gold Standard and the Great Depression, 1919-1939* (New York: Oxford University Press, 1992)가 있다. 간결하고 명쾌한 요약은 Ben S. Bernanke, "The World on a Cross of Gold: A Review of 'Golden Fetters: The Gold Standard and the Great Depression, 1919-1939,'" *Journal of Monetary Economics* 31(April 1993), pp. 251-267을 참조하라.

17 Chang-Tai Hsieh와 Christina D. Romer는 금을 잃는 것에 대한 두려움은 미국 연방준비은행이 1930년대 초 통화팽창을 꺼렸던 이유를 설명하지 못한다고 주장했다. "Was the Federal Reserve Constrained by the Gold Standard During the Great Depression? Evidence from the 1932 Open Market Purchase Program," *Journal of Economic History* 66 (March 2006), pp.140-176 참조

을 인접국 빈곤화 정책(beggar-thy-neighbor policy)이라고 한다(12장 참조). 그러나 국가들이 동시에 인접국 빈곤화 정책을 실시하면 모든 국가가 피해를 입는다.

　정부 정책에 대한 불확실성은 고정환율 국가에는 급격한 준비자산의 변화를 초래했고, 변동환율 국가에는 급격한 환율의 변동을 가져왔다. 외환시장에 대한 이러한 영향을 제한하기 위해 많은 국가는 민간의 자본거래를 금지했다. 특히 독일은 자본유출을 막고 고정환율을 유지하기 위해 자본통제를 실시했고, 자본통제에 따른 가격 및 무역 왜곡 효과를 상쇄하기 위해 복잡한 양자 간 무역청산거래협정 제도를 도입했다. 이 제도는 이후 나치 정부가 외환 없이 중요한 수입품을 도입하기 위해 사용되었다.[18] 이는 삼자택일을 다루는 또 다른 방법이다. 미국과 유럽 공업국의 무역장벽과 디플레이션은 특히 중남미처럼 수출시장이 사라지는 국가들로 하여금 민간의 해외부채 상환을 거절하게 만들었다. 서유럽 정부들은 제1차 세계대전 때 미국과 영국에 진 빚의 상환을 거절했다. 한마디로 세계경제는 1930년대 초반 점점 더 폐쇄적인(즉 자급자족적인) 국민경제 단위로 해체되었다.

　대공황에 직면하여 많은 국가는 외국과의 무역연계를 축소하고 정부 법령을 선포하여 대규모 대외 불균형의 가능성을 제거함으로써 대내외 균형 간 선택의 문제를 해결했다. 그러나 무역으로 얻는 이득을 감소시키는 이러한 방법은 세계 경제에 높은 비용을 가져왔고 불황에서 회복을 느리게 하여 많은 국가는 1939년에도 여전히 불황을 탈출하지 못하고 있었다. 국제협력이 이루어져 각 국가가 대내 정책 목표를 희생하지 않고 대외균형과 금융안정을 달성하는 데 도움이 된다면 자유무역은 모든 국가의 후생을 개선할 수 있다. 전후의 국제통화제도의 청사진인 **브레턴우즈 협약**(Bretton Woods agreement)을 고무시킨 것은 바로 이러한 점에 대한 자각이었다.

## 브레턴우즈 체제와 국제통화기금

1944년 7월 뉴햄프셔의 브레턴우즈에서 열린 44개국 대표자 회의는 **국제통화기금**(International Monetary Fund, IMF)의 협약 규정(Articles of Agreement)을 기안하고 이에 서명했다. 전쟁이 진행되는 중에도 연합국 지도자들은 전후의 경제적 필요를 미리 생각하고 있었다. 양차 대전 사이의 비참한 경제적 사건을 기억하면서 완전고용과 물가안정을 촉진하는 동시에 국제무역을 제한하지 않으면서도 대외균형을 달성할 수 있게 하는 국제통화제도의 설계를 희망했다.[19]

　브레턴우즈 협약으로 설립된 이 제도는 미국 달러에 대한 고정환율 및 금의 달러가격을 온스당 35달러에 고정하도록 요구했다. 회원국은 공적인 준비자산을 대부분 금이나 달러자산으로 보유했고, 공식 가격(official price)으로 미국 연방준비제도에 달러를 팔아 금으로 바꿀 수 있는 권리를 가지고 있었다. 그러므로 이 제도는 달러가 주요 준비통화인 금환본위제도였다. 18장의 전문용어로 달러는 $(N-1)$개 환율의 기준이 되는 'N번째 통화'였다. 미국은 스스로 외환시장에 거의 개입하지 않았다.

---

18　1930년 자본통제에 대한 세부적인 논의는 Kris James Mitchener and Kirsten Wandschneider, "Capital Controls and Recovery from the Financial Crisis of the 1930s," *Journal of International Economics* 95, pp. 188-201, 2015 참조

19　동 회의는 두 번째 기구로 세계은행(World Bank)을 설치했는데, 전쟁국의 파괴된 경제를 재건할 수 있도록 돕고, 과거 식민지였던 국가를 발전시키고 근대화하는 것을 돕기 위해서이다. 다자간 무역장벽 감소를 위한 포럼으로 관세와 무역에 관한 일반협정(GATT)이 1947년에 개시됐다. GATT는 국제무역기구(International Trade Organization, ITO)의 설립을 위한 준비단계였는데, 무역에서 이 기구의 목적은 금융에서 IMF의 목적에 상응한다. 불행히도 ITO는 영국 의회의 비준 반대로 무산되었다. 1990년대 후반에 GATT는 현재의 세계무역기구(WTO)가 됐다.

통상 $(N-1)$개 외국 중앙은행이 $(N-1)$개 환율을 고정하기 위해 개입했고, 미국은 이론적으로 금의 달러가격을 고정하는 책임만 맡았다.

## IMF의 목표와 구조

IMF 협약 규정은 규율과 유연성을 통해서 양차 세계대전 사이의 혼란스러운 경험이 반복되는 것을 회피하길 희망했다.

통화관리의 주요 규율은 각국 환율을 달러에 고정하도록 요구하는 것이었고, 달러는 대신 금에 묶여 있었다. 만약 미국 연방준비제도 외의 중앙은행이 과도하게 통화를 팽창시키면 그 은행은 준비자산을 잃게 되어 결국에는 자국통화의 달러에 대한 환율을 고정할 수 없게 된다. 미국의 높은 통화공급 증가는 외국은행의 달러 축적을 초래하므로 연방준비제도는 금을 달러로 태환해주는 의무를 준수하기 위해 통화 정책의 제한을 받게 된다. 너무 많은 달러가 발행되면 금가격을 상승시키므로 온스당 35달러로 고정된 공정 금가격도 추가적으로 미국의 통화 정책을 억제하는 역할을 했다.

그러나 고정환율은 이 시스템에서 통화관리의 규율을 부과하는 장치 이상의 것으로 여겨졌다. 옳건 그르건 양차 세계대전 사이의 경험은 변동환율이 투기적 불안정의 원인이며 국제무역에 해롭다는 것을 IMF의 설계자들에게 확신시켰다.

양차 세계대전 사이의 경험은 또한 각국 정부가 장기 국내 실업을 희생하면서 자유무역과 고정환율을 유지하려고 하지는 않는다는 점을 보여주었다. 대공황의 경험 이후 정부가 완전고용을 유지할 책임이 있다고 간주되었다. 그러므로 IMF 협약은 대내 목표나 예측 가능한 환율을 희생시키지 않고 정상적인 방법으로 대외균형을 달성할 수 있도록 충분한 유연성을 포함하려고 했다.

IMF 협약 규정의 두 가지 중요한 특징이 대외 조정에서 이 유연성을 증대시키는 것을 도와주었다. 첫째, IMF 회원국은 필요한 국가에 대출해줄 수 있는 금융자원 기금을 만들기 위해 통화와 금을 제공했다. 둘째, 달러에 대한 환율이 고정되었을지라도 IMF의 동의가 있으면 환율을 조정할 수 있었다. 이러한 평가절하나 평가절상은 경제가 **근본적인 불균형** 상태에 처한 경우에만 드물게 이루어지도록 되어 있었다. IMF 협약 규정이 '근본적인 불균형'의 정의를 내리지는 않았지만, 이 용어는 자국 상품에 대한 만성적인 수요감소로 인하여 평가절하하지 않으면 장기적으로 실업과 경상수지 적자에 시달릴 국가를 지칭하는 것이었다. 그러나 조정 가능한 환율이라는 이 유연성은 브레턴우즈 체제의 'N번째 통화'인 미국 달러에는 적용되지 않았다.

브레턴우즈 체제는 삼자택일을 어떻게 해결했을까? 본질적으로 브레턴우즈 체제는 민간 자본의 이동에 대한 통제가 가능하여 국내목표를 지향하는 통화 정책의 자주성이 일부 허용된다는 가정에 바탕을 두었다. 새로운 브레턴우즈 체제는 금본위제에서 국제자본 이동의 자유와 같은 대외적인 고려사항에 통화 정책을 종속시키는 것과는 정반대이다. 양차 세계대전 사이의 기간 중 높은 실업률을 경험한 후, 브레턴우즈 체제의 설계자들은 경기 침체에도 불구하고 국제수지를 위해 긴축통화 정책을 강요받는 일이 없기를 희망했다.

높은 고용에 중점을 두는 것을 지지하기 위해 국제자본의 이동을 규제하면 지속적인 불균형 상황에서 환율을 '질서 정연'하게 변화시킬 수 있을 것이다. 이론적으로 정책입안자들은 투기적 공격의 압력을 받지 않으면서 의도적으로 환율을 변화시킬 수 있다. 하지만 앞서 보았던 것처럼 이러한 접근 방법은 초기에는 잘 작동되었으나 국제무역을 재건하는 데 브레턴우즈 체제가 거둔 성공이 해가 지나면서 투기적 공격을 피하기 위한 정책입안을 더욱더 어렵게 만들었다.

## 태환성과 민간자본 이동의 확대

한 국가 통화의 일반적 수용성이 그 국가 내에서 물물교환의 비용을 제거해주듯이 국제무역에서도 통화의 사용은 세계 경제 기능을 더욱더 효율적으로 만든다. 효율적인 다자간 무역을 촉진하기 위해 IMF 협약 규정은 가능한 한 빨리 회원국이 각국의 통화를 태환 가능하게 만들도록 재촉했다. **태환 가능한 통화**(convertible currency)는 자유롭게 외국통화와 교환할 수 있는 통화이다. 미국과 캐나다 달러는 1945년 태환이 가능해졌다. 이는 미국 달러를 획득한 캐나다인이 이 달러로 미국에서 구매할 수 있고, 외환시장에서 캐나다 중앙은행(Bank of Canada)에게 미국 달러를 팔아 캐나다 달러를 살 수 있다는 것을 의미한다. 캐나다 중앙은행은 고정된 달러/금가격으로 미국 달러를 연방준비제도에 팔아 금으로 교환할 수 있는 권리를 가진다. 일반적 불태환성은 국제무역을 아주 어렵게 만든다. 프랑스 사람은 태환성이 없는 마르크를 지불하는 독일인에게는 물건을 팔지 않을 것이다. 왜냐하면 이 마르크는 독일 정부의 규제하에서만 사용할 수 있기 때문이다. 태환성이 없는 프랑화를 시장에서 살 수 없으므로 독일 사람은 프랑스 상품을 구입하는 데 지불할 프랑화를 얻을 수 없다. 그러므로 유일한 무역 방법은 상품과 상품을 직접 교환하는 물물교환이다. 대부분의 유럽 국가는 1958년 말까지 태환성을 회복하지 못했고, 일본은 1964년 이전까지 태환성을 회복하지 못했다.

브레턴우즈 체제에서 미국의 특별한 위치 및 정치경제적 우위와 함께 일찍이 태환성을 지니게 된 미국 달러는 전후 세계의 기축통화가 될 수 있었다. 달러가 자유롭게 태환될 수 있기 때문에 많은 국제무역이 달러로 표시되었고 수입업자와 수출업자는 거래 목적으로 달러계정을 가지고자 했다. 사실상 달러는 국제통화(세계적인 교환의 매개수단, 회계단위 및 가치저장 수단)가 되었다. 중앙은행은 자연스럽게 이자를 지급하는 달러 자산으로 준비자산을 보유하는 것이 유리하다는 사실을 알아차렸다.

1958년 유럽에서 태환성이 회복되면서 정책입안자들이 직면한 대외 제약의 성격이 점차 바뀌기 시작했다. 외환거래가 확장되면서 여러 국가 간 금융시장이 더 견고하게 통합되어 지금의 세계외환시장을 형성하는 중요한 계기가 되었다. 국경 간 자본 이동의 기회가 확대되면서 각국의 이자율은 더 밀접하게 연결되었고, 정책변화가 각국의 준비자산 손실이나 획득을 초래하는 속도도 빨라졌다. 1958년 이후 15년 동안 중앙은행은 해외 금융상황에 주의를 기울이게 되었는데, 그렇지 않은 경우 갑작스러운 준비자산 손실로 환율을 안정시키는 데 필요한 준비자산을 잃게 될 위험이 있었다. 일례로 갑자기 해외 이자율이 상승할 경우 중앙은행은 준비자산을 안정적으로 유지하기 위해 국내자산을 매각하여 국내 이자율을 인상시킬 수밖에 없다.

태환성의 회복이 18장의 고정환율 모형에서 가정했던 것처럼 즉각적이고 완전한 국제금융통합을 초래하지는 않았다. 오히려 대부분의 국가는 앞에서 말한 것처럼 금융거래에 대해 지속적으로 규제를 가하려고 했다. 그러나 위장된 자본 이동의 기회는 급격히 증가했다. 예를 들면 수입업자는 상품의 실제 선적시기보다 수입대금 지불을 앞당김으로써 실질적으로 해외자산을 구입할 수 있었다. 그들은 또한 수입대금 지불시기를 연기함으로써 외국 공급자로부터 실질적으로 외화를 빌릴 수도 있었다. 각각 '리드(lead)' 및 '래그(lag)'라고 하는 이러한 무역관행은 민간자본 이동에 대한 공식적인 장벽을 피해가는 두 가지 방법을 제공했다. 앞 장에서 가정한 국제 이자율 평형조건이 정확히 성립되지는 않았지만, 브레턴우즈 체제가 성숙해지면서 각국 이자율 간 연관성이 더욱 밀접해졌다. 삼자택일 문제에 대한 브레턴우즈의 해법이 점점 무력화되었다.

### 투기적 자본유입과 위기

경상수지 적자와 흑자는 민간자본의 이동성이 증대된 새로운 환경하에서 더욱 중요하다. 지속적으로 대규모 경상수지 적자를 안고 있는 국가는 IMF의 협약 규정에 명시되어 있는 '근본적인 불균형' 상태에 놓여 평가절하를 할 시기가 무르익은 것으로 의심받을 수 있다. 평가절하가 임박했다는 기대는 국제수지 위기의 도화선에 불을 당긴다(18장 참조).

예를 들어 파운드화가 평가절하되는 기간에 파운드화 예금을 가진 사람은 손해를 본다. 왜냐하면 파운드 자산의 외화 표시 가치가 환율변화폭만큼 감소할 것이기 때문이다. 그러므로 영국이 경상수지 적자를 안고 있다면 파운드화를 보유한 사람들은 매우 불안할 것이며, 결국 파운드를 처분하고 더 안정된 외국통화를 확보하려 할 것이다. 그러면 달러에 대한 파운드화의 환율을 방어하기 위해 영국 중앙은행(Bank of England)은 파운드를 구입하고 시장 참여자가 원하는 외화자산을 공급할 수밖에 없다. 영국 중앙은행의 외화준비자산의 손실규모가 커져 환율을 방어할 수 없게 되면 평가절하를 할 수밖에 없다.

이와 비슷하게 막대한 경상수지 흑자를 내는 국가는 자국통화를 평가절상할 후보국으로 간주된다. 이 경우 중앙은행은 평가절상을 막으려고 외환시장에서의 자국통화를 매각하므로 공적 준비자산이 넘쳐나게 된다. 이러한 상황에 처한 국가는 통화공급이 통제할 수 없을 만큼 증가하여 물가수준이 급상승하고 결국 대내균형이 무너질 것이다. 이에 따라 정부는 투기적 공격이 초래될까 우려하여 환율을 조정하는 것을 점점 더 꺼렸다.

1960대와 1970년대 초반 동안 국제수지 위기는 점점 그 빈도가 증가하고 정도도 심각해졌다. 1964년 초 영국의 무역수지 적자는 파운드화가 마침내 평가절하된 1967년 11월까지 파운드에 대한 간헐적인 투기를 초래해 영국의 정책입안을 복잡하게 만들었다. 이와 비슷한 투기적 공격 때문에 1969년 프랑스는 프랑화를 평가절하했고, 독일은 마르크화를 평가절상했다. (이 두 국가는 그 당시 자국통화를 지니고 있었다.) 이러한 위기는 1970년대 초에 이르러 매우 광범위해졌으며, 이 위기들이 결국 고정환율 구조의 브레턴우즈 체제를 붕괴시켰다. 국제수지 위기의 가능성 때문에 경상수지라는 대외 목표는 더욱 중요해졌다. 심지어 해외 투자기회의 차이로 정당화되거나 단지 일시적 요인이 초래한 경상수지 불균형도 평가변화가 임박했다는 시장의 의심에 부채질할 소지도 생겼다. 이러한 환경에서 정책입안자들은 급격한 경상수지 변화를 회피하고자 하는 유인을 얻었다.

## 대내외 균형을 달성하는 정책 선택의 분석

브레턴우즈 체제에서 개별 국가는 대내외 균형을 어떻게 달성할 수 있는가? 단순한 그림이 이용 가능한 정책을 시각화하는 데 도움을 줄 것이다. (브레턴우즈 체제에서 미국의 문제는 후에 설명하듯

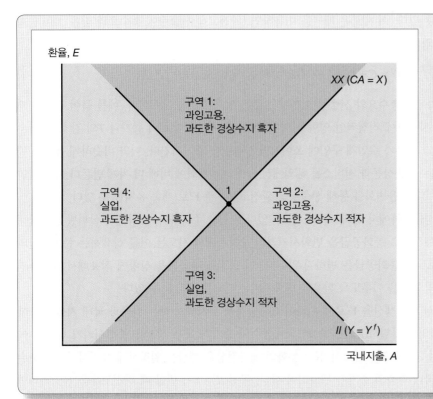

**그림 19-2 대내균형(*II*), 대외균형 (*XX*), '4개의 경제불안 구역'**

이 그림은 상이한 환율과 재정팽창의 정도가 고용과 경상수지에 대해 무엇을 암시하는지를 보여준다. 곡선 *II*상에서는 생산이 완전고용수준($Y^f$)에 있으며, 곡선 *XX*상에서는 경상수지가 목표수준($X$)에 있다.

이 조금 다르다.) 후기 브레턴우즈 체제의 상황과 부합하게 국제적 자본 이동성이 매우 높아 국내 이자율이 환율과 독립적으로 결정될 수 없다고 가정한다.

이 그림의 분석틀은 환율이 브레턴우즈 체제에서와 같이 고정되어 있든 변동하든 적용할 수 있다. 그림 19-2는 대내 및 대외 목표와 관련하여 한 국가의 위치가 어떻게 환율수준($E$)과 국내지출수준에 따라 달라지는지, 그리고 그 위치가 반드시 환율제도의 제한을 받는 것은 아니라는 점을 보여준다. $E$는 국내통화로 표시한 외국통화(브레턴우즈 체제하에서는 달러)의 가격을 나타낸다. 이 분석은 자국과 외국 물가(각각 $P$와 $P^*$)가 고정되었다고 가정하므로 단기에 적용된다.

### 대내균형의 유지

먼저 총수요가 완전고용 산출량($Y^f$)과 동일하게 되는 대내균형을 고려하자.[20]

국내 산출물에 대한 총수요는 소비($C$), 투자($I$), 정부지출($G$), 경상수지($CA$)의 합계임을 기억하자. 이 합계 중에서 **국내 흡수(absorption)**라고 하는 총국내지출은 $A = C + I + G$로 표현할 수 있다. (물론 이 지출의 일부는 수입재에 지출되기 때문에 국내 산출물에 대한 총수요에 기여하지 못한다. 반면 국내 수출품에 대한 외국인 수요는 총수요에 추가된다.) 17장에서 경상수지 흑자를 가처분소득의 감소함수와 실질환율($EP^*/P$)의 증가함수로 표시했다. 그러나 총국내지출 $A$가 증가함에 따라 수입에 대한 지출도 증가하기 때문에 경상수지를 총지출의 감소함수와 실질환율의 증가함수 $CA(EP^*/P, A)$로

---

20 예를 들어 외국의 인플레이션 때문에 $P^*$가 불안하다면 완전고용 하나만으로 고정환율에서의 물가안정을 보장할 수가 없을 것이다. 이러한 복잡한 문제는 고정환율에서의 세계 인플레이션을 분석할 때 다루기로 한다.

단순하게 나타낼 수 있다. 이 새로운 개념을 이용하면 (완전고용 산출량이 총수요와 같은) 대내균형의 조건은 아래 식과 같다.

$$Y^f = C + I + G + CA(EP^*/P, A) = A + CA(EP^*/P, A) \qquad (19\text{-}1)$$

식 (19-1)은 단기에서 총수요와 산출량에 영향을 주는 정책 수단을 제시한다. 예를 들어 정부는 재정 정책을 통해 총지출 $A$에 직접적인 영향을 미칠 수 있다. 재정확장($G$의 증가나 $T$의 감소)은 총수요를 증가시키며, 그 일부가 수입재 구입에 쓰이지만 산출량을 증가시킨다. 이와 비슷하게 통화의 평가절하($E$의 상승)는 국내 상품과 서비스를 해외에서 판매되는 재화에 비해 더 싸게 만든다. 정책입안자들은 재정 정책이나 환율변화를 통해 산출량을 완전고용수준 $Y^f$로 계속 유지할 수 있다.

통화 정책은 고정환율하에서 정책 도구가 될 수 없다는 점을 주목하라. 18장에서 살펴봤듯이 국내 자산의 매입이나 매각으로 통화공급을 변화시키려는 중앙은행의 시도는 이를 상쇄하는 준비자산의 변화를 수반하므로 국내통화공급은 변하지 않는다. 이 그림을 변동환율 상황에 적용해서 해석하면 통화 정책을 대내외 균형을 이루도록 환율을 변화시키는 것으로 생각할 수 있다.

그림 19-2의 곡선 $II$는 생산을 $Y^f$로 유지하여 대내균형을 유지하게 하는 환율과 국내 지출의 조합을 나타낸다. 통화의 평가절하($E$의 상승)와 국내흡수의 증가가 모두 생산을 증대시키기 때문에 이 곡선은 우하향한다. (총수요를 감소시키는) 통화의 평가절상은 생산을 일정하게 유지시키려면 총수요를 증가시키는 국내 지출의 증가가 뒤따라야 한다. 곡선 $II$는 $E$가 변할 때 완전고용을 유지하려면 국내 지출이 정확히 얼마나 바뀌어야 하는가를 보여준다. 곡선 $II$의 오른쪽에서는 국내 지출이 완전고용을 위해 필요한 것보다 더 크기 때문에 생산요소가 과잉고용되고 있다. 곡선 $II$의 왼쪽에서는 국내 지출이 너무 작기 때문에 실업이 발생한다.

## 대외균형의 유지

국내 지출이나 환율변화가 생산에 어떤 영향을 주어 정부가 완전고용이라는 대내 목표를 달성하는 것을 돕는지 살펴봤다. 이러한 변수는 경제의 대외균형에 어떻게 영향을 미치는가? 이 질문에 답하기 위해 정부가 경상수지 흑자 목표수준 $X$를 가지고 있다고 가정하자. 대외균형 목표는 다음 방정식을 만족하도록 정부가 국내 지출(아마도 재정 정책을 통해서)과 환율을 관리하도록 요구한다.

$$CA(EP^*/P, A) = X \qquad (19\text{-}2)$$

주어진 $P$와 $P^*$에 대해 $E$의 상승은 국내 상품을 더 싸게 하고 경상수지를 개선한다. 그러나 국내 지출($A$)의 증가는 수입을 증가시킴으로써 경상수지에 정반대 영향을 미친다. 통화를 평가절하할 때($E$를 상승시킬 때) 경상수지를 $X$로 유지하기 위해 정부는 국내 지출을 증가시키는 정책을 실시해야 한다. 따라서 그림 19-2는 대외균형이 유지되는 곡선 $XX$가 우상향함을 보여준다. 곡선 $XX$는 통화가 평가절하될 때 경상수지 흑자를 $X$로 유지하기 위해 국내 지출의 증가가 얼마만큼 더 필요한지를 보여준다. $E$의 상승이 순수출을 증가시키므로 곡선 $XX$ 위쪽에서는 경상수지가 목표수준 $X$를 초과하는 흑자 상태에 있게 된다.[21] 마찬가지로 곡선 $XX$ 아래쪽에서는 경상수지가 목표수준보다 낮은 상태

---

21 그림 17-17의 다른 (그렇지만 관련 있는) 곡선 $XX$로부터 그림 19-2의 곡선 $XX$를 어떻게 도출하는지 이해하는가? (힌트: 그림 17-17을 이용하여 재정팽창의 효과를 분석하라.)

에 있게 된다.[22]

## 지출변화 정책과 지출전환 정책

곡선 *II*와 곡선 *XX*는 그림을 종종 '4개의 경제불안 구역(four zones of economic discomfort)'이라는 4개 부분으로 나눈다. 4개 구역은 각각 다른 정책조합의 효과를 나타낸다. 구역 1에서는 고용수준이 너무 높고 경상수지 흑자도 너무 크다. 구역 2에서는 고용이 너무 높고 경상수지 적자가 너무 크다. 구역 3에서는 실업과 과도한 경상수지 적자가 발생한다. 구역 4에서는 실업이 목표치보다 더 큰 경상수지 흑자와 연결되어 있다. 국내 지출 정책과 환율 정책을 함께 이용하면서 곡선 *II*와 곡선 *XX*에서 대내외 균형을 동시에 달성하는 교차점(점 1)에 경제를 위치시킬 수 있다. 점 1은 정책입안자가 선호하는 곳에 경제를 위치시키는 정책조합을 보여준다.

만약 경제가 최초 점 1에서 벗어나면 대내외 균형을 달성하기 위해 적절한 국내 지출과 환율의 조합이 요구된다. 경제를 점 1의 위치로 이동시키는 재정 정책은 **지출변화 정책**(expenditure-changing policy)이라고 하는데, 이 정책은 상품과 서비스에 대한 총수요의 수준을 바꾼다. 한편 환율조정은 **지출전환 정책**(expenditure-switching policy)이라 불리는데, 이 정책은 총수요의 방향을 바꾸어 국내 제품과 수입품의 수요의 구성을 변화시킨다. 일반적으로 대내외 균형을 달성하기 위해서는 지출변화 정책과 지출전환 정책 둘 다 필요하다.

브레턴우즈의 규정하에서 환율변동(지출전환 정책)은 빈번하게 사용될 수 없었다. 따라서 대내외 균형을 달성하는 주된 정책 도구에는 재정 정책만 남게 된다. 그러나 그림 19-2가 보여주듯이 일반적인 상황에서는 재정 정책 하나로 대내외 균형의 두 가지 목표를 달성하기에 불충분하다. 오직 경제가 점 1에서 수평선 방향으로 벗어난 경우에만 재정 정책 하나로 두 목표를 달성할 수 있다. 더욱이 재정 정책은 국회의 승인 없이는 실행될 수 없기 때문에 취급하기 어려운 정책 도구이다. 재정 정책의 또 다른 결점은, 예를 들어 재정팽창으로 만성적인 재정적자가 초래된다면 얼마 후에 팽창재정은 긴축재정으로 역전될 수 있다는 것이다.

브레턴우즈 기간 중 환율의 비신축성 때문에 정책입안자들은 때때로 곤란한 상황에 놓인다. 그림 19-3의 점 2에 표시된 지출수준과 환율에서 실업과 과도한 경상수지 적자가 존재한다. 오직 그림에 표시된 평가절하와 재정팽창만이 경제를 대내외균형(점 1)으로 이동시킨다. 팽창재정 정책은 홀로 경제를 점 3으로 옮겨 실업을 감소시킬 수 있으나 실업의 대가로 경상수지 적자는 더 커진다. 긴축재정 정책만으로도 대외균형(점 4)을 달성할 수 있지만 그 결과로 생산이 감소해서 경제는 대내균형에서 더 멀어지게 된다. 점 2에서와 같은 정책 딜레마는 평가절하가 있을지도 모른다는 의구심을 불러

---

22 중앙은행이 국내자산의 공개시장 매각으로 외화준비자산을 얻을 때 경제에 아무런 영향을 미치지 않으므로 그림 19-2에서 별도의 준비자산 제약은 없다. 사실상 중앙은행은 국내자산의 민간에 대한 매각을 통해 해외로부터 준비자산을 자유롭게 빌릴 수 있다(평가절하의 공포가 있는 동안 아무도 국내통화를 얻으려고 외화자산을 중앙은행에 팔기를 원치 않을 것이기 때문에 이 방법은 효과를 거두지 못한다). 그러나 우리의 분석은 국내 및 외국채권을 완전대체재라고 가정하고 있다(18장 참조). 불완전 자산 대체하에서 외화준비자산을 유치하고자 하는 중앙은행의 국내자산 매각은 외국 이자율과 비교하여 국내 이자율을 상승시킨다. 이와 같이 불완전 자산 대체는 중앙은행에게 추가적인 정책 수단(통화 정책)을 제공하는 동시에, 다른 한편으로는 또 다른 정책 목표(국내 이자율)에 대해 책임을 지게 한다. 이자율이 투자에 영향을 미치기 때문에 만약 정부가 국내 이자율을 걱정한다면 불완전 자산 대체가 반드시 매력적인 정책 선택폭을 증가시키는 것은 아니다. 불완전 자산 대체는 브레턴우즈 체제에서 중앙은행이 이용했으나, 이 책에서 예시한 정책 딜레마에서 국가를 구하지는 못했다.

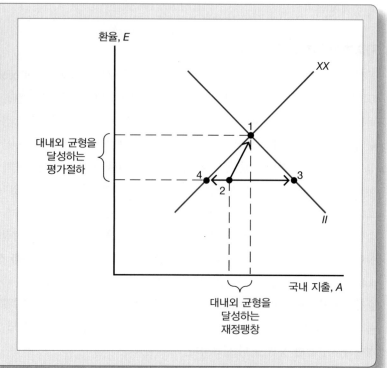

**그림 19-3 대내외 균형을 달성하는 정책**

통화의 평가절하 없이 재정팽창만으로는 대내외 균형(점 1)에 도달할 수가 없다. 재정 정책 하나로 대내균형(점 3) 혹은 대외균형(점 4) 중 한 가지 목표는 달성할 수 있다. 그러나 이는 희생된 다른 경제 목표로부터의 이탈을 증가시키는 비용을 수반한다.

일으킨다. 평가절하는 실질환율 $EP^*/P$를 일거에 올림으로써 경상수지를 개선하고 총수요를 증가시킨다. 이에 대한 대안인 긴축재정 정책은 $P$의 하락을 통해 동일한 폭으로 실질환율을 절하시키지만 정치적으로 달갑지 않은 장기간의 실업을 초래한다.[23]

실제로 많은 국가는 전형적인 국제수지 위기에 따른 변화이지만 가끔 환율변화를 이용하여 대내외 균형에 더 근접하려고 시도했다. 또한 국내외 이자율 간 연결을 끊고 통화 정책을 더 효과적으로 만들기 위해 자본거래에 대한 규제를 강화했다(삼자택일에서와 같이). 이들의 시도는 그 체제를 붕괴시킨 사건이 입증하듯이 부분적인 성공에 불과했다.

## 브레턴우즈 체제에서 미국의 대외균형 문제

미국의 대외균형 문제는 브레턴우즈 체제에서 다른 국가들이 직면했던 상황과는 달랐다. 'N번째 통화'의 발행국으로서 미국은 달러 환율을 고정하는 책임이 없었다. 그 주된 책임은 1온스당 35달러로 금의 달러가격을 고정하는 것이며, 특히 외국 중앙은행이 그 가격으로 달러를 금으로 바꿀 수 있게 보장해주는 것이었다. 이를 위해 미국은 충분한 양의 금을 보유해야 했다.

미국은 외국 중앙은행에게 달러를 금으로 바꿔줄 의무가 있었다. 다른 국가들이 자국의 달러 준비금을 금으로 바꿀 가능성이 있기 때문에 미국의 거시경제 정책은 잠재적으로 대외적 제약을 받았다. 그러나 실제로 외국 중앙은행은 축적해둔 달러 준비자산을 기꺼이 보유하려 했는데, 이는 달러가 이

---

23 이해를 돕기 위한 연습문제로서 여타의 조건은 불변인 채 $P$가 하락하면 곡선 $II$와 $XX$를 아래로 이동시켜 점 1이 수직 이동함을 증명해보기 바란다.

자를 지불하는 탁월한 국제통화였기 때문이다. 그리고 금환본위제도의 논리상 외국 중앙은행은 달러를 계속 축적해야만 한다. 세계의 금 공급이 세계 경제의 성장에 보조를 맞출 만큼 빨리 증가하지 않았기 때문에 (디플레이션만 없다면) 중앙은행이 적당한 준비자산수준을 유지하는 유일한 방법은 달러 자산을 축적하는 것이었다. 공적인 금으로의 교환은 자주 일어났는데, 미국의 금 스톡을 고갈시킬까 걱정이 컸다. 그러나 대부분의 중앙은행은 기꺼이 달러를 준비자산에 추가하고 미국의 금으로 교환하는 권리를 유보하려고 했기 때문에 미국이 당면한 대외적 제약은 다른 국가들에 비해 훨씬 느슨했다. 특히 독일의 경우 그러했는데, 1950~1960년대의 경기 호황으로 달러 대비 독일 마르크의 절상 압력이 나타났다. 고정환율을 유지하기 위해 독일 중앙은행은 지속적으로 달러를 매입하여 준비자산으로 축적해야만 했다.[24]

1960년에 출판된 영향력 있는 책에서 예일대학교의 경제학자 로버트 트리핀(Robert Triffin)은 브레턴우즈 체제의 근본적이며 장기적인 문제인 **신뢰 문제**(confidence problem)에 대한 주의를 환기시켰다.[25] 그는 중앙은행의 준비자산 수요가 시간이 지날수록 증가해서 달러 자산이 미국의 금 보유량을 초과할 때까지 필히 증가할 것이라는 점을 깨달았다. 미국이 1온스당 35달러의 비율로 달러를 금으로 바꿔주기로 약속했기 때문에 모든 달러 보유자가 동시에 달러를 금으로 바꾸려고 하면 더 이상 의무를 준수할 수 없게 된다. 이것이 신뢰 문제를 일으켰다. 달러가 금만큼 좋은 것이 아님을 알게 된 중앙은행은 더 이상 달러를 보유하려 하지 않을 것이며, 심지어 그들이 보유한 달러를 현금으로 바꾸려고 시도함으로써 체제를 붕괴시킬 수도 있는 것이다.

그 당시 한 가지 가능한 해결책은 달러 및 다른 모든 통화에 대한 금의 공식가격을 인상하는 것이었다. 그러나 금가격을 인상한다면 인플레이션을 일으키고 주요 금 생산국가만 부유하게 만드는 정책적으로 그다지 좋지 않은 결과가 초래되었을 것이다. 더욱이 금가격의 상승은 중앙은행들이 보유한 달러의 미래 금가치를 더욱 하락시켜 신뢰 문제를 해결해주는 것이 아니라 오히려 더 악화시키게 된다.

## 수입 인플레이션의 메커니즘

환율이 조정되지 않으면 인플레이션이 어떻게 외국에서 수입될 수 있는지를 이해하기 위해서 그림 19-2의 대내균형과 대외균형에 대한 그림을 다시 보자. 자국이 외국의 인플레이션에 직면했다고 가정하자. 앞에서는 외국 물가수준 $P^*$가 주어진 것으로 가정했으나 지금은 $P^*$가 해외 인플레이션의 결과로 상승한다. 그림 19-4는 자국 경제에 대한 영향을 보여준다.

$P^*$의 상승에 비례해 명목환율이 하락하는 경우 어떤 일이 벌어지는지 생각해보면 두 곡선이 어느 방향으로 이동하는지 알 수 있다. 이 경우 실질환율 $EP^*/P$는 영향을 받지 않으며($P$는 주어져 있다), 대내균형 혹은 대외균형 조건이 다시 만족된다. 그러므로 그림 19-4에서 $P^*$의 상승은 $P^*$ 상승률에 초기 환율을 곱한 것만큼 곡선 $II^1$과 $XX^1$을 아래로 이동시킨다. 새로운 곡선 $II^2$와 $XX^2$의 교점(점 2)

---

24 Martin Pontzen and Franziska Schobert, "Episodes in German Monetary History – Lessons for Transition Countries?" Peter Mooslechner and Ernest Gnan, "The Experience of Exchange Rate Regimes in Southeastern Europe in a Historical and Comparative Perspective," *Proceedings of OeNB Workshops*, Vienna: Oesterreichische Nationalbank, 2008, pp. 145-160.

25 Triffin, *Gold and the Dollar Crisis* (New Haven: Yale University Press, 1960) 참조

## 사례 연구 — 브레턴우즈 체제의 종말과 전 세계적 인플레이션, 그리고 변동환율로의 이행

**19**60년대 말 고정환율제의 브레턴우즈 체제는 그것을 곧 붕괴하게 만들 수 있는 중압감을 보이기 시작했다. 이러한 중압감은 미국의 특별한 위치와 밀접히 관련이 있다. 미국에서 노인의료보험(Medicare)과 같은 새로운 사회복지 프로그램과 인기가 없던 월남전에 대한 정부지출의 증가, 높은 통화증가율 때문에 인플레이션이 강하게 나타났다.

1960년대 후반 미국의 가속화된 인플레이션은 세계적인 현상이었다. 표 19-1은 인플레이션이 1970년대 초반 유럽에서도 발생했음을 보여준다.[26] 18장의 이론에 따르면 1960년대 후반기의 미국처럼 준비통화 국가가 통화팽창의 속도를 높일 때 나타나는 한 가지 결과는, 외국 중앙은행이 환율을 유지하기 위해 준비통화를 매입하고 이 과정에서 통화공급이 증가함에 따라 해외에서 자동적으로 통화 증가율과 인플레이션이 상승하는 것이다. 브레턴우즈 체제의 붕괴에 대한 한 가지 해석은 18장에서 설명한 메커니즘을 통해 외국이 원치 않는 미국의 인플레이션을 수입하도록 강요받았다는 것이다. 물가수준을 안정시키고 대내균형을 유지하기 위해 그들은 고정환율을 포기하고 환율변동을 허용해야만 했다. 통화 삼자택일은 이러한 국가가 환율을 고정하는 동시에 국내 인플레이션도 통제하는 것이 불가능하다는 점을 시사한다.

이러한 중압감에 더해 1970년 미국 경제가 경기후퇴기에 진입

하고 실업률이 상승함에 따라 시장은 달러가 모든 주요 유럽의 통화에 대해 평가절하될 수밖에 없을 것이라고 점점 더 확신하게 되었다. 완전고용과 경상수지 균형을 회복하기 위해 미국은 어떻게 해서든 달러의 실질환율을 절하해야만 했다. 실질환율 절하는 두 가지 방법으로 이룰 수 있다. 첫 번째 선택은 외국 중앙은행이 달러를 지속적으로 매입함에 따른 외국 물가수준의 상승 및 국내 실업에 따른 미국 물가수준의 하락이다. 두 번째 선택은 외국통화에 대한 달러의 명목가치를 하락시키는 것이다. 첫 번째(미국의 실업과 해외의 인플레이션)는 정책입안자에게 매우 고통스러운 선택으로 여겨졌다. 시장은 달러의 가치 변화가 불가피할 것이라고 정확하게 예측했다. 이러한 깨달음은 외환시장에서 달러의 대규모 매각으로 이어졌다.

(달러의 금에 대한 연동을 완전히 끊기 위한 1971년 8월의 일방적인 미국의 결정을 포함하여) 브레턴우즈 체제를 안정시키기 위한 일부 시도가 실패한 후 주요 선진국은 1973년 3월에 자국의 환율이 변동하는 것을 허용했다.[27] 환율변동은 그 당시 관리하기 힘든 투기적 자본 이동에 대한 일시적인 대응책으로 여겨졌다. 그러나 1973년 3월에 채택된 잠정적인 협정은 영구적인 것이 되었으며 고정환율의 종말과 국제통화관계에서의 새로운 격동기의 시작을 나타냈다.

| 표 19-1 | 1966~1972년 선진국의 인플레이션율(연율) | | | | | | |
|---|---|---|---|---|---|---|---|
| **국가** | 1966 | 1967 | 1968 | 1969 | 1970 | 1971 | 1972 |
| 영국 | 3.6 | 2.6 | 4.6 | 5.2 | 6.5 | 9.7 | 6.9 |
| 프랑스 | 2.8 | 2.8 | 4.4 | 6.5 | 5.3 | 5.5 | 6.2 |
| 독일 | 3.4 | 1.4 | 2.9 | 1.9 | 3.4 | 5.3 | 5.5 |
| 이탈리아 | 2.1 | 2.1 | 1.2 | 2.8 | 5.1 | 5.2 | 5.3 |
| 미국 | 2.9 | 3.1 | 4.2 | 5.5 | 5.7 | 4.4 | 3.2 |

출처: Organization for Economic Cooperation and Development. *Main Economic Indicators: Historical Statistics, 1964–1983*. Paris: OECD, 1984.
숫자는 평균 소비자물가지수의 전년 대비 증가한 비율(%)이다.

[26] 1971~1972년 미국의 인플레이션은 닉슨 대통령이 1971년 8월에 시행한 정부 관리하의 임금과 물가 통제에 의해 인위적으로 낮은 수준에 머물렀다. 원칙적인 면에서 금의 시장가격을 고정하는 미국의 굳은 약속은 미국 인플레이션을 제한했을 것이나, 실제적인 면에서 미국은 시간이 지나면서 그 약속을 약화시킬 수 있었으며, 그 결과 온스당 35달러에 중앙은행으로부터의 인출을 약속하는 가운데 금의 시장가격이 오르도록 허용했다. 따라서 미국은 1960년대 후반까지 그 체제 내에서 완전한 통화 삼자택일의 문제에 직면하지 않은 유일한 국가였다. 미국은 다른 국가들이 자국의 통화를 달러에 고정했기 때문에 고정환율을 즐기는 동시에 국내 목표를 위해 통화 정책을 사용할 수 있었다. 1970년대의 세계적인 인플레이션에 대한 최근의 평가에 대해서는 Michael Bordo와 Athanasios, Orphanides, eds., *The Great Inflation* (Chicago: University of Chicago Press, 2013)을 참조하라.

[27] 많은 개발도상국은 자국통화를 계속 달러에 고정했으며 다수의 유럽 국가는 '스네이크(snake)'라는 비공식적인 협정의 일환으로 상호 간 환율을 계속 고정했다. 스네이크는 21장에서 논의되는 유럽통화제도(EMS)로 발전했으며, 결국 유럽의 단일통화인 유로를 탄생시켰다.

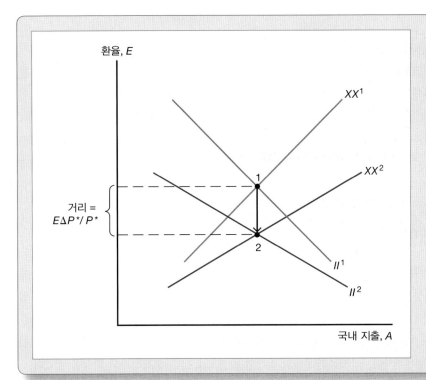

**그림 19-4 외국 물가수준 $P^*$ 상승의 대내외 균형에 대한 영향**

$P^*$가 상승한 후 점 1은 구역 1(과잉고용과 과도한 경상수지 흑자)에 있게 된다. 평가절상($E$의 하락)은 경제를 점 2로 이동시킴으로써 즉각적으로 균형이 회복된다.

은 점 1 아래의 수직선상에 놓이게 된다.

경제가 점 1에 있다면 주어진 고정환율과 국내 물가수준에서 $P^*$의 상승은 경제를 구역 1에 위치시키게 되어 과잉고용과 과도한 경상수지 흑자 상태에 놓이게 된다. 이러한 결과를 초래하는 요인은 세계수요를 자국 제품 쪽으로 이동시키는 실질환율의 절하이다($P^*$의 상승으로 $EP^*/P$가 올라간다).

정부가 아무 조치도 취하지 않으면 과잉고용은 국내 물가수준에 상승 압력을 가하게 되며, 이러한 상승 압력은 점차 2개의 곡선을 원래의 위치로 이동시킨다. 이 곡선은 $P$가 $P^*$와 비례해서 상승할 때 이동을 멈춘다. 이 위치에서 실질환율, 고용, 경상수지는 최초수준으로 다시 돌아가며, 점 1은 다시 대내균형과 대외균형점이 된다.

수입 인플레이션을 피하는 방법은 통화를 평가절상하여($E$를 낮추어) 점 2로 이동하는 것이다. 평가절상은 $P^*$ 상승의 실질환율에 대한 효과를 상쇄함으로써 자국의 인플레이션을 초래하지 않고 대내균형과 대외균형을 즉각적으로 회복시킨다. 외국 물가의 순수한 상승에 대응하기 위해 지출전환정책만이 요구된다.

평가절상이 없을 때 일어나는 국내 물가상승은 국내통화공급의 증가에 기인한다. 왜냐하면 물가와 통화공급이 장기적으로는 비례하여 움직이기 때문이다. 이 상승을 유발하는 메커니즘은 자국 중앙은행의 외환시장 개입이다. $P^*$ 상승 이후 국내 생산과 물가가 오를 때 실질통화공급은 줄어들고 실질통화수요는 늘어난다. 통화절상으로 초래되는 국내 이자율 상승 압력을 억제하기 위해서 중앙은행은 준비자산을 매입하고 자국통화공급을 확대해야 한다. 이런 방법으로 준비통화 국가에서 실시된 인플레이션 유발 정책은 외국 인플레이션과 통화공급으로 파급된다.

## 평가

브레턴우즈 체제의 붕괴는 부분적으로 세계적인 인플레이션을 야기할 수 있는 압도적인 미국의 거시경제력에 기인한다. 그러나 또한 대내외 균형을 위해 필요한 핵심적인 지출전환 정책(자유 재량적 환율조정)이 대내외 균형을 점점 더 달성하기 어렵게 만드는 투기적 공격을 자극했다는 사실에도 기인한다. 따라서 이 체제는 삼자택일의 희생양이었다. 국가 간 자본 이동을 통제하기가 점점 더 어려워짐에 따라 정책 입안자들은 환율 안정과 국내통화 정책의 목표 간 첨예한 상충문제에 직면했다. 그러나 1970년대에 선진국 유권자들은 정부가 국내경제에 우선권을 두기를 오랫동안 기대했다. 그 결과 고정환율제도가 사라지게 되었다.

# 변동환율에 대한 찬성론

1960년대 후반 그 범위와 빈도가 증가한 국제통화 위기가 발생하면서 대부분의 경제학자는 좀 더 유연한 환율변동이 보장되어야 한다고 주장했다. 많은 사람은 변동환율제도(중앙은행이 환율을 고정하기 위해 외환시장에 개입하지 않는 것)가 필요한 환율의 변동을 보장할 뿐만 아니라 세계 경제를 위해 여러 이익을 가져다줄 것이라고 주장했다. 이에 따라 1973년 3월의 변동환율제도의 탄생은 시장을 환율결정의 중심부에 놓는 국제통화체제의 건전한 발전으로 많은 경제학자의 환영을 받았다.

변동환율에 대한 찬성론은 다음의 네 가지 중요한 논지에 근거를 두고 있다.

1. **통화 정책의 자주성**: 중앙은행이 환율을 고정하기 위해 더 이상 외환시장에 개입하지 않아도 된다면 정부는 대내외 균형을 달성하기 위해 통화 정책을 사용할 수 있다. 더욱이 어떤 국가도 타국의 인플레이션이나 디플레이션을 수입하도록 강요받지 않을 것이다.

2. **대칭성**: 변동환율하에서는 브레턴우즈 체제에 내재된 비대칭성이 사라질 것이며, 미국이 더 이상 단독으로 세계 금융시장 조건을 통제할 수 없게 될 것이다. 동시에 미국은 달러 환율에 영향을 미치는 데 다른 국가와 동등한 기회를 가지게 될 것이다.

3. **자동안정장치로서의 환율**: 통화 정책을 적극적으로 실행하지 않더라도 시장에서 결정된 환율의 신속한 조정은 총수요의 변화에 직면하여 대내외 균형을 유지하는 데 도움이 된다. 브레턴우즈 체제하에서 환율의 재조정이 있기 전에 발생했던 장기적이며 고통스러운 투기가 변동환율하에서는 발생하지 않을 것이다.

4. **환율과 대외균형**: 시장에서 결정되는 환율은 경상수지 적자나 흑자가 커지는 것을 자동적으로 막아줄 것이다.

### 통화 정책의 자주성

브레턴우즈의 고정환율제도하에서 미국 외의 국가들은 대내외 균형에 도달하기 위해 통화 정책을 사용할 여지가 거의 없었다. 이 국가들은 자국의 이자율을 미국 이자율과 같게 유지할 때만 자국통화의 미국 달러에 대한 환율을 고정할 수 있었다. 따라서 고정환율이 폐지되기 전 몇 년 동안 중앙은행은 이자율과 통화공급에 대한 통제력을 유지하기 위해 국제결제(international payment)에 대해 점점 더 강력한 규제를 가했다. 이러한 규제는 오직 통화 정책을 강화하는 데만 부분적으로 실효를 거됐을 뿐이며 국제무역을 왜곡하는 부작용을 감수해야만 했다.

변동환율의 옹호론자들은 통화가치를 안정시키는 의무가 사라지면 중앙은행의 통화에 대한 통제력을 회복할 수 있다고 지적했다. 예를 들어 실업이 발생하고 중앙은행이 이에 대한 대책으로 통화공급량을 증가시키려고 할 때 이것이 초래할 평가절하를 방해할 만한 어떤 법적인 장애물도 없다. 이와 비슷하게 경기가 과열된 국가의 중앙은행은 원치 않는 준비자산의 유입이 안정화 노력을 손상할 수 있다는 점을 걱정하지 않고 통화공급을 축소시킴으로써 과열된 경기를 진정시킬 수 있다. 통화 정책에 대한 개선된 통제력은 국제결제를 왜곡하는 보호장벽을 해체할 수 있게 할 것이다. 즉 변동환율은 자본 이동과 통화 정책의 자유를 선택하는 대신 고정환율을 포기하는 통화 삼자택일 접근법이다.

변동환율의 지지자들은 또한 변동환율하에서 각 국가는 해외에서 결정된 인플레이션율을 수동적으로 수입하는 대신에 자국에 바람직한 장기 인플레이션율을 선택할 수 있다고 주장한다. 이미 앞선 장에서 고정환율을 고수할 경우 외국의 물가상승에 직면한 국가는 균형을 잃어버리며 결국 외국의 인플레이션을 수입하게 된다는 것을 배웠다. 1960년대 말까지 많은 국가는 미국으로부터 인플레이션을 수입하고 있다는 것을 감지했다. 자국의 통화가치를 절상시킴으로써(즉 자국통화 표시 외화가격을 낮춤으로써) 각국은 자국을 외국 물가상승으로 인한 인플레이션으로부터 완전히 차단할 수 있으며, 그 결과 대내외 균형을 유지할 수 있다. 가장 많이 거론되는 변동환율을 지지하는 이유 중 하나는 이론적으로 변동환율하에서는 자동적으로 환율변화가 일어나 진행 중인 외국의 인플레이션으로부터 경제를 격리한다는 점이다.

이러한 격리의 배후에 있는 메커니즘이 구매력 평가(purchasing power parity, PPP)이다(16장 참조). 세계 경제의 모든 변화가 통화적 현상일 경우 PPP가 장기적으로 성립한다는 점을 상기해보자. 환율은 결국 국가 간 인플레이션 격차를 정확히 상쇄하도록 움직이게 된다. 만약 유럽의 물가수준은 불변인데 미국의 통화증가가 미국 물가수준을 장기적으로 2배로 상승시킨다면 PPP는 장기에서 달러의 유로 표시 가격이 절반으로 하락할 것이라고 예상한다. 이러한 명목환율의 변화로 달러와 유로 간 실질환율은 변하지 않게 되며, 유럽은 대내외 균형을 유지할 수 있게 된다. 다시 말해 PPP가 예측하는 장기환율 변화는 미국의 인플레이션으로부터 유럽을 격리하는 바로 그 수준이다.

또한 통화로부터 유발된 미국 물가의 상승은 환율이 변동할 때는 달러에 대한 외국통화의 즉각적인 절상을 초래한다. 단기적으로 이러한 평가절상폭은 PPP가 예측하는 값과 차이가 날 수 있다. 그러나 고정환율에 대한 공격을 감행했던 외환투기꾼들이 변동환율이 빠르게 조정되도록 한다. 그들은 외국통화가 장기적으로 PPP에 따라 절상될 것을 알고 있기 때문에 자신들이 예측한 대로 행동하며, 결국 장기적인 예측대로 환율을 변동하게 한다.

이와는 대조적으로 브레턴우즈 체제하에서 각국은 자국의 달러환율을 고정하기 위해 미국 인플레이션에 맞추어 물가상승을 감내하거나 미국 물가의 상승률에 비례하여 통화를 의도적으로 절상시키는 선택을 해야 한다. 그러나 변동환율하에서는 자국을 미국의 인플레이션으로부터 보호해주도록 외환시장이 자동적으로 환율변화를 일으킨다. 이러한 결과는 전혀 정부의 정책적 결정을 필요로 하지 않기 때문에 고정환율제도하에서 발생하는 평가절상의 위기를 피할 수 있다.[28]

---

28 이러한 분석은 외국 물가수준이 하락하는 경우에도 여전히 적용되므로(반대 방향으로) 변동환율에 의해 원치 않는 디플레이션을 수입하는 것을 피할 수 있다.

## 대칭성

변동환율 옹호론자들이 주장하는 두 번째 논지는 브레턴우즈 체제를 포기하면 1960년대와 1970년대 초반에 수많은 국제적 갈등을 유발했던 비대칭성이 제거된다는 것이다. 두 가지 중요한 비대칭성이 존재하는데, 이는 모두 국제통화제도에서 달러의 중심적 역할로 인한 것이다. 첫째, 중앙은행이 달러에 대한 자국통화의 가치를 고정하고 준비자산으로서 달러를 비축하고 있기 때문에 미국의 연방준비제도는 세계의 통화공급량을 결정하는 데 주도적인 역할을 하는 반면에 타국의 중앙은행은 자국의 통화공급량을 결정할 여지가 거의 없었다. 둘째, 어떤 국가도 '근본적인 불균형'에서는 달러에 대한 자국통화가치를 평가절하할 수 있었으나 미국은 이러한 선택을 할 수 있는 여지가 없었다. 대신에 달러의 평가절하는 경제적으로 분열된 오랜 기간의 다자간 협상 끝에 가능한 것이었다.

변동환율제도를 지지하는 사람들은 이 제도가 이러한 비대칭성을 사라지게 할 것이라고 주장한다. 각국은 더 이상 달러에 대한 환율을 고정하거나 이를 위해 달러 준비자산을 보유할 필요가 없기 때문에 자국의 통화 상태를 조절할 수 있는 위치에 있게 된다. 동일한 이유로 미국 또한 통화 정책이나 재정 정책을 통해 환율을 조절하는 데 특별한 장애가 없다. 모든 국가의 환율이 더 이상 정부의 결정에 의해서가 아니라 외환시장에 의해 대칭적으로 결정된다는 것이다.[29]

## 자동안정장치로서의 환율

변동환율을 옹호하는 세 번째 논지는 변동환율이 이론적으로 특정 경제환경 변화에 좀 더 신속하게 그리고 상대적으로 고통 없이 적응할 수 있게 해준다는 점이다. 이미 언급한 대로 그러한 변화 중 하나가 해외 인플레이션이다. 17장에서 설명했던 $DD$-$AA$ 모형을 이용하여 그림 19-5는 수출품에 대한 외국수요가 일시적으로 감소할 경우 고정환율과 변동환율하에서의 경제 반응을 비교하여 분석한다.

자국의 수출품에 대한 수요감소는 모든 수준의 환율 $E$에서 총수요를 감소시키며, 그 결과 $DD$ 곡선을 $DD^1$에서 $DD^2$로 왼쪽으로 이동시킨다($DD$ 곡선이 총수요와 총생산이 일치하는 환율과 생산량의 조합을 나타낸다는 점을 기억하라). 그림 19-5(a)는 변동환율하에서 이러한 수요변화가 경제의 균형에 어떠한 영향을 미치는지를 보여준다. 수요변화가 일시적이라고 가정되었기 때문에 장기 기대환율에 영향을 주지 않으며, 따라서 자산시장균형곡선 $AA^1$을 변화시키지 않는다($AA$ 곡선은 외환시장과 국내통화시장이 균형을 이루게 하는 환율과 생산량의 조합을 나타낸다는 점을 기억하라). 그러므로 경제의 단기균형은 점 2에서 이루어지며, 최초의 균형인 점 1에 비해 통화가치가 절하되고($E$의 상승) 생산량은 감소한다. 그러면 환율은 왜 $E^1$에서 $E^2$로 상승할까? 총수요와 생산이 감소함에 따라 통화에 대한 거래수요가 감소하므로 통화시장이 균형을 이루기 위해서는 자국의 이자율이 하락해야 한다. 또한 국내 이자율이 하락하면 외환시장에서 국내통화는 절하되고 환율이 $E^1$에서 $E^2$로 상승하게 된다.

그림 19-5(b)는 고정환율하에서 동일한 수출수요 감소의 효과를 보여준다. 중앙은행은 변동환율하에서 발생하는 통화절하를 방지해야 하기 때문에 외환으로 국내통화를 매입하고 그 결과 국내통화공급이 줄어들며, $AA^1$을 왼쪽의 $AA^2$ 방향으로 이동시킨다. 고정환율하에서 새로운 단기균형은 생

---

29 이러한 대칭성 주장은 고정환율 전체에 대한 반대론이 아니라 1970년대 초반에 붕괴된 것과 같은 특수한 종류의 고정환율제도에 대한 반대론이다. 18장에서 살펴봤듯이 금본위제도에 기초한 고정환율제도는 완벽하게 대칭적일 수 있다.

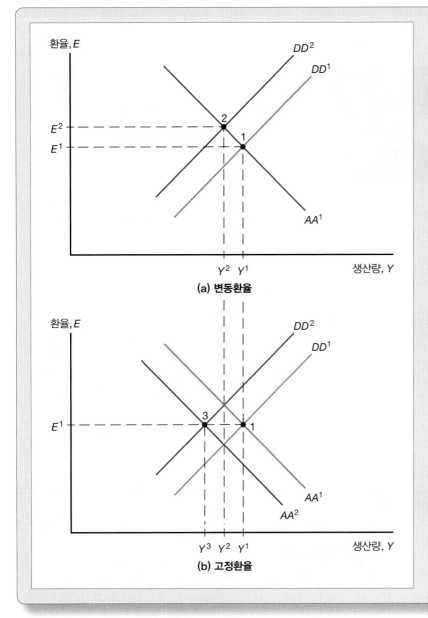

환율, $E$

$DD^2$

$DD^1$

$E^2$ ........ 2
$E^1$ ........ 1

$AA^1$

$Y^2$  $Y^1$    생산량, $Y$

**(a) 변동환율**

환율, $E$

$DD^2$

$DD^1$

$E^1$ ....... 3    1

$AA^1$

$AA^2$

$Y^3$ $Y^2$ $Y^1$    생산량, $Y$

**(b) 고정환율**

**그림 19-5 수출수요 감소의 효과**

수출수요 감소에 대한 반응은 ($DD^1$에서 $DD^2$로의 이동에서 볼 수 있는) 변동환율과 고정환율의 경우가 각기 다르다. (a) 변동환율에서 통화절하($E^1$에서 $E^2$로)가 수요를 다시 국내 제품으로 이동시킴으로써 생산을 $Y^2$까지만 감소시킨다. (b) $E^1$의 고정환율에서 중앙은행이 통화공급을 감소시킴에 따라($AA^1$에서 $AA^2$까지의 이동에 반영되어 있듯이) 생산은 $Y^3$까지 감소한다.

산이 $Y^3$와 같아지는 점 3에서 이루어진다.

그림 19-5는 생산량이 $Y^2$가 아니라 $Y^3$까지 하락함으로써 변동환율하에서보다 고정환율하에서 생산량이 사실상 더 많이 감소한다는 점을 보여준다. 다시 말해 변동환율하에서는 환율변화로 인한 수출수요 감소의 충격이 실업에 미치는 효과가 고정환율에 비해 감소됨으로써 경제가 더 안정된다. 국내 상품과 서비스에 대한 수요가 줄어들 때 변동환율에서의 통화절하가 이들의 가격을 떨어뜨려 부분적으로 최초의 수요감소를 상쇄한다. 최초의 수출수요 하락에 의한 대내균형으로부터의 이탈을 축소시킬 뿐만 아니라, 통화절하는 국제시장에서 국내 제품의 경쟁력을 제고시켜 고정환율하에서 발생하는 증가된 경상수지 적자를 감소시킨다.

**사례 연구** 변동환율제 도입의 초기(1973~1990)

Sal Veder/AP/Shutterstock

19 73년 이후 세계 경제의 거시경제 역사에 대한 검토는 현대 국제통화제도의 성공과 단점을 판단할 수 있는 핵심 자료를 제공한다. 변동환율제가 시행된 첫 번째 격변기에 대한 요약부터 시작할 것이다.

### 인플레이션과 디플레이션(1973~1982)

변동환율제 시대의 서막은 1973년 말과 1974년 초 사이에 4배가 오른 세계 원유가격의 상승이었다. 원유가격 상승은 독단적인 석유수출국기구(OPEC)가 주도했는데, OPEC는 대부분의 주요 산유국이 포함된 국제 카르텔이다. 세계 곳곳에서 소비와 투자가 둔화되고 세계 경제는 침체에 빠졌다. 석유수입 국가의 경상수지는 악화되었다.

14~18장에서 개발한 모형은 인플레이션이 호황기에 상승하고 침체기에 하락하는 경향이 있다고 예측한다. 그러나 1974년 세계가 깊은 침체에 빠져들었을 때 대부분의 국가에서 인플레이션이 가속화되었다. 표 19-2는 주요 선진국에서 1973~1982년의 10년간 실업률이 상승했음에도 불구하고 인플레이션이 얼마나 급격히 상승했는지를 보여준다.

무슨 일이 벌어진 것인가? 주요 요인은 유가충격 그 자체이다. 유가상승은 석유제품 가격과 에너지 사용 산업의 비용을 직접적으로 상승시킴으로써 물가수준을 크게 상승시켰다. 더욱이 1960년대 말부터 축적된 전 세계적인 인플레이션 압력이 임금결정 과정에 깊숙이 자리 잡게 되었고, 악화되는 고용사정에도 불구하고 인플레이션이 계속 발생하게 만들었다. 임금계약을 갱신하게 만드는 인플레이션 기대는 투기꾼들로 하여금 가격상승이 기대되는 제품을 사재기하게 함으로써 제품가격을 추가적으로 상승시켰다. 그 후 몇 년간 중앙은행 총재들은 높은 실업이라는 대가를 치르면서 인플레이션 압력에 대항하기를 꺼렸다.

1974~1975년의 특이한 거시경제 조건을 설명하기 위해 경제학자들은 지금은 일반상식이 된 새로운 단어를 만들었다. 바로 **스태그플레이션**(stagflation)인데, 이는 침체된 생산과 높은 인플레이션의 합성어이다. 스태그플레이션은 두 가지 요인의 결과로 발생한다.

1. 직접적으로 인플레이션을 초래하는 동시에 총수요와 총공급을 위축시키는 제품가격의 상승

| 표 19-2 | 주요 선진국의 거시경제 자료(1963~2019) | | | | | | |
|---|---|---|---|---|---|---|---|
| 기간 | 1963~1972 | 1973~1982 | 1983~1992 | 1992~2006 | 2007~2009 | 2010~2015 | 2016~2019 |
| | 인플레이션(연율) | | | | | | |
| 미국 | 3.3 | 8.8 | 3.8 | 2.6 | 2.1 | 1.7 | 1.9 |
| 유럽 | 3.9 | 10.7 | 5.8 | 3.1 | 2.5 | 1.5 | 1.2 |
| 일본 | 5.5 | 8.7 | 1.8 | 0.1 | 0.0 | 0.5 | 0.5 |
| | 실업률(노동인구에 대한 비율) | | | | | | |
| 미국 | 4.7 | 7.0 | 6.8 | 5.3 | 6.6 | 7.6 | 4.2 |
| 유럽 | 1.9 | 5.5 | 9.4 | 10.2 | 7.9 | 10.4 | 7.8 |
| 일본 | 1.2 | 1.9 | 2.5 | 4.1 | 4.3 | 4.2 | 2.6 |
| | 1인당 실질 GDP 증가율(연율) | | | | | | |
| 미국 | 4.0 | 2.3 | 3.5 | 3.2 | -0.3 | 2.2 | 2.2 |
| 유럽 | | 2.6 | 2.5 | 2.2 | -0.3 | 1.2 | 2.3 |
| 일본 | 7.9 | 3.7 | 4.0 | 1.1 | -1.7 | 1.5 | 1.1 |

출처: International Monetary Fund, Eurostat, World Bank.

2. 경기 침체와 실업증가에도 불구하고 임금과 다른 가격들에 반영되는 미래 인플레이션에 대한 기대

고정환율을 방어할 필요에서 자유롭게 된 정부는 인플레이션을 가속화하는 팽창 정책을 폈다. 삼자택일의 다른 꼭짓점으로 이동한 많은 국가는 1974년 이전에 설정해놓았던 자본통제도 완화할 수 있었다. 자본통제 완화는 개발도상국이 지출과 경제성장을 유지하기 위해 선진국 금융시장에서 차입하는 것을 더욱 쉽게 만들어 이러한 국가의 조정문제 해결에 도움을 주었다. 그 대가로 선진국 수출에 대한 개발도상국의 수요가 상대적으로 강해져 1974~1975년 침체기의 혹독함을 완화하는 데 도움을 주었다. 그럼에도 불구하고 표 19-2에서 보듯이 선진국에서 실업은 크게 상승했고, 계속 높은 수준을 유지했다.

1970년대 중반 미국은 확장 통화 정책을 통해 실업과의 전쟁을 시도한 반면에, 독일과 일본 같은 나라들은 인플레이션을 더 우려했다. 이러한 정책 불균형(다른 국가들의 확장과는 비교할 수 없는

수준의 미국의 확장 정책)으로 인해 1976년 이후 미국 달러가 크게 절하되었다. 미국의 인플레이션은 캐나다, 프랑스, 이탈리아, 영국을 포함한 많은 나라의 인플레이션과 같은 두 자리 수에 달했다. 이 기간 중 달러의 절하수준은 그림 19-6에서 **명목과 실질 실효환율지수**(nominal and real effective exchange rate index)를 통해 볼 수 있다. 이 두 지수는 각각 해외통화 바스켓으로 측정한 달러가격과 해외 생산물 바스켓으로 측정한 미국 생산물의 가격이다. 따라서 두 지수의 상승은 (명목 또는 실질) 달러가 절상된 것을 의미하고, 지수의 하락은 달러가 절하된 것을 의미한다.

달러에 대한 신뢰를 회복하기 위해 지미 카터(Jimmy Carter) 대통령은 국제금융 문제에 폭넓은 경험을 지닌 폴 볼커(Paul A. Volker)를 연방준비제도의 새로운 의장으로 선임했다. 1979년 10월, 볼커가 미국의 통화긴축과 함께 통화공급 증가세를 조절하기 위해 더욱 엄격한 절차를 채택할 것이라고 발표한 이후 달러는 강세를 보이기 시작했다.

1979년 이란 왕정이 붕괴하자 이란의 석유 수출이 어려워지면

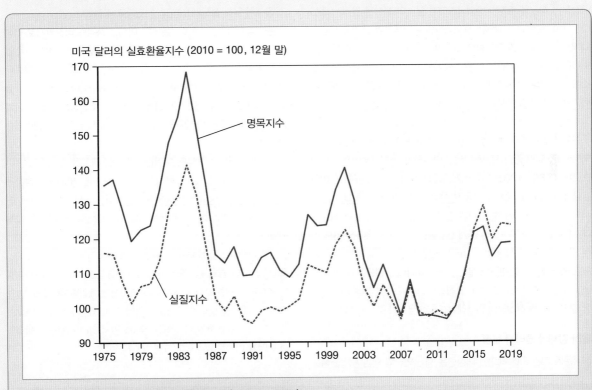

**그림 19-6 달러의 명목 및 실질 실효환율지수(1975~2019)**
이 지수들은 해외통화 바스켓으로 측정한 미국 달러의 명목 및 실질가치이다. 지수의 상승은 달러의 절상을 의미하고 지수의 하락은 달러의 절하를 의미한다. 두 지수 모두 2010 = 100이 기준이다.

출처: Bank for International Settlements.

서 2차 유가상승이 촉발되었다. 1975년 선진국의 거시경제 정책 입안자들은 확장 통화 정책 및 재정 정책으로 1차 유가충격에 대응했었다. 그러나 이 2차 유가충격에 대해서는 매우 다르게 반응했다. 1979~1980년에 걸쳐 대부분의 주요 선진국에서 유가상승에 수반된 인플레이션 상승을 상쇄하고자 하는 노력으로 통화 증가는 사실상 제한적이었다. 이러한 정책적 접근은 인플레이션 급등은 방지했지만 전 세계적인 침체를 가져왔다.

1980년 11월, 반인플레이션을 선거공약으로 내세운 로널드 레이건(Ronald Reagan)이 대통령에 당선되었다. 선거 결과와 볼커의 통화긴축으로 달러가치는 상승했다(그림 19-6 참조). 1979년 후반 미국 이자율 또한 급격히 상승했다. 1981년에 미국의 단기 이자율은 1978년 수준의 거의 2배에 달했다.

미국의 조치는 미국 이자율을 상승시키고, 투자자들이 미래에 달러가 더 강세를 보일 것이라고 기대하게 함으로써 즉각적인 달러의 절상을 초래했다. 이러한 달러 절상은 해외 제품에 비해 미국 제품의 가격을 상승시키고, 그 결과 미국의 생산을 감소시켰다.

달러의 절상이 이론상으로는 성장둔화 기간 동안 해외국가에게 긍정적인 자극을 주지만 해외국가에게 달러의 절상은 달갑지 않았다. 그 이유는 달러 강세는 해외국가의 수입물가를 올리고 노동자의 임금상승 요구를 유도함으로써 이러한 국가의 인플레이션 억제 노력을 방해하기 때문이다. 달러 강세는 미국에서는 인플레이션 감소를 촉진하는 반대 효과를 가져온다. 미국의 긴축통화 정책은 해외국가에게 인플레이션을 수출함으로써 미국의 인플레이션을 어느 정도 낮춘다는 점에서 인접국 빈곤화 정책의 효과를 가진다.

해외 중앙은행은 달러 절상을 늦추기 위해 외환시장 개입을 통해 대응했다. 일부 중앙은행은 달러 준비금을 팔고 자국통화를 매입함으로써 1980~1981년 동안 자국통화 증가세를 제한하고, 이자율을 상승시켰다. 2차 유가충격 직후 바로 시작된 미국과 해외에서의 동시적인 통화긴축은 세계 경제를 극심한 경기 침체에 빠뜨렸다. 1982~1983년에 전 세계 실업률은 제2차 세계대전 이후 전례 없는 수준으로 상승했다. 미국의 실업률은 경기 침체 이전 수준으로 빠르게 회복된 반면에 일본, 특히 유럽의 실업률은 오랜 기간 높은 수준을 유지했다(표 19-2 참조). 그러나 통화긴축과 이로 인한 경기 침체는 선진국의 인플레이션율을 급격히 하락시켰다.

### 달러 강세와 플라자 협정

선거운동 기간 중에 레이건 대통령은 세금 인하와 연방예산 균형을 약속했다. 1981년에 그는 첫 번째 약속은 잘 지켰다. 같은 시기에 레이건 정부는 국방비 지출을 증가시켰다. 이 조치와 연이은 의회활동의 결과 미국 정부의 재정적자가 증가했고 급격한 확장 재정 정책이 시행되었다. 미국의 재정 정책은 달러가 계속 절상하도록 만들었다(그림 19-6 참조). 1979년 말부터 1985년 2월까지 독일 통화에 대한 미국 달러의 절상률은 47.9%에 달했다. 1982년 12월 미국의 경기 침체는 저점에 도달했고, 미국의 재정팽창의 효과가 달러의 계속적인 절상을 통해 해외로 확산되면서 미국과 해외 국가의 생산이 회복되기 시작했다.

미국의 확장 재정 정책이 세계 경제 회복에 기여했지만, 계속 증가하는 연방정부의 재정적자는 세계 경제의 미래 안정성에 대한 우려를 낳았다. 증가하는 재정적자가 민간저축의 증가 또는 투자 감소로 상쇄되지 않았기 때문에 미국의 경상수지 적자가 급격히 악화되었다. 1987년 미국은 해외국가에 대해 순채무국이 되었고, 경상수지 적자는 제2차 세계대전 이후 가장 높은 수준인 GNP의 3.6%에 이르렀다. 일부 분석가들은 해외 채권자들이 축적한 달러 자산의 미래 가치에 대한 신뢰를 잃고 달러를 팔게 되면, 갑작스럽고 급격한 달러 절하가 일어날 수 있다고 걱정했다.

달러 강세가 미국 내 소득분배에 미치는 충격도 마찬가지로 걱정거리였다. 달러 절상은 미국의 인플레이션을 낮추고 소비자가 수입품을 좀 더 싸게 구매할 수 있도록 하지만, 이득을 보는 사람보다 교역조건 변화로 손해를 보는 사람이 더 조직적이고 목소리가 컸다. 1980년대 내내 빈약한 경제적 성과는 수입경쟁 부문의 산업을 보호하도록 정부에 압력을 가했다. 보호주의 압력이 눈덩이처럼 불어났다.

레이건 정부는 시작부터 특이한 상황(예: 레이건 대통령 암살 미수 이후)을 제외하고는 외환시장에 개입하기를 거부하는 '점잖은 무시(benign neglect)' 정책을 채택했다. 그러나 1985년에 이르러 달러 강세와 보호주의 폭풍 사이의 연관성을 무시할 수 없게 되었다.

국제무역 시스템에 대한 재앙을 두려워한 미국, 영국, 프랑스, 독일, 일본의 경제 관리들은 1985년 9월 22일 뉴욕 플라자호텔에서 달러 약세를 위해 공동으로 외환시장에 개입할 것이라고 발표했다. 그다음 날 달러는 급격히 하락했고, 미국은 1986~1987년 초까지 계속 느슨한 통화 정책을 유지하면서 달러 이자율을 해외통화 이자율 이하로 낮추었다(그림 19-6 참조).

지금까지는 수출수요의 일시적인 감소에 관한 사례를 고려했다. 그러나 수출수요가 영구적으로 감소한다면 더 강한 결론을 이끌어낼 수 있다. 이 경우에는 기대환율 $E^e$가 또한 상승하며 그 결과로 $AA$ 곡선이 위쪽으로 이동한다. 영구적인 충격은 일시적인 충격보다 더 큰 통화절하를 야기하므로 충격이 지속적일수록 환율변동이 국내 생산을 더욱 안정되게 한다.

브레턴우즈 체제하에서 그림 19-5(b)에 표시된 것과 같은 수출수요의 감소는 만약 그것이 영구적이라면 평가절하를 요구하는 '근본적인 불균형'을 초래하거나 수출가격이 떨어지면서 장기적인 실업을 초래하게 된다. 정부의 의도에 대한 불확실성은 투기적인 자금의 유출을 촉진하며, 중앙은행의 준비자산을 고갈시키고, 실업이 있는 시기에 자국의 통화공급을 감소시킴으로써 상황을 더 악화시킨다. 변동환율을 옹호하는 사람들은 외환시장이 명목환율을 변동시킴으로써 필요한 실질환율의 절하를 자동적으로 가져올 것이라고 지적한다. 이러한 환율변화는 실업을 통해 물가수준을 낮출 필요성을 줄이거나 제거한다. 이러한 환율변화는 즉각적으로 일어나기 때문에 고정환율제도에서와 같이 투기적 교란이 발생할 위험이 없다.

### 환율과 대외균형

변동환율의 마지막 이득은 지속적인 대규모 경상수지 적자나 흑자가 발행하는 것을 억제해줄 것이라는 점이다. 대규모 경상수지 적자를 가진 국가는 외국으로부터 차입을 하게 되고 그에 따라 대외부채가 증가하기 때문에, 이자를 지불하기 위해 수입을 초과하는 수출로 대규모 흑자를 발생시켜야 한다. 이러한 대규모 흑자를 위해서는 통화가치가 절하되어야 한다. 변동환율의 지지자들은 이런 절하를 예상한 투기자들이 미리 앞당겨 통화가치가 절하되게 할 것이며, 단기적으로 수출의 경쟁력을 높이고 수입은 더 비싸게 만들 것이라고 주장했다. 이와 같은 안정을 초래하는 투기가 무엇보다 먼저 경상수지 적자가 지나치게 커지는 것을 억제할 것이라고 주장했다(같은 메커니즘으로 절상은 대외 흑자를 제한할 것이다).

이 견해로 추론해보면 안정을 초래하는 투기자들이 대외균형과 일치하는 수준이 되게 환율을 계속 변화시킬 것이므로 변동환율제도에서 환율의 변동성이 지나치게 크지 않을 수 있다.

1973년 이후 이러한 예측은 얼마나 잘 맞았는가? 일부 예측은 잘 맞았지만 변동환율의 지지자들은 전체적으로 시장에서 결정되는 환율이 외환시장의 혼란이나 국가 간 정책 갈등 없이 기능을 잘 수행할 것이라고 지나치게 낙관했다는 점을 사례를 통해 살펴보자.

## 변동환율하에서 거시경제의 상호의존성

지금까지 개방경제에 대한 모형은 그 국가의 통화·재정 정책이 타국의 생산, 물가수준, 이자율에 거의 영향을 미치지 못하는 비교적 간단한 예로 소규모 경제에 초점을 맞추었다. 그러나 이러한 모형 설정은 국내 생산수준이 세계 총생산의 약 1/5을 차지하는 미국에게는 명백히 잘 맞지 않는다. 미국과 나머지 세계의 국가 간 거시경제적 상호작용을 논의하기 위해서는 변동하는 환율로 연결된 국가 간의 정책 파급 효과에 관해 생각해봐야 한다. 정식 모형을 제시하기보다 단순하고 직관적인 논의를 전개할 것이며, 생산물의 명목가격이 고정되어 있다고 가정하는 단기로 국한할 것이다.

2개의 대규모 국가, 즉 자국과 단 하나의 외국으로 이루어진 세계 경제를 상상해보자. 목적은 국내 거시경제 정책이 외국에 미치는 영향을 평가하는 것이다. 논의를 복잡하게 하는 주된 요소는 어느 국가도 더 이상 고정된 외국 이자율이나 고정된 외국의 수출품 수요에 직면했다고 가정할 수 없다는 점이다. 논의를 간단히 하기 위해 통화·재정 정책의 영구적인 변화만을 고려할 것이다.

먼저 자국에 의한 영구적인 통화팽창을 살펴보자. 앞의 소국의 경우(17장)에는 자국의 통화가 절하되며 생산이 증가한다는 점을 살펴봤다. 자국이 대규모 국가인 경우에도 동일한 결과가 초래되지만, 지금은 나머지 세계의 국가 역시 영향을 받게 된다. 자국의 실질환율이 절하되기 때문에 외국은 실질환율의 절상을 겪을 수밖에 없으며, 외국 제품을 상대적으로 비싸게 하여 생산을 감소시킨다. 그러나 자국 생산의 증가가 그 반대 방향으로 작용하게 되는데, 자국이 여분의 소득을 외국 제품에 소비하면 그 때문에 외국 생산물에 대한 총수요가 증가한다. 자국의 통화팽창은 따라서 외국 생산에 두 가지 상반된 영향을 미치며, 순효과는 둘 중 어느 효과가 더 강한가에 따라 달라진다. 따라서 외국의 생산량은 증가할 수도 있고 감소할 수도 있다.[30]

다음으로 자국의 영구적인 확장적 재정팽창에 대해 생각해보자. 17장의 소국의 경우에서 영구적인 재정팽창은 실질환율의 절상과 총수요 증가 효과를 완전히 상쇄하는 경상수지 적자를 초래했다. 실제로 재정완화에 따른 팽창 효과가 전부 외국으로 새어 나가게 된다(자국의 경상수지 악화의 반대급부는 외국의 경상수지 개선임이 틀림없기 때문이다). 대국의 경우는 자국통화의 절상으로 인해 외국의 수출품이 상대적으로 싸지기 때문에 외국의 생산이 증가한다. 만약 증가된 외국 소득의 일부가 자국 수출품에 지출되면 자국 수출이 증가하고, 그 결과 외국 생산과 더불어 자국의 생산도 실질적으로 증가하게 된다.[31]

대규모 국가 사이의 거시경제적 상호의존성에 대한 논의는 다음과 같이 요약할 수 있다.

1. **자국의 영구적인 통화팽창 효과**: 자국 생산이 증가하고 자국의 통화가 절하되며, 외국 생산은 증가하거나 감소할 수 있다.
2. **자국의 영구적인 재정팽창 효과**: 자국 생산이 증가하고 자국의 통화가 절상되며, 외국 생산은 증가한다.

## 1973년 이후 무엇을 배웠는가

이 장의 앞부분에서 변동환율에 대한 찬성론의 주요 논지를 개관했다. 최근의 변동환율 기간 중에 일어난 사건을 살펴봤으므로, 이제 변동환율에 대한 옹호자들이 1973년 이전에 예측한 사실을 우리의 경험과 간단히 비교해보자.

---

30 외국통화시장 균형조건은 $M^*/P^* = L(R^*, Y^*)$이다. $M^*$는 변하지 않으며, $P^*$는 단기에 고정되어 있다. 외국의 생산량은 외국 이자율이 하락해야만 증가할 수 있고, 외국 이자율이 상승해야만 외국 생산량이 감소할 수 있다.

31 자국의 통화시장 균형조건을 고려하면(앞의 각주에서 유추하여) 자국 이자율이 상승해야만 한다는 점을 알 수 있다. 비슷한 방법으로 분석하면 외국 이자율도 동시에 상승한다는 점을 알 수 있다.

## 사례 연구   세계 경제의 변화와 위기

**19**89년 베를린 장벽 붕괴는 소비에트 제국의 종말이 시작되었음을 나타낸다. 결국 구소련 국가들은 시장구조를 받아들이고 세계 경제에 진입했다. 이와 동시에 중국은 1978년에 처음 시작되었으며 급속한 성장과 근대화를 촉발하기 시작했던 시장 중심의 개혁을 점진적인 방식으로 계속 추진하고 있었다. 이러한 동시적 변화는 세기가 바뀔 무렵의 세계 경제 규모와 노동력을 크게 증가시켰다.

### 유럽과 아시아의 위기(1990~1999)

1990년 7월 1일 동독과 서독의 통일은 독일의 물가상승 압력을 촉발했다. 같은 시기에 다른 유럽 국가들은 유럽연합의 고정환율 메커니즘인 유럽통화제도(European Monetary System, EMS)의 틀 안에서 구독일 통화였던 마르크화에 환율을 고정하고 있었다. 내부의 인플레이션 압력에 대응하는 독일의 긴축통화 정책은 독일과 달리 인플레이션 상승의 타격을 받지 않고 있던 유럽통화제도 참여국들의 경제성장을 둔화시켰다. 그 결과 발생한 유럽통화제도 내의 비대칭적 압력은 1992년 유럽통화제도의 고정환율에 대한 대규모의 투기적 공격을 초래했다.

1989년 일본의 인플레이션이 상승했는데, 이는 부분적으로 플라자 합의에 따른 급격한 절상 이후에 엔화가 추가적으로 절상되는 것을 막기 위해 실행된 1986~1988년의 팽창 통화 정책에 기인한다. 이러한 압력이 가져온 두 가지 매우 가시적인 증상은 일본의 부동산과 주식 가격의 급등이다. 긴축통화 정책과 높은 이자율을 통해 자산가격 거품을 없애려고 한 일본 중앙은행의 전략은 성공적이었고, 1990~1992년 사이에 도쿄의 니케이 주가지수는 절반 이하로 떨어졌다. 불행히도 급격한 자산가치 하락은 일본의 은행시스템을 위기로 몰아넣었고, 1992년 초반까지 경제를 침체로 빠뜨렸다.

회복은 결코 일어나지 않았다. 1998년까지 일본 경제는 GDP 감소, 물가 하락, 40년이 넘는 기간 중 가장 높은 실업률 등 자유 낙하하는 것처럼 보였다. 일본의 디플레이션과 경기 침체는 그다음 15년 동안 거의 아무런 방해도 받지 않고 정말로 오랫동안 지속되었다.

그러나 1997~1998년 일본 경제의 문제점은 일본과 많은 무역거래를 하고 있던 동아시아의 개발도상국으로 퍼져 나갔다. 22장에서 살펴보듯이 1997년 이전의 수년 동안 많은 국가는 급속한 GDP 성장률을 경험하고 있었다. 그들 중 대다수는 환율을 달러에 대해 고정하거나 목표 범위 내에서 유지했다. 따라서 1997년 일본의 경제성장 둔화는 동아시아 경제를 약화시켰다.

최종적인 결과는 1997년 봄 태국의 바트화부터 시작해서 말레이시아, 인도네시아, 한국 등의 동아시아 국가로 퍼져 나간 일련의 계속적인 투기적 공격이었다. 이러한 국가는 깊은 경기 침체에 빠졌고, 22장에서 자세히 다루듯이 일본에 의해서 시작되었지만 다시 일본을 침체시키는 악순환에 빠졌다. 러시아는 1998년 국내부채와 대외부채에 대한 채무를 불이행했고, 글로벌 투자자들을 안절부절못하게 만들었으며 금융혼란을 야기했다. 전 세계적 경제불황의 공포는 자국통화를 포기하고 1999년 유로를 도입하려고 준비하고 있던 11개 유럽 국가의 전례가 없는 공동의 금리인하 조치뿐만 아니라, 연방준비제도의 일련의 이자율 인하를 촉진했다. 이러한 조치는 세계 경제의 붕괴를 피할 수 있게 해주었다.

### 닷컴붕괴와 글로벌 불균형의 출현

1990년대 후반 새로운 인터넷 기반의 기술들과 관련된 첨단기술의 '닷컴(dot-com)' 주식으로 자금이 몰려들면서 미국 주식가격이 급등했다. 투자가 증가했고 미국 경상수지 적자는 팽창했다. 2000년 경기불황을 일으키며 주가가 붕괴하기 시작했을 때 연방준비제도는 공격적으로 이자율을 인하했다. 투자가 감소함에도 불구하고 저축의 감소 때문에 미국의 경상수지 적자는 곧 증가하기 시작했다. 미국의 저축을 감소시킨 한 가지 요인은 미국 부동산 가격의 급등이다. 이자율이 낮았고 미국인들은 주택담보 가치가 상승한 만큼 대출을 받아 순가계저축이 마이너스로 돌아섰다. 결과적으로 미국의 경상수지 적자는 2000년 중반 전례가 없었던 GDP의 6%수준까지 증가했고(그림 13-2 참조), 달러는 절하하기 시작했다(그림 19-6 참조). 부동산 가격은 영국을 비롯해 스페인, 에스토니아에 이르는 많은 미국 이외의 국가에서 상승했으며, 미국처럼 이들 국가에서도 무역적자가 더 커지는 경향이 나타났다.

실제로 1999년 이후에 글로벌 대외불균형의 패턴이 급격히 확대되었다. 그림 19-7은 이 과정을 보여준다. 그림에서 음의 숫자(적자)는 글로벌 저축에 대한 순수요로 해석하고, 양의 숫자(흑자)는 저축의 순공급(국내 투자수요를 초과하는 저축)으로 해석하는 것이 유용하다. 글로벌 금융시장의 균형에서 저축에 대한 전 세계적인 수요는 전 세계적인 공급과 같다. 다시 말하면 모든 국가의 경상수지 합계는 '0'이 되어야만 한다.

수요 측면에서 미국의 경상수지 적자의 극적인 증가가 지배적인 변화였다. 경상수지는 저축에서 투자를 뺀 값과 같으므로 미국의 대규모 경상수지 적자는 미국의 투자(사실상 저축에 대한 수요)가 미국의 가계, 기업 및 정부에 의해 창출된 저축 공급보다 훨씬 더 큼을 의미한다. 훨씬 더 작은 규모이긴 하나 중부 및 동부 유럽의 급속히 발전하는 국가로부터의 투자 수요 또한 저축에 대한 세계수요에 일조했다(그림 19-7 참조).

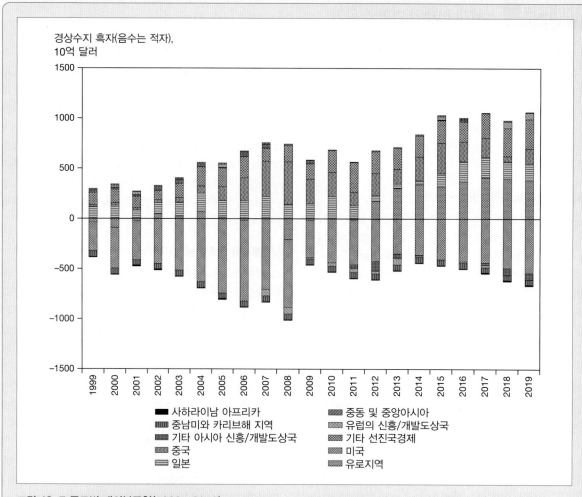

경상수지 흑자(음수는 적자),
10억 달러

범례:
- ■ 사하라이남 아프리카
- 중동 및 중앙아시아
- 중남미와 카리브해 지역
- 유럽의 신흥/개발도상국
- 기타 아시아 신흥/개발도상국
- 기타 선진국경제
- 중국
- 미국
- 일본
- 유로지역

**그림 19-7 글로벌 대외불균형(1999~2019)**

2000년대 전반기 미국의 대규모 경상수지 적자는 다른 국가들, 특히 중국을 포함하는 아시아 국가의 흑자 증가와 연결되었다. 2008년 이후 불균형은 일시적으로 줄어들었다가 유로지역의 대규모 흑자가 발생하면서 다시 증가했다.

출처: International Monetary Fund, *World Economic Outlook* database, October 2019. 2019년 수치는 예측치이다.

이 자료의 곤혹스러운 특징은 (세계 저축에 대한 미국의 수요 증가를 반영해) 미국의 적자가 커짐에 따라 미국의 장기실질이자율이 하락했다는 점인데, 이 과정은 닷컴붕괴가 투자수요와 미래의 경제성장 전망을 악화시킨 2000년경에 시작된 과정의 연장선이었다(그림 19-8 참조). 실질이자율 하락은 미국 주택가격을 더욱더 상승시켰고, 주택담보 가치가 상승한 만큼 대출을 받아 국민소득보다더 많이 지출하게 만들었다. 그 대신에 실질이자율이 상승해서 미국의 저축을 증가시키고 투자는 감소시켰다면 더 자연스러웠을 것이다. 이와는 반대로 실질이자율이 어떻게 하락하는 일이 발생했을까? 더욱이 그림 19-8에서와 같이 다른 국가에서도 왜 이러한 현

상이 일어난 것일까? 그 답은 미국 이외 국가에서의 저축과 투자에 대한 태도 변화에 달려 있다.

그림 19-7은 2000년대의 일부 경상수지 흑자국(특히 중국과 일본, 싱가포르와 대만 같은 신생공업국가)을 보여준다. 석유수출국의 흑자(그림에는 없음) 또한 증가했다. 경제학자들은 여전히 이러한 흑자의 원인에 대해 논쟁을 벌이고 있지만 몇몇 그럴듯한 요인이 두드러진다. 한 가지 요인은 중국이 2001년 12월 세계무역기구(WTO)에 가입한 이후 세계 경제의 주요 참여자로 출현한 것이다. 1970년대 후반 시작된 중국 민간 부문의 경제성장은 매우 빠른 속도로 경제확장을 가져왔을 뿐만 아니라 거대한 인구의 많은

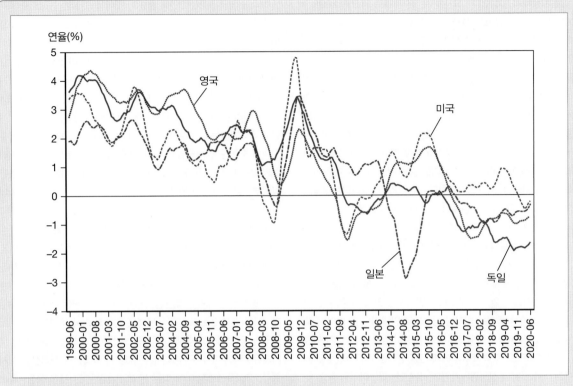

**그림 19-8 미국, 독일, 일본, 영국의 장기 실질이자율(1999~2020)**
실질이자율은 2000년대에 낮은 수준으로 떨어졌다. 많은 국가가 같은 경향을 보였다.

출처: OECD. 실질이자율은 10년 만기 정부채권의 월간 명목이자율에서 전년 동월 대비 인플레이션을 차감한 6개월 이동평균값이다.

사람에게 경제적 혼란을 야기했다. 국가소유 기업이 그 이전에 제공했던 의료 서비스와 같은 사회복지의 축소가 한 예이다. 이에 대한 예방책으로 중국인은 과거보다 더 많이 저축했다. 이와 동시에 (미국의 상당히 강한 성장과 더불어) 중국의 강력한 경제성장은 석유와 같은 1차 상품의 가격을 상승시켰다. 브라질의 대두와 철, 말레이시아의 팜유, 러시아, 베네수엘라, 콩고, 사우디아라비아의 석유 수출로 얻는 수입이 급증했다. 수혜국이 소비하거나 투자할 수 있는 수준을 넘어서는 의외의 경제적 이윤 또한 전 세계의 저축을 증가시켰다.

두 번째 요인은 미국의 바깥에서 경상수지 흑자를 증가시키도록 작동하고 있었다. 1990년대 후반의 경제위기와 금융위기는 빈곤 국가로 하여금 재정 정책에 더욱더 신중을 기하도록 만들었으며 투자하고자 하는 의지를 감소시켰다. 이와 비슷하게 일본의 경제적

불확실성은 투자수요를 감소시켰다. 개발도상국의 더욱 보수적인 경제 정책이 가져온 한 가지 결과는 앞에서 언급한 것처럼 미국 달러 준비자산의 급격한 축적이었는데, 이는 미래의 경제적 불운의 가능성에 대비하기 위한 충격완화 수단을 가난한 국가에게 제공하는 결과를 가져왔다.

요약하면 일반적으로 낮은 투자수요와 더불어 미국 이외 국가들의 막대한 저축 공급은 미국의 대규모 경상수지 적자가 글로벌 금융시장에 미치는 영향을 상쇄하고도 남았다. 그 결과 전 세계적으로 이자율이 하락했고, 이는 전 세계 주택가격을 상승시키는 데 일조했다.[32]

### 글로벌 금융위기와 전 세계적 유행병

2007년 8월 심각한 금융위기가 개발도상국이 아니라 미국과 유럽

---

32 이 장 말미에 있는 연습문제 13은 저축에 대한 세계 수요와 공급곡선의 이동에 따른 영향을 분석하는 것을 돕는 단순한 경제적 분석틀을 제시한다. 더 읽을거리에 있는 Ben Bernanke의 논문은 2000년대 중반의 저금리에 대해 상세히 분석했다.

의 신용시장에서 발생했다. 그 위기는 전 세계로 퍼졌고 2008~2009년 동안 전 세계를 금융위기와 경제침체에 빠뜨렸다. 그 위기의 근원은 미국의 주택담보대출 시장에 있었다. 이 위기의 금융 측면과 파급 과정은 20장에서 보다 자세히 살펴볼 것이다.

금융위기를 초래한 주요 요인은 그림 19-8에서 보듯이 장기 실질이자율이 매우 낮게 유지된 기간이었다. 낮은 이자율은 미국과 다른 많은 국가의 주택가격을 급등시켰고, 미국에서는 주택담보대출자 사이에 위험을 추구하는 투자관행을 초래했다[예: 계약금(down payment)을 최소로 하거나 아예 계약금을 받지 않는 대출 또는 일시적으로 낮은 '미끼' 금리를 받는 대출 등]. 문제를 더욱 악화시키는 이러한 '서브프라임' 또는 '논프라임' 주택담보대출은 재상품화되어 많은 경우 자신들이 떠안고 있는 위험에 대한 정보가 거의 없는 전 세계의 투자자들에게 팔렸다.

그러한 낮은 실질이자율은 전 세계적으로 수요를 자극했다. 결국 상품 수출국들의 소비가 그들의 소득수준을 따라잡기 시작했고 세계의 투자수요가 증가했다. 그림 19-8에서 볼 수 있듯이 미국의 실질이자율은 2003~2005년 말까지 낮았고 그 이후 급격히 상승했다. 갑작스러운 이자율 상승으로 인해 대출을 받아 주택을 구입한 많은 사람은 주택 융자금을 다달이 갚을 수가 없게 되었다. 그다음 차례로 주택 소유자에게 돈을 빌려준 채권자가 곤경에 빠지고, 2007년의 신용위기가 발생하게 되었다. 이자율 상승 탓에 2000년대 초반에 공격적인 모기지 대출기관이 만든 서브프라임 주택대출의 대부분은 결코 상환되지 못할 것처럼 보였다. 이에 따라 전 세계의 은행을 포함한 대출기관은 차입하는 데 큰 어려움을 겪게 되었다.

경제를 돕고자 많은 중앙은행과 다른 금융중개 기관이 금리를 인하했음에도 불구하고 세계는 경기 침체로 들어섰고, 2008년 가을 금융위기가 강렬해짐에 따라 경기 침체도 급격히 악화되었다. 국제무역은 초기에 대공황의 첫 번째 단계에서 보다 더 빠른 비율로 위축되었다. 많은 중앙은행이 목표 명목이자율을 대폭 낮추는 가운데(그림 14-2는 미국과 일본의 이자율을 보여준다) 미국과 중국을 포함한 주요 국가는 대규모 재정확장 프로그램을 시행했다. 이러한 정책이 세계 경제의 자유낙하를 막아주었지만 실업률은 전 세계적으로 급격히 상승했고(표 19-2 참조), 2009년에 생산이 대부분 줄어들었다. 2010년 세계 경제가 안정화되었지만 선진국의 성장은 미미했고 실업률은 더디게 하락했으며, 경기 침체로 인해 많은 정부는 무기한으로 지속될 수 없는 재정적자의 급격한 증가를 떠안게 되었다. 2009년 이후 대부분의 개발도상국은 선진국보다 위기에서 더욱 강력히 회복되었지만 많은 유럽 국가와 일본은 세계 대공황 이후 최악이었던 글로벌 위기에서의 회복이 중단된 채로 취약한 상태에 머물러 있다.

미국과 영국은 2010년대 중반까지 더욱 건실한 성장으로 회복되었지만, 영국의 경우는 2016년 6월 예상하지 못한 유럽연합 탈퇴로 인해 경기회복이 짧게 그쳤다. 중국은 2010년대에 투자에서 소비로 경제의 주안점을 옮김에 따라 경제성장이 둔화되었다. 이러한 중국의 전환은 다른 지역의 경제성장률 둔화와 함께 전 세계의 상품수요를 줄여 특히 개발도상국 상품수출국의 경제를 어렵게 했다. 이러한 연결은 22장에서 더 구체적으로 논의할 것이다. 21장에서 설명하는 바와 같이 2009년 말에 발생한 위기로 인해 유로지역의 회복은 정체되었고 다시 악화되었다. 유로위기는 저성장, 실업, 은행 문제, 2007~2009년 글로벌 금융위기에 기인한 높은 공공부채로 인해 발생했다. 최악의 유로위기는 2012년 말에 지나갔고, 2010년대 말에 주요 선진국과 신흥국경제는 대부분 완전고용과 잠재성장률 또는 그에 가까운 경제성장을 기록했다.

미국의 도널드 트럼프(Donald Trump) 대통령 당선은 세계 경제에 복잡한 결과를 초래했다. 한편으로 2017년 12월에 단행된 미국의 감세는 미국 경제성장에 단기적인 활력소가 되었고, 이러한 확장 정책은 미국의 수입을 증가시켜 해외 수출국에도 이득이 되었다. 다른 한편으로 트럼프 대통령은 일련의 미국 무역대상국(특히 중국과 유럽연합)에 대해 공격적인 보호주의 정책을 실시했고, 북미자유무역협정(NAFTA)과 같은 몇몇 무역협정의 재협상을 실시했다. 2019년까지 이에 따른 무역의 혼란은 전 세계 성장, 특히 무역에 부정적인 영향을 주었다. IMF에 따르면 2018~2019년 사이에 세계 실질GDP 증가율은 3.1%에서 2.4%로 하락했고, 세계무역 증가율은 3.7%에서 1.1%로 크게 하락했다.

그리고 2020년 초에는 전 세계가 COVID-19 대유행의 영향을 받기 시작했다. 수많은 경제가 부분적인 봉쇄에 들어가 전 세계적으로 생산이 감소하고 실업이 급격히 증가했다. 세계보건기구(WHO), 세계은행, 기타 국제기구들을 통한 국제적 의료협력의 역사에도 불구하고 많은 국가는 그 질병을 초래하는 새로운 코로나바이러스의 확산을 방지하기 위한 노력을 다양한 방향에서 시도했고 그 결과도 서로 달랐다. 위기의 처음 몇 달 동안 많은 국가에서 의료제품의 수출을 제한하는 인접국 빈곤화 정책을 실시했다.

국가별로 공공의료 대응이 달랐고 일부 경우에는 충돌도 있었지만, 많은 정부는 예전에 겪어보지 못한 수준의 통화·재정확대 정책으로 대응했다. 특히 재정 정책은 부분적으로 실업자의 소득을 보전하고 기업활동이 지속되게 하는 등 적극적인 지원을 통해 불황을 완화했다. 그림 19-9(a)는 2020년 6월 말 현재 전염병 대유행 봉쇄에 따른 생산 감소 추정치와 그 이후 2021년 말까지 회복 과정에 대한 예상치를 보여준다. 그림 19-9(b)는 COVID-19 위기(2020년)에 따른 정부 부채와 재정적자의 예상 증가를 이전의 대불황(2009년)과 비교한다.[33] 일반적으로 재정 수치는 새로운 지출

---

33 정부의 '재정수지'는 지출에서 수입을 뺀 것이므로 마이너스 재정수지는 재정적자이다.

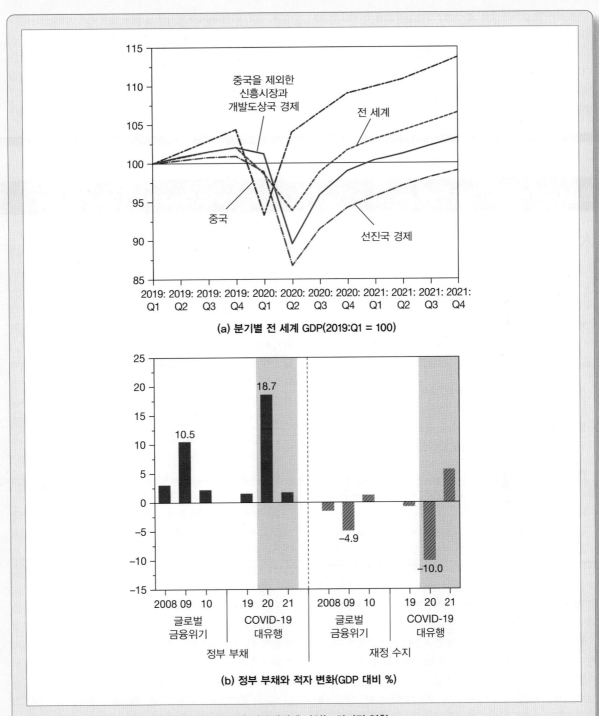

(a) 분기별 전 세계 GDP(2019:Q1 = 100)

(b) 정부 부채와 적자 변화(GDP 대비 %)

**그림 19-9 세계적 전염병 대유행 위기가 생산 및 정부재정에 미치는 단기적 영향**

전 세계 생산수준은 전염병 대유행 봉쇄로 급락했고, 각국 정부는 이전의 글로벌 금융위기 때보다 더 강력한 재정 정책 수단으로 대응했다. (a)는 GDP수준을 지수화한 것이고, (b)는 전 세계의 총공공부채와 재정적자를 보여준다.

출처: International Monetary Fund, *World Economic Outlook*, June 2020 update, based on IMF staff estimates.

의 영향과 경기침체에 따른 조세수입의 손실을 모두 반영한다. 그러나 그림 19-9를 보면 2020년 재정 정책 대응이 2009년의 경우보다 훨씬 컸다는 것을 정확히 알 수 있다.

이 책을 쓰는 시점에 이번 위기로부터 세계 경제의 회복 시기는 여전히 불확실하다. 경제적 회복 속도는 치료법과 바이러스 백신 개발과 밀접한 관련이 있다. 노동시장의 완전한 회복은 느릴 가능성이 크다. 또한 위기가 남기게 될 매우 높은 공공부채수준을 정부가 어떻게 관리할 것인지에 대한 질문은 앞으로 답을 찾아야 할 사항이다. 마지막으로 매우 불행하게도 이번 위기 이전과 위기 동안 국제협력의 실패는 앞으로 세계 경제회복을 저해하는 쓰라린 유산으로 남을 수 있다.

## 환율조작에 관한 어려운 문제

사례 연구 '변동환율제 도입의 초기(1973~1990)'의 마지막 부분에서 1980년대 미국 달러의 급격한 절상이 일어났을 때 미국 수입경쟁 부문의 산업이 외국과의 경쟁으로부터 보호해 달라고 정부에 압력을 가했다는 사실을 언급했다. 달러 강세로 인해 다소 시간이 걸려 나타난 결과는 1988 포괄통상법(Omnibus Foreign Trade and Competitiveness Act of 1988)이며, 이 법은 오늘날까지 많은 미국의 보호주의적 정책 수단을 위한 국내법의 기초를 제공한다. 이 법의 3004조는 다음과 같다.

재무부 장관은 외국의 환율 정책을 IMF와 협의하면서 1년 단위로 분석하고, 효과적인 국제수지 조정을 가로막고 국제무역에서 불공정한 경쟁적 우위를 얻기 위한 목적으로 그 나라 통화와 미국 달러 간 환율을 조작하는지를 살펴보아야 한다.

환율조작이 발견되면 낮은 가격으로 수출을 유도하는 외국의 환율개입 정책을 바꿀 목적으로 그 국가와 심도 있는 협상을 하게 된다.

경쟁적 환율절하는 국가들이 대공황을 극복하기 위해 금본위제도를 떠나 자국의 통화를 평가절하하던 양차 대전 사이에 처음으로 등장했다. 이러한 평가절하는 각 나라가 평가절하를 통해 다른 나라 총수요의 일부분을 '훔친다'는 의미에서 인접국 빈곤화 정책으로 볼 수 있다. 그러나 일부 학자들은 평가절하가 그 나라로 하여금 확장적 통화 정책을 채택하게 만들고 세계적인 경제 확장을 촉진한다는 이유로 전체적인 결과로 보면 사실상 세계 경제에 도움이 된다고 주장한다.[34] 이러한 결과는 인접국 빈곤화 정책의 상당히 부정적인 전체 결과와는 매우 다르지만, 어떤 경쟁적 환율 절하 정책은 외국에 피해를 입힐 수 있다. 이것이 1944년 IMF 협약문에서 회원국들로 하여금 '효과적인 국제수지 조정을 가로막거나 다른 회원국들과의 관계에서 불공정한 경쟁적 이점을 얻기 위해 환율조작이나 국제통화제도를 악용하지 않겠다'는 서약을 요구한 이유이다.

한 나라가 외환시장에서 자국통화를 인위적으로 싸게 만든다면, 그 나라는 수출품을 해외에 할인된 가격으로 판매하는 것이다. 그렇다면 그 무역대상국이 고맙다는 인사 대신에 항의하는 것이 이해되기 어려울 수 있다. 여기에는 몇 가지 이유가 있다. 만약 자국 경제가 실업으로 어려움에 처해 있다면 소비자는 저렴한 수입품 가격으로 이득을 얻겠지만 값싼 수입품은 국내생산 제품의 수요를 빨아들이고 국내 노동시장에 피해를 줄 것이다. 그러나 완전고용수준에 있더라도 인위적으로 싼 수입품은 자국의 수입경쟁 산업에 피해를 주고 부분적인 실업을 야기할 수 있다. 마지막으로 해외 수출시장에서 우리나라와 경쟁하는 국가가 통화가치를 낮추면 우리도 경쟁을 위해 수출품 가격을 낮추어야 하므로 교역조건의 손실이 발생하거나 수출 부문 실업을 야기할 수 있다.

많은 정부 정책, 특히 통화 및 재정 정책이 환율에 영향을 준다는 것을 배웠다. 어떤 정책이 '조작'에 해당하고, 어떤 것이 환율 변화를 동반한 정당한 정책 행위인가? 그 대답에는 다소 미묘한 차이가 있다. 국제수지 상황과 일관성 있는 가치 이상으로 통화를 절하시키고자 하는 불태화 개입 정책 또는 외환에 대한 과세는 조작으로 간주한다. 그러나 대부분의 사람들은 일정 부분 통화 약세를 통해 작용하더라도 국내 경제안정을 목표로 하는 전통적인 거시경제 정책 수단을 금하지 않는다. 이는 이러한 정책이 해외에 긍정적인 파급 효과를 가질 수 있고, 더 중요하게는 일반적으로 국내 목표를 위해 추진되기 때문이다. 통화제도를 모니터링하는 역할을 하는 IMF는 정책변화의 배후에 있는 의도를 중요시한다. 스위스의 2011~2015년 환율고정에 대한 논의는 계속되고 있다. (18장의

---

34 대표적인 연구로 Barry Eichengreen과 Jeffrey Sachs의 "Exchange Rates and Economic Recovery in the 1930s," *Journal of Economic History* 45 (December 1985), pp. 925-946를 참조하라. 이 장의 '변동환율하에서 거시경제 독립성' 절에서 국내 통화 팽창이 수입 확대를 통해 해외생산을 증가시키지만 국내 제품을 저렴하게 만들어 해외생산을 줄인다는 것을 보았다. 그 결과 외국 생산에 대한 순효과는 불확실하다. 그러나 두 국가가 모두 유사한 통화팽창을 추진한다면 환율에는 큰 변화가 없을 것이고 두 나라 모두에 확장적인 효과를 가져올 것이다. 비슷한 이유로 국내 재정긴축은 해외 생산을 분명히 줄이게 된다.

사례 연구 '시장은 강한 통화를 공격할 수 있는가?'를 기억하라.) 스위스는 유로에 대해 인위적인 경쟁력을 유지하기 위해 환율을 조작했는가, 아니면 전통적인 통화 정책이 어려운 상황에서 국내 디플레이션과 실업을 막기 위해 적절한 행동을 한 것인가?

이 이야기는 여기서 끝나지 않는다. 일부 신흥시장국의 정책 입안자들은 이자율의 실질적인 저점에서 실시되는 양적 완화(quantitative easing)가 주로 환율 채널을 통해 작동한다면 이는 인접국 빈곤화 정책이라고 주장한다. 이러한 견해는 아직 넓게 받아들여지고 있지는 않다. 그러나 이론적 모형은 유동성 함정에 처한 한 나라가 환율 절하를 통해 해외로 이를 확산시킬 수 있음을 보인다[더 읽을거리에서 카바예로(Caballero), 파리(Farhi), 구랭샤(Gourinchas)의 논문 참조].

중국의 경상수지 흑자가 2000년대에 급속히 증가하면서(그림 19-7 참조) 중국 상품은 선진국 시장에 물밀듯 들어왔다. 중국은 달러에 대한 자국통화가치를 강력하게 관리했기 때문에(2005년 7월까지 환율을 실질적으로 고정했다) 일부 미국 정치인은 중국을 환율조작국으로 고발하고 중국의 인위적인 경쟁력 우위를 상쇄하기 위한 상계관세를 요청했다. 이러한 위협에 직면하여 중국은 점진적으로 환율이 서서히 위쪽으로 변동하게 허용했고, 경상수지 흑자가 GDP에서 차지하는 비중이 크게 감소함에 따라 그 과정은 느려지고 있다.

미국 재무부는 환율조작국으로 지정하기 위한 판단 근거로 현재 세 가지 양적 지표를 이용한다.

1. 미국과의 (양자 간) 무역수지 흑자가 200억 달러를 초과할 때
2. 총(다자간)경상수지 흑자가 GDP의 2%를 초과할 때
3. 지난 12개월 가운데 최소한 6개월 동안 공적 개입으로 인한 순외환매수액이 GDP의 2%를 초과할 때

잦은 검토에도 불구하고 재무부는 좀처럼 주요 교역상대국을 환율조작국으로 지정하지 않았다. 그 예외가 미국과의 관세 분쟁이 한창이던 2019년 8월에 발생했는데, 이는 중국이 자국통화 위안화를 일시적으로 달러당 7위안 너머 약화시켰을 때이다. 당시에 중국은 환율조작국이 되는 재무부 조건 가운데 단지 한 가지(양자 간 흑자 조건)만 충족했다. 또한 중국을 이렇게 지정한 것에 따른 뚜렷한 영향이 없었기 때문에 일부 관찰자들은 그 사건의 주된 결과는 재무부 평가 과정의 신뢰성 훼손이었다고 결론지었다.

중국이 위안화 '절하'를 방지하기 위해 최근 적극적으로 개입함에 따라 중국의 개입 관행에 대한 우려는 잦아들었다. 그렇지만 여전히 환율조작에 대한 새로운 사례는 국제무역관계를 무너뜨리고 많은 나라에 피해를 야기할 잠재적 위험을 가지고 있다. 일부 상업적 분쟁은 WTO를 통해 해결할 수 있지만, WTO는 무역 정책에 대해 판결을 내리도록 고안된 것이지 환율 정책은 아니다. 따라서 환율조작의 객관적 진단과 효과적 해결은 국제통화제도의 과제로 남아 있다.[35]

---

## 사례 연구    디플레이션 위험

**19**73년 브레턴우즈 체제 종말 이후 첫 10년 동안 전 세계의 중앙은행은 높은 인플레이션과 그것이 경제에 미칠 악영향을 걱정하는 일에 대부분의 시간을 보냈다. 많은 중앙은행이 인플레이션 타깃팅 제도를 채택한 것은 높은 인플레이션을 통제하기 위함이었으며, 발표한 목표(선진국에서는 보통 연간 약 2%)와 실제 또는 예상 인플레이션과의 차이가 긴축 또는 완화적 통화 정책을 촉발했다.

높은 인플레이션이 나쁘다고 주장하는 것은 쉽지만 왜 그 반대(목표 인플레이션보다 낮은 경우 또는 디플레이션)도 문제가 많은지는 덜 분명할 수 있다. 물론 디플레이션은 높은 실업(극단적인 경우로 대공황)의 한 징후일 수 있다. 그러나 디플레이션은 실업이 역사적인 평균과 크게 다르지 않은 경우에도 일어날 수 있는데, 그 경우에 중앙은행이 이를 걱정해야 하는가? 최근의 데이터(그림 참조)에 따르면 인플레이션이 다수의 선진국에서 지속적으로 2% 미만이고 일부 경우에는 디플레이션의 경계에 와 있다. 중앙은행은 이에 대해 명시적으로 우려해왔으며, 대부분의 경우 적극적으로 대응해왔다.

중앙은행이 그렇게 한 이유는 무엇인가? 여기 디플레이션의 몇 가지 위험이 있으며, 이는 인플레이션이 목표치보다 낮은 경우와 0에 가까운 경우[종종 '로플레이션(lowflation)'이라고 한다]에도 (비록 낮은 정도일지라도) 적용될 수 있는 위험이다.

1. *부채 디플레이션*: 피셔 효과(16장)에 이름이 새겨진 예일대학교 경제학자 어빙 피셔(Irving Fisher)는 대공항 시기의 이 문제에 대해 저술했다. 그의 글은 오늘날에도 여전히 유용한데, 그 이유는 많은 가계, 기업과 정부가 2007년에 시작된 연속적

---

35 환율조작에 대한 광범위한 검토와 그것을 억제하는 방법은 C. Fred Bergsten and Joseph E. Gagnon, *Currency Conflict and Trade Policy: A New Strategy for the United States* (Washington, D.C.: Peterson Institute for International Economics, 2017) 참조

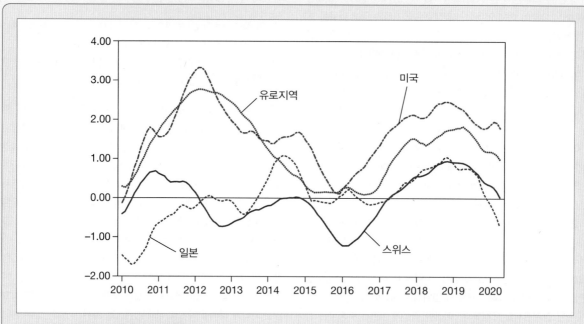

**일부 선진국 경제의 최근 인플레이션율**

수치는 전년 동월 대비 인플레이션율의 12개월 이동 평균이다. 일본 CPI는 2014년 4월과 2019년 10월 소비세율 인상을 반영했다.

출처: OECD and Statistics Bureau of Japan.

인 금융위기 이후에 큰 부채를 떠안았기 때문이다. 물가가 하락했을 때 부채의 실질가치는 증가하고 채무자의 부채 상환을 어렵게 한다. 이는 많이 지출하는 채무자에게서 많이 저축하는 채권자에게로 부를 재분배하여 총수요를 감소시키는 한편, 채무자가 이전에 빌린 돈을 못 갚을 가능성을 높인다. 그 결과 디플레이션의 초기 원인일 가능성이 높은 경제성장 부진을 탈출하기 더 어려워지고, 디플레이션의 힘이 더 강화되어 악순환을 야기할 수 있다.

2. *경제적 회복력 약화*: 앞에서 본 바와 같이 노동자와 기업은 경제적 상황변화에 직면하여 임금과 가격의 하락을 꺼리므로 실업이 야기된다. 그러나 적당한 수준의 인플레이션하에서는 필요한 가격변화가 훨씬 쉽게 일어날 수 있다. 예를 들어 에너지 가격이 급등할 때 기업은 사업을 유지하기 위해 노동비용을 줄일 필요가 있다. 만약 가격이 2% 오르고 임금이 1%만 올랐다면 실질 노동비용은 하락할 것이지만, 가격이 전혀 오르지 않았다면 노동자는 1% 임금삭감을 받아들여야 할 것이다. 후자의 경우에 명목임금 삭감에 대한 저항은 실업으로 귀결될 가능성이 크다.

3. *빈발하는 유동성 함정*: 다른 조건이 일정할 때 낮은 인플레이션과 디플레이션으로 인해 명목이자율은 상당히 낮은 수준에

머물게 될 것이다(16장에서 논의한 피셔 효과). 그러나 만약 명목이자율이 매우 낮은 수준에 있다면 중앙은행은 유동성 함정에 빠져 있을 가능성이 더 커지고(17장), 실업을 악화시키는 부정적인 경제 상황에 대응하는 것이 불가능해진다. 중앙은행은 비전통적인 정책을 사용하고자 할 수 있지만, 이는 덜 효과적이며 바람직하지 않은 부작용을 가져올 수 있다.

4. *인플레이션 목표의 신뢰성 상실*: 유동성 함정은 중앙은행의 인플레이션율 관리를 위한 주된 수단을 빼앗아버리기 때문에 중앙은행 인플레이션 목표의 신뢰도가 떨어질 수 있다. 디플레이션 혹은 로플레이션 기대는 자기 스스로 확장하며 물가의 하방압력을 강화하는 방향으로 작용할 것이다. 물론 그러한 압력은 부채 디플레이션과 경제의 약화된 회복력으로 인해 강화된다. 이러한 힘은 제로(0) 이자율과 낮은 인플레이션 함정 탈피를 매우 어렵게 할 수 있다.

디플레이션에 대한 두려움은 중앙은행이 0이 아닌 양의 값을 가지는 인플레이션 목표를 채택하는 중요한 이유이다. 일부 경제학자들은 심지어 2% 인플레이션 목표도 디플레이션 위험에 대해서는 충분한 보험이 되지 못한다고 생각한다. 한 가지 제안은 선진국 중앙은행이 그 목표를, 말하자면 인도나 브라질에서 일반적인

4~6%수준까지 올리는 것이다. 또 다른 제안은 중앙은행이 인플레이션율 그 자체를 목표로 하기보다 연간으로 2% 상향 기울기를 가지는 고정된 물가수준 경로를 목표로 하는 것이다. 이 제안에 따르면 인플레이션이 2% 이하로 떨어지는 경우가 발생하면 중앙은행은 목표로 한 CPI 경로를 회복하기 위해 그 수준을 가속적으로 증가시켜야 한다. 따라서 인플레이션이 목표 아래로 떨어지면 자동적으로 미래에는 일시적으로 목표 이상의 인플레이션이 발생할 것이라는 기대를 만들게 된다. 그러나 유동성 함정에 이르렀거나 인플레이션 목표가 신뢰성을 잃기 시작하면 이러한 제안 가운데 어느 것도 실행하기 어렵다. 그렇다면 무엇을 할 수 있는가? 일부 경제학자들은 중앙은행이 단순히 돈을 인쇄하여 소비자에게 보내면 소비자는 지출을 늘리고 가격은 인상된다. 그러나 그 방법은 많은 정책입안자들이 미래의 과도한 인플레이션 위험을 높인다고 생각할 정도로 통화 정책과 재정 정책 사이의 경계를 흐리게 한다. 현재의 디플레이션 압력이 너무 통제하기 힘들어서 정부가 그러한 극단적인 대응 방안을 사용해야 하는지는 시간이 지나봐야 알 것이다.

## 통화 정책의 자주성

변동환율이 중앙은행에게 통화공급을 통제할 능력과 선호하는 인플레이션을 선택할 능력을 준다는 점에는 의심의 여지가 없다. 그 결과 변동환율은 국가 간 인플레이션율 격차를 더 크게 확대해준다. 변동환율 기간 중 환율절하는 국가 간 인플레이션 격차를 상쇄하는가? 그림 19-10은 미국 외 가장 큰 6개 선진국의 인플레이션과 미국 인플레이션 간 격차를 달러에 대한 각국 통화의 절하율과 비교한다. PPP 이론에 따르면 각 점은 기울기가 45도인 직선 위에 있어야 하는데, 이는 환율과 양국 간 상대가격이 비례하여 변한다는 뜻이다. 그러나 이것이 정확히 들어맞는 것은 아니다. 그러므로 그림 19-10은 PPP가 장기에서도 항상 정확히 성립하는 것은 아니라는 16장의 교훈을 확인해주는 동시에 평균적으로 인플레이션이 높은 국가는 낮은 국가에 비해 통화가치가 절하되는 경향이 있음을 보여준다. 게다가 대부분의 통화절하율 격차는 인플레이션율 격차에 기인하므로 PPP는 장기명목환율의 변동을 결정하는 중요한 배후요인이다.

정책적 자주성의 근거가 되는 인플레이션의 차단은 장기에서 성립하는 명제로 폭넓게 지지받지만 경제 분석과 경험에 따르면 단기에도 재정 정책뿐만 아니라 통화 정책의 효과가 변동환율하에서는 해외로 파급된다. 예를 들어 앞에서 개발된 2국 거시경제 모형에 따르면('변동환율하에서 거시경제 독립성' 절 참조) 통화 정책은 실질환율을 변화시킴으로써 자국과 해외에서 모두 생산에 단기적으로 영향을 미친다. 그러므로 변동환율이 해외 정책 충격으로부터 한 국가를 완전히 격리하지 못할 것이라는 변동환율 비판가들의 주장은 옳다고 할 수 있다.

## 대칭성

중앙은행이 계속해서 달러 준비자산을 보유하고 외환시장에 개입했기 때문에 1973년 이후 국제통화제도는 대칭적이지 못했다. 유로는 국제 준비통화로서 중요성을 얻었지만(영국의 파운드는 쇠퇴했다) 달러가 여전히 대부분 중앙은행의 공적 준비자산의 주된 구성요소로 남아 있었다.

스탠퍼드대학교의 경제학자 로널드 매키넌(Ronald McKinnon)은 현행 변동환율제도는 브레턴우즈 협약의 기초가 된 비대칭적인 준비통화제도와 어떤 면에서는 유사하다고 주장했다.[36] 그는 세계

---

36 Ronald I. McKinnon, *An International Standard for Monetary Stabilization*, Policy Analyses in International Economics 8 (Washington, D.C.: Institute for International Economics, 1984).

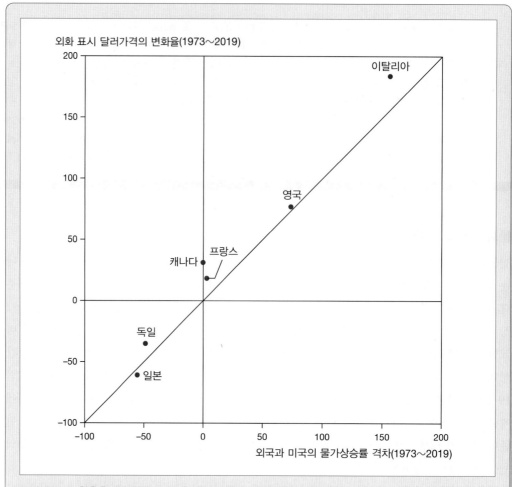

외화 표시 달러가격의 변화율(1973~2019)

**그림 19-10 환율추세와 인플레이션율 격차(1973~2019)**

변동환율 기간 동안 전체적으로 높은 인플레이션은 큰 폭의 환율절하와 관련이 있다. 그러나 상대적 PPP로 예측되는 정확한 관계는 대부분의 국가에서 성립하지 않는다. 수평축의 인플레이션율 격차는 16장의 각주 1에 있는 정확한 상대적 PPP를 이용하여 $(\pi - \pi_{US}) \div (1 + \pi_{US}/100)$으로 계산했다.

출처: International Monetary Fund, *International Financial Statistics* and Global Financial Data.

통화공급의 변화는 좀 더 대칭적인 통화 조정 메커니즘에서라면 더 완화되었을 것이라고 언급했다. 2000년대에 중국이 달러에 대한 자국통화 가치가 절상되는 것을 억제했던 정책은 막대한 달러 준비자산을 축적하게 했으며 2007~2009년의 금융위기 이전에 있었던 전 세계적인 호황을 강화했다. 그 결과 일부 경제학자들은 2000년대 초반과 중반을 '브레턴우즈 체제의 부활'이라고 특징짓기도 한다.[37]

---

37 Michael Dooley, David Folkerts-Landau, and Peter Garber, *International Financial Stability: Asia, Interest Rates, and the Dollar*, 2nd edition (New York: Deutsche Bank Securities Inc., 2008) 참조

## 자동안정장치로서의 환율

1973년 이래 세계 경제는 중요한 구조변화를 겪었다. 이러한 변화는 국가 간 상대물가를 변화시키기 때문에(그림 19-6) 어떻게 고정환율제도가 평가를 대대적으로 바꾸지 않고도 존속될 수 있는지 의심스럽다. 고정환율을 방어해야 했더라면 선진국들이 두 차례의 유가충격의 난국을 그렇게 잘 극복하지 못했을 것은 확실하다. 최근 경험은 자본통제가 없는 상황에서 브레턴우즈 체제를 붕괴시켰던 것과 유사한 투기적 공격이 주기적으로 일어날 수 있다는 것을 보여준다. 그러나 변동환율제도하에서 많은 국가는 기존에 설정된 자본통제를 완화할 수 있었다. 자본통제를 점진적으로 완화함으로써 세계 금융 산업은 급속한 성장을 이룩했고, 각 국가는 기간 간 무역과 자산거래에서 더 큰 이익을 얻을 수 있게 되었다.

1981년 이후 미국의 재정팽창의 효과는 변동환율의 안정화 속성을 보여준다. 달러가 절상되면서 미국의 인플레이션은 하락했고 미국의 소비자는 교역조건 개선의 혜택을 보았으며 미국 경제의 회복은 해외로 확산되었다.

1981년 이후의 달러절상은 또한 변동환율이 총수요 변화와 같은 실물충격으로부터 경제를 보호해 준다는 견해의 문제점을 보여준다. 전반적인 생산과 물가수준은 개선된다 할지라도 경제의 몇몇 부문은 타격받을 수 있다. 예를 들면 달러절상이 미국의 재정팽창 효과를 해외로 이전시키는 데는 도움이 되는 반면에 정부수요의 증가에서 직접적인 혜택을 보지 못한 미국 농업의 어려운 처지를 더 악화시켰다. 실질환율 변화는 몇몇 부문에서 과도한 조정의 문제를 일으키고 보호무역을 강화해야 할 필요성을 발생시킴으로써 손해를 입힐 수 있다.

생산물시장 상황의 영구적인 변화는 실질환율의 궁극적인 조정을 필요로 하는데, 이는 변동환율제도로 가속화될 수 있다. 통화가 장기적으로 중립적이며 상대적 물가수준을 영구적으로 변화시킬 수 없기 때문에 명목환율을 고정하기 위해 외환시장에 개입하더라도 이러한 궁극적인 조정을 막을 수 없다. 그러나 1980년대의 사건들은 생산요소의 부문 간 이동에 비용이 많이 든다면 생산물시장에 일시적인 충격이 발생했을 경우 환율을 고정하는 것이 더 적절할 수 있다는 점을 보여준다. 불행하게도 이 교훈은 어떤 교란이 일시적이고 어떤 교란이 영구적인 것인지를 결정해야 하는 어려운 임무를 정책결정자들에게 떠맡긴다.

또한 경험에 의하면 변동환율제도는 한 나라 경제를 통화 위험 프리미엄의 변동과 같이 외환시장 자체에서 발생하는 충격에 더 취약하게 만든다. 이 경우 환율은 사실상 충격을 확대할 수 있다.

## 대외균형

그림 19-8이 분명히 밝히듯이 변동환율제도는 대외균형에서의 지속적인 대규모 이탈을 막지는 못했다. 중국이 위안화의 자유변동을 허용하지 않기로 한 것은 2000년대의 대규모 글로벌 불균형을 둘러싼 이야기의 일부에 불과하다. 만약 중국의 위안화가 외환시장에서 절상이 가능하도록 허용되었다면 중국의 흑자와 다른 국가들의 적자는 감소했을 것이다.

그러나 중국이 세계적으로 막강한 경제력을 갖추기 이전과 유로가 도입되기 이전에도 1980년대 미국의 적자 및 일본의 지속적인 흑자와 같은 대규모 경상수지 적자와 흑자가 발생했다. 그림 19-6이 달러에 대해 보여주듯이 금융시장은 확실히 환율이 대외균형에 부합하는 수준에서 벗어나게 할 수 있었다. 변동환율제도하에서 환율이 조정되기 전의 수년 동안 대외불균형이 지속되었다. 국가들을 대외균형과 멀어지게 하는 환율의 장기 변동은 **환율 불일치**(misalignments)라고 하며 종종 수입으로부터의 보호를 위한 정치적 압력을 불러온다.

### 정책 공조의 문제

국제적 정책 공조의 문제점은 변동환율제에서도 명확히 사라지지 않았다. 글로벌 불균형을 해결하는 문제가 그 좋은 사례인데, 적자국이 자국의 불균형을 줄이고자 하는 일방적 행동은 세계적인 디플레이션을 가져올 수 있는 반면에, 흑자국이 국내수요 증가와 통화절상을 통해 이러한 결과를 회피하고자 하는 유인은 매우 작다.

모든 국가가 인접국을 궁핍화하는 방식으로 홀로 정책을 수행하기보다 정책을 공동으로 수행하기로 약속한다면 모든 국가가 명확하게 이득을 얻을 수 있다는 점에서 좀 더 눈에 띄는 다른 사례도 있다. 예를 들어 1980년대 초반의 디스인플레이션 기간에 선진국들이 한 그룹으로서 공통 목표에 대한 공동 접근 방식에 합의했다면 거시경제 목표를 더욱 효율적으로 달성할 수도 있었다. 이 장의 부록에서는 이 사례에 기초한 공식적인 모형을 통해 어떻게 모든 국가가 국제적 정책 공조를 통해 이익을 얻을 수 있는지를 보여준다.

다른 사례는 2007~2009년의 위기로 발생된 경기 침체에 대한 글로벌 재정 정책 대응이다. 이 장의 초반부에서 어떤 국가가 정부지출을 증가시키면 팽창적 효과의 일부는 해외로 빠져나가는 것을 살펴보았다(17장에서도 살펴봤었다). 그러나 이 국가는 재정적자의 증가라는 형태로 그 정책의 비용을 치르게 될 것이다. 국가가 그 자신의 재정팽창에서 발생하는 이득을 전부 내부화하지 못하는 반면 비용은 전액 스스로 지불하기 때문에 글로벌 경기 침체에서 너무 적은 수의 국가만이 팽창 정책을 채택했다.

만약 국가들이 공동의 팽창 정책에 합의했다면 경기 침체에 대응하는 데 좀 더 효율적일 수 있었을 것이다(그리고 재정비용이 더 낮아졌을 수도 있다). 2007~2009년의 금융위기에 대한 대응은 주요 선진국과 아르헨티나, 브라질, 중국, 인도, 러시아를 포함한 선도 개발도상국으로 구성된 비공식적 그룹인 G20 국가에 의해 주기적으로 논의되었다. 위기 초기 단계에 G20 내부에서 재정 정책적 대응에 대한 광범위한 동의가 있었다. 이후 각 국가의 회복속도에 큰 차이가 있음을 경험하면서 정책 공조는 더욱 어렵게 되었고 G20 회의는 구체적인 결과를 거의 제시하지 못했다.

## 대부분의 국가에게 고정환율은 선택사항인가

금융시장이 국제적으로 개방된 경우 변동환율에 대한 실질적인 대안이 있는가? 브레턴우즈 이후의 경험은 '영구적인 고정환율 협약은 가능성의 여지가 없다'는 냉혹한 가설을 제안한다. 자본이 여러 국가의 금융시장을 즉각적으로 옮겨 다닐 수 있도록 금융시장이 통합된 세계에서 자본 이동을 중국처럼 엄격하게 통제하지 않거나, 또 다른 극단으로 유럽처럼 금융거래 당사자들과 단일통화를 공유하는 방향으로 나아가지 않는다면 고정환율은 장기간 신뢰를 받으며 유지될 수 없다. 이 가설은 환율을 고정하려는 시도는 필연적으로 신뢰를 받지 못할 것이며 오래 지속되지도 못할 것이라고 주장

한다. 이 주장은 삼자택일에서 예측할 수 있을 것이다.[38]

고정환율에 대한 이러한 비관적 견해는 투기적 통화위기가 적어도 부분적으로는 자기실현적 사건이 될 수 있다는 이론에 기초를 두고 있다(18장 참조). 이 견해에 의하면 신중한 통화·재정 정책을 따르는 국가조차도 고정환율에 대한 투기적 공격에서 안전하지 못하다. 일단 한 국가의 경제 상황이 반전되기만 하면(모든 경제가 결국에는 그럴 수밖에 없듯이) 투기꾼이 덤벼들어 국내 이자율은 하늘 높은 줄 모르게 치솟고 정부가 환율 목표를 포기하는 고통을 당하게 될 것이다.

21세기의 전환점에서 유럽, 동아시아 및 그 밖의 지역에서 고정환율 협약에 대한 투기적 공격이 점점 더 자주 일어나고 있다. 이러한 위기가 발생하는 빈도나 내용을 볼 때 자본시장 개방과 국가 정책의 주권을 유지하면서 장기간 환율을 고정하는 것은 불가능하다는 주장이 점점 더 타당성을 얻고 있다. 더구나 선진국 외의 많은 국가도 최근 훨씬 더 큰 환율변동을 허용하고 있으며, 22장에서 보듯이 이로부터 많은 이득을 얻고 있다. 일부 국가들은 국가 간 자본 이동을 좀 더 강하게 규제하거나 유로의 채택과 같이 통화 정책의 자주성을 포기하는 방향으로 나아가기도 한다. 통화 삼자택일의 제약하에서 각국이 서로 다른 정책체제를 선택하고 있는 시스템에서 앞으로 정책 공조 문제가 이슈로 등장하게 될 것이다.

## 요약

- 개방경제의 정책입안자들은 **대내균형**(완전고용과 물가안정)과 **대외균형**(경상수지 적자가 너무 커서 대외 부채를 상환할 능력이 없거나, 경상수지 흑자가 너무 커서 다른 국가들이 그와 같은 처지에 있는 수준이 아닌 경우)을 유지하려고 노력한다. 대외균형의 정의는 환율제도와 세계 경제 상황 등 많은 요인에 따라 달라진다. 각국의 거시경제 정책이 외국에 영향을 주기 때문에 대내균형과 대외균형을 달성하는 한 국가의 능력은 다른 국가들이 채택하는 정책에 의존한다. 지속적인 대규모 적자를 지닌 국가는 기간 간 예산제약을 어기는 것처럼 보여 외국인 대출의 **급정지**에 직면할 위험에 처할 수 있다.
- 환율제도의 대안들이 안고 있는 한계점은 개방경제의 삼자택일의 측면에서 이해될 수 있다. 이 **통화 삼자택일** 문제에 의하면 국가들은 통화 정책 시스템의 세 가지 특징인 환율안정, 국제적 자본 이동의 자유, 통화 정책의 자주성 중 두 가지만 선택할 수밖에 없다.
- 금본위제도는 대외균형을 보장하는 강력한 자동조정 메커니즘, 즉 물가-정화-플로우 메커니즘을 포함한다. 국제수지 적자와 흑자에 따른 금의 흐름은 경상수지 불균형을 감소시켜 모든 국가가 대외균형을 회복하게 하는 가격의 변화를 초래한다. 그러나 이 제도의 대내균형 유지에 대한 업적은 단정적으로 평가하기 어렵다. 1914년 제1차 세계대전의 발발과 함께 금본위제도는 폐지되었다.
- 1918년 이후 전쟁 전의 금본위제도로 복귀하고자 하는 시도는 성공하지 못했다. 1929년 이후 세계 경제가 전반적으로 대공황에 빠져들면서 복귀되었던 금본위제도가 무너졌고 세계 경제의 통합은 약화되었다. 그 시기의 혼란스러운 경제환경하에서 정부는 대내균형을 주요 관심사로 여겼으며, 부분적으로 경

---

38 자본이동과 결합된 고정환율이 불안정하다는 가설에 대한 초기 저술로는 Maurice Obstfeld, "Floating Exchange Rates: Experience and Prospects," *Brookings Papers on Economic Activity* 2 (1985), pp. 369-450 참조. 좀 더 최근의 논의는 Barry Eichengreen, *International Monetary Arrangements for the 21st Century* (Washington, D.C.: Brookings Institutions, 1994) 및 Lars E. O. Svensson, "Fixed Exchange Rates as a Means to Price Stability: What Have We Learned?" *European Economic Review* 38 (May 1994), pp. 447-468; Maurice Obstfeld and Kenneth Rogoff, "The Mirage of Fixed Exchange Rates," *Journal of Economic Perspectives* 9 (Fall 1995), pp. 73-96와 더 읽을거리의 Klein and Shambaugh의 저서 참조

제를 세계로부터 차단시킴으로써 대외균형 문제를 회피하려고 했다. 그 당시 세계 경제는 국제협력이 잘 이루어졌다면 모든 국가가 더 좋아질 수 있었던 상황이었다.

■ **국제통화기금(IMF)**의 설계자들은 대내균형을 희생하지 않고도 대외균형 요구조건이 충족될 수 있도록 충분한 융통성을 허용하는 동시에 국제무역의 성장을 촉진하는 고정환율제도의 설계를 원했다. 이러한 목적으로 IMF 헌장은 적자국에 대출기구를 제공했고, '근본적인 불균형' 상태에 있는 경우에는 평가 변경을 허용했다. 모든 국가는 그 국가의 통화를 달러에 고정했다. 미국은 금에 고정했고 1온스당 35달러의 가격으로 달러를 금과 교환해주기로 외국 중앙은행과 합의했다.

■ 1958년에 유럽에서 **통화의 태환성**이 회복된 후에 이들 국가의 금융시장은 더욱 밀접하게 통합되었고, 통화 정책은 효력이 약화되었으며(미국 제외), 준비자산의 이동은 변동성이 더 커졌다. 이러한 변화는 이 제도의 본질적인 약점을 드러냈다. 대내균형과 대외균형을 동시에 달성하기 위해서는 **지출변화 정책**뿐만 아니라 **지출전환 정책**도 필요했다. 그러나 지출전환 정책의 가능성(환율변화)은 고정환율의 기초를 훼손하는 투기적인 자본흐름을 초래할 수 있다. 주요 준비 통화국으로서의 미국은 여타의 국가와는 다른 독특한 대외균형 문제에 직면했다. 이는 곧 외국의 공적 달러 보유가 불가피하게 미국의 금 보유량을 초과함에 따라 발생하는 **신뢰 문제**이다. 일련의 국제위기가 1973년 3월, 달러의 금에 대한 연동과 고정환율제도를 폐지하게 했다.

■ 1973년 이전 브레턴우즈 체제의 취약점은 많은 경제학자가 변동환율을 옹호하게 만들었다. 그들은 변동환율을 옹호하는 네 가지 주된 논거를 제시했다. 첫째, 변동환율이 경제를 관리하는 데 거시경제 정책 결정자들에게 좀 더 많은 자주권을 부여해줄 것이라고 주장했다. 둘째, 변동환율이 브레턴우즈 협약의 비대칭성을 제거할 것이라고 예측했다. 셋째, 변동환율이 고정환율하에서의 평가변경과 투기적 공격을 초래한 '근본적인 불균형'을 빠르게 시정할 것이라고 지적했다. 넷째, 이와 같은 환율변동이 대규모 지속적인 대외불균형을 억제해줄 것이라고 주장했다.

■ 변동환율제도 초창기에는 변동환율이 대체로 제 기능을 발휘한 것으로 보인다. 특히 선진국들은 두 번의 유가충격으로 발생한 **스태그플레이션**에 직면하여 고정환율을 유지할 수는 없었을 것이다. 그러나 미국이 다른 선진국보다 더 팽창적인 거시경제 정책을 채택함으로써 1976년 이후 달러가치가 급격하게 절하되었다.

■ 미국의 급작스러운 금융긴축으로의 전환은 미국의 재정적자 증가와 더불어 1980~1985년 초반 사이에 달러의 대규모 절상에 기여했다. 다른 선진국들도 미국과 함께 디스인플레이션을 추구했고, 그 결과로 발생한 전 세계적인 통화긴축(제2차 유가충격 직후에 시작)은 매우 심각한 경기 침체를 가져왔다. 1984년 후반에 경기회복이 지체되고 미국의 경상수지가 기록적인 적자를 기록하기 시작하자 광범위한 무역제재를 가하라는 정치적 압력이 워싱턴에서 힘을 얻게 되었다. 1985년 9월 뉴욕의 플라자호텔에서 미국과 4개 다른 선진국들은 달러가치를 절하시키기 위해 보조를 맞추기로 합의했다.

■ 1990~2000년대에 가장 중요한 정책 목표로서의 환율안정은 경시되었다. 그 대신 정부는 경제성장을 유지하면서 국내 인플레이션을 낮은 수준으로 유지하는 것을 목표로 설정했다. 2000년 이후 세계적인 대외불균형이 급격하게 확대되었다. 미국과 다른 국가에서 국제수지 적자는 주택가격의 급격한 상승과 관련이 있다. 2006년부터 주택가격이 붕괴되면서 국제금융제도는 작동을 멈추었고 세계 경제는 깊은 불황으로 빠져들었다.

■ 이러한 경험에서 얻을 수 있는 한 가지 명백한 교훈은 국제경제 협력이 안 되면 어떠한 환율제도도 제 기능을 발휘할 수 없다는 점이다. 가까운 미래에 주요 통화들 간 환율의 신축성에 극심한 제한이 가해질 가능성은 거의 없다. 그러나 국제적으로 정책입안자들 간 협의가 증가하여 국제통화제도의 성과가

향상될 것으로 기대된다.

## 주요 용어

국제수지 균형balance of payments equilibrium

국제통화기금International Monetary Fund, IMF

급정지sudden stop

기간 간 예산제약intertemporal budget constraint

대내균형internal balance

대외균형external balance

명목과 실질 실효환율지수nominal and real effective exchange rate index

물가-정화-플로우 메커니즘price-specie-flow mechanism

브레턴우즈 협약Bretton Woods agreement

스태그플레이션stagflation

신뢰 문제confidence problem

지출변화 정책expenditure-changing policy

지출전환 정책expenditure-switching policy

태환 가능한 통화convertible currency

통화 삼자택일monetary trilemma

## 연습문제

1. 소규모 개방경제에서 거시경제 정책을 책임진다면 다음 사건은 대외균형을 위한 목표에 어떤 결과를 가져오는가?

   a. 다량의 우라늄 매장지가 국내에서 발견되었다.

   b. 주요 수출품인 구리의 세계가격이 계속 오른다.

   c. 구리의 세계가격이 일시적으로 오른다.

   d. 석유의 세계가격이 일시적으로 오른다.

2. 흄이 분석한 종류의 금본위제도하에서 B국으로부터 A국으로 소득이 이전된 후 두 국가 사이의 국제수지 균형이 어떻게 회복되는지 설명하라.

3. 1914년 이전의 금본위제도의 결점에도 불구하고 (좀 더 부유한 유럽 국가들과 미국을 포함한) '핵심' 국가들의 환율변화는 드물었다. 이와는 대조적으로 양차 세계대전 사이의 기간에는 환율변화가 꽤 빈번해졌다. 이러한 대조적인 결과가 초래된 이유를 설명하라.

4. 금본위제도하에서 각국은 제한된 세계 금 준비금을 서로 많이 보유하려고 헛된 쟁탈전을 벌여 과도한 긴축통화 정책을 채택하게 되었다. 서로 다른 통화로 표시된 채권들이 완전대체재인 경우 준비통화제도에서도 똑같은 문제가 일어날 수 있는가?

5. 고정환율을 채택한 중앙은행은 자국의 통화 정책을 실행하는 자주권을 희생할 수도 있다. 이 경우 중앙은행은 임금과 물가가 서로 맞물려 계속 상승하는 나선형 상승을 막기 위한 통화 정책의 집행력을 포기하게 된다고 종종 주장된다. 그 주장은 다음과 같다. "노동자가 고임금을 요구하고 고용주가 이를 받아들인다고 가정해보라. 고용주는 높은 비용을 충당하기 위해 상품가격을 인상한다. 그러면 물가수준이 상승하여 실질통화공급이 일시적으로 감소한다. 따라서 통화가치를 절상시키는 이자율 상승을 막기 위해 중앙은행은 외환을 매입하고 통화공급을 증가시켜야 한다. 이러한 행동은 초기의 임금인상 요구를 통화증가로 수용하여 경제를 영원히 높은 임금과 높은 물가 상태로 이동시키게 된다. 그러므로 고정환율하에서 임금과 물가를 계속해서 낮추는 방법은 없다." 이 주장의 잘못된 점은 무엇인가?

**6.** 소규모 국가의 중앙은행이 세계 이자율 $R^*$의 상승에 직면하게 되었다고 가정해보자. 국제준비자산에 대한 효과는 무엇인가? 또한 통화공급에 대한 효과는 무엇인가? 중앙은행은 국내 공개시장조작으로 이러한 효과를 상쇄할 수 있는가?

**7.** 민간의 자본거래에 대한 규제가 고정환율하에서 대내균형과 대외균형을 달성하는 문제를 어떻게 변화시키는가? 이러한 규제와 관련된 비용은 무엇인가?

**8.** 뉴질랜드 사례에 대한 글상자에서 $IIP$가 시간에 따라 어떻게 변하는지를 보이는 식 $IIP_{t+1} = (1+r)$ $IIP_t + NX_t$를 도출했다. 만약 $g = (GDP_{t+1} - GDP_t)/GDP_t$가 명목 GDP 성장률이고, 소문자는 이번 장에서와 같이 명목 GDP에 대한 비율이라면, 이 식을 다음 식과 같이 표현할 수 있음을 증명하라.

$$iip_{t+1} = \frac{(1+r)iip_t + nx_t}{1+g}$$

위 식을 이용해 시간이 지남에 따라 GDP에 대한 $IIP$의 비율 $iip$를 일정하게 유지하게 하는 GDP 대비 순수출의 비율을 구하라.

**9.** 당신은 2008년 중국 정부에 대한 경제자문관이다. 중국은 경상수지 흑자를 가지고 있으며 인플레이션 압력이 축적되는 문제에 직면해 있다.

   **a.** 그림 19-2와 같은 그림에 중국의 위치를 표시해보라.

   **b.** 정책당국에 위안화 환율을 어떻게 변화시키라고 조언하겠는가?

   **c.** 재정 정책에 대해 어떤 조언을 하겠는가? 이 점과 관련해 세 가지 자료가 있다. 첫째, 경상수지 흑자가 GDP의 9%를 넘을 정도로 크다. 둘째, 중국이 현재 국민에게 제공하는 공공서비스 수준은 낮은 편이다. 셋째, 중국 정부는 근로자를 농촌 지역에서 제조업 고용 쪽으로 유인하길 원한다. 따라서 중국 관리들은 정책조합이 도시 고용에 미치는 부정적인 영향을 완화하는 것을 더 선호한다.

**10.** $DD$-$AA$ 모형을 이용하여 외국 물가수준 $P^*$가 한 번 상승한 경우의 효과를 설명하라. 만약 미래 기대 환율 $E^e$가 $P^*$의 상승에 비례하여 즉각 상승한다면 (PPP에 따라) 환율은 $P^*$의 상승에 비례하여 즉각 절상될 것임을 보여라. 만약 경제가 최초에 대내외 균형점에 있었다면 $P^*$의 상승으로 그 위치가 변하겠는가?

**11.** 외국의 인플레이션율이 영구적으로 상승한다면 단기에서 변동환율이 국내경제를 이로부터 차단해준다고 생각하는가? 장기에서는 어떠한 일이 생기는가? 후자의 질문에 답하기 위해 국내 명목이자율과 외국 명목이자율 사이의 장기적 관계를 주목하라.

**12.** 국내채권과 외화채권이 불완전 대체재이며 투자자들이 갑자기 수요를 외화채권 쪽으로 돌려 국내자산에 대한 위험 프리미엄이 상승했다고 가정하자(18장). 고정환율과 변동환율 중 어느 환율이 생산에 대한 영향을 최소화하는가?

**13.** 이 장의 사례 연구 '세계 경제의 변화와 위기'에서 2000년대의 대규모 세계적인 대외불균형에 대해 논의했고, 폐쇄경제에서와 같이(세계 전체는 실제로 폐쇄경제이다) 저축에 대한 (투자를 조달하기 위한) 전 세계 수요와 전 세계 공급 간 균형이라는 관점에서 세계 실질이자율 결정요인을 분석할 수 있다고 암시했다. 이 분석을 공식화하는 첫 단계로서 예상 실질환율의 변화 때문에 세계 실질이자율은 차이가 없다고 가정하자(예: 실질환율이 장기수준으로 유지될 것이라고 기대되는 장기분석을 하고 있다고 생각해도 좋다). 두 번째 단계로서 더 높은 실질이자율은 전 세계에 걸쳐 원하는 투자는 줄이고 저축은 늘린다고 가정하자. 그러면 가로축에 (저축 또는 투자) 양을 표시하고, 세로축에 실질이자율을 표시하는 간단한 수요-공급 그림을 통해 세계 자본시장균형을 분석하는 모형을 고안해낼 수 있는

가? 통상 공급곡선이 바깥쪽으로 이동하는 것으로 정의되는 세계 저축의 증가는 이 모형에서 어떻게 균형 저축, 투자, 실질이자율에 영향을 미치는가? 이에 대한 대답을 이 장의 사례 연구 '세계 경제의 변화와 위기'와 더 읽을거리의 Ben S. Bernanke의 논문과 연결하여 논의하라[이와 유사한 모형에 대한 고전적인 분석은 Lloyd A. Metzler, "The Process of International Adjustment under Conditions of Full Employment: A Keynesian View," in Richard E. Caves and Harry G. Johnsonin, eds., *Readings in International Economics* (Homwood, IL: Rechard D. Irwin, Inc. for the American Economic Association, 1968), pp. 465-486 참조].

**14.** 이 장은 2007~2009년 금융위기 때 개발도상국이 선진국에 비해 더 강하게 회복했음을 언급했다. World Outlook Economic database(www.imf.org)를 이용하여 다음 그룹의 국가와 주제를 선택하라. 선진국(AE), 신흥시장(EM), 대표적인 개발도상국으로 사하라사막 이남 아프리카(SSA), 2006~2010년의 GDP 성장률, 인플레이션, 수출, 경상수지, FDI, 금융위기가 국제관계와 국가경제에 미친 영향에 대해 의견을 말하라.

**15.** 어떤 중앙은행이 동일한 규모의 유로를 매입하기 위해 외환시장에서 대규모 달러 준비자산을 매각한다고 가정하자. 이러한 행동은 외환시장에서 미국 달러의 불태화 매각과 같은 것인가? 완전 자산 대체성 및 불완전 자산 대체성에 대한 당신의 가정에 대해 설명하라.

**16.** 호주도 이웃인 뉴질랜드처럼 오랫동안 계속 경상수지 적자를 기록하고 있으며, 외국에 대해 채무국이다. 호주 통계청의 홈페이지(http://www.abs.gov.au/statistics)를 방문해 이 장의 뉴질랜드 분석과 같이 경상수지의 '대외 지속 가능성'을 분석하는 데 필요한 자료를 찾아보라. 1992년부터 시작되는 명목 GDP, IIP, 경상수지, 상품과 서비스 수지인 *NX*에 대한 시계열 자료가 필요할 것이다. 이 연습문제의 목표는 1992년 이후의 연평균 *NX* 값과 명목 GDP 성장률이 주어졌을 때, *IIP/GDP* 비율을 안정화하는 IIP에 대한 이자율 *r*을 찾기 위한 것이다. (이 문제는 호주 자료 시스템을 검색해보고 13장에서 배운 것을 고려해 가장 적절한 자료를 판단하게 하기 위한 도전적인 연습문제이다.)

## 더 읽을거리

Liaquat Ahamed. *Lords of Finance: The Bankers Who Broke the World.* New York: Penguin Press, 2009. 20세기 세계대전 사이의 국제통화위기에 대한 생생한 역사적 설명

Ben S. Bernanke. "The Global Saving Glut and the U.S. Current Account Deficit." Sandridge Lecture, March 10, 2005, at www.federalreserve.gov/boarddocs/speeches/2005/200503102/default.htm. 전 연방준비제도 이사회 의장의 2000년대 중반 낮은 실질이자율에 대한 진단

Olivier J. Blanchard and Gian Maria Milesi-Ferretti. "(Why) Should Current Account Balances Be Reduced?" *IMF Economic Review* 60 (April 2012), pp. 139-150. 매우 큰 경상수지 적자와 흑자의 위험에 대한 간결하고 최신의 조사 내용 제공

Ricardo J. Caballero, Emmanuel Farhi, and Pierre-Olivier Gourinchas. "Global Imbalances and Policy Wars at the Zero Lower Bound." Working Paper 21670, National Bureau of Economic Research, February 2020 (revised version). 환율과 글로벌 불균형이 어떻게 디플레이션을 국제적으로 확산시킬 수 있는지에 대한 수준 높은 분석

W. Max Corden. "The Geometric Representation of Policies to Attain Internal and External Balance." *Review of Economic Studies* 28 (January 1960), pp. 1-22. 지출전환 및 지출변화 거시경제 정책에 대해

그림을 이용한 전형적인 분석

Barry Eichengreen. *Globalizing Capital: A History of the International Monetary System*, 3rd edition. Princeton: Princeton University Press, 2019. 금본위제 이후 국제통화 역사에 대한 간결하고 통찰력 있는 개관

Milton Friedman. "The Case for Flexible Exchange Rates," in *Essays in Positive Economics*. Chicago: University of Chicago Press, 1953, pp. 157-203. 변동환율제도의 장점에 대한 전형적인 설명

Joseph E. Gagnon. *Flexible Exchange Rates for a Stable World Economy*. Washington, D.C.: Peterson Institute for International Economics, 2011. 환율 신축성에 대한 최신의 주장 제시

Charles P. Kindleberger. *The World in Depression 1929-1939*, 40th Anniversary edition. Berkeley and Los Angeles: University of California Press, 2013. 뛰어난 국제경제학자가 대공황의 세계적 원인과 영향에 대해 설명한다.

Michael W. Klein and Jay C. Shambaugh. *Exchange Rate Regimes in the Modern Era*. Cambridge, MA: MIT Press, 2010. 서로 다른 환율제도의 요인과 결과에 대한 포괄적인 분석

Maurice Obstfeld. "Harry Johnson's 'Case for Flexible Exchange Rates' — 50 Years Later." *The Manchester School* 88 (September 2020), pp. 86-113. 고정환율과 변동환율에 관한 최근 논쟁에 대한 문헌 연구

Maurice Obstfeld and Alan M. Taylor. *Global Capital Markets: Integration, Crisis, and Growth*. Cambridge, U.K.: Cambridge University Press, 2004. 국제금융통합과 환율제도의 관련성에 대한 역사적 조사 연구

Maurice Obstfeld and Alan M. Taylor. "International Monetary Relations: Taking Finance Seriously." *Journal of Economic Perspectives* 31 (Summer 2017), pp. 3-28. 금융시장과 금융안정의 중요성 증가 관점에서 국제통화제도에 대한 개관

Robert Solomon. *The International Monetary System, 1945 – 1981*. New York: Harper & Row, 1982. 브레턴우즈 시대와 초기 변동환율 시기에 대한 훌륭한 연대기. 저자는 고정환율 붕괴에 이르는 시기에 연방준비제도 국제금융부의 책임자였다.

# 국제적 정책 공조의 실패

이 부록에서는 모든 국가가 자기중심적인 정책 결정으로 인해 어떻게 고통받는지를 보여줌으로써 거시경제 정책 공조의 중요성을 설명할 것이다. 이 현상은 게임 이론에서 죄수 딜레마의 또 다른 예이다. 정부가 협력하여 정책을 결정한다면 모두에게 더 유리한 거시경제 결과를 얻을 수 있다.

이는 1980년대 초의 디스인플레이션에 기초를 둔 사례를 통해 알 수 있다. 1981년에 선진국의 긴축통화 정책이 세계 경제를 더 깊은 불황에 빠지게 했다는 사실을 기억하라. 이 국가들은 통화 증가를 억제해서 인플레이션을 낮추려고 했으나 물가수준에 대한 환율의 영향으로 인해 상황은 더욱 복잡해졌다. 주변 국가보다 덜 긴축적인 통화 정책을 선택한 정부는 인플레이션을 억제하려는 노력을 부분적으로 좌절시키는 통화절하에 직면할 가능성이 있다.

많은 관찰자는 통화절하를 막기 위해 개별적으로 노력하는 과정에서 한 그룹으로서의 선진국들이 지나치게 긴축적인 금융 정책을 실시함으로써 경기 침체가 깊어졌다고 생각한다. 각 정부가 좀 더 느슨한 통화 정책을 채택했더라면 모든 정부가 더 행복했을 것이지만, 다른 국가들이 채택한 정책이 주어진 상황에서 별도로 정책을 변경하는 것은 개별 국가의 관심사가 아니었다.

간단한 모형으로도 이러한 주장을 더욱 명확히 할 수 있다. 자국과 외국의 두 국가가 있으며, 각국은 두 가지 정책, 즉 매우 긴축적인 통화 정책과 다소 긴축적인 통화 정책에 대한 선택권을 가지고 있다고 하자. 무역 정책을 분석하는 데 사용했던 것과 비슷한 그림 19A-1은 자국과 외국이 서로 다른 정책을 선택했을 때의 결과를 보여준다. 각 가로 행은 자국이 선택한 통화 정책을 나타내며, 세로 열은 외국의 선택을 나타낸다. 상자 안에는 각국의 연간 인플레이션율의 변화($\Delta\pi$와 $\Delta\pi^*$)와 실업률

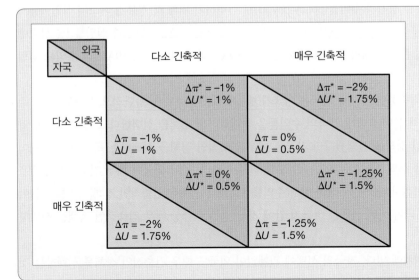

**그림 19A-1 다양한 통화 정책 조합이 인플레이션과 실업에 미치는 가상적 효과**
한 국가가 선택한 통화 정책은 외국이 선택한 통화 정책의 결과에 영향을 미친다.

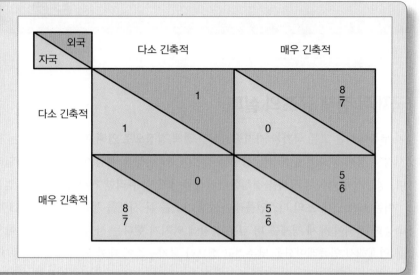

**그림 19A-2 다양한 통화 정책 선택에 따른 수익률 행렬**

각 숫자는 실업률 1% 상승에 따른 인플레이션의 감소($-\Delta\pi / \Delta U$)와 같다. 만약 각국이 '독단적으로 행동'한다면 두 국가는 모두 매우 긴축적인 정책을 선택한다. 만약 두 국가 모두 다소 긴축적인 정책을 선택한다면 양국 모두 더 좋은 결과를 얻게 된다.

의 변화($\Delta U$와 $\Delta U^*$)가 제시되어 있다. 각 칸의 좌측 하단부는 자국, 우측 상단부는 외국의 결과이다.

그림 19A-1의 가상적인 결과는 이 장의 2국 모형을 통해 이해할 수 있다. 예를 들면 양국이 모두 다소 긴축적인 정책을 선택하면 양국에서 인플레이션율이 1% 하락하고 실업률은 1% 상승한다. 만약 외국은 그대로인데 자국이 갑자기 매우 긴축적인 정책으로 바꾼다면 자국통화가 절상되어 인플레이션율이 더 떨어지며 실업률은 더 올라간다. 자국의 추가적인 긴축통화 정책은 외국에 두 가지 영향을 끼친다. 외국의 실업률은 더 떨어지지만 자국통화의 절상은 결국 외국통화의 절하를 뜻하므로 외국의 인플레이션은 디스인플레이션 이전의 수준으로 다시 상승한다. 외국에서 실업률 상승에 따른 디스인플레이션 효과는 통화절하의 수입가격 및 임금 상승 효과로 상쇄된다. 그러므로 자국의 통화긴축은 외국에 대해서는 인접국 빈곤화 효과를 가져다주며, 외국은 자국으로부터 인플레이션을 '수입'하지 않을 수 없게 된다.

그림 19A-1의 결과를 정책의 수익률(policy payoff)로 변형하기 위해 각 정부가 최소의 실업비용으로 최대의 인플레이션 감소를 얻기 원한다고 가정하자. 각 정부는 $-\Delta\pi / \Delta U$, 즉 실업률 1% 상승에 따른 인플레이션 감소분을 최대화하기를 원한다. 그림 19A-1의 수치로 그림 19A-2의 수익률 행렬이 도출된다.

이 수익률 행렬에 직면하면 자국과 외국은 어떻게 행동할까? 각 정부가 '독단적으로 행동'하며, 주어진 다른 국가의 정책 선택에 대해 자국의 수익률을 최대화하는 정책을 선택한다고 가정하자. 만약 외국이 다소 긴축적인 정책을 선택했다면 자국은 매우 긴축적인 정책을 선택하는 쪽(수익률 = $\frac{8}{7}$)이 다소 긴축적인 정책을 선택하는 것(수익률 = 1)보다 더 유리하다. 만약 외국이 매우 긴축적인 정책을 선택한다면 자국은 여전히 다소 긴축적인 정책(수익률 = 0)보다는 매우 긴축적인 정책(수익률 = $\frac{5}{6}$)이 더 낫다. 그러므로 외국이 어떤 선택을 하든지 간에 자국 정부는 항상 매우 긴축적인 정책을 선택하려고 할 것이다.

외국은 대칭적인 위치에 있다. 자국의 선택에 관계없이 외국도 매우 긴축적인 정책을 선택하는 것이 더 유리하다. 그 결과 모든 국가가 매우 긴축적인 정책을 선택하게 되어 $\frac{5}{6}$의 수익률을 얻는다.

그러나 그들이 동시에 다소 긴축적인 정책을 선택한다면 두 국가가 모두 실질적으로 훨씬 나아진 다는 사실에 주목하라. 각국의 수익률이 1이 되어 $\frac{5}{6}$보다 크다. 이러한 정책의 구성하에서 인플레이션은 두 국가 모두에서 좀 더 적게 하락할 것이지만, 실업률의 상승은 매우 긴축적인 정책하에서보다 훨씬 낮아질 것이다.

그러면 두 국가 모두에게 이익이 되는데도 불구하고 이는 왜 실현되지 않을까? 그 답이 정책 공조 문제의 핵심이다. 앞의 분석은 각국이 '독단적으로 행동'하여 자국만의 수익률을 극대화한다고 가정했다. 이러한 가정하에서는 두 국가 모두 다소 긴축적인 정책을 선택하는 상황은 안정적이지 못하다. 각국은 통화 증가를 더욱 줄이려고 할 것이며, 이웃을 희생시키면서 환율을 이용하여 디스인플레이션을 재촉하려 할 것이다.

행렬 왼쪽 상단 칸의 최상의 결과를 얻으려면 자국과 외국은 명백한 합의에 도달해야 한다. 즉 양국은 정책 선택을 공동으로 **조정**해야만 한다. 양국은 매우 긴축적인 정책으로 유발되는 인접국 빈곤화 정책의 이익을 포기할 것을 합의해야 하며, 각국은 서로를 속이려는 유인이 있음에도 불구하고 이 약속을 이행해야만 한다. 만약 두 국가가 서로 공조할 수 있다면 두 국가 모두 서로가 원하는 인플레이션과 실업률의 이상적인 조합을 선택할 수 있다.

그러나 선택의 범위와 그에 따른 결과가 매우 다양하며 또한 불확실하기 때문에 현실적으로 정책 공조는 이러한 단순한 예보다 훨씬 더 복잡하다. 이런 복잡성 때문에 정책 결정자들은 협조적인 협약을 맺기를 꺼리며 해외의 상대국이 합의한 협정을 이행할 것이라는 확신을 가지지 못한다.

# CHAPTER 20

# 금융세계화: 기회와 위기

만약 금융업자인 립 밴 윙클(Rip van Winkle)이 1960년대 초반에 잠들었다가 50년 후에 깨어났다면 국제 금융활동의 성격과 규모의 변화에 충격을 받았을 것이다. 예를 들어 1960년대 초에는 대부분의 은행업이 자국의 통화와 고객을 대상으로 하는 순전히 국내적인 성격이었지만, 50년이 지난 후에 많은 은행은 국제활동에서 상당 부분의 이윤을 얻는다. 브라질 상파울루에 시티은행(Citibank) 지점을 차리고, 영국 바클레이스은행(Barclays Bank)의 지점을 뉴욕에 차릴 수 있다는 사실을 알면 깜짝 놀랄 것이다. 또한 런던에 위치한 미국 은행 지점이 스웨덴 회사로부터 일본 엔화로 표시된 예금을 받거나 혹은 스위스프랑을 네덜란드 제조업자에게 대출해주는 일이 오래전에 일상화되었음을 발견할 것이다. 마지막으로 비은행 금융기관이 국제시장에 훨씬 더 많이 참여하고 국제 교역규모가 엄청나게 커졌음을 알게 될 것이다.

다른 국가의 거주자가 자산을 거래하는 시장을 **국제자본시장**(international capital market)이라고 한다. 국제자본시장은 실제로 하나만 존재하는 시장이 아니며, 국제적 차원에서 자산이 거래되는 서로 밀접하게 연결된 시장 집단이다. 국제통화거래는 외환시장에서 일어나는데, 이는 국제자본시장의 중요한 부분이다. 국제자본시장의 주요 참여자는 외환시장 참여자와 같이(14장) 상업은행, 대기업, 비은행 금융기관, 중앙은행, 여타 정부기관 등이다. 그리고 외환시장과 마찬가지로 국제자본시장에서의 활동도 정교한 통신 수단으로 연결된 세계 금융센터의 네트워크 내에서 이루어진다. 그러나 국제자본시장에서 거래되는 자산에는 외국통화로 표시된 은행예금 외에 외국의 주식, 채권 등이 포함된다.

이 장에서는 국제자본시장에 관한 세 가지의 주된 의문점을 논의하고자 한다. 첫째, 원활하게 돌아가는 세계금융네트워크가 어떻게 국제무역의 이익을 증가시키는가? 둘째, 1960년대 초반 이후에 나타난 국제금융활동 급성장의 원인은 무엇인가? 셋째, 국경을 초월한 통합된 국제자본시장은 어떤 위험을 초래하는가? 또한 정책입안자들이 어떻게 세계자본시장이 제공하는 이익을 급격히 감소시키지 않으면서 세계자본시장이 야기한 문제점을 최소화할 수 있는가?

## 학습목표

- 국제적 포트폴리오 분산의 경제적 기능을 이해한다.
- 최근 국제금융시장의 폭발적인 성장을 초래한 요인을 설명한다.
- 국제은행 및 비은행 금융기관에 대한 규제와 감독의 문제점을 분석한다.
- 국제금융통합의 정도를 측정하는 데 이용되는 몇 가지 방법을 설명한다.

■ 2007년에 시작된 전 세계적인 금융위기를 초래한 요인을 이해한다.
■ 선진국 경제를 연결하는 데 국제자본시장의 실적을 평가한다.

## 국제자본시장과 무역의 이익

앞 장에서 살펴본 국제무역의 이익에 대한 논의는 상품 및 서비스에 관련된 무역에 초점을 맞추었다. 국제자본시장에서 활동하는 은행은 거래비용을 낮추는 세계 결제체제를 제공함으로써 무역의 이익을 증대한다. 더욱이 국제자본시장은 글로벌 경상수지 불균형을 조달하기 위해 여러 나라의 차입자와 대출자를 함께 모은다. 그러나 국제자본시장에서 이루어지는 대부분의 거래는 타국 거주자 간의 자산거래(예: 영국 정부채권과 IBM 주식의 교환)이다. 이러한 자산거래는 가끔 비생산적인 '투기'라고 비난받기도 하지만 모든 지역의 소비자를 더 부유하게 만들 수 있는 무역의 이익을 가져다준다.

### 세 가지 형태의 무역의 이익

타국 거주자 간에 행해지는 모든 거래는 다음과 같은 세 가지 범주 중 하나에 속한다. 바로 상품 및 서비스 대 상품 및 서비스, 상품 및 서비스 대 자산, 자산 대 자산이다. 언제든 각 국가는 일반적으로 이 세 가지 중 한 가지 형태의 무역을 한다. 그림 20-1은 (자국과 외국, 두 국가가 있다고 가정하는) 세 가지 형태의 국제거래를 예시하는데, 각각의 거래 형태는 서로 다른 잠재적인 무역의 이익과 연관되어 있다.

지금까지 이 책에서는 두 가지 형태의 무역이익에 대해 논의했다. 3~8장에서는 한 국가가 가장 효율적인 생산활동에 집중하고 이 생산물의 일부를 해외에서 수입한 다른 제품의 대가로 지불함으로써 이익을 얻을 수 있다는 것을 보여줬다. 이러한 형태의 무역이익은 외국의 상품 및 서비스와 자국의 상품 및 서비스의 교환과 관련되어 있다. 그림 20-1의 위쪽 수평선 화살표는 자국과 외국의 상품 및 서비스 교환을 보여준다.

두 번째 형태의 무역이익은 기간 간 무역에서 얻게 되는데, 이는 현재의 상품 및 서비스를 미래의 상품 및 서비스에 대한 청구권, 즉 자산과 교환하는 거래를 의미한다(6장과 19장). 개발도상국이 해외로부터 차입하여(즉 외국인에게 채권을 팔아) 국내투자 프로젝트에 필요한 자원을 수입하면 기간 간 무역에 참여하게 된다(이 무역은 국제자본시장이 없다면 불가능할 것이다). 그림 20-1의 대각선 화살표는 상품 및 서비스를 자산과 교환하는 거래를 나타낸다. 예를 들어 자국이 외국에 대해 경상수지 적자를 기록하고 있다면 자국은 자산의 순수출국이 되고, 상품 및 서비스의 순수입국이 된다.

그림 20-1의 아래쪽 수평 화살표는 국제거래의 마지막 형태인 자산과 자산의 거래, 예를 들어 프랑스에 있는 부동산을 미국 재무성 장기채권과 교환하는 거래를 나타낸다. 미국의 2019년 국제수지를 보여주는 표 13-2(13장 '국제수지계정' 절)를 통해 금융계정에서 미국 거주자의 4,407억 5,000만 달러어치의 해외자산 구입과 외국 거주자의 7,979억 6,000만 달러어치의 미국자산 구입을 확인할 수 있다(이 수치들은 파생상품을 포함하고 있지 않다. BEA는 단지 파생상품의 순거래만 보고한다). 따라서 미국이 자산을 외국에 팔기만 하고 외국으로부터는 전혀 사지 않는 방식으로 경상수지 적자를

**그림 20-1 세 가지 형태의 국제 거래**

각기 다른 국가의 거주자는 자국의 상품과 서비스 대 외국의 상품과 서비스, 자산(즉 미래의 상품과 서비스) 대 상품과 서비스, 자산 대 자산을 거래할 수 있다. 이러한 세 가지 형태의 거래는 모두 무역의 이익을 발생시킨다.

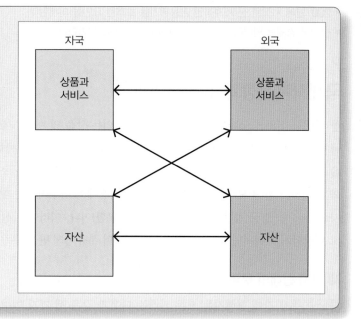

조달했다고 하더라도 미국과 외국은 순수 자산 스왑에 가담한 것이 된다.[1] 이 같은 막대한 규모의 국제 자산거래가 이루어진 이유는 부분적으로 상품과 서비스 거래와 마찬가지로 국제 자산거래도 당사국 모두에게 이득을 주기 때문이다.

앞에서 설명한 차이점은 이론적으로는 명백해 보이지만 실제로는 다른 유형의 무역이 서로 보완적이기 때문에 동시에 발생할 수도 있다. 예를 들어 수입업자가 외국 판매자로부터 외상으로 물건을 구매해 국내 소비자에게 판매한 후에 대금을 지불할 필요가 있을 수 있다. 이 경우 빠른 시일 내에 상환한다는 약속하에 상품을 얻어오는 수입업자의 능력은 기간 간 무역의 한 형태로서 상품과 서비스의 국제교역을 촉진하는 데 필수적이다. 두 번째 예로 수출업자가 미래의 외환 수입을 선물환시장에서 헤지할 필요가 있을 수도 있다. 이 경우 자산 대 자산의 무역(미래 국내통화에 대한 미래 해외통화)은 상품과 서비스의 교환을 수행하는 수출업자의 비용을 낮춘다.

## 위험회피

개인이 자산을 선택할 때 이 결정에 영향을 미치는 중요한 요인은 각 자산의 수익에 대한 위험이다 (14장). 모든 조건이 동일하다면 사람들은 위험을 싫어한다. 경제학자들은 사람들의 이러한 선호 성향을 **위험회피**(risk aversion)라고 부른다. 18장은 위험회피적인 외화자산의 투자자는 특정 자산에 대한 수요를 그것의 기대수익률 외에도 위험도(위험 프리미엄으로 측정)에 기초하여 결정한다는 점을 보였다.

한 가지 예를 들면 위험회피의 의미가 좀 더 명확해질 것이다. 전반 30분에 1,000달러를 따고, 후

---

1 총자산거래규모는 이러한 순매입규모보다 훨씬 크다. 미국의 순해외자산매입은 미국의 총해외자산매입에서 총해외자산매도를 뺀 값이고, 외국의 미국자산 순매입도 비슷하게 총해외매입에서 총해외매도를 뺀 것이다. 따라서 외국과의 자산거래에서 미국 국제수지 차변의 총가치는 미국 거주자의 총해외자산매입에 (미국 거주자가 획득하여 국제수지 차변에 기록되는) 외국 거주자의 총미국자산매도를 더한 값이다.

반 30분에 1,000달러를 잃는 도박을 제안받았다고 하자. 1,000달러를 딸 확률과 잃을 확률이 같기 때문에 이 도박의 평균수익(기댓값)은 $\left(\frac{1}{2}\right) \times (1,000달러) + \left(\frac{1}{2}\right) \times (-1,000달러) = 0$이 된다. 만약 위험회피자라면 두 결과가 나올 확률이 같을지라도 이길 가능성보다 1,000달러를 잃을 가능성에 더 높은 비중을 두기 때문에 그 도박에 응하지 않을 것이다. 일부 사람들, 즉 **위험선호자**(risk lover)가 위험을 감수하고 그 도박에 응할지라도 위험을 회피하는 행동이 정상적이라는 점에 대해서는 많은 증거가 있다. 예를 들면 위험회피는 절도, 질병 및 기타 불운에 따른 금전적 위험으로부터 자신이나 가족을 보호해주는 정책을 판매하는 보험회사의 이윤을 설명하는 데 도움을 준다.

만약 사람들이 위험회피적이라면 기대수익뿐 아니라 이 수익의 위험에 기초해 자산의 묶음, 즉 포트폴리오(portfolio)의 가치를 평가하게 된다. 예를 들어 위험회피하에서 사람들은 다양한 통화로 표시된 채권으로 구성된 포트폴리오가 바람직한 수익과 위험의 조합을 제공한다면, 비록 이것이 제공하는 금리가 이자율 평형조건으로 연결되어 있지 않더라도 이 포트폴리오를 기꺼이 보유하려 할 것이다. 일반적으로 수익률이 매년 급격하게 변동하는 포트폴리오는 완만한 연간 변동을 보이면서 평균기대수익이 동일한 포트폴리오보다 덜 바람직하다. 이러한 관찰은 각국이 왜 자산을 거래하는지를 이해하는 기초가 된다.

## 국제자산거래 동기로서의 포트폴리오 분산

국제자산거래는 부에 대한 수익의 위험도를 줄여줌으로써 두 거래 당사자 모두를 더 낫게 만들 수 있다. 자산거래는 두 당사자가 포트폴리오를 분산할 수 있게 함으로써, 즉 부를 더 넓은 범위의 자산 스펙트럼에 나누어 배분하여 개별 자산에 투자한 금액을 줄임으로써 위험을 감소시킨다. 위험회피하의 포트폴리오 선택 이론의 창시자인 예일대학교의 경제학자 고 제임스 토빈(James Tobin) 교수는 "모든 달걀을 한 바구니에 담지 말라"는 말로 **포트폴리오 분산**(portfolio diversification)의 아이디어를 묘사했다. 한 국가 경제가 국제자본시장에 개방되었을 때 일부 '달걀'을 늘어난 외국 '바구니'에 담음으로써 부에 대한 위험도를 줄일 수 있다. 이 위험의 감소가 자산거래의 기본 동기이다.

단순한 두 나라의 예를 들어 어떻게 두 국가가 자산거래로 더 나아지는지를 설명해보자. 두 국가는 자국과 외국이며, 각국의 거주자는 오직 한 종류의 자산, 즉 키위를 매년 수확하는 토지를 소유하고 있다고 가정하자.

그러나 이 토지의 수확은 불확실하다. 한 해는 자국 토지에서 100톤의 키위를 수확하고 동시에 외국의 토지에서는 50톤의 키위를 수확한다. 다른 해에는 결과가 반대가 되어 외국에서 거둔 수확은 100톤이고, 자국에서 거둔 수확은 50톤에 머문다. 따라서 각 국가는 평균 $\left(\frac{1}{2}\right) \times (100) + \left(\frac{1}{2}\right) \times (50) = 75$톤을 수확하는데, 각 지역의 거주자들은 다음 해에 풍년이 될지 혹은 흉년이 될지 전혀 알지 못한다.

이제 두 국가가 각자의 자산에 대한 지분을 거래할 수 있다고 가정하자. 예를 들어 외국 토지에 10%의 지분을 가진 자국 소유자는 외국에서 수확한 키위의 10%를 받고, 국내 토지에 10%의 지분을 가진 외국 소유자도 비슷하게 자국 키위 수확량의 10%를 받을 자격이 있다. 이러한 두 가지 자산의 국제거래가 허용된다면 무슨 일이 벌어지겠는가? 자국 거주자는 외국 토지 지분의 50%를 사고, 그 대가로 자국 토지 지분의 50%를 외국 거주자들에게 지불하게 될 것이다.

이러한 결과가 왜 나타나는지 이해하기 위해 각국의 포트폴리오가 절반은 자국 토지로, 나머지 절반은 외국 토지로 구성되어 있을 때 이들 포트폴리오에 대한 수익을 생각해보자. 자국에 풍년이 들었을 때(따라서 해외는 흉년이 왔을 때) 각국의 포트폴리오는 동일한 수익을 얻게 된다. 국내 수확(100톤의 키위)의 절반＋외국 수확(50톤의 키위)의 절반은 75톤의 키위가 된다. 반대의 경우, 즉 국내에 흉년이 오고 외국에는 풍년이 든 경우 각국은 여전히 75톤의 키위를 얻게 된다. 그러므로 만약 각국이 2개의 자산으로 똑같이 나눈 포트폴리오를 가지고 있다면 각국은 확실한 75톤의 키위를 얻을 수 있는데, 이는 국제자산거래가 허용되기 이전에 각국의 평균수확량과 같은 수준이다.

2개의 자산, 즉 자국 토지와 외국 토지는 평균수익이 동일하기 때문에 이 두 자산으로 구성된 어떠한 포트폴리오도 75톤의 기대(또는 평균)수익을 가져온다. 그러나 모든 국가에서 사람들이 위험회피적이므로 위에서 언급한 것처럼 매년 75톤의 확실한 수익을 제공하는 50 대 50의 포트폴리오를 보유하는 것을 선호한다. 그러므로 무역이 개방된 이후에 양국의 거주자들은 50 대 50의 결과에 도달할 때까지 토지 지분을 교환할 것이다. 이러한 거래가 평균수익을 바꾸지 않고 양국이 직면한 위험을 제거해주기 때문에 양국은 자산무역의 결과 확실히 더 나아진다.

현실세계에서는 국제자산거래를 통해 모든 위험을 제거할 수 없기 때문에 이러한 예는 지나치게 단순화되어 있다(모형의 세계와는 달리 현실세계는 전체로도 위험한 곳이다). 그럼에도 불구하고 이 예는 자산의 포트폴리오를 국제적으로 분산함으로써 부에 대한 위험을 줄일 수 있음을 증명해준다. 국제자본시장의 주된 기능은 이러한 분산화를 가능하게 만드는 일이다.[2]

## 국제자산의 메뉴: 부채 대 지분

국제자산거래는 서로 다른 많은 종류의 자산거래로 이루어진다. 국제자본시장에서 거래되는 다양한 자산에는 이종 통화로 표시된 채권, 예금, 주식, 주식옵션이나 통화옵션 같은 좀 더 복잡한 금융상품이 있다. 외국 부동산의 매입과 외국 공장의 직접적인 취득도 해외에 분산하는 또 다른 방법이다.

자산거래를 생각하는 데 **부채 수단**(debt instrument)과 **지분 수단**(equity instrument)을 구분하는 것이 때로는 유용하다. 채권과 예금은 발행자가 고정된 금액(원금과 이자)을 상환해야 한다고 명시하고 있기 때문에 부채 수단이다. 이와는 대조적으로 주식은 지분증권으로서, 고정된 지급이 아니라 기업 이윤에 대한 청구권이며 상황에 따라 수익이 달라진다. 이와 유사하게 앞의 예에서 거래된 키위 지분은 지분 수단이다. 포트폴리오를 부채와 지분 간에 어떻게 배분할 것인가를 선택함으로써 개인과 국가는 예측하지 못한 일이 벌어지더라도 원하는 소비와 투자수준에 근접할 수 있다.

부채와 지분을 구분하는 경계선은 실제로는 명확하지 않다. 어떤 증권이 각기 다른 상태에서 동일한 명목금액을 지불할지라도 특정 상태에서의 실질 지불금은 물가수준과 환율에 따라 달라질 수 있다. 더욱이 어떤 증권은 부도가 나거나 정부가 외국인 소유 자산을 몰수하는 경우 등에는 약속한 지

---

2 이 장의 수학 후기는 국제적 포트폴리오 분산에 대한 상세한 모형을 개발한다. 아마 앞의 예에서 설명했던 자산거래 외의 방법을 통해서도 위험을 줄일 수 있다는 점을 이미 알아차렸을지도 모른다. 생산이 높은 국가는 경상수지 흑자를 지니며 생산이 낮은 국가에게 대출해줄 수 있다. 이리하여 모든 세계 경제의 상태에서 국가 간 소비를 부분적으로 평준화해준다. 따라서 기간 간 무역과 순수한 자산교환의 경제적 기능은 중복되는 면이 있다. 어느 정도까지는 기간 간 무역이 서로 다른 상태 간의 무역을 대체해주고 그 반대의 경우도 성립하는데, 이는 서로 다른 경제 상태가 단순히 서로 다른 시점에서 나타나기 때문일 수 있다. 그러나 일반적으로 이 두 형태의 무역은 완전대체재가 아니다.

불금을 받지 못할 수 있다. 낮은 신용등급의 회사채 같은 자산은 겉으로는 부채처럼 보이나 실제로는 그 발행자의 재정 상태에 따라 지불금이 달라질 수 있다는 점에서 지분과 같다. 22장에서 보듯이 많은 개발도상국의 부채가 이 경우에 해당하는 것으로 밝혀졌다.

## 국제은행업과 국제자본시장

앞의 자국-외국 키위의 예는 오직 두 자산만 있는 가상의 세계였다. 실제 현실에서 이용 가능한 자산의 수는 무수히 많으며, 전문화된 기관이 다른 국가에 있는 자산의 판매자와 구매자를 연결해주기 위해 많이 생겨났다.

### 국제자본시장의 구조

앞에서 언급했듯이 국제자본시장의 주요 참여자는 상업은행, 기업, 비은행 금융기관(보험회사, 연금기금 등), 중앙은행 및 여타 정부기관이다.

1. **상업은행(commercial bank)**: 국제결제 메커니즘을 제공할 뿐만 아니라 광범위한 금융활동을 수행하기 때문에 국제자본거래의 중심에 있다. 은행의 부채는 주로 다양한 만기의 예금이며 이외에도 다른 금융기관들로부터의 단기 차입과 기타 부채로 구성되어 있는 반면, 자산은 주로 (기업이나 정부에 대한) 대출, 다른 은행에 대한 예금(은행 간 예금) 및 채권을 포함한 다양한 증권으로 구성되어 있다. 다국적 은행은 이와는 다른 형태의 자산거래에 깊숙이 관여하고 있다. 예를 들어 이 은행들은 기업의 주식과 채권 발행을 인수하여 수수료를 받고 보증된 가격으로 이 증권의 매입자를 찾아주기로 합의한다. 국제은행업에 관한 핵심적인 사실 중 하나는 은행이 자국에서는 허용되지 않는 해외활동을 자유롭게 추구한다는 점이다. 이러한 규제의 비대칭성이 지난 50여 년간 국제은행업의 성장에 박차를 가했다.

2. **기업(corporation)**: 특히 코카콜라, IBM, 토요타, 나이키 같은 다국적 기업은 통상적으로 외국계 자금에 의존하여 투자자금을 조달한다. 이 자금을 얻기 위해 기업은 자산에 대한 지분 청구권을 부여하는 주식을 팔거나 부채 조달을 이용할 수 있다. 부채 조달은 종종 국제은행이나 여타 기관 대출자로부터 또는 이들을 통해 차입하는 형태를 띤다. 기업은 국제자본시장에서 단기 기업어음과 기업 채권을 팔 수 있다. 기업이 발행하는 채권은 자주 그 채권을 팔려고 내놓은 금융센터의 통화로 표시된다. 그러나 기업은 채권이 더 많은 잠재적인 매입자에게 매력적으로 보이게 만드는 새로운 통화표시(denomination) 전략을 점점 더 많이 구사하고 있다.

3. **비은행 금융기관(nonbank financial institution)**: 보험회사, 연금기금, 뮤추얼펀드 같은 비은행 금융기관이 포트폴리오를 분산하기 위해 해외자산으로 업무 영역을 넓혀감에 따라 국제자본시장의 중요한 참여자가 되었다. 투자은행(investment bank)이 특히 중요한데, 투자은행은 결코 은행이 아니며 기업 및 (몇몇의 경우는) 정부 발행 주식과 채권 인수를 전문으로 하고 고객에게 기업 인수합병에 대해 조언하며 거래를 용이하게 하는 역할을 한다. 투자은행은 독립된 경우도 있으나 대부분은 상업은행을 포함하는 거대 금융 복합기업에 속해 있다. 대표적인 예로는 골드만삭스(Goldman Sachs), 도이치은행(Deutsche Bank), 시티그룹(Citygroup)과 바클레이스캐피탈(Barclays Capital)이 있다.

4. **중앙은행**(central bank)과 여타 정부기관: 중앙은행은 통상 외환시장 개입을 통해 국제자본시장에 참여한다. 더욱이 여타 정부기관은 자주 해외로부터 차입을 한다. 개발도상국의 정부와 국영기업은 외국 상업은행으로부터 대규모 차입을 하며, 정기적으로 채권을 해외에 판매한다.

어떠한 기준으로 보더라도 국제자본시장에서의 거래규모는 1970년대 초반 이후 세계 GDP보다 더 빠르게 성장하고 있다. 이러한 성장의 주요 요인은 선진국을 필두로 국경을 넘는 민간자본 이동에 대한 장벽을 점진적으로 완화해온 데 있다.

이러한 발전의 가장 중요한 이유는 환율제도와 관계가 있다. 19장의 통화 삼자택일 문제에 의하면 1970년대 초반 이후 변동환율제도를 광범위하게 채택함으로써 자본시장 개방과 국내 통화 정책의 자주성을 조화시킬 수 있었다. 유럽의 경제통화동맹에 속한 개별 회원국은(21장) 상호 간 환율에 대해 다른 노선을 추구했다. 그러나 유로는 외국통화에 대해 변동하고 있으며, 한 단위로서의 유로지역은 국경을 넘는 결제의 자유를 허용하는 동시에 내부적인 거시경제 목표를 위한 통화 정책을 실행하고 있다.

## 역외 은행업과 역외 통화거래

오늘날 상업은행업의 가장 두드러진 특징 중 하나는 은행이 자국에서 외국의 금융센터로 지점을 확장시킴에 따라 은행활동이 세계화되었다는 점이다. 1960년에는 단 8개의 미국 은행만이 외국에 지점을 두고 있었지만 지금은 수백 개의 미국 은행이 외국에 지점을 두고 있다. 이와 비슷하게 미국에 있는 외국은행 지사의 수가 꾸준하게 증가하고 있다. 유럽에서는 제2차 세계대전 이래로 스위스가 외국은행이 진출하기에 매력적인 나라였다. 1960년에는 스위스에 48개의 외국은행이 활동하고 있었는데, 1980년경에는 그 숫자가 100을 넘어섰다. 반대로 1960년에 스위스 은행은 그 이후에 숫자가 꾸준히 증가했지만 단지 12개의 해외지점만 가지고 있었다.[3]

**역외 은행업**(offshore banking)이라는 용어는 은행의 해외 영업소가 자국 밖에서 수행하는 업무를 설명하는 데 사용된다. 은행은 다음과 같은 세 가지 형태의 기관을 통해 해외사업을 수행할 수 있다.

1. **해외에 위치한 점포**(agency office): 대출을 알선하고 자금을 이체하지만 예금은 받지 않는다.
2. **해외에 위치한 자은행**(subsidiary bank): 외국은행의 자은행은 외국은행이 지배하는 소유자라는 점에서만 자은행이 위치한 국가의 국내은행(local bank)과 구별된다. 자은행은 국내은행과 똑같은 규제를 받으며, 본사가 속한 국가의 규제는 받지 않는다.
3. **해외지점**(foreign branch): 이는 단순히 타국에 있는 본국은행의 영업점이다. 지점은 그 지점이 위치한 국가의 국내은행과 똑같은 업무를 하며, 대개 국내은행과 본사가 속한 국가의 규제를 동시에 받는다. 그러나 종종 지점은 국가 간 규제의 차이를 이용할 수 있다.

**역외 통화거래**(offshore currency trading)는 역외 은행업과 나란히 성장하고 있다. 역외 예금

---

3  Thibaud Giddey, "The Regulation of Foreign Banks in Switzerland," 1956~1972; Melanie Aspey, Peter Hertner, Krzysztof Kaczmar, Jakub Skiba, Dieter Stiefel, Nuno Valério (eds.), "Studies in Banking and Financial History: Foreign Financial Institutions and National Financial Systems," Frankfurt: The European Association for Banking and Financial History (EABH) e.V., 2013, pp. 449~485.

(offshore deposit)은 단순히 그 은행이 위치한 국가 외의 통화로 표시된 은행예금이다. 예를 들어 런던은행의 엔화 예금 또는 취리히의 달러화 예금이 그것이다. 외환시장에서 거래되는 예금의 많은 부분은 역외 예금이다. 역외 통화 예금은 대개 **유로통화**(Eurocurrency)로 언급되는데, 많은 유로통화의 거래가 싱가포르나 홍콩 같은 비유럽 금융센터에서 일어나므로 무언가 잘못된 이름이다. 미국 외의 곳에 예치되어 있는 달러 예금은 **유로달러**(Eurodollar)라고 한다. 유로통화로 표시된(유로달러 포함) 예금을 받는 은행은 **유로은행**(Eurobank)이라고 한다. 새 유럽통화의 출현, 즉 유로(euro)는 이러한 용어를 더욱더 혼란스럽게 만들었다.

역외 은행업과 역외 통화거래의 급속한 성장의 한 가지 요인은 국제무역의 증가와 점점 더 다국적화되고 있는 기업활동이다. 예를 들어 국제무역에 참여한 미국 회사는 해외 금융 서비스가 필요하며, 미국 은행은 자연히 이들 기업과의 국내 영업을 해외로 확장하게 되었다. 좀 더 신속한 지급정산과 그 이전 거래에서 구축된 신축성과 신뢰를 제공함으로써 미국 은행은 미국 고객에게 서비스를 제공할 수 있는 외국은행과 경쟁하고 있다. 유로통화 거래는 상품과 서비스 무역의 확장에 따라 나타난 또 다른 자연스러운 결과이다. 예를 들어 미국 상품을 수입하는 영국 수입업자는 달러 예금을 보유할 필요가 자주 있으며, 런던에 위치한 은행이 이 일을 담당하는 것은 당연하다.

그러나 세계무역의 성장 하나만으로는 1960년대 이후의 국제은행업의 성장을 설명할 수 없다. 다른 요인은 운영업무의 일부를 해외나 해외통화로 이전시킴으로써 금융활동에 대한 국내 정부의 규제(때때로 세금)를 벗어나고자 하는 은행의 욕구이다. 또 다른 요인은 다소 정치적인 것으로, 통화발행국의 사법권이 미치지 않는 곳에 통화를 보유하고자 하는 일부 예금자의 욕구이다. 최근에 각국이 외국인에게 금융시장을 개방하는 추세는 국제은행으로 하여금 새로운 사업을 위해 세계적인 경쟁을 할 수 있게 했다.

유로통화 거래가 지속적으로 수익성이 있었던 또 다른 요인은 규제에 있다. 은행규제를 설계하는데 주요 유로통화센터의 정부들은 자국통화로 표시된 예금과 해외통화로 표시된 예금 및 국내고객과의 거래와 해외고객과의 거래를 차별했다. 자국통화 예금은 자국의 통화공급에 대한 통제력을 유지하는 방법으로서 더욱 엄격히 규제되었으나, 해외통화는 은행이 훨씬 더 자유롭게 거래할 수 있었다.

규제의 비대칭성은 외환은행업에 대해 역사적으로 가장 낮은 규제를 부과한 정부의 금융센터가 왜 주요 유로통화의 센터가 되었는지를 설명해준다. 이 점에서 런던이 선두지만 외국은행의 영업에 대해 규제와 세금을 낮추면서 국제은행업에서 경쟁을 벌인 룩셈부르크, 바레인, 홍콩 및 여타 국가의 추격을 받게 되었다.

## 그림자 은행제도

최근 수십 년 동안 은행과 소위 **그림자 은행제도**(shadow banking system) 사이에 규제의 비대칭성이 생겨났다. 현재 많은 금융기관이 은행과 유사한 신용과 결제 서비스를 제공한다. 예를 들어 미국의 단기금융투자신탁(money market mutual funds)은 고객에게 수표쓰기(check-writing) 서비스를 제공하며, 기업어음시장을 통해 기업에 신용을 공급하고, 미국 밖에 소재하는 은행에게 달러를 빌려주는데 주축을 담당하고 있다. 또한 투자은행도 다른 업체에게 신용과 결제 서비스를 제공한다. 그림자 은행제도는 은행의 후원을 받지만 은행 자체의 재무상태표와는 독립되어 있을 것으로 추정되는 투자 수단(investment conduits)마저 포함한다. 그러나 그림자 은행은 대개 은행에 비해 최소한의 규제만 받는다.

이러한 일이 왜 발생하게 되었는가? 역사적으로 통화 정책 입안자는 은행이 결제 시스템, 기업 및 가계 차입자에 대한 신용의 흐름, 통화 정책의 실행에 중심이 된다고 보고 은행을 요주의 대상으로 삼았다. 하지만 그림자 은행이 엄청나게 성장하여 전통적인 은행이 맡던 많은 기능을 차지하게 되었다. 그림자 은행 부문의 총자산은 정확하게 측정하긴 어려우나, 현재 미국의 경우 전통적인 은행 부문의 자산과 비견될 것으로 추정된다.

게다가 그림자 은행은 은행과 채권자나 채무자의 관계로 밀접하게 엮여 있다. 그 결과 그림자 은행 네트워크의 안정성은 은행의 안정성과 쉽게 분리될 수 없다. 때문에 그림자 은행에 문제가 생긴다면 그림자 은행에 대출을 한 수많은 은행 역시 같은 처지에 놓일 것이다. 이 점은 이 장의 후반부에서 보는 바와 같이 2007~2009년 글로벌 금융위기 때 고통스럽지만 명백한 사실로 밝혀졌다. 곧이어 은행 규제를 논의할 것이지만, 은행은 국제금융시장에서 단지 한 종류의 참가자이며 은행의 재무적 성과는 다른 참가자로 인해 좌우될 가능성이 높다는 점을 짚고 넘어가야 한다. 다음에 언급될 '은행'에 관한 것 대부분은 그림자 은행에도 역시 적용된다.

## 은행업과 금융의 취약성

많은 관찰자는 규제를 받지 않는 국제은행 활동이 세계 금융시스템을 대규모 은행 도산에 취약하게 만들었다고 믿는다. 다음에 논의하게 될 2007~2009년의 금융위기는 이러한 믿음을 지지한다. 금융 세계화에 무엇이 잘못되었는지를 이해하기 위해서는 가상의 폐쇄경제에서도 존재하는 은행활동 고유의 취약성과 은행 도산을 방지하기 위해 도입된 각국 정부의 안전장치를 검토해야 한다.

### 은행 도산의 문제

은행은 예금주와 기타 대여자에 대한 의무를 지킬 수 없을 때 도산한다. 은행은 빌린 자금을 사용하여 대출하며 다른 자산을 매입한다. 그러나 몇몇 은행 차입자가 대출을 갚을 수 없거나 또 다른 이유로 은행자산의 가치가 감소할 수 있다. 이런 일이 발생할 경우 은행은 사전통지 없이 즉각적으로 인출이 가능한 요구불 예금을 포함한 단기부채를 상환할 수 없게 될 수 있다.

은행 고유의 특징은 재무 건전성이 은행자산의 가치에 대한 예금주(및 다른 대여자)의 신뢰에 의존한다는 점이다. 만약 예금주가 많은 부분의 은행자산 가치가 하락했다고 믿게 되면 각 예금주는 자금을 인출하여 다른 은행에 예치하려는 동기를 얻는다. 갑작스러운 대규모 예금손실(예금인출 사태, bank run)에 직면한 은행은 재무상태표의 자산 항목이 기본적으로 건전한 경우에도 문을 닫게 될 것이다. 그 이유는 많은 은행자산은 유동성이 없어 막대한 손실을 입지 않고는 예금상환 의무를 지키기 위해 이를 신속히 매각할 수 없기 때문이다. 그러므로 금융공황 분위기가 고조되면 은행 도산은 비단 자산을 잘못 관리한 은행에만 국한되지 않는다. 심지어 은행자산이 만기까지 보유된다면 모든 부채를 갚을 만큼 충분한 경우에도 다른 모든 예금주가 은행에서 돈을 인출한다면 각 예금주도 이들을 따라 돈을 인출하게 된다.

불행하게도 한 은행에 문제가 생기면 그 은행에 돈을 빌려준 다른 은행 역시 그 대출로 많은 손실을 입을 경우 채무를 갚을 수 없게 될지 모른다는 의심을 받게 된다. 따라서 은행이 상호 대출과 파생상품 계약을 통해 서로 깊이 연관되어 있다면 은행인출 사태는 매우 강한 전염성을 가질 수 있다. 정책입안자들이 그러한 공황을 신속히 격리하지 않으면 한 은행에서 발생한 문제의 도미노 효과는 전반적인 또는 **시스템적**(systemic) 은행위기를 초래할 수도 있다.

은행의 취약성을 이해하기 위한 가장 쉬운 방법은 은행의 재무상태표를 살펴보는 것이다. 아래의 정형화된 재무상태표는 그 은행의 자산, 부채 및 자산과 부채 간 차이인 **자본**(capital, 은행 주식을 보유한 은행 소유주로부터 공급된, 차입된 것이 아닌 자원)을 보여준다.

| 은행의 재무상태표 | | | |
|---|---|---|---|
| **자산(달러)** | | **부채(달러)** | |
| 대출 | 1,950 | 요구불 예금 | 1,000 |
| 유가증권 | 1,950 | 정기예금과 장기부채 | 1,400 |
| 중앙은행 예치 준비금 | 75 | 단기 도매부채 | 1,400 |
| 현금보유 | 25 | 자본 | 200 |

위의 예에서 은행의 총자산은 4,000달러이다(재무상태표의 자산 항목). 자산은 유동성이 낮은 기업 및 가계대출(1,950달러)과 기타 증권(정부 또는 기업 채권, 총 1,950달러)뿐만 아니라 소량의 현금(25달러)과 준비금(75달러, 자국 중앙은행에 예치된 금액)으로 구성되어 있다. 은행 금고 안에 있는 현금은 중앙은행에 예치된 준비금과 마찬가지로 예금자의 인출요구 시 언제든지 사용될 수 있지만 대출(예: 주택담보대출)은 마음대로 회수할 수 없기 때문에 대개 유동성이 아주 낮다. 반면에 유가증권은 팔 수는 있지만, 만약 시장 상황이 불리할 때 너무 짧은 시간에 팔아야 한다면 은행은 손실을 감수해야 할 수도 있다. 예를 들어 금융공황 시 다른 은행들이 동시에 비슷한 유가증권을 처분하고자 한다면 증권의 시장가격은 급락할 것이다.

은행은 예금자와 다른 단기 채권자가 원하면 언제든지 그들의 돈을 되돌려줄 것이라고 약속하는 한편, 그와 동시에 자산가치가 하락할지도 모르는 위험을 수용함으로써 이윤을 창출한다. 채권자에 대한 은행의 유동성 공급은 재무상태표의 부채 항목에 반영되어 있다. 은행의 정기예금과 장기부채(1,400달러)는 대여자의 기분에 따라 쉽게 출금될 수 없는 자금이므로 은행은 (소매) 요구불 예금(1,000달러)과 단기 도매부채(1,400달러)의 두 가지 단기자금보다 더 높은 이자율을 지급한다. 단기 도매부채는 중앙은행을 포함한 다른 은행으로부터의 1일 대출이나 대출자에 자산을 담보로 주고 나중에(주로 다음 날) 그 자산을 조금 더 비싼 값에 되사는 조건의 환매조건부 채권('repo'로 알려진) 등 다양한 형태를 지닌다. 만약 도매 대여기관이 은행에게 단기대출 갱신을 거절한다면, 은행은 소매 예금자의 은행인출 사태와 마찬가지로 자산을 팔아 현금을 마련해야 할 것이다. 일반적으로 은행의 재무상태표는 만기 불일치(단기자산 보유액보다 더 많은 단기부채를 보유하고 있는 상황)로 특징지어지며, 이것이 은행이 은행인출 사태에 취약하게 만드는 이유이다.

**은행자본**(bank capital, 표에서 200달러)은 자산과 부채의 차이이고, 자산을 팔아도 부채를 상환할 수 없는 파산 상태가 되기 전에 은행이 잃어버릴 수 있는 자산 부분이다. 은행자본의 완충제 역할이 없다면 은행은 실수의 여지가 없을 것이며 채권자는 그 은행이 돈을 갚을 수 있을 것이라고 결코 믿지 않을 것이다. 이 경우 은행은 이자율 차이를 이용하거나 유동 부채와 비유동 자산의 '차익(carry)'을 이용한 사업을 수행하지 못할 것이다. 왜냐하면 은행은 채권자의 신뢰에 의존하기 때문에 은행이 파산할 수도 있다는 의심만 품어도 채권자가 즉각적인 상환을 요구하게 되며, 은행은 손해를 보며 자산을 청산할 수밖에 없게 되어 실제로 파산할 수 있기 때문이다. 이 시나리오는 많은 금융기관의 출혈투매 때문에 은행이 보통 때는 팔기 쉬운 유동자산의 가격이 급락하는 시스템적 금융위기 상황에서 발생할 가능성이 높다.[4]

자기자본이 낮은 은행일수록 그 원인이 경제외부에서 발생한 사건이든 채권자의 인출 사태 때문이든 자산가치의 하락으로 인해 파산할 가능성이 더 높다. 따라서 대형 글로벌 은행이 과거에 아주 작은 자본으로 영업을 했다는 사실은 놀라울 수 있다. 비현실적이지 않은 앞의 예에서 은행 총자산에 대한 자본의 비율은 200달러/4,000달러＝5%인데, 이는 이 은행이 도산하기 이전에 최대 자산의 5%까지 손실을 견뎌낼 수 있음을 의미한다. 많은 대형 글로벌 은행은 훨씬 더 낮은 자본으로 영업을 하고 있다. 은행이 보통 주식 같은 고위험 자산의 포지션을 많이 보유하지 않으려 하며 외환에 대해 헤지되지 않거나 '오픈'된 포지션을 회피하고 있지만 세계 전역의 많은 은행이 2007~2009년 글로벌 금융위기 동안 곤경에 처했다. 이 장의 뒷부분에서 설명하듯이 정책입안자들은 이러한 경험 때문에 세계 전역의 은행이 더 높은 수준의 자기자본 비율을 유지하도록 권장한다.

은행 도산은 분명히 돈을 잃은 개개의 예금주에게 심각한 금전적 손해를 입힌다. 그러나 은행 도산은 개개인에 대한 손실 외에 거시경제의 안정성을 해칠 수 있다. 한 은행의 문제가 그 은행이 곤경에 처한 다른 은행에게 대출을 해줬다는 의심을 받게 되면 더 건전한 은행에까지 쉽게 확산된다. 이러한 은행에 대한 신뢰의 전반적 손상은 경제운영의 기초가 되는 결제 시스템의 기초를 흔들어놓는다. 그리고 다발적인 은행 도산은 고객의 투자와 내구소비재 지출을 조달해주는 은행 시스템의 능력을 급격히 저하시킴으로써 총수요를 하락시키고 경제를 침체로 몰아간다. 1930년대 초반 미국 은행의 연쇄적인 도산이 대공황을 불러일으켰고, 이를 악화시키는 데 일조했으며, 금융공황이 2007년에 시작된 극심한 세계 경제침체를 확실히 더 악화시켰다는 강력한 증거가 있다.[5]

## 금융불안에 대한 정부의 안전장치

은행 도산의 잠재적인 피해가 매우 크므로 각국 정부는 자국은행 시스템에 대한 광범위한 규제를 통

---

4 18장에서 이 사실을 강조하지 않았지만 중앙은행 또한 자기자본 포지션을 가지고 있다. 중앙은행의 자산은 대개 부채보다 크며, 여기서 발생한 이윤은 직원 월급, 중앙은행의 공장시설 운영비 등 은행의 비용을 충당하는 데 사용된다. 비용을 초과한 이윤은 보통 국고로 귀속된다. 역사적으로 항상 그래왔던 것은 아니지만 중앙은행의 자본 지분은 대개 공개적으로 거래되지 않는다(주식은 정부 소유로 되어 있다). 주목할 만한 일례가 영국 중앙은행인데, 영국 중앙은행은 설립 때인 1694년부터 1946년까지 개인 소유였다. 만약 중앙은행이 외환개입 등으로 인해 정부의 자금조달을 요청해야 할 정도로 큰 손실을 보는 경우 중앙은행의 자본이 줄어들 수 있다. 이 경우 정부가 중앙은행의 독립성을 제한하는 조건을 붙일 수도 있기 때문에 중앙은행은 이러한 상태에 놓이지 않기를 원한다.

5 1930년대에 대한 평가를 위해서는 Ben S. Bernanke, "Nonmonetary Effects of the Financial Crisis in the Propagation of the Great Depression," Chapter 2 in his *Essays on the Great Depression* (Princeton, NJ: Princeton University Press, 2000)을 참조하라. 은행위기는 또한 국제수지 위기를 가져올 수도 있다. (이 책 후반부에 논의할 유로지역의 위기에서 보듯이) 은행 시스템 붕괴에 대응하기 위해 필요한 거시경제 정책은 고정환율을 유지하기 어렵게 만들 수 있다. 이에 대한 고전적인 연구는 Graciela L. Kaminsky and Carmen M. Reinhart, "The Twin Crises: The Causes of Banking and Balance-of-Payments Problems," *American Economic Review* 89 (June 1999), pp. 473-500이 있다.

해 은행 도산을 방지하려고 한다. 잘 관리된 은행은 규제가 없더라도 스스로 도산을 예방하기 위한 조치를 취한다. 그러나 도산에 따른 비용은 그 은행의 소유자에 국한되지 않고 외부로 널리 확산된다. 따라서 일부 은행은 자신의 이익만 생각하고 은행 도산이 가져올 사회적 비용을 무시함으로써 사회적으로 최적인 수준 이상으로 위험을 떠안을 수 있다. 더욱이 금융문제의 소문이 퍼지기 시작하면 신중한 투자 전략을 지닌 은행조차도 도산할 수 있다. 오늘날 정부가 실행하는 많은 예방적 은행 규제 조치는 대공황 동안 각국이 겪은 경험의 직접적인 결과이다.

대부분의 나라에서 광범위한 '안전망'이 은행 도산을 방지하기 위해 마련되었다. 주요 안전장치는 다음과 같다.

1. **예금보험(deposit insurance)**: 1930년대의 대공황으로부터 물려받은 유산의 하나가 예금보험이다. 미국에서 연방예금보험공사(Federal Deposit Insurance Corporation, FDIC)는 은행 예금주의 손실을 25만 달러까지 보증해준다. 이 보험비용을 충당하기 위해 은행은 의무적으로 FDIC에 분담금을 내야 한다. FDIC의 보험은 은행인출 사태를 방지한다. 왜냐하면 소액 예금주는 그들의 손실이 정부에 의해 보상될 것임을 알기 때문에 단지 다른 사람들이 인출한다는 이유로 돈을 인출할 동기를 더 이상 가지지 않는다. 1989년 이후 FDIC는 저축대부(savings & loan, S&L) 조합의 예금도 보증해주고 있다.[6] 예금보험이 없다는 점이 정책입안자들이 그림자 은행제도뿐만 아니라 역외 은행의 영업에 대해 상대적으로 가벼운 규제를 가하는 이유이다. 유럽에서도 미국보다 작은 규모지만 1930년대부터 예금보험제도를 도입했다. 국가별로 예금보험제도에 차이가 있었지만, 1994년에 유럽공동체(European Community) 회원국들이 1인당 최소한 2만 유로까지 예금액의 최소 90%까지 보장하는 공통의 예금보장조건을 결정했다. 이후 2010년 말까지 모든 나라에서 공통의 예금보장액을 10만 유로, 예금액의 100%까지 보장하도록 확대했다.[7]

2. **지불준비금 의무(reserve requirement)**: 지불준비금 의무는 본원통화와 통화량의 관계에 영향을 주는 통화 정책의 가능한 수단이다. 이와 동시에 지불준비금 의무는 은행으로 하여금 갑작스러운 예금인출을 충족하는 데 동원될 수 있는 유동성이 높은 형태로 자산의 일부를 보유하도록 강요한다. 미국에서는 은행이 지급준비금을 의무수준 이상으로 보유하는 경향이 있으며, 이 때문에 지급준비금 의무는 중요하지 않다. 앞의 재무상태표의 예에서 현금을 포함한 은행의 유동성 있는 총준비금은 총자산의 2.5%에 불과한 100달러이다. 유로지역에서 은행의 의무 지급준비율은 1999~2012년까지 2%였으며 그 이후 1%로 하락했다. 미국에서처럼 2007~2009년 위기 기간과 그 이후에 유럽의 은행은 초과지급준비금을 보유하는 경향을 보였다.[8]

3. **자본 요구조건(capital requirement)과 자산 규제(asset restriction)**: 미국과 외국의 은행 규제기관은

---

6 물론 25만 달러 이상의 예금자는 예금보험을 받지 못하는 (그리고 담보물이 없는) 은행 대여자(다른 은행 포함)와 마찬가지로 문제가 있다고 의심하면 여전히 인출할 유인을 가진다.

7 "Directive 94/19/EC of the European Parliament and of the Council of 30 May 1994 on deposit-guarantee schemes," http://eur-lex.europa.eu/eli/dir/1994/19/oj; "Directive 2009/14/EC of the European Parliament and of the Council of 11 March 2009 amending Directive 94/19/EC on deposit-guarantee schemes as regards the coverage level and the payout delay," http://data.europa.eu/eli/dir/2009/14/oj.

8 European Central Bank, "How to calculate the minimum reserve requirements," https://www.ecb.europa.eu; and "Recent developments in excess liquidity and money market rates" *European Central Bank Monthly Bulletin*, no. 1, January 2014, pp. 69-82.

은행 도산의 취약성을 줄이기 위해 은행자본의 법정 최저수준을 설정해놓았다. 다른 법규는 가격 변동이 심한 보통주(common stock)와 같은 '지나치게 위험한' 자산을 보유하는 것을 금지하고 있다. 은행은 또한 단일 개인 고객이나 정부에게 지나치게 많은 자산을 대출해주는 것을 금지하는 규칙을 준수해야만 한다. 바젤위원회(Basel Committee)는 국제적으로 자발적인 자본요구체계를 설정했다(이 장의 뒷부분에서 논의). EU 회원국은 이 체계의 가장 최근 형태(Basel III)를 2013년에 이미 지켜야 하는 EU법으로 규정했다.[9]

4. **은행 검사(bank examination):** 정부 감독관은 은행자본 요구기준 및 그 밖의 규제사항을 준수하는 가를 확인하기 위해 은행장부를 조사할 권리가 있다. 은행은 감독관이 너무 위험하다고 여기는 자산을 팔거나 감독관이 상환되지 않을 것이라고 생각하는 대출을 장부에서 제거함으로써 재무 상태표를 조정하도록 강요받는다. 일부 국가에서는 중앙은행이 주된 은행 감독기구지만 다른 국가에서는 별도의 금융감독기구가 이 일을 수행한다. EU에서는 2007~2009년 위기에 대한 대응으로 2011년 유럽은행감독청(European Banking Authority)을 설립했다. 이 감독기구의 EU 차원의 대형은행에 대한 검사는 스트레스 테스트(stress test)라 하는데, 다양한 위기 시나리오에 대해 은행의 회복능력을 수치화하는 것이 목적이다.

5. **최종대부자 기구(lenders of last resort facilities):** 은행은 중앙은행의 재할인 창구나 중앙은행이 제공하는 다른 기구를 통해 자금을 빌릴 수 있다(일반적으로 차입액과 같거나 더 큰 가치를 지니는 담보물을 제공한 후에). 대출이 통화제도의 수단이기는 하나 중앙은행은 또한 재할인을 이용하여 은행공황을 막거나 격리할 수 있다. 중앙은행은 통화를 발행할 능력이 있기 때문에 대규모 예금인출에 직면한 은행에게 예금주의 요구를 충족하는 데 필요한 만큼 자금을 빌려줄 수 있다. 중앙은행이 이러한 방식으로 행동하는 것은 은행에 대한 **최종대부자**(lender of last resort, LLR) 역할을 하는 것이다. 실제로 미국의 연방준비제도는 금융공황에 대한 안전장치로서 1913년에 설립되었다. 중앙은행이 최종대부자로서 지원하고 있다는 사실을 예금주가 알 때 공황 상태를 버텨낼 수 있는 은행의 능력을 더욱 신뢰하게 되며, 따라서 금융곤경이 나타나는 기미가 있더라도 예금을 인출할 가능성이 낮아진다. 그러나 LLR 기구의 행정적 집행은 복잡하다. 만약 중앙은행이 항상 은행을 구제해줄 것이라고 생각한다면 은행은 지나친 위험을 떠안을 것이다. 따라서 중앙은행은 건전한 관리라는 조건부로 LLR 서비스를 이용할 수 있게 할 필요가 있다. 곤경에 처한 은행이 언제 현명하지 못한 위험을 떠안음으로써 스스로 문제를 자초했는지를 결정하기 위해 LLR은 은행 검사 과정에 깊숙이 관여해야만 한다. 유로지역 국가에도 유사한 장치가 있다. 각국 중앙은행은 지불능력은 있으나 유동성이 부족한 자국 은행에 긴급유동성지원(Emergency Liquidity Assistance)을 제공할 수 있다. 2007~2009년 위기 때 벨기에, 독일, 그리스, 아일랜드, 사이프러스 등 다수의 유로지역 국가의 은행이 이 장치를 이용했다.

6. **정부 주도의 구조조정과 긴급 구제(Government-organized restructuring and bailouts):** 중앙은행의

---

9 "Regulation (EU) No 575/2013 of the European Parliament and of the Council of 26 June 2013 on prudential requirements for credit institutions and investment firms and amending Regulation (EU) No 648/2012, http://data.europa.eu/eli/reg/2013/575/oj; "Directive 2013/36/EU of the European Parliament and of the Council of 26 June 2013 on access to the activity of credit institutions and the prudential supervision of credit institutions and investment firms, amending Directive 2002/87/EC and repealing Directives 2006/48/EC and 2006/49/EC Text with EEA relevance," http://data.europa.eu/eli/dir/2013/36/oj.

LLR 역할은 초초해하는 채권자 때문에 일시적인 유동성 문제로 고통받는 은행이 이를 극복하도록 하는 것이었다. 희망컨대 중앙은행이 해당 은행에게 자산을 유리한 가격에 처분할 수 있는 충분한 시간을 벌어준다면, 그 은행은 지불능력을 갖출 것이다. 그렇게 되면 중앙은행은 개입의 결과로 손해를 보지 않을 것이다. 그러나 채권자가 초조해하는 데는 종종 합당한 이유가 있으며 불가피하게 자산에 큰 손실을 입게 된다. 이 경우 정부의 재정당국은 세금으로 이 상황에 개입하게 된다. 중앙은행과 재정당국은 건전한 금융기관이 파산하는 은행을 매입하도록 주선하며, 때로는 회유 수단으로 매입 과정에 자금을 투입하기도 한다. 재정당국은 공적자금으로 은행의 자본구성을 재편해 그 은행이 다시 자립하여 공공지분을 개인에게 판매할 수 있을 때까지 사실상 정부가 전체적인 또는 부분적인 은행의 소유주가 되도록 할 수도 있다. 이 경우 위기 관리자로서 정부의 개입 덕분에 파산을 피할 수 있으나, 이는 공공의 비용을 치른 대가이다. 또 다른 대안으로서 정부는 무담보 채권 소유자나 예금자보호를 받지 못하는 예금자의 청구권이 손해를 보도록 함으로써 (가끔 헤어컷이라고도 한다) 납세자를 보호하는 방안을 선택할 수도 있다.[10]

이 같은 안전장치는 얼마나 성공적으로 구축되었는가? 그림 20-2는 1976~2017년 사이에 발생한 은행위기(국가의 은행 시스템의 많은 부분에 영향을 준 시스템적 위기)의 빈도를 보여준다.[11] 가난한 개발도상국과 신흥시장국에서 발생한 위기는 속이 찬 봉우리로, 미국을 포함한 선진국에서 발생한 위기는 빗금친 봉우리로 표시되어 있다. 분명히 이런 시스템적 위기가 흔치 않은 일은 아니다. 22장에서 논의하듯이 최근의 역사를 통틀어 보면 은행을 규제하는 데 빈국은 선진국보다 덜 효과적이었는데, 이는 개발도상국에서 금융불안의 빈도가 더 높을 것이라는 점을 시사한다. 그러나 2007~2009년 더 부유한 많은 국가의 은행이 생존하기 위해 정부의 광범위한 지원을 요구함에 따라 상황이 바뀌었다. 이리하여 2007~2009년 위기로 인해 은행 안전망에 중대한 허점(아래에서 분석)이 있음이 밝혀졌다.

미국의 상업은행 안전망은 1980년대 후반까지는 꽤 잘 작동되었지만 규제완화, 1990~1991년 경기 침체, 상업적 자산 가치의 급격한 하락의 여파로 은행폐쇄가 급증했고 FDIC의 보험기금이 고갈되었다. 미국과 마찬가지로 1980년대 후반 국내은행 규제를 완화한 일본, 스칸디나비아 국가들, 영국, 스위스도 10년 뒤 심각한 문제에 부딪혔다. 그 결과 많은 국가가 은행 안전장치 시스템을 정밀검사하게 되었으나 다음에서 보듯이 이러한 안전장치는 2007~2009년의 금융위기를 억제하기에는 턱없이 불충분했다.

### 도덕적 해이와 '대마불사' 문제

앞에서 열거한 은행업 보호조치는 은행이나 예금주에 대한 긴급 자금지원과 은행의 현명하지 않은 위험추구에 대한 제한의 두 가지 범주로 분류된다.

이 두 가지 보호조치가 서로 보완적이며 대체적이 아니라는 점을 깨닫는 것이 중요하다. LLR 지원

---

10 무담보 채권 소유주는 대출에 대해 요구 담보물(demanded collateral)을 가지지 않은 채권자이다. 담보를 요구하는 사람들은 대출이 덜 위험하기 때문에 더 낮은 이자를 받는다.

11 위기 연대표는 Luc Laeven and Fabián Valencia, "Systemic Banking Crises Database II," *IMF Economic Review* 68 (June 2020), pp. 307-361에서 발췌했다.

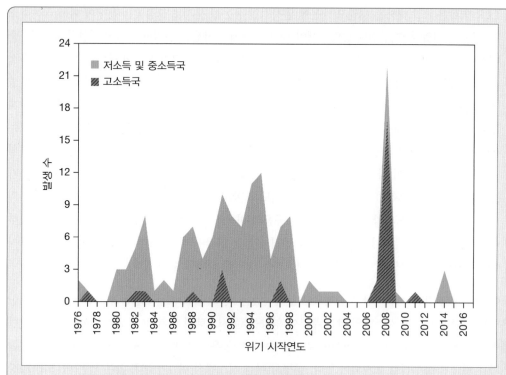

**그림 20-2 국가별 소득수준에 따른 시스템적 은행위기의 빈도(1976~2017)**

1970년대 중반 이후 주로 빈국을 중심으로 일반적인 은행위기가 많았지만 2008년부터는 부국 또한 위기에 직면했다.

출처: Laeven and Valencis, *op. cit.*에서 재인용. 이 데이터를 제공해준 Luc Laeven에 감사한다.

## IMF가 도덕적 해이를 야기하는가?

19장에서 보았듯이 IMF는 국제통화제도의 안정을 유지하기 위해 설립되었다. IMF의 중요한 책임은 국제수지 문제에 직면해 있거나 직면할 위험에 처한 회원국에 자금지원을 확대하는 것이다.

여러 해 동안 IMF는 발생했거나 잠재된 위험에 대응하면서 다양한 대출 수단을 개발했다. 스탠바이협약(Stand-By Arrangement), 확대신용제도(Extended Fund Facility), 탄력적 크레디트라인(Flexible Credit Line), 신속 크레디트라인(Rapid Credit Line)이 그에 속한다. 2016년 말 현재 약 40개국이 이러한 대출을 받고 있다.

IMF 대출이 위기 상황에 도움이 되는 수단이지만 이 또한 도덕적 해이 문제를 야기한다. 이러한 대출은 해당 국가에 안전망 제공으로 인식되어 위험하고 불균형적인 정책을 야기할 수 있다.

IMF가 보험제공자가 되는 것을 막는 방법은 무엇인가? 첫째, IMF는 조건부 협약을 맺는다. 즉 대출 요청국이 적절한 회복 프로그램을 채택하는 경우에만 개입한다는 것이다. 이 프로그램을 만들기 위해 IMF는 특히 보조금 및 공공부문 정책에 초점을 맞춘다. 이는 그 나라에 경제적 어려움을 야기할 수 있다. 그 결과 일부 중남미 국가의 정부들이 IMF에 항의하기도 했던 것과 같이 어려운 협상 과정을 겪게 된다.

둘째, 세계은행(World Bank) 대출과 같이 IMF 대출은 회복 계획의 한 부분으로 채무재조정에는 절대 포함되지 않는다. 즉 이러한 대출은 항상 전액 상환되어야 한다는 것이다. 따라서 IMF 지원은 뜻밖의 횡재로 여길 수 없다. 마지막으로 IMF에 대한 지원요청은 국제사회에서 오명이 된다. IMF에 도움을 요청하는 나라는 자국의 상태가 매우 심각하다고 알리는 것과 같다. 이는 그 나라 경제의 신뢰도를 떨어뜨리고 외국인 대출과 투자가 지속되는 데 어려움을 준다.

에 대한 기대나 문제 발생 시 정부의 종합구제금융은 은행이 위험한 대출을 과도하게 늘리고 투자손실을 부적절하게 보상해주는 결과를 가져올 수 있다. 예금보험제도는 예금자가 은행의 경영 관련 결정을 감독할 필요가 없게 만들며, 은행 도산의 위협 때문에 규율을 지켜야 하는 상황이 아닌 경우 은행 경영자는 충분한 자본 충당금과 현금을 보유하려고 하지 않는 등 위험성이 높은 전략을 추구하려 할 것이다.

보험에 가입되어 있는 경우 사고를 방지하는 데 신경을 덜 쓸 가능성이 있는데 이를 **도덕적 해이**(moral hazard)라고 한다. 예금보험과 최종대부자로부터의 지원 때문에 발생하는 도덕적 해이를 제한하기 위해서는 국내은행을 감독하고 재무제표를 규제할 필요가 있는데, 만약 그렇지 않은 경우 은행은 과도한 위험대출을 하게 되고 투자실패를 부적절하게 보상해주는 결과가 초래될 수 있다.

FDIC가 예금보험 한도를 25만 달러로 제한하는 것은 대형 예금주와 은행 간 대출자를 포함한 은행 예금자가 은행 경영자의 활동을 감시하게 함으로써 도덕적 해이를 방지하고자 하는 취지이다. 원칙적으로 이러한 대형 예금주는 만약 은행이 현명하지 못한 위험을 추구하는 경우 은행 이외의 다른 곳에서 사업을 하려고 할 것이다. 그런데 문제는 일부 은행은 글로벌 시장에서 규모가 아주 커졌고 다른 은행이나 그림자 은행과 서로 밀접하게 연결되어 있기 때문에 이들 은행의 도산은 연쇄반응을 일으켜 금융 시스템 전체를 위기로 몰아넣을 수도 있다는 점이다.

1984년 5월 콘티넨털일리노이내셔널은행(Continental Illinois National Bank)이 많은 부실대출을 가지고 있다는 소문이 돌기 시작하면서 예금자보호를 받지 못하는 막대한 양의 예금이 급격히 줄기 시작했다. 그 당시 이 은행은 미국에서 일곱 번째로 큰 은행이었고 예금의 상당 부분이 외국 은행 소유였기 때문에 이 은행의 도산은 더 큰 글로벌 은행위기를 가져올 수도 있었다. 복구 노력의 일환으로서 FDIC는 콘티넨털일리노이내셔널은행의 모든 예금에 대해 규모에 상관없이 예금자보호를 적용해주었다. 이 사건과 그 이후의 사례들은 사람들로 하여금 미국 정부가 대형은행의 모든 채권자를 완전히 보호하는 '대마불사(too-big-to-fail)' 정책을 따른다는 확신을 심어주었다. 일부 북유럽 국가는 1990년대 초 은행 및 금융 부문이 시스템적으로 무너질 위기에 처했을 때 훨씬 더 심한 정책을 시행했다. 예를 들어 스웨덴은 정부가 4대 은행 가운데 3개를 대규모 대출(Första Sparbanken)이나 국유화(Nordbanken, Gota Bank)를 통해 지급불능에서 구제해야 했다. 더욱이 스웨덴 정부는 전체 스웨덴 은행의 모든 형태의 채무에 대해 무한 지급보증을 선언함으로써 추가적인 지급불능의 가능성을 효과적으로 줄일 수 있었다. 그러나 스웨덴의 크로나화를 ECU에 고정하는 정책은 그리 성공적이지 못했다. 1992년 말에 국제금융투자자가 크로나의 평가절하를 예상했을 때 하루짜리 금리를 500%(연율로 표시했을 때)까지 극단적으로 높였음에도 자본 및 외환보유고의 유출을 막을 수 없었다. 결국 고정환율제도를 포기하고 지금까지 크로나의 변동을 허용하고 있다. 대체로 이러한 일시적인 국유화, 부실자산에 대한 '배드뱅크(bad bank)'의 설립, (주주 외에) 채권자에 대한 무한의 지급보증 등을 과감하게 결합하는 대응은 금융위기에 처한 국가에 일반적인 기준이 되었다.

같은 시기 영국에서는 금융위기가 시스템적으로는 중요하지 않은 소형 은행에 주로 영향을 주었다. 지급불능 위기에 빠진 은행은 영국 비금융민간 부문에 대한 대출 중 1% 미만을 차지했다. 4년의 위기 기간에 (스웨덴보다 훨씬 많은) 25개 은행이 도산했지만, 그들의 총자산은 GDP의 0.2%에 불과했다. 그러나 금융기관 간 긴밀한 연결로 인해 영국 중앙은행은 규모가 크고 시스템적으로 중요한 은행으로의 전염 가능성을 걱정했다. 결국 영국 중앙은행은 3개의 작은 은행에 자금을 지원하고 추가적으로 40개 소규모 은행에 대한 감독검사를 실시하는 개입을 결정했다.[12]

금융기관이 시스템적으로 중요할 때, 즉 '도산하기에는 너무 큰' 혹은 '도산하기에는 너무 밀접하게 상호 연결되어 있는' 경우, 이 기관의 경영자와 대출자가 곤경에 처하면 정부는 그들을 지원할 수밖에 없을 것으로 기대한다. 이렇게 발생한 도덕적 해이는 악순환을 초래한다. 금융기관이 정부지원의 보호막 아래에 있다고 인식하면 이 기관은 낮은 금리로 대출을 받을 수 있고, 경기가 좋을 경우에는 높은 수익을 주는 위험성이 높은 전략을 취한다. 이로부터 발생한 이윤은 그 기관을 더욱 크게 성장하게 만들며 더욱더 밀접하게 연결되게 해서 더 많은 이윤, 더 큰 성장, 더 많은 도덕적 해이를 초래한다. 그 결과 전체 금융 시스템의 안정을 해치게 된다.

이러한 이유로 경제학자들은 규모의 효율성의 희생에도 불구하고 금융회사의 크기를 제한하는 것에 대해 점점 더 많이 찬성하고 있다. 전직 연방준비제도 의장인 앨런 그린스펀(Alan Greenspan)은 "만약 도산하기에 너무 크다면 그들은 지나치게 큰 것이다"라고 말했다. 많은 경제학자는 또한 대규모 복합은행과 그림자 은행이 지불불능 상태 시 납세자의 혼란과 비용을 최소화하도록 은행을 폐쇄하거나 단계적으로 축소하게 하는 '유언장(living will)'을 의무적으로 작성하게 하는 방안을 지지한다. 은행폐쇄에 대한 믿을 만한 위협이 도덕적 해이를 제한하기 위해 필수적이지만(은행 경영자는 자신이 잘못 행동하면 쫓겨날 수 있다는 사실을 알 필요가 있다), 특히 국제적인 맥락에서 구체적인 절차를 고안하는 것은 쉽지 않다.

다음 내용에서도 보듯이 도덕적 해이 문제는 2007~2009년의 세계 금융위기와 미래 위기를 예방하기 위해 제안된 조치를 이해하는 데 핵심적인 사항이다. 그러나 그 위기의 또 다른 중요한 요소는 은행업의 글로벌 성격이다.

## 국제은행업 규제에 대한 도전

이 절에서는 은행(그리고 일반적으로 금융기관)의 국제화가 어떻게 한 국가의 은행붕괴에 대한 안전장치를 약화했는지 배울 것이다. 그러나 이와 동시에 글로벌 금융의 상호의존성이 효과적인 안전장치에 대한 필요성을 더욱 시급하게 만들었다. 그 결과 국제 정책입안자들은 두 번째 **삼자택일**에 직면하게 되었다.[13]

### 금융 삼자택일

역외 은행은 엄청난 양의 은행 간 예금을 포함하고 있다. (예: 모든 유로통화 예금의 대략 80% 정도는 민간은행이 소유한다.) 많은 양의 은행 간 예금은 한 은행에 영향을 주는 문제가 강한 전염성을

---

12 Peter Englund and Vesa Vihriälä, "Banking Crises in the North: A Comparative Analysis of Finland and Sweden"; Stefano Battilossi and Jaime Reis, (eds.), "State and Financial Systems in Europe and the USA: Historical Perspectives on Regulation and Supervision in the Nineteenth and Twentieth Centuries," Ashgate Publishing, 2010, pp. 177-196; Knut Sandal, "The Nordic Banking Crises in the Early 1990s: Resolution Methods and Fiscal Costs," *Norges Banks Occasional*, Papers No 33 (2004), pp. 77-115.

13 여기서 소개되는 금융 삼자택일(financial trilemma)은 19장에서 소개되었고 이번 장 초반부에서 다시 언급된 통화 삼자택일(monetary trilemma)과는 다르다. 그러나 두 삼자택일은 국제적 금융통합과 다른 잠재적 정책 목표의 관련성과 연관이 있다.

가지고 이 은행과 거래하는 다른 은행에 빠르게 퍼져 나갈 수 있음을 의미한다. 이러한 도미노 효과를 통해 아래에 설명된 2007~2009년 위기처럼 국지적 교란이 세계적 규모의 은행 공황을 가져올 수 있다.

거래금액이 엄청나게 큼에도 불구하고 미국 및 다른 국가에서 실행되는 형태의 은행규제는 은행이 사업을 다른 규제 관할지역으로 이동시키는 세계화 환경에서는 유효성이 떨어진다. 국제은행 시스템이 왜 국내은행 시스템보다 규제하기가 더 힘든지를 보기 위한 좋은 방법은 앞서 금융불안에 대한 안전장치에서 설명한 미국의 안전장치의 유효성이 역외 은행활동의 결과로 어떻게 감소했는지를 살펴보는 것이다.

1. 기본적으로 예금보험은 국제은행업에는 존재하지 않는다. 국내 예금보험 시스템은 내국인이든 외국인이든 예금자를 똑같이 보호할 수도 있다. 그러나 이용 가능한 보험금액은 국제은행업의 통상적인 예금규모를 충당하기에는 너무 작을 수밖에 없다. 특히 은행 간 예금과 다른 도매 자금은 보호되지 않는다.

2. 지불준비금 의무의 면제가 유로통화 거래를 성장시킨 주요 요인이었다. 유로은행은 일종의 세금인 지급준비금을 회피함으로써 비교우위를 지닐 수 있었으나 은행제도의 안정성 감소라는 사회적 비용을 발생시켰다. 어떤 국가도 단독으로는 그 국가 은행의 해외지점에 지불준비금 의무를 부과함으로써 문제를 해결할 수 없다. 그러나 국제적으로 일치된 규제에 합의하는 정치적·기술적 어려움 때문에, 그리고 일부 국가가 규제를 강화하여 은행 사업을 몰아내는 것을 꺼리기 때문에 일치된 국제적 협조는 방해를 받는다. 오늘날에는 지급준비금 의무의 중요성이 많은 국가에서 감소했다. 이는 부분적으로 은행업의 국제화 시대에 지급준비금 의무가 효력이 없음을 정부가 깨닫고 있기 때문이다.

3과 4. 세계화 환경하에서는 자본 요구조건과 자산 규제를 강요하기 위한 은행 검사가 더욱 어려워진다. 각국의 은행 규제기관은 통상 국내은행과 이의 해외지점을 통합 재무상태표를 통해 감시한다. 그러나 규제기관은 은행의 해외 자은행 및 관계기관을 추적하는 데는 덜 엄격한데, 이 자은행이나 관계기관은 모은행에 더욱 확고하게 연결되어 있으며 금융 상태가 모은행의 지불능력에 영향을 줄 수도 있다. 은행은 국내 규제자가 의심할 만한 위험한 사업을 덜 의심받는 규제 관할지역으로 이동시킴으로써 종종 이러한 허점을 이용할 수 있다. 이러한 과정은 **규제차익거래**(regulatory arbitrage)라고 한다. 더욱이 어느 국가의 규제자가 주어진 은행의 자산을 감시할 책임이 있는지 종종 불분명하다. 이탈리아 은행의 런던 자회사가 주로 유로달러를 거래한다고 가정하자. 그 회사의 자산은 영국, 이탈리아, 미국 중 어느 국가 규제자의 관할인가?

5. 중앙은행이 국제은행업에 LLR 지원을 할 책임이 있는지에 대해서는 불확실하다. 이 문제는 은행 감독 책임을 분배할 때 일어나는 문제와 비슷하다. 이탈리아 은행의 런던 지점의 예로 다시 돌아가보자. 미국 연방준비제도가 달러 예금의 갑작스러운 고갈로부터 그 자회사를 구제할 책임이 있는가? 영국 중앙은행이 개입해야 하는가? 혹은 유럽 중앙은행이 궁극적인 책임을 져야 하는가? 중앙은행이 LLR 지원을 할 때 이는 자국의 통화공급을 증가시키며 자국의 거시경제 목표를 손상할 수 있다. 세계화 환경하에서 중앙은행은 또한 해외에 위치한 은행에게 그 은행을 감시할 준비

가 되어 있지 않은 채 자금을 공급할지도 모른다. 그러므로 중앙은행은 LLR 책임의 보상범위를 확대하기를 꺼린다.

6. 한 은행이 여러 국가에 자산과 부채를 보유한 경우 각국 정부는 구제나 구조조정을 위해 운영과 재무의 책임을 공유해야 한다. 이로부터 초래되는 불확실성으로 인해 구제활동이 지체되거나 방해받을 수 있다. 크고 복잡하고 고도로 상호 연결되어 있는 글로벌 은행은 정부가 그들을 폐쇄하고 자본을 재구성하는 것이 단순히 구제해주는 것보다 얼마나 더 힘든 일인지를 알고 있는데, 이 때문에 은행이 과도한 위험을 떠안으려 할 수 있다.

앞에서 설명한 국제금융기관을 규제하는 데 따른 어려움은 **금융 삼자택일**(financial trilemma)이 개방경제에서 정책입안자들이 달성할 수 있는 목표를 제한한다는 점을 보여준다. 아래의 셋 중 최대 두 목표만 동시에 달성이 가능하다.

1. 금융안정성
2. 금융안전장치 정책에 대한 국가의 통제력
3. 국제적 자본 이동의 자유

예를 들어 외부세계로부터 금융이 고립되어 있는 나라는 국가 간 규제차익 거래에 대한 걱정 없이 그 나라의 은행을 강력히 규제할 수 있으며, 그 결과 해외 규제기관이 무엇을 하든 상관없이 국내 금융의 안정성을 강화할 수 있다. 반면 한 국가의 정치적 압력의 영향을 받지 않는 글로벌 규제기관에게 금융안전장치에 대한 계획과 실행을 일임한다면, 해당 국가는 더 나은 금융안정성과 금융개방을 동시에 누릴 수도 있다.[14]

물론 전지전능한 글로벌 금융당국이라는 이상적인 목표는 요원하다. 그러나 글로벌 금융당국이 없는 가운데 각국의 규제당국은 40년간 국제협력의 증대를 통해 증가하는 금융통합과 금융안정의 조화를 이루고자 노력해왔다. 이 과정이 변동환율이라는 새로운 제도로 인해 국가들이 국제자본 이동을 자유화함으로써 **통화 삼자택일**(19장)의 새로운 국면으로 이동하게끔 된 바로 그때 시작된 것은 우연이 아니다.

## 2007년까지의 국제적 규제 협력

1970년대 초반에 변동환율제도가 새로 도입됨에 따라 위험에 노출된 은행의 자본을 휩쓸어갈 수도 있는, 예상치 못한 대규모 환율변동이라는 새로운 교란이 나타났다.

이러한 위협에 대응하여 11개 선진국의 중앙은행 총재는 1974년 **바젤위원회**(Basel Committee)를 결성했는데, 이 위원회의 임무는 '각국의 감독기관에 의해 행사되는 국제은행 시스템에 대한 감독의 더 나은 공조'를 달성하는 것이었다[이 단체의 이름은 중앙은행 총재의 회담장소인 국제결제은행(Bank for International Settlements, BIS)의 본거지인 스위스의 바젤에서 따온 것이다]. 바젤위원회는 각국의 은행 감독자 간 협력을 위한 주요 포럼으로 남아 있다.

---

14 금융 삼자택일의 관점에서 국제은행을 분석한 최근의 연구는 Dirk Schoenmaker, *Governance of International Banking: The Financial Trilemma* (Oxford: Oxford University Press, 2013) 참조

1975년에 바젤위원회는 다국적 은행의 설립을 감독하는 책임을 모국과 초청국 간에 할당하는 콩코다트(Concordat) 협정에 합의했다. 이 밖에 콩코다트 협정은 모국과 초청국의 감독기관이 은행 정보를 공유할 것과 '초청국 내에서 모국 감독당국에 의한 혹은 모국 감독기관을 대신한 조사권을 부여할 것'을 요구했다.[15] 1988년 바젤위원회는 은행자본의 최소 권고수준(일반적으로 자산의 8%)과 자본을 측정하는 시스템을 제시했다. 전 세계에서 널리 채택된 이 지침은 바젤 I이라고 한다. 이 위원회는 2004년에 그 틀을 개정하고, 바젤 II라고 하는 새로운 은행자본에 대한 지침을 제시했다.

국제금융 관계에서의 주요한 변화는 민간자본 이동의 원천이며 최종 목적지로서의 새로운 **신흥시장**(emerging market)의 중요성이 급속히 증가했다는 점이다. 신흥시장은 외국인과의 민간자산 거래를 허용하기 위해 금융 시스템을 자유화해온 자본시장이다. 브라질, 멕시코, 인도네시아, 태국은 1990년대 초반과 중반에 선진국으로부터 민간자본이 유입된 주요 국가이다.

그러나 신흥시장의 금융기관은 취약한 것으로 과거에 판명되었다. 이러한 취약성은 1997~1999년의 심각한 신흥시장의 금융위기를 초래하는 데 기여했다(22장). 무엇보다도 개발도상국은 은행을 규제하는 경험이 미숙했고 선진국보다 더 허술한 재량권과 회계기준을 가짐으로써 자국은행이 곤경에 처했을 때 이들을 구제해주는 암묵적인 보증을 제공하여 도덕적 해이에 취약했다.

따라서 국제적으로 통용되는 '모범사례' 규제기준을 신흥시장국가로 확대 적용하는 일이 바젤위원회의 시급한 과제가 되었다. 1997년 9월 바젤위원회는 많은 개발도상국의 대표자들과 협력하여 **효율적 은행감독을 위한 핵심원칙**(Core Principles for Effective Banking Supervision)을 발표했다(이 원칙은 2006년에 개정되었다). 이 문서는 은행 인가, 감독 방법, 은행의 공시의무, 국제은행업 등을 포함하여 효과적인 은행감독에 대한 최소한의 필요조건을 설명하는 25가지 원칙을 확립했다. 바젤위원회와 IMF는 2007년 8월 세계 금융위기가 발생했을 때 개정된 핵심원칙과 바젤 II가 국제적으로 제대로 실행되는지 감시했다. 그 위기로 인해 바젤 II의 취약점이 드러났고, 바젤위원회는 2010년 말 새로운 바젤 III를 제정하기로 합의했다. 이에 대해서는 다음 절에서 설명할 것이다. 비은행 금융기관의 국제적 활동은 또 다른 잠재적 문제의 근원지이다. 은행 도산과 마찬가지로 그림자 은행제도의 주요 참가자의 도산도 심각하게 국가의 결제와 신용 네트워크를 붕괴시킬 수 있다. 심화되고 있는 **증권화**(securitization, 이를 통해 은행자산이 좀 더 시장성이 높게 재포장되어 판매된다)와 옵션 및 기타 파생상품의 거래는 규제당국이 은행 재무상태표만 검사하여 국제적 금융흐름을 정확히 파악하는 것을 더 어렵게 만들고 있다. 다음 사례 연구에서 보듯이 실제로 증권화와 파생상품이 2007~2009년 위기의 핵심부를 이룬다.

## 글로벌 금융위기 이후의 국제적 규제 계획

2007~2009년 위기의 혹독함과 광범위함은 국가 금융 시스템과 국제 금융 시스템 모두를 개혁하고자 하는 계획으로 이어졌다. 은행 문제의 거시경제적 원인과 결과에 더 많은 주의를 기울이면서 기존의 규제체계 내에 존재하는 허점을 메우고자 하는 몇 가지 정책을 살펴보자.

---

15 당시 바젤위원회 위원장이었던 영국 중앙은행의 쿡(W. P. Cooke)은 콩코다트를 이러한 말로 요약했다. "Developments in Co-operation among Banking Supervisory Authorities," *Bank of England Quarterly Bulletin* 21 (June 1981), pp. 238-244 참조

## 사례 연구    2007~2009년의 글로벌 금융위기

20 07~2009년의 글로벌 금융위기와 경기 침체는 대공황 이후 최악이었다. 전 세계 은행은 파산하거나 살아남기 위해 광범위한 정부지원이 필요했다. 글로벌 금융 시스템은 얼어붙었고 전 세계 경제는 경기 침체로 빠져들었다. 과거 침체와 달리 이 경기 침체는 금융시장의 충격으로 촉발되었고, 그 충격은 금융시장을 통해 번개같이 빠른 속도로 나라에서 나라로 전파됐다.

이 위기의 근원은 안 그럴 것 같아 보였던 미국 모기지 시장이다.[16] 2000년대 중반에 걸쳐 미국 금리가 아주 낮아 미국 주택가격의 버블이 커졌고(19장 참조), 모기지 대출자는 취약한 신용을 가진 차입자에 대한 대출을 확장했다. 많은 경우에 차입자는 단기적으로만 주택을 보유하고 나중에 이익을 위해 판매할 계획이었다. 많은 사람이 대출을 유혹하는 일시적인 저금리로 돈을 빌렸다. 그러나 금리가 상승할 경우 사실상 모기지 대출을 상환할 능력이 없었다. 그리고 그때 미국 연방준비제도가 인플레이션을 통제하기 위해 점진적으로 긴축통화 정책을 실시하기 시작함에 따라 이자율이 올라가기 시작했다. 미국의 주택가격은 2006년 하락하기 시작했다.

미국의 취약한 '서브프라임' 모기지 대출 총액은 미국의 총금융부에 비하면 아주 크지는 않았다. 그러나 서브프라임 대출은 즉각 증권화되고 종종 다른 자산과 함께 묶여 원래의 대출자가 헐값으로 매각했다. 이러한 요인은 어떤 투자자가 서브프라임의 채무불이행에 노출되어 있는지 아는 것을 매우 어렵게 만들었다. 그리고 전 세계, 특히 미국과 유럽의 은행이 증권화된 서브프라임 관련 자산을 탐욕적으로 구매했는데, 이들은 이 목적을 위해 때로는 규제기관의 손이 닿지 않는 곳에 불투명한 장부 외 수단을 설립하기도 했다. 주요 동기는 규제차익이었다. 은행은 자산 대비 보유해야 하는 자본을 최소화하고 증권화된 신용상품을 사기 위해 빌릴 수 있는 양을 최대화하기 위해 바젤 II 지침을 포함한 건전성 규제의 허점을 기꺼이 이용했다. 이러한 은행의 증권화된 자산 구매에 사용된 자금은 단기금융투자신탁과 같은 미국의 대출기관으로부터 조달되었다.[17] 많은 유럽은행의 수요는 미국 상품에 대한 것이었지만, 19장에서 지적했듯이 2000년대 주택 붐은 전 세계적 현상이었고, 유럽은행 또한 미국 이외의 주택시장의 높은 가격이 하락할 위험에 지나치게 노출되어 있었다. 이들 시장의 주택가격은 곧 미국의 가격 하락세를 뒤쫓았다. (21장에서 유럽은행의 문제가 어떻게 유로지역의 위기를 초래했는지 보게 될 것이다.)

2007년 서브프라임 모기지에 대한 채무불이행이 늘어남에 따라 대출자는 직면한 위험을 더 잘 알게 됐고 시장에서 철수했다. 그 누구도 누가 서브프라임 위험에 노출되어 있는지 혹은 그들이 얼마나 위험한지를 말해줄 수 없었다. 차입비용이 상승했고, 많은 금융시장 참여자는 현금을 얻기 위해 자산을 매각할 수밖에 없었다. 판매하기 위해 내놓은 많은 파생금융자산은 시장에 의해 악성자산으로 이해되어 잠재적 구매자가 그 자산의 가치를 평가할 수가 없었다.

2007년 8월 9일의 한 주 동안 중앙은행들은 2001년 9월 11일의 테러공격 이후로 가장 광범위한 유동성을 시장에 공급했다. 8월 9일에 주요 프랑스 은행의 하나인 BNP 파리바스(BNP Paribas)는 투자기금 중 3개가 서브프라임에 관련된 투자 때문에 잠재적인 곤경에 직면했다고 발표했다. 신용시장은 공황으로 치달았고, 전 세계적으로 은행 간 금리가 중앙은행의 목표금리 이상으로 상승했다. 유럽 중앙은행(ECB)은 유럽의 은행 간 시장에 최종 대부자로서 개입했고, 미국 연방준비제도도 선례를 따라 모기지 증권을 담보로 받아들인다고 선포했다. 주가는 전 세계 모든 지역에서 하락했다. 미국 경제는 신용 감소와 주택시장 붕괴의 영향으로 2007년 말 침체에 빠졌다.

더욱 많은 문제가 앞에 놓여 있었다. 기관 투자가가 2008년 3월, 미국 5대 투자은행으로서 서브프라임과 관련된 많은 투자를 하고 있었던 베어스턴스(Bear Stearns)에 대한 단기대출의 연장

---

16 위기에 대한 유용한 설명에 대해서는 Markus Brunnermeier, "Deciphering the Liquidity and Credit Crunch of 2007-2008," *Journal of Economic Perspectives* 23 (Winter 2009), pp. 77-100; Gary B. Gorton, *Slapped in the Face by the Invisible Hand: The Panic of 2007* (New York: Oxford University Press, 2010); Chapter 12 in Frederic S. Mishkin, *The Economics of Money, Banking and Financial Markets*, 12th edition (New York: Pearson, 2018)과 더 읽을거리의 Blinder의 책을 참조하라.

17 금융위기 이전에 유럽과 미국 간의 쌍방 금융흐름에 대한 기록을 보려면 Ben S. Bernanke, Carol Bertaut, Laurie Pounder DeMarco, Steven Kamin, "International Capital Flows and the Returns to Safe Assets in the United States, 2003-2007," *Financial Stability Review*, Banque de France 15 (2011), pp.13-26을 참조하라. Viral V. Acharya and Philipp Schnabl은 "Do Global Banks Spread Global Imbalances? Asset-Backed Commercial Paper during the Financial Crisis of 2007-09," *IMF Economic Review* 58(August 2010), pp.37-73에서 규제차익을 설명했다. 많은 미국의 증권화된 주택저당증권(MBS)은 발행자에 의해 다발로 묶여 있었기 때문에 이 증권이 극단적으로 광범위하게 미상환되는 상황(미국의 전 지역에 영향을 준 심각한 주택시장 붕괴)이 아니라면 전액을 회수하는 데 문제가 없었다. 신용평가기관은 이러한 일은 거의 일어나지 않을 것이라고 판단해 MBS에 가장 높은 신용등급을 부여했다. 그러나 바젤의 자본 지침하에서 은행은 이러한 방탄(bulletproof) 자산에 대해서는 비교적 작은 자본을 보유해도 되었다. 따라서 유럽 은행은 수익률이 더 높고 작은 자본을 기초로 차입하거나 대출하는 것이 가능했기 때문에 MBS 및 이와 관련된 증권을 사들였다.

Richard Drew/AP Images

을 거부했다. 베어스턴스가 은행은 아니었지만, 실제적으로는 대출자로부터의 인출 사태에 직면했다. 미국 연방준비제도는 J.P. 모건체이스(J.P. Morgan Chase)가 헐값으로 베어스턴스를 인수하도록 설득하기 위해 급히 조직된 구제금융을 통해 베어스턴스의 300억 달러 '악성' 채권을 매입해주었다. 이 때문에 연방준비제도는 베어스턴스의 주주들을 (도덕적 해이를 방지하기 위해) 제거하지 않고 납세자의 돈을 위험에 처하게 했다는 강한 비판을 받았다.

그러나 이러한 구제 금융에도 불구하고 금융시장은 안정을 되찾지 못했다. 연체된 미국의 담보대출에 대한 압류가 불어나고 부동산 가격은 계속 하락하고 있었으나 은행과 그림자 은행은 여전히 가치를 매기거나 팔기 어려운 악성 자산을 보유하고 있었다. 이러한 배경에서 미국 정부는 민간에 의해 운영되지만 정부의 지원을 받는 2개의 대형 저당증권 중개회사인 패니메이(Fannie Mae)와 프레디맥(Freddie Mac)을 장악하게 되었다.

2008년 9월 15일에는 투자은행인 리먼브러더스(Lehman Brothers)가 인수자를 찾으려는 미국 재무성과 연방준비제도의 열성적인 노력이 실패한 끝에 파산을 신청했다. 붕괴를 막으려고 했던 미국의 정책당국의 법적 지위는 아직도 논란이 되고 있다. 확실히 정책당국은 베어스턴스로부터 비롯된 비판에 시달리고 있었으며 리먼브러더스의 후유증이 가라앉기를 희망하고 있었다. 그러나 사태는 매우 빠르게 통제가 불가능한 상황으로 빠져들었다. 리먼브러더스가 파산신청을 한 다음 날, 대형 보험회사인 AIG(1조 달러가 넘는 자산을 보유)도 인출 사태에 시달렸다. 고위 경영진의

승인 없이 그 회사의 증권 거래자들이 4,000억 달러에 달하는 '신용부도스왑(CDS)'이라 불리는 파생상품을 발행했는데, 이 CDS는 대출금(주택저당증권뿐 아니라 리먼에 대한 대출금을 포함) 미상환에 대비한 보험이다. 세계금융시장이 붕괴 상태에 있었기 때문에 이 CDS에 대한 보험청구가 이루어질 가능성이 점점 더 커졌으나 AIG는 이를 충당할 자본이 부족했다. 연방준비제도는 즉각 개입하여 AIG에 850억 달러를 대출해주었고, 결국 미국 정부는 AIG에 수십억 달러를 추가 지원했다.

같은 달 몇몇 다른 극적인 사건이 일어났다. 단기금융투자신탁(MMMF, 일부는 리먼에 대한 청구권을 포함)이 인출 사태에 시달렸고 미국 재무성은 부채를 보장해주었다. 워싱턴뮤추얼은행(Washington Mutual Bank, 미국의 제6대 은행)이 도산했으며, 위기의 와코비아은행(Wachovia, 제4대 은행)과 투자은행인 메릴린치(Merrill Lynch)가 각각 웰스파고은행(Wells Fargo Bank)과 뱅크오브아메리카(Bank of America)에 인수되었다. 미국의 마지막 두 독립적인 투자은행인 골드만삭스와 모건스탠리(Morgan Stanley)는 연방준비제도의 감독을 받지만, 연방준비제도의 대출을 이용할 수 있는 은행지주회사로 전환했다. 은행 간 대출금리와 재무성 단기채권(T-bill) 이자율의 차이인 스프레드는 역사적으로 가장 높은 수준에 도달했고 전 세계 주가는 폭락했다. 미국 의회는 많은 토론 끝에 은행이 정상적인 대출을 재개할 수 있게 해줄 것이라는 희망하에 은행의 부실채권을 매입하는 데 7,000억 달러를 지출하도록 하는 법안을 통과시켰다. 하지만 결국 그 자금은 그러한 목적으로 사용되지 않았다. 리먼 사태 이후의 혼란이 유럽에 전파되어 많은 금융기관이 파산했고 EU 정부는 은행 도산을 막고자 전면적인 예금보장을 해주었다. 이 외에 일부 국가는 은행 간 대출도 보장해주었다. 그러나 이미 경제침체는 전 세계로 파급되어 각 국가의 생산과 고용에 치명적인 영향을 미쳤다.

지면 관계상 2008년 말과 2009년 초 세계 경제의 수직낙하를 막기 위해 중앙은행과 정부가 실행했던 많은 금융 정책, 재정 정책, 비정상적인 통화 정책을 자세히 설명할 수는 없다.[18] (외환 불안정성에 대한 다음 글상자는 국제금융경제학과 특히 관련이 있는 정책대응의 한 측면을 논의한다.) 선진국의 부동산시장이 여전히 침체된 가운데 금융 부문과 가계 부문의 재무상태표 회복이 지체됐고, 그 결과 총수요의 회복 또한 지체되고 있었다. 2020년 3월에 COVID-19 위기가 발생했을 때 글로벌 금융위기 때와 같은 정책수단이 더 확대된 형태로 다시 사용되었다. 이 경우 위기의 촉발요인은 세계적인 감염병 유행이었고, 금융의 불안전성은 원인이 아닌 결과였다.

---

18 금융위기 기간 중 연방준비제도의 정책에 관한 읽을 만한 설명은 David Wessel, *In Fed We Trust: Ben Bernanke's War on the Great Panic* (New York: Crown Business, 2009)이다. 정부의 정책적 대응에 대한 좀 더 포괄적인 검토는 더 읽을거리의 Blinder 의 저서에 제시되어 있다.

## 외환의 불안정성과 중앙은행의 스왑라인

전통적으로 최종대부자는 자체적으로 자유롭게 발행할 수 있는 자국통화로 유동성을 제공한다. 그러나 2007~2009년의 금융위기는 금융국제화의 시대에 은행은 자국 중앙은행이 발행한 통화 이외의 통화로 된 유동성이 필요할 수 있다는 점을 명확히 보여주었다. 위기의 과정에서 중앙은행이 개척한 영역은 이러한 지원을 외국 중앙은행이 쉽게 이용할 수 있게 만든 것이다. 사실상 이러한 방식을 창조한 미국 연방준비제도가 미국 달러의 전 세계적인 최종대부자(LLR)가 되었다.

이것이 왜 필요했나? 그 필요성은 미국의 신용시장, 특히 은행 간 시장의 붕괴에 따른 파급 효과에 기인한다. 위기로 이어지는 몇 년 동안 유럽의 은행은 미국의 주택저당증권(mortgage-backed securities, MBS) 및 이와 유사한 증권에 집중적으로 투자했다. 그러나 유럽 은행은 달러로 표시된 자산 보유에 따른 환위험을 부담하지 않으려고 했다. 그들은 소매시장의 예금을 통해 달러를 얻을 수 있는 능력이 부족해 도매시장(미국의 은행과 단기 금융투자신탁)으로부터 단기로 달러를 차입해 미국의 자산담보증권을 매입했다.

이때 위기가 닥쳤고, 은행 간 신용시장은 기능을 멈추었다. 유럽 은행은 미국의 부실채권을 손해를 보며 팔고 싶지 않기 때문에 (팔 수도 있었지만) 단기 대출을 상환하기 위해 달러를 빌리고 달러에 대한 헤지 포지션을 유지할 필요가 있었다. 은행의 달러 부채가 서류상으로는 달러 자산과 균형을 이루고 있었지만 이러한 자산이 더 이상 액면가에 신속히 팔릴 수 없게 되면서 자산과 부채의 유동성 불일치가 통화 불일치 문제를 야기했다. 민간 부문의 달러 신용시장이 얼어붙은 상황에서 이러한 은행이 어떻게 신속히 달러를 빌릴 수 있는가? 전부는 아니지만 일부 은행은 미국의 지사를 통해 미국 연방준비제도로부터 차입할 수 있었다. 다른 유럽 은행은 미국 연방준비제도가 받아들일 만한 담보를 가지고 있지 않았다. 설상가상으로 미국 연방준비제도는 유럽의 오전 장이 열리는 시간에 업무를 보지 않는다.

유럽 중앙은행이 유로를 발행해서 은행에 대출해줄 수는 있지만 미국 달러를 발행할 수는 없다. 따라서 유럽 은행은 차입한 유로를 달러로 스왑(현물시장에서 달러를 얻기 위해 유로를 매도하고 선물시장에서 선물 달러로 다시 유로를 매입)하고자 시도했다. 무위험 이자율 평형(CIP)에 의하면 이 복잡한 거래는 달러를 직접 빌리는 비용과 같다(14장 '선물환율과 무위험 이자율 평형조건' 절 참조). 그러나 은행들이 서로에게 달러를 대출해주려 하지 않았기 때문에 CIP는 무너졌다. 유로를 달러로 스왑하는 거래에서 현물시장의 달러와 선물시장의 유로가 턱없이 부족했다. 특히 달러 부족으로 인해 현물시장에서 달러 환율이 급격히 절상됐다. 이 사건은 14장에서 논의했던 CIP의 지속적인 실패의 시작이 되었다. 이 내용은 이 장의 뒷부분에서 다시 살펴볼 것이다. 그림 14-8은 2007~2009년 위기 기간에 CIP로부터의 괴리가 특히 컸다는 것을 보여준다.

2007년 12월 최초로 유럽 중앙은행(ECB)과 스위스 국립은행(SNB)으로 연결된 연방준비제도의 스왑라인은 이러한 달러 부족을 보충하고 무질서한 외환시장 상황을 방지하기 위한 것이었다. 이 라인을 통해 ECB와 SNB는 직접 연방준비제도로부터 달러를 빌려 필요한 국내 은행에 대출해줄 수 있었다.

그러나 달러 부족 현상은 2008년 9월에 리먼이 파산하면서 훨씬 더 심각해졌다. 연방준비제도는 스왑라인을 4개 신흥국(브라질, 멕시코, 한국, 싱가포르)을 포함하여 더 광범위한 중앙은행으로 확장했으며, 다수의 선진국 중앙은행(ECB와 SNB 포함)에게는 스왑한도를 무제한으로 확장했는데, 이는 자신의 최종대부자 기능을 곧 완벽하게 아웃소싱했음을 의미한다. 궁극적으로 연방준비제도는 이런 방법으로 수천억 달러를 빌려줬다.[19]

다른 중앙은행(특히 유럽 중앙은행)도 마찬가지 방법으로 자국통화에 대한 스왑라인을 확대했지만 그 범위는 연방준비제도에 비해 훨씬 작았다. 연방준비제도의 미국 달러를 기초로 하는 전 세계 최종대부자 역할은 매우 중요하다. 왜냐하면 달러는 세계에서 압도적인 기축통화, 준비통화, 결제통화의 역할을 하면서 세계 제1의 자금조달통화, 즉 가장 많은 대표표시 통화이기 때문이다. 여기 제시된 그림은 국제은행에 의한 국경 간 달러 청구권과 부채의 규모를 보여준다. 달러표시 포지션이 두 번째 자금조달통화인 유로보다 훨씬 앞선다는 것을 알 수 있다.

2010년 2월 연방준비제도는 스왑라인을 단계적으로 철수했지만 얼마 지나지 않아 유럽 채무위기가 발생하고 은행 간 대출시장이 또다시 불안해지기 시작하면서 일부를 재개했다(21장). 최근의 경험은 다양한 통화에 대해 전 세계적인 최종대부자가 필요함을 명확하게 보여준다. 그 결과 6개 주요 중앙은행(미국 연방준비

---

19 Maurice Obstfeld, Jay C. Shambaugh, and Alan M. Taylor, "Financial Instability, Reserves, and Central Bank Swap Lines in the Panic of 2008," *American Economic Review* 99 (May 2009), pp. 480-486; Patrick McGuire and Götz von Peter, "The US Dollar Shortage in Global Banking and the International Policy Response," BIS Working Papers No. 291, October 2009; Linda S. Goldberg, Craig Kennedy, and Jason Miu, "Central Bank Dollar Swap Lines and Overseas Dollar Funding Costs," *Economic Policy Review*, Federal Reserve Bank of New York (May 2011), pp. 3-20 참조. CIP로부터의 괴리를 방지하는 스왑라인의 역할에 대해서는 Saleem Bahaj and Ricardo Reis, "Central Bank Swap Lines," CESifo Working Paper Series 7124, August 2018 참조

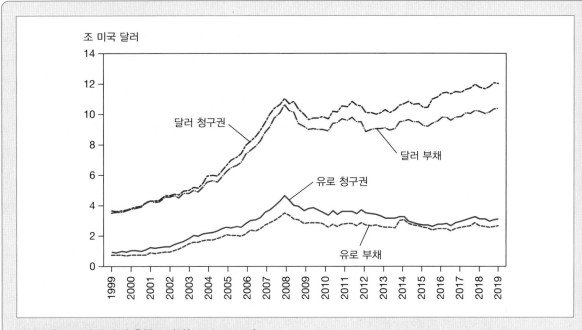

**달러와 유로 표시 국경 간 은행 포지션(1999~2019)**

국제적 은행거래 데이터는 미국 달러가 유로를 훨씬 앞서는 전 세계적인 자금조달 통화임을 보여준다.

출처: Bank for International Settlements, Locational Banking Statistics data on reporting banks.

제도, 유럽 중앙은행, 영국 중앙은행, 일본 중앙은행, 캐나다 중앙은행, 스위스 국립은행)은 2013년 말 상호 간 스왑라인을 영구적인 것으로 만들었다. 선진국 중앙은행 간 이 협정은 신흥시장국을 제외한 것이다. 신흥시장국들은 보통 IMF로부터 차입할 수 있지만 중앙은행 간 스왑에 비해 좀 더 복잡한 과정을 거쳐야 한다. 그리고 세계 각국의 정부가 위기에 대처하는 과정에서 IMF의 대출재원이 3배로 늘었지만 그러한 재원은 중앙은행이 단순히 인쇄해서 제공할 수 있는 무한정의 통화와 달리 여전히 제한적이다. COVID-19 전염병이 2020년 초에 등장했을 때 중앙은행 스왑라인의 사용은 크게 증가했고 연방준비제도는 이를 다시 몇몇 신흥시장국들로 확대했다.

**바젤 III** 금융위기는 바젤 II의 규제체계가 부적절함을 명확히 보여주었고, 이에 따라 바젤위원회는 2010년 국제은행에게 더욱 엄격한 자기자본 기준과 규제의 안전장치를 요구하는 바젤 III를 만들었다. 자기자본과 관련해 새로운 바젤 체계는 은행이 자기자본에 대한 규제를 회피하기 어렵게 만든다. 예를 들어 바젤 III는 장부 외 항목을 포함해 은행 리스크의 범위를 더 넓게 보며, 이를 위해 은행은 선물환계약 등 부외 익스포저를 포함한 총위험 익스포저에 대한 자본의 레버리지 비율이 최소 3%가 되게 해야 한다. 또한 이 체계는 과거보다 더 비관적인 시나리오를 방지할 수 있게끔 은행에게 요구한다. 그러나 바젤 II와 같이 바젤 III 또한 자산별로 다른 위험 가중치를 부여해 덜 위험한 자산은 자기자본을 덜 가지게 한다. 또한 바젤 III는 규정된 위기 상황에서는 30일간 현금 유출을 견딜 수 있도록 충분한 현금이나 유동성이 높은 채권을 보유하게 하는 유동성 커버리지 비율(Liquidity Coverage Ratio, LCR)을 규정한다. 순안정자금 비율(Net Stable Funding Ratio, NSFR)은 (소매 예금과 대조적

인) 단기 도매금융 자금에 의존하는 것을 제한하려고 한다.[20]

**금융안정위원회**    1999년 소수의 선진국 정책입안자들은 BIS 내에 (바젤위원회처럼) 금융안정포럼을 만들었다. 그러나 설립 목표는 광범위한 거시경제 정책입안자들과 금융안정 관련 이슈(은행규제 포함 그 이상)에 대한 국제협조를 촉진하는 것이었다. 2009년 4월 글로벌 금융위기가 최고조에 있을 때 금융안정포럼은 더 많은 회원국(다수의 신흥시장경제 포함)과 더 많은 정규직원을 영입해 금융안정위원회(Financial Stability Board, FSB)가 되었다. 금융안정위원회의 업무는 글로벌 금융 시스템을 감독하고, 가끔 IMF와 같은 다른 국제기구와 협력하여 세계적 정책협조와 개선에 대한 권고사항을 만드는 것이다.

**국가 개혁**    개별 국가들은 바젤 III의 권고를 수행하는 것에서 그치지 않았다. 유로지역, 영국, 미국을 포함한 다수의 국가는 국내 금융 시스템의 광범위한 개혁에 착수했다. 2010년 미국 의회는 무엇보다도 정부에게 '시스템적으로 중요한' (리먼이나 AIG와 같은) 것으로 여겨지는 비은행금융기관을 규제할 수 있는 권한을 주고, FDIC가 파산한 은행을 해결하고 인수하는 방법과 똑같이 정부가 그러한 회사들을 인수할 수 있게 하는 도드-프랭크법(Dodd-Frank act)을 통과시켰다.[21] 도드-프랭크법의 주된 목표는, 비평가들은 그것이 성공적이지 못했다고 주장하지만 '대마불사(too big to fail)' 문제를 제거하는 것이었다.

**거시건전성 관점**    글로벌 금융위기의 중요한 교훈은 금융규제기관이 각 개별 금융기관의 건전성을 보장하는 것만으로는 충분하지 않다는 것이다. 이것 자체만으로는 금융 시스템이 전체적으로 건전하도록 보장할 수는 없다. 광역 금융 시스템이 건전한 경우 개별 기관이 더 강한 회복력을 지니게 만드는 수단을 모든 금융기관이 동시에 시행한다면 오히려 이 광역 시스템을 위험에 처하게 할 수도 있다. 금융규제에 대한 **거시건전성 관점**(macroprudential perspective)은 전체 수준에서 위와 같은 구성의 오류를 회피하고자 한다.[22]

일례로 은행이 보유해야 하는 자기자본 수준을 결정하기 위해 자산별로 다른 위험 가중치를 적용하는 바젤의 자기자본 기준을 고려해보자. 비슷한 수익률을 가지는 두 자산 A와 B가 있을 때 자산 B는 더 낮은 바젤 위험 가중치를 가지고 있다면 모든 은행은 자산 A보다 B를 보유하려고 할 것이다. 하지만 이 경우 시스템 전체는 은행이 두 자산을 분산 보유한 경우보다 자산 B의 가격하락에 더 취약해질 것이다. 이것이 바로 2007년 발생한 것으로, 미국과 유럽은행이 모두 미국 주택시장에 연동된 증권에 집중 투자하는 바람에 모든 기관이 미국 주택시장의 침체에 취약했던 것이다. 새로운 바젤 규제에 대한 주된 우려는 그것이 이런 시스템 차원의 문제를 교정하기에 충분하지 않다는 것이다.

그러나 바젤 III의 제안은 다른 측면에서 거시건전성 문제를 인식하고 있다. 예를 들어 바젤위원회는 시스템이 경기 침체(자기자본 요건이 느슨한)에 더욱 탄력적으로 대응할 수 있도록 대출 붐 기간에는 은행이 자기자본 비율을 높일 것을 제안했다. 왜 이런 '경기역행적 자본 완충제' 계획이 도움이 되는가? 그 대신에 모든 은행이 금융위기 기간에 자기자본 완충제를 증가시키려고 자산을 동시에 매

---

20 바젤 III 체계는 http://www.bis.org/bcbs/basel3.htm?ql=1에서 찾아볼 수 있다.

21 앞에서 인용된 Mishkin 참조

22 더 읽을거리의 Brunnermeier et al.의 단행본은 개요를 훌륭히 설명한다.

각한다면(미시건전성 접근은 은행이 이렇게 하는 것을 권고한다) 증권가격을 하락시키는 자산 '급매'가 일어나 시스템 전체를 지급불능 상태에 빠뜨릴 위험이 있다.

　미국에서 도드-프랭크법은 그림자 은행제도의 위험을 포함하여 금융안정의 거시경제적 측면을 감시하기 위해 연방준비제도 의장과 재무부 장관을 포함하는 금융안정감독위원회(Financial Stability Oversight Council, FSOC)를 설립했다. FSOC는 개별 금융기관을 시스템적으로 중요한 금융기관으로 지정하고 그들에 대한 감시를 강화할 수 있다. 또한 경제에 위협이 될 만큼 크거나 상호 연결되어 있는 기관을 분할하도록 권고할 수 있다. 그러나 대형 금융기관은 금융위기 이후 오히려 더욱 커졌으며, 많은 관찰자는 미국 및 다른 국가들이 '대마불사' 문제를 해결하고 금융시장의 도덕적 해이를 줄이기 위해 한 것이 거의 없다고 우려한다. 리먼 사태의 영향을 보고 난 뒤 정책입안자들은 주요 국제은행의 도산을 허락할 경우 이의 전염 효과에 대해 여전히 너무 두려워하고 있는 것 같다.

**국가 통치권과 국제화의 제한**　한 국가의 금융규제기관은 종종 자국의 금융기관의 극심한 로비에 마주하게 되는데, 이러한 금융기관은 엄격한 규제가 해외 경쟁사에 비해 자기들에게 불이익을 준다고 주장한다. (또한 그 규제는 국제경쟁 때문에 효력이 없다고 주장한다.) GATT와 WTO하의 다자간 무역 자유화처럼 바젤의 다자간 프로세스는 정부가 금융 부문 규제와 충분한 감독에 반대하는 국내 정치적 압력을 극복할 수 있게 하는 중요한 역할을 한다. 그 프로세스는 금융 정책에 대한 국가 통치권을 일정 부분 제한함으로써 부분적이나마 금융 삼자택일 문제를 해결한다. 그러나 금융 삼자택일의 제약은 여전히 중요하다. 예를 들어 국내 주택시장 붐을 통제하길 원하는 나라는 자국 은행이 장래의 주택 구매자에게 과도하게 대출하는 것은 금지할 수 있지만, 해외은행이 대출하는 것을 막을 수는 없을 것이다. 이 경우에 금융통합과 금융안정 사이에 상충관계가 존재한다. 국가는 자본통제나 국내 금융시장을 격리하는 수단을 통해 대응하고자 할 수 있다. 정부가 금융시장이 야기한 위험을 성공적으로 억제할 수 없는 한, 금융세계화는 최근 수십 년 동안 진행된 것과 같이 계속 진전될 것 같지는 않다.

## 국제금융시장은 자본과 위험을 얼마나 잘 배분하는가

현재의 국제자본시장 구조는 오로지 많은 국가의 은행 감독자 간 긴밀한 협력을 통해서만 줄일 수 있는 금융불안을 내포한다. 그러나 다국적 금융기관이 국가의 규제를 피해가는 길을 혁신한 바로 그 이윤동기가 소비자에게 중요한 이익을 제공할 수 있다. 앞서 보았듯이 국제자본시장은 서로 다른 국가의 거주자가 위험자산을 교환함으로써 포트폴리오를 분산할 수 있게 한다. 더욱이 전 세계의 투자 기회에 대한 정보의 급속한 흐름을 확보해줌으로써 시장은 가장 생산적인 방법으로 세계 저축을 배분하는 데 일조한다. 이러한 점에서 국제자본시장은 업무를 얼마나 잘 수행하고 있는가?

### 국제 포트폴리오 분산의 범위

각국 거주자의 전반적인 포트폴리오 포지션에 대한 정확한 자료를 모으는 것은 종종 불가능하므로 주식시장에서 국제 포트폴리오 분산의 범위를 측정하는 것은 어려울 수 있다. 그럼에도 불구하고 투자자는 상당한 정도의 **자국편중**(home bias) 경향이 있음을 알 수 있다. 즉 투자자는 해외에 분산하기 보다 국내주식 투자를 더 선호한다.

낮은 수준임이 분명한 국제 포트폴리오 분산을 이해하기 힘들게 만드는 것은 분산화의 잠재적 이득이 클 것이라는, 대부분의 경제학자들의 추론이다. 예를 들어 프랑스의 금융경제학자 브루노 솔닉(Bruno Solnik)의 영향력 있는 연구에 의하면 미국 주식만 가지고 있는 미국 투자자가 유럽 국가의 주식으로 분산 투자하면 포트폴리오의 위험을 절반 이하로 줄일 수 있을 것이라고 추정된다.[23] 따라서 주식보유에서의 자국편중은 이해하기 어렵다.

1990년대 초 이후로 총국제자산과 부채는 분명히 폭발적으로 증가했다. 그러나 이 해외자산과 부채의 대부분은 은행부채를 비롯한 부채 수단인데, 이것은 가끔 규제 또는 조세 차익거래로 생긴 것이다(13장의 글상자에서 살펴본 세계적인 조세회피가 아일랜드 GDP를 얼마나 부풀렸는지를 기억하라). 영국에 있는 은행이 해외에서 유동성이 낮은 증권에 투자하기 위해 단기자금을 빌릴 때와 같이 이러한 부채는 시스템적으로 위험한 차입을 포함하고 있을 가능성이 있다. 따라서 수치자료는 지난 수십 년간 국제자산 거래량이 엄청나게 증가했다는 점을 보여주지만 사회적으로 최적인 해외투자 수준을 측정하는 아주 단순한 기준은 없다는 점을 상기시켜준다.[24]

## 기간 간 무역의 범위

세계자본시장의 성과를 평가하는 또 다른 방법을 마틴 펠드스타인(Martin Feldstein)과 찰스 호리오카(Charles Horioka)가 제안했다. 그들은 원활하게 돌아가는 국제자본시장은 국내 투자율이 국내 저축률에서 크게 벗어날 수 있게 해준다고 지적했다. 이러한 이상적인 세계에서 저축은 그 위치에 관계없이 전 세계적으로 가장 생산적인 용도를 찾아 나선다. 이와 동시에 세계적 자금 풀(pool)이 국내 투자를 조달하는 데 이용 가능하기 때문에 국내 투자는 국민저축에 제한받지 않는다.

그러나 많은 국가에서 제2차 세계대전 이후 국민 저축률과 국내 투자율 사이의 차이(즉 경상수지)가 크지 않았다. 그림 20-3에서 보듯이 장기간에 걸쳐 저축률이 높은 국가가 또한 높은 투자율을 보였다. 펠드스타인과 호리오카는 이를 근거로 지속적으로 증가한 국민저축의 대부분이 자국 자본축적의 증가로 귀결된다는 의미에서 국경 간 자본 이동이 낮다고 결론지었다. 이 견해에 의하면 세계자본시장은 각국이 기간 간 무역으로 장기이윤을 얻게 돕는 본연의 임무를 제대로 수행하지 못하고 있다.[25]

펠드스타인과 호리오카 주장의 주요 문제점은 실현되지 않은 무역 이익이 있는지의 여부를 알지 못하면 기간 간 무역의 범위가 불충분한지를 평가할 수 없으며, 이를 알려면 일반적으로 알고 있는

---

23 Solnik, "Why Not Diversify Internationally Rather Than Domestically?" *Financial Analysts Journal* (July–August 1974), pp. 48-54 참조

24 주식투자의 자국편중 현상과 그 원인에 대한 조사자료로 Ian Cooper, Piet Sercu, and Rosanne Vanpée, "The Equity Home Bias Puzzle: A Survey," *Foundations and Trends in Finance* 7 (2013), pp. 289-416를 참조하라. 보완적인 논의로 더 읽을거리에 있는 Coeurdacier and Rey의 글을 참조하라. 미국 투자자의 자국편중 정도는 점차 하락해왔으며 기업 경영의 세계화가 진전되면서 미국 기업의 주식을 보유한 투자자는 해외로부터의 현금흐름에 더 많이 노출되고 있다. 최근의 연구에 의하면 후자의 요인을 고려했을 때 미국 투자자는 이전에 추정되었던 70%가 아니라 단지 45%의 주식을 미국 주식의 형태로 보유하고 있다. (이 경우에도 미국이 기껏해야 세계 경제의 1/4을 차지하므로 자국편중은 어느 정도 존재한다.) Carol Bertaut, Beau Bressler, and Stephanie Curcuru, "Globalization and the Reach of Multinationals: Implications for Portfolio Exposures, Capital Flows, and Home Bias," FEDS Notes, Board of Governors of the Federal Reserve System, December 18, 2020을 참조하라.

25 Martin Feldstein and Charles Horioka, "Domestic Savings and International Capital Flows," *Economic Journal* 90 (June 1980), pp. 314-329.

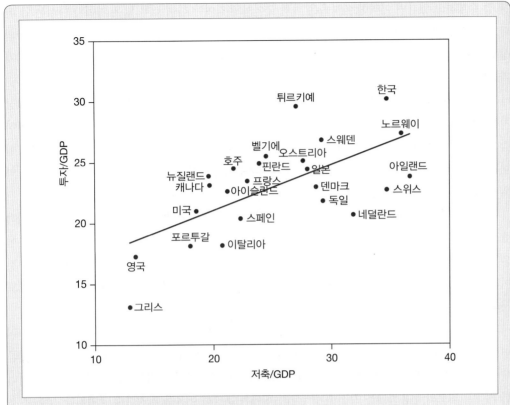

**그림 20-3 24개 국가의 저축률과 투자율(1990~2019 평균)**

OECD 국가의 저축 및 투자의 비율은 양의 상관관계를 보인다. 그림의 직선은 저축률을 설명변수로 이용해 투자율을 회귀분석할 때 투자율에 대한 최선의 통계적 추정치를 나타낸다.

출처: World Bank, *World Development Indicators*.

것보다 실제 경제에 대해 더 많은 지식이 필요하다는 점이다. 예를 들어 단지 높은 저축률을 초래한 요인(예: 빠른 경제성장)이 높은 투자율도 초래하기 때문에 한 국가의 저축과 투자가 함께 움직일지도 모른다. 이러한 경우 기간 간 무역으로 얻는 이익은 아주 적을 것이다. 높은 저축-투자 상관관계에 대한 다른 설명은 정부가 대규모 경상수지 불균형을 피하도록 거시경제 정책을 운용하려고 했다는 것이다. 어쨌든 일어나는 경제 현상은 이 논쟁을 앞서가는 것처럼 보인다. 미국, 일본, 스위스, 일부 유로지역 국가 간의 대규모 대외불균형으로 말미암아 펠드스타인과 호리오카가 지적한 실증적 규칙성이 선진국의 경우 최근 약화되고 있는 것으로 나타난다. 펠드스타인과 호리오카가 1970년대 중반까지의 데이터를 사용한 당초의 추정치에 의하면 그림 20-3의 기울기가 1에 가까웠는데, 지금은 약 0.4이다.

## 국제 자산가격 차익거래의 효율성

국제자본시장의 성과에 대한 매우 색다른 지표는 같은 통화로 표시된 유사한 자산에 대한 역내 이자율과 역외 이자율의 관계이다. 국제자본시장이 세계 투자기회에 대한 정보를 전달하는 본연의 임무를 잘 수행하고 있다면 이러한 이자율은 바싹 붙어서 움직여야 하며 너무 많은 차이가 나서는 안 된다. 커다란 이자율 차이는 아직 실현되지 않은 거래의 이익이 있다는 강한 증거가 될 수 있다. 보통의 상황에서 매우 위험이 낮은 무위험 이자율 평형(CIP)으로부터의 괴리에 대해서도 비슷한 이야기가 가능할 것이다.

그림 20-4는 두 종류의 비교 가능한 부채, 즉 런던에서의 달러 예금과 미국에서 발행된 화폐시장 자산 이자율의 차이에 대한 1990년 말 이후의 자료를 보여준다. 이 자료는 비교된 이자율이 정확히 같은 시점에서 측정되지 않았기 때문에 불완전하다. 그럼에도 불구하고 이 자료는 보통의 시기에 실현되지 않은 이윤이 많이 남아 있다는 증거를 제시해주지는 못한다. 여타 선진국의 역내 이자율과 역외 이자율 차이의 패턴도 비슷하다.

런던과 미국에서의 이자율 차이는 2007년 8월 세계 금융위기가 발생하면서 서서히 증가하기 시작했으며, 리먼브러더스가 몰락한 다음 달인 2008년 10월에 최고치를 기록했다. 투자자들은 미국 은행의 달러예금은 미국 재무성과 연방준비제도의 보호를 받지만 런던의 달러예금은 보호받지 못할 것이라는 점을 분명히 인식하고 있었다. 그 차이가 높게 유지되고 변동성도 있어서 이 문제는 최근에도 사라지지 않은 것으로 보인다.

그러나 다른 요인이 이 문제에 영향을 줄 수 있으며, 이러한 요인은 또한 CIP로부터의 괴리와 관련이 있다. 14장에서 무위험 이자율 평형의 차이는 기본적으로 미국 달러를 차입하여 유로나 엔 예금에 투자하고 달러 선물환 매입을 통해 위험을 회피하는 것이 이윤을 가져온다는 것이다. 그러나 이러한 거래는 최고의 신용등급을 가진 대형 국제은행에는 분명히 이윤을 가져다줄 것이지만, 낮은 신용등급의 은행은 달러 차입에 높은 이자율을 지급해야 하므로 잠재적 CIP의 이윤을 잃어버리게 된다. CIP 차익거래는 또한 대규모 달러 자산을 운용하고 차입 없이 외화예금을 바로 매입할 수 있는 미국의 단기금융투자신탁에도 이윤을 가져올 것이다. 이러한 대형 기관은 왜 차익거래를 통해 무위험 금리차를 없애지 않는가?

CIP 괴리에 대해 충분한 차익거래가 이루어지지 못하는 이유에 대한 주된 가설은 2007~2009년 금융위기 이후에 실시된 금융규제에 따른 것이다. 두 가지 예를 들 수 있다. 일반적으로 미국 국채보다 위험도가 높은 자산을 보유하는 프라임 단기금융투자신탁(prime money market mutual fund)에 대한 미국의 2016년 개혁은 예금의 가치가 변동할 수 있고 바로 인출하지 못할 수 있다는 것을 분명히 했다. 더 안전한 차입자로 예금이 이동함에 따라 프라임 펀드의 CIP 차이에 대한 차익거래에 비용이 더 들게 되었다. 대형 우수신용 은행의 경우 바젤 III 레버리지 비율이 중요한 역할을 할 수 있다. CIP 차익거래는 보통의 시기에 손실의 가능성이 매우 낮지만 바젤 III에서는 CIP 거래에 있어서도 레버리지 비율을 맞추기 위해 은행이 자본을 따로 준비해두어야 한다. 따라서 은행은 그 자본을 다른 사업에 투자하지 못하는 기회비용을 보상받기 위해 그 거래에 일정한 양의 수익(어느 정도의 CIP 차이)이 발생하기를 요구한다.[26]

---

[26] 더 자세한 내용과 증거로 14장에 인용된 Du, Tepper, and Verdelhan의 논문을 참조하라. CIP에 대한 최근의 보완적인 연구로 Stefan Avdjiev, Wenxin Du, Cathérine Koch, and Hyun Song Shin, "The Dollar, Bank Leverage, and Deviations from Covered Interest Parity," *American Economic Review: Insights* 1 (September 2019), pp. 193-208; Eugenio M. Cerutti, Maurice Obstfeld, and Haonan Zhou, "Covered Interest Parity Deviations: Macrofinancial Determinants," *Journal of International Economics* 130 (May 2021)을 참조하라. 또한 14장 더 읽을거리에 있는 Levich의 논문을 다시 참조할 수도 있다.

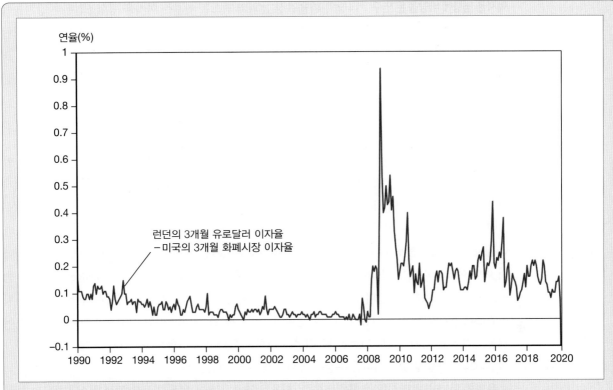

연율(%)

런던의 3개월 유로달러 이자율
－ 미국의 3개월 화폐시장 이자율

**그림 20-4 역내-역외 달러 이자율의 비교**
런던과 미국에서의 달러 예금에 대한 이자율 차이는 보통 0에 가깝지만 투자은행인 리먼브러더스가 망하면서 2008년 가을에 급격히 상승했다.

출처: Board of Governors of the Federal Reserve System and OECD, 월별 자료

그러나 규제 제약으로 인한 자산가격 이례 현상(anomaly)을 시장의 효율성에 문제가 있다고 비난할 수만은 없다. 금융규제(특히 거시건전성 규제)의 의도는 시장 참여자가 자신들의 이윤을 계산할 때 잠재적인 금융 불안정의 사회적 비용을 내부화하게 하는 것이다. 현재의 규제가 그것을 정확히 하고 있는지, 과도하게 요구하는지, 또는 불충분하게 하는지는 향후 연구와 논의를 위한 과제로 남아 있다.

## 외환시장의 효율성

외환시장은 국제자본시장의 주요 구성요소이며 여기서 결정되는 환율은 모든 종류의 국제거래의 이윤을 결정하는 데 일조한다. 그러므로 환율은 국제무역과 투자에 종사하는 가계와 기업에게 중요한 경제적 신호를 전달한다. 이러한 신호가 시장기회에 대한 모든 가용한 정보를 반영하지 않는다면 그릇된 자원배분이 초래될 것이다. 그러므로 외환시장의 가용한 정보 이용에 대한 연구는 국제자본시장이 시장에 올바른 신호를 보내주고 있는지의 여부를 판단하는 데 잠재적으로 중요하다. 여기서는 이자율 평형에 바탕을 둔 검정, 위험 프리미엄 모형에 바탕을 둔 검정, 과도한 환율변동성에 대한 검정 등 세 가지 검정을 분석해보자.

**이자율 평형에 바탕을 둔 연구** 14장의 환율결정 논의의 기초를 이루는 이자율 평형조건은 시장환율이 모든 가용한 정보를 포함하고 있는지 아닌지를 연구하는 데 이용될 수 있다. 좀 더 공식적으로 표현하여 $R_t$는 자국통화 예금에 대한 $t$기 이자율, $R_t^*$는 외화 예금에 대한 이자율, $E_t$는 환율(자국통화로 표시한 외화의 가격), $E_{t+1}^e$은 예금이 만기가 되어 이자율 $R_t$와 $R_t^*$를 지불하는 시기의 환율에 대한 시장 참여자의 예측이라고 하면 이자율 평형조건은 다음과 같다.

$$R_t - R_t^* = (E_{t+1}^e - E_t)/E_t \tag{20-1}$$

식 (20-1)은 외환시장이 현재의 정보를 이용해서 환율을 예측하는 본연의 임무를 잘 수행하고 있는지를 검정하는 간단한 방법이다. 이자율 차이 $R_t - R_t^*$가 시장의 예측이므로 이 예측된 환율과 실제 환율의 변화를 비교하면 시장의 예측 솜씨를 알 수 있다.[27]

이자율 차이와 환율 절하율의 관계에 대한 통계적 연구는 이자율 차이가 환율의 급변동을 전혀 따라잡지 못했다는 점에서 매우 빈약한 예측치라고 말해준다. 14장의 캐리 트레이드에 대한 논의에서 이미 이러한 실패를 언급했다. 설상가상으로 이자율 차이가 현물환율(spot exchange)이 변화할 방향을 올바로 예측하는 데 대체로 실패했다는 점이다. 만약 이자율 차이가 빈약하지만 불편 예측치 (unbiased predictor)라면 시장이 이자율 평형에 따라 환율을 결정하고 있으며, 예측이 본질적으로 어려운 급변하는 상황에서도 가능한 한 최선을 다하고 있다고 주장할 수도 있다. 그러나 편의(bias)가 발견되므로 자료에 대한 이러한 주장은 앞뒤가 맞지 않는다.

유위험 이자율 평형(UIP)은 또한 시장이 환율을 결정하는 데 모든 가용한 정보를 이용한다는 가설의 두 번째 시사점에 대한 검정 방법을 제공한다. $E_{t+1}$을 사람들이 예측하려고 했던 실제 미래 환율이라 하면, 미래의 환율 절하율에 대한 예측오차 $u_{t+1}$은 실제 절하율에서 예상 절하율을 뺀 값으로 표현된다.

$$u_{t+1} = (E_{t+1} - E_t)/E_t - (E_{t+1}^e - E_t)/E_t \tag{20-2}$$

만약 시장이 모든 가용한 정보를 이용하고 있다면 예측오차 $u_{t+1}$은 예측을 하던 $t$기에 시장에 알려진 자료와는 통계적 상관관계가 없어야 한다. 다시 말해서 시장이 알려진 자료를 이용해서 차기의 예측오차를 줄일 수 있는 기회가 없어야 한다.

UIP하에서 이 가설은 $u_{t+1}$을 실제 환율 절하율에서 국가 간 이자율 차이를 뺀 값으로 계산하여 검정할 수 있다.

$$u_{t+1} = (E_{t+1} - E_t)/E_t - (R_t - R_t^*) \tag{20-3}$$

과거의 정보를 통해 $u_{t+1}$이 평균적으로 예측 가능한지를 조사하기 위해 통계적 방법을 이용할 수 있다. 많은 연구는 식 (20-3)으로 정의된 예측오차가 예측 가능하다는 사실을 발견했다. 예를 들어 널리 알려진 과거의 예측오차가 미래의 오차를 예측하는 데 유용한 것으로 드러났다.[28]

---

[27] 외환시장의 효율성에 대한 대부분의 연구는 선물환 프리미엄(forward exchange rate premium)이 차기 현물환율에 대한 예측치로서 얼마나 정확한지를 분석한다. 이 과정은 만약 무위험 이자율 평형이 성립하고, 그 결과 이자율 차이 $R_t - R_t^*$가 선물환 프리미엄과 같다면 여기서 따른 과정과 같다(14장 부록 참조). 그러나 앞에서 본 바와 같이 2000년대 후반부터 CIP는 잘 성립하지 않는다.

[28] 더 자세한 논의는 Robert E. Cumby and Maurice Obstfeld, "International Interest Rate and Price Level Linkages Under

**위험 프리미엄의 역할**  앞의 연구결과에 대한 한 가지 설명은 외환시장이 환율을 결정하는 데 쉽게 이용할 수 있는 정보를 단순히 무시했다는 것이다. 이러한 발견은 적절한 가격신호를 전달하는 국제자본시장의 능력을 의심스럽게 한다. 그러나 이러한 결론을 내리기 전에 사람들이 위험회피적일 때 이자율 평형조건은 환율이 어떻게 결정되는지를 완전하게 설명하지 못한다는 점을 상기할 필요가 있다. 만약 다른 통화로 표시된 채권이 투자자에게 불완전한 대체재라면 국가 간 이자율 차이는 기대환율 절하율에 위험 프리미엄 $\rho_t$를 더한 것과 같다(18장 참조).

$$R_t - R_t^* = (E_{t+1}^e - E_t)/E_t + \rho_t \tag{20-4}$$

이 경우 이자율 차이가 반드시 미래 환율 절하율에 대한 시장의 예측치가 되지는 않는다. 그러므로 불완전 자산 대체성하에서는 방금 논의된 실증분석 결과로부터 정보 가공에 있어서의 외환시장의 효율성을 추정하기가 어렵다.

사람들의 예상은 본질적으로 관찰할 수 없기 때문에 식 (20-4)와 $\rho_t = 0$일 때 발생하는 특수한 경우인 이자율 평형조건 사이에 어떤 것이 맞는지를 결정하는 단순한 방법은 없다. 일부 계량경제 연구는 위험 프리미엄에 대한 특정 이론에 바탕을 두고 이자율 평형으로부터의 이탈을 설명하려고 시도했지만 완전히 성공하지는 못했다.[29]

**과도한 변동성에 대한 검정**  가장 걱정스러운 발견 중 하나는 통화공급, 재정적자 및 경제성장과 같은 '펀더멘털(fundamental)' 변수에 기초한 통계적 환율예측 모형의 예측력이 아주 나쁘다는 점이다. 환율예측에서 펀더멘털 변수의 미래 값으로 (예측치가 아니라) 실제치를 이용하는 경우조차도 예측력이 나빴다. 유명한 연구에서 바클레이스글로벌인베스터스(Barclays Global Investors)의 리처드 미즈(Richard A. Meese)와 하버드대학교의 케네스 로고프(Kenneth Rogoff)는 내일 환율에 대한 가장 좋은 예측치가 오늘의 환율이라는 단순한 '임의보행(random walk)' 모형이 예측력이 더 좋다는 것을 보였다. 몇몇 사람들은 이러한 발견을 우리의 모형에서 강조한 거시경제 결정요인과 무관하게 환율은 그 자신만의 행로를 가지고 있다는 것으로 해석했다. 그러나 최근 연구는 임의보행이 1년까지의 예상에서는 더욱 정교한 모형보다 우수하지만, 1년보다 더 긴 예측에서는 정교한 모형이 더 나았고 장기환율의 움직임에 대해 설명력이 있음을 확인해준다.[30]

---

Flexible Exchange Rates: A Review of Recent Evidence," in John F. O. Bilson and Richard C. Marston, eds., *Exchange Rate Theory and Practice* (Chicago: University of Chicago Press, 1984), pp. 121-151과 Geert J. Bekaert and Robert J. Hodrick, *International Financial Management*, 3d edition (Cambridge: Cambridge University Press, 2017) 6장과 7장 참조

29  유용한 조사로는 Charles Engel, "The Forward Discount Anomaly and the Risk Premium: A Survey of Recent Evidence," *Journal of Empirical Finance* 3 (1996), pp. 123-192; Karen Lewis, "Puzzles in International Finance," in Gene M. Grossman and Kenneth Rogoff, eds., *Handbook of International Economics*, Vol. 3 (Amsterdam: North-Holland, 1996); Hanno Lustig and Adrien Verdelhan, "Exchange Rates in a Stochastic Discount Factor Framework," in Jessica James, Ian W. Marsh, and Lucio Sarno, eds., *Handbook of Exchange Rates* (Hoboken, NJ: John Wiley & Sons, 2012), pp. 391-420가 있다.

30  Meese-Rogoff의 원작은 "Empirical Exchange Rate Models of the Seventies: Do They Fit out of Sample?" *Journal of International Economics* 14 (February 1983), pp. 3-24이다. 장기 예측에 대해서는 Menzie D. Chinn and Richard A. Meese, "Banking on Currency Forecasting: How Predictable Is Change in Money?" *Journal of International Economics* 38 (February 1995), pp. 161-178과 Nelson C. Mark, "Exchange Rates and Fundamentals: Evidence on Long-Horizon Predictability," *American Economic Review* 85 (March 1995), pp. 201-218을 참조하라. 최근의 조사로는 Pasquale Della Corte and Ilias Tsiakas, "Statistical and Economic Methods for Evaluating Exchange Rate Predictability," in Jessica James, Ian W. Marsh, and Lucio Sarno, eds., *Handbook of Exchange Rates* (Hoboken, NJ: John Wiley & Sons, 2012), pp. 221-263이 있다.

다른 계열의 외환시장 연구는 외환시장이 사건에 대해 '과잉반응'하기 때문에 환율의 변동성이 지나치게 큰 것이 아닌지를 조사한다. 과도한 변동성의 발견은 환율에 기초하여 의사결정을 하는 거래자와 투자자에게 혼란스러운 신호를 보낸다는 증거가 된다. 그러나 변동성이 과도하기 위해서는 얼마나 변동성이 커야 하는가? 14장에서 살펴봤듯이 환율은 변동해야 하며, 정확한 가격신호를 보내기 위해서는 환율이 경제 뉴스에 대해 빠르게 반응해야 한다. 환율은 일반적으로 주식가격보다 변동성이 낮다. 하지만 환율은 그것을 변화시키는 통화공급, 생산량, 재정 정책 같은 근본요인보다 변동성이 훨씬 클 수 있다. 그러나 환율변동성과 이의 기초를 이루는 결정요인을 비교한 시도는 아직 확정적인 결과를 못 내놓고 있다. 과도한 변동성에 대한 검정의 기저에 깔려 있는 기본적인 문제는 미래 경제에 대한 적절한 뉴스를 전달해주는 모든 변수를 정확히 수량화하기가 불가능하다는 점이다. 예를 들어 어떻게 정치적 암살이나 주요 은행의 파산, 혹은 테러공격을 수량화할 수 있겠는가?

가장 최근의 관련 연구는 원래 환율과 나머지 경제변수 간 매우 약한 단기적 피드백 관계를 이해하기 위한 노력이었던 **환율괴리 현상**(exchange rate disconnect puzzle)에 초점을 맞추고 있다.[31] 다시 말하면 그 문제는 환율이 측정 가능한 거시경제 총량 변수에 비해 훨씬 더 변동성이 크다는 것이다. 더욱이 환율은 종종 그러한 총량변수의 움직임과 거의 관계가 없는 것처럼 보인다. 경제학자들은 세계 경제의 포괄적인 경제 모형 내에서 환율괴리를 합리화하는 데 어느 정도 진전을 이루고 있지만, 이러한 설명은 상당한 그리고 지속적인 UIP로부터의 괴리에 의존하고 있는 것처럼 보인다.[32] 앞에서 본바와 같이 그러한 괴리는 분명히 존재하지만, 그 원인이 무엇인지 명확히 알지 못하기 때문에 우리의 이론을 그와 같은 암흑물질에 의존한다는 것은 과도한 신뢰 부여일 것이다.

**최종 결론**    외환시장의 실적에 대한 증거가 불분명하므로 편견 없는 관점이 필요하다. 시장이 자기 업무를 잘 수행하고 있다고 판단하면 이는 정부의 자유방임주의 태도와 산업화된 세계에서 국가 간 금융통합이 심화되는 현재의 추세가 지속되어야 함을 지지하는 것이다. 다른 한편 시장실패가 있다고 판단하면 중앙은행의 외환시장 개입이 늘어나야 하며 자본 자유화 추세가 반전될 필요가 있음을 의미한다. 이는 중요한 이슈이며, 확고한 결론에 도달하기 전에 더 많은 연구와 경험이 필요하다.

---

## 요약

- 사람들이 위험회피적일 때 각국은 위험한 자산의 교환을 통해 이익을 얻을 수 있다. 이 무역의 이익은 소비의 위험감소의 형태로 나타난다. 국제 **포트폴리오 분산**은 부채 수단이나 지분 수단의 교환을 통해 수행될 수 있다.

- **국제자본시장**은 다른 국가의 거주자가 자산을 거래하는 시장이다. 이것의 중요한 구성요소 중 하나는 외환시장이다. 은행이 국제자본시장의 중심에 서 있고 많은 은행은 역외에서, 즉 본사가 위치한 국가 밖에서 영업을 한다.

- 규제와 정치적 요인이 **역외 은행업**을 촉진했다. 이 요인은 또한 **역외 통화거래**, 즉 은행이 위치한 국가 외

---

31  Maurice Obstfeld and Kenneth Rogoff, "The Six Major Puzzles in International Macroeconomics: Is There a Common Cause?" in Ben Bernanke and Kenneth Rogoff, eds., *NBER Macroeconomics Annual 2000* 51 (2001), pp. 339-390 참조

32  예를 들어 Oleg Itskhoki and Dmitry Mukhin, "Exchange Rate Disconnect in General Equilibrium," *Journal of Political Economy* 129 (August 2021), pp. 2183-2232 참조

의 통화로 표시된 은행예금을 촉진했다. 이러한 **유로통화** 거래는 유로은행 예금에 대한 지불준비금 의무의 면제에서 주로 동기를 부여받았다.

■ 유로통화의 예금창조는 그 통화의 발행국을 떠났기 때문에 일어나지 않는다. 단지 필요한 것은 유로은행이 그 통화로 표시된 예금을 받아들이는 것뿐이다. 그러므로 유로통화는 자국의 본원통화에 대한 중앙은행의 통제력을 위협하지 않는다. 예를 들어 **유로달러**가 언젠가 미국으로 홍수처럼 몰려들어올 것이라는 걱정은 잘못된 것이다.

■ 역외 은행업은 대부분 각국이 국내은행의 도산을 막기 위해 설정한 안전장치의 보호를 받지 못한다. 또한 은행거래를 역외로 이전해 **규제차익거래**에서 이윤을 얻을 수 있는 기회가 각국 은행감독의 유효성을 약화했다. 이러한 문제는 국제 정책입안자들이 야심 찬 국가 간 협조를 통해 완화하고자 했던 **금융 삼자택일** 문제를 초래했다. 1974년 이후 선진국의 은행 감독기관으로 구성된 **바젤위원회**가 은행자본에 대한 국제기준과 같은 국제적인 규제협조를 강화하기 위해 임무를 수행하고 있다. 제안된 건전성 규제의 세 번째 세대(바젤 III)가 2010년 공표되었고 각국 규제기관이 이를 실행하는 과정에 있다. 그러나 국제 **최종대부자**로서 중앙은행의 의무에 대해서는 아직 불확실한 면이 있다. 이 불확실성은 **도덕적 해이**를 감소시키고자 하는 국제 감독당국의 의도를 반영하고 있는 것인지도 모른다. 증권화 추세는 비은행 금융기관을 규제하고 감시하는 데 국제적 협력의 필요성을 증가시켰다. **신흥시장**과 대형 **그림자 은행제도**의 성장도 마찬가지이다. 세계 금융안전망에 허점이 있다는 점이 2007~2009년의 세계 금융위기 과정에서 명백히 드러났다. 이 위기의 핵심적 교훈은 정부가 금융위험을 평가할 때 단지 개별 금융기관의 건전성만을 우려할 것이 아니라 **거시건전성 관점**을 채택해야 한다는 점이다.

■ 금융위기로 초래된 손실은 국제자본시장이 제공하는 잠재적 이득과 비교해서 평가해야 한다. 국제자본시장은 1970년 이후 국제 포트폴리오 분산의 증가에 기여했지만, 분산화의 범위는 아직 경제 이론이 예측하는 수준에 비해 미약하다. 이와 비슷하게 일부 관측자들은 경상수지로 측정되는 기간 간 무역의 범위가 너무 작다고 주장했다. 이러한 주장은 세계경제의 기능에 대해 지금까지 이용 가능한 것보다 더욱 상세한 정보 없이는 평가하기 어렵다. 좀 더 명확한 증거는 국제 이자율에 대한 비교에서 오며, 이 증거는 시장이 기능을 잘 수행하고 있다고 말해준다(국제 금융위기의 드문 경우를 제외하고). 주요 금융센터에서 발행된 유사한 예금에 대한 수익률은 상당히 근접해 있다.

■ 주식의 국제 분산투자는 단순한 글로벌 분산투자 모형으로는 설명하기 어려워 보인다. 또한 국제 거래자와 투자자에게 적절한 신호를 전달하는 데 외환시장의 기록은 혼재되어 있다. 예를 들어 과도한 환율 변동성에 대한 검정은 외환시장의 성과에 대해 일치되지 못한 증거를 보여준다. 나아가 **환율괴리 현상**은 환율변화와 경제변수의 단기적인 관계를 이해하는 데 어려움을 준다. 이러한 지식의 불완전성은 금융위기의 최근 역사와 더불어 금융세계화에 대한 순수한 자유방임주의보다는 신중하게 접근해야 함을 의미한다.

## 주요 용어

거시건전성 관점 macroprudential perspective

국제자본시장 international capital market

규제차익거래 regulatory arbitrage

금융 삼자택일 financial trilemma

도덕적 해이 moral hazard

바젤위원회 Basel Committee

부채 수단 debt instrument

신흥시장 emerging market

역외 은행업 offshore banking

역외 통화거래 offshore currency trading

위험회피 risk aversion

유로달러 Eurodollar

유로은행 Eurobank

유로통화 Eurocurrency

그림자 은행제도 shadow banking system

은행자본 bank capital

증권화 securitization

지분 수단 equity instrument

최종대부자 lender of last resort, LLR

포트폴리오 분산 portfolio diversification

환율괴리 현상 exchange rate disconnect puzzle

## 연습문제

1. 석유회사와 자동차회사의 주식을 포함한 포트폴리오와 석유회사와 제약회사의 주식을 포함한 포트폴리오 중 어떤 것이 더 잘 분산되어 있는가?

2. 통화 정책의 예상치 못한 변화가 주가변동의 유일한 원인인 두 나라의 세계 경제를 상상해보자. 고정환율과 변동환율 중 어떤 제도하에서 국제 자산거래의 이익이 더 크다고 생각하는가?

3. 본문에서 동일한 금융센터에서 발행된 이종통화 예금의 경우 무위험 이자율 평형이 더 잘 성립한다고 보고했다. 왜 다른 금융센터에서 발행된 예금의 경우에는 무위험 이자율 평형이 잘 맞지 않는가?

4. 글로벌 금융위기 이후 국제결제은행(BIS) 체계에 속한 중앙은행들은 2010년 '바젤 III' 협정을 체결했다. 이 새로운 협정은 은행경영에 더 엄격한 요구사항을 포함했고 몇 가지 새로운 비율을 도입했다. 특징적인 비율 가운데 하나는 처분 제한이 없는 질 높은 유동자산(high quality liquid asset, HQLA)을 충분히 보유할 것을 요구하는 유동성 커버리지 비율(liquidity coverage ratio, LCR)이다. 이 자산은 은행이 30일의 유동성 스트레스 시나리오하에서 유동성 요구사항을 충족할 수 있도록 민간시장에서 쉽고 빠르게 현금화할 수 있어야 한다. 그러한 비율이 왜 도입되었는지 설명하라. 그 근거는 무엇인가?

5. 카르멘 라인하트(Carmen M. Reinhart)와 케네스 로고프(Kenneth S. Rogoff)는 그들의 글(과 책) '이번은 다르다(This Time is Different)'에서 국가와 신용공여자는 그들의 실수로부터 배우고, 더 나은 정보에 기초한 거시경제 정책과 더 차별화된 대출 실시로 인해 세상은 더 이상 심각한 부도 사태를 다시 보지 않을 수 있다고 주장한다. 20장에서 이러한 주장을 지지하는 어떤 요소를 찾을 수 있는가?

6. 2007~2009년 금융위기 이후에 은행 시스템의 개혁은 때때로 은행협회로부터 비판을 받았다. 은행협회는 은행이 자본을 더 쌓고 위험부담을 줄이도록 하는 것은 대출비용을 높이고 투자와 경제활동을 어렵게 할 것이라고 경고했다. 그와 반대로 금융안정위원회(FSB)는 G20 금융규제개혁의 시행과 효과에 대한 마지막 보고서(2016년 8월)에서 "은행 복원력의 개선이 실물경제에 대한 신용 제공을 지속하면서 이루어졌다. … 전반적으로 은행의 높은 자본요구조건이 충족되었고 … 위기 이후 급속히 감소했던 은행대출이 지역에 따라 속도는 달랐지만 모든 지역에서 다시 증가했다"고 보고했다. 이 논쟁에 대해 의견을 제시하라.

7. 증권화의 심화는 왜 은행 감독자가 금융 시스템에 대한 위험을 계속 추적하기 어렵게 만드는가?

8. 생산량이 임의 변동하는 쌀을 생산하며 이 상품에 대한 청구권을 거래할 수 있는 두 나라의 예를 생각해보자. 이 두 국가는 또한 어업을 발전시키지만 보건규제로 인해 생선을 수출할 수는 없다. 어업의 발전이 자국과 외국의 GNP에 대한 국제 자산거래의 비율에 어떤 영향을 미칠 것이라고 생각하는가?

9. 실질이자율의 국제적 일치가 종종 국제금융시장 통합의 가장 정확한 척도라고 주장된다. 이에 동의하는가? 동의 또는 동의하지 않는 이유는 무엇인가?

10. 제2차 세계대전 이후 다수의 다국적 또는 지역개발은행이 설립되었다. 가장 최근인 2016년 1월에 설

립된 것이 아시아인프라투자은행(Asian Infrastructure Investment Bank, AIIB)이다. 이 은행의 설립에는 대부분의 아시아 국가와 일부 서양 및 신흥경제국을 포함하여 50개 회원국이 참여했다. 이 은행의 설립과 관련된 정치적 요인을 별도로 할 때 이 은행의 설립은 국제금융시장이 잘못된 기능을 하고 있다는 신호라고 생각하는가?

**11.** 표 20-1과 같은 비율을 해석할 때 분산화가 발표된 숫자만큼 빨리 증가하고 있다고 결론을 내리는 데 조심해야 한다. 브라질 사람이 고객의 돈을 브라질 주식시장에 투자하는 일본의 국제 주식펀드를 매입한다고 하자. 브라질과 일본의 총해외자산과 총해외부채는 어떻게 되겠는가? 브라질과 일본의 국제적 분산은 어떻게 되겠는가?

**12.** 규제기관이 은행에게 총자산 대비 자본의 비율을 올리라고 강요한다면 은행은 불만을 표시할 것이다. 은행은 이 규제가 잠재적인 이윤을 줄인다고 항의한다. 그러나 은행이 더 위험한 자산을 구매하기 위해 돈을 더 빌릴 때 대여금에 대해 지불해야 하는 이자율은 그 은행이 전액을 상환하지 못할 위험을 보상줄 수 있을 만큼 충분히 높아야 하며, 그 높은 이자율은 은행의 이윤을 감소시킨다. 이 점을 고려할 때 은행이 돈을 빌려 자산을 구매하는 것이 추가 주식을 발행하여(그럼으로써 총자산 대비 자본의 비율을 줄이기보다 늘리게 된다) 구매하는 것보다 수익성이 더 높은가?

**13.** 만약 은행의 채권자들이 정부가 가끔 은행의 부채에 대한 손실을 막기 위해 긴급구제를 할 것이라고 기대한다면 문제 12에 대한 대답은 바뀌는가?

**14.** 그림 20-4를 보면 글로벌 금융위기 이전에는 그렇지 않았으나 금융위기 이후 런던 유로달러 이자율이 미국의 CD 이자율보다 더 높다는 점을 알게 될 것이다. 그렇게 생각하는 이유는 무엇인가? (21장을 읽고 난 후 꼭 이 질문으로 다시 돌아오기 바란다.)

## 더 읽을거리

Viral V. Acharya, Nirupama Kulkarni, and Matthew Richardson. "Capital, Contingent Capital, and Liquidity Requirements," in Viral V. Acharya, Thomas F. Cooley, Matthew P. Richardson, and Ingo Walter, eds., *Regulating Wall Street: The Dodd-Frank Act and the Architecture of Global Finance.* Hoboken, NJ: John Wiley & Sons, 2011, pp. 143-180. 도드-프랭크법과 바젤 III의 목표와 한계에 대한 명쾌한 논의

Anat Admati and Martin Hellwig. *The Bankers' New Clothes: What's Wrong with Banking and What to Do about It.* Princeton, NJ: Princeton University Press, 2013. 자본이 아닌 부채로 자금을 조달함으로써 금융 취약성을 키우는 은행의 동기에 대한 명료한 설명

Alan S. Blinder. *After the Music Stopped: The Financial Crisis, the Response, and the Work Ahead.* New York: Penguin Press, 2013. 2007~2009년 글로벌 금융위기의 원인과 영향에 대한 영향력 있는 경제학자의 설명

Markus K. Brunnermeier, Andrew Crockett, Charles A. E. Goodhart, Avinash Persaud, and Hyun Song Shin. *The Fundamental Principles of Financial Regulation.* Geneva and London: International Center for Monetary and Banking Studies and Centre for Economic Policy Research, 2009. 거시건전성 관점에 중점을 둔 금융위기 예방에 대한 규제 접근법에 대한 포괄적 검토

Stijn Claessens, Richard J. Herring, and Dirk Schoenmaker. *A Safer World Financial System: Improving the Resolution of Systemic Institutions.* Geneva and London: International Center for Monetary and

Banking Studies and Centre for Economic Policy Research, 2010. 글로벌 환경에서 부실 기관의 재편에 대한 논의

Nicolas Coeurdacier and Hélène Rey. "Home Bias in Open Economy Financial Macroeconomics." *Journal of Economic Literature* 51 (March 2012), pp. 63-115. 국제자산 포트폴리오에서 자국편중에 대한 고급 이론과 실증분석 개관

Barry Eichengreen. "International Financial Regulation after the Crisis." *Daedalus* (Fall 2010), pp. 107-114. 국제 금융규제의 글로벌 협력을 위한 현재의 제도적 틀에 대한 설명과 비판

Stanley Fischer. "On the Need for an International Lender of Last Resort." *Journal of Economic Perspectives* 13 (Fall 1999), pp. 85-104. 국제 LLR 기능을 수행하는 IMF의 능력을 중점적으로 다루고 있다.

Kenneth A. Froot and Richard H. Thaler. "Anomalies: Foreign Exchange." *Journal of Economic Perspectives* 4 (Summer 1990), pp. 179-192. 이자율 평형 조건의 실증적 증거에 대한 명확하고 비기술적인 논의

Charles A. E. Goodhart. "Myths about the Lender of Last Resort." *International Finance* 2 (November 1999), pp. 339-360. LLR 기능의 이론과 실제에 대한 명료한 논의

Charles P. Kindleberger and Robert Aliber. *Manias, Panics, and Crashes: A History of Financial Crises*, 5th edition. Hoboken, NJ: John Wiley & Sons, 2005. 17세기부터 현재까지 국제 금융위기의 역사적 검토

Richard M. Levich. "Is the Foreign Exchange Market Efficient?" *Oxford Review of Economic Policy* 5 (1989), pp. 40-60. 외환시장의 효율성에 대한 가치 있는 문헌 연구

Haim Levy and Marshall Sarnat. "International Portfolio Diversification," in Richard J. Herring, ed. *Managing Foreign Exchange Risk.* Cambridge, U.K.: Cambridge University Press, 1983, pp. 115-142. 국제적 자산분산 논리에 대한 훌륭한 설명

Nelson C. Mark. *International Macroeconomics and Finance.* Oxford: Blackwell Publishers, 2001. 6장은 외환시장의 효율성에 대해 논의한다.

Maurice Obstfeld. "The Global Capital Market: Benefactor or Menace?" *Journal of Economic Perspectives* 12 (Fall 1998), pp. 9-30. 국제 자본시장의 기능, 운영과 국가 주권 관련 시사점에 대한 개관

Maurice Obstfeld and Kenneth Rogoff. "Global Imbalances and the Financial Crisis: Products of Common Causes," in Reuven Glick and Mark Spiegel, eds. *Asia and the Global Financial Crisis.* San Francisco, CA: Federal Reserve Bank of San Francisco, 2010. 국제 자금흐름과 2007~2009년 금융위기와의 관계에 대한 분석

Eswar S. Prasad. *The Dollar Trap: How the U.S. Dollar Tightened Its Grip on Global Finance.* Princeton, NJ: Princeton University Press, 2015. 글로벌 금융시장에서 미국 달러의 중심적 역할에 대한 다방면 분석

Carmen M. Reinhart and Kenneth S. Rogoff. *This Time Is Different: Eight Centuries of Financial Folly.* Princeton, NJ: Princeton University Press, 2009. 전 세계 금융위기의 선례와 영향에 대한 데이터 기반 역사적 개관

Garry J. Schinasi. *Safeguarding Financial Stability: Theory and Practice.* Washington, D.C.: International Monetary Fund, 2006. 세계화된 금융시장의 맥락에서 금융안전성 위협에 대한 빈틈없는 개관

# CHAPTER 21

# 최적통화지역과 유로

19 99년 1월 1일, 유럽연합(EU)의 11개 회원국은 공동의 통화인 유로를 채택했다. 그 이후 8개 EU 회원국이 추가로 합류했다. 경제통화동맹(EMU)에 대한 유럽의 대담한 실험은 미국 인구보다 대략 4.5%가 더 많은 3억 4,000만 명 이상의 소비자를 가진 통화지역을 만들어냈다. 동유럽 국가들이 모두 EU에 가입하면 유로지역은 결국 25개 이상의 국가를 포함하게 되어 북쪽의 북극해부터 남쪽의 지중해까지, 서쪽의 대서양부터 동쪽의 흑해까지 뻗어나가게 된다. 그림 21-1은 2021년 유로지역의 범위를 보여준다.

유로의 출범은 모든 EMU 회원국 간 고정환율을 탄생시켰다. 그러나 공동의 통화를 공유하기로 결정함으로써 EMU 국가들은 고정환율이 통상 요구하는 것 이상으로 통화 정책에 대한 주권을 포기해야 했다. 그들은 완전히 자국통화를 포기하고, 통화 정책에 대한 통제권을 유럽 중앙은행(ECB)에 넘기는 데 동의했다. 이에 따라 유로 프로젝트는 절대적 환율안정, 절대적 금융개방, 통화 정책의 자주성 포기라는 19장의 통화 삼자택일에 대한 극단적인 해법을 보여준다.

유럽의 경험은 많은 중요한 의문을 불러일으킨다. 왜 그리고 어떻게 유럽은 공동통화를 만들었는가? 유로가 회원국의 경제에 어떤 이익을 주었으며, 그들은 왜 장기적인 위기에 빠져 있는가? 유로가 EMU에 속하지 않은 국가, 특히 미국에 어떠한 영향을 미치고 있는가? 그리고 유럽의 경험이 남미의 메르코수르(Mercosur) 무역지대 등의 잠재적인 통화지역에 주는 교훈은 무엇인가?

이 장은 유럽의 통화통합 경험에 초점을 맞추어 고정환율 협정 및 더 포괄적인 통화통합 체계의 이익과 비용을 설명하고자 한다. 유럽의 경험에서 보았듯이 고정환율 협정에 참여함으로써 발생하는 효과는 복잡하며, 미시경제와 거시경제 요인에 크게 의존한다. 유럽에 대한 논의는 각국 경제의 통합을 촉진하는 요인뿐만 아니라 각국이 자국의 통화 정책에 대한 통제권을 완전히 포기하기 전에 한 번 더 생각하게 만드는 요인을 조망할 것이다.

유럽의 기관이나 제도를 논의할 때는 축약형과 두문자어 명칭을 주로 사용한다. 표 21-1은 쉽게 참고하기 위한 부분적인 목록이다.

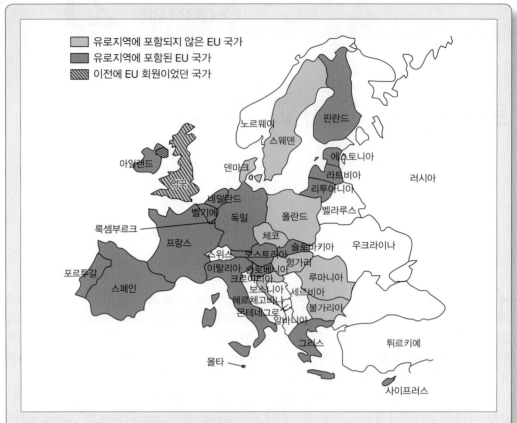

**그림 21-1 유로지역의 회원국(2021년 1월 1일)**

지도에 진한 음영으로 표시된 국가들은 19개 EMU 회원국으로서 오스트리아, 벨기에, 사이프러스, 에스토니아, 핀란드, 프랑스, 독일, 그리스, 아일랜드, 이탈리아, 라트비아, 리투아니아, 룩셈부르크, 몰타, 네덜란드, 포르투갈, 슬로바키아, 슬로베니아, 스페인이다. 영국은 유로를 채택한 적이 없고 2016년 6월 투표로 2020년 EU를 탈퇴했다.

| 표 21-1 | 유로 관련 용어 풀이 |
|---|---|
| ECB | 유럽 중앙은행(European Central Bank) |
| EIB | 유럽투자은행(European Investment Bank) |
| EMS | 유럽통화제도(European Monetary System) |
| EMU | 경제통화동맹(Economic and Monetary Union) |
| ERM | 환율 메커니즘(Exchange Rate Mechanism) |
| ESCB | 유럽 중앙은행제도(European System of Central Banks) |
| ESM | 유럽안정메커니즘(European Stability Mechanism) |
| EU | 유럽연합(European Union) |
| OMT | 무제한 금융거래(Outright Monetary Transactions) |
| PEPP | 팬데믹 긴급매입 프로그램(Pandemic Emergency Purchase Program) |
| SGP | 안정과 성장 협약(Stability and Growth Pact) |
| SSM | 단일감독메커니즘(Single Supervisory Mechanism) |

**학습목표**

■ 유럽인이 미국 달러에 대해서는 변동을 허용하는 반면 상호 간 환율은 안정시키려고 오랫동안 시도해온 이유를 논의한다.

■ 1991년의 마스트리히트 조약을 통해 EU가 유럽 중앙은행이 발행하고 관리하는 단일통화인 유로를 얻게 된 과정을 설명한다.

■ 유럽 중앙은행의 구조, 유럽 중앙은행제도 및 회원국의 경제 정책을 조정하기 위한 EU의 협약을 상세히 설명한다.

■ 최적통화지역 이론의 주요 교훈을 분명하게 설명한다.

■ 유로를 사용하는 19개 국가가 지금까지 통화동맹에서 어떻게 지냈으며 장기적인 경제위기에 대응하여 어떤 조치를 취했는지를 자세히 설명한다.

# 유럽의 단일통화는 어떻게 전개되었는가

1973년에 붕괴된 브레턴우즈 체제는 모든 회원국의 환율을 미국 달러에 고정했고 결과적으로 달러를 제외한 모든 통화 간 상호 환율도 고정했다. 그러나 EU 국가들은 1973년 이후 그들 통화의 달러에 대한 환율은 변동하게 하는 한편 그들 통화 간 환율변동폭을 점진적으로 좁히기 위해 노력했다. 이러한 노력은 1999년 1월 1일 유로의 탄생으로 절정에 이르렀다.

## 무엇이 유럽의 통화협력을 유발했는가

무엇이 EU 국가들로 하여금 더 긴밀한 통화 정책 협력과 더 높은 상호 간 환율안정을 갈망하도록 만들었는가? 여기에는 두 가지 주요 동기가 있고, 이러한 동기가 유로를 채택하게 된 주된 이유이다.

1. **세계통화제도에서 유럽의 역할을 강화하는 것**: 브레턴우즈 체제의 붕괴를 초래했던 사건들은 미국이 자국 이익에 앞서 기꺼이 국제적 통화 책임을 더 중요시할 것이라는 유럽의 신뢰를 상실하게 했다(19장). 통화문제에 하나의 목소리를 냄으로써 EU 국가들은 점점 자국 이익에 탐닉하는 미국에 대해 경제적 이익을 더욱 효과적으로 방어하기를 원했다.

2. **EU를 진정한 통합된 시장으로 만드는 것**: EU를 창설한 1957년 로마 조약(Treaty of Rome)으로 관세동맹이 설립되었으나, 여전히 유럽 내에는 상품과 생산요소의 이동에 대한 공식적인 장벽이 많이 남아 있었다. EU 회원국의 일치된 목표는 그러한 모든 장벽을 제거하고 EU를 미국과 같이 거대한 통합된 시장으로 바꾸는 것이다. 그러나 유럽 관리들은 공식적인 무역장벽과 마찬가지로 환율 불확실성이 유럽 내 무역을 감소시키는 주요 요인이라고 믿었다. 그들은 또한 환율변동이 유럽 국가 간 상대가격에 큰 변화를 일으키면 유럽 내 자유무역에 대한 정치적 적대감이 더 강해질 것이라고 두려워했다.

유럽의 단일통화에 대한 열망은 1970년에 처음으로 공식적으로 제기되었다. 이는 그 당시 (유럽 국들 간 상호 고정환율을 유지하는) 고정환율에 기반을 둔 브레턴우즈 체제가 무너지고 있던 시기로 우연이 아니었다.[1]

---

1 유럽이 전 유럽에 걸친 환율의 대규모 변동을 피하려고 했던 가장 중요한 행정상의 이유는 EU의 농산물 가격 지지 제도인 공동

유럽의 시장과 통화통합이 어떻게 지금까지 진행되어왔는지를 이해하는 열쇠는 전쟁으로 얼룩진 유럽 대륙의 역사에 있다. 1945년 이후 많은 유럽 지도자는 이전 교전국들 간 경제협력과 통합이 파괴적인 양차 세계대전의 반복을 방지하는 가장 좋은 보증수표가 될 것이라는 데 동의했다. 그 결과 벨기에 브뤼셀에 있는 유럽연합 집행위원회(European Commission, EU의 집행기구), 독일의 프랑크푸르트에 본부를 둔 유럽 중앙은행제도와 같은 중앙집권화된 EU 지배기구에 각국의 경제 정책 집행력을 단계적으로 위임하게 되었다.

일부 유럽인들은 EU가 2004년부터 옛 소련 블록 국가들을 흡수하기 위해 동쪽으로 빠르게 확장함에 따라 이러한 지배구조는 통제를 어렵게 하고 회원국 유권자들과 너무 멀어졌다고 주장한다. 이러한 어려움과 기타 EU 내 갈등으로 인해 영국 유권자들은 2016년 6월, 국민투표를 통해 영국 정부가 EU 탈퇴협상을 진행하도록 결정했다. '브렉시트(Brexit)'라 불리는 영국의 탈퇴는 회원국의 첫 이탈이며, 유럽 프로젝트의 커다란 후퇴를 의미한다.

## 유럽통화제도(1979~1998)

유럽의 통화통합에 이르는 과정에서 중요한 첫 번째 단계는 **유럽통화제도**(European Monetary System, EMS)였다. EMS의 환율 메커니즘(exchange rate mechanism, ERM)에 최초로 참가한 8개 국가(프랑스, 독일, 이탈리아, 벨기에, 덴마크, 아일랜드, 룩셈부르크, 네덜란드)는 1979년 3월에 상호 간의 환율을 고정하는 공식적인 네트워크를 작동시켰다. EMS의 복잡한 외환시장 개입 협정은 참가국의 환율을 정해진 변동폭 내에서 움직이게 했다.[2]

연간 인플레이션이 독일의 2.7%에서 이탈리아의 12.1%에 이르렀던 1979년 초기에는 성공적인 고정환율 지역으로서의 유럽에 대한 전망은 정말 가망이 없어 보였다. 그러나 정책협력과 환율 재조정을 통해 EMS 고정환율 클럽은 소생했을 뿐만 아니라 더욱 확장되어 1989년에는 스페인, 1990년에는 영국, 1992년 초에는 포르투갈이 추가로 동참하게 되었다. 이러한 발전은 오래 지속된 유럽 통화 위기가 시작되면서 영국과 이탈리아가 EMS의 환율 메커니즘을 떠난 1992년 9월에서야 갑작스러운 차질을 빚었는데, 그 위기로 인해 남은 회원국도 더 넓은 환율변동으로 후퇴하지 않을 수 없게 되었다.

EMS는 위기의 발생빈도를 줄여주는 여러 가지 안전장치의 도움을 받아 운영되었다. 여러 회원국이 ±6%의 밴드 협상에 성공하여 통화 정책을 선택할 재량권이 좀 더 늘어났으나 1993년 8월까지 EMS에 의해 고정된 대부분의 환율은 정해진 수준을 중심으로 ±2.25% 이내에서 실제로 변동했다. 1993년 8월에 대부분의 모든 EMS 밴드는 투기적 공격의 위협하에 ±15%까지 확대되었다.

---

농업 정책(Common Agricultural Policy, CAP)과 관련이 있다. 유로 출범 이전에 농산물의 가격은 EU 통화로 구성된 바스켓인 유럽통화단위(European Currency Unit, ECU)로 책정되었다. 유럽 내의 환율 재조정은 지지된 농산물 가격의 국내 실질가치를 갑자기 바꿈으로써 농부의 저항을 불러일으킬 수 있다. 더 읽을거리에 있는 Giavazzi and Giovannini의 책은 환율 재조정 후에 이러한 내부의 소득 재분배를 최소화하기 위해 EU가 채택했던 왜곡된 정책을 설명하고 있다. 환율 재조정하에서 CAP를 관리하는 괴로움이 유럽이 통화통합을 시작하게 된 결정적인 이유인 반면에, 본문에 언급된 두 가지 동기는 유럽이 어떻게 궁극적으로 공동통화를 가지게 되었는지를 설명하는 데 더 중요하다. 단일 유럽통화에 대한 최초의 공식적인 로드맵이었던 1970년 베르너 보고서(Werner Report)는 이러한 동기를 분명하게 기술했다. Pierre Werner et al., *Report to the Council and the Commission on the Realization by Stages of Economic and Monetary Union in the Community* (Brussels: Council-Commission of the European Communities, 1970); https://ec.europa.eu/economy_finance/publications/pages/publication6142_en.pdf 참조

2 용어상의 문제로, 모든 EU 회원국은 EMS의 회원국이었다. 하지만 변동폭을 시행하는 EMS 회원국만 EMS 환율 메커니즘(ERM)에 속한다.

# 브렉시트

20 16년 6월 23일, 영국에서는 영국이 EU 회원국으로 남아야 하는지 또는 EU를 탈퇴해야 하는지에 대한 국민투표를 실시했다. 놀랍게도 투표자의 약 52%가 탈퇴를 선택했다. 40년이 넘는 기간 동안 회원국이었던 영국이 대륙 파트너들과의 이별을 원했으며 이를 '브렉시트(Brexit)'라고 한다. 투표 직후 전세계 주식시장은 폭락했고 아래 그림과 같이 파운드화 가치는 크게 떨어졌다.

대부분의 도박사, 금융시장, 전문가와 경제학자, 기업 부문에서도 '잔류'가 '탈퇴'를 앞설 것으로 예상했다. 그래서 브렉시트는 많은 사람에게 놀라운 일이었다. 《이코노미스트(The Economist)》에 따르면 독일 산업협회의 투표 전 조사에서 기업들 가운데 70%가 브렉시트 대응계획을 가지고 있지 않았다.[3] 알려진 바와 같이 영국 정부도 마찬가지였다. 투표 후 몇 달간 영국의 정치지도자들

은 투표자의 의견을 어떻게 실행할지 고심했다.

아마도 이러한 전개는 그렇게 충격적이지 않아야 한다. 유럽 대륙의 무역공동체와 영국과의 관계는 1952년 유럽 석탄 및 철강 협의체(European Coal and Steel Community)에서 처음 시작한 이래로 긍정적 선호와 부정적 선호가 병존했다. 예를 들어 영국은 유로를 채택하지 않고 자국의 통화를 유지했으며, 이는 영국이 EU 내에서 점차 소외되는 계기가 되었다. 1973년 1월, 영국이 EU에 가입한 지 30개월이 안 된 시점에 탈퇴를 묻는 첫 투표를 실시했고, 투표자들은 2 대 1의 차이로 잔류를 선택했다. 거의 50여 년 동안 영국과 유럽 대륙 경제의 긴밀한 통합 이후인 2020년의 탈퇴는 훨씬 더 비싼 대가를 치르는 것이었다. 그럼에도 불구하고 영국인들은 탈퇴를 선택했다.

영국인은 왜 떠나는 것을 선택했는가? 그 이유는 복잡하지만 몇

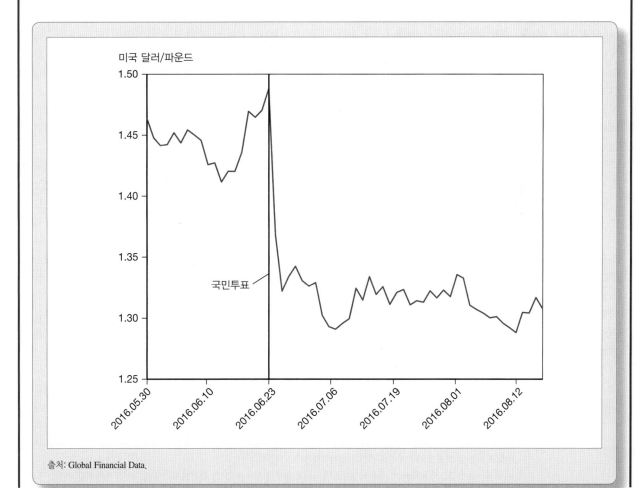

출처: Global Financial Data.

---

가지 요인이 드러난다. 첫째로 가장 중요한 요인은 동유럽으로부터의 이민과 EU법에 따라 영국 정부가 이민자에게 제공해야 하는 의료 서비스와 같은 혜택을 제한하고자 했다. 2015년 3월 말까지 1년간 영국의 순이민자 수는 (모두 다른 EU국에서 온 것은 아니지만) 33만 명이었다. 많은 투표자는 (그러한 생각을 뒷받침할 만한 증거는 거의 없었지만) 이민자들이 일자리를 차지하고 사회보장 서비스 받는 것을 어렵게 한다는 생각으로 화가 나 있었다. (사실 브렉시트에 찬성한 지역은 잔류에 투표한 지역보다 이민자 수가 훨씬 적었다.) 다른 요인은 브뤼셀 EU 본부의 규제가 많은 영국인에게 강압적이고 과도하게 세부적이며 EU 내 무역을 불필요하게 촉진하려는 것으로 여겨졌다. 탈퇴 쪽의 가장 효과적인 선거 구호는 '통제권 회복'이었다.[4]

EU에서 탈퇴함에 따라 영국은 EU의 나머지 27개국뿐만 아니라 전 세계의 나머지 국가와도 무역관계를 재협상해야 했다. (EU에 속해 있을 때는 EU가 회원국을 위해 비EU국과 맺은 무역협정을 따르면 되었다.) 다른 문제는 때에 따라 너무 세부적이라는 논란은 있지만 최소한 예측은 가능했던 EU 규정을 대체해야 한다는 것이다. 항공, 대학, 에너지, 제약, 통신, 심지어 양봉 등 다양한 분야에서 규제, 보조금, 특허에 관한 불확실성에 직면하게 되어 앞으로 투자를 심각하게 저해할 수 있다. 영국과 EU 27개국의 길고 복잡한 협상 과정 결과, 마침내 2019년 10월에 의회가 EU 탈퇴법안(Withdrawal Agreement Bill)을 승인했다. 이 법에 따르면 브렉시트는 2020년 1월 31일에 발효되고, 그 후 11개월의 전환기간 동안 영국은 EU 규정을 따르고 EU의 다른 국가들과도 원활한 무역을 할 수 있다. 전환기간의 목적은 영구적인 무역관계를 협상할 수 있게 하기 위함이다.

탈퇴협정의 주요 내용 가운데 하나는 아일랜드와 북아일랜드에 대한 협약(protocol)이다. 그 협약은 영국과 EU 간 무역관계가 어떻게 정립되든 영국의 일부분인 북아일랜드와 아일랜드 공화국의 자유로운 국경 이동을 허용했다. 수십 년에 걸친 북아일랜드의 종파 간 폭력을 그치게 했던 성금요일협정(Good Friday Agreement)의 기초는 아일랜드섬에서의 완전한 경제적 통합이었으며, 그것은 두 지역이 EU에 속해 있었기 때문에 가능했다. 성금요일협정 체계 내에서 아일랜드 공화국과 북아일랜드 간 물리적 경계의 완전한 제거는 엄청난 상징적·실질적 의미를 가졌다. 그러나 영국과 EU가 다른 관세 및 규제지역에 속하게 되면서 아일랜드의 두 지역 사이의 국경통제를 어떻게 피할 수 있을 것인가? 아일랜드 협약의 해결책은 본질적으로 그 섬에서 관세국경을 없애는 것

이다. 그것은 북아일랜드를 사실상 EU의 통합된 시장 내에 두는 것이다. 본질적으로 관세국경인 행정적인 통제는 영국(잉글랜드, 스코틀랜드, 웨일즈 포함)섬과 아일랜드섬의 무역에 요구되었다. 이러한 통제가 없다면 EU 관세와 보건기준에 해당하지 않는 상품이 북아일랜드를 통해 EU시장에 접근할 수 있을 것이다. 예를 들면 영국에서 북아일랜드를 거쳐 아일랜드 공화국으로 수송된 상품은 아일랜드해를 건너기 전에 EU 관세를 지불한다. 이는 상품이 바닷가에 도착했을 때 일정한 형태의 통제 과정을 요구한다. 요약하면 그 협정에 따라 아일랜드섬 자체에서의 장벽은 제거되었지만 북아일랜드와 영국의 다른 지역 간에는 비용이 발생하게 한 것이다.[5]

물론 그러한 장벽의 강도는 영국과 EU의 무역관계에서 마찰의 정도에 의존한다. 영국의 협상 목적은 EU와의 무역에서 관세 및 비관세 장벽을 없애는 것이었다. 그러나 2020년이 지나면서 분쟁 해결에 대한 규제일치, 어업권에 대한 정부 지원 등의 이슈가 논란으로 남아 있었다. 정부들이 COVID-19 팬데믹과 그에 따른 경제위기 대응에 몰두함에 따라 영구적인 무역협정은 매우 제한적이거나 또는 전혀 성과가 없는 상태로 한 해가 끝날 가능성이 커지고 있었다. 후자의 결과가 나오면 영국은 대부분의 비EU국들과 같이 단순히 일반 WTO 규정에 따라 EU와 교역하게 될 것이다. 영국은 EU와의 무역에서 관세 및 다른 무역장벽에 직면할 것이고, 브렉시트 이전에는 다른 EU국에 우월적으로 접근할 수 있었고 GDP 기여도가 높았던 금융 부문에도 피해를 입게 될 것이다. 거의 반세기 동안 구축되었던 영국의 유럽 공급체인으로의 통합도 하룻밤 사이에 무너질 수 있다.

거의 마지막으로 가능한 순간(2020년 크리스마스 즈음)에 영국과 EU는 마침내 영구적 무역관계에 대한 합의에 도달했다. 영국은 관세와 쿼터 없는 무역관계를 달성했지만 최소한 두 가지 문제는 있었다. 첫째, 제조업 무역의 중요한 부분에 관세와 쿼터를 피함에 따라 유럽 공급체인을 어느 정도 보호할 수 있었다. 그러나 특히 금융 서비스와 같은 영국의 서비스는 EU에 대한 매우 중요한 수출 분야인데, 이러한 분야가 규제장벽의 영향을 받게 되었다. 둘째, 그 협정은 영국과 EU 규제기준(예: 기업이 직면하는 노동이나 환경규제)이 과도하게 차이가 나서 어느 한쪽의 수출비용에 이득을 주는 경우 무역장벽 부과를 허용한다. 협정의 이러한 내용은 수출업자와 수입업자에게 값비싼 불확실성을 가져왔다.

브렉시트의 효과가 새로운 영국과 EU 간 무역관계하에서 얼마나 대가를 지불할지는 특히 많은 내용이 향후 시간을 두고 진행될 것이기 때문에 예측하기 어렵다. 국민투표 이전 브렉시트의 경제적

---

4 2019년에 베네딕트 컴버배치(Benedict Cumberbatch)가 출연한 드라마 〈브렉시트: 치열한 전쟁(Brexit: The Uncivil War)〉은 국민투표 이전 몇 개월 동안의 정치적 사건을 드라마틱하게 보여준다.

5 더 읽을거리에 있는 O'Rourke의 책은 아일랜드에 초점을 맞추어 영국과 EU의 관계에 대한 포괄적이고 역사적인 견해를 제공한다. 아일랜드 국경 문제가 어떻게 영국 국민투표 이후의 협상에서 중심 주제가 되었는지에 대한 자세한 설명은 Tony Connelly, *Brexit and Ireland: The Dangers, the Opportunities, and the Inside Story of the Irish Response* (London: Penguin Books, 2018)를 참조하라. 아일랜드 협약은 북아일랜드가 그 무역협정에 처음 이후 4년마다 주기적으로 동의할 것을 요구한다.

비용에 대한 활발한 논쟁은 추정의 어려움을 보여준다. 브렉시트 투표 직후에 IMF는 만약 영국이 WTO 규정으로 무역을 하게 된다면 브렉시트를 하지 않았을 때보다 장기적으로 3.4% 더 가난하게 될 것이라고 추정했다. 아마도 아이러니하게도 이러한 손실은 많은 부분이 영국 경제에 대한 이민자의 기여가 줄어들기 때문에 발생하는 것이다. IMF에 따르면 EU의 나머지 국가들은 WTO 규정에 의한 무역 결과 0.4% 소득이 감소할 것이다. 브렉시트 지지자들은 IMF가 위험을 과장하고 있다고 주장했지만, 2년 후 영국 정부는 WTO 규정으로 복귀함에 따라 이민 정책에 변화가 없다면 장기적인 영국의 손실이 GDP의 7.7%, 만약 유럽 노동자의 유입이 없다면 GDP의 9.3%가 될 것으로 추정했다. 이러한 손실은 클 뿐만 아니라 영구적임을 명심해야 한다.[6] 2020년 말에 맺은 무역협정은 협정이 없는 경우보다 훨씬 적은 비용을 초래하겠지만 영국 경제가 EU에 남았을 때보다 상당히 가난하게 되도록 할 것이다.

또 다른 핵심적인 안전판으로 EMS는 강세 통화 회원국에서 약세 통화 회원국으로 신용을 공급하기 위한 조항을 개발했다. 예를 들어 프랑스 프랑화(프랑스의 구통화)가 독일 마르크화(독일의 구통화)에 대해 지나치게 절하된다면 독일의 중앙은행인 분데스방크(Bundesbank)는 프랑스 중앙은행이 외환시장에서 마르크를 팔아 프랑을 살 수 있도록 마르크를 빌려주기로 했다.

마지막으로 이 제도가 운영되던 초기 몇 년 동안 일부 회원국(특히 프랑스와 이탈리아)은 자국 거주자가 외화를 매입하기 위해 자국통화를 매각하는 것을 직접 금지하는 **자본통제**를 통해 투기적 공격의 가능성을 감소시켰다.

EMS는 주기적으로 환율을 재조정했다. 모두 11번의 재조정이 EMS의 출범시기인 1979년 3월과 1987년 1월 사이에 일어났다. 이 같은 재조정 과정에서 자본통제는 투기꾼으로부터 회원국의 준비자산을 보호하는 중요한 역할을 했다. 1987년부터 시작된 EMS 국가들의 점진적인 자본통제의 제거는 투기적 공격의 가능성을 증가시켜 정부가 공개적으로 평가절하나 평가절상을 고려하는 일을 삼가게 만들었다. 자본통제의 제거가 회원국의 통화 독립성을 크게 축소시켰지만(이는 통화 정책의 삼자택일의 결과) EU 역내에서 국제결제와 자본 이동의 자유는 유럽을 통합된 하나의 시장으로 만들려는 EU 국가들의 계획에서 항상 핵심적인 요소였다.

1987년 1월 이후 5년 반 동안 고정환율에 대한 EMS의 약속을 흔들 만한 불리한 경제적 충격은 없었다. 그러나 이러한 상황은 1990년 동독과 서독의 통일에 따른 경제적 충격으로 독일과 주요 EMS 회원국 내에서 거시경제 압력이 부조화를 보임에 따라 1992년에 끝났다.

독일 통일의 결과 독일 경제에는 호황과 인플레이션이 초래되었는데 인플레이션을 아주 싫어하는 독일의 중앙은행인 분데스방크는 이자율의 급격한 인상을 통해 이를 제어하려고 했다. (두 차례 세계대전 이후 독일의 매우 높은 인플레이션은 영원한 상처를 남겼다.) 그러나 프랑스, 이탈리아, 영국 등의 EMS 국가들은 독일과 동시에 호황을 이루지는 못했다. 이들 국가는 독일 통화에 대해 고정된 환율을 유지하기 위해 높은 독일 이자율과 보조를 맞춤으로써 어쩔 수 없이 경제를 깊은 경기 침체로

---

6 International Monetary Fund, *World Economic Outlook*, October 2016, chapter 1과 HM Government, *EU Exit: Long-Term Economic Analysis, November 2018* (London: Controller of Her Majesty's Stationery Office, 2018) 참조. 영국 정부의 연구는 무역통합이 생산성에 미치는 동적인 긍정 효과를 포함한다. 이 효과는 정적인 소비와 생산의 자중손실(deadweight loss)에 따른 제한적이고 기본적인 비용을 넘어 브렉시트의 비용을 증가시킨다. 한 영향력 있는 학술 연구는 WTO 규정으로 회귀했을 때 영국의 정적 비용을 (IMF 수치와 크게 다르지 않은) 소득의 2.7%로 보았고, 동적 효과를 포함했을 때의 손실을 (영국 정부의 분석과 유사한) 그것의 약 3배가 되는 것으로 추정했다. Swati Dhingra, Hanwei Huang, Gianmarco Ottaviano, João Paulo Pessoa, Thomas Sampson, and John Van Reenen, "The Costs and Benefits of Leaving the EU: Trade Effects," *Economic Policy* 32 (October 2017), pp. 651-705 참조

몰아넣었다. 독일과 여타 회원국의 정책적 갈등은 1992년 9월부터 EMS의 환율 평가에 대해 일련의 격심한 투기적 공격을 초래했다. 앞서 언급했듯이 1993년 8월에 EMS는 매우 넓은 ±15% 밴드로 후퇴할 수밖에 없었으며, 이 밴드는 1999년 유로가 도입되기 이전까지 계속 유지되었다.

## 독일 통화의 우월성과 EMS에 대한 신뢰성 이론

앞에서는 EU가 왜 회원국 내의 환율을 고정하려 하는지에 대한 두 가지 중요한 이유, 즉 세계 무대에서 더욱 효과적으로 유럽의 경제적 이익을 방어하려는 바람과 더 높은 내부의 경제통합을 달성하려는 야망을 확인했다.

1970년대 유럽이 겪은 높은 인플레이션은 EMS가 달성해야 하는 추가적인 목표를 제시했다. 독일 마르크화에 대한 환율을 고정함으로써 다른 EMS 국가들은 사실상 인플레이션 방어자로서의 독일 분데스방크의 신뢰성(credibility)를 수입했으며, 그 결과 자국의 인플레이션 압력이 발생하는 것을 저지했다. 그렇지 않았다면 이 국가들은 인플레이션 압력을 증대하는 통화팽창의 유혹을 받았을 것이다. 이 견해는 **EMS에 대한 신뢰성 이론**(credibility theory of the EMS)이라 하는데, 이 이론은 국제환율협정을 어기는 데 따르는 정치적 비용이 유용하다고 주장한다. 즉 이 비용이 각국 정부가 경기호황의 단기적 이익을 얻기 위해 장기적으로 높은 인플레이션 비용을 부담하면서 통화가치를 평가절하하는 것을 자제시킬 수 있다는 것이다.

이탈리아처럼 인플레이션이 일어나기 쉬운 EMS 국가의 정책입안자들은 독일 중앙은행의 수중에 통화 정책의 결정을 맡겨둠으로써 분명히 신뢰를 얻을 수 있었다. 평가절하가 여전히 가능하기는 했지만 EMS의 규제를 받아야만 되었다. 평가절하한다면 유권자에게 무능한 정치인으로 인식될까 두려워 독일 마르크화에 고정하는 정부의 결정은 국내 인플레이션을 발생시키고자 하는 정부의 의지와 능력을 감소시켰다.[7]

그림 21-2에서 6개 EMS 초기 회원국들의 인플레이션율을 독일의 인플레이션율과 비교해보면 신뢰성 이론에 대한 추가적인 지지를 확인할 수 있다.[8] 그림이 보여주듯이 다른 EMS 회원국의 연간 인플레이션율은 점차 독일의 낮은 수준으로 수렴했다.[9]

## 시장통합 발의

EU 국가들은 상호 간 환율고정뿐만 아니라 상품, 서비스, 생산요소의 자유로운 이동을 촉진하는 직접적인 수단을 통해서도 더 높은 내부적 경제통합을 달성하고자 노력했다. 이 장 후반부에서는 유럽의 생산물 및 생산요소시장의 통합 정도에 따라 고정환율이 유럽의 거시경제 안정에 미치는 영향이 얼마나 달라지는지를 배울 것이다. 직접적인 시장 자유화를 통해 미시경제 효율성을 높이려는 유럽

---

7  인플레이션이 일어나기 쉬운 국가는 '보수적인' 중앙은행에 통화 정책 결정권을 줌으로써 이득을 얻는다는 일반 이론은 케네스 로고프(Kenneth Rogoff)의 영향력 있는 논문 "The Optimal Degree of Commitment to an Intermediate Monetary Target," *Quarterly Journal of Economics* 100 (November 1985), pp. 1169-1189에서 개진되었다. EMS에 대한 적용은 Francesco Giavazzi and Marco Pagano, "The Advantage of Tying One's Hands: EMS Discipline and Central Bank Credibility," *European Economic Review* 32 (June 1988), pp. 1055-1082를 참조하라.

8  그림 21-2는 룩셈부르크 같은 작은 국가는 포함하지 않았는데, 왜냐하면 1999년 이전에 이 국가는 벨기에와 통화통합을 구성하고 있었으며 인플레이션율이 벨기에의 수준과 아주 비슷했기 때문이다.

9  EMS의 인플레이션 수렴에 대한 신뢰성 이론의 회의론자들은 미국, 영국, 일본도 1980년대에 인플레이션을 낮추었지만 환율을 고정하지 않고 낮추었다고 주장한다. 많은 다른 국가도 환율을 고정하지 않고 인플레이션을 낮추었다.

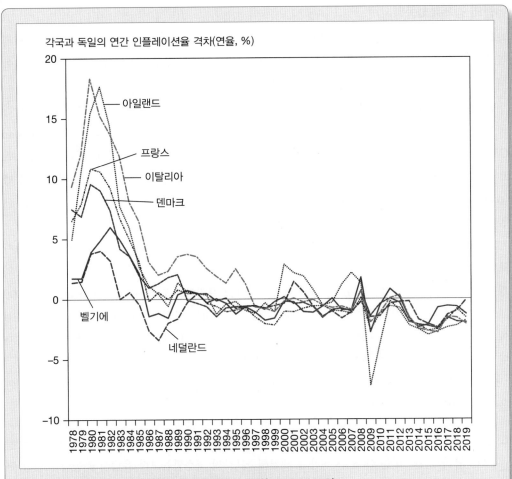

**그림 21-2 6개 EMS 초기 회원국 간 인플레이션 수렴(1978~2019)**

EMS 초기 회원국 중 6개국, 즉 벨기에, 덴마크, 프랑스, 아일랜드, 이탈리아, 네덜란드의 인플레이션과 독일의 인플레이션 간 격차를 보여준다.

출처: IMF, *International Financial Statistics*와 BLS에서 발췌한 CPI 인플레이션율

의 노력은 거시경제 관점에서 상호 간 환율고정에 대한 선호도를 증가시켰다.

초기 EU 회원국이 관세동맹을 창설한 1957년에 시작된 시장통합의 과정은 30년 후에도 완성되지 않았다. 자동차와 통신 같은 많은 산업에서 유럽 내 무역은 정부가 부과한 기준과 등록요건에 의해 좌절되었다. 정부 인가나 구입 관행은 종종 자국시장에서 실제적으로 자국 생산자에게 독점적 지위를 부여했다. EU를 창설한 로마 조약을 수정한 1986년 단일유럽규약(Single European Act)에서 EU 회원국은 교역, 자본 이동, 근로자 이민에 남아 있는 내부장벽을 제거하기 위해 결정적인 정치적 조치를 강구했다. 가장 중요한 것은 시장 완성에 관련된 조치에 대한 만장일치 동의를 요구한 로마 조약을 포기함으로써 이기적인 한두 EU 회원국이 과거와 같이 무역자유화를 방해하지 못하게 했다는 점이다. 시장통합을 위한 후속조치가 이어졌다. 예를 들면 금융자본은 EU 역내뿐 아니라 EU와 외부 국가 사이에서도 아주 자유롭게 이동할 수 있게 되었다.

## 유럽의 경제통화동맹

각국은 다양한 방법으로 통화를 연결할 수 있다. 이러한 다양한 방법을 한 극단에는 통화 정책의 독립성을 거의 포기하지 않아도 되는 협약으로, 또 다른 극단에는 독립성을 완전히 포기해야 하는 협약이 분포되어 있는 스펙트럼으로 생각할 수 있다.

빈번한 환율 재조정과 자본 이동에 대한 광범위한 정부통제로 특징지어지는 초기 EMS는 각국이 통화 정책을 실시할 수 있는 여지를 많이 남겼다. 1989년 유럽연합 집행위원회(European Commission) 위원장인 자크 들로르(Jacques Delors)가 주도한 위원회는 앞에서 언급한 정책 스펙트럼의 또 다른 극단에 있는 목표로의 3단계 이행계획을 추천했다. 그 목표는 바로 **경제통화동맹**(economic and monetary union, EMU)이었는데, 여기서는 모든 EU 회원국을 대표하여 운영하는 단일 중앙은행이 모든 국가의 통화를 단일 EU 통화로 대체하여 관리한다.

1991년 12월 10일, EU 국가의 지도자들은 네덜란드의 오래된 도시 마스트리히트에서 만나 로마 조약의 광범위한 개정안을 국가 비준에 올리기로 동의했다. 이러한 개정안은 EMU로 가는 길목의 전면에 EU를 세우는 것을 의미했다. 250쪽에 달하는 **마스트리히트 조약**(Maastricht Treaty)에는 1999년 1월 1일까지 단일 유럽 통화와 중앙은행의 설립을 요구하는 규정이 포함되었다. 1993년까지 EU에 속한 모든 12개 국가는 마스트리히트 조약을 비준했다. 그 후 EU에 가입한 16개 국가는 가입하자마자 마스트리히트 조약의 규정을 받아들였다(그림 21-1 참조).[10]

EU 국가들은 왜 EMS에서 벗어나 공동의 단일통화를 가진다는 더 야심적인 목표를 향해 움직였을까? 여기에는 네 가지 이유가 있다.

1. 단일 EU 통화가 EMS의 통화 재조정의 위협을 제거해주고 또한 거래자가 한 EMS 통화를 다른 EMS 통화로 환전하는 데 드는 비용을 제거해줌으로써 고정환율보다 유럽시장 통합을 한층 더 진전시킬 것이라고 믿었다. 단일통화는 EU 시장을 하나의 대륙시장으로 통합하는 데 필요한 계획에 대한 보완사항이라고 여겨졌다.

2. 일부 EU 지도자는 독일의 EMS 통화 정책 관리가 다른 EMS 회원국의 이익을 희생해가면서 일방적으로 독일의 거시경제 목표만 강조한다고 생각했다. EMU하의 독일 분데스방크를 대체할 유럽 중앙은행은 다른 국가의 문제에 대해 더욱 사려가 깊을 것이며, 자동적으로 다른 국가도 독일과 대등하게 그 시스템 전반에 걸친 통화 정책 결정에 참여할 기회를 줄 것이라고 생각했다.

3. EU 역내에서 자본 이동의 완전자유화를 향한 움직임이 기정사실이라는 점을 감안하면 단일통화를 통해 고정 평가를 절대로 변경할 수 없게 묶어두는 것에 비해 고정된(그러나 조정할 수 있는) 평가를 지닌 각국 통화를 유지하는 것은 얻을 것이 별로 없고 잃을 것이 많아 보였다. 어떠한 이종 통화 간 고정환율제도도 1992~1993년처럼 맹렬한 투기적 공격을 받기 십상이다. 만약 유럽 사람들이 자본 이동의 자유와 영구적인 고정환율제도를 동시에 원한다면 단일통화는 이를 달성하는 가장 좋은 방법이다.

---

10 그러나 덴마크와 영국은 마스트리히트 조약의 통화규정에서 탈퇴할 수 있는 '선택권'을 가지고 자국통화 보유를 허락하는 특별 예외조항하에서 마스트리히트 조약을 비준했다. 스웨덴은 선택권을 가지고 있지는 않지만 유로지역 가입을 회피하기 위해 마스트리히트 조약의 다른 세부조항을 이용하고 있다.

4. 앞에서 지적했듯이 모든 EU 국가의 지도자들은 마스트리히트 조약의 규정이 유럽의 정치적 안정을 보장해주기를 희망했다. 순수한 경제적 기능을 넘어 단일 EU 통화는 과거에 전쟁을 초래했던 경쟁심보다 협동을 우선시하고자 하는 유럽의 희망을 나타내는 유력한 상징물로 의도되었다. 이러한 각본 아래 새 통화는 유럽대륙의 평화에 대한 압도적인 정치적 지지자를 창조하기 위해 개별 유럽 국가의 경제적 이익을 조정해줄 것으로 기대되었다.

마스트리히트 조약의 비판가들은 EMU가 이러한 긍정적 효과를 가지고 있다는 주장을 반박했으며, EU에게 더 강력한 통치권을 부여하는 조약의 규정에 반대했다. 이 비판가들에게 EMU는 EU의 중앙기구가 지역적 요구를 무시하고 지역 일에 간섭하며 국가 정체성의 자랑스러운 상징물(물론 국가 통화를 포함한)을 격하시키는 경향의 전조로 비춰졌다. 세계대전 이후에 극심한 인플레이션으로 깊은 상처를 받았던 독일 국민은 특히 새 유럽 중앙은행이 분데스방크만큼 치열하게 인플레이션에 대항하지 않을 것이라고 우려했다.

## 유로 및 유로지역의 경제 정책

EMU의 최초 회원국이 어떻게 선택되었는지, 새 회원국의 가입이 어떻게 승인되는지, 유로지역의 경제 정책을 지배하는 금융제도 및 정치제도의 복합구조는 무엇인지, 이 절은 이러한 점을 개관할 것이다.

### 마스트리히트 수렴기준 및 안정과 성장 협약

마스트리히트 조약은 EMU에 가입하기 위해서는 EU 회원국이 여러 거시경제 수렴기준을 충족해야 한다고 언급한다. 기준은 다음과 같다.

1. 가입하기 1년 전의 인플레이션율이 인플레이션이 가장 낮은 3개 EU 회원국의 평균보다 1.5% 이상 높지 않아야 한다.
2. 자국이 주도하여 통화를 절하하지 않으며 ERM 내에서 안정적인 환율을 유지해야 한다.
3. 예외적이고 일시적인 상황을 제외하고는 재정적자가 GDP의 3%를 넘지 않아야 한다.
4. 공공부채가 기준수준인 GDP의 60% 이하이거나 이 수준으로 접근하고 있어야 한다.

마스트리히트 조약은 EMU에 가입한 이후에도 기준 3과 4에 대해 EU 집행위원회의 지속적인 감시를 받아야 하며, 재정규칙을 어기고 과도한 재정적자와 공공부채를 개선하지 않은 국가에게는 벌칙을 부과한다고 규정하고 있다. 높은 재정적자와 부채에 대한 감시와 제재는 각국 정부가 재정 집행력을 행사하는 것을 속박한다. 예를 들면 경기후퇴에 직면한 빚이 많은 EMU 국가는 마스트리히트의 규정을 어길까 두려워 확장적 재정 정책을 실시할 수 없게 되는데, 독립적인 통화 정책을 시행할 수 없는 상황을 고려하면 이러한 재정 정책에 대한 자주권 상실은 아주 값비싼 희생이라고 할 수 있다.

더욱이 1997년 유럽 지도자들이 협의한 보완적인 **안정과 성장 협약**(Stability and Growth Pact, SGP)은 재정에 대한 구속을 더욱 옥죄었다. SGP는 중기 예산목표를 균형 혹은 균형에 근접한 수준으로 설정했다. 이 협약은 또한 과도한 적자와 부채 상태를 충분히 신속하게 개선하지 않는 국가에게 부과되는 범칙금의 시간표도 만들었다. 무엇이 거시경제 수렴기준, 높은 공공부채에 대한 공포 및 SGP를 설명해주는가? 마스트리히트 조약에 서명하기 전에 인플레이션이 낮은 독일 같은 국가는 EMU 상대국들도 낮은 인플레이션과 재정통제를 선호하는지를 확인하고 싶어 했다. 그렇지 않을 경우 유로가 약세 통화가 되어 1970년대 초반 이후 여러 시기에 프랑스, 그리스, 이탈리아, 포르투갈, 스페인, 영국의 인플레이션을 자극했던 그러한 정책의 희생물이 될지도 모른다고 두려워했다. 계속 차입을 하는, 빚이 많은 정부는 자국의 채권에 대한 수요가 사라지는 것을 목격할 수도 있는데, 이는 2009년에 시작된 유로위기에서 결국 여러 유럽 국가를 휩쓸었던 악몽 같은 시나리오이다. 마스트리히트 조약의 설계자들은 또한 높은 재정적자와 부채로 인해 새로 들어설 유럽 중앙은행이 직접 공공부채를 매입하게 되면 통화공급 증가와 인플레이션을 자극하는 압력으로 작용하지 않을까 두려워했다. 전통적으로 인플레이션이 낮았던 국가의 유권자는 EMU 내의 신중한 정부가 상환능력 이상으로 차입하는 낭비성이 높은 정부를 위해 돈을 지불하지 않을까 우려한 것이다. 이 점은 특히 독일에서 그러했는데, 서독 납세자가 과거 공산주의였던 동독을 흡수하는 데 드는 비용을 부담하고 있었다. 이러한 우려와 일관되게끔 마스트리히트 조약은 또한 EU 회원국이 다른 회원국의 부채를 떠맡지 못하게 하는 '긴급구제 금지 조항(no bailout clause)'을 포함했다.

새 통화가 과거의 독일 마르크화만큼 강세 통화가 되지 못할지도 모른다는 두려움 때문에 1997년이 다가올 때까지 독일 여론은 여전히 유로에 반대하고 있었다. 독일 정부는 새 유럽 중앙은행이 실제로 낮은 인플레이션을 달성하고 긴급구제를 회피할 것이라고 국내 유권자를 납득시키는 방편으로서 SGP를 요구했다. 아이러니하게도 독일(프랑스와 더불어)이 마스트리히트의 재정준칙을 위반한 국가 중의 하나였기 때문에 (SGP를 촉진했던 우려가 훗날의 경험에 의해 타당한 것으로 판명되었음에도 불구하고) SGP는 유로가 도입된 처음 10년간 실행되지 않았다.

11개 EU 국가(오스트리아, 벨기에, 핀란드, 프랑스, 독일, 아일랜드, 이탈리아, 룩셈부르크, 네덜란드, 포르투갈, 스페인)가 1998년 5월까지 수렴기준을 충족했으며 EMU의 창립 국가가 될 수 있음이 분명했다. 그리스는 1998년에는 어떤 기준도 통과하지 못했으나 2001년 1월 1일에 모든 요건을 통과하고 마침내 EMU에 가입했다. 그 이후 슬로베니아(2007년 1월 1일), 사이프러스와 몰타(2008년 1월 1일), 슬로바키아(2009년 1월 1일), 에스토니아(2011년 1월 1일), 라트비아(2014년 1월 1일), 리투아니아(2015년 1월 1일) 또한 유로지역에 가입했다.

## 유럽 중앙은행과 유로 시스템

유로 시스템(Eurosystem)은 유로지역의 통화 정책을 수행하며 프랑크푸르트에 있는 **유럽 중앙은행**(ECB)과 미국의 각 지역연방은행과 비슷한 역할을 하는 유로지역의 19개 중앙은행으로 구성되어 있다. 유로 시스템의 의사결정은 ECB 총재를 포함한 6명의 ECB 이사와 각국의 중앙은행 총재로 구성된 ECB 각료회의의 투표로 결정된다. 유럽 중앙은행제도(ESCB)는 ECB와 모든 28개 EU의 중앙은행으로 구성되어 있는데, 유로를 사용하지 않는 국가도 포함되어 있다. 유로 시스템의 회원국과 마찬가지로 비유로지역의 중앙은행도 유로 시스템과 다양한 형태의 협력을 할 뿐만 아니라 국내 물가안정을 추구하기로 약속했다. 일부 국가는 자국의 통화를 유로에 고정했는데, 서부와 중부 아프리카의 과거 프랑스 식민지였던 14개 국가 그룹이 대표적이다. 1945년 이들 국가는 그 당시 프랑스 프랑화의 평가절하를 따르고자 하지 않았기 때문에 자국의 통화, 즉 서아프리카 CFA 프랑과 중앙아프리카 CFA 프랑으로 프랑스 프랑화를 대체했다. 그때부터 이들 국가의 통화는 (1994년의 평가절하를 포함하여) 프랑스 프랑화에 고정되고 이후 유로에 고정한 환율제도를 유지하고 있다.[11]

마스트리히트 조약의 입안자들은 인플레이션을 초래할지도 모르는 정치적 영향에서 자유로운 독립적 중앙은행을 만들고 싶어 했다.[12] 그 조약은 ECB에 물가안정을 최우선으로 추구할 수 있도록 권한을 위임하며, 통화 정책에 관한 결정을 정치적 영향으로부터 차단하기 위한 많은 규정을 포함한다. 더구나 세계의 어떤 다른 중앙은행과 다르게 ECB 운영에 어떠한 단일 국가의 영향도 미치지 못하게 하고 있다. 예를 들어 미국 의회는 연방준비제도의 독립성을 낮추는 법을 쉽게 통과시킬 수 있다. 이와는 대조적으로 ECB는 활동사항을 정기적으로 유럽의회에 간단히 보고할 의무가 있지만 유럽의회는 ESCB와 ECB의 지위를 바꿀 힘이 없다. 그것은 모든 EU 회원국의 입법부나 유권자가 승인한 마스트리히트 조약에 대한 개정을 필요로 한다. 이 조약의 비판가들은 정상적인 민주적 과정에 비해 ECB를 과보호한다고 주장한다.

### 개정된 환율 메커니즘

ERM 2로 일컬어지는 개정된 환율 메커니즘은 아직 EMU의 회원국이 아닌 EU 국가들을 위해 유로에 대한 환율의 범위를 ±15%로 넓게 정의하고, 이 환율 목표대를 지지하기 위해 상호 외환시장에 개입하는 협정을 상술했다. 유로지역에 속하지 않은 EU 회원국이 유로에 대한 자국 환율을 경쟁적으로 평가절하하는 것을 억제하고, EMU에 가입하려는 참가국에게 마스트리히트 조약의 환율안정 수렴기준을 만족하는 길을 열어주기 위해 ERM 2가 필요하다고 생각되었다. ERM 2의 규정하에서 ECB 혹은 자국통화를 가지고 있는 EU 회원국의 중앙은행은 유로 외환시장 개입이 국내 물가수준을 불안정하게 만들 위험이 있는 통화공급의 변화를 초래하면 이를 중단할 수 있다. 실제로 ERM 2는 예전의 ERM만큼 비대칭적이어서 주변국들은 자국 환율을 유로에 고정하고, 이자율에 대한 ECB의 결정을 수동적으로 따르게 된다.

## 최적통화지역 이론

유럽 통화통합 과정이 국제사회에서 EU의 위상을 높임으로써 창설자들의 정치적 목표를 진일보하는데 도움을 주었다는 점에는 의심의 여지가 없다. 그러나 유럽의 통화실험의 생존과 미래의 발전은 각국의 경제적 목표를 달성하게끔 도와주는 능력에 전적으로 달려 있다. 환율을 고정하는 한 국가의 결정은 원칙적으로 경제적 이익뿐만 아니라 희생도 초래할 수 있기 때문에 그 전망은 아직 불투명하다.

19장에서는 환율을 변화시킴으로써 한 국가가 다양한 경제적 충격의 영향을 완화하는 데 성공할

---

11 CFA 프랑에 대한 개관으로 Jean-Claude Tchatchouang, "The CFA Franc Zone: A Biography", in Célestin Monga and Justin Yifu Lin (eds.), "The Oxford Handbook of Africa and Economics: Volume 2: Policies and Practices", Oxford: Oxford University Press, 2015 참조

12 일부 연구는 중앙은행의 독립성이 낮은 인플레이션과 연관되어 있음을 보여준다. 좀 더 최근의 평가는 Christopher Crowe and Ellen E. Meade "Central Bank Independence and Transparency: Evolution and Effectiveness," *European Journal of Political Economy* 24 (December 2008), pp. 763-777 참조

수 있다는 점을 살펴봤다. 한편 환율의 신축성(flexibility)은 상대가격을 예측하기 어렵게 만들거나 인플레이션을 억제하려는 정부의 의지를 손상하는 것과 같은 잠재적인 피해를 가져올 수 있다. 상호 간의 환율을 고정하는 국가 그룹에 참여하는 데 따른 이익과 경제적 비용을 저울질하기 위해서는 한 국가가 희생하는 안정화 능력과 이 국가가 얻게 되는 효율성 및 신뢰도의 이득을 체계적으로 분석하는 모형이 필요하다.

이 절에서는 한 국가가 유로지역과 같은 고정환율 지역에 참가하는 데 따른 비용과 이익이 그 국가 경제가 잠재적인 상대국 경제와 얼마나 긴밀하게 통합되어 있는가에 따라 달라진다는 점을 보이고자 한다. 이러한 결론을 내리게 하는 분석은 **최적통화지역**(optimum currency areas) 이론이라고 하는데, 이 이론은 고정환율은 국제무역과 요소 이동이 긴밀하게 통합된 지역에서 가장 적절하다고 예측한다.[13]

## 경제통합과 고정환율 지역의 이익: *GG* 곡선

일례로 노르웨이와 같은 개별 국가가 고정환율 지역, 이를테면 유로지역에 참가할 것인지의 여부를 어떻게 결정하는지 살펴보자. 목표는 노르웨이의 선택을 분명하게 보여주는 단순한 그림을 개발하는 것이다.

이 그림의 두 가지 요소 중 *GG* 곡선이라고 불리는 첫 번째 것부터 시작하자. 이 곡선은 노르웨이가 유로지역에 참여함으로써 얻는 이익이 그 지역과의 무역연계에 따라 달라진다는 점을 보여준다. 노르웨이가 자국통화인 크로네를 유로에 대해 고정하는 방안을 고려하고 있다고 가정하자.

고정환율의 주된 경제적 이익은 경제적 계산을 단순화해주고, 국제거래와 관계된 결정을 하는 데 변동환율보다 좀 더 예측 가능한 기초를 제공한다는 것이다. 미국의 50개 주가 각각 다른 모든 주의 통화에 대해 가치가 변동하는 통화를 가졌다면 미국 소비자와 기업이 매일 낭비하는 시간과 자원을 상상해보라. 유로에 대한 크로네의 변동을 허용할 때 노르웨이는 유로지역과의 무역에서 비슷한 불이익에 직면하게 된다. 고정환율제도에 참여함으로써 얻는 **통화 효율성 이득**(monetary efficiency gain)은 환율변동에서 초래되는 불확실성, 혼란, 계산 및 거래비용 등을 회피함으로써 얻는 참가국의 절약과 같다.[14] 예를 들어 유로와 CFA 프랑의 고정환율은 유럽과 CFA 프랑을 사용하는 서부 및 중부 아프리카의 14개 국가와의 무역을 용이하게 한다.[15]

실제로 노르웨이가 유로에 고정한 결과로 얻는 총통화 효율성 이득을 정확히 숫자로 나타내는 것은 어려울지 모른다. 그러나 노르웨이가 유로지역 국가들과 무역을 많이 하는 경우 그 이익이 더 클

---

13 최초의 더 읽을거리는 로버트 먼델(Robert A. Mundell)의 고전, "The Theory of Optimum Currency Areas," *American Economic Review* 51 (September 1961), pp. 717-725이다. 그 이후의 공헌은 더 읽을거리에 있는 Tower and Willett의 책에 요약되어 있다. 먼델은 최적통화지역이 국경과 일치할 필요는 없다는 점을 주장하고자 했다. 그러나 유로지역의 최근 경험에 의하면 통화지역이 국경의 범위 밖까지 미친다면 일부 핵심적인 정부 기능은 통화동맹을 대신하는 초국가적 기관에 위임될 필요가 있을 수도 있다.

14 통화 효율성 이득의 한 가지 구성요소로서 중개인과 은행에 지불되는 외환거래 수수료의 잠재적인 절약을 예로 들어 설명하면, 런던정치경제대학교의 찰스 빈(Charles R. Bean)은 1992년에 모든 EU 통화들 간 거래는 원래 금액의 절반에 해당하는 손실을 가져온다고 추정했다. 이 장의 더 읽을거리에 있는 그의 논문 "Economic and Monetary Union in Europe," *Journal of Economic Perspectives* 6 (Fall 1992), pp. 31-52를 참조하라.

15 CFA 프랑의 이득에 대한 세부적인 논의는 Martin Halle, "The role of the euro in Sub-Saharan Africa and in the CFA franc zone," Economic Papers 347 (2008), Directorate General Economic and Financial Affairs, European Commission 참조

것임은 확신할 수 있다. 예를 들어 노르웨이의 유로지역과의 무역은 GNP의 50%에 달하는 반면 미국과의 무역은 단지 GNP의 5%에 불과한 경우 여타의 조건이 같다면 고정된 크로네/유로 환율이 고정된 크로네/달러 환율보다 분명히 더 큰 통화 효율성 이득을 노르웨이 무역업자에게 만들어준다. 마찬가지로 노르웨이와 유로지역의 무역이 클 때가 적을 때보다 고정된 크로네/유로 환율로부터 얻는 효율성 이익이 더 크다.

크로네를 유로에 고정함으로써 얻는 통화 효율성 이득은 만약 생산요소가 노르웨이와 유로지역 사이에서 자유롭게 이동할 수 있다면 더 클 것이다. 유로지역의 국가에 투자한 노르웨이 사람들은 투자수익이 좀 더 예측 가능하다면 이득이 된다. 이와 비슷하게 유로지역의 국가에서 일하는 노르웨이 사람들은 고정환율이 노르웨이의 생활비 대비 임금을 더욱 안정적으로 만든다면 그것 또한 이득이 될 것이다.

결론은 한 국가와 고정환율 지역 사이의 경제통합의 정도가 높은 경우 그 지역의 통화에 대한 환율을 고정할 때 얻는 통화 효율성 이득이 확대된다는 것이다. 국가 간 무역과 생산요소의 이동이 클수록 고정환율의 이익은 그만큼 더 커진다.

그림 21-3에서 우상향하는 GG 곡선은 한 국가의 고정환율 지역과의 경제통합의 정도와 그 국가가 고정환율 지역에 참가하여 얻는 통화 효율성 이득의 관계를 보여준다. 그림의 가로축은 위의 예에서 참가국인 노르웨이의 유로지역 생산물 및 생산요소시장에 대한 경제통합 정도를 측정한다. 세로축은 유로에 고정하는 것에서 노르웨이가 얻는 통화 효율성 이득을 측정한다. GG 곡선의 양의 기울기는 고정환율 지역에 참여함으로써 한 국가가 얻는 통화 효율성 이득이 고정환율 지역과의 경제통합이 클수록 더 커진다는 결론을 반영한다.

이 예에서는 그 큰 환율지역인 유로지역의 물가가 안정적이며 예측 가능하다고 암묵적으로 가정했다. 그렇지 않다면 환율지역에 참가하기로 결정한 후에 초래될 노르웨이 물가의 변동성 증대는 고정

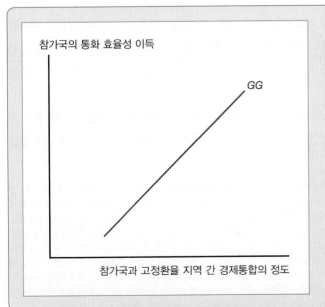

**그림 21-3 GG 곡선**

우상향하는 GG 곡선은 고정환율 지역에 참가함으로써 얻는 통화 효율성 이득이 그 지역과의 경제적 통합이 높을수록 더 커진다는 점을 보여준다.

참가국의 통화 효율성 이득

GG

참가국과 고정환율 지역 간 경제통합의 정도

환율이 제공해줄 통화 효율성 이득을 상쇄할 것이다. 만약 크로네 환율을 고정한다는 노르웨이의 약속이 경제주체들의 완전한 신뢰를 받지 못한다면 또 다른 문제가 발생한다. 이러한 상황에서는 환율 불확실성이 일부 남게 되고, 그 결과 노르웨이의 통화 효율성 이득이 줄어든다. 그러나 유로지역의 물가가 안정되고 노르웨이의 환율 약속이 확고하다면 주요 결론은 다음과 같다. 노르웨이가 유로에 고정하면 유로에 대한 환율의 안정성에서 이익을 얻는데, 노르웨이 시장이 유로지역 시장과 밀접하게 연계될수록 이익은 더 커진다.

이 장 앞부분에서는 물가가 안정된 지역 통화당국의 반인플레이션 의지를 수입하기 위해 그 지역의 환율에 자국환율을 고정하기를 원할 수 있다고 배웠다. 그러나 환율을 고정한 국가의 경제가 낮은 인플레이션 지역의 경제와 잘 통합될 때 낮은 국내 인플레이션을 달성하기가 더 쉽다. 그 이유는 밀접한 경제통합은 국가 간 물가를 수렴시키고, 따라서 고정한 국가의 물가수준이 독립적으로 변동할 여지를 줄여주기 때문이다. 이 점은 고정환율 지역과의 높은 경제통합이 왜 회원국의 이익을 향상하는지를 설명해주는 또 다른 이유이다.

### 경제통합과 고정환율 지역의 비용: *LL* 곡선

환율지역에의 가입은 그 지역의 인플레이션이 낮은 때조차도 이익뿐 아니라 비용을 수반한다. 이 비용은 환율지역에 가입한 국가가 생산과 고용을 안정시키기 위해 환율 및 통화 정책을 사용할 능력을 포기하기 때문에 발생한다. 이러한 가입에 따른 **경제 안정성 손실**(economic stability loss)은 통화 효율성 이득처럼 환율 상대국과의 경제통합과 관련이 있다. 이 관계를 그림으로 보여주는 두 번째 곡선, 즉 *LL*을 도출할 수 있다.

고정환율과 변동환율의 상대적 장점에 대한 19장의 논의에서는 경제가 생산물시장의 변화에 의해 (즉 *DD* 곡선의 이동에 의해) 교란될 때 변동환율이 고정환율에 비해 이점이 있다는 결론을 내렸다. 변동환율은 국내 제품과 외국 제품의 상대가격을 즉각 변화시킴으로써 생산과 고용에 미치는 충격을 자동적으로 완화한다. 더욱이 환율이 고정된 경우 18장에서 배운 것처럼 의도적인 안정화는 통화 정책이 국내 생산에 전혀 영향을 주지 못하기 때문에 더욱 어렵다는 점을 상기하기 바란다. 이러한 두 가지 결론이 주어졌을 때 *DD* 곡선의 변화가 통화당국이 환율을 일단(group)의 외국통화에 고정해야만 하는 경제에 더 큰 영향을 미칠 것으로 기대할 수 있다. 고정환율에 의해 발생된 추가적인 불안정이 바로 경제 안정성 손실이다.[16]

*LL* 곡선을 도출하기 위해서는 노르웨이의 유로지역과의 경제통합 정도가 어떻게 경제 안정성 손실규모에 영향을 미치는지를 이해해야 한다. 노르웨이가 환율을 유로에 고정하고 노르웨이의 생산

---

16 노르웨이가 궁극적으로 자국통화를 유로에 고정하는 반면에 비유로(non-euro) 통화에 대해서는 자유 변동하게 할 때 통화 정책의 독립성을 일부분 유지한다고 생각할지도 모른다. 그러나 놀랍게도 이러한 생각은 틀리다. 그 이유는 노르웨이에서의 어떠한 독립적인 통화공급의 증가도 크로네 이자율에 압력을 가하고, 결과적으로 크로네/유로 환율에도 압력을 가하게 되기 때문이다. 따라서 크로네를 어떠한 단일 외국통화에 고정하더라도 노르웨이는 자국통화 정책에 대한 통제권을 완전히 잃는다. 그러나 이 결과는 노르웨이에게 긍정적인 측면이 있다. 노르웨이가 궁극적으로 유로에 고정한 이후에 국내 통화시장 교란(*AA* 곡선의 이동)은 크로네가 비유로 통화에 대해 계속 변동하고 있음에도 불구하고 더 이상 자국 생산에 영향을 미치지 못한다. 노르웨이의 이자율이 유로 이자율과 같아야 하기 때문에 어떠한 *AA* 곡선의 이동도 반대의 자본유출 또는 자본유입을 초래하여 노르웨이 이자율을 변하지 않게 한다. 그러므로 크로네/유로 환율 고정만으로 *AA* 곡선을 이동시키는 통화교란에 직면하여 자동안정화를 충분히 제공한다. 이 점은 본문에서 *DD* 곡선의 이동에만 집중해도 되는 이유를 제공해준다.

물에 대한 수요가 감소했다고(*DD* 곡선이 왼쪽으로 이동했다고) 가정하자. 만약 여타 유로지역 국가의 *DD* 곡선도 동시에 왼쪽으로 이동한다면 유로가 외부 통화들에 대해 절하되어 앞 장에서 공부한 자동안정화를 제공하게 된다. 노르웨이만 총수요 감소에 직면할 때, 예를 들어 노르웨이의 주요 수출품의 하나인 석유에 대한 세계수요가 감소할 때만 노르웨이는 심각한 문제에 부딪히게 된다.

이 충격에 노르웨이는 어떻게 적응할 것인가? 유로를 움직이게 하는 아무 일도 벌어지지 않았기 때문에 크로네는 모든 외국통화에 대해 안정적일 것이다. 따라서 노르웨이 상품의 가격과 노르웨이 노동자의 임금이 하락하는 값비싼 경기 침체 기간이 지난 후에야 완전고용이 회복될 것이다.

이 경기 침체의 가혹함은 노르웨이 경제와 EMU 회원국 경제 간 경제통합 정도에 따라 어떻게 달라지는가? 그 대답은 통합 정도가 높을수록 경기 침체는 약하며, *DD* 곡선의 불리한 이동에 대한 조정비용이 낮아진다는 것이다. 이렇게 조정비용이 감소하는 데는 두 가지 이유가 있다. 첫째, 노르웨이가 유로지역과 밀접한 무역연계를 지니고 있다면 가격이 조금만 하락해도 노르웨이 상품에 대한 유로지역의 수요가 노르웨이 생산에 비해 상대적으로 크게 증가할 것이다. 따라서 완전고용은 상당히 빨리 회복될 수 있다. 둘째, 노르웨이의 노동과 자본시장이 유로지역의 이웃 국가들과 밀접하게 연결되어 있다면 실업자가 일을 찾아 해외로 쉽게 이동할 수 있고, 국내자본은 더 유익하게 사용되도록 해외로 이전될 수 있다. 생산요소가 해외로 이동할 수 있으면 노르웨이의 실업률 상승을 줄이고 투자자에 대한 수익의 하락도 줄여준다.[17]

우리의 결론은 노르웨이 생산물에 대한 수요가 증가한 상황(*DD* 곡선의 오른쪽 이동)에도 적용된다는 점을 주목하라. 노르웨이가 유로지역 경제와 긴밀히 통합되면 외국 자본과 노동력이 노르웨이로 유입되어 노르웨이의 가격이 조금만 상승해도 노르웨이 제품에 대한 초과수요는 빠르게 제거된다.[18]

노르웨이와 유로지역에 소속되지 않은 국가 간 밀접한 무역연결이 노르웨이에서만 발생한(여타 유로지역 국가에서는 일어나지 않은) *DD* 곡선의 이동에 대한 조정을 돕게 된다. 그러나 비유로지역 국가들과의 더 큰 무역통합은 거시경제 안정에 대한 긍정적 영향뿐만 아니라 부정적 영향도 가져오는 양날의 칼과 같다. 왜냐하면 노르웨이가 크로네를 유로에 고정할 때 유로 환율을 변하게 한 유로지역의 교란은 노르웨이의 비유로지역 국가들과의 무역연계가 강할수록 노르웨이 경제에 좀 더 강력한 영향을 주게 될 것이기 때문이다. 이 영향은 노르웨이의 *DD* 곡선의 이동폭이 증가한 경우와 유사하게 유로에 고정하는 것에서 초래되는 노르웨이의 경제 안정성 손실을 증가시킬 것이다. 어떠한 경우에도 이러한 주장은 크로네 / 유로 환율 고정에 따른 노르웨이의 안정성 손실이 유로지역과의 경제적 통합에 따라 감소한다는 애초 결론을 바꾸지는 못한다.

아직 논의하지 않은 추가적인 고려사항은 노르웨이와 유로지역의 무역량이 큰 경우 유로에 고정하

---

17 설치된 기계와 설비를 해외로 이전하거나 용도를 변경하는 데는 보통 비용이 많이 든다. 이와 같이 상대적으로 이동이 어려운 노르웨이 자본을 소유한 사람들은 노르웨이 제품에 대한 수요가 감소하면 항상 낮은 투자수익을 얻게 될 것이다. 그러나 노르웨이의 자본시장이 이웃 EMU 국가들과 통합되어 있다면 노르웨이는 부의 일부를 해외에 투자할 것이며, 이와 동시에 노르웨이 자본스톡의 일부는 외국인이 소유하게 된다. 이러한 부의 국제적 분산화(diversification, 20장 참조) 과정의 결과로 노르웨이 자본에 대한 수익의 예상치 못한 변화는 자동적으로 고정환율 지역의 투자자에게 분산되어 공유된다. 따라서 이동할 수 없는 자본의 소유자조차도 노르웨이 경제가 자본 이동에 개방되어 있을 때는 고정환율로 초래되는 경제 안정성 손실을 회피할 수 있다.
　　사례 연구 '유럽은 최적통화지역인가?'에서 유럽 경험을 평가할 때 논의하듯이 노동의 국제적 이동이 낮거나 없는 경우에는 자본의 국제적 이동이 확대되어도 고정환율에서 발생하는 경제 안정성 손실이 감소되지 않을 수 있다.

18 앞의 추론은 노르웨이와 환율 대상국의 생산물시장에서 불균등하게 발생한 다른 경제교란에도 적용된다. 이 장의 연습문제 5에서 EMU 수출품에 대한 수요는 증가했으나 노르웨이 수출품에 대한 수요곡선은 불변인 경우의 효과를 묻고 있다.

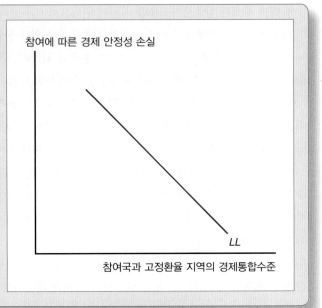

**그림 21-4 LL 곡선**
우하향하는 LL 곡선은 고정환율 지역 국가들과의 경제통합수준이 상승함에 따라 고정환율 지역에 참여하는 데 따른 경제 안정성 손실이 줄어드는 것을 보여준다.

참여에 따른 경제 안정성 손실

LL

참여국과 고정환율 지역의 경제통합수준

는 것에서 오는 노르웨이의 경제 안정성 손실이 더 작다는 주장을 강화한다. 이 경우 유로지역으로부터의 수입이 노르웨이 노동자의 소비에서 높은 비중을 차지하기 때문에 크로네/유로 환율의 변화가 신속히 노르웨이의 명목임금에 영향을 미치고, 고용에 대한 영향을 줄이게 된다. 예를 들면 유로지역으로부터의 수입이 상당히 많은 경우 유로에 대한 크로네의 절하는 노르웨이 사람들의 생활수준을 대폭 하락시킨다. 노동자는 이러한 손실을 보상하기 위해 고용주에게 더 높은 명목임금을 요구할 것이다. 이러한 상황에서는 노르웨이가 변동환율로 얻는 추가적인 거시경제 안정이 작기 때문에 크로네/유로 환율을 고정해도 잃을 것이 별로 없다.

결론적으로 한 국가와 그 국가가 참여한 고정환율 지역 간 경제통합의 정도가 크면 생산물시장의 교란으로부터 초래된 경제 안정성 손실이 줄어든다.

그림 21-4에 있는 LL 곡선은 이 결론을 요약하여 보여준다. 그림의 가로축은 참가국의 고정환율 지역과의 경제통합의 정도를 나타내고, 세로축은 그 국가의 경제 안정성 손실을 나타낸다. 논의했듯이 상호 경제적 의존도가 높을수록 환율고정 지역의 통화에 고정하는 것에서 오는 경제 안정성 손실이 작기 때문에 LL 곡선은 음의 기울기를 가진다.

### 통화지역에 대한 참여 결정: GG 곡선과 LL 곡선의 결합

노르웨이가 유로에 대한 크로네 환율을 고정시킬 것인지 여부를 어떻게 결정하는지 보여주기 위해 그림 21-5는 GG 곡선과 LL 곡선을 결합했다. 이 그림은 노르웨이 시장과 유로지역 시장의 경제통합의 정도가 적어도 점 1에서 GG 곡선과 LL 곡선의 교점에 의해 결정되는 $\theta_1$과 같으면 환율고정 지역에 참여해야 한다는 것을 의미한다.

유로시장과의 경제통합 정도가 적어도 $\theta_1$이라면 왜 노르웨이가 유로에 대해 고정해야 하는지 살펴보자. 그림 21-5는 $\theta_1$보다 낮은 경제통합수준에서 GG 곡선이 LL 곡선보다 아래에 있음을 보여준다.

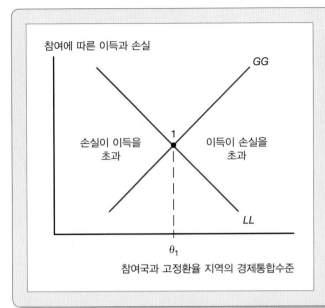

그림 21-5 환율을 언제 고정할 것인가에 대한 결정
점 1에서 $GG$ 곡선과 $LL$ 곡선의 교점은 참여를 고려하는 국가와 고정환율 지역의 경제통합의 임계수준 $\theta_1$을 결정한다. $\theta_1$보다 높은 통합수준에서는 참여하는 것이 순경제적 이익을 가져다준다.

따라서 참여 후에 노르웨이가 입는 생산과 고용불안 손실이 통화 효율성 이득을 초과하므로 고정환율 지역에 참여하지 않는 편이 더 좋다.

그러나 통합의 정도가 $\theta_1$ 이상일 때는 $GG$ 곡선으로 측정되는 통화 효율성 이득이 $LL$ 곡선으로 측정되는 안정성 손실보다 더 크므로 유로에 대한 크로네의 환율을 고정하는 것이 노르웨이에게 순이익을 가져다준다. 따라서 $GG$ 곡선과 $LL$ 곡선의 교점은 노르웨이가 자국통화를 유로에 고정하기를 원하는 최소의 경제통합수준(이 경우는 $\theta_1$)을 결정한다.

$GG$-$LL$ 모형은 한 국가의 경제환경의 변화가 외부 통화지역에 자국통화를 고정하려는 의지에 어떻게 영향을 미치는지에 대한 중요한 시사점을 준다. 예를 들어 한 국가의 수출에 대한 수요의 갑작스러운 변동의 규모와 빈도가 증가한 경우를 고려하자. 그림 21-6에서 볼 수 있듯이 이러한 변화는 $LL^1$을 위쪽의 $LL^2$로 이동시킨다. 모든 경제통합수준에서 환율을 고정함으로써 입게 되는 생산과 실업의 불안정성이 더 커진다. 그 결과 통화지역에 참가하는 것이 가치가 있게 되는 경제통합수준이 $\theta_2$(점 2에서 $GG$ 곡선과 $LL^2$ 곡선의 교점으로 결정)로 상승한다. 여타의 조건이 일정하다면 생산물 시장의 변동성 증가는 고정환율 지역에 참여하고자 하는 의지를 약화시키는데, 이는 1973년 이후의 유가충격이 왜 국가들로 하여금 고정환율의 브레턴우즈 체제를 소생시키길 꺼리게 만들었는지(19장)를 설명하는 데 도와주는 예측이다.

## 최적통화지역이란 무엇인가

앞서 발전시킨 $GG$-$LL$ 모형은 최적통화지역 이론을 제시해준다. **최적통화지역**은 상품과 서비스의 교역과 생산요소의 이동으로 경제가 밀접하게 연결된 지역의 집합체이다. 이 결과는 참가국들 사이의 생산물과 생산요소 교역의 정도가 높은 경우 고정환율 지역은 각 참가국의 경제적 이익을 잘 만족시켜줄 것이라는 결론에서 도출된다.

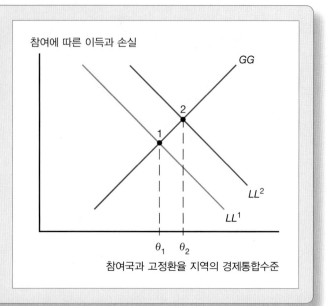

**그림 21-6 생산물시장의 변동성 증대**
참여국의 생산물시장에 대한 교란의 크기와 빈도의 증가는 $LL$ 곡선을 $LL^1$에서 $LL^2$로 위쪽으로 이동시킨다. 왜냐하면 주어진 고정환율 지역과의 경제통합수준에 대해 환율을 고정하는 데 따른 경제 안정성 손실이 증가하기 때문이다. $LL$ 곡선의 이동은 환율지역에 참여하는 경제통합의 임계수준을 $\theta_2$로 상승시킨다.

이 관점은 예를 들어 미국, 일본, 유럽이 상호 간 환율을 변동하도록 허락하는 것이 왜 의미가 있는지를 이해하게 해준다. 이러한 지역은 서로 교역을 하고 있지만 교역량은 이 지역의 GNP와 비교할 때 별로 많지 않으며, 지역 간 노동의 이동성도 낮다.

## 다른 중요한 고려사항

*GG-LL* 곡선이 최적통화지역에 대한 생각을 체계화하는 데는 유용하지만 이야기의 전부는 아니다. 적어도 세 가지 요소가 유로통화지역의 과거 및 미래 성과를 평가하는 데 영향을 미친다.

**경제구조의 유사성** *GG-LL* 곡선은 유로지역 내의 무역이 활발할수록 자국과 다른 회원국에게 상이한 영향을 미치는 생산물시장의 교란에 더 쉽게 적응할 수 있다는 점을 보여준다. 그러나 어떠한 요인이 회원국 고유의 생산물시장에 대한 충격의 빈도와 크기를 줄여주는지에 대해 이 곡선은 아무것도 말해주지 못한다.

이러한 교란을 최소화하는 핵심적 요소는 경제구조의 유사성, 특히 생산되는 상품 종류의 유사성이다. 유럽 내의 산업 내 무역(유사 제품의 교역)에서 입증되듯이 유로지역 국가들의 제조업 구조가 아주 다른 것은 아니다(8장 참조). 그러나 중대한 차이점이 없지는 않다. 북유럽 국가는 남유럽 국가에 비해 더 풍부한 자본과 숙련노동을 보유하고 있으며, 저급의 노동기술을 집약적으로 사용해서 만든 유럽 제품은 포르투갈, 스페인, 그리스, 남부 이탈리아로부터 올 가능성이 높다. 북유럽과 남유럽 국가 간 수출 패턴의 차이로 인해 비대칭적 충격의 기회가 더 많아진다.

한 국가와 잠재적인 통화동맹 회원국들 간 구조의 비유사성이 클수록 *LL* 곡선이 위로 이동하는 것으로 생각할 수 있으며, 이에 따라 통화동맹의 회원국이 되는 것이 이득이 되기 위해 필요한 경제통합의 정도를 증가시킨다.

**재정 연방주의** 유로지역을 평가하는 데 고려해야 할 또 다른 사항은 경제가 강한 회원국에서 경기침체로 고통받는 회원국으로 경제자원을 이전시키는 EU의 능력이다. 미국에서는 예를 들어 다른 지역에 비해 형편이 나쁜 주는 워싱턴으로부터 자동으로 다른 주가 낸 세금에서 나오는 복지수당과 기타 연방정부의 이전지출을 받는다. 그리고 워싱턴에 귀속되는 연방정부의 조세수입은 지역경제가 어려울 때는 줄어든다. 이러한 **재정 연방주의**(fiscal federalism)는 미국에서처럼 고정환율에 따른 경제안정성 손실을 상쇄하는 데 일조할 수 있다. 재정 연방주의는 $LL$ 곡선을 아래로 이동시킨다.[19] 유로가 출범했을 때 유로지역 국가들 간의 보다 긴밀한 재정협력이 기대되었다. 그러나 유로지역 내 현재의 재정이전(fiscal transfer) 규모는 회원국 간의 심각한 경제적 불균형을 극복하기에는 불충분한 수준이다. 현재 유로의 단점에 대한 추가적인 논의는 사례 연구 '유럽이 최적통화지역인가?'를 참고하라.

**은행동맹** 상호 간에 환율을 고정하고 있는 지역의 국가들이 은행규제, 감독 및 해결책에 대해서는 국가의 통제력을 유지하지만, 이와 동시에 (기타 금융기관을 포함한) 은행의 국경 간 금융거래는 자유롭게 허용한다고 가정하자. 이 경우 20장에서 보았듯이 **금융 삼자택일**은 이러한 나라의 금융 시스템이 금융규제 정책에 대해 중앙집권적이며 초국가적 통제력을 가지고 있는 경우에 비해 더 불안정할 것이라고 예측한다.

그러나 이 문제는 고정환율 지역에서 더 악화된다. 예컨대 회원국이 최종대부자로서 통화를 대량으로 발행하는 경우 국제준비금 부족으로 통화위기를 맞을 가능성이 있다(18장). 따라서 각 중앙은행은 국내은행에 대한 LLR 기능에 소극적이 되고, 이 소극성을 민간이 인지하면 은행인출 사태를 촉발함으로써 금융불안과 통화위기의 리스크를 증가시킬 수 있다. $GG$-$LL$의 분석틀에서 보면 더 작은 규모의 은행 정책의 통합은 $LL$ 곡선을 위로 증가시킨다. 중앙은행의 LLR 기능에 바탕을 둔 앞의 사례는 EMU에서 훨씬 더 복잡한 방식으로 적용되지만, 이 문제가 유로지역에서 일어난 최근 위기에서 핵심적 사안이었다.

금융 삼자택일이 시사하듯 금융 정책에 대한 국가의 통제력을 지키면서 고정환율을 유지하는 한 가지 방법은 자본의 국경 간 이동을 금지하는 것이다. 이 방안은 하나의 공동 중앙은행을 가지고 있는 EMU와 같은 통화동맹에서는 선택권을 벗어나 있다. 왜냐하면 국경 간 차입과 대출을 금지하는 경우 중앙은행의 금리 정책이 모든 회원국에게 파급될 수 없기 때문이다.

## 유로위기와 EMU의 미래

19장과 20장에서 설명했듯이 유로지역은 세계 다른 지역과 마찬가지로 2007~2009년 글로벌 금융위기에 휩싸였다. 그러나 글로벌 금융위기가 끝을 향해 치닫고 있던 2009년 후반이 되자 그 존재를 위협받을 만큼 심각한 새로운 위기를 맞았다. 이 절은 유로위기의 성질과 그것이 지금까지 관리된 방법, 그리고 EMU의 미래에 대한 함의를 이해하는 데 도움이 될 것이다.

---

19 최적통화지역에서의 재정 연방주의의 역할에 대한 고전적 설명으로는 Peter B. Kenen, "The Theory of Optimum Currency Areas: An Eclectic View," in Robert Mundell and Alexander Swoboda, eds., *Monetary Problems of the International Economy* (Chicago: University of Chicago Press, 1969), pp. 41-60이 있다. 아마도 놀랍겠지만 위험을 분담하기 위해 매우 효율적인 민간시장에 접근할 수 있을 때조차도 Kenen의 주장은 성립한다. Emmanuel Farhi and Iván Werning, "Fiscal Unions," *American Economic Review* 107 (December 2017), pp.3788-3834 참조

## 사례 연구    유럽은 최적통화지역인가?

초적통화지역 이론은 여러 국가로 구성된 집단이 상호 환율을 고정함으로써 이익을 얻는지 손해를 보는지를 결정할 때 고려할 사항을 분석하는 데 유용한 모형을 제공한다. 환율지역에 그 국가 통화를 고정함으로써 초래되는 이득과 손실은 숫자로 측정하기 어렵다. 그러나 실제 경제실적에 대한 정보를 우리의 이론과 결합함으로써 대다수 국가들이 유로를 채택하거나 유로에 고정하게 되는 유럽이 최적통화지역이라는 주장을 평가할 수 있다.

Angelo D'Amico/Shutterstocks

### 유럽 내 무역규모

앞서 논의한 바는 지역의 경제가 서로 밀접하게 통합되어 있는 경우 그 통화지역에 참여함으로써 이득을 얻을 가능성이 크다고 시사했다. 전반적인 경제통합수준은 생산물시장의 통합(즉 참가국과 통화지역 간의 무역규모)과 요소시장의 통합(즉 노동과 자본이 참가국과 통화지역 간에 이동할 수 있는 용이성)을 살펴봄으로써 판단할 수 있다.

유로가 출범한 1999년 1월, 대부분의 EU 회원국은 생산량의 10~20%를 다른 EU 회원국에게 수출하고 있었다. 이 숫자는 EU-미국 간의 무역보다 훨씬 크다. EU의 역내 평균 무역량이 1990년대 후반 이후 증가하고 있지만 미국의 각 지역 간 무역량보다는 작다. 만약 상품시장 통합의 척도로 무역의 GNP에 대한 비율을 선택한다면 앞 절의 *GG-LL* 모형은 유럽 통화의 나머지 세계 국가의 통화에 대한 환율을 공동으로 변동하게 하는 것이 달러/유로 환율을 고정하는 것보다 EU 회원국에게는 더 유리한 전략이다.

그러나 유럽 내 무역규모는 EU 자체가 최적통화지역이라고 믿게 하는 아주 강력한 이유가 될 만큼 충분히 크지는 않았다.

유로가 출범할 당시 지지자들은 그것이 통화동맹 내에서 무역을 어느 정도 촉진할 것인지에 대한 높은 희망에 부풀었다. 이 희망은 싱가포르국립대학교의 앤드루 로즈(Andrew K. Rose)의 계량연구로 인해 더욱 고무되었는데, 그는 다른 무역 결정요인의 영향을 제거하더라도 평균적으로 통화동맹 회원국 간의 무역은 비회원국과의 무역의 3배에 달한다고 주장했다. 제네바대학원 국제연구소의 리처드 볼드윈(Richard Baldwin)은 좀 더 최근 연구에서 지금까지의 유로지역 경험을 적용하여 추정치를 대폭 하향조정했다.[20] 그의 추정에 따르면 유로가 2000년대 중반까지 이를 사용하는 국가의 무역을 약 9% 증가시키는 데 그쳤으며, 대부분의 영향은 유로 도입 첫 해인 1999년에 나타났다. 그러나 그는 유로를 채택하지 않은 영국, 덴마크, 스웨덴의 경우 유로지역에 속한 국가와의 교역이 약 7% 증가했으며, 따라서 유로를 채택했어도 얻는 이득은 거의 없었을 것이라고 결론을 내렸다.

1986년의 단일유럽법(Single European Act of 1986)에 따라 시장통합 촉진을 목표로 취해진 EU의 조치가 EU 내 무역 증가에 도움이 되고 있는 것 같다. 가전제품 같은 일부 상품은 EU 국가 사이에 가격수렴이 상당 부분 이루어졌다. 그러나 다른 종류의 상품(예: 자동차)에서는 비슷한 제품이 여전히 다른 유럽지역에서 아주 다른 가격으로 팔리고 있다. 이러한 지속적인 가격 차이에 대해 유로의 열광자들이 선호하는 한 가지 가설은 통화가 다수 있기 때문에 큰 가격 차이가 가능했지만, 이러한 가격 차이는 단일통화하에서는 사라질 것이라는 가설이다. 유로가 시장통합에 기여해왔는가? 위스콘신대학교의 찰스 엥겔(Charles Engel) 교수와 미국 연방제도의 존 로저스(John Rogers)는 1990년 이후의 유럽의 가격에 대한 주의 깊은 연구를 통해 유럽 내의 가격 차이가 실제로 1990년대에 걸쳐 축소되었음을 발견했다. 그러나 그들은 1999년 유로 도입 이후에 추가적인 가격수렴이 있었다는 증거는 발견하지 못했다.[21]

20 Baldwin, *In or Out: Does It Matter? An Evidence-Based Analysis of the Euro's Trade Effects* (London: Centre for Economic Policy Research, 2006) 참조. 로즈(Rose)는 초기 분석과 결과를 "One Money, One Market: The Effects of Common Currencies on Trade," *Economic Policy* 30 (April 2000), pp. 8-45에 보고했다. 그는 국제무역에 대한 '중력 모형(gravity model)'에 기초를 둔 분석 방법을 사용했다(2장). 로즈는 Reuven Glick and Andrew K. Rose, "Currency Unions and Trade: A Post-EMU Mea Culpa," Working Paper 21525, National Bureau of Economic Research, September 2015에서 이전에 그가 발표한 낙관적인 추정치를 낮추었다.

21 그들의 논문 "European Product Market Integration after the Euro," *Economic Policy* 39 (July 2004), pp. 347-381을 참조하라. 추가적인 확인을 위해서는 Jesús Crespo Cuaresma, Balázs Égert, and Maria Antoinette Silgoner, "Price Level Convergence in Europe: Did the Introduction of the Euro Matter?" *Monetary Policy and the Economy*, Oesterreichische Nationalbank (Q1 2007), pp. 100-113을 참조하라.

종합해보면 지금까지 가격과 수량에 나타난 증거를 고려할 때 단일유럽법 개혁과 단일통화의 결합이 유로지역을 최적통화지역으로 전환한 것 같지는 않다.

### 유럽의 노동은 얼마나 이동 가능한가?

유럽 내의 노동 이동에 대한 주요 장벽은 더 이상 국경 통제 때문이 아니다. 언어와 문화의 차이가 유럽 국가 내의 노동 이동을 미국 내의 지역 간 이동보다 훨씬 높은 정도로 위축시키고 있다. 1990년 미국의 각 지역과 EU 국가의 실업 형태에 대한 계량경제 연구를 한 캘리포니아대학교(버클리)의 배리 아이컨그린(Barry Eichengreen)은 미국의 각 지역 간 실업률 차이가 EU 국가 간 차이보다 더 작고 오래 지속되지 않는다는 점을 발견했다.[22] 그림 21-7은 1990년대 초반 이후 선별된 일부 EU 국가의 실업률 변화를 보여준다. 다음 절에서는 2000년대 후반 이후 눈에 띄는 발산 현상이 유로지역의 위기와 어떤 관련성이 있는지 논의할 것이다.

심지어 유럽 국가 내에서조차 노동 이동이 부분적으로 정부규제 때문에 제한받고 있다. 예를 들어 일부 국가는 실업수당을 받기 전에 거주권을 설정하도록 요구하기 때문에 실업자가 자기 본거지로부터 멀리 떨어진 지역에서 직업을 찾기가 어렵다. 표 21-2는 가장 큰 몇몇 유럽 국가에서의 지역 간 노동 이동 빈도를 미국과 비교

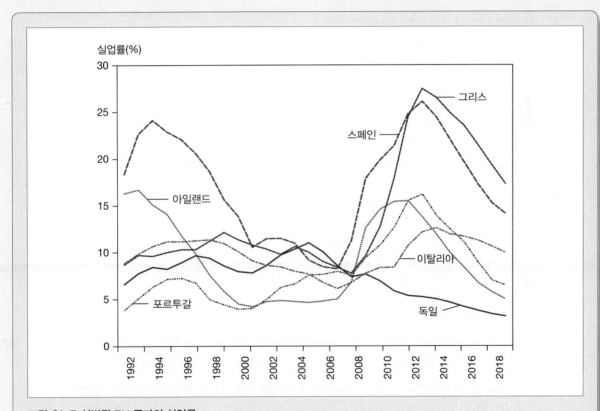

**그림 21-7 선별된 EU 국가의 실업률**

1999년의 유로 도입 이후 크게 벌어져 있던 실업률이 수렴했으나, 2000년대 후반부터 급격히 벌어졌다.

출처: International Monetary Fund, *World Economic Outlook* database, April 2020. 2020년 수치는 IMF의 예측치이다.

22 Barry Eichengreen, "One Money for Europe? Lessons of the U.S. Currency Union," *Economic Policy* 10 (April 1990), pp. 118-166을 참조하라. 미국 노동시장에 대한 추가 연구는 지역 실업률이 지역 실질임금의 변화가 아니라 근로자 이동으로 인해 완전히 제거되었다는 점을 보여준다. 이러한 유형의 노동시장 조정은 가까운 장래에 유럽에서는 일어나기 어려울 것으로 보인다. Olivier Jean Blanchard and Lawrence F. Katz, "Regional Evolutions," *Brookings Papers on Economic Activity* 1 (1992), pp. 1-75를 참조하라. 유로가 출범하지 직전의 증거에 대한 더 자세한 논의에 대해서는 Maurice Obstfeld and Giovanni Peri, "Regional Non-Adjustment and Fiscal Policy," *Economic Policy* 26 (April 1998), pp. 205-259를 참조하라.

하여 보여준다. '지역'의 정의가 국가마다 다르므로 이 자료는 유의해서 봐야 한다. 그러나 더 최근의 연구에서도 일반적으로 미국인이 유럽인보다 이동이 더 자유로웠으며, 유럽 내 노동의 이동성이 제한적이었다는 점을 시사한다.[23]

| 표 21-2 | 1990년대에 거주지를 옮긴 사람(총인구 대비 비율, %) | | |
|---|---|---|---|
| 영국 | 독일 | 이탈리아 | 미국 |
| 1.7 | 1.1 | 0.5 | 3.1 |

출처: Peter Huber, "Inter-regional Mobility in Europe: A Note on the Cross-Country Evidence," *Applied Economics Letters* 11 (August 2004), pp. 619-624; "Geographical Mobility, 2003-2004," U.S. Department of Commerce, March 2004. 표는 영국은 1996년, 독일은 1990년, 이탈리아는 1999년, 미국은 1999년의 자료를 바탕으로 만들었다.

그림 21-7에서 볼 수 있는 극단적인 실업률의 차이가 더 나은 삶을 찾아 이주하는 것처럼 노동 이동성을 증가시켰다는 몇 가지 증거가 있다. 그러나 여기에는 어느 정도까지 득실의 양면성이 있다. 이동성이 가장 높은 성향의 노동자는 더 젊고 더 생산적인 반면, 이동하지 않는 노동자는 퇴직할 때가 다된 사람이다. 이러한 이주 패턴은 정부로부터 연금기금과 건강수당을 조달하는 데 필요한 과세 기반을 빼앗아 이미 심각한 불황을 겪고 있는 국가의 재정 적자를 악화시킬 가능성이 있다. 하나의 사례로 폴란드와 같이 과거 소련의 지배를 받던 국가의 젊은이들이 아일랜드와 (브렉시트

이전까지) 영국 같은 서유럽 국가로 지속적으로 이주했다.[24]

### 기타 고려사항

앞서 통화지역을 형성하는 데 따른 비용 및 편익과 관련된 세 가지 추가적인 고려사항(경제통합과 함께)을 식별했다. 즉 경제구조의 유사성, 재정 연방주의, 은행과 금융시장의 안정을 위한 정책통합이 그것이다. 이 세 가지 모든 측면에서 EU는 불충분하며 EU가 최적통화지역이 아니라는 가설을 보강해준다.

앞서 지적했듯이 EU 회원국들은 매우 다른 수출구조를 지니고 있으므로 똑같은 경제적 교란에 대해서도 나라마다 취약성이 다르다. 예를 들어 수출시장에서 포르투갈이 중국과 경쟁하지만 중국은 독일 공작기계의 큰 수출시장이다. 따라서 중국의 높은 성장은 포르투갈과 독일 경제에 아주 다른 효과를 미친다.

재정 연방주의와 관련하여 실질적인 중앙집권적 재정능력을 갖추지 않은 EU에서 이 재정 연방주의는 극히 제한되어 있다. 따라서 특정 국가에 대한 충격은 다른 통화동맹 회원국들로부터 예산자원이 유입되어도 상쇄되지 않는다. 마지막으로 금융안정 정책과 관련하여 마스트리히트 조약은 금융시장을 감독하는 명확한 권한을 유로 시스템에 부여하지 않고 실질적으로 모든 권한을 국가수준에 맡겨놓았다. 다음에 다룰 유로위기 이야기는 단일통화의 기초를 이루는 구조에 내재된 이 마지막 두 가지 단점과 밀접한 관련이 있으며, 그것들을 극복하기 위한 시도가 (지금까지는 제한적으로) 이루어졌다.

## 위기의 원인

위기의 불꽃은 예상치 못하게 유로지역 생산량의 불과 3%를 차지하는 그리스에서 시작되었다. 그러나 그 불꽃은 바싹 말라 불이 잘 붙는 거대한 장작더미에 튀어 번졌는데, 그 장작더미는 글로벌 금융위기 발생 이전부터 저금리, 부동산 투기, 고조된 금융시장의 성장에 의해 쌓인 것이다.

**불쏘시개**   국제적으로 활동하는 은행의 글로벌 자산은 2007~2009년 위기에 이르는 몇 년 동안 급속히 증가했다. 특히 유럽은행, 그중에서도 유로지역에 있는 은행이 그러했다. 이들의 재무상태표의 자산 항목은 미국의 신용담보(credit-backed) 상품의 구입을 통해 증가했지만, 정부채권 구입과 소비

---

23 일부 연구는 앞선 각주에서 인용한 Blanchard-Katz와 Obstfeld-Peri의 연구 이후 몇십 년간 미국인의 이동성은 줄었고 유럽인의 이동성은 증가했음을 보여준다. 이러한 변화는 미국과 유럽의 노동시장 조정 방식의 수렴을 야기했지만, 여전히 유럽은 최적통화지역이 요구하는 이상적인 수준과는 먼 상태에 있다. 최근의 미국과 유럽의 노동 이동성 비교를 위해 Robert C. M. Beyer and Frank Smets, "Labour Market Adjustments in Europe and the US: How Different?" Working Paper Series 1767, European Central Bank, March 2015를 참조하라.

24 예를 들어 Ruben Atoyan and others, "Emigration and Its Economic Impact on Eastern Europe," Staff Discussion Note SDN/16/07, International Monetary Fund, July 2016 참조

| 표 21-3 | 일부 개별 은행의 국가 산출량 대비 자산 비율(2011년 말) | |
|---|---|---|
| 은행 | 국가 | 은행자산 |
| Erste Group Bank | 오스트리아 | 0.68 |
| Dexia | 벨기에 | 1.10 |
| BNP Paribas | 프랑스 | 0.97 |
| Deutsche Bank | 독일 | 0.82 |
| Bank of Ireland | 아일랜드 | 0.95 |
| UniCredit | 이탈리아 | 0.59 |
| ING Group | 네덜란드 | 2.12 |
| Banco Commercial Português | 포르투갈 | 0.57 |
| Banco Santander | 스페인 | 1.19 |

출처: GDP 자료는 International Monetary Fund, *World Economic Outlook* database, 은행자산에 대한 자료는 Viral V. Acharya and Sascha Steffen, "The 'Greatest' Carry Trade Ever? Understanding Eurozone Bank Risks," Discussion Paper 9432, Centre for Economic Policy Research, April 2013.

지출, 주택투자, 모기지대출 자금을 조달해주는 대출을 포함해 유로지역의 다른 국가에 대한 대출을 통해서도 증가했다. 이 대출은 특히 아일랜드와 스페인의 엄청난 주택 붐을 부추기는 동시에 그 붐이 차입을 부채질하기도 했다. 19장에서 배운 것처럼 이 변화를 초래한 주요 요인은 세계적 저금리 환경이었는데, 이 저금리 환경이 은행으로 하여금 이익을 찾아 더 큰 위험을 무릅쓰게 했다.

이 신용확대의 결과 은행자산은 자국 GDP에 비해 아주 높은 수준으로 증가했다. 표 21-3은 2011년 말 유로지역의 몇몇 대형 은행의 현황을 보여주는데, 재무상태표는 2007년의 산출량에 비해서 훨씬 더 큰 규모였다. 많은 국가에서 개별 은행은 자국 정부가 자국 경제로부터 조성할 수 있는 자원에 기초해 '지켜주기에는 너무 큰(too big to save)' 존재가 되었다. 물론 정부의 어려운 상황은 여러 은행이 동시에 곤경에 빠지는 시스템적 위기에서 더 나빠질 수 있다. 예컨대 파산한 은행의 자산이 GDP와 같고 정부가 그 은행의 지불능력을 회복시키기 위해 자산의 5%만큼 자본을 주입해야만 한다면, 정부는 그 은행의 영업 유지를 위해 (매우 높은 비율인) GDP의 5%만큼 채권을 발행하거나 증세해야 할 것이다. 그렇다면 가령 여러 대형 은행이 모두 동시에 파산한다면 어떻게 할 것인가?

유로지역 국가 간에는 환위험이 없으므로 국채 수익률이 같아지도록 수렴했다. 그리고 어떤 유럽 정부도 **채무불이행**(default)은 하지 않을 것이라고 시장이 확신하고 있는 듯했다. 어찌되었든 1940년대 후반 이후 채무를 불이행한 선진국은 없었다. [채무불이행은 채무자가 채권자에게 약속한 채무를 상환하지 않을 때 일어난다. 채무자가 한 나라의 정부인 경우에는 이를 **국가 부도**(sovereign default)라고 한다.] 결과적으로 무디스(Moody's)와 같은 신용평가기관에서 가장 신용도가 높게 평가된 정부(예: 독일)와 신용도가 가장 낮은 정부(예: 그리스)의 스프레드는 0.25%p 내지 그 이하로 매우 좁혀졌다(그림 21-8 참조). 이러한 상황변화가 그리스, 포르투갈, 스페인 등의 국가에서 지출과 대출을 조장했다.

그러나 더 많은 지출로 인해 독일 수준에 비해 더 높은 인플레이션이 발생했다. 그 결과 유로지역 주변국들, 즉 아일랜드, 포르투갈, 스페인, 이탈리아, 그리스는 모두 통화가 실질 절상했다. 그것은 독일에 비해서뿐만 아니라 EMU 내외를 불문하고 모든 무역 상대국에 비해서도 절상했다. 그림

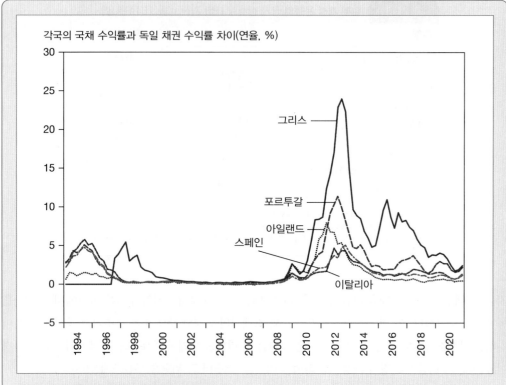

**그림 21-8 독일 대비 명목 국채 차입 스프레드**

유로 국가들의 장기 국채 수익률은 유로 가입을 준비하는 단계에서 독일 수준에 수렴했다. 그 수익률은 2007~
2009년 글로벌 금융위기로 다시 벌어지기 시작했으며, 2009년 말 유로위기가 발생한 이후 더욱 급격히 벌어졌다.

출처: Federal Reserve Economic Data (FRED), 10-year government bond yields.

21-9는 GDP 디플레이터에 기초한 EU 집행위원회의 실질절상지수를 보고하는데, 이 그림은 그 국
가들이 어떻게 모두 2000년대 초반 이후에 경쟁력을 잃었는지를 보여준다. 특히 가장 극단적인 주택
붐이 있었던 아일랜드와 스페인이 가장 눈에 띈다. 인플레이션은 독일보다 높지만 채권수익률은 기
본적으로 동일하므로 이 국가들은 2000년대 중반에 낮은 실질금리를 유지했는데(실질금리에 대해서
는 그림 21-10 참조), 이것이 지출과 인플레이션을 더욱 자극했다.[25] 그 결과 독일에서는 경상수지 흑
자가 증가하는 한편 주변국에서는 적자가 늘어났는데, 표 21-4처럼 아주 규모가 큰 경우도 있었다.
따라서 대외 채무가 증가했고, 이 국가들이 외국 채권자에게 빚을 갚는 데 필요한 순수출 흑자를 어
떻게 만들어낼 것인가에 대한 의문이 생겼다. 그 딜레마는 2007~2009년 글로벌 위기의 결과로 성장

---

25 이러한 종류의 금융불안은 마거릿 대처(Margaret Thatcher) 수상의 경제고문이며 유럽 내의 고정환율에 대한 강력한 반대자인
Sir Alan Walters가 예견했다. 그의 논쟁적인 저서 *Sterling in Danger: Economic Consequences of Fixed Exchange Rates* (London:
Fontana, 1990)를 참고하라. 주의 깊은 학생들은 2015년 아일랜드의 실질이자율이 일시적으로 급락한 데 의아할 것이다. 그림
에서 실질이자율은 명목과 실질 GDP의 비율로 측정되는 GDP 디플레이터를 사용하여 계산된 것이다. 13장에서 2015년 아일
랜드 GDP가 국제적 기업이 이윤을 그 나라로 옮김에 따라 왜곡되었음을 설명했다. 그에 따른 통계적 어려움이 GDP 디플레
이터의 추정을 또한 어렵게 만들었다. (다른 말로 하면 명목 GDP를 그대로 받아들이더라도 실질 GDP 추정치가 의심스럽다.)
2015년 명목 GDP는 약 35% 증가했고, 실질 GDP는 약 25% 증가했다. 이 차이가 GDP 디플레이터 증가율 10%를 의미했고, 그
결과 실현된 실질이자율이 매우 낮아지게 되었다.

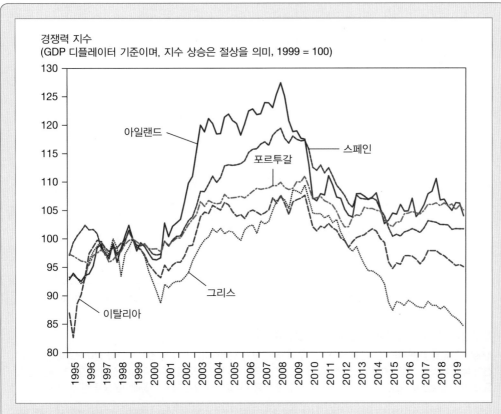

**경쟁력 지수**
**(GDP 디플레이터 기준이며, 지수 상승은 절상을 의미, 1999 = 100)**

**그림 21-9 유로지역 주변국의 실질 절상**

유로에 가입한 후 유로지역의 주변국, 특히 엄청난 주택 붐이 일어난 아일랜드와 스페인에서 가장 두드러지게 실질 절상이 일어났다.

출처: ECB. Harmonized multilateral competitiveness index based on GDP deflators. 지수 상승은 실질 절상(경쟁력 하락)을 의미한다.

이 둔화되었을 때 더 심각해졌다. 유로지역의 개별 국가에 의한 통화의 평가절하는 순수출을 촉진하기 위해 선택할 수 있는 방안이 아니었기 때문에 경쟁력을 높이도록 실질환율을 조정하려면 (노동과 상품시장의 경직성 때문에 상당한 실업이 수반되는) 낮은 인플레이션이나 심지어는 디플레이션 기간을 감내해야 할 가능성이 높았다. 여타 부정적 영향 가운데 특히 장기간 지속되는 불황이 은행을 약화할 것이다.

이런 상황에서 전통적인 고정환율을 가지고 있는 국가는 통화를 절하시킬 수밖에 없는 투기적 통화 공격의 희생양이 되는 것은 당연한 일이다. 그러나 EMU에서는 각국이 독자적인 통화를 가지고 있지 않기 때문에 전통적인 공격은 불가능하다. 그럼에도 불구하고 다른 종류의 투기가 은행인출과 정부 채권시장을 통해 일어났으며, 그 영향은 파괴적이었다.

**불꽃** 2007~2009년 금융위기는 분명히 유로지역의 골칫거리였다. 일부 은행은 미국 부동산시장에 대한 노출로 인해 곤경에 빠졌다. 또 골치 아팠던 것은 미국을 따라 하락하기 시작한 유럽 주택시장에도 노출되었다는 것이다(아일랜드가 그 선두에 섰다). 그러나 시장은 2008년 말 그리스의 만성적

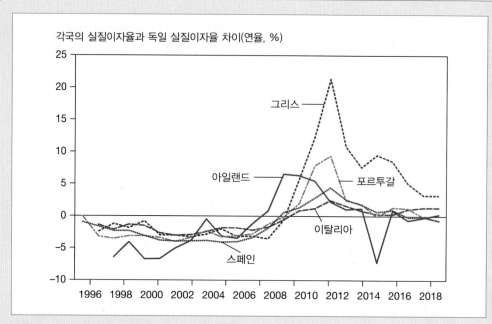

각국의 실질이자율과 독일 실질이자율 차이(연율, %)

**그림 21-10 차이가 커지는 유로지역의 실질이자율**

1999년의 유로 출범일이 다가옴에 따라 회원국의 명목 장기 채권수익률이 수렴했고 그 결과 상대적으로 인플레이션이 높은 나라의 실질이자율이 하락했다. 이 그림은 각국의 장기 실질이자율에서 독일의 장기 실질이자율을 뺀 값을 보여준다. 실질이자율은 10년 만기 정부채권 평균 명목수익률에서 같은 해의 인플레이션율을 뺀 값이다.

출처: Federal Reserve Economic Data (FRED). Long-term government bond yields (10-year maturity), not seasonally adjusted, and GDP implicit price deflator index (2015 = 100).

| 표 21-4 | 2005~2009년 유로지역의 경상수지(GDP 대비 비율, %) | | | | | |
|---|---|---|---|---|---|---|
| | 그리스 | 아일랜드 | 이탈리아 | 포르투갈 | 스페인 | 독일 |
| 2005 | −7.5 | −3.5 | −1.7 | −9.4 | −7.4 | 5.1 |
| 2006 | −11.2 | −4.1 | −2.6 | −9.9 | −9.0 | 6.5 |
| 2007 | −14.4 | −5.3 | −2.4 | −9.4 | −10.0 | 7.6 |
| 2008 | −14.6 | −5.3 | −3.4 | −12.0 | −9.8 | 6.7 |
| 2009 | −11.2 | −2.9 | −3.1 | −10.3 | −5.4 | 5.0 |

출처: International Monetary Fund.

재정문제가 두드러지기 전까지는 유로지역 정부의 신용도에 대해 거의 우려하지 않았다. 이것이 도를 넘은 은행과 경쟁력이 없고 부채가 많은 경제의 불쏘시개에 불을 붙인 불꽃이었다.

위기는 2009년 10월에 새로운 그리스 정부가 선출되었을 때 시작되었다. 새 정부는 신속히 몇 가지 좋지 않은 소식을 발표했다. 그리스 재정적자는 이전 정권이 발표했던 수치의 2배가 넘는 GDP의 12.7%였다. 이전 정권은 몇 년에 걸쳐 잘못된 경제통계를 보고했고 공공부채는 실제로 GDP의 100%를 넘고 있었다.

유로지역의 많은 은행을 포함한 그리스 채권 소유자는 그리스 정부의 확대된 적자의 감축능력과 부채 상환능력을 걱정하기 시작했다. 2009년 12월 주요 신용평가기관은 일제히 그리스 국채의 신용등급을 강등했다. (그림 21-8이 보여주듯이 독일 국채 대비 그리스 정부 차입의 스프레드는 세계금융시장이 서브프라임 위기로 혼란에 빠졌던 2008년 말과 2009년 초 수준까지 상승했다.) 그리스 정부는 가혹한 예산삭감을 발표했고 2010년 초의 수개월 동안 일부 세금을 인상했지만 곧바로 길거리시위와 파업에 직면했다. 신용등급이 추가로 강등되었고 그리스의 차입비용은 급등했으며, 이 때문에 채권자에게 빚을 상환하기가 더욱더 어려워졌다. 투자자는 다른 적자국도 그리스와 유사한 문제에 직면할 것을 우려했다. 그림 21-8은 포르투갈과 아일랜드, 심지어는 더 큰 국가인 스페인과 이탈리아까지 차입비용 압력을 받게 된 것을 보여준다. 유럽에서 훨씬 더 폭넓은 금융위기가 진행될 것이라는 우려가 커짐에 따라 전 세계 주가가 폭락했다.

EU는 위기에 대해 어떻게 대응했는가? 부유한 유럽 국가들이 그리스에 구제금융을 제공했다면 시장혼란을 해결할 수 있었을지 모르지만, 이는 독일 같은 국가가 마스트리히트와 SGP를 협상할 때 피하고자 했던 바로 그 결과였다. 2010년 3월 중순, 유로지역 재무장관들은 그리스를 돕는다는 의도를 공표했지만 구체적인 실행계획은 없었다. EU 국가들이 구체적인 행동을 취할 수 없게 되면서 위기는 더욱더 심각해졌고 외환시장에서 유로가치가 하락했다.

2010년 4월 중순 유로지역 국가들은 IMF와 함께 그리스의 대출방안에 대해 최종 합의했다. 하지만 국가부채에 대한 극심한 공포감이 확산되었고 포르투갈, 스페인, 이탈리아 정부는 차입 스프레드가 그리스수준으로 상승하는 것을 방지하기 위한 노력의 일환으로 (아일랜드가 2008년 말에 이미 실행했던 방식을 따라) 적자감축 정책을 제시했다. 유럽 대륙의 붕괴를 우려한 유로지역의 지도자들은 자체적인 시장차입과 EU 집행위원회 및 IMF가 제공한 자금을 합한 7,500억 유로의 기금을 조성하면서 그리스 지원책을 광의의 유럽금융안정기구(EFSF)에 포함시켰다. [EFSF는 명백히 한시적이었으나 2012년 10월 상시기구인 유럽안정메커니즘(ESM)으로 대체되었다.] 유럽 중앙은행은 이전에 발표한 정책과는 반대로 곤경에 처한 유로지역 채무국의 채권을 매입하기 시작했는데, 이는 지나친 재정운용을 포상해줌으로써 마스트리히트 조약의 정신에 위배된다는 비난을 촉발했다. 사실상 유럽 중앙은행의 동기는 유럽 은행이 광범위하게 보유하던 자산가격을 지탱해줌으로써 은행공황을 방지하기 위한 것이었다.

그리스의 차입비용은 높은 수준을 유지하고 있었으며, 불안한 아일랜드 은행을 지탱하는 데 드는 정부 비용이 GDP의 높은 비중에 달한다는 점이 밝혀짐에 따라 곧이어 아일랜드 시장의 차입금리가 급격히 상승했다. 2010년 후반 아일랜드는 EU 집행위원회, ECB 및 IMF의 3자(troika)와 675억 유로의 EFSF 일괄 융자를 협상했다. 포르투갈은 2011년 5월에 3자와 780억 유로의 융자를 협상했다.[26] 그리스의 경우처럼 아일랜드와 포르투갈에 대한 융자는 정부예산을 삭감하고 경제구조 개혁(노동시

---

26 3자(troika)라는 용어는 유로위기 중에 널리 유포되었다. 이 단어는 러시아 말이며, 삼두마차를 지칭한다.

장 규제완화 등)을 조건으로 달았다. 3자는 이 조건을 준수하는지 감시하는 역할을 맡았다.

## 자기실현적 정부의 채무불이행과 '파멸의 올가미'

시장 혼란이 그렇게 급속히 번진 이유는 무엇인가? 그리스의 초기 일련의 사례를 둘러싼 지속적 논쟁이 그 이유를 분명히 보여준다. 즉 독일, 핀란드, 네덜란드 등 북유럽국가는 직접적이든 간접적이든 ECB의 채권 구입에 대한 지지를 통해 불리한 상황에 직면한 그리스와 같은 국가들의 차입 부담을 덜어줄 의지가 없었던 것이다. 북유럽의 일부 정치인들은 그리스의 채무불이행 및 심지어는 그리스의 유로 탈퇴 가능성에 대해서도 공개적으로 언급했다. EU 당국은 초기에 그 가능성을 부인했지만 그리스를 비롯한 정부 부채가 급속히 늘어나고 있던 포르투갈과 같은 국가의 재정이 파탄 날 가능성이 매우 높아졌다.

채무불이행에 대한 우려는 유로지역의 특수한 문제였다. 미국 정부는 채무를 청산하기 위해 언제든지 미화를 발행할 수 있으므로 채무불이행의 가능성이 아주 낮지만, 유로를 사용하는 국가는 유로 발행을 국가 정부가 아니라 ECB가 결정하므로 그렇게 할 수가 없다. (이 때문에 그리스, 포르투갈, 아일랜드는 IMF로부터 자국의 통화인 유로를 빌리는 비정상적인 상황에 있었던 것이다.) 채무불이행의 가능성은 (20장에서 논의된) 은행인출 사태 또는 (18장에서 논의된) 자기실현적 통화위기와 유사한 자기실현적인 동태적 현상을 야기한다. 예컨대 시장이 채무불이행을 예상하면 차입국 정부에게 아주 높은 금리를 매길 것이다. 그리고 세금 인상이나 지출 삭감을 충분히 해내지 못할 경우 채무를 청산하지 못하므로 채무불이행에 빠지게 될 것이다. 이것이 바로 유로지역에서 일어난 일이다.[27]

은행 재무상태표가 아주 커졌기 때문에 유로국가 은행의 취약한 상태는 국가의 채무불이행 가능성을 증폭시켰다. 공적 자금을 투입함으로써 은행 시스템을 지원할 필요가 있는 국가는 돈을 빌려야 했으므로 국가채무의 급증과 시장의 채무불이행 우려가 증가했다. 그림 21-11은 유로지역의 공공부채(GDP 대비)의 전개 과정을 보여준다. 그리스는 최대 규모의 채무(2011년까지 놀랍게도 GDP의 180%에 달하고 있었다)를 가지고 있었고 다른 국가들의 채무도 급속히 증가하고 있었음을 확인할 수 있는데, 이는 대부분 은행을 구제하기 위해 부분적으로 야기되었다. 아일랜드가 가장 극적인 사례로 2007년에 단지 GDP의 24%에 불과했던 부채가 2010년에는 거의 90%에 이르렀는데, 이는 불황뿐만 아니라 아일랜드 부동산 붐을 유발했던 은행에 대한 구제로 촉진된 것이다.[28]

설상가상으로 각 정부의 위험한 신용 상태가 국내은행의 지불능력을 약화시켰다. 한 가지 이유는 은행이 정부의 채권에 집중 투자하고 있었기 때문이다. 이 때문에 채권가격이 떨어졌을 때 은행의 자산과 자본이 줄어들었다. 더욱이 은행에게 빌려준 사람들(예금자 포함)은 정부가 스스로 현금을 획득할 수 없을 경우에는 은행을 지원하기로 한 약속(예: 공적자본 투입 내지 예금보험)이 안 지켜질 수 있음을 이해하고 있었다.

은행의 고통과 정부차입 문제의 쌍방 피드백을 경제학자들은 **파멸의 올가미**(doom loop)라고 한다.

---

27 이 과정에 대한 모형은 Guillermo A. Calvo, "Saving he Public Debt: The Role of Expectations," *American Economic Review* 78 (September 1988), pp. 647-661을 참조. 그 모형은 더 읽을거리에 있는 De Grauwe의 논문에서 유로위기에 적용되었다.

28 그리스와 아일랜드의 위기에 관한 생생한 설명은 Michael Lewis, *Boomerang: Travels in the New Third World* (New York: W.W. Norton & Company, 2011) 참조

이 파멸의 올가미의 결과 정부 차입에 문제가 있던 국가의 은행에서 민간자금이 빠져 나갔다. 이러한 국가는 민간대출의 급정지를 경험하게 되었고, 그러한 은행이 붕괴되는 것을 막기 위해 ECB는 막대한 규모로 최종대출자 역할을 수행해야만 했다. 사실상 유로지역의 금융시장은 국경선으로 분할되어 있는데, 그에 따라 취약한 국가의 은행의 신용도 또한 각 정부의 신용도에 따라 판단된다. 그러한 국가의 기업과 가계는 조금이나마 빌릴 수 있다고 하더라도 더 높은 금리를 지불해야 했다.

재정긴축과 금융긴축으로 인해 생산이 급락하고 실업이 늘었다. 이를 관찰하던 많은 이들은 정부의 금융지원책 안에 포함되고 EU에서 일반적으로 실시되는 긴축 프로그램이 공공부채를 삭감하는 데 실제적으로 도움이 되는지 (특히 여러 이웃 국가에서 동시에 실행되고 있을 때) 의문을 제기했다.

## 확대된 위기와 정책 대응

최초의 포괄적 구제조치 이후에도 그리스는 공공부채를 지속 가능한 궤도에 올릴 수가 없다는 점이 입증되었다. 유럽 지도자들은 공공연히 파산 국가가 미래에 부채를 재편할 수 있게 하는 기구의 필요성을 논의하기 시작했다. 공식적인 채무불이행이 논의되면서 이탈리아 채권의 가산 금리가 2011년 후반에 급격히 상승했다. 이탈리아는 그리스, 아일랜드, 포르투갈보다 훨씬 더 큰 데다 재정문제도 너무 컸던 바람에 유로지역 파트너로부터의 대규모 예산투입 없이는 대처하기가 어려웠다. 또 다른 큰 국가인 스페인의 경우도 아주 큰 은행 부문으로 인해 차입비용이 조금씩 상승하고 있었는데, 그 당시 스페인은 국내 주택시장 붕괴로 심각하게 약해져 있었다.

2012년 3월 그리스는 결국 정부부채 구조조정을 단행했는데, 그것은 민간의 채권 보유자에게 큰 손실을 부과한 것이었다. 그렇지만 전체 국가채무는 약간 감소하는 데 그쳤다(그림 21-11). 그때까지 부채의 많은 부분이 (특히 ECB에 의해) 공적으로 보유되었다. 2012년 6월에 유로지역의 재무장관들은 스페인에 ESM의 융자를 확대해주었다. 그 규모는 곤경에 빠진 은행의 자본 증식을 충당하기 위해 잠재적으로 1,000억 유로에 달하는 큰 금액이었다. 이러한 진전에도 불구하고 그리스와 스페인은 계속 혼란 속에 있었다.

혼란에 직면한 유로지역 지도자들은 두 가지 새로운 계획에 착수했다. 하나는 재정 정책이고, 다른 하나는 은행 정책의 통합이었다. 독일은 EU 국가들을 위한 재정 안정화 조약(Fiscal Stability Treaty)을 후원했는데, 이 조약에 따라 가맹국들이 스스로 정부예산의 균형을 잡는 방향으로 국내법을 개정하기로 약속했다. 사실상 좀 더 엄중한 SGP의 개정판인 이 조약은 유사한 우려로 촉발되었으며, 위기의 주요 원인이 각국 정부의 잘못된 재정행위였다는 독일의 공식적 입장을 반영한 것이었다. 그 조약은 2013년 초에 서명한 16개국에 의해 발효되었다.

재정 안정화 조약에 대해 비평가들은 아일랜드와 스페인과 같은 국가는 위기 이전에는 GDP에 대한 채무수준이 하락하고 있었으므로(그림 21-11) 재정지표가 양호했다고 지적했다. 독일이 그리스 문제를 진단하고 있던 사이에 다른 국가들의 채무가 은행 시스템 붕괴로 인해 급증했는데, 독일은 은행감독을 개선하고 은행과 국가채무 간 파멸의 올가미를 끊기 위한 아무런 조치도 취하지 않았다. 최적통화지역에 대한 논의에서와 같이 유로지역의 안정화를 위해 긴밀한 은행동맹이 요구되고 있었는데도 말이다.

두 번째 방향 역시 EU 지도자들이 추구한 바였다. 그들은 2012년 6월에 만나 EU 집행위원회에게

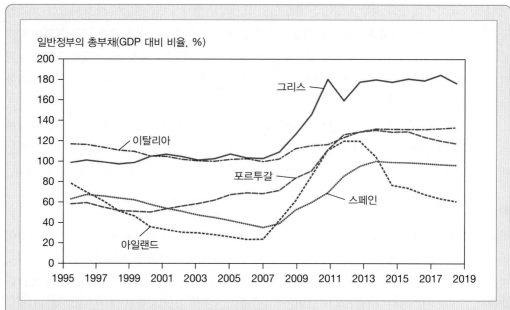

**그림 21-11 유로지역의 총공공부채의 GDP에 대한 비율**

유로지역의 공공부채는 2007년 이후 급격히 증가했는데, 이는 부분적으로 정부가 취약한 은행을 지원할 필요가 있기 때문이었다.

출처: International Monetary Fund, *World Economic Outlook* database, October 2019.

유로지역 전체에 걸쳐 은행을 감독하는 단일감독메커니즘(Single Supervisory Mechanism, SSM)의 청사진을 준비하도록 지시했다. 지도자들은 또한 SSM이 가동된다면 ESM이 은행자본을 직접 증식하는 권한을 가지고 있어야 된다고 권고했다. 즉 어떠한 차입도 ESM의 책임으로 나타나게 되므로, 은행의 소재지를 불문하고 특정 가맹국 정부가 아니라 유로지역의 공동책임이라는 것이다. 이 중요한 권고는 국가수준에서 파멸의 올가미가 가진 힘을 감퇴시키려는 의도였지만 다른 국가들의 은행을 구제하도록 강요받을 가능성이 있어 일부 정부를 불안하게 만들었다.

정상회담의 지시에 따라 집행위원회는 2012년 9월에 은행동맹에 대한 세 갈래의 방안을 권고했는데, 금융감독을 중앙집권화하기 위한 은행동맹, 예금보험, 유로지역에서 도산한 은행의 해결(재조직화 또는 매각)이 그것이었다. 이 조치는 방금 언급한 것처럼 국가수준에서 파멸의 올가미를 끊고 통화동맹에 대한 금융감독의 질과 신뢰성을 제고할 의도였다. 구체적으로 집행위원회는 SSM, 유로 전역에서 운영되는 예금보험제도, SSM처럼 유로지역수준에서 운영되는 단일 파산해결기구인 SRM의 설립을 권고했다. 2014년 11월 4일에 SSM이 문을 열었다. 비록 SSM이 ECB 내에 설치되어 규모가 크고 긴밀히 연결된 유로지역 은행을 감독하는 권한을 가졌지만, 소규모 은행규제에 대한 본국의 자율성은 상당 부분 유지되었다. 2016년 1월 1일부터는 SRM이 운영되고 있다. 그럼에도 불구하고 통합적인 유로지역 예금보험의 발상에 대해서는 독일을 필두로 몇몇 국가들이 강하게 반대하고 있고, 파산한 은행을 해결하는 자원은 대체로 개별 국가가 가지고 있다. 그러므로 파멸의 올가미는 여전히 많이 남아 있으며, 만약 ECB가 도산은행을 폐쇄하고 구조조정하는 실질적인 영향력과 재원을 가지고 있지 않다면 국내 정치인들의 잠재적 반대에 직면해 어떻게 그 관리 명령을 집행할 수 있을지 어려운 상황에 있다.

많은 관찰자는 과세, 지출 및 공동 유로채권 발행 능력을 갖춘 재정당국이 관리하는 더 큰 규모의 중앙집권적 예산을 통해 유로지역이 재정 연방주의를 강화할 것을 권장한다. 일부 유로지역 국가는 그러한 방향, 즉 그들이 조롱하는 투로 부르는 '이전 동맹(transfer union)'으로의 변화를 격렬하게 반대해왔다. 그러나 앞으로 살펴볼 내용처럼 COVID-19 팬데믹에 따른 경제 불황으로 인해 그러한 방향으로의 제한적인 첫 걸음을 내딛게 되었다.[29]

## ECB의 무제한 금융거래

앞서 언급한 개혁노력에도 불구하고 투자자는 그리스가 심지어 EMU를 탈퇴할 것이라고 추측하면서 유로지역 주변국의 국채시장은 2012년 여름까지 계속 불안정한 상태였다. 이 사태, 즉 소위 '그렉시트(Grexit)'로 알려진 그리스의 탈퇴는 정부가 유로를 포기하고 그 대신 자국의 통화를 도입하는 선례를 만듦으로써 다른 국가의 차입금리를 불안하게 했을 것이다. 2012년 7월 26일, 마리오 드라기(Mario Draghi) ECB 총재는 극적인 성명을 발표했다. "우리가 위임받은 범위 내에서 ECB는 유로를 지키기 위해 무엇이든 실시할 준비가 되어 있다. 우리 조치가 충분하리라는 걸 믿어도 좋다." 6주 후 그는 무제한 금융거래(Outright Monetary Transactions, OMT)라는 프로그램을 공개했다. 이 프로그램하에서 ECB는 말 그대로 금리가 지나치게 상승하지 않게 무제한 국채를 매입할 수 있다. OMT를 할 수 있는 자격을 부여받기 위해 각국은 먼저 ESM 안정화 계획을 받아들여야만 했다.

OMT는 실재로 시행되지 않았지만 그림 21-8에 나타나 있듯이 단순히 ECB가 무제한의 금융화력으로 실행할 수 있다는 기대만으로 주변국의 채권금리가 뚜렷하게 떨어졌다. (2015년 그리스 차입금리의 급등은 추가적인 어려움을 보이지만, 새로운 조정 프로그램을 추진하면서 그리스 채권금리는 하락하게 된다. 그리고 유럽의 공적 신용공여자는 2018년에 추가적인 채무삭감을 허용했다.)

## COVID-19 팬데믹 대응

EU 국가들은 2020년 1분기에 COVID-19의 확산을 막기 위한 봉쇄에 돌입했고, 그 결과 유럽 대륙 전역의 경제활동은 급속히 축소되었다. 개별 국가의 정부(이미 과다한 부채를 가졌던 정부 포함)는 경기회복을 지원하기 위해 강력한 재정 정책을 실시했다. 추가적으로 EU 기관의 강력한 공동정책대응도 위기의 영향을 줄이는 데 도움이 되었다. 유로지역 국가에게는 COVID-19 관련 보건 지출에만 사용한다는 조건하에 ESM 대출이 가능하게 되었다. EU 집행위원회는 노동자를 해고하는 대신에 노동시간을 줄이면서도 정상적이거나 거의 정상적인 임금을 지불하는 회원국 기업의 조업 단축 프로그램을 지원했다. 유럽투자은행(European Investment Bank, EIB)은 피해가 심한 중소기업에 신용을 확대했다. 중요한 사항으로 ECB는 유로지역 자산을 매입하기 위해 (2019년 유로지역 GDP의 5%를 넘는) 7,500억 유로 규모의 팬데믹 긴급매입 프로그램(Pandemic Emergency Purchase Program, PEPP)을 실시했다. ECB에 따르면 "자체적으로 부과한 일부 제한이 책임을 완수하기 위한 ECB의

---

29 유로채권 제안에 대한 조사자료로 Stijn Claessens, Ashoka Mody, and Shahin Vallée, "Paths to Eurobonds," Working Paper WP/12/172, International Monetary Fund, July 2012 참조

활동을 제약함에 따라 ECB 각료회의(Governing Council)는 우리가 직면한 위험에 비례하는 조치를 취하는 데 필요한 범위까지 수정을 고려할 것이다. ECB는 유로지역의 모든 관할구역에서 통화 정책의 원활한 수행을 위해 어떠한 위험도 용납하지 않을 것이다."[30] PEPP는 과다채무 유로지역국가의 차입비용이 급격히 증가하는 것을 방지하는 데 도움이 되었다(그림 21-8). 오래지 않아 ECB는 PEPP 규모를 처음보다 크게 확대했다.

EU는 2020년 7월, 회원국들의 팬데믹 재건을 지원하기 위해 7,500억 유로 규모의 차세대 EU라 불리는 회복펀드의 출시를 결정하는 추가적인 조치를 취했다. 지원금의 절반 이상은 대출 대신에 보조금(grant)의 형태가 될 것이며, EU 집행위원회는 이전에 발행한 적 없는 규모의 공동 EU채권을 발행하여 프로그램 자금을 조달한다. 이러한 정책추진은 재정 연방주의의 새로운 확장을 의미하며, 부분적으로는 국가별로 비대칭적인 팬데믹 영향에 직면한 EU를 위한 정치적 지원을 받으려는 의도도 있었다.

## EMU의 미래

유럽의 단일통화 실험은 크고 다양한 주권국가 위에 군림하는 단일통화를 사용함으로써 효율성 이득을 얻고자 하는 가장 대범한 시도이다. EMU가 성공한다면 경제통합뿐 아니라 유럽의 정치적 통합도 촉진할 것이며, 언젠가 모든 동유럽, 심지어는 튀르키예까지 포함될 지역의 평화와 번영을 조성할 것이다. 그러나 만약 EMU가 실패한다면 그것의 추진력, 즉 유럽의 정치적 통합 목표는 후퇴하게 될 것이다.

그러나 EMU가 현재의 위기를 극복하고 번영하기 위해서는 일부 어려운 도전을 극복해야만 한다.

1. 유럽은 최적통화지역이 아니다. 그러므로 유로지역 국가 간 불균형적 경제발전(개별 국가의 통화제도하에서라면 국가마다 다른 이자율을 요구할지도 모르는 발전)은 통화 정책을 통해 해결하기 어려울 것이다. 단일통화 사업은 EU가 지금까지 정치적 통합 분야에서 할 수 있었고 또한 하려고 했던 것을 훨씬 넘은 수준으로 경제통합을 이루고 있다. 그렇지만 유로위기에 대응해 EU는 재정안정화 조약, 집행위원회의 권한 강화, 유로지역 은행동맹을 통해 ECB의 당초 청사진을 넘어서는 경제 정책에 대한 중앙집권적 통제력을 강화하고 있다. 많은 유럽인은 경제통합이 더욱 밀접한 정치통합을 수반하기를 희망했지만 경제 정책을 둘러싼 지속적 논쟁으로 인해 그 목표가 파괴될 수 있다. EMU 중심부에서 강화된 정부의 힘은 민주적 책임의 증가를 요구하지만 이 요구를 충족하기 위해 이루어진 것은 거의 없다. 브렉시트는 유럽 전역의 일부 유권자로 하여금 유로 운영을 포함한 EU의 상부구조를 멀리 떨어진 곳에 있으며 정치적 책임감이 없고 국민의 목소리에 반응하지 않는 기술관료 집단이 장악하고 있다고 생각하는 경향을 보여준다.

2. 대부분의 대규모 EU 국가에서 노동시장은 여전히 경직적이고, 고율의 고용세와 산업 간 및 지역 간의 노동 이동을 방해하는 규제를 받고 있다. 그 결과 높은 실업률이 지속되고 있다. 미국의 통화동맹에서처럼 노동시장이 더욱 유연해지지 않으면 유로지역의 개별 국가는 완전고용과 경쟁력 있는 실질환율을 목표로 조정하기 어려울 것이다. 다른 구조적인 문제점도 아주 많다.

---

30 ECB가 PEPP를 발표하는 보도자료로는 https://www.ecb.europa.eu/press/pr/date/2020/html/ecb.pr200318_1~3949d6f266. en.html 참조

유로지역이 국가 간 재정 이전을 실행하기 위해 더 정교한 기관을 발전시킬지는 두고 봐야 한다. 적어도 계획된 은행동맹의 효과성을 보장하기 위해 이에 대한 중앙집권적 재정지원이 반드시 필요하다. 유로위기는 본질적으로 전염되기 쉬운 회원국들의 금융불안에 신속히 대처하는 집중화된 유럽의 재정능력이 필요함을 보여주었다. 위기는 또한 일부 국가 내에서 제도변화를 반대하는 세력이 있다는 것을 보여주기도 했다. COVID-19 위기는 중앙집권적인 재정 수단의 필요성을 다시금 분명히 보여준다. 일부 관찰자들은 프랑스와 독일이 강력히 추진한 차세대 EU 계획(Next Generation EU initiative)이 보다 야심 찬 재정 연방주의로 가는 길의 첫 걸음일 수 있다고 믿는다.

미국의 경험에 비추어볼 때 다양한 경제지역을 포함한 대규모 통화통합도 아주 잘 운용될 수 있다. 그러나 유로지역이 미국에 비견되는 경제적 성공을 이루기 위해서는 유연한 노동시장과 상품시장을 창출하고, 재정 및 금융규제제도를 개혁하며, 정치적 통합을 심화시키는 데 진일보해야만 한다. 유로 프로젝트와 그것을 정의하는 제도인 ECB가 물가안정뿐만 아니라 번영을 가져다주는 데 성공하지 못하면 유럽통합 자체가 위태로워질 것이다.

## 요약

- EU 국가가 상호 간 환율을 고정하는 것을 선호하는 두 가지 중요한 이유가 있다. 그들은 통화협력이 국제경제협상에서 그들의 위상을 더 높여줄 것이라 믿으며, 고정환율이 공동 유럽시장의 설립을 목표로 하는 EU 발의를 보완해줄 것이라고 생각한다.

- EU 역내 환율이 고정된 유럽통화제도(EMS)는 1979년 3월에 발족되었고 최초에는 벨기에, 덴마크, 프랑스, 독일, 아일랜드, 이탈리아, 룩셈부르크, 네덜란드를 포함했으며, 훨씬 나중에 오스트리아, 영국, 포르투갈, 스페인이 참가했다. 자본통제와 빈번한 환율 재조정은 1980년대 중반까지 그 제도를 유지하는 데 필수적인 요소였으나, 자본통제는 그 이후 EU의 폭넓은 시장통합 프로그램의 일환으로 폐지되었다.

- 실제로 모든 EMS 통화는 독일의 구 통화였던 독일 마르크화에 고정되어 있었다. 그 결과 미국이 브레턴우즈 체제에서 했던 것처럼 독일은 EMS에 대한 통화 정책을 세울 수 있었다. EMS에 대한 신뢰성 이론은 참가국들이 독일 분데스방크가 인플레이션 방어자로서의 명성으로 이득을 본다고 주장한다. 사실상 EMS 국가들의 인플레이션율은 궁극적으로 독일의 낮은 인플레이션율로 수렴되는 경향이 있었다.

- 1999년 1월 1일, 11개 EU 국가는 프랑크푸르트에 본부를 둔 유럽 중앙은행(ECB)이 발행하는 공동통화 유로를 채택함으로써 경제통화동맹(EMU)을 발족했다(그 후 몇몇 국가가 11개 최초 회원국 대열에 합류했다). 유로 시스템은 EU 회원국의 중앙은행과 유럽 중앙은행(ECB)으로 구성되어 있으며, ECB의 각료회의가 EMU의 통화 정책을 관장한다. EMS의 고정환율제도로부터 EMU까지의 변천 과정은 1991년 12월 유럽 지도자들이 서명한 마스트리히트 조약에 명확히 설명되어 있다.

- 마스트리히트 조약은 EMU 가입자격을 갖추는 데 필요한 EU 국가의 거시경제 수렴기준을 상술했다. 수렴기준의 주요 목적은 새롭게 공동으로 관리되는 유럽통화가 독일 마르크화만큼 인플레이션에 강하게 저항할 것이라고 독일과 같은 저인플레이션 국가들의 유권자를 안심시키는 것이었다. 독일의 주장으로 1997년에 EU 지도자들이 고안한 안정과 성장 협약(SGP)은 국가 차원에서 정부의 적자와 부채를 제한하려는 의도를 지녔다.

- 최적통화지역 이론은 각국이 무역과 생산요소 이동을 통해 경제가 밀접하게 연결된 공동의 고정환율 지역에 참가하기를 원할 것이라는 점을 시사한다. 환율지역에 참여할지 여부에 대한 결정은 참여에 따른

통화 효율성 이득과 경제 안정성 손실의 차이로 결정한다. *GG-LL* 그림은 이러한 요인과 참여국과 고정환율 지역 간의 경제통합의 정도가 어떤 관계인지를 나타낸다. 경제통합이 임계수준을 넘을 때만 참여하는 것이 유리하다.

■ EU가 최적통화지역의 모든 기준을 충족하는 것으로 보이지는 않는다. 1980년대 이래로 EU의 역내 시장통합에 대한 장벽을 상당 부분 제거했지만, EU 역내 무역은 아직 규모가 크지 않다. 더욱이 EU 국가 간, 심지어는 한 국가 내의 노동 이동조차도 미국과 같은 다른 대규모 통화지역에서보다 훨씬 더 제한되어 있는 것처럼 보인다. 또한 EU에서 재정 연방주의의 수준은 불리한 경제적 사건에서 회원국을 보호하기에는 너무 낮은 수준이며, 은행 부문의 안정을 위한 정책도 적절히 중앙집권화되어 있지 않다.

■ 유로위기는 2009년 말에 드러난 그리스 재정문제에서 점화되었지만 유로지역 은행이 지나치게 확장되어 있었고 일부 국가는 환율의 평가절하로 해결할 수 없는 정도의 실질절상으로 고통받고 있었기 때문에 위기가 널리 퍼졌다. 일부 정부는 채무불이행 할지도 모른다는 전망이 은행에게 손해를 입힌 한편, 거꾸로 은행의 취약성은 정부로 하여금 광범위한 은행구제를 하도록 강요함으로써 파멸의 올가미에 스스로 빠지고 말았다. 그 결과 정부 차입금리가 폭등하고 재정압박을 받는 국가로부터 자본이 도피했다. 자금이 도피하자 ECB는 주변 은행에게 최종대부자로서 지원해주었다. 동시에 그 정부들은 다른 EU 회원국들과 IMF로부터 긴축재정과 구조개혁을 조건으로 하는 융자를 요구했다. 신용긴축과 결합된 긴축계획이 수많은 주변국에 심각한 경제 침체를 야기했다.

■ 위기에 대한 대응은 유로지역 은행동맹의 불완전한 진전은 물론 유로지역 정부들의 개편된 재정규제를 포함한다. 그런데 정부의 차입금리를 하락시킨 가장 효과적인 첫걸음은 무제한 금융거래(OMT)에 대한 ECB의 약속이었다. 최근 몇 년간 ECB는 장기금리를 낮추고 디플레이션을 방지하기 위해 (여러 자산 가운데) 대규모로 국채를 매입했고, COVID-19 팬데믹의 경제적 영향에 대응하기 위해 이를 추가로 실행했다. 재정 측면에서 EU 집행위원회의 차세대 EU 팬데믹 회복펀드가 연방 재정주의를 향한 중요한 진전이 될 수 있다.

## 주요 용어

경제 안정성 손실economic stability loss
경제통화동맹economic and monetary union, EMU
마스트리히트 조약Maastricht Treaty
안정과 성장 협약Stability and Growth Pact, SGP
유럽통화제도European Monetary System, EMS
재정 연방주의fiscal federalism

채무불이행default
최적통화지역optimum currency area
통화 효율성 이득monetary efficiency gain
파멸의 올가미doom loop
EMS에 대한 신뢰성 이론credibility theory of the EMS

## 연습문제

1. 강세 통화국에서 약세 통화국으로 중앙은행의 신용공급을 확대하는 EMS 규정은 왜 EMS 환율의 안정성을 증대했는가?

2. 1992년 9월 이전의 EMS에서 이탈리아 리라/독일 마르크 환율은 ±2.25%까지 변동할 수 있었다. 리라/마르크의 중심 환율과 변동폭이 이같이 설정되어 변경될 수 없다고 가정하자. 리라와 마르크의 1년 예금금리 간 차이는 최대 얼마까지 가능한가? 리라와 마르크의 6개월 예금금리 간 최대 차이는 얼마

까지 가능한가? 3개월 예금금리는 어떠한가? 이 물음에 대한 답은 놀라운가? 이에 대한 직관적인 설명을 제시해보라.

3. 문제 2의 질문이 계속 이어진다. 이탈리아의 5년 만기 정부채권에 대한 이자율은 1년에 11%, 독일의 5년 만기 정부채권에 대한 이자율은 1년에 8%라고 가정하자. 앞의 리라/마르크 환율 평가의 신뢰성에 대한 시사점은 무엇인가?

4. 문제 2와 3에 대한 답은 이자율과 기대환율변화가 이자율 평형에 의해 연결되어 있다는 가정을 필요로 하는가? 그렇게 생각하는 이유는 무엇인가?

5. 노르웨이가 환율을 유로에 고정한 후 노르웨이를 제외한 EMU 수출에 대한 세계수요의 증가로 EMU가 혜택을 받는다고 가정하자. 유로 통화가 아닌 통화에 대한 노르웨이 크로네의 환율에는 무슨 일이 일어나는가? 노르웨이는 어떤 영향을 받는가? 이 효과의 크기는 노르웨이와 유로지역 경제 사이의 무역량에 어떻게 의존하는가?

6. 한 국가의 통화수요의 예상치 않은 변화 크기와 빈도가 그 국가가 참가하기를 원하는 통화지역과의 경제통합수준에 어떻게 영향을 주는지 *GG-LL* 그림을 이용해 설명하라.

7. 영국이 1992년 9월에 파운드 환율의 변동을 허용하기 직전에 EMS의 환율 메커니즘(ERM)에 대한 투기 압력이 있었던 기간 중 런던의 뉴스주간지인《이코노미스트》는 다음과 같은 의견을 표명했다.

> 영국 정부에 대한 비판가들은 금리인하를 원하며, 이 금리인하는 영국이 파운드화 가치를 절하하고 필요한 경우 ERM을 탈퇴하면 가능할 것이라고 생각했다. 그들은 틀렸다. ERM을 탈퇴하면 ERM 회원권을 통해 영국 경제가 이미 획득한 신뢰를 상실하게 됨에 따라 이자율이 하락하는 것이 아니라 상승하게 될 것이다. 2년 전에 영국 정부채권의 수익률은 독일보다 3%p 더 높았다. 현재 그 차이는 영국의 인플레이션이 영구적으로 하락하는 과정에 있다는 투자자들의 믿음을 반영하며 0.5%p로 좁혀졌다. ("Crisis? What Crisis?" *Economist*, August 29, 1992, p. 51 참조)

  a. 영국 정부에 대한 비판가들은 왜 영국이 ERM에서 탈퇴하면 이자율을 낮출 수 있다고 생각했는가? (영국은 사설에 나왔던 시기에 심한 경기 침체에 빠져 있었다.)
  b. 《이코노미스트》는 왜 영국이 ERM을 탈퇴한 후에 그 반대 현상이 벌어질 것이라고 생각했는가?
  c. 영국 정책입안자들은 어떻게 ERM 회원 가입으로 신뢰를 얻었는가? (영국은 1990년 10월에 ERM에 가입했다.)
  d. 독일 이자율보다 높은 영국의 명목이자율이 왜 미래 영국 인플레이션에 대한 기대치가 높다는 것을 암시하는가? 다른 설명을 제시할 수 있는가?
  e. "영국 인플레이션이 영구적으로 하락하는 과정에 있다고 믿는다"는 주장에도 불구하고 그 사설을 쓸 당시 영국 이자율이 왜 독일보다 더 높았는지 두 가지 이유를 제시하라.

8. EMS가 단일통화로 통화통합을 이루었지만 이 통화를 관리할 유럽 중앙은행을 창설하지 않았다고 상상해보라. 대신 이 임무를 다양한 국가의 중앙은행에 맡기고 각 중앙은행은 원하는 만큼 유럽 통화를 발행하며 공개시장운영을 실시할 수 있다고 상상해보라. 이러한 제도에서 어떠한 문제가 발생할 것으로 예견하는가?

9. 자본이 완전히 자유롭게 EU 국가들을 넘나들지만 EU가 통일된 노동시장을 형성하지 못하는 경우 EMU의 원활한 기능에 특히 방해가 되는 이유는 무엇인가?

10. 브렉시트 이전에 영국은 EU에 소속되어 있으나 유로를 채택하지 않았으며 이 문제에 대해 격렬한 논

쟁이 벌어지고 있었다.

    **a.** 1998년 이후 영국 경제의 실적에 대한 거시자료(인플레이션, 실업, 실질 GDP 성장)를 찾아보고 이 자료를 유로지역의 자료와 비교해보라.

    **b.** 1998년 이후 영국과 유로지역의 명목이자율은 얼마였는가? 만약 유럽 중앙은행이 영국의 명목이 자율을 유로지역수준으로 책정하고 파운드화 환율을 고정했다면 영국은 어떻게 되었을까?

**11.** 유로의 대외 환율변화는 각 유로지역 회원국에게 비대칭적인 효과를 미치는 재화시장의 충격으로 간 주할 수 있다. 유로가 2007년 중국 통화에 대해 절상했다면 수출시장에서 중국과 직접 경쟁하지 않는 핀란드와 직접 경쟁하는 스페인 중 어떤 국가에서 총수요가 더 많이 감소하겠는가? 만약 스페인이 구 통화인 페세타를 존속하고 있었다면 어떠한 일이 벌어졌겠는가?

**12.** 미국이라는 통화동맹 내에서는 어떤 주가 대규모 경상수지 적자를 가지고 있지 않나 전혀 걱정을 하지 않는다. 신문에서 그러한 자료를 본 적이 있는가? 예를 들어 루이지애나주가 2005년 허리케인 카타리 나로에 의해 황폐화된 후 대규모 경상수지 적자를 기록했을 것이라고 추측할 수 있다. 그러나 루이지 애나주의 경상수지 적자는 금융뉴스에서 취급될 가치가 없는 것으로 여겨졌다. 그러나 2008년 그리스 가 GDP의 14.6%, 포르투갈은 12%, 스페인은 9.8%에 달하는 경상수지 적자를 기록했음을 알고 있다 (표 21-4). 이 국가들의 정부는 이러한 대규모 적자를 걱정해야 하는가? (힌트: SGP의 필요성에 대한 논쟁과 관련지어 답하라.)

**13.** IMF 웹사이트(www.imf.org)로 들어가 세계경제전망(World Economic Outlook) 자료집을 찾은 다음 그리스, 스페인, 포르투갈, 이탈리아, 아일랜드의 경상수지(GDP 대비 비율)를 내려받고 유로위기 중 2009년 이후 이 국가들의 경상수지에 어떠한 변화가 있었는지 설명하라.

**14.** 한 국가가 유로지역을 떠나 독자적인 통화의 발행을 시작할 수 있다고 가정해보자. 또한 ECB가 (아마 금전적 손실을 우려하여) 그 국가의 은행에 대한 융자를 중단하려고 하는 상황을 가정한다. 그렇다면 채권자가 갑자기 그 국가의 은행으로부터 빠져 나가기 시작하면 어떤 일이 벌어질까?

**15.** 2013년 봄에 사이프러스는 그리스, 아일랜드, 포르투갈을 따라 EU, ECB, IMF의 3자로부터의 긴급융 자에 동의했다. 원인은 사이프러스 은행체제 내의 큰 손실에 있었다. 일부 사이프러스 은행의 예금에 손실을 입힌 후 정부는 EU의 승인을 얻어 거주자가 돈을 해외로 송금하는 것을 금지하기 위한 자본통 제를 가했다. 왜 EU의 단일시장의 철학을 어긴 이러한 조치가 취해졌는가? (그리스는 2015년 중반에 유로 탈퇴에 대한 우려로 예금이 해외로 유출됨에 따라 유사한 대응을 해야 했다. 그러나 지금까지 그 리스 채권자는 여전히 충분한 신용을 공급하여 금융거래가 계속되고 있다.)

**16.** 유로지역의 한 대국, 예를 들어 독일에서 정부가 그 나라의 생산물을 더 많이 구매하는 재정확대 정책 을 수행한다고 가정하자. 이것이 유로지역 다른 나라에는 어떤 영향을 미치게 되는가?

    **a.** 우선 *DD-AA* 모형을 이용하여 유로지역이 나머지 세계와는 변동환율제도를 가진 하나의 경제라고 생각하자. 독일의 정책변화가 영구적이라면 그 변화가 다른 통화동맹국에 영향을 미치게 되는 채 널을 고려하라. 만약 그 정책변화가 일시적이라면 어떻게 되는가?

    **b.** 이제 ECB의 정책금리는 제로에 고정되어 있고 유로지역이 유동성 함정에 빠져 있다고 가정하자 (17장 참조). 그림 17-19를 참고할 때 일시적인 독일의 재정확대는 다른 통화동맹 회원국에 어떤 영향을 미치는가? 그것이 영구적인 확장이면 어떻게 되는가?

## 더 읽을거리

Alberto Alesina and Francesco Giavazzi, eds. *Europe and the Euro*. Chicago: University of Chicago Press, 2010. 유로의 첫 10년에 대한 논문집

Helge Berger, Giovanni Dell'Ariccia, and Maurice Obstfeld. "Revisiting the Economic Case for Fiscal Union in the Euro Area." *IMF Economic Review* 67 (September 2019), pp. 657-683. 유로지역에서 파멸의 올가미를 끊기 위해서는 재정 연방주의의 확대가 요구된다는 주장

Markus K. Brunnermeier, Harold James, and Jean-Pierre Landau. *The Euro and the Battle of Ideas*. Princeton, NJ: Princeton University Press, 2016. 유로지역 지배구조의 긴장에 대한 폭넓은 분석

W. Max Corden. *Monetary Integration*. Princeton Essays in International Finance 32. International Finance Section, Department of Economics, Princeton University, April 1972. 통화통합에 대한 고전적 분석

Paul De Grauwe. "The Governance of a Fragile Eurozone." *Australian Economic Review* 45 (September 2012), pp. 255-268. 유로지역 위기를 국채시장의 자기실현적 투기라는 관점에서 설명

Barry Eichengreen and Peter Temin. "Fetters of Gold and Paper." *Oxford Review of Economic Policy* 26 (Autumn 2010), pp. 370-384. 유로지역의 고정환율과 대공황 시기의 금본위제 사이의 유사성 분석

Martin Feldstein. "The Political Economy of the European Economic and Monetary Union: Political Sources of an Economic Liability." *Journal of Economic Perspectives* 11 (Fall 1997), pp. 23-42. 미국의 대표적 경제학자가 EMU를 반대하는 주장을 한다.

Harold James. *Making the European Monetary Union*. Cambridge, MA: Harvard University Press, 2012. ECB 설계에 대한 협상을 포함하여 EMU 출범 이전 사건에 대한 자세한 역사적 설명

Peter B. Kenen and Ellen E. Meade. *Regional Monetary Integration*. Cambridge, U.K.: Cambridge University Press, 2008. 유로지역 경험과 동아시아 및 남미의 또 다른 대규모 통화지역 전망에 대한 포괄적 개관

Philip R. Lane. "The European Sovereign Debt Crisis." *Journal of Economic Perspectives* 26 (Summer 2012), pp. 49-68. 유로지역의 부채위기에 대한 간단한 개관

Kevin O'Rourke. *A Short History of Brexit*. London: Penguin UK, 2019. 브렉시트의 역사적 배경과 2016년 국민투표의 즉각적인 여파에 대한 읽기 좋은 설명

Jean Pisani-Ferry, André Sapir, Nicolas Véron, and Guntram B. Wolff. "What Kind of European Banking Union?" Bruegel Policy Contribution 2012/12, June 2012. EU 내 은행동맹 설립 관련 이슈에 대한 간략한 검토

Thomas Sampson. "Brexit: The Economics of International Disintegration." *Journal of Economic Perspectives* 31 (Fall 2017), pp. 163-184. 유럽과 세계 통합을 위한 브렉시트의 교훈에 대한 명확한 논의

Jay C. Shambaugh. "The Euro's Three Crises." *Brooking Papers on Economic Activity* 1 (2012), pp. 157-211. 위기를 야기한 유로지역 문제에 대한 폭넓은 시각

Edward Tower and Thomas D. Willett. *The Theory of Optimal Currency Areas and Exchange Rate Flexibility*. Princeton Special Papers in International Economics 11. International Finance Section, Department of Economics, Princeton University, May 1976. 최적통화지역 이론에 대한 조사연구

# CHAPTER 22

# 개발도상국: 성장, 위기 및 개혁

지금까지 미국 및 서유럽 국가와 같이 산업화된 시장경제 간 거시경제적 상호작용에 대해 공부했다. 자본과 숙련노동이 풍부하고 정치적으로 안정된 선진국은 국민을 위해 높은 수준의 GNP를 생산한다. 그리고 몇몇 빈곤 국가의 시장과 비교해볼 때 상대적으로 선진국 시장은 오랫동안 직접적인 정부규제를 받지 않았다.

하지만 세계 개발도상국의 거시경제 문제는 1980년대 이래로 여러 차례 세계 경제 전체의 안정성과 관련된 관심사의 중심에 위치하고 있다. 제2차 세계대전 후 수십 년에 걸쳐 개발도상국과 선진국 간 무역이 확대되었으며, 개발도상국과 부국 간 금융거래 또한 증가했다. 이러한 두 그룹 경제 사이의 폭넓은 연결은 각 그룹이 다른 그룹의 경제적 건전성에 좀 더 많이 의존하도록 만들었다. 그러므로 개발도상국에서 일어나는 사건은 선진국 경제의 복지와 정치에 중요한 영향을 미치고 있다. 1960년대 이후 과거 가난했던 몇몇 국가는 삶의 기준을 극적으로 향상하고 있는 반면에 더 많은 국가는 선진국에 훨씬 더 뒤처졌다. 이러한 대표적인 발전 경험을 이해함으로써 모든 국가의 경제성장을 촉진하는 중요한 정책적 교훈을 얻을 수 있다.

이 장에서는 개발도상국의 거시경제 문제와 이러한 문제가 선진국 경제에 미치는 파급 효과에 대해 공부하고자 한다. 앞 장들에서 공부한 국제거시경제의 통찰력이 개발도상국에도 적용될 수 있지만 선진국 경제를 따라잡으려는 개발도상국의 노력 속에서 발생한 독특한 문제점은 따로 논의할 가치가 있다. 더구나 개발도상국의 저소득은 이 지역의 거시경제 침체를 선진국에서보다 훨씬 더 고통스럽게 만들며, 그 결과 정치·사회적 결속을 위협할 수 있다.

## 학습목표

- 지속적인 세계 소득분배의 불평등과 그 원인에 대한 증거를 설명한다.
- 개발도상국의 주요 경제적 특징을 요약한다.
- 세계자본시장에서 개발도상국의 위치와 개발도상국 차입자의 채무불이행 문제를 설명한다.
- 개발도상국 금융위기의 최근 역사를 설명한다.
- 빈국이 세계자본시장에 참여함으로써 얻는 이득을 증대하기 위해 제안된 수단을 논의한다.

# 세계 경제의 소득, 부, 경제성장

빈곤은 개발도상국의 근본적 문제이고 빈곤으로부터의 탈출은 이들 국가의 최우선 경제·정치적 도전이다. 선진국 경제와 비교해볼 때 대부분의 개발도상국은 자본과 숙련노동 같은 현대 산업에 필수적인 생산요소가 결핍되어 있다. 이런 생산요소의 상대적 희소성은 낮은 1인당 국민소득의 원인이 되었고, 개발도상국으로 하여금 많은 선진국이 이득을 보는 규모의 경제를 달성하지 못하게 만들었다. 그러나 생산요소의 부족은 대개 더 심각한 문제가 있음을 알려주는 징후이다. 정치적 불안정, 불확실한 재산권, 잘못된 경제 정책은 종종 자본과 기술에 대한 투자를 위축시키는 동시에 경제적 효율을 감소시키고 있다.

## 빈국과 부국의 격차

세계 경제는 연간 1인당 국민소득에 따라 4개의 범주로 구분할 수 있다.

1. 저소득경제(아프가니스탄, 북한, 타지키스탄, 시리아, 예멘, 아이티, 사하라 이남의 많은 아프리카 국가 등)
2. 하위 중소득경제(방글라데시, 캄보디아, 베트남, 인도, 파키스탄, 필리핀, 여러 중동 국가, 여러 중남미와 카리브 연안 국가, 우크라이나를 포함한 몇몇 구소련 국가, 나머지 대부분의 아프리카 국가 등)
3. 상위 중소득경제(나머지 중남미 국가, 소수의 아프리카 국가, 몇몇 카리브 연안 국가, 불가리아, 조지아, 카자흐스탄, 튀르키예, 인도네시아, 이란, 이라크, 말레이시아, 중국, 러시아 등)
4. 고소득경제(부유한 산업화된 시장 경제: 나머지 카리브 연안 국가, 파나마, 우루과이, 이스라엘·한국·싱가포르와 같이 소수의 예외적으로 운이 좋은 이전의 개발도상국, 석유가 풍부한 쿠웨이트와 사우디아라비아, 체코·슬로바키아·헝가리·에스토니아와 같이 일부 성공적인 동유럽의 체제전환국 등)

처음 두 범주의 국가는 주로 선진국 경제와 비교할 때 상대적으로 개발이 뒤처진 국가로 구성되어 있는 반면에 마지막 두 범주는 선진국과 함께 대부분의 신흥시장경제를 포함한다. 표 22-1은 이들 그룹에 대한 2019년 평균 1인당 국민소득을 또 다른 경제적 복지지표인 평균수명과 함께 보여준다.

표 22-1은 21세기 두 번째 10년 기간에 뚜렷한 국가 간 소득불균형을 보여준다. 부유한 경제의 평

| 표 22-1 | 4개 국가 그룹의 경제복지지표 | |
| --- | --- | --- |
| 소득 그룹 | 1인당 국민소득(2019년 미국 달러) | 2018년 평균수명(년) |
| 저소득 국가 | 780 | 63 |
| 하위 중소득 국가 | 2,177 | 68 |
| 상위 중소득 국가 | 9,040 | 75 |
| 고소득 국가 | 44,584 | 81 |

출처: World Bank, World Development Indicators.

균 1인당 소득은 가장 가난한 개발도상국 평균의 57배나 된다. 심지어 상위 중소득 국가는 선진국 그룹 1인당 소득의 약 1/5 정도밖에 이르지 못한다. 평균수명의 수치는 일반적으로 국민소득의 세계 적인 차이를 그대로 반영한다. 상대적 빈곤이 증가함에 따라 평균수명은 줄어들고 있다.[1]

## 세계 소득격차는 시간이 경과함에 따라 좁혀졌는가

국가 간 소득격차를 설명하는 것은 경제학의 가장 오래된 목표 중 하나이다. 애덤 스미스(Adam Smith)의 1776년 고전적 저서가 《국부론(The Wealth of Nations)》이라고 이름 지어진 것도 결코 우연이 아니다. 적어도 중상주의 시대 이래로 경제학자들은 왜 특정 시점에서 국가 간 소득이 서로 다른지를 설명하려고 노력했을 뿐만 아니라, 왜 어떤 국가는 침체되고 어떤 국가는 부유해지는지에 대한 좀 더 어려운 수수께끼를 풀려고 노력했다. 경제성장을 촉진하는 최선책에 관한 논쟁은 이 장에서 살펴보는 것처럼 매우 격렬했다.

경제성장에 관한 수수께끼의 깊이와 성장에 우호적인 경제 정책을 발견한 성과가 몇몇 국가그룹의 1960~2017년 사이의 1인당 국민소득 성장률을 보여주는 표 22-2에 예시되어 있다(이 실질생산량 자료는 구매력 평가에서의 괴리를 반영하도록 수정되었다). 이 기간 동안 미국은 성숙한 경제의 장기 최대성장률이라고 많은 경제학자가 주장하는 연간 약 2%로 성장했다. 1960년에 가장 번영했던 선진국들은 대개 비슷한 속도로 성장했다. 그 결과 미국에 대한 이들 국가의 상대적 소득격차는 거의 변하지 않았다. 그러나 1960년에 가장 가난했던 선진국들은 평균적으로 미국보다 훨씬 더 빨리 성장했고, 그 결과 이들 국가의 1인당 소득은 미국을 따라잡는 경향을 보였다. 예를 들어 1960년 미국보다 63% 가난했던 일본이 2017년에는 단지 약 28% 더 가난했는데, 이에 따라 초기의 소득격차를 상당히 줄였다.

일본의 따라잡기 과정은 선진국 간 생활수준 격차가 세계대전 이후에 줄어드는 경향이 있음을 예시한다. 관측된 이러한 1인당 소득의 **수렴**(convergence)의 배경을 이루는 이론은 믿기 어려울 만큼 단순하다. 만약 무역이 자유롭고 자본이 가장 높은 수익률을 제공하는 국가로 이동할 수 있으며 지식 자체가 정치적 국경을 넘나들어 각 국가가 최신 생산기술에 항상 접근할 수 있다면, 국제적 소득 격차가 오랫동안 지속될 이유가 없다. 현실에서는 선진국 간 정책 차이로 인해 일부 격차가 계속 존재한다. 그러나 수렴을 진행시키는 힘은 선진국들의 소득이 대략 같은 범위에 있게 할 만큼 충분히 강한 것처럼 보인다. 다른 선진국들은 미국에 비해 실업률과 경제활동 참가율이 다르기 때문에 1인당 생산량의 격차가 근로자 1인당 생산량 격차를 정확히 반영하지 못할 수 있다는 점을 기억하기 바란다.

이런 단순 수렴 이론의 호소력에도 불구하고 표 22-2의 나머지 부분이 보여주는 것처럼 1인당 국민소득이 수렴한다는 확실한 경향이 없으므로 수렴 현상이 세계 전체를 특징짓는 현상은 아니다. 다른 지역 국가 그룹 간에 장기적인 경제성장률이 큰 차이를 보였지만 빈국이 더 빨리 성장한다는 일반적인 경향은 발견되지 않는다. 세계소득의 최하위수준에 머물고 있는 몇몇 사하라 이남의 아프리카

---

1 16장은 공통의 통화(여기서는 미국 달러)로 측정된 물가수준이 보통 국가별로 다르기 때문에 달러 소득의 국제적인 비교는 상대적인 복지수준을 부정확하게 나타낸다는 점을 설명했다. 세계은행은 구매력 평가(PPP)에서의 괴리를 반영하도록 조정된 각국의 국민소득 통계를 제공한다. 이 자료는 표 22-1의 격차를 제거하지는 못하지만 이를 크게 줄여준다. 표 22-2는 PPP로 조정된 소득을 보여준다.

| 표 22-2 | 1960~2017년 선별된 국가의 1인당 생산량(2011년 미국 달러) | | |
|---|---|---|---|
| | **1인당 생산량** | | |
| 국가 | 1960 | 2017 | 1960~2017<br>연평균 성장률(연간 %) |
| **1960년에 산업된 국가** | | | |
| 캐나다 | 15,573 | 44,975 | 1.9 |
| 프랑스 | 11,344 | 38,170 | 2.2 |
| 독일 | 13,337 | 46,349 | 2.2 |
| 이탈리아 | 10,176 | 35,668 | 2.2 |
| 일본 | 6,400 | 39,381 | 3.2 |
| 스페인 | 7,301 | 33,593 | 2.7 |
| 스웨덴 | 14,478 | 45,844 | 2.0 |
| 영국 | 12,719 | 38,153 | 1.9 |
| 미국 | 17,319 | 54,586 | 2.0 |
| **아프리카** | | | |
| 케냐 | 1,952 | 3,090 | 0.8 |
| 나이지리아 | 2,665 | 5,270 | 1.2 |
| 세네갈 | 2,917 | 3,111 | 0.1 |
| 남아프리카 | 7,204 | 12,004 | 0.9 |
| 짐바브웨 | 1,132 | 1,914 | 0.9 |
| **중남미** | | | |
| 아르헨티나 | 9,283 | 16,432 | 1.0 |
| 브라질 | 3,995 | 14,066 | 2.2 |
| 칠레 | 5,734 | 22,123 | 2.4 |
| 콜롬비아 | 4,059 | 13,585 | 2.1 |
| 코스타리카 | 4,329 | 14,712 | 2.2 |
| 멕시코 | 6,633 | 16,792 | 1.6 |
| 파라과이 | 2,618 | 8,948 | 2.2 |
| 페루 | 5,135 | 11,808 | 1.5 |
| 베네수엘라 | 11,935 | 11,321 | −0.1 |
| **아시아** | | | |
| 중국 | 815 | 13,465 | 5.0 |
| 홍콩 | 4,459 | 50,271 | 4.3 |
| 인도 | 1,048 | 6,548 | 3.3 |
| 인도네시아 | 1,635 | 11,173 | 3.4 |
| 말레이시아 | 2,639 | 24,574 | 4.0 |
| 싱가포르 | 4,368 | 69,150 | 5.0 |
| 한국 | 1,573 | 36,999 | 5.7 |
| 대만 | 2,070 | 43,501 | 5.5 |
| 태국 | 1,162 | 14,884 | 4.7 |

주: 자료는 Penn World Table, Version 9.1에서 구했고, 국민소득(variables RGDPNA/POP)을 비교하기 위해 구매력 평가(PPP) 환율을 이용했다. 이에 대한 설명을 위해서는 Penn World Table의 홈페이지 https://www.rug.nl/ggdc/productivity/pwt 참조

국가는 (2차 대전 이후 대부분의 기간 동안) 주요 선진국의 경제성장률보다 훨씬 낮은 속도로 성장했다.[2] 또한 중남미 국가의 성장은 매우 느리게 진행되었지만, 몇몇 소수 국가(특히 브라질과 칠레)는 낮은 소득수준에도 불구하고 미국의 평균 성장률보다 빠르게 성장했다.

이와 대조적으로 수렴 이론이 예측한 것처럼 동아시아의 국가는 선진국의 성장률보다 훨씬 높은 비율로 성장하는 경향을 보였다. 1960년 세네갈보다 소득수준이 낮았던 한국은 그 이후 매년 거의 6% 경제성장(1인당 소득 측면에서)을 기록했고, 1997년 세계은행은 한국을 고소득 국가로 분류했다. 마찬가지로 싱가포르의 5% 연평균 경제성장률은 싱가포르를 고소득 국가로 진입하게 했다. 1989년까지 소련의 지배를 받았던 동유럽 국가 중 일부 국가 또한 급속히 고소득 국가 대열에 합류하고 있다.

3%의 연평균 성장률을 달성한 국가는 그 국가의 실질 1인당 국민소득이 세대마다 2배로 증가하게 된다. 그러나 홍콩, 싱가포르, 한국, 대만 같은 동아시아 국가가 최근에 이르기까지 보여준 연평균 성장률에 따르면 1인당 실질국민소득은 세대마다 5배나 성장했다.

표 22-2에서 나타난 매우 차이가 나는 장기 성장 패턴은 무엇으로 설명할 수 있는가? 그 답은 개발도상국의 경제·정치적 특징과 이 특징이 세계적인 사건과 내부 압력에 대응해 시간에 따라 변화하는 방법에 달려 있다. 개발도상국의 구조적인 특징은 또한 낮은 인플레이션, 저실업, 금융 부문의 안정성 같은 고도성장 이외의 핵심적인 거시경제 목표를 추구할 때 이러한 국가의 성공을 결정하는 데 도움을 주었다.

## 세계 성장에서 개발도상국의 중요성

지난 반세기 동안 세계 경제의 주요 변화 가운데 하나는 현재의 가난한 경제가 과거에 비해 전 세계 소득에서 훨씬 큰 비중(구매력 평가 기준으로 절반 이상)을 차지하며, 또한 세계 경제성장에서도 더 큰 비중을 차지한다는 것이다. 이러한 변화는 그림 22-1에서 1960년대 이후 총세계 GDP 성장을 지역적 요인으로 구분하여 나누었을 때 나타난다.

그림에서 알 수 있듯이 1960년대 미국과 다른 선진국들은 세계 경제성장에 제일 크게 기여했다. 그러나 2010년대에 이르러서는 부유한 국가들이 절반에 훨씬 못 미치는 수준을 설명하고 있다. 두 가지 주요 요인이 이러한 변화를 설명한다. 첫째, 신흥 개발도상국이 (그들 간 경제적 성과에는 상당한 차이가 있음에도 불구하고) 전반적으로 선진국에 비해 빠르게 성장하는 경향이 있어 그들이 세계 GDP에서 차지하는 비중이 증가함에 따라 세계 성장에 더 중요한 기여자가 되었다. 이 과정에서 중국과 인도와 같은 거인들은 뚜렷한 역할을 했다. 둘째, 선진국에서 성장이 느려졌다.

세계 경제성장을 이해하려면 세계의 가난한 나라를 더 잘 살펴봐야 한다. 게다가 그러한 나라에서 일어나는 일이 부유한 나라에 중요한 영향을 미치게 된다. 어떠한 특징과 정책이 그들의 성과를 가능하게 했을까?

---

2 반면에 다른 아프리카 국가들은 현재 상위 중소득 국가에 도달해 있다. 남아프리카의 보츠와나는 일찍이 상위 중소득 국가로 올라섰는데, 이 국가의 1인당 평균 소득증가율은 1960년 이후 30년 동안 매년 5% 이상에 달했다. 남아프리카공화국도 상위 중소득국이다. 이 나라는 오랫동안 아프리카 대부분의 나라보다 1인당 GDP가 높았지만, 성장이 느려서 고소득 국가에 도달하지 못했다. 이 나라의 평균적인 부유함은 (심지어 아프리카의 다른 나라들보다 심하게) 가계의 심각한 불평등과 상당한 빈곤을 가려 주고 있다.

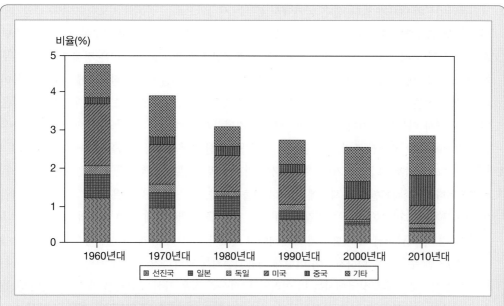

**그림 22-1 세계 GDP 성장에서 비중이 하락한 부국**

많은 개발도상국이 더 빨리 성장하고 세계 생산에서 차지하는 비중이 커짐에 따라 그들의 GDP 성장률이 세계 전체 성장을 결정하는 데 더 중요하게 되었다. 동시에 부국의 성장은 시간이 지남에 따라 느려지는 경향이 있다.

출처: IMF, *World Economic Outlook*. 그림에서 '선진국' 그룹은 별도로 표시된 일본, 독일, 미국을 제외한 것이다. 세계 성장은 시장가격으로 측정된 GDP의 비중을 이용하여 계산되었다. 2010년대는 부분 데이터를 사용했다.

## 개발도상국의 구조적 특징

오늘날 개발도상국 간에는 큰 차이가 있어 모든 개발도상국을 정확하게 설명할 수 있는 '정형화'된 특징을 하나의 목록으로 정확히 표현하기는 어렵다. 1960년대 초기에 이들 국가는 무역 정책, 거시 경제 정책, 경제에 대한 정부간섭에 대한 접근 방법 등에서 훨씬 더 비슷했다. 그 이후 상황이 변하기 시작했다. 동아시아 국가는 수입대체 산업화 정책을 포기하고 그 대신 수출지향적 발전 전략을 채택했다. 이 전략은 매우 성공적인 것으로 드러났다. 그 이후에 중남미 국가는 만성적인 고인플레이션을 해소하고 민간 부문에 자본거래를 개방하며 경제에서 정부 역할을 줄이려고 시도함과 동시에 무역장벽을 줄여나갔다. 이러한 노력은 몇몇 영역에서는 성공했지만(이 지역의 인플레이션은 훨씬 낮아졌다), 다른 영역에서는 그렇지 못했다(남미의 성장은 여전히 어려움에 직면해 있다).

이와 같이 많은 개발도상국이 자국 경제를 성공적인 선진국의 경제구조와 가깝도록 개혁을 추진했지만 개혁 과정은 미완성 상태로 남아 있으며, 대부분의 개발도상국은 적어도 다음 몇 가지 측면으로 특징지어지는 경향을 보인다.

1. 국제무역에 대한 제약, 대기업에 대한 정부 소유 또는 통제, 내부 금융거래에 대한 직접적인 정부 통제 및 높은 정부소비의 GNP 대비 비율 등을 포함해서 정부가 경제를 광범위하고 직접적으로 통제했던 역사가 있다. 경제에서의 정부 역할이 최근 수십 년 동안 다양한 분야에서 감소한 정도는 개발도상국 간에 큰 차이를 보이고 있다.

2. 고인플레이션의 역사가 있다. 많은 국가에서 정부는 세금만으로는 정부의 과도한 지출과 국영기업의 손실을 충당할 수 없었다. 탈세가 만연했고, 많은 경제활동이 지하에서 이루어졌다. 따라서 단순히 돈을 찍어내는 것이 가장 쉬운 방법이었다. **통화발행 차익**(seigniorage)은 경제학자들이 정부가 재화와 용역에 소비하기 위해 통화를 찍어낼 때 정부가 벌어들이는 실질재원에 붙여준 이름이다. 정부가 높은 수준의 통화발행 차익을 얻기 위해 계속적으로 통화공급을 늘릴 때 개발도상국은 인플레이션과 더불어 심지어 초인플레이션까지 경험하게 되었다(예 : 15장의 '통화공급과 물가수준의 관계에 대한 실증적 증거'에서 중남미의 인플레이션과 통화공급 증가율에 관한 논의 참조).

3. 국내 금융시장이 자유화된 국가에 취약한 신용기관이 많은 경우가 흔했다. 은행은 차입한 자금을 취약하거나 매우 위험한 프로젝트에 빈번히 대출해줬다. 대출은 전망 좋은 수익성보다 개인적인 연고에 근거하여 이루어졌고, 은행감독(20장)과 같은 금융 취약성에 대한 정부의 보호장치는 무능력, 무경험, 노골적인 사기 때문에 효과적이지 못했다. 주식의 공개 거래가 다수의 신흥시장에 도입되었지만 주주들은 회사자금이 어떻게 사용되는지를 파악하거나 회사 경영자들을 통제하는 일이 일반적으로 개발도상국에서는 더 어려웠다. 파산한 경우 자산 소유권을 해결하는 법적인 틀역시 대부분 취약했다. 그러므로 선진국과 비교하여 개발도상국의 금융시장은 저축을 가장 효율적인 투자와 직접 연결해주지 못했다. 그 결과 금융시장은 훨씬 더 위기에 취약해졌다.

4. 환율이 (사우디아라비아와 같이) 완벽히 고정되어 있지 않은 경우에는 개발도상국 정부가 강력하게 통제하는 경향이 있다. 환율의 신축성을 제한하기 위한 정부 정책은 인플레이션을 통제하고자 하는 욕망과 변동환율을 허용하면 외환시장이 상대적으로 협소한 개발도상국의 환율변동성이 급격히 커질 것이라는 두려움을 반영한다. 몇몇 개발도상국에 여전히 남아 있는 (**외환통제**라 불리는) 관행으로서 시장을 통하기보다 정부의 명령으로 외환을 할당해준 역사가 있다. 특히 대부분의 개발도상국은 자산거래와 관련된 외환거래를 제한함으로써 자본 이동을 통제하려 했다. 하지만 최근에는 많은 국가가 자본시장을 개방했다.

5. 러시아의 석유, 말레이시아의 목재, 남아프리카의 금, 콜롬비아의 커피 같은 천연자원 또는 농산물이 개발도상국의 중요한 수출품목이다. 그래서 1차 상품(primary commodity) 수출국은 다음 글상자 '원자재 슈퍼 사이클'에서 논의하는 바와 같이 변덕스러운 국제가격의 변화에 취약하다.

6. 정부통제, 세금, 규제조치를 회피하려는 노력으로 인해 대부분은 아니지만 많은 개발도상국에서 뇌물공여와 금품강요 등의 타락된 관행이 만연하게 되었다. 지하경제활동(비공식 경제, informal economy)의 발달은 시장에 근거한 자원배분을 어느 정도 회복시켜줌으로써 경제 효율성을 달성하는 데 도움이 되는 경우도 있었지만, 모든 것을 감안할 때 비공식성(informality)과 부패, 빈곤이 함께 공존한다는 사실은 자료를 통해 명백히 드러난다.

개발도상국과 선진국의 대규모 표본을 이용한 그림 22-2는 연간 1인당 실질 GDP와 세계청렴성기구(Organization Transparency International)가 출판한 1(가장 부패)부터 10(가장 청렴)에 이르는 부패의 역수 간에 강한 양의 상관관계가 존재함을 보여준다.[3] 여러 요인이 이런 강한 양의 상관관계의

---

3 세계청렴성기구의 2018년 순위에 따르면 세계에서 가장 깨끗한 국가는 덴마크(높은 8.8점)였고 가장 부패한 국가는 남수단(절망적인 1.3점)이었다. 미국의 점수는 2015년 7.6점에서 7.1점으로 하락했다. 부패의 경제학에 대한 상세한 자료와 일반적인 개요는 다음을 참조하라. Vito Tanzi, "Corruption around the World," *International Monetary Fund Staff Papers* 45 (December,

## 원자재 슈퍼 사이클

지난 20년 동안 총원자재가격은 2007년의 대불황기에 급격하고 짧은 중단이 있었고 2011~2016년 사이에 50% 이상 하락했지만 1998~2020년 사이의 전체 기간에 400% 이상 증가하는 등 호황과 불황의 순환을 겪었다. 그러한 순환은 과거에도 반복적으로 일어났는데, 경제학자 빌게 에르텐(Bilge Erten)과 호세 안토니오 오캄포(Jose Antonio Ocampo)는 19세기 이후 보통 30~40년 주기로 일어났던 다수의 장기적인 '원자재 슈퍼 사이클(commodity super cycle)'을 발견했다.[4]

최근의 순환은 다양한 원자재 그룹에 일반적으로 잘 적용이 된다. 1999~2008년 사이에 대부분의 원자재가격은 연간 두 자릿수의 증가율을 기록했다. 여기에는 석유, 석탄, 천연가스와 같은 연료, 알루미늄, 철, 주석과 같은 금속, 옥수수, 쌀, 밀과 같은 식량을 포함한다. IMF의 달러 원자재가격지수로 측정된 총원자재가격의 최근 순환을 아래 그림에서 볼 수 있다.

여러 요인이 1999~2011년간 원자재가격 급증에 기여했는데, 특히 신흥국 경제의 빠른 성장, 공급 제약, 세계적인 낮은 실질금리 등을 들 수 있다.

1. *신흥국 경제의 성장*: 21세기 첫 10년 동안 중국 경제는 빠르게 성장했고 2011년에 이르러 여러 자연자원, 특히 산업용 금속에 대한 세계 수요의 약 절반을 차지했다. 수억 명의 중국인이 농촌경제에서 산업경제로 이동함에 따라 자원 집약적인 제조업과 건설업의 성장을 촉진했다. 많이 인용되는 중국 도시화의 속도를 나타내는 사실로 2011~2013년까지 중국의 시멘트 사용량이 20세기 전체 미국의 사용량보다 더 많았다는 것이다. 브라질, 러시아, 인도 등 다른 신흥시장국 또한 이 기간에 원자재 수요의 증가에 기여했다. 이들 국가 가운데 일부는 원자재 수출국이기도 해서 그들 수출품에 대한 높은 세계적 수요가 그들이 수입하는 원자재 수요를 지탱해주기도 했다.

2. *공급 제약*: 여러 공급제약 또한 가격 상승을 야기했다. 예를 들면 일부 중요한 농업지역의 가뭄, 일부 산유국의 폭력과 혼란이 영향을 주기도 한다. 또한 채굴 투자에 긴 시간이 소요됨에 따라 단기에 생산은 상대적으로 비탄력적일 수 있다. 유사한 경우로 몇몇 원자재 수출업자는 예를 들어 부적절한 운송시설로 인해 공급병목 현상에 직면했다.

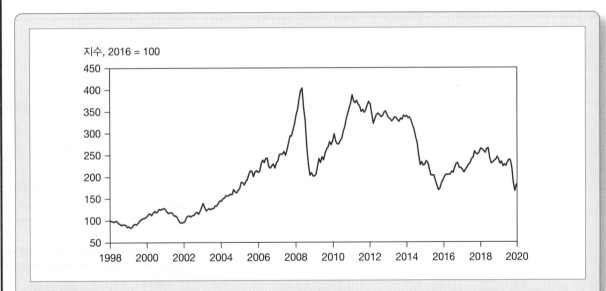

**원자재가격지수**

출처: IMF. All Commodity Price Index (2016 = 100). 연료와 비연료 가격지수 모두 포함되었다.

---

1998), pp. 559-594. International Monetary Fund, *Fiscal Monitor: Curbing Corruption* (Washington, D.C., April 2019)의 두 번째 장은 가장 최근의 조사내용을 보여준다.

4 Bilge Erten and José Antonio Ocampo, "Super Cycles of Commodity Prices since the Mid-Nineteenth Century," *World Development* 44 (April 2013), pp. 14-30 참조

3. *낮은 이자율*: 이전 장(그림 19-8 참조)에서 논의했던 낮은 이자율 환경은 투자자가 대체 자산에서 수익을 찾고 원자재 비축에 투자함에 따라 원자재가격의 상승에 기여했다. 2007~2009년 금융위기까지 전 세계의 풍부한 신용은 이러한 투자를 수월하게 만들었다.

2011년 이래로 중국은 경제의 방향을, 건설을 포함한 투자와 생산에서 국내 소비, 특히 서비스로 전환하는 것을 추진해왔다. 중국 정부는 그러한 변화가 비효율적으로 과도한 수준의 투자를 줄이고 증가하는 중산층의 필요를 충족하기 위해 필요하다고 보았다. 그러나 이러한 방향 전환은 전반적인 중국 경제의 성장속도를 두 자릿수에서 COVID-19 팬데믹 이전에 약 6% 정도로 상당히 낮추는 것이었다. 성장률 둔화는 전 세계 원자재가격에 큰 타격을 주었다. 처음에는 점진적으로 하락했는데 세계적인 성장 둔화 및 산유국 간 가격전쟁으로 인해 석유가격이 크게 하락한 2014~2015년에는 폭락했다. 지금과 같은 침체된 원자재가격이 얼마나 오래갈지 말하는 것은 너무 이르긴 하지만 2010년대 초반에 끝난 호황 상태로 빠르게 복귀할 가능성은 낮다. 원자재가격의 하락은 원자재를 수출하는 (일부는 소수의 원자재 수출에 매우 의존하는) 신흥 저소득국의 성장둔화를 의미했다. 2000년대 원자재가격 증가의 혜택을 누렸던 아프리카에 특히 충격이 컸다. 원자재 수출국

은 성장률을 높이고 다시 일인당 소득을 증가시키기 위해 수출품을 비원자재 영역으로 다양화해야 했다.

최근 원자재 수출국의 어려움으로 인해 1950년에 경제학자 라울 프레비시(Raúl Prebisch)와 한스 징거(Hans Singer)가 주장한 가설에 대한 관심 다시 커졌다. 프레비시와 징거는 원자재 수출 개발도상국은 교역조건의 지속적인 악화에 빠질 운명에 처했으며 따라서 선진국 소득수준에 수렴하기 어려울 것이라고 예측했다. 그들의 주장에 따르면 세계 원자재 수요는 소득에 비탄력적인 데 반해, 제조업제품이나 서비스 수요는 소득에 따라 강하게 증가하므로 세계 경제가 성장함에 따라 원자재 수출국의 교역조건은 악화될 수밖에 없다.

언뜻 보기에 자료는 프레비시와 징거의 가설을 지지하지 않는다. 분명히 실질 석유가격은 최근의 감소 이후에도 1950년 수준보다 훨씬 높다. 더군다나 1950년에 가난했던 일부 원자재 수출국은 제조업으로의 분산에 성공했고 인상적인 속도로 성장했다. 그러나 매우 장기를 대상으로 분석하기 위해 역사적 자료를 사용하는 연구자들은 원자재가격의 장기적인 순환에도 불구하고 시간에 따라 원자재가격이 추세적으로 하락하는 일부의 경향이 있음을 발견했다.[5]

기초를 형성한다. 부패를 촉진하는 정부규제 역시 경제적 번영에 해를 끼친다. 통계적인 연구결과에 따르면 부패 그 자체가 경제적 효율성과 성장에 부정적인 영향을 미치는 경향이 있다.[6] 마지막으로 가난한 국가는 부패를 효과적으로 단속하는 자원이 부족하고, 빈곤 그 자체가 법망을 더욱더 피하게끔 한다.

오늘날 개발도상국을 구분 짓는 특징 중에서 많은 것이 1930년대에 만들어졌고, 대공황까지 거슬

5 앞서 언급한 Erten and Ocampo의 논문은 19세기 중반 이래로 실질 원자재가격의 장기적인 하락 추세를 발견한다. 프레비시-징거 가설의 최초 문헌은 Raúl Prebisch, "The Economic Development of Latin America and Its Principal Problems," *Economic Bulletin for Latin America* 7 (1950), pp. 1-12; Hans Singer, "The Distribution of Gains between Investing and Borrowing Countries," *American Economic Review* 40 (May 1950), pp. 473-485이다. 매우 긴 시계열 데이터를 이용한 프레비시-징거 가설에 대한 최근 연구는 Rabah Arezki, Kaddour Hadri, Prakash Loungani, and Yao Rao, "Testing the Prebisch-Singer Hypothesis since 1650: Evidence from Panel Techniques That Allow for Multiple Breaks," *Journal of International Money and Finance* 42 (April 2014), pp. 208-223이다.

6 물론 부패와 연관된 경제적 비효율성에 관한 일화적인 증거는 아주 많다. 브라질에서 사업을 하는 것에 대한 아래의 최근 설명을 살펴보기 바란다. 브라질은 2015년 세계 청렴성 순위에서 3.8점을 받았다.

부패는 노점상을 갈취하는 것 이상으로 이루어진다. 거의 모든 상상할 수 있는 경제활동은 공식적인 착취의 형태를 띤다.

브라질 대기업은 일반적으로 뇌물을 주는 것에 익숙하다. 그러나 다국적 기업은 대개 뇌물을 거부하고 벌금을 원한다. 지방, 주, 연방 정부에 지급된 돈은 관료와 정치적 대부가 나눠 가진다. 다국적 기업은 브라질의 법, 규정, 명령, 지령 등을 모두 따르는 일이 불가능하다고 확신한다.

뇌물과 벌금은 '브라질 비용(Brazil Cost)'의 일부를 구성하며, 브라질에서 행하는 사업비용을 부풀리는 수많은 비용을 단적으로 나타낸다.

"Death, Decay in São Paulo May Stir Reformist Zeal," *Financial Times*, March 20/21, 1999, p. 4 참조

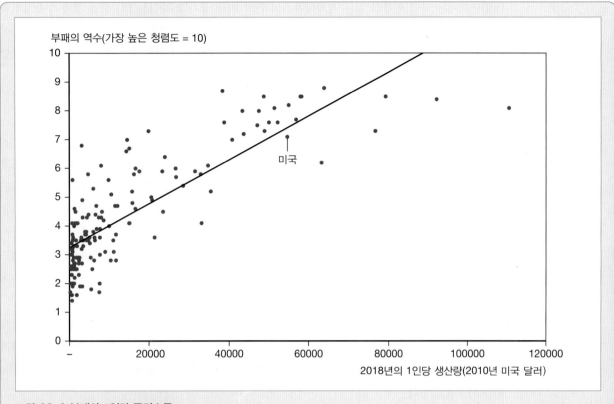

**그림 22-2 부패와 1인당 국민소득**

1인당 국민소득이 감소함에 따라 부패는 증가하는 경향이 있다.

주: 그림은 2018년 부패지수의 역수와 2010년 미국 달러로 측정되고(2010년 1달러로 미국에서 구매할 수 있는 양) PPP에 의해 조정된 1인당 실질생산량의 2018년 값이다. 직선은 1인당 실질생산량에 근거해 계산된 국가별 부패수준에 대한 최량의(best) 통계적 추정치를 나타낸다.

출처: Transparency International, Corruption Perception Index; World Bank, World Development Indicators.

러 올라가게 된다(19장). 대부분의 개발도상국이 외환보유고를 유지하고 국내 고용을 보호하기 위해 무역과 국제결제를 직접적으로 규제했다. 세계시장체제의 거대한 붕괴에 직면해서 선진국과 개발도상국은 공히 정부가 고용과 생산에 직접적인 역할을 더 많이 담당하게 했다. 이따금씩 정부는 노동시장을 개편했고, 금융시장에 대해 엄격한 규제를 가했으며, 가격을 통제하고 주요 산업을 국유화했다. 그러나 정치제도는 금융 기득권을 가진 사람들이 이를 지속할 수 있게 허용한 개발도상국에서 경제에 대한 정부의 통제가 훨씬 더 오랫동안 지속되었다.

제2차 세계대전 동안 전통적인 제조업 공급자로부터 단절되었던 개발도상국은 자국 내에 새로운 제조업을 촉진하고자 했다. 제조업을 보호하려는 정치적인 압력이 제2차 세계대전 이후 수십 년 동안 수입대체 산업화 정책의 인기를 유지시키는 하나의 요인이었다. 더구나 전후에 자유를 얻은 구 식민지 국가는 정부 주도의 산업화와 도시화를 통해 이전 통치자들이 다스렸던 식민지수준의 소득을 회복할 수 있다고 믿었다. 마지막으로 개발도상국 지도자들은 커피, 구리, 밀과 같은 1차 산업 제품 수출에 계속적으로 특화한다면 빈곤을 탈출하려는 노력이 허사가 되는 것이 아닌지 두려워했다.

1950년대에는 몇몇 영향력 있는 경제학자들이 만약 이들 국가가 자원을 1차 산업 제품 수출로부터 수입대체 산업으로 이동하는 산업화 정책을 실시하지 않는다면 교역조건이 계속적으로 악화되는 어려움을 당할 것이라고 주장했다. 이 전망은 틀린 것으로 판명되었지만 전후 수십 년 동안 개발도상국 정책에 영향을 미쳤다.

## 개발도상국의 차입과 부채

개발도상국의 거시경제를 이해하는 데 핵심적인 또 다른 특징은 많은 나라가 국내투자 자금을 조달하기 위해 해외의 금융유입에 크게 의존한다는 점이다. 제1차 세계대전 이전과 대공황에 이르는 기간에 개발도상국(19세기 대부분의 기간 중 미국 포함)은 부유한 지역으로부터 대규모 금융자금의 유입을 받아들였다. 영국이 가장 큰 국제 대출자였지만 프랑스, 독일 및 기타 유럽 강대국 역시 그 당시의 개발도상국(아르헨티나, 호주, 캐나다, 미국 등)의 산업발전에 자금을 공급하거나 또 다른 개발도상국(브라질, 페루, 케냐, 인도네시아 등)의 천연자원 추출과 플랜테이션 농업에 자금을 공급하는 데 기여했다.

제2차 세계대전 이후 수십 년 동안 많은 개발도상경제는 또다시 부국의 저축을 타진했고 전 세계에 대해 상당한 채무(2020년 초 총액 기준으로 11조 달러)를 지게 되었다. 개발도상국의 채무는 여러 국제 대출위기의 중심에 있었는데, 이 위기는 1980년대 초반부터 전 세계의 경제 정책입안자들의 뇌리를 사로잡고 있다.

### 개발도상국에 대한 자본유입의 경제학

앞에서 설명했듯이 많은 개발도상국은 외국으로부터 대량의 자본유입을 받았고, 지금은 상당 규모의 부채를 외국인에게 지고 있다. 표 22-3은 1973년 이후 비산유국인 개발도상국의 차입 형태를 보여준다(자료 2번째 열 참조). 이처럼 개발도상국은 지난 세기말까지는 계속 차입자였다(세계유가가 높을 때 상당한 흑자를 기록한 주요 석유수출국은 제외). 개발도상국으로 자금이 유입되는 원인은 무엇인가?

국내저축($S$), 국내투자($I$), 경상수지($CA$)를 연결한 항등식 (13장에서 분석한) $CA: S - I = CA$를 다시 생각해보자. 국내저축이 국내투자에 비해 부족하다면 그 차이는 경상수지 적자와 같아진다. 가난과 취약한 금융기관으로 인해 대부분 개발도상국의 국내저축은 매우 작은 규모이다. 하지만 이런 국가는 상대적으로 자본이 희소하기 때문에 공장과 설비를 도입하고 확대함으로써 얻는 이윤창출의 기회가 풍부할 수 있다. 이러한 기회가 대규모 투자의 근거를 제시해준다. 국내저축수준이 낮을지라도 경상수지 적자를 운영함으로써 이들 국가는 해외로부터 투자재원을 얻을 수 있다. 하지만 경상수지 적자는 그 국가가 해외에서 차입하고 있음을 의미한다. 현재 수출로 지불할 수 있는 금액보다 더 많이 외국 제품을 수입하는 대가로 그 국가는 차입에 대한 이자와 원금 혹은 외국인에게 팔았던 주식의 배당금을 미래에 상환할 것을 약속해야만 한다.

따라서 개발도상국 차입의 대부분은 6장에서 살펴본 기간 간 무역의 동기로 설명할 수 있다. 저소득 국가는 저축규모가 너무 작기 때문에 수익성이 높은 모든 투자기회를 이용할 수가 없으므로 해외

| 표 22-3 | 주요 석유수출국, 기타 개발도상국과 선진국의 경상수지(1973~2019, 10억 달러) | | |
|---|---|---|---|
| 연도 | 주요 석유수출국 | 기타 개발도상국 | 선진국 |
| 1973~1981 | 253 | −246 | −184 |
| 1982~1989 | −65 | −143 | −427 |
| 1990~1998 | −58 | −523 | −106 |
| 1999~2019 | 5,313 | −852 | −758 |

출처: International Monetary Fund, *International Financial Statistics* and World Economic Outlook data. 오차, 누락 및 일부 국가의 제외로 인해 전 세계 경상수지의 합계는 보통 0이 되지 않는다.

에서 자금을 차입해야만 한다. 반면 자본이 풍부한 국가는 대부분 생산적인 투자기회가 이미 소진되었지만 저축규모는 상대적으로 크다. 그러나 선진국의 저축자는 개발도상국에 투자를 조달하기 위한 자금을 빌려줌으로써 더 높은 수익을 얻을 수 있다.

개발도상국이 차입을 하지 않았더라면 불가능했을 생산적인 투자를 수행하기 위해 자금을 빌릴 때 개발도상국과 선진국 모두 자본거래로 이득을 얻게 된다는 점을 주목하기 바란다. 제한된 국내저축에도 불구하고 자본스톡을 형성할 수 있기 때문에 차입국은 이득을 얻는다. 대출국도 동시에 국내에서 벌어들일 수 있는 것보다 더 높은 수익을 얻을 수 있다.

이러한 추론은 개발도상국의 대외 적자와 부채에 대한 정당성을 제공해주지만 선진국으로부터 개발도상국에 제공되는 모든 대출이 정당화된다는 의미는 아니다. 예를 들면 사용되지 않는 거대한 쇼핑몰 같은 수익성 없는 투자를 조달하려는 차입 혹은 소비재의 수입은 차입자가 갚을 수 없는 부채를 유발할 수 있다. 더욱이 인위적으로 국내저축률을 낮추는 정부의 잘못된 정책은 과도한 외국 차입을 유발할 수 있다. 표 22-3에서 명백히 드러나는 개발도상국의 차입 사이클은 몇몇 빈국이 대출자에게 빚을 갚을 때 겪는 어려움과 관련이 있다.

2000년경에 시작된 놀라운 변화는 개발도상국(석유수출국이 아닌 여러 나라 포함, 특히 중국)이 부국(주로 미국)의 적자를 대상으로 흑자를 기록했다는 점이다. 단순한 경제 이론이 예측하는 바와는 반대로 자본이 가난한 국가로부터 부유한 국가로 오르막길을 역류해 올라간 것이다. 19장(사례연구 '세계 경제의 변화와 위기')에서 이 세계적 불균형 형태에 대해 설명했고 이 장의 후반(글상자 '자본의 역설')에서 그 현상에 대해 깊이 있게 탐구할 것이다. 다음의 글상자('개발도상국은 왜 그렇게 높은 수준의 국제준비자산을 축적했는가?')에서 설명하듯이 이 흑자의 한 가지 이유는 개발도상국이 외화준비금을 축적하고자 하는 강한 욕구 때문이었다.

## 채무불이행 문제

만약 대출국이 상환받을 수 있을 것이라고 확신하지 못하면 국제적인 차입과 대출로 얻는 잠재적인 이익은 실현되지 못한다. 21장에서 설명했듯이 차입국이 대출국의 동의 없이 대출계약에 맞춰 빚을 제때 갚지 않을 때 그 대출은 **채무불이행** 상태에 처하게 된다. 재정과 금융기관의 취약성뿐만 아니라 사회적·정치적인 불안은 선진국보다 개발도상국에 돈을 빌려주는 것을 훨씬 더 위험하게 만든다. 실제로 개발도상국으로의 자본 이동의 역사는 금융위기와 채무불이행된 대출의 잔해로 뒤덮여 있다.

1. 19세기 초에 많은 미국의 주는 운하와 같은 인프라를 건설하기 위해 유럽에 빌렸던 대출을 갚지 않았다.

2. 중남미 국가는 19세기 내내 상환문제를 안고 있었다. 이는 특히 아르헨티나에 해당하는데, 이 국가는 1890년에 채무이행을 할 수 없는 것으로 드러나 세계 금융위기(Baring Crisis)를 유발했다.

3. 1917년에 러시아의 새로운 공산주의 정부는 이전 통치자들이 지고 있던 해외부채에 대한 이행을 거부했다. 공산주의자들은 세계의 다른 국가에 대해 소련 경제를 폐쇄했고 무자비한 중앙집권적 계획경제 프로그램을 추진했다.

4. 1930년대의 대공황 동안 세계 경제활동은 붕괴되었고, 개발도상국은 보호무역장벽(19장 참조)에 의해 선진국으로의 수출이 차단되었다. 거의 모든 개발도상국은 결과적으로 해외부채에 대해 채무이행을 하지 않았고, 개발도상국으로의 민간자본 유입은 사실상 40여 년 동안 중단되었다. 여러 유럽 국가는 연합국 정부, 주로 미국에게 진 제1차 세계대전의 채무를 이행하지 않았다.

5. 많은 개발도상국이 최근 수십 년 동안 채무를 이행하지 않았다(또는 해외부채에 대해 채무조정을 했다). 예를 들어 2005년 오랜 협상 끝에 아르헨티나에 대한 민간 대출자는 이 국가에 대한 채권 계약금액의 1/3만 받기로 합의했다. 2016년 나머지 청구권을 해결하고 국제 금융시장에 복귀한 아르헨티나는 2020년에 다시 민간 대출자와 부채감축에 대해 협상했다.

한 국가가 갑자기 모든 외국 자금원에 대해 접근할 수 없게 되는 **급정지**가 발생하면 그 나라는 생산과 고용이 급속히 감소한다(19장 참조). 가장 기본적인 단계에서 그러한 감소의 불가피성은 경상수지 항등식인 $S - I = CA$에서 볼 수 있다. 갑자기 외국 대출자가 채무불이행을 두려워하여 모든 새로운 대출을 중지할 때, 한 국가가 GNP의 5% 정도 경상수지 적자 상태(즉 해외에서 빌린 대출자금)에 있다고 상상해보라. 이 국가들의 행동은 경상수지를 최소한 0($CA \geq 0$)이 되도록 강요하기 때문에 항등식 $S - I = CA$는 투자감소나 저축증가의 조합을 통해 $S - I$가 최소한 5%까지 즉각적으로 증가해야만 한다는 것을 의미한다. 이를 위해 요구되는 총수요의 급격한 감소는 반드시 그 국가의 생산을 극단적으로 감소시킨다. 외국 대출자가 갑작스럽게 비합리적인 공포에 사로잡히게 되었다고 상상해보자. 초기에는 채무불이행 직전에 있지 않더라도 그 국가가 겪게 되는 심각한 수준의 생산감소가 채무불이행을 실제 가능성 있는 일로 만든다.

앞의 예에서 제시한 것보다 실제 상황은 이런 국가에 훨씬 더 불리할 수 있다. 외국 대출자가 채무불이행을 두려워한다면 새로운 대출을 보류할 뿐만 아니라 자연스럽게 원금을 단기에 갚도록 요구할 수 있는 대출(예: 유동성 있는 단기 은행예금)의 전액 상환을 요구함으로써 가능한 한 많은 돈을 받으려고 시도할 것이다. 개발도상국이 부채의 원금을 상환할 때 순해외부를 증가시키는 것이다. 이에 상응하는 경상수지 흑자(13장 참조)를 만들기 위해 그 국가는 순수출을 증가시켜야만 한다. 따라서 대출위기에서 그 국가는 경상수지 균형을 유지해야 할 뿐만 아니라 실제로는 흑자($CA > 0$)를 발생시켜야 할 것이다. 채권자가 원금 상환을 요구할 수 있는 단기 해외부채가 많으면 많을수록 해외부채에 대한 채무불이행을 피하는 데 필요한 저축증대 혹은 투자감소는 더 커지게 된다. 개발도상국의 급정지와 채무불이행 위기는 자기실현적 국제수지 위기(18장), 은행인출 사태(20장), 유로지역의 국가부채 문제(21장)와 유사한 자기실현적 메커니즘으로 촉발된다는 사실을 알았으리라 짐작된다. 실제로 근간을 이루는 논리는 같다. 더구나 개발도상국의 (환율이 고정되어 있는 때의) 국제수지 위기와 은행인출 사태는 채무불이행 위기를 수반할 가능성이 있다. 국제수지 위기는 국가 외환보유고가 외국의 단기부채를 갚는 유일한 수단이기 때문에 발생한다. 공적 외환보유고를 사용함으로써 정부는 채권자의 상환 요구를 만족하는 데 필요한 경상수지 흑자규모를 축소시켜 총수요에 대한 충격을 완화할 수 있다.[7] 그러나 외환보유고의 손실은 정부가 더 이상 환율을 고정할 수 없게 만든다. 동시에 통화의 절하와 채무불이행의 결과를 두려워하는 국내외 예금주가 외화 부채를 상환하거나 외국으로 재산을 안전하게 송금하기를 바라면서 자금을 회수하고 외화를 매입함에 따라 은행은 어려움에 처한다. 은행은 본래 취약한 부문이어서 채권자의 대규모 자금회수는 은행을 순식간에 도산 직전의 상황으로 몰아넣게 된다. 결국 공공재정에 대한 부정적인 영향이 파멸의 올가미의 대미를 장식하게 될 것이다. 정부가 은행을 구제한 결과 더 많은 부채를 발행할 필요가 생기면 정부의 신용등급이 하락해 차입비용을 증가시키고 국가 부도의 가능성이 커지게 된다.

이러한 '세 쌍둥이(triplets)' 위기는 각각 서로를 더욱 악화시킨다. 그래서 개발도상국의 금융위기는 매우 심각하며, 경제에 광범위하게 부정적인 충격을 끼치고, 아주 빨리 눈덩이처럼 커질 가능성이 있다. 이렇게 널리 번지는 경제붕괴의 직접적인 원인은 특정 국가의 상황에 따라 (급정지에서와 같이) 금융계정이나 외환시장 혹은 은행체제에 있을 수 있다.

정부가 채무를 이행하지 않을 때 이 사건은 **국가 채무불이행**이라 한다. 많은 국내 민간 차입자가 외국인에 대한 채무를 갚지 못할 때는 상이한 개념의 상황이 발생한다. 그러나 실제로 개발도상국에서 이 두 가지 종류의 채무불이행은 함께 일어난다. 정부가 광범위한 경제붕괴를 방지하기 위해 민간 부문의 해외 채무를 떠안음으로써 민간 부문을 구제할 수도 있다. 더욱이 곤경에 처한 정부가 줄어드는 외환보유고에 대한 국내 거주자의 접근을 제한함으로써 민간 부문의 채무불이행을 촉발할 수도 있다. 이러한 행동은 외화부채 상환을 훨씬 더 어렵게 만든다. 어떤 경우든 정부는 해외 채권자와의 연속적인 협상에 긴밀하게 관여하게 된다.

채무불이행 위기는 제2차 세계대전 이후 30여 년 동안에는 흔치 않았다. 개발도상국의 부채 발행은 제한적이었고, 대출자는 전형적으로 정부나 국제통화기금 및 세계은행 같은 공식적인 국제기관이었다. 그러나 1970년대 초 이후 민간자본이 자유롭게 이동함에 따라 주요 채무불이행 위기가 (앞으로 보게 되는 바와 같이) 반복적으로 발생하여 세계자본시장의 안정성에 대해 의구심을 불러일으켰다.[8]

---

7 왜 그런지 확인해보기 바란다. 필요하다면 13장에서 설명한 개방경제의 국민소득계정을 검토하기 바란다. 채무불이행, 통화위기, 은행위기의 관계에 대한 통계적 분석에 대해서는 Pierre-Oliver Gourinchas and Maurice Obstfeld, "Stories of the Twentieth Century for the Twenty-First," *American Economic Journal: Macroeconomics* 4 (January 2012): 226-265를 참조하라.

8 1980년대 중반의 채무불이행의 역사에 관해서는 Peter H. Lindert and Peter J. Morton, "How Sovereign Debt Has Worked," in Jeffrey D, Sachs, ed., *Developing Country Debt and Economic Performance*, vol. 1 (Chicago: University of Chicago Press, 1989)을 참조하라. 20세기 채무불이행 위기에 대해 개괄적으로 살펴본 논문은 Atish Ghosh et al., *IMF-Supported Programs in Capital Account Crises*, Occasional Paper 210 (Washington, D.C.: International Monetary Fund, 2002)가 있다. 포괄적인 역사적 조사에 대해서는 Carmen Reinhart and Kenneth Rogoff, *This Time Is Different: Eight Centuries of Financial Folly* (Princeton, NJ: Princeton University Press, 2009)를 참조하라. Reinhart and Rogoff는 개발도상국에서는 채무불이행 위기가 생산량 대비 외채 수준이 상대적으로 낮은 경우에도 발생할 수 있음을 입증해준다.

## 자본유입의 다양한 형태

개발도상국이 경상수지 적자에 있다면 소비와 소득의 차이를 조달하기 위해 외국인에게 자산을 매각한다. 이러한 자산매각을 포괄적으로 **차입**(borrowing)이라는 용어로 표현하지만 개발도상국의 적자(실제로 어느 나라이든지 한 국가의 적자)를 조달하는 자본유입은 여러 형태를 취할 수 있다. 자본유입의 형태는 시대 상황에 따라 달라진다. 외국 대출자에 대한 채무관계가 서로 다르기 때문에 개발도상국의 거시경제 상황에 대한 이해는 대외적자를 조달하는 다섯 가지 주요 경로에 대한 조심스러운 분석을 필요로 한다.

1. **채권 차입**: 개발도상국은 적자를 조달하기 위해 때때로 외국인에게 채권을 판매한다. 채권 차입은 1914년에 이르기까지, 그리고 1918~1939년의 양차 세계대전 사이의 기간 동안 지배적이었다. 채권 차입은 개발도상국이 금융시장을 자유화하고 현대화를 시도하면서 1990년 이후에 다시 인기를 얻었다.

2. **은행 차입**: 1970년대 초와 1980년대 말 사이 개발도상국은 선진국의 상업은행으로부터 광범위하게 차입했다. 1970년에는 대략 개발도상국 해외자금 조달의 25%를 상업은행이 제공했다. 1981년에는 은행이 개략적으로 비산유 개발도상국의 당해연도 총경상수지 적자에 해당되는 자금을 제공했다. 은행은 여전히 개발도상국에 직접적으로 대출을 해주지만 1990년대에는 은행대출의 중요성이 감소했다.

3. **공적 대출**: 개발도상국은 때때로 세계은행과 미주개발은행(Inter-American Development Bank) 같은 공적인 외국기관으로부터 차입한다. 그러한 차입은 시장이자율보다 낮은 '양허적인(concessional)' 기준이나 대출자에게 시장수익률을 얻게 해주는 시장기준에서 이루어졌다. 개발도상국으로 유입된 공적 대출은 예를 들어 사하라 이남 아프리카와 같이 몇몇 국가에서 압도적인 비중을 차지하고 있지만 제2차 세계대전 이후에는 전체적인 유입에 비해 그 규모가 줄어들었다.

4. **해외 직접투자**: 해외 직접투자에서는 외국인이 소유한 기업이 국내에 위치한 자회사나 공장을 획득하거나 확장한다(8장). 예를 들면 IBM의 멕시코 조립공장에 대한 대출은 미국의 멕시코에 대한 직접투자에 해당된다. 이 거래는 멕시코의 국제수지계정에 금융자산 매각(미국의 국제수지에는 동일한 금액의 금융자산 매입)으로 기록될 것이다. 제2차 세계대전 이래로 직접투자는 지속적으로 개발도상국 자본의 중요한 원천이 되었다.

5. **기업 지분에 대한 포트폴리오 투자**: 1990년대 초 이래로 선진국의 투자자는 개발도상국 기업의 주식을 구매하는 데 흥미를 보이기 시작했다. 이러한 경향은 개발도상국에서 전력, 통신, 석유 같은 핵심 분야의 국가 소유 대기업을 민간에 매각하는 **민영화**(privatization) 노력으로 강화되었다. 즉 미국에서 수많은 투자회사가 신흥시장 주식에 전문화된 뮤추얼펀드(mutual fund)를 제공하고 있다.

앞에서 언급한 다섯 가지 유형의 자금 조달은 **부채 조달**(debt finance)과 **지분 조달**(equity finance)의 두 가지 범주로 분류할 수 있다(20장). 채권, 은행, 공적 차입은 모두 부채 조달이다. 채무자는 자신의 경제적인 상황과는 관계없이 차입의 액면가치와 이자를 반드시 상환해야 한다. 다른 한편으로 직접투자와 포트폴리오 주식 매입은 지분 조달이다. 예를 들면 직접투자의 외국인 소유주는 고정된 금액의 상환을 청구하는 것이 아니라, 투자 순수익 지분에 대한 청구권을 가진다. 따라서 주최국에서 발생한 불리한 경제적 사건은 직접투자에 대한 수익과 외국인에게 지불되는 배당금이 자동적으로 감소하는 결과를 초래한다.

부채와 지분 조달 사이의 구분은 개발도상국의 외국인에 대한 상환이 경기 침체와 교역조건의 변화와 같은 예측할 수 없는 사건에 대응하여 어떻게 조정되는가를 분석하는 데 유용하다. 어떤 국가의 채무가 부채의 형태를 띨 때, 채권자에게 갚을 상환액은 실질소득이 감소할지라도 하락하지 않는다. 한 국가가 계속 대외채무를 약속대로 갚는 것은 매우 고통스러울 수 있다. 심지어 국가로 하여금 채무불이행을 하게 할 정도로 고통스러운 일이 된다. 하지만 지분 조달은 훨씬 더 편하다. 지분의 경우 국내소득 하락은 대출계약을 어기지 않으면서 자동적으로 외국인 주주의 소득을 감소시킨다. 지분을 취득함으로써 외국인은 실질적으로 경제의 좋은 시기와 나쁜 시기를 모두 공유하는 데 동의를 한 것이다. 그러므로 투자에 대한 부채 조달보다 지분 조달이 개발도상국으로 하여금 외국의 대출위기에 덜 취약하게 한다.

## '원죄'의 문제

개발도상국이 외국인에게 채무를 질 때 이 채무는 대부분 주요 외국통화(미국 달러, 유로, 엔화)로 표시된다. 이러한 관행은 선택의 문제가 아니다. 일반적으로 부국의 대출자는 과거에 종종 발생했던 극단적인 평가절하와 인플레이션을 두려워하여 빈국에게 채무를 대출국의 통화로 갚을 것을 약속하라고 요구한다. 만약 국가채무가 외화 대신 국내통화로 표시되어 있었다면, 즉 채무계약이 외국인에게 국내통화로 지불해도 된다면 개발도상국의 정부는 대출을 상환하기 위해 단지 자국통화를 발행하면 될 것이다. 인플레이션을 발생시켜 실질 채무부담을 줄이지만 정부가 채무를 불이행할 필요는 결코 없을 것이다.

개발도상국과는 대조적으로 부국은 대개 자국의 통화로 차입할 수 있다. 따라서 미국은 외국인으로부터 달러를 차입한다. 영국은 파운드를, 일본은 엔화를, 스위스는 스위스프랑을 빌린다.

이러한 부국의 대외자산은 해외통화로 표시하고, 대외채무는 자국통화로 표시할 수 있게 하는 능력은 자국정부가 발행할 수 있는 통화로 빚을 상환할 수 있는 자유재량권 이외에도 상당한 이점을 가져다준다. 예를 들어 미국 제품에 대한 세계수요의 감소가 달러의 절하를 초래한다고 가정하자. 19장에서는 이 절하가 어떻게 미국의 생산과 고용에 대한 충격을 완화하는지를 살펴봤다. 그러나 미국의 대외자산과 부채의 포트폴리오는 또 다른 충격완화의 이득을 가져다준다. 미국의 자산은 대부분 외화로 표시되어 있기 때문에 달러가 외화에 대해 절하할 때 이 자산의 달러가치가 상승하게 된다. 그러나 이와 동시에 미국의 대외부채는 대부분(약 95%) 달러로 표시되어 있기 때문에 달러가치는 거의 오르지 않는다. 따라서 미국 상품에 대한 세계수요의 감소는 외국인으로부터 미국으로의 상당한 양의 부를 재분배시킨다. 이는 일종의 국제보험금의 지급과도 같다.

주요 외국통화로 차입해야 하는 빈국의 수출수요 감소는 정반대 효과를 가져온다. 이들은 외화의 순채무자인 경향이 있기 때문에 자국통화의 절하는 순대외채무의 자국통화가치를 상승시킴으로써 부가 외국인에게 재분배되게 한다. 이는 일종의 역보험(negative insurance)과도 같다.

해외에서 자국통화로 차입할 수 있는 국가는 단순히 자국통화가치를 절하시킴으로써 채무불이행을 촉발하지 않으면서도 대외부채의 실질적 부담을 감소시킬 수 있다. 해외통화로 차입할 수밖에 없는 개발도상국에게는 이러한 옵션이 없으며 채무불이행 방식을 통해서만 대외부채를 줄일 수 있다.[9]

버클리 캘리포니아대학교의 경제학자 배리 아이컨그린(Barry Eichengreen)과 하버드대학교의 리카도 하우스만(Ricardo Hausmann)은 개발도상국이 자국통화로 차입하는 능력의 부재를 묘사하기 위해 **원죄**(original sin)라는 용어를 만들었다.[10] 그들의 견해에 따르면 이 무능력은 (모든 주요 통화를 이미 포트폴리오에 보유한 부국의 대출자에게 소국의 통화가 제공하는 추가적인 분산화 가능성이 제한되어 있는) 세계자본시장의 특징으로 인해 주로 발생하는 빈국의 구조적인 문제점이다. 다른 경제학자들은 개발도상국의 '죄'가 특별히 '원죄'가 아니라 그들 국가의 무분별한 경제 정책의 역사로부터 발생한 것이라고 믿는다. 이 논쟁은 아직 해결되지 않았으나, 진실이 무엇이든지 간에 원죄 때문에 국제시장에서의 부채 조달은 선진국보다는 개발도상국에 더 큰 문젯거리임은 분명하다.

이와 관련은 있지만 구별되는 한 가지 현상은 많은 개발도상국에서 달러나 다른 주요 선진국 통화에 대한 민간 부문의 대규모 **내부** 차입이다. 그 결과 외화차입자는 자국통화가 절하되면 상당한 어려움에 처할 수 있다.[11]

## 1980년대의 채무위기

1981~1983년에 이르기까지 세계 경제는 급속한 경기 침체로 고통받았다. 전 세계적인 채무불이행을 야기했던 경제 대공황으로 인해 개발도상국이 외채를 갚기 힘들었던 것과 마찬가지로 1980년대 초반의 경기 침체도 개발도상국의 채무위기를 촉발했다.

19장은 1979년 미국 연방준비제도가 어떻게 달러 이자율을 인상하는 강력한 인플레이션 억제 정책을 시행했고, 1981년까지 세계 경제를 경기 침체로 몰아넣었는지 설명했다. 선진국의 총수요 하락은 개발도상국에 직접적인 부정적 충격을 주었지만 다른 세 가지 메커니즘이 더 중요한 영향을 미쳤다. 개발도상국은 광범위하게 변동금리 달러 부채를 가지고 있었기 때문에 채무국이 상환해야 할 이자부담이 즉각적으로 매우 크게 증가했다. 이 문제는 외환시장에서 달러가치의 급격한 절상으로 더 악화되었는데, 달러의 절상으로 달러 채무의 실질가치가 급상승하게 되었다. 결국에는 마지막으로 1차 상품의 가격이 붕괴되어 많은 빈국의 교역조건이 급격히 악화되었다.

멕시코가 중앙은행이 외환보유고를 소진했고 외화 부채를 더 이상 갚을 수 없게 되었다고 공표한 1982년 8월에 위기가 시작되었다. 멕시코와 아르헨티나, 브라질, 칠레 등 큰 중남미 채무 국가 사이의 잠재적 유사성을 살펴보면서 중남미 국가에 대한 가장 큰 민간 대출기관이었던 선진국 은행은 신규 대출을 중단하고, 과거 채무에 대한 상환을 요구하면서 위험을 줄이기 위해 결사적으로 노력했다.

---

9 21장에서 보았듯이 그리스는 1940년대 이후 고소득 국가로는 처음으로 2012년 채무를 불이행했다. 유로지역의 국가는 다른 고소득 국가와는 다른 독특한 제약에 직면해 있다. ECB가 통화 정책을 통제하고 있으므로 어떤 국가도 독자적으로 자국통화를 절하함으로써 합법적으로 대외부채를 줄이는 선택을 할 수가 없다

10 그들의 논문 "Exchange Rates and Financial Fragility" in *New Challenges for Monetary Policy* (Kansas City, MO: Federal Reserve Bank of Kansas City, 1999) pp. 329~368을 참조하라.

11 외화표시 차입을 하는 이유에 대한 통찰력을 얻기 위해서는 더 읽을거리의 Rajan and Tokatlidis를 참조하라. 표시 통화가 미국 달러일 경우 이 현상은 **달러라이제이션**(dollarization)이라고 한다. 좀 더 부유한 몇몇 신흥시장의 정부가 점진적으로 자국 채권시장에서 자국통화 채권을 발행할 수 있게 되었는데, 일부 수요는 외국 투자자(특히 뮤추얼 펀드)로부터 발생했다. 이러한 변화는 원죄 문제를 일정 부분 완화하는 데 기여한다.

그 결과 많은 개발도상국은 기존 채무를 갚을 수 없게 되었고, 일반화된 파산 상태로 빠르게 빠져들었다. 중남미 국가에는 아마도 가장 힘든 충격이었지만 유럽 은행으로부터 차입한 폴란드와 같은 소련 연방에 속한 국가들도 마찬가지였다. IMF나 세계은행 같은 국제기구에 부채를 지고 있던 아프리카 국가 또한 채무 만기기한을 넘기게 되었다. 대부분의 동아시아 국가는 경제성장을 유지할 수 있었고, 채무의 재조정을 피할 수 있었다(즉 미래에 추가적인 이자를 더 지불한다는 약속으로 상환기간을 연장했다). 그럼에도 불구하고 1986년 말까지 40개 이상의 국가는 심각한 대외조달 문제에 직면했다. 대부분의 개발도상국에서 성장이 급속히 둔화되었으며(혹은 마이너스 성장을 기록했다) 개발도상국의 차입도 급격히 둔화되었다. IMF와 깊게 연관되어 있던 선진국은 처음에는 일치단결해서 대출해주는 것이 기존의 부채를 상환받는 최선의 보증이라고 주장하면서 대형 은행으로 하여금 대출을 계속 추진하라고 설득했다. 선진국의 정책입안자들은 중남미에 엄청난 규모의 대출을 해준 시티그룹(Citigroup)이나 뱅크오브아메리카(Bank of America) 같은 거대한 은행이 채무불이행 시 파산해서 세계 금융 시스템을 붕괴시키지 않을까 염려했다.[12] (이미 알고 있듯이 2007~2009년의 금융위기로 가는 과정에서 한 번 이상 일촉즉발의 위기가 있었다.) 그러나 중남미의 정치적 불안을 염려한 미국이 미국 은행에 채무를 진 개발도상국의 부채 구제방안을 마련해줘야 한다고 주장한 1989년까지 위기는 종료되지 않았다. 1990년에 은행은 멕시코의 채무를 12% 줄이는 데 동의했고, 필리핀, 코스타리카, 베네수엘라, 우루과이, 나이지리아는 1년 안에 채무감축 동의안에 협의했다. 아르헨티나와 브라질이 1992년에 채권자와 잠정적 합의에 도달했을 때 1980년대의 채무위기가 최종적으로 해결된 것처럼 보였지만, 그 이후 수년간 경기 침체를 겪게 되었다.

## 개혁, 자본유입, 위기의 재발

과거 10여 년 전 채무위기의 중심축이었던 부채가 많은 일부 중남미 국가를 포함한 개발도상국으로 1990년대 초에 민간자본의 유입이 재개되었다. 표 22-3에 따르면 비산유국의 외자 차입이 급격히 팽창되는 것을 볼 수 있다.

1990년대 초에 미국의 낮은 이자율이 확실히 새로운 자본유입의 초기 자극제 역할을 했다. 하지만 더 중요한 것은 자본수혜국의 인플레이션을 안정화하려는 진지한 노력이었는데, 이러한 노력은 경제에서 정부 역할을 축소하고 세수 증대를 요구했다. 그와 동시에 정부는 무역장벽을 낮추고, 노동과 생산품시장에 대한 규제를 완화하며, 금융시장의 효율성을 증진하려고 시도했다. 광범위한 민영화는 효율성과 경쟁력을 촉진하는 미시경제적 목표와 보호 아래 잘못 관리되던 국영기업의 손실을 정부가 부담할 필요성을 제거하는 거시경제적 목표에 도움을 주었다.

현상유지를 선호하는 거대한 정치적 이익단체에도 불구하고 결과적으로 무엇이 이러한 국가로 하여금 심각한 개혁조치를 취하게 만들었을까? 한 가지 요인은 많은 논평자가 중남미 경제성장에서 '잃어버린 10년'이라고 말하는 1980년대의 채무위기 그 자체이다. 채무위기가 종료됨에 따라 중남미에서 권력을 잡은 상대적으로 젊은 대부분의 정책입안자들은 잘못 운영된 경제 정책과 제도가 위기

---

12 1981년까지 미국의 8대 은행의 개발도상국에 대한 대출은 은행자본의 264%에 달했고, 그 결과 50%의 대출손실이 발생한다면 그 은행들은 파산했을 것이다. Federal Deposit Insurance Corporation, *History of the 80s: Lessons for the Future. Volume I: An Examination of the Banking Crises of the 1980s and Early 1990s* (Washington: FDIC, 1997)의 표 5.1a 참조

를 가져왔고, 위기의 충격을 더 악화시킨다고 믿는 잘 교육된 경제학자들이었다. 또 다른 요인은 크게 상처받지 않고 1980년대의 채무위기에서 살아남은 동아시아의 예이다. 1960년에는 중남미 국가에 비해 가난했던 동아시아 국가가 현재 더 부유해졌다.

최근의 경제개혁은 중남미 국가 사이에 각기 다른 형태로 진행되었으며, 일부 국가는 상당한 진전을 보았다. 여기서 광범위한 개혁을 (그러나 똑같이 성공적이라고 생각되지는 않는) 추진했던 4개의 큰 나라에서 취한 접근 방식을 거시적 관점에서 비교하려 한다. 이들 나라는 모두 2010년대 말에 COVID-19 팬데믹이 발생하기 이전부터 어려움에 직면했다.

**아르헨티나** 아르헨티나는 1976~1983년 동안 군부의 지배로 고통을 겪었지만, 경제는 민주주의로 복귀한 후에도 여전히 혼란스러웠다. 은행위기, 금융불안, 초인플레이션으로 얼룩진 수년이 지난 후 아르헨티나는 결국 급진적인 제도의 개혁으로 전환했다. 수입관세는 대폭 인하되고, 정부지출도 삭감되었으며, 국내 항공사를 비롯한 주요 국영기업은 민영화되었고, 조세개혁은 정부수입을 증가시켰다.

그러나 아르헨티나 프로그램의 가장 과감한 항목은 1991년 4월의 새로운 태환법(Convertibility Law)인데, 이 법률은 정확히 1달러당 1페소의 고정비율로 아르헨티나 통화를 미국 달러와 완전히 태환할 수 있게 만들었다. 이 태환법은 또한 본원통화가 금 또는 외환에 의해 전적으로 지지되도록 규정함으로써 계속적인 통화발행을 통해 재정적자를 조달하는 중앙은행의 능력을 일거에 급속히 위축시켰다. 아르헨티나 태환법은 과거 여러 번 시도되었던 환율에 근거해 인플레이션을 진정시키는 접근 방법의 극단적인 형태지만 이 접근 방법은 대체로 통화위기로 끝났다. 외화가 모든 본원통화를 뒷받침하도록 규정한 1991년 통화법은 아르헨티나를 **통화위원회**(currency board)의 사례국이 되게 했다. 통화위원회하에서는 모든 본원통화가 외화에 의해 뒷받침되며 그 결과 중앙은행은 국내자산을 전혀 보유하지 않는다. 이번에는 이 접근이 거의 10년 동안 성공했다. 명실상부한 경제와 정치 개혁으로 지원받았던 아르헨티나의 계획은 극적인 효과를 가져와 인플레이션이 1990년 800%에서 1995년에는 5% 이하로 하락했다. 태환 계획의 첫해에 인플레이션이 지속된 것은 고정환율에도 불구하고 페소의 실질환율이 급격히 절상되었음을 의미한다. 1990~1995년에 이르기까지 통화는 약 30% 정도 실질절상되었다. 실질환율절상은 실업과 경상수지 적자를 증가시켰다.

1990년대 중반 페소의 실질환율 절상 과정은 종료되었으나 노동시장의 경직성 때문에 실업률은 높았다. 1997년까지 아르헨티나 경제는 고속 성장을 했지만 그 이후 마이너스 성장으로 반전되었으며 재정적자가 통제할 수 없을 정도로 늘어났다. 2001년에 세계 경제가 침체에 빠지면서 아르헨티나의 외화 대출이 소진되었다. 아르헨티나는 2001년 12월에 채무를 불이행했고, 2002년 1월에 페소-달러 고정을 포기했다. 페소는 급격히 절하되었고 인플레이션은 다시 급상승했다. 2002년 아르헨티나의 생산은 거의 11%나 하락했다. 2003년에 인플레이션이 하락함에 따라 성장이 재개되었다.

정부가 경제 통계를 정확히 발표하지 않았기 때문에 2003년 이후의 경제 성과는 다소 불명확하다. 2015년 개혁정부가 선출되어 국제 신용제공자와 합의를 이루고 국제 자본시장에서 다시 차입이 시작되었다. 불행하게도 인플레이션과 정부 적자는 여전히 문제였고 지속되는 거시경제의 불균형과 기후 관련 충격에 직면하여 국제 투자자는 다시금 공황 상태에 빠지게 되었다. 그 결과로 2019년 다시 채무 불이행이 발생했다.

**브라질**  브라질도 아르헨티나처럼 통화개혁을 수반한 안정화 시도에 여러 번 실패했을 뿐만 아니라 1980년대에 고삐 풀린 인플레이션으로 고통받았다. 그러나 브라질은 인플레이션을 통제하는 데 더 오랜 시간이 걸렸고 아르헨티나보다 덜 체계적으로 디스인플레이션에 접근했다.[13]

1994년에 브라질은 미국 달러에 고정된 새로운 통화 헤알을 도입했다. 광범위한 은행파산의 대가로 브라질은 1995년 고금리로 새로운 통화를 방어했고, 대폭적인 실질평가절상에 직면하여 상향조정되는 크롤링 페그(crawling peg)로 전환했다. 인플레이션율은 1994년에 연간 2,669%에서 1997년에는 10% 이하로 하락했다.

그러나 경제성장은 인상적이지 못했다. 브라질 정부가 수입장벽의 완화, 민영화, 재정개혁을 실시했지만 국가의 경제개혁에 대한 전반적인 진전은 아르헨티나의 경우보다 훨씬 느렸고, 재정적자는 걱정스러울 정도로 매우 높았다. 문제의 상당 부분은 정부가 부채에 대해 지불해야 하는 매우 높은 이자율이었다. 이 높은 이자율은 달러에 대한 헤알의 제한된 상승이 유지될 수 있을까 하는 시장의 회의론이 반영된 이자율이었다.

마침내 1999년 1월 브라질은 헤알화의 가치를 8% 절하하고 환율변동을 허용했다. 아주 빠르게 헤알화는 달러에 대한 가치를 40% 정도 잃어버렸다. 정부가 헤알화 가치의 더 큰 하락을 막으려고 노력하는 동안 경기 침체가 발생했다. 그러나 경기 침체는 그리 오래가지 않았으며, 인플레이션이 크게 증가하지 않았고, (브라질의 금융기관은 동아시아의 경우와 달리 달러로 표시된 부채에 크게 의존하지 않았기 때문에) 금융시장의 붕괴는 피할 수 있었다. 브라질은 2002년 10월 대중의 인기에 영합하는 루이스 이나시우 룰라 다 시우바(Luiz Inácio Lula da Silva)를 대통령으로 선출했고, (다소 예상하지 못했지만) 그가 궁극적으로 채택했던 시장친화적 정책은 지금까지도 브라질이 국제자본시장에 접근할 수 있게 해주고 있다. 경제성장은 건전했으며, 브라질은 신흥세계에서 강력한 국가가 되었다. 브라질 성공의 핵심요인은 강력한 원자재 수출, 특히 중국에 대한 수출이었다. 그러나 브라질은 2014년에 불황에 빠지게 되었고 2015년에는 불황이 심화되었으며, 이 시기에 집권당과 야당 모두의 광범위한 부패 문제가 발생했다. 불황에 빠지게 된 또 다른 원인은 같은 시기에 전 세계 원자재가격에 대한 하방 압력을 가져온 중국 경제의 둔화였다(글상자 '원자재 슈퍼 사이클' 참조). 2018년에는 새로운 우익 포퓰리스트 정부가 부패 척결과 경제개혁을 약속했지만 그러한 정책 추진은 제한적이었다. 2020년에는 브라질 대통령의 COVID-19 팬데믹에 대해 무시하는 듯한 태도로 인해 브라질은 세계에서 가장 높은 감염율과 사망률을 기록한 나라 가운데 하나가 되었다.

**칠레**  1980년대 초반에 높은 실업률과 금융붕괴에서 교훈을 얻은 칠레는 1980년대 후반에 매우 일관된 개혁을 실행했다. 특히 중요한 것은 칠레가 국내 금융기관에 대해 엄격한 규제환경을 제도화했으며, 그 이전의 채무위기를 악화시키는 데 기여했던 명백한 긴급구제 보증을 삭제했다는 점이다. 인플레이션을 점진적으로 낮추기 위해 크롤링 페그 형태의 환율제도를 이용했는데, 극단적인 실질 절상을 피하기 위해 신축적으로 운영되었다. 칠레의 중앙은행은 1990년에 재무당국으로부터 독립되었

13 Rudiger Dornbusch, "Brazil's Incomplete Stabilization and Reform," *Brookings Papers on Economic Activity* 1 (1997), pp. 367-404 참조

다. [같은 해에 민주 정부가 그 이전의 아우구스토 피노체트(Augusto Pinochet) 장군의 군부체제를 교체했다.] 이러한 조치는 중앙은행이 통화를 인쇄하도록 명령함으로써 재정적자를 충당하지는 않을 것이라는 공약을 더욱 강화했다.[14]

1991년에 도입된 다른 새로운 정책은 (주식 매입을 제외한) 모든 자본유입에 대해 거래금액의 30%를 무이자 적립금으로 1년 동안 의무적으로 예치하게 만들었다. 적립 요구기간이 제한되었기 때문에 예치는 위기 상황에서 외국 투자자가 쉽게 철수할 가능성이 높은 단기자금 유입에 불균등하게 부과되었다. 자본유입에 대해 암묵적인 세금을 부과한 동기 중 하나는 실질 통화절상을 제한하는 것이며, 다른 한 동기는 단기 외국자본의 갑작스러운 유출이 금융위기를 초래하는 위험을 줄이기 위함이다. 칠레의 자본유입 장벽이 많은 해를 끼쳤는지는 의문스러우나 이 자본유입 장벽이 목표 달성에 성공했는지에 관해 경제학자 간에 많은 논쟁이 있다.[15] 어쨌든 정부는 칠레가 아시아 금융위기의 여파에 직면한 1998년에 그 통제를 철회했다.

일정 기간 칠레 정책은 좋은 결과를 가져왔다. 1991~1997년 사이 칠레는 매년 8% 이상의 GDP 경제성장률을 보여줬다. 동시에 인플레이션은 1990년에 26%에서 1997년 6%로 하락했다. 칠레는 중남미에서 가장 덜 부패한 국가일 뿐만 아니라 몇몇 유럽공동체 회원국과 미국보다도 더 청렴한 국가로 평가되고 있다. 동과 같은 원자재 수출이 칠레에 중요하기 때문에 2010년대에 원자재가격이 하락했을 때 칠레 경제의 성장은 느려졌다. 그러나 칠레의 경제관리는 중남미에서 최상을 유지하고 있다.

한편 칠레의 시장중심 개혁은 심한 소득불평등을 가져왔다. 시간에 걸쳐 대중의 불만이 쌓여갔으며, 칠레 수도 산티아고에서의 지하철 요금의 인상과 같은 사소해 보이는 사건에 대해 공개적이고 때로는 폭력적인 시민 저항이 발생하기도 했다. 그 이후 곧 팬데믹이 칠레 경제를 다시 강타했다.

**멕시코**    멕시코는 1987년 공공부문의 적자와 부채의 적극적인 감축, 목표 환율대, 산업과 노동조합의 대표자 간에 합의된 임금-가격 가이드라인을 결합한 안정화 및 개혁 프로그램을 도입했다.[16] 같은 해에 멕시코는 GATT에 가입함으로써 자유무역에 대한 중요한 공약을 했다. (멕시코는 이어 OECD에 가입했고 1994년에는 NAFTA에 가입했다.)

멕시코는 1987년 말에 페소 환율을 미국 달러에 고정했고, 1989년 초에는 크롤링 페그로 변경했으며, 1991년 말에 다시 크롤링 밴드(band)로 변경했다. 정부는 페소의 평가절하 가능 상한선을 유지했지만, 통화의 허용 가능한 절하의 한계선을 1991년 이후 매년 점진적으로 상향조정하여 발표했다. 따라서 허용 가능한 환율변동폭이 시간이 경과함에 따라 상승하도록 허용되었다.

---

14  경제개혁에 대한 칠레 정부의 접근 방식에 대한 개요에 대해서는 Barry P. Bosworth, Rudiger Dornbusch, and Raúl Labán, eds., *The Chilean Economy: Policy Lessons and Challenges* (Washington, D.C.: Brookings Institution, 1994)를 참조하라. 1980년대 초반의 칠레의 금융문제에 대한 고전적 설명은 Carlos F. Diaz-Alejandro, "Goodbye Financial Repression, Hello Financial Crash," *Journal of Development Economics* 19 (September/October 1985), pp. 1-24를 참조하라. Diaz-Alejandro가 논의한 문제는 칠레의 특수한 예가 아닌 경우에도 타당한 것으로 밝혀졌으므로 이 논문을 적극 추천한다.

15  논의를 위해 이 장의 더 읽을거리에 있는 Kenen의 책 5장을 살펴보기 바란다. 또한 Kevin Cowan and José De Gregorio, "International Borrowing, Capital Controls, and the Exchange Rate: Lessons from Chile," in Sebastian Edwards, ed., *Capital Controls and Capital Flows in Emerging Economies* (Chicago: University of Chicago Press, 2007) pp. 241-296을 참조하라.

16  멕시코 정부의 접근에 대한 기본 생각은 1988~1994년 동안 멕시코 재무부장관이었으며 건축가이자 MIT대학교에서 경제학을 배운 Pedro Aspe Armella가 잘 설명했다. 그의 책인 *Economic Transformation the Mexican Way* (Cambridge, MA: MIT Press, 1993)를 참조하라. 또한 Nora Lustig, *Mexico: The Remaking of an Economy* (Washington, D.C.: Brookings Institution, 1992)를 참조하라.

이러한 잠재적인 신축성에도 불구하고 멕시코 당국은 절상 상한선에 가깝게 환율을 고정했다. 결국 페소의 실질가치가 급격히 절상되었고, 대규모 경상수지 적자가 발생했다. 1994년 동안 멕시코의 외환보유고는 아주 낮은 수준으로 감소했다. 시민의 투쟁과 다가오는 대통령 교체, 평가절하에 대한 불안이 이에 일조했다. 그러나 외환보유고 유출에 영향을 준 또 다른 중요한 요인은 대출손실을 겪는 은행에 정부신용 대여를 확대한 것이었다. 멕시코는 적절한 규제 안전장치도 없이 은행을 민영화했고, 은행이 외국자본에 쉽게 접근할 수 있도록 자본거래를 개방했다. 은행은 곤경에 처할 경우 정부가 구제해줄 것이라고 확신했으며, 그 결과 도덕적 해이가 만연했다. 경제성장에 박차를 가하고 GNP의 약 8% 정도였던 경상수지 적자를 줄이기를 희망하면서 1994년 12월에 들어선 멕시코 신정부는 페소를 1년 전에 약속한 절하 상한선을 넘어서 15% 정도 평가절하했다. 평가절하된 고정환율은 곧바로 투기자에게 공격받았고 정부는 변동환율로 후퇴했다. 외국인 투자자는 당황했고, 페소화 가치는 급격히 하락했으며, 멕시코는 곧 벌칙 이자율을 내지 않고는 빌릴 수 없게 되었다. 1982년과 같이 채무불이행의 조짐이 다시 나타났다. 미국 재무성과 IMF가 합의한 500억 달러 긴급자금의 도움으로 멕시코는 위기를 간신히 벗어날 수 있었다.

1987년 159%에서 1994년 7%로 떨어진 인플레이션은 페소가 평가절하됨에 따라 치솟게 되었다. 멕시코의 국내 생산은 1995년 6% 이상 줄어들었다. 급격한 예산삭감, 치솟은 이자율과 일반화된 은행위기의 와중에 실업률은 2배 이상으로 늘어났다. 그러나 경기 침체는 단 한 해만 지속되었다. 1996년경에 인플레이션은 하락했고, 페소 환율이 계속 변동됨에 따라 경제는 회복되었다. 멕시코는 민간 자본시장에 대한 접근을 회복했고, 계획보다 일찍 미국 재무성의 차관을 상환했다. 멕시코의 주요 업적은 20세기 역사의 많은 시기를 특징지었던 실질적인 1당 체제에서 벗어나 민주주의적 제도를 확장한 것이었다.

브라질에서처럼 부패가 멕시코의 주된 문제였다. 마약 카르텔의 폐해도 그러했다. 2018년에 좌파 포퓰리즘 대통령이 당선되면서 개혁이 후퇴했고, 2020년 COVID-19 팬데믹에 대한 대응도 중단되었다. 이 두 가지가 모두 멕시코 경제에 어려움을 주었다.

# 동아시아: 성공과 위기

1997년 초반에 동아시아 국가는 다른 개발도상국의 선망의 대상이었다. 이들의 빠른 성장률은 경제를 상당히 높은 수준의 발전 단계로 올려놓았으며, 일부 국가는 선진국 문턱까지 도달했다(일부 국가는 현재 선진국 지위를 달성했다). 그러다가 이 국가들은 갑자기 파멸적인 금융위기에 휩싸였다. 동아시아의 경제적 성공이 혼돈으로 바뀐 갑작스러운 사태의 반전은 대부분의 외부 관찰자들에게 큰 충격을 주었다. 동아시아의 경제적 좌절은 러시아나 브라질처럼 지리적으로 멀리 떨어져 있던 다른 개발도상국까지도 삼켜버릴 정도로 더 광범위한 위기를 촉발했다. 이 절에서는 동아시아의 경험을 살펴볼 것이다. 이를 통해 얻는 교훈은 중남미로부터 배운 교훈을 강화해준다.

## 동아시아의 경제 기적

표 22-2에서 본 것과 같이 한국은 1960년대에는 산업이라고는 보잘 것 없었고, 경제적 가망도 거의

없는 비참할 정도로 가난한 국가였다. 하지만 1963년 한국은 일련의 경제개혁을 시작하면서 내부지향적 수입대체 발전 전략에서 수출을 강조하는 발전 전략으로 바꾸었고 놀라운 경제성장의 가도에 들어서게 된다. 그 후 50년에 걸쳐 한국의 1인당 GDP는 16배 증가했는데, 이는 미국이 지난 세기에 이룩한 성과 이상이었다.

이보다 더 경이로웠던 것은 이러한 경제적 성공이 한국에만 국한된 것이 아니었다는 점이다. 한국의 경제적 성공은 다른 많은 동아시아 경제의 성공을 동반했다. 그 첫 번째 물결은 홍콩, 대만, 싱가포르로서 모두 1960년대에 빠른 경제성장을 시작했다. 1970~1980년대에는 이러한 추세가 말레이시아, 태국, 인도네시아, 그리고 놀랍게도 세계에서 가장 인구가 많은 국가인 중국에까지 확대되었다. 19세기 후반에 일본이 산업대국으로 등장한 이래 처음으로 세계에서 상당한 수의 국가가 제3세계로부터 제1세계로 이행하는 것처럼 보였다.

이러한 경제 '기적'의 원인에 대해 상당한 논쟁이 아직도 계속되고 있다. 1990년대 초에 일부 논평자 사이에 아시아의 성장을 아시아에서 공통적으로 발견되는 산업 정책과 기업-정부 간 협력에 기인하는 것으로 보는 게 일반적이었다. 그러나 이 경제들을 피상적으로 살펴봐도 공통적인 제도라는 주장은 근거가 희박하다는 것을 알 수 있다. 고성장을 한 경제 중에는 한국처럼 산업 간 자본배분에서 정부가 적극적인 역할을 했던 경우도 있지만 홍콩과 대만처럼 그런 산업 정책이 거의 시행되지 않았던 국가도 있다. 대만이나 싱가포르 같은 경제는 다국적 기업의 현지 자회사 설립에 주로 의존했다. 반면에 한국이나 홍콩 같은 국가는 국내 기업가에게 주로 의존했다.

이러한 고성장 국가의 공통적인 특성은 높은 저축률과 투자율, 노동력과 교육수준의 급속한 향상, 완전한 자유무역은 아니지만 적어도 상당한 정도의 시장개방과 세계시장으로의 통합을 들 수 있다.

아마도 놀라운 것은 1990년 이전에 이들 아시아 국가 대부분이 높은 국내 투자율의 상당 부분을 국내저축으로 충당했다는 사실이다. 그러나 1990년대에는 선진국의 대출자와 투자자에 대한 '신흥시장'의 인기상승으로 인해 상당한 자본이 아시아의 개발도상국으로 몰려들었다. 이러한 유입으로 아시아 국가 중 일부는 GDP의 비중으로 볼 때 대규모 경상수지 적자를 기록하기 시작했다. 일부 경제학자는 이러한 대규모 적자가 1994년 말에 멕시코를 강타한 것과 같은 위기를 가져올지 모른다고 우려했지만, 대부분의 관찰자들은 그렇게 빠르게 성장하고 거시경제가 안정된 경제로의 대규모 자본유입은 높은 예상수익률을 가지는 투자기회로 정당화될 수 있는 것으로 간주했다.

## 아시아 국가의 약점

이미 밝혀진 것처럼 1997년에 아시아 경제는 참으로 혹독한 금융위기를 경험했다. 뒤돌아보면 이들 경제가 가지고 있었던, 그리고 이미 경제위기를 겪었던 중남미 국가에서도 공통적으로 발견되는 몇몇 구조적인 약점이 분명히 드러난다. 그중에서도 특히 세 가지가 두드러진다.

1. **생산성**: 아시아 경제의 빠른 성장이 어느 면에서 보아도 허상이 아니었던 것은 분명하지만, 경제 위기가 닥치기 전에도 일부 연구에서는 성장의 한계를 언급했다. 이 연구들의 가장 놀라운 결과는 아시아 국가에서 생산량 증가의 상당 부분이 단지 자본과 노동이라는 생산요소의 급속한 증가로 설명할 수 있고, 생산요소 1단위당 생산량을 의미하는 생산성은 상대적으로 거의 증가하지 않았

## 개발도상국은 왜 그렇게 높은 수준의 국제준비자산을 축적했는가?

금융위기에 직면한 개발도상국은 전형적으로 국제준비자산이 아주 낮은 수준에 있다. 환율을 고정한 국가는 국제준비자산이 고갈되자마자 환율을 절하시킬 수밖에 없다. 유동성 있는 국제준비자산이 없는 국가는 이전에 단기 외화대출을 연장해주던 대출자에게 빚을 상환할 수 있는 수단이 없다. 은행인출 사태에서와 같이 시장이 채무불이행의 가능성을 두려워하게 되거나 자기실현적 기대에 의해 실제로 통화가 절하된다. 만약 시장 신뢰가 무너지면 국제준비자산이 빨리 고갈되고 외국인으로부터의 신규 차입이 불가능해지며, 이에 따른 유동성 위기로 인해 잔여 해외채무를 상환하는 것이 불가능해진다.

이러한 종류의 '은행인출' 메커니즘이 다음 절에서 논의할 1997~1998년의 아시아 경제위기를 포함한 많은 개발도상국 위기의 핵심에 자리 잡고 있다. 전 세계적으로 많은 국가에 영향을 미친 아시아 경제위기 후 일부 경제학자는 개발도상국이 그들 스스로 일을 해결할 수 있어야 한다고 제안했다. 가장 필요할 때 외국신용이 고갈되는 경향이 있기 때문에 각국은 달러, 유로 및 기타 통용되는 외화와 같이 즉각 쓸 수 있는 현금을 실탄으로 대량 비축함으로써 스스로를 가장 잘 보호할 수 있다.

국가가 세계자본시장에 거의 참여하지 않았을 때는 (1950~1960년대 초반과 같이) 주로 수출대금이 일시적으로 수입수요보다 적을 가능성에 의거해 국제준비자산의 적정성을 판단했다. 그러나 금융이 세계화된 현재에는 공격을 제지하기 위해 필요한 국제준비자산은 차원이 다를 만큼 큰 수준이 될 것이다. 하버드대학교의 경제학자 마틴 펠드스타인(Martin Feldstein)은 다음과 같이 말했다.

"한 국가가 유동성을 획득하는 직접적인 방법은 막대한 규모의 유동성 있는 국제준비자산을 축적하는 것이다. … 어떤 정부도 수입금액(value of import)으로 국제준비자산의 적정성을 판단해서는 안 된다. 6개월 치 수입과 같은 일반적인 국제준비자산 목표는 통화위기가 무역금융이 아니라 자본 이동에 관한 것이라는 사실을 등한시하는 것이다. 중요한 것은 그 국가의 근본적인 경제조건에 의하면 통화절하가 일어나지 않아야 하는 상황에서조차도 투기자가 매각할 가능성이 있는 자산에 대한 국제준비자산의 수준이다."[17]

국제준비자산의 증가에 대해 설명한 18장에서 관찰했듯이 모든 국가에서 국제준비자산이 증가했지만 1980년대 채무위기 이후 특히 개발도상국에서 급속히 증가했다. 그러나 개발도상국 전체로는 1990년대 후반의 금융위기 이후 국제준비자산 증가속도가 가장 극적으로 가속화되었다. 개발도상국에 의한 국제준비자산 매입은 1999년 이후 급속히 증가한 미국 경상수지 적자의 많은 부분을 조달해줬다. 다음 그림의 수치는 브라질, 러시아, 인도, 중국뿐만 아니라 모든 개발도상국의 국민소득에 대한 국제준비자산의 비율을 보여준다. (이 네 나라는 최근의 강한 경제성장 성과에 주목하여 종종 'BRICs'라고 불린다.) 그림의 모든 경우에서 1999~2009년 사이에 국제준비자산(GDP에 대한 비율)이 2배 이상으로 증가했다. (이후 4개국 가운데 3개국은 감소했다.) 중국의 국제준비자산은 3.3배, 러시아는 5.7배로 증가했다.[18]

많은 개발도상국에서 국제준비자산수준은 총단기외채를 초과할 정도로 높다. 따라서 이러한 대규모 국제준비자산은 자본 이동의 급정지에 대비해 높은 수준의 보호를 제공해준다. 사실 대규모 국제준비자산은 개발도상국이 2007~2009년의 선진국 신용위기를 벗어나는 데 일조했다(20장 참조). 그림에서 볼 수 있듯이 개발도상국은 2007~2009년의 위기 중 자국을 보호할 목적으로 국제준비자산의 일부를 사용했다.

그러나 국제준비자산을 보유하는 데 있어 자가 보험 동기가 내용의 전부는 아니다. 국제준비자산의 증가가 통화절상을 억제하기 위한 외환시장 개입으로 초래된 부산물인 경우도 있다(19장의 글상자 '환율조작에 관한 어려운 문제' 참조). 중국이 그 적절한 예를 제공한다. 중국의 발전 전략은 생활수준의 급속한 개선을 도모하기 위해 노동집약적 상품의 수출증가에 의존한다. 사실상 중국 위안화 절상은 외국 노동에 비해 중국 노동을 더 비싸게 만든다. 따라서 중국은 달러를 매입함으로써 통화절상을 단단히 제한했다. 외국 자본 유입을 제한하는 자본통제에도 불구하고 투기적 자금이 미래의 절상을 기대하고 중국으로 유입되었고, 국제준비자산이 대규모로 증가했다. 2015년부터 자본유출이 역전됨에 따라 중국은 환율절하 압력에 대응하여 통화가치의 점진적 하락을 허용했다. 2018년 말 중국의 준비자산은 여전히 국민소득의 약 1/4을 차지했다.

---

17 Feldstein, "A Self-Help Guide for Emerging Markets," *Foreign Affairs* 78 (March/April 1999), pp. 93-109 참조. 최근의 분석에 대해서는 Olivier Jeanne, "International Reserves in Emerging Market Countries: Too Much of a Good Thing?" *Brookings Papers on Economic Activity* 1 (2007), pp. 1-79 참조

18 개발도상국은 대외준비자산의 약 60%를 미국 달러 형태로 보유한다. 이러한 국가는 유로도 대량 보유하며, 이 밖에 일본 엔, 영국 파운드, 스위스 스위스프랑과 같은 몇몇 소수의 주요 통화로도 보유한다.

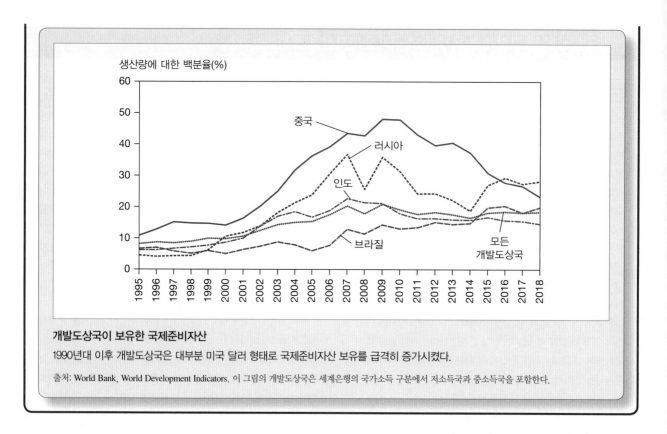

**개발도상국이 보유한 국제준비자산**

1990년대 이후 개발도상국은 대부분 미국 달러 형태로 국제준비자산 보유를 급격히 증가시켰다.

출처: World Bank, World Development Indicators. 이 그림의 개발도상국은 세계은행의 국가소득 구분에서 저소득국과 중소득국을 포함한다.

다는 점이다. 예를 들어 한국의 경우 1인당 생산이 선진국수준에 근접할 수 있게 된 것은 농업 부문에서 공업 부문으로의 노동자의 대량 이동, 교육수준의 향상, 비농업 부문에서의 자본-노동 비율의 빠른 상승 등에 힘입은 것으로 나타난다. 하지만 서구 선진경제와 비교했을 때 기술격차가 줄어들고 있다는 증거는 기대와 달리 찾기 어려웠다. 이러한 연구결과가 의미하는 것은 지속적으로 높았던 자본 축적률이 궁극적으로 수확체감을 가져왔고, 당시의 대규모 자본유입이 미래의 수익률로 정당화될 수 없는 규모였다는 점이다.

2. **은행업 규제**: 위기와 더 직접적으로 연관된 것 중 하나는 대부분의 아시아 국가에서 목격되는 취약한 은행업 규제이다. 국내 저축자와 해외 투자가는 아시아의 은행을 안전하다고 간주했는데, 이들 경제가 보여준 성과 때문만이 아니라 어떤 어려움이 닥쳐도 이들 국가의 정부가 은행을 지원해줄 것이라는 믿음 때문이었다. 그러나 은행과 금융기관이 떠안고 있는 위험은 정부의 효율적인 감독을 받지 않았다. 중남미의 경험이 분명히 보여주듯이 이런 상황에서는 광범위한 도덕적 해이가 나타난다. 이 점에도 불구하고 동아시아의 몇몇 국가는 1990년대에 자본유입에 대한 민간 부문의 접근을 용이하게 만들었고, 동아시아의 은행과 기업은 쉽게 외화자금을 차입할 수 있었다. 원죄 때문에 외채는 외화가치로 고정되어 있었다.

   여러 아시아 국가에서 기업과 정부관료의 유착이 대출에서 상당한 정도의 도덕적 해이를 조장하는 데 일조한 것으로 나타난다. 태국에서는 종종 정부관료의 친인척이 운영한 소위 '금융회사'가 투기성이 매우 높은 부동산 벤처에 대출을 해줬으며, 인도네시아의 대출자는 대통령 가족이 운영하는 벤처에 투자하는 데 지나친 열의를 보였다. 이러한 요인이 높은 저축률에도 불구하고 동아시아 국가가 어떻게 과도하게 투자해 경상수지가 위기 이전에 적자를 기록하게 되었는지를 설명하는 데 도움을 준다.

일부 분석가는 도덕적 해이로 촉진된 과도한 대출이 아시아 경제에서, 특히 부동산에서 유지 불가능한 과열을 가져와 수익이 거의 없는 많은 불량한 투자를 감춰줬고, 이러한 경기과열의 필연적인 종말이 가격하락과 은행도산의 악순환을 가져왔다고 주장한다. 그러나 도덕적 해이가 위기의 한 요인이었던 것은 분명하지만 그 중요성은 상당한 논쟁거리로 남아 있다.

3. **법률 구조**: 위기가 찾아오고 나서야 명백히 드러난 또 다른 중요한 아시아 경제의 약점은 바로 문제에 봉착한 회사를 다루는 데 필요한 효율적인 법 제도의 미비이다. 미국에서는 파산, 즉 부채를 갚지 못하는 회사를 처리하는 방법에 대한 잘 정비된 법적 절차가 있다. 이 절차에 따르면 법원은 채권자를 대신하여 회사의 소유권을 확보하고, 그다음에 가능한 한 채권자의 권리를 만족하는 방향으로 해결을 모색한다. 종종 이는 회사를 살려둔 채 이 회사가 갚을 수 없는 빚을 회사의 지분으로 전환하는 것을 의미한다. 하지만 아시아 경제에서 파산법은 유명무실했는데, 이는 부분적으로 이들의 놀라운 경제성장이 기업 도산을 아주 드문 일로 만들었기 때문이기도 하다. 그러나 상황이 불리해지자 파멸적인 난관에 봉착하게 되었다. 어려움에 처한 회사는 부채를 상환할 수 없었다. 기존 부채가 청산되기 전까지 아무도 다시 돈을 빌려주려고 하지 않았기 때문에 이러한 회사는 효과적으로 운영될 수 없었다. 그러나 채권은행 또한 망해가는 이런 회사를 원 소유주로부터 몰수하는 어떠한 수단도 가지고 있지 않았다.

## 아시아 국가들이 한 옳은 조치

**19**60~1990년대 사이에 아시아 국가의 경제성장은 한 국가가 경제발전이라는 사다리를 빠르게 올라가는 일이 가능함을 보여줬다. 이런 성공의 요소는 무엇인가?

이 질문에 대답하는 방법은 세계은행이 1993년에 발행한 〈동아시아의 기적(The East Asian Miracle)〉이라는 제목의 연구보고서가 짧게 줄여 HPAEs(high-performing Asian economies)라고 언급한 고성장 아시아 국가의 특징을 살펴보는 것이다.

하나의 중요한 요소는 높은 저축률이다. 1990년에 HPAEs는 GDP의 34%까지 저축했는데, 중남미의 경우는 이의 절반 수준이었고 남아시아 국가의 경우는 중남미를 약간 상회하는 수준이었다.

또 다른 중요한 요소는 교육에 대한 강조였다. HPAEs는 가난

De Visu/Shutterstock

한 시기였던 1965년에조차 높은 초등교육 등록률을 나타냈다. 무엇보다도 홍콩, 싱가포르, 한국에서 모든 어린이가 초등교육을 받았으며, 상당히 가난했던 인도네시아까지도 약 70%의 등록률을 보여줬다. 1987년에 아시아에서의 중등교육 등록률이 브라질 같은 중남미 국가의 등록률보다 상당히 높은 수준을 유지했다.

마지막으로 HPAEs의 두 가지 다른 특징은 높은 인플레이션과 심한 경기 침체를 겪지 않은 상대적으로 안정된 거시경제 환경과 GDP에서 차지하는 높은 무역비중이었다. 이러한 특징 때문에 동아시아 경제는 위기에 취약한 중남미 국가와는 아주 다르게 보인다.

이러한 대조적인 특징은 중남미와 여타 지역의 많은 지도자가 경제개혁으로 방향 전환을 하는 데 가격안정과 시장개방을 꼭 지켜야 할 약속으로 만드는 중요한 역할을 했다.

물론 모든 경제에는 약점이 있다. 그러나 동아시아 경제가 보여준 성과가 너무 눈부셔서 약점에 관심을 기울인 사람은 거의 없었다. 경제 기적을 이루고 있는 국가들에 문제가 있다는 사실을 알고 있던 사람들조차도 1997년의 비극을 예측하지는 못했을 것이다.

## 금융위기

아시아의 금융위기는 일반적으로 태국의 통화인 바트화의 평가절하와 함께 1997년 7월 2일에 시작된 것으로 간주된다. 그전에 태국은 커다란 경상수지 적자를 경험하고 있었고 1년 이상 금융상의 어려움을 겪고 있다는 여러 징후를 보여줬다. 1996년에는 너무 많은 사무용 빌딩이 들어서고 있다는 사실이 분명해졌다. 첫 번째로 부동산시장이, 그다음으로는 주식시장이 하락세로 접어들었다. 1997년 상반기에 바트화의 평가절하 가능성에 대한 전망이 외환보유고의 빠른 고갈을 가져왔고, 7월 2일 태국은 통제된 범위 내에서 약 15%의 평가절하를 시도했다. 하지만 1994년 멕시코의 경우처럼 완만한 평가절하 시도는 통제의 범위를 벗어나 막대한 환투기와 훨씬 빠른 통화가치 하락을 촉발했다.

태국 자체는 작은 경제이다. 하지만 태국 통화의 급격한 하락은 인접한 말레이시아, 그다음으로 인도네시아의 통화에 대한 투기를 가져왔고 궁극적으로 훨씬 더 크고 발전된 한국의 통화에 대한 투기로 연결되었다. 환투기꾼에게 이 모든 경제는 앞서 언급했던 약점을 태국과 공유한 것처럼 보였다. 이러한 국가는 모두 1997년에 이 지역에서 가장 경제력이 컸던 일본에서 다시 시작된 경기 침체의 영향을 느끼고 있었다. 각 경우에서 정부들은 한편으로는 경제의 무역에 대한 의존으로부터 비롯되며, 또 다른 한편에서는 국내기업과 은행이 달러로 표시된 막대한 부채를 지고 있는 데서 비롯되는 어려운 딜레마에 직면했다. 만약 그 국가들이 통화가치가 하락하도록 내버려뒀다면 치솟는 수입가격이 위험할 정도의 인플레이션 압력을 낳았을 것이고, 높아진 환율로 인해 국내통화로 표시된 기업부채의 상승을 가져와 잠재적으로 생존 가능한 많은 은행과 기업을 파산지경으로 몰아넣었을 것이다. 다른 한편으로 통화가치를 방어하고자 하는 시도가 있었다면 이들 국가에 투자한 투자가의 돈을 잡아두기 위해 최소한 단기만이라도 높은 이자율을 유지할 수밖에 없었을 것이며, 이러한 높은 이자율은 그 자체만으로도 경기 침체를 가져오고 은행의 문을 닫게 만들었을 것이다.

충격을 받은 모든 국가는 말레이시아를 제외하고 IMF에 구제를 요청했고, 환율절하를 막기 위한 높은 이자율, 대규모 재정적자를 막기 위한 노력 및 처음에 위기를 야기한 경제적인 약점을 보완하기 위한 구조개혁 등 피해를 끼칠 것으로 생각되는 경제계획을 실행하는 대가로 대출을 받았다. 그러나 IMF의 지원에도 불구하고 외환위기의 결과는 급격한 경제 침체였다. 위기를 겪은 모든 경제는 1996년의 6%가 넘는 경제성장률로부터 1998년에는 극심한 경기 침체로 곤두박질쳤다.

이들 국가 중 가장 상태가 나빴던 국가는 바로 인도네시아로, 경제위기가 정치적인 불안정과 맞물려 서로를 악화시키는 상황으로 치달았고, 국내은행에 대한 내국인의 신뢰붕괴가 이러한 추세를 더 강화하는 데 일조했다. 1998년 여름까지 인도네시아의 통화인 루피아는 원래 가치의 약 85%를 잃어버렸고, 중요한 회사는 거의 모두 파산했다. 인도네시아 국민은 대규모 실업 사태를 맞이했고, 몇몇 경우에서는 기초적인 식생활마저 위협받는 지경이었다. 인종분규가 발생하기도 했다.

신뢰붕괴로 인해 곤경에 빠진 아시아 국가는 경상수지의 극적인 반전을 강요당했다. 이들의 경상수지는 대규모 적자로부터 갑자기 대규모 흑자로 반전되었다. 이러한 반전의 대부분은 수출 증가에서 온 것이 아니라 경제가 위축되면서 수입이 급격히 줄어들었기 때문에 이루어진 것이었다.

위기를 겪은 아시아 전역에 걸쳐 통화는 결국 안정되었으며 이자율은 떨어졌다. 그러나 이 지역의 경기 침체로 인한 직접적인 파급 효과는 홍콩, 싱가포르, 뉴질랜드 등 인근 몇몇 국가에게 경기둔화나 경기 침체를 야기했다. 일본과 일부 유럽의 국가조차 그리고 중남미의 경제도 위기의 여파를 느꼈다. 대부분의 정부는 IMF의 처방을 따랐지만, IMF의 프로그램을 수용한 적이 없는 말레이시아는 다른 국가들과 보조를 맞추는 것을 거부하고, 자본통제가 자국통화의 급격한 절하를 막으면서 팽창 통화 정책과 재정 정책을 실시할 수 있게 해줄 것이라는 기대 속에서 1998년 9월 자본 이동에 대한 광범위한 통제를 실시했다. 위기 이전에 자본통제를 유지하고 경상수지 흑자를 지녔던 중국과 대만은 큰 타격을 입지는 않았다.

다행스럽게도 동아시아의 경제후퇴는 'V자 형태'를 띠었다. 1998년의 급격한 생산감소 후 1999년에는 평가절하된 통화 때문에 수출이 빠르게 늘어 성장을 회복했다. 하지만 모든 이 지역의 경제가 같은 정도로 회복된 것은 아니며 자본통제에 대한 말레이시아의 실험 효과에 대해서도 아직 논쟁이 분분하다. 그 대신 IMF의 도움에 의존한 나라들은 대체로 IMF의 위기관리가 서투르고 강압적이라고 여기고 만족하지 않았다. 이러한 원망은 매우 오래 지속되었다. 급정지에 직면해 IMF에 의존할 수 있지만 아시아 위기 국가들은 다시는 그러한 일을 겪지 않을 것이라고 다짐했다. 이 결심이 대규모 외환보유고의 축적을 통해 자가 보험을 드는 중요한 동기이다.

## 개발도상국 위기의 교훈

1997년 태국의 평가절하로 시작된 신흥시장의 위기는 원인 규명에 대한 백가쟁명(百家爭鳴)의 상황을 만들어냈다. 일부 서방 학자들은 아시아 국가가 취한 정책에서 그 이유를 찾았는데, 특히 그들이 주목한 것은 기업가와 정치인이 지나친 유착관계를 유지하는 '온정 자본주의(crony capitalism)'였다. 이에 대해 일부 아시아 지도자들은 위기를 서방 투자가의 음모 탓으로 돌린 바, 자유시장경제의 보루라고 할 수 있는 홍콩조차도 주식시장을 망치고 자국통화의 토대를 붕괴시키려는 투기꾼의 음모라고 묘사하면서 이를 막기 위해 시장에 간섭하기 시작했다. 그리고 거의 모든 사람이 IMF를 비난했는데, 통화의 평가절하를 제한하라고 권하는 것이 잘못이라고 주장하는 사람이 있는가 하면, 통화의 평가절하를 허용하는 것 자체가 잘못된 것이라고 주장하는 사람도 있었다.

그럼에도 불구하고 최근의 이러한 위기와 그보다 앞서 있었던 중남미와 여타 지역의 경제위기를 자세히 살펴보면 아주 분명한 교훈을 얻을 수 있다.

1. **적절한 환율제도의 선택**: 개발도상국이 무슨 일이 있어도 환율을 고정하겠다는 의지와 수단이 없다면 환율을 고정하는 것은 위험하다. 동아시아 국가는 공식적인 환율 목표에 대한 신뢰가 외화 차입을 촉진한다는 사실을 알았다. 그럼에도 불구하고 평가절하가 발생했을 때 금융 부문의 상당 부분과 많은 회사가 광범위한 외화부채 때문에 지급불능 상태에 빠졌다. 인플레이션을 성공적으로 안정시킨 개발도상국은 더 유연한 변동환율제도를 채택하거나, 인플레이션 기대를 낮추는 데 목표를 둔 고정환율 시기 후에 신속히 유연성을 늘리는 방향으로 움직였다. 과거의 초인플레이션

으로 복귀하는 것에 대한 국민의 걱정으로 인플레이션을 꼭 막아야 한다는 결의가 폭넓은 공감대를 형성하고 있었던 아르헨티나에서조차도 고정환율은 장기적으로 지속될 수 없다는 사실이 증명되었다. 브라질, 칠레, 멕시코와 다른 중남미 국가의 경험에 따르면 큰 개발도상국은 변동환율제도하에서 꽤 잘할 수 있다는 사실을 보여준다.

2. **은행의 핵심적 중요성:** 아시아의 위기를 그렇게 황폐화한 것은 주로 이것이 순수한 통화위기가 아니라 은행위기 및 금융위기와 복잡하게 뒤엉킨 통화위기였기 때문이다. 가장 직접적인 의미에서 정부는 통화가치를 유지하기 위해 통화공급을 제한하는 문제와 은행파산을 막기 위해 통화를 대량으로 발행하는 문제 간의 갈등에 직면했다. 더 넓게 말해서 많은 은행의 파산이 신용경로를 막고 이로 인해 이윤을 내던 회사마저 영업을 계속하기가 어려워져 경제를 붕괴시켰다. 아시아에서 이런 사태가 놀라움으로 다가오지 말았어야 했다. 은행의 취약성이 미치는 유사한 영향이 1980년대 아르헨티나, 칠레, 우루과이의 위기, 1994~1995년 멕시코의 위기, 1992년 EMS에 대한 투기적 공격(21장 참조) 기간 동안 스웨덴 같은 선진국의 위기에서도 큰 역할을 했다. 불행하게도 위기 이전의 아시아의 놀라운 경제적 성과는 사람들이 이 지역 금융구조의 취약성을 보지 못하도록 만들었다. 2007~2009년의 선진국 은행위기(20장)는 그러한 위험 속에서 또 다른 교훈을 제공한다.

3. **개혁조치의 적절한 순서:** 개발도상국의 경제개혁 담당자는 자유화 조치가 실행되는 순서가 중요하다는 사실을 아주 힘들게 배웠다. 물론 기본적인 경제 이론도 이 사실을 확인한다. 차선의 원리는 경제가 여러 왜곡으로 어려움을 겪을 때 그중 일부만 제거하는 것은 사태를 개선하는 것이 아니고 오히려 악화시킬 수 있다고 말해준다. 개발도상국에는 아주 많은 왜곡이 있기 때문에 이 지적은 특히 중요하다. 예를 들어 금융계정자유화와 금융개혁의 순서를 생각해보자. 국내 금융기관에 대한 건전한 보호조치와 감독장치가 마련되기 전에 금융계정을 개방하는 것은 분명히 잘못이다. 그렇지 않으면 해외로부터 차입할 능력이 있는 국내은행의 무분별한 차입을 촉진할 뿐이다. 이때 경기가 하락하면 외국자본은 도망가버리고 국내은행은 지급불능 상태에 빠지게 된다. 따라서 개발도상국은 국내 금융기관이 급격한 세계자본의 유출을 견딜 만큼 충분히 강해질 때까지 금융계정 개방을 연기해야 한다. 경제학자들은 또한 무역자유화가 금융계정자유화에 선행되어야 한다고 주장한다. 금융계정자유화는 실질환율의 변동성을 증가시키고, 비교역재 산업에서 교역재 산업으로 생산요소가 이동하는 것을 방해할 것이다.

4. **전염의 중요성:** 개발도상국의 경험으로부터 배울 수 있는 마지막 교훈은 건전해 보이는 경제까지도 세계의 다른 곳에서 발생한 신뢰위기에 취약해질 수 있다는 점, 즉 **전염**(contagion)으로 알려진 일종의 도미노 효과이다. 동남아시아의 작은 경제인 태국에서 발생한 위기가 2,000마일이나 떨어져 있는 훨씬 큰 경제인 한국의 위기를 촉발한 것은 전염 효과가 작용한 것이다. 그것보다 훨씬 더 놀라운 예가 1998년 8월에 나타났는데, 이때 러시아 루블화의 폭락이 브라질의 헤알화에 대한 엄청난 투기를 촉발했던 것이다. 전염의 문제와 가장 신중한 경제 운영도 이에 대한 완전한 예방조치를 제공할 수 없다는 우려는 국제금융제도의 가능한 개혁에 대한 논의의 핵심 주제가 되고 있으며, 바로 이 문제에 대해 지금부터 이야기하고자 한다.

# 세계금융 '구조'의 개혁

경제적 어려움은 필연적으로 경제개혁에 대한 제안으로 이어진다. 아시아의 경제위기와 충격은 많은 사람에게 국제금융제도 또는 적어도 개발도상국에 적용되는 부분이라도 철저히 검토할 필요가 있다는 것을 보여줬다. 이런 검토에 대한 제안은 새로운 금융 '구조(architecture)'에 대한 계획이라는 애매하지만 인상적인 제목으로 분류되었다.

1990년대의 초기 위기는 그렇지 않았는데 왜 아시아의 위기가 모든 사람에게 국제금융관계를 절박하게 재고할 필요성이 있다고 확신하게 만들었을까? 첫 번째 이유는 아시아 국가의 문제가 주로 세계자본시장과의 관계에서 유래한 것으로 보였다는 점이다. 그 위기는 분명히 한 국가가 정상적 척도로는 건전해 보였더라도 통화위기에는 취약할 수 있음을 보여줬다. 위기를 겪은 아시아 국가 중 어떤 국가도 심각한 재정적자, 과도한 통화증가율, 우려할 수준의 인플레이션, 투기적 공격에 대한 취약성을 나타내는 어떠한 징후도 지니지 않았다. 만약 그들 경제에 심각한 약점이 있었다면(일부 경제학자가 투기적 공격이 없었더라면 건전했을 것이라고 주장하고 있기 때문에 논쟁거리인 명제이기는 하지만) 그것은 급격한 평가절하가 없었다면 나타나지 않았을지도 모르는 은행제도의 건전성 등의 문제와 관련이 있다.

국제금융을 재고해야 하는 두 번째 이유는 국제자본시장을 통한 전염의 막강한 영향력이었다. 시장불안이 서로 멀리 떨어진 경제들 간에 전파된 속도와 힘은 개별 경제의 예방조치로는 충분하지 않았을 것이라는 점을 지적해준다. 경제의 상호의존성에 대한 우려가 1944년에 세계 경제에 대한 브레턴우즈의 청사진을 고취시킨 것과 똑같이 세계의 정책입안자들은 아시아 위기 이후에 국제금융제도의 개혁을 의제로 다시 상정했다.

개발도상국은 일반적으로 2007~2009년의 금융위기에서 빠르게 회복되었지만, 1982년 이후와는 달리 이번에는 선진국이 오랜 기간 경기 침체에 빠졌다(19장). 그러나 아직은 개발도상국의 회복이 아시아 위기 이후에 실행된 개혁, 대량의 국제준비자산 보유, 강한 원자재가격, 환율 신축성의 증가, 선진국 중앙은행이 강요한 역사적으로 가장 낮은 저금리 때문인지는 명확하지 않다. 2007~2009년의 금융위기가 전 세계로 퍼져 나가면서 나타났던 놀라운 전염 현상 때문에 국제금융에 대한 정비가 필요하다는 정서가 강하게 남아 있다. 여기서 몇 가지 중요한 관련 문제를 살펴보기로 하자.

## 자본 이동과 환율제도가 직면한 삼자택일의 문제

아시아의 위기가 가져온 하나의 효과는 국제거시경제와 국제금융 문제에 대한 쉬운 답이 있을 것이라고 우리가 혹시 가졌을지도 모르는 모든 환상을 불식시킨 것이다. 위기와 이의 전파는 개방경제에서 잘 알려진 몇몇 정책의 상충문제가 그 어느 때만큼이나 뚜렷하며, 어쩌면 다루기가 더 힘들다는 점을 너무도 분명하게 보여줬다.

19장에서는 개방경제가 직면하고 있는 기본적인 **통화 삼자택일** 문제를 설명했다. 모든 국가가 공유하는 세 가지 목표인 통화 정책의 자주성, 환율의 안정성, 자본의 자유로운 이동 중에서 단지 두 가지만 동시에 달성될 수 있다. 환율의 안정성은 선진국보다는 개발도상국에게 더 중요하다. 개발도상국은 교역조건에 영향을 줄 수 있는 능력이 선진국보다 더 작으며 환율의 안정성은 개발도상국이 인플레이션을 억제하고 금융압박을 회피하는 데 더 중요할 수 있다. 특히 대외적으로나 내부적으로 달러나 다른 주요 통화로 차입하는 개발도상국의 광범위한 관행은 자국통화 절하가 부채의 실질적 부담을 급격히 증가시킴을 의미한다.

자칭 세계금융구조의 개혁자들이 직면한 난제를 요약하면 다음과 같다. 1994~1995년에 멕시코와 1997년에 아시아를 강타한 그런 종류의 통화위기의 위협 때문에 불가능하진 않지만 세 가지 목표 모두를 동시에 달성하는 것은 어려워 보인다. 즉 하나를 성취하려면 나머지 2개 중 하나를 포기해야 한다. 1970년대 후반까지 대부분의 개발도상국은 환율을 통제했고 앞서 살펴보았던 것처럼 특히 민간 자본 이동을 통제했다(일부 주요 개발도상국, 특히 중국과 인도는 여전히 그러한 통제를 유지하고 있다). 통제를 피하는 거래가 많았지만, 통제는 자본의 이동을 더디게 했다. 그 결과 이러한 국가는 상당 기간 환율을 고정함으로써 환율 안정을 기하고 또한 종종 통화의 평가절하를 단행하면서 상당한 정도로 통화의 자주성을 유지할 수 있었다. 이 제도의 중요한 문제점은 이것이 국제거래에 부담이 되는 규제를 가함으로써 효율성을 떨어뜨리고 부패를 조장하는 데 일조했다는 것이다.

20세기의 마지막 20년 동안 주로 자본에 대한 통제가 철폐되었고, 또한 통신기술의 발달, 선진국에서의 금융혁신과 규제완화 때문에 자본의 이동성이 상당히 높아졌다. 평가절하될 것이라는 조짐만으로도 자본이 해당 통화를 버리고 빠져나가기 때문에, 이 새로운 자본의 이동성은 조정 가능한 고정환율제도를 투기에 극도로 취약하게 만들었다(19장에서 살펴본 것과 같이 동일한 현상이 1960~1970년대 초반 선진국에서도 발생했다). 개발도상국은 이 주제에 대한 글상자에서 논의하는 바와 같이 훨씬 더 강력한 글로벌 금융사이클에 점점 더 노출되고 있다.

이 결과로 개발도상국은 그림 19-1의 삼각형의 두 변 중 하나를 선택하지 않으면 안 되게 되었다. 즉 앞에서 설명한 달러라이제이션이나 통화위원회처럼 경직된 고정환율제도를 택하고 통화의 자주권을 포기하거나 혹은 신축적으로 관리되는(또는 변동되는) 환율을 향해 나아가든가 했다. 그러나 심지어 변동환율제도를 선택하더라도 개발도상국은 극단적으로 시장에서 결정되는 환율을 불편해했다. 미국과 같은 주요 경제는 큰 폭의 환율변동을 용인할 수 있는 반면 소규모 개발도상국 경제는 종종 환율변동에 따른 비용을 감당하기 어려운데, 한편으로 경제가 더욱 개방되었기 때문이기도 하고 다른 한편으로 원죄에 시달리기 때문이기도 하다. 그 결과 변동환율을 채택했다고 주장하는 국가조차도 '변동에 대한 공포(fear of floating)'를 보이며 오랜 기간 환율변동을 제한하고 있다.[19] 앞서 살펴본 것처럼 통화위원회와 같은 경직된 체제는 한 국가로부터 유연성을 빼앗을 수 있는데, 특히 중앙은행이 최종대부자로서 역할을 해야 하는 금융위기에 대처할 때 그러하다.

컬럼비아대학교의 재그디시 바과티(Jagdish Bhagwati)와 하버드대학교의 대니 로드릭(Dani Rodrik)을 포함한 일부 저명한 경제학자들은 개발도상국이 안정적인 환율을 유지하면서 통화의 자주성을 확보하려면 자본 이동에 대한 제한을 유지하거나 강화해야 한다고 주장했다.[20] 예를 들면 아

---

19 Guillermo A. Calvo and Carmen M. Reinhart, "Fear of Floating," *Quarterly Journal of Economics* 117 (May 2002), pp. 379-408 참조

20 다음 논문을 참고하기 바란다. Jagdish N. Bhagwati, "The Capital Myth," *Foreign Affairs* 77 (May-June, 1998), pp. 7-12; Dani Rodrick,"Who Needs Capital-Account Convertibility?" in Stanley Fischer, et al., *Should the IMF Pursue Capital-Account Convertibility? Princeton Essays in International Finance* 207 (May 1998); Joseph E. Stiglitz, *Globalization and Its Discontents* (New York: W. W. Norton & Company, 2003).

시아 위기에 직면하여 중국과 인도는 자본자유화 계획을 중지했다. 자본 이동을 이미 자유화했던 일부 국가는 다시 이를 제한할 것을 고려했다(실제로 말레이시아는 그렇게 했다). 그러나 개발도상국과 선진국의 정책입안자 대부분은 자본통제를 장기간 실행하기가 어렵거나 정상적인 사업관계를 파괴하는 것으로(또한 부패의 강력한 원천으로) 계속 간주했다. 이러한 유보조항은 **자본유출**에 대한 규제에 가장 강력하게 적용된다. 왜냐하면 규제는 부의 소유자가 막대한 손실위험을 회피하기 위해 해외로 도피할 때 특히 효과적으로 유지하기가 어렵기 때문이다.

최근 몇 년 동안 브라질에서 이스라엘에 이르기까지 많은 신흥국가는 제한적 범위 내에서 자본유입을 통제하는 조치에 대해 더욱더 개방적인 태도를 지니게 되었으며, IMF조차도 이 조치의 사용을 수용하고 있다. 이러한 변화의 원인 중 하나는 거시건전성이라는 동기에 있다. 즉 자본유입의 통제는 호황 시의 과잉 은행대출을 제한할 수 있으며, 그 결과 나중에 급정지나 자본유출의 결과로 나타날 경기 침체를 완화할 수 있다. 마찬가지로 (혹은 더) 중요한 동기는 인플레이션을 유발하는 통화 정책에 의존하지 않고 통화의 실질절상과 이로 인한 수출 손실을 억제하고자 하는 욕망이었다.[21]

자본유입 통제를 전향적으로 수용하는 경향이 새롭게 나타나고 있지만 금융구조에 대한 대부분의 논의는 그 대신 개선적 조치, 즉 자본통제가 사용되지 않을 때에도 남아 있는 선택을 덜 고통스럽게 만드는 방안에 초점을 맞추고 있다.

### '예방적' 조치

금융위기의 위험은 환율제도의 선택을 비롯한 여러 선택을 아주 어렵게 만드는 요인이기 때문에 최근의 일부 제안은 그 위험을 줄이는 방법에 초점을 맞춘다. 대표적인 제안은 다음의 조건을 요구한다.

더 높은 '투명성': 적어도 아시아에서 잘못된 것의 일부는 외국은행과 다른 투자자가 무슨 위험이 있는지 잘 알지도 못하면서 아시아의 기업에게 돈을 빌려주었고, 그 위험이 상상한 것보다 크다는 사실이 분명해졌을 때 일제히 맹목적으로 돈을 회수한 것이었다. 그러므로 많은 사람은 더 높은 '투명성(transparency)'이 필요하다고 제안했다. 즉 미국 기업이 재무 상태를 정확히 공시하도록 요구되는 것과 같은 방법으로 더 나은 금융정보를 제공하도록 하는 방안을 제안했다. 증가된 투명성은 상황이 좋을 때는 너무 많은 돈이 한 국가로 몰리고, 실적이 예측한 것보다 좋지 않을 때는 돈이 갑자기 빠져나가는 경향을 완화해줄 것으로 기대된다.

더 강한 은행제도: 앞서 살펴본 것처럼 아시아 위기를 그렇게 심각하게 만든 한 요인은 통화위기가 은행인출 사태와 상호작용한 방법이다. 만약 은행이 더 강했다면 적어도 이 상호작용이 더 미약했을 가능성이 있다. 그래서 은행이 떠안고 있는 위험에 대한 더 면밀한 규제와 강화된 자본요건을 통해서 은행을 강화하는 많은 제안이 있었는데, 이 제안은 은행소유자 자신의 돈의 상당 부분이

---

21 일례로 IMF의 현재 접근 방법에 대한 지표는 Jonathan D. Ostry, Atish R. Ghosh, Marcos Chamon, and Mahvash S. Qureshi, "Capital Controls: When and Why?" *IMF Economic Review* 59 (2011), pp. 562-580와 International Monetary Fund, *The IMF's Institutional View on Capital Flows in Practice* (Group of Twenty background note, July 2018, available at https://www.imf.org/external/np/g20/pdf/2018/073018.pdf) 참조

위험에 처해 있음을 확실하게 알려준다. 물론 2007~2009년의 위기는 선진국의 금융시장이 겉보기보다 실제로는 덜 견고했다는 점을 입증했다. 전 세계적으로 금융기관에 대한 더 높은 투명성과 더 엄격한 규제가 필요하다.

**강화된 신용 공여선:** 또한 어떤 개혁가들은 통화위기 시에 의지할 수 있으며, 외환보유고를 실질적으로 증가시켜주는 특별 신용 공여선(credit line)을 확립하기를 원했다. 이 신용 공여선의 존재만으로도 이를 사용할 필요가 없게 만들 것이라는 게 기본적인 생각이다. 즉 국가가 대규모 자금유출에 대처할 충분한 신용을 가지고 있다는 사실을 투기꾼이 아는 한 자신의 행동이 갑작스러운 평가절하를 가져오리라는 희망이나 두려움을 가지지 않을 것이라는 사실이다. 그런 신용 공여선은 민간은행이나 IMF 같은 공공기구가 제공할 수 있다. 이 분야의 개혁 또한 2007~2009년의 위기 이후에는 선진국에도 적용될 수 있는 것으로 보인다(20장의 글상자 '외환의 불안정성과 중앙은행의 스왑라인' 참조).

**부채 조달에 대한 지분 조달의 상대적 증가:** 개발도상국이 민간 외국자본 유입의 더 많은 부분을 부채보다는 주식 포트폴리오 투자나 외국인 직접투자를 통해 조달한다면 채무불이행의 가능성은 훨씬 더 낮아질 것이다. 이 경우 외국인에 대한 한 국가의 지불액이 경기가 좋지 않을 때 자동적으로 줄어드는 등 그 국가 경제의 운과 더 밀접히 연결될 것이다. 사실 신흥국이 해외 부채보다는 지분 조달에 더 많이 의존하는 경향이 있었으며, 이러한 변화가 2007~2009년 글로벌 금융위기에 직면해 신흥국의 회복력을 강화해주었던 것 같다.[22]

국제사회는 개발도상국이 세계금융시장에서 차입자로서뿐 아니라 대출자로서도 점점 더 중요한 역할을 맡고 있다는 점을 인식하고 있다. 바젤과 다른 곳에서 진행되는 은행규제에 대한 전 세계적인 공조에 관한 논의에는 점점 더 많은 신흥시장국가가 핵심적 참여자로 포함되고 있다.

## 위기에 대한 대처

제안된 예방적 조치를 취하더라도 위기가 여전히 일어날 수 있다. 따라서 세계가 이러한 위기에 대응하는 방법을 수정해야 한다는 여러 제안이 있었다.

이 중 많은 제안은 IMF의 역할과 정책에 관련이 있지만 의견은 크게 갈라져 있다. 보수적 비판론자들은 IMF의 존재 자체가 대부자에게 항상 구제될 수 있다는 믿음을 심어줌으로써 무책임한 대출을 촉진한다고 주장하여 IMF가 없어져야 한다고 믿는다. 즉 앞에서 설명한 일종의 도덕적 해이가 있다는 주장이다. 다른 비판론자들은 IMF가 필요하지만 그 역할을 잘못 수행하고 있다고 주장한다. 예를 들면 문제 자체를 협의의 거시경제 및 금융 문제로 국한해야 할 때도 구조개혁을 요구한다는 것이다. 많은 아시아 국가는 1990년대 후반의 위기에서 IMF의 충고를 따를 수밖에 없었던 일에 대해 몹시 분개했다. 이러한 국가가 대외준비자산을 축적하는 한 동기는 IMF의 달러를 빌릴 수밖에 없는 상황 및 IMF의 요구조건을 받아들여야 하는 상황을 회피하고자 하는 것이다. 마지막으로 IMF의

---

22 이러한 경향은 Eswar S. Prasad, "Role Reversal in Global Finance," in *Achieving Long-Run Growth: A Symposium Sponsored by the Federal Reserve Bank of Kansas City* (Kansas City, MO: Federal Reserve Bank of Kansas City, 2012), pp. 339-390에 설명되어 있다. 더 읽을거리에 있는 Forbes의 논문도 참조하라.

# 신흥시장과 글로벌 금융사이클

신흥국과 개발도상국이 GDP로 측정했을 때 세계 경제에서 차지하는 비중이 크고 증가하고 있지만, 그들의 금융시장은 선진국에 비해 매우 작다. 부유한 나라 금융시장에서 일어난 사건은 가난한 나라, 특히 국제자본 흐름에 가장 많이 노출된 신흥시장경제에 매우 큰 파급 효과를 가진다.

세계 자산가격과 자본 흐름에서의 호황은 신흥경제국을 부양하는 반면, 파탄은 경기안정화를 위한 통화 및 재정 정책에도 불구하고 경기둔화로 이어진다. 세계 경제에서 미국 달러가 차지하는 중심적인 지위를 고려할 때(20장 참조) 미국 연방준비제도의 통화 정책은 글로벌 금융사이클의 주된 동인이다. 이 사이클은 또한 세계 투자자의 위험성향(risk appetite)과 특히 신흥시장 투자에 대한 매력과 같은 다른 요인을 반영하기도 한다.[23]

영국 중앙은행의 실비아 미란다-아그리피노(Silvia Miranda-Agrippino)와 런던비즈니스스쿨의 엘렌 레이(Hélène Rey)는 글로벌 주식, 채권, 상품가격을 이용하여 글로벌 금융사이클 지수를 작성했다. 아래 그림에서는 그 지수인 *GFCy*를 중소득국과 저소득국의 총실질 GDP 증가율과 함께 1980년 이후의 기간에 대해 보

여준다(총합계는 신흥시장경제를 포함한다). 양의 상관관계가 뚜렷하고 글로벌 자산-가격의 변화가 가난한 나라 사건의 주요 동인이라는 생각을 뒷받침한다.

가난한 나라의 경제성장은 글로벌 금융사이클과 매우 관련이 깊으며, 그 사이클 자체는 미국 통화 정책이 주요 동인이다. 미란다-아그리피노와 레이가 통계적으로 밝힌 바에 따르면 미국 연방준비제도의 긴축적 통화 정책이 전 세계의 자산가격 하락, 세계적 금융중개기관의 재무상태표 축소, 국경 간 및 국내 신용흐름의 축소를 야기한다. 이러한 효과는 긴축적인 미국의 통화 정책이 개발도상국의 경제활동을 위축시킴을 의미한다.

다른 글에서 엘렌 레이는 신흥시장에 미치는 글로벌 금융사이클의 강한 영향력(그리고 특히 미국 통화 정책의 중심적인 역할)으로 인해 변동환율일 때도 신흥시장국이 통화 정책을 이용하여 국내경제를 조정하는 능력을 가지지 못하는지에 대해 질문했다. 만약 그렇다면 통화 독립성을 회복할 수 있는 유일하고 실현 가능한 방법은 자본 이동에 대한 강력한 통제를 통해 글로벌 금융의 힘을 둔화시키는 것이다. 좀 더 직설적으로 말하자면 삼자택일이 양자택일의

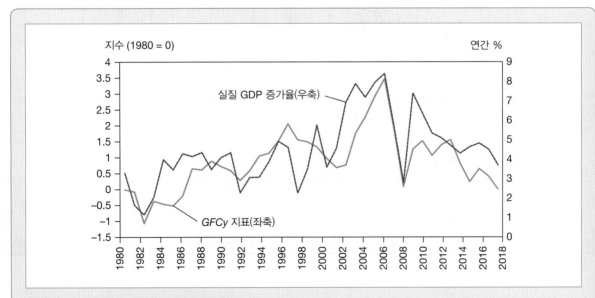

## 글로벌 금융사이클과 개발도상국 GDP의 변화
가난한 나라의 GDP 증가율은 글로벌 금융사이클과 밀접하게 나란히 변화한다.

출처: *GFCy*: Miranda-Agrippino and Rey, "U.S. Monetary Policy and the Global Financial Cycle," *Review of Economic Studies* 87 (November 2020), pp. 2754-2776. *GFCy*의 연간 관측치는 월간 관측치의 평균이다. 신흥국과 개발도상국 GDP 증가율: World Economic Outlook database, April 2020.

---

[23] 더 읽을거리에 있는 Reinhart, Reinhart, and Trebesch의 논문은 19세기 초반 이후 자본 흐름 사이클을 연대순으로 기록하고 있다.

문제가 된다. 즉 두 선택은 환율제도와 관계없이 자본통제와 함께 통화 독립성을 가지는 것과 자본통제 없이 세계적 영향력에 항복하는 것이다.[24]

많은 신흥시장경제가 환율을 조정하기 위해 개입하는 것을 봐왔는데, 이것이 환율 유연성의 이점을 제거하는 것인가? 증거는 그렇지 않다는 것을 시사한다. 아래 두 차트는 가장 큰 신흥시장경제의 GDP 성장률의 예상하지 못한 변화 대비 실효실질환율의 변화를 보여준다. 차트의 수평축에 있는 GDP 성장률의 예상하지 못한 변화는 각 연도 4~10월 사이에 IMF 경제성장률 예측치의 수정으로 측정된다. 수평축에서의 증가는 예상했던 것보다 성장률이 높게 나타났다는 것을 의미하고, 수직축에서의 증가는 실질실효환율의 절상을 나타낸다.

나라와 연도의 관측치를 더 유연한 환율제도와 덜 유연한 환율제도로 나누었을 때 더 유연한 환율을 가진 나라에서 예상하지 못한 성장률 하락이 일어났을 때는 통화가 절하되지만, 덜 유연한 환율

을 가진 나라에서는 이것이 일어나지 않는다.[25] 결론적으로 변동환율제도는 여전히 부정적인 충격에 대해 (그것이 글로벌 금융사이클이거나 다른 곳에서 오든지 간에) 경제를 방어할 수 있는 유용한 역할을 할 수 있다는 것이다. 변동환율제도의 경제에서도 경직적인 환율 방어를 해야 한다면 경제성장의 변동성이 훨씬 더 클 가능성이 높다.

그러나 이러한 발견이 외환시장 개입과 자본통제가 일정한 상황에 도움이 될 수 없다는 것을 의미하지는 않는다. 신흥시장에서 환율이 파괴적으로 큰 변동을 보일 수 있다. 더욱이 심지어 IMF도 자본통제에 보다 개방적이 되었다(일부 국가는 통제를 하게 되면 해외투자자가 가혹하게 평가할 것에 대한 두려움, 즉 오명문제를 가지고 있다). 장차 신흥시장국은 더더욱 복잡해지는 글로벌 금융환경을 헤쳐 나가기 위해 다양한 수단(개입, 통화 정책, 거시건전성 정책, 심지어 자본 흐름 관련 정책)을 사용할 필요가 있을 것이다.

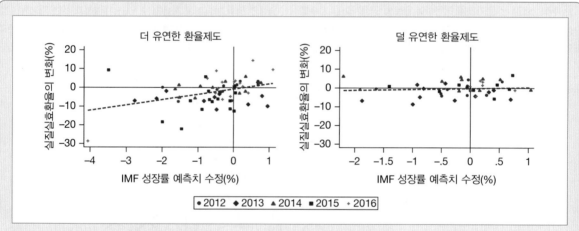

**GDP 성장률 충격과 실질실효환율의 변화**

더 유연한 환율제도하에서 예상하지 못한 성장률 하락이 발생하면 실질실효환율이 절하한다. 덜 유연한 환율제도의 경우에는 그렇게 변하지 않는다.

출처: IMF World Economic Outlook database and Bank for International Settlements.

---

24 그녀의 글 "Dilemma Not Trilemma: The Global Financial Cycle and Monetary Policy Independence," in *Global Dimensions of Unconventional Monetary Policy: A Symposium Sponsored by the Federal Reserve Bank of Kansas City* (Kansas City, MO: Federal Reserve Bank of Kansas City, 2014), pp. 285-333 참조

25 이 분석에서는 18장 더 읽을거리에 있는 Ilzetzki, Reinhart, and Rogoff 논문의 '대략적인(coarse)' 환율 구분을 사용한다(https://www.ilzetzki.com/irr-data에서 이용 가능하다). 경계선상에 있는 제도('덜 유연한'으로 분류)는 '±2%이거나 그보다 좁은 사실상의 크롤링 밴드(crawling band)'이다.

옹호론자와 일부 비판론자는 IMF가 그 임무를 잘 수행하기에는 자금이 부족하며, 자본 이동성이 높은 세계에서 IMF가 현재보다 더 많은 양의 대출을 더 신속하게 제공하는 능력이 필요하다고 주장한다. 2007~2009년의 위기 때문에 IMF의 자원이 급격히 증가했다. 또한 IMF를 관리하는 데 빈곤국에 더 많은 투표권을 부여함으로써 개발도상국에서 IMF의 정당성에 대한 인식을 제고하려는 움직임이 나타나고 있다.

또 다른 일련의 제안은 어떤 국가는 단지 부채를 갚지 못하는 상황이므로 대출국과 차입국의 재협상이 신속히 진행되고 재협상 비용을 줄일 수 있도록 국제계약이 구성되어야 한다는 주장에 입각한다. 1980년대의 채무위기에 대한 논의에서 지적했던 것 같이 제한적인 부채탕감이 그 위기를 종식시킨 바 있다.

정부 대출자 그룹 내 파리클럽(Paris Club)이 개발도상국 채무조정을 위한 포럼으로 기능한다. 불행하게도 주요 공적 대출자인 중국이 회원이 아니어서 모든 정부 대출자가 동일한 대응을 해야 하는 데 문제가 있다. 그러나 민간 채권보유자의 경우는 문제가 더 복잡하다. 아시아 위기 이후 IMF는 어려움에 처한 채무국을 위한 일종의 파산법정 기능을 하는 국가채무조정기구(Sovereign Debt Restructuring Mechanism)를 제안했다.[26] 미국을 포함하여 몇몇 부유한 국가는 그 계획을 철회했다. 대신 많은 국가부채계약에 '집단행동조항(collective action clause)'을 포함하게 했는데, 이는 자격이 되는 과반수의 채권보유자가 어려움에 처한 국가와 채무조정 협상을 할 것인지에 대해 투표로 결정하게 하는 것이다. 유로지역에서조차도 2013년 1월 시작된 국채발행에는 정부가 민간 대출자와의 재협상을 더 쉽게 할 수 있게 만드는 단서조항이 포함되어 있다. 그러나 이런 대안적 접근은 몇 가지 측면에서 미흡한 것이었다.

COVID-19 팬데믹은 가난한 나라로부터 민간자본의 대규모 이탈을 촉발하여, 광범위한 채무불이행 가능성과 신뢰할 만하고 질서 있는 채무조정 과정의 부재에 다시 관심을 집중하게 했다.[27] 선행 채무조정 조항에 대해 비평가들은 비효율적이거나 비생산적이라고 주장했는데, 이는 국가들로 하여금 훨씬 더 쉽게 채무 재협상이 가능할 것이라고 생각하여 부채 규모를 확대하게 유도한다는, 즉 다시금 도덕적 해이 문제가 발생한다는 이유 때문이다. 이 비판에 대한 대답으로 국제 대출자도 이윤추구 과정에서 너무나 자주 위험을 과소평가함으로써 최소한 그만큼의 도덕적 해이를 가진다는 것이다. 채무조정이 채무자를 덜 고통스럽게 하고 장래에 대한 신뢰를 높이게 하는 것이 잠재적인 대출자에게 적절한 주의를 가지게 할 수 있을 것이다.

## 국제적 자본 이동과 소득분배 이해하기: 지리가 운명을 결정하는가

이 장 도입부에서 지적했듯이 오늘날의 세계는 소득과 복지수준의 국가 간 격차가 매우 크다는 특징을 보인다. 그러나 단순 수렴 이론과 모순되게 빈국의 소득수준이 부국수준으로 느린 속도나마 수렴

---

26 Anne O. Krueger, *A New Approach to Sovereign Debt Restructuring* (Washington, D.C.: International Monetary Fund, 2002); https://www.imf.org/external/pubs/ft/exrp/sdrm/eng/sdrm.pdf 참조

27 관련 논의에 대해 Anna Gelpern, Sean Hagan, and Adnan Mazarei, "Debt Standstills Can Help Vulnerable Governments Manage the COVID-19 Crisis," in Maurice Obstfeld and Adam S. Posen, eds., *How the G20 Can Hasten Recovery from COVID-19* (Washington, D.C.: Peterson Institute for International Economics, 2020), pp. 44-51 참조

하는 일률적인 경향은 없다.[28] 경제성장에 대한 전통적 거시 모형에서 한 국가의 1인당 소득은 물적 자본과 인적 자본에 의존하는데, 이러한 자본의 한계생산은 자본량이 비숙련 노동량에 비해 상대적으로 작은 곳에서 가장 높다. 높은 투자의 한계생산이 해외로부터의 자본유입을 비롯한 자본축적에 대해 강한 유인을 제공하므로 전통적인 모형은 빈국이 부국보다 훨씬 더 빨리 성장하는 경향을 보일 것이라고 예측한다. 궁극적으로 부유한 국가에서 사용되는 동일한 기술에 접근할 수 있다면 가난한 나라도 부유하게 될 것이다.

그러나 실제로 이러한 행복한 이야기는 규칙이라기보다는 예외에 속한다. 더욱이 개발도상국에서 자본의 한계생산과 해외투자에 대한 수익률이 높을 것이라는 단순 수렴 이론의 예측에도 불구하고 자본은 개발도상국으로 거의 유입되지 않고 있다. 전체 개발도상국으로 유입되는 자본규모는 선진국 간 총자본 이동에 의해 위축되고 있다. 그리고 1990년대 말 이래로 미국이 세계적으로 이용 가능한 경상수지 흑자의 대부분을 흡수하고 있다.

사실 많은 개발도상국에 투자하는 데 따른 위험은 외국인과 내국인 투자자에게 똑같이 그 국가에 대한 매력을 제한한다. 이러한 위험은 빈약한 경제성장 실적과 밀접히 관련되어 있다. 정부가 소유권을 보호하려 하지 않거나 보호할 수 없을 때 투자자는 물적 자본이나 인적 자본에 대한 투자를 꺼리게 되어 성장이 멈추거나 낮아지게 된다. (글상자 '자본의 역설'은 부국으로부터 빈국으로의 자본 이동의 행태를 좀 더 깊이 살펴본다.)

어떤 국가는 부국으로 성장한 반면 다른 어떤 국가는 외국자본을 거의 또는 전혀 끌어들이지 못하고 극단적인 빈곤 상태에 머물러 있다는 사실을 어떻게 설명하겠는가? 이 질문에 대한 두 가지 주류 학파는 각기 **지리적 특징**과 **정부제도**에 초점을 맞춘다.

**지리 이론**(geography theory)의 선두 주창자는 UCLA의 지리학자인 재레드 다이아몬드(Jared Diamond)인데, 그의 매력적이며 영향력 있는 저서인《총, 균, 쇠: 무기, 병원균, 금속은 인류의 문명을 어떻게 바꿨는가?(Guns, Germs, and Street: The Fates of Human Society)》는 1998년에 퓰리처상을 받았다. 지리적 견해의 한 가지 해석에 따르면 환경, 토지 유형, 질병, 지리적 접근성과 같은 한 국가의 물리적 환경이 장기적인 경제 업적을 결정한다. 따라서 예를 들면 나쁜 기후, 쉽게 사육할 수 있는 다양한 동물의 부재, 황열병과 말라리아의 출현으로 인해 적도지역은 숙명적으로 농작물 윤작과 같은 농업혁신을 지지해주는 좀 더 온화한 기후의 유럽지역보다 지체된다. 이러한 이유 때문에 재레드 다이아몬드는 유럽인들이 신세계(New World) 원주민을 정복한 것이며 그 반대가 아니라고 주장한다.

일부 지리 이론에서 강조되는 또 다른 요인은 국제무역에 대한 접근성이다. 땅이 막혀 있고 또한 산이 많은 국가는 외부 세계와 교역을 덜하게 되고, 따라서 훌륭한 항구, 항해가 가능한 내륙 수로, 쉽게 여행할 수 있는 도로로 축복받은 국가보다 성장이 느리다.

이와는 대조적으로 경제적 성공의 핵심 요인으로서 정부제도를 선호하는 사람들은 정부가 소유권

---

28 이 설명은 연구 단위가 국가일 때는 옳으나 연구 단위가 개인일 때는 덜 정확하다. 1960년에 세계의 가난한 사람 중 대부분이 최근 상대적으로 빠른 성장을 경험하는 2개국인 중국과 인도에 살았다. 그러나 이 국가들의 주요 성장요인은 시장친화적인 경제개혁이었다. 더 자세한 논의는 다음을 참조하라. Stanley Fischer, "Globalization and Its Challenges," *American Economic Review* 93 (May 2003), pp. 1-30. 글로벌 불평등 측정에 대해서는 더 읽을거리의 Bourguignon의 책을 참조하라.

## 자본의 역설

제2차 세계대전 이후 오랫동안 많은 개발도상국이 선진국 대출기관에서 대출을 받았지만 부국에서 가난한 국가로 자금이 유입되는 세계적 패턴이 기초 경제 이론이 예측하는 바(즉 자본이 풍부한 고소득 국가에서 자본이 부족하고 이 때문에 투자기회가 풍부할 것으로 여겨지는 저소득 국가로 자금이 유입되는 강력한 대출 이동)와는 더욱더 달라지고 있다.

아래 그림은 1980년 이후 경상수지의 세계적 패턴을 보여준다. 2010년대까지 비산유국인 개발도상국의 차입은, 많은 개발도상국의 차입자(이 중에서도 멕시코와 태국)가 결국 비탄에 빠졌던 1990년대의 10년을 부분적인 예외로 하면, 극히 한정되어 있다. 같은 시기에 부국의 경상수지 흑자는 아주 작거나 없었다. 그러나 2000년대에는 부국이 상당한 적자를 기록하고 신흥국과 저소득국으로부터 광범위하게 차입했다.

개발도상국 차입이 1990년대의 반짝 호경기를 이루기 직전에 시카고대학교의 경제학자 로버트 루카스(Robert E. Lucas,

Jr.)는 부국과 빈국 사이의 커다란 소득 불균형이 자본부존량의 차이에 기인하는 것이라면, 이는 외국자본이 이윤을 찾아 개발도상국 세계로 이동하는 큰 기회가 될 것임을 시사하는 것이라고 관측했다. 그렇다면 부국에서 투자가 저축보다 아주 작지는 않았으며 또한 빈국에서 투자가 저축보다 훨씬 크지 않았던 이유는 무엇인가? 루카스는 그 답이 가난한 국가에서 고학력 노동력과 경영지식이라는 형태의 인적자본이 부족하다는 점과 관련이 있다고 주장했다. 다른 학자들은 빈국에서 지적재산권과 정부의 안정성이 매우 취약하다는 점을 더 중시했는데, 이 견해는 1990년대의 위기에 의해 부분적으로 입증되었다.[29]

흥미롭게도 제2차 세계대전 이후 부국에서 빈국으로의 저조한 자본유입은 컬럼비아대학교의 경제학자 라그나르 넉시(Ragnar Nurkse)가 1950년대 초에 예측했다. 19세기는 유럽의 해외투자가 활발했던 시기인데, 이 시기에 선두 국제 대출국이었던 영국은 제1차 세계대전 이전의 50년 동안 매년 그 소득의 약 4%

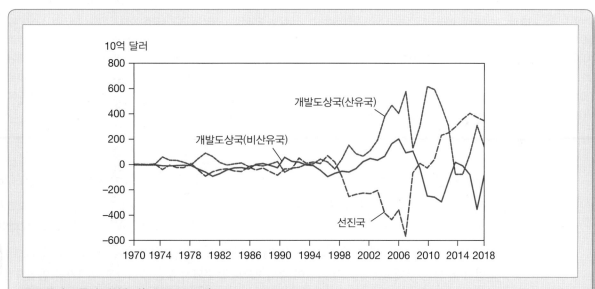

**주요 국가 그룹의 경상수지(1980~2019)**

출처: International Monetary Fund, *World Economic Outlook* and External Wealth of Nations databases. 오차 및 누락으로 인해 각 지역의 불균형의 합계는 대개 0이 되지 않는다. 데이터와 관련하여 Gian Maria Milesi-Ferretti의 도움에 감사한다.

---

29 이 이론들이 상호 배타적인 것은 아니다. 위에서 언급했듯이 인적자본에 대한 투자는 취약한 지적재산권 때문에 위축되고 있다. 가난한 국가로의 자본유입이 작은 퍼즐에 대해서는 Robert E. Lucas, Jr., "Why Doesn't Capital Flow from Rich to Poor Countries?" *American Economic Review* 80 (May 1990), pp. 92-96을 참조하라. 제도의 질이 취약한 나라로의 자본 이동이 제한된 점에 대한 연구는 Laura Alfaro, Sebnem Kalemli-Ozcan, and Vadym Volosovych, "Why Doesn't Capital Flow from Rich to Poor Countries? An Empirical Investigation," *Review of Economics and Statistics* 90 (May 2008), p. 347-368이 있다. Carmen Reinhart and Kenneth Rogoff는 루카스 퍼즐을 개발도상국의 부도 가능성 때문이라고 주장한다. "Serial Default and the 'Paradox' of Rich-to-Poor Capital Flows," *American Economic Review* 94 (May 2004), pp. 53-58을 참조하라.

를 해외에 투자했다. 넉시는 그 대출 조건은 아주 특별한 것으로서 제2차 세계대전 이후에는 모방하기가 어려운 것이라고 주장했다. 투자의 대부분은 그가 주목했듯이 '최근의 정착국(recent settlement)'인 극히 소수의 국가에 대해 이루어졌는데, 자본 이동을 따라 들어온 유럽 이주자에게 필요한 철도와 같은 인프라 건설을 위한 자금을 공급해주었다. 이 이주자들은 투자자원을 성공적으로 활용하는 유럽의 통치제도뿐만 아니라 지식과 경험을 이식해주었다. 당연한 일이지만 대부분의 수혜국, 특히 호주, 뉴질랜드, 캐나다, 미국은 부유한 반면, 1914년 이전에 훨씬 작은 양의 외국투자를 받은 가난한 '채취(extractive)'경제국의 대부분은 오늘에도 여전히 가난하다.[30]

21세기 자본 이동의 국제적 패턴의 변화는 과거보다 더 역설적인 것으로 보인다. 주목할 만한 양의 자본이 부국에서 빈국으로 유입되지 않았을 뿐만 아니라 실제로는 빈국에서 부국으로의 오르막길로, 그것도 막대한 규모로 이동하고 있다. 그 배경에는 몇몇 특이한 변화가 있다. 예컨대 부국의 자산 붐이 소비와 주택투자를 촉진하여 대규모 경상수지 적자를 발생시켰다. 한편 부국과 특히 중국의 급성장이 원자재가격을 상승시켰는데 이로 인해 상대적으로 가난한 원자재 수출국은 흑자를 달성할 수 있었다. 또한 2000년대에 중국은 지출이 고속성장을 따라가지 못하고 외환시장 개입으로 통화를 인위적으로 약하게 유지함에 따라 거대한 경상수지 흑자를 만들었다(그림 19-7 참조). 이러한 패턴은 최근에 선진국과 중국의 성장이 둔화되고 원자재가격이 하락하면서 완화되었다. 2010년대에는 비산유 개발도상국은 전체적으로 다시 적자를 기록하게 되었고, 부국은 흑자를, 석유 수출국은 2014년부터 석유가

격 폭락에 직면하여 급격히 흑자에서 적자로 이동했다. 그러나 최근의 비산유 개발도상국의 적자는 세계 경제의 크기에 비해 작은 편이다.

경제학자들이 이 놀라운 변화를 좀 더 신중하게 검토함에 따라 루카스가 1990년에 제기한 퍼즐보다 더 당혹스러운 새로운 모순을 발견했다.

첫째, 1970년 이후의 경험에 의하면 대체로 외국자본이 경제성장을 촉진하지 못한 것으로 나타난다. 그 대신 가장 빨리 성장한 국가는 국내 저축에 가장 많이 의존하며 최소한의 경상수지 적자(때로는 흑자)를 지닌 국가라는 것이다. 예컨대 동아시아의 성공한 경제, 특히 중국은 일반적으로 높은 저축수준을 유지한다. 두 번째 관련이 있는 역설은 캘리포니아대학교(버클리)의 피에르올리비에 구랭샤(Pierre-Olivier Gourinchas)와 존스홉킨스대학교의 올리비에 진(Olivier Jeanne)이 강조한 '배분 퍼즐(allocation puzzle)'이다. 즉 실제로는 노동과 자본 생산성의 증가율이 낮은 국가가 생산성 증가율이 높은 국가보다 상대적으로 더 많은 외국자본을 유치하고 있다는 것이다.

연구자들은 아직도 이 새로운 퍼즐을 풀기 위한 해답을 찾고 있다. 많은 빈국은 위기발생 위험 없이는 대규모 외국대출을 처리할 능력이 없는 취약한 금융체제를 가지고 있다. 따라서 스스로 많은 저축을 창출할 수 있는 국가는 성장의 우위를 지닐 수 있을 것이다. 구랭샤와 진은 배분 퍼즐이 중국과 같이 일부 급성장하는 국가의 국제준비자산 축적과 관련이 있다고 주장한다. 그러한 나라로 종종 외국인 직접투자가 대규모로 유입되지만 저축이 크기 때문에 경상수지는 여전히 전체적으로 흑자인 것이다.[31]

보호에 성공해서 민간기업, 투자, 혁신 및 궁극적으로는 경제성장을 촉진하는가에 초점을 맞춘다. 이 견해에 따르면 자의적인(예: 깡패나 부패한 정부관리의 강탈을 통한) 재산 몰수에서 국민을 보호하지 못하는 국가는 국민이 부를 추구하는 노력을 기울일 가치가 없는 국가일 것이다.[32] 이 메커니즘은 그림 22-2가 보여주는 낮은 부패도와 높은 1인당 소득 간 양의 상관관계의 기초를 이루는 한 가지 요인이다. 낮은 부패도는 근로의 과실이 자의적으로 몰수되지 않을 것이라고 투자자를 안심시킴으로써 생산적인 경제활동을 촉진한다. 그러나 이 증거를 논의할 때 언급했듯이 이 그림에서 양의 기울기가 각국의 제도가 국민소득을 결정한다는 점에 대한 결정적인 증거가 되는 것은 아니다. 예를 들어 그림에 나타난 기울기가 부국의 부패를 제거하고자 하는 욕구와 이 일에 투입할 수 있는 더 풍부한

---

30 Ragnar Nurkse, "International Investment To-Day in the Light of Nineteenth-Century Experience," *Economic Journal* 64 (December 1954), pp. 744-758 참조

31 Eswar Prasad, Raghuram Rajan, and Arvind Subramanian, "The Paradox of Capital," *Finance & Development* 44 (March 2007); Gourinchas and Jeanne, "Capital Flows to Developing Countries: The Allocation Puzzle," *Review of Economic Studies* 80 (October 2013), pp. 1484-1515 참조

32 일례로 Douglass C. North, *Institutions, Institutional Change, and Economic Performance* (Cambridge: Cambridge University Press, 1990) 참조

자원에서 주로 초래되었을 수도 있다. 그렇다 할지라도 지리가 소득수준, 따라서 궁극적으로는 제도를 결정하는 요인이라는 점은 여전히 타당할 수 있다. 그러나 만약 더 우호적인 지리가 높은 소득을 유발하고 높은 소득을 통해 (무엇보다도 낮은 부패로 특징지어지는) 더 나은 제도적 환경을 낳는다면 지리학파가 옳은 것으로 보일 수도 있다. 정책입안자들에게 제도개혁을 통해 경제성장을 확대할 수 있는 가능성이 더욱 희박해질 것이다.[33]

다양한 통계적 가능성을 어떻게 식별할 수 있는가? 한 가지 전략은 민간의 소유권을 좌우하는 제도에는 영향을 미치나 현재의 1인당 소득과는 무관한 측정 가능한 요인을 발견하는 것이다. 통계학자들은 이러한 변수를 제도에 대한 **도구변수**(instrumental variable) 혹은 단순히 **도구**(instrument)라고 한다. 이 도구는 현재의 1인당 소득에는 영향을 받지 않으므로 이것과 현재 소득 간 통계적 관계에 대한 추정치는 제도가 소득에 미치는 영향(그 반대 방향이 아니라)을 반영한다. 불행하게도 경제변수 간 복잡한 관계로 인해 타당한 도구변수를 발견하는 것은 대개 어렵기로 악명이 높다.

MIT대학교의 경제학자 대런 애쓰모글루(Daron Acemoglu)와 사이먼 존슨(Simon Johnson) 및 하버드대학교의 제임스 로빈슨(James Robinson)은 이 어려운 문제에 대한 가상적인 접근 방법을 제안한다. 그들은 구 식민지에 초기에 정착한 유럽인의 과거 사망률을 제도의 질에 대한 도구로 제안했다.[34] 정착자의 사망률이 유용한 도구를 제공한다는 그들의 주장은 두 가지 논지에 근거를 두고 있다.

첫째, 그들은 정착자의 사망률 수준이 소유권을 좌우하는 미래의 제도를 결정한다고 주장한다. (이는 지리가 제도에 대한 영향을 통해 소득에 영향을 미치는 경우의 또 다른 예이다.) 유럽인은 높은 사망률을 보이는 지역(예: 아프리카에 있는 구 벨기에의 콩고)에 성공적으로 정착할 수 없다. 이 지역의 대부분은 유럽인이 도착하기 전에 상대적으로 인구가 밀집되어 있었고, 유럽의 식민지배자의 목표는 가장 효과적으로 부를 약탈하고 그 과정에서 원주민을 압박하는 것이었다. 그들이 설립한 제도는 소유권의 보호가 아니라 이러한 목표를 지향했고, 이 착취적인 제도는 구 식민지가 독립할 때 새로운 토착 지배 엘리트에게 인도되었다. 이와는 대조적으로 유럽인 자신들은 북미나 호주처럼 사망률이 낮은 지역에 정착해서 정치 및 경제적 권리를 보호해주고 자의적인 몰수로부터 사유재산을 보호해줄 제도를 요구했다. (미국혁명을 촉발했던 의원 선출권이 없는 과세를 둘러싼 논쟁을 기억하기 바란다.) 이러한 국가들이 오늘날 번영을 누리는 부국이다.

적절한 도구는 제도에 영향을 미치는 것 외에 현재의 1인당 소득에 영향을 주지 않아야 한다는 두 번째 요구조건을 충족해야 한다. 애쓰모글루, 존슨, 로빈슨은 이 요구조건 또한 충족된다고 주장하

---

33 과거 유럽 식민지였던 국가에서 현재의 제도는 종종 외국 지배자가 심은 것이다. 지리 자체는 식민 통치자가 설정한 제도의 유형을 결정하는 역할을 담당했다. 따라서 서인도와 미국 남부에서 기후와 토양이 노예 노동 및 대규모 농경단위를 보장해주는 수확체증 기술에 바탕을 둔 플랜테이션 농업과 불평등한 소득분배를 초래했다. 그 결과 나타난 제도는 (모국이 문명화된 법률을 지닌 식민 통치자가 설정했을지라도) 평등주의 정치이념과 재산권 보호에 대해 기본적으로 적대적이었다. 권력의 불평등은 많은 경우 지속되어 장기적인 성장을 지체시켰다. 이에 대한 고전적 논의는 Stanley L. Engerman and Kenneth D. Sokoloff, "Factor Endowments, Institutions, and Differential Paths of Growth among New World Economies: A View from Economic Historians of the United States," in Stephen Haber, ed., *How Latin America Fell Behind* (Stanford, CA: Stanford University Press, 1997)을 참조하라. 제도 가설은 지리가 소득에 영향을 미칠 수는 있다고 보나, 제도에 대한 영향을 통해서만 (또는 주로) 소득에 영향을 미친다고 주장한다.

34 이 자료는 군인, 항해사, 주교를 포함하며, 17~19세기에 걸쳐 추출되었다. Daron Acemoglu, Simon Johnson, and James Robinson, "The Colonial Origins of Comparative Development: An Empirical Investigation," *American Economic Review* 91 (December 2001), pp. 1369-1401 참조

며, 다음과 같이 설명한다.

> 식민지에서 사망한 유럽인의 대부분은 말라리아와 황열병으로 죽었다. 이러한 질병은 면역력이 없는 유럽인에게는 치명적이었으나, 다양한 종류의 면역을 개발했던 원주민에게는 제한된 영향을 주었다. 따라서 이 질병이 왜 아프리카와 아시아의 많은 국가가 현재 가난한지를 설명하는 이유는 아닌 것으로 보인다. … 이 개념은 이들 지역에서 지역주민의 [낮은] 사망률로 지지된다.[35]

애쓰모글루, 존슨, 로빈슨은 초기 유럽 정착자의 사망률이 향후에 나타날 제도에 대한 영향을 통해서 현재의 1인당 소득에 커다란 영향을 미친다는 점을 보여줬다. 더 나아가 그들은 사망률이 제도에 미치는 영향을 고려하면 적도로부터 떨어진 거리와 같은 지리적 변수와 말라리아 감염률은 현재의 소득에 독립적으로 영향을 미치지 못한다고 주장한다. 통계분석의 전제 조건을 받아들인다면 이제도 이론이 지리 이론에 대해 승리한 것처럼 보일 수 있다. 그러나 논쟁은 여기서 그치지 않는다.

몇몇 비판자는 애쓰모글루, 존슨, 로빈슨이 측정한 제도의 질이 부적절하다고 언급했다. 다른 사람들은 사망률 자료가 잘못되었거나 과거 사망률조차도 현재의 생산성과 직접 연관이 있을 수 있다고 주장한다. 최근의 한 논문에서 한 그룹의 경제학자들은 제도에 대한 주된 영향은 인적 자본, 즉 축적된 기술과 국민의 교육이라고 주장했다. 권위적인 독재자조차도 시민의 교육수준이 높아짐에 따라 민주주의와 소유권을 확립하게 될 수 있다. 이들은 한국이 바로 이 일을 했다고 지적하고 미래의 성장을 촉진한 것은 제도의 이식이 아니라 아마 유럽 정착자의 인적 자본일 것이라고 제안했다.[36] 앞에서 지적했듯이 동아시아의 높은 성장의 한 요인이 종종 비민주적 정부가 선언한 교육에 대한 높은 투자수준이었다.

많은 아시아의 구 식민국들은 애쓰모글루, 존슨, 로빈슨의 이론에 대한 반증사례를 제시한다. 예를 들어 인도, 인도네시아, 말레이시아는 모두 토착민이 압도적으로 많았던 유럽의 식민지였으나 이 국가들의 성장률은 대체로 선진국의 성장률을 초과하고 있다.

## 요약

- 경제발전 단계에 따라 국가 간에 1인당 소득과 복지수준에 큰 차이가 있다. 더구나 개발도상국은 선진국의 소득수준으로 수렴하는 일률적인 경향을 보여주지 못했다. 그러나 일부 개발도상국, 특히 동아시아의 일부 국가는 1960년대부터 생활수준이 놀라울 정도로 향상되었다. 왜 어떤 국가는 여전히 가난하며 어떤 정책이 경제성장을 촉진할 수 있는가를 설명하는 것은 경제학에서 가장 중요한 도전 중 하나로 남아 있다.

---

35 Acemoglu, Johnson, and Robinson, *ibid.*, p. 1371.

36 Edward L. Glaeser, Rafael La Porta, Florencio Lopez-de-Silanes, and Andrei Shleifer, "Do Institutions Cause Growth?" *Journal of Economic Growth* 9 (September 2004), pp. 271-303을 참조하라. 지리적 설명보다 제도적 설명을 지지하는 연구로는 Dani Rodrik, Arvind Subramanian, and Francesco Trebbi, "Institutions Rule: The Primacy of Institutions over Geography and Integration in Economic Development," *Journal of Economic Growth* 9 (June 2004), pp. 131-165를 참조하라. 그 반대의 견해에 대해서는 Jeffrey D. Sachs, "Institutions Don't Rule: Direct Effects of Geography on Per Capita Income," Working Paper 9490, National Bureau of Economic Research, February 2003을 참조하라. 성장에서의 국제무역의 역할은 최근 연구의 또 다른 초점이다. Rodrik과 공동 저자들은 국제무역에 대한 개방이 1인당 소득의 직접적인 주요 결정요인이 아니라 오히려 개방이 더 나은 제도를 낳고, 이 간접적인 경로를 통해 더 높은 소득을 초래한다고 주장한다.

■ 특히 많은 개발도상국이 최근 다양한 범위의 개혁에 착수했기 때문에 개발도상국은 이질적인 단체로 구성되어 있다. 대부분의 국가는 다음 특징 중 최소한 몇 개를 가지고 있다. GNP에서 공공지출이 높은 비중을 차지하는 것을 포함해 정부의 지나친 경제 개입, 비효율적인 세금징수에 직면해 통화발행 차익을 추출하려는 정부의 시도를 반영하는 높은 인플레이션의 경험, 취약한 신용기관 및 미발달한 자본시장, 인플레이션을 통제하거나 실질환율의 절상을 막는 것을 목표로 한 크롤링 페그 환율제도를 포함하는 고정환율제도 및 외환과 자본의 통제, 그리고 1차 상품 수출에 대한 높은 의존도 등이 그것이다. 상대적인 빈곤이 증가함에 따라 부패도 증가하는 것 같다. 지금까지 언급한 개발도상국의 특징 중 많은 부분은 선진국이 내부 지향적으로 전환하고 세계시장이 붕괴된 1930년대의 대공황까지 거슬러 올라간다.

■ 많은 개발도상경제는 잠재적으로 풍부한 투자기회를 제공하기 때문에 이들이 경상수지 적자를 기록하고 선진국으로부터 차입하는 것은 당연하다. 이론적으로 개발도상국의 차입은 차입국과 대출국 모두를 이롭게 하는 무역의 이익을 가져다준다. 그러나 실제로 개발도상국 차입은 통화위기와 금융위기를 초래하는 채무불이행 위기로 종종 이어졌다. 채무불이행 위기의 발생이 채무국의 근본적인 약점에 의존한다 할지라도 이 위기는 통화위기와 은행위기처럼 자기실현적 요인을 포함할 수 있다. 채무불이행 위기는 종종 자본유입의 **급정지**와 함께 시작된다.

■ 1970년대 브레턴우즈 체제가 붕괴했을 때 중남미 국가는 성장과 인플레이션 측면에서 아주 열악한 거시경제적 성과의 시대로 접어들었다. 1980년대에 통제되지 않은 해외차입은 개발도상국에 일반적인 채무위기를 가져와 특히 중남미와 아프리카에 가장 큰 충격을 주었다. 1980년대 중반에 칠레를 필두로 몇몇 중남미의 대국은 단순한 인플레이션 억제뿐만 아니라 정부예산의 통제, 야심적인 **민영화**, 규제완화, 무역 정책의 개혁 등을 포함하는 더 철저한 개혁에 착수했다. 아르헨티나는 1991년에 통화위원회를 채택했다. 모든 중남미의 개혁정부가 자국의 은행을 강화하는 데 똑같이 성공한 것은 아니며 많은 국가는 명백하게 실패했다. 일례로 아르헨티나의 통화위원회는 10년 후 붕괴되었다.

■ 높은 경제성장, 낮은 인플레이션과 재정적자 등 놀라울 정도로 훌륭한 기록에도 불구하고 동아시아의 일부 주요 개발도상국은 1997년에 심각한 심리적 공황 상태와 파괴적인 통화의 평가절하로 타격을 받았다. 돌이켜 보면 영향을 받은 국가는 대부분 국내은행업과 금융에 만연한 도덕적 해이와 관련되어 있으며, 외화로 표시된 부채에 기인하는 **원죄**와 연결된 몇 가지 취약점을 가지고 있었다. 위기의 여파는 러시아나 브라질처럼 멀리 떨어져 있는 국가에까지 미쳤는데, 이는 현재의 국제금융위기의 **전염**을 예시해준다. 이 전염요인과 위기가 닥치기 전에 동아시아 국가는 문제가 거의 없었다는 사실이 국제금융'구조'를 재고해야 한다는 요구로 이어졌다. 이러한 요구는 2007~2009년 금융위기의 전 세계적인 성격으로 인하여 더욱 강화되었다.

■ 국제금융구조의 개혁방안은 예방적 조치와 사후적 조치로 나눌 수 있는데, 후자는 사전보호조치가 위기를 중지하지 못했을 때 적용되는 것이다. 예방조치 중에는 국가의 정책과 재정 상태에 대한 더 높은 투명성, 국내은행업에 대한 강화된 규제, 민간 부문이나 IMF로부터의 더 광범위한 신용 공여선 등이 포함된다. 지금까지 제시된 사후적 조치는 IMF의 더 광범위한 대출을 포함한다. 일부 관찰자들은 위기를 막고 관리하기 위해 더 광범위한 자본통제를 제안하지만, 이 제안을 따른 국가는 거의 없다. 앞으로 개발도상국이 자본통제, 달러라이제이션, 변동환율 및 기타 통제 방법을 실험할 것이라는 사실은 의심할 여지가 없다. 하지만 궁극적으로 나타날 국제금융구조가 어떤 것일지는 전혀 분명치 않다.

■ 개발도상국 경제성장의 궁극적인 결정요인에 관한 최근 연구는 질병 환경과 같은 지리적 이슈, 정부의 재산권 보호와 같은 제도적 특징, 인적 자본부존 등에 초점을 맞추고 있다. 부국에서 빈국으로의 자본 이동 또한 이러한 요인에 의존한다. 경제학자들은 이 모든 요인이 중요하다는 점에 동의하지만, 빈국에

서 가난을 제거하려는 정책을 시행할 때는 어디에 우선적으로 초점을 맞추어야 하는지가 덜 명확하다. 예를 들어 인적 자본의 축적이 소유권과 개인안전의 보호에 달려 있다면 제도개혁이 적절한 첫 단계 조치일 것이다. 반면에 정부를 효율적으로 운영할 인적 자본이 부족하다면 정부에 대한 제도적 틀을 설립하는 것은 별로 의미가 없다. 이 경우에는 교육에 우선순위를 두어야 한다. 만장일치된 답의 도출을 가로막는 통계적 장애가 난공불락이기 때문에 모든 면에서 균형 잡힌 노력이 필요하다.

## 주요 용어

달러라이제이션 dollarization

민영화 privatization

수렴 convergence

원죄 original sin

전염 contagion

통화발행 차익 seigniorage

통화위원회 currency board

## 연습문제

1. 정부는 단지 통화공급을 더 빠르게 증가시킴으로써 항상 더 많은 통화발행 차익을 징수할 수 있는가? 이에 대해 설명하라.

2. 한 국가의 인플레이션율이 1990년과 2000년에 모두 100%였지만 1990년에는 이것이 떨어지고 있었고 2000년에는 올라가고 있었다고 가정하자. 여타 조건이 같을 때 어느 해에 통화발행 차익이 더 큰가? (자산 소유자가 정확하게 인플레이션의 변화를 예상했다고 가정하자.)

3. 1980년대 초에 브라질 정부는 연평균 147%의 인플레이션율을 겪으면서 통화발행 차익으로 생산의 단 1.0%만 확보한 반면에 시에라리온 정부는 브라질의 1/3에도 못 미치는 인플레이션율로도 2.4%를 얻을 수 있었다. 이러한 대조적 현상을 부분적으로나마 설명할 수 있는 두 국가 간 금융구조의 차이를 생각할 수 있는가? (힌트: 시에라리온에서는 통화량의 명목생산량에 대한 비율이 평균 7.7%였지만 브라질에서는 평균 1.4%에 불과했다.)

4. 국제자본 이동에 노출된 경제의 통화가 1년에 10%씩 평가절하되는 '크롤링 페그 환율제도'를 시행하고 있다고 하자. 국내 명목이자율과 해외 명목이자율의 관계는 어떠한가? 크롤링 페그 환율제도가 완전한 신뢰를 받지 못하면 어떻게 달라지는가?

5. 1970년대에 아르헨티나 같은 개발도상국의 해외채무 증가는 부분적으로 (합법적이든 불법적이든) 예상되는 통화의 평가절하에 대비한 자본도피 때문이었다. (정부와 중앙은행이 통화가치를 유지하기 위해 외환을 차입했는데, 돈은 결국 뉴욕이나 다른 곳에 있는 민간 부문의 수중과 은행계좌로 다시 돌아갔다.) 자본도피가 정부에 막대한 부채를 남기지만 해외로 돈을 빼돌린 사람들이 지닌 해외자산으로 상쇄되기 때문에 국가 전체의 통합된 순해외부채의 크기는 변하지 않는다. 이는 정부의 해외부채가 주로 자본도피에 기인하는 국가는 부채 문제에 직면하지 않는다는 것을 의미하는가?

6. 1970년대의 많은 개발도상국의 차입은 국영기업에 의해 이루어졌다. 이러한 국가 중 몇 국가에서 국영기업을 민간에 팔아서 경제를 민영화하려는 움직임이 있었다. 이 국가들이 더 일찍 민영화했더라면 해외로부터 더 많이 차입을 했을까 또는 더 적게 차입을 했을까?

7. 수입관세와 같은 무역제한 조치를 감소시키려는 개발도상국의 결정이 세계자본시장에서의 차입능력에 어떤 영향을 미치는가?

**8.** 생산량이 주어진 경우 국가는 투자를 줄이거나 (민간이나 정부의) 소비를 줄임으로써 경상수지를 개선할 수 있다. 1980년대의 외채위기가 시작된 후 많은 개발도상국은 투자를 축소해서 경상수지를 개선했다. 이는 과연 현명한 전략인가?

**9.** 페소를 포기하고 달러를 자국통화로 채택할 경우 아르헨티나는 왜 미국에 통화발행 차익을 주어야 하는가? 아르헨티나가 포기하는 통화발행 차익을 어떻게 측정할 것인가? [이 문제를 풀기 위해서 아르헨티나가 경제를 달러화하기 위해 취해야 할 실제 조치를 생각해보라. 아르헨티나 중앙은행의 자산은 전부 이자가 붙는 미국 재무성 채권(U.S. Treasury bonds)으로만 구성되어 있다고 가정해도 된다.]

**10.** 경제적 수렴 가설에 대한 초기 연구는 현재 선진국인 국가의 자료를 관찰한 후 1세기 전 상대적으로 가난했던 국가들이 그 이후 더 빨리 성장했다는 점을 발견했다. 이러한 발견으로부터 수렴 가설이 맞는다고 추론하는 것은 타당한가?

**11.** 신흥시장경제의 고정환율 채택에 대한 일부 비판은 이것이 일종의 도덕적 해이를 조장한다고 주장한다. 이에 동의하는가? (힌트: 차입자는 환율이 매일 변동할 수 있다는 사실을 알았다면 다르게 행동할 것인가?)

**12.** 일부 신흥시장경제에서 외국에 대한 부채뿐 아니라 내국인 간 국내부채도 미국 달러로 표시된다. 이러한 현상은 이 장에서 부채의 달러라이제이션이라고 불렀다. 부채의 달러라이제이션이 어떻게 자국통화의 달러에 대한 환율의 급격한 절하로 초래된 금융시장의 혼란을 악화시키는가?

**13.** 미국의 총산출물에 대한 생산함수가 인도와 동일하게 $Y = AK^\alpha L^{1-\alpha}$라고 하자. 여기서 $A$는 총요소생산성, $K$는 자본량, $L$은 노동공급량이다. 표 22-2에서 2010년 인도와 미국의 1인당 소득 $Y/L$를 계산하라. 이 정보를 이용하여 인도와 미국의 자본의 한계생산 비율을 계산해보라. (자본의 한계생산은 $\alpha AK^{\alpha-1}L^{1-\alpha}$이다.) 답을 자본이 부국에서 빈국으로 이동한다는 루카스의 퍼즐과 연관해보라. 인도와 미국의 자본의 한계생산이 같게 되기 위해 $A$는 인도와 미국에서 얼마나 차이가 나야 하는가?

## 더 읽을거리

S. Ali Abbas, Alex Pienkowski, and Kenneth Rogoff, eds. *Sovereign Debt: A Guide for Economists and Practitioners.* Oxford: Oxford University Press, 2020. 국가 부채의 역사, 이론, 측정 및 구조조정에 대한 포괄적인 논의

Jahangir Aziz, Steven V. Dunaway, and Eswar Prasad, eds. *China and India: Learning from Each Other.* Washington, D.C.: International Monetary Fund, 2006. 중국과 인도의 경제안정과 성장 추진 전략에 대한 논문집

François Bourguignon. *The Globalization of Inequality.* Princeton, NJ: Princeton University Press, 2012. 세계적 불평등의 전개와 그 요인에 대한 포괄적인 조사 연구

Guillermo A. Calvo and Frederic S. Mishkin. "The Mirage of Exchange Rate Regimes for Emerging Market Countries." *Journal of Economic Perspectives* 17 (Winter 2003), pp. 99-118. 개발도상국 거시경제 성과를 이해하는 데 환율체제보다 제도가 더 중요하다고 주장한다.

Barry Eichengreen and Ricardo Hausmann, eds. *Other People's Money: Debt Denomination and Financial Instability in Emerging Market Economies.* Chicago: University of Chicago Press, 2005. 원죄에 대한 논문집

Albert Fishlow. "Lessons from the Past: Capital Markets during the 19th Century and the Interwar

Period." *International Organization* 39 (Summer 1985), pp. 383-439. 1982년 이후 부채위기와의 비교를 포함한 국제 차입 경험에 대한 역사적 검토

Kristin Forbes. "The 'Big C': Identifying and Mitigating Contagion." In *The Changing Policy Landscape: A Symposium Sponsored by the Federal Reserve Bank of Kansas City.* Kansas City, MO: Federal Reserve Bank of Kansas City, 2013, pp. 23-87. 국제시장을 통한 전염성 충격 전파에 대한 포괄적 조사 연구

Morris Goldstein. *Managed Floating Plus.* Washington, D.C.: Institute for International Economics, 2002. 신흥시장 경제의 환율 신축성 관리를 위한 제안

International Monetary Fund. "The International Architecture for Resolving Sovereign Debt Involving Private-Sector Creditors—Recent Developments, Challenges, and Reform Options." Policy Paper 2020/043, October 1, 2020 (available at https://www.imf.org/en/Publications/Policy-Papers/Issues/2020/09/30/The-International-Architecture-for-Resolving-Sovereign-Debt-Involving-Private-Sector-49796). 국가채무조정 과정의 실제와 개선방안에 대한 개관

Olivier Jeanne, Arvind Subramanian, and John Williamson. *Who Needs to Open the Capital Account?* Washington, D.C.: Peterson Institute for International Economics, 2011. 개발도상국 금융개방 주장에 대한 재평가

M. Ayhan Kose and Eswar S. Prasad. *Emerging Markets: Resilience and Growth amid Global Turmoil.* Washington, D.C.: Brookings Institution, 2010. 2007~2009년 글로벌 금융위기에 직면한 신흥국 경제의 상대적 복원력에 대한 광범위한 연구

David S. Landes. *The Wealth and Poverty of Nations.* New York: W. W. Norton & Company, 1999. 세계적 개발 경험에 대한 폭넓은 개관

Ronald I. McKinnon. *The Order of Economic Liberalization: Financial Control in the Transition to a Market Economy,* 2nd edition. Baltimore: Johns Hopkins University Press, 1993. 경제개혁의 적절한 순서에 대한 논문집

Edward Miguel. *Africa's Turn?* Cambridge, MA: MIT Press, 2009. 아프리카의 경제적 성과와 전망에 대한 설명

Peter J. Montiel. *Macroeconomics in Emerging Markets,* 2nd edition. Cambridge: Cambridge University Press, 2011. 개발도상국 거시경제 정책 이슈에 대한 포괄적인 분석 개요

Eswar S. Prasad. *Gaining Currency: The Rise of the Renminbi.* Oxford: Oxford University Press, 2017. 국제통화시장에서 과거와 예상되는 미래에 중국 통화의 역할 평가

Raghuram G. Rajan and Ioannis Tokatlidis. "Dollar Shortages and Crises." *International Journal of Central Banking* 1 (September 2005), pp. 177-220. 부채의 달러라이제이션을 야기하는 개발도상국의 제도적 취약성에 대한 훌륭한 개관

Carmen M. Reinhart, Vincent Reinhart, and Christoph Trebesch. "Global Cycles: Capital Flows, Commodities, and Sovereign Defaults, 1815-2015." *American Economic Review* 106 (May 2016): 574- 580. 2세기 동안 자본 이동과 원자재가격의 호황과 불황 간 관계

Dani Rodrik. *One Economics, Many Recipes: Globalization, Institutions, and Economic Growth.* Princeton: Princeton University Press, 2007. 경제성장 과정에서 제도와 세계화의 상호작용에 관한 논문집

# POSTSCRIPT TO CHAPTER 5

## 요소비율 모형

이 후기에서는 5장에서 설명한 요소비율 모형에 대한 공식적인 수학적 접근 방법을 제시한다. 이 수학적 접근 방법은 이 모형을 깊이 있게 이해하는 데 유용하다.

### 요소가격과 비용

자본과 노동을 생산요소로 사용하는 어떤 재화의 생산을 생각해보자. 이 재화가 규모에 대한 수확불변(constant returns to scale)으로 생산된다면, 생산기술은 제품 1단위를 생산하기 위해 사용되는 자본과 노동의 모든 조합을 나타내는 곡선인 **단위등량곡선**(unit isoquant, 그림 5P-1의 $II$ 곡선)으로 요약할 수 있다. $II$ 곡선은 1단위 생산량에 투입되는 자본시간 $a_K$와 1단위 생산량에 투입되는 노동시간 $a_L$ 사이에 서로 상충관계가 존재한다는 것을 보여준다. 단위등량곡선의 굴곡(curvature)은 자본-노동 비율이 증가함에 따라 노동에 대한 자본의 대체가 점차 어려워진다는 것을 나타낸다. 물론 그 역도 마찬가지이다.

완전경쟁시장에서 생산자는 생산비용을 최소화하도록 자본-노동의 비율을 선택할 것이다. 이와 같이 비용을 최소화하는 생산점은 그림 5P-1에서 점 $E$로 나타낼 수 있다. 점 $E$는 단위등량곡선 $II$가 자본가격 $r$에 대한 노동가격 $w$의 비율의 음($-$)의 값을 기울기로 가지는 등비용곡선과 접하는 점이다.

실제 생산비용은 다음과 같이 투입된 자본과 노동비용의 합과 같다.

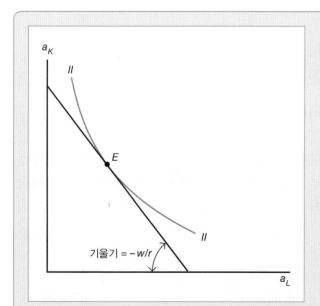

**그림 5P-1 효율적인 생산**
비용을 최소화하는 자본-노동 비율은 요소가격에 따라 결정된다.

$$c = a_K r + a_L w \tag{5P-1}$$

이때 투입계수 $a_K$와 $a_L$은 $c$를 최소화하도록 선택된다.

이 자본-노동 비율이 비용을 최소화하도록 선택되었기 때문에 이 비율이 변화하더라도 더 이상 비용을 감소시킬 수는 없다. $a_L$을 줄이고 $a_K$를 늘림으로써 비용을 더 이상 감소시킬 수 없고, 그 역의 변화도 마찬가지이다. 비용을 최소화하는 점에서는 자본-노동 비율이 극소량 변화할 경우에 비용은 전혀 영향을 받지 않게 된다. $da_K$와 $da_L$을 최적 투입요소량에서의 극소변화량이라고 하자. 그러면 단위등량곡선을 따라 움직이는 모든 변화에 대해 다음 식이 성립된다.

$$r da_K + w da_L = 0 \tag{5P-2}$$

다음으로 요소가격 $r$과 $w$가 변화했을 때 어떤 일이 발생하는지를 생각해보자. 요소가격의 변화는 두 가지 효과를 발생시키는데, 먼저 $a_K$와 $a_L$의 선택을 변화시키고 다음으로 생산비용을 변화시킨다.

먼저 생산량 1단위를 생산하기 위해 사용되는 상대적인 자본과 노동의 양에 미치는 효과를 분석해보자. 비용을 최소화하는 노동-자본 비율은 자본에 대한 노동의 가격비율에 의존한다. 즉 다음 식과 같다.

$$\frac{a_K}{a_L} = \Phi\left(\frac{w}{r}\right) \tag{5P-3}$$

다음으로 생산비용 역시 변하게 된다. 요소가격의 극소변화인 $dr$과 $dw$에 대한 생산비용의 변화는 다음과 같다.

$$dc = a_K dr + a_L dw + r da_K + w da_L \tag{5P-4}$$

하지만 식 (5P-2)로부터 식 (5P-4)의 마지막 2개 항이 0임을 이미 알고 있다. 따라서 비용에 미치는 요소가격의 효과는 다음과 같이 쓸 수 있다.

$$dc = a_K dr + a_L dw \tag{5P-4$'$}$$

식 (5P-4$'$)로부터 조금 다른 방정식을 도출해보면 논의가 매우 간편해질 수 있다. 방정식 (5P-4$'$)의 몇 개의 항을 서로 곱하고 나눔으로써 다음과 같은 새로운 방정식을 도출해낼 수 있다.

$$\frac{dc}{c} = \left(\frac{a_K r}{c}\right)\left(\frac{dr}{r}\right) + \left(\frac{a_L w}{c}\right)\left(\frac{dw}{w}\right) \tag{5P-5}$$

위 식에서 $dc/c$는 비용 $c$의 **변화율**(percentage change)로 정의되며, 간단히 $\hat{c}$으로 표현하기로 한다. 마찬가지로 $dr/r = \hat{r}$으로, $dw/w = \hat{w}$으로 표현한다. $a_K r/c$은 총생산비용에서 자본이 차지하는 비율로서 간단히 $\theta_K$라고 정의하기로 한다. 따라서 식 (5P-5)는 다음과 같이 간단히 나타낼 수 있다.

$$\hat{c} = \theta_K \hat{r} + \theta_L \hat{w} \tag{5P-5$'$}$$

이때는 다음과 같다.

$$\theta_K + \theta_L = 1$$

이 식은 국제경제학에서 수학적 관계식을 표현하는 매우 유용한 방법인 '햇대수(hat algebra)'의 예이다.

### 요소비율 모형의 기본 방정식

한 국가가 자본과 토지라는 2개의 생산요소를 사용하여 의복($C$)과 식량($F$) 두 재화를 생산한다고 하자. 식량은 자본집약적이라고 가정한다. 각 제품의 가격은 평균생산비용과 일치해야 하므로 다음과 같다.

$$P_F = \alpha_{KF}r + \alpha_{LF}w \tag{5P-6}$$

$$P_C = \alpha_{KC}r + \alpha_{LC}w \tag{5P-7}$$

여기서 $\alpha_{KF}, \alpha_{LF}, \alpha_{KC}, \alpha_{LC}$는 주어진 자본가격 $r$과 노동가격 $w$하에서 비용을 최소화하는 투입계수이다.

또한 경제 전체의 생산요소는 모두 완전고용이 되어야 하므로 다음 식이 성립한다.

$$\alpha_{KF}Q_F + \alpha_{KC}Q_C = K \tag{5P-8}$$

$$\alpha_{LF}Q_F + \alpha_{LC}Q_C = L \tag{5P-9}$$

여기서 $K$와 $L$은 자본과 노동의 총공급이다.

요소-가격 방정식 (5P-6)과 (5P-7)은 요소가격의 변화율에 대한 식으로 다음과 같이 표현될 수 있다('햇대수'를 이용해보라_역자 주).

$$\hat{P}_F = \theta_{KF}\hat{r} + \theta_{LF}\hat{w} \tag{5P-10}$$

$$\hat{P}_C = \theta_{KC}\hat{r} + \theta_{LC}\hat{w} \tag{5P-11}$$

여기서 $\theta_{KF}$는 $F$의 생산비용 중 자본이 차지하는 비중이고, $F$가 $C$보다 더 자본집약적이기 때문에 $\theta_{KF} > \theta_{KC}$이고 $\theta_{LF} < \theta_{LC}$이다.

생산량 방정식 (5P-8)과 (5P-9)는 더 조심스럽게 다루어야 한다. 투입계수 $\alpha_{KF}$ 등은 요소가격이 변화하면 변할 수 있다. 그러나 재화의 가격이 고정되어 있으면 요소가격 역시 변화하지 않는다. 따라서 $F$와 $C$ 재화의 가격이 주어진 경우 요소공급과 생산량은 햇방정식으로 다음과 같이 표현할 수 있다.

$$\alpha_{KF}\hat{Q}_F + \alpha_{KC}\hat{Q}_C = \hat{K} \tag{5P-12}$$

$$\alpha_{LF}\hat{Q}_F + \alpha_{LC}\hat{Q}_C = \hat{L} \tag{5P-13}$$

여기서 $\alpha_{KF}$는 $F$의 생산에 사용된 자본공급의 비중이다(다른 투입계수도 마찬가지로 유사하게 해석해볼 수 있다_역자 주). $F$가 자본집약적이기 때문에 $\alpha_{KF} > \alpha_{LF}$이고 $\alpha_{KC} < \alpha_{LC}$가 성립된다.

### 재화가격과 요소가격

요소-가격 방정식 (5P-10)과 (5P-11)은 요소가격을 재화가격의 함수로 함께 풀어볼 수 있다(답을 찾기 위해 $\theta_{LF} = 1 - \theta_{KF}$와 $\theta_{LC} = 1 - \theta_{KC}$라는 사실을 이용한다).

$$\hat{r} = \left(\frac{1}{D}\right)[(1 - \theta_{KC})\hat{P}_F - \theta_{LF}\hat{P}_C] \tag{5P-14}$$

$$\hat{w} = \left(\frac{1}{D}\right)[\theta_{KF}\hat{P}_C - \theta_{KC}\hat{P}_F] \tag{5P-15}$$

여기서 $D = \theta_{KF} - \theta_{KC}$이다($D > 0$을 의미). 위 식을 다음과 같은 형식으로 정리할 수 있다.

$$\hat{r} = \hat{P}_F + \left(\frac{\theta_{LF}}{D}\right)(\hat{P}_F - \hat{P}_C) \tag{5P-14$'$}$$

$$\hat{w} = \hat{P}_C + \left(\frac{\theta_{KC}}{D}\right)(\hat{P}_F - \hat{P}_C) \tag{5P-15$'$}$$

$F$의 가격이 $C$의 가격보다 상대적으로 더 상승한다고 하자. 즉 $\hat{P}_F > \hat{P}_C$라고 하자. 그러면 다음 식이 성립된다.

$$\hat{r} > \hat{P}_F > \hat{P}_C > \hat{w} \tag{5P-16}$$

즉 두 재화의 가격으로 나타낸 자본의 실질가격은 증가하는 반면에 두 재화의 가격으로 나타낸 노동의 실질가격은 하락하게 된다. 특히 $C$의 가격이 변하지 않고 $F$의 가격만 변한다면 임금은 실제로 하락할 것이다.

### 요소공급과 생산량

재화의 가격이 주어져 있는 한 $\alpha_{KC} = 1 - \alpha_{KF}$와 $\alpha_{LC} = 1 - \theta_{LF}$라는 사실을 이용하여 식 (5P-12)와 (5P-13)을 각 재화에서 생산량의 변화가 요소공급의 변화의 결과로 표현되도록 다음과 같이 풀 수 있다.

$$\hat{Q}_F = \left(\frac{1}{\Delta}\right)[\alpha_{LC}\hat{K} - \alpha_{KC}\hat{L}] \tag{5P-17}$$

$$\hat{Q}_C = \left(\frac{1}{\Delta}\right)[-\alpha_{LF}\hat{K} + \alpha_{KF}\hat{L}] \tag{5P-18}$$

여기서 $\Delta = \alpha_{KF} - \alpha_{LF}$로서 $\Delta > 0$이 성립된다.

위의 식은 다음과 같이 다시 나타낼 수 있다.

$$\hat{Q}_F = \hat{K} + \left(\frac{\alpha_{KC}}{\Delta}\right)(\hat{K} - \hat{L}) \tag{5P-17$'$}$$

$$\hat{Q}_C = \hat{L} - \left(\frac{\alpha_{LF}}{\Delta}\right)(\hat{K} - \hat{L}) \tag{5P-18$'$}$$

자본공급이 노동공급보다 상대적으로 증가하고($\hat{K} > \hat{L}$), $P_F$와 $P_C$는 고정됐다고 가정하자. 그러면 즉각적으로 다음이 분명해진다.

$$\hat{Q}_F > \hat{K} > \hat{L} > \hat{Q}_C \tag{5P-19}$$

특히 $L$이 고정되어 있고 $K$가 증가하면 $C$의 생산량은 실제로 감소하는 반면 $F$의 생산량은 자본증가율보다 더 높은 비율로 증가한다.

# 세계 무역경제

## 공급과 수요 및 균형

### 세계 경제의 균형

세계 경제의 균형은 그림으로 상대수요곡선과 상대공급곡선이 만나는 점으로 쉽게 나타낼 수 있지만, 수학적으로 세계시장균형을 다루기 위해서는 다른 방법을 사용하는 것이 좋다. 새로운 접근 방식은 의복과 식량이라는 두 재화 중 어느 한 재화의 수요와 공급이 일치하는 균형조건에 초점을 맞추는 것이다. 의복시장에서의 균형은 곧바로 식량시장에서의 균형을 의미하고 그 역도 성립하므로 어떤 재화가 선택되는가는 문제가 되지 않는다.

균형조건을 유도하기 위해 $Q_C$와 $Q_C^*$는 각각 자국과 외국의 의복 생산량이고, $D_C$와 $D_C^*$는 각각 자국과 외국의 의복 수요량이라고 정의하자. 또 $Q$와 $D$에 아래첨자 $F$를 붙인 변수는 식량시장에서의 생산량과 수요량을 의미한다. 또한 $p$는 식량에 대한 의복의 상대가격이라고 정의하자($p = PC/PF$라는 뜻이다_역자 주).

모든 경우에서 세계의 지출은 세계의 소득과 일치할 것이다. 세계소득은 의복과 식량을 판매함으로써 벌어들인 소득의 합이고, 세계지출은 의복과 식량을 구매하기 위한 지출금액의 합이다. 그러므로 소득과 지출이 같다는 조건은 다음과 같이 표현된다.

$$p(Q_C + Q_C^*) + Q_F + Q_F^* = p(D_C + D_C^*) + D_F + D_F^* \tag{6P-1}$$

이제 의복에 대한 세계시장이 균형 상태에 있다고 하자. 즉 다음과 같다.

$$Q_C + Q_C^* = D_C + D_C^* \tag{6P-2}$$

그러면 식 (6P-1)로부터 다음 식이 성립된다.

$$Q_F + Q_F^* = D_F + D_F^* \tag{6P-3}$$

즉 식량에 대한 세계시장도 마찬가지로 균형 상태에 있어야 한다. 또한 그 역도 성립해서 세계의 식량시장이 균형이면 의복시장도 역시 균형이다.

그러므로 균형상대가격을 결정하기 위해 의복시장에 초점을 맞추는 것으로 충분하다.

### 생산과 소득

자국과 외국은 의복과 식량의 생산 간에 상충관계를 나타내는 생산가능곡선을 가지고 있다. 각국의 경제는 주어진 의복의 상대가격하에서 생산가치를 극대화하는 생산가능곡선상의 한 점을 선택한다. 경제의 생산가치는 다음과 같이 표현할 수 있다.

$$V = pQ_C + Q_F \tag{6P-4}$$

앞에서 설명한 비용 최소화의 문제와 마찬가지로 의복과 식량의 최적 생산량조합이 경제의 생산가
치를 극대화한다는 사실은 최적 생산량조합에서 벗어난 극소한 변화는 생산량의 생산가치에 아무런
영향을 주지 못한다.

$$pdQ_C + dQ_F = 0 \tag{6P-5}$$

의복의 상대가격의 변화는 생산량조합의 변화와 생산가치의 변화를 동시에 발생시킨다. 생산가치
의 변화는 다음과 같다.

$$dV = Q_C dp + pdQ_C + dQ_F \tag{6P-6}$$

그러나 식 (6P-5)를 적용하면 식 (6P-6)의 오른쪽 변에 있는 마지막 2개 항의 합이 0이기 때문에,
식 (6P-6)은 다음과 같이 간단하게 쓸 수 있다.

$$dV = Q_C dp \tag{6P-6$'$}$$

같은 방식으로 외국에 대해서도 다음 식이 성립된다.

$$dV^* = Q_C^* dp \tag{6P-7}$$

### 소득과 가격 그리고 효용

각 국가는 개별 소비자인 것처럼 취급된다. 자국의 소비선호는 의복과 식량의 소비로 결정되는 효용
함수로서 다음과 같이 표현될 수 있다.

$$U = U(D_C, D_F) \tag{6P-8}$$

식량가격으로 나타낸 자국의 소득을 $I$라고 가정하자. 자국의 총지출은 자국의 소득과 같으므로 다
음 식이 성립된다.

$$pD_C + D_F = I \tag{6P-9}$$

소비자는 주어진 소득과 가격하에서 효용을 극대화할 것이다. $MU_C$, $MU_F$는 소비자가 의복과 식
량을 소비함으로써 얻는 한계효용이라고 정의하자. 그러면 소비의 변화로부터 발생하는 효용의 변
화는 다음과 같다.

$$dU = MU_C dD_C + MU_F dD_F \tag{6P-10}$$

주어진 소득과 가격하에 소비자는 효용을 극대화하고 있는 상태이기 때문에 소비자를 더 좋게 만
드는 그 외 다른 소비조합은 존재하지 않는다. 이와 같은 조건은 최적소비점에서 다음과 같은 식이
성립한다는 것을 의미한다.

$$\frac{MU_C}{MU_F} = p \tag{6P-11}$$

이제 소득과 가격의 변화가 효용에 미치는 효과를 살펴보자. 식 (6P-9)를 미분하면 다음 식이 유도

된다.

$$pdD_C + dD_F = dI - D_C dp \tag{6P-12}$$

그러나 식 (6P-10)과 (6P-11)로부터 다음 식이 성립한다.

$$dU = MU_F[pdD_C + dD_F] \tag{6P-13}$$

따라서 다음 식이 성립한다.

$$dU = MU_F[dI - D_C dp] \tag{6P-14}$$

이제 논의의 편의를 위해 새로운 정의를 도입하기로 하자. 총효용의 변화를 소득이 측정되는 재화인 식량소비에 대한 한계효용으로 나눈 변수를 실질소득의 변화로 정의할 수 있다. 이 변수를 기호 $dy$로 나타내며, 다음과 같이 표시할 수 있다.

$$dy = \frac{dU}{MU_F} = dI - D_C dp \tag{6P-15}$$

경제 전체로 보면 소득은 생산가치와 일치한다. 즉 $I = V$이다. 따라서 의복의 상대가격 변화가 경제의 실질소득에 미치는 효과는 다음과 같다.

$$dy = [Q_C - D_C]dp \tag{6P-16}$$

이 식에서 $Q_C - D_C$는 자국의 의복 수출량이다. 따라서 의복의 상대가격 상승은 자국경제의 교역조건을 개선하므로 의복을 수출하는 자국경제에 이득이 된다. 이러한 효과는 약간 다른 방법으로 기술하면 다음과 같다.

$$dy = [p(Q_C - D_C)]\left(\frac{dp}{p}\right) \tag{6P-17}$$

대괄호 안에 있는 항목 $[p(Q_C - D_C)]$는 수출액을 나타내고, 소괄호 안에 있는 항목 $(dp/p)$는 교역조건의 변화율을 나타낸다. 그러므로 위 식은 교역조건의 변화율로 얻는 실질소득의 이득은 교역조건의 변화율에 처음의 수출액을 곱한 값과 같다는 뜻이다. 만약 한 국가가 처음에 1,000억 달러를 수출하고 교역조건이 10% 향상됐다면 이 국가가 얻는 이득은 100억 달러의 국민소득 증가이다.

## 공급, 수요 그리고 균형의 안정성

의복시장에서 상대가격의 변화는 수요와 공급 모두를 변화시킨다.

공급 측면에서 $p$의 상승은 자국과 외국이 의복 생산을 더 많이 하도록 유도한다. 자국과 외국에서 이러한 공급반응을 각각 $s$, $s^*$로 표기하면 다음과 같다.

$$dQ_C = s\,dp \tag{6P-18}$$

$$dQ_C^* = s^*\,dp \tag{6P-19}$$

수요 측면은 더 복잡하다. $p$의 변화는 소득 효과와 대체 효과를 유발한다. 이와 같은 효과가 그림 6P-1에 나타나 있다. 이 그림은 직선 $VV^0$의 기울기로 표시된 상대가격에 직면한 초기 자국경제의 모

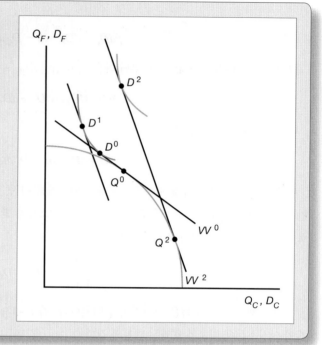

**그림 6P-1 가격변화의 소비 효과**

상대가격 변화는 소득 효과와 대체 효과를
발생시킨다.

습을 보여준다. 주어진 상대가격하에서 자국경제는 점 $Q^0$에서 생산하고, 점 $D^0$에서 소비한다. 이제
의복의 상대가격이 직선 $VV^2$의 기울기로 표시된 수준까지 상승한다고 하자. 효용이 증가하지 않았
다면 소비는 $D^1$으로 이동하면서 의복소비는 확실히 감소하게 된다(이 소비 이동이 대체 효과이다_역
자 주). 하지만 자국경제의 실질소득도 변화하게 된다. 즉 자국경제는 의복 수출국이므로 실질소득
이 상승하게 된다. 이러한 변화는 점 $D^1$보다는 점 $D^2$에서 소비가 이루어지게 되고, 이러한 소득 효
과는 의복소비를 증가시킨다. $p$의 변화가 수요에 미치는 영향을 분석하려면 대체 효과와 소득 효과
를 분리하여 설명할 필요가 있다. 전자는 실질소득이 고정된 상태에서 일어나는 소비의 변화를 나타
내고, 후자는 실질소득이 변화할 때 발생하는 소비의 변화를 의미한다.

대체 효과는 $-e\,dp$로 표기할 수 있고, 항상 음$(-)$의 값을 가진다. 또한 소득 효과는 $n\,dy$로 표기
하자. 의복이 정상재인 경우 의복의 수요는 실질소득과 함께 증가하기 때문에 자국이 의복 수출국이
면 소득 효과는 양$(+)$의 값을 가지고, 자국이 의복 수입국이면 음$(-)$의 값을 가진다.[1] 의복에 대한
자국수요에 미치는 $p$ 변화의 총효과는 다음과 같다.

$$dD_C = -e\,dp + n\,dy$$
$$= [-e + n(Q_C - D_C)]dp \tag{6P-20}$$

이와 유사하게 외국의 의복수요에 미치는 $p$ 변화의 효과는 다음과 같다.

$$dD_C^* = [-e^* + n^*(Q_C^* - D_C^*)]dp \tag{6P-21}$$

---

1 식량도 정상재라면 $n$은 $1/p$보다 작아야 한다. 이 효과를 보려면 $p$의 변화 없이 소득($I$)이 $dI$만큼 증가하면 의복에 대한 지출이
$np\,dI$만큼 증가한다는 점에 유의하라. $n < 1/p$이 아니라면 소득 증가분의 100% 이상으로 의복에 지출될 것이다.

$Q_C^* - D_C^*$가 음이기 때문에 외국의 소득 효과는 음이 된다.

의복시장에 미치는 $p$ 변화의 총효과를 구하기 위해 수요와 공급효과가 합해진다. 의복의 초과공급은 세계생산과 세계소비의 차이이므로, 다음 식이 성립한다.

$$ES_C = Q_C + Q_C^* - D_C - D_C^* \tag{6P-22}$$

$p$의 변화가 세계의 초과공급에 미치는 효과는 다음과 같다.

$$dES_C = [s + s^* + e + e^* - n(Q_C - D_C) - n^*(Q_C^* - D_C^*)]dp \tag{6P-23}$$

그러나 시장이 처음에 균형 상태이면 자국의 수출이 외국의 수입과 같아야 하므로 $Q_C^* - D_C^* = -(Q_C - D_C)$가 성립된다. 그러므로 초과공급에 미치는 $p$의 효과는 다음과 같이 표현될 수 있다.

$$dES_C = [s + s^* + e + e^* - (n - n^*)(Q_C - D_C)]dp \tag{6P-23'}$$

의복의 상대가격이 처음 균형수준보다 약간 높다고 하자. 그 결과로 시장에 초과공급이 존재한다면 시장의 힘이 의복의 상대가격을 떨어뜨려 균형을 회복시킬 것이다. 다른 한편 매우 높은 의복의 상대가격이 의복에 대한 초과수요를 발생시키면 의복의 상대가격은 경제를 균형으로부터 멀어지게 만들면서 더욱 상승할 것이다. 따라서 의복 상대가격의 소폭 상승이 초과공급을 발생시킬 때만, 즉 다음과 같을 때만 균형은 안정적이 된다.

$$\frac{dES_C}{dp} > 0 \tag{6P-24}$$

식 (6P-23')을 살펴보면 균형의 안정성을 결정하는 요인을 알 수 있다. 공급 효과와 수요에 대한 대체 효과는 모두 균형의 안정성을 향해 작용하고 있지만 소득 효과만이 균형을 불안정시키는 요인으로 작용한다. 순소득 효과의 부호는 불명확한데, $n > n^*$의 여부에 의해 결정된다. 즉 자국의 실질소득이 외국보다 더 많이 증가할 때 자국이 외국보다 의복에 대한 한계소비성향이 더 높으냐 또는 더 낮으냐에 따라 순소득 효과는 + 또는 - 로 나타난다. 만약 $n > n^*$이면 소득 효과는 균형의 안정성을 해치는 반면, $n < n^*$이면 소득 효과는 균형의 안정성을 강화한다.

어떠한 결과가 나타나든 식 (6P-24)가 성립한다고 가정하면 세계 경제의 균형은 사실상 안정적이라고 말할 수 있다.

## 공급과 수요 변화의 효과

### 비교정태 분석

세계 경제에서 발생하는 변화의 효과를 분석하기 위해서 비교정태 분석(comparative statics)이라고 알려진 방법을 사용해보자. 이 책에서 고려하는 여러 경우에서 세계 경제는 의복의 상대가격 변화를 발생시키는 여러 변화의 영향을 받는다. 비교정태 분석에서 첫 번째 단계는 주어진 의복의 상대가격인 $p$에서 세계 경제의 변화가 의복의 초과공급에 미치는 효과를 계산하는 것이다. 이 변화를 $dES|_p$로 표시한다. 이어서 세계 경제의 균형을 회복하는 데 필요한 상대가격의 변화가 다음 식으로 계산된다.

$$dp = \frac{-dES|_p}{(dES/dp)} \tag{6P-25}$$

여기서 $dES/dp$는 앞에서 기술한 공급과 소득 및 대체 효과를 나타낸다.

어떤 변화가 주어졌을 때 국가의 후생수준에 미치는 효과는 두 단계로 계산할 수 있다. 첫 번째 단계는 변화가 실질소득에 영향을 주는 직접적인 효과로서 $dy|_p$로 표현한다. 그리고 교역조건의 변화로 나타난 간접적인 효과는 식 (6P-16)을 이용하여 계산할 수 있다. 그러므로 국가의 후생에 영향을 미치는 총효과는 다음과 같다.

$$dy = dy|_p + (Q_C - D_C)dp \tag{6P-26}$$

## 경제성장

자국경제에서 발생한 성장의 효과를 분석해보자. 이 책에서 지적한 바와 같이 성장은 생산가능곡선이 원점에서 바깥쪽으로 이동하는 것을 의미한다. 이러한 변화는 처음 상대가격 $p$에서 의복과 식량의 생산량 모두를 변화시킨다. $dQ_C$와 $dQ_F$를 의복과 식량의 생산량 변화라고 하자. 성장이 특정 제품에 심하게 편향적이면 이러한 변화 중 하나는 음의 부호를 가지게 되지만 생산가능곡선이 바깥쪽으로 이동되었기 때문에 처음의 상대가격 $p$에서 생산가치는 다음과 같이 증가해야 한다.

$$dV = pdQ_C + dQ_F = dy|_p > 0 \tag{6P-27}$$

처음의 상대가격 $p$에서 의복의 공급은 $dQ_C$만큼 증가할 것이다. 의복에 대한 수요도 $ndy|_p$만큼 증가할 것이다. 그러므로 자국의 경제성장이 의복의 세계초과공급에 미치는 순효과는 다음과 같다.

$$dES|_p = dQ_C - n(pdQ_C + dQ_F) \tag{6P-28}$$

위 식은 두 가지 부호를 가질 수 있다. 첫째, 성장이 의복 산업으로 심하게 편향적이어서 $dQ_C > 0$인 반면 $dQ_F \leq 0$이라고 하자. 그러면 의복의 수요는 다음 식만큼 증가할 것이다(각주 1 참조).

$$dD_C = n(pdQ_C + dQ_F) \leq npdQ_C > dQ_C$$

따라서 자국경제의 성장이 초과공급에 미치는 총효과는 다음과 같다.

$$dES|_p = dQ_C - dD_C > 0$$

결과적으로 $dp = -dES|_p/(dES/dp) < 0$이다. 즉 자국의 교역조건은 악화된다.

다른 한편 성장이 식량 산업으로 심하게 편향적이어서 $dQ_C \leq 0$인 반면, $dQ_F > 0$이라고 하자. 그러면 처음의 상대가격 $p$에서 의복의 공급에 미치는 효과는 음($-$)이나 의복의 수요에 미치는 효과는 양($+$)이다. 따라서 자국경제의 성장이 초과공급에 미치는 총효과는 다음과 같이 표현된다.

$$dES|_p = dQ_C - dD_C < 0$$

따라서 $dp > 0$이 된다. 즉 자국의 교역조건은 개선된다.

편향성이 강하지 않은 성장은 상대가격 $p$를 두 가지 방향으로 변동시킬 수 있는데, 이는 자국이 소득을 한계적으로 나누는 방식과 비교하여 그 편향성의 강도에 따라 결정된다.

이제 후생에 미치는 효과를 살펴보면 외국의 후생에 미치는 효과는 교역조건에 미치는 효과에만 의존한다. 그러나 자국의 후생에 미치는 효과는 식 (6P-26)에서 보는 바와 같이 처음의 소득변화와 교역조건의 변화의 합에 의존하게 된다. 만약 성장이 자국의 교역조건을 불리하게 만든다면 교역조건의 악화는 성장의 긍정적인 효과를 상쇄할 것이다.

그러나 경제성장이 성장하고 있는 국가를 실제로 더 나쁘게 만들 정도로 교역조건을 악화시킬 수 있는가? 그럴 수도 있다는 것을 살펴보기 위해 먼저 처음의 상대가격에서 생산가치를 변화시키지 않으면서 $Q_C$를 증가시키는 반면 $Q_F$를 감소시키는 생산가능곡선의 편향적 이동을 경험하는 국가의 경우를 생각해보자. [이러한 변화는 실제로 성장이라고 간주될 수 없다. 왜냐하면 이것은 식 (6P-27)의 가정과 배치되기 때문이다. 그러나 이러한 변화는 유용한 기준점이다.] 그러면 처음의 상대가격 $p$에서 수요의 변화는 발생하지 않지만 의복의 공급은 증가한다. 이에 따라 $p$는 하락한다. 실질소득의 변화는 $dy|_p - (Q_C - D_C)dp$가 된다. 그러나 이 경우는 $dy|_p = 0$인 경우이므로 $dy$는 확실히 음($-$)이다.

이제 처음의 상대가격에서 생산가치가 증가하지 않았기 때문에 이 국가는 일반적인 의미에서 성장하지 않았다. 그러나 두 제품 중에 한 제품의 생산량이 조금이라도 증가했다면 성장했다고 정의할 수 있다. 하지만 성장이 충분히 작다면 성장의 효과가 상대가격 $p$의 하락으로 인한 후생의 손실을 초과하지는 않을 것이다. 그러므로 심하게 편향된 성장은 성장하는 국가들을 더 빈곤하게 만들 수 있다.

## 소득이전 문제

이제 자국이 소득의 일부를 외국에 이전(예: 해외원조)할 경우 교역조건이 어떻게 변하는지 살펴보자. 식량으로 나타낸 이전소득을 $da$라고 표기하자. 이러한 변화는 교역조건에 어떠한 효과를 유발할 것인가?

상대가격이 변화하지 않으므로 공급에는 아무런 영향이 없다. 소득의 이전 효과는 단지 수요에만 영향을 미친다. 자국의 소득은 $da$만큼 감소하는 반면 외국의 소득은 $da$만큼 증가한다. 이러한 변화는 $D_C$를 $-nda$만큼 감소시키는 반면 $D_C^*$를 $n^*da$만큼 증가시킨다. 따라서 다음과 같다.

$$dES|_p = (n - n^*)da \tag{6P-29}$$

교역조건의 변화는 다음과 같다.

$$dp = -da\frac{n - n^*}{dES/dp} \tag{6P-30}$$

정상적인 경우로 여겨지는 상황으로 $n > n^*$이면 자국의 교역조건은 악화된다. 하지만 $n^* > n$이면 자국의 교역조건은 개선될 것이다.

소득이전이 자국의 실질소득에 미치는 효과는 소득이전으로 인한 음의 직접 효과와 음($-$)이나 양($+$)의 방향으로 전개될 수 있는 간접적인 교역조건 효과의 합이다. 양의 교역조건 효과가 소득손실을 초과하는 것이 가능한가? 이 모형에서는 불가능하다.

그 이유를 살펴보기 위해 다음을 주목하라.

$$dy = dy|_n + (Q_C - D_C)dp$$

$$= -da + (Q_C - D_C)dp$$

$$= -da\left\{1 + \frac{(n - n^*)(Q_C - D_C)}{s + s^* + e + e^* - (n - n^*)(Q_C - D_C)}\right\}$$

$$= -da\frac{s + s^* + e + e^*}{s + s^* + e + e^* - (n - n^*)(Q_C - D_C)} < 0 \qquad \text{(6P-31)}$$

이와 유사한 형태의 수식은 소득이전이 수혜국을 빈곤화시킬 수 없다는 것을 보여준다.

이 결과에 대한 직관적인 설명은 다음과 같다. 소득이전이 없었을 경우의 자국 후생수준을 유지할 수 있고, 소득이전으로 외국의 후생수준이 증가되지 않을 정도로 상대가격 $p$가 충분히 상승한다고 가정해보자. 이 경우 세계 경제에서 수요에 미치는 소득 효과는 발생하지 않는다. 그러나 가격의 상승은 의복의 생산량을 증가시키고, 의복에서 식량으로 수요를 대체시킴으로써 상대가격 $p$를 하락시키는 의복의 초과공급을 발생시킨다. 이 결과는 소득이전의 직접적인 후생 효과를 충분히 상쇄할 정도로 높은 $p$는 균형 $p$보다 더 높다는 것을 보여준다.

## 관세

자국이 수입품 가격에 대한 일정한 비율 $t$에 해당하는 수입관세를 부과한다고 하자. 그러면 주어진 의복에 대한 세계 상대가격 $p$에 대해 자국 소비자와 생산자는 국내 상대가격 $\bar{p} = p/(1 + t)$에 직면한다. 만약 관세가 충분히 작다면 국내 상대가격은 거의 다음과 같게 된다.

$$\bar{p} = p - p \qquad \text{(6P-32)}$$

수입관세는 상대가격 $p$에 영향을 미칠 뿐만 아니라 정부수입을 증가시킨다. 증가된 정부수입은 자국 내의 다른 부문으로 재분배된다.

처음의 교역조건에서 관세는 의복의 초과공급에 두 가지 방법으로 영향을 미친다. 첫째, 자국 내 의복의 상대가격 하락은 의복의 생산을 감소시키고, 소비자로 하여금 식량을 의복으로 대체하도록 유도한다. 둘째, 관세는 수요에 영향을 주는 소득 효과를 발생시키면서 자국의 실질소득에 영향을 미친다. 그러나 자국이 관세가 없는 상태에서 매우 작은 관세만을 부과한다면 관세가 실질소득에 무시할 만큼의 영향만을 끼치게 된다. 이러한 관계를 살펴보기 위해서 다음 식이 성립된다는 사실을 기억하라.

$$dy = pdD_C + dD_F$$

생산가치와 소비가치는 세계 가격수준에서 반드시 같아야 하므로 처음의 교역조건에서 다음 식이 성립된다.

$$pdD_C + dD_F = pdQ_C + dQ_F$$

그러나 자국경제는 관세가 부과되기 전에 생산가치를 극대화하고 있었기 때문에 다음이 성립된다.

$$pdQ_C + dQ_F = 0$$

소득 효과가 없기 때문에 오로지 대체 효과만이 존재하게 된다. 국내 상대가격 $\bar{p}$의 하락은 생산의 감소와 소비의 증가를 발생시킨다.

$$dQ_C = -sp\,dt \tag{6P-33}$$

$$dD_C = ep\,dt \tag{6P-34}$$

여기서 $dt$는 관세의 증가분을 나타낸다. 따라서 다음 식을 얻을 수 있다.

$$dES|_p = -(s+e)p\,dt < 0 \tag{6P-35}$$

그러므로 다음 식이 성립한다.

$$dp = \frac{-dES|_p}{dES/dp}$$

$$= \frac{p\,dt(s+e)}{s+s^* + e + e^* - (n - n^*)(Q_C - D_C)} > 0 \tag{6P-36}$$

위 식은 관세가 관세를 부과하는 국가의 교역조건을 확실히 개선한다는 것을 보여준다.

## 독점적 경쟁 모형

독점적 경쟁 모형에서 시장 규모의 변화가 균형에 미치는 영향을 고려해보자. 각 기업은 다음과 같은 총비용함수를 가지고 있다.

$$C = F + cX \qquad (8P\text{-}1)$$

여기에서 $c$는 한계비용, $F$는 고정비용, $X$는 기업의 생산량을 나타낸다. 위 식으로부터 기업의 평균 비용곡선은 다음과 같다.

$$AC = C/X = F/X + c \qquad (8P\text{-}2)$$

또한 각 기업은 다음의 수요곡선에 직면한다.

$$X = S\,[1/n - b(P - \overline{P})] \qquad (8P\text{-}3)$$

여기에서 $S$는 총산업 판매량(주어진 것으로 받아들임), $n$은 기업의 수, $\overline{P}$는 다른 기업이 부과한 평균 가격(각 기업은 이를 주어진 것으로 받아들인다고 가정)이다.

각 기업은 이윤을 극대화하는 가격을 선택한다. 대표적인 기업의 이윤은 다음과 같다.

$$\pi = PX - C = PS\,[1/n - b(P - \overline{P})] - F - cS\,[1/n - b(P - \overline{P})] \qquad (8P\text{-}4)$$

이윤을 극대화하기 위해 기업은 $d\pi/dP = 0$으로 설정한다. 즉 다음과 같다.

$$X - SbP + Sbc = 0 \qquad (8P\text{-}5)$$

하지만 모든 기업은 대칭적이므로, 균형에서 $P = \overline{P}$이고 $X = S/n$이다. 따라서 (8P-5)는 다음과 같이 본문에서 도출한 식이 된다.

$$P = 1/bn + c \qquad (8P\text{-}6)$$

$X = S/n$이므로, 평균비용은 $S$와 $n$의 함수로 다음과 같다.

$$AC = Fn/S + c \qquad (8P\text{-}7)$$

하지만 제로이윤(zero-profit) 균형에서 대표적인 기업이 부과한 가격은 평균비용과도 같아야 한다. 따라서 다음과 같다.

$$1/bn + c = Fn/S + c \qquad (8P\text{-}8)$$

그리고 이는 다음을 의미한다.

$$n = \sqrt{S/bF} \qquad (8P\text{-}9)$$

이는 시장규모 $S$의 증가는 비례적이지는 않지만 기업의 수를 증가시킨다는 것을 보여준다. 예를 들어 시장규모가 2배가 되면 기업의 수는 대략 1.4배 증가할 것이다.

대표기업이 부과하는 가격은 다음과 같고, 시장규모가 증가하면 가격이 낮아진다는 것을 보여준다.

$$P = 1/bn + c = c + \sqrt{F/Sb} \tag{8P-10}$$

마지막으로 기업당 판매량 $X$는 다음과 같고, 각 기업의 판매량 또한 시장규모에 따라 증가한다는 것을 보여준다.

$$X = S/n = \sqrt{SbF} \tag{8P-11}$$

## 위험회피와 국제 포트폴리오 분산

이 후기에서는 위험회피적인 투자자의 국제 포트폴리오 분산 모형을 개발해보자. 이 모형은 투자자가 일반적으로 포트폴리오의 수익뿐 아니라 위험에 대해서도 신경을 쓴다는 점을 보여준다. 특히 투자자는 특정 포트폴리오가 부의 전반적인 위험을 감소시켜준다면 기대수익이 다른 자산보다 낮더라도 이를 보유하려고 한다.

대표적인 투자자는 자신의 부 $W$를 자국자산과 외국자산에 배분한다. 미래에 두 가지 상태가 일어날 수 있으나 어떤 상태가 일어날지는 미리 예측할 수 없다. 상태 1이 일어날 확률은 $q$이며, 자국자산에 투자된 1단위 부는 $H_1$을, 외국자산은 $F_1$을 지급한다. 상태 2가 일어날 확률은 $1 - q$이며, 자국자산에 투자된 1단위 부는 $H_2$를, 외국자산은 $F_2$를 지급한다.

자국자산에 투자된 부의 비중을 $\alpha$, 외국자산에 투자된 부의 비중을 $1 - \alpha$라고 하자. 만약 상태 1이 발생하면 투자자는 두 자산가치의 가중평균만큼 소비할 수 있게 된다.

$$C_1 = [\alpha H_1 + (1 - \alpha)F_1] \times W \tag{20P-1}$$

이와 비슷하게 상태 2의 소비는 다음과 같다.

$$C_2 = [\alpha H_2 + (1 - \alpha)F_2] \times W \tag{20P-2}$$

어떠한 경우이든 투자자는 소비($C$)로부터 효용 $U(C)$를 얻는다. 투자자는 어떠한 상태가 발생할지 모르므로 미래 소비의 기대효용(expected utility)을 극대화하도록 포트폴리오 결정을 내린다.

$$qU(C_1) + (1 - q)U(C_2)$$

### 수식을 통한 최적 포트폴리오의 도출

식 (20P-1)과 식 (20P-2)로 주어진 상태 1과 상태 2의 소비를 위의 기대효용함수에 대입하면 투자자의 문제는 다음의 기대효용을 극대화하는 $\alpha$를 선택하는 문제로 표현된다.

$$qU\{[\alpha H_1 + (1 - \alpha)F_1] \times W\} + (1 - q)U\{[\alpha H_2 + (1 - \alpha)F_2] \times W\}$$

이 문제는 기대효용을 $\alpha$로 미분한 후, 그 도함수를 0으로 놓으면 풀린다.

$U'(C)$를 $U(C)$의 $C$에 대한 도함수, 즉 소비의 **한계효용**(marginal utility)이라고 하면, 다음 조건이 만족될 때 $\alpha$는 기대효용을 극대화한다.

$$\frac{H_1 - F_1}{H_2 - F_2} = -\frac{(1 - q)U'\{[\alpha H_2 + (1 - \alpha)F_2] \times W\}}{qU'\{[\alpha H_1 + (1 - \alpha)F_1] \times W\}} \tag{20P-3}$$

이 방정식을 풀면 최적 포트폴리오의 비중인 $\alpha$를 구할 수 있다.

위험회피적인 투자자의 경우 소비의 한계효용 $U'(C)$는 소비가 증가함에 따라 감소한다. 한계효용 체감은 위험회피적인 사람이 왜 기대수익이 0인 도박을 하지 않으려고 하는지를 설명해준다. 도박에서 이길 때 얻는 추가적인 소비는 도박에서 질 때 희생되는 소비보다 효용이 더 작다. 소비가 변할 때 소비의 한계효용이 변하지 않는다면 그 투자자는 위험회피적이 아니라 **위험중립적**이라고 한다. 위험에 중립적인 투자자는 기대수익이 0인 도박을 기꺼이 하려 할 것이다.

만약 투자자가 위험중립적이어서 $U'(C)$가 모든 소비에 대해 일정하다면 식 (20P-3)은 다음과 같이 표시된다.

$$qH_1 + (1 - q)H_2 = qF_1 + (1 - q)F_2$$

이 식은 **자국자산과 외국자산의 기대수익률이 동일하다**는 것을 의미한다. 이러한 결과는 위험(과 유동성)을 무시할 때 균형에서 모든 자산의 기대수익률이 동일해야 한다는 14장의 주장에 기초를 이룬다. 따라서 14장의 이자율 평형조건은 위험중립적일 경우에는 타당하지만, 위험회피적인 경우에는 일반적으로 타당하지 않다.

위의 분석이 의미가 있기 위해서는 어떤 자산도 두 상태 모두에서 다른 자산보다 수익이 높아서는 안 된다. 만약 두 상태에서 한 자산의 수익이 다른 자산보다 높다면 식 (20P-3)의 좌변은 양이 되는 반면 우변은 음이 될 것이다(왜냐하면 소비의 한계효용이 보통 양이라고 가정하기 때문이다). 따라서 식 (20P-3)은 해가 없게 된다. 직관적으로 설명하면 한 자산이 항상 더 좋다면 아무도 다른 자산을 보유하려 하지 않을 것이다. 실제로 누군가가 저수익 자산을 보유하려 한다면, 투자자는 저수익 자산을 발행하고 그 기금으로 고수익 자산을 매입함으로써 위험 없이 차익거래의 이윤을 얻을 수 있다.

그러므로 $H_1 > F_1$이며 $H_2 < F_2$라고 가정한다. 즉 자국자산이 상태 1에서는 더 좋으나 상태 2에서는 더 나쁘다. 이 가정을 이용하여 모형의 추가적인 시사점을 설명하는 데 도움을 주는 그림 분석을 전개해보자.

## 그림을 통한 최적 포트폴리오의 도출

그림 20P-1은 기대효용함수인 $qU(C_1) + (1 - q)U(C_2)$의 무차별곡선을 보여준다. 그림의 각 점은 각 상태에서 일어나는 소비수준을 보여주는 상태 조건부적 계획(contingency plan)으로 생각할 수 있다. 표시된 선호는 한 상태에서의 두 재화의 소비가 아니라 두 상태에서의 상태 조건부적 소비계획에 적용된다. 보통의 무차별곡선과 마찬가지로 각 곡선은 투자자가 동일한 만족을 얻는 소비에 대한 상태 조건부적 계획의 조합을 나타낸다.

상태 1에서의 소비($C_1$) 감소를 보상하기 위해 상태 2에서의 소비($C_2$)는 증가해야 한다. 따라서 무차별곡선은 우하향한다. 각 곡선은 $C_1$이 감소하고 $C_2$가 증가함에 따라 점점 더 평평해진다. 이러한 곡선의 속성은 소비가 증가함에 따라 소비의 한계효용이 감소하는 $U(C)$의 속성을 반영한다. $C_1$이 감소함에 따라 점점 더 큰 $C_2$의 증가로 보상받을 때만 투자자는 동일한 무차별곡선 위에 머무를 수 있다. $C_1$의 감소가 점점 더 고통스러워짐에 따라 $C_2$의 증가는 덜 즐거워진다.

식 (20P-1)과 (20P-2)는 포트폴리오 비중 $\alpha$를 선택함으로써 투자자는 두 상태에서의 소비수준을

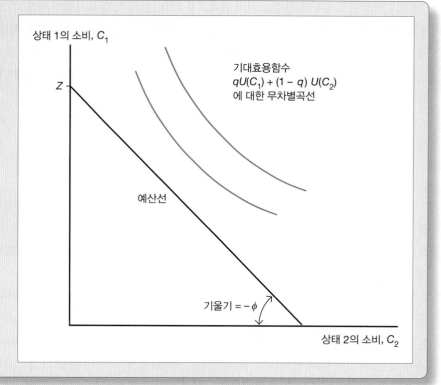

**그림 20P-1 불확실한 소비수준에 대한 무차별곡선**

무차별곡선은 동일한 만족을 주는 상태 조건부적 소비계획의 집합이다. 예산선은 자국자산과 외국자산의 포트폴리오 이전으로 초래되는 상태 1과 상태 2 사이의 상충관계를 나타낸다.

선택한다는 것을 의미한다. 따라서 최적의 포트폴리오를 선택하는 문제는 최적의 소비수준 $C_1$과 $C_2$를 선택하는 문제와 같다. 따라서 그림 20P-1의 무차별곡선은 투자자의 최적 포트폴리오를 결정하는 데 사용할 수 있다. 분석을 완성하기 위해 필요한 모든 것은 상태 1과 상태 2의 소비 사이의 상충관계(trade-off)를 나타내는 예산선이다.

이 상충관계는 식 (20P-1)과 (20P-2)에 의해 주어진다. 식 (20P-2)를 $\alpha$에 대해 풀면 다음과 같다.

$$\alpha = \frac{F_2 W - C_2}{F_2 W - H_2 W}$$

이러한 $\alpha$의 해를 식 (20P-1)에 대입하면 다음과 같은 식이 유도된다.

$$C_1 + \phi C_2 = Z \tag{20P-4}$$

여기서 $\phi = (H_1 - F_1)/(F_2 - H_2)$이며, $Z = W \times (H_1 F_2 - H_2 F_1)/(F_2 - H_2)$이다. $H_1 > F_1$이며, $H_2 < F_2$이기 때문에 $\phi$와 $Z$는 모두 양수임을 주목하기 바란다. 따라서 식 (20P-4)는 보통의 소비자 선택의 분석에서 사용되는 예산선과 닮았다. $\phi$는 상대가격의 역할을 하며, $Z$는 상태 1의 소비로 측정한 소득의 역할을 담당한다. 이 예산선은 그림 20P-1에서 기울기가 $-\phi$이며, 수직축을 $Z$에서 만나는 직선으로 그려져 있다.

$\phi$를 상태 2와 상태 1의 소비 간 시장교환(즉 상태 1의 소비로 표시한 상태 2의 소비의 가격)으로 해석하기 위해 1단위의 부를 자국자산에서 외국자산으로 전환했다고 가정하자. 자국자산이 상태 1에서 더 높은 수익을 제공하므로, 상태 1에서의 소비의 순손실은 $H_1$에서 상태 1에서의 외국자산 수익

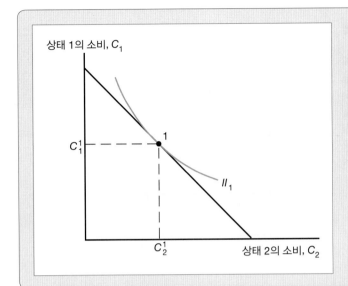

**그림 20P-2 기대효용의 극대화**

기대효용을 극대화하기 위해 예산선이 가장 높이 달성할 수 있는 무차별곡선 $II_1$에 접하는 점 1에서 상태 조건부적 소비를 선택한다. 최적 포트폴리오의 비중 $\alpha$는 $(F_2W - C_2^1) \div (F_2W - H_2W)$로 계산된다.

$F_1$을 뺀 값이다. 이와 비슷하게 상태 2에서의 소비의 순이득은 $F_2 - H_2$이다. 상태 2에서의 추가적인 소비 $F_2 - H_2$를 얻기 위해 투자자는 상태 1에서 $H_1 - F_1$을 포기해야 한다. 그러므로 $C_1$으로 표시한 $C_2$의 가격은 $H_1 - F_1$을 $F_2 - H_2$로 나눈 값인데, 이는 $\phi$, 즉 식 (20P-4)의 예산선 기울기의 절댓값과 같다.

그림 20P-2는 $C_1$과 $C_2$의 선택(및 포트폴리오 비중 $\alpha$)이 어떻게 결정되는지를 보여준다. 투자자는 예산선이 가장 높이 달성할 수 있는 무차별곡선 $II_1$에 접하는 점 1에서 소비수준을 선택한다. $C_1$과 $C_2$의 최적선택이 결정됐으므로 $\alpha$는 식 (20P-1) 또는 (20P-2)로 계산할 수 있다. 예산선을 따라 오른쪽 아래로 이동함에 따라 자국자산의 포트폴리오 비중 $\alpha$는 하락하게 된다. (그 이유는 무엇인가?)

일부 $C_1$과 $C_2$에 대해 $\alpha$는 음수이거나 1보다 클 수 있다. 이 가능성은 개념적으로 아무런 문제가 없다. 일례로 음수인 $\alpha$는 투자자가 자국자산에 대해 '숏(short) 포지션'을 취했음을, 즉 상태 1에서는 $H_1$을 지불하고 상태 2에서는 $H_2$를 지불하기로 약속하는 상태 조건부적 청구권(state-contingent claim)을 발행했음을 의미한다. 이렇게 차입한 자금은 외국자산의 포트폴리오 비중 $1 - \alpha$를 1보다 높게 상승시키는 데 사용된다.

그림 20P-3은 $\alpha = 1$(즉 $C_1 = H_1W$, $C_2 = H_2W$)과 $\alpha = 0$(즉 $C_1 = F_1W$, $C_2 = F_2W$)인 두 점을 보여준다. $\alpha = 1$에서 출발하여 투자자는 외국자산에 대해 숏 포지션을 취함으로써 왼쪽 위로 이동할 수 있다(따라서 $\alpha$를 1보다 높게 하고, $1 - \alpha$를 음수로 만든다). 한편 투자자는 자국자산에 대해 숏 포지션을 취함으로써 $\alpha = 0$의 오른쪽 아래로 이동할 수도 있다.

## 수익률 변화의 효과

앞서 개발한 그림은 위험회피하에서 수익률 변화의 효과를 설명하는 데 이용할 수 있다. 예를 들어 상태 1에서의 자국자산 수익률은 상승한 반면 다른 모든 수익률과 투자자의 부 $W$는 변하지 않았다고 가정하자. $H_1$의 상승은 $\phi$, 즉 상태 2의 소비의 상대가격을 상승시키고, 따라서 그림 20P-3의 예산

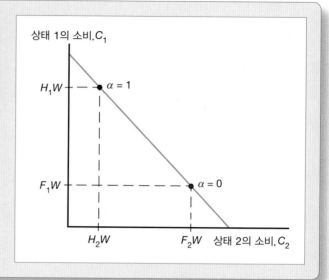

**그림 20P-3 분산되지 않은 포트폴리오**

$\alpha = 1$일 때 투자자는 모든 부를 자국자산으로 보유하며, $\alpha = 0$일 때는 모든 부를 외국자산으로 보유한다. $\alpha = 1$로부터 예산선을 따라 왼쪽 위로 이동하는 것은 외국자산의 공매(空賣, short sale)를 뜻하며, $\alpha$가 1보다 커진다. $\alpha = 0$으로부터 오른쪽 아래로 이동하는 것은 자국자산의 공매로서 $\alpha$가 음수가 된다.

선 기울기를 가파르게 한다.

그러나 $H_1$이 상승할 때 그림 20P-3의 예산선의 위치가 어떻게 바뀌는지를 완벽하게 설명하려면 더 많은 정보가 필요하다. 다음의 추론은 그 필요성을 충족해줄 것이다. 그림 20P-3에서 모든 부가 외국자산에 투자된 $\alpha = 0$인 포트폴리오 배분을 고려해보자. 이 포트폴리오는 자국자산을 포함하지 않기 때문이 이 투자전략에서 얻는 소비 $C_1 = F_1 W$, $C_2 = F_2 W$는 $H_1$이 상승해도 변하지 않는다. $H_1$이 상승할 때 $\alpha = 0$과 관련된 소비조합은 변하지 않으므로 $C_1 = F_1 W$, $C_2 = F_2 W$는 새로운 예산선 위의 한 점이라는 것을 알 수 있다. $H_1$의 상승 이후에 투자자는 여전히 모든 부를 외국자산에 투자할 수 있다. 따라서 $H_1$ 상승의 효과는 그림 20P-3의 예산선을 $\alpha = 0$ 점을 중심으로 시계 방향으로 회전시킨다.

그림 20P-4는 $H_1$ 상승이 투자자에 미치는 효과를 보여주는데, 최초에 $\alpha > 0$, 즉 투자자가 최초에 자국자산을 보유하고 있었다고 가정한다.[1] 통상적인 대체 효과와 소득 효과가 소비자의 상태 조건부적 소비계획을 점 1에서 점 2로 이동시킨다. 대체 효과는 상대가격이 떨어진 $C_1$을 더 많이 수요하고, 상대가격이 오른 $C_2$는 더 적게 수요하는 경향이 있다. 그러나 $H_1$ 상승에 따른 소득 효과는 최초에 양수였던 경우 전체 예산선을 바깥쪽으로 이동시키고 모든 상태에서의 소비를 증가시킨다. 상태 1에서 투자자가 더 부유해지므로 일부 부를 상태 2에서 더 높은 수익을 주는 외국자산으로 전환할 여유가 생긴다. 이러한 방법으로 두 상태의 소비를 더욱 평준화할 수 있다. 위험회피는 각기 다른 상태의 대규모 소비변동을 피하고자 하는 투자자의 욕구를 설명해준다. 그림 20P-4가 암시하듯이 $C_1$은 명백히 증가하는 반면 $C_2$는 증가할 수도 있고 감소할 수도 있다(그림의 예에서는 대체 효과가 소득 효과보다 커서 $C_2$가 감소하는 경우를 보여준다).

이러한 불분명함에 상응하여 $H_1$ 상승의 포트폴리오 비중 $\alpha$에 대한 효과도 불분명하다. 그림 20P-5는 두 가지 가능성을 예시한다. 이 그림을 이해하는 핵심은 투자자가 $H_1$의 상승에 대응하여

---

1 초기에 $\alpha < 0$인 경우는 연습문제로 남겨둔다.

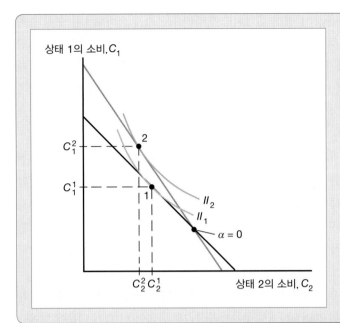

**그림 20P-4 $H_1$ 상승의 소비에 대한 효과**

$H_1$의 상승은 $\alpha = 0$을 중심으로 예산선을 시계 방향으로 회전시키며 최적 선택을 점 2로 이동시킨다. 상태 1의 소비는 항상 증가한다. 이 그림에서는 상태 2의 소비가 감소하는 경우를 보여준다.

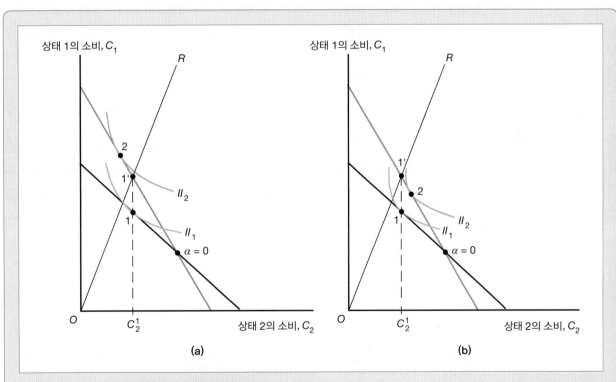

**그림 20P-5 $H_1$ 상승의 포트폴리오 비중에 대한 효과**

(a) 투자가 지나치게 위험회피적이 아니면 이 투자자는 자기의 포트폴리오를 자국자산 쪽으로 이동시켜 $OR$의 기울기가 나타내는 비율보다 큰 $C_1/C_2$을 선택한다. (b) 매우 위험회피적인 투자가는 자기의 포트폴리오를 외국자산 쪽으로 이동시키면서 상태 2의 소비를 증가시킬 수 있다.

$\alpha$를 변화시키지 않는다면 소비선택은 점 1′에서 결정되는데, 그 점은 초기 소비점 1의 수직 위쪽의 새로운 예산선상에 놓여 있다는 것이다. 그 이유는 무엇인가? 식 (20P-2)는 $\alpha$가 변하지 않으면 $C_2^1 = [\alpha H_2 + (1 - \alpha)F_2] \times W$도 변하지 않음을 의미한다. 최초의 포트폴리오 선택에 상응하는 상태 1의 새로운 소비의 증가된 수준은 $C_2^1$ 바로 위의 새로운 예산선상에 놓이게 된다. 그림 20P-5의 양쪽 그림에서 원점과 점 1′을 잇는 직선 $OR$의 기울기는 $C_1/C_2$인데, 이는 $H_1$이 상승한 이후 초기의 포트폴리오 구성과 같게 결정된 비율이다.

이제 더 낮은 $C_2$로 이동하려면 투자자가 $\alpha$를 초기값보다 늘려 포트폴리오를 자국자산 쪽으로 전환해야 한다는 점이 명백해졌다. $C_2$를 증가시키기 위해 투자자는 $\alpha$를 낮추어 외국자산 쪽으로 전환해야만 한다. 그림 20P-5(a)는 재차 대체 효과가 소득 효과보다 큰 경우를 보여준다. 이 경우 투자자가 포트폴리오를 기대수익률이 외국자산에 비해 오른 자국자산 쪽으로 전환함에 따라 $C_2$가 감소한다. 이 경우는 본문에서 배웠던 상대적 기대수익률이 상승할 때 그 자산의 포트폴리오 비중이 상승하는 경우에 해당한다.

그림 20P-5(b)는 반대 경우로, $C_2$가 증가하고 $\alpha$가 하락하여 외국자산 쪽으로 포트폴리오가 전환된 경우를 보여준다. 이 가능성은 그림 20P-5(b)에서 무차별곡선 $II$의 굴곡이 더 크기 때문에 일어난다. 이 굴곡이 바로 경제학자들이 의미하는 **위험회피** 정도를 나타낸다. 위험회피적인 투자자일수록 다른 상태에서의 소비를 더 빈약한 대체재로 간주하며, 따라서 상태 2의 소비 감소를 보상하기 위해 상태 1의 소비가 더 크게 증가해야만 한다(반대 경우에는 역이 성립한다). 한 자산의 기대수익률 상승이 그 자산에 대한 수요를 감소시키는 역설적인 경우인 그림 20P-5(b)는 실제 세계에서는 일어날 가능성이 거의 없다. 일례로 여타의 조건은 일정한 가운데 한 통화의 이자율이 상승하면 그 통화 예금에 대한 기대수익률이 특정 상태에서가 아니라 모든 상태에서 상승하게 된다. 그러므로 그 통화를 선호하게 하는 포트폴리오의 대체 효과가 훨씬 더 강하게 나타난다.

여기서 발견한 결과는 투자자가 위험중립적일 경우에 발생하는 것과는 아주 다르다. 위험중립적인 투자자는 높은 기대수익을 주는 자산으로 모든 부를 이동시킬 것이며, 이러한 이동에 따른 위험에 대해서는 관심을 기울이지 않을 것이다.[2] 그러나 위험회피도가 높을수록 전반적인 포트폴리오의 위험에 대한 걱정도 더욱 커진다.

---

2 사실상 위험중립적인 투자자는 항상 수익률이 낮은 자산에 대해 가능한 한 최대의 숏(short) 포지션을 취하고, 따라서 수익이 높은 자산에 대해서는 가능한 한 최대의 롱(long) 포지션을 취하려 한다. 이자율 평형조건을 발생시키는 것이 바로 이러한 행동이다.

# 찾아보기

# 일인당 국민총생산(2019년 미국 달러 기준)

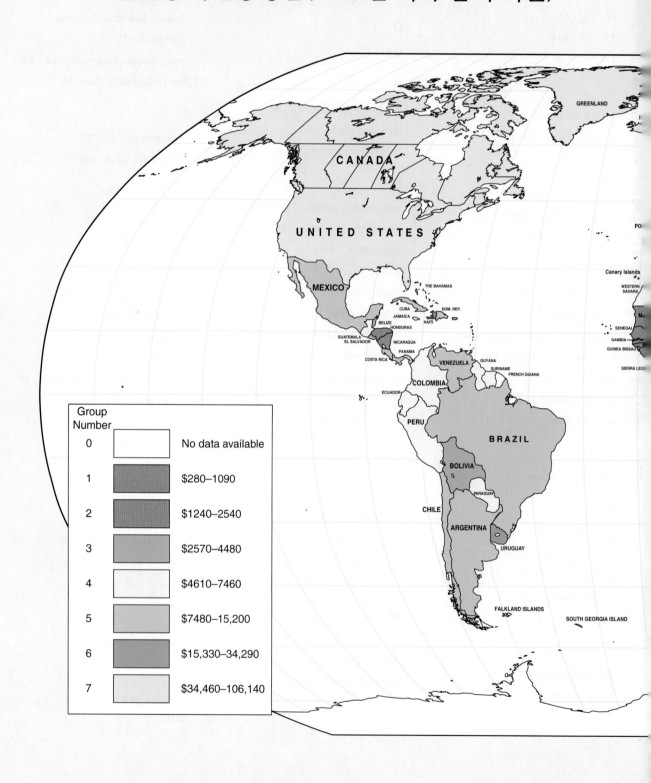

| Group Number | | |
|---|---|---|
| 0 | | No data available |
| 1 | | $280–1090 |
| 2 | | $1240–2540 |
| 3 | | $2570–4480 |
| 4 | | $4610–7460 |
| 5 | | $7480–15,200 |
| 6 | | $15,330–34,290 |
| 7 | | $34,460–106,140 |

Source: World Bank, *World Development Indicators,* 2020.